Rogério Sanches Cunha

› Promotor de Justiça no Estado de São Paulo.

› Professor de Penal da Escola Superior do Ministério Público de São Paulo, da Fundação Escola Superior do Ministério Público do Mato Grosso e do CERS (Complexo de Ensino Renato Saraiva).

EDITORA JusPODIVM
www.editorajuspodivm.com.br

Manual de
DIREITO PENAL

Parte Especial (Arts. 121 ao 361)

VOLUME **ÚNICO**

Rogério Sanches Cunha

Manual de DIREITO PENAL

Parte Especial (Arts. 121 ao 361)

CONFORME novo CPC

VOLUME ÚNICO

9ª edição | revista, atualizada e ampliada

2017

EDITORA JusPODIVM
www.editorajuspodivm.com.br

EDITORA *Jus*PODIVM

www.editorajuspodivm.com.br

Rua Mato Grosso, 175 – Pituba, CEP: 41830-151 – Salvador – Bahia
Tel: (71) 3363-8617 / Fax: (71) 3363-5050
• Contato: https://www.editorajuspodivm.com.br/sac

Diagramação: Linotec Fotocomposição e Fotolito Ltda. (*www.linotec.com.br*)

Capa *(Adaptação)*: Ana Caquetti

C972m Cunha, Rogério Sanches.
Manual de direito penal: parte especial (arts. 121 ao 361) / Rogério Sanches Cunha – 9. ed. rev., ampl. e atual. – Salvador: JusPODIVM, 2017.
992 p.

Bibliografia.
ISBN 978-85-442-1045-1.

1. Direito penal. 2. Parte especial. I. Título.

CDD 341.5

9ª ed., *2.ª tir.:* mai./2017.

A criação deste livro me subtraiu preciosos momentos com a minha família. Espero que o resultado (e o futuro) me comprove que valeu a pena. Aproveito este espaço para, publicamente, pedir perdão pela minha inevitável ausência, e anunciar, mais uma vez, meu incondicional amor por vocês, Simone, Bruno e Sophia.

Este livro é dedicado a vocês.

NOTA DO AUTOR À 9ª EDIÇÃO

A presente edição foi objeto de criteriosa revisão e atualização, incorporando-se nos comentários as leis 13.344/16 (tráfico de pessoas), 13.330/16 (furto/receptação de animais), 13.260/16 (terrorismo) e 13.254/16 (Regime Especial de Regularização Cambial e Tributária).

A jurisprudência também foi atualizada, substituindo-se, como ocorreu nas edições pretéritas, julgados antigos por decisões mais recentes, mesmo quando mantido o entendimento das Cortes Superiores.

Resolvi, nesta etapa da obra, ampliar – e muito – o conteúdo teórico, trabalhando temas pouco explorados nos manuais. Cito, como exemplo, o abortamento de feto com microcefalia, a tipificação do *revenge porn*, da *sextorsão*, crimes contra a dignidade sexual, a condição de pessoa portadora de necessidades especiais, as consequências jurídicas para a pessoa jurídica corruptora etc.

Busquei cumprir o compromisso assumido desde a edição inaugural: aprimorar a obra para servir ao estudo dos acadêmicos e profissionais do Direito na solução das várias questões do seu dia a dia.

Janeiro de 2017.

O Autor.

SUMÁRIO

ÍNDICE DE PERGUNTAS

Título I

DOS CRIMES CONTRA A PESSOA[1]

CAPÍTULO I – DOS CRIMES CONTRA A VIDA

1. INTRODUÇÃO

Dos *crimes contra a pessoa*, destacam-se aqueles que eliminam a *vida* humana, considerada o bem jurídico mais importante do homem, razão de ser de todos os demais interesses tutelados, merecendo inaugurar a parte especial do nosso Código. É evidente que essa colocação não implica o estabelecimento de hierarquia entre as normas incriminadoras, mas serve para extrair a importância do capítulo.

A vida será tratada nesse tópico tanto na forma *intra* (biológica) quanto *extrauterina*, resguardando-se, desse modo, o produto da concepção (esperança de homem) e a pessoa humana vivente.

No art. 121 temos etiquetado o homicídio[2] (ação de matar uma pessoa, voluntária ou involuntariamente), seguido do delito de induzimento, instigação ou auxílio ao suicídio (eliminação da própria existência).

No art. 123 pune-se o assassínio de um recém-nascido, praticado pela própria mãe, agindo esta sob influência do estado puerperal (infanticídio). Todos os tipos, até o momento, preocupam-se apenas com a vida existente, palpável, *extrauterina*. Já nos artigos seguintes (124/127) foi tipificada como crime a interrupção dolosa de uma gravidez, destruindo o produto da concepção.

Vejamos, detalhadamente, as várias modalidades delituosas.

---

1. Dispõe o art. 59 da Lei 6.001/73 que no caso de crime contra a pessoa, em que o ofendido seja índio não integrado ou comunidade indígena, a pena será agravada de um terço.
2. O nosso Código Penal não incluiu o homicídio preterintencional entre os crimes contra a vida. Encaixou-o, porém, no capítulo das lesões corporais, no seu art. 129, § 3º, sob o nome de *lesão corporal seguida de morte*, verdadeiro rodeio para traduzir o mencionado fato delituoso. Fazendo nossas as palavras do Prof. Olavo Oliveira: "Não batemos palmas ao critério adotado, endossando a crítica feita por Ferrão ao similar art. 361, § 2º, do Código lusitano [atual art. 147.1]. O crime, se resultou ou ocasionou a morte, é de homicídio, porque o mal material do crime é que lhe deve dar denominação. Portanto, é debaixo do título de homicídio que esta espécie devia ser encontrada, como praticaram na maior parte os Códigos modernos" (Homicídio preterintencional, *Justitia*, v. 8).

2. HOMICÍDIO

▶ ***Homicídio Simples***

Art. 121. Matar alguém:

Pena – reclusão, de 6 (seis) a 20 (vinte) anos.

▶ ***Caso de diminuição de pena***

§ 1º Se o agente comete o crime impelido por motivo de relevante valor social ou moral, ou sob o domínio de violenta emoção, logo em seguida a injusta provocação da vítima, o juiz pode reduzir a pena de 1/6 (um sexto) a 1/3 (um terço).

▶ ***Homicídio qualificado***

§ 2º Se o homicídio é cometido:

I – mediante paga ou promessa de recompensa, ou por outro motivo torpe;

II – por motivo fútil;

III – com emprego de veneno, fogo, explosivo, asfixia, tortura ou outro meio insidioso ou cruel, ou de que possa resultar perigo comum;

IV – à traição, de emboscada, ou mediante dissimulação ou outro recurso que dificulte ou torne impossível a defesa do ofendido;

V – para assegurar a execução, a ocultação, a impunidade ou vantagem de outro crime:

▶ ***Feminicídio***

VI – contra a mulher por razões da condição de sexo feminino;

VII – contra autoridade ou agente descrito nos arts. 142 e 144 da Constituição Federal, integrantes do sistema prisional e da Força Nacional de Segurança Pública, no exercício da função ou em decorrência dela, ou contra seu cônjuge, companheiro ou parente consanguíneo até 3º. grau, em razão dessa condição:

Pena – reclusão, de 12 (doze) a 30 (trinta) anos.

§ 2º-A Considera-se que há razões de condição de sexo feminino quando o crime envolve:

I – violência doméstica e familiar;

II – menosprezo ou discriminação à condição de mulher.

▶ ***Homicídio culposo***

§ 3º Se o homicídio é culposo:

Pena – detenção, de 1 (um) a 3 (três) anos.

▶ ***Aumento de pena***

§ 4º No homicídio culposo, a pena é aumentada de 1/3 (um terço), se o crime resulta de inobservância de regra técnica de profissão, arte ou ofício, ou se o agente deixa de prestar imediato socorro à vítima, não procura diminuir as consequências do seu ato, ou foge para evitar prisão em flagrante. Sendo doloso o homicídio, a pena é aumentada de 1/3 (um terço) se o crime é praticado contra pessoa menor de 14 (quatorze) ou maior de 60 (sessenta) anos.

§ 5º Na hipótese de homicídio culposo, o juiz poderá deixar de aplicar a pena, se as consequências da infração atingirem o próprio agente de forma tão grave que a sanção penal se torne desnecessária.

§ 6º A pena é aumentada de 1/3 (um terço) até a metade se o crime for praticado por milícia privada, sob o pretexto de prestação de serviço de segurança, ou por grupo de extermínio.

§ 7º A pena do feminicídio é aumentada de 1/3 (um terço) até a metade se o crime for praticado:

I – durante a gestação ou nos 3 (três) meses posteriores ao parto;

II – contra pessoa menor de 14 (catorze) anos, maior de 60 (sessenta) anos ou com deficiência;

III – na presença de descendente ou de ascendente da vítima.

2.1. Considerações iniciais

Na busca do conceito de homicídio, trazemos a clássica definição de Nélson Hungria:

> "O homicídio é o tipo central de crimes contra a vida e é o ponto culminante na orografia dos crimes. É o crime por excelência. É o padrão da delinquência violenta ou sanguinária, que representa como que uma reversão atávica às eras primevas, em que a luta pela vida, presumivelmente, se operava com o uso normal dos meios brutais e animalescos. É a mais chocante violação do senso moral médio da humanidade civilizada."[3].

É a injusta morte de uma pessoa (vida *extrauterina*) praticada por outrem (destruição da vida humana, por outro homem)[4].

Prevê nosso Código várias modalidades do crime, a saber:

a) doloso simples (*caput*);

b) doloso privilegiado (§ 1º);

c) doloso qualificado (§ 2º);

d) culposo (§ 3º);

e) culposo majorado (§ 4º, primeira parte);

f) doloso majorado (§ 4º, segunda parte, e § 6º).

Em face do disposto no art. 1º, inciso I, da Lei 8.072/90, é hediondo o homicídio cometido em atividade típica de grupo de extermínio, ainda que por um só agente, e o homicídio qualificado.

O homicídio culposo, em razão da pena mínima prevista (um ano de detenção), permite que o agente se beneficie da suspensão condicional do processo, se cumpridos os demais requisitos do art. 89 da Lei 9.099/95.

Vejamos as espécies delituosas.

2.2. Homicídio simples

2.2.1. Sujeitos do crime

Qualquer pessoa, isolada ou associada à outra, pode praticar o delito de homicídio, não exigindo o tipo penal nenhuma condição particular do seu agente (crime comum).

3. *Comentários ao Código Penal*, v. 5, p. 25.
4. O crime de genocídio tutela a diversidade humana e, por isso, tem caráter coletivo ou transindividual, não atraindo, por si só, a competência do Tribunal do Júri. Ocorre que uma das formas de praticar genocídio, de acordo com o artigo 1º, "a", da Lei 2.889/56, é por meio da morte de membros do grupo. Como se sabe, a competência constitucional para o julgamento de crimes dolosos contra a vida é do júri. Assim, o STF ao julgar o RE 351.487/RR sublinhou que havendo concurso formal entre genocídio e homicídio doloso, compete ao Tribunal do Júri da Justiça Federal o julgamento dos crimes de homicídio e genocídio, quando cometidos no mesmo contexto fático.

Flávio A. Monteiro de Barros, transcrevendo na íntegra a lição de Euclides Custódio da Silveira, nos traz interessante problema referente a crime praticado por xifópagos (irmãos ligados um ao outro, desde o apêndice xifoide até o umbigo). Apesar de magro o seu interesse prático, existe uma curiosidade teórica:

> "Dado que a deformidade física não impede o reconhecimento da imputabilidade criminal, a conclusão lógica é que responderão como sujeitos ativos. Assim, se os dois praticarem um homicídio, conjuntamente ou de comum acordo, não há dúvida que responderão ambos como sujeitos ativos, passíveis de punição. Todavia, se o fato é cometido por um, sem ou contra a vontade do outro, impor-se-á a absolvição do único sujeito ativo, se a separação cirúrgica é impraticável por qualquer motivo, não se podendo excluir sequer a recusa do inocente, que àquela não está obrigado. A absolvição se justifica, como diz Manzini, porque, conflitando o interesse do Estado ou da sociedade com o da liberdade individual, esta é que tem de prevalecer. Se para punir um culpado é inevitável sacrificar um inocente, a única solução sensata há de ser a impunidade."[5].

Flávio Monteiro, no entanto, discordando da conclusão dada ao caso, prefere ensinar que o xifópago autor do crime deve ser processado e condenado por homicídio, inviabilizando-se, porém, o cumprimento da reprimenda, tendo em vista o princípio da intransmissibilidade da pena. Se, no futuro, o outro também vier a delinquir e a ser condenado, ambos poderão cumprir as respectivas penas.

O sujeito passivo é o ser vivo, nascido de mulher.[6]

A pena é aumentada de um terço se o crime é *praticado* contra pessoa menor de 14 (quatorze) ou maior de 60 (sessenta) anos (§ 4º do art. 121, segunda parte, com redação dada pela Lei 10.741/2003 – Estatuto do Idoso).

2.2.2. Conduta

A conduta típica consiste em tirar a vida de alguém (universo de seres humanos).

☑ ***Quando se inicia a vida extrauterina?***

A vida *extrauterina* de um indivíduo começa com o início do parto.

5. *Crimes contra a pessoa*, p. 12.
6. Magalhães Noronha aponta, ainda, o Estado como vítima do crime de homicídio, justificando existir "um interesse ético-político do Estado na conservação da vida humana, como condição de vida e desenvolvimento do conglomerado social ou do povo politicamente organizado, ou, ainda, como condição de sua própria existência." (Direito penal, v. 2, p. 17).

☑ ***Quando se inicia o parto?***

A doutrina é divergente. Fernando Capez, ao tratar do tema, cita alguns posicionamentos:

> "Alfredo Molinario entende que o nascimento é o completo e total desprendimento do feto das entranhas maternas. Para Soler, inicia-se desde as dores do parto. Para E. Magalhães Noronha, mesmo não tendo havido desprendimento das entranhas maternas, já se pode falar em início do nascimento, com a dilatação do colo do útero."[7].

Diante da indisfarçável controvérsia, seguimos a lição de Luiz Regis Prado:

> "Infere-se daí que o crime de homicídio tem como limite mínimo o começo do nascimento, marcado pelo início das contrações expulsivas. Nas hipóteses em que o nascimento não se produz espontaneamente, pelas contrações uterinas, como ocorre em se tratando de cesariana, por exemplo, o começo do nascimento é determinado pelo início da operação, ou seja, pela incisão abdominal. De semelhante, nas hipóteses em que as contrações expulsivas são induzidas por alguma técnica médica, o início do nascimento é sinalizado pela execução efetiva da referida técnica ou pela intervenção cirúrgica (cesárea)" [8].

Para que haja o crime, não é necessário que se trate de vida viável (vitalidade, capacidade de vida autônoma), bastando a prova de que a vítima nasceu viva e com vida estava no momento da conduta criminosa do agente (qualquer antecipação da morte, ainda que abreviada por poucos segundos, é homicídio).

Recaindo a conduta sobre pessoa já sem vida (cadáver), o crime é impossível por absoluta impropriedade do objeto (art. 17 do CP). Impossível também será no caso de utilizar o agente meio absolutamente ineficaz (ex.: acionar arma de fogo inapta ou descarregada).

Pode o homicídio ser praticado de forma livre, por ação (conduta positiva) ou omissão (conduta negativa), por meios diretos ou indiretos. Mata quem se serve de uma arma de fogo ou de um animal feroz, quem ministra um veneno ou deixa de fornecer a um recém-nascido, tendo a obrigação de fazê-lo, os necessários alimentos.

Magalhães Noronha lembra que o crime pode ser praticado, também, por meios morais ou psíquicos ou mesmo por meio de palavras.

Explica o autor:

> "Não só por meios materiais – o que é a regra – pode dar-se a morte de alguém. Também são idôneos os psíquicos. A violenta

7. *Direito Penal – Parte Especial*, v. 2, p. 11-12.
8. *Tratado de Direito Penal Brasileiro*, v. 4, p. 62.

> emoção, provocada dolosamente por outrem e que ocasiona a morte, é meio de homicídio. Lembre-se, *v.g.*, de um filme – As diabólicas –, em que um homem, depois de fazer crer a sua mulher que ela o havia assassinado, aparece-lhe, durante a noite, em uma casa deserta e lúgubre, fulminando-a com uma síncope. É meio psíquico ainda o usado pelo personagem de Monteiro Lobato, fazendo dolosamente o amigo apoplético explodir em estrondosas gargalhadas e, assim, o matando, por efeito de hábil anedota contada após lauta refeição."[9].

2.2.3. Voluntariedade

É o dolo, consistente na consciente vontade de realizar o tipo penal (matar alguém). Pode ser direto (o agente quer o resultado) ou eventual (o agente assume o risco de produzi-lo).

Não exige o tipo básico qualquer finalidade específica do sujeito ativo, podendo o motivo determinante de o crime constituir, eventualmente, uma causa de diminuição de pena (§ 1º) ou qualificadora (§ 2º).

Ainda quanto ao elemento subjetivo do crime, destacamos dois julgados do Supremo Tribunal Federal discutindo dolo nos crimes de trânsito com resultado morte:

> "O Supremo firmara jurisprudência no sentido de que o homicídio cometido na direção de veículo automotor em virtude de pega seria doloso" (HC-101.698).

> "A embriaguez alcoólica que conduz à responsabilização a título doloso é apenas a preordenada, comprovando-se que o agente se embebedou para praticar o ilícito ou assumir o risco de produzi-lo. Se a embriaguez foi intencionalmente procurada para a prática do crime, o agente é punível a título de dolo; § 2º. Se, embora não preordenada, a embriaguez é voluntária e completa e o agente previu e podia prever que, em tal estado, poderia vir a cometer crime, a pena é aplicável a título de culpa, se a este título é punível o fato" (HC 107.801-SP).

Vamos aprofundar o tema, pois a controvérsia em torna da morte como consequência da embriaguez ao volante e do "racha" não pode ser resolvida com fórmula matemática.

Percebemos parcela da doutrina, com base nos dois julgados acima, equivocadamente, sugerindo que o Pretório Excelso resolveu o assunto, isto é, embriaguez ao volante com morte deve ser punida como homicídio culposo (art. 302 do CTB – culpa consciente) e racha com morte como homicídio doloso (art. 121 do CP – dolo eventual). Nada mais absurdo. Não se pode ignorar o caso concreto. As circunstâncias que envolvem o fato podem

9. *Direito penal*, v. 2, p. 18.

sugerir um desprezo do agente pela vida alheia, indicando dolo eventual, ou manifesta negligência, configurando culpa consciente. Vamos tentar exemplificar.

Imaginemos que JOÃO conduz seu veículo embriagado. Mesmo nesse estado, acredita estar conduzindo o automotor de forma normal. Com seus reflexos comprometidos, acaba por atropelar um pedestre, constatando-se na perícia do local marcas de frenagem do pneu, sinal de que o condutor quis evitar o evento. Não nos parece que JOÃO, mesmo embriagado, deva ser responsabilizado pela morte do pedestre a título de dolo, mas culpa (consciente). Suponhamos, agora, que JOÃO, conduzindo seu veículo embriagado, nele imprime alta velocidade e ignora sinais de parada obrigatória, acabando por atropelar um pedestre, não se constatando no local marcas de frenagem. Ora, nessa hipótese, podemos cogitar do dolo eventual, respondendo o condutor por homicídio doloso (art. 121 do CP). Percebam como as circunstâncias do caso concreto norteiam a conclusão do operador do Direito.

Sobre o racha com morte, a conclusão envolve, ainda, a ideia de o motorista aceitar ou não o fim da sua própria vida. Vejamos a lição de Rogério Greco:

> "(...) não há como presumir o dolo eventual pelo simples fato de alguém participar de uma competição perigosa, que expõe a riscos a vida e a saúde de terceiros. Somente poderíamos entender pelo dolo eventual, nesses casos, quando o agente atuasse, no mínimo, com intenção suicida.
>
> Na verdade, quando alguém participa desse tipo de competição, acredita, sinceramente, que nada irá acontecer, principalmente com ele. Acredita, sim, na sua habilidade como piloto e que, mesmo fazendo manobras arriscadas, nenhuma lesão ou morte será produzida" [10-11].

10. *Curso de Direito Penal:* parte especial, v. II, p. 144.
11. Segundo já decidiu o STJ, não incide a qualificadora do motivo fútil nos casos em que o homicídio doloso é cometido durante competição automobilística ilegal que atinge pessoa alheia à própria competição: "Não incide a qualificadora de motivo fútil (art. 121, § 2°, II, do CP), na hipótese de homicídio supostamente praticado por agente que disputava "racha", quando o veículo por ele conduzido – em razão de choque com outro automóvel também participante do "racha" – tenha atingido o veículo da vítima, terceiro estranho à disputa automobilística. No caso em análise, o homicídio decorre de um acidente automobilístico, em que não havia nenhuma relação entre o autor do delito e a vítima. A vítima nem era quem praticava o "racha" com o agente do crime. Ela era um terceiro que trafegava por perto naquele momento e que, por um dos azares do destino, viu-se atingido pelo acidente que envolveu o agente do delito. Quando o legislador quis se referir a motivo fútil, fê-lo tendo em mente uma reação desproporcional ou inadequada do agente quando cotejado com a ação ou omissão da vítima; uma situação, portanto, que pressupõe uma relação direta, mesmo que tênue, entre agente e vítima. No caso não há essa relação. Não havia nenhuma relação entre o autor do crime e a vítima. O agente não reagiu a uma ação ou omissão da vítima (um esbarrão na rua, uma fechada de carro, uma negativa a um pedido). Não há aqui motivo fútil, banal, insignificante, diante de um acidente cuja causa foi um comportamento imprudente do agente, comportamento este que não foi resposta à ação ou omissão da vítima. Na verdade, não há nenhum motivo" (HC 307.617/SP, Rel. Min. Nefi Cordeiro, Rel. para acórdão Min. Sebastião Reis Júnior, DJe 16/5/2016).

☑ ***O agente que, sabendo ser portador do vírus HIV, oculta a doença da parceira e com ela mantém conjunção carnal, pratica qual crime?***

Para nós, depende. Se a vontade do agente era a transmissão da doença (de natureza fatal), pratica tentativa de homicídio (ou homicídio consumado, caso seja provocada a morte como desdobramento da doença). Se não quis e nem assumiu o risco (usando preservativos, por exemplo), mas acaba por transmitir o vírus, deve responde por lesão corporal culposa (ou homicídio culposo, no caso de morte decorrente da doença)[12].

2.2.4. Consumação e tentativa

O homicídio atinge a sua consumação com a morte da vítima (crime material)[13].

> "Prova-se o exício com o exame de corpo de delito, que, em regra, é direto. Na impossibilidade deste, é aceitável o indireto, constituído por testemunhas. Irueta Goyena cita o caso de dois indivíduos que foram vistos lutando em um barco, tendo um deles arrojado o outro à corrente caudalosa, não havendo o corpo sido encontrado. Por falta de exame direto é que não deixaria de haver imputação de homicídio."[14].

Podendo a execução do crime ser fracionada em vários atos (delito plurissubsistente), a tentativa mostra-se perfeitamente possível quando o resultado morte não sobrevém por circunstâncias alheias à vontade do agente. Admite-se a forma tentada, inclusive, no crime cometido com dolo eventual, já que equiparado, por lei, ao dolo direto (art. 18, I, do CP).

Lembra Luiz Flávio Gomes:

> "A doutrina finalista sublinha que por força do princípio da congruência, a tentativa exige uma parte objetiva (tipo objetivo) e outra subjetiva (tipo subjetivo). A parte objetiva esgota-se na realização de uma conduta dirigida à consumação do crime, conforme o plano concreto do autor. A parte subjetiva reside no dolo do agente. Para saber se há ou não tentativa precisamos descobrir o dolo do agente (plano do autor), assim como a forma de execução escolhida para concretizar seu plano de ação (meio de execução). Não há dúvida

---

12. Julgando caso análogo, a 5ª Turma do STJ decidiu que a transmissão consciente da síndrome da imunodeficiência adquirida (vírus HIV) caracteriza lesão corporal de natureza gravíssima, enquadrando-se a enfermidade perfeitamente no conceito de doença incurável, previsto no artigo 129, § 2º, II, do CP. O fato de a vítima ainda não ter manifestado sintomas não exclui o delito, pois é notório que a doença requer constante tratamento com remédios específicos para aumentar a expectativa de vida, mas não para cura (HC 160.982/DF).
13. Já foi controvertida na doutrina a determinação do momento da morte. Atualmente, com o advento da Lei 9.434/97 (regulamentada pelo Decreto 2.268/97), foi colocada uma pá de cal no assunto, dispondo, no seu art. 3º, que a morte se dá com a cessação da atividade encefálica. Nesse sentido: *RT* 650/255.
14. Magalhães Noronha, *Direito penal*, v. 2, p. 20.

que o dolo eventual admite tentativa (justamente porque se trata de crime doloso). A não consumação do crime deriva do acaso ou de circunstâncias exteriores ao agente (isto é, por razões alheias à vontade do agente)."[15].

2.3. Privilegiadoras, qualificadoras e majorantes do homicídio doloso

2.3.1. Homicídio privilegiado (caso de diminuição de pena)

O § 1º do art. 121 prevê três hipóteses em que o homicídio terá sua pena diminuída, classificado pela doutrina como *privilegiado*.

As duas primeiras "privilegiadoras" estão umbilicalmente ligadas à razão de ser do crime.

Vejamos.

Motivo de *relevante valor social* diz respeito aos interesses de toda uma coletividade, logo, nobre e altruístico (ex.: indignação contra um traidor da pátria).

Já o *relevante valor moral* liga-se aos interesses individuais, particulares do agente, entre eles os sentimentos de piedade, misericórdia e compaixão. Na definição de Fernando de Almeida Pedroso, no motivo de relevante valor social,

> "sua abrangência e compreensão são maiores que a do motivo de relevante valor moral. Este conta com o apoio ou certa indulgência pela moralidade média, formulado o juízo pelo senso ético comum. Aquele enverga amplitude de expansão mais adilatada, correspondendo aos anseios ou expectativas da coletividade.
>
> Aquele – ilustra Hungria – que, num *raptus* de indignação cívica, mata um vil traidor da Pátria, age, sem dúvida alguma, por um motivo de relevante valor social. A especial atenuação de pena também não poderia ser negada, por exemplo, ao indivíduo que, para assegurar a tranquilidade da população em cujo seio vive, elimina um perigoso bandido, gesto libertador por todos louvado e tido como benemérito, emenda Olavo Oliveira"[16].

Assim, o homicídio praticado com o intuito de livrar um doente, irremediavelmente perdido, dos sofrimentos que o atormentam (eutanásia[17]) goza de privilégio da atenuação

15. Em sentido contrário, não admitindo a tentativa nos casos de dolo eventual: "Tribunal do Júri. Tentativa. Dolo eventual. Incompatibilidade. O dolo eventual, em linhas gerais definido como a aceitação, pelo agente, da produção do resultado mais grave, mas que conscientemente não pretende obter, é incompatível com o instituto da tentativa, que exige o dolo direto" (TJRS, RSE 70011483310, 3.ª Câm. Crim., j. 22.09.2005, rel. Newton Brasil de Leão).
16. Doutrinas Essenciais de Direito Penal. *Homicídio Privilegiado*. RT. vol. 5. p. 383. Out/2010.
17. A eutanásia pode ser ativa ou passiva. Será ativa quando presentes atos positivos com o fim de matar alguém, eliminando ou aliviando seu sofrimento. A passiva se dá com a omissão de

da pena que o parágrafo consagra. O mesmo exemplo é lembrado pela Exposição de Motivos: "o projeto entende significar o motivo que, em si mesmo, é aprovado pela moral prática, como, por exemplo, a compaixão ante o irremediável sofrimento da vítima (caso do homicídio eutanásico)" (item 39).

Ambos os motivos (social e moral), porém, hão de ser relevantes, ou seja, de considerável importância.

Nesse sentido, alerta Cezar Roberto Bitencourt:

> "Não será qualquer motivo social ou moral que terá a condição de privilegiar o homicídio: é necessário que seja considerável; não basta que tenha valor social ou moral, sendo indispensável seja relevante, isto é, importante, notável, digno de apreço."[18].

A última "privilegiadora" relaciona-se com o estado anímico do agente (homicídio emocional).

Sabemos que o art. 28, I, do CP não permite a exclusão da responsabilidade penal diante da emoção (estado súbito e passageiro) ou da paixão (sentimento crônico e duradouro) que atinge o agente. Todavia, temos no § 1º hipótese em que servirá a violenta emoção como causa de diminuição de pena.

Neste caso, o sujeito ativo, logo em seguida a injusta provocação da vítima, reage, de imediato, sob *intenso* choque emocional, capaz de anular sua capacidade de autocontrole durante o cometimento do crime.

Da simples leitura do § 1º extraímos todos os seus requisitos:

a) *domínio de violenta emoção:* significa dizer que a emoção não deve ser leve e passageira ou momentânea.

---

tratamento ou de qualquer meio capaz de prolongar a vida humana, irreversivelmente comprometida, acelerando o processo morte. Não se pode confundir eutanásia com ortotanásia e distanásia. Como bem esclarece Regis Prado, "A ortotanásia tem certa relação com eutanásia passiva, mas apresenta significado distinto desta e oposto da distanásia. O termo ortotanásia (do grego *orthos*, correto, e *thanatus*, morte) indica a morte certa, justa, em seu momento oportuno. Destarte, corresponde à supressão de cuidados de reanimação em pacientes em estado de coma profundo e irreversível, em estado terminal ou vegetativo. De outra parte, a distanásia (do grego, *dys*, mau, anômalo, e *thanatus*, morte) refere-se ao prolongamento do curso natural da morte – e não da vida – por todos os meios existentes, apesar de aquela ser inevitável, sem ponderar os benefícios ou prejuízos (sofrimento) que podem advir ao paciente" (*Tratado de Direito Penal Brasileiro*, v. 4, p. 66). E baseando-se no conceito de sofrimentos que atormentam a existência, há quem sustente inclusive que profundos danos psicológicos podem servir de móvel para a eutanásia. Na Holanda – em que a prática é regulamentada –, admitiu-se a eutanásia de uma mulher de aproximadamente vinte anos que sofrera abuso sexual desde a infância e que padecia de depressão crônica, tinha tendências suicidas, autoflagelava-se e sofria alucinações, e cuja condição psicológica foi considerada irreversível pelos especialistas que a tratavam (http://oglobo.globo.com/sociedade/jovem-vitima-de-abuso-sexual-recebe-autorizacao-para-eutanasia-19276946).

18. *Tratado de direito penal – Parte especial*, v. 2, p. 70.

Como bem explica José Henrique Pierangeli:

> "Tal emoção deve ser violenta, intensa, absorvente, atuando o homicida em verdadeiro choque emocional, ou seja, ocorre a perda do *self control*. Já se comparou o homem sob o influxo da emoção violenta a um carro tirado por bons cavalos, mas tendo à boleia um cocheiro bêbado. Na crise aguda da emoção, tornam-se inócuos os freios inibitórios que são deixados a si mesmos, ao desgoverno, aos centros motores de pura execução. Desintegra-se a personalidade psíquica. Antes desse momento, todavia, o processo emocional pode ser interrompido e nessa fase ainda é possível a interferência da autocrítica e o indivíduo pode ainda se manter sob controle, 'dentro de si', podendo contar até dez antes de agir. Como dizia Sêneca, 'a emoção incipiente quase sempre aborta quando se apresenta um forte contramotivo'. Após isso, atinge-se um momento agudo da descarga emocional, apresentando-se uma emoção violenta, exatamente aquela que oblitera os sentidos, aquela que, na linguagem popular, cega. Se decorrer na prática do homicídio apenas uma influência da emoção, é de reconhecer apenas a atenuante prevista no art. 65, III, *c*, do CP [conforme a Parte Geral antes da reforma de 1984]."[19].

A frieza de espírito, evidentemente, exclui a emoção tratada no parágrafo.

b) *reação imediata (logo em seguida a injusta provocação da vítima):* para a configuração do privilégio se exige que o revide seja imediato, logo depois da provocação da vítima, sem hiato temporal (*sine intevallo*), devendo perdurar o estado de violenta emoção. A mora na reação exclui a causa minorante, transmudando-se em vingança.

Na prática, difícil será identificar a proximidade do rebate, razão pela qual o critério mais usado pelos julgadores tem sido considerar imediata toda reação praticada durante o período de domínio da violenta emoção, o que faz depender do caso concreto.

c) *injusta provocação da vítima:* a "provocação" trazida pelo parágrafo em comento não traduz, necessariamente, agressão, mas compreende todas e quaisquer condutas incitantes, desafiadoras e injuriosas. Pode, inclusive, ser indireta, isto é, dirigida contra terceira pessoa ou até contra um animal.

> "Em regra, os Tribunais têm aceitado a violenta emoção do marido que colhe a mulher em flagrante adultério. Compreende-se o ímpeto emocional diante da surpresa ou inesperada cena, pois é de sua essência ser brusco, repentino e violento. Mais que discutível, entretanto, será o choque emotivo se o marido, sabendo da infidelidade da mulher, tudo preparar e fizer para colhê-la em flagrante. Incompreensível é essa emoção a prazo."[20].

19. *Manual de direito penal brasileiro*, p. 64.
20. Magalhães Noronha, *Direito penal*, v. 2, p. 23-24.

2.3.1.1. Comunicabilidade do § 1º

É lição corrente na doutrina que o § 1º traz circunstâncias, isto é, dados eventuais, interferindo apenas na quantidade da pena e não na qualidade do crime, que permanece o mesmo (homicídio). Por essa razão, na hipótese de concurso de pessoas, tais circunstâncias minorantes – *subjetivas* – são incomunicáveis entre os concorrentes (art. 30 do CP).

2.3.1.2. Natureza jurídica do privilégio

Reconhecido o homicídio privilegiado, a redução da pena é obrigatória, segundo o entendimento majoritário da doutrina e da jurisprudência (direito subjetivo do condenado). Conferir *RT* 448/356.

2.3.2. Homicídio qualificado

O art. 121, § 2º, descreve certas qualificadoras agravantes, umas ligadas aos motivos determinantes do crime, indiciários de depravação espiritual do agente (incisos I, II, V, VI e VII – *circunstâncias subjetivas*), e outras com o modo maligno que acompanham o ato ou fato em sua execução (incisos III e IV – *circunstâncias objetivas*).

Esta forma do crime, com o advento da Lei 8.930/94, foi etiquetada como hedionda, sofrendo, desse modo, todos os consectários traçados pela Lei 8.072/90.

Vejamos, a seguir, separadamente, cada uma das circunstâncias qualificadoras.

2.3.2.1. Mediante paga ou promessa de recompensa ou por outro motivo torpe

Prevê o inciso I o homicídio praticado por motivo torpe, isto é, quando a razão do delito for vil, ignóbil, repugnante, abjeta. O clássico exemplo está estampado logo na primeira parte do inciso em comento, com o *homicídio mercenário* ou por *mandato remunerado*. Aqui o executor pratica o crime movido pela ganância do lucro, é dizer, em troca de alguma recompensa prévia ou expectativa do seu recebimento (matador profissional ou sicário).

Trata-se de delito de concurso necessário (ou bilateral), no qual é indispensável a participação de, no mínimo, duas pessoas (mandante e executor: aquele paga ou promete futura recompensa; este aceita, praticando o combinado).

Existe divergência na doutrina sobre se a qualificadora em tela é simples circunstância, com aplicação restrita ao executor do crime, que é quem mata motivado pela remuneração, ou se será aplicada também ao mandante, configurando verdadeira elementar subjetiva do tipo.

Adotando a primeira corrente, Rogério Greco explica:

> "Imagine a hipótese na qual um pai de família, trabalhador, honesto, cumpridor de seus deveres, que em virtude de sua situação econômica ruim tenha que residir em um local no qual impera o tráfico de drogas. Sua filha, de apenas 15 anos de idade, foi estuprada pelo traficante que dominava aquela região. Quando soube

> da notícia, não tendo coragem de, por si mesmo, causar a morte do traficante, contratou um justiceiro, que, 'executou o serviço'. O mandante, isto é, o pai da menina estuprada, deverá responder pelo delito de homicídio simples, ainda com a diminuição de pena relativa ao motivo de relevante valor moral. Já o justiceiro, autor do homicídio mercenário, responderá pela modalidade qualificada."[21].

O STJ tem decisões tanto no sentido de que se trata de elementar, que, portanto, se comunica automaticamente ao mandante, quanto no sentido de que, embora não se trate de elementar, pode haver a comunicação, a depender do caso concreto:

> "Não obstante a paga ou a promessa de recompensa seja circunstância acidental do delito de homicídio, de caráter pessoal e, portanto, incomunicável automaticamente a coautores do homicídio, não há óbice a que tal circunstância se comunique entre o mandante e o executor do crime, caso o motivo que levou o mandante a empreitar o óbito alheio seja torpe, desprezível ou repugnante. 2. Na espécie, o recorrido teria prometido recompensa ao executor, a fim de, com a morte da vítima, poder usufruir vantagens no cargo que exercia na Prefeitura Municipal de Fênix. 3. Recurso especial provido, para reconhecer as apontadas violações dos arts. 30 e 121, § 2º, I, ambos do Código Penal, e restaurar a decisão de pronúncia, restabelecendo a qualificadora do motivo torpe, a fim de que o réu seja submetido a julgamento pelo Tribunal do Júri, pela prática do delito previsto no art. 121, § 2º, I e IV, do Código Penal"[22].

> "A qualificadora do homicídio mediante paga é elementar do tipo penal, estendendo-se também ao mandante do delito. Assim, não há falar em existência de constrangimento ilegal na comunicação ao paciente, autor intelectual do crime, da qualificadora prevista no inciso I, do § 2º do art. 121 do Código Penal – CP"[23].

A natureza da paga feita ou promessa de recompensa também é bastante discutida.

Para uns, pode ser ela de qualquer espécie, compreendendo tudo quanto possa ser objeto de paga ou promessa. Não depende igualmente de prévia fixação. Pode ser deixada à escolha do mandante. Não constitui condição essencial da recompensa ter valor econômico, bastando, por exemplo, a simples promessa de futuro casamento, com a própria pessoa instigadora ou com terceira.

Predomina, no entanto, o entendimento segundo o qual a recompensa deve ter natureza econômica.

---

21. *Curso de Direito Penal:* parte especial, v. 2, p. 154-5.
22. REsp 1209852/PR, Rel. Min. Rogério Schietti Cruz, DJe 02/02/2016.
23. HC 291604/PI, Rel. Min. Ericson Maranho (desembargador convocado do TJ/SP), DJe 22/10/2015.

Tal discussão, para nós, é inócua, vez que o inciso encerra forma de interpretação analógica, em que o legislador, após fórmula exemplificativa, emprega expressão genérica, permitindo ao aplicador encontrar outros casos indicativos de torpeza (mesquinharia).

☑ ***A vingança é motivo torpe?***

Entendemos que pode ou não constituir motivo torpe, dependendo da causa que a originou.

Nesse sentido, aliás, decidiu o STJ:

> "A verificação se a vingança constitui ou não motivo torpe deve ser feita com base nas peculiaridades de cada caso concreto, de modo que não se pode estabelecer um juízo *a priori*, positivo ou negativo" (REsp 21.261-PR, DJ 4/9/2000; REsp 256.163-SP, DJ 24/4/2006; REsp. 417.871-PE, DJ 17/12/2004, e HC 126.884-DF, DJe 16/11/2009. REsp 785.122-SP). Na mesma linha, entendeu o STF: "a vingança, por si só, não substantiva o motivo torpe; a sua afirmativa, contudo, não basta para elidir a imputação de torpeza do motivo do crime, que há de ser aferida à luz do contexto do fato." (HC 83.309-MS, DJ 6/2/2004)[24].

2.3.2.2. Por motivo fútil

O inciso II qualifica o crime de homicídio quando praticado por motivo fútil, ou seja, quando o móvel apresenta real desproporção entre o delito e sua causa moral.

Ensina Aníbal Bruno:

> "Motivo fútil é aquele pequeno demais para que na sua insignificância possa parecer capaz de explicar o crime que dele resulta. O que acontece é uma desconformidade revoltante entre a pequeneza da provocação e a grave reação criminosa que o sujeito lhe opõe."[25].

Não se deve confundi-lo com o motivo injusto. Este é elemento integrante do crime. Para que se reconheça a futilidade da motivação é necessário que, além de injusto, o motivo seja realmente insignificante[26].

A ausência de motivo, segundo alguns, equipara-se, para os devidos fins legais, ao pretexto fútil, porquanto seria um contrassenso conceber que o legislador punisse com pena mais grave aquele que mata por futilidade, permitindo ao que age sem

24. O mesmo raciocínio se aplica ao ciúme, devendo ser analisada a causa que o originou.
25. *Crimes contra a pessoa*, p. 78.
26. Já decidiu o STJ que eventual altercação anterior entre a vítima e o autor do homicídio não afasta, por si, a qualificadora do motivo fútil: "A anterior discussão entre a vítima e o autor do homicídio, por si só, não afasta a qualificadora do motivo fútil. Precedente citado: AgRg no AREsp 31.372-AL, Sexta Turma, DJe 21/3/2013; AgRg no AREsp 182.524-DF, Quinta Turma, DJe 17/12/2012" (AgRg no REsp 1.113.364/PE, Quinta Turma, rel. Min. Sebastião Reis Júnior, DJe 21/8/2013).

qualquer motivo receber sanção mais branda (nesse sentido: *RTJE* 45/276; *RT* 511/357 e 622/332; *RJTJSP* 138/449).

Apesar de concordar com a razoabilidade da equiparação, Cezar Roberto Bitencourt adverte:

> "A *insuficiência de motivo* não pode, porém, ser confundida com *ausência de motivos*. Aliás, motivo fútil não se confunde com *ausência de motivo*. Essa é uma grande aberração jurídico-penal. A presença de um motivo, fútil ou banal, qualifica o homicídio. No entanto, a completa *ausência de motivo*, que deve tornar mais censurável a conduta, pela gratuidade e maior reprovabilidade, não o qualifica. *Absurdo lógico*: homicídio motivado é qualificado; homicídio sem motivo é simples. Mas o princípio da reserva legal não deixa outra alternativa. Por isso defendemos, *de lege ferenda*, o acréscimo de uma nova qualificadora ao homicídio: 'ausência de motivo', pois quem o pratica nessas circunstâncias revela uma maior anormalidade moral que atinge as raias da demência."[27].

Na mesma linha de raciocínio temos as lições de Celso Delmanto.[28-29].

Por fim, o STJ, invocando precedentes da própria Corte, decidiu não haver, no crime de homicídio, incompatibilidade entre o dolo eventual e o motivo fútil (Precedentes citados: REsp 365-PR, DJ 10/10/1989; REsp 57.586-PR, DJ 25/9/1995; REsp 192.049-DF, DJ 1º/3/1999; HC 36.714-SP, DJ 1º/7/2005; HC 58.423-DF, DJ 25/06/2007; REsp 912.904/SP, DJe 15/03/2012). Há, no entanto, decisão em sentido contrário:

> "É incompatível com o dolo eventual a qualificadora de motivo fútil (art. 121, § 2°, II, do CP). Conforme entendimento externado pelo Min. Jorge Mussi, ao tempo que ainda era Desembargador, "os motivos de um crime se determinam em face das condicionantes do impulso criminógeno que influem para formar a intenção de cometer o delito, intenção que, frise-se, não se compatibiliza com o dolo eventual ou indireto, onde não há o elemento volitivo" (TJSC, HC 1998.016445-1, Dj 15/12/1998). Ademais, segundo doutrina, "Não são expressões sinônimas – intenção criminosa e voluntariedade. A vontade do homem aplicada à ação ou inação constitutivas da infração penal é a voluntariedade; a vontade do agente aplicada às conseqüências lesivas do direito é intenção criminosa. Em todas as infrações penais encontram-se voluntariedade. Em todos, porém, não se vislumbra a intenção criminosa. Os crimes em que não se encontra a intenção criminosa são os culposos e os praticados com dolo indireto, não obstante a voluntariedade da ação nas duas modalidades". Destaque-se que, em situações semelhantes, já decidiu

27. Ob. cit., v. 2, p. 80.
28. *Código Penal Comentado*, p. 353.
29. Nesse sentido: *RT* 511/344.

> desse modo tanto o STJ (REsp 1.277.036-SP, Quinta Turma, DJe 10/10/2014) quanto o STF (HC 111.442-RS, Segunda Turma, DJe 17/9/2012; e HC 95.136, Segunda Turma, DJe 30/3/2011), sendo que a única diferença foi a qualificadora excluída: no caso em análise, a do inciso II, § 2º, do art. 121, já nos referidos precedentes, a do inciso IV do mesmo parágrafo e artigo"[30].

2.3.2.3. Com emprego de veneno, fogo, explosivo, asfixia, tortura ou outro meio insidioso ou cruel, ou de que possa resultar perigo comum

O homicídio, nos termos do inc. III, é qualificado quando cometido com emprego de veneno, fogo, explosivo, asfixia, tortura ou outro meio insidioso (dissimulado) ou cruel (aumenta inutilmente o sofrimento da vítima), ou de que possa resultar perigo comum (capaz de atingir número indeterminado de pessoas).

Este inciso também emprega fórmula casuística inicial e, ao final, usa fórmula genérica, permitindo ao seu aplicador encontrar casos outros que denotem insídia, crueldade ou perigo comum advindo da conduta do agente (interpretação analógica).

a) *Emprego de veneno (venefício):* o agente, no caso, para alcançar o intento criminoso, utiliza substância, biológica ou química, animal, mineral ou vegetal, capaz de perturbar ou destruir as funções vitais do organismo humano.

Magalhães Noronha confessa a dificuldade de se conceituar *veneno*:

> "Pois toda substância o pode ser. Assim, o açúcar ministrado a um diabético, o calomelanos a quem ingeriu sal de cozinha. Compete à perícia a afirmação, no caso concreto."[31].

Entende a doutrina que o homicídio será qualificado pelo envenenamento apenas quando a vítima desconhecer estar ingerindo a malfazeja substância, ou seja, ignorar estar sendo envenenada. Caso forçada a ingerir substância sabidamente venenosa, estaremos diante de outro meio cruel, alcançado pela expressão genérica trazida pelo inciso em comento.

b) *Emprego de fogo ou explosivo:* a utilização de fogo ou explosivo (qualquer objeto capaz de causar explosão), como meio de alcançar a morte da vítima, revela o modo especialmente perverso escolhido pelo agente, podendo, inclusive, colocar em risco um número indeterminado de pessoas.

Aqui deve ser lembrado o triste (porém real) exemplo dos jovens de Brasília/DF, que atearam fogo em um índio que dormia num banco nas proximidades da Esplanada, aguardando o sol para reivindicar direitos junto aos Poderes Constituídos.

c) *Emprego de asfixia: asfixia* é o impedimento, por qualquer meio (mecânico – *enforcamento, afogamento, estrangulamento, esganadura ou sufocação* – ou tóxico – *produzido por gases deletérios*) da passagem do ar pelas vias respiratórias ou pulmões da pessoa, acarretando

---

30. HC 307.617/SP, Rel. Min. Nefi Cordeiro, Rel. para acórdão Min. Sebastião Reis Júnior, DJe 16/5/2016.
31. *Direito penal*, v. 2, p. 25.

a falta de oxigênio no sangue, podendo, dependendo do tempo de suspensão da respiração, causar a sua morte.

d) *Emprego de tortura:* o emprego de tortura demonstra também a expressiva crueldade do meio empregado pelo agente, revelando, ainda, sua índole ferina e depravada, que acaba por provocar na vítima sofrimento desnecessário.

No caso, somente qualifica o homicídio se o resultado morte era perseguido pelo agente, tendo escolhido o sofrimento atroz como meio de alcançá-lo. No caso de o agente atuar com dolo apenas com relação à tortura, derivando a morte de culpa, responderá pelo crime de tortura qualificado pelo resultado (art. 1º, § 3º, da Lei 9.455/97[32]).

2.3.2.4. À traição, de emboscada, ou mediante dissimulação ou outro recurso que dificulte ou torne impossível a defesa do ofendido

Qualifica o crime de homicídio utilizar o agente algum recurso que dificulte ou impossibilite a defesa da vítima, exemplificando o Código alguns modos particularmente insidiosos de praticá-lo, como a *traição, emboscada* e *dissimulação*, cabendo, desse modo, a interpretação analógica.

a) *Traição:* é ataque desleal, repentino e inesperado (ex.: atirar na vítima pelas costas ou durante o sono).

b) *Emboscada* pressupõe ocultamento do agente, que ataca a vítima com surpresa. Denota essa circunstância maior covardia e perversidade por parte do delinquente.

c) Já a *dissimulação* significa fingimento, ocultando (disfarçando) o agente a sua intenção hostil, apanhando a vítima desatenta e indefesa.

Lembra Damásio de Jesus:

> "A premeditação não constitui circunstância qualificadora do homicídio. Nem sempre a preordenação criminosa constitui circunstância capaz de exasperar a pena do sujeito diante do maior grau de censurabilidade de seu comportamento. Muitas vezes, significa resistência à prática delituosa. Entretanto, tal circunstância não é irrelevante diante da pena, podendo agravá-la nos termos do art. 59 do CP (circunstância judicial)."[33]. Nesse sentido: *RT* 534/396.

Registramos que a idade da vítima (tenra ou avançada), por si só, não possibilita a aplicação da presente qualificadora, porquanto constitui característica da vítima, e não recurso procurado pelo agente (TJSP, *RT*683/303).

---

32. A Lei nº 12.847/13 instituiu o Sistema Nacional de Prevenção e Combate à Tortura. A Lei estabelece a criação de diversos mecanismos contra a tortura, como o Sistema Nacional de Prevenção e Combate à Tortura – SNPCT, composto pelo Comitê Nacional de Prevenção e Combate à Tortura – CNPCT, pelo Mecanismo Nacional de Prevenção e Combate à Tortura – MNPCT, pelo Conselho Nacional de Política Criminal e Penitenciária – CNPCP e pelo órgão do Ministério da Justiça responsável pelo sistema penitenciário nacional.

33. *Direito penal – Parte Especial*, v. 2, p. 66.

Por fim, destaca-se que o STF já decidiu que a presente qualificadora é incompatível com o dolo eventual. No *habeas corpus* julgado pela Corte, o paciente fora pronunciado por dirigir veículo, em alta velocidade, e, ao avançar sobre a calçada, atropelara casal de transeuntes, evadindo-se sem prestar socorro às vítimas. Concluiu-se pela ausência do dolo específico, imprescindível à configuração da citada qualificadora e, em consequência, determinou-se sua exclusão da sentença condenatória. (HC 95.136/PR, rel. Min. Joaquim Barbosa, DJe 30/03/2011).

2.3.2.5. Para assegurar a execução, a ocultação, a impunidade ou vantagem de outro crime

O inciso V enuncia hipóteses de conexão (vínculo) entre o crime de homicídio e outros delitos.

A doutrina subdivide a conexão em *teleológica* (homicídio praticado para *assegurar a execução* de outro crime, *futuro*) e *consequencial* (quando o homicídio visa *assegurar a ocultação, a impunidade* ou *vantagem* de outro crime, *passado*)[34].

"Outro crime" de que fala o dispositivo pode ser de autoria do próprio homicida ou pessoa diversa (ex.: matar para assegurar a impunidade do irmão autor de um assalto a um banco).

Se o crime foi praticado para assegurar a execução, ocultação, impunidade ou vantagem de uma contravenção penal, descabida a presente qualificadora, podendo configurar, conforme o caso, a do motivo torpe (ou fútil).

2.3.2.6. Feminicídio

A Lei 13.104/15 inseriu o inciso VI para incluir no art. 121 o feminicídio, entendido como a morte de mulher em razão da condição do sexo feminino (leia-se, violência de gênero quanto ao sexo). A incidência da qualificadora reclama situação de violência praticada contra a mulher, em contexto caracterizado por relação de poder e submissão, praticada por homem ou mulher sobre mulher em situação de vulnerabilidade[35].

---

34. A conexão meramente *ocasional* (por ocasião de outro crime), sem vínculo finalístico, não qualifica o homicídio.

35. O STJ admitiu a aplicação da Lei Maria da Penha (11.340/06) numa agressão contra mulher praticada por outra mulher (relação entre mãe e filha). Isso porque, de acordo com o art. 5º da Lei 11.340/2006, configura violência doméstica e familiar contra a mulher qualquer ação ou omissão baseada no gênero que lhe cause morte, lesão, sofrimento físico, sexual ou psicológico e dano moral ou patrimonial em qualquer relação íntima de afeto, na qual o agressor conviva ou tenha convivido com a ofendida, independentemente de coabitação. Da análise do dispositivo citado, infere-se que o objeto de tutela da Lei é a mulher em situação de vulnerabilidade, não só em relação ao cônjuge ou companheiro, mas também qualquer outro familiar ou pessoa que conviva com a vítima, independentemente do gênero do agressor. Nessa mesma linha, entende a jurisprudência do STJ que o sujeito ativo do crime pode ser tanto o homem como a mulher, desde que esteja presente o estado de vulnerabilidade caracterizado por uma relação de poder e submissão (HC 277.561/AL, Rel. Min. Jorge Mussi, julgado em 6/11/2014).

Com a novel Lei, o feminicídio passa a configurar a sexta forma qualificada do crime de homicídio[36].

O § 2º-A foi acrescentado para esclarecer quando a morte da mulher deve ser considerada em razão da condição do sexo feminino: I – violência doméstica e familiar; II – menosprezo ou discriminação à condição de mulher[37].

O conceito de violência doméstica e familiar (inciso I) é obtido no art. 5º da Lei 11.340/06[38], isto é, assim se considera qualquer ação ou omissão baseada no gênero que cause a morte da mulher:

a) no âmbito da unidade doméstica, compreendida como o espaço de convívio permanente de pessoas, com ou sem vínculo familiar, inclusive as esporadicamente agregadas: Agressão no âmbito da unidade doméstica compreende aquela praticada no espaço caseiro, envolvendo pessoas com ou sem vínculo familiar, inclusive as esporadicamente agregadas integrantes dessa aliança (insere-se, na hipótese, a agressão do patrão em face da empregada). A respeito, temos a lição de Damásio de Jesus e Hermelino de Oliveira:

> "Não se pode afirmar que essas normas foram expressas visando à proteção da empregada doméstica. De ver-se, entretanto, que não se pode dizer que a excluíram de sua incidência, até porque o mandamento constitucional proíbe a violência no âmbito das relações familiares. A questão é saber se a empregada doméstica insere-se nesse contexto, uma vez que a nova lei ordinária delimita o campo da sua incidência como sendo o 'espaço de convívio permanente de pessoas, com ou sem vínculo familiar, inclusive as esporadicamente agregadas' (...) Para que se possa opinar sobre a questão proposta, é também necessário relembrar o conceito legal de empregado doméstico como sendo 'aquele que presta serviços

36. Antes da Lei 13.104/15, esta forma do crime já qualificava o homicídio, mas pela torpeza, sendo igualmente rotulada como hedionda. A mudança, portanto, foi meramente topográfica, migrando o comportamento delituoso do art. 121, § 2º., I, para o mesmo parágrafo, mas no inciso VI. A virtude dessa alteração está na simbologia, isto é, no alerta que se faz da necessidade de se coibir com mais rigor a violência contra a mulher em razão da condição do sexo feminino.

37. O esclarecimento, no entanto, além de inútil, causa confusão. Efetivamente, feminicídio, comportamento de que trata a qualificadora, pressupõe violência baseada no gênero, agressões que tenham como motivação a opressão à mulher. É imprescindível que a conduta do agente esteja motivada pelo menosprezo ou discriminação à condição de mulher da vítima. A previsão deste (infeliz) parágrafo, além de repisar pressuposto inerente ao delito, fomenta a confusão entre feminicídio e femicídio. Matar mulher, na unidade doméstica e familiar (ou em qualquer ambiente ou relação), sem menosprezo ou discriminação à condição de mulher é **femicídio**. Se a conduta do agente é movida pelo menosprezo ou discriminação à condição de mulher, aí sim temos **feminicídio**.

38. O art. 121, § 2º, inciso VI revela o que a doutrina atual denomina *norma penal em branco ao quadrado*. Efetivamente, o inciso VI, ao dispor sobre o homicídio contra a mulher por razões da condição de sexo feminino, deve ser complementado pelo § 2º-A, que, no inciso I, referindo-se à violência doméstica e familiar, deve ser por sua vez complementado pela Lei 11.340/06. Os dois casos tratam de norma penal em branco imprópria, pois os complementos emanam do próprio legislador.

> de natureza contínua e de finalidade não lucrativa à pessoa ou à família no âmbito residencial destas' (art. 1.º da Lei 5.859, de 11 de dezembro de 1972). Essa prestação de serviços no seio das famílias e no ambiente residencial é que justifica o tratamento legal dado à relação de trabalho doméstico e sua forma de proteção (...). A propósito, os escritores nunca desprezaram os empregados domésticos. No passado, encontramos a figura do mordomo fiel, que muito se prestou a tantas peças literárias, sendo, amiúde, a chave do deslinde de histórias policiais misteriosas. Hoje, diante das transformações da família e da vida moderna, a figura da empregada da casa passou a ser objeto de peças teatrais, algumas de muito sucesso, aparecendo como protagonista principal do enredo, tal o seu envolvimento com a vida das pessoas da residência. De se concluir, pois, que ela merece a proteção da Lei 11.340/2006".[39]

b) no âmbito da família, compreendida como a comunidade formada por indivíduos que são ou se consideram aparentados, unidos por laços naturais, por afinidade ou por vontade expressa: A violência no âmbito da família engloba aquela praticada entre pessoas unidas por vínculo jurídico de natureza familiar, podendo ser conjugal, em razão de parentesco (em linha reta e por afinidade), ou por vontade expressa (adoção).

c) em qualquer relação íntima de afeto, na qual o agressor conviva ou tenha convivido com a ofendida, independentemente de coabitação: O inc. III do art. 5º da Lei 11.340/06, de forma ampla (tornando, ao que parece, dispensáveis os incisos anteriores) etiquetou como violência "doméstica" qualquer agressão inserida em um relacionamento estreito entre duas pessoas, fundado em camaradagem, confiança, amor etc.

Para alguns, não sem razão, a extensão do dispositivo (relação de intimidade) extrapolou o espírito dos tratados ratificados pelo Brasil – mais restritos –, protegendo a mulher de forma diferenciada somente no seu ambiente doméstico. Neste sentido, escreve Guilherme de Souza Nucci:

> "Cremos ser inaplicável o disposto no inc. III do art. 5.º, desta lei, para efeitos penais. Na Convenção Interamericana para prevenir, punir e erradicar a violência contra a mulher, no art. 2.º, § 1.º [*rectius*: alínea *a*], prevê-se que a violência contra a mulher tenha ocorrido 'dentro da família ou unidade doméstica ou em qualquer outra relação interpessoal, em que o agressor conviva ou tenha convivido no mesmo domicílio que a mulher e que compreende, entre outros, estupro, violação, maus-tratos e abuso sexual'. Logo, é bem menos abrangente do que a redação do inc. III do art. 5.º da Lei 11.340/2006. Exige-se, no texto da Convenção, a existência de coabitação atual ou passada. Na Lei 11.340/2006 basta a convivência presente ou passada, independentemente de coabitação. Ora, se

39. *A empregada doméstica e a Lei Maria da Penha*. Disponível em: [http://www.egov.ufsc.br:8080/portal/sites/default/files/anexos/13261-13262-1-PB.pdf]. Acesso em: 24/11/2016.

agressor e vítima não são da mesma família e nunca viveram juntos, não se pode falar em violência doméstica e familiar. Daí emerge a inaplicabilidade do disposto no inc. III."[40]

Ainda de acordo com o art. 5º, as relações pessoais nele enunciadas independem de orientação sexual (parágrafo único). Notável a inovação trazida pela lei neste dispositivo legal, ao prever que a proteção à mulher contra a violência independe da orientação sexual dos envolvidos. Vale dizer, em outras palavras, que também a mulher homossexual, quando vítima de ataque perpetrado pela parceira, no âmbito da família – cujo conceito foi nitidamente ampliado pelo inc. II, deste artigo, para incluir também as relações homoafetivas – encontra-se sob a proteção do diploma legal em estudo.

Note-se que embora a norma explicativa do inciso I contenha a expressão *violência doméstica **e** familiar*, deve ser lida como *violência doméstica **ou** familiar*, pois nada impede que o fato ocorra no âmbito doméstico sem que haja vínculo familiar[41], nem há óbice a que ocorra fora do âmbito doméstico entre familiares. Isso, aliás, decorre da própria definição do art. 5º da Lei 11.340/06, que se refere expressamente aos crimes cometidos no âmbito da unidade doméstica e no âmbito da família.

No inciso II, que trata do menosprezo e da discriminação à condição de mulher, o tipo se torna aberto, pois compete ao julgador estabelecer, diante do caso concreto, se o homicídio teve como móvel a diminuição da condição feminina. Ao contrário do inciso I, não há nada, senão as circunstâncias do fato, em que seja possível se escorar para verificar se a qualificadora se caracterizou.

Como forma de driblar a conclusão pela inconstitucionalidade da Lei 11.340/06 – que dispensa tratamento desigual em razão do gênero –, definimos violência doméstica como sendo a agressão contra mulher, num determinado ambiente (doméstico, familiar ou de intimidade), com finalidade específica de objetá-la, isto é, dela retirar direitos, aproveitando da sua hipossuficiência. Como bem salientou o Conselho da Europa, trata-se de "qualquer ato, omissão ou conduta que serve para infligir sofrimentos físicos, sexuais ou mentais, direta ou indiretamente, por meio de enganos, ameaças, coação ou qualquer outro meio, a qualquer mulher, e tendo por objetivo e como efeito intimidá-la, puni-la ou humilhá-la, ou mantê-la nos papéis estereotipados ligados ao seu sexo, ou recusar-lhe a dignidade humana, a autonomia sexual, a integridade física, mental e moral, ou abalar a sua segurança pessoal, o seu amor próprio ou a sua personalidade, ou diminuir as suas capacidades físicas ou intelectuais".[42]

40. *Leis penais e processuais penais comentadas*. São Paulo: RT, 2006. p. 865.
41. A Lei Complementar nº 150/15, que dispõe sobre o contrato de trabalho doméstico, estabelece, no art. 27, parágrafo único, inciso VII, a possibilidade de rescisão por culpa do empregador quando este praticar qualquer das formas de violência contra mulheres de que trata o art. 5º da Lei nº 11.340/06.
42. *Violência contra a mulher*. Disponível em: [www.fjuventude.pt] Acesso em: 10.11.2006.

Apesar de alguns preconizarem a necessidade da habitualidade, não nos parece correto, considerando não somente o espírito dos tratados, mas do próprio legislador pátrio ao tipificar como violência doméstica "qualquer ação ou omissão"; aliás, exigir habitualidade é admitir que o Estado deve tolerar, antes de agir, uma agressão.

Em conjunto com a conceituação da violência doméstica e familiar contra a mulher, nos arts. 2º e 3º a Lei 11.340/06 reforça os direitos e garantias fundamentais da mulher. Os artigos em comento anunciaram o óbvio, explicitando os direitos fundamentais de qualquer mulher (direitos à vida, à segurança, à saúde, à alimentação, à educação, à cultura, à moradia, ao acesso à justiça, ao esporte, ao lazer, ao trabalho, à cidadania, à liberdade, à dignidade, ao respeito e à convivência familiar e comunitária), independentemente da sua classe, raça, etnia, orientação sexual, renda, cultura, nível educacional, idade e religião. Observa Guilherme de Souza Nucci:

> "O óbvio não precisa constar em lei, ainda mais se está dito, em termos mais adequados, pelo texto constitucional de maneira expressa e, identicamente, em convenções internacionais, ratificadas pelo Brasil, em plena vigência. De outro lado, o extenso rol de classificações realizado é, também, pueril, pois, quanto mais se busca descrever, sem generalizar, há o perigo de olvidar algum termo, dando brecha a falsas interpretações. Inseriu-se 'independentemente de classe, raça, etnia, orientação sexual, renda, cultura, nível educacional, idade e religião'. Omitiu o legislador, por exemplo, os termos 'cor' e 'origem' (existentes no art. 3.º, IV, CF) e a expressão 'procedência nacional' (art. 1.º, *caput*, da Lei 7.716/1989). Por acaso mulheres de 'cores' diversas gozam de direitos humanos fundamentais diversificados?".[43]

No entanto, no caso presente (proteção da mulher), a obviedade tem razão de ser, como bem alertam Helena Omena Lopes e Mônica de Melo:

> "É inegável, historicamente, que a construção legal e conceitual dos direitos humanos se deu, inicialmente, com a exclusão da mulher. Embora os principais documentos internacionais de direitos humanos e praticamente todas as Constituições da era moderna proclamem a igualdade de todos, essa igualdade, infelizmente, continua sendo compreendida em seu aspecto formal e estamos ainda longe de alcançar a igualdade real, substancial entre mulheres e homens. A Convenção sobre a Eliminação de Todas as Formas de Discriminação contra a Mulher foi, dentre as Convenções da ONU, a que mais recebeu reservas por parte dos países que a ratificaram. E em virtude da grande pressão das entidades não governamentais é que houve o reconhecimento de que os direitos da mulher também são direitos humanos, ficando consignado na Declaração e Programa de Ação de Viena (item 18) que: 'Os direitos humanos das mulheres e

43. *Leis penais e processuais penais comentadas*. São Paulo: RT, 2006. p. 861.

das meninas são inalienáveis e constituem parte integral e indivisível dos direitos humanos universais. (...)'".[44]

☑ ***Pode figurar como vítima do feminicídio pessoa transexual?***

Inicialmente, como bem ressaltam Cristiano Chaves de Farias e Nelson Rosenvald, "o transexual não se confunde com o homossexual, bissexual, intersexual ou mesmo com o travesti. O transexual é aquele que sofre uma dicotomia físico-psíquica, possuindo um sexo físico, distinto de sua conformação sexual psicológica. Nesse quadro, a cirurgia de mudança de sexo pode se apresentar como um modo necessário para a conformação do seu estado físico e psíquico"[45].

Em eventual resposta à indagação inicial, podem ser observadas duas posições: uma primeira, conservadora, entendendo que o transexual, geneticamente, não é mulher (apenas passa a ter órgão genital de conformidade feminina), e que, portanto, descarta, para a hipótese, a proteção especial; já para uma corrente mais moderna, desde que a pessoa portadora de transexualismo transmute suas características sexuais (por cirurgia e modo irreversível), deve ser encarada de acordo com sua nova realidade morfológica, eis que a jurisprudência admite, inclusive, retificação de registro civil. Rogério Greco, não sem razão, explica: "Se existe alguma dúvida sobre a possibilidade de o legislador transformar um homem em uma mulher, isso não acontece quando estamos diante de uma decisão transitada em julgado. Se o Poder Judiciário, depois de cumprido o devido processo legal, determinar a modificação da condição sexual de alguém, tal fato deverá repercutir em todos os âmbitos de sua vida, inclusive o penal"[46]. Nesse sentido, aliás, decidiu o TJ/MG, aplicando a Lei Maria da Penha não apenas para a mulher, mas também transexuais e travestis:

"Para a configuração da violência doméstica não é necessário que as partes sejam marido e mulher, nem que estejam ou tenham sido casados, já que a união estável também se encontra sob o manto protetivo da lei. Admite-se que o sujeito ativo seja tanto homem quanto mulher, bastando a existência de relação familiar ou de afetividade, não importando o gênero do agressor, já que a norma visa tão somente à repressão e prevenção da violência doméstica contra a mulher. Quanto ao sujeito passivo abarcado pela lei, exige-se uma qualidade especial: ser mulher, compreendidas como tal as lésbicas, os transgêneros, as transexuais e as travestis, que tenham identidade com o sexo feminino. Ademais, não só as esposas, companheiras, namoradas ou amantes estão no âmbito de abrangência do delito de violência doméstica como sujeitos passivos. Também as filhas e netas do agressor como sua mãe, sogra, avó ou qualquer outra parente que mantém vínculo familiar com ele podem integrar o polo passivo da ação delituosa"[47].

44. *Série Estudo*, n. 11, Procuradoria Geral do Estado de São Paulo, out. 1998, p. 373.
45. *Direito civil – Teoria geral*, p. 115.
46. *Curso de direito penal*, vol. III, p. 530.
47. HC 1.0000.09.513119-9/000, j. 24.02.2010, rel. Júlio Cezar Gutierrez.

A nosso ver, a *mulher* de que trata a qualificadora é aquela assim reconhecida juridicamente[48]. No caso de transexual que formalmente obtém o direito de ser identificado civilmente como mulher, não há como negar a incidência da lei penal porque, para todos os demais efeitos, esta pessoa será considerada mulher. A proteção especial não se estende, todavia, ao travesti, que não pode ser identificado como pessoa do gênero feminino. Se a Lei Maria da Penha tem sido interpretada extensivamente para que sua rede de proteção se estenda à pessoa que, embora não seja juridicamente reconhecida como mulher, assim se identifique, devemos lembrar que a norma em estudo tem natureza penal, e a extração de seu significado deve ser balizada pela regra de que é vedada a analogia *in malam partem*. E, ao contrário do que ocorre com outras qualificadoras do homicídio em que se admite a interpretação analógica, neste caso não se utiliza a mesma fórmula, nem há espaço para interpretação extensiva, pois não é o caso de ampliar o significado de uma expressão para que se alcance o real significado da norma. *Mulher*, portanto, para os efeitos penais desta qualificadora, é o ser humano do gênero feminino. A simples identidade de gênero não tem relevância para que se caracterize a qualificadora.

Ressaltamos, por fim, que a qualificadora do feminicídio é subjetiva, pressupondo motivação especial: o homicídio deve ser cometido contra a mulher por razões da condição de sexo feminino. Mesmo no caso do inciso I do § 2º-A, o fato de a conceituação de violência doméstica e familiar ser um dado objetivo, extraído da lei, não afasta a subjetividade. Isso porque o § 2º-A é apenas explicativo; a qualificadora está verdadeiramente no inciso VI, que, ao estabelecer que o homicídio se qualifica quando cometido por razões da condição do sexo feminino, deixa evidente que isso ocorre pela motivação, não pelos meios de execução[49].

---

48. A doutrina aponta alguns critérios para definir o que se pode considerar mulher para os efeitos desta qualificadora: a) psicológico: o indivíduo nasce do sexo masculino, mas, psicologicamente, não aceita esta condição e se identifica com o sexo oposto. É o que move os transexuais a buscar a o procedimento de reversão genital; b) biológico: identifica-se a mulher por sua constituição genética e suas implicações físicas externas; c) jurídico: para este critério, é mulher quem é assim reconhecido juridicamente, ou seja, quem exibe em seu registro civil identidade do gênero feminino, ainda que não tenha nascido nesta condição, nem exiba as características próprias do sexo feminino. É o que normalmente ocorre com os transexuais, que, após a reversão, buscam também alterar seu registro civil.

49. Temos decisão pioneira do TJDFT em sentido contrário, argumentando que a novel qualificadora é objetiva: "A inclusão da qualificadora agora prevista no art. 121, § 2º, inciso VI, do CP, não poderá servir apenas como substitutivo das qualificadoras de motivo torpe ou fútil, que são de natureza subjetiva, sob pena de menosprezar o esforço do legislador. A Lei 13.104/2015 veio a lume na esteira da doutrina inspiradora da Lei Maria da Penha, buscando conferir maior proteção à mulher brasileira, vítima de condições culturais atávicas que lhe impuseram a subserviência ao homem. Resgatar a dignidade perdida ao longo da história da dominação masculina foi a *ratio essendi* da nova lei, e o seu sentido teleológico estaria perdido se fosse simplesmente substituída a torpeza pelo feminicídio. Ambas as qualificadoras podem coexistir perfeitamente, porque é diversa a natureza de cada uma: a torpeza continua ligada umbilicalmente à motivação da ação homicida, e o feminicídio ocorrerá toda vez que, objetivamente, haja uma agressão à mulher proveniente de convivência doméstica familiar. 3 Recurso provido. (Acórdão n.904781, 20150310069727RSE, Relator: GEORGE LOPES LEITE, 1ª Turma Criminal, Data de Julgamento: 29/10/2015, Publicado no DJE: 11/11/2015. Pág.: 105).

☑ ***De quem é a competência para o sumário da culpa no feminicídio?***

Ocorrido um homicídio qualificado na forma do inciso VI do § 2º do art. 121, resta-nos saber de quem será a competência para a condução do sumário de culpa e eventual prolação da sentença de pronúncia.

Competente será o juiz apontado pelas respectivas leis de organização judiciária como tal. Poderá ser o juiz da vara exclusiva do Júri, como ocorre na capital do Estado de São Paulo, a quem cabe a condução de todo o procedimento, desde o recebimento da acusação até o julgamento em plenário. Naquelas onde não há vara privativa do Júri, competente será o juiz de uma vara criminal, a quem caberá preparar o processo e, a partir do trânsito em julgado da sentença de pronúncia, enviá-lo ao juiz do Júri. Ou poderá, quem sabe, ser o próprio juiz dos Juizados de Violência Doméstica e Familiar contra a Mulher, desde que regra de organização judiciária disponha nesse sentido.

Quanto à fase denominada *judicium causae*, que se finda com o julgamento em plenário, não resta nenhuma dúvida de que a competência será mesmo do Tribunal do Júri, em face da disposição constitucional que assegura a competência mínima desse tribunal para o julgamento dos crimes dolosos contra a vida (art. 5.º, XXXVIII, *d*).

2.3.2.7. Contra autoridade ou agente de segurança pública (homicídio funcional)

A Lei 13.142/15 alterou o § 2º do art. 121 para nele inserir o inciso VII, que qualifica o homicídio se cometido contra autoridade ou agente descrito nos arts. 142 e 144 da Constituição Federal, integrantes do sistema prisional e da Força Nacional de Segurança Pública, no exercício da função ou em decorrência dela, ou contra seu cônjuge, companheiro ou parente consanguíneo até 3º. grau, em razão dessa condição. A justificativa apresentada pelo Congresso para aprovar a novel Lei pode assim ser resumida: tentar prevenir ou diminuir crimes contra pessoas que atuam na área de segurança pública, pessoas que atuam no *front* no combate à criminalidade. A mudança, de acordo com a Casa de Leis, é crucial para fortalecer o Estado Democrático de Direito e as instituições legalmente constituídas para combater o crime, em especial o organizado, o qual planeja criar pânico e o descontrole social, quando um ator do combate à criminalidade é vítima de homicídio.

Trata-se de norma penal em branco, pois deve ser complementada pelos artigos 142 e 144 da Constituição Federal, que nos indicam alguns dos agentes de segurança pública cujo homicídio faz incidir a qualificadora:

a) o art. 142 da CF/88 abrange as Forças Armadas, constituídas pela Marinha, pelo Exército e pela Aeronáutica, instituições nacionais permanentes e regulares, organizadas com base na hierarquia e na disciplina, sob a autoridade suprema do Presidente da República, e destinam-se à defesa da Pátria, à garantia dos poderes constitucionais e, por iniciativa de qualquer destes, da lei e da ordem;

b) o art. 144 disciplina os órgãos de segurança pública: polícia federal, polícia rodoviária federal, polícia ferroviária federal, polícias civis, polícias militares e corpos de bombeiros militares.

☑ ***O homicídio praticado contra guardas civis (municipais ou metropolitanos) está abrangido na qualificadora do inciso VII do § 2º do art. 121?***

Entendemos que sim. Perceba que o dispositivo se refere a crimes praticados contra autoridades ou agentes descritos nos arts. 142 e 144. O art. 144, mais precisamente no seu § 8º, descreve os guardas como atores de segurança pública, anunciando competir aos Municípios o poder de constituir guardas municipais destinadas à proteção de seus bens, serviços e instalações, conforme dispuser a lei. Desde de 2014 temos o Estatuto Geral das Guardas Municipais. Esse importante documento, no seu art. 5º, parágrafo único, dispõe que, no exercício de suas competências, a guarda municipal poderá colaborar ou atuar conjuntamente com órgãos de segurança pública da União, dos Estados e do Distrito Federal ou de congêneres de Municípios vizinhos.

☑ ***E o homicídio praticado contra agentes de segurança viária, está no âmbito da qualificadora?***

A nosso ver, também está abrangido pela qualificadora, pois, a exemplo do que ocorre com os guardas civis, o art. 144 da Constituição Federal, agora no § 10, dispõe que "A segurança viária, exercida para a preservação da ordem pública e da incolumidade das pessoas e do seu patrimônio nas vias públicas: I – compreende a educação, engenharia e fiscalização de trânsito, além de outras atividades previstas em lei, que assegurem ao cidadão o direito à mobilidade urbana eficiente; e II – compete, no âmbito dos Estados, do Distrito Federal e dos Municípios, aos respectivos órgãos ou entidades executivos e seus agentes de trânsito, estruturados em Carreira, na forma da lei".

☑ **E quanto ao homicídio praticado contra agentes de polícia do Congresso Nacional, pode-se afirmar que atrai a qualificadora?**

Não. A Constituição Federal de 1988, em seus artigos 51, IV e 52, XIII, estabelece competir privativamente à Câmara dos Deputados e ao Senado Federal dispor sobre sua polícia. Com base nestas disposições, a Câmara e o Senado Federal regulamentaram, por meio das resoluções nº 18/2003 e 59/2002, suas respectivas polícias, que, portanto, não estão disciplinadas no art. 144 da Constituição. Sua abrangência pela qualificadora constituiria vedada analogia *in malam partem*.

c) integrantes do sistema prisional: aqui estão abrangidos não apenas os agentes presentes no dia-a-dia da execução penal (diretor da penitenciária, agentes penitenciários, guardas, etc.), mas também aqueles que atuam em certas etapas da execução (comissão técnica de classificação, comissão de exame criminológico, conselho penitenciário etc.). E não poderia ser diferente. Imaginemos um egresso que, revoltado com os vários exames criminológicos que o impediram de conquistar prematura liberdade, buscando vingar-se daqueles que subscreveram o exame, contra eles pratica homicídio. Parece evidente que o crime de homicídio, além de outras qualificadoras (como a do inciso II), será também qualificado pelo inciso VII;

d) integrantes da Força Nacional de Segurança Pública: o Departamento da Força Nacional de Segurança Pública ou Força Nacional de Segurança Pública (FNSP), criado em 2004, com sede em Brasília/DF, é um programa de cooperação de segurança pública brasileiro, coordenado pela Secretaria Nacional de Segurança Pública (SENASP), do Min. da Justiça. É, em resumo, um agrupamento de polícia da União que assume o papel de polícia militar em distúrbios sociais ou em situações excepcionais nos estados brasileiros, sempre que a ordem pública é posta em situação concreta de risco. É composta pelos quadros mais destacados das polícias de cada Estado e da Polícia Federal.

e) contra cônjuge, companheiro ou parente consanguíneo até 3º grau de algum dos agentes acima mencionados: o crime de homicídio será punido mais severamente, de acordo com a Lei 13.142/15, quando cometido contra o cônjuge, companheiro ou parente consanguíneo até 3º grau dos agentes de segurança antes descritos. Alerta o legislador, entretanto, ser indispensável que o crime tenha sido praticado em razão dessa condição, ou seja, que o homicida tenha escolhido matar aquela vítima exatamente em razão da ligação familiar com o policial.

Ressaltamos que, nas quatro primeiras situações, a qualificadora pressupõe que o crime tenha sido cometido contra o agente no exercício da função ou em decorrência dela. Suponhamos que um policial, no seu dia de folga, encontre-se num bar assistindo à transmissão de uma partida de futebol disputada pelo seu time e, ao vibrar com a vitória da equipe, é morto por tiros disparados por um torcedor fanático do time derrotado, que sabia se tratar de um policial. Percebam que o homicida matou um policial, agente de segurança, condição essa conhecida do executor. Contudo, no exemplo proposto, o crime não foi cometido estando a vítima em serviço, nem sequer tem nexo com a sua função. Incidirão, no caso, outras qualificadoras (motivo fútil e recurso que dificultou a defesa do ofendido), mas não a do inciso VII.

O homicídio de agente de segurança aposentado poderá se inserir nesta qualificadora, a depender do caso concreto. Inicialmente, ressaltamos que na hipótese do homicídio contra alguém "no exercício da função", é impossível que o agente aposentado figure como vítima, pois, nesse caso, evidentemente não mais integra os quadros do órgão público. Ainda que o ex-servidor esteja exercendo alguma função semelhante na iniciativa privada, não incidirá a qualificadora em virtude da vedação da analogia *in malam partem*. Já no caso do homicídio que se dá "em decorrência da função", é possível figurar como vítima o servidor aposentado, pois, como bem destaca Bitencourt, nada impede que um policial, após ter se aposentado, seja reconhecido (ou mesmo perseguido) por um criminoso cuja prisão tenha se dado sob sua responsabilidade, e que, para se vingar, o mate. É inegável que, nessa situação, o homicídio se deu em decorrência da função que o agente de segurança havia exercido até a aposentação (http://www.conjur.com.br/2015-jul-29/cezar-bitencourt-homicidio-policial-protege-funcao-publica).

O inciso VII é a única dentre as qualificadoras do homicídio que não tem correspondente agravante no art. 61 do Código Penal. Normalmente, quando alguém comete um homicídio com a incidência de mais de uma qualificadora, sustenta-se que uma delas sirva para qualificar o delito e as demais sejam consideradas na segunda fase de aplicação da pena. Se, no entanto, em conjunto com a qualificadora do inciso VII incidir outra, utilizada pelo juiz para qualificar o delito, o fato de o sujeito ativo ter matado agente de segurança pública deverá ser considerado na aplicação da pena base (circunstâncias do crime).

Por fim, alertamos que esta circunstância qualificadora tem natureza subjetiva, incompatível com o privilégio.

Efetivamente, não se pode imaginar a possibilidade de que alguém mate um agente de segurança pública no exercício da função ou em decorrência dela, ou mesmo que mate um familiar desse agente em razão da condição de parentesco, e o faça por motivo de relevante valor social ou moral. É impensável que este homicídio seja movido pela manutenção dos interesses da coletividade (aliás, é bem o oposto) ou por sentimentos de piedade, misericórdia e compaixão.

E mesmo no homicídio cometido sob o domínio de violenta emoção logo em seguida a injusta provocação da vítima, acreditamos ser impossível a coexistência da qualificadora.

2.3.2.8. Pluralidade de circunstâncias qualificadoras

Explica Fernando Capez ser impróprio falar em crime dupla ou triplamente qualificado:

> "Basta uma única circunstância qualificadora para se deslocar a conduta do *caput* para o § 2º do art. 121. Resta saber, então, que função assumiriam as demais qualificadoras. Existem duas posições: 1.ª) uma é considerada como qualificadora e as demais, como circunstâncias agravantes se previstas em lei. Não havendo previsão legal, o juiz as considera na fixação da pena-base; 2.ª) uma circunstância é considerada como qualificadora. Com base nela fixa-se a pena de doze a trinta anos. As demais são consideradas como circunstâncias judiciais do art. 59 do CP, pois o art. 61 do CP é expresso ao afirmar que as circunstâncias não podem funcionar como agravantes quando forem, ao mesmo tempo, qualificadoras."[50].

A primeira corrente, hoje, é a que prevalece.

2.3.2.9. Homicídio qualificado-privilegiado

Apesar da sua posição topográfica, convencionou-se ser perfeitamente possível a coexistência das circunstâncias privilegiadoras (§ 1º), todas de natureza subjetiva, com qualificadoras de natureza objetiva.

50. Ob. cit., v. 2, p. 61.

§ 1º	§ 2º
Motivo de relevante valor social	Motivo Torpe – qual. subjetiva
Motivo de relevante valor moral	Motivo fútil – qual. subjetiva
Domínio de violenta emoção	Meio cruel – qual. objetiva
Obs: todas as privilegiadoras são subjetivas.	Modo Surpresa – qual. objetiva
	Vínculo finalístico – qual. subjetiva
	Feminicídio – qual. subjetiva
	Contra agentes de segurança pública – qual. subjetiva

Nesse sentido, aliás, é firme a jurisprudência, inclusive dos Tribunais Superiores.

O STF, a propósito, já decidiu:

> "A jurisprudência do Supremo Tribunal Federal é firme no sentido da possibilidade de homicídio privilegiado-qualificado, desde que não haja incompatibilidade entre as circunstâncias do caso. Noutro dizer, tratando-se de qualificadora de caráter objetivo (meios e modos de execução do crime), é possível o reconhecimento do privilégio (sempre de natureza subjetiva)"[51].

O STJ, da mesma forma:

> "Admite-se a figura do homicídio privilegiado-qualificado, sendo fundamental, no particular, a natureza das circunstâncias. Não há incompatibilidade entre circunstâncias subjetivas e objetivas, pelo que o motivo de relevante valor moral não constitui empeço a que incida a qualificadora da surpresa" (*RT* 680/406).

☑ ***No caso de homicídio qualificado-privilegiado surge uma pergunta: o crime será hediondo?***

A doutrina diverge. Uma primeira corrente, fazendo uma analogia com o disposto no art. 67 do CP, entende preponderar o privilégio, desnaturando a hediondez do delito (*RT* 754/689). Outra, lecionando que o art. 67 aplica-se somente para agravantes e atenuantes, e não fazendo a Lei 8.930/94 qualquer ressalva, entende que o homicídio qualificado-privilegiado permanece hediondo.

O STJ seguiu a primeira corrente:

> "I – Por incompatibilidade axiológica e por falta de previsão legal, o homicídio qualificado-privilegiado não integra o rol dos denominados crimes hediondos."[52].

51. HC 97.034/MG, *DJe* 07/05/2010.
52. HC 153.728/SP, Quinta Turma, rel. Min. Felix Fischer, DJe 31/05/2010.

2.3.3. Homicídio doloso majorado

A segunda parte do § 4º do art. 121, aplicada apenas aos delitos dolosos, aumenta a pena do homicídio (simples, privilegiado ou qualificado) quando *praticado contra pessoa menor de 14 (quatorze) anos ou maior de 60 (sessenta) anos.*

É indispensável que a idade do ofendido ingresse na esfera de conhecimento do agente, sob pena de responsabilizá-lo objetivamente.

A presente majorante considera a idade da vítima quando da prática do crime, ou seja, no momento da ação ou omissão, ainda que outro seja o momento do resultado, *ex vi* o disposto no art. 4º do CP.

2.3.3.1. Milícia privada ou grupo de extermínio

A Lei 12.720, de 27 de setembro de 2012, acrescentou ao art. 121 mais um parágrafo (§ 6º), majorando a pena do homicídio doloso (simples, privilegiado ou qualificado) quando praticado por milícia privada, sob o pretexto de prestação de serviço de segurança, ou por grupo de extermínio[53].

Tipificou, também, no art. 288-A do CP, o crime de formação de organização paramilitar, milícia armada e grupo (ou esquadrão).

A indeterminação dos tipos obrigou a doutrina a definir as novas modalidades de associação criminosa, interessando, por ora, o conceito de *milícia privada* e o *grupo de extermínio.*

Por grupo de extermínio entende-se a reunião de pessoas, **matadores**, "justiceiros" (civis ou não) que atuam na ausência ou leniência do poder público, tendo como finalidade a matança generalizada, chacina de pessoas supostamente etiquetadas como **marginais** ou perigosas.

Por milícia armada entende-se grupo de pessoas armado (de civis ou não), tendo como finalidade (anunciada) devolver a segurança retirada das comunidades mais carentes, restaurando a paz. Para tanto, mediante coação, os agentes ocupam determinado espaço

53. A Assembleia Geral das Nações Unidas, em dezembro de 1989, por meio da resolução 44/162, aprovou os princípios e diretrizes para a prevenção, investigação e repressão às execuções extralegais, arbitrárias e sumárias, anunciando: "Os governos proibirão por lei todas as execuções extralegais, arbitrárias ou sumárias, e zelarão para que todas essas execuções se tipifiquem como delitos em seu direito penal, e sejam sancionáveis com penas adequadas que levem em conta a gravidade de tais delitos. Não poderão ser invocadas, para justificar essas execuções, circunstâncias excepcionais, como por exemplo, o estado de guerra ou o risco de guerra, a instabilidade política interna, nem nenhuma outra emergência pública. Essas execuções não se efetuarão em nenhuma circunstância, nem sequer em situações de conflito interno armado, abuso ou uso ilegal da força por parte de um funcionário público ou de outra pessoa que atue em caráter oficial ou de uma pessoa que promova a investigação, ou com o consentimento ou aquiescência daquela, nem tampouco em situações nas quais a morte ocorra na prisão. Esta proibição prevalecerá sobre os decretos promulgados pela autoridade executiva".

territorial. A proteção oferecida nesse espaço ignora o monopólio estatal de controle social, valendo-se de violência e grave ameaça.

☑ ***Quantas pessoas devem, no mínimo, integrar o "grupo" de extermínio ou a milícia privada?***

O texto é totalmente silente.

Duas são as conclusões possíveis e já presentes fomentando a discussão na doutrina.

A primeira é no sentido de que o número de agentes deve coincidir com o da associação criminosa (art. 288 do CP), qual seja, três ou mais pessoas.

A segunda (à qual nos filiamos) se alinha ao conceito de organização criminosa, definida e tipificada na Lei nº 12.850/13, exigindo no mínimo quatro pessoas.

Antes da Lei 12.720/12, o fato de o homicídio ter sido praticado em atividade típica de grupo de extermínio agravava a pena-base do crime, bem como o transformava, quando simples, em hediondo, sofrendo, então, os consectários da Lei 8.072/90 (art. 1º. I, 1ª parte).

Já o crime praticado por milícia privada tinha a sua pena-base agravada, mas, quando simples, não era considerado hediondo por falta de previsão legal.

Agora, com a mudança, a circunstância de o crime ter sido praticado em atividade típica de grupo de extermínio ou milícia privada passou a ser majorante de pena (causa de aumento) e, como tal, dependerá de reconhecimento por parte dos juízes leigos (até então alheios a tais questões, por configurarem mera circunstância judicial desfavorável).

Deve ser observado, porém, que a Lei 8.072/90 não foi alterada, não abrangendo no rol dos crimes hediondos o homicídio (simples) praticado por milícia privada, em que pese, nesses casos, não se imaginar um homicídio, com esses predicados, ser julgado como "simples", apresentando-se, na esmagadora maioria das vezes, impregnado de circunstâncias qualificadoras (motivo torpe, motivo fútil, meio cruel etc.).

☑ ***Quando um grupo de extermínio (ou milícia privada) promove matança, os agentes respondem somente por homicídio majorado (art. 121, § 6º) ou em concurso com o delito de formação de tais grupos criminosos (art. 288-A)?***

Para nós parece que respondem pelos dois crimes (arts. 121, § 6º e 288-A, ambos do CP), em concurso material, não se cogitando de *bis in idem*, pois são delitos autônomos e independentes, protegendo, cada qual, bens jurídicos próprios. O mesmo raciocínio já é aplicado pelo Supremo para não reconhecer *bis in idem* quando se está diante de associação criminosa (anterior crime de quadrilha ou bando) armada e roubo majorado pelo emprego de arma.

2.3.3.2. Feminicídio

A Lei 13.104/15 também acrescentou no art. 121 o § 7º, majorante que eleva de um terço até a metade a pena do feminicídio se o crime for praticado:

a) durante a gestação ou nos três meses posteriores ao parto: aplica-se a majorante desde o momento em que gerado o feto até três meses após o nascimento. O aumento da pena se justifica inclusive nas situações em que demonstrada a inviabilidade do feto, pois o objeto da proteção especial é a mulher em fase de gestação, não exatamente o feto. Ressaltamos que o aborto não é pressuposto da causa de aumento, e, caso do homicídio decorra a morte, querida ou aceita, do ser humano em gestação, o agente responderá, em concurso formal, pelo homicídio majorado e pelo aborto.

b) contra pessoa menor de catorze anos, maior de sessenta anos ou com deficiência: ao se referir à idade da vítima (menor de catorze ou maior de sessenta anos) o dispositivo repete o § 4º do art. 121. Ressalta-se, porém, que, nesta majorante, diferentemente daquela do § 4º, em que o aumento é fixo em um terço, o aumento é variável de um terço à metade.

Outra figura da causa de aumento contempla a vítima com deficiência (física ou mental). O conceito de pessoa portadora de deficiência é trazido pelo art. 2º da Lei nº 13.146, de 06 de julho de 2015, *in verbis*:

> **Art. 2º** Considera-se pessoa com deficiência aquela que tem impedimento de longo prazo de natureza física, mental, intelectual ou sensorial, o qual, em interação com uma ou mais barreiras, pode obstruir sua participação plena e efetiva na sociedade em igualdade de condições com as demais pessoas.
>
> § 1º A avaliação da deficiência, quando necessária, será biopsicossocial, realizada por equipe multiprofissional e interdisciplinar e considerará:
>
> I – os impedimentos nas funções e nas estruturas do corpo;
>
> II – os fatores socioambientais, psicológicos e pessoais;
>
> III – a limitação no desempenho de atividades; e
>
> IV – a restrição de participação.

c) na presença de descendente ou de ascendente da vítima: expressa o texto legal que o comportamento criminoso ocorra na *presença* do ascendente ou do descendente da vítima. Diante do atual estágio de interação humana, em que ambientes de presença virtual são capazes de tornar a comunicação por meio de áudio e vídeo muito próxima da realidade, parece-nos possível conferir interpretação extensiva ao vocábulo *presença* para nele abarcar outras formas de interação que não a física, como chamadas com vídeo pela *internet* (Skype, por exemplo).

Por fim, é imprescindível, para a incidência das majorantes enunciadas acima, que o agressor tenha conhecimento das circunstâncias a elas relativas, evitando-se, assim, a responsabilidade penal objetiva.

2.4. Homicídio culposo

Ocorre o homicídio culposo quando o agente, com manifesta *imprudência*, *negligência* ou *imperícia*, deixa de empregar a atenção ou diligência de que era capaz, provocando, com sua conduta, o resultado lesivo (morte), previsto (culpa consciente) ou previsível (culpa inconsciente), porém jamais aceito ou querido.

> "Disso resulta que no fato culposo existe uma ação ou omissão causal voluntária, como o doloso, e um evento antijurídico não querido, ou por não ter sido previsto, ou porque, previsto, acreditou-se não ocorrer. Excepcionalmente, pode o resultado ser querido, o que acontece na chamada culpa por *extensão*, *assimilação* ou *equiparação*, quando o agente labora em erro de tipo grosseiro, vencível ou inescusável, como se uma pessoa, da janela de seu quarto, à noite, atira contra um vulto que se acha perto da edícula de sua casa, pensando tratar-se de um ladrão, quando, entretanto, era seu empregado que ali morava, sendo evidente o erro grosseiro, pois, antes de atirar, devia perguntar quem era, dar demonstração de que o havia visto etc."[54].

a) *Imprudência:* é a precipitação, afoiteza, agindo o agente sem os cuidados que o caso requer.

b) *Negligência:* é a ausência de precaução. Diferentemente da imprudência (positiva – *ação*), a negligência é negativa – *omissão.*

c) *Imperícia:* é a falta de aptidão técnica para o exercício de arte ou profissão.

Apesar da diferença apontada pela doutrina, percebe-se, na prática, a dificuldade de subsumir o fato a uma das modalidades acima mencionadas.

A conduta daquele que limpa arma carregada próximo de crianças, vindo, acidentalmente, a acioná-la e matar o infante, seria um caso de negligência ou imprudência? O médico responsável pela morte de seu paciente em consequência de uma intervenção cirúrgica que ele empreende sem perfeito domínio da técnica configura imperícia ou negligência?

Sobre o assunto, explica Cezar Roberto Bitencourt:

> "Ao estabelecer as modalidades de culpa, o legislador brasileiro esmerou-se em preciosismos técnicos, que apresentam pouco ou quase nenhum resultado prático. Tanto na *imprudência* quanto na *negligência* há inobservância de cuidados recomendados pela experiência comum no exercício dinâmico do quotidiano humano. E a *imperícia*, por sua vez, não deixa de ser somente uma *forma especial* de imprudência ou de negligência; enfim, embora não sejam mais que simples e sutis distinções de uma conduta substancialmente idêntica, ou seja, omissão, descuido, falta de cautela, inaptidão, desatenção, como o Código Penal não as definiu, a doutrina deve encarregar-se de fazê-lo."[55].

54. Magalhães Noronha, *Direito penal,* v. 2, p. 30.
55. Ob, cit., v. 2, p. 87.

A culpa da vítima pode concorrer com a do agente, inexistindo compensação. Assim, não deixa de ser responsável pelo resultado o agente imprudente, mesmo que a vítima tenha contribuído, de qualquer modo, para a produção do evento. Contudo, comprovado o nexo entre o comportamento desta e a prática da infração, tal circunstância deverá ser considerada pelo magistrado sentenciante na fixação da reprimenda-base (art. 59 do CP). Somente no caso de culpa exclusiva da vítima é que fica excluída a do autor dos fatos.

2.4.1. Homicídio culposo majorado

2.4.1.1. Majorantes do homicídio culposo

O art. 121, § 4º, na sua primeira parte, anuncia quatro causas de aumento para o delito de homicídio culposo:

a) *inobservância de regra técnica de profissão, arte ou ofício:* nesta hipótese, diferentemente da imperícia (modalidade de culpa), o agente tem aptidão para desempenhar o seu mister, mas acaba por provocar a morte de alguém em razão do seu descaso, deliberadamente desatendendo aos conhecimentos técnicos que possui.

Apesar de divergente, prevalece o entendimento de que esta causa de aumento só tem aplicação na hipótese de crime culposo praticado por profissional capacitado tecnicamente para o exercício de profissão, arte ou ofício. É a chamada "culpa profissional".

Flávio Augusto Monteiro de Barros bem exemplifica (e explica) a hipótese majorante:

> "Se o médico especialista em cirurgia cardíaca, por descuido, corta um nervo do paciente, causando-lhe a morte, está configurada a agravante, pois ele tinha o conhecimento técnico, mas não o observou. Entretanto, se a cirurgia fosse feita por um médico não especialista, sem a necessária habilidade, que cortasse o mesmo nervo, teríamos uma simples imperícia"[56].

Discute-se se esta majorante (negligência profissional) configuraria *bis in idem*, na medida em que a inobservância de regra técnica se apresenta, ao mesmo tempo, como núcleo do tipo e causa de aumento de pena. A divergência está bem delineada nos Tribunais Superiores:

> "Homicídio culposo. Erro médico. Majorante. A questão consiste em saber se há *bis in idem* no caso de homicídio culposo cometido por imperícia médica e a causa de majoração da pena prevista no art. 121, § 4º, do CP, relativa à inobservância de regra técnica de profissão, arte ou ofício. Consta da ação que os denunciados, médicos anestesistas, agiram em conjunto, embora a errônea escolha técnica da cirurgia atribuída ao primeiro acusado – biópsia por meio de punção controlada por tomografia com o paciente em decúbito dorsal, aliada

56. Ob. cit., p. 64.

à administração de drogas anestésicas, relaxantes e depressoras – agravou o quadro de deficiência respiratória da vítima (devido à extensa massa tumoral comprimindo a traqueia, a veia cava superior e croça da aorta, comprovada em exames anteriores). Essa técnica adotada levou a uma parada cardíaca, ao coma e, posteriormente, à morte. Isso posto, para o Min. Relator não houve inépcia da exordial, uma vez que, com a imputação concreta da falta de cuidado associada, especificamente, à inobservância daquilo que deveria profissionalmente ter sido adotado mostra que a atribuição da inobservância técnica profissional (art. 121, § 4º, do CP) não pode ser descartada de plano. Outrossim, a qualificação (v.g.: negligência, impudência e imperícia), que, conforme o caso, pode ser discutida ou ser polêmica, não é a essência do crime culposo, a essência dele é a falta de cuidado objetivo. Diante do exposto, a Turma denegou a ordem, cassando a liminar anteriormente concedida. Precedentes citados do STF: HC 86.969/RS, *DJ* 24.02.2006; do STJ: REsp 191.911/SP, DJ 03.06.2002, e RHC 17.530/RS, DJ 26.09.2005."[57].

"Homicídio culposo. Inobservância de regra técnica e bis in idem. Por reputar configurado bis in idem, a Turma deferiu habeas corpus para afastar a causa de aumento de pena decorrente da inobservância de regra técnica de profissão (CP, art. 121, § 4º, primeira parte). Na espécie, as pacientes foram acusadas de homicídio culposo agravado pela "inobservância da boa técnica da profissão médica" no pós-operatório da vítima, a qual teria falecido em consequência de infecção, cujos sintomas não foram observados pelas pacientes que, dessa forma, teriam deixado de adotar as medidas cabíveis, dentre elas, a realização de exame específico. A impetração alegava em síntese: a) que a peça acusatória não indicaria a norma técnica que deveria ter sido observada, impossibilitando a ampla defesa; b) que o fato – a suposta inobservância da regra técnica de profissão – seria apresentada na denúncia como núcleo da culpa (na modalidade negligência) e, ao mesmo tempo, como causa especial de aumento de pena, contrariando o princípio do *ne bis in idem* e c) que a desconsideração da agravante tornaria possível a suspensão condicional do processo (Lei 9.099/95, art. 89)."[58].

b) *omissão de socorro:* quando o agente, agindo com culpa, deixa de prestar socorro à vítima, *podendo fazê-lo e não havendo qualquer risco pessoal a ele*, terá a sua pena aumentada de um terço.

Assim, de acordo com o sistema do nosso Código, o caso, em vez de configurar o crime de omissão de socorro (art. 135 do CP), serve apenas como causa especial de aumento de pena.

---

57. HC 63.929/RJ, j. 13.03.2007, rel. Min. Felix Fischer, *Informativo 313*; ainda: HC 181.847/MS, rel. Min. Marco Aurélio Belizze, DJe 02/05/2013.

58. HC 95.078/RJ, rel. Min. Cezar Peluso, 10.03.2009, *Informativo 538*.

Se a vítima é socorrida imediatamente por terceiros, não incide o aumento, bem como no caso de morte *instantânea*, circunstâncias estas que tornam inviável a assistência. Observa-se, contudo, que se o autor do crime, apesar de reunir condições de socorrer a vítima (ainda com vida), não o faz, concluindo pela inutilidade da ajuda em face da gravidade da lesão provocada, não escapa do aumento de pena, sendo interpretação contrária perigosa e capaz de esvaziar o sentido da referida regra, mais especificamente no que toca à reprovação da omissão do agente (nesse sentido: HC 84.380/MG, rel. Min. Gilmar Mendes, j. 05.04.2005).

Se o sujeito, no caso concreto, não agiu com culpa, mas, mesmo assim, deixa de prestar socorro à vítima, responde pelo crime de omissão de socorro (art. 135 do CP).

c) *não procurar diminuir as consequências do comportamento:* se o agente não procura diminuir as consequências do seu ato também terá a pena aumentada.

A lição de Heleno Cláudio Fragoso, referida por Cezar Roberto Bitencourt, nos ensina que essa previsão não passa de uma especificação da previsão da norma mandamental que pune a omissão de socorro. Por isso, a referência é redundante, na medida em que não deixa de ser uma forma de omitir socorro[59].

d) *foge para evitar a prisão em flagrante:* a fuga, para evitar a prisão em flagrante, é a última causa de exasperação. Esquivando-se de responder pelo ato praticado, demonstra o agente ausência de escrúpulo, bem como diminuta responsabilidade moral. Torna, além disso, mais difícil e incerta a punição, prejudicando, sobremaneira, a investigação e a eficiência da administração da justiça.

Apesar de aplaudida pela doutrina (em especial a clássica), a causa de aumento é de duvidosa constitucionalidade. Vejamos.

Socorrendo a vítima, deixando-a no hospital sob os cuidados médicos, pergunta-se: deve o agente ficar aguardando a sua prisão, produzindo prova contra si mesmo?

Parece-nos que não, sob pena de ignorarmos importante garantia fundamental do cidadão, assim etiquetada na Bíblia Política brasileira.

Parece pacífico não incidir a causa de aumento quando o agente foge para evitar linchamento (*JTASP* 2/22).

2.5. Perdão judicial

Perdão judicial é o instituto pelo qual o juiz, não obstante a prática de um fato típico e antijurídico por um sujeito comprovadamente culpado, deixa de lhe aplicar, nas hipóteses *taxativamente* previstas em lei, o preceito sancionador cabível, levando em consideração determinadas circunstâncias que concorrem para o evento. Em casos tais, o Estado perde o interesse de punir.

59. Ob cit., v. 2, p. 108.

Constitui causa extintiva de punibilidade (CP, art. 107, IX) que, diferentemente do perdão do ofendido (CP, art. 107, V), não precisa ser aceita para gerar efeitos.

Cabe à defesa demonstrar que as consequências da infração atingiram o próprio agente de forma tão grave que a sanção penal se mostra desnecessária.[60] Assim, aquele que comprovar a existência de um vínculo afetivo de importância significativa entre ele e a vítima (pai/filho, marido/mulher, grandes amigos etc.) merece o perdão; o causador de um acidente que, apesar de ter matado a vítima, ficou tetraplégico sofreu consequências que permitem presumir que a pena, no caso, se tornou desnecessária etc.

Uma vez presentes as circunstâncias previstas em lei, o réu passa a reunir direito público subjetivo de não lhe ser imposta qualquer sanção penal.

Diverge a doutrina sobre a natureza da sentença concessiva do perdão, lecionando alguns ser condenatória (o juiz deve primeiro declarar a procedência da ação para depois perdoar, livrando o réu de alguns efeitos, entre os quais a inclusão do seu nome no rol dos culpados, reincidência e aplicação de medidas de segurança) e outros, ser ela declaratória de extinção de punibilidade.

A respeito, já ensinava Aníbal Bruno que:

> "O Estado, pelo órgão da Justiça, reconhece a existência do fato punível e a culpabilidade do agente, mas, pelas razões particulares que ocorrem, resolve desistir da condenação que cabia ser imposta. E a declarar isso é que se limita a sentença, que não é, assim, nem condenatória, nem absolutória, o que demonstra a natureza toda especial dessa providência."[61].

Hoje a discussão está resolvida, sumulando o STJ: "Súmula 18. *A sentença concessiva do perdão judicial é declaratória da extinção da punibilidade, não subsistindo qualquer efeito condenatório*"[62].

A divergência aqui exposta não tem interesse meramente acadêmico. Vejamos.

Para aqueles que ensinam ser condenatória a natureza da sentença concessiva do perdão, afasta-se apenas o efeito principal da condenação, remanescendo os demais (reparação do dano, interrupção da prescrição etc.). Já para os adeptos da segunda corrente, além de não poder servir como título executivo judicial, perde a força interruptiva da prescrição.

---

60. Sabendo que o ônus da prova é da defesa, não se aplica a máxima do *in dubio pro reo*. Desse modo, comprovando a drasticidade das consequências, o réu merece o perdão; havendo dúvidas, deve ser condenado.
61. *Direito penal*, v. 1, t. III, p. 164.
62. Apesar da discussão estar resolvida (na jurisprudência), pensamos que o CP adotou a primeira corrente (natureza condenatória). É que, do contrário, perderia sentido a previsão do art. 120 do CP, quando alerta que a sentença concessiva do perdão judicial não gera reincidência. Ora, nada mais óbvio à uma sentença não condenatória não gerar reincidência. Como não acreditamos em lei com palavras inúteis, extraímos da redação do art. 120 que a decisão é condenatória, sem, contudo, gerar o efeito da reincidência (eis a utilidade do dispositivo!).

Independentemente da posição que se adote, pensamos que o perdão judicial jamais pode ser reconhecido em fase policial, como fundamento para arquivar peça investigativa. Como dissemos, a clemência judicial significa dizer que o juiz, analisado o caso concreto, reconhece certa a prática de um fato típico e antijurídico por um agente imputável, com potencial consciência da ilicitude, sendo dele exigível conduta diversa (em suma, é confirmação de culpa!). Logo, imprescindível se mostra o devido processo legal, permitindo-se ao imputado o sagrado direito de ampla defesa, inexistente na fase extrajudicial.

2.6. Ação penal

Não importa o tipo de homicídio (doloso – *simples, privilegiado ou qualificado* – ou culposo), a ação penal será pública incondicionada.

2.7. Princípio da especialidade

a) Código Penal x Código Penal Militar: o Decreto-Lei 1.001/69 tipifica nos arts. 205 e 206 casos específicos de homicídio, incidentes nas hipóteses do art. 9º daquele diploma.

b) Código Penal x Código de Trânsito Brasileiro: com o advento da Lei 9.503/97, o homicídio culposo decorrente da *direção* de veículo automotor passou a subsumir-se ao disposto no art. 302 do Código de Trânsito Brasileiro (princípio da especialidade), punido com detenção de 2 a 4 anos, e suspensão ou proibição de se obter a permissão ou a habilitação para dirigir[63].

c) Código Penal x Lei de Segurança Nacional: quando a vítima for Presidente da República, do Senado Federal, da Câmara dos Deputados ou do Supremo Tribunal Federal, *e o agente tiver motivação e objetivos políticos*, o crime, em face do princípio da especialidade, será o do art. 29 da Lei de Segurança Nacional (Lei 7.170/83).

d) Código Penal x Lei nº 13.260/16: o art. 2º, § 1º, inciso V, da Lei nº 13.260/16 pune com reclusão de doze a trinta anos a conduta de atentar contra a vida de pessoa se o fato é cometido por razões de xenofobia, discriminação ou preconceito de raça, cor, etnia e religião, com a finalidade de provocar terror social ou generalizado, expondo a perigo pessoa, patrimônio, a paz pública ou a incolumidade pública.

63. Sabendo que o resultado culposo (morte) é o mesmo, seja proveniente de acidente de trânsito ou não, o que justifica a maior severidade na punição do art. 302 do CTB quando comparado com o art. 121, § 3º, do CP? Será constitucional? Para uns, como o desvalor do resultado é o mesmo, não se justifica maior punição no CTB, ferindo, assim, o princípio constitucional da proporcionalidade das penas. Para outros, não sem razão, apesar do desvalor do resultado ser idêntico, o desvalor das condutas acaba por fundamentar a diferença de tratamento das reprimendas, pois o comportamento negligente no trânsito é, sem dúvida, mais lesivo (ou potencialmente lesivo).

3. INDUZIMENTO, INSTIGAÇÃO OU AUXÍLIO A SUICÍDIO

▶ ***Induzimento, instigação ou auxílio a suicídio***

Art. 122. Induzir ou instigar alguém a suicidar-se ou prestar-lhe auxílio para que o faça:

Pena – reclusão, de 2 (dois) a 6 (seis) anos, se o suicídio se consuma; ou reclusão, de 1 (um) a 3 (três) anos, se da tentativa de suicídio resulta lesão corporal de natureza grave.

Parágrafo único. A pena é duplicada:

▶ ***Aumento de pena***

I – se o crime é praticado por motivo egoístico;

II – se a vítima é menor ou tem diminuída, por qualquer causa, a capacidade de resistência.

3.1. Considerações iniciais

Nélson Hungria conceitua o suicídio como sendo "a eliminação voluntária e direta da própria vida. Para que haja suicídio é imprescindível a intenção positiva de despedir-se da vida."[64].

Ricardo Vergueiro Figueiredo[65], valendo-se de valioso estudo elaborado por Emile Durkheim, explica que, em Atenas, a atitude daquele que se autoeliminasse era vista como uma verdadeira injustiça contra a sua comunidade, sendo-lhe vedadas as honras da sepultura regular. Além disso, a mão do suicida era cortada e enterrada à parte. Em Roma, o cidadão que desejasse se matar deveria submeter suas razões ao Senado que, então, decidiria se eram ou não aceitáveis, determinando até mesmo o gênero da sua morte. O próprio Direito Canônico já considerou a eliminação da própria vida um crime, prevendo expressamente sanção contra o suicida: a proibição de receber oferendas.

No Brasil, a exemplo da maioria das nações modernas, a incriminação aqui estudada não pune o fato de uma pessoa matar-se (ou a sua tentativa), mas sim a conduta do terceiro que participa do evento, instigando, induzindo ou auxiliando aquela a eliminar a própria vida. Só a vida alheia é criminalmente protegida.

Observa Cezar Roberto Bitencourt:

> "Não sendo criminalizada a ação de matar-se ou a sua tentativa, a *participação* nessa *conduta atípica*, consequentemente, tampouco poderia ser penalmente punível, uma vez que, segundo a *teoria da acessoriedade limitada*, adotada pelo ordenamento jurídico brasileiro, a punibilidade da *participação em sentido estrito*, que é uma atividade secundária, exige que a conduta principal seja típica

64. Ob. cit., v. 5, p. 231.
65. *Da participação em suicídio*, p. 4.

> e antijurídica. A despeito dessa correta orientação político-dogmática, as legislações modernas, considerando a importância fundamental da vida humana, passaram a prever uma figura *sui generis* de crime, quando alguém, de alguma forma, concorrer para a realização do suicídio (...). Na verdade, os verbos nucleares do tipo penal descrito no art. 122 – *induzir, instigar e auxiliar* – assumem conotação completamente distinta daquela que têm quando se referem à *participação em sentido estrito*. Não se trata de *participação* – no sentido de atividade acessória, secundária, como ocorre no instituto da *participação stricto sensu* –, mas de atividade principal, nuclear típica, representando a conduta típica proibida lesiva direta do bem jurídico *vida*. Por isso, quem realizar qualquer dessas ações, em relação ao sujeito passivo, não será *partícipe*, mas autor do crime de concorrer para o suicídio alheio, visto que sua atividade não será acessória, mas principal, única, executória e essencialmente típica. E essa *tipicidade* não decorre de sua natureza acessória, mas de sua definição legal caracterizadora de conduta proibida. Não vemos, aí, nenhuma incoerência dogmática."[66].

Nos casos em que o suicídio não se consuma e da tentativa resulta lesão corporal grave, cuja pena mínima é de um ano de reclusão, é cabível a suspensão condicional do processo, desde que atendidos os demais requisitos do art. 89 da Lei 9.099/95.

3.2. Sujeitos do crime

Qualquer pessoa pode ser sujeito ativo (crime comum), não exigindo a lei nenhuma qualidade especial do agente. É admissível concurso de pessoas nas suas duas formas: coautoria ou participação.

Sabendo que o suicídio se dá com a eliminação da própria vida, realizada de forma *voluntária* e *consciente* (capacidade de discernimento), claro está que apenas pessoa *capaz* pode ser sujeito passivo.

Tratando-se de "suicida" *incapaz* de entender o significado de sua ação e de determinar-se de acordo com esse entendimento, deixa de haver supressão *voluntária* e *consciente* da própria vida, logo, não há suicídio. Nesse caso, estaremos diante de um delito de homicídio, encarando-se *a incapacidade da vítima* como mero instrumento daquele que lhe provocou a morte.

> "É mister também que o sujeito passivo realmente queira suicidar-se. Se, *v.g.*, ele aparenta ter sofrido a ação de outro e pretende simular um suicídio, mas desastradamente se mata, não há crime a punir, pois a ação daquele não teve a potência de instigar ou induzir, não teve a eficiência causal."[67].

---

66. Ob. cit, v. 2, p. 124.
67. Magalhães Noronha, *Direito penal*, v. 2, p. 34.

Exige-se, ainda, que a conduta do agente seja dirigida a uma ou várias pessoas determinadas, não bastando o mero induzimento genérico, dirigido a pessoas incertas (ex.: espetáculos, obras literárias endereçadas ao público em geral, discos etc.).

Conforme Euclides Custódio da Silveira:

> "É imprescindível que o induzimento vise a uma pessoa determinada; o escritor ou articulista que faz apologia do suicídio não responde pelo delito em exame, se alguém se deixa influenciar pela leitura. É famoso o livro Werther, de Goethe, que tantos suicídios provocou, a ponto de ser proibida a sua venda na cidade de Leipzig, em 1775."[68].

O parágrafo único, inciso II, traz causa de aumento de pena para os casos em que a vítima é menor ou tem diminuída, por qualquer causa, a capacidade de resistência.

3.3. Conduta

Três são as formas de praticar o crime em estudo:

a) *induzimento*: hipótese em que o agente faz nascer na vítima a ideia e a vontade mórbida. Aqui o sujeito passivo nem sequer cogitava de eliminar a própria vida, sendo convencido pela ação do agente;

b) *instigação*: caso em que o autor reforça a vontade mórbida preexistente na vítima. Aqui o sujeito passivo já pensava em se suicidar, sendo tal propósito reforçado pelo agente;

c) *auxílio*: prestando o agente efetiva assistência material, facilitando a execução do suicídio, quer fornecendo, quer colocando à disposição do ofendido os meios necessários para fazê-lo (ex.: emprestando instrumentos letais).

Nas duas primeiras hipóteses (induzimento e instigação) temos a participação *moral*; já na última (auxílio), *material*.

Tratando-se de crime de conduta múltipla ou de conteúdo variado (plurinuclear), mesmo que o agente pratique, no mesmo contexto fático e, sucessivamente, mais de uma ação descrita no tipo penal, responderá por crime único. Assim, por exemplo, aquele que induz, instiga e, finalmente, fornece a substância letal (auxílio) para que a vítima se mate, responderá por crime único, devendo o magistrado considerar a insistência criminosa na graduação da pena.

Discute a doutrina se o crime admite as duas formas de conduta: ação ou omissão.

Entende a maioria que a colaboração moral (induzir ou instigar) só pode ser praticada por ação.

Paulo José da Costa Jr., porém, enxerga instigação na forma omissiva, explicando:

> "Somente a instigação poderá ser vislumbrada através de uma conduta negativa, por parte do sujeito ativo. Figure-se o caso de

68. Direito penal – Crimes contra a pessoa, p. 95.

> alguém que comunique a outrem, que sobre ele dispõe de grande influência, estar propenso a dar cabo de sua vida. O terceiro não exercita sua persuasiva para dissuadir o companheiro da ideia macabra, como lhe impunha fazer. Logo, *non fecit quod defetur*, mantendo-se calado e passivo. Sua conduta omissiva poderia em tese incriminá-lo."[69].

Concordamos com a presente lição, desde que o omitente tenha o dever jurídico de evitar o evento.

A mesma discussão se repete na hipótese da cooperação material (*auxílio*). Opinam alguns que a expressão usada no núcleo do tipo (*a prestar-lhe auxílio para que o faça*) traduz sempre conduta comissiva (ação), não se falando em auxílio omissivo (*RT* 491/285).

José Frederico Marques, comungando desse entendimento, escreve que:

> "Prestar auxílio é sempre conduta comissiva."[70].

Responderia o omitente, conforme o caso, apenas por omissão de socorro qualificada pela morte (art. 135, parágrafo único).

Nélson Hungria, por sua vez, ensina que:

> "A prestação de auxílio pode ser comissiva ou omissiva. Neste último caso, o crime só se apresenta quando haja um dever jurídico de impedir o suicídio."[71].

Magalhães Noronha, reforçando essa última corrente, aduz:

> "Diante da teoria da equivalência dos antecedentes, abraçada pelo nosso Código no art. 13, é inadmissível outra opinião: desde que ocorram o dever jurídico de obstar o resultado e o elemento subjetivo, a omissão é causal, pouco importando que a ela se junte outra causa."[72].

O auxílio, porém, deve ser sempre *acessório* (*cooperação secundária*). Deixa de haver participação em suicídio quando o auxílio intervém diretamente nos atos executórios, caso em que o agente colaborador responderá por homicídio.

Sobre o assunto, alerta Cezar Roberto Bitencourt:

> "O auxílio pode ocorrer desde a fase da preparação até a fase executória do crime, ou seja, pode ocorrer antes ou durante o suicídio, desde que não haja intervenção nos atos executórios, caso contrário estaremos diante de homicídio, como exemplifica Manzini: o agente puxa a corda de quem se quer enforcar; segura a espada contra a

---

69. Apud Ricardo Vergueiro Figueiredo, ob. cit., p. 55.
70. Tratado de direito penal, v. 4, p. 163.
71. Ob. cit., v. 5, p. 232.
72. *Direito penal*, v. 2, p. 36.

qual se atira o suicida; provoca a emissão de gás no quarto onde a vítima está acamada e deseja morrer; ajuda a amarrar uma pedra no pescoço de quem se joga ao mar."[73].

Ricardo Vergueiro Figueiredo[74] coloca uma questão interessante:

☑ ***Que crime estaria caracterizado no caso daquele que induziu ou instigou o ofendido ao suicídio e no momento culminante do ato acabou interferindo na sua execução?***

Referido autor buscou a resposta nas lições de Fernando Almeida Pedroso, abaixo transcritas:

> "Curial é a impossibilidade do concurso material de delitos entre a participação em suicídio e homicídio, dado que a morte da vítima compõe um único evento ou resultado. Há, portanto, um só crime. Resta esclarecer, então, qual dos dois delitos aparentemente tipificáveis deverá preponderar, como consequência de sua efetiva participação: o homicídio ou a participação em suicídio. Há que se recorrer, dessarte, ao concurso aparente de normas penais, de lá emanando a solução: é homicídio o crime perpetrado. Sim, porque, pelo princípio da consunção, o crime-meio (participação em suicídio) está compreendido no crime-fim (homicídio), dada a progressividade de uma conduta à outra.".

Responde por homicídio (e não participação em suicídio) aquele que, depois de auxiliar o suicida, vê sua vítima, arrependida, pedir socorro, impedindo, dolosamente, a intervenção salvadora de terceiro.

O extinto Tribunal de Alçada de São Paulo, ainda com base na Lei 9.437/97, hoje revogada pela Lei 10.826/2003, decidiu que, "havendo suicídio frustrado, o sujeito não responde, residualmente, pelas infrações de porte ilegal de arma e disparo de arma de fogo em via pública na forma do art. 10, *caput* e § 1º, III" (ApCrim 531.105). O fundamento da r. decisão só pode ser política criminal, visando não desgraçar, ainda mais, a vida de alguém que por ela (vida) já demonstrou desprezo e repugnância.

O art. 146, § 3º, II, do CP estabelece que não há crime de constrangimento ilegal na coação para impedir suicídio.

3.4. Voluntariedade

O crime somente é punido a título de dolo, expressado pela consciente vontade de instigar, induzir ou favorecer alguém a se suicidar.

73. Ob. cit, v. 2, p. 130.
74. Ob. cit., p. 49.

O dolo eventual é perfeitamente possível, como no clássico exemplo do pai que expulsa de casa a filha desonrada, consciente de que tal arbitrariedade (e falta de compreensão) poderá incutir na jovem a vontade de se matar, aceitando o risco de produzir o resultado fatal.

Escreve MANZINI, lembrado por NORONHA, que:

> "Não basta ter criado em outro a resolução de matar-se, mas é necessária também a intenção de conseguir tal efeito, sem o que não será responsável por participação em suicídio nem por homicídio doloso, mas eventualmente por outro delito. Para o eminente jurista, o fim de que o sujeito passivo se suicide constitui dolo específico. Não ocorre, pois, o crime quando uma donzela seduzida se suicida; quando alguém, vítima de vultoso estelionato e reduzido à ruína, se mata etc. Em tais casos, não há vontade no agente do exício do sujeito passivo"[75].

Não havendo forma culposa do crime, prevalece que a conduta negligente causadora do suicídio de outrem é fato atípico (não configurando sequer homicídio culposo).

3.5. Consumação e tentativa

Entende a doutrina clássica que o crime se consuma com o induzimento, instigação ou auxílio ao suicídio, ficando a punição do crime consumado condicionada à superveniência da morte ou lesão grave da vítima (condição objetiva de punibilidade), não admitindo a tentativa. Nesse sentido, HUNGRIA[76].

Assim, de acordo com essa corrente, temos:

a) se a vítima induzida, instigada ou auxiliada pratica o ato letal, vindo a falecer, haverá crime consumado, punido com reclusão de 2 a 6 anos;

b) se a vítima induzida, instigada ou auxiliada realiza ato fatal, sofrendo lesão grave (suicídio frustrado), o crime igualmente é consumado, porém com pena de 1 a 3 anos;

c) se a vítima induzida, instigada ou auxiliada busca acabar com a própria vida, porém sofre apenas lesão leve (ou não sofre qualquer lesão), apesar de consumado, não é punível. O mesmo raciocínio se aplica no caso de a vítima nem sequer tentar se matar.

É cada vez mais crescente, no entanto, a corrente que nega à morte (ou lesão grave) a natureza jurídica de condição objetiva de punibilidade, pois representa o objetivo e propósito a que se direcionava e voltava o intento do agente.

75. *Direito penal,* v. 2, p. 41.
76. Ob. cit., v. 5, p. 235-236.

Explica Magalhães Noronha:

> "Temos para nós que a consequência lesiva não é condição objetiva de punibilidade, por ser querida pelo agente, por ser o *fim* que tem em mira, ou, noutras palavras, o resultado do dolo."[77].

Trata-se, na realidade, do próprio resultado naturalístico. Para esta corrente, a tentativa é também juridicamente inadmissível, embora possível sob o aspecto fático.

Afirmam que:

> "De acordo com a previsão legal do Código, se não houver a ocorrência da morte ou lesão corporal de natureza grave, o fato é atípico. Desse modo, o ato de induzir, instigar ou prestar auxílio para que alguém se suicide, sem que deles decorram os eventos naturalísticos acima mencionados, não constitui crime."[78].

Considerando essa segunda interpretação, se o induzido, instigado ou auxiliado a se matar nem sequer inicia a execução do ato fatal, ou, dando início, sofre apenas lesão leve, o acontecimento será um indiferente penal, apenas imoral. Resultando lesão grave ou morte, crime consumado.

Em suma:

a) se a vítima induzida, instigada ou auxiliada pratica o ato mortal, vindo a falecer, haverá crime consumado, punido com reclusão de 2 a 6 anos;

b) se a vítima induzida, instigada ou auxiliada realiza ato letal, sofrendo lesão grave (suicídio frustrado), o crime é também consumado, porém com pena de 1 a 3 anos;

c) se a vítima induzida, instigada ou auxiliada busca acabar com a própria vida, porém sofre apenas lesão leve (ou nenhuma lesão sofre), o fato é atípico (um indiferente penal). O mesmo raciocínio se aplica no caso de a vítima nem sequer tentar se matar.

Cezar Roberto Bitencourt fomenta ainda mais a discussão, trazendo um terceiro entendimento.

Explica o autor:

> "A nosso juízo, ao contrário do que se tem afirmado, o Código Penal brasileiro não considera o *crime de suicídio consumado* quando determina a punição diferenciada para a hipótese de sobrevir somente *lesão corporal de natureza grave*. Ao contrário, pune a tentativa, uma tentativa diferenciada, uma *tentativa qualificada*, mas sempre uma tentativa, na medida em que, além de distinguir o tratamento dispensado a não consumação da supressão da vida da vítima, reconhece-lhe uma *menor censura*, à qual atribui igualmente uma menor punição, em razão do menor *desvalor do resultado*: a

---

77. *Direito penal*, v. 2, p. 37.

78. Fernando Capez, ob. cit., v. 2, p. 94.

> punição do crime consumado é uma e a punição do crime tentado (lesão grave) é outra."[79].

Assim, usando o resumo feito com as correntes anteriores, temos:

a) se a vítima induzida, instigada ou auxiliada pratica o ato fatal, vindo a falecer, haverá crime consumado, punido com reclusão de 2 a 6 anos;

b) se a vítima induzida, instigada ou auxiliada realiza ato mortal, sofrendo lesão grave (suicídio frustrado), *o crime será tentado*, com pena de 1 a 3 anos;

c) se a vítima induzida, instigada ou auxiliada busca se matar, porém sofre apenas lesão leve (ou não sofre qualquer lesão), o fato é atípico (um indiferente penal). O mesmo raciocínio se aplica no caso de a vítima nem sequer tentar se matar.

3.6. Majorantes de pena

Estabelece o parágrafo único que a pena será duplicada quando:

a) o crime for *praticado por motivo egoístico*, ou seja, para satisfazer interesses pessoais do agente, *v.g.*, buscando receber a herança do suicida ou ocupar seu nobre cargo;

b) *a vítima for menor*. Nossa lei não indicou qual é a menoridade a que se refere o presente dispositivo, fixando a doutrina nos 18 anos incompletos, gozando, porém de certo grau de entendimento (não incapaz).

Alguns autores, contudo, adotando um critério objetivo, restringem o alcance do seu significado. Assim, com fundamento no revogado art. 224, *a*, do CP (atual 217-A, *caput*), ensinam que vítima "menor" é apenas a pessoa com idade compreendida entre 14 e 18 anos, isso porque a menor de 14, se não tem capacidade nem mesmo para consentir num ato sexual, certamente não a terá para a eliminação da própria vida, configurando-se, então, o crime de homicídio (nesse sentido, GUILHERME DE SOUZA NUCCI[80]).

Em que pesem respeitáveis opiniões nessa linha de entendimento, preferimos a preleção de FRAGOSO:

> "Cuidado também merecerá a hipótese de completa supressão da capacidade de resistência em face da menoridade, que o CP italiano reconhece quando a vítima for menor de 14 anos e que dará lugar à configuração do homicídio. *Não nos parece que se deva adotar presunção que o legislador deliberadamente afastou. O limite de idade que a lei estabelece para a presunção de violência nos crimes contra os costumes (art. 224, I, do CP)* [*sic* – art. 224, *a*, do CP, atualmente revogado pela Lei 12.015/2009], hoje a exigir, aliás, urgente revisão crítica, *tem significado restrito a tal categoria de delitos*. Haverá homicídio quando a vítima não tenha, em virtude da imaturidade

79. Ob. cit, v. 2, p. 137.

80. *Código Penal comentado*, p. 663.

> de mente, qualquer capacidade de resistência moral, *o que deverá identificar-se em pessoa de idade bem reduzida*, a menos que à menoridade se alie qualquer anomalia mental."[81].

A mesma lição é pregada por Nélson Hungria:

> "Quanto a segunda agravante especial, deve entender-se que o 'menor' a que se refere o texto legal é aquele que já possui um certo entendimento, pois, do contrário, o crime a identificar-se será o de *homicídio*. Esta interpretação é confirmada pela última parte do inciso, que fala em pessoa que tem *diminuída a capacidade de resistência*, isto é, resistência *moral*. Ora, o *infans* não tem capacidade alguma de resistência Quanto a segunda agravante especial, deve entender-se que o 'menor' a que se refere o texto legal é aquele que já possui um certo entendimento, pois, do contrário, o crime a identificar-se será o de *homicídio*. Esta interpretação é confirmada pela última parte do inciso, que fala em pessoa que tem *diminuída a capacidade de resistência*, isto é, resistência *moral*. Ora, o *infans* não tem capacidade alguma de resistência moral, como não a têm, no caso do art. 122 do Código, os loucos, os idiotas, os sonâmbulos, os atacados de delírio febril. É preciso, para o reconhecimento da agravante, que o induzido ou auxiliado não seja um instrumento passivo, um súcubo à inteira mercê do íncubo, pois, em tal caso, com diz Alimena, o suicida não é mais do que um *longa manus* do agente, e deve ser reconhecido não o crime de participação em suicídio, mas um autêntico homicídio moral, como não a têm, no caso do art. 122 do Código, os loucos, os idiotas, os sonâmbulos, os atacados de delírio febril. É preciso, para o reconhecimento da agravante, que o induzido ou auxiliado não seja um instrumento passivo, um súcubo à inteira mercê do íncubo, pois, em tal caso, com diz Alimena, o suicida não é mais do que um *longa manus* do agente, e deve ser reconhecido não o crime de participação em suicídio, mas um autêntico homicídio."[82].

Reparem que o autor, ao utilizar a expressão "infante", refere-se a quem se encontra na infância, em idade infantil.

Do exposto, "menor" para os fins do artigo em comento é todo aquele com idade inferior a dezoito anos, que não tenha suprimida, por completo, a sua capacidade de resistência, devendo o juiz analisar sua existência tendo em vista o caso concreto.

c) em *vítima que tenha diminuída, por qualquer causa, a capacidade de resistência*, *v.g.*, o ébrio, o enfermo, o senil etc. Percebam que a lei se refere à diminuição da capacidade, já que sua total supressão implicará no reconhecimento de homicídio.

---

81. *Lições de direito penal:* parte especial, v. 1, p. 117-118.
82. Ob. cit., v. 5, p. 238.

3.6.1. Duelo americano, roleta russa e pacto de morte (ambicídio)

No clássico exemplo do *duelo americano*, no qual duas pessoas, diante de duas armas, estando apenas uma carregada, combinam tirar a sorte sobre qual delas deva suicidar-se, o sobrevivente responde pelo crime em estudo (art. 122), pois induziu, instigou ou mesmo auxiliou o perdedor a se matar.

O mesmo raciocínio se aplica para a *roleta russa*, caso em que os participantes testam a sorte diante de uma arma com apenas um projétil, puxando cada qual o gatilho contra si mesmo, até que um coloque fim à própria vida.

Já no caso do *pacto de morte (ambicídio)*, em que duas pessoas combinam a eliminação de suas vidas conjuntamente, a questão mostra maior interesse. Vejamos.

Imaginemos um casal de namorados que decide um suicídio a dois, escolhendo, para tanto, trancar-se em uma sala, abrindo a torneira de gás.

Existindo um sobrevivente, pergunta-se: foi ele (sobrevivente) quem abriu a válvula de gás?

Em caso positivo, responderá por homicídio (art. 121), praticando verdadeiro ato executório de matar. Em caso negativo, seu crime será o de induzimento, instigação ou auxílio ao suicídio (art. 122). Sobrevivendo os dois, o que abriu a torneira responde por tentativa de homicídio (art. 121, c/c o art. 14, II, ambos do CP) e o outro por induzimento, instigação ou auxílio ao suicídio (art. 122), caso tenha resultado no primeiro, ao menos, lesão corporal de natureza grave (como visto, o fato será atípico se a lesão foi leve, ou se nem mesmo lesão houve).

3.6.2. Testemunhas de Jeová

Rogério Greco[83], com maestria, bem resolve o problema de um adepto da seita das Testemunhas de Jeová que, após ferir-se gravemente em um acidente de trânsito, necessitando uma transfusão de sangue, recusa-se a fazê-lo sob o argumento de que prefere morrer ao ser contaminado com sangue de outra pessoa. Em resumo:

a) sendo imprescindível a transfusão, mesmo sendo a vítima maior e capaz, tal comportamento deve ser encarado como tentativa de suicídio, devendo o médico intervir, pois está na posição de garantidor;

b) os pais, subtraindo o filho menor da necessária intervenção cirúrgica, responderão por homicídio, pois naturais garantidores do filho, sendo inaceitável a tese a da inexigibilidade de conduta diversa.

3.7. Ação penal

A ação penal é pública incondicionada.

83. *Curso de Direito Penal – Parte Especial*, v. 2, p. 2013.

3.8. Princípio da especialidade

a) Código Penal x Código Penal Militar: o Decreto-Lei 1.001/69, no art. 207, pune a conduta de instigar, induzir ou prestar auxílio ao suicídio nas condições do seu art. 9º.

4. INFANTICÍDIO

► ***Infanticídio***

Art. 123. Matar, sob a influência do estado puerperal, o próprio filho, durante o parto ou logo após:

Pena – detenção, de 2 (dois) a 6 (seis) anos.

4.1. Considerações iniciais

Infanticídio é o homicídio praticado pela genitora contra o próprio filho, *influenciada pelo estado puerperal*, durante ou logo após o parto.

Um dos princípios do *concurso aparente de normas*, o da *especialidade*, aqui deve ser invocado, fazendo com que a norma especial do art. 123 derrogue a norma geral do homicídio (art. 121).

Para casos tais (infanticídio), lembra Magalhães Noronha[84] que o passado previa punições atrozes, como coser o condenado em um saco com um cão, um galo, uma víbora e uma macaca, lançando-o ao rio, ou, como estatuído na Ordenação de Carlos V, o sepultamento do criminoso em vida, o seu afogamento, empalamento ou dilaceração com tenazes ardentes.

Hoje, porém, o delito é etiquetado pela doutrina como uma forma especial (privilegiada) de homicídio, assim considerado em face dos sintomas fisiopsicológicos da gestante. Aliás, não há diferença do objeto jurídico do homicídio (vida humana).

Em razão da pena cominada, trata-se de infração penal de grande potencial ofensivo, não sendo cabível o rol de medidas despenalizadoras trazido pela Lei 9.099/95.

4.2. Sujeitos do crime

Trata-se de crime próprio, em que somente a mãe (parturiente), sob influência do estado puerperal, pode ser sujeito ativo.

A maioria da doutrina reconhece possível o concurso de agentes (*coautoria e participação*), fundada no art. 30 do CP. Há, contudo, opiniões em sentido contrário, argumentando que o estado puerperal é, na verdade, condição personalíssima, não abrangida pela descrição do referido artigo. Para os adeptos desta corrente, quem colabora com a morte do nascente pratica homicídio. Nélson Hungria, um dos precursores dessa tese, numa das

84. *Direito penal*, v. 2, p. 42.

últimas edições da sua obra, abandonou tal ensinamento, reconhecendo a comunicabilidade da elementar, tal como redigida pelo Código Penal, art. 30.

Magalhães Noronha é enfático:

> "Não há dúvida de que o estado puerperal é *circunstância* (isto é, estado, condição, particularidade etc.) *pessoal* e que, sendo elementar do delito, comunica-se, *ex vi* do art. 30, aos copartícipes. Só mediante texto expresso tal regra poderia ser derrogada."[85].

Dentro desse espírito, três situações se colocam para análise:

a) a parturiente e o médico executam o núcleo matar o neonato;

b) a parturiente, auxiliada pelo médico, sozinha, executa o verbo matar;

c) o médico, induzido pela parturiente, isolado, executa a ação matar.

Na primeira hipótese, os dois executores serão considerados coautores de infanticídio, conclusão extraída da simples leitura dos arts. 29 e 30 do CP. Já na segunda, ambos também responderão por infanticídio, porém o médico na qualidade de partícipe. Por fim, na terceira, em princípio, o médico, fomentado pela parturiente, é o único executor, despertando a tese de que ambos os participantes respondem por homicídio (a gestante na condição de partícipe). Contudo, percebendo que se a mãe mata a criança, responde por delito menos grave (infanticídio) e, se induz ou instiga o terceiro a executar a morte do nascente ou neonato, responde por delito mais grave (coautoria no homicídio), para uns, a incongruência é solucionada com os dois agentes (parturiente e médico) respondendo por infanticídio (nesse sentido, Damásio, Delmanto, Noronha e Fragoso); para outros, o médico responde por homicídio e a parturiente por infanticídio (Bento de Faria e Frederico Marques).

Sujeito passivo é o ser humano, durante ou logo após o parto (nascente ou recém-nascido).

Ensina Cezar Roberto Bitencourt, lembrando lição de Hungria:

> "Indiferente a existência de capacidade de vida autônoma, sendo suficiente a presença de vida biológica, que pode ser representada pela 'existência do mínimo de atividades funcionais de que o feto já dispõe antes de vir à luz, e das quais é o mais evidente atestado a circulação sanguínea'."[86].

Nos termos do que dispõe o art. 20, § 3º, do CP, o erro quanto à pessoa contra a qual o crime é praticado não isenta o agente de pena. Contudo, neste caso, não se consideram as condições ou qualidades da vítima real, senão as da pessoa contra quem o agente queria praticar o crime (vítima virtual). Assim, se a mãe, sob influência do estado puerperal, logo

85. *Direito penal*, v. 2, p. 49.

86. Ob. cit, v. 2, p. 144.

após o parto, pensando ser seu filho (vítima virtual), acaba, por engano, matando filho alheio (vítima real), pratica o crime de infanticídio (putativo).

4.3. Conduta

A ação criminosa consiste em causar a mãe a *morte* do próprio filho, *durante ou logo após o parto* (elemento cronológico), sob a influência do *estado puerperal* (elemento etiológico)[87].

A *morte* pode ser causada de forma livre, por ação (morte por asfixia) ou omissão (faltar com a amamentação), por meios diretos ou indiretos.

A circunstância de tempo (*durante o parto ou logo após*), como bem explica Heleno Cláudio Fragoso[88], é elemento normativo constitutivo do tipo. Antes do parto, a morte do feto será aborto, e se não se verificar, pelo menos, logo após, será homicídio.

Reconhecemos, no entanto, certa dificuldade na conceituação do que seja "logo após". Entende a maioria da doutrina que esse intervalo de tempo compreende todo o período do estado puerperal, circunstância a ser analisada pelos peritos médicos no caso concreto (nesse sentido: *RT* 531/318).

Alertamos, entretanto, que para a caracterização do infanticídio não basta que a mãe mate o filho durante ou logo após o parto, *sob a influência do estado puerperal*: é preciso, também, que haja uma relação de causa e efeito entre tal estado e o crime, pois nem sempre ele produz perturbações psíquicas na parturiente (*RT* 488/323 e 491/292).

Sobre o tema, esclarece a Exposição de Motivos (item 40):

> "Esta cláusula [influência do estado puerperal], como é óbvio, não quer significar que o puerpério acarrete sempre uma perturbação psíquica: é preciso que fique averiguado ter esta realmente sobrevindo em consequência daquele, de modo a diminuir a capacidade de entendimento ou de auto inibição da parturiente. Fora daí, não há por que distinguir entre infanticídio e homicídio".

Julio Fabbrini Mirabete, citando vários autores, entende por *puerpério:*

> "Os casos em que a mulher, mentalmente sã, mas abalada pela dor física do fenômeno obstétrico, fatigada, enervada, sacudida pela emoção, vem a sofrer um colapso do senso moral, uma liberação de impulsos maldosos, chegando, por isso, a matar o próprio filho. De um lado, nem alienação mental, nem semialienação (casos estes já regulados genericamente pelo Código). De outro, tampouco frieza

87. Este delito (art. 123) não se confunde com o previsto no art. 134, § 2º, do CP. No primeiro, crime contra a vida, a mãe age com dolo de dano, buscando acabar com a existência do filho, durante ou logo após o parto, sob a influência do estado puerperal. No segundo, crime de perigo, a finalidade da mãe é *ocultar a gravidez*, por questões de honra, resultando, do abandono, a morte culposa do infante (crime preterdoloso ou preterintencional).

88. Ob. cit., v. 1, p. 44.

> de cálculo, a ausência de emoção, a pura crueldade (que caracterizariam, então, o homicídio). Mas a situação intermédia, podemos dizer até 'normal', da mulher que, sob o trauma da parturição e dominada por elementos psicológicos peculiares, se defronta com o produto talvez não desejado e temido de suas entranhas."[89].

Já Guilherme de Souza Nucci explica que puerperal:

> "É o estado que envolve a parturiente durante a expulsão da criança do ventre materno. Há profundas alterações psíquicas e físicas, que chegam a transtornar a mãe, deixando-a sem plenas condições de entender o que está fazendo. É uma hipótese de semi-imputabilidade que foi tratada pelo legislador com a criação de um tipo especial. O puerpério é o período que se estende do início do parto até a volta da mulher às condições pré-gravidez."[90].

Diferente de outros países, a nossa lei não adotou o critério psicológico, o qual se assenta no desejo de preservar a honra, mas sim o fisiopsicológico, levando em conta o desequilíbrio fisiopsíquico oriundo do processo do parto.

Escreve Noronha:

> "A respeito da situação do sujeito ativo, variam as leis: umas adotam o sistema *psicológico* e outras o *fisiopsicológico*. O primeiro assenta-se no *motivo de honra* (CP argentino, art. 81, § 2º (hoje revogado), e CP italiano, art. 578), isto é, na gravidez fora do *matrimônio* – a solteira, a viúva ou a casada com esposo de impotência *generandi* –, quando é imperioso ocultar o fruto da concepção, o que faz a mulher viver estado de angústia e tormento moral. O segundo sistema, ao revés, não se cinge ao motivo (CP suíço, art. 115), mas leva em conta o desequilíbrio fisiopsíquico, oriundo do parto, conquanto não desconheça que o móvel pode entrar no complexo desencadeante desse desequilíbrio. Adotou o último nossa lei, já que invoca o *estado puerperal*."[91].

Advertimos, contudo, que, dependendo do grau de desequilíbrio fisiopsíquico oriundo do parto, pode a gestante ser considerada portadora de doença ou perturbação da saúde mental, aplicando-se as disposições dos arts. 26, *caput* ou parágrafo único, do CP caso tenha ela, em razão da causa biológica, retirada total ou parcialmente a capacidade de entendimento ou de autodeterminação.

4.4. Voluntariedade

O delito só é punido a título de dolo – *direto ou eventual* –, consistente na consciente vontade de matar o próprio filho.

89. *Manual de Direito Penal, Parte Especial*, v. 2, p. 57-58.
90. *Código Penal comentado*, p. 665.
91. *Direito penal*, v. 2, p. 45-46.

Não havendo a modalidade culposa, questiona-se qual a consequência para o caso da mãe que, sob influência do estado puerperal, imprudentemente mata o filho recém-nascido.

Para uma primeira corrente, o fato é atípico, vez que inviável, na hipótese, atestar a ausência da prudência (diligência) normal em mulher desequilibrada psiquicamente.

Damásio, partidário dessa lição, ensina:

> "O infanticídio só é punível a título de dolo, que corresponde à vontade de concretizar os elementos objetivos descritos no art. 123 do CP. Admite-se a forma direta, em que a mãe quer precisamente a morte do próprio filho, e a forma eventual, em que assume o risco de lhe causar a morte. Não há infanticídio culposo, uma vez que no art. 123 do CP o legislador não se refere à modalidade culposa (CP, art. 18, parágrafo único). Se a mulher vem a matar o próprio filho, sob a influência do estado puerperal, de forma culposa, não responde por delito algum (nem homicídio, nem infanticídio)."[92].

Cezar Roberto Bitencourt discorda, ensinando que:

> "Suprimir a vida de alguém – independentemente do momento cronológico em que esse fato ocorra – por imprudência, negligência ou imperícia tipifica o *homicídio culposo*. Com efeito, matar alguém, culposamente, que nasce ou está nascendo vivo tipifica o homicídio culposo. A circunstância de o fato ocorrer no período próprio do *estado puerperal e durante ou logo após o parto* será matéria decisiva para a dosagem da pena e não constitui excludente nem elementar do tipo. É inconsistente o entendimento contrário, que sustenta tratar-se de conduta atípica. O bem jurídico *vida*, o mais importante na escala jurídico-social, exige essa proteção penal, e só admite a exclusão da responsabilidade penal quando a ação que o lesa não for consequência de dolo ou culpa."[93].

Esta posição é também compartilhada por Nélson Hungria[94], Magalhães Noronha[95], Mirabete[96] e Capez[97].

4.5. Consumação e tentativa

O crime é material, consumando-se com a morte do nascente ou recém-nascido.

A tentativa é admissível (delito plurissubsistente).

92. Ob. cit., v. 2, p. 109.
93. Ob. cit, v. 2, p. 151.
94. Ob. cit., v. V, p. 266.
95. *Direito penal*, v. 2, p. 49.
96. *Manual de Direito Penal, Parte Especial,* v. 2, p. 61.
97. Ob. cit., v. 2, p. 104.

4.6. Ação penal

No silêncio da lei, a ação penal no crime de infanticídio é pública incondicionada.

5. ABORTO[98]

5.1. Introdução

Preliminarmente convém definirmos o que se entende por abortamento (que na lei é dito aborto, trocando a ação pelo seu produto).

> "Aborto é a interrupção da gravidez com a destruição do produto da concepção"[99].

O termo inicial para a prática do aborto é o começo da gravidez, que, do ponto de vista da biologia, se dá com a fecundação. Todavia, prevalece na ótica jurídica, que a gestação tem início com a implantação do óvulo fecundado no endométrio, isto é, com a sua fixação no útero materno (nidação).

Pouco importa para a caracterização do crime se a gravidez é natural (fruto de cópula carnal) ou não (inseminação artificial) [100].

Protege-se, aqui, a vida intrauterina, fruto de gravidez normal.

A doutrina o classifica em:

a) *natural*: interrupção espontânea da gravidez, normalmente causada por problemas de saúde da gestante (um indiferente penal);

b) *acidental*: decorrente de quedas, traumatismos e acidentes em geral (em regra, atípico);

c) *criminoso*: previsto nos arts. 124 a 127 do CP;

d) *legal ou permitido*: previsto no art. 128 do CP;

e) *miserável ou econômico-social*: praticado por razões de miséria, incapacidade financeira de sustentar a vida futura (não exime o agente de pena, de acordo com a legislação pátria);

f) *eugenésico ou eugênico*: praticado em face dos comprovados riscos de que o feto nasça com graves anomalias psíquicas ou físicas (exculpante não acolhida pela nossa lei). A importância do assunto recai, em especial, nos casos dos fetos anencefálicos, merecendo tópico apartado no final do capítulo;

---

98. Encontra-se na Lei das Contravenções Penais (Dec.-lei 3.688, de 3 de outubro de 1941) outro dispositivo repressivo, atinente ao *anúncio de meio abortivo* (art. 20), punindo-se quem anunciar processo, substância ou objeto destinado a provocar aborto. É uma medida de caráter preventivo, buscando evitar publicidade apta a despertar o interesse pela prática do aborto.

99. Mirabete, *Manual de Direito Penal, Parte Especial*, v. 2, p. 62.

100. A gravidez interrompida deve ser normal. Se *extrauterina* ou *molar*, a sua interrupção não caracteriza o crime. Na primeira (extrauterina), o embrião não se desenvolve na cavidade uterina, mas, por exemplo, na trompa (gravidez tubária), no ovário (gravidez ovárica) ou no tubo que atravessa a parede uterina (intersticial). A evolução dessa gravidez pode gerar a morte da gestante. Na segunda (molar), o produto da concepção apresenta-se degenerado, incapaz de vida nova.

g) *honoris causa*: realizado para interromper gravidez *extramatrimonium* (é crime, de acordo com nossa legislação);

h) *ovular*: praticado até a oitava semana de gestação;

i) *embrionário*: praticado até a décima quinta semana de gestação;[101]

j) *fetal*: praticado após a décima quinta semana de gestação;

5.2. Aborto provocado pela gestante ou com seu consentimento

▶ ***Aborto provocado pela gestante ou com seu consentimento***

Art. 124. Provocar aborto em si mesma ou consentir que outrem lho provoque:

Pena – detenção, de 1 (um) a 3 (três) anos.

5.2.1. Considerações iniciais

O presente artigo traz duas formas de aborto criminoso: o *autoaborto e o aborto praticado com o consentimento da gestante.*

Em virtude da pena mínima cominada (um ano de detenção), é cabível a suspensão condicional do processo, observando-se os demais requisitos do art. 89 da Lei 9.099/95.

5.2.2. Sujeitos do crime

As duas condutas trazidas pelo tipo só podem ser praticadas diretamente pela mulher grávida. A doutrina diverge sobre a natureza do crime. Para Bitencourt, trata-se de crime de mão própria[102], admitindo a participação de terceiros, mas não a coautoria, respondendo o terceiro provocador nas penas do art. 126 do CP.

---

101. No HC 124.306, a 1ª T do STF, em sede de liminar, concedeu a ordem para revogar a prisão cautelar decretada em processo que apura a prática de aborto consentido, fundamentando a decisão, dentre outras, na tese de que a interrupção da gravidez no primeiro trimestre não deve ser criminalizada, a exemplo do que já ocorre em países democráticos e desenvolvidos, como os Estados Unidos, Alemanha, França, Reino Unido e Holanda. Reproduzindo as palavras do Min. Barroso, a criminalização, nessas circunstâncias, "confere uma proteção deficiente aos direitos sexuais e reprodutivos, à autonomia, à integridade psíquica e física, e à saúde da mulher, com reflexos sobre a igualdade de gênero e impacto desproporcional sobre as mulheres mais pobres. Além disso, criminalizar a mulher que deseja abortar gera custos sociais e para o sistema de saúde, que decorrem da necessidade de a mulher se submeter a procedimentos inseguros, com aumento da morbidade e da letalidade. (...) A interrupção voluntária da gestação não deve ser criminalizada, pelo menos, durante o primeiro trimestre da gestação. Durante esse período, o córtex cerebral – que permite que o feto desenvolva sentimentos e racionalidade – ainda não foi formado, nem há qualquer potencialidade de vida fora do útero materno. Por tudo isso, é preciso conferir interpretação conforme a Constituição aos Artigos 124 e 126 do Código Penal, para excluir do seu âmbito de incidência a interrupção voluntária da gestação efetivada no primeiro trimestre". Devemos aguardar o julgamento do mérito, mas certamente se inaugura uma discussão a ser aprofundada pelos estudiosos e operadores do Direito.

102. Ressaltamos que, adotada a teoria do domínio final do fato, a distinção entre crime próprio e de mão própria fica enfraquecida, pois autor, de acordo com essa teoria, nem sempre se resume naquele que executa o verbo nuclear.

Vejamos sua lição:

> "Trata-se, nas duas modalidades, de *crime de mão própria*, isto é, que somente a gestante pode realizar. Mas, como qualquer crime de mão própria, admite a participação, como atividade acessória, quando o partícipe se limita a instigar, induzir ou auxiliar a gestante tanto a praticar o autoaborto como a consentir que terceiro lho provoque. Contudo, se o terceiro for além dessa mera atividade acessória, intervindo na realização propriamente dos atos executórios, responderá não como coautor, que a natureza do crime não permite, mas como autor do crime do art. 126."[103].

Ousamos discordar. Para nós, o crime é próprio, admitindo o concurso de agentes, inclusive na forma de coautoria (por exemplo, gestante e seu marido, juntos, realizam manobras abortivas). É *especial*, no entanto, pois o coexecutor (marido) será punido em tipo diverso (art. 126) e com pena independente, verdadeira exceção pluralista à teoria monista (mesmo fenômeno que explica o corrupto responder pelo art. 317 e o corruptor pelo art. 333, ambos do CP).

Não sendo o feto titular de direitos (salvo aqueles expressamente previstos na lei civil), para parcela da doutrina, o sujeito passivo é apenas o Estado.

Prevalece, porém, o entendimento de que o sujeito passivo é mesmo o produto da concepção (óvulo, embrião ou feto).

> "Pouco importa seja o feto uma *spes personae*; deve ele, mesmo assim, ser protegido pela tutela da lei, pois a vida humana, em seu infinito mistério, merece respeito, mesmo quando a ordem jurídica se encontra em presença não apenas de um homem (pessoa), mas de uma *spes hominis.*"[104].

Assim, caso sejam vários os fetos (gravidez de gêmeos, trigêmeos etc.), haverá, para os partidários da segunda corrente, concurso formal de crimes (art. 70 do CP).

5.2.3. Conduta

Na primeira conduta típica, a mulher grávida, por intermédio de meios executivos químicos, físicos ou mecânicos, provoca (dá causa, promove) nela mesma, mediante ação ou omissão, a interrupção da gravidez, destruindo a vida endouterina.

A segunda conduta típica é a de consentir a gestante no abortamento, exigindo-se, assim, a figura do provocador, o qual, como já vimos, responderá pelo crime do art. 126.

> "A gravidez há que ser *normal.* Difere da *extrauterina* e da *molar*. A primeira se dá no ovário, fímbria, trompas, parede uterina (interstício), tendo como consequência, *v.g.*, aborto tubário, rotura da trompa e litopédio. A segunda consiste em formação degenerativa do ovo fecundado, sendo sanguínea, carnosa e vesicular. A interrupção da gravidez extrauterina não é aborto, pois o produto da concepção não

103. Ob. cit, v. 2, p. 161-162.

104. Magalhães Noronha, *Direito Penal* cit., v. 2, p. 52.

> atingirá vida própria; sobrevirão, antes, consequências muito graves, matando a mulher, ou pondo em sério risco a sua vida. A expulsão da mola também não é crime, já que não existe aí vida."[105].

Inexiste o crime nas manobras abortivas realizadas pela mulher que erroneamente acredita estar grávida (delito putativo ou de alucinação). Diga-se o mesmo quando o feto já está morto.

5.2.4. Voluntariedade

O aborto só é punível a título de dolo, consistente na consciente vontade de interromper a gravidez (ou consentir para tanto). Nélson Hungria admite também o dolo eventual, exemplificando com o caso da mulher que, sabendo-se grávida, tenta suicidar-se, resultando o aborto[106].

Ensina Magalhães Noronha:

> "Se a vontade não se dirige à morte do feto, mas especificamente à antecipação do nascimento (*parto acelerado*), para que, *v.g.*, o nascituro possa gozar de determinados direitos, não existe o delito de aborto. Se praticado não pela própria gestante, mas por terceiro, responderá este pelo evento relativo à mulher (lesões ou morte)."[107].

Não se pune a modalidade culposa. Caso provocado, culposamente, por terceiro, responde este por lesão corporal gravíssima (caso a lesão corporal seja dolosa e o abortamento culposo) ou lesão corporal culposa (se a lesão causadora da interrupção da gravidez também derivar de culpa).

5.2.5. Consumação e tentativa

Cuidando-se de crime material, consuma-se com a morte do feto ou a destruição do produto da concepção, pouco importando se esta ocorre dentro ou fora do ventre materno, desde que, é claro, decorrente das manobras abortivas.

> "Carece de razão Logoz quando escreve que 'o delito está consumado pela expulsão do *foetus*'. Não é esse o momento consumativo. Pode haver expulsão sem existir aborto, quando, no *parto acelerado*, o feto continua a viver, embora com vida precária ou deficiente; pode ser expulso, já tendo, entretanto, sido morto no ventre materno; pode ser morto aí e não se dar a expulsão, e pode ser morto juntamente com a mãe, sem ser expulso. Em todas essas hipóteses, é a *morte do feto* que caracteriza o momento consumativo."[108].

---

105. Magalhães Noronha, *Direito Penal* cit., v. 2, p. 52.

106. Ob. cit., v. 5, p. 290. Para nós, a depender do estágio da gravidez, a conduta da gestante no suicídio frustrado pode ser punida a título de dolo de 2º. grau. Suponhamos que uma mulher tenta eliminar sua própria vida, grávida de 2 meses. O sucesso no seu intento tem a morte do feto como consequência necessária (e certa quanto a ocorrência), e não resultado eventual (possível de ocorrer).

107. *Direito penal,* v. 2, p. 56.

108. Magalhães Noronha, *Direito penal* cit., v. 2, p. 54.

Ocorrendo o nascimento com vida e verificando-se a morte posterior do recém-nascido, *decorrência de nova ação ou omissão do agente*, o delito a se cogitar é o de homicídio (ou infanticídio) e não mais o de aborto, vez que a conduta criminosa recaiu sobre vida extrauterina. Alguns autores, na hipótese, defendem, ainda, o cúmulo material do homicídio com a tentativa de aborto.

Tratando-se de crime plurissubsistente, a tentativa é admissível (ex.: realizada a manobra abortiva, o feto é expulso com vida, sobrevivendo).

5.2.6. Ação penal

A ação penal é pública incondicionada.

5.3. Aborto provocado por terceiro, sem o consentimento da gestante

▶ ***Aborto provocado por terceiro, sem o consentimento da gestante***

Art. 125. Provocar aborto, sem o consentimento da gestante:

Pena – reclusão, de 3 (três) a 10 (dez) anos.

5.3.1. Considerações iniciais

Essa modalidade de aborto (abortamento sofrido) espelha a forma mais grave do crime, verificando-se quando o aborto é provocado por terceiro, sem o consentimento da gestante (dissenso real ou expresso).

Em virtude da pena cominada, não são cabíveis os benefícios da Lei 9.099/95.

5.3.2. Sujeitos do crime

Qualquer pessoa pode ser sujeito ativo (crime comum), admitindo-se o concurso de agentes.

Trata-se de crime de dupla subjetividade passiva, figurando como vítimas o produto da concepção (óvulo, embrião ou feto) e a gestante.

5.3.3. Conduta

A conduta é, tal qual o artigo anterior, interromper, violenta e intencionalmente, uma gravidez, destruindo o produto da concepção.

Quem desfere violento pontapé no ventre de mulher sabidamente grávida pratica o crime de aborto (nesse sentido, *RT* 578/305).

O crime será impossível nas manobras abortivas realizadas em mulher que erroneamente se suponha grávida.

5.3.4. Voluntariedade

Pune-se a conduta dolosa, consistente na consciente vontade de interromper a gravidez contra o anseio da gestante.

> "Matar mulher que sabe estar grávida configura também o crime de aborto, verificando-se, no mínimo, *dolo eventual*; nessa hipótese, o agente responde, em concurso formal, pelos crimes de homicídio e aborto. Se houver desígnios autônomos, isto é, a intenção de praticar os dois crimes, o concurso formal será impróprio, aplicando-se cumulativamente a pena dos dois crimes; caso contrário, será próprio e o sistema de aplicação será o da *exasperação.*"[109].

5.3.5. Consumação e tentativa

Consuma-se com a privação do nascimento, a destruição do produto da concepção (crime material).

Admite-se a tentativa (delito plurissubsistente) caso o resultado não seja alcançado por circunstâncias alheias à vontade do agente.

5.3.6. Ação penal

A ação penal é pública incondicionada.

5.4. Aborto provocado por terceiro, com o consentimento da gestante

> ▶ ***Aborto provocado por terceiro, com o consentimento da gestante***
>
> **Art. 126**. Provocar aborto com o consentimento da gestante:
>
> Pena – reclusão, de 1 (um) a 4 (quatro) anos.
>
> Parágrafo único. Aplica-se a pena do artigo anterior, se a gestante não é maior de 14 (quatorze) anos, ou é alienada ou débil mental, ou se o consentimento é obtido mediante fraude, grave ameaça ou violência.

5.4.1. Considerações iniciais

O presente dispositivo pune a forma de aborto praticado por terceiro com o consentimento da gestante.

Em virtude da pena mínima cominada (um ano de reclusão), é cabível a suspensão condicional do processo, desde que observados os demais requisitos do art. 89 da Lei 9.099/95.

5.4.2. Sujeitos do crime

Qualquer pessoa pode praticar este delito (crime comum). O concurso de agentes é possível, nas suas duas formas (coautoria e participação).

Sujeito passivo é apenas o feto.

5.4.3. Conduta

Continua sendo a mesma conduta típica dos artigos precedentes, ou seja, ocasionar (ação ou omissão), com o consentimento *válido* da gestante, a interrupção da gravidez, destruindo o produto da concepção.

---

109. Cezar Roberto Bitencourt, *Tratado de direito penal – Parte especial*, v. 2, p. 165.

Se durante a operação (porém antes da interrupção da gravidez) a gestante desistir do intento criminoso, responderá por aborto não consentido o terceiro que insistir em provocá-lo. A gestante, em face do arrependimento *ineficaz*, responderá pelo art. 124 do CP, não se aplicando o disposto no art. 15 do CP, mas circunstância atenuante do art. 66.

Haverá delito impossível nas manobras abortivas realizadas em mulher que erroneamente se suponha grávida (absoluta impropriedade do objeto material).

5.4.4. Voluntariedade

É o dolo, consistente na vontade consciente de provocar abortamento consentido.

5.4.5. Consumação e tentativa

Como nos demais, consuma-se o crime com a interrupção da gravidez (crime material), sendo possível a tentativa (delito plurissubsistente).

5.4.6. Dissenso presumido

O art. 126, parágrafo único, desconsidera a vontade positiva da gestante quando menor de 14 anos, alienada ou débil mental, ou se o seu consentimento foi obtido mediante fraude, grave ameaça ou violência. Nessas hipóteses, aplica-se ao terceiro provocador a pena do art. 125, ficando a gestante isenta de sanção penal (porque irresponsável).

O dolo do agente provocador deve compreender as qualidades da grávida ou o modo pelo qual o consentimento foi dado, evitando-se, assim, responsabilidade penal objetiva.

5.4.7. Ação penal

A ação penal é pública incondicionada.

5.5. Aborto majorado pelo resultado

▶ ***Aborto majorado pelo resultado***

Art. 127. As penas cominadas nos dois artigos anteriores são aumentadas de 1/3 (um terço), se, em consequência do aborto ou dos meios empregados para provocá-lo, a gestante sofre lesão corporal de natureza grave; e são duplicadas, se, por qualquer dessas causas, lhe sobrevém a morte.

5.5.1. Considerações gerais

O crime de aborto será majorado:

a) *se, em consequência do aborto ou das manobras abortivas, a gestante sofre lesão corporal de natureza grave* (art. 129, §§ 1º e 2º, do CP);

b) *se, por qualquer dessas causas (aborto ou meios empregados), lhe sobrevém a morte.*

Pela simples redação do artigo percebe-se que as causas de aumento somente se aplicam aos crimes definidos nos arts. 125 e 126 ("*dois artigos anteriores*"). Mas por que não em relação ao art. 124? Porque o direito penal não pune a autolesão nem o ato de matar-se.

Como escreve Manzini, lembrado por Noronha, se a gestante morre, seu crime é extinto; se lhe sobrevém lesão corporal de natureza grave, não é o caso de agravar-lhe o crime, seja porque a lesão, a bem dizer, representa uma punição natural, seja porque seria cruel aumentar a punição penal, devendo atentar-se, além do mais, a que a lei a exclui expressamente[110].

O colaborador do autoaborto (ou aquele que apenas induziu a gestante a consentir para que terceiro o provocasse) igualmente escapa da majorante, vez que praticante de conduta inteiramente estranha à execução.

Em qualquer dos casos, está presente a figura do preterdolo. Querendo (dolo direto) ou assumindo (dolo eventual) o resultado mais grave, o agente responderá pelos dois crimes (aborto e lesões corporais ou homicídio, conforme o caso) em concurso formal (art. 70 do CP).

☑ ***Para que incida a majorante do art. 127 do CP não é indispensável que o aborto se consume. Basta que a gestante sofra lesão grave ou que venha a morrer. Essa conclusão decorre do próprio texto da lei, que determina o acréscimo quando as lesões graves ou a morte constituem consequências do aborto ou dos meios empregados para provocá-lo. Neste caso, o agente responderá por tentativa de aborto qualificado? Seria uma exceção à regra de que não cabe tentativa em crime preterdoloso?***

Capez entende que:

> "Nessa hipótese, deve o sujeito responder por aborto qualificado consumado, pouco importando que o abortamento não se tenha efetivado, aliás, como acontece no latrocínio, o qual se reputa consumado com a morte da vítima, independentemente de o roubo consumar-se. Não cabe mesmo falar em tentativa de crime preterdoloso, pois neste o resultado agravador não é querido, sendo impossível o agente tentar produzir algo que não quis: ou o crime é preterdoloso consumado ou não é preterdoloso."[111].

Frederico Marques apresenta solução diversa, qual seja, tentativa de aborto qualificado pelo evento morte ou tentativa de aborto qualificado pela ocorrência de lesões graves, conforme o caso[112]. Apesar de crime preterdoloso, a tentativa é possível quando a parte frustrada da infração é a dolosa. No aborto majorado pelo resultado, fica inviável a tentativa quando não se produz na vítima os resultados majorantes jamais foram queridos ou aceitos pelo agente (punidos a título de culpa). Contudo, se ocorre qualquer dos resultados majorantes, sem interrupção da gravidez, o aborto não se deu por circunstâncias alheias à vontade do agente (parte dolosa do crime, admitindo a tentativa), tendo a pena aumentada

110. *Direito penal*, v. 2, p. 60.
111. Ob. cit., v. 2, p. 122.
112. Ob. cit., p. 211.

pela lesão grave ou morte culposa da gestante. No mesmo sentido temos as lições de MIRABETE[113], PIERANGELI[114] e NÉLSON HUNGRIA[115].

5.6. Aborto legal: exclusão do crime. Ação penal

▶ ***Aborto legal: exclusão do crime. Ação penal***

Art. 128. Não se pune o aborto praticado por médico:

▶ ***Aborto necessário***

I – se não há outro meio de salvar a vida da gestante;

▶ ***Aborto no caso de gravidez resultante de estupro***

II – se a gravidez resulta de estupro e o aborto é precedido de consentimento da gestante ou, quando incapaz, de seu representante legal.

5.6.1. Considerações gerais

O dispositivo prevê, no seu primeiro inciso, o aborto necessário (ou terapêutico), e, no segundo, o aborto sentimental (ou humanitário ou ético), ambos espécies do aborto legal ou permitido.

A razão da permissão está tratada na Exposição de Motivos (item 41):

> "Mantém o projeto a incriminação do *aborto*, mas declara penalmente lícito, quando praticado por médico habilitado, o aborto *necessário*, ou em caso de prenhez resultante de estupro. Militam em favor da exceção razões de ordem social e individual, a que o legislador penal não pode deixar de atender".

De acordo com a maioria da doutrina, o artigo em comento traz duas causas especiais de exclusão da ilicitude.

Nesse sentido é o escólio de MIRABETE:

> "São causas excludentes da criminalidade, embora a redação do dispositivo pareça indicar causas de ausência de culpabilidade ou punibilidade."[116].

CEZAR ROBERTO BITENCOURT explica:

> "É uma forma diferente e especial de o legislador excluir a ilicitude de uma infração penal sem dizer que 'não há crime', como faz no art. 23 do mesmo diploma legal."[117].

113. *Manual de Direito Penal, Parte Especial,* v. 2, p. 67.
114. *Manual de direito penal brasileiro:* parte especial, p. 118.
115. Ob. cit., v. 5, p. 304.
116. *Manual de direito penal:* parte especial, v. 2, p. 68.
117. Ob. cit, v. 2, p. 168.

5.6.2. Aborto necessário

Para o primeiro caso (aborto necessário), indispensável o preenchimento de três condições:

a) *aborto praticado por médico:* não é necessário que o médico seja especialista na área de ginecologia-obstetrícia. Caso seja necessária a realização do aborto por pessoa sem a habilitação profissional do médico (parteira, farmacêutico etc.), apesar de o fato ser típico, estará o agente acobertado pela descriminante do estado de necessidade (art. 24), aplicando-se a mesma solução se a própria gestante pratica o aborto movida pelo espírito de salvar a própria vida;

b) *o perigo de vida da gestante:* não basta o perigo para a saúde;

c) *a impossibilidade do uso de outro meio para salvá-la:* não pode o médico escolher o meio mais cômodo, pois se houver outra maneira, que não a interrupção da gravidez, para salvar a vida da gestante, o agente responderá pelo crime.

Entende a melhor doutrina que não há necessidade do consentimento da gestante para a realização do aborto. Basta que o profissional entenda ser indispensável fazê-lo. Desnecessário, ainda, autorização judicial.

5.6.3. Aborto sentimental

O inciso II fala do aborto no caso de gravidez resultante de estupro (aborto sentimental).

Se, no tocante ao "aborto terapêutico", é a preocupação de salvar a vida da gestante que informa o preceito, em relação ao inciso II o motivo consiste em que nada justificaria impor-se à vítima do atentado sexual, ofendida em sua honra, uma maternidade que talvez lhe fosse odiosa e sempre relembraria o triste acontecimento de sua vida.

Explica Hungria:

> "Costuma-se chamá-lo aborto sentimental: nada justifica que se obrigue a mulher a aceitar uma maternidade odiosa, que dê vida a um ser que lhe recordará, perpetuamente, o horrível episódio da violência sofrida"[118].

A exclusão do crime depende de três condições:

a) *que o aborto seja praticado por médico:* caso realizado por pessoa sem habilitação legal, haverá o crime, não se ajustando qualquer causa legal (ou extralegal) de justificação. Não

118. Ob. cit., v. V, p. 312. Luiz Regis Prado critica essa permissão legal. "Embora o legislador tenha conferido relevância à liberdade de autodeterminação da mulher, o consentimento da gestante não conduz à exclusão da ilicitude do aborto provocado pelo médico, já que essa conduta 'implica a lesão de um bem jurídico de que ela não é titular e do qual, de consequência, não pode livremente dispor'. Com efeito, é o nascituro o titular do bem jurídico tutelado (vida) e, ante a absoluta impossibilidade de obtenção de seu consentimento, não há que se cogitar da exclusão da ilicitude da conduta do médico com base em tal causa de justificação (consentimento do ofendido)" (*Tratado de Direito Penal Brasileiro*, v. 4, p. 133).

existindo situação de perigo para a vida da gestante, diferente da indicação do inc. I, parece incabível estado de necessidade ou qualquer outra descriminante. Quando praticado pela própria gestante (autoaborto), a depender das circunstâncias, pode caracterizar hipótese de inexigibilidade de conduta diversa (causa supralegal de exclusão da culpabilidade).

b) *que a gravidez seja resultante de estupro:* antes da Lei 12.015/2009 discutia-se se a permissão abrangia o estupro com violência presumida (art. 224 CP), entendendo a maioria que sim. Fernando Capez, nesse sentido, lecionava:

> "O art. 128, II, do CP não faz qualquer distinção entre o estupro com violência real ou presumida (CP, art. 224), donde se conclui que este último está abrangido pela excludente da ilicitude em estudo. Na interpretação da regra legal é necessário ter em vista que onde a lei não distingue, não cabe ao intérprete fazê-lo, até porque qualquer restrição importaria em interpretação *in malam partem*, já que, se se entendesse estar excluído do dispositivo legal o estupro com violência ficta, a conduta do médico que praticasse o aborto nessas circunstâncias seria considerada criminosa."[119].

Hoje, com a reforma do Título VI do CP (Dos crimes contra a dignidade sexual), aboliu-se a figura do estupro com violência presumida (art. 224 do CP), migrando a conduta criminosa para o art. 217-A do CP (estupro de vulnerável). A mudança, no entanto, não tornou inaplicável a permissão legal do 128, II, sendo compatível com a lição acima transcrita, admitindo-se, portanto, o abortamento sentimental também nessas hipóteses, sendo indispensável o consentimento da vítima ou de seu representante legal.

Sabendo que a gravidez pode resultar de atos de libidinagem diversos da conjunção carnal, também discutia a doutrina se a permissão prevista no art. 128, II, se estendia para o caso de gravidez provocada pelo atentado violento ao pudor, prevalecendo que sim, corrente fundamentada na analogia *in bonam partem*.

Nesse sentido Magalhães Noronha:

> "A nosso ver, a lei restringiu muito o âmbito do dispositivo. A consideração que mereceu do legislador a mulher estuprada também a merece a vítima de atentado violento ao pudor (art. 214). Ninguém duvida que o coito vulvar engravida, e, diante dos dizeres do inciso II e de sua rubrica, é inegável ter a lei excluído essa outra vítima. Impossível a *interpretação extensiva*, porém perfeitamente *lícita* a *analogia in bonam partem* (...). Tem também essa mulher o direito de abortar: é iníquo que se apliquem soluções diversas a casos idênticos."[120].

Heleno Fragoso, no entanto, pensava diferente:

> "Trata-se de norma excepcional, que não admite interpretação analógica. Não pode ser ampliada para legitimar o aborto

119. Ob. cit., v. 2, p. 124.
120. *Direito penal*, v. 2, p. 63.

> quando a mulher foi vítima de outro crime, como, por exemplo, o de sedução."[121-122].

Hoje, com o advento da Lei 12.015/2009, a permissão está resolvida, pois o atentado violento ao pudor, antes tipificado no art. 214 do CP, passou a configurar modalidade de conduta do delito de estupro, subsumindo-se ao disposto no art. 213 do CP.

c) *prévio consentimento da gestante ou seu representante legal:* de preferência, que esse consentimento seja o mais formal possível (acompanhado de boletim de ocorrência), inclusive com testemunhas.

Não são necessárias a sentença condenatória do crime sexual ou a autorização judicial.

Esclarece (e adverte) PIERANGELI:

> "É momento de lembrar que o médico, para realizar o aborto sentimental, não necessita da comprovação de uma sentença condenatória contra o autor do crime de estupro, nem mesmo se exige autorização judicial. Submete-se o facultativo apenas e tão somente ao Código de Ética Médica, mas ele deve, por cautela, se cercar de certidões e cópias de boletins de ocorrência policial, declarações, atestados etc. Atente-se que, se o médico for induzido a erro pela gestante ou terceiro, e se o aborto estiver justificado pelas circunstâncias que o levaram ao erro, haverá erro de tipo. Tratando-se de estupro de menor de 14 anos, quando a violência se presume, basta, para satisfazer a cautela, a prova da menoridade."[123].

5.6.4. Aborto do feto anencefálico[124]

O nosso Estatuto Penal, na sua Exposição de Motivos, foi claro ao incriminar o abortamento eugenésico (praticado em face dos comprovados riscos de que o feto nasça com graves anomalias psíquicas ou físicas).

---

121. Ob. cit., v. 1, p 139.

122. O art. 217, que tipificava o crime de sedução, foi revogado pela Lei 11.106/2005.

123. *Manual de direito penal brasileiro:* parte especial, p. 121-122.

124. Na esteira do aborto do anencéfalo, surgem discussões a respeito do aborto do feto diagnosticado com microcefalia, atualmente em número elevado no Brasil em virtude, ao que tudo indica, do contágio de gestantes pelo vírus Zika. Há quem sustente que, a exemplo do que ocorre com fetos anencéfalos, deve-se deferir à gestante o direito ao aborto por razões de dignidade, já que diante da enfermidade irreversível que acomete o feto frustram-se expectativas e gera-se desnecessário sofrimento. Por outro lado, há quem defenda a impossibilidade do aborto pela microcefalia, que não se subsume às hipóteses legais nem à situação regulada pela ADPF 54, julgada pelo Supremo Tribunal Federal a respeito da anencefalia. Para os defensores desta tese, a microcefalia, embora grave e irreversível, não provoca a inviabilidade do desenvolvimento do ser humano, que, não obstante possa vir a ter determinadas limitações, pode viver dignamente, como, aliás, outras pessoas com diversas formas de deficiência. Além disso, defender a possibilidade de aborto diante de enfermidade que causa debilidade física ou psíquica contraria os postulados da Lei nº 13.146/15 (Estatuto da Pessoa com Deficiência), segundo os quais o indivíduo que tem impedimento de longo prazo de natureza física, mental, intelectual ou sensorial tem direito à igualdade de oportunidades com as demais pessoas e não sofrerá nenhuma espécie de discriminação.

Cezar Roberto Bitencourt, no entanto, lamenta não haver o legislador legitimado essa espécie de *aborto*, mesmo que seja provável que a criança nasça com deformidade ou enfermidade incurável. Sustenta, contudo, que a gestante que provoca o *autoaborto* ou *consente que terceiro* lho provoque está amparada, conforme o caso, pela excludente de culpabilidade inexigibilidade de outra conduta[125].

O tema despertou na doutrina, na jurisprudência e na sociedade importante discussão quando a questão envolve feto anencéfalo, isto é, o embrião, feto ou recém-nascido que, por malformação congênita, não possui uma parte do sistema nervoso central, ou melhor, faltam-lhe os hemisférios cerebrais e tem uma parcela do tronco encefálico (bulbo raquidiano, ponte e pedúnculos cerebrais)[126].

De um lado, temos aqueles que, seguindo a doutrina cristã, pregam que tal comportamento, egoístico, fere os princípios da fé. Lutam, arduamente, contra a pecaminosa interrupção da gravidez.

Do outro, os etiquetados *liberais*, admitem essa espécie de abortamento, levantando em seu favor argumentos vários, desde os sociológicos, passando pelos emocionais, sem esquecerem dos jurídicos (em especial, o respeito ao princípio da dignidade da pessoa humana). Aqui se sustenta: não sacrificar o feto é, talvez, sacrificar, num futuro próximo e iminente, duas vidas: a do próprio feto e a da sua gestante.

Para Luiz Flávio Gomes, o fato é materialmente atípico, pois a interrupção da vida intrauterina não é arbitrária, mas baseada no fato de que, firmada a certeza científica de que a vida extrauterina será inviável, privilegiam-se interesses relativos à saúde, à dignidade e à liberdade da mãe. Nos dizeres do autor, chega-se à conclusão da atipicidade material

> "quando se tem presente a verdadeira e atual extensão do tipo penal, que abrange (a) a dimensão formal-objetiva (conduta, resultado naturalístico, nexo de causalidade e adequação típica formal à letra da lei); (b) a dimensão material-normativa (desvalor da conduta + desvalor do resultado jurídico + imputação objetiva desse resultado) e (c) a dimensão subjetiva (nos crimes dolosos). O aborto anencefálico elimina a dimensão material-normativa do tipo (ou seja: a tipicidade material) porque a morte, nesse caso, não é arbitrária, não é desarrazoada. Não há que se falar em resultado jurídico desvalioso nessa situação.
>
> (...)
>
> Pode-se afirmar tudo em relação ao aborto anencefálico, menos que seja um caso de morte arbitrária. Ao contrário, antecipa-se a morte do feto (cuja vida, aliás, está cientificamente inviabilizada), mas isso é feito em respeito a outros interesses sumamente relevantes (saúde da mãe, sobretudo psicológica, dignidade, liberdade etc.). Não se trata, portanto, de uma morte arbitrária. O fato é atípico justamente porque o resultado jurídico (a lesão) não é desarrazoado (desarrazoada). Basta compreender que o "provocar o aborto" do art. 124 significa "provocar arbitrariamente o aborto" para se concluir pela

125. Ob. cit, v. 2, p. 179.

126. Maria Helena Diniz, *O Estado atual do biodireito*, p. 281.

> atipicidade (material) da conduta. Esse, em suma, é o fundamento da atipicidade do aborto anencefálico"[127].

Na prática, muitos juízes, ainda que de forma tímida, vinham permitindo essa modalidade de abortamento, desde que observados os seguintes pressupostos:

a) somente as anomalias que inviabilizem a vida extrauterina poderão motivar a autorização;

b) deve a anomalia estar devidamente atestada em perícia médica;

c) prova do dano psicológico da gestante (ver *RT* 791/581 e 756/652).

A discussão chegou aos Tribunais Superiores. Provocado a se manifestar, o Supremo Tribunal Federal, na ADPF 54 ajuizada pela Confederação Nacional dos Trabalhadores na Saúde (CNTS), reconheceu que, diante de uma deformação irreversível do feto, há de se lançar mão dos avanços médicos tecnológicos, postos à disposição da humanidade não para simples inserção, no dia-a-dia, de sentimentos mórbidos, mas, justamente, para fazê-los cessar. No caso da anencefalia, a ciência médica atua com margem de certeza igual a 100%. Dados merecedores da maior confiança evidenciam que fetos anencefálicos morrem no período intrauterino em mais de 50% dos casos. A gestante convive diuturnamente com a triste realidade e a lembrança ininterrupta do feto, dentro de si, que nunca poderá se tornar um ser vivo. Se assim é – e ninguém ousa contestar –, trata-se de situação concreta que foge à glosa própria ao aborto – que conflita com a dignidade humana, a legalidade, a liberdade e a autonomia de vontade.

Logo após a decisão do STF, o Conselho Federal de Medicina (CFM) publicou as diretrizes para interrupção da gravidez em caso de feto anencéfalo. O texto prevê que os exames de ultrassonografia precisam ser feitos a partir da 12ªsemana de gravidez, período no qual o feto já se encontra num estágio suficiente para se detectar a anomalia.

No caso do diagnóstico da anencefalia, o laudo terá que ser assinado, obrigatoriamente, por dois médicos. A gestante será informada do resultado e poderá optar livremente por antecipar o parto (fazer o aborto) ou manter a gravidez e, ainda, se gostaria de ouvir a opinião de uma junta médica ou de outro profissional. A interrupção da gravidez poderá ser realizada em hospital público ou privado e em clínicas, desde que haja estrutura adequada. A gestante terá toda assistência de saúde e será aconselhada a adotar medidas para evitar novo feto anencefálico, com a ingestão de ácido fólico.

CAPÍTULO II – DAS LESÕES CORPORAIS

1. INTRODUÇÃO

Após a análise dos crimes contra a vida, a lei volta-se, agora, para as condutas criminosas ofensivas à integridade física ou à saúde do corpo humano. No entanto, como bem alerta Nucci[128], não se enquadra neste tipo penal qualquer ofensa moral. Para a configura-

---

127. Doutrinas Essenciais de Direito Penal. *Aborto anencefálico: exclusão da tipicidade material*. RT. vol. 5. p. 557. Out/2010.

128. *Código Penal comentado*, p. 675.

ção do tipo é preciso que a vítima sofra algum dano ao seu corpo, alterando-se interna ou externamente, podendo, ainda, abranger qualquer modificação prejudicial à sua saúde, transfigurando-se qualquer função orgânica ou causando-lhe abalos psíquicos comprometedores.

Lê-se na Exposição de Motivos (item 42):

> "O crime de *lesão corporal* é definido como ofensa à *integridade corporal* ou *saúde*, isto é, como todo e qualquer dano ocasionado à normalidade funcional do corpo humano, quer do ponto de vista anatômico, quer do ponto de vista fisiológico ou mental.".

2. LESÃO CORPORAL

▶ ***Lesão corporal***

Art. 129. Ofender a integridade corporal ou a saúde de outrem:

Pena – detenção, de 3 (três) meses a 1 (um) ano.

▶ ***Lesão corporal de natureza grave***

§ 1º Se resulta:

I – Incapacidade para as ocupações habituais, por mais de 30 (trinta) dias;

II – perigo de vida;

III – debilidade permanente de membro, sentido ou função;

IV – aceleração de parto:

Pena – reclusão, de 1 (um) a 5 (cinco) anos.

§ 2º Se resulta:

I – Incapacidade permanente para o trabalho;

II – enfermidade incurável;

III – perda ou inutilização do membro, sentido ou função;

IV – deformidade permanente;

V – aborto:

Pena – reclusão, de 2 (dois) a 8 (oito) anos.

▶ ***Lesão corporal seguida de morte***

§ 3º Se resulta morte e as circunstâncias evidenciam que o agente não quis o resultado, nem assumiu o risco de produzi-lo:

Pena – reclusão, de 4 (quatro) a 12 (doze) anos.

▶ ***Diminuição de pena***

§ 4º Se o agente comete o crime impelido por motivo de relevante valor social ou moral ou sob o domínio de violenta emoção, logo em seguida a injusta provocação da vítima, o juiz pode reduzir a pena de um 1/6 (sexto) a 1/3 (um terço).

▶ ***Substituição da pena***

§ 5º O juiz, não sendo graves as lesões, pode ainda substituir a pena de detenção pela de multa:

I – se ocorre qualquer das hipóteses do parágrafo anterior;

II – se as lesões são recíprocas.

▶ ***Lesão corporal culposa***

§ 6º Se a lesão é culposa:

Pena – detenção, de 2 (dois) meses a 1 (um) ano.

▶ ***Aumento de pena***

§ 7º Aumenta-se a pena de um terço, se ocorrer qualquer das hipóteses dos §§ 4º e 6º do art. 121 deste Código.

§ 8º Aplica-se à lesão culposa o disposto no § 5º do art. 121.

▶ ***§§ Violência Doméstica***

§ 9º Se a lesão for praticada contra ascendente, descendente, irmão, cônjuge ou companheiro, ou com quem conviva ou tenha convivido, ou, ainda, prevalecendo-se o agente das relações domésticas, de coabitação ou de hospitalidade:

Pena – detenção, de 3 (três) meses a 3 (três) anos.

§ 10. Nos casos previstos nos §§ 1º a 3º deste artigo, se as circunstâncias são as indicadas no § 9º deste artigo, aumenta-se a pena em 1/3 (um terço).

§ 11. Na hipótese do § 9º deste artigo, a pena será aumentada de 1/3 (um terço) se o crime for cometido contra pessoa portadora de deficiência.

§ 12. Se a lesão for praticada contra autoridade ou agente descrito nos arts. 142 e 144 da Constituição Federal, integrantes do sistema prisional e da Força Nacional de Segurança Pública, no exercício da função ou em decorrência dela, ou contra seu cônjuge, companheiro ou parente consanguíneo até terceiro grau, em razão dessa condição, a pena é aumentada de um a dois terços.

2.1. Considerações iniciais

O objeto jurídico do crime em estudo é a incolumidade pessoal do indivíduo, protegendo-o na sua saúde corporal, fisiológica e mental (atividade intelectiva, volitiva ou sentimental).

Explica Aníbal Bruno que:

> "O bem jurídico protegido é a incolumidade da pessoa na sua realidade corporal-anímica, como fonte e suporte da vida e de todas as implicações individuais e sociais que esta comporta."[129].

As lesões podem ser divididas quanto ao *elemento subjetivo* e *intensidade*.

No primeiro critério a lesão pode ser:

a) dolosa simples (*caput*);

b) dolosa qualificada (§§ 1º, 2º e 3º);

c) dolosa privilegiada (§§ 4º e 5º);

d) culposa (§ 6º).

129. *Crimes contra a pessoa*, p. 186.

Já com base no segundo, classifica-se a lesão em:

a) leve (*caput*);

b) grave (§ 1º);

c) gravíssima (§ 2º);

d) seguida de morte (§ 3º).

A lesão corporal dolosa leve e a culposa (não importando se leve, grave ou gravíssima) são infrações penais de menor potencial ofensivo, sendo cabível a transação penal. No caso da lesão corporal qualificada de natureza grave (§ 1º), cuja pena é de reclusão de um a cinco anos, admite-se somente a suspensão condicional do feito. Quando o crime (não culposo) for praticado no ambiente doméstico e familiar (§§ 9º, 10 e 11), tratando-se de ofendida mulher, não se aplica qualquer das benesses previstas na Lei 9.099/95 (art. 41 da Lei 11.340/06).

2.2. Sujeitos do crime

Qualquer pessoa pode ser sujeito ativo do crime de lesão corporal (crime comum).

Sujeito passivo é o homem vivo. Observa-se, no entanto, que, nas hipóteses do art. 129, §§ 1º, IV, e 2º, V, a vítima deve, necessariamente, ser mulher grávida.

Aumenta-se a pena de um terço se o crime foi cometido contra menor de 14 ou maior de 60 anos de idade (§ 7º). Tratando-se de lesão corporal dolosa praticada contra autoridade ou agente descrito nos arts. 142 e 144 da Constituição Federal, integrantes do sistema prisional e da Força Nacional de Segurança Pública, no exercício da função ou em decorrência dela, ou contra seu cônjuge, companheiro ou parente consanguíneo até terceiro grau, em razão dessa condição, aumenta-se a pena de um a dois terços (§ 12). E, nesta circunstância, serão hediondas a lesão corporal de natureza gravíssima e a lesão corporal seguida de morte (art. 1º, inc. I-A, da Lei 8.072/90). E se a lesão for cometida contra ascendente, descendente, irmão, cônjuge ou companheiro, ou com quem conviva ou tenha convivido o agente, qualifica-se o delito (§ 9º).

A lei penal considera irrelevante a autolesão. Contudo, destaca Cezar Roberto Bitencourt que, se um *inimputável, menor, ébrio* ou por qualquer razão incapaz de entender ou de querer, por determinação de outrem, praticar em si mesmo uma lesão, quem o conduziu à autolesão responderá pelo crime, na condição de autor mediato. Algo semelhante, embora com fundamento diferente, ocorre quando alguém, agredido por outrem, para defender-se, acaba se ferindo. A causa do ferimento foi a ação do agressor; logo, deverá responder pelo resultado lesivo. Convém atentar, ademais, que o ato da vítima de ferir-se ao defender-se do ataque constitui uma causa superveniente relativamente independente, mas que *não produziu, por si só, o resultado*. Com efeito, afastando-se a causa anterior, isto é, a agressão, a autolesão também desapareceria; logo, esse fato anterior é causa e, portanto, o agressor deve responder pela lesão[130].

130. Ob. cit, v. 2, p. 187.

2.3. Conduta

Pune-se a conduta – *ação ou omissão* – de ofender, direta ou indiretamente, a integridade corporal ou a saúde de outrem, quer causando uma enfermidade, quer agravando a que já existe.

Segundo Bento de Faria, basta que a conduta cause dano: a) ao corpo; ou b) à saúde.

> "O dano ao corpo ocorre quando a lesão determina qualquer prejuízo à integridade do conjunto orgânico da pessoa. Dano à saúde é a desordem causada às atividades psíquicas ou ao funcionamento regular do organismo."[131].

Frequentemente a lesão produz dor; porém, esta não figura como elementar do tipo, sendo dispensável.

Cortar os cabelos de outrem pode constituir crime de lesão corporal, mas é indispensável que a ação provoque uma alteração desfavorável no aspecto exterior do indivíduo, de acordo com os padrões sociais médios (*JTAERGS* 94/109). Há quem sustente, no caso, a configuração do delito de injúria real (*RT* 438/441). Entendemos que as duas posições são possíveis, tudo a depender do dolo que animou o agente.

A pluralidade de ferimentos deve ser encarada como resultado de uma pluralidade de atos de uma mesma conduta, não desfigurando a unidade do crime, devendo, porém, ser considerada tal circunstância na fixação da pena (art. 59 do CP – consequências do crime para a vítima).

Muitos doutrinadores lecionam que a integridade física é um bem indisponível, de nada servindo eventual consentimento do ofendido. Quer nos parecer que essa lição é por demais simplista (e já ultrapassada), não se coadunando com a realidade que nos rodeia. O ato espontâneo de uma jovem consentir para que terceiro perfure seu corpo para colocar *piercing* deve ser alcançado pelos tentáculos do direito penal? E a tatuagem? Muitos outros exemplos poderiam ser ventilados para demonstrar a necessidade de uma releitura do tema.

Cezar Bitencourt, com maestria, sustenta que:

> "No ordenamento jurídico brasileiro, a integridade física apresenta-se como *relativamente disponível*, desde que não afronte interesses maiores e não ofenda aos bons costumes, de tal sorte que as pequenas lesões podem ser livremente consentidas, como ocorre, por exemplo, com as perfurações do corpo para a colocação de adereços, antigamente limitados aos brincos de orelhas. Ademais, seguindo essa linha de raciocínio, a caminho da disponibilidade, a própria ação penal perdeu seu caráter publicístico absoluto, passando a ser condicionada à representação do ofendido, quando se tratar de lesão corporal de natureza leve ou culposa."[132].

131. *Código Penal brasileiro comentado*: parte especial, v. 3, p. 85.
132. Ob. cit, v. 2, p. 188-189.

Não podemos confundir o *crime* de lesão corporal com a *contravenção penal* de vias de fato (art. 21 da LCP), vez que nesta não existe (e sequer é a intenção do agente) qualquer dano à incolumidade física da vítima (ex.: mero empurrão, puxão de cabelos etc.).

2.4. Voluntariedade

O crime de lesão corporal é punido a título de dolo (*caput e* §§ 1º e 2º), culpa (§ 6º) e preterdolo (§§ 1º, 2º e 3º).

Como tratar as lesões cirúrgicas provocadas por médicos nas intervenções de emergência, reparadoras ou estéticas? Vejamos:

a) em casos tais, alguns doutrinadores não admitem sequer a tipicidade (Bento de Faria);

b) outros negam o dolo caracterizador do delito, considerando que a vontade do médico nas hipóteses acima jamais é de ofender a saúde do paciente, mas, sim, curá-la ou melhorá-la (Francisco de Assis Toledo);

c) podemos citar, ainda, a descriminante supralegal do consentimento do ofendido, na visão temperada por nós já analisada com base nas lições de Cezar Roberto Bitencourt;

d) possível de aplicação, também, a teoria da imputação objetiva, abolindo do fato o nexo normativo, isto é, inexiste no comportamento médico a criação ou incremento de risco proibido ou não permitido (Luiz Flávio Gomes);

e) apesar de formalmente típico, ausente a antinormatividade do ato, pois fomentado por lei, conclusão explicada pela teoria da tipicidade conglobante (Zaffaroni);

f) por fim, causas excludentes da ilicitude, como o exercício regular de direito ou estrito cumprimento de dever legal, acabam por justificar a ação médica (Pierangeli).

É óbvio que se da intervenção resultar no paciente um quadro desfavorável, fruto de inobservância das regras técnicas da medicina, pode o profissional ser responsabilizado a título de culpa.

2.5. Consumação e tentativa

Consuma-se o crime no instante em que ocorre a ofensa à integridade corporal ou à saúde física ou mental da vítima (crime material).

Equimoses (manchas escuras ou azuladas devidas a uma infiltração difusa de sangue no tecido subcutâneo) e *hematomas* (acúmulo de sangue em um órgão ou tecido, geralmente bem localizado e definido, normalmente causado por traumatismo e alterações sanguíneas) são considerados lesões à integridade física.

Já os *eritemas* (semelhante a uma mancha de cor avermelhada e ocorre devido a dilatação de vasos sanguíneos periféricos) e a simples *provocação de dor* não constituem lesões.

Apesar da dificuldade probatória, mostra-se perfeitamente possível a tentativa nas modalidades dolosas (crime plurissubsistente).

2.6. Lesão corporal dolosa de natureza leve

O conceito de lesão leve é formulado por exclusão, isto é, não chegando a nenhum dos resultados previstos nos §§ 1º, 2º e 3º (lesões graves, gravíssimas e seguidas de morte, respectivamente), configura-se o tipo básico trazido pelo *caput*.

Há doutrinadores, ainda, que, em casos de levíssimas lesões corporais, aplicam a teoria da insignificância, excluindo a tipicidade penal. Pierangeli ensina:

> "O *princípio da insignificância ou da bagatela* exclui o beliscão, a pequena arranhadura, a dor de cabeça passageira. Em tais situações, não existe ofensa a um bem juridicamente tutelado, como assinala Heleno Fragoso."[133].

Nesse sentido: *JUTACRIM* 88/407.

2.7. Qualificadoras, majorantes de pena e forma privilegiada

2.7.1. Lesão corporal de natureza grave

O presente parágrafo traz lesões qualificadas pelo resultado, podendo o evento ser querido ou aceito pelo agente (dolo, direto ou eventual) ou culposamente provocado (culpa), hipótese configuradora do preterdolo. Excepcionalmente, porém, algumas qualificadoras são punidas somente a título de preterdolo, pois, se dolosas também no consequente, outro será o delito. São elas o perigo de vida (§ 1º, II) e abortamento (§ 2º, V), que logo analisaremos.

Vejamos cada uma das figuras trazidas pelo parágrafo em comento.

a) *Incapacidade para as ocupações habituais, por mais de 30 (trinta) dias:* a primeira qualificadora de natureza grave é a incapacidade física ou mental para as ocupações habituais, por mais de trinta dias.

Entende-se por ocupação habitual qualquer atividade corporal costumeira, tradicional, não necessariamente ligada a trabalho ou ocupação lucrativa, devendo ser lícita, não importando se moral ou imoral, podendo ser intelectual, econômica, esportiva etc. Desse modo, mesmo um bebê pode ser sujeito passivo desta espécie de lesão, vez que tem de estar confortável para dormir, mamar, tomar banho, ter suas vestes trocadas etc.

Observa Damásio de Jesus que:

> "A relutância, por vergonha, de praticar as ocupações habituais não agrava o crime. Ex.: o ofendido deixa de trabalhar por mais de 30 dias em face de apresentar ferimentos no rosto."[134].

133. *Manual de direito penal brasileiro:* parte especial, p. 127.

134. Ob. cit., v. 2, p. 139.

Nos termos do disposto no art. 168, § 2º, do Código de Processo Penal, a gravidade da lesão, no caso, será aferida por laudo médico complementar, realizado logo após o trigésimo dia, contado da data do crime (o prazo é material, devendo obedecer à regra do art. 10 do CP); pode, em certas circunstâncias, substituir-se a perícia por provas de outra natureza, como a testemunhal (art. 168, § 3º).

b) *Perigo de vida:* qualifica o crime, ainda, se da gravidade da lesão resultar perigo de vida, consistente na probabilidade séria, concreta e imediata do êxito letal, devidamente comprovado por perícia. Percebe-se, assim, que o perigo deve ser presente, real, e não somente opinado, resultado de simples conjecturas.

A doutrina alerta que a região da lesão não justifica, por si só, a presunção do perigo.

Ensina Magalhães Noronha:

> "Não basta a idoneidade da lesão para criar a situação de perigo: é mister que esta se tenha realmente manifestado. Assim, por exemplo, um ferimento no pulmão é geralmente perigoso; todavia, pode, no caso concreto, a constituição excepcional do ofendido, a natureza do instrumento ou qualquer outra circunstância impedir que se verifique esse risco. A lesão grave só existe, portanto, se, em um dado momento, a vida do sujeito passivo esteve efetivamente em perigo. Compete ao perito médico-legal essa verificação."[135].

Para melhor esclarecer o assunto, reproduzo as lições do médico-legista Flamínio Fávero:

> "Quais serão essas lesões que põem a vida em perigo? O médico, cuja missão de auxiliar da Justiça hoje se amplia em face da nova lei, o dirá, após conveniente exame. Citem-se, em primeiro lugar, as lesões penetrantes do abdome. E depois as do tórax, as hemorragias de vulto, o choque, certas queimaduras e infecções etc. Naturalmente, o perigo de vida pode apresentar-se logo após o ferimento, ou depois de horas ou dias, e cessar, com ou sem tratamento, antes do trigésimo dia. Isso não importa. A lei não particulariza. Deixa ao perito a tarefa do esclarecimento. E a este cabe, por igual, dizer que determinados ferimentos põem em perigo a vida do ofendido, mas a normalidade se restabelece de pronto, após uma intervenção especial, de exceção."[136].

Esta qualificadora só admite o preterdolo (dolo na conduta e culpa no resultado). Se o ofensor considerou, por um momento apenas, a possibilidade de matar a vítima (dolo no resultado), teremos configurado o crime de homicídio tentado.

c) *Debilidade permanente de membro, sentido ou função:* se da lesão resulta debilidade permanente de membro, sentido ou função, o crime também será qualificado.

Segundo o *Dicionário Aurélio*, entende-se por membro cada um dos quatro apêndices do tronco, ligado a este por meio de articulações, sendo dois superiores e dois inferiores,

135. *Direito penal*, v. 2, p. 70.
136. *Lições de medicina legal*, p. 206.

um superior e um inferior de cada lado, e que realizam movimentos diversos, entre os quais a locomoção (braços, antebraços, mãos, pernas, coxas e pés).

Já o sentido é a faculdade de experimentar certa classe de sensações, e de perceber as coisas externas e o meio pelo qual essa faculdade se exercita (visão, audição, tato, paladar e olfato).

A função consiste na atividade própria ou natural de um órgão (respiratória, circulatória, digestiva etc.).

Resultando do evento diminuição (redução) ou enfraquecimento da capacidade funcional de membro, sentido ou função, cuja recuperação seja incerta e por tempo indeterminado (não significa perpetuidade), a lesão será de natureza grave.

Não importa que o enfraquecimento possa se atenuar ou se reduzir com aparelhos de prótese.

Questão que tem gerado polêmica é a perda dos dentes, lecionando a maioria que a solução deve ser buscada por meio da perícia, modo seguro e capaz de determinar, com base no caso concreto, se a perda de um ou outro dente causou redução ou enfraquecimento do aparelho da mastigação[137]. O mesmo raciocínio deve ser utilizado no caso da perda de um dedo.

d) *Aceleração de parto:* o inciso IV trata da qualificadora da aceleração do parto, ou seja, quando, em decorrência da lesão, o feto é expulso, com vida, antes do tempo normal (parto prematuro).

Se o feto é expulso sem vida, ou mesmo se com vida logo vem a morrer em razão dos ferimentos, a lesão corporal será de natureza gravíssima (§ 2º, V).

Euclides Custódio da Silveira[138] ensina que, na hipótese de o neonato vir a falecer posteriormente ao parto, mas em decorrência das lesões sofridas pela genitora vítima, o agente responderá por homicídio culposo em concurso material com a lesão grave.

Para que se configure a qualificadora em tela, é indispensável que o agente saiba (ou pudesse saber), em razão das circunstâncias do fato, estar a ofendida grávida. Caso ignorada a prenhez da vítima, responderá o ofensor pelo crime de lesão corporal de natureza leve.

Lembra Cezar Roberto Bitencourt que todas as "qualificadoras" contidas no § 1º são de natureza objetiva.

> "Significa dizer que, em havendo concurso de pessoas, elas se comunicam, desde que, logicamente, tenham sido abrangidas pelo dolo do participante."[139].

2.7.2. Lesão corporal de natureza gravíssima

No presente dispositivo temos elencados os casos de lesão gravíssima, de regra irreparável (ou de maior permanência). Apesar de o Código não utilizar essa expressão

137. De acordo com o que já decidiu o STJ, a perda de dois dentes deve ser tratada como debilidade, não como deformidade permanente (REsp 1.620.158/RJ, Rel. Min. Rogério Schietti Cruz, DJe 20/9/2016).
138. Ob. cit., p. 155.
139. Ob. cit, v. 2, p. 197.

("gravíssima"), a doutrina a criou, o que vem sendo aceito pelos operadores do direito como forma de pôr em evidência as consequências mais graves do parágrafo quando comparado com o anterior.

a) Incapacidade permanente para o trabalho: se resulta incapacidade permanente para o trabalho, a lesão é considerada gravíssima.

Aqui, ao contrário do que ocorria no inciso I do § 1º, a incapacidade é para o *trabalho* (labuta, profissão, emprego, ofício etc.), permanente (não mais temporária), absoluta (não basta ser relativa), duradoura no tempo e sem previsibilidade de cessação.

Tal incapacidade deve ser para o exercício de qualquer espécie de trabalho. Explica Mirabete que, ficando a vítima incapacitada apenas para a atividade específica que estava exercendo, mas podendo exercer outra, não se configura a lesão gravíssima[140].

Há, entretanto, entendimento minoritário no sentido de que bastaria a incapacitação para ocupação anteriormente exercida pela vítima, pois, caso contrário, o instituto perderia quase que totalmente sua aplicação prática. É a posição mais justa.

b) Enfermidade incurável: o inciso II trata da qualificadora da enfermidade incurável, entendendo-se esta como sendo a alteração permanente da saúde em geral por processo patológico, ou seja, a transmissão intencional de uma doença para a qual não existe cura no estágio atual da medicina. (ex: vítima, depois das lesões, passa a apresentar convulsões ocasionadas por disritmia cerebral decorrente de traumatismo cranioencefálico).

A doutrina também considera incurável a enfermidade se o restabelecimento da saúde depender de intervenções cirúrgicas arriscadas ou tratamentos incertos, não estando a vítima obrigada a aventurar-se por caminhos para os quais a própria medicina ainda não reconhece sucesso. A esse respeito, frisa Damásio de Jesus:

> "A vítima não está obrigada a submeter-se a intervenção cirúrgica arriscada a fim de curar-se da enfermidade. Neste caso, ainda que haja justa recusa, subsiste a qualificadora"[141].

Por fim, não sem razão, alerta Nucci:

> "Se há recursos suficientes para controlar a enfermidade gerada pela agressão, impedindo-a de se tornar incurável, é preciso que o ofendido os utilize. Não o fazendo por razões injustificadas, não deve o agente arcar com o crime na forma agravada. Por outro lado, uma vez condenado o autor da agressão por lesão gravíssima, consistente em ter gerado ao ofendido uma enfermidade incurável, não cabe revisão criminal caso a medicina evolua, permitindo a reversão da doença. Caberia a revisão criminal apenas se tivesse havido erro quanto à impossibilidade da cura no momento da condenação, ou

140. *Manual de direito penal:* parte especial, v. 2, p. 83.
141. Ob. cit., v. 2, p. 142.

> seja, a enfermidade era passível de controle e tratamento, mas tal situação não foi percebida a tempo."[142].

c) *Perda ou inutilização de membro, sentido ou função:* a terceira qualificadora de natureza gravíssima é a perda ou inutilização de membro, sentido ou função. É circunstância mais grave do que a do parágrafo anterior, não mais se falando em debilidade, mas sim em perda (amputação ou mutilação) ou inutilização (membro, sentido ou função inoperante, isto é, sem qualquer capacidade de exercer suas atividades próprias).

Tratando-se de órgãos duplos, a lesão para ser qualificada como gravíssima deve atingir ambos.

Nesse sentido é a doutrina:

> "Em se tratando órgãos duplos, a supressão de um (olho, rim, testículo etc.) produzirá somente debilidade de sentido ou função, como escreve Antolisei: 'a destruição de um deles (olhos, orelhas, pulmões etc.) em geral acarreta debilidade e não perda do sentido ou o uso do órgão'."[143].

É também gravíssima a lesão que produz a impotência *generandi* (em um e outro sexo) ou a *coeundi*.

Fato que tem gerado polêmica é o que diz respeito à cirurgia de remoção das genitálias no caso do transexualismo.

Sobre o tema, leciona Cezar Roberto Bitencourt:

> "Por fim, não caracteriza a 'perda de membro, sentido ou função' a cirurgia que extrai órgãos genitais externos de transexual, com a finalidade de curá-lo ou de reduzir seu sofrimento físico ou mental. Aliás, essa conduta é atípica, não sendo proibida pela lei, nem mesmo pelo Código de Ética Médica. Falta o dolo de ofender a integridade física ou saúde de outrem."[144].

d) *Deformidade permanente:* a deformidade permanente constitui a quarta qualificadora. Consiste ela no dano estético, aparente, considerável, irreparável pela própria força da natureza e capaz de provocar impressão vexatória (desconforto para quem olha e humilhação para a vítima).

Deformidade não se confunde com deformação:

> "Vezo é, correntemente, tomarem-se como sinônimas as expressões deformidade e deformação. Tal, porém, não acontece. Estes vocábulos não são perfeitos sinônimos, pois se deformação, do ponto-de-vista médico, é a "alteração morfológica congênita ou adquirida da forma do corpo", a deformidade, sob o aspecto médico-legal e

142. *Código Penal comentado*, p. 680.
143. Magalhães Noronha, *Direito penal* cit., v. 2, p. 71.
144. Ob. cit., v. 2, p. 201.

> jurídico, é o prejuízo estético adquirido, visível, indelével, oriundo da deformação de uma parte do corpo. A primeira refere-se à parte lesada; a segunda, à personalidade física do indivíduo. Assim, pois, se toda deformidade é consequência de uma deformação, nem toda deformação produz deformidade.
>
> Há deformações encobertas, que se situam em partes ocultas do corpo que se não percebem e, portanto, não produzem deformidade. Aqui, naturalmente, afastem-se aquelas lesões que, embora ocultas, produzem deformidade, como, por exemplo, uma fratura da perna com evidente encurtamento do membro, perceptível quando o indivíduo se desloca. A interpretação, de outro lado, a se dar ao termo deformidade, deve ser a do sentido lexicológico, pois como diz Afrânio Peixoto, "é esta a expressão válida dos termos da lei, escrita para aplicação ao povo e não para a dialética de letrados. As interpretações não são mais que artifícios que consistem em emprestar às leis as opiniões de cada qual, nem sempre justas, porque quase sempre as do interesse do momento". Também, Alcântara Machado, em erudita e clássica monografia sobre o assunto, acha "absurdo admitir que as palavras que o legislador emprega não se adaptem ao significado léxico, e que os termos de que a lei se utiliza não se ajeitem à acepção gramatical". Deformidade, ainda, pata os dicionaristas, entre eles Cândido de Figueiredo, seria o estado ou qualidade daquilo que é deforme ou de quem é deforme. Por deforme, acrescenta, entende-se o que perdeu a forma habitual"[145].

A idade, o sexo e a condição social da vítima devem ser tomados em consideração no apreciar a deformidade.

> "Ninguém pode duvidar que devem ser diversamente apreciadas uma cicatriz no rosto de uma bela mulher e outra na carantonha de um Quasímodo; uma funda marca num torneado pescoço feminino e outra no perigalho de um septuagenário; um sinuoso gilvaz no braço roliço de uma jovem e outro no braço cabeludo de um cavouqueiro."[146].

Mesmo que possível, não se pode exigir que a vítima procure cirurgia para encobrir os ferimentos, subsistindo a qualificadora. Segundo o STJ, a realização de cirurgia estética que repare os efeitos da lesão não afasta a qualificadora da deformidade permanente, pois "o fato criminoso é valorado no momento de sua consumação, não o afetando providências posteriores, notadamente quando não usuais (pelo risco ou pelo custo, como cirurgia plástica ou de tratamentos prolongados, dolorosos ou geradores do risco de vida) e promovidas a critério exclusivo da vítima (HC 306.677/RJ, Rel. Min. Ericson Maranho (Desembargador convocado do TJ-SP), Rel. para acórdão Min. Nefi Cordeiro, DJe 28/5/2015).

---

145. FERREIRA, Arnaldo Amado. Doutrinas Essenciais de Direito Penal. *O conceito de deformidade no Código Penal de 1940*. vol. 5. p. 247/251. Out / 2010.

146. Nélson Hungria, ob. cit., v. 5, p. 340.

Ao contrário de outros países (Itália e Argentina), a nossa lei não considera a qualificadora apenas nos casos de lesão no rosto, abrangendo todo o corpo, mesmo que atingindo região visível somente em momentos de maior intimidade[147].

e) *Aborto:* por fim, considera-se de natureza gravíssima a lesão se dela resulta o abortamento (V). Aqui, pune-se a lesão a título de dolo e o abortamento (interrupção da gravidez) a título de culpa (crime preterdoloso ou preterintencional). Não se confunde com o art. 127, 1.ª parte, retratando este situação completamente oposta.

A diferença está retratada, de maneira ímpar, nas lições de Nélson Hungria:

> "Há que distinguir entre a hipótese do inciso V do § 2º do art. 129 e a do art. 127, 1.ª parte, pois há uma inversão de situações: na primeira, a lesão é querida e o aborto não; na segunda, o aborto é que é o resultado visado, enquanto a lesão não é querida, nem mesmo eventualmente"[148].

É indispensável que o agente tenha conhecimento da gravidez da vítima (ou que sua ignorância tenha sido inescusável), jamais querendo ou aceitando o resultado mais grave, caso em que haveria o abortamento criminoso (art. 125 do CP).

2.7.3. Coexistência de qualificadoras

Mostra-se perfeitamente possível a coexistência, num determinado fato, de qualificadoras várias, inclusive de natureza grave (§ 1º) e gravíssima (§ 2º), como quando, por exemplo, além de ficar incapacitada para as ocupações habituais por mais de trinta dias (§ 1º, I), a vítima sofreu deformidade permanente (§ 2º, IV). Nesse caso, o crime permanece único, aplicando-se as penas do parágrafo mais grave (§ 2º), devendo o juiz, por ocasião da fixação da pena-base, considerar as demais consequências sofridas pelo ofendido.

2.7.4. Lesão corporal seguida de morte

O § 3º incrimina a lesão corporal seguida de morte, chamada pela doutrina de *homicídio preterdoloso*, hipótese em que o agente, querendo apenas ofender a integridade ou a saúde de outrem, acaba por matar alguém culposamente.

Aqui falta ao autor o *animus necandi*, agindo apenas com a intenção de ofender a integridade corporal ou a saúde da vítima (a intenção é produzir um dano menor do que o alcançado).

---

147. Chamam-se *vitriolagem* as lesões viscerais e cutâneas gravíssimas, produzidas por substâncias cáusticas (de *Kaustikos*, o que queima), causadoras de deformidade permanente. Não raras vezes os meios de comunicação social informam crimes (quase sempre contra a mulher no ambiente familiar) em que o autor, usando ácido sulfúrico ou ácido nítrico, agride a companheira (ou ex-companheira), causando nela corrosão dos tecidos.

148. Ob. cit., v. 5, p. 327.

No dizer de Magalhães Noronha:

> "É no § 3º do art. 129 onde melhor o Código define o crime preterdoloso ou preterintencional. O verbo *resultar* indica o nexo de causalidade material entre a ação do agente e o evento *morte*, e as expressões *não quis o resultado, nem assumiu o risco de produzi-lo*, excluem taxativamente o dolo direto e eventual."[149].

São elementos da figura criminal em estudo: 1) uma conduta dolosa, dirigida à ofensa da integridade corporal ou da saúde de outrem; 2) resultado culposo mais grave (morte); 3) nexo entre a conduta e o resultado.

O caso fortuito, ou a imprevisibilidade do resultado, elimina a configuração do crime preterdoloso, respondendo o agente apenas pelas lesões corporais.

Se o antecedente doloso consiste num simples gesto de ameaça (art. 147) ou em meras vias de fato (Lei de Contravenções Penais, art. 21), o evento "morte" só pode ser imputado ao agente a título de homicídio culposo, que absorve a ameaça ou a contravenção penal.

Tratando-se de delito preterintencional, não admite a tentativa.

2.7.5. Lesão corporal dolosa privilegiada

A redação do § 4º acima é idêntica à do § 1º do art. 121. Evoca-se, portanto, o que ali foi exposto.

2.7.6. Lesão corporal dolosa (ou preterdolosa) majorada

O § 7º, no caso de lesão corporal dolosa (ou preterdolosa), aumenta a pena de um terço, se ocorrer qualquer das hipóteses do art. 121, § 4º, 2ª parte (*delito praticado contra pessoa menor de catorze ou maior de sessenta anos*), ou art. 121, § 6º (*se o crime for praticado por milícia privada, sob o pretexto de prestação de serviço de segurança, ou por grupo de extermínio*), circunstâncias exploradas nos comentários ao crime de homicídio, para onde remetemos o leitor.

2.8. Substituição da pena

Não sendo graves as lesões e presente qualquer das hipóteses relacionadas no § 4º (se o agente comete o crime impelido por motivo de relevante valor social ou moral, ou sob o domínio de violenta emoção, logo em seguida a injusta provocação da vítima), a pena de detenção poderá ser substituída por multa. O mesmo acontece quando as lesões forem mútuas. Aliás, nesse último caso (lesões recíprocas), Damásio[150] sintetiza as várias hipóteses da seguinte maneira:

149. *Direito penal*, v. 2, p. 74.

150. Ob. cit., v. 2, p. 146.

1º) ambos se ferem e um agiu em legítima defesa: absolve-se um e condena-se o outro, com o privilégio;

2º) ambos se ferem e dizem ter agido em legítima defesa, não havendo prova do início da agressão: nesta hipótese, segundo nosso entendimento, ambos devem ser absolvidos;

3º) ambos são culpados e nenhum agiu em legítima defesa: devem os dois ser condenados com o privilégio.

Como bem coloca Cezar Roberto Bitencourt, a benesse do presente parágrafo, que teve extraordinária importância no passado, perdeu seu destaque a partir das modernas reformas penais e particularmente com a Lei 9.714/98, que alterou o art. 44 do CP, permitindo, hoje, a aplicação da multa substitutiva, isoladamente, para a pena de um ano de privação de liberdade[151].

2.9. Lesão corporal culposa

Trata o § 6º da lesão culposa. Tal é a que resulta de negligência, imprudência ou imperícia. Tem a mesma sistemática do crime de homicídio culposo, modificando-se apenas o resultado, já que, nesse caso, a vítima não morre. Logo, no mais, as considerações que fizemos lá se aplicam aqui.

Observamos, porém, que o grau das lesões sofridas não interfere no tipo, mas apenas na fixação da reprimenda-base (art. 59 do CP)[152].

2.9.1. Lesão corporal culposa majorada

O § 7º, no caso de lesão corporal culposa, aumenta a pena de um terço, se ocorrer qualquer das hipóteses do art. 121, § 4º, 2ª parte (*se o crime resulta de inobservância de regra técnica de profissão, arte ou ofício, ou se o agente deixa de prestar imediato socorro à vítima, não procura diminuir as consequências do seu ato, ou foge para evitar prisão em flagrante*), circunstâncias exploradas nos comentários ao crime de homicídio culposo, 1.4.1, para onde remetemos o leitor.

2.10. Perdão judicial

Perdão judicial é o instituto pelo qual o juiz, não obstante a prática de um fato típico e antijurídico por um sujeito comprovadamente culpado, deixa de lhe aplicar, nas hipóteses *taxativamente* previstas em lei, o preceito sancionador cabível, levando em consideração determinadas circunstâncias que concorrem para o evento. Em casos tais, o Estado perde o interesse de punir.

Constitui causa extintiva de punibilidade (CP, art. 107, IX) que, diferentemente do perdão do ofendido (CP, art. 107, V), não precisa ser aceita para gerar efeitos.

---

151. Ob. cit., v. 2, p. 204.

152. Não raras são as decisões do STJ reconhecendo no crime culposo a perfeita aplicação do princípio da insignificância (nesse sentido: *RT* 705/381).

Cabe à defesa demonstrar que as consequências da infração atingiram o próprio agente de forma tão grave que a sanção penal se mostra desnecessária.[153] Assim, aquele que comprovar a existência de um vínculo afetivo de importância significativa entre ele e a vítima (pai/filho, marido/mulher, grandes amigos etc.) merece o perdão; o causador de um acidente que, apesar de ter ferido gravemente a vítima, ficou tetraplégico, sofreu consequências que permitem presumir que a pena, no caso, se tornou desnecessária etc.

Uma vez presentes as circunstâncias previstas em lei, o réu passa a reunir direito público subjetivo de não lhe ser imposta qualquer sanção penal.

Diverge a doutrina sobre a natureza da sentença concessiva do perdão, lecionando alguns ser condenatória (o juiz deve primeiro declarar a procedência da ação para depois perdoar, livrando o réu de alguns efeitos, entre os quais a inclusão do seu nome no rol dos culpados, reincidência e aplicação de medidas de segurança) e outros, ser ela declaratória de extinção de punibilidade.

A respeito, já ensinava Aníbal Bruno que:

> "O Estado, pelo órgão da Justiça, reconhece a existência do fato punível e a culpabilidade do agente, mas, pelas razões particulares que ocorrem, resolve desistir da condenação que cabia ser imposta. E a declarar isso é que se limita a sentença, que não é, assim, nem condenatória, nem absolutória, o que demonstra a natureza toda especial dessa providência."[154].

Hoje a discussão está resolvida, sumulando o STJ:

> "Súmula 18. *A sentença concessiva do perdão judicial é declaratória da extinção da punibilidade, não subsistindo qualquer efeito condenatório*"[155].

A divergência aqui exposta não tem interesse meramente acadêmico. Vejamos.

Para aqueles que ensinam ser condenatória a natureza da sentença concessiva do perdão, afasta-se apenas o efeito principal da condenação, remanescendo os demais (reparação do dano, interrupção da prescrição etc.). Já para os adeptos da segunda corrente, além de não poder servir como título executivo judicial, perde a força interruptiva da prescrição.

---

153. Sabendo que o ônus da prova é da defesa, não se aplica a máxima do *in dubio pro reo*. Desse modo, comprovando a drasticidade das consequências, o réu merece o perdão; havendo dúvidas, deve ser condenado.

154. *Direito penal*, v. 1, t. III, p. 164.

155. Apesar da discussão estar resolvida (na jurisprudência), pensamos que o CP adotou a primeira corrente (natureza condenatória). É que, do contrário, perderia sentido a previsão do art. 120 do CP, quando alerta que a sentença concessiva do perdão judicial não gera reincidência. Ora, nada mais óbvio à uma sentença não condenatória não gerar reincidência. Como não acreditamos em lei com palavras inúteis, extraímos da redação do art. 120 que a decisão é condenatória, sem, contudo, gerar o efeito da reincidência (eis a utilidade do dispositivo!).

Independentemente da posição que se adote, pensamos que o perdão judicial jamais pode ser reconhecido em fase policial, como fundamento para arquivar peça investigativa. Como dissemos, a clemência judicial significa dizer que o juiz, analisando o caso concreto, reconhece certa a prática de um fato típico e antijurídico por um agente imputável, com potencial consciência da ilicitude, sendo dele exigível conduta diversa (em suma, é confirmação de culpa!). Logo, imprescindível se mostra o devido processo legal, permitindo-se ao imputado o sagrado direito de ampla defesa, inexistente na fase extrajudicial.

2.11. Violência doméstica e familiar[156]

2.11.1. Lesão corporal leve qualificada pela violência doméstica familiar

A Lei 11.340/2006 alterou a redação do § 9º, tornando mais rigorosa (em tese) a punição nos casos de *violência doméstica* e *familiar*. Está clara a preocupação do legislador em proteger não apenas a incolumidade física individual da vítima (homem ou mulher),[157] como também tutelar a tranquilidade e harmonia dentro do âmbito familiar. Manifesta o agente, nesses casos, clara insensibilidade moral, violando sentimentos de estima, solidariedade e apoio mútuo que deve nutrir para com parentes próximos ou pessoas com quem convive (ou já conviveu).

Pois foi dentro desse mesmo espírito que o § 9º, de aplicação exclusiva à lesão corporal dolosa de natureza leve (art. 129, *caput*), qualifica o delito, aumentando a pena máxima de um para três anos (deixando, consequentemente, de ser de menor potencial ofensivo) se a lesão for praticada contra *ascendente, descendente, irmão, cônjuge ou companheiro, ou com quem conviva ou tenha convivido, ou, ainda, prevalecendo-se o agente das relações domésticas, de coabitação ou de hospitalidade*[158].

Em suma, *violência doméstica* haverá quando o crime for praticado contra:

a) *ascendente, descendente ou irmão:* aqui não importa se o parentesco é legítimo ou ilegítimo (aliás, diferenciação odiosa, repudiada há tempos pela Constituição Federal). Inclusive o resultante da adoção, segundo cremos, faz incidir o tipo majorante.

---

156. Para maior aprofundamento no tema, sugerimos a leitura do livro *Violência Doméstica* – Comentada artigo por artigo, Rogério Sanches Cunha e Ronaldo Batista Pinto.

157. A Lei 11.340/2006 extraiu do caldo da violência comum uma nova espécie, qual seja, aquela praticada contra a mulher (vítima própria), no seu ambiente doméstico, familiar ou de intimidade (art. 5º). Nesses casos, a ofendida passa a contar com precioso estatuto, não somente de caráter repressivo, mas, sobretudo, preventivo e assistencial, que cria mecanismos aptos a coibir essa modalidade de agressão. Não queremos deduzir, com isso, que apenas a mulher seja potencial vítima de violência doméstica. Também o homem pode sê-lo, conforme se depreende da redação do § 9º do art. 129 do CP, que não restringiu o sujeito passivo, abrangendo ambos os sexos. O que a Lei Especial restringe são as medidas de assistência e proteção, estas sim aplicáveis somente à ofendida (vítima mulher). E na lesão corporal cometida contra a mulher no âmbito doméstico e familiar não se aplica o princípio da insignificância, como decidiu o STF (RHC 133.043/MT, Rel. Min. Cármen Lúcia, j. 10.5.2016).

158. Com a nova disposição, à violência doméstica e familiar não mais se aplicam as agravantes nominadas do art. 61, II, *e* e *f*, do CP, evitando-se, desse modo, o indesejável *bis in idem*.

Entendemos, nesses casos, dispensável a coabitação entre o autor e a vítima, bastando existir a referida relação parental. Assim, se numa confraternização de família, que há muito não se reunia, um irmão, vindo de Estado longínquo, agride o outro, ferindo-o na sua saúde física ou mental, terá praticado o crime de violência doméstica.

b) *cônjuge ou companheiro:* em que pesem decisões em sentido contrário, a majorante *cônjuge* persiste mesmo no caso de separação de fato ou judicial (até porque seria alcançado pela hipótese seguinte), não retirando dos envolvidos a qualidade pessoal de casados.

A inovação legislativa buscou proteger, também, a vítima companheira (união estável), até então desamparada por qualquer agravante, em respeito ao princípio da legalidade estrita.

c) *com quem conviva ou tenha convivido:* Guilherme de Souza Nucci critica esta inclusão, ao escrever:

> "Se utilizarmos o sentido da palavra *convivência* para estipularmos tratar-se de uma vivência em comum com outrem, possuindo intimidade, devemos questionar: quem deve conviver com quem? O agente com qualquer outra pessoa ou o agente somente com ascendente, descendente, irmão, cônjuge ou companheiro com quem tenha convivência atual ou passada? Não podemos aquiescer com a interpretação literal, ou seja, *além* do ascendente, descendente, irmão, cônjuge ou companheiro, *qualquer outra pessoa* agredida, que conviva ou tenha convivido (esta forma, mostrando o passado, é a pior) estaria inserida no tipo do § 9º, pois seria ampliar em demasia a figura qualificada denominada *violência doméstica*. Uma empregada doméstica com quem o agente *tenha convivido*, agredida muito depois de cessada a relação de emprego, faria nascer a *violência doméstica*? Por certo que não. Logo, resta interpretar que haverá a forma qualificada da lesão quando o agente voltar-se contra ascendente, descendente, irmão, cônjuge ou companheiro *com quem conviva ou tenha convivido*. Não outra pessoa, mas somente estas enumeradas no tipo."[159].

Com o devido respeito, discordamos. Haverá violência doméstica na agressão contra pessoa (que não *ascendente, descendente, irmão, cônjuge ou companheiro*) com quem o agente conviva ou tenha convivido (caso da república de estudantes, por exemplo). A necessária interpretação restritiva que o tipo incriminador merece é facilmente alcançada ao se exigir que a lesão corporal tenha sido provocada *em razão* da vivência, atual ou pretérita.

Aliás, comungar do primeiro entendimento é excluir do alcance da qualificadora em comento as agressões entre familiares (por exemplo, irmãos) que jamais conviveram.

d) *prevalecendo-se o agente das relações domésticas, de coabitação ou de hospitalidade:* sabendo que o que ora se pune com mais rigor é a violência *doméstica e familiar*, isto é, agressões no âmbito da vida em família, curiosa a inclusão destas hipóteses.

159. *Código Penal comentado*, p. 688.

Logo, adverte José Henrique Pierangeli:

> "Com a inclusão da convivência, relações domésticas, coabitação e hospitalidade, o tipo ficou exageradamente aberto, obrigando o julgador e o doutrinador a uma interpretação cuidadosa, para não ofender o princípio da legalidade."[160].

Considerando o alerta, e sabendo que *prevalecer* tem o sentido de *levar vantagem, aproveitar-se da condição (ou situação)*, pensamos que a hipótese necessariamente pressupõe que o agente se valha da vantagem doméstica, de coabitação ou de hospitalidade em relação à vítima, merecendo interpretação restritiva. Aqui enquadramos, por exemplo, as agressões praticadas pela babá contra a criança, desde que, é claro, não se revista de requintes de tortura.

2.11.2. Lesão corporal grave, gravíssima ou seguida de morte majorada pela violência doméstica familiar

Se presentes as mesmas circunstâncias do parágrafo 9º (crime praticado contra *ascendente, descendente, irmão, cônjuge ou companheiro, ou com quem conviva ou tenha convivido, ou, ainda, prevalecendo-se o agente das relações domésticas, de coabitação ou de hospitalidade*), aumenta-se em 1/3 a pena da lesão corporal de natureza grave (§§ 1º e 2º) e seguida de morte (§ 3º).

2.11.3. Lesão corporal leve no ambiente doméstico e familiar contra pessoa portadora de deficiência

Se além das hipóteses previstas no § 9º, a vítima (homem ou mulher) for portadora de deficiência, incidirá um aumento de pena de um terço.

O conceito de pessoa portadora de deficiência é trazido pelo art. 2º da Lei nº 13.146, de 06 de julho de 2015, *in verbis*:

> **Art. 2º** Considera-se pessoa com deficiência aquela que tem impedimento de longo prazo de natureza física, mental, intelectual ou sensorial, o qual, em interação com uma ou mais barreiras, pode obstruir sua participação plena e efetiva na sociedade em igualdade de condições com as demais pessoas.
>
> § 1º A avaliação da deficiência, quando necessária, será biopsicossocial, realizada por equipe multiprofissional e interdisciplinar e considerará:
>
> I – os impedimentos nas funções e nas estruturas do corpo;
>
> II – os fatores socioambientais, psicológicos e pessoais;
>
> III – a limitação no desempenho de atividades; e
>
> IV – a restrição de participação.

160. *Manual de direito penal brasileiro*: parte especial, p. 143.

Obviamente que, para incidir esta majorante, é imprescindível que o agente conheça da deficiência portada pela vítima, evitando-se, desse modo, responsabilidade penal objetiva.

2.12. Lesão corporal contra autoridade ou agente de segurança pública

A Lei 13.142/15 alterou o art. 129 para acrescentar o § 12, que majora a pena da lesão corporal (dolosa, leve, grave, gravíssima ou seguida de morte) de um a dois terços quando praticada contra autoridade ou agente descrito nos arts. 142 e 144 da Constituição Federal, integrantes do sistema prisional e da Força Nacional de Segurança Pública, no exercício da função ou em decorrência dela, ou contra seu cônjuge, companheiro ou parente consanguíneo até 3º. grau, em razão dessa condição.

Trata-se, assim como na qualificadora relativa ao homicídio, de norma penal em branco a ser complementada pela Constituição Federal. Sobre o tema, remetemos o leitor às considerações tecidas no crime de homicídio, aqui aplicáveis integralmente.

Por meio deste mesmo diploma, a Lei 8.072/90 foi alterada para que no rol dos crimes hediondos fossem inseridas duas modalidades de lesão corporal. De acordo com o art. 1º, inciso I-A, daquela lei, são hediondas a lesão corporal dolosa de natureza gravíssima (art. 129, § 2º) e a lesão corporal seguida de morte (art. 129, § 3º), quando praticadas contra qualquer dos agentes de que trata esta majorante.

2.13. Ação penal

Em regra, a pena do crime de lesão corporal será perseguida mediante ação penal pública incondicionada.

Excepcionalmente, porém, no caso da lesão dolosa de natureza leve (art. 129, *caput*) e culposa (§ 6º), o oferecimento da ação penal dependerá de representação da vítima ou de seu representante legal (art. 88 da Lei 9.099/95).

E no caso de violência doméstica e familiar? Temos que separar:

a) *se a vítima for homem*, a ação penal será pública condicionada nas hipóteses dos §§ 9º e 11, pois, apesar de não mais de menor potencial ofensivo, permanecem de natureza leve; a ação, contudo, será pública incondicionada, se estivermos diante do § 10 (lesão grave ou seguida de morte)

b) tratando-se de vítima mulher, não fica dúvida de que, na hipótese do § 10, a ação penal é pública incondicionada. Já nas demais (§§ 9º e 11), havendo lesões somente leves, a discussão era inevitável: considerando que foi a Lei 9.099/95 que alterou, nesses casos, o tipo de ação penal, passando de incondicionada para condicionada; considerando, porém, que o art. 41 da Lei 11.340/2006 proíbe aos crimes contra a mulher, no ambiente doméstico e familiar, a aplicação dos dispositivos da citada lei (Lei 9.099/95), qual, afinal, o tipo de ação penal?

Nasceram duas correntes. Para uns, a ação continua pública condicionada.

O Promotor de Justiça gaúcho, Pedro Rui da Fontoura, sem esquecer a preocupação precípua do processo penal moderno – *a vítima* –, assim conclui:

> "Em uma interpretação sistemática dos dispositivos da Lei 11.340/2006, antes citados [arts. 12, I, 16 e 17], poder-se-ia concluir que o afastamento da Lei 9.099/95 é determinação genérica, relativa, precipuamente, aos institutos despenalizadores alheios à autonomia volitiva da vítima – a transação e a suspensão condicional do processo – ordinariamente vistos como institutos essencialmente despenalizadores e, como reiteradamente aplicados de forma benevolente, granjearam a má fama de serem benefícios causadores da impunidade. Entretanto, a representação continua exigível nos crimes de lesões corporais mesmo ante a qualificadora do § 9º do art. 129 do CP, visto que, apesar de ser também uma medida despenalizadora, ela concorre em favor da vítima, outorgando-lhe o poder de decidir acerca da instauração do processo contra o acusado. E o legislador cercou esta decisão de garantias como a exigência de que a desistência ocorra em presença do juiz e seja ouvido o Ministério Público. Ademais, o direito de decidir sobre representar ou não pressupõe a possibilidade de conciliação civil, o que, seguramente, atende a interesses da vítima, nem sempre sediados na exclusiva punição criminal do seu agressor, mas, fundamentalmente atrelados ao interesse reparatório dos danos sofridos, inclusive aqueles de caráter moral que, segundo afirma a doutrina da responsabilidade civil extramaterial, têm evidente caráter punitivo e pode importar em severa punição ao agressor. Outrossim, o art. 17 da nova Lei manifesta a preocupação do legislador com punições insuficientes nos crimes em questão. Ao proibir a aplicação de 'cestas básicas' e outras de prestação pecuniária ou multa isolada, o legislador está se dirigindo tanto ao Ministério Público, nas hipóteses em que ainda seja possível a transação penal ou suspensão condicional do processo e que, *ab initio,* parece ser apenas o caso de algumas contravenções penais (vias de fato e importunação ofensiva ao pudor) como também e principalmente ao Poder Judiciário, limitando as hipóteses de substituição da pena privativa de liberdade por restritivas de direitos (art. 44 do CP). Todavia, poder-se-ia arguir que a redação desse dispositivo em consonância com o anterior revela que a intenção fundamental do legislador não era afastar a exigibilidade de representação e sim evitar, doravante, a aplicação de penas pecuniárias em caso de delitos praticados com violência contra a mulher."[161].

No sentido da necessidade de representação, invoca-se, ainda, a importância (e conveniência) de, nos casos de violência doméstica e familiar, se aguardar a consciente manifestação de vontade da vítima, pois, na esmagadora maioria das vezes, se percebe rápida reconciliação entre os envolvidos, servindo o processo penal apenas para perturbar a paz

161. *Anotações preliminares à Lei 11.340/2006 e suas repercussões em face dos Juizados Especiais Criminais*. Disponível em <http://www.mprs.mp.br/atuacaomp/not_artigos/id14900.htm?impressao=1>.

familiar, quando a finalidade do aplicador da lei deve ser, sempre, a preservação da família, restaurando a harmonia no lar.

Esse aspecto vem bem apanhado em artigo elaborado por Fernando Célio de Brito Nogueira, quando ressalta:

> "Condicionar a persecução penal à manifestação de vontade da vítima é medida de política criminal inerente à tradição de nosso processo penal e que por vezes servirá para resguardar valores que não podem ser esquecidos no âmbito da família, como a busca de harmonia no lar e de superação efetiva de situações em que houve violência em qualquer de suas formas. Trata-se de permitir à vítima que exerça a faculdade de colocar 'pá de cal' em determinados casos em que a continuidade da persecução criminal serviria apenas para conturbar ainda mais o ambiente doméstico e atrapalhar eventuais propósitos de reconciliação. Entender de forma diversa, tendo tais infrações penais como de ação penal pública incondicionada, iria de encontro a tais propósitos e na contramão das tendências de nosso processo penal. Não é isso o que quis a lei. Se o legislador pretendesse abolir a representação nos casos em que a lei prevê referida condição de procedibilidade."[162].

Interessante, ainda, a observação de Maria Lúcia Karam, em artigo publicado no *Boletim do IBCCrim* 168, de novembro de 2006[163]:

> "Quando se insiste em acusar da prática de um crime e ameaçar com uma pena o parceiro da mulher, contra a sua vontade, está se subtraindo dela, formalmente dita ofendida, seu direito e seu anseio a livremente se relacionar com aquele parceiro por ela escolhido. Isto significa negar-lhe o direito à liberdade de que é titular, para tratá-la como se coisa fosse, submetida à vontade de agentes do Estado que, inferiorizando-a e vitimizando-a, pretendem saber o que seria melhor para ela, pretendendo punir o homem com quem ela quer se relacionar – e sua escolha há de ser respeitada, pouco importando se o escolhido é ou não um 'agressor' – ou que, pelo menos, não deseja que seja punido."[164].

Assim vinha decidindo o STJ:

> "*Habeas corpus*. Processo penal. Crime de lesão corporal leve. Lei Maria da Penha. Natureza da ação penal. Representação da vítima.

---

162. *Notas e reflexões sobre a Lei 11.340/2006, que visa coibir a violência doméstica e familiar contra a mulher*. Disponível em <https://jus.com.br/artigos/8821/notas-e-reflexoes-sobre-a-lei-n--11-340-2006-que-visa-coibir-a-violencia-domestica-e-familiar-contra-a-mulher>.

163. Violência de gênero: o paradoxal entusiasmo pelo rigor penal.

164. No sentido, ainda, da necessidade de representação, dentre outros: Damásio de Jesus, *Violência doméstica e ação penal pública*, em artigo publicado no *Correio Braziliense* de 09 de outubro de 2006. No Protocolado 123.728/08, o Procurador-Geral de Justiça de São Paulo decidiu, no âmbito do art. 28 do CPP, que a ação penal por crime de lesão corporal dolosa leve relacionado com violência doméstica e familiar contra a mulher é pública condicionada à representação.

> Necessidade. Ordem concedida. 1. A Lei Maria da Penha é compatível com o instituto da representação, peculiar às ações penais públicas condicionadas e, dessa forma, a não aplicação da Lei 9.099, prevista no art. 41 daquela lei, refere-se aos institutos despenalizadores nesta previstos, como a composição civil, a transação penal e a suspensão condicional do processo."[165].

Corrente contrária defendia que, a partir da nova lei, a ação penal nos crimes praticados contra a mulher tornou-se pública incondicionada, não mais reclamando a prévia representação da ofendida.

O primeiro ponto a ser observado diz respeito ao art. 41 do estatuto novel, que afastou, expressamente, a incidência da Lei 9.099/95, "aos crimes praticados com violência doméstica e familiar contra a mulher". Ora, como é cediço, o delito de lesão corporal leve (assim como de lesão corporal culposa, de menor interesse para o nosso trabalho), eram de ação penal pública incondicionada e, somente a partir da inovação trazida pelo JECrim, passaram a exigir a representação da vítima como condição de procedibilidade a autorizar o Ministério Público na oferta da denúncia. Pois bem. Se o crime era de ação penal pública e foi a Lei 9.099/95 que exigiu a representação, tem-se, por consequência, que na medida em que a Lei Maria da Penha afastou a aplicação dos juizados, automaticamente tornou-se à situação anterior, ou seja, não mais é necessária á representação para esse delito.

Argumenta-se, ainda, que todo espírito da lei foi no sentido de maior agravamento da situação do agressor, conforme visto acima. Na disputa que se estabeleceu, durante o debate da lei, sobre a aplicação ou não do JECrim, prevaleceu a última posição.

É o que pensam Ana Paula Schwelm Gonçalves e Fausto Rodrigues de Lima:

> "A Lei não fez expressamente qualquer menção à natureza da ação penal nas infrações de que trata, no entanto, a interpretação sistemática do ordenamento jurídico, observando-se os princípios que regem a matéria, e os tratados e convenções internacionais sobre direitos humanos, induz à conclusão de que tais crimes não mais dependem da vontade das vítimas para seu processamento."[166].

Tanto que um ponto a ser considerado é que o Projeto de Lei Original (PL 4.559/2005), em seu art. 30, previa, com todas as letras, que "nos casos de violência doméstica e familiar contra a mulher a ação penal será pública condicionada à representação".

De se ver, ainda, que, regra geral, toda ação é pública. Quando sua iniciativa for privada ou depender, ainda, de alguma condição (representação da ofendida ou requisição do Ministro da Justiça), a lei o declarará expressamente. É o que se extrai do disposto no art. 100 do Código Penal.

---

165. HC 110965/RS, 5.ª T., rel. Min. Arnaldo Esteves Lima, *DJE* 03.11.2009.
166. Sítio do *jusnavigandi*, sob o título *A lesão corporal na violência doméstica*: nova construção jurídica.

Soaria estranho, aliás, que um crime praticado contra a mulher, nas condições da presente lei, fosse considerado como uma forma de violação dos Direitos Humanos (art. 6º), e, mesmo assim, seu processamento ficasse dependendo da representação da ofendida.

São estes, em síntese, os argumentos – respeitáveis – que indicariam que o delito de lesão corporal leve, perpetrado contra a mulher, no âmbito doméstico e familiar e nas condições previstas na lei em exame, tornaria a ser de ação penal pública incondicionada, dispensando, assim, a prévia representação da ofendida[167].

O STF, em sede de controle concentrado de constitucionalidade (ADI 4424), pacificou a questão, reconhecendo que o art. 41 da Lei 11.340/06 não viola a Carta Maior e decidindo que a ação penal nos crimes de lesão corporal dolosa (mesmo que de natureza leve) cometido contra a mulher no ambiente doméstico e familiar é pública incondicionada, dispensando, portanto, o pedido-autorização da ofendida. Na esteira, o STJ editou a súmula 542: "A ação penal relativa ao crime de lesão corporal resultante de violência doméstica contra a mulher é pública incondicionada".

2.14. Princípio da especialidade

a) Código Penal x Código Penal Militar: os arts. 209 e 210 do Decreto-lei 1.001/69 punem as diversas formas de lesão corporal quando praticadas na forma do art. 9º daquele diploma.

b) Código Penal x Código de Trânsito Brasileiro: diante da entrada em vigor do Código de Trânsito Brasileiro (Lei 9.503/97), a lesão corporal culposa, na direção de veículo automotor, não mais se enquadra no delito tipificado no art. 129, § 6º, do CP, mas sim no art. 303 da lei especial, punida com 6 meses a 2 anos de detenção[168].

c) Código Penal x Lei nº 13.260/16: o art. 2º, § 1º, inciso V, da Lei nº 13.260/16 pune com reclusão de doze a trinta anos a conduta de atentar contra a integridade física de pessoa se o fato é cometido por razões de xenofobia, discriminação ou preconceito de raça, cor, etnia e religião, com a finalidade de provocar terror social ou generalizado, expondo a perigo pessoa, patrimônio, a paz pública ou a incolumidade pública.

---

167. Ainda no sentido da desnecessidade de representação, de se conferir: Maria Berenice Dias, *Violência doméstica: uma nova lei para um velho problema!*, artigo publicado no *Boletim do IBCCrim* 168, de novembro de 2006; José Luiz Joveli, *Breves considerações acerca da Lei 11.340/2006*: a questão da representação da ofendida, artigo publicado no sítio do jusnavigandi; Marcelo Lessa Bastos, *Violência doméstica e familiar contra a mulher. Lei "Maria da Penha" – alguns comentários*, publicado no mesmo *site* acima indicado. Esse foi também o entendimento seguido pelo STJ no HC 96992/DF.

168. Sabendo que o resultado culposo (lesão corporal) é o mesmo, seja proveniente de acidente de trânsito ou não, o que justifica a maior severidade na punição do art. 303 do CTB quando comparado com o art. 129, § 6º, do CP? Será constitucional? Para uns, como o desvalor do resultado é o mesmo, não se justifica maior punição no CTB, ferindo, assim, o princípio constitucional da proporcionalidade das penas. Para outros, não sem razão, apesar do desvalor do resultado ser idêntico, o desvalor da conduta acaba por fundamentar a diferença de tratamento das reprimendas, pois o comportamento negligente no trânsito é, sem dúvida, mais lesivo (ou potencialmente lesivo).

CAPÍTULO III - PERICLITAÇÃO DA VIDA E DA SAÚDE

1. INTRODUÇÃO

No Capítulo III – *Da periclitação da vida e da saúde* – a lei trata dos crimes de perigo, isto é, infrações penais que ofendem o bem jurídico com a simples probabilidade de dano, não havendo lesão substancial.

Esta espécie de crime subdivide-se em *de perigo concreto* e *de perigo abstrato* (ou *presumido*). O primeiro exige a comprovação do risco de lesão, indicando quem, efetivamente, foi exposto ao perigo. Já no segundo, dispensa-se a constatação do risco real, sendo absolutamente presumido por lei.

Veremos que o capítulo em exame, a depender do interesse protegido pelo tipo penal, abrange as duas espécies de perigo, em que pese haver respeitável doutrina que nega validade aos crimes de perigo abstrato, acreditando ofenderem princípios constitucionais.

Dentre os críticos, Paulo de Souza Queiroz assinala:

> "Uma objeção a fazer aos crimes de perigo abstrato é que, ao se presumir, prévia e abstratamente, o perigo, resulta que, em última análise, perigo não existe, de modo que se acaba por criminalizar a simples atividade, afrontando-se o princípio da lesividade, bem assim o caráter de *extrema ratio* (subsidiário) do direito penal. Por isso há quem considere, inclusive, não sem razão, inconstitucional toda sorte de presunção legal de perigo."[169].

O STF, no entanto, em recente julgado, admitiu a criação de delito de perigo presumido, meio eficiente de o Estado proteger certos interesses:

> "Os direitos fundamentais não podem ser considerados apenas como proibições de intervenção (Eingriffsverbote), expressando também um postulado de proteção (Schutzgebote). Pode-se dizer que os direitos fundamentais expressam não apenas uma proibição do excesso (Übermassverbote), como também podem ser traduzidos como proibições de proteção insuficiente ou imperativos de tutela (Untermassverbote) (...) A criação de crimes de perigo abstrato não representa, por si só, comportamento inconstitucional por parte do legislador penal."[170].

2. PERIGO DE CONTÁGIO VENÉREO

▶ ***Perigo de contágio venéreo***

Art. 130. Expor alguém, por meio de relações sexuais ou qualquer ato libidinoso, a contágio de moléstia venérea, de que sabe ou deve saber que está contaminado:

---

169. *Direito penal*: introdução crítica, p. 121.

170. HC 104.410/RS.

Pena – detenção, de 3 (três) meses a 1 (um) ano, ou multa.

§ 1º Se é intenção do agente transmitir a moléstia:

Pena – reclusão, de 1 (um) a 4 (quatro) anos, e multa.

§ 2º Somente se procede mediante representação.

2.1. Considerações iniciais

O bem jurídico protegido é a incolumidade física e a saúde da pessoa, aqui exposta, por meio de relações sexuais ou qualquer ato libidinoso, a contágio de moléstia venérea.

Alguns autores, como Magalhães Noronha, incluem a "vida" como bem jurídico tutelado.

Explica o autor:

> "Consoante o artigo em exame e de acordo com a epígrafe do capítulo, objeto jurídico são a vida e a saúde da pessoa. Cogita-se de tutelar sua incolumidade fisiológica. As moléstias venéreas têm consequências muito graves, máxime a sífilis, transmissível por hereditariedade e arrastando sempre consigo longo e sinistro séquito de consequências funestas."[171].

Bitencourt discorda:

> "Na medida em que sequer há previsão para punição se sobrevier a morte da vítima, em decorrência do *efetivo contágio*. Essa omissão legislativa nos autoriza a afirmar que, neste dispositivo, pelo menos, não há qualquer preocupação direta com o bem jurídico da vida. Com isso não estamos sustentando que eventual resultado morte deva ficar impune. Não é isso. À evidência que a superveniência eventual da morte da vítima, decorrente de efetivo contágio venéreo, encontra proteção jurídico-penal no nosso ordenamento jurídico, mas em outra sede e com outros fundamentos que não os que serviram para justificar a *criminalização* da exposição de contágio venéreo."[172].

Em vista da pena prevista, são cabíveis ambos os benefícios da Lei 9.099/95 para a conduta tipificada no *caput*. Já o § 1º admite apenas a suspensão condicional do processo.

2.2. Sujeitos do crime

Qualquer pessoa, portadora de moléstia venérea, seja homem ou mulher, pode ser sujeito ativo do crime. Apesar de considerado, pela maioria, como sendo comum, entendemos que o tipo não apenas exige uma condição especial do agente – ser portador

171. *Direito penal*, v. 2, p. 80.

172. Ob. cit., v. 2, p. 218.

de moléstia venérea-, como também seu núcleo só pode ser praticado pelo agente contaminado[173].

Qualquer indivíduo pode ser vítima, não importando o sexo ou reputação. Mesmo a prostituta tem a sua saúde protegida pela lei.

A doutrina é copiosa ao reconhecer a existência do delito ainda que a exposição tenha ocorrido entre *cônjuges*.

No caso de o sujeito ativo não esconder da parceira (ou parceiro) o seu estado doentio, praticando com ela (ou ele) consentido ato de libidinagem, há o crime, mostrando-se irrelevante a aceitação da vítima em razão da indisponibilidade do bem jurídico protegido.

Nesse sentido temos o escólio de Nélson Hungria, para quem "é irrelevante o consentimento do ofendido, isto é, o seu assentimento ao ato sexual, apesar de conhecer o risco do contágio."[174].

A mesma opinião nos é dada por Fragoso:

> "Como em todos os crimes contra a pessoa, o consentimento do ofendido é de todo irrelevante, pois se trata de bens jurídicos indisponíveis."[175].

2.3. Conduta

A ação incriminada consiste em manter relação sexual ou praticar qualquer ato libidinoso com a vítima, expondo esta a contágio de moléstia venérea de que sabe ou devia saber ser portador.

Trata-se de delito de ação vinculada, exigindo contato sexual (corpóreo) entre agente e vítima[176].

Esse alerta faz parte das lições de Magalhães Noronha:

> "Todavia, é mister o contato corpóreo entre os sujeitos ativo e passivo. Deve o primeiro transmitir diretamente ao segundo a moléstia venérea; é necessário ser agente imediato. Se o amante transmite o mal à sua amante, que, por sua vez, contagia o marido, só é responsável pelo crime relativamente à adúltera. Somente esta é que, conforme a hipótese, praticará o delito em relação ao

173. Apesar de, para nós, soar como delito de mão própria, a partir desta edição resolvemos que, adotada a teoria do domínio final do fato, a distinção entre crime próprio e de mão própria fica enfraquecida, pois autor, de acordo com essa teoria, nem sempre se resume naquele que executa o verbo nuclear.

174. Ob. cit., v. 5, p. 389.

175. Ob. cit., v. 1, p. 72.

176. Com o advento da Lei 12.015/2009, o crime do art. 130 do CP, por ser de perigo, fica absorvido pelos crimes contra a dignidade sexual (de dano), servindo a transmissão da doença venérea como majorante de pena (art. 234-A do CP).

> esposo. Diga-se o mesmo se o marido infectar a mulher e esta o amante – exemplifica Manzini."[177].

Caso outra seja a forma de transmissão da doença (ex.: por intermédio de instrumentos), pode ficar caracterizado o crime do art. 131 do CP.

Explica Damásio de Jesus:

> "Se o contágio se der por outro ato que não o sexual, como, por exemplo, aperto de mão, ingestão de alimentos ou utilização de objetos, em regra não haverá delito, salvo as hipóteses de incidência das infrações dos arts. 131 e 132, conforme o fato concreto."[178].

A redação do art. 130 mostra claramente que não se pune o contágio venéreo, mas a relação sexual perigosa, envolvendo pessoa portadora de enfermidade venérea, sabendo ou devendo saber que está doente (a preocupação legal reside no perigo da infecção).

Por óbvio, não se admite a forma omissiva.

Percebam que o Código em estudo não indica quais as *moléstias venéreas* que integram o tipo penal, fazendo apenas referência genérica e indeterminada (norma penal em branco), o que demanda complemento para se alcançar a clareza e exatidão exigida por lei (art. 1º do CP). Tal complemento nos é dado por normas do âmbito do Ministério da Saúde, aliás, a exemplo do que já ocorre com a expressão *drogas* trazida pela Lei 11.343/2006.

Nesse sentido é a prescrição da Exposição de Motivos (44):

> "Não se faz enumeração taxativa das *moléstias venéreas* (segundo a lição científica, são elas a *sífilis*, a *blenorragia*, o *ulcus molle* e o *linfogranuloma inguinal*), pois isso é mais próprio de regulamento sanitário".

Com referência à AIDS, por não se tratar de moléstia venérea, discute-se se a conduta do portador do vírus se ajusta ao disposto nos arts. 121, 129, § 2º, II, ou 131 do CP, havendo indisfarçável divergência.

Segundo a jurisprudência, é necessário o exame no acusado para a comprovação de que foi ele o causador da transmissão da moléstia à vítima que se positivou infectada (*RT* 514/329, 618/304).

2.4. Voluntariedade

Ensina a doutrina tradicional que, na hipótese definida no *caput*, exige-se o dolo de perigo, direto ou eventual, isto é, que o agente, mesmo não buscando o contágio, mas sabendo-se doente (dolo direto) ou devendo sabê-lo (dolo eventual), voluntariamente mantém relação sexual ou ato libidinoso, colocando a saúde da vítima em perigo.

177. *Direito penal,* v. 2, p. 82.
178. Ob. cit., v. 2, p. 155.

Se o agente se relaciona com a intenção de transmitir a doença – *dolo de dano* –, mas vê frustrado seu intento, estaremos diante da forma qualificada prevista no § 1º (a ausência desta qualificadora faria a presente ação subsumir-se ao disposto no art. 129, tentado). Agora se, querendo, efetivamente consegue contaminar o ofendido, produzindo neste ferimentos graves à saúde, responderá o agente pelo crime do art. 129, §§ 1º e 2º, ou do art. 129, § 3º, este último em caso de morte.

Tomando emprestada a didática de Paulo José da Costa Jr.[179], podemos resumir o que foi ensinado do seguinte modo:

a) a primeira modalidade criminosa prevista pelo *caput* é o perigo de contágio doloso, em que o agente *sabe* estar contaminado e, mesmo assim, quer (e pratica) o ato sexual ou libidinoso, aceitando a transmissão da moléstia;

b) a segunda espécie, também prevista no *caput* (*in fine*), retrata o dolo eventual, isto é, hipótese em que o agente, *devendo saber* que está contaminado, apesar de não querer diretamente expor a vítima à situação de perigo de contágio, assume o risco de produzir o resultado;

c) a terceira modalidade está contida no § 1º do art. 130, caso em que o agente não age com dolo de perigo como nas hipóteses antecedentes, mas com dolo de dano, ou seja, com a intenção positiva de transmitir a moléstia de que está contaminado. O dolo, como se vê, é direto;

d) se o agente agiu com a intenção de transmitir a doença (dolo de dano) e efetivamente consegue contaminar o ofendido, produzindo neste ferimentos graves à saúde, responderá pelo crime do art. 129, §§ 1º e 2º, ou do art. 129, § 3º, este último em caso de ocorrer morte.

Existe, no entanto, doutrina minoritária reconhecendo que a expressão "deve saber" é indicativa não de dolo eventual, mas sim de culpa, extraindo tal conclusão da própria Exposição de Motivos (item 44): "O crime é punido não só a título de *dolo de perigo*, como a título de *culpa* (isto é, não só quando o agente sabia achar-se infeccionado, como quando devia sabê-lo pelas circunstâncias)".

Magalhães Noronha, partidário dessa corrente, ensina:

> "Três são as modalidades do delito, consoante o elemento subjetivo. No corpo de artigo deparamo-nos com o dolo de perigo e a culpa em sentido estrito (...). Haverá culpa quando o sujeito ativo não tem ciência de estar contaminado, mas devia sabê-lo pelas circunstâncias, *v.g.*, se não se dá conta de certos sintomas que se manifestam depois de haver mantido relações sexuais com prostituta. Em

179. *Comentários ao Código Penal*, p. 402.

> assim sendo, não tem ele consciência de expor a perigo o ofendido, mas devia ter, pois era possível essa consciência."[180].

Parece-nos que o Código Penal não teve essa intenção. A uma, porque, no caso da incriminação da culpa, a lei deve ser clara, expressa nesse sentido; a duas, porque cominar as mesmas penas para os crimes dolosos e culposos é abandonar o princípio da proporcionalidade, implícito na Constituição Federal.

Cezar Roberto Bitencourt incentiva ainda mais a discussão. Para ele, quando o agente "sabe" que está contaminado, isto é, quando tem plena *consciência* do seu estado, de que é portador de moléstia venérea, podem ocorrer as duas espécies de dolo, direto ou eventual, tudo a depender de se o contaminado quis ou aceitou o risco de criar a situação de perigo de contágio venéreo. Já no que diz respeito à expressão "deve saber", o agente percebe alguns sinais de doença venérea, mas não tem certeza de sua infecção e, quiçá, contaminação, e, no entanto, mantém relação sexual sem tomar qualquer precaução, expondo alguém a perigo. Na verdade, "devia saber", havia a possibilidade de ter essa consciência de seu estado, esse *elemento normativo* está presente, mas assume o risco de criar uma situação de perigo para terceiro, de criar uma situação de ameaça concreta de transmissão da moléstia. Nesse caso, *na dúvida sobre a possibilidade de estar contaminado*, não podia agir, expondo alguém a perigo concreto.

Como destaca Wessels, haverá *dolo eventual* quando o autor não se deixar dissuadir da realização do fato pela possibilidade próxima da ocorrência do resultado (na hipótese, da exposição do perigo) e sua conduta justificar a assertiva de que, em razão do fim pretendido, ele se tenha conformado com o risco da exposição ou até concordando com a sua ocorrência, em vez de renunciar à prática da ação. Conclui, desse modo, que o *dolo eventual* pode se configurar diante de qualquer das duas elementares – "sabe" e "deve saber"; o dolo direto é que não é admissível na hipótese do "deve saber."[181].

É a posição que entendemos correta.

Haverá erro de tipo (art. 20 do CP) no caso de o agente enganado, pensando-se sadio, quando na verdade doente portador de moléstia venérea, expõe alguém, por meio de relações sexuais ou qualquer ato libidinoso, a contágio da doença (ex.: o agente submete-se a exames laboratoriais e o resultado é negativo, por imperícia ou negligência do profissional).

2.5. Consumação e tentativa

Cuida-se de crime de perigo abstrato, consumando-se no momento da prática do ato sexual capaz de transmitir a moléstia venérea, ainda que a vítima não seja contaminada (crime formal).

---

180. *Direito penal* v. 2, p. 81.

181. Ob. cit., v. 2, p. 227.

Em que pese de perigo presumido, não haverá o crime se, apesar da prática dos atos sexuais, mostrar-se impossível a criação do risco de contágio, *v.g.*, a relação sexual mediante o uso de preservativos. Nesse caso, afasta-se, inclusive, o dolo do agente.

Sobre a hipótese, escreve Cezar Roberto Bitencourt:

> "Se o agente contaminado procura evitar a transmissão da moléstia, usando preservativos, por exemplo, estará, com certeza, afastando o dolo. Com esse comportamento, se sobrevier contaminação, em tese, não deverá responder sequer por lesão corporal culposa, pois tomou os cuidados objetivos requeridos, nas circunstâncias."[182].

Na mesma esteira, haverá crime impossível se a pessoa com a qual o agente mantém a relação sexual ou pratica ato libidinoso já estiver contaminada, situação em que o perigo de contágio não existirá.

☑ ***No crime de perigo de contágio venéreo (art. 130 do CP), como tratar a situação em que da prática do ato de libidinagem ocorre o contágio da vítima, resultado que não faz parte da vontade do agente?***

Entende a maioria da doutrina que a efetiva contaminação do ofendido constituirá mero exaurimento, a ser considerada pelo magistrado na fixação da pena.

Heleno Fragoso, no entanto, sustentando que o delito em tela é sempre subsidiário (um soldado de reserva), ensina que, no caso do efetivo contágio, deve o agente responder pelas lesões dele resultantes, a despeito do dolo de perigo[183].

Esse é também o entendimento de Magalhães Noronha, ensinando que:

> "Se resultar contágio efetivo, haverá o crime de lesão corporal, que também é a ofensa à saúde."[184].

Apesar de haver doutrina ensinando ser juridicamente impossível a tentativa, dela discordamos, pois, ainda que de perigo, o crime é plurissubsistente, admitindo fracionamento da execução em vários atos, como acontece na relação frustrada.

Se a vítima já está contaminada, ou supondo o agente, erroneamente, estar contaminado, estaremos, em ambas as hipóteses, diante do crime impossível (art. 17 do CP).

2.6. Ação penal

Consoante o que dispõe o § 2º, a ação neste crime só se promove mediante representação do ofendido. A Exposição de Motivos explica a razão dessa condição (item 44): "Este critério é

182. Ob. cit., v. 2, p. 220.
183. Ob. cit., v. 1, p. 73.
184. *Direito penal,* v. 2, p. 80.

justificado pelo raciocínio de que, na repressão do crime de que se trata, o *strepitus judicii*, em certos casos, pode ter consequências gravíssimas, em desfavor da própria vítima e de sua família".

3. PERIGO DE CONTÁGIO DE MOLÉSTIA GRAVE

> ▶ ***Perigo de contágio de moléstia grave***
>
> **Art. 131.** Praticar, com o fim de transmitir a outrem moléstia grave de que está contaminado, ato capaz de produzir o contágio:
>
> Pena – reclusão, de 1 (um) a 4 (quatro) anos, e multa.

3.1. Considerações iniciais

A exemplo do crime anterior, também aqui o bem jurídico protegido é a incolumidade física e a saúde da pessoa, com a particularidade de haver o Código, no presente caso, dilatado a sua posição de combate ao perigo de contágio, estendendo-o a todas as espécies de enfermidades contagiosas *graves*. Porém, exigindo, para a realização do tipo, a intenção do agente de produzir a infecção, agiu com menos rigor do que com relação às doenças venéreas.

Em razão da pena cominada, é cabível a suspensão condicional do processo.

3.2. Sujeitos do crime

Sujeito ativo pode ser qualquer pessoa, homem ou mulher, desde que contaminada de moléstia grave contagiosa. Trata-se, assim, de crime próprio, exigindo predicado especial (incomum) do agente.

Sujeito passivo também pode ser qualquer pessoa, desde que não esteja contaminada por igual moléstia. Lembramos, ainda, que o cônjuge e a prostituta podem figurar como vítimas do crime.

3.3. Conduta

Pune-se aquele que, contaminado de moléstia grave (curável ou não) e contagiosa (ex.: tuberculose, febre amarela, lepra, difteria, poliomielite etc.), pratica qualquer ato capaz de transmiti-la a outrem.

Como o anterior, o crime do art. 131 também não etiquetou quais as *moléstias graves* que integram o tipo penal, fazendo apenas referência genérica e indeterminada (norma penal em branco). Desse modo, sua clareza é retirada de complemento do âmbito dos Regulamentos do Ministério da Saúde. Encontramos, no entanto, posição em outro sentido, lecionando que o tipo em estudo descreve um elemento normativo que exige, para a sua compreensão, uma atividade médica valorativa, pericialmente averiguada, independentemente de constarem ou não de regras do Executivo.

Apoiando-se nessa segunda corrente, ensina PIERANGELI:

> "O texto não especifica quais são as moléstias que considera graves, mas entre elas, evidentemente, se incluem as já nomeadas.

> Indispensável é que sejam contagiosas ou transmissíveis, pelo que devemos recorrer ao regulamento do Ministério da Saúde que classifica as doenças graves e contagiosas, mas a ausência de uma moléstia desse rol não a exclui da consideração sobre ser grave e infecciosa. Com este posicionamento afastamos o critério da norma penal em branco sustentado por parte da doutrina."[185].

Trata-se de delito de ação livre, podendo a transmissão ocorrer por *qualquer meio*, *de forma direta* (contato físico entre os sujeitos, *v.g.*, aperto de mão) ou *indireta* (sem contato físico, transmitindo-se a moléstia através da utilização de objetos, *v.g.*, como seringas, talheres etc.).

Cezar Roberto Bitencourt lança interessante questionamento:

> "E se os objetos ou coisas que o agente utilizar, com o fim de transmitir moléstia grave, estiverem infectados por micróbios ou germes dos quais não é portador? Responderá pelo crime descrito no art. 131? Certamente não, pois falta a elementar típica 'de que está contaminado'. Poderá, eventualmente, configurar o crime do art. 132, ou, se o contágio se concretizar, quem sabe, o crime de lesão corporal, dependendo das circunstâncias."[186].

3.4. Voluntariedade

O crime só é punível a título de dolo, isto é, deve o agente buscar a transmissão da moléstia (dolo direto de dano).

Como bem resume Cezar Roberto Bitencourt:

> "Estamos diante de um crime de perigo com dolo de dano, que só se caracteriza quando o agente pratica a ação e *quer* transmitir a moléstia. Em outros termos, o *tipo subjetivo* do crime de *perigo de contágio de moléstia grave* compõe-se do (a) *dolo direto* – que é o elemento subjetivo geral do tipo – e do (b) *elemento subjetivo especial do injusto* – representado pelo especial fim de agir –, que é a *intenção* de transmitir a moléstia grave."[187].

Não se admite o dolo eventual, incompatível, aliás, com o elemento subjetivo especial (finalidade de transmitir moléstia grave).

Sobre o tema, ensina Mirabete:

> "Consiste o dolo na vontade de praticar o ato. Exige-se o elemento subjetivo do tipo, ou seja, querer o agente o contágio (dolo específico) (RT 656/286). Não há esse crime, assim, quando o agente atua com dolo eventual, em que, não querendo o contágio, assume o risco de provocá-lo. Residualmente, poderá ocorrer o crime de lesão corporal."[188].

---

185. *Manual de direito penal brasileiro:* parte especial, p. 154.
186. Ob cit., v. 2, p. 236.
187. Ob cit., v. 2, p. 237-238.
188. *Manual de direito penal:* parte especial, v. 2, p. 99.

Não se punindo a forma eventual do dolo, com maior razão não há falar de culpa. Aliás, resultando a transmissão culposa, o agente, conforme as circunstâncias, responderá por lesão culposa (ou mesmo homicídio culposo).

3.5. Consumação e tentativa

Consuma-se o crime com a prática do ato perigoso, ou, como exprime o texto, capaz de produzir o contágio, independentemente da transmissão (crime formal).

> "Esse crime pode consumar-se inclusive através de atos de libidinagem, desde que a moléstia grave não seja venérea, como também pode consumar-se com o risco de contágio de moléstia venérea grave, desde que os meios não constituam atos de libidinagem."[189].

Se ocorrer o contágio, resultando lesão de natureza leve, ficará absorvida (mero exaurimento), considerando o juiz tal circunstância na fixação da reprimenda-base. Se, no entanto, resultar lesão de natureza grave ou morte, por estes crimes responderá o agente causador da transmissão.

A tentativa é perfeitamente possível (delito plurissubsistente).

Há a possibilidade de se fazer presente a figura do crime impossível, a exemplo do exposto no artigo anterior.

3.6. Ação penal

A pena do crime é perseguida mediante ação penal pública incondicionada.

4. PERIGO PARA A VIDA OU SAÚDE DE OUTREM

> ▶ ***Perigo para a vida ou saúde de outrem***
>
> **Art. 132**. Expor a vida ou a saúde de outrem a perigo direto e iminente:
>
> Pena – detenção, de 3 (três) meses a 1 (um) ano, se o fato não constitui crime mais grave.
>
> Parágrafo único. A pena é aumentada de 1/6 (um sexto) a 1/3 (um terço) se a exposição da vida ou da saúde de outrem a perigo decorre do transporte de pessoas para a prestação de serviços em estabelecimentos de qualquer natureza, em desacordo com as normas legais.

4.1. Considerações iniciais

O objeto jurídico da infração permanece o mesmo dos dois tipos anteriores, isto é, a vida e a saúde da vítima.

Explica Fernando Capez:

> "O art. 132 do Código Penal encerra uma verdadeira fórmula genérica dos crimes de perigo constantes do Capítulo IV desse *Codex*, de modo que, se não houvesse especial incriminação das condutas

189. Cezar Roberto Bitencourt, *Tratado de direito penal – Parte especial*, v. 2, p. 241.

> abrigadas nos demais artigos do capítulo, haveria a subsunção de tais condutas à figura penal aqui estudada."[190].

A natureza subsidiária da infração vem retratada na Exposição de Motivos (item 46):

> "No art. 132, é igualmente prevista uma entidade criminal estranha à lei atual: 'expor a vida ou saúde de outrem a perigo direto e iminente', não constituindo o fato crime mais grave. Trata-se de um crime de caráter eminentemente *subsidiário*. Não o informa o *animus necandi* ou o *animus laedendi*, mas apenas a consciência e vontade de expor a vítima a grave perigo. O *perigo concreto*, que constitui o seu elemento objetivo, é limitado a determinada pessoa, não se confundindo, portanto, o crime em questão com os de *perigo comum* ou *contra a incolumidade pública*".

A pena cominada ao delito, na forma simples ou na majorada, permite a aplicação de ambos os benefícios (transação penal e suspensão condicional do processo) da Lei 9.099/95.

4.2. Sujeitos do crime

Qualquer pessoa pode ser sujeito ativo do delito (crime comum).

O ofendido, também comum, deve ser pessoa certa e determinada. Alcançando número indeterminado de pessoas, o sujeito responderá por crime de perigo comum (CP, arts. 250 e ss.).

4.3. Conduta

Pune-se aquele que, de qualquer forma (crime de ação livre), coloca pessoa certa e determinada em perigo de dano direto, efetivo e iminente.

Lembra a doutrina que a conduta pode ser omissiva (ex.: deixar de fornecer aparelhos para proteção de funcionários), sendo imprescindível, no caso, a criação de uma situação concreta e efetiva de perigo, já que o simples não cumprimento das normas de segurança, sem a criação de uma situação periclitante, caracteriza somente a contravenção penal do art. 19, § 2º, da Lei 8.213/91[191].

---

190. Ob. cit., v. 2, p. 174.

191. "Art. 19. Acidente do trabalho é o que ocorre pelo exercício do trabalho a serviço de empresa ou de empregador doméstico ou pelo exercício do trabalho dos segurados referidos no inciso VII do art. 11 desta Lei, provocando lesão corporal ou perturbação funcional que cause a morte ou a perda ou redução, permanente ou temporária, da capacidade para o trabalho.

§ 1º A empresa é responsável pela adoção e uso das medidas coletivas e individuais de proteção e segurança da saúde do trabalhador.

§ 2º Constitui contravenção penal, punível com multa, deixar a empresa de cumprir as normas de segurança e higiene do trabalho.

§ 3º É dever da empresa prestar informações pormenorizadas sobre os riscos da operação a executar e do produto a manipular.

§ 4º O Ministério do Trabalho e da Previdência Social fiscalizará e os sindicatos e entidades representativas de classe acompanharão o fiel cumprimento do disposto nos parágrafos anteriores, conforme dispuser o Regulamento.".

Para uma parcela considerável da doutrina, tratando-se de delito subsidiário, não há possibilidade de concurso de crimes.

Cezar Roberto Bitencourt discorda (e fundamenta):

> "Se, com uma única ação, o agente criar situação de perigo a várias pessoas perfeitamente determinadas e individualizadas, haverá concurso formal de crimes. Se, porém, com mais de uma conduta, criar situação de perigo a mais de uma pessoa, devidamente individualizadas, haverá concurso material de crimes. Não concordamos com as afirmações simplistas de que esse crime não admite concurso de crimes em razão da sua natureza *subsidiária*, pois são temas completamente distintos. O concurso de crimes é inadmissível, com efeito, entre a norma subsidiária e a norma principal; afora essa circunstância, não vemos nenhum impedimento político-dogmático."[192].

☑ ***Agente que, buscando apenas amedrontar o seu desafeto, contra ele atira com arma de fogo, expondo a sua vida a risco real e concreto, por qual crime responde?***

Dispõe o art. 132 do CP, em seu preceito secundário, que o crime somente será aplicado *se o fato não constitui crime mais grave* (subsidiariedade expressa).

Antes do advento da Lei de Arma de Fogo (Lei 9.437/97), o simples disparo caracterizava a contravenção penal e, nessa qualidade, era afastada para ver aplicada a infração penal de perigo (art. 132 do CP). Entrando em vigor a lei especial, a situação se inverteu: o disparo (art. 10, § 1º, III) foi mais gravemente apenado que o simples perigo para a vida ou saúde de outrem, logo, aplicando-se ao caso em exame.

Contudo, veio a recente Lei 10.826/2003 (Estatuto do Desarmamento), revogando a Lei 9.437/97, tipificando o crime de disparo no art. 15, ressalvando a sua aplicação "desde que essa conduta não tenha como finalidade a prática de outro crime".

Observa Capez[193] que o intuito do legislador com a introdução da presente ressalva foi permitir que o agente viesse a responder pelo delito que pretendeu praticar, ainda que menos grave. No caso em tela, como o autor da periclitação pretende expor a vida de outrem a perigo, usando os disparos como simples meio para essa realização, diante da nova redação deveria prevalecer a norma do art. 132 do CP. Entretanto, tal solução violaria o princípio da proporcionalidade, de modo que entendemos estar mantida a mesma consequência da lei anterior, isto é, prevalece a infração mais grave, no caso, o disparo.

4.4. Voluntariedade

É o dolo de perigo (direto ou eventual), consistente na vontade consciente de, mediante ação ou omissão, colocar a vida ou a saúde de pessoa(s) determinada(s) em risco iminente (*RT* 558/352 e 655/306).

192. Ob cit., v. 2, p. 249.

193. Ob. cit., v. 2, p. 183-184.

O tipo não prevê a forma culposa.

Havendo dolo de dano, ou seja, pretendendo o agente atingir a vida ou a saúde de alguém, responderá por outro crime (tentativa de homicídio ou tentativa de lesão corporal).

4.5. Consumação e tentativa

Surgindo o efetivo risco, o crime se considera consumado (delito de perigo concreto).

Se da conduta perigosa criada pelo agente sobrevier dano para a vítima, deve ser perguntado: o novo evento é mais ou menos relevante que a exposição a perigo? Se mais (ex.: morte), responderá o autor por homicídio culposo, isso em razão da subsidiariedade expressa do crime de perigo; se menos relevante (ex.: ofensa à integridade física), e demonstrado o dolo de risco apenas, o agente responderá pelo crime de perigo e não de lesão corporal culposa.

Na forma comissiva de conduta, o crime é plurissubsistente, admitindo a tentativa.

4.6. Majorante de pena

Sobre o espírito da majorante, explica MIRABETE:

> "Evidentemente teve o legislador em vista, principalmente, mas não exclusivamente, o transporte de trabalhadores rurais (boias-frias) que são submetidos ao traslado para fazendas em caminhões e outros veículos, sem os cuidados indispensáveis para evitar acidentes. As normas legais mencionadas no novo dispositivo, que devem ser obedecidas, são não só as referentes à circulação de qualquer veículo, como as destinadas à sua segurança, inscritas nos arts. 26 a 67 e 96 a 113 do Código de Trânsito Brasileiro e na legislação complementar. Resulta claro da letra do parágrafo único do art. 132 que à incriminação penal não basta desobediência a tais normas, sujeita a sanções administrativas, exigindo-se a ocorrência do perigo concreto para a vida ou saúde de outrem para a caracterização do crime agravado."[194].

4.7. Ação penal

O crime é de ação penal pública incondicionada, não dependendo de representação da vítima (ou de seu representante legal) para o início da persecução penal.

5. ABANDONO DE INCAPAZ

> ▶ ***Abandono de incapaz***
>
> **Art. 133.** Abandonar pessoa que está sob seu cuidado, guarda, vigilância ou autoridade, e, por qualquer motivo, incapaz de defender-se dos riscos resultantes do abandono:
>
> Pena – detenção, de 6 (seis) meses a 3 (três) anos.

194. *Manual de direito penal:* parte especial, v. 2, p. 102.

§ 1º Se do abandono resulta lesão corporal de natureza grave:

Pena – reclusão, de 1 (um) a 5 (cinco) anos.

§ 2º Se resulta a morte:

Pena – reclusão, de 4 (quatro) a 12 (doze) anos.

▶ ***Aumento de pena***

§ 3º As penas cominadas neste artigo aumentam-se de 1/3 (um terço):

I – se o abandono ocorre em lugar ermo;

II – se o agente é ascendente ou descendente, cônjuge, irmão, tutor ou curador da vítima;

III – se a vítima é maior de 60 (sessenta) anos.

5.1. Considerações iniciais

Com a presente incriminação, visou o legislador proteger a vida e a integridade físico-psíquica da vítima, pessoa incapaz de sozinha se proteger (ou se defender).

A pena cominada ao delito permite, no *caput* e no § 1º, a aplicação da suspensão condicional do processo prevista na Lei 9.099/95.

5.2. Sujeitos do crime

Cuida-se de crime próprio, figurando como autor do abandono apenas aquele que tem a vítima sob seu cuidado, guarda, vigilância ou autoridade, estando, desse modo, obrigado a zelar pelo bem-estar do incapaz (garantidor).

> "Se inexiste o dever de assistência, ou seja, se a vítima não se encontrava sob o cuidado, guarda, vigilância ou autoridade do agente, não há que se falar no crime de abandono de incapaz, podendo o agente responder por outro delito, como, por exemplo, omissão de socorro (CP, art. 135)."[195].

Dentro desse espírito, somente a pessoa assistida, ou seja, incapaz de defender-se dos riscos decorrentes do abandono, pode ser sujeito passivo.

> "A incapacidade, pois, a que o texto alude não é a de direito privado, mas, sim, a que se traduz na impossibilidade de proteção ou preservação própria. Além dos casos apontados (tutelados, curatelados, anciões, enfermos), apresentam-na os ébrios, os paralíticos, os depauperados, os emotivos etc. O próprio sono, conforme a hipótese, pode proporcionar o crime, pela impossibilidade da defesa."[196].

De acordo com o § 3º, incisos II e III, aumenta-se a pena se o agente é descendente, ascendente, cônjuge, irmão, tutor ou curador da vítima, bem como se esta é maior de sessenta anos.

---

195. Fernando Capez, ob. cit., v. 2, p. 188.
196. Magalhães Noronha, ob. cit., v. 2, p. 88.

5.3. Conduta

O núcleo do tipo é o verbo abandonar pessoa indefesa. Abandonar significa *deixar ao abandono, desassistido, desamparado*, traduzindo, no caso, uma ação ou omissão infringente da obrigação da respectiva guarda e assistência.

Pode ser praticado mediante *ação* (levar a vítima a um local ermo e ali deixá-la) ou *omissão* (afastar-se da vítima do lugar onde se encontra, deixando-a à própria sorte), sendo indiferente se o abandono foi temporário ou definitivo, desde que por tempo juridicamente relevante, suficiente para colocar o incapaz em risco.

Não haverá o crime se o responsável fica próximo da vítima, vigiando para que alguém a recolha, ou, então, no caso de a vítima ser abandonada em ambiente rodeado de assistência (ex.: hospital). Em nenhuma das hipóteses, à evidência, ocorre o perigo concreto para o "abandonado".

A similitude desta infração penal com outras nos obriga, ainda que de forma resumida, a demonstrar as principais diferenças entre elas. Vejamos:

a) se entre agente e vítima não há qualquer relação de dependência, o crime poderá ser o de omissão de socorro (art. 135 do CP);

b) tratando-se de abandono de recém-nascido, cujo motivo seja ocultar desonra própria, estaremos diante do art. 134 do CP (exposição ou abandono de recém-nascido);

c) dependendo do local do abandono (absolutamente deserto, sendo praticamente certa a falta de socorro), pode o caso espelhar dolo eventual de homicídio, aceitando o agente o resultado fatal;

d) tratando-se de abandono moral (não físico), pode se caracterizar crime contra a assistência familiar (arts. 244 a 247 do CP).

5.4. Voluntariedade

É o dolo de perigo (direto ou eventual), consistente na vontade consciente de abandonar a vítima, colocando-a em risco.

> "O dolo de dano exclui o dolo de perigo e altera a natureza do crime, passando a ser de dano: tentativa (ou consumação) de homicídio, infanticídio, lesão corporal etc."[197].

Não admite a forma culposa.

5.5. Consumação e tentativa

O crime se consuma quando, em razão do abandono, a vítima sofre concreta situação de risco (crime de perigo concreto). Tratando-se de delito instantâneo, mesmo que o

197. Cezar Roberto Bitencourt, ob cit., v. 2, p. 269.

responsável, depois de efetivar o abandono, resolva reassumir o dever de assistência, não desnatura a infração penal.

Se praticado por ação, o delito assume forma plurissubsistente, admitindo, desse modo, a tentativa.

Magalhães Noronha, citando Altavilla, assim exemplifica:

> "Mãe que está depositando seu filho em certo lugar e é surpreendida. Não houve ainda o abandono, mas é inegável que se estava em plena execução do delito. É inequívoca a intenção da genitora e idôneo o meio empregado."[198].

É de se ter em conta que se o ofendido possui condições para defender-se inexiste o crime. Depreende-se ser indispensável sujeito passivo, maior ou menor, incapaz de se proteger, como estabelece o tipo.

5.6. Qualificadoras e majorantes de pena

5.6.1. Qualificadoras

Os dois primeiros parágrafos estabelecem as figuras qualificadas, quando do abandono resultar na vítima lesão grave ou morte. São delitos preterdolosos, havendo abandono doloso e resultado qualificador culposo (jamais querido ou aceito pelo seu responsável).

5.6.2. Majorantes de pena

O último parágrafo (§ 3º) prevê causa especial de aumento de pena, aplicável às formas simples e qualificada:

a) *se o abandono ocorre em lugar ermo:* lugar ermo é o ambiente desabitado, sem frequência (ausência de pessoas), habitualmente isolado.

Observe-se que não basta o lugar ser ermo, mas estar desse modo no momento do abandono:

> "Um bosque pode ser um lugar ermo, mas se, *v.g.*, um menor foi abandonado quando ali se realiza uma quermesse, não existirá a agravante em apreço. Por outro lado, conforme o local, a ausência de pessoas ou transeuntes não caracterizará a agravante, como se, por exemplo, alguém é abandonado nas caladas horas da noite, numa rua ou praça do centro da cidade. É justo não reconhecer a majorativa, pois o maior perigo só se apresenta efetivamente quando constante é a relativa privação de socorro."[199];

198. *Direito Penal*, v. 2, p. 90.

199. Magalhães Noronha, ob cit., v. 2, p. 90.

b) *se o agente é ascendente ou descendente, cônjuge, irmão, tutor ou curador da vítima:* o inciso II aumenta a pena daquele que carrega maior dever de assistência. A enumeração é taxativa, não comportando analogias (fica excluída da majorante, por exemplo, a união estável);

c) *se a vítima é maior de 60 (sessenta) anos:* acrescentado pelo Estatuto do Idoso (Lei 10.741/2003), o inciso III aumenta a pena de um terço quando a vítima abandonada for maior de 60 anos. Justifica-se o aumento em face da maior dificuldade de autodefesa apresentada pela pessoa idosa.

5.7. Ação penal

O crime é de ação penal pública incondicionada.

5.8. Princípio da especialidade

a) Código Penal x Estatuto do Idoso: o art. 98 da Lei 10.741/03 pune com reclusão de seis meses a três anos e multa a conduta de abandonar o idoso em hospitais, casas de saúde, entidades de longa permanência, ou congêneres.

b) Código Penal x Lei 13.146/15: o art. 90 da Lei 13.146/15 pune com reclusão de seis meses a três anos e multa a conduta de abandonar pessoa com deficiência em hospitais, casas de saúde, entidades de abrigamento ou congêneres.

6. EXPOSIÇÃO OU ABANDONO DE RECÉM-NASCIDO

▶ ***Exposição ou abandono de recém-nascido***

Art. 134. Expor ou abandonar recém-nascido, para ocultar desonra própria:

Pena – detenção, de 6 (seis) meses a 2 (dois) anos.

§ 1º Se do fato resulta lesão corporal de natureza grave:

Pena – detenção, de 1 (um) a 3 (três) anos.

§ 2º Se resulta a morte:

Pena – detenção, de 2 (dois) a 6 (seis) anos.

6.1. Considerações iniciais

O motivo do abandono (honra) faz com que o crime em estudo seja tratado pela doutrina como uma forma privilegiada da conduta delituosa anterior, protegendo, aliás, o mesmo bem jurídico: a vida e a integridade físico-psíquica da vítima recém-nascida.

Ensina Nélson Hungria:

> "Madureira de Pinho (no *Prefácio* a *O novo Código Penal* e a *Medicina Legal*, de Leonídio Ribeiro) declara não compreender a razão

> por que o Código suprimiu a *honoris causa* no conceito do *infanticídio* e a mantém para tornar privilegiado o crime de abandono de recém-nascido. Pura crítica de superfície. Esquece-se o ilustre professor de que, em direito penal, os *critérios lógicos*, muitas vezes, têm de ceder aos *critérios políticos*. A concessão do *privilegium*, na espécie, é um estímulo para que o agente não vá até a ocisão do recém-nascido, isto é, até a prática de um malefício mais grave. Se nele o instituto de piedade não é suficientemente forte para movê-lo ao sacrifício da própria honra, que prefira, então, entre os dois males, o menor, porque a pena lhe será grandemente atenuada."[200].

Em virtude da pena cominada no *caput*, a forma simples do delito permite tanto a transação penal quanto a suspensão condicional do processo. Ao § 1º, por sua vez, é aplicável somente este último benefício.

6.2. Sujeitos do crime

Os doutos discutem quem pode ser autor do crime.

Cezar Roberto Bitencourt afirma que somente a mãe poderá ser o sujeito ativo, pois a lei se refere à "desonra própria."[201].

Bento de Faria, por sua vez, ensina:

> "Prevendo a disposição da nossa lei a exposição ou abandono tão somente para ocultação da desonra própria, está a indicar que o sujeito ativo há de ser o pai ou a mãe, o que, aliás, não exclui a intervenção de terceiros, como participantes do delito."[202].

No mesmo sentido citamos o escólio de Heleno Fragoso:

> "Só pode ser a mulher que concebe ilicitamente ou o pai adulterino ou incestuoso, pois só tais pessoas podem alegar a prática do fato 'para ocultar desonra própria'."[203].

Esta posição é a que vem prevalecendo na doutrina (Julio Fabbrini Mirabete[204]; Heleno Fragoso[205]; entre outros).

É possível concurso de pessoas, nas duas modalidades (coautoria e participação).

Sujeito passivo só pode ser o recém-nascido.

Diante da imprecisão legal do que vem a ser *recém-nascido*, Pierangeli explica:

> "Um critério objetivo nos é dado por Ari Franco, para quem 'a melhor conceituação para o recém-nascido deve decorrer do critério de existência, ou não, no abandonado ou exposto, do cordão

---

200. Ob. cit., v. 5, p. 437.
201. Ob. cit, v. 2, p. 276.
202. Ob. cit., v. 3, p. 162-163.
203. Ob. cit., v. 1, p. 175-176.
204. *Manual de direito penal:* parte especial, v. 2, p. 107.
205. Ob. cit., v. 1, p. 83.

> umbilical, e assim de certo modo se resolverá a controvérsia que o preceito legal suscitará por certo'. O cordão umbilical, como já observado, vai aos poucos se separando do corpo e ao fim do quinto ou sexto dia cai. Realmente, a noção de recém-nascido nos é dada, objetivamente, pelo momento da *délivrance*, quando o fato passa a ser conhecido, dando origem ao ato de ocultação da desonra."[206].

6.3. Conduta

Expor (ação) ou abandonar (omissão) recém-nascido, colocando-o a perigo concreto (real), visando ocultar desonra própria.

> "Os autores, de modo geral, afirmam que o tipo penal pressupõe que o nascimento deve ter sido 'sigiloso' para justificar a tipificação do *delictum exceptum*. Aníbal Bruno, mais comedido, sustenta que 'o nascimento da vítima se tenha dado *em segredo* e ainda não tenha vindo ao conhecimento de estranhos'. Falar em 'nascimento sigiloso' nos parece um rematado exagero, quer porque a restrição não consta da definição legal, quer pela inadmissibilidade de *conceber* e *gestar* por longos nove meses 'sigilosamente'! A finalidade de *ocultar a gravidez*, por questões de honra, não precisa ir além da cautela de não tornar público tanto o 'estado gravídico' quanto o nascimento do *neonato*, mas isso está muito longe de ser sigiloso, pois, inevitavelmente, os familiares e empregados, pelo menos, terão conhecimento. E essa ciência, ainda que limitada, de algumas pessoas é suficiente para afastar o indigitado 'sigilo', e nem por isso excluirá o benefício consagrado no art. 134."[207].

Para caracterizar o crime mostra-se indispensável haver honra a salvar, não podendo o agente invocar o tipo privilegiado do art. 134 se desonrado (ex.: prostituta). Trata-se de um elemento normativo do tipo a ser valorado pelo juiz no momento em que confronta a lei com o caso concreto. A honra, no hipótese, é representada pela dignidade sexual, a boa fama de que o agente desfruta e que pode ser abalada pelo nascimento da criança. Por isso, adverte Magalhães Noronha:

> "A honra que aqui se tem em vista é a sexual. Pode invocá-la, *v.g.*, a mulher má pagadora que tem seu filho *extra matrimonium*. É, pois, a causa da honra a razão da *mitigação penal*!"[208].

6.4. Voluntariedade

É o dolo, consistente na vontade consciente de expor ou abandonar recém-nascido, para ocultar desonra própria (elemento subjetivo do tipo). Sem esta finalidade especial, desaparece o privilégio, incidindo o artigo antecedente.

206. *Manual de direito penal brasileiro:* parte especial, p. 166-167.
207. Cezar Roberto Bitencourt, ob. cit., v. 2, p. 279-280.
208. *Direito penal*, v. 2, p. 91.

Marido da mulher infiel que abandona recém-nascido adulterino não pratica o crime do art. 134, pois não age para ocultar desonra própria, mas sim de terceiro. O caso se enquadra no art. 133 do CP (abandono de incapaz).

Não se pune a culpa.

6.5. Consumação e tentativa

Consuma-se o delito quando o recém-nascido é abandonado, ficando exposto, efetivamente, a perigo real (*RT* 439/424).

Na forma comissiva, a tentativa mostra-se possível, como no caso da mãe que é surpreendida depositando seu filho na porta da casa de estranhos.

6.6. Qualificadoras

Se do fato doloso resulta lesão corporal de natureza grave ou morte, fruto de culpa – preterdolo –, o crime será qualificado (§§ 1º e 2º). Havendo, junto com o abandono, vontade do agente de ferir gravemente (ou mesmo matar) o recém-nascido, o crime será o de lesão corporal dolosa de natureza grave (ou homicídio doloso).

6.7. Ação penal

Trata-se de crime de ação penal pública incondicionada.

7. OMISSÃO DE SOCORRO

▶ ***Omissão de socorro***

Art. 135. Deixar de prestar assistência, quando possível fazê-lo sem risco pessoal, à criança abandonada ou extraviada, ou à pessoa inválida ou ferida, ao desamparo ou em grave e iminente perigo; ou não pedir, nesses casos, o socorro da autoridade pública:

Pena – detenção, de 1 (um) a 6 (seis) meses, ou multa.

Parágrafo único. A pena é aumentada de metade, se da omissão resulta lesão corporal de natureza grave, e triplicada, se resulta a morte.

7.1. Considerações iniciais

A lei obriga a todo indivíduo que vive em sociedade o dever de, em certos casos, *quando possível fazê-lo sem risco pessoal*, prestar assistência a pessoas que, pela sua condição (e situação), dela necessitam, ou, subsidiariamente, quando impedido de prestar a assistência pessoal, pedir o socorro da autoridade pública competente.

Na correta lição de NORONHA:

> "O art. 135 traduz uma norma de solidariedade humana, sob o imperativo legal. Já não se trata de simples dever moral, mas de imposição da lei. É uma ordem, não uma proibição, como ocorre

> com a generalidade das prescrições penais. Cogita-se aqui de um dever geral, dirigido a todos, visando à mútua assistência que deve existir numa sociedade civilizada."[209].

O objeto jurídico tutelado pelo crime de omissão de socorro, a exemplo dos antecedentes, é a segurança do indivíduo, protegendo-se a vida e a saúde humanas.

A pena cominada ao delito, ainda que considerada a possibilidade de aumento do parágrafo único, permite a transação penal e a suspensão condicional do processo.

7.2. Sujeitos do crime

Qualquer pessoa pode praticar o crime, não se exigindo nenhuma qualidade especial do agente (crime comum).

Diversamente dos delitos anteriores (arts. 133 e 134), a omissão de socorro dispensa a existência de vínculo especial entre os sujeitos ativo e passivo.

Explica Aníbal Bruno:

> "O nosso Código em vigor constrói com suficiente amplitude o seu conceito de omissão de socorro. Nele se faz clara essa espécie punível como o fato de deixar de prestar assistência, quando possível fazê-lo sem risco pessoal, à criança abandonada ou extraviada, ou à pessoa inválida ou ferida, ao desamparo ou em grave ou iminente perigo; ou não pedir, nesses casos, desde que possível e oportuno, o socorro da autoridade pública. É uma imposição que recai, indiferentemente, sobre qualquer um. Não nasce de prévia relação jurídica entre o omitente e a vítima, da qual decorra um dever particular de vigilância e assistência. É uma obrigação que os fatos criam para cada um com imperiosa necessidade."[210].

Considerando, como dito, que o dever de assistência é imposição que recai a todos, sem distinção, o crime em tela não admite coautoria. Assim, se várias pessoas negam a assistência, todas respondem pelo crime de omissão de socorro. Contudo, se apenas uma socorre a vítima necessitada, não o fazendo as outras, desaparece o delito, sendo a obrigação de natureza solidária (nesse sentido: *RT* 497/337).

Indispensável, ainda, que o sujeito ativo esteja na presença da vítima em perigo. Cezar Roberto Bitencourt explica:

> "O sujeito ativo deve estar no lugar e no momento em que o periclitante precisa de socorro; caso contrário, se estiver ausente, embora saiba do perigo e não vá ao seu encontro para salvá-lo, não haverá o crime, pois o crime é omissivo, e não comissivo. Poderá nesse caso haver egoísmo, insensibilidade, displicência, indiferença

209. *Direito penal,* v. 2, p. 93.

210. *Crimes contra a pessoa*, p. 235-236.

> pela 'sorte' da vítima, mas esses sentimentos, ainda que eticamente possam ser censuráveis, não tipificam a omissão de socorro, pois, como lembrava Magalhães Noronha, 'um código penal não é um código de ética'."[211].

Temos doutrina em sentido contrário. DAMÁSIO[212] sustenta que o ausente responde pelo crime quando chamado ao local para exercer o dever de assistência. Nesse sentido: *JTACrimSP* 47/223. Para que isso ocorra, é necessário que tenha o omitente plena consciência do grave e iminente perigo em que se encontra a vítima periclitante. Nesse sentido: TACrimSP, Ap. Crim. 528.889; *RJDTACrimSP* 2/107 e 109; STJ, RHC 62; *JSTJ* 3/215 e 224. Fora daí não existe delito por ausência do elemento subjetivo do tipo.

Segundo a enumeração do artigo, são pessoas a quem a assistência deve ser prestada:

a) a criança abandonada ou extraviada;

b) o inválido ou ferido desamparado; e

c) o que se achar em grave e iminente perigo.

Criança abandonada é a que foi deixada sem os cuidados de que necessitava para a sua subsistência; *criança extraviada* é a que, por qualquer motivo, se acha perdida no caminho, fora do lugar de sua residência, sem saber como encontrá-lo. Não conceitua o Código o que vem a ser *criança*, entendendo uns, nos termos do Estatuto da Criança e do Adolescente, ser toda aquela menor de 12 anos; outros, contudo, ensinam que a análise deve ser casuística, considerando *criança* a criatura humana que não pode proteger a si mesma, incapaz de defender-se dos riscos resultantes do abandono.

Perfilhando essa segunda corrente, temos a lição de PIERANGELI: "O nosso Código, ao contrário do italiano, que estabeleceu a idade de dez anos, não fixou uma idade-limite para o que se deve entender com a expressão *criança abandonada ou extraviada*. Todavia, deve-se considerar como referencial ser aquela que 'ainda exija vigilância pessoal imediata, ou em idade em que normalmente não se permite ande sozinha ou desacompanhada de pessoa adulta' (EUCLIDES CUSTÓDIO DA SILVEIRA). Por outras palavras, *criança abandonada ou extraviada* para a lei penal é aquela para quem a assistência se faz necessária diante do desamparo em que se encontra."[213].

Entenda-se que o tipo em comento pune aquele que, percebendo o incapaz deixado à própria sorte, não o socorre. O responsável pelo abandono, obviamente, responderá pelos crimes dos arts. 133 ou 134, conforme o caso.

Pessoa inválida, ao desamparo, é aquela sem vigor físico ou psíquico, necessitada de assistência, pois indefesa e sem resguardo, assim como o indivíduo seriamente doente (paralítico, cego etc.).

211. *Direito penal*, v. 2, p. 287.

212. Ob. cit., v. 2, p. 183.

213. *Manual de direito penal brasileiro:* parte especial, p. 172.

Pessoa ferida apresenta lesões corporais de certa gravidade, provocadas dolosa ou culposamente por terceiros, ou por si mesma, dependente de auxílio (desamparada).

Em grave e iminente perigo acha-se todo aquele que, por qualquer motivo, corre o risco de sofrer algum mal ao seu bom estado. Esse risco deve ser grave e concreto, ou seja, de grandes proporções, prestes a desencadear-se.

Alerta NORONHA:

> "Pode o sujeito passivo recusar o socorro, o que não eximirá o ativo do dever legal, pois se trata de bem-interesse irrenunciável, a menos que a oposição daquele impossibilite o auxílio."[214].

7.3. Conduta

A omissão consiste numa ação inversa à que se podia e devia pôr em ato. Pune-se, com a incriminação ora estudada, a não prática de uma ação imposta pelo dever jurídico, a qual se resolve numa inércia, num *nihil agere* (ou *nihil facere*).

Duas são as formas de praticar o crime:

a) o agente, deixando de atender ao que determinado pela norma, não presta auxílio pessoal à vítima (assistência imediata);

b) ou, quando sem condições de prestá-lo, não solicita socorro à autoridade pública (assistência mediata). O pedido de socorro, portanto, deve ser dirigido à autoridade competente (pessoa que representa o Poder Público), sem demora, isto é, logo que o agente encontre a vítima na situação de perigo descrito pelo tipo. Uma assistência tardia será apenas uma assistência aparente (simulada), equivalendo a uma omissão do pedido.

Cabe observar, porém, que não compete ao agente a escolha entre uma ou outra forma de assistência, pois, sendo possível a prestação pessoal, não pode preferir a mediata (subsidiária).

O artigo limita o dever de agir (socorrer), ao estabelecer a seguinte condição: "quando possível fazê-lo sem risco pessoal". Justifica-se a limitação porque o contrário consistiria em negar o estado de necessidade, aplicável a qualquer infração penal e que permite o sacrifício de um bem jurídico para a preservação de outro de valor equivalente ou superior.

Do exposto, fica claro que a omissão passa a ser penalmente relevante apenas e tão somente quando ao agente: a) for possível prestar o socorro; b) sem risco pessoal (físico), concreto e iminente. O risco meramente patrimonial ou moral não exclui a tipicidade, podendo, conforme o caso, justificar a conduta do omitente se presente o estado de necessidade, por exemplo.

Como bem destacado por MIRABETE, este crime:

> "Exige, como um dos elementos formadores da omissão de socorro, que o autor da situação de perigo não seja o próprio causador (doloso ou culposo) das lesões (*JTACrSP* 47/232). Não comete o crime em questão aquele que, depois de ferir outrem

214. *Direito penal*, v. 2, p. 95.

> *vulnerandi* ou *necandi animo* ou culposamente, deixa-o privado de socorro. Responderá, conforme o caso, por lesão corporal (dolosa ou culposa), ou tentativa de homicídio, ou se a vítima vem a morrer, por homicídio (doloso, preterdoloso ou culposo tão somente."[215].

Partilhando do mesmo entendimento, porém com fundamento diferente, explica Noronha:

> "Quem fere tem dolo de *dano*, de causar um mal *efetivo* ao ofendido. Puni-lo por não socorrer este é punir duas vezes pelo mesmo fato, é obrigá-lo a denunciar o seu crime, na maior parte das vezes. O raciocínio não muda no caso de culpa."[216].

7.4. Voluntariedade

É a omissão dolosa, isto é, vontade consciente de não prestar assistência (imediata ou mediata), quando possível fazê-lo sem risco pessoal. Pode o dolo ser direto (quer omitir socorro) ou eventual (assume o risco).

O tipo não admite a modalidade culposa.

7.5. Consumação e tentativa

Consuma-se no momento da omissão, deixando o agente de realizar a atividade devida (delito omissivo próprio). No primeiro caso (criança abandonada ou extraviada), ensina a doutrina ser o crime de perigo abstrato (ou presumido). Nos demais, de perigo concreto, devendo ser demonstrado o risco sofrido pela vítima certa e determinada.

Tratando-se de crime omissivo próprio, a tentativa não é admissível, pois inviável o fracionamento do *iter* (crime unissubsistente).

7.6. Majorante de pena

A pena é aumentada de metade se da omissão resulta lesão corporal de natureza grave, e triplicada, se resulta a morte (parágrafo único). Aqui temos presente a figura do preterdolo (dolo no antecedente e culpa no consequente).

Fernando Capez formula (e logo responde) a seguinte indagação:

☑ ***Se a morte do periclitante for inevitável, responderá o agente pela omissão do comportamento devido, apesar de este não ter a capacidade de evitar o resultado danoso?***

> "Não, na medida em que a atuação do omitente não evitaria a produção do evento letal. Exige-se para a incidência desta qualificadora

---

215. *Manual de direito penal:* parte especial, v. 2, p. 110.

216. *Direito penal*, v. 2, p. 94.

que se prove no caso concreto que a conduta omitida seria capaz de impedir o resultado mais gravoso. Desse modo, se a morte do agente adveio, por exemplo, de lesões no cérebro, cuja assistência prestada jamais impediria a superveniência do evento letal, não há como atribuir esse resultado ao agente."[217].

Não sem razão, lembra BITENCOURT:

"Mesmo que a omissão de socorro seja um crime omissivo próprio, que se consuma com a simples inatividade, nesse caso é indispensável que se analise a relação de causalidade. Enfim, devemos indagar: a ação omitida (em si mesma punível), teria evitado o resultado? Resultado que, diga-se de passagem, não tinha a obrigação de impedir, mas que ocorreu em virtude de sua abstenção, por não ter desviado ou obstruído o processo causal em andamento. A sua obrigação era agir e não evitar o resultado, e, por isso, via de regra, os crimes omissivos próprios dispensam a investigação sobre a relação de causalidade, porque são delitos de mera atividade, ou melhor, inatividade. No entanto, como essa majorante representa o resultado material, é indispensável comprovar a relação de causalidade (de não impedimento) entre a omissão e o resultado ocorrido, para legitimar a majoração da pena, nos limites de um direito penal da culpabilidade."[218].

7.7. Ação penal

Trata-se de crime de ação penal pública incondicionada, não dependendo o início da instância penal de representação da vítima ou de seu representante legal.

7.8. Princípio da especialidade

a) **Código Penal x Código de Trânsito Brasileiro**: na lei especial, num acidente de trânsito, a omissão de socorro assume várias formas, podendo caracterizar causa de aumento de pena ou nova espécie de infração penal. Vejamos os artigos respectivos.

Art. 302. Praticar homicídio culposo na direção de veículo automotor:

Penas – detenção, de 2 (dois) a 4 (quatro) anos, e suspensão ou proibição de se obter a permissão ou a habilitação para dirigir veículo automotor.

§ 1º. No homicídio culposo cometido na direção de veículo automotor, a pena é aumentada de 1/3 (um terço) à 1/2 (metade), se o agente:

(...)

217. Ob. cit., v. 2, p. 207.

218. Ob. cit. vol. 2, p. 264.

> III – deixar de prestar socorro, quando possível fazê-lo sem risco pessoal, à vítima do acidente;
>
> (...).
>
> **Art. 303**. Praticar lesão corporal culposa na direção de veículo automotor:
>
> Penas – detenção, de 6 (seis) meses a 2 (dois) anos e suspensão ou proibição de se obter a permissão ou a habilitação para dirigir veículo automotor.
>
> Parágrafo único. Aumenta-se a pena de 1/3 (um terço) à 1/2 (metade), se ocorrer qualquer das hipóteses do § 1º do art. 302.
>
> **Art. 304**. Deixar o condutor do veículo, na ocasião do acidente, de prestar imediato socorro à vítima, ou, não podendo fazê-lo diretamente, por justa causa, deixar de solicitar auxílio da autoridade pública:
>
> Penas – detenção, de 6 (seis) meses a 1 (um) ano, ou multa, se o fato não constituir elemento de crime mais grave.
>
> Parágrafo único. Incide nas penas previstas neste artigo o condutor do veículo, ainda que a sua omissão seja suprida por terceiros ou que se trate de vítima com morte instantânea ou com ferimentos leves.".

Diante desse quadro hoje temos:

1) quem, culposamente, na condução do veículo, causar lesões e não socorrer a vítima, incidirá nas penas do art. 302, § 1º, ou do art. 303 combinado com o art. 302, § 1º., ambos do CTB;

2) quem, mesmo não agindo de forma culposa na condução de veículo, envolver-se em acidente de trânsito, não socorrendo a vítima, responderá pelo crime do art. 304 do CTB;

3) qualquer outra pessoa (até mesmo condutor, desde que não envolvido em acidente), ao perceber um desastre com vítima e não lhe prestar socorro, incidirá nas penas do art. 135 do CP.

b) **Código Penal x Estatuto do Idoso**: pelo princípio da especialidade, deixar de prestar assistência ao *idoso*, quando possível fazê-lo sem risco pessoal, em situação de iminente perigo, ou recusar, retardar ou dificultar sua assistência à saúde, sem justa causa, ou não pedir, nesses casos, o socorro de autoridade pública, configura o crime do art. 97 do Estatuto do Idoso (Lei 10.741/2003).

c) **Código Penal x Código Penal Militar**: o Decreto-lei 1.001/69, nos arts. 200 e 201, pune o comandante que se abstém de salvar comandados em situação de perigo e que se omite diante de pedido de socorro emitido por náufragos, aeronave, navio de guerra ou mercante, nacional ou estrangeiro em perigo.

8. CONDICIONAMENTO DE ATENDIMENTO MÉDICO HOSPITALAR EMERGENCIAL

▶ ***Condicionamento de atendimento médico hospitalar emergencial***

Art. 135-A – Exigir cheque-caução, nota promissória ou qualquer garantia, bem como o preenchimento prévio de formulários administrativos, como condição para o atendimento médico hospitalar emergencial:

Pena – detenção, de 3 (três) meses a 1 (um) ano, e multa.

Parágrafo único. A pena é amentada até o dobro se da negativa de atendimento resulta lesão corporal de natureza grave, e até o triplo se resulta a morte.

8.1. Considerações iniciais

A Lei 12.653/12 acrescentou à Parte Especial do CP, mais precisamente no Capítulo III (Da periclitação da vida e da saúde), a mais nova forma de omissão de socorro, praticada mediante o condicionamento de atendimento médico hospital emergencial, punida com 3 meses a 1 ano, e multa (infração penal de menor potencial, salvo na forma qualificada pela morte).

A tipificação dessa prática rotineira já era esperada. Vejamos.

O Código de Defesa do Consumidor, desde 1990, preceitua que a exigência da garantia para o atendimento é prática abusiva que expõe o consumidor a desvantagem exagerada, causando desequilíbrio na relação contratual (art. 39).

No mesmo espírito, o Código Civil de 2002 garante ser anulável o negócio jurídico por vício resultante de estado de perigo (art. 171, inc. II).

A Resolução Normativa 44 da Agência Nacional de Saúde Suplementar, por sua vez, desde 2003, no seu art. 1º, alerta:

> "Art. 1º Fica vedada, em qualquer situação, a exigência, por parte dos prestadores de serviços contratados, credenciados, cooperados ou referenciados das Operadoras de Planos de Assistência à Saúde e Seguradoras Especializadas em Saúde, de caução, depósito de qualquer natureza, nota promissória ou quaisquer outros títulos de crédito, no ato ou anteriormente à prestação do serviço.".

Haverá, certamente, doutrina questionando a necessidade de intervenção do Direito Penal em situações tais. Contudo, é sabido que o princípio da intervenção mínima tem como importante característica a subsidiariedade, ficando a intervenção do Direito Penal condicionada ao fracasso das demais esferas de controle. O comportamento em exame (evidentemente ilícito) não vinha sendo combatido eficazmente pelos demais ramos, aumentando, a cada dia, os casos de constrangimentos aos consumidores, forçados a garantir o hospital para receber atendimento de urgência. Justifica-se, portanto, a nosso ver, a incriminação do fato.

8.2. Sujeitos do crime

O crime pode ser praticado por administradores e/ou funcionários do hospital. Rogério Greco bem observa:

> "O problema surge quando o empregado, que trabalha no setor de admissão de pacientes, cumpre as ordens emanadas da direção e não permite o atendimento daquele que se encontrava em situação de emergência. Nesse caso, entendemos que haverá o concurso de pessoas, devendo, ambos (diretor e empregado) responder pela infração penal em estudo."[219].

Não se descarta, todavia, que o funcionário responsável pela admissão de pacientes atue cumprindo a determinação da direção do hospital e o faça temeroso de que a desobediência acarretará sua demissão, hipótese em que poderá demonstrar ter assim agido por não lhe ser exigível conduta diversa.

Embora se trate de crime comum, só pode ser cometido por funcionários de hospitais particulares, vez que na rede pública de saúde a cobrança de qualquer valor para o atendimento médico é proibida; se houver exigência dessa natureza, pode configurar o crime de concussão.

Figura como vítima a pessoa em estado de emergência.

8.3. Conduta

Consiste em negar atendimento emergencial, exigindo do potencial paciente (ou de seus familiares), como condição para a execução dos procedimentos de socorro:

a) cheque caução (cheque em garantia), nota promissória (promessa de pagamento) ou de qualquer garantia (endosso de uma duplicata ou letra de câmbio, por exemplo).

b) o preenchimento prévio de formulários administrativos, quase sempre na forma de contratos de adesão favorecendo abusivamente uma das partes (o hospital).

O agente, no caso, aproveita-se de um momento de extrema fragilidade emocional do doente (ou de seus familiares) para, mediante uma das indevidas exigências acima descritas (tipo alternativo), garantir para o hospital o ressarcimento das despesas realizadas no socorro. Sustenta Nucci que o crime só se caracteriza com exigência da garantia + preenchimento de formulários administrativos (tipo cumulativo). Explica o autor:

> "O objeto da exigência é um título de crédito, como o cheque ou a nota promissória, com liquidez imediata, ou outra garantia similar (um depósito em dinheiro, por exemplo). Além disso, concomitantemente, ordena-se o preenchimento de formulários administrativos (cadastro, ficha, prontuário etc.) de maneira prévia (antes de qualquer outra providência). Ambas as demandas (garantia + formulários) constituem condições para o atendimento médico-hospitalar de emergência."[220].

219. Ob. cit., vol. II, p. 371.

220. *Código Penal comentado*, p. 705.

E se a exigência ocorrer num atendimento de urgência (e não de emergência)?

A Lei 11.935/09, dando nova redação ao artigo 35-C da Lei 9.656/98, define a situação de emergência como sendo a circunstância que exige uma cirurgia ou intervenção médica de imediato, havendo efetivo risco para a vida ou de lesões irreparáveis para o paciente. Já a urgência retrata ocorrência que necessita tratamento médico e muitas vezes cirurgia, porém tem um caráter menos imediatista, abrangendo os acidentes pessoais ou complicações no processo gestacional.

Na resposta à pergunta, percebemos na doutrina **duas** correntes:

a) uma primeira, valendo-se de uma interpretação teleológica, defenderá que a *urgência* está (implicitamente) abrangida pelo tipo.

Rogério Greco, citando a Resolução 1451/95 e o Manual de Regulação Médicas de Urgências, escreve que:

> "Em ambas as hipóteses [emergência e urgência] existe a necessidade de tratamento médico imediato, razão pela qual, embora o tipo penal do art. 135-A faça menção tão somente ao atendimento médico-hospitalar emergencial, devemos nele também compreender o atendimento médico de urgência."[221].

b) outra, da qual comungamos, com base na legalidade estrita, ensina que somente a *emergência* é elementar do novel tipo incriminador, ajustando-se a indevida exigência, no caso de *urgência*, ao delito de omissão de socorro previsto no art. 135 CP.

Por fim, a solicitação de garantia, sem condicionar o atendimento, é fato atípico.

8.4. Voluntariedade

Somente se admite a forma dolosa, acrescida de elemento subjetivo específico, pois a exigência deve se impor como condição para o atendimento médico hospitalar emergencial.

8.5. Consumação e tentativa

Consuma-se com a indevida exigência, condicionando o atendimento de emergência (delito de perigo concreto, real e imediato), sendo possível, em tese, a tentativa (delito plurissubsistente).

8.6. Majorantes

Nos termos de que dispõe o parágrafo único, a pena é amentada até o dobro se da negativa de atendimento resulta lesão corporal de natureza grave (§§ 1º e 2º do art. 129), e

221. Ob. cit., vol. 2, p. 371.

até o triplo se resulta a morte. Trata-se de figura preterdolosa (ou preterintencional), sendo os resultados majorantes decorrentes de culpa.

8.7. Ação penal

A pena do crime é perseguida mediante ação penal pública incondicionada, não dependendo o início da instância penal de representação da vítima ou de seu representante legal.

8.8. Princípio da especialidade

a) Código Penal x Estatuto do Idoso: o art. 103 da Lei 10.741/03 pune com detenção de 6 meses a 1 ano e multa negar o acolhimento ou a permanência do idoso, como abrigado, por recusa deste em outorgar procuração à entidade de atendimento:

9. MAUS-TRATOS

▶ ***Maus-tratos***

Art. 136. Expor a perigo a vida ou a saúde de pessoa sob sua autoridade, guarda ou vigilância, para fim de educação, ensino, tratamento ou custódia, quer privando-a de alimentação ou cuidados indispensáveis, quer sujeitando-a a trabalho excessivo ou inadequado, quer abusando de meios de correção ou disciplina:

Pena – detenção, de 2 (dois) meses a 1 (um) ano, ou multa.

§ 1º Se do fato resulta lesão corporal de natureza grave:

Pena – reclusão, de 1 (um) a 4 (quatro) anos.

§ 2º Se resulta a morte:

Pena – reclusão, de 4 (quatro) a 12 (doze) anos.

§ 3º Aumenta-se a pena de 1/3 (um terço), se o crime é praticado contra pessoa menor de 14 (quatorze) anos.

9.1. Considerações iniciais

Tutela-se, no caso, a vida e a incolumidade particular das pessoas que se encontram, para fins de educação, ensino, tratamento ou custódia, sob guarda, autoridade ou vigilância do agente.

Pierangeli[222] lembra que a primeira disposição legal a tratar do delito de maus-tratos foi o Código de Menores, de 1927, que punia a conduta do agente que, em nome do direito de impor disciplina, praticava abusos contra menores de 18 anos, sendo que tal dispositivo foi recepcionado pela Consolidação das Leis Penais (1932).

Antes disso, não houve, em nenhum momento, qualquer previsão que punia os abusos cometidos na imposição de disciplina. Aliás, ao contrário, pois na Antiguidade tais excessos eram normalmente tolerados, em nome do *pater familias*.

222. *Manual de direito penal brasileiro:* parte especial, p. 175-176.

A pena cominada no *caput*, ainda que considerado o aumento previsto no § 3º, permite a transação penal e a suspensão condicional do processo, benefício este também cabível na hipótese do § 1º.

9.2. Sujeitos do crime

Trata-se de crime próprio, que só pode ser cometido por aquele que, em razão de direito privado, público ou administrativo, tenha autoridade, guarda ou vigilância em relação à vítima.

Pode ser sujeito ativo o empregado doméstico contratado para zelar pela saúde de pessoa de alguma forma incapaz de fazê-lo (a babá sobre a criança; o cuidador sobre o idoso etc.).

Como bem assinala Cezar Roberto Bitencourt:

> "Trata-se, na realidade, de uma elementar típica especializante, isto é, que torna essa figura típica um crime próprio ou especial, que só pode ser praticado por quem tenha uma das modalidades vinculativas elencadas com a vítima"[223].

Logo, depreende-se que somente podem figurar como sujeitos passivos aqueles que se encontram sob o poder disciplinar do agente, pessoas subordinadas ao sujeito ativo para fins de educação, ensino, tratamento ou custódia (a esposa e o filho maior de idade não podem ser vítimas do delito, vez que não são subordinados à autoridade do agente). Da mesma forma, é impensável a caracterização do delito em conduta cometida pelo agente de educação contra aluno maior de idade. Escapa ao propósito da norma, que busca punir atos de abuso cometidos por alguém contra um seu subordinado. Pessoas maiores, plenamente capazes, ainda que estejam submetidas a relações de hierarquia, mas que não se encontrem sob autoridade, guarda ou vigilância do agente, para fim de educação, ensino, tratamento ou custódia, não podem figurar no polo passivo.

Na mesma linha, alguém que estiver sob autoridade, guarda ou vigilância de outrem, mas momentaneamente, sem atribuição formal, não pode figurar como vítima. É o caso, por exemplo, de uma criança que, por algumas horas, a pedido de sua mãe, é vigiada por um vizinho que, nesse período, abusa dos meios de correção. Não há o delito por faltar o efetivo poder correcional ao vizinho; não há, propriamente, relação de autoridade, guarda ou vigilância.

Discute-se se o companheiro da mãe da vítima pode praticar, em face desta, o crime em comento. Para uma primeira corrente, embora não sendo pai, pode figurar como sujeito ativo se restar comprovado que, na ocasião dos fatos, encontrava-se a vítima sob a autoridade, guarda e vigilância do agente (*RJDTACrimSP* 17/119); há, entretanto, uma segunda corrente, ensinando inexistir o crime de maus-tratos carecendo o agente de poder correcional, assegurado pela relação de parentesco (*JTACrimSP* 87/290).

---

223. Ob. cit., v. 2, p. 300.

O § 3º traz causa de aumento de pena para os casos em que a vítima é pessoa menor de catorze anos.

9.3. Conduta

Infligir maus-tratos é tratar pessoa com violência, bater, espancar, maltratar, açoitar, mutilar, lesar fisicamente, obrigar contra a natureza, produzir padecimentos, submeter a sofrimentos de ordem física e mental, submeter mediante emprego de utensílios e aparelhos, sujeitar a trabalho excessivo ou inadequado para a sua estrutura e/ou idade, privar de alimentação etc.

Como define Nélson Hungria:

> "E*ducação* compreende toda atividade docente destinada a aperfeiçoar, sob o aspecto intelectual, moral, técnico ou profissional, a capacidade individual. *Ensino* é tomado, aqui, em sentido menos amplo que o de educação: é a ministração de conhecimentos que devem formar o fundo comum de cultura (ensino primário, ensino propedêutico). *Tratamento* abrange não só o emprego de meios e cuidados no sentido da cura de moléstias, como o fato continuado de prover a subsistência de uma pessoa. Finalmente, *custódia* deve ser entendida em sentido estrito: refere-se à detenção de uma pessoa para fim autorizado em lei."[224].

Trata-se de crime de ação múltipla, que comporta as seguintes execuções, através do núcleo *expor*:

a) *privação de alimentos ou de cuidados indispensáveis:* trata-se de conduta omissiva, em que o agente se abstém de praticar atos de cuidado em relação a seu subordinado. Na primeira hipótese, a privação pode ser absoluta ou relativa, bastando, para a consumação, a continência parcial, que gera perigo à vítima. Já na segunda, deve-se interpretar como privação de cuidados necessários ao regular desenvolvimento de quem está sendo educado, tratado ou custodiado.

Sobre o tema, ensina Noronha:

> "Por *privação de alimentos* não se há de entender a supressão total, que seria antes meio de homicídio, mas a insuficiência, carência ou falta, molesta à saúde do ofendido (...). A *privação dos cuidados* diz respeito às cautelas necessárias à vida e à higidez da pessoa, *v.g.*, o pai que, por sovinice, não desse cama ao filho, tolerando que ele dormisse no chão duro e frio. Como é notório, nessas duas primeiras modalidades o crime é omissivo."[225].

b) *sujeição a trabalho excessivo ou inadequado:* nos dois casos devem-se levar em conta as condições físicas da vítima, pois somente assim pode-se constatar a ocorrência ou não do delito. Entende-se por trabalho *excessivo* aquele que, embora seja possível sua execução

224. Ob. cit., v. 5, p. 433.

225. *Direito penal*, v. 2, p. 100.

pelo subordinado, é imposto de maneira sobrenatural, desumana. Já trabalho *inadequado* é o impróprio, imposto à vítima sem que esta tenha condições de realizá-lo, em razão de sua idade, condição física, sexo etc.

c) *abuso de meio corretivo ou disciplinar:* veja-se que não se pune a conduta do agente que se utiliza de meios corretivos com o escopo de educar, ensinar, tratar ou custodiar. Reprimem-se os abusos decorrentes deste legítimo direito (*ius corrigendi* ou *disciplinandi*). O abuso pode se dar tanto física quanto moralmente[226].

> "Deve o meio empregado expor a perigo a vida ou a saúde do corrigido ou disciplinado. Se esta condição não se verificar, o delito não existe, ainda que aquele seja vexatório, *v.g.*, se a mãe raspa os cabelos da filha, cujos *costumes* estão a exigir severa reprimenda."[227].

O delito em estudo não se confunde com aquele previsto no art. 1º, inciso II, da Lei 9.455/97 (Lei de Tortura[228]). Embora com textos semelhantes, o delito de tortura traz elementos normativo e subjetivo que evitam qualquer confusão. Exige-se, no caso da tortura, que a vítima seja submetida a *intenso* sofrimento físico ou mental, enquanto no delito de maus-tratos basta a provocação de *simples perigo*. Ademais, a intenção do agente, ao torturar, é calcada no horror, visando causar sofrimento à vítima. No crime de maus-tratos, o agente age com abuso do exercício de um direito regular.

---

226. A Lei n. 13.010/14, **de natureza não penal**, altera a Lei nº 8.069, de 13 de julho de 1990 (Estatuto da Criança e do Adolescente), para estabelecer o direito da criança e do adolescente de serem educados e cuidados sem o uso de castigos físicos ou de tratamento cruel ou degradante. Para os fins desta Lei (e de acordo com os arts. 18-A e 18-B do ECA), considera-se: **I** – castigo físico: ação de natureza disciplinar ou punitiva aplicada com o uso da força física sobre a criança ou o adolescente que resulte em: **a)** sofrimento físico; ou **b)** lesão; **II** – tratamento cruel ou degradante: conduta ou forma cruel de tratamento em relação à criança ou ao adolescente que: **a)** humilhe; ou **b)** ameace gravemente; ou **c)** ridicularize. Os pais, os integrantes da família ampliada, os responsáveis, os agentes públicos executores de medidas socioeducativas ou qualquer pessoa encarregada de cuidar de crianças e de adolescentes, tratá-los, educá-los ou protegê-los que utilizarem castigo físico ou tratamento cruel ou degradante como formas de correção, disciplina, educação ou qualquer outro pretexto estarão sujeitos, sem prejuízo de outras sanções cabíveis, às seguintes medidas, que serão aplicadas de acordo com a gravidade do caso: **I** – encaminhamento a programa oficial ou comunitário de proteção à família; **II** – encaminhamento a tratamento psicológico ou psiquiátrico; **III** – encaminhamento a cursos ou programas de orientação; **IV** – obrigação de encaminhar a criança a tratamento especializado; **V** – advertência. Essas medidas (**extrapenais**), aliás, serão aplicadas pelo Conselho Tutelar, sem prejuízo de outras providências legais.
227. Magalhães Noronha, ob. cit., v. 2, p. 101
228. Art. 1º Constitui crime de tortura: II – submeter alguém, sob sua guarda, poder ou autoridade, com emprego de violência ou grave ameaça, a intenso sofrimento físico ou mental, como forma de aplicar castigo pessoal ou medida de caráter preventivo. Pena – reclusão, de dois a oito anos. A Lei nº 12.847/13 instituiu o Sistema Nacional de Prevenção e Combate à Tortura. A Lei estabelece a criação de diversos mecanismos contra a tortura, como o Sistema Nacional de Prevenção e Combate à Tortura – SNPCT, composto pelo Comitê Nacional de Prevenção e Combate à Tortura – CNPCT, pelo Mecanismo Nacional de Prevenção e Combate à Tortura – MNPCT, pelo Conselho Nacional de Política Criminal e Penitenciária – CNPCP e pelo órgão do Ministério da Justiça responsável pelo sistema penitenciário nacional.

9.4. Voluntariedade

Consubstancia-se o dolo na consciência de maltratar a vítima, expondo-a a perigo. Ressalte-se que, além da vontade de praticar o ato, o agente deve ter consciência de que o faz mediante abuso. Ausente a consciência do abuso, não há falar em crime. As expressões "para fim de educação, ensino, tratamento ou custódia", integrantes do tipo, não revelam finalidades especiais do agente, mas qualificam a relação de autoridade, guarda ou vigilância entre ele e a vítima. Portanto, o agente atua consciente de que maltrata, sabendo que o faz mediante abuso, a vítima que estava sob sua autoridade, guarda ou vigilância para que fosse educada, ensinada, tratada ou custodiada.

Já se decidiu pela exclusão do crime na hipótese de homem rústico, desprovido de recursos, manter o filho acorrentado durante o horário de trabalho, visando apenas à salvaguarda de sua vida e saúde (*JTACrSP* 54/233).

Não há previsão da modalidade culposa.

9.5. Consumação e tentativa

Consuma-se o delito no momento em que o agente cria o perigo real.

Ensina a doutrina majoritária que, na ação de *privação de cuidados ou de alimentos*, é necessário que o agente aja com habitualidade (reiteração de atos), pois uma só conduta deixando o subordinado sem comida, por exemplo, não é capaz de gerar perigo à sua incolumidade.

Eis a clara lição de Mirabete:

> "Algumas das condutas exigem habitualidade, não configurando o delito o fato de se privar a criança, por exemplo, de uma das refeições. Em outras, basta apenas uma ação ou omissão, como as de obrigar uma criança a passar a noite ao relento sob a chuva, ou surrar uma jovem provocando-lhe lesões sérias, ainda que não graves."[229].

Embora de difícil configuração, admite-se a tentativa nas modalidades comissivas, plurissubsistentes, não habituais (ex.: o agente, na iminência de espancar o filho com instrumento cortante, vem a ser impedido por terceiros, não consumando o crime por circunstâncias alheias à sua vontade).

Se omissiva (inação), não há possibilidade de fracionar-se a execução (delito unissubsistente), sendo inviável o *conatus*. Inviável também nos crimes habituais, que exigem, para a consumação, reiteração de atos. Logo, praticado apenas um ato, o fato será atípico; dois ou mais atos, crime consumado.

229. *Manual de direito penal:* parte especial, v. 2, p. 118.

9.6. Qualificadoras e majorantes de pena

9.6.1. Qualificadoras

Os §§ 1º e 2º preveem formas qualificadas para a conduta do agente que cause lesões corporais de natureza grave ou morte, estabelecendo-se as penas em reclusão de 1 a 4 anos, e de 4 a 12 anos, respectivamente.

Trata-se aqui de crime preterdoloso, em que o agente pratica os maus-tratos com consciência e vontade, ferindo (ou matando) a vítima de forma culposa.

As lesões corporais de natureza leve ficam absorvidas.

9.6.2. Majorantes de pena

O § 3º, acrescentado pela Lei 8.069/90 (Estatuto da Criança e do Adolescente), prevê causa de aumento de pena nas hipóteses em que o crime é cometido contra menores de 14 anos.

Constituindo a pouca idade da vítima causa de aumento de pena, afasta-se, automaticamente, a incidência da circunstância agravante prevista no art. 61, II, *h*, em razão do princípio do *non bis in idem*.

Assim decidiu o STJ:

> "O crime de maus tratos tem como sujeito ativo "aquele que tenha a vítima sob sua guarda, vigilância ou autoridade, para fins de educação, ensino, tratamento ou custódia" (PRADO, Luiz Regis. Comentários ao Código Penal. São Paulo: Revista dos Tribunais, 4ª edição, 2007, pág. 488). **4. No caso, é indevida a incidência da agravante relativa ao parentesco entre acusado (pai) e vítimas (filhos).** 5. Diz o artigo 136, § 3º, do Código Penal que a pena deve ser aumentada de um terço se o crime é praticado contra pessoa menor de 14 (catorze) anos. Nada impede seja a majorante prevista no art. 136, § 3º, do Código Penal – "aumenta-se a pena de 1/3 (um terço), se o crime é praticado contra pessoa menor de 14 (catorze) anos" – aplicada mesmo havendo relação de parentesco, uma vez que ela tem por fundamento a maior reprovabilidade de o delito ser praticado contra pessoas de tenra idade."[230].

9.7. Ação penal

A pena do crime é perseguida mediante ação penal pública incondicionada, não dependendo de representação da vítima ou de seu representante legal.

9.8. Princípio da especialidade

a) **Código Penal x Estatuto do Idoso**: com fundamento no princípio da especialidade, praticando maus-tratos contra idoso, responderá o agente de acordo com o art. 99 da Lei 10.741/03, e não pelo disposto no art. 136 do CP.

230. HC 142.102/RJ, Sexta Turma, rel. Min. Og Fernandes, DJe 16/11/2010.

b) **Código Penal x Código Penal Militar**: o Decreto-Lei 1.001/69 pune no art. 213 a prática de maus tratos em lugar sujeito à administração militar ou no exercício de função militar.

CAPÍTULO IV – DA RIXA

1. INTRODUÇÃO

No Capítulo IV pune-se apenas um delito: a rixa. Rixa nada mais é do que uma briga (luta ou contenda) perigosa entre *mais de duas pessoas*, agindo cada uma por sua conta e risco, acompanhada de vias de fato ou violências recíprocas, com a utilização ou não de armas (ex.: empurrões, socos, pontapés, puxões de cabelo etc.).

Ensina Mirabete:

> "Inovação do Código Penal vigente, o crime de rixa traduz-se na briga ou contenda entre três ou mais pessoas, com vias de fato ou violências físicas recíprocas. Evita-se com o dispositivo a impunidade por falta de provas, a dificuldade em determinar, na confusão da luta, a responsabilidade individualizada por lesões corporais."[231].

Vejamos o tipo penal.

2. RIXA

▶ *Rixa*

Art. 137. Participar de rixa, salvo para separar os contendores:

Pena – detenção, de 15 (quinze) dias a 2 (dois) meses, ou multa.

Parágrafo único. Se ocorre morte ou lesão corporal de natureza grave, aplica-se, pelo fato da participação na rixa, a pena de detenção, de 6 (seis) meses a 2 (dois) anos.

2.1. Considerações iniciais

Apesar de a rixa ameaçar e perturbar a ordem e a paz pública, não são esses os bens diretamente protegidos pelo tipo de rixa, mas sim a incolumidade (física e mental) da pessoa humana.

Sobre o assunto, aduz Noronha:

> "Se a lei pune tão só a intervenção na rixa é porque evidentemente reconhece que esta é ocasião de maiores males para o indivíduo. Tem, pois, em vista o *risco* ou *perigo* que ela acarreta à incolumidade da pessoa."[232].

Para espancar quaisquer dúvidas, escreveu-se na Exposição de Motivos (item 48):

231. *Manual de direito penal:* parte especial, v. 2, p. 121.

232. *Direito penal*, v. 2, p. 104.

> "A *ratio essendi* da incriminação é dupla: a *rixa* concretiza um *perigo* à incolumidade pessoal (e nisto se assemelha aos 'crimes de perigo contra a vida e a saúde') e é uma perturbação da ordem e disciplina da convivência civil".

A pena cominada, na forma simples ou qualificada, admite a transação penal e a suspensão condicional do processo.

2.2. Sujeitos do crime

A rixa, apesar de crime comum (podendo ser praticado por qualquer pessoa) possui um aspecto *sui generis*, pois o sujeito ativo é, ao mesmo tempo, passivo, em virtude das mútuas agressões.

Assim nos ensina GRECO:

> "Crime comum, o delito de rixa pode ser praticado por qualquer pessoa, independentemente do sexo ou idade, não se exigindo, portanto, qualquer qualidade ou condição especial pelo tipo penal. Assim, na participação na rixa, os rixosos são, ao mesmo tempo, sujeito ativo e passivo. Aquele que, com o seu comportamento, procura agredir o outro participante, é considerado sujeito ativo do delito em questão; da mesma forma, aquele que não só agrediu, como também fora agredido durante a sua participação na rixa, também é considerado sujeito passivo do crime."[233].

Trata-se de crime de concurso necessário (plurissubjetivo), cuja configuração exige a participação de, no mínimo, três contendores, computando-se, nesse número, eventuais inimputáveis, pessoas não identificadas ou que tenham morrido durante a briga (*RT* 584/420).

Lembra a doutrina que, além dos rixosos, eventuais não participantes da rixa (estranhos ao tumulto) podem também figurar como vítimas do crime quando atingidos pela contenda.

2.3. Conduta

A ação criminosa consiste em participar (tomar parte) do tumulto.

O local onde é praticada a batalha generalizada é irrelevante.

Para que fique caracterizado o crime, é insuficiente a participação de apenas dois contendores. O crime se caracteriza exatamente pela ação individual de mais de dois rixosos, agredindo-se reciprocamente e de maneira generalizada.

Do exposto, obviamente não haverá rixa quando possível definir, no caso concreto, dois grupos contrários lutando entre si. Nessa hipótese, os integrantes de cada grupo

233. Ob. cit., v. 2, p. 379.

serão responsabilizados pelas lesões corporais causadas nos integrantes do grupo contrário (*RT* 548/378).

A participação pode ser *material* (tomam parte na luta – partícipe da rixa) e *moral* (incentivam os contendores – partícipe do crime de rixa), podendo ocorrer desde o início do conflito ou integrar-se durante a sua realização, desde que ocorra antes de cessar a briga.

ANTOLISEI, citado por CEZAR ROBERTO BITENCOURT, lembra:

> "Embora o conflito se apresente, geralmente, num 'corpo a corpo', poderá configurar-se, à distância, através de tiros, arremesso de pedras, porretes e quaisquer outros objetos, pois não é indispensável o contato físico entre os rixosos."[234].

No mesmo sentido, ensina MAGALHÃES NORONHA que:

> "Não apenas o que pratica *vias de fato* na luta é rixoso, mas também o que instiga, com gritos etc., ou auxilia materialmente, fornecendo-lhe, *v.g.*, uma arma ou proporcionando meios para facilitar a agressão como se, p. ex., diante de dois grupos que contendem, atirando-se mutuamente objetos, alguém apagasse a luz do cômodo onde se encontrasse um deles, facilitando-lhe a agressão e dificultando o revide do outro."[235].

A simples troca de agressões verbais recíprocas e generalizadas não configura o crime (nesse sentido: *RT* 424/374).

2.4. Voluntariedade

É o dolo de perigo (direto ou eventual), consistente na vontade consciente de tomar parte da briga, ciente dos riscos que essa participação pode provocar para a incolumidade física de alguém (rixoso ou não), sendo irrelevante o motivo da rixa.

Por não existir dolo, não há rixa quando o agente ingressa na luta apenas para separar os lutadores. No entanto, "participa da rixa aquele que, tendo ingressado no tumulto para separar os contendores, passa a tomar parte na contenda."[236].

Não admite conduta culposa.

2.5. Consumação e tentativa

O delito consuma-se com o início do conflito, isto é, com a efetiva troca de agressões entre os rixosos. Trata-se de crime de perigo presumido (ou abstrato), punindo-se a simples troca de agressões, pouco importando haja ou não ferimentos (a não ser para majorar a pena quando graves ou provocadores de morte).

234. Ob. cit., v. 2, p. 309.

235. *Direito penal*, v. 2, p. 105.

236. Julio F. Mirabete, *Manual de Direito Penal, Parte Especial*, v. 2, p. 123.

O crime, por ser unissubsistente, não admite fracionamento da execução, impedindo, desse modo, a tentativa.

Explica Mirabete, citando Aníbal Bruno:

> "A rixa não se consuma quando cessa a atividade dos contendores, como quer Noronha, mas instantaneamente, quando cada indivíduo entra na contenda para nela voluntariamente tomar parte, ou seja, 'entra em uma luta que, pelo número dos contendores e o seu caráter violento e tumultuário, venha a configurar aquela espécie punível'. É inadmissível a tentativa porque a conduta e o evento se exaurem simultaneamente."[237].

Contudo, observamos respeitável parcela da doutrina ventilando casos em que o *conatus* se mostra possível, como a hipótese da contenda previamente combinada (rixa *ex proposito*).

Noronha, um dos que admitem a tentativa, assim explica:

> "Numerosos são os autores que negam a tentativa. Assim não pensamos. Primeiramente, porque o delito de perigo não impede a tentativa. Depois, porque não é indispensável a subtaneidade da rixa; não é necessário que ela surja *ex improviso*, apresentando, então, um *iter*, capaz de fracionamento ou secção."[238].

Nélson Hungria, também defendendo esse posicionamento, menciona o exemplo dos dois grupos de futebolistas rivais que previamente se concertaram e, chegando ao local aprazado, encontram aí policiais que impedem a contenda[239]. O exemplo, além de duvidosa tipicidade (como vimos, se, no caso, se pode separar os contendores em dois grupos perfeitamente distintos, um visando o outro, o crime não é de rixa), parece querer punir meros atos preparatórios.

A possibilidade da legítima defesa no crime de rixa igualmente merece atenção.

Vejamos.

Todos concordam pela possibilidade da descriminante no caso de envolver pessoa não participante da batalha, que dela toma parte para separar os contendores, oportunidade em que, agredido, fica autorizado a rebatê-la, defendendo-se licitamente.

No entanto, a questão parece mais delicada quando se questiona a possibilidade da excludente entre os próprios participantes da rixa.

Sobre o assunto, impecável é a lição de Fernando de Almeida Pedroso:

> "Aqueles que se empenham no entrevero ou conflito, participando da rixa, são recíprocos agressores e agredidos. Portanto, agem

---

237. *Manual de direito penal:* parte especial, v. 2, p. 123.

238. *Direito penal*, v. 2, p. 106.

239. Ob. cit., v. 6, p. 28.

> ilicitamente, não existindo a figura de um agressor e um agredido. Todos são agressores. E quem também agride não pode escudar-se na excludente. Desta sorte, de rigor, entre os rixosos inexiste a legítima defesa. De rigor, sublinhamos, porque, excepcionalmente, a descriminante pode vir ao socorro de um dos participantes de rixa. E tal ocorrerá sempre que, dentro da pugna, a agressão de um dos rixosos ultrapassar a medida dentro da qual se faz a refrega, assumindo cunho desproporcional ou exorbitante. De tal arte, à agressão extraordinária é oponível a legítima defesa, como sói acontecer, *verbi gratia*, quando numa briga a socos e pontapés um rixoso investe contra o outro armado de uma adaga ou revólver – nessa hipótese, a agressão é injusta dentro da rixa e jurídica será sua repulsa."[240].

2.6. Qualificadora

Nos termos do que dispõe o parágrafo único do art. 137, ocorrendo morte ou lesão corporal de natureza grave, aplica-se, pelo fato da participação na rixa, a pena de detenção, de 6 (seis) meses a 2 (dois) anos.

Em casos tais, existem três sistemas de punição:

a) *da solidariedade absoluta:* se da rixa resultar lesão grave ou morte, todos os participantes respondem pelo evento (lesão corporal grave ou homicídio), independentemente de se apurar quem foi o seu real autor. Essa posição conduz a injustiça, punindo-se inocentes com severidade desnecessária;

b) *da cumplicidade correspectiva:* havendo morte ou lesão grave, e não sendo apurado o seu autor, todos os participantes respondem por esse resultado, sofrendo, entretanto, sanção correspondente à média da sanção do autor e do partícipe (estabelece-se uma pena determinada para todos, porém mais leve que a das lesões ou homicídio);

c) *autonomia:* a rixa é punida por si mesma, independentemente do resultado agravador (morte ou lesão grave), o qual, se ocorrer, somente qualificará o crime. Apenas o causador dos graves ferimentos ou morte (se identificado) é que responderá também pelos crimes de lesão corporal dolosa, de natureza grave, ou homicídio. Este é o critério adotado pelo nosso CP.

A rixa qualificada, segundo alguns, é um dos últimos resquícios de responsabilidade objetiva que estão em vigor em nosso ordenamento jurídico, uma vez que a redação do tipo deixa claro que todos os participantes (inclusive a vítima machucada) respondem pelo crime agravado, independentemente de se identificar o verdadeiro autor da lesão grave ou morte.

Nesse sentido, aliás, é a Exposição de Motivos (item 48):

> "A *participação* na *rixa* é punida independentemente das consequências desta. Se ocorre a morte ou lesão corporal grave de algum

240. Legítima defesa, *Justitia* 104.

> dos contendores, dá-se uma *condição de maior punibilidade*, isto é, a pena cominada ao simples fato de participação na rixa é especialmente agravada. A pena cominada à rixa em si mesma é aplicável separadamente da pena correspondente ao resultado lesivo (homicídio ou lesão corporal), mas serão ambas aplicadas cumulativamente (como no caso de concurso material) em relação aos contendores que concorrerem para a produção desse resultado".

Logo, se o autor da lesão grave ou morte for descoberto, responderá pelos crimes de *rixa qualificada* e o resultado lesivo qualificador (morte ou lesão grave, doloso ou culposo), em concurso material (tal posição, apesar de dominante, não é pacífica, havendo aqueles que enxergam na hipótese verdadeiro *bis in idem*, devendo o autor da morte ou lesão grave responder por este crime em concurso com a *rixa simples*).

Não importa para a caracterização do crime que o resultado tenha ocorrido em um dos integrantes da rixa ou em terceira pessoa, podendo ser este um simples assistente ou um transeunte (a doutrina lembra o exemplo do policial que intervém para apaziguar a briga e sai ferido).

Se ocorrerem várias mortes, o crime será único (rixa qualificada), podendo o juiz considerar esta circunstância na fixação da pena-base.

Se o agente tomou parte na rixa e saiu antes da morte da vítima, responde pelo crime qualificado, pois se entende que, com sua conduta anterior, criou condições para o desfecho morte. Não bastasse, é sabido que a rixa é uma só. Não se pode cindi-la em partes. Aliás, muitas vezes aquele que se retirou do tumulto foi o principal causador da batalha.

Magalhães Noronha, contrariando as lições de Bento de Faria, assim explica (e resume) a questão:

> "Pode acontecer que um rixoso se retire antes de verificada a morte ou a lesão grave. Responderá, então, pelo delito do parágrafo único? O preclaro Bento de Faria responde negativamente, frisando ser essa solução mais humana. Todavia, como já se falou, a rixa, sendo delito coletivo, só termina com a cessação das hostilidades e, consequentemente, não obstante ter-se afastado o participante, o delito *continua* (não é outro) e se torna qualificado, não nos parecendo que aquele possa responder por crime de rixa simples."[241].

Situação diversa será a do agente que entra na rixa após as lesões graves ou morte. Aqui é evidente que a rixa, para o interveniente retardatário, será simples, faltando nexo causal entre sua atuação e tais eventos.

241. *Direito penal*, v. 2, p. 108.

2.7. Ação penal

O crime é de ação penal pública incondicionada.

2.8. Princípio da especialidade

a) Código Penal x Estatuto do Torcedor: o art. 41-B da Lei 10.671/03 pune a conduta de promover tumulto, praticar ou incitar a violência, ou invadir local restrito aos competidores em eventos esportivos com reclusão de um a dois anos. O § 1º do mesmo dispositivo pune de forma idêntica o ato de promover tumulto, praticar ou incitar a violência num raio de 5.000 (cinco mil) metros ao redor do local de realização do evento esportivo, ou durante o trajeto de ida e volta do local da realização do evento, bem como o de portar, deter ou transportar, no interior do estádio, em suas imediações ou no seu trajeto, em dia de realização de evento esportivo, quaisquer instrumentos que possam servir para a prática de violência.

b) Código Penal x Código Penal Militar: o art. 211 do Decreto-lei 1.001/69 pune a conduta do militar que participa de rixa, salvo para separar os contendores.

CAPÍTULO V – DOS CRIMES CONTRA A HONRA

1. INTRODUÇÃO

No presente capítulo – *Dos crimes contra a honra* – trabalha-se com três figuras delituosas: a *calúnia* (art. 138), a *difamação* (art. 139) e a *injúria* (art. 140).

Magalhães Noronha[242] assim diferencia as espécies criminosas:

caluniar é falsamente imputar a alguém fato definido como crime; *difamar* é imputar a alguém fato não criminoso, porém ofensivo a sua reputação; *injuriar*, ao inverso do que sucede na calúnia e na difamação, não é imputar fato determinado, mas sim atribuir qualidades negativas ou defeitos.

A *honra* divide-se em:

a) *objetiva*, relacionada com a reputação e a boa fama que o indivíduo desfruta no meio social em que vive. Nos crimes de calúnia e difamação, atribuindo-se "fato", há ofensa à honra objetiva;

b) *subjetiva*, quando relacionada com a dignidade e o decoro pessoal da vítima, isto é, o juízo que cada indivíduo tem de si (estima própria). No crime de injúria há ofensa à honra subjetiva, atribuindo-se ao ofendido "qualidade" negativa.

Na definição de Fernando de Almeida Pedroso,

242. *Direito penal*, v. 2, p. 111, 119 e 123.

> "Entende-se por *honra subjetiva* o sentimento íntimo que cada cidadão possui em relação às suas qualidades morais. É o apreço próprio que o ser humano confere às suas virtudes e caráter. Expressa, portanto, a estima do indivíduo pela sua formação moral e princípios, defluindo daí a sensibilidade pessoal da decência, brio e respeitabilidade. Dignidade e decoro, por via de consequência, consubstanciam a noção de honra subjetiva. Dignidade é o atributo moral da pessoa, que é atingido quando se endereça a alguém expressões como desonesto, desleal, velhaco, pederasta, canalha, ladrão, cafajeste, incestuoso etc. Decoro compreende os dotes intelectuais e físicos do indivíduo, despontando a infâmia quando a alguém são feitas referências tais como ignorante, analfabeto, burro, aleijado, louco, coxo etc. É a honra subjetiva protegida com a incriminação da injúria, com consagração típica no art. 140 do CP.
>
> *Honra objetiva* concentra a estima, consideração e respeito que cercam cada pessoa no ambiente social em que vive, a reputação que conquista e da qual desfruta pela soma de valores sociais, éticos e jurídicos segundo os quais dirige o seu comportamento na vida. É o reconhecimento do valor social do indivíduo pelos concidadãos. Exprime a noção de honra objetiva, portanto, a forma como as demais pessoas vislumbram, encaram e consideram as qualidades e virtudes de seu semelhante, significando a maneira como externamente é considerado no convívio com as demais pessoas pelo modo como se comporta e procede socialmente, de acordo com o acervo de moralidade granjeado e auferido no decorrer de sua vida. É, assim, o conceito social do indivíduo perante a coletividade, em razão de sua reputação, prestígio, nome e fama. É a honra objetiva tutelada com a incriminação dos delitos de calúnia (art. 138, CP) e difamação (art. 139, CP)"[243].

Comparando as três figuras, chegamos às seguintes conclusões: na *calúnia* e na *difamação* há imputação *de um fato concreto*, que na primeira (calúnia) deve ser *falso* e *definido como crime*, requisitos não exigidos na segunda (difamação); na terceira (injúria), a acusação é genérica, *encerrando, em tese, um vício, um defeito ou uma má qualidade da vítima, menoscabando-a*. Nos dois primeiros, a frase desonrosa deve chegar ao conhecimento de outrem. Já na injúria, dispensa-se o conhecimento por terceiros.

Não importa o crime (calúnia, difamação ou injúria): o propósito do agente é sempre prejudicar o próximo de qualquer forma: em sua fama, em seu nome, em sua honra[244].

---

243. *Doutrinas Essenciais de Direito Penal. Crimes contra a honra. RT.* vol. 5. p. 931. Out/2010.

244. Nos termos da Lei 13.185/15, caracteriza intimidação sistemática (*bullying*), dentre outros comportamentos (ataques físico, patrimonial e sexual), a violência psicológica em atos de intimidação, humilhação e discriminação, praticando-se ações como insultar, xingar, apelidar pejorativamente, difamar, caluniar e disseminar rumores. Trata-se de lei não penal, sem previsão de sanções – penais ou cíveis –, tendo, na verdade, fim programático, anunciando medidas de conscientização, prevenção, diagnose e combate à violência e à intimidação sistemática.

Em resumo:

	CONDUTA	HONRA OFENDIDA
Calúnia (art. 138 CP)	Imputar determinado fato previsto como crime, sabidamente falso.	Honra objetiva (reputação).
Difamação (art. 139 CP)	Imputar determinado fato não criminoso, porém desonroso, não importando se verdadeiro ou falso.	Honra objetiva (reputação).
Injúria (art. 140 CP)	Atribuir qualidade negativa.	Honra subjetiva (dignidade/decoro, autoestima).

Apesar de haver corrente (minoritária) em sentido contrário, prevalece o entendimento de que os crimes em estudo são de dano, dispensando, no entanto, a provocação do resultado naturalístico (crimes formais).

A divergência foi bem resumida (e logo resolvida) nas lições de Noronha:

> "Discute-se acerca da natureza jurídica dos delitos em questão, sustentando muitos tratar-se de crimes de perigo, por não se exigir *dano efetivo* à honra, bastando a idoneidade da ofensa. Outros, entendendo que esse delito requer *dolo de dano*, discordam dessa opinião, que também é a nossa: não é mister haver lesão *efetiva*; não só não se exige que a pessoa se considere ofendida como também se prescinde de que a difamação ou a calúnia tenham encontrado crédito perante outras pessoas, podendo até suscitar repulsa; nem por isso a honra da pessoa deixou de estar exposta à probabilidade de um dano."[245].

☑ *Admite-se concurso de crimes?*

Se praticados dois ou mais delitos contra a honra (ainda que diversos) em contextos fáticos autônomos, perfeitamente possível se mostra o concurso de infrações. A dificuldade surge quando praticados no mesmo contexto de fato:

a) temos decisões reconhecendo, na hipótese, a continuidade delitiva, pois ofendem o mesmo bem jurídico (*RT* 545/344);

b) há corrente preferindo aplicar ao caso o princípio da consunção, isto é, o crime mais leve é absorvido pelo mais grave, não importando a espécie de honra ofendida (*RT* 682/363);

c) pensamos possível o concurso de delitos somente quando da(s) conduta(s) são atingidas honras diferentes. Assim, admitimos o concurso, material ou formal, a depender do caso, entre calúnia (ou difamação) e injúria. Ressaltamos, no entanto, que o STJ decidiu ser possível o concurso entre calúnia, difamação e injúria na situação em que o agente divulga,

245. *Direito penal*, v. 2, p. 111.

por meio do mesmo escrito, dizeres ofensivos que se subsumam às três figuras delituosas (RHC 41.527/RJ, DJe 11/03/2015).

Vejamos as figuras delituosas, por artigos.

2. CALÚNIA

▶ ***Calúnia***

Art. 138. Caluniar alguém, imputando-lhe falsamente fato definido como crime:

Pena – detenção, de 6 (seis) meses a 2 (dois) anos, e multa.

§ 1º Na mesma pena incorre quem, sabendo falsa a imputação, a propala ou divulga.

§ 2º É punível a calúnia contra os mortos.

▶ ***Exceção da verdade***

§ 3º Admite-se a prova da verdade, salvo:

I – se, constituindo o fato imputado crime de ação privada, o ofendido não foi condenado por sentença irrecorrível;

II – se o fato é imputado a qualquer das pessoas indicadas no n. I do art. 141;

III – se do crime imputado, embora de ação pública, o ofendido foi absolvido por sentença irrecorrível.

2.1. Considerações iniciais

Protege-se, no caso, a honra objetiva da vítima, isto é, sua reputação perante terceiros.

Em razão da pena cominada, são aplicáveis ambos os benefícios da Lei 9.099/95 (transação penal e suspensão condicional do processo), salvo se incidente a causa de aumento do art. 141, que obstará a transação.

2.2. Sujeitos do crime

Em regra, qualquer pessoa pode ser sujeito ativo deste crime. Excepcionalmente, entretanto, não podem ser autores de crime contra a honra pessoas que desfrutam de inviolabilidade (senadores, deputados, vereadores, *estes nos limites do município em que exerçam a vereança*).

Os advogados, em razão do disposto no art. 7º, § 2º, do EOAB, não estão imunes ao delito de calúnia[246], pertencendo ao raio da inviolabilidade profissional apenas a *difama-*

246. Nesse sentido: "*Habeas corpus*. Crime de calúnia praticado por advogado no exercício da profissão contra magistrado. Trancamento da ação penal. Artigo 7º, § 2º, da Lei 8.906/94. Imunidade que não alcança o delito em questão. Ausência do *animus caluniandi*. Ordem concedida. 1. Narram os autos que o crime de calúnia teria sido praticado por meio de uma petição, na ação penal em que o paciente exercia a defesa de um cliente, em desfavor do Juiz Substituto do Primeiro Tribunal do Júri da Circunscrição Judiciária de Ceilândia, no Distrito Federal, após o patrono da causa tomar conhecimento da decisão que indeferiu os pedidos de produção de provas. 2. É sabido que o trancamento da ação penal pela via do *habeas corpus* é medida de exceção que só se admite quando evidenciada, de plano, a atipicidade do fato, a ausência de indícios que fundamentem a acusação ou, ainda, a extinção da punibilidade. 3. Afasta-se, de início, a alegada atipicidade da conduta

ção e a *injúria*, desde que cometidas no exercício regular de suas atividades. Não se exige qualidade especial da vítima. Aliás, incriminando-se a falsa imputação de fato "definido como crime" (que não se confunde com imputar a "prática de crime"), os menores e loucos também podem ser sujeitos passivos.

Noronha não concorda e logo explica:

> "A verdade é que, diante de nossas leis, o menor de dezoito anos não pratica crime, e, portanto, este não lhe pode ser imputado. Diga-se o mesmo dos enfermos mentais. Como para aquele, falta-lhes imputabilidade penal e, consequentemente, não podem ser caluniados. O fato a eles atribuído será difamação, como ainda se verá."[247].

Imputar fatos criminosos, sabidamente inverídicos, contra pessoa jurídica, capaz de abalar o seu crédito e a confiança exigida pelo mercado configura calúnia?[248]

Com o advento da Lei 9.605/98 – *crimes ambientais e responsabilidade penal da pessoa jurídica* –, parcela da doutrina (e da jurisprudência) leciona que a empresa, nessas infrações, pode ser autora de crime e, como tal, também vítima de calúnia quando lhe imputarem falsamente a prática de um delito contra o meio ambiente. Outros, porém, concluem que a pessoa jurídica não pratica crime, nem mesmo ambientais, podendo, nesses casos, ser responsabilizada penalmente quando a infração for praticada por funcionário seu, seguindo sua ordem e em seu (ente coletivo) benefício (art. 3º da Lei 9.605/98 – sistema da dupla imputação). De acordo com esse raciocínio, a empresa não pode ser vítima de calúnia (podendo caracterizar, conforme a hipótese, difamação). Observamos, no entanto, faltar coerência nas decisões dos Tribunais Superiores, pois, mesmo quando julgam possível a pessoa jurídica ser autora de crimes ambientais, insistem em não admitir a possibilidade de a empresa figurar como vítima de calúnia.

É copiosa a doutrina no sentido de que mesmo o desonrado pode ser vítima de calúnia. Escreve Pierangeli:

> "Hodiernamente, não mais se discute que possa alguma pessoa estar privada da proteção à sua honra, pois, com a abolição da *pena de infâmia*, nem mesmo a pessoa mais degradada na escala social encontra-se completamente despojada do amor próprio, ou deixa de

---

decorrente de suposta imunidade profissional, garantida ao advogado pelos arts. 133 da Constituição Federal/88, 142, I, do Código Penal e 7º, § 2º, da Lei 8.906/94, visto que o Superior Tribunal de Justiça firmou entendimento no sentido de não se aplicar os referidos dispositivos legais quando se constatar a possibilidade de ocorrência do crime de calúnia, previsto no art. 138 do Código Penal." (STJ, 6.ª T., rel. Min. Og Fernandes, *DJE* 03.08.2009).

247. *Direito penal*, v. 2, p. 113.

248. Mirabete sustenta que o ente fictício não pode ser sujeito passivo de nenhum crime contra honra, vez que o presente capítulo está elencado no título dos "Crimes contra a pessoa", que têm como vítima apenas a pessoa física (*Manual de Direito Penal, Parte Especial*, v. 2, p. 161). No mesmo sentido: *RT* 541/382 e 558/317.

> ter direito a um mínimo de respeito por parte das outras pessoas. É que sempre restará uma *zona honorífica intacta* (Pili), ou reais *oásis morais* (Manzini)."[249].

A calúnia contra os mortos também é punida (art. 138, § 2º), mas, sendo a honra um atributo dos vivos, seus parentes é que serão os sujeitos passivos, interessados na preservação da sua memória. Neste caso, a queixa (art. 145 do CP) será movida pelo seu cônjuge (ou companheiro/companheira), ascendente, descendente ou irmão (arts. 30 e 31 do CPP).

☑ ***A autocalúnia é punida?***

Se o agente, perante a autoridade, assumir crime inexistente, ou a responsabilidade de delito que não praticou, dando ensejo a investigações ou diligências inúteis, prejudicando, o bom andamento do aparelhamento estatal, pratica o crime de autoacusação falsa (art. 341 do CP).

2.3. Conduta

Imputar a alguém, implícita ou explicitamente, mesmo que de forma reflexa, determinado fato criminoso, sabidamente falso. O agente, para tanto, pode utilizar-se de palavras, gestos ou escritos. A falsa imputação de contravenção penal não caracteriza calúnia (inventiva imputação de crime) e sim difamação.

Haverá calúnia quando o fato imputado jamais ocorreu (falsidade que recai sobre fato) ou, quando real o acontecimento, não foi a pessoa apontada seu autor (falsidade que recai sobre a autoria do fato).

Acrescenta NORONHA:

> "Pode o imputado não ser totalmente inocente e mesmo assim haverá calúnia (*v.g.*, se alguém furtou e se diz que estuprou). Em tal hipótese, é claro existir mudança fundamental do fato, como também ocorre se o crime foi *culposo* e a atribuição é pela forma *dolosa*. Diga-se o mesmo se se imputa um homicídio a outrem, sabendo, entretanto, que foi cometido em legítima defesa. Já o mesmo não sucede se a inculpação é de simples circunstâncias que agravam o fato (p. ex., dizer de alguém que apenas furtou, que o fez com fraude: furto simples e furto qualificado). Calúnia também não existe quando se apresenta equívoco técnico-jurídico da imputação: ninguém desconhece que, em nosso meio, a palavra roubo denomina outros delitos patrimoniais – o furto e a apropriação indébita –, como crimes contra a economia popular etc.; que o substantivo defloramento designa não só a *sedução* [delito revogado pela Lei 11.106/05] como o *estupro*, quando a mulher é menor e virgem; e assim por diante."[250].

249. *Manual de direito penal brasileiro:* parte especial, p. 198.
250. *Direito penal*, v. 2, p. 112.

No passado, entendia-se que a honra era bem indisponível. Logo, ainda que não resguardada por seu titular, pregavam os doutos ser ela condição própria da existência humana, que é sempre digna quando vista em seu principal sentido, que é o de sua destinação sagrada.

Hoje, porém, pacificou-se entendimento, tanto na doutrina quanto na jurisprudência, de que o consentimento da vítima exclui o delito (a honra é disponível). Contudo, tal anuência tem de ser manifestada pela própria vítima, não admitindo consentimento dado por interposta pessoa (representante), vez que o bem jurídico (honra) não lhe pertence.

É o que pensa Noronha:

> "Consentindo a pessoa na imputação, não nos parece possa haver lugar ao delito, dada a *disponibilidade* do direito em jogo. É opinião da lei quando torna privada a ação (art. 145) e extingue a punibilidade pela renúncia ou pelo perdão (art. 107, V). Se se deixa ao alvedrio do ofendido processar o ofensor, cremos que seu consentimento impede o delito."[251].

Crime será, ainda, a conduta de propalar ou divulgar a calúnia, tornando pública a falsa imputação de crime (§ 1º). Aqui o agente, embora não tenha criado o fato desonroso, amplia a sua potencialidade lesiva, repetindo o que soube.

Paul Logoz adverte:

> "Não se escusa por citar a fonte, nem por empregar ressalvas ou ponderações, adrede preparadas e que mal ocultam o dolo com que age. Pode afirmar-se que, tal seja a hipótese, não se escusará ainda que declare não crer no que repete."[252].

2.4. Voluntariedade

É o dolo de dano, consistente na vontade de ofender, denegrir a honra da vítima.

> "É indispensável que o sujeito ativo – tanto o caluniador quanto o propalador – tenha consciência de que a imputação é falsa, ou seja, que o imputado é inocente da acusação que lhe faz. Na figura do *caput*, o dolo pode ser direto ou eventual; na do § 1º, somente o direto."[253].

Exigindo seriedade na conduta do agente, não incide no crime (inexistindo dolo) aquele que age com intenção de brincar (*animus jocandi*), aconselhar (*animus consulendi*), narrar fato, próprio da testemunha (*animus narrandi*), corrigir (*animus corrigendi*) ou defender direito (*animus defendendi*).

Não se admite a modalidade culposa.

---

251. *Direito penal*, v. 2, p. 113.
252. Apud Magalhães Noronha, ob. cit., v. 2, p. 116.
253. Cezar R. Bitencourt, ob. cit., v. 2, p. 323.

Se o agente, imbuído de boa-fé, lança a acusação convencido da sua veracidade, não responde pelo crime, havendo, no caso, um erro de tipo essencial, excluindo sempre (seja evitável ou inevitável) o dolo.

2.5. Consumação e tentativa

Consuma-se no momento em que terceiro toma conhecimento da imputação criminosa feita à vítima (ver *RT* 463/409). Trata-se de delito formal, perfazendo-se independentemente do dano à reputação do ofendido.

Somente quando praticada por escrito é que admite tentativa. O telegrama e o fonograma, apesar de serem meios escritos, não admitem o *conatus*, pois os funcionários inevitavelmente tomarão conhecimento do conteúdo, embora sejam obrigados a manter sigilo (nesse sentido, *RT* 459/396)[254].

2.6. Exceção da verdade

Em defesa do interesse da moralidade pública, o nosso Código admite a *exceptio veritatis*, isto é, a prova da verdade da imputação, e a consequente atipicidade da conduta.

Como bem define Guilherme de Souza Nucci:

> "Trata-se de um incidente processual, que é uma questão secundária refletida sobre o processo principal, merecendo solução antes da decisão da causa ser proferida. É uma forma de defesa indireta, através da qual o acusado de ter praticado calúnia pretende provar a veracidade do que alegou, demonstrando ser realmente autor de fato definido como crime o pretenso ofendido. Em regra, pode o réu ou querelado assim agir porque se trata de interesse público apurar quem é o verdadeiro autor do crime."[255].

Sendo a falsidade da imputação elemento essencial do crime, permite-se ao ofensor fazer prova da verdade, salvo:

> *I – se, constituindo o fato imputado crime de ação privada, o ofendido não foi condenado por sentença irrecorrível;*

A razão é óbvia: permitir ao caluniador provar a verdade dos fatos imputados seria admitir a terceiro provar crime sobre o qual a própria vítima, real titular do direito de

254. Pierangeli, separando-se da maioria, entende possível a tentativa mesmo quando a ofensa é feita *oralmente*. Acredita que não se deve ter a impossibilidade como critério único e absoluto, principalmente quando nos afastamos da teoria formal-objetiva. Primeiro, porque sempre se deverá ter em consideração o plano concreto do autor, da mesma maneira como se deve proceder na limitação entre atos de preparação e de execução. Mas se a calúnia verbal pode ser feita mediante uma única palavra, uma simples gesticulação, um movimento corporal, também pode se apresentar constituída por uma frase, ainda que breve, e esta possui um começo, um meio e um fim, formando uma unidade de sentido, uma totalidade simbólica. Em tais hipóteses, a tentativa é perfeitamente possível (*Manual de direito penal brasileiro:* parte especial, p. 202).

255. *Código Penal comentado*, p. 719.

perseguir os fatos, preferiu o silêncio. A ressalva final do inciso em comento deixa claro que, havendo condenação definitiva, a exceção da verdade é cabível.

> **II** – *se o fato é imputado a Presidente da República ou chefe de governo estrangeiro*;

A ressalva deve ser ampliada pelo intérprete, abrangendo a expressão "chefe de governo estrangeiro" também o primeiro ministro. Razões políticas e diplomáticas ditam a pertinência da ressalva aqui estudada.

> *III – se do crime imputado, embora de ação pública, o ofendido foi absolvido por sentença irrecorrível.*

Proclamada a absolvição do acusado (não importa o motivo), deve ser reconhecida a autoridade da coisa julgada, presumindo-se, absolutamente, a falsidade da imputação.

Adverte Noronha:

> "Se não há mais lugar para pronunciamento da Justiça, incompreensível seria que terceiro fosse *exumar* o fato, para demonstrar sua veracidade. Seria revisão criminal às avessas, ao contrário do que prescreve o Código de Processo Penal, art. 621."[256].

Veja-se, por outro lado, que a exceção da verdade é, inegavelmente, um meio de defesa, e, em razão disso, existe entendimento de que qualquer vedação ao uso do instituto (tal como ocorre nas três hipóteses acima) fere o princípio constitucional que assegura ao acusado o contraditório e a ampla defesa.

Assim, aliás, já decidiu o extinto TAMG:

> "A proibição de apresentação de *exceptio veritatis* nas hipóteses elencadas no § 3º do art. 138 e nos termos do art. 523 do Código de Processo Penal não tem o condão de criar um tipo derivado da calúnia definido no *caput* do citado dispositivo, onde a falsidade da imputação não seria mais seu elemento constitutivo. Nenhum dispositivo infraconstitucional pode cercear o direito que o réu tem de se defender de uma acusação. Se esta paira sobre a prática do crime de calúnia, não se pode proibir o acusado de pugnar pela atipicidade de sua conduta por ausência do elemento normativo do tipo 'falsidade'. A limitação da exceção da verdade alcança apenas a interposição formal do incidente, tal como previsto no art. 523 do Código de Processo Penal, mas não obriga que o magistrado presuma, *iuris et de iure*, a falsidade da imputação, o que seria negação da presunção de inocência."[257].

Segundo o disposto no art. 85 do CPP, caso o excepto, por qualquer razão, tenha foro privilegiado, será processado e julgado no tribunal competente (o STF, porém,

---

256. *Direito penal*, v. 2, p. 118.

257. Ap. 0347.975-8-51421/Uberlândia, Rel. Juiz Alexandre Victor de Carvalho, j. 26.02.2002.

entende que o processo deve ser instruído em primeiro grau, subindo apenas no momento da final decisão[258]).

2.7. Exceção de notoriedade

Explica FERNANDO CAPEZ[259] que o art. 523 do CPP não faz menção apenas à exceção de verdade, mas também à da *notoriedade do fato imputado*. Consiste esta na oportunidade facultada ao réu de demonstrar que suas afirmações são do domínio público. A exceção de notoriedade é admitida tanto no crime de calúnia quanto no delito de difamação. Assim se explica: se o fato já é de domínio público, não há como se atentar contra a honra objetiva – assim, por exemplo, dizer que determinada pessoa sai com travesti não implica difamação se ficar demonstrado que tal conduta já era de amplo conhecimento público.

2.8. Ação penal

Será estudada quando da análise do art. 145 do CP.

2.9. Princípio da especialidade

a) **Código Penal x Lei de Segurança Nacional**: calúnia contra o Presidente da República, do Senado Federal, da Câmara dos Deputados ou do Supremo Tribunal Federal, praticada com motivação política, configura delito contra a segurança nacional (art. 26 da Lei 7.170/83);

b) Código Penal x Código Penal Militar: o art. 214 do Decreto-lei 1.001/69 pune a calúnia praticada na forma do art. 9º daquele diploma;

c) Código Penal x Lei de Imprensa: a Lei 5.250/67 tipificou nos arts. 20, 21 e 22 os delitos contra a honra praticados por meio da imprensa. No entanto, o STF, na ADPF 130, ajuizada pelo PDT, julgou que a Lei 5.250/67 não foi recepcionada pela CF/88, ferindo, frontalmente, a liberdade de imprensa, consagrada na Carta Maior. Com a decisão suprema, as infrações contra a honra praticadas pela imprensa devem se subsumir às normas gerais do CP e do CPP;

d) Código Penal x o Código Eleitoral: a Lei 4.737/65, no art. 324, tipifica o crime de calúnia na propaganda eleitoral ou visando fins eleitorais.

3. DIFAMAÇÃO

▶ ***Difamação***

Art. 139. Difamar alguém, imputando-lhe fato ofensivo à sua reputação:

Pena – detenção, de 3 (três) meses a 1 (um) ano, e multa.

258. Inq. 1754/ES, Tribunal Pleno, Rel. Min. Sydney Sanches, DJe 14/12/2001.

259. Ob. cit., v. 2, p. 244-245.

▶ ***Exceção da verdade***

Parágrafo único. A exceção da verdade somente se admite se o ofendido é funcionário público e a ofensa é relativa ao exercício de suas funções.

3.1. Considerações iniciais

A exemplo do crime anterior, protege-se, na hipótese, a honra objetiva da vítima, é dizer, sua fama perante terceiros.

A pena cominada permite a aplicação de ambos os benefícios da Lei 9.099/95 (transação penal e suspensão condicional do processo), mesmo que majorada pelas circunstâncias do art. 141.

3.2. Sujeitos do crime

Qualquer pessoa pode ser sujeito ativo (atentar para as imunidades materiais analisadas no crime anterior), não se exigindo, também, qualidade especial do sujeito passivo. A pessoa jurídica, segundo maioria da doutrina, pode ser vítima, ainda que a ofensa não atinja, diretamente ou indiretamente, as pessoas dos seus diretores (ver *RT* 510/380, 640/265, 652/269 e 670/302).

Mirabete discorda, argumentando que os crimes contra honra estão elencados no título dos "Crimes contra a pessoa", que têm como vítima apenas a pessoa física[260]. No mesmo sentido: RT 541/382 e 558/317.

Menores, loucos e desonrados podem ser sujeitos passivos (remetemos o leitor para o que foi ponderado no artigo anterior). Já os mortos não podem ser difamados.

3.3. Conduta

Consiste na imputação (atribuição) de fato determinado que, embora sem revestir caráter criminoso, é ofensivo à reputação da pessoa a quem se atribui. Quanto ao meio de execução, aplica-se o que estudado no delito anterior.

O art. 139 do CP não contém a previsão de "propalar ou divulgar" a difamação, como faz o art. 138 (calúnia). A omissão, à primeira vista, pode levar o incauto a pensar que o fato seria atípico. No entanto, pensamos que todo aquele que propala ou divulga fato desonroso imputado a alguém acaba também por difamá-lo, isto é, pratica nova difamação. Nesse sentido, adverte Luiz Regis Prado:

> "O artigo 139, diversamente do dispositivo precedente, não cogita da propagação ou da divulgação da difamação. Indaga-se, de consequência, se responderia pelo delito em análise quem divulga ou propala fato difamatório imputado por outrem. Em que pesem opiniões em sentido contrário, cumpre reconhecer que difama não

260. *Manual de direito penal:* parte especial, v. 2, p. 135-136.

> apenas quem imputa inicialmente o fato desonroso, mas, também, quem, tomando conhecimento da imputação lhe dá publicidade, divulgando-a ou propalando-a. O verbo nuclear *imputar* abarca, indubitavelmente, a propagação ou divulgação" [261].

A honra, como assentado anteriormente (art. 138), é um bem jurídico disponível, servindo o consentimento do ofendido para tornar o fato atípico.

3.4. Voluntariedade

Aplicam-se aqui as referências feitas no artigo anterior, lembrando apenas que o crime não se caracteriza sem o *animus diffamandi*.

3.5. Consumação e tentativa

O crime se consuma quando terceiro (ainda que um só) conhecer da imputação desonrosa. É fundamental que a ofensa seja comunicada a terceiro. Trata-se de crime formal, consumando-se independentemente do dano à reputação do imputado.

A tentativa mostra-se possível apenas na forma escrita (carta difamatória interceptada pelo difamado), lembrando, como fizemos acima, a existência de corrente (minoritária) admitindo também o *conatus* quando o meio for verbal.

3.6. Exceção da verdade

A exceção da verdade somente se admite se o ofendido é funcionário público (art. 327 do CP) e a ofensa é relativa ao exercício de suas funções (art. 139, parágrafo único). Nesse caso, provando o ofensor a verdade da imputação, exclui-se a ilicitude da sua conduta (a tipicidade permanece, já que a falsidade não integra o tipo).

Mirabete, citando Magalhães Noronha e Nélson Hungria, ressalta que, se a ofensa for dirigida contra o funcionário fora das suas funções, não comporta a exceção, concluindo:

> "Embora, regra geral, constitua difamação a imputação de fato verdadeiro, permite a lei excepcionalmente a exceção da verdade, excluindo a antijuridicidade do fato quando julgada procedente 'se o ofendido é funcionário público e a ofensa é relativa ao exercício de suas funções (art. 139, parágrafo único)'."[262].

Cezar Roberto Bitencourt, por sua vez, distingue:

> "Se o ofendido deixar o cargo após a consumação do fato imputado, o sujeito ativo mantém o direito à *demonstratio veri*; se, no entanto, quando proferida a ofensa relativa à função pública, o ofendido não se encontrava mais no cargo, a *exceptio veritatis* será inadmissível, ante

261. *Tratado de Direito Penal Brasileiro*, v. 4, p. 275.
262. *Manual de direito penal:* parte especial, v. 2, p. 139.

a ausência da qualidade de funcionário público, que é uma elementar típica que deve estar presente no momento da imputação."[263].

A Exposição de Motivos, no seu item 49, adverte que a disposição não alcança o "Presidente da República, ou chefe de governo estrangeiro, em visita ao país". As razões são as mesmas do art. 138, § 3º, II, do CP.

3.7. Exceção de notoriedade

A exemplo do crime anterior, parcela da doutrina tem sustentado que não se justifica punir alguém porque repetiu o que todo mundo sabe e todo mundo diz, ou seja, fato de amplo domínio público (exceção de notoriedade).

3.8. Ação penal

Estudaremos quando da análise do art. 145 do CP.

3.9. Princípio da especialidade

a) Código Penal x Lei de Segurança Nacional: difamação contra o Presidente da República, do Senado Federal, da Câmara dos Deputados ou do Supremo Tribunal Federal, praticada com motivação política, configura delito contra a segurança nacional (art. 26);

b) Código Penal x Código Penal Militar: o art. 215 do Decreto-lei 1.001/69 pune a difamação praticada na forma do art. 9º daquele diploma;

c) Código Penal x Lei de Imprensa: a Lei 5.250/67 tipificou nos arts. 20, 21 e 22 os delitos contra a honra praticados por meio da imprensa. No entanto, o STF, na ADPF 130, ajuizada pelo PDT, julgou que a Lei 5.250/67 não foi recepcionada pela CF/88, ferindo, frontalmente, a liberdade de imprensa, consagrada na Carta Maior. Com a decisão suprema, as infrações contra a honra praticadas pela imprensa devem se subsumir às normas gerais do CP e do CPP;

d) Código Penal x o Código Eleitoral: a Lei 4.737/65, no art. 325, tipifica o crime de difamação na propaganda eleitoral ou visando fins eleitorais.

4. INJÚRIA

▶ ***Injúria***

Art. 140. Injuriar alguém, ofendendo-lhe a dignidade ou o decoro:

Pena – detenção, de 1 (um) a 6 (seis) meses, ou multa.

§ 1º O juiz pode deixar de aplicar a pena:

I – quando o ofendido, de forma reprovável, provocou diretamente a injúria;

263. Ob. cit., v. 2, p. 342-343.

II – no caso de retorsão imediata, que consista em outra injúria.

§ 2º Se a injúria consiste em violência ou vias de fato, que, por sua natureza ou pelo meio empregado, se considerem aviltantes;

Pena – detenção, de 3 (três) meses a 1 (um) ano, e multa, além da pena correspondente à violência.

§ 3º Se a injúria consiste na utilização de elementos referentes a raça, cor, etnia, religião, origem ou a condição de pessoa idosa ou portadora de deficiência:

Pena – reclusão, de 1 (um) a 3 (três) anos, e multa.

4.1. Considerações iniciais

Ao contrário dos delitos anteriores, na injúria tutela-se a honra subjetiva do ofendido, ou seja, sua autoestima (dignidade e decoro).

Em vista da pena cominada no *caput* e § 2º, são admitidos os benefícios da Lei 9.099/95, ainda que incidente a causa de aumento do art. 141. Já no caso do § 3º, admite-se somente a suspensão condicional do processo, desde que não haja lugar para a majorante antes mencionada.

4.2. Sujeitos do crime

Qualquer pessoa pode ser sujeito ativo (crime comum).

☑ ***A autoinjúria é crime?***

Pierangeli, citando Noronha, responde:

> "Não existe o delito de *autoinjúria*, a menos que o dito e a expressão ultrapassem a órbita da personalidade do indivíduo. Se um desbriado, *v.g.*, se chama de *esposo traído* ou se diz filho de meretriz, injuria a esposa e a genitora."[264].

Com relação ao sujeito passivo, apesar de aplicar-se a mesma sistemática dos crimes anteriores, observa a doutrina que a pessoa injuriada deve compreender as ofensas contra ela proferidas, isto é, ter consciência de estar sendo atacada na sua dignidade.

A pessoa jurídica, por não possuir honra subjetiva, não pode ser sujeito passivo desse crime (*RT* 670/302).

Os mortos, ao contrário do que ocorre com o delito de calúnia, não podem ser injuriados. No entanto, é perfeitamente possível injuriar pessoa viva denegrindo a imagem do morto, como, por exemplo, chamar uma mãe já falecida de "cafetina das filhas".

4.3. Conduta

O verbo típico é injuriar, isto é, ofender (insultar), por ação (palavras ofensivas) ou omissão (ignorar cumprimento), pessoa determinada, ofendendo-lhe a dignidade ou o decoro.

---

264. *Manual de direito penal brasileiro:* parte especial, p. 217.

Ao contrário da calúnia e da difamação, não há, em regra, imputação de fatos, mas emissão de conceitos negativos sobre a vítima (fatos vagos, genéricos, difusos também configuram injúria).

Tem sido cada vez mais comum a ocorrência da denominada *revenge porn*, em que alguém, normalmente depois de terminado um relacionamento amoroso, divulga na internet imagens ou vídeos íntimos do ex-parceiro. Há decisões no sentido de que se caracterizam os crimes de difamação e de injúria, mas, a nosso ver, não se trata de difamação porque não há, na conduta de divulgar imagem íntima, imputação de *fato* ofensivo à reputação, exigência expressa do tipo.

Caracteriza-se, no entanto, o crime de injúria, pois a divulgação de imagens íntimas na linha da *revenge porn* é sem dúvida ofensiva à dignidade e ao decoro, além de ser feita não somente com a intenção de expor e constranger, mas também com a de transmitir a mensagem de que a vítima é desonrada porque deixou-se fotografar ou filmar em posições eróticas[265].

Quanto ao modo de execução, aplica-se o que estudado nos delitos anteriores (palavras, gestos, escritos etc.).

Segundo o escólio de Hungria, a injúria pode apresentar também as seguintes formas:

> "(...) interrogativa ('será que você é um gatuno?'); dubitativa ('talvez seja fulano um intrujão'); condicionada (quando se diz que alguém seria um canalha, se tivesse praticado certa ação, sabendo-se que a executou); truncada (a Sra. *X* não passa de uma p...); e simbólica (dar-se o nome de alguém a um cão ou asno; imprimir o retrato de alguém em folhas de papel higiênico; pendurar chifres à porta de um homem casado"[266].

Sabendo que uma língua, em princípio, apresenta, pelo menos, três tipos de diferenças internas, a depender do espaço geográfico onde foi proferida (variações diatópicas), a camada sociocultural dos envolvidos (variações diastráticas) e modalidade expressiva utilizada pelo agente (variações diafásicas), pode a mesma expressão variar de um indiferente penal até a mais feroz ofensa.

Por isso, Manzini divide a injúria em absoluta ou relativa.

> "A primeira existe quando a expressão tem por si mesma e para qualquer um significado ofensivo constante e unívoco, como certas palavras ou gestos, criados exatamente para manifestar desprezo, escárnio etc. É relativa quando a expressão que a concretiza assume caráter ofensivo, se proferida em determinadas circunstâncias ou condições de forma, tom, modo, lugar, tempo, pessoa etc."[267].

---

265. Se a conduta é cometida contra a mulher na forma de um dos incisos do art. 5º da Lei nº 11.340/06, aplica-se o sistema de proteção especial em decorrência de violência doméstica e familiar, pois, como estabelece o caput do mesmo art. 5º, caracteriza-se esta espécie de violência inclusive nas situações em que da conduta resulta sofrimento psicológico.
266. Ob. cit., v. 6, p. 96.
267. Apud Magalhães Noronha, ob. cit., v. 2, p. 124.

4.4. Voluntariedade

Quanto ao tipo subjetivo, o dispositivo exige a presença do dolo (direto ou eventual), inexistindo a forma culposa. É o *animus injuriandi*. No mais, remetemos o leitor ao que foi exposto nos crimes antecedentes.

4.5. Consumação e tentativa

Por se tratar de crime contra a honra subjetiva (autoestima), somente se consuma quando o fato chega ao conhecimento da vítima, dispensando-se efetivo o dano à sua dignidade ou decoro (crime formal).

Como já alertado, em que pese a maioria da doutrina admitir a tentativa apenas na forma *escrita*, encontramos lições ensinando ser possível também na *verbal.*[268]

4.6. Exceção da verdade e de notoriedade

Na injúria, como não há imputação de fato, mas a opinião que o agente emite sobre o ofendido, a exceção da verdade nunca é permitida.

Como bem lembra Guilherme de Souza Nucci, também se mostra impossível o expediente da exceção de notoriedade, pois este delito atinge a honra subjetiva, que é o amor próprio ou a autoestima do ofendido – e não a honra objetiva, que é sua imagem perante a sociedade – tornando incabível qualquer prova da verdade[269].

4.7. Provocação. Retorsão (§ 1º)

Da simples leitura do § 1º percebe-se que o legislador estabeleceu, em certas circunstâncias, *poder* o juiz deixar de aplicar a pena (perdão judicial). O emprego do verbo *poder* (e não *dever*) dá a impressão de que se trata de uma faculdade do magistrado.

Nesse sentido, aliás, é a lição de Noronha:

> "A não aplicação de pena é *faculdade* outorgada ao juiz. Não há para os agentes o direito de exigir do magistrado o exercício daquela atribuição."[270].

A maioria da doutrina, no entanto, assim não pensa, concluindo tratar-se de um *direito subjetivo* do acusado, isto é, presentes os requisitos, o perdão é obrigatório.

O inciso I refere-se à injúria como forma de revide à provocação (criminosa ou não) da vítima, e o II, à retorsão, é dizer, revidar injúria com outra injúria.

> "As duas hipóteses, embora semelhantes, são inconfundíveis: na provocação reprovável há somente uma injúria, a de quem reage à

268. A injúria que não chegou ao conhecimento da vítima em face da sua *morte superveniente* configura qual crime? Parece-nos evidente que o caso espelha tentativa de injúria (se a vítima, no entanto, já estava morta antes da execução – *fato desconhecido do agente* –, não há crime contra a honra, por absoluta impropriedade do objeto, art. 17 do CP).

269. *Código Penal comentado*, p. 834.

270. *Direito penal*, v. 2, p. 128.

provocação, pois a conduta do provocador não assume a condição de injúria; caso contrário, haveria retorsão; na retorsão imediata, por sua vez, há duas injúrias, a inicial, a originadora do conflito, que é revidada por outra injúria."[271].

O perdão judicial, no primeiro caso (provocação), aproveita apenas àquele que revidou; já no segundo (retorsão), aproveita a todos os envolvidos (quem primeiro ofendeu e aquele que revidou).

4.8. Qualificadoras

4.8.1. Injúria real (§ 2º)

Temos aqui tipificada a injúria real.

No caso, a lei exige que a violência (ou vias de fato) seja aviltante, agindo o agente com o propósito de ofender, ultrajar a vítima (na linguagem de Nélson Hungria, "mais que o corpo, é atingida a alma", ob. cit., v. 6, p. 109). Temos como exemplos mais marcantes: puxões de orelhas ou de cabelos, cuspir em alguém ou em sua direção etc.

Ocorrendo lesão corporal aviltante, dispõe o preceito secundário que se deve *somar* à pena da injúria aquela correspondente à violência.

Daí surge a inevitável indagação: trata-se, no caso, de concurso formal ou material?

Ensina a doutrina que o concurso é o material (art. 69 do CP), tanto que a lei determina a cumulação de penas. Contudo, ousamos discordar. Evidentemente não se trata de um concurso material de crimes, hipótese em que teríamos duas condutas distintas produzindo pluralidade de resultados (injúria e lesão corporal). Não se pode falar, também, em concurso formal propriamente dito, considerando que o sistema a ser aplicado não é o da exasperação (e sim cumulação) de penas. Assim, pensamos que o sistema melhor se subsume no concurso formal impróprio (art. 70, *caput*, segunda parte, do CP), caso em que o agente, mediante uma só conduta, porém com desígnios autônomos, provoca dois ou mais resultados, cumulando-se as reprimendas[272].

Por fim, se a injúria consiste em vias de fato aviltantes, a contravenção penal será absorvida (nesse sentido: *RT* 438/441).

4.8.2. Injúria qualificada por preconceito (§ 3º)

O § 3º, acrescentado pela Lei 9.459/97, e recentemente alterado pelo Estatuto do Idoso (Lei 10.741/2003), diz:

271. Cezar Roberto Bitencourt, ob. cit., v. 2, p. 352).

272. Não é demais questionarmos, nesse tanto, a constitucionalidade do dispositivo, pois determinar a soma de penas quando há emprego violência parece ferir o princípio do *non bis in idem*, apenando-se o agente duas vezes pelo mesmo fato (a mesma lesão corporal que qualifica a injúria, serve, também, como tipo autônomo).

§ 3º Se a injúria consiste na utilização de elementos referentes a raça, cor, etnia, religião, origem ou a condição de pessoa idosa ou portadora de deficiência:

Pena – reclusão de 1 (um) a 3 (três) anos, e multa.

A presente qualificadora refere-se à injúria preconceituosa, não se confundindo com o delito de racismo previsto na Lei 7.716/89. Neste, pressupõe-se sempre uma espécie de segregação (marginalizar, pôr à margem de uma sociedade) em função da raça ou da cor. No caso do § 3º do art. 140, o crime é praticado através de xingamentos envolvendo a raça, cor, etnia, religião ou origem da vítima. A diferença tem relevância e repercussão prática. Vejamos.

Xingar alguém fazendo referências à sua cor é injúria, crime de *ação penal pública condicionada à representação da vítima*, *afiançável* e *prescritível*; *impedir* alguém de ingressar numa festa por causa da sua cor é racismo, cuja pena será perseguida mediante *ação penal pública incondicionada*, *inafiançável* e *imprescritível*[273].

☑ ***É cabível o perdão judicial (§ 1º) na injúria qualificada por preconceito?***

Fernando Capez responde negativamente e explica:

> "Nessa hipótese, a retorsão não teria o condão de atuar como causa geradora de perdão judicial, uma vez que o preconceito manifestado não se reveste de simples injúria e, portanto, não poderia ser simplesmente elidido por outra, tratando-se de violação muito mais séria à honra e a uma das metas fundamentais do Estado Democrático de Direito (CF, art. 3º, IV)"[274].

Note-se, por fim, que o STF foi instado a se manifestar acerca da proporcionalidade da pena abstratamente cominada à injúria qualificada. Decidiu a Corte que a pena é adequada à forma mais grave deste crime contra a honra. Destacou-se que o tipo qualificado de injúria

273. O STJ, julgando recurso de agravo regimental no recurso especial nº 686.965/DF, considerou que a injúria racial está na seara dos crimes relativos ao racismo e é imprescritível, pois tem sentido de segregação, somando-se às definições da Lei nº 7.716/89, que não traz um rol taxativo. Trata-se, no entanto, de imprópria analogia incriminadora, pois, como já destacamos, a injúria em que o agente lança mão de elementos raciais não se confunde com o racismo. A segregação ou a intenção de segregar que o racismo pressupõe é real, ou seja, utilizada com o intuito de criar, por meio de ações concretas, efetiva divisão dos cidadãos em categorias baseadas em preconceito de raça ou cor. Basta, para assim concluir, que sejam lidas as condutas tipificadas na Lei nº 7.716/89, que, quando não relacionadas diretamente ao impedimento de acesso a locais diversos (como os arts. 3º, 4º, 5º, 6º, entre outros), são relativas a atos que visam a produzir o mesmo efeito (como o art. 20, § 1º). Na injúria, de forma absolutamente diversa, a intenção é a ofensa moral, que, mesmo tendo como meio o abjeto preconceito de raça ou de cor, de nenhuma forma se equipara à conduta anterior. Ainda que neste caso se possa identificar, como menciona o acórdão, segregação, aqui o termo não tem, como no racismo, sentido literal. É evidente que se alguém profere uma ofensa utilizando elementos relativos a raça ou cor o faz convencido de que essa condição faz da vítima alguém menor, desigual, o que, de fato, evidencia um caráter segregativo. Não obstante, mesmo que na origem possamos identificar no racista e no injuriador racial a convicção de que há cidadãos que, por sua raça ou cor, devam ser discriminados (segregados), as formas como ambos exteriorizam essa convicção são legalmente tipificadas de formas completamente distintas, e não compete ao Poder Judiciário igualar duas situações que o legislador, ao menos até o momento, pretendeu claramente diferenciar.

274. Ob. cit., v. 2, p. 263.

teria como escopo a proteção do princípio da dignidade da pessoa humana como postulado essencial da ordem constitucional, ao qual estaria vinculado o Estado no dever de respeito à proteção do indivíduo. Observou-se que o legislador teria atentado para a necessidade de se assegurar prevalência desses princípios (HC 109.676/RJ, rel. Min. Luiz Fux, DJe 14/08/2013).

4.9. Ação penal

Será mais bem analisada quando do estudo do art. 145 do CP.

4.10. Princípio da especialidade

a) Código Penal x Código Penal Militar: o art. 216 do Decreto-lei 1.001/69 pune a injúria praticada na forma do art. 9º daquele diploma;

b) Código Penal x Lei de Imprensa: a Lei 5.250/67 tipificou nos arts. 20, 21 e 22 os delitos contra a honra praticados por meio da imprensa. No entanto, o STF, na ADPF 130, ajuizada pelo PDT, julgou que a Lei 5.250/67 não foi recepcionada pela CF/88, ferindo, frontalmente, a liberdade de imprensa, consagrada na Carta Maior. Com a decisão suprema, as infrações contra a honra praticadas pela imprensa devem se subsumir às normas gerais do CP e do CPP;

c) Código Penal x o Código Eleitoral: a Lei 4.737/65, no art. 326, tipifica o crime de injúria na propaganda eleitoral ou visando fins eleitorais;

d) Código Penal x Estatuto do Idoso: o art. 105 da Lei 10.741/03 pune com detenção de 1 a 3 anos e multa exibir ou veicular, por qualquer meio de comunicação, informações ou imagens depreciativas ou injuriosas à pessoa do idoso.

e) Código Penal x Lei 12.984/14: esta Lei define o crime de discriminação dos portadores do vírus da imunodeficiência humana – HIV – e doentes de aids, punindo no art. 1º, V, com pena de 1 a 4 anos e multa, a conduta daquele que ofende alguém (*animus ofendendi*), valendo-se, para tanto, da divulgação da condição do portador do HIV ou de doente de aids da vítima.

f) Código Penal x Lei 7.716/89: o art. 20 da Lei 7.716/89 pune com reclusão de um a três anos e multa as condutas de praticar, induzir ou incitar a discriminação ou preconceito de raça, cor, etnia, religião ou procedência nacional.

g) Código Penal x Lei 13.146/15: o art. 88 da Lei 13.146/15 pune com reclusão de um a três anos e multa as condutas de praticar, induzir ou incitar a discriminação de pessoa em razão de sua deficiência.

5. DISPOSIÇÕES COMUNS

Art. 141. As penas cominadas neste Capítulo aumentam-se de 1/3 (um terço), se qualquer dos crimes é cometido:

I – contra o Presidente da República, ou contra chefe de governo estrangeiro;

II – contra funcionário público, em razão de suas funções;

III – na presença de várias pessoas, ou por meio que facilite a divulgação da calúnia, da difamação ou da injúria;

IV – contra pessoa maior de 60 (sessenta) anos ou portadora de deficiência, exceto no caso de injúria.

Parágrafo único. Se o crime é cometido mediante paga ou promessa de recompensa, aplica-se a pena em dobro.

5.1. Majorantes de pena

O art. 141 aumenta de um terço a pena dos crimes contra a honra quando cometidos:

a) *contra o Presidente da República, ou contra chefe de governo estrangeiro:* a pertinência da majorante é óbvia: macular a honra do chefe supremo da República é macular, indiretamente, todos os cidadãos. Dentro do mesmo espírito, ofender chefe de governo estrangeiro pode estremecer a relação internacional pátria, prejudicada diante de eventuais revides da nação ofendida.

Aqui deve ser lembrado que, se a ofensa contra o Chefe do Executivo da União tiver motivação política, estaremos diante de crime contra a segurança nacional (Lei 7.170/83).

b) *contra funcionário público, em razão das suas funções:* assim agindo, o ofensor não macula apenas a honra do funcionário vítima, mas também da Administração, prejudicando o andamento da vida funcional. Deve ser alertado, porém, que, se a ofensa for dirigida contra o funcionário, mas não em razão de sua função, o ofensor responderá pelo crime sem o aumento de pena (ver *RT* 570/412).

Entende a doutrina que o ofendido, por ocasião da ofensa, deve ser funcionário público (art. 327, *caput*), não se estendendo à figura do aposentado. Cuidando-se de majorante, entendemos que a circunstância merece interpretação restritiva, não incidindo o aumento no caso de funcionário atípico ou por equiparação (art. 327, § 1º).

c) *na presença de várias pessoas:* há potencialização do dano. A doutrina diverge em relação a quantas pessoas configuram a expressão "várias", entendendo Bento de Faria suficiente a presença de duas ou mais[275].

Já Nélson Hungria (bem como a maioria) entende necessária a presença de, no mínimo, três pessoas[276].

Não se computam nesse número, obviamente, o autor, coautores, partícipes e pessoas que não puderem compreender o caráter desonroso da comunicação.

☑ ***Para a configuração da majorante do art. 141, III, computa-se a vítima do crime contra a honra?***

Noronha responde:

> "Têm todo o cabimento as observações de Manzini: no número mínimo exigido não entra a pessoa do ofendido; se, entretanto, o

275. Ob. cit., v. 3, p. 264.
276. Ob. cit., v. 6, p. 112-113.

agente ofende vários indivíduos, cada um será terceiro em relação à ofensa a um deles."[277].

d) *por meio que facilite a divulgação:* podendo ser por meio de cartazes, alto-falantes etc.[278].

e) *contra pessoa maior de 60 anos ou portadora de deficiência, exceto no caso de injúria:* o inciso, ao ressalvar a não aplicação do aumento ao delito de injúria, teve por finalidade evitar o *bis in idem*, considerando a nova redação dada à qualificadora do § 3º do art. 140.

O parágrafo único agrava a pena (em dobro) em face do que Paulo José da Costa Jr. chama de ofensa mercenária. O pagamento ou a promessa torna a motivação extremamente vil e torpe[279].

5.2. Exclusão do crime

> ▶ ***Exclusão do crime***
>
> **Art. 142**. Não constituem injúria ou difamação punível:
>
> I – a ofensa irrogada em juízo, na discussão da causa, pela parte ou por seu procurador;
>
> II – a opinião desfavorável da crítica literária, artística ou científica, salvo quando inequívoca a intenção de injuriar ou difamar;
>
> III – o conceito desfavorável emitido por funcionário público, em apreciação ou informação que preste no cumprimento de dever do ofício.
>
> Parágrafo único. Nos casos dos ns. I e III, responde pela injúria ou pela difamação quem lhe dá publicidade.

5.2.1. Considerações gerais

Como bem alerta Pierangeli[280], desde logo salta que a imunidade só diz respeito à *difamação* e à *injúria*, pois, tratando-se de *calúnia*, que é imputação de fato criminoso, há interesse público na sua elucidação, não se justificando, pois, a criação de obstáculos para tal providência.

Diverge a doutrina sobre a natureza jurídica da imunidade em comento, surgindo três correntes: **1)** causa especial de exclusão da ilicitude (Damásio[281]); **2)** causa de exclusão da punibilidade (Noronha[282]; **3)** causa de exclusão do elemento subjetivo do tipo, represen-

277. *Direito penal*, v. 2, p. 132.

278. Antes do julgamento da ADPF 130, as infrações contra a honra cometidas por meio da imprensa não sofriam o aumento do art. 141, III, do CP, pois constituíam crimes previstos na Lei 5.250/67. Com a decisão de não-recepção da referida Lei especial, o crime contra a honra pelos meios de comunicação social passa também a se ajustar ao CP, com o aumento em estudo.

279. *Comentários ao Código Penal*, p. 431.

280. *Manual de direito penal brasileiro:* parte especial, p. 227.

281. Ob. cit., v. 2, p. 233.

282. *Direito penal*, v. 2, p. 130.

tado pelo propósito de ofender (FRAGOSO[283]). Apesar de a primeira corrente ser majoritária, concordamos com a última, pois em qualquer dos incisos referidos pelo dispositivo falta ao agente a vontade específica (e inequívoca) de ofender a honra de alguém.

Vejamos as várias hipóteses.

5.2.1.1. Imunidade judiciária

O inciso I trata da imunidade judiciária, relacionada às *ofensas irrogadas em juízo, na discussão da causa, pela parte ou por procurador*. O seu fundamento reside na ampla liberdade que deve nortear a defesa na discussão das causas, sendo indispensável a relação entre a ofensa irrogada e o debate travado no processo (contencioso, voluntário ou administrativo).

A imunidade alcança a *parte* (qualquer dos sujeitos da relação processual) ou seu procurador (quem tem procuração para defender os interesses da parte em juízo).

Alerta NORONHA:

> "Outras pessoas que intervêm no processo – juiz, escrivão etc. – podem ficar acobertados pelo inciso III ou pelo art. 23, III – cumprimento de dever legal."[284].

Quanto ao Ministério Público, o art. 41, V, da Lei Orgânica do Ministério Público (Lei 8.625/93) reconhece aos seus membros a inviolabilidade pelas opiniões externadas ou pelo teor de suas manifestações processuais ou procedimentais, nos limites da sua independência funcional.

Já o art. 7º, § 2º do Estatuto da OAB enuncia:

> "O advogado tem imunidade profissional, não constituindo injúria, difamação ou desacato puníveis qualquer manifestação de sua parte, no exercício de sua atividade, em juízo ou fora dele, sem prejuízo das sanções disciplinares perante a OAB, pelos excessos que cometer".

Percebam que o dispositivo alargou a inviolabilidade, alcançando também o desacato. No entanto, acertadamente, o STF, em ação direta de inconstitucionalidade ajuizada pela AMB (Associação dos Magistrados do Brasil), julgou inconstitucional o dispositivo nesse tocante, limitando a indenidade aos crimes contra a honra[285].

Com fundamento no art. 133 da Carta Magna, nos parece que a presente imunidade não é absoluta, dela se excluindo "atos, gestos ou palavras que manifestamente desbordem do exercício da profissão, como a agressão (física ou moral), o insulto pessoal e a humilhação pública"[286].

283. Ob. cit., v. 1, p. 122.
284. *Direito penal*, vol. 2, p. 130.
285. ADI 1124/DF, Tribunal Pleno, Rel. Min. Marco Aurélio, DJe 11/06/2010.
286. STF, AO 933/AM, Tribunal Pleno, rel. Min. Carlos Britto, *DJU* 06.02.2004.

5.2.1.2. Imunidade literária, artística ou científica

O inciso II torna imune a opinião desfavorável da crítica literária, artística ou científica, salvo quando inequívoca a intenção de injuriar ou difamar. Depreende-se, com isso, ser indispensável o *animus criticandi*, com total ausência do propósito de ofender gratuitamente a honra alheia.

A inviolabilidade em comento tem como finalidade proteger a crítica artístico-literária.

Como bem explica Damásio:

> "Uma crítica prudente, seja de natureza literária, artística ou científica, não traz em si cunho de ilicitude. É comportamento absolutamente normal, que escapa à esfera da punição legal."[287].

No julgamento da ADI 4815, ajuizada para questionar os artigos 20 e 21 do Código Civil, o STF considerou inconstitucional a exigência de consentimento da pessoa biografada (ou de seus familiares, em caso de falecimento) relativamente a obras biográficas (literárias ou audiovisuais), assim como considerou inexigível a autorização de indivíduos retratados como coadjuvantes. Isso não significa, todavia, que o tribunal abriu espaço para a publicação impune de conteúdo desonroso, mas, ao contrário, do julgamento se extrai que embora vigore plenamente a liberdade de expressão e de manifestação do pensamento, o autor não pode macular a honra do indivíduo a pretexto de narrar sua trajetória de vida. A publicação dolosa de fato ofensivo à reputação ou mesmo a ofensa à dignidade ou ao decoro pode ensejar tanto indenização na seara civil quanto a punição na esfera criminal.

Há de se ter em consideração, no entanto, que, para caracterizar o crime, a narração de fato considerado ofensivo à reputação deve ter o propósito exclusivo de difamar. Se a referência ao fato desabonador faz parte da narrativa biográfica, é uma das formas por meio das quais o biógrafo transmite ao leitor facetas muitas vezes desconhecidas da personalidade do biografado, não há reparação a ser feita, nem punição a ser aplicada. Seria o caso, por exemplo, da biografia que narra episódio em que uma cantora famosa tenha sido vista, em determinada ocasião, prostituindo-se na via pública. Embora se trate de algo sem dúvida ofensivo à reputação, não há ensejo para a caracterização de crime.

Da mesma forma, a emissão de conceitos negativos sobre o biografado se insere na liberdade de que desfruta o escritor para interpretar os fatos apurados na pesquisa sobre a vida do biografado, e em seguida manifestar o pensamento crítico na obra de sua autoria. Assim, se o autor apura que a biografada, a certa altura da vida, dedicou-se à prostituição, e a considera por esta razão imoral, não haverá delito. À biografia, é importante esclarecer, não se impõe uma pura e simples narrativa sobre episódios da vida de alguém. É perfeitamente possível que a narração venha acompanhada por um juízo crítico do autor, que só pode ser punido quando evidentemente extrapolados os limites do tolerável.

287. Ob. cit., v. 2, p. 234.

5.2.1.3. Imunidade funcional

O funcionário público (art. 327 do CP), no cumprimento do seu ofício, está atrelado a vários princípios constitucionais, dentre os quais destacamos os da legalidade, impessoalidade, publicidade, moralidade e eficiência. Assim, *desde que não seja visível a intenção de ofender*, tem o dever legal de emitir, com franqueza e precisão, relatório de acontecimentos que tomam a intimidade da administração, ainda que, para tanto, tenham que emitir considerações negativas sobre a conduta (ou qualidades) de outro.

Apesar de Heleno Fragoso[288] e Nélson Hungria[289] considerarem esta proteção irrestrita (ilimitada), não a condicionando à intenção de não ofender, prevalece haver crime quando presente o excesso, isto é, vontade de ofender, desvinculando-se do estrito cumprimento do dever legal (nesse sentido *RT* 780/715, 799/642 e 802/643).

Por fim, ressaltamos que, nos casos dos incisos I e III, quem dá publicidade à ofensa, fora do âmbito em que foi proferida, responde por ela (parágrafo único).

5.3. Retratação

► ***Retratação***

Art. 143. O querelado que, antes da sentença, se retrata cabalmente da calúnia ou da difamação, fica isento de pena.

Parágrafo único. Nos casos em que o querelado tenha praticado a calúnia ou a difamação utilizando-se de meios de comunicação, a retratação dar-se-á, se assim desejar o ofendido, pelos mesmos meios em que se praticou a ofensa

5.3.1. Considerações gerais

Dispõe o art. 143 que o querelado (ofensor) pode, antes da sentença, retratar-se da *calúnia* ou *difamação*, ficando isento de pena.

Retratar-se, no entanto, não significa apenas negar ou confessar a prática da ofensa. É muito mais. É escusar-se, retirando do mundo o que afirmou, demonstrando sincero arrependimento.

É essa uma causa de extinção da punibilidade, tornando o ofensor imune à pena (nada obsta a ação cível).

A retratação, em regra, dispensa a concordância do ofendido (ato unilateral). Contudo, o artigo em comento foi alterado pela Lei 13.188/15, nele acrescentando parágrafo único, anunciando que, nos casos em que o querelado tenha praticado a calúnia ou a difamação utilizando-se de meios de comunicação, a retratação dar-se-á, se assim desejar o ofendido, pelos mesmos meios em que se praticou a ofensa. Nessa hipótese, portanto,

288. Ob. cit., v. 1, p. 123.
289. Ob. cit., v. VI, p. 124-125.

o ofendido deve ser ouvido para manifestar se deseja (ou não) que a retratação se dê pelos mesmos meios em que foi praticado o crime.

Sendo de caráter subjetivo, a retratação de um dos querelados não se estende aos demais que não se retratarem.

Como estampado no artigo em estudo, a legislação penal só admite a retratação nos crimes de calúnia e difamação.

Apesar de controvertido, prevalece o entendimento no sentido de que, tratando-se de difamação contra funcionário público, a ação deixa de ser privada (art. 145 do CP), não gerando nenhum efeito eventual pedido de desculpa, até porque, no caso, não se protege primacialmente sua incolumidade moral, mas o Estado, real interessado na defesa do cargo público (*RT* 703/303).

Discute-se, ainda, qual o momento apropriado para a retratação. Há tendência em aceitá-la como causa extintiva da punibilidade se ofertada até o julgamento de *primeira instância*.

5.4. Pedido de explicações

Art. 144. Se, de referências, alusões ou frases, se infere calúnia, difamação ou injúria, quem se julga ofendido pode pedir explicações em juízo. Aquele que se recusa a dá-las ou, a critério do juiz, não as dá satisfatórias, responde pela ofensa.

5.4.1. Considerações gerais

No caso de ofensas equívocas (vagas ou de duplo sentido), dispõe o art. 144 a faculdade do ofendido de pedir explicações em juízo.

Vale repetir a lição de Mirabete:

> "O pedido de explicações é uma medida preparatória e facultativa para o oferecimento da queixa quando, em virtude dos termos empregados ou do verdadeiro sentido das frases, não se mostra evidente a intenção de caluniar, difamar ou injuriar, causando dúvida quanto ao significado da manifestação do autor."[290].

A despeito do encerramento do artigo, prevalece na doutrina (e na jurisprudência) que a justiça não pode obrigar o requerido a dar as explicações pretendidas. E nem o pedido interrompe o prazo decadencial (escoado o período fatal sem o necessário recebimento da inicial, extingue-se a punibilidade).

Como já decidiu o Supremo Tribunal:

> "Se o art. 144 do CP prevê a hipótese de o interpelado recusar-se a atender o pedido de explicações em juízo, não pode o juiz

290. *Manual de direito penal:* parte especial, v. 2, p. 151.

> constrangê-lo a prestá-las, posto que, feita a notificação e realizada a audiência com ou sem o seu comparecimento, está exaurida a tarefa judicial. A designação de nova audiência para explicações do interpelado constitui constrangimento ilegal, remediável por *habeas corpus*."[291].

O art. 25 da Lei 5.250/67 (Lei de Imprensa) previa a figura do pedido de explicações, estabelecendo rito apropriado. Com a não recepção da referida Lei instalou-se a lacuna, aplicando-se, de acordo com a maioria, as regras do procedimento das então vigentes justificações avulsas (definidas nos arts. 861 a 866 do revogado Código de Processo Civil). O novo Código de Processo Civil extingue o rito das justificações avulsas, razão pela qual sugerimos que seja aplicado ao pedido de explicações o rito das notificações e interpelações.

5.5. Ação penal

> **Art. 145**. Nos crimes previstos neste Capítulo somente se procede mediante queixa, salvo quando, no caso do art. 140, § 2º, da violência resulta lesão corporal.
>
> Parágrafo único. Procede-se mediante requisição do Ministro da Justiça, no caso do inciso I do *caput* do art. 141 deste Código, e mediante representação do ofendido, no caso do inciso II do mesmo artigo, bem como no caso do § 3º do art. 140 deste Código.

5.5.1. Considerações Gerais

Sobre a ação penal, temos:

a) *nos crimes contra a honra*, a regra é perseguir a pena mediante ação penal **privativa da vítima ou de seu representante legal**;

b) *resultando na vítima lesão física (injúria real com lesão corporal)*, apura-se o crime mediante ação **pública *incondicionada*** (com o advento da Lei 9.099/95, temos doutrina lecionando ser pública *condicionada*, modalidade de ação agora cabível no caso do art. 129, *caput*);

c) será penal **pública *condicionada*** à representação no caso de o delito ser cometido *contra funcionário público*, no exercício das suas funções (art. 141, II) e condicionada à requisição do Ministro da Justiça no caso do n. I do art. 141 (contra o Presidente da República ou chefe de governo estrangeiro).

A despeito da exceção trazida pelo parágrafo único em comento, veio à tona forte corrente sustentando, em casos tais, a admissibilidade da legitimação alternativa do Ministério Público e do agente público ofendido, nascendo, para este, um verdadeiro *direito de opção*.

Foi exatamente essa a posição adotada pelo Pretório Excelso, ao editar a Súmula 714:

> "É concorrente a legitimidade do ofendido, mediante queixa, e do Ministério Público, condicionada à representação do ofendido, para

291. STF, HC, rel. Min. Rafael Mayer, *RT* 579/412.

> a ação penal por crime contra a honra de servidor público em razão do exercício de suas funções."[292].

Tal enunciado, no entanto, trará consequências extras, pois, se a opção for pelo oferecimento de queixa-crime, caberá a incidência de algumas causas extintivas da punibilidade (perdão do ofendido, retratação etc.), até então incompatíveis com os princípios informadores da ação penal pública.

d) Com o advento da Lei 12.033/2009, a pena do *crime de injúria preconceito* deixou de ser perseguida mediante ação penal de iniciativa privada, passando a legitimidade para o MP, dependendo de representação do ofendido (**ação penal pública *condicionada***). A alteração legal deve respeitar os fatos pretéritos. Entendemos, com o devido respeito aos que lecionam em sentido contrário, inaplicável o princípio processual penal do *tempus regit actum*, devendo a ação penal, para os casos praticados antes da vigência da nova lei, continuar sendo privada (queixa-crime), vez que, do contrário, estar-se-ia subtraindo inúmeros institutos extintivos da punibilidade ao acusado (ex.: renúncia, perdão do ofendido, perempção etc.). A mudança da titularidade da ação penal é matéria de processo penal, mas conta com reflexos penais imediatos. Daí a imperiosa necessidade de tais normas (processuais, mas com reflexos penais diretos) seguirem a mesma orientação jurídica das normas penais. Quando a inovação é desfavorável ao réu, não retroage.

CAPÍTULO VI – CRIMES CONTRA A LIBERDADE INDIVIDUAL

SEÇÃO I – CRIMES CONTRA A LIBERDADE PESSOAL

1. INTRODUÇÃO

Liberdade significa, em síntese, ausência de coação. Com esse conceito amplo, protege-se, neste capítulo, a faculdade do homem de agir ou não agir, querer ou não querer, fazer ou não fazer aquilo que decidir, sem constrangimento, prevalecendo a sua autodeterminação. Resguarda-se a liberdade de pensamento, a liberdade religiosa, a liberdade de trabalho, a liberdade política etc.

Explica Damásio de Jesus:

> "O CP, aqui, é sancionador do Direito Constitucional, na parte que descreve as garantias individuais. Significa que a Carta Magna determina a garantia da liberdade jurídica, sendo ela protegida pela imposição de pena nos preceitos secundários das normas penais de incriminação. Assim, ninguém é obrigado a fazer ou deixar de fazer alguma coisa senão em virtude de lei (CF, art. 5º, II); é inviolável o sigilo de correspondência e das comunicações telegráficas, de dados

292. De acordo com o mesmo Tribunal (STF), se o servidor ofendido optar pela representação ao MP, fica-lhe preclusa a ação penal privada (STF, 1.ª T., HC 84.659-9-MS, rel. Min. Sepúlveda Pertence, j. 29.06.2005, v.u., *DJU* 19.08.2005). Com o devido respeito, pensamos que a opção por uma via (a da representação, por exemplo) não preclui a outra (a da queixa), desde que exercida dentro do prazo decadencial.

> e das comunicações telefônicas, salvo, no último caso, por ordem judicial (XII); a casa é asilo inviolável do indivíduo, ninguém nela podendo penetrar sem consentimento do morador, salvo em caso de flagrante delito ou desastre, ou para prestar socorro, ou, durante o dia, por determinação judicial (XI); é livre a manifestação de pensamento (IV); ninguém será privado de seus direitos por convicção filosófica ou política (VIII); é livre o exercício de qualquer trabalho, ofício ou profissão, atendidas as qualificações profissionais que a lei estabelece (XIII); é inviolável a liberdade de consciência e de crença, sendo assegurado o livre exercício dos cultos religiosos (VI)."[293].

São delitos subsidiários (ou soldados de reserva), punidos apenas quando não associados com a prática de crimes mais graves, como ocorre, por exemplo, com o estupro, a extorsão simples, a extorsão mediante sequestro etc.

2. CONSTRANGIMENTO ILEGAL

▶ ***Constrangimento ilegal***

Art. 146. Constranger alguém, mediante violência ou grave ameaça, ou depois de lhe haver reduzido, por qualquer outro meio, a capacidade de resistência, a não fazer o que a lei permite, ou a fazer o que ela não manda:

Pena – detenção, de 3 (três) meses a 1 (um) ano, ou multa.

§ 1º As penas aplicam-se cumulativamente e em dobro, quando, para a execução do crime, se reúnem mais de 3 (três) pessoas, ou há emprego de armas.

§ 2º Além das penas cominadas, aplicam-se as correspondentes à violência.

§ 3º Não se compreendem na disposição deste artigo:

I – a intervenção médica ou cirúrgica, sem o consentimento do paciente ou de seu representante legal, se justificada por iminente perigo de vida;

II – a coação exercida para impedir suicídio.

2.1. Considerações iniciais

Como já sabemos, a Constituição Federal, dentre outros direitos, garante ao homem não ser compelido a fazer ou deixar de fazer alguma coisa senão em virtude de lei (art. 5º, II). Dentro desse espírito, o Código, no art. 146, abriga essa liberdade da formação e atuação da vontade, da autodeterminação, de fazer ou não fazer alguém aquilo que deliberar.

Em razão da pena cominada, aplicam-se ambos os benefícios da Lei 9.099/95 (transação penal e suspensão condicional do processo), ainda que incidente a majorante do § 1º.

2.2. Sujeitos do crime

Não se exige qualidade específica do sujeito ativo (crime comum). Se, no entanto, for funcionário público, no exercício da sua função, havendo o constrangimento

293. Ob. cit., v. 2, p. 243.

ilegal, estaremos diante do delito previsto no art. 350 do CP ou de abuso de autoridade (Lei 4.898/65).

Qualquer pessoa capaz de decidir sobre os seus atos pode ser vítima (excluem-se, assim, os menores de pouca idade, os loucos, os embriagados etc.).

Nesse sentido é o escólio de PIERANGELI:

> "Pode ser qualquer pessoa que esteja capacitada pela vontade de querer, estando excluídos, portanto, os doentes mentais, as crianças de tenra idade, o ébrio total, as pessoas jurídicas. Exige-se, pois, uma *capacidade de vontade natural* (MANZINI), ainda que essa vontade possa se mostrar como limitada ou diminuída. Poderão, todavia, estas pessoas se apresentar como objeto do delito quando o constrangimento é exercido contra seus representantes, e forçados estes a permitir que se faça algo com relação àquelas. Por conseguinte, a violência ou a grave ameaça poderão ser exercidas contra pessoa diversa daquela que se procura compelir. A incapacitação física, portanto, não impede a existência do delito."[294].

2.3. Conduta

O verbo nuclear é *constranger*, assim definido por BENTO DE FARIA:

> "O constrangimento aqui previsto é a coação ilegal imposta à liberdade moral ou psíquica de alguém para que não faça o que a lei permite ou faça o que ela não manda, pouco importando que o ato exigido da vítima importe, ou não, em uma prática delituosa."[295].

O delito possui três meios de execução: *violência*, *grave ameaça* e *outros meios* capazes de reduzir a resistência da vítima.

Por "violência" entende-se a *vis corporalis*, isto é, o efetivo exercício de força física ou mecânica sobre a vítima ou terceira pessoa, desde que, nesse caso, atinja indiretamente o indivíduo coagido.

"Ameaça" é a *vis compulsiva*, a violência moral, o ultimato, a manifestação (por palavras, escritos, sinais) do propósito de causar a alguém, direta ou indiretamente, atual ou iminentemente, um mal injusto e grave (suficiente para amedrontar), ainda que o seu autor, de fato, não tenha intenção de realizá-lo.[296]

---

294. *Manual de direito penal brasileiro:* parte especial, p. 237.

295. Ob. cit., v. 3, p. 308.

296. Prática cada vez mais comum é a denominada *sextorsão*, em que o agente constrange outra pessoa se valendo de imagens ou vídeos de teor erótico que de alguma forma a envolvam. No caso, emprega-se grave ameaça consistente na promessa de divulgação do material caso a vítima se recuse a atender à exigência. A depender das circunstâncias, vislumbramos três figuras criminosas às quais a conduta pode se subsumir: a) se o agente simplesmente constrange a vítima a não fazer o que a lei permite, ou a fazer o que ela não manda, há o crime em estudo; b) se constrange a vítima, com o intuito de obter para si ou para outrem indevida vantagem econômica, a fazer, tolerar que se faça ou deixar de fazer alguma coisa, há extorsão; c) se constrange a vítima à prática de atividade sexual, há estupro.

Por fim, refere-se o Código a outro qualquer meio que reduza a capacidade de resistência da vítima (violência imprópria).

> "Cabem na expressão os meios de natureza físico-moral, que produzem um estado fisiopsíquico, o qual tolhe a defesa do sujeito passivo. Assim, a ação de narcóticos, anestésicos, álcool e mesmo da hipnose. São processos fisiopsíquicos porque atuam sobre o físico da pessoa, mas produzem-lhe anormalidade psíquica, vedando-lhe resistência à ação do agente."[297].

Esclarece a Exposição de Motivos (item 51):

> "Não há indagar, para diverso tratamento penal, se a privação da liberdade de agir foi obtida mediante violência, física ou moral, ou com o emprego de outro qualquer meio, como, por exemplo, se o agente, insidiosamente, faz a vítima ingerir um narcótico. A pena relativa ao constrangimento ilegal, como crime *sui generis*, é sempre a mesma. Se há emprego da *vis corporalis*, com resultado lesivo à pessoa da vítima, dá-se um concurso material de crimes.".

Vale observar que, se a sujeição for ilegítima, estará configurado o tipo do constrangimento ilegal; mas se for legítima, a tipicidade é outra: exercício arbitrário das próprias razões (art. 345 do CP).

Forçar alguém, mediante violência ou grave ameaça, a não praticar um *ato imoral* (porém lícito) configura o crime de constrangimento ilegal.

Nesse sentido, alerta Noronha:

> "Ora, se o ato é imoral, porém admitido em lei, como negar-se que o agente constrangeu a outrem a não praticar o que a lei permite? Entre a moral e o direito há uma zona, em que a pessoa é livre de agir, não nos parecendo que alguém, em nome de princípios éticos, possa atentar contra a liberdade de outrem."[298].

☑ *É possível constranger ilegalmente alguém por meio da omissão?*

Pierangeli, citando Aníbal Bruno, assim responde:

> "Tem-se veiculado tal possibilidade, exemplificada com a não alimentação de um doente pela enfermeira que quer obrigá-lo a determinado comportamento. Parece-nos que Aníbal Bruno deixa perfeitamente solucionada a questão. Diz o mestre pernambucano: 'O deixar fazer é uma espécie de omissão, mas há diferença perceptível entre omitir alguma coisa e deixar que alguma coisa se pratique. A omissão neste último caso será omissão da resistência, mas não é essa omissão de resistência que o agente procura obter, mas o ato

297. Magalhães Noronha, ob. cit., v. 2, p. 149.
298. *Direito penal*, v. 2, p. 150.

positivo, ou negativo que a resistência procuraria impedir'. Não se trata, pois, de uma omissão por omissão, de um omitir-se voluntário, mas uma inação forçada pelo constrangimento que, embora exteriorize uma conduta, fica esta apoiada na ausência de reprovabilidade (de culpabilidade)"[299].

2.4. Voluntariedade

É o dolo, consistente na vontade consciente de coagir a vítima, visando obrigá-la a fazer o que a lei proíbe ou deixar de fazer o que a lei não manda, sendo irrelevante o motivo que animou o crime.

Não há forma culposa.

2.5. Consumação e tentativa

Consuma-se o crime no momento em que a vítima, constrangida, faz ou deixa de fazer algo (ainda que parcialmente) contrário à sua vontade, obedecendo, assim, o que imposto pelo agente.

A tentativa é perfeitamente possível (crime plurissubsistente), como no exemplo da vítima que, compelida violentamente a fazer algo, não cede à vontade do agente.

2.6. Majorante de pena e cúmulo material

A primeira parte do parágrafo, considerando a maior facilidade na execução do crime, majora a pena no caso de concurso de quatro pessoas, no mínimo, considerando-se, no cômputo legal, eventuais inimputáveis ou sujeitos não identificados.

Quanto ao emprego de arma, aumento previsto na segunda parte do dispositivo, exige-se que seja ela efetivamente usada, não bastando o porte ostensivo, em que pese corrente em sentido contrário.

Aliás, a expressão "arma" gera divergência na doutrina, lecionando uns abranger apenas os instrumentos fabricados com finalidade exclusivamente bélica, isto é, arma propriamente dita (revólveres, espingardas, espadas etc.); outros, espelhando a maioria, ensinam que a expressão "arma" deve ser encarada no sentido impróprio, alcançando todos os instrumentos com potencialidade lesiva, pouco importando se fabricados ou não com finalidades bélicas (faca de cozinha, podão etc.).

A revogação da Súmula 174 do STJ é sinal suficiente de que não mais se aplica a majorante no caso de uso de simulacro de arma de fogo (réplicas de brinquedo).

Além das penas cominadas ao crime de constrangimento ilegal, aplicam-se as correspondentes à violência (§ 2º). Apesar de no presente caso o agente, com uma só conduta, praticar dois crimes (constrangimento ilegal e lesão corporal), prevalece o entendimento

299. *Manual de direito penal brasileiro:* parte especial, p. 239.

segundo o qual a redação do parágrafo em estudo não deixa dúvidas de que o concurso será material (art. 69 do CP). Nesse sentido: *RT* 749/651.

2.7. Exclusão do crime

Discute-se na doutrina sobre a natureza jurídica da norma permissiva em comento.

Uma **primeira** corrente (Cezar Bitencourt[300]); e Damásio de Jesus[301]) sustenta tratar-se de causa excludente da tipicidade; para a **segunda** (Nélson Hungria[302]); e Mirabete[303]), majoritária, o parágrafo tem a natureza de causa especial de exclusão da ilicitude (forma *sui generis* de estado de necessidade de terceiro).

Sem nos preocuparmos com a discussão acima, afirmamos que o agente, nas hipóteses elencadas pelo derradeiro parágrafo, pratica o constrangimento, sem, todavia, cometer crime.

2.8. Ação penal

O crime é de ação penal pública incondicionada.

2.9. Princípio da especialidade

a) Código Penal x Lei de Segurança Nacional: atentar, por motivos políticos, contra a liberdade de locomoção do Presidente da República, do Senado, da Câmara dos Deputados e do Supremo Tribunal Federal constitui delito contra a segurança nacional (art. 28 da Lei 7.170/83).

b) Código Penal x Código Penal Militar: o art. 222 do Decreto-lei 1.001/69 pune o constrangimento ilegal praticado na forma do art. 9º do mesmo diploma.

c) Código Penal x Código de Defesa do Consumidor: é crime (punido com detenção, de 3 meses a 1 ano, e multa) previsto na Lei 8.078/90, utilizar alguém, na cobrança de dívidas, de ameaça, coação, constrangimento físico ou moral, afirmações falsas, incorretas ou enganosas ou de qualquer outro procedimento que exponha o consumidor, injustificadamente, a ridículo ou interfira com seu trabalho, descanso ou lazer (art. 71).

d) Código Penal x Lei de Tortura: constitui crime de tortura constranger alguém com emprego de violência ou grave ameaça, causando-lhe sofrimento físico e mental, com o fim de obter informação, declaração ou confissão da vítima ou de terceira pessoa ou para provocar ação ou omissão de natureza criminosa ou em razão de discriminação racial ou religiosa (art. 1º, I, da Lei 9.455/97).

e) Código Penal x Estatuto do Idoso: o art. 107 do novel estatuto pune com pena de reclusão de 2 a 5 anos aquele que coage, de qualquer modo, o idoso a doar, contratar, testar ou outorgar procuração.

---

300. Ob. cit., v. 2, p. 403-404.
301. Ob. cit., v. 2, p. 250.
302. Ob. cit., v. 6, p. 175.
303. *Manual de direito penal:* parte especial, v. 2, p. 159.

3. AMEAÇA

▶ ***Ameaça***

Art. 147. Ameaçar alguém, por palavra, escrito ou gesto, ou qualquer outro meio simbólico, de causar-lhe mal injusto e grave:

Pena – detenção, de 1 (um) a 6 (seis) meses, ou multa.

Parágrafo único. Somente se procede mediante representação.

3.1. Considerações iniciais

A ameaça, espécie de crime contra a liberdade individual, é a manifestação idônea da intenção de causar a alguém qualquer mal injusto e grave (não necessariamente um crime).

Justifica-se a incriminação, vez que representa um ataque à liberdade pessoal do ameaçado, perturbando a sua tranquilidade e a confiança na sua segurança jurídica, abalando, desse modo, a sua faculdade de determinar-se livremente (ver *JTACrimSP* 36/351).

Não se confunde com o crime anterior (constrangimento ilegal). Como salientado por Fernando Capez:

> "Enquanto no crime de ameaça o prenúncio deve incidir sobre o mal injusto e grave, no constrangimento ilegal exige-se que o mal prenunciado seja simplesmente grave, podendo ser justo. Enquanto na ameaça o agente pretende atemorizar o sujeito passivo, no constrangimento ilegal tenciona uma conduta positiva ou negativa da vítima."[304].

Em virtude da pena cominada, são aplicáveis os benefícios da transação penal e da suspensão condicional do processo, ambos previstos na Lei 9.099/95.

3.2. Sujeitos do crime

Qualquer pessoa pode ser sujeito ativo (crime comum). Tratando-se de funcionário público, outro poderá ser o crime (art. 3º da Lei 4.898/65).

Figura como vítima apenas a pessoa *física*, *certa* e *determinada*, *capaz*, *de fato*, de entender o mal prometido (nesse sentido: *RT* 446/418). Como a ameaça é apenada em função de sua potencialidade intimidativa, é condição obrigatória que o sujeito passivo apresente condições de tomar consciência do mal, excluídos, portanto, os menores, os loucos, os ébrios (a não ser que a ameaça se reflita sobre outras pessoas, capazes de adverti-los), as pessoas jurídicas (a não ser que recaia sobre os componentes) e as pessoas indeterminadas (a lei diz: ameaçar *alguém*).

3.3. Conduta

O conceito de ameaça é assim exposto por Paulo José da Costa Jr.:

---

304. Ob. cit., v. 2, p. 304.

> "Consiste o delito de ameaça (*menaces, Bedrohung*) em promessa de causar a alguém um dano injusto. O verbo contido no tipo ameaçar significa intimidar, anunciar um mal injusto e grave. Para que possa intimidar, o mal anunciado deverá ser grave. E para que se configure o crime, deverá o mal ser injusto, contra *jus.*"[305].

Como estampado no artigo, o crime é de execução livre, podendo ser praticado *por palavra, escrito ou gesto, ou qualquer outro meio simbólico*. Assim, pode o agente servir-se de palavras, faladas ou escritas, mímica (ex.: gesto de sacar uma arma) etc.

Quanto à forma, pode ser *explícita, clara* (ex.: "ainda te mato!") ou *implícita, velada* (ex.: "não tenho medo de ir para a cadeia", "espero-te lá fora").

Quanto à relação entre a vítima e a pessoa (ou a coisa) sobre a qual recai a conduta criminosa do agente, pode a ameaça ser *direta* (se coincidentes, na mesma pessoa, a condição de vítima e objeto material) ou *indireta* (quando o mal prometido recair sobre pessoa outra que não a vítima, porém ligada a esta por relações de ternura).

Será *incondicionada*, se nada acompanhar o mal prometido, apenas o propósito de intimidar (ex.: "ainda acabo com você"); ou *condicionada*, se acompanhada de uma condição (p. ex.: "se você não se calar, eu te mato").

Em síntese, a ameaça pode ser:

1) explícita: clara e induvidosa;

2) implícita: de forma velada;

3) direta: o mal prometido atinge a própria vítima da ameaça;

4) indireta: o mal prometido será causado em terceira pessoa;

5) incondicional: não depende, para efetivar-se, de acontecimento futuro;

6) condicional: depende, para efetivar-se, de um acontecimento futuro.

O mal deve ser *injusto* e *grave*. Jamais será *injusto* o exercício de um direito, como, por exemplo, pedido de instauração de inquérito policial (*RT* 259/292).

No que diz respeito à *gravidade*, ensina-nos Noronha:

> "Se deve ter em vista não o ameaçado, mas a generalidade, a normalidade dos homens, pois os valentes ou intrépidos e os pusilânimes ou poltrões são extremos, entre os quais se coloca o homem comum ou normal. É a sensibilidade deste que se deve ter em vista."[306].

Ousamos discordar. A individualidade da vítima deve ser tomada em consideração. Assim, a idade, sexo, grau de instrução etc. são fatores que não podem ser desconsiderados na análise do caso concreto. Não se duvida que uma expressão que aterroriza um analfabeto pode nem sequer assustar um universitário; uma promessa de mal injusto pode ser grave

305. *Comentários ao Código Penal*, p. 437.

306. *Direito Penal* cit., v. 2, p. 155.

para uma moça de pouca idade e não o ser para um senhor de meia idade. Logo, as circunstâncias do caso concreto demonstrarão se houve ou não o crime.

O mal deve, por fim, ser *possível* (crível). Assim, não configura ameaça a expressão "farei o mundo cair sobre sua cabeça", diante da sua óbvia impossibilidade natural. Contudo, deve ser alertado que um mal, aparentemente impossível, pode exprimir uma ameaça velada, como, por exemplo, dizer ao ofendido: "Tiro o seu couro na unha".

3.4. Voluntariedade

É o dolo, caracterizado pela vontade consciente do agente de amedrontar a vítima, manifestando idônea intenção maléfica. Não se exige, porém, que exista no espírito do sujeito ativo a intenção de cumprir o mal anunciado. O *animus jocandi* exclui o dolo caracterizador do delito.

Não há forma culposa.

Segundo alguns, a ameaça, como nos crimes contra a honra, não ocorre quando fruto de desequilíbrio emocional (ímpeto de ira), oriundo, por exemplo, de uma acirrada discussão (ver *RT* 603/365, 534/375, 527/387).

Discordamos. Entendemos que a ira, por si só, não exclui o dolo caracterizador do crime, mas sim atua, muitas vezes, como a força determinante do delito (*RT* 702/345). Aliás, bem lembra Nélson Hungria que "nem sempre é verdade que o cão que ladra não morde."[307].

Apesar da previsão do art. 28, II, do CP, existe corrente excluindo o crime também nos casos de avançado estado de embriaguez. Não é o que prevalece (ver *RT* 451/457).

3.5. Consumação e tentativa

Trata-se de delito formal, consumando-se no momento em que a vítima toma conhecimento do mal prometido, independentemente da real intimidação, bastando capacidade para tanto (nesse sentido, *RT* 738/691, 702/345, 677/370).

Apesar de a maioria da doutrina admitir a tentativa na forma escrita (carta ameaçadora interceptada), Nélson Hungria, citando Longo, entende haver, no exemplo, mero ato preparatório, isto é, um indiferente penal[308].

Magalhães Noronha admite o *conatus*, porém ressalva:

> "A tentativa é, pois, configurável *doutrinariamente*. E isso frisamos devido a razão de ordem processual, pois, exigindo a lei a representação para o processo, será necessária, na generalidade dos casos, a ciência do ameaçado."[309].

307. Ob. cit., v. 6, p. 181.
308. Ob. cit., v. 6, p. 188.
309. *Direito Penal*, v. 2, p. 157.

3.6. Ação penal

Como expresso no parágrafo único, a pena será perseguida mediante representação da vítima ou seu representante legal (ação penal pública condicionada).

3.7. Princípio da especialidade

a) Código Penal x Lei de Segurança Nacional: ameaçar, com finalidade política, o Presidente da República, do Senado, da Câmara dos Deputados e do Supremo Tribunal Federal constitui delito contra a Segurança Nacional (art. 28 da Lei 7.170/83).

b) Código Penal x Código Penal Militar: o art. 223 do Decreto-lei 1.001/69 pune a ameaça praticada na forma do art. 9º daquele diploma.

c) Código Penal x Código de Defesa do Consumidor: considerando o princípio da especialidade (lei especial derroga a geral), utilizar, na cobrança de dívidas, de ameaça, coação, constrangimento físico ou moral, afirmações falsas, incorretas ou enganosas ou de qualquer outro procedimento que exponha o consumidor, injustificadamente, a ridículo ou interfira com seu trabalho, descanso ou lazer será punido nos termos do que disposto no art. 71 da Lei 8.078/90.

4. SEQUESTRO E CÁRCERE PRIVADO

▶ ***Sequestro e cárcere privado***

Art. 148. Privar alguém de sua liberdade, mediante sequestro ou cárcere privado:

Pena – reclusão, de 1 (um) a 3 (três) anos.

§ 1º A pena é de reclusão, de 2 (dois) a 5 (cinco) anos:

I – se a vítima é ascendente, descendente, cônjuge ou companheiro do agente ou maior de 60 (sessenta) anos;

II – se o crime é praticado mediante internação da vítima em casa de saúde ou hospital;

III – se a privação da liberdade dura mais de 15 (quinze) dias;

IV – se o crime é praticado contra menor de 18 (dezoito) anos;

V – se o crime é praticado com fins libidinosos.

§ 2º Se resulta à vítima, em razão de maus-tratos ou da natureza da detenção, grave sofrimento físico ou moral:

Pena – reclusão, de 2 (dois) a 8 (oito) anos.

4.1. Considerações iniciais

Sequestro e cárcere privado são formas de privar alguém da sua liberdade de locomoção, isto é, do livre arbítrio, da livre escolha que cada pessoa faz sobre o local em que deseja ficar ou o momento de locomover-se para outro diverso daquele em que se acha.

Dentro desse espírito, o bem jurídico tutelado é a liberdade de ir, vir e ficar (liberdade de movimento).

Diante da pena cominada no *caput*, admite-se a suspensão condicional do processo nesta modalidade do crime.

4.2. Sujeitos do crime

Qualquer pessoa pode ser sujeito ativo ou passivo (crime comum).

Alguns doutrinadores excluem da tutela penal as pessoas que não podem exercer a faculdade de ir e vir, como os paralíticos, os doentes graves etc. Outros afastam os incapacitados de entender ou conhecer a privação da liberdade (crianças de tenra idade, doentes mentais etc.).

Magalhães Noronha, citando Maggiore, assim rebate as duas correntes:

> "Cremos que tanto uns como outros são sujeitos passivos do crime. A liberdade de movimento não deixa de existir quando se exerce à custa de aparelhos ou com auxílio de outrem. Por outro lado, não é menos certo que o incapaz, na vida em sociedade, goza dessa liberdade corpórea, tutelada pela lei incondicional e objetivamente."[310].

Quando o delito for praticado por funcionário público, haverá crime de abuso de autoridade (princípio da especialidade).

Tratando-se de bem disponível (liberdade de locomoção), o consentimento da vítima exclui o crime, desde que consciente e válido (se, durante a privação consentida, o ofendido, mudando de ideia, dissentir, deve ser colocado imediatamente em liberdade, sob pena de se configurar o delito em tela).

O § 1º, nos incisos I e IV, traz qualificadora para os casos em que a vítima é descendente, ascendente, cônjuge ou companheiro do agente, maior de sessenta ou menor de dezoito anos.

4.3. Conduta

A ação incriminada consiste na privação (total ou parcial) da liberdade de alguém. Os meios, para tanto, são o sequestro e o cárcere privado. A distinção entre os dois, entretanto, traz certa confusão.

Aníbal Bruno explica:

> "De dois modos se pode exercer sobre a vítima essa privação da liberdade que consiste em anular ou reduzir a sua capacidade de mover-se livremente de um para outro lugar: o sequestro e o cárcere privado. O sequestro é a forma geral dessa espécie punível, da qual o cárcere privado é um modo particular da execução, que se distingue porque nele a detenção da vítima se faz em recinto fechado, dentro de um aposento, no interior de uma casa, donde não lhe

310. *Direito Penal*, v. 2, p. 160.

> é permitido sair. O sequestro executa-se por qualquer modo que consista em pôr o indivíduo em situação de não poder locomover-se livremente. A vítima pode ficar estritamente presa, atada a um tronco, amarrada de pés e mãos, retida dentro de um aposento isolado."[311].

Já Fernando Capez, citando Nélson Hungria, assim diferencia as duas figuras:

> "Dá-se a privação da liberdade por dois modos: mediante sequestro ou cárcere privado. A doutrina costuma distinguir os termos 'sequestro' e 'cárcere privado'; contudo, na prática, recebem o mesmo tratamento penal. No sequestro (gênero), a privação da liberdade de locomoção não implica confinamento (p. ex., manter uma pessoa em um sítio, em uma praia). Já no cárcere privado (que constitui uma espécie do gênero sequestro), a privação da liberdade ocorre em recinto fechado, enclausurado, confinado (p. ex., manter a vítima em um quarto fechado). Note-se que a privação da liberdade não precisa ser total; basta que a vítima não possa desvencilhar-se do sequestrador sem que corra perigo pessoal para que se configure o crime em tela."[312_313].

Tratando-se de crime de execução livre, a privação da liberdade pode ser antecedida de violência, grave ameaça ou mesmo fraude (induzir a vítima em erro). Pode ser praticado por *ação* (afastar a vítima do lugar em que vive para outro) ou *omissão* (médico que não concede alta para paciente já curado).

O tempo durante o qual o paciente sofre a privação da liberdade, em regra, não interfere na configuração do crime, servindo apenas como qualificadora no caso de prolongar-se por mais de quinze dias.

4.4. Voluntariedade

É o dolo, consistente na vontade consciente de privar a vítima de sua liberdade de locomover-se, dispensando um fim especial. Aliás, dependendo da finalidade do agente, outro poderá ser o tipo penal (ex.: redução à condição análoga de escravo, extorsão mediante sequestro, tortura etc.).

4.5. Consumação e tentativa

Considera-se consumado o delito com a privação da liberdade do paciente. É crime de natureza permanente, ou seja, só com a devolução da liberdade da vítima cessa a sua perpetração.

---

311. *Crimes contra a pessoa*, p. 358-359.
312. Ob. cit., v. 2, p. 305.
313. Sabendo que no cárcere privado há um confinamento da vítima (logo, causador de maior sofrimento), essa circunstância não deve passar despercebida pelo magistrado sentenciante.

Quanto ao tempo de duração do sequestro ou cárcere privado, temos duas correntes:

a) a primeira ensina ser irrelevante o tempo de privação, configurando-se o delito a partir do momento em que a vítima teve subtraído seu direito de locomoção, pouco importando se por tempo mais ou menos longo (*RT* 742/613 e 731/564);

b) a segunda exige que o tempo seja juridicamente relevante, sendo a privação momentânea mera tentativa (ou um constrangimento ilegal – art. 146 do CP). Nesse sentido, *RT* 551/324 e 504/312.

Tratando-se de delito plurissubsistente, a tentativa é possível quando praticado por ação.

E se o crime, iniciado sob a égide de uma lei, antes de se encerrar a privação, se vê diante de outra, ainda mais gravosa (ex.: quando da privação da liberdade de locomoção da vítima, a Lei A punia tal fato com pena de 1 (um) a 3 (três) anos de reclusão, sendo sucedida pela Lei B, mais grave, com pena de reclusão de 2 (dois) a 5 (cinco) anos)? Temos aqui a prática de um único fato que se alongou no tempo, sofrendo a incidência sucessiva de duas leis. A resposta a esse conflito hoje está sumulada no Supremo Tribunal Federal: *Súmula 711. A lei penal mais grave aplica-se ao crime continuado ou ao crime permanente, se a sua vigência é anterior à cessação da continuidade ou da permanência.*

4.6. Qualificadoras

Os §§ 1º e 2º enunciam qualificadoras (alterando o mínimo e o máximo da pena prevista no *caput*), hipóteses em que o crime se reveste de circunstâncias que lhe imprimem um cunho de maior gravidade.

Vejamos.

***I** – se a vítima é ascendente, descendente, cônjuge ou companheiro do agente ou maior de 60 (sessenta) anos*: no caso de *ascendente* e *descendente*, não importa seja o parentesco legítimo ou ilegítimo (aliás, diferenciação odiosa feita pelo antigo Código Civil, repudiada pela atual Constituição Federal e corrigida pelo novel Código). O resultante da adoção, segundo cremos, faz incidir a circunstância qualificadora.

Crime praticado contra *cônjuge* também faz incidir o agravamento em estudo. A doutrina ensinava, com razão, não estar abrangida a união estável, em respeito à legalidade estrita. No entanto, a novel Lei 11.106/2005 inseriu a hipótese, abrangendo-se, hoje, a prática do delito contra companheiro ou companheira.

O Estatuto do Idoso acrescentou mais uma possibilidade de agravamento da pena, qual seja ser a vítima maior de 60 anos.

As hipóteses são taxativas, não admitindo ampliação. Assim, não serão alcançados pelo inciso I os parentes colaterais, por afinidade, padrasto ou madrasta do agente.

***II** – se o crime é praticado mediante internação da vítima em casa de saúde ou hospital*: "Vê a lei, no fato, maior periculosidade do agente, revelada na fraude empregada, pois difícil seria a consecução sem artifício ou ardil."[314].

314. Magalhães Noronha, ob. cit., v. 2, p. 162.

Trata-se de verdadeira internação simulada (ou fraudulenta), pretexto para privar a vítima da sua liberdade de locomoção.

III – se a privação da liberdade dura mais de 15 (quinze) dias: o legislador, neste caso, considerou o maior sofrimento da vítima, bem como o eventual desespero dos familiares, merecendo severa reprovação no momento da fixação da pena. O prazo de quinze dias deve ser contado desde o momento da privação até a libertação da vítima.

IV – se o crime é praticado contra menor de 18 (dezoito) anos: a prática do crime contra criança ou adolescente é claramente mais reprovável, vez que pessoa ainda em formação (física e mental), o que certamente acarretará à vítima sequelas emocionais muitas vezes perpétuas.

V – se o crime é praticado com fins libidinosos: a privação da liberdade com finalidade libidinosa era etiquetada pelo CP como crime sexual de rapto (arts. 219 e 220). Com o advento da Lei 11.106/2005, tal modalidade criminosa acabou por ser abolida formalmente do nosso ordenamento jurídico, passando a configurar qualificadora do sequestro.

Não houve, contudo, *abolitio criminis*, não se extraindo da mudança legal a intenção do legislador em ver abolida a conduta de privar alguém da sua liberdade de locomoção, com finalidade libidinosa. O que ocorreu, na verdade, foi uma mera revogação formal do tipo do art. 219, permanecendo materialmente típica a conduta, agora deslocando a sua subsunção (enquadramento) no disposto no art. 148, § 1º, V, do CP (princípio da continuidade normativo-típica).

Do exposto, depreende-se que os fatos praticados antes da vigência da nova lei hoje passam a se ajustar ao disposto no art. 148 (nova roupagem para o mesmo fato), porém com a pena do art. 219, pois mais favorável.

Assim, se estivermos na fase de inquérito policial, deve a inicial acusadora descrever a privação d a liberdade com finalidade libidinosa de acordo com o novo tipo (art. 148), respeitando a pena do crime contra a dignidade sexual formalmente revogado. Se já existe processo, a correção da capitulação será feita pelo magistrado sentenciante, respeitando, também, a pena mais favorável do crime contra a dignidade sexual.

Resolvida esta questão, ainda no mesmo caso (fato praticado antes da nova lei), surge outra, talvez não tão fácil de ser solucionada:

☑ ***Sabendo-se que a ação penal do rapto era, em regra, de iniciativa privada, e a do sequestro qualificado pela finalidade libidinosa, pública incondicionada, com a alteração trazida pela Lei 11.106/05, devem os fatos ser descritos em queixa-crime, oferecida pela vítima, ou em denúncia, proposta pelo Ministério Público?***

Certamente haverá aqueles que, norteados pelas regras do direito intertemporal no processo penal, lecionarão pela aplicação imediata da mudança, isto é, denúncia (*tempus regit actum*).

Entendemos, com o devido respeito, que a ação penal, para os casos praticados antes da vigência da nova lei, deve continuar sendo privada (queixa-crime), vez que, do contrário, estar-se-ia subtraindo inúmeros institutos extintivos da punibilidade ao acusado (ex.: renúncia, perdão do ofendido, perempção, decadência etc.).

Enuncia o § 2º penas de 2 (dois) a 8 (oito) anos se resulta à vítima, em razão de maus-tratos (ex.: privação de alimentos) ou da natureza da detenção (trancada em sala escura e insalubre), grave sofrimento físico ou moral.

Se o agente assim agir buscando: a) obter informação, declaração ou confissão da vítima ou de terceira pessoa; b) provocar ação ou omissão de natureza criminosa; ou c) em razão de discriminação racial ou religiosa, haverá crime de tortura (Lei 9.455/97[315]).

4.7. Ação penal

A pena é perseguida mediante ação penal pública incondicionada.

4.8. Princípio da especialidade

a) Código Penal x Lei de Segurança Nacional: sequestrar ou manter alguém em cárcere privado por inconformismo político ou para obtenção de fundos destinados à manutenção de organizações políticas clandestinas ou subversivas é crime tipificado no art. 20 da Lei 7.170/83, assim como praticar sequestro ou cárcere privado, por inconformismo político, contra o Presidente da República, do Senado, da Câmara dos Deputados e do Supremo Tribunal Federal constitui delito inscrito no art. 28 da mesma lei.

b) Código Penal x Código Penal Militar: o art. 225 do Decreto-lei 1.001/69 pune a conduta de privar alguém de sua liberdade, mediante sequestro ou cárcere privado, na forma do art. 9º do mesmo diploma.

5. REDUÇÃO A CONDIÇÃO ANÁLOGA À DE ESCRAVO[316]

▶ ***Redução a condição análoga à de escravo***

Art. 149. Reduzir alguém a condição análoga à de escravo, quer submetendo-o a trabalhos forçados ou a jornada exaustiva, quer sujeitando-o a condições degradantes de trabalho, quer restringindo, por qualquer meio, sua locomoção em razão de dívida contraída com o empregador ou preposto:

Pena – reclusão, de 2 (dois) a 8 (oito) anos, e multa, além da pena correspondente à violência.

§ 1º Nas mesmas penas incorre quem:

---

315. A Lei nº 12.847/13 instituiu o Sistema Nacional de Prevenção e Combate à Tortura. A Lei estabelece a criação de diversos mecanismos contra a tortura, como o Sistema Nacional de Prevenção e Combate à Tortura – SNPCT, composto pelo Comitê Nacional de Prevenção e Combate à Tortura – CNPCT, pelo Mecanismo Nacional de Prevenção e Combate à Tortura – MNPCT, pelo Conselho Nacional de Política Criminal e Penitenciária – CNPCP e pelo órgão do Ministério da Justiça responsável pelo sistema penitenciário nacional.

316. A Câmara dos Deputados aprovou no ano de 2012 Proposta de Emenda à Constituição, conhecida como PEC do Trabalho Escravo, prevendo a expropriação de terras ou imóveis que utilizem mão de obra em condições análogas à de escravo. A Lei 12.721/13 alterou a Lei no 6.454, de 24 de outubro de 1977, para vedar que pessoa condenada pela exploração de mão de obra escrava seja homenageada na denominação de bens públicos. E por meio da Portaria Interministerial nº 04, de 11 de maio de 2016, estabeleceu-se, no âmbito do Ministério do Trabalho e Previdência Social, o cadastro de empregadores que tenham submetido trabalhadores a condições análogas à de escravo. O cadastro consiste na divulgação, no sítio do eletrônico do Ministério do Trabalho e da Previdência Social, da relação de pessoas físicas ou jurídicas autuadas em ação fiscal que tenha identificado trabalhadores submetidos à condições análogas à de escravo.

I – cerceia o uso de qualquer meio de transporte por parte do trabalhador, com o fim de retê-lo no local de trabalho;

II – mantém vigilância ostensiva no local de trabalho ou se apodera de documentos ou objetos pessoais do trabalhador, com o fim de retê-lo no local de trabalho;

§ 2º A pena é aumentada de metade, se o crime é cometido:

I – contra criança ou adolescente;

II – por motivo de preconceito de raça, cor, etnia, religião ou origem.

5.1. Considerações iniciais

A doutrina dá ao crime de redução a condição análoga à de escravo o nome de "plágio", que significa a sujeição de uma pessoa ao poder (domínio) de outra.

A Declaração Universal dos Direitos do Homem, de 10 de dezembro de 1948, assim dispõe no seu art. 4º: "Ninguém será mantido em escravidão ou em servidão; a escravidão e o trato dos escravos serão proibidos em todas as suas formas".

A escravidão é uma situação de direito em virtude da qual o homem perde a própria personalidade, tornando-se simplesmente coisa. Sem amparo legal em nosso País, pune-se, aqui, a redução do homem a condição análoga à de um escravo, estado de fato proibido por lei.

A Exposição de Motivos (item 51) explica:

> "No art. 149, é prevista uma entidade criminal ignorada do Código vigente: o fato de reduzir alguém, por qualquer meio, à condição análoga à de escravo, isto é, suprimir-lhe, de fato, o *status libertatis*, sujeitando-o o agente ao seu completo e discricionário poder".

Sobre o assunto, ensina Noronha:

> "Reduzir alguém a condição análoga à de escravo é, pois, suprimir-lhe o direito individual da liberdade, ficando ele inteiramente submetido ao domínio de outrem. O objeto jurídico não é outro senão o interesse do Estado em proteger essa liberdade, relacionada ao *status libertatis*, ofendido por ações, como já se disse, que o suprimem como fato."[317].

☑ ***Classificado expressamente pelo Código como crime contra a liberdade individual, de quem é competência para o processo e julgamento do crime de redução a condição análogo à de escravo?***

Sempre prevaleceu (na doutrina e na jurisprudência) que, em regra, a competência é da Justiça Estadual (e não Federal), salvo no caso em que a denúncia postula a condenação pelo art. 149, juntamente com um dos crimes contra a organização do trabalho.

Contudo, é cada vez mais crescente corrente defendendo a competência federal, argumentando, em resumo, que o crime viola a organização do trabalho (e, subsidiariamente, a liberdade individual do homem).

317. *Direito Penal*, v. 2, p. 164.

Com o devido respeito, esta segunda posição não nos parece correta. Vejamos. Defender a competência (absoluta) da Justiça Federal para o processo e julgamento do crime do art. 149 é desconsiderar: **(a)** a posição topográfica do delito, que não deixa dúvidas quanto ao bem jurídico diretamente protegido (a liberdade do homem); **(b)** a exposição de motivos (fonte de interpretação), que expressamente enuncia o crime como espécie dos delitos contra a liberdade individual; **(c)** mesmo que se entendesse contra a organização do trabalho, é sabido competir à Justiça Federal processar e julgar essa espécie de crime somente quando tenha por objeto a organização geral do trabalho ou direitos dos trabalhadores considerados coletivamente (nesse sentido, Alice Bianchini[318]).

No julgamento do RE 398.041/PA, o STF considerou, por maioria, que "Quaisquer condutas que possam ser tidas como violadoras não somente do sistema de órgãos e instituições com atribuições para proteger os direitos e deveres dos trabalhadores, mas também dos próprios trabalhadores, atingindo-os em esferas que lhes são mais caras, em que a Constituição lhes confere proteção máxima, são enquadráveis na categoria dos crimes contra a organização do trabalho, se praticadas no contexto das relações de trabalho. Nesses casos, a prática do crime prevista no art. 149 do Código Penal (Redução à condição análoga a de escravo) se caracteriza como crime contra a organização do trabalho, de modo a atrair a competência da Justiça federal (art. 109, VI da Constituição) para processá-lo e julgá-lo." Nesta ocasião, contudo, três ministros consideraram que a análise da competência (se estadual ou federal) deve recair sobre a abrangência da lesão ao bem jurídico tutelado. Dentro desse espírito, entendeu-se que a competência federal, fixada pelo art. 109, inciso VI, da Constituição, deve incidir apenas naqueles casos em que esteja patente a ofensa a *princípios básicos sobre os quais se estrutura o trabalho em todo o país*. Quer isto dizer que, abstratamente, não se pode considerar a redução a condição análoga à de escravo como crime que atinge a organização do trabalho. Assim, nos casos, por exemplo, em que apenas um trabalhador é atingido pela conduta do agente, não há ofensa à organização do trabalho, senão à sua liberdade individual, competindo à justiça estadual a apreciação da causa. O Tribunal reiterou este entendimento ao julgar o RE 541.627/PA e o RE 459.510/MT, este em decisão de 26/11/2015.

Em virtude da pena cominada, nenhum dos benefícios da Lei 9.099/95 é admitido.

5.2. Sujeitos do crime

Sujeito ativo do delito pode ser qualquer pessoa, independentemente de qualidades e condições especiais (crime comum). O mesmo se deve dizer quanto ao sujeito passivo[319].

O § 2º traz causas de aumento para os casos em que o crime é cometido contra criança ou adolescente ou por motivo de preconceito de raça, cor, etnia, religião ou origem.

---

318. *Reforma criminal*: comentários à Lei 10.803/2003, p. 361.

319. Rogério Greco atento às alterações introduzidas pela Lei 10.803/2003, discorda e explica: "Após a nova redação do art. 149 do Código Penal, levada a efeito pela Lei 10.803, de 11 de dezembro de 2003, foram delimitados os sujeitos ativo e passivo do delito em estudo, devendo, agora, segundo entendemos, existir entre eles relação de trabalho".

5.3. Conduta

O que o tipo pune é a escravização, de fato, da criatura humana, tornando-a submissa, reduzindo-a a condição de servo ou desfrutá-la como tal. Trata-se de sujeição de uma pessoa ao domínio da outra, como se fosse um escravo.

Sempre se ensinou ser o crime de ação livre, cuja existência dependia da análise do caso concreto, isto é, ao juiz cabia decidir, diante das circunstâncias postas, se a vítima foi ou não tratada como escravo.

Entretanto, com o advento da Lei 10.803/2003, foram enumerados taxativamente quais comportamentos caracterizam o delito, tornando-o de forma vinculada, só podendo ser praticado por meio das seguintes condutas detalhadas:

1) submeter a vítima a trabalhos forçados ou a jornada exaustiva (*caput*);

2) sujeitá-la a condições degradantes de trabalho (*caput*);

3) restringir, por qualquer meio, sua locomoção em razão de dívida contraída com o empregador ou preposto (*caput*);

4) cercear o uso de qualquer meio de transporte por parte do trabalhador, com o fim de retê-lo no local de trabalho (§ 1º, I);

5) manter vigilância ostensiva no local de trabalho ou se apoderar de documentos ou objetos pessoais do trabalhador, com o fim de retê-lo no local de trabalho (§ 1º, II).

Assim, o indivíduo que, em uma fazenda, é tratado como os antigos escravos (estando impedido de deixá-la, não recebendo salários etc.), acha-se em situação análoga a destes.

Caso o meio lançado para a submissão do sujeito passivo seja o sequestro, ficará este crime (art. 148) absorvido pelo 149 do CP.

Praticando o agente mais de uma dessas condutas, em face da mesma vítima, haverá um único crime (princípio da alternatividade), servindo as várias ações criminosas, no entanto, na dosagem da pena (art. 59 do CP).

Para a configuração do delito não se faz necessária a prática de maus-tratos ou sofrimentos ao sujeito passivo (nesse sentido ver *RJTJSP* 39/286 e 39/386).

Como já analisado no delito anterior (sequestro e cárcere privado – art. 148 do CP), a liberdade humana é bem disponível. Contudo, no caso presente, salienta a doutrina que a liberdade da vítima é inalienável, comovida pelo grau de submissão (domínio) a que fica sujeito o "trabalhador", de nada representando o seu consentimento. Luiz Regis Prado explica:

> "O consentimento do ofendido é irrelevante. Não há a exclusão do delito se o próprio sujeito passivo concorda com a inteira supressão

---

Assim, sujeito ativo será o empregador que utiliza a mão de obra escrava. Sujeito passivo, a seu turno, será o empregado que se encontra numa condição análoga à de escravo" (*Curso de Direito Penal*: parte especial, v. 2, p. 518).

> de sua liberdade pessoal, já que isso importaria em anulação da personalidade. Somente seria cabível a exclusão da ilicitude da conduta se fosse o sujeito passivo o único titular do bem jurídico protegido e se pudesse livremente dele dispor. E isso não ocorre no delito em exame, já que o Direito não confere preferência à liberdade de atuação da vontade ante o desvalor da ação e do resultado da lesão ao bem jurídico. O estado de liberdade integra a personalidade do ser humano e a ordem jurídica não admite sua completa alienação"[320].

Não se desconsidera, no entanto, que a questão relativa ao consentimento passe a ser objeto de discussão diante da sistemática introduzida pelo art. 149-A, que, tipificando o crime de tráfico de pessoas para, dentre outras situações, submetê-las a trabalho em condições análogas à de escravo ou a qualquer tipo de servidão, pressupõe o dissentimento da pessoa traficada, pois exige que a conduta seja cometida mediante grave ameaça, violência, coação, fraude ou abuso. Dessa forma, se o consentimento exclui a tipicidade do tráfico de pessoas – crime mais grave –, não faltará quem sustente a atipicidade no caso do consentimento de quem se submete a uma das situações estabelecidas no tipo do art. 149.

5.4. Voluntariedade

O crime é exclusivamente doloso, consistente na vontade consciente de realizar a figura delituosa, é dizer, de reduzir alguém ao estado previsto na lei, suprimindo a vontade de fato da vítima.

O § 1º, I e II, traz a expressão "com o fim de retê-lo no local de trabalho", que configura um elemento subjetivo do tipo.

O § 2º, em seu inciso II, traz outro elemento subjetivo, quando determina o aumento de pena por motivo de preconceito de raça, cor, etnia, religião ou origem.

Não admite forma culposa.

Recrutar trabalhadores, mediante fraude (ex.: promessa enganosa de altos salários), com o fim de levá-los para território estrangeiro caracteriza o delito do art. 206 do CP. Aliciar (seduzir) trabalhadores, com o fim de levá-los de uma para outra localidade do território nacional, se enquadra no disposto no art. 207 do CP. Nos dois casos a vontade do agente não é tornar o empregado seu servo, mas, sim, recrutar trabalhadores visando a emigração ou migração.

5.5. Consumação e tentativa

Consuma-se o delito quando o indivíduo é reduzido a condição análoga à de escravo, por meio da prática de alguma das condutas previstas, dispensando-se, como já dito, o sofrimento da vítima.

---

320. *Tratado de Direito Penal Brasileiro,* v. 4, p. 360.

Trata-se de crime permanente (a consumação protrai-se no tempo), perdurando o delito enquanto houver a prática cerceadora da liberdade.

A tentativa é perfeitamente possível em qualquer das figuras descritas no tipo. Pode configurar-se quando o agente, embora tenha empregado os meios necessários à subjugação da vítima a seus poderes, não logra êxito em compeli-la por circunstâncias alheias à sua vontade.

5.6. Majorante de pena

O § 2º aumenta a pena de metade se o crime é cometido:

I – contra criança ou adolescente, isto é, pessoa até os dezoito anos incompletos;

II – por motivo de preconceito de raça, cor, etnia, religião ou origem.

5.7. Ação penal

Trata-se de crime de ação penal pública incondicionada, não dependendo de qualquer *pedido-autorização* da vítima ou de seu representante legal.

6. TRÁFICO DE PESSOAS

▶ ***Tráfico de pessoas***

Art. 149-A. Agenciar, aliciar, recrutar, transportar, transferir, comprar, alojar ou acolher pessoa, mediante grave ameaça, violência, coação, fraude ou abuso, com a finalidade de:

I – remover-lhe órgãos, tecidos ou partes do corpo;

II – submetê-la a trabalho em condições análogas à de escravo;

III – submetê-la a qualquer tipo de servidão;

IV – adoção ilegal; ou

V – exploração sexual.

Pena – reclusão, de 4 (quatro) a 8 (oito) anos, e multa.

§ 1º A pena é aumentada de um terço até a metade se:

I – o crime for cometido por funcionário público no exercício de suas funções ou a pretexto de exercê-las;

II – o crime for cometido contra criança, adolescente ou pessoa idosa ou com deficiência;

III – o agente se prevalecer de relações de parentesco, domésticas, de coabitação, de hospitalidade, de dependência econômica, de autoridade ou de superioridade hierárquica inerente ao exercício de emprego, cargo ou função; ou

IV – a vítima do tráfico de pessoas for retirada do território nacional.

§ 2º A pena é reduzida de um a dois terços se o agente for primário e não integrar organização criminosa.

6.1. Considerações iniciais

De acordo com informações do Ministério da Justiça[321], o tráfico de pessoas é um fenômeno complexo e multidimensional. Atualmente, esse crime se confunde com outras práticas criminosas e de violações aos direitos humanos e não serve mais apenas à exploração de mão de obra escrava. Alimenta também redes nacionais e transnacionais de exploração sexual comercial, muitas vezes ligadas a roteiros de turismo sexual, e organizações especializadas em retirada de órgãos.

A definição aceita internacionalmente para tráfico de pessoas encontra-se no Protocolo Adicional à Convenção das Nações Unidas contra o Crime Organizado Transnacional relativo à Prevenção, Repressão e Punição do Tráfico de Pessoas, em especial de Mulheres e Crianças (2000), instrumento já ratificado pelo governo brasileiro. Segundo o referido Protocolo, a expressão tráfico de pessoas significa:

> "O recrutamento, o transporte, a transferência, o alojamento ou o acolhimento de pessoas, recorrendo à ameaça ou uso da força ou a outras formas de coação, ao rapto, à fraude, ao engano, ao abuso de autoridade ou à situação de vulnerabilidade ou à entrega ou aceitação de pagamentos ou benefícios para obter o consentimento de uma pessoa que tenha autoridade sobre outra para fins de exploração.".

O mesmo Protocolo define a exploração como sendo "no mínimo, a exploração da prostituição de outrem ou outras formas de exploração sexual, o trabalho ou serviços forçados, escravatura ou práticas similares à escravatura, a servidão ou a remoção de órgãos".

O tráfico de pessoas é uma das atividades criminosas mais lucrativas. Segundo dados da Organização Internacional do Trabalho (OIT), o lucro anual produzido com o tráfico de pessoas chega a 31,6 bilhões de dólares. Levantamento do Escritório das Nações Unidas contra Drogas e Crimes mostra também que, para cada ser humano transportado de um país para o outro, o lucro das redes criminosas pode chegar a US$ 30 mil por ano.

Estimativas da OIT assinalam que durante o ano de 2005 o tráfico de pessoas fez aproximadamente 2,4 milhões de vítimas. A OIT estima que 43% dessas vítimas sejam subjugadas para exploração sexual e 32% para exploração econômica.

Ainda há poucos dados disponíveis que permitam uma aproximação real da dimensão do problema no Brasil. Um dos estudos mais importantes para a compreensão desse fenômeno no Brasil foi a Pesquisa sobre o Tráfico de Mulheres, Crianças e Adolescentes para fins de Exploração Sexual (Pestraf), realizada em 2002. A Pestraf mapeou 241 rotas de tráfico interno e internacional de crianças, adolescentes e mulheres brasileiras, indicando a gravidade do problema no país. A Pestraf permanece ainda como a única pesquisa de abrangência nacional sobre o tema.

---

321. Tráfico de Pessoas. O que é o tráfico de pessoas. <http://www.mj.gov.br/data/Pages/Segurança Pública>.

Muitas das informações contidas na Pestraf foram incluídas no material que serviu de ponto de partida para a Comissão Parlamentar Mista de Inquérito (CPMI) do Congresso Nacional, instituída em 2003, com o propósito de investigar as situações de violência e redes de exploração sexual de crianças e adolescentes no Brasil. Em pouco mais de um ano, a CPMI percorreu todas as regiões do país, realizou diversas reuniões e audiências, ouvindo representantes de entidades da sociedade civil, do Poder Público, bem como acusados e vítimas de exploração sexual. Em seu relatório final, a CPMI sugeriu alterações na legislação brasileira, algumas das quais já foram contempladas na alteração do Código Penal feita em março de 2005. A CPMI também avaliou políticas públicas e recomendou ações ao governo federal, muitas das quais já se encontram em execução.

É importante apontar que, embora muitos casos referentes ao tráfico de pessoas envolvam vítimas brasileiras, o Brasil também tem sido o destino de muitas mulheres e meninas de países da América do Sul que são traficadas para fins de exploração sexual comercial.

Antes, o tráfico de pessoas estava localizado nos arts. 231 e 231-A, ambos do CP, restrito à finalidade de exploração sexual. No entanto, percebendo que os documentos internacionais assinados pelo Brasil dão ao delito um alcance bem maior, abrangendo outros tipos de exploração que não a sexual, a Lei 13.344/16 removeu o crime do Título VI – dos crimes contra a dignidade sexual –, migrando-o para o Capítulo IV do Título I, dos crimes contra a liberdade individual. Eis o bem jurídico tutelado. Contudo, bens outros aparecem no espectro de proteção, como o a dignidade corporal, a dignidade sexual e o poder familiar.

As penas cominadas ao delito não permitem qualquer dos benefícios da Lei 9.099/95.

6.2. Sujeitos do crime

Qualquer pessoa poderá praticar o delito em estudo, seja atuando como "empresário ou funcionário do comércio de pessoas", seja como consumidor do "produto" traficado.

Homem ou mulher pode figurar como vítima.

A depender das condições especiais dos envolvidos a pena por ser majorada (§1º).

6.3. Conduta

O tipo em estudo é de conduta mista, constituído de oito verbos nucleares[322] (alguns, inclusive, sinônimos), punindo-se o agente que *agenciar* (negociar, comerciar, servir de agente ou intermediário), *aliciar* (atrair, persuadir), *recrutar* (chamar pessoas), *transportar* (levar de um lugar para outro), *transferir* (mudar de um lugar para outro), *comprar* (adquirir a preço de dinheiro), *alojar* (acomodar) ou *acolher* (receber, aceitar,

322. Se compararmos com a ordem normativa anterior, logo se percebe que algumas ações que antes integravam o tipo penal deixaram de existir. O núcleo *vender*, por exemplo, que constava no tráfico interno (art. 231-A), não foi repetido no art. 149-A. Alertamos, contudo, não ter ocorrido *abolitio criminis*, pois a conduta é abrangida pelo núcleo *agenciar*.

abrigar) pessoa, mediante grave ameaça, violência, coação, fraude ou abuso, com a finalidade de remover-lhe órgãos, tecidos ou partes do corpo, submetê-la a trabalho em condições análogas à de escravo, submetê-la a qualquer tipo de servidão, adoção ilegal ou exploração sexual.

☑ ***O consentimento do ofendido exclui o crime de tráfico de pessoas?***

Reparem que antes da Lei 13.344/16 o emprego da violência (física e moral) ou fraude servia como majorante de pena. Nessa ordem, a maioria da doutrina lecionava que o consentimento da vítima era irrelevante para a tipificação do crime. Com o advento da Lei 13.344/16, o legislador migrou essas condutas do rol de majorantes para a execução alternativa do crime de tráfico de pessoas. Sem violência, coação, fraude ou abuso, não há crime. Diante desse novo cenário, o consentimento válido da pessoa exclui a tipicidade[323], seguindo, nesse ponto, o Protocolo Adicional à Convenção das Nações Unidas contra o Crime Organizado Transnacional relativo à Prevenção, Repressão e Punição do Tráfico de Pessoas, que no artigo 3º., "a" e "b", alerta:

> a) "O recrutamento, o transporte, a transferência, o alojamento ou o acolhimento de pessoas, recorrendo à ameaça ou uso da força ou a outras formas de coação, ao rapto, à fraude, ao engano, ao abuso de autoridade ou à situação de vulnerabilidade ou à entrega ou aceitação de pagamentos ou benefícios para obter o consentimento de uma pessoa que tenha autoridade sobre outra para fins de exploração."
>
> b) "O consentimento dado pela vítima de tráfico de pessoas tendo em vista qualquer tipo de exploração descrito na alínea a) do presente Artigo será considerada irrelevante se tiver sido utilizado qualquer um dos meios referidos na alínea a)".

O operador, portanto, deve aquilatar a validade do consentimento do ofendido com base nas circunstâncias do caso concreto, presumindo-se o dissenso:

1) se obtido o consentimento mediante ameaça ou uso da força ou a outras formas de coação, rapto – sequestro ou cárcere privado –, fraude, engano;

2) se o agente traficante abusou de autoridade para conquistar o assentimento da vítima;

3) se o ofendido que aprovou o seu comércio for vulnerável[324];

---

323. Aliás, essa mudança explica a razão de os núcleos *"promover"* e *"facilitar"* o tráfico de seres humanos não constarem mais no tipo. Eram comportamentos que concorriam para o tráfico consentido.

324. No conceito de *vulnerável*, não devemos nos contentar com o conteúdo do art. 217-A do CP (*pessoa menor de 14 anos, enferma ou com deficiência mental, ou que não pode oferecer resistência*). É que no art. 218-B do CP – favorecimento à prostituição ou outra forma de exploração sexual – o menor de 18 anos também é alcançado pelo tipo, sendo irrelevante o seu consentimento. Estranho seria a vítima, de apenas 16 anos, que não pode consentir na sua prostituição, aquiescer validamente no tráfico para o mesmo fim. Preferimos, portanto, trabalhar no conceito de vulnerável com o art. 225

4) se o ofendido aquiesceu em troca de entrega ou aceitação de pagamentos ou benefícios[325].

Não se trata de crime habitual, bastando para sua caracterização que apenas uma vítima seja submetida à ação do agente (embora o comum seja a pluralidade de pessoas).

A lei elenca como meios de execução a grave ameaça, a violência, a coação, a fraude e o abuso. A coação constante no tipo ficou redundante, pois se ajusta à grave ameaça (coação moral) ou à violência física (coação física). Se a intenção era ampliar para alcançar a chantagem emocional, o legislador deveria ter-se valido da elementar "qualquer forma de coação".

Finalmente, vejamos, em quadros comparativos, o tratamento penal do tráfico de pessoas antes e depois da Lei 13.344/16:

TRÁFICO (INTERNO) NACIONAL	
Antes da Lei 13.344/16	**Depois da Lei 13.344/16**
Art. 231-A do CP (crime contra a dignidade sexual)	Art. 149-A do CP (crimes contra a liberdade do indivíduo)
Art. 231-A. Promover ou facilitar o deslocamento de alguém dentro do território nacional para o exercício da prostituição ou outra forma de exploração sexual: Pena – reclusão, de 2 (dois) a 6 (seis) anos. § 1º Incorre na mesma pena aquele que agenciar, aliciar, vender ou comprar a pessoa traficada, assim como, tendo conhecimento dessa condição, transportá-la, transferi-la ou alojá-la.	Art. 149-A CP. Agenciar, aliciar, recrutar, transportar, transferir, comprar, alojar ou acolher pessoa, mediante grave ameaça, violência, coação, fraude ou abuso, com a finalidade de: I – remover-lhe órgãos, tecidos ou partes do corpo; II – submetê-la a trabalho em condições análogas à de escravo; III – submetê-la a qualquer tipo de servidão; IV – adoção ilegal; ou V – exploração sexual Pena – reclusão de 4 (quatro) a 8 (oito) anos, e multa.
§ 2º A pena é aumentada da metade se: I – a vítima é menor de 18 (dezoito) anos; II – a vítima, por enfermidade ou deficiência mental, não tem o necessário discernimento para a prática do ato;	§ 1º A pena é aumentada de um terço até a metade se: I – o crime for cometido por funcionário público no exercício de suas funções ou a pretexto de exercê-las;

do CP, que, ao tornar a ação penal pública incondicionada nos crimes sexuais contra pessoa menor de 18 anos ou vulnerável, autoriza concluir que, nessas hipóteses, eventual consentimento do ofendido não opera nenhum efeito.

325. Entendemos que essa condição tornará difícil – senão impossível – um caso prático envolvendo consentimento relevante do ofendido.

TRÁFICO (INTERNO) NACIONAL	
Antes da Lei 13.344/16	**Depois da Lei 13.344/16**
III – se o agente é ascendente, padrasto, madrasta, irmão, enteado, cônjuge, companheiro, tutor ou curador, preceptor ou empregador da vítima, ou se assumiu, por lei ou outra forma, obrigação de cuidado, proteção ou vigilância; ou IV – há emprego de violência, grave ameaça ou fraude.	II – o crime for cometido contra crianças, adolescentes ou pessoa idosa ou com deficiência; III – o agente se prevalecer de relações de parentesco, domésticas, de coabitação, de hospitalidade, de dependência econômica, de autoridade ou de superioridade hierárquica inerente ao exercício de emprego, cargo ou função;
§ 3º Se o crime é cometido com o fim de obter vantagem econômica, aplica-se também multa.	*** A pena de multa foi cumulada com a pena privativa no preceito secundário, independentemente do fim almejado pelo agente. Essa finalidade, no entanto, pode ser considerada pelo juiz na fixação da pena-base.
*** Não tem minorante correspondente, considerando o juiz as condições pessoais do agente na fixação da pena-base (art. 59 do CP).	§2º A pena é reduzida de um a dois terços se o agente for primário e não integrar organização criminosa.

TRÁFICO (INTERNACIONAL) TRANSNACIONAL	
Antes da Lei 13.344/16	**Depois da Lei 13.344/16**
Art. 231 do CP (crime contra a dignidade sexual)	Art. 149-A, §1º, IV, do CP (crimes contra a liberdade do indivíduo)
Art. 231. Promover ou facilitar a entrada, no território nacional, de alguém que nele venha a exercer a prostituição ou outra forma de exploração sexual, ou a saída de alguém que vá exercê-la no estrangeiro. Pena – reclusão, de 3 (três) a 8 (oito) anos. § 1º Incorre na mesma pena aquele que agenciar, aliciar ou comprar a pessoa traficada, assim como, tendo conhecimento dessa condição, transportá-la, transferi-la ou alojá-la.	Art. 149-A CP. Agenciar, aliciar, recrutar, transportar, transferir, comprar, alojar ou acolher pessoa, mediante grave ameaça, violência, coação, fraude ou abuso, com a finalidade de: I – remover-lhe órgãos, tecidos ou partes do corpo; II – submetê-la a trabalho em condições análogas à de escravo; III – submetê-la a qualquer tipo de servidão; IV – adoção ilegal; ou V – exploração sexual Pena – reclusão de 4 (quatro) a 8 (oito) anos, e multa.
§ 2º A pena é aumentada da metade se: I – a vítima é menor de 18 (dezoito) anos; II – a vítima, por enfermidade ou deficiência mental, não tem o necessário discernimento para a prática do ato;	§ 1º A pena é aumentada de um terço até a metade se: (...)

TRÁFICO (INTERNACIONAL) TRANSNACIONAL	
Antes da Lei 13.344/16	**Depois da Lei 13.344/16**
III – se o agente é ascendente, padrasto, madrasta, irmão, enteado, cônjuge, companheiro, tutor ou curador, preceptor ou empregador da vítima, ou se assumiu, por lei ou outra forma, obrigação de cuidado, proteção ou vigilância; ou IV – há emprego de violência, grave ameaça ou fraude.	IV – a vítima do tráfico de pessoas for retirada do território nacional.
§ 3º Se o crime é cometido com o fim de obter vantagem econômica, aplica-se também multa.	*** A pena de multa foi cumulada com a pena privativa no preceito secundário, independentemente do fim almejado pelo agente. Essa finalidade, no entanto, pode ser considerada pelo juiz na fixação da pena-base.
*** Não tem minorante correspondente, considerando o juiz as condições pessoais do agente na fixação da pena-base (art. 59 do CP).	§2º A pena é reduzida de um a dois terços se o agente for primário e não integrar organização criminosa.

6.4. Voluntariedade

É o dolo, consistente na vontade consciente de praticar qualquer dos núcleos do tipo. É imprescindível, ainda, a finalidade especial (alternativa) de traficar a pessoa para:

a) remover-lhe órgãos, tecidos ou partes do corpo

A remoção de órgãos, tecidos ou partes do corpo é disciplinada pela Lei 9.434/97.

Permite-se a retirada *post mortem* de tecidos, órgãos ou partes do corpo humano destinados a transplante ou tratamento, desde que diagnosticada a morte encefálica por dois médicos não integrantes da equipe de transplante (art. 3º).

A lei ainda admite que a pessoa juridicamente capaz disponha gratuitamente de tecidos, órgãos e partes do próprio corpo vivo, para fins terapêuticos ou para transplantes em cônjuge ou parentes consanguíneos até o quarto grau, inclusive, desde que autorize, preferencialmente por escrito e diante de testemunhas, especificamente o tecido, órgão ou parte do corpo objeto da retirada. Além disso, é possível a mesma disposição em favor de qualquer outra pessoa, mas neste caso mediante autorização judicial (art. 9º, *caput* e § 4º), desde que, no caso de corpo vivo, trate-se "de órgãos duplos, de partes de órgãos, tecidos ou partes do corpo cuja retirada não impeça o organismo do doador de continuar vivendo sem risco para a sua integridade e não represente grave comprometimento de suas aptidões vitais e saúde mental e não cause mutilação ou deformação inaceitável, e corresponda a uma necessidade terapêutica comprovadamente indispensável à pessoa receptora" (§ 3º).

Caso a remoção de órgãos, tecidos ou partes do corpo – vivo ou *post mortem* – seja efetuada sem que os preceitos legais sejam observados, há crime tipificado no art. 14 da Lei 9.434/97, cuja pena varia de acordo com as circunstâncias e as consequências:

a) a simples remoção é punida com reclusão de dois a seis anos e multa;

b) caso o crime seja cometido mediante paga ou promessa de recompensa ou por outro motivo torpe, a pena passa a ser de reclusão de três a oito anos e multa;

c) se o crime é praticado em pessoa viva e resulta para o ofendido em incapacidade para as ocupações habituais, por mais de trinta dias, perigo de vida, debilidade permanente de membro, sentido ou função ou aceleração de parto, a pena é de reclusão de três a dez anos e multa;

d) se o crime é praticado em pessoa viva e resulta para o ofendido em incapacidade para o trabalho, enfermidade incurável, perda ou inutilização de membro, sentido ou função, deformidade permanente ou aborto, tem-se a pena de reclusão de quatro a doze anos, além da multa;

e) se o crime é praticado em pessoa viva e resulta em morte, a pena é de reclusão de oito a vinte anos, além da multa.

Há ainda outros crimes relacionados à remoção ilegal de órgãos, tecidos ou partes do corpo humano, dentre os quais destacamos os de comprá-los ou vendê-los, punido com reclusão de três a oito anos (art. 15), de realização de transplante ou enxerto de órgãos, tecidos ou partes do corpo irregularmente removidos (art. 16) e de recolhimento, transporte, guarda ou distribuição de partes do corpo humano de que se tem ciência terem sido obtidos em desacordo com os dispositivos legais (art. 17), punidos, respectivamente, com reclusão de um a seis anos e com reclusão de seis meses a dois anos.

b) submetê-la a trabalho em condições análogas à de escravo

Esta finalidade especial remete diretamente ao crime do art. 149 do Código Penal, que pune – com reclusão de dois a oito anos, além da multa e da pena correspondente a eventual violência – a conduta de reduzir alguém a condição análoga à de escravo, quer submetendo-o a trabalhos forçados ou a jornada exaustiva, quer sujeitando-o a condições degradantes de trabalho, quer restringindo, por qualquer meio, sua locomoção em razão de dívida contraída com o empregador ou preposto.

A Declaração Universal dos Direitos do Homem, de 10 de dezembro de 1948, assim dispõe no seu art. 4º: "Ninguém será mantido em escravidão ou em servidão; a escravidão e o trato dos escravos serão proibidos em todas as suas formas". A escravidão é uma situação de direito em virtude da qual o homem perde a própria personalidade, tornando-se simplesmente coisa. Sem amparo legal em nosso País, pune-se, aqui, a redução do homem a condição análoga à de um escravo, estado de fato proibido por lei.

O que o tipo pune, portanto, é a escravização, de fato, da criatura humana, conduta que a torna submissa, reduzindo-a à condição de servo, ou em que se a desfruta como tal. Trata-se de sujeição de uma pessoa ao domínio da outra, como se fosse um escravo.

Com o advento da Lei 10.803/2003, foram enumerados taxativamente quais comportamentos caracterizam o delito, tornando-o de forma vinculada, de forma que só é possível praticá-lo por meio das seguintes condutas detalhadas:

1) submeter a vítima a trabalhos forçados ou a jornada exaustiva (*caput*);

2) sujeitá-la a condições degradantes de trabalho (*caput*);

3) restringir, por qualquer meio, sua locomoção em razão de dívida contraída com o empregador ou preposto (*caput*);

4) cercear o uso de qualquer meio de transporte por parte do trabalhador, com o fim de retê-lo no local de trabalho (§ 1º, I);

5) manter vigilância ostensiva no local de trabalho ou se apoderar de documentos ou objetos pessoais do trabalhador, com o fim de retê-lo no local de trabalho (§ 1º, II).

c) submetê-la a qualquer tipo de servidão

A finalidade de cometer o tráfico de pessoa para submetê-la a qualquer tipo de servidão não encontra correspondente específico tipificado autonomamente na legislação penal.

A Convenção Suplementar sobre a Abolição da Escravatura, do Tráfico de Escravos e das Instituições e Práticas Análogas **à** Escravatura trata a servidão no mesmo contexto da escravidão.

Na Seção I, denominada *Instituições e Práticas Análogas* à *Escravidão*, o art. 1º estabelece que os Estados signatários devem adotar as medidas viáveis e necessárias para obter progressivamente e tão logo quanto possível a abolição completa da servidão por dívidas (§ 1º), definida como "o estado ou a condição resultante do fato de que um devedor se haja comprometido a fornecer, em garantia de uma dívida, seus serviços pessoais ou os de alguém sobre o qual tenha autoridade, se o valor desses serviços não for equitativamente avaliado no ato da liquidação da dívida ou se a duração desses serviços não for limitada nem sua natureza definida", bem como da servidão pura e simples (§ 2º), conceituada como "a condição de qualquer um que seja obrigado pela lei, pelo costume ou por um acordo, a viver e trabalhar numa terra pertencente a outra pessoa e a fornecer a essa outra pessoa, contra remuneração ou gratuitamente, determinados serviços, sem poder mudar sua condição" .

A mesma Convenção, no art. 7º, §§ 1º e 2º, faz uma distinção, para os fins dispostos no próprio acordo internacional, entre "escravidão" e "pessoa em condição servil": a) "'Escravidão', tal como foi definida na Convenção sobre a Escravidão de 1926, é o estado ou a condição de um indivíduo sobre o qual se exercem todos ou parte dos poderes atribuídos ao direito de propriedade, e 'escravo' é o indivíduo em tal estado ou condição; b) "'Pessoa de condição servil' é a que se encontra no estado ou condição que resulta de alguma das instituições ou práticas mencionadas no artigo primeiro da presente Convenção".

Se, todavia, cotejarmos as formas como o delito do art. 149 pode ser cometido com as definições de servidão acima transcritas (art. 1º da Convenção), veremos que as hipóteses de servidão estão inseridas no âmbito da redução a condição análoga à de escravo. Apesar da Convenção, no art. 7º, distinguir, para os seus próprios fins, a escravidão da servidão, devemos ter em mente que suas disposições são destinadas também a países que contemplem a escravidão como situação de direito, ou seja, que admitam a existência efetiva de escravos, tratados como propriedade alheia. Como já destacamos, no entanto, não há no Brasil a condição de escravo, razão pela qual pensamos não ser cabível a distinção.

d) adoção ilegal

Outra finalidade do tráfico de pessoas pode ser a adoção ilegal.

O tipo penal não se restringe ao tráfico de pessoa com o propósito de adotar ilegalmente um menor de idade. Não se há de negar, porém, que a adoção ilegal de menores mediante tráfico de pessoa representaria a esmagadora maioria dos casos. Isso em virtude do complexo processo de adoção de crianças e adolescentes, permeado por regras que visam à proteção do adotado, regras estas que não se repetem na adoção de adultos, a não ser no que se refere a diretrizes como a diferença mínima de idade entre adotante e adotado e a proibição de adoção de descendentes por ascendentes e entre irmãos.

No caso da adoção de menores, o Estatuto da Criança e do Adolescente, alterado pela Lei 12.010/09, estabelece, entre os arts. 39 e 52-D, inúmeras regras que têm o propósito de garantir o atendimento dos direitos fundamentais inerentes à pessoa humana, a fim de que ao menor seja garantido o desenvolvimento físico, mental, moral, espiritual e social, em condições de liberdade e de dignidade (art. 3º do ECA).

Para que esse propósito seja cumprido, a lei estabelece, por exemplo, o estágio de convivência, com prazo estabelecido pela autoridade judiciária, durante o qual membros da Justiça de Infância e da Juventude acompanham a família para garantir que a adoção seja adequada. Além disso, há regras para o cadastro de crianças e adolescentes em condições de serem adotados e das pessoas interessadas em fazer a adoção, sendo que, no caso destes últimos, há requisitos, como o ambiente familiar adequado, além de um período de preparação psicossocial e jurídica.

Diante desse complexo processo, não são poucos os que decidem burlar o sistema de adoção para promovê-la ilegalmente. Caso façam isso mediante alguma das condutas tipificadas no dispositivo em estudo, responderão por tráfico de pessoas.

Destacamos novamente que o tipo não impede o tráfico de maiores de idade com a finalidade de adoção ilegal. Como exemplo, podemos citar a hipótese em que alguém, titular de valioso patrimônio, seja pelo agente acolhido, mediante abuso, para ser forçado a adotar o mesmo agente, que futuramente se beneficiará da herança. Neste caso, a adoção – que evidentemente deve ser voluntária – seria ilegal, bastando, portanto, para caracterizar a finalidade especial.

e) exploração sexual

A exploração sexual, de acordo com o primoroso estudo de Eva Faleiros, pode ser definida como uma dominação e abuso do corpo de crianças, adolescentes e adultos (oferta), por exploradores sexuais (mercadores), organizados, muitas vezes, em rede de comercialização local e global (mercado), ou por pais ou responsáveis, e por consumidores de serviços sexuais pagos (demanda), admitindo quatro modalidades:

1) *prostituição* – atividade na qual atos sexuais são negociados em troca de pagamento, não apenas monetário[326];

2) *turismo sexual* – é o comércio sexual, bem articulado, em cidades turísticas, envolvendo turistas nacionais e estrangeiros e principalmente mulheres jovens, de setores excluídos de Países de Terceiro Mundo;

3) *pornografia* – produção, exibição, distribuição, venda, compra, posse e utilização de material pornográfico, presente também na literatura, cinema, propaganda etc.[327]; e

4) *tráfico para fins sexuais* – movimento clandestino e ilícito de pessoas através de fronteiras nacionais, com o objetivo de forçar mulheres e adolescentes a entrar em situações sexualmente opressoras e exploradoras, para lucro dos aliciadores, traficantes.

Especificamente a respeito do tratamento conferido pelo Estado à prostituição, há três sistemas comumente utilizados:

I) regulamentação: o Estado regulamenta a atividade, permitindo que seja desempenhada formalmente, o que possibilita o exercício de direitos inerentes à relação laboral;

II) proibição: o exercício da prostituição é vedado tanto quanto a sua exploração e é punido, no mais das vezes, criminalmente;

III) abolicionista: o exercício, em si, embora seja considerado imoral, não é punido, reservando-se a incidência da lei penal somente àqueles que tomam proveito da prostituição alheia. É o sistema adotado no Brasil.

6.5. Consumação e tentativa

Consuma-se o crime com a realização das ações previstas no tipo penal, independentemente do efetivo exercício da finalidade que move o agente.

Em algumas modalidades (transporte, transferência, acolhimento e alojamento) o crime é permanente, admitindo flagrante a qualquer tempo.

A tentativa é admitida.

Como vimos ao tratar da voluntariedade, o tipo traz diversas finalidades especiais que podem caracterizar, caso atingidas, figuras penais autônomas. Neste caso, não há absorção de uma figura penal por outra, mas sim concurso material, a exemplo do que ocorre entre o crime de associação criminosa e as eventuais infrações penais que o grupo cometa.

326. A exploração da prostituição *de adolescentes* está prevista como crime no art. 218-B do CP. A exploração da prostituição *de adultos* está tipificada no art. 228 do CP.

327. A pornografia envolvendo *crianças e adolescentes* foi incriminada no ECA, mais precisamente nos arts. 240, 241, 241-A a 241-D; a *de adultos*, em regra, não configura crime.

Dessa forma, se o agente, além de traficar pessoas, retirar-lhes ilegalmente órgãos, tecidos ou partes do corpo, haverá concurso material entre o art. 149-A e o art. 14 da Lei 9.434/97; se trafica e submete a vítima a trabalho em condições análogas à de escravo ou a servidão, o concurso será entre os arts. 149-A e 149; se há também adoção ilegal pela própria pessoa que traficou (por exemplo, o agente acolhe, mediante fraude, à margem do sistema de adoção, um recém-nascido), pode haver concurso entre os arts. 149-A e 242 do Código Penal (registrar como seu o filho de outrem); por fim, se além do tráfico de pessoa ocorre a exploração sexual, pode haver concurso do art. 149-A com os arts. 228 ou 230 do Código Penal, conforme o caso.

6.6. Majorantes da pena

A pena do tráfico de pessoas é aumentada de um terço até a metade se:

I – o crime for cometido por funcionário público no exercício de suas funções ou a pretexto de exercê-las.

O crime tem a pena aumentada se for cometido por funcionário público (para os efeitos penais, aquele que, embora transitoriamente ou sem remuneração, exerce cargo, emprego ou função pública – art. 327, *caput*, do CP) que esteja no exercício de sua função ou que aja a pretexto de exercê-la. A causa de aumento incide, assim, tanto na situação em que o agente exerce sua função para praticar o crime quanto naquela em que pratica o crime se valendo de sua condição.

II – o crime for cometido contra crianças, adolescentes ou pessoa idosa ou com deficiência.

Majora-se também a pena do delito quando a vítima for criança, adolescente ou pessoa idosa ou com deficiência. A definição, tal como ocorre com o funcionário público, é legal, extraída dos sistemas de proteção a essas pessoas.

Dessa forma, criança é a pessoa com até doze anos de idade incompletos, e adolescente é aquela entre doze e dezoito anos de idade (art. 2º da Lei 8.069/90); pessoa idosa é aquela com idade igual ou superior a sessenta anos (art. 1º da Lei 10.741/03); pessoa com deficiência, por fim, é aquela que tem impedimento de longo prazo de natureza física, mental, intelectual ou sensorial, o qual, em interação com uma ou mais barreiras, pode obstruir sua participação plena e efetiva na sociedade em igualdade de condições com as demais pessoas (art. 2º da Lei 13.146/15).

III – o agente se prevalecer de relações de parentesco, domésticas, de coabitação, de hospitalidade, de dependência econômica, de autoridade ou de superioridade hierárquica inerente ao exercício de emprego, cargo ou função.

Relações domésticas são aquelas estabelecidas entre pessoas que compartilham do mesmo núcleo familiar, ainda que não haja relação direta de parentesco, embora seja mais comum sua existência. Com efeito, é possível que pessoas reunidas em um mesmo núcleo, sejam parentes ou não, estabeleçam relações domésticas caracterizadas pela rotina própria de uma família. As relações de coabitação são aquelas estabelecidas entre indivíduos que compartilham o mesmo teto, ainda que não nutram qualquer espécie de amizade ou intimidade, como os habitantes de uma pensão, por exemplo. Por fim, as relações de hospitalidade são aquelas caracterizadas pela temporariedade, como as visitas.

Justifica-se a majoração da pena porque, nessas hipóteses, o agente se aproveita da proximidade que mantém com a vítima.

No caso da dependência econômica, o agente se aproveita do fato de que, sem seu respaldo financeiro a vítima tem limitada a liberdade de dirigir sua vida da forma como lhe apraz.

Por fim, no que tange à autoridade e à superioridade hierárquica inerente ao exercício de emprego, cargo ou função, podemos considerar o mesmo debate existente no crime de assédio sexual, com a diferença de que, naquele delito, a lei menciona "ascendência", não "autoridade". Comentando o assédio sexual, Guilherme de Souza Nucci[328] ensina que a superioridade hierárquica retrata uma relação laboral no âmbito público, enquanto a ascendência ("autoridade" para o art. 149-A) indica a mesma relação, porém no campo privado, mas ambas inerentes ao exercício de emprego, cargo ou função. Luiz Regis Prado, também tratando do assédio sexual, discorda, assim argumentando:

> "Superior hierárquico, como elemento normativo do tipo, é condição que decorre de uma relação laboral, tanto no âmbito da Administração Pública como da iniciativa privada, em que determinado agente, por força normativa ou por contrato de trabalho, detém poder sobre outro funcionário ou empregado, no sentido de dar ordens, fiscalizar, delegar, ou avocar atribuições, conceder privilégios (v.g., promoção, gratificação etc.), existindo uma carreira funcional, escalonada em graus. Na ascendência, elemento normativo do tipo, não se exige uma carreira funcional, mas apenas uma relação de domínio, de influência, de respeito e até mesmo de temor reverencial (v.g., relação professor-aluno em sala de aula)"[329].

IV – a vítima do tráfico de pessoas for retirada do território nacional.

Temos aqui tipificado o tráfico transnacional de pessoas, lembrando que na ordem anterior este crime estava previsto num tipo autônomo (art. 231), com pena independente do tráfico interno (art. 231-A). Não vamos, nesse ponto, criticar a opção do legislador, mas apenas insistir na crítica que fizemos nos comentários ao art. 1º: de maneira infeliz, e até o momento inexplicável, a Lei pune de forma majorada a retirada da vítima traficada do nosso território, mas não o seu ingresso com o mesmo fim, hipótese esta punida na forma

328. *Código Penal comentado*, p. 985.

329. *Curso de direito penal brasileiro:* parte especial, p. 288.

do *caput*, desde que, obviamente, o comportamento do agente se adéque a um dos verbos nucleares, em respeito ao princípio da legalidade.

Entendemos que o *território* a que se refere a lei não é apenas o espaço físico entre as fronteiras e o mar territorial nacional, mas compreende todos os lugares abrangidos pelo conceito jurídico do termo (art. 5º, §§ 1º e 2º, do CP).

6.7. Minorante da pena

A pena é reduzida de um a dois terços se o agente for primário (não reincidente) e não integrar organização criminosa, leia-se associação de 4 (quatro) ou mais pessoas, estruturalmente ordenada e caracterizada pela divisão de tarefas, ainda que informalmente, com objetivo de obter, direta ou indiretamente, vantagem de qualquer natureza, mediante a prática de infrações penais cujas penas máximas sejam superiores a 4 (quatro) anos, ou que sejam de caráter transnacional (art. 1º., §1º., da Lei 12.850/13).

Diferentemente de outras leis, e buscando evitar a discussão se o benefício está ou não na órbita discricionária do juiz, a Lei 13.344/16 não usou o termo "pode", mas sim que a pena "é" reduzida se presentes os requisitos cumulativos do §2º. A discricionariedade (motivada) do magistrado sentenciante fica limitada à fração minorante, que varia de um a dois terços. Lamentamos, contudo, o legislador não ter dado um norte para orientar essa redução. Sendo o agente primário e não integrando organização criminosa, pergunta-se: qual critério outro, objetivo e/ou subjetivo, o magistrado deve considerar para decidir entre uma redução no mínimo (1/3) e no máximo (2/3)? Na falta de um critério, podemos antever os juízes reduzindo a pena sempre do máximo, lamentavelmente. Mesmo cientes de que a questão será mais bem amadurecida pela jurisprudência, sugerimos que o fator de análise seja o grau e o tempo de submissão da vítima, ou mesmo a maior ou menor colaboração do agente na apuração do crime e na libertação do ofendido.

6.8. Ação penal

A ação penal será pública incondicionada. A competência para o processo e julgamento é, em regra, da Justiça Estadual, salvo no caso do tráfico transnacional, da competência da Justiça Federal.

6.9. Prescrição

Se o crime for praticado com a finalidade de exploração sexual, tratando-se de vítima criança e adolescente, entendemos que a prescrição continua seguindo o disposto no art. 111, V, do CP:

> "Art. 111, V. nos crimes contra a dignidade sexual de crianças e adolescentes, previstos neste Código ou em legislação especial, da data em que a vítima completar 18 (dezoito) anos, salvo se a esse tempo já houver sido proposta a ação penal. (Redação dada pela Lei nº 12.650, de 2012)".

Mesmo fora do Título VI do CP (crimes contra a dignidade sexual), o tráfico de pessoas com a finalidade de exploração sexual permanece violando esse mesmo bem jurídico (juntamente com outros), lembrando que o termo inicial diferenciado da prescrição se aplica para qualquer delito contra a dignidade sexual dos menores, mesmo que previstos fora do CP. Logo, não é o rótulo do título, capítulo ou seção que dita se o crime é praticado contra a dignidade sexual; é a conduta do agente. Este raciocínio está de acordo com os arts. 237 da CF e 2º da Lei 13.344/2016, que estabelecem princípios e diretrizes de proteção integral da criança e do adolescente.

SEÇÃO II – CRIMES CONTRA A INVIOLABILIDADE DO DOMICÍLIO

1. INTRODUÇÃO

A Seção II do Capítulo VI é constituída de um só crime, qual seja a violação de domicílio.

Não podemos jamais esquecer que a inviolabilidade domiciliar é direito fundamental do homem, segundo enuncia a própria Constituição Federal. Assim declara o art. 5º, XI: "A casa é asilo inviolável do indivíduo, ninguém nela podendo penetrar sem consentimento do morador, salvo em caso de flagrante delito ou desastre, ou para prestar socorro, ou, durante o dia, por determinação judicial".

A Lei 4.898, de 09.12.1965, trata da violação ilícita do lar, considerando abuso de autoridade qualquer atentado à inviolabilidade do domicílio (art. 3º, *b*).

2. VIOLAÇÃO DE DOMICÍLIO

▶ ***Violação de domicílio***

Art. 150. Entrar ou permanecer, clandestinamente ou astuciosamente, ou contra a vontade expressa ou tácita de quem de direito, em casa alheia ou em suas dependências:

Pena – detenção, de 1 (um) a 3 (três) meses, ou multa.

§ 1º Se o crime é cometido durante a noite, ou em lugar ermo, ou com o emprego de violência ou de arma, ou por duas ou mais pessoas:

Pena – detenção, de 6 (seis) meses a 2 (dois) anos, além da pena correspondente à violência.

§ 2º Aumenta-se a pena de 1/3 (um terço), se o fato é cometido por funcionário público, fora dos casos legais, ou com inobservância das formalidades estabelecidas em lei, ou com abuso do poder.

§ 3º Não constitui crime a entrada ou permanência em casa alheia ou em suas dependências:

I – durante o dia, com observância das formalidades legais, para efetuar prisão ou outra diligência;

II – a qualquer hora do dia ou da noite, quando algum crime está sendo ali praticado ou na iminência de o ser.

§ 4º A expressão "casa" compreende:

I – qualquer compartimento habitado;

II – aposento ocupado de habitação coletiva;

III – compartimento não aberto ao público, onde alguém exerce profissão ou atividade.

§ 5º Não se compreendem na expressão "casa":

I – hospedaria, estalagem ou qualquer outra habitação coletiva, enquanto aberta, salvo a restrição do n. II do parágrafo anterior;

II – taverna, casa de jogo e outras do mesmo gênero.

2.1. Considerações iniciais

Procura o Código Penal, com a presente incriminação, proteger não a posse ou propriedade, mas sim a liberdade privada e doméstica do indivíduo, punindo a sua ilegal perturbação. A casa é (ou deveria ser) para o homem o local certo para o encontro do sossego. A violação do lar configura, assim, um ataque ilegítimo a essa tranquilidade.

A pena cominada no *caput* permite a aplicação da transação penal e da suspensão condicional do processo (Lei 9.099/95), benefícios igualmente aplicáveis ao § 1º, se não incidir a causa de aumento do § 2º, hipótese em que estará obstada a transação penal.

2.2. Sujeitos do crime

Qualquer pessoa pode ser sujeito ativo, inclusive o proprietário (locador), ao invadir a casa do inquilino (locatário) sem autorização deste (crime comum).

Sujeito passivo é o morador (não necessariamente o proprietário).

Na hipótese de habitação familiar, a colidência de decisões será resolvida pela prevalência da vontade dos pais, mesmo que o imóvel seja de propriedade do filho *menor*. No entanto, se a casa pertencer ao filho *maior*, a preferência é deste.

Se na habitação coletiva houver um regime de igualdade entre os vários moradores (ex.: república de estudantes), o conflito de vontades é solucionado pela aplicação do princípio *melior est conditio prohibentis*, prevalecendo a decisão daquele que proibiu.

No caso dos edifícios, cada morador (proprietário ou inquilino) pode dissentir da entrada ou permanência de estranhos na sua unidade de apartamento ou nas áreas sociais (comuns), desde que, neste caso, não proíba outro morador, com igual autonomia.

Explica Noronha:

> "Tratando-se de prédios de habitação coletiva ou apartamento, não há dúvida alguma quanto ao lugar ocupado pelos moradores. Somente a respeito dos de uso comum (átrios, vestíbulos, corredores, escadas etc.) é que podem surgir dificuldades. Em princípio, pertencentes ao prédio, cada um dos moradores é titular

> do direito de exclusão-admissão do estranho a esses lugares. Se, entretanto, divergem, aplica-se ainda o princípio do *melior est conditio prohibentis*, sempre que a proibição corresponda a um interesse jurídico do opositor (não por mero capricho, despeito etc.) e não prejudique interesse equivalente ou maior daquele que permite."[330].

Nélson Hungria[331] ensina que os empregados da casa têm direito de recusar a entrada ou permanência de pessoas estranhas em seus aposentos, direito, entretanto, que não pode ser exercido contra o proprietário da casa. Logo, tem-se entendido haver o crime quando o empregado permite a entrada de estranhos em seu cômodo, assim agindo contra a vontade do empregador, dono da casa.

O § 2º traz causa de aumento de pena para os casos em que o crime é cometido por funcionário público, fora dos casos legais, com inobservância das formalidades legais ou com abuso de poder.

2.3. Conduta

A conduta criminosa consiste em *entrar* ou *permanecer* na casa alheia ou em suas dependências (pátio, quintal, garagem, jardins etc.), devendo a ação ser praticada clandestina ou astuciosamente, sempre contra a vontade de quem de direito.

Entra na casa quem adentra num imóvel, seja atravessando porta, janela, muro ou cerca.

> "Se, *v.g.*, devassa apenas seu interior a olho nu ou com binóculo, se introduz um braço pela janela, se está escalando um muro, se se sentou à porta, *não entrou* em casa alheia. Poderá haver tentativa ou o fato cair sob outra sanção penal, não, porém, sob a do artigo em estudo. Requer-se, portanto, a entrada *efetiva*, realizada."[332].

Permanece quem fica, conserva-se dentro da casa (ou dependências). Aqui o agente, depois de haver entrado legitimamente no imóvel (entrada consentida), se recusa a sair. Logo, nesta hipótese temos dois momentos distintos: primeiramente, uma permissão legal do dono da habitação para que o agente entre nela; em momento posterior a sua permanência não é mais aceita, mas ele se recusa a retirar-se de lá. Por se tratar de crime de ação múltipla, se o agente entrar clandestinamente e, ao ser descoberto, insistir em permanecer na habitação, haverá crime único[333].

Qualquer uma das condutas (*entrar* ou *permanecer*) deve ser praticada de forma clandestina (às ocultas, sem o consentimento do morador), astuciosa (mediante emprego de fraude) ou contra a vontade expressa (manifestação certa e precisa, induvidosa)

330. *Direito Penal*, v. 2, p. 168-169.

331. Ob. cit., v. 6, p. 219.

332. Magalhães Noronha, *Direito Penal*, v. 2, p. 169.

333. Fernando Capez, ob. cit., v. 2, p. 317.

ou tácita (deduzida das circunstâncias) de quem de direito (dissentimento, proibição desobedecida).

Não configura o delito em tela (e sim o do art. 161 do CP) a entrada ou permanência em casa vazia ou desabitada. Também não há o crime na violação de lugares de uso comum (restaurantes, bares, lojas, hotéis, consultórios médicos). No entanto, a parte interna desses locais (escritório, estoque, quarto do hóspede) é resguardada pela lei.

2.4. Voluntariedade

Para a configuração do tipo, indispensável é a presença do dolo, consistente na vontade consciente de violar domicílio alheio contra a vontade expressa ou tácita de quem de direito. Assim, não pratica o delito o ébrio que ingressa descuidadamente; o fugitivo que busca proteger-se; o condômino que, distraidamente, erra de porta e invade domicílio alheio (erro de tipo).

Não há a forma culposa.

2.5. Consumação e tentativa

O delito é de mera conduta (não há a previsão de resultado naturalístico). Consuma-se tão logo o agente entre completamente na casa (ou dependência) alheia, ou, quando ciente de que deve sair, fica no local por tempo maior que o permitido, desobedecendo a ordem de retirada. Na primeira hipótese, o crime é instantâneo, e, na segunda, permanente.

Apesar de ser delito de mera conduta, excepcionalmente admite-se a tentativa.

Sobre o assunto, vejamos a esclarecedora lição de Pierangeli:

> "A tentativa é perfeitamente admissível nas duas modalidades. Na modalidade *ingressar*, haverá a tentativa quando o agente procura escalar uma janela e é detido pelo policial que faz a ronda noturna. Na modalidade *permanecer*, quando manifestada a vontade de ficar, a permanência, por circunstâncias alheias à vontade do agente, não atinge um limite de tempo considerável que permite ter o crime por consumado. Evidente que a última hipótese é de difícil caracterização, mas dogmaticamente não é impossível."[334].

O crime contra a inviolabilidade do domicílio é subsidiário, razão pela qual, quando elementar de outro delito, não ocorrerá o concurso de crimes, ficando absorvido pelo crime-fim (princípio da consunção).

2.6. Qualificadoras e majorantes de pena

2.6.1. Qualificadoras

Dispõe o § 1º que o crime será qualificado se cometido:

---

334. *Manual de direito penal brasileiro:* parte especial, p. 273.

a) *durante a noite:* a verificação da circunstância *noite* é controvertida. Para uns, haverá *noite* no período compreendido entre as 18h e 06h. Já outros consideram haver *noite* quando o fato é praticado na escuridão, isto é, ausência de luz solar. Além de demonstrar maior perversidade, nesse período o agente vê facilitada a execução do delito, ficando mais difícil a defesa ou repulsa por parte do morador;

b) *lugar ermo:* praticar o crime em lugar ermo (deserto, faltando habitantes nas cercanias, ainda que momentaneamente) facilita a prática do crime, dificultando o auxílio à vítima, revelando maior ameaça ao bem jurídico tutelado;

c) *com emprego de violência:* trata-se do emprego de força física, podendo ser praticada contra pessoa ou coisa, não distinguindo o Código entre uma ou outra;

d) *com emprego de arma:* o emprego de arma também qualifica o crime. A arma pode ser de qualquer espécie (própria ou imprópria), havendo a majoração ainda que o agente dela se apodere apenas no interior do imóvel, durante a ação criminosa (ex.: apoderar-se de faca que se encontrava no jardim). Com a revogação da Súmula 174 do STJ, não qualifica mais o crime o emprego de arma de brinquedo (simulacro de arma de fogo);

e) *por duas ou mais pessoas:* ao exigir que o crime seja *cometido* (executado) por duas ou mais pessoas (dispensando ajuste prévio), a hipótese não considera eventuais partícipes no cômputo mínimo de agentes.

Cezar Roberto Bitencourt, explicando o espírito da majorante, discorda:

> "O concurso de pessoas, por si só, dificulta, quando não elimina, as possibilidades de resistência da vítima; torna muito mais grave o desvalor da ação praticada em concurso, independentemente da natureza da *participação* de cada um, se coautoria ou participação em sentido estrito. Quando o Código exige participação efetiva na execução do crime, fá-lo expressamente, como ocorre no art. 146, § 1º; logo, a contribuição do partícipe também é computada."[335].

2.6.2. Majorantes de pena

Para maioria da doutrina, este parágrafo foi revogado pela Lei 4.898/65 (Abuso de Autoridade), estatuto este superveniente e especial.

Eis o escólio de Fernando Capez:

> "A Lei de Abuso de Autoridade é uma lei especial em relação ao art. 150, § 2º, pois regula especificamente a responsabilização do agente público nas esferas administrativa, civil e criminal. Assim, responderá ele nos termos da respectiva lei, e não nos termos do art. 150, § 2º, do CP, em face do princípio da especialidade."[336].

335. Ob. cit., v. 2, p. 448-449.
336. Ob. cit., v. 2, p. 325.

2.7. Exclusão do crime

Sabendo que nenhuma liberdade pública é absoluta, menciona o § 3º casos em que, apesar de típica, cessa a antijuridicidade da ação (entrada ou permanência lícita):

> § 3º – Não constitui crime a entrada ou permanência em casa alheia ou em suas dependências:
>
> I – durante o dia, com observância das formalidades legais, para efetuar prisão ou outra diligência": a permissão aqui escrita foi retratada na própria Constituição Federal. Por "diligência" não se pense apenas na judicial, abrangendo também a policial ou administrativa, desde que legais, obviamente.
>
> II – a qualquer hora do dia ou da noite, quando algum crime está sendo ali praticado ou na iminência de o ser

Observa Noronha

> "Trata-se de prisão em flagrante, quando qualquer do povo pode e as autoridades devem prender (CPP, art. 301). A lei fala em crime, entendendo Hungria que se deve compreender no vocábulo contravenção. Embora pudesse ser mais preciso o Código, estamos que à interpretação lexicológica deve prevalecer a teleológica; é o fim, a vontade da lei que deve predominar, já que o que se quer é excetuar quem prende em flagrante, o que tanto se pode dar no crime como na contravenção, podendo, pois, estender-se o significado do termo. Aliás, a própria *analogia in bonam partem* seria aplicável."[337].

Além das hipóteses acima mencionadas, temos outras situações que excluem o crime: art. 23 do CP (legítima defesa, estado de necessidade, estrito cumprimento de dever legal e exercício regular de direito) e art. 5º, XI, da Constituição Federal (em caso de desastre ou para prestar socorro).

2.8. Casa: conceito

Coube à lei, no § 4º (conceito positivo) e no § 5º (conceito negativo), delimitar o conceito penal de "casa". Deduz-se do § 4º que esta abrange mais do que indica o seu significado comum, diverso, ainda, do conceito civil de domicílio. De acordo com esse parágrafo, a palavra "casa" compreende:

> *I – qualquer compartimento habitado;*
>
> *II – aposento ocupado de habitação coletiva;*
>
> *III – compartimento não aberto ao público, onde alguém exerce profissão ou atividade*[338].

337. *Direito Penal*, v. 2, p. 174.

338. Decidiu o STJ **configurar o crime de violação de domicílio o ingresso e a permanência, sem autorização, em gabinete de Delegado de Polícia, embora faça parte de um prédio ou de uma repartição**

Essa enumeração é meramente exemplificativa, servindo apenas de norte para a jurisprudência.

Alertamos que "casa" não é somente o recinto em que alguém, permanente ou transitoriamente, mora. É também qualquer construção, aberta ou fechada, imóvel ou móvel (ex.: um *trailer*), individual ou coletiva, dispensando a presença dos moradores. Contudo, quem toma a intimidade de casa vazia, à venda, não pratica o crime, vez que não habitada.

A proteção legal estende-se também para as *dependências* da casa.

> "Por estas [dependências] devem entender-se os lugares acessórios ou complementares da moradia ou habitação: jardim, quintal, garagem, pátio, adega etc. Claro é que tais lugares não devem ser franqueados ao público. Por vezes encontramos em bairros de ricas residências jardins não cercados, que não serão, por isso, dependências, mesmo porque neles não se entra. O que caracteriza a *dependência*, além do que se disse, é o fato de se avizinhar da moradia e corresponder às necessidades da atividade nesta desenvolvida."[339].

Em suma, o termo "casa" deve ser entendido na forma mais ampla possível, abrangendo qualquer compartimento habitável, ainda que em caráter eventual, independentemente da sua destinação, bem como suas dependências.

O § 5º, em dois incisos, esclarece o que não se pode compreender por "casa":

> *I – hospedaria, estalagem ou qualquer outra habitação coletiva, enquanto aberta, salvo a restrição do n. II do parágrafo anterior;*
>
> *II – taverna, casa de jogo e outras do mesmo gênero.*

Tais estabelecimentos, depois de fechados, tornam-se, obviamente, privados, presumindo-se a proibição de neles se penetrar sem licença.

---

públicos. Ora, se o compartimento deve ser fechado ao público, depreende-se que faz parte de um prédio ou de uma repartição públicos, ou então que, inserido em ambiente privado, possua uma parte conjugada que seja aberta ao público. Assim, verifica-se que, sendo a sala de um servidor público – no caso, o gabinete de um Delegado de Polícia – um compartimento com acesso restrito e dependente de autorização, e, por isso, um local fechado ao público, onde determinado indivíduo exerce suas atividades laborais, há o necessário enquadramento no conceito de "casa" previsto no art. 150 do CP. Com efeito, entendimento contrário implicaria a ausência de proteção à liberdade individual de todos aqueles que trabalham em prédios públicos, já que poderiam ter os recintos ou compartimentos fechados em que exercem suas atividades invadidos por terceiros não autorizados a qualquer momento, o que não se coaduna com o objetivo da norma penal incriminadora em questão. Ademais, em diversas situações o serviço público ficaria inviabilizado, pois bastaria que um cidadão ou que grupos de cidadãos desejassem manifestar sua indignação ou protestar contra determinada situação para que pudessem ingressar em qualquer prédio público, inclusive nos espaços restritos à população, sem que tal conduta caracterizasse qualquer ilícito, o que, como visto, não é possível à luz da legislação penal em vigor (HC 298.763-SC, Rel. Min. Jorge Mussi, julgado em 7/10/2014).

339. Magalhães Noronha, *Direito Penal*, v. 2, p. 171.

A enumeração é meramente exemplificativa, encerrando o inc. II de forma genérica, permitindo-se ao intérprete, no caso concreto, encontrar outras localidades do mesmo gênero (prostíbulos, boates, bares, restaurantes etc.).

2.9. Ação penal

Cuida-se de ação penal pública incondicionada.

2.10. Princípio da especialidade

a) Código Penal x Código Penal Militar: o art. 226 do Decreto-lei 1.001/69 pune a violação de domicílio quando praticada nos termos do art. 9º daquele diploma.

SEÇÃO III – DOS CRIMES CONTRA A INVIOLABILIDADE DE CORRESPONDÊNCIA

1. INTRODUÇÃO

Como bem resume Magalhães Noronha:

> "Na presente secção, tutela o Código a inviolabilidade de correspondência. Trata-se ainda de proteger uma forma de manifestação da liberdade individual, do direito que tem o homem livre de comunicar-se com outros, na vida comunitária, o que evidentemente não se concilia com a indébita intromissão de outrem. É a liberdade de comunicação de pensamento que aqui se tem em vista. Não se trata da inviolabilidade dos segredos, como bem claro deixa a lei, considerando essa objetividade jurídica em secção distinta."[340].

Em regra, os crimes trazidos por esta seção são subsidiários, é dizer, se meio para fim outro (também criminoso), desaparecem, ficando apenas o delito mais grave (ex.: violar correspondência para apoderar-se dos valores nela acondicionados subsume o fato no disposto no art. 155 do CP).

2. VIOLAÇÃO DE CORRESPONDÊNCIA

> ▶ ***Violação de correspondência***
>
> **Art. 151.** Devassar indevidamente o conteúdo de correspondência fechada, dirigida a outrem:
>
> Pena – detenção, de 1 (um) a 6 (seis) meses, ou multa.

2.1. Revogação do *caput* do art. 151 do CP

O *caput* do art. 151 foi tacitamente revogado pelo art. 40 da Lei 6.538/78, que trata das infrações contra o serviço postal e o serviço de telegrama.

340. *Direito Penal*, v. 2, p. 177.

Reza o aludido dispositivo: "Devassar indevidamente o conteúdo de correspondência fechada, dirigida a outrem: Pena – detenção, até 6 (seis) meses, ou pagamento não excedente a 20 (vinte) dias-multa".

Assim, os comentários serão com base no artigo revogador, hoje vigente, até porque manteve a mesma redação, modificando, em parte, somente a pena.

2.2. Considerações iniciais

A Exposição de Motivos (item 53) foi clara ao dispor que "a inviolabilidade da correspondência é um interesse que reclama a tutela penal independentemente dos *segredos* acaso confiados por esse meio".

Dentro desse mesmo espírito, o art. 5º, XII, da Constituição Federal prescreve a inviolabilidade do sigilo da correspondência: "É inviolável o sigilo da correspondência e das comunicações telegráficas, de dados e das comunicações telefônicas, salvo, no último caso, por ordem judicial, nas hipóteses e na forma que a lei estabelecer para fins de investigação criminal ou instrução processual penal".

Julio Fabbrini Mirabete explica:

> "Visa o dispositivo em vigor garantir a liberdade individual do sigilo de correspondência, como corolário da liberdade de manifestação de pensamento."[341].

Em razão da pena cominada no *caput*, permite-se a transação penal e a suspensão condicional do processo, ainda que incidente a causa de aumento do § 2º do CP. Presente a qualificadora do § 3º do mesmo *Codex*, permite-se apenas ao benefício da suspensão do feito.

2.3. Sujeitos do delito

Trata-se de crime comum, não se exigindo qualquer condição (ou qualidade) especial do agente.

Se praticado por funcionário público haverá o crime de abuso de autoridade (art. 3º, *c*, da Lei 4.898/65).

Como sujeitos passivos temos o *remetente* (pessoa que manifesta o pensamento) e o *destinatário* (aquele que recebe o pensamento exposto no escrito), ambos igualmente prejudicados pela violação da carta (crime de dupla subjetividade passiva).

Observou Pierangeli:

> "Uma parte da doutrina, principalmente a alemã, sustenta que na correspondência, enquanto não chegar às mãos do destinatário, existe um único sujeito passivo, que é o remetente, e o destinatário

341. *Manual de direito penal:* parte especial, v. 2, p. 181.

> só ingressa no polo passivo quando recebe a correspondência. O art. 11 da nossa Lei 6.538/78 possui disposição que se aproxima do entendimento da doutrina germânica: 'Os objetos postais pertencem ao remetente até a sua entrega a quem de direito. § 1º Quando a entrega não tenha sido possível em virtude de erro ou insuficiência de endereço, o objeto permanecerá à disposição do destinatário, na forma definida em regulamento'. Correta, portanto, nos parece a conclusão de que 'qualquer atentatória praticada pelo remetente antes da entrega ao destinatário constitui, no máximo, mero ilícito administrativo ou, dependendo das circunstâncias, crime de divulgação de segredo' (Cezar Bitencourt)."[342].

O marido que, indevidamente, lê correspondência dirigida à sua mulher (ou vice-versa), segundo respeitável parcela da doutrina, não pratica o crime em estudo, considerando a comunhão de interesses que envolvem os cônjuges.

Damásio, seguindo a opinião de Hungria, ensina:

> "Cremos que não há delito. A vida em comum produz tal comunhão de interesses, de intimidade entre os cônjuges, que é incorreto afirmar-se existir delito quando, por exemplo, a mulher lê uma carta dirigida ao marido. Pode ser um ato indelicado, mas não criminoso. Nos termos do art. 1.566, II, do Código Civil, a vida em comum é dever de ambos os cônjuges."[343].

Mirabete, no entanto, citando Aníbal Bruno, discorda:

> "Aníbal Bruno parece-nos ter a opinião mais aceitável, ao afirmar que 'em condições normais de convivência é de presumir-se entre os cônjuges um consentimento tácito, que justificaria o fato', mas, inexistindo a presunção e não abrindo mão o cônjuge do direito disponível de sigilo de correspondência, vedado é o devassamento pelo outro."[344].

A mesma discussão surge quando os pais devassam correspondência destinada aos filhos. Nesse caso, o crime depende da existência ou não do poder familiar. O assunto está assim tratado nas lições de Guilherme de Souza Nucci:

> "Logicamente, se os filhos forem maiores, civilmente capazes, ainda morando com os pais, não há o menor cabimento em sustentar a possibilidade de violação da correspondência a eles destinada. Entretanto, o filho menor que, de algum modo, ainda dependa dos pais pode ter a sua correspondência por eles violada. Trata-se de uma decorrência natural do pátrio poder – exercício regular de direito."[345].

342. *Manual de direito penal brasileiro*, p. 280.
343. Ob. cit., v. 2, p. 281.
344. *Manual de direito penal:* parte especial, v. 2, p. 183.
345. *Código Penal comentado*, p. 760.

2.4. Conduta

Pune-se a conduta daquele que, por qualquer meio (abertura do invólucro, uso da luz etc.), devassa (toma conhecimento), indevidamente, o conteúdo de correspondência fechada, dirigida a outrem.

Por *correspondência* entende-se toda comunicação pessoa a pessoa, compreendendo não apenas a carta, mas também o simples bilhete, cartão, telegrama, fonograma etc.

Por não constituírem pensamento de pessoa a pessoa, observa Mirabete[346] que ficaram excluídos do conceito de correspondência não só os livros revistas, estampas etc., como qualquer outro tipo de comunicação, como a de uma fita eletromagnética gravada, cartas ou bilhetes por outro meio que não a via postal etc.

Contém o tipo um elemento normativo, qual seja, a exigência de que a violação seja indevida, isto é, que o agente devasse a correspondência arbitrariamente, sem autorização de quem de direito.

Para que fique caracterizado o crime, a correspondência deve estar fechada. Estando ela aberta, não há falar em prática criminosa, pois claramente demonstrada a falta de interesse em manter o conteúdo sigiloso.

Adverte Magalhães Noronha:

> "Há de ser pessoal a correspondência, isto é, dirigida a pessoa determinada. Perde o caráter de personalidade a dirigida ao público, aos eleitores, a fuão que residir em certo prédio etc. É o destinatário que deve ser certo, pois o remetente pode usar da pseudonímia ou da anonímia. Esse caráter deve ter atualidade. Se pelo decurso do tempo, ou outra causa qualquer, a correspondência tem apenas valor afetivo, de coleção, histórico, artístico etc., não haverá lugar o crime em espécie: quem encontrasse e abrisse uma carta de Napoleão a Josefina não estaria cometendo o crime de que estamos tratando."[347].

Partindo da premissa de que nenhuma liberdade pública é absoluta, a própria lei dispõe expressamente sobre as hipóteses em que há autorização para a violação da correspondência, quais sejam:

a) a Lei de Falências e Recuperação Judicial (Lei 11.101/2005), em seu art. 22, III, *d*, autoriza a abertura, pelo síndico, de correspondência endereçada ao falido, desde que presente interesse da massa;

b) pode haver também violação pelo diretor da prisão em relação à correspondência remetida ao preso, desde que motivadamente;

c) o art. 240, § 1º, *f*, do CPP autoriza a abertura pela autoridade policial ou judicial "quando haja suspeita de que o conhecimento do seu conteúdo possa ser útil à elucidação do fato";

346. *Manual de direito penal:* parte especial, v. 2, p. 182.

347. *Direito Penal* cit., v. 2, p. 178.

d) o curador também está autorizado a tomar conhecimento do conteúdo de correspondência endereçada ao interditado por incapacidade absoluta;

e) pode haver devassa de correspondência pelos pais ou tutor em relação aos menores sob o poder familiar ou tutela;

f) o art. 10 da Lei 6.538/78 dispõe:

> "Art. 10. Não constitui violação do sigilo da correspondência postal a abertura de carta: I – endereçada a homônimo, no mesmo endereço; II – que apresente indícios de conter objeto sujeito a pagamento de tributos; III – que apresente indícios de conter valor não declarado, objeto ou substância de expedição, uso ou entrega proibidos; IV – que deva ser inutilizada, na forma prevista em regulamento, em virtude de impossibilidade de sua entrega e restituição. Parágrafo único. Nos casos dos incisos II e III a abertura será feita obrigatoriamente na presença do remetente ou do destinatário".

Confirmando o caráter não absoluto da garantia constitucional, decidiu o STF:

> (...) DELITO DE HOMICÍDIO. BUSCA E APREENSÃO DE CARTAS AMOROSAS ENVIADAS PELA RECORRENTE A UM DOS CORRÉUS COM QUEM MANTINHA RELACIONAMENTO EXTRACONJUGAL. ART. 240, § 1º, F, DO CPP. VIOLAÇÃO DO DIREITO À INVIOLABILIDADE DE CORRESPONDÊNCIA. NÃO OCORRÊNCIA. GARANTIA QUE NÃO É ABSOLUTA. (...) I – A jurisprudência desta Corte consagrou o entendimento de que o princípio constitucional da inviolabilidade das comunicações (art. 5º, XII, da CF) não é absoluto, podendo o interesse público, em situações excepcionais, sobrepor-se aos direitos individuais para evitar que os direitos e garantias fundamentais sejam utilizados para acobertar condutas criminosas. II – A busca e apreensão das cartas amorosas foi realizada em procedimento autorizado por decisão judicial, nos termos do art. 240, § 1º, f, do Código de Processo Penal"[348].

2.5. Voluntariedade

É o dolo, consistente na vontade consciente de devassar a correspondência alheia.

O tipo não prevê conduta culposa.

2.6. Consumação e tentativa

Tratando-se de crime material, consuma-se no momento em que o agente toma conhecimento do conteúdo da correspondência, ainda que parcialmente, não se exigindo a abertura do envelope ou o rompimento de lacre de segurança. Indiferente, ainda, é o idioma da comunicação entre remetente e destinatário.

348. RHC 115.983/RJ, DJe 03/09/2013.

O crime é plurissubsistente. O *iter criminis*, em função do momento consumativo do delito, admite fracionamento, sendo possível, pois, a ocorrência de tentativa, nos casos em que o agente viola a correspondência, mas não toma conhecimento de seu conteúdo por circunstâncias alheias à sua vontade.

3. SONEGAÇÃO OU DESTRUIÇÃO DE CORRESPONDÊNCIA

▶ ***Sonegação ou destruição de correspondência***

§ 1º Na mesma pena incorre:

I – quem se apossa indevidamente de correspondência alheia, embora não fechada e, no todo ou em parte, a sonega ou destrói;

3.1. Considerações gerais

Esta figura criminosa, a exemplo do *caput* do art. 151, foi tacitamente revogada pelo mesmo art. 40 da Lei 6.538/78, mais precisamente seu parágrafo inaugural:

> "Incorre nas mesmas penas quem se apossa indevidamente de correspondência alheia, embora não fechada, para sonegá-la ou destruí-la, no todo ou em parte".

Como alhures, os comentários, ainda que breves, serão com base na lei revogadora.

Tutela-se a mesma liberdade individual, mais atenciosamente a liberdade de pensamento. No entanto, enquanto a figura do *caput* cuida da violação com o intuito de se tomar conhecimento do conteúdo da correspondência *fechada*, aqui o agente (qualquer pessoa), dolosa e indevidamente, se apossa de correspondência alheia (embora não fechada) e, no todo ou em parte, a sonega ou destrói (fim específico), ferindo os interesses do remetente e do destinatário (crime de dupla subjetividade passiva).

Para Nélson Hungria:

> "Sonegar é desviar uma coisa do seu destino, não manifestá-la, ocultá-la. Destruir é inutilizar, danificar uma coisa de modo que não possa mais servir ao seu fim, seja ou não subvertida a sua materialidade."[349].

Interessante ressaltar que, na conduta anterior, é necessário que o agente tome conhecimento dos termos da correspondência. Aqui basta, simplesmente, ocultar a correspondência ou destruí-la.

Entende a maioria ser o crime formal (ou de consumação antecipada), aperfeiçoando-se com o simples apossamento. Não se exige que o agente coloque em prática sua especial finalidade (destruir ou sonegar), bastando que se apodere da correspondência com tal escopo. Se o agente praticar o apossamento e, antes de destruí-la ou sonegá-la, tomar conhecimento de seu conteúdo, o crime de violação é tido como mero exaurimento do primeiro, que já se consumou em momento anterior.

349. Ob. cit., v. 6, p. 240.

Admite-se a tentativa naquelas hipóteses em que o agente, embora tenha iniciado o *iter criminis*, com a intenção de sonegar ou destruir a correspondência, não alcança seu intento por circunstâncias alheias à sua vontade.

4. VIOLAÇÃO DE COMUNICAÇÃO TELEGRÁFICA, RADIOELÉTRICA OU TELEFÔNICA

▶ ***Violação de comunicação telegráfica, radioelétrica ou telefônica***

II – quem indevidamente divulga, transmite a outrem ou utiliza abusivamente comunicação telegráfica ou radioelétrica dirigida a terceiro, ou conversação telefônica entre outras pessoas;

III – quem impede a comunicação ou a conversação referidas no número anterior;

IV – quem instala ou utiliza estação ou aparelho radioelétrico, sem observância de disposição legal.

§ 2º As penas aumentam-se de metade, se há dano para outrem.

§ 3º Se o agente comete o crime, com abuso de função em serviço postal, telegráfico, radioelétrico ou telefônico:

Pena – detenção, de 1 (um) a 3 (três) anos.

§ 4º Somente se procede mediante representação, salvo nos casos do § 1º, IV, e do § 3º.

4.1. Considerações gerais (§ 1º, II)

Neste crime, o agente (qualquer pessoa), depois de legalmente tomar conhecimento de comunicação telegráfica, radioelétrica ou telefônica entre terceiras pessoas (vítimas), dolosamente a divulga, transmite a outrem ou utiliza abusivamente (a simples interceptação, sem difusão da comunicação, não constitui crime).

O crime se consuma no momento em que o sujeito ativo pratica qualquer dos núcleos do tipo (crime de ação múltipla ou conteúdo variado), sendo indiferente a quantidade de pessoas que foram cientificadas da comunicação violada (circunstância a ser considerada pelo juiz na fixação da pena).

É o que pensa Noronha:

> "O sujeito ativo age de modo que o conteúdo da comunicação ou conversa se torne conhecido de muitos. Todavia, não é necessário que numerosas pessoas tenham conhecimento: uma que seja e o crime haverá lugar, pela transmissão (transmitir é a segunda forma) a outrem."[350].

Sendo possível o fracionamento da conduta (crime plurissubsistente), admite-se a tentativa.

Discute-se na doutrina a possível derrogação do presente inciso pela Lei 9.296/96, que regulamentou a interceptação da comunicação telefônica, de informática ou telemática.

350. *Direito Penal* cit., v. 2, p. 182.

Esta, no art. 10, pune duas condutas: 1) realizar interceptação de comunicação telefônica, de informática ou telemática; 2) quebrar segredo da Justiça, sem autorização judicial ou com objetivos não autorizados em lei.

No tocante à primeira, parece pacífica a tese de que não revogou o delito previsto no Código Penal, pois neste pune-se *não a interceptação*, mas sim a indevida divulgação ou transmissão do conteúdo da comunicação telegráfica ou radioelétrica dirigida a terceiro, ou conversação telefônica entre outras pessoas.

Já a segunda tipifica a conduta daquele que, autorizado judicialmente a interceptar a comunicação entre terceiros (ex.: delegados, peritos etc.), quebra o segredo inerente ao procedimento, divulgando o conteúdo da diligência a pessoa alheia ao ato. Nota-se, mais uma vez, a convivência entre os dispositivos do Código Penal e da lei especial, prevendo esta um delito próprio, praticado por agentes que tenham algum tipo de participação no procedimento judicial, enquanto aquela regula outra espécie de divulgação, que pode ser praticada por qualquer pessoa.

A discussão é assim resumida (e dirimida) por FERNANDO CAPEZ:

> "A pedra de toque de nosso questionamento reside na segunda parte do art. 10: 'quebrar segredo da Justiça', que significa violar, revelar o conteúdo do procedimento de interceptação telefônica. Teria o legislador, ao prever essa conduta, abarcado as hipóteses previstas do art. 151, § 1º, II, do CP? Cremos que não houve derrogação do artigo do Código Penal, pelas seguintes razões: a segunda parte do art. 10 é delito próprio, ou seja, somente podem quebrar segredo de Justiça aquelas pessoas autorizadas legalmente a participar do procedimento de interceptação telefônica (juiz, promotor de justiça, delegado de polícia, escrivão, peritos, advogado), ao passo que o crime do art. 151, § 1º, II, do CP é considerado crime comum, pois qualquer pessoa pode divulgar, transmitir a outrem ou utilizar para qualquer fim o conteúdo da conversa telefônica, sem que esta constitua segredo de Justiça em decorrência de procedimento judicial – até porque, quando o art. 151 foi criado, a Lei de Interceptação Telefônica nem existia. É o caso, por exemplo, das linhas cruzadas. Aquele que ocasionalmente tomou conhecimento de uma conversa telefônica alheia poderá responder pelo delito do Código Penal se vier a divulgar, transmitir a outrem ou utilizá-la para qualquer fim. Da mesma forma, responderá pelo crime do art. 151, § 1º, II, do CP aquele que, não tendo participado do procedimento judicial de interceptação telefônica, divulgar o seu conteúdo, por exemplo, a secretária do perito judicial toma conhecimento do conteúdo das gravações telefônicas e as divulga."[351].

351. Ob. cit., v. 2, p. 343-344.

4.2. Impedimento de comunicação telegráfica ou radioelétrica ou conversação (§ 1º, III)

Pune-se, agora, quem (qualquer pessoa), dolosamente, embaraça (obsta, impede) a comunicação das vítimas (crime de dupla subjetividade passiva).

Entende-se por impedir tanto a conduta de colocar obstáculos para que a comunicação não se inicie quanto sua interrupção, podendo se dar de diversas formas (crime de ação livre).

Ensina (e exemplifica) MIRABETE:

> "Cortando os fios do telefone (em que existirá eventual crime de dano), produzindo ruídos no aparelho, interferindo na frequência das ondas hertzianas etc."[352].

4.3. Instalação ou utilização de estação ou aparelho radioelétrico, sem observância de disposição legal (§ 1º, IV)

O presente dispositivo foi revogado pelo art. 70, *caput*, da Lei 4.117/62 (Código Brasileiro de Telecomunicações), que assim dispõe: "Constitui crime punível com a pena de detenção de 1 (um) a 2 (dois) anos, aumentada da metade se houver dano a terceiro, a instalação ou utilização de telecomunicações, sem observância do disposto nesta Lei e nos regulamentos".

O núcleo do tipo comporta duas condutas diversas (ação múltipla), quais sejam, *instalar* e *utilizar* telecomunicações. Exige-se, ainda, como elemento normativo, que a prática se dê sem observância da legislação presente na própria lei que pune a conduta e em outros regulamentos.

Em virtude das ações previstas na norma, conclui-se ser o crime formal, dispensando a produção de resultado naturalístico (mudança no mundo exterior), consumando-se com a simples instalação do equipamento.

4.4. Qualificadora e majorante de pena

4.4.1. Majorante de pena

As penas aumentam-se de metade se há dano para outrem (§ 2º). Pode-se dizer que o dano a que o dispositivo faz referência pode ser tanto o material quanto o moral, não importando se atinge pessoas estranhas à relação remetente-destinatário. Saliente-se que somente incide sobre os crimes ainda regulados pelo Código Penal, vez que na Lei 6.538/78 há previsão expressa majorando a conduta que produz dano a terceiro.

4.4.2. Qualificadora

O § 3º prevê figura qualificadora para os casos em que o delito é praticado com abuso de função. Deve-se considerar o abuso somente quando praticado no exercício da função desempenhada pelo agente, não bastando ser ele funcionário da empresa postal, por exemplo.

352. *Manual de direito penal:* parte especial, v. 2, p. 188.

4.5. Ação penal

Em regra, a ação penal é pública condicionada à representação do ofendido, salvo nos casos do § 3º, em que a pena será perseguida independentemente do pedido-autorização das vítimas.

Apesar da clareza do dispositivo em comento, algumas observações devem ser feitas:

a) como já alertamos, os crimes previstos no *caput* e no § 1º, I, foram revogados tacitamente pelo art. 40 da Lei 6.538/78. Nesta lei, de caráter especial, não há qualquer menção à representação do ofendido, portanto, são crimes de ação penal pública incondicionada;

b) na hipótese do inciso IV, revogado tacitamente pelo art. 70 da Lei 4.117/62 (Código Brasileiro de Telecomunicações), alerta a doutrina para uma condição de procedibilidade, qual seja a busca e apreensão da estação ou aparelho ilegal (art. 70, parágrafo único);

c) a qualificadora do § 3º do art. 151 será perseguida mediante ação penal pública incondicionada, pois o que se protege, acima da liberdade do pensamento, é a segurança do sistema de comunicações;

d) nos casos de ação penal pública condicionada (art. 151, § 1º, II e III), a negativa de uma das vítimas em representar os fatos não impede a faculdade da outra de exercer o mesmo direito.

4.6. Princípio da especialidade

a) Código Penal x Código Penal Militar: o art. 227 do Decreto-lei 1.001/69 pune a devassa indevida de correspondência quando praticada nos termos do art. 9º, II, *a*, daquele diploma.

b) Código Penal x Lei nº 13.260/16: o art. 2º, § 1º, inciso IV, da Lei nº 13.260/16 pune com reclusão de doze a trinta anos a conduta de sabotar o funcionamento ou apoderar-se, com violência, grave ameaça a pessoa ou servindo-se de mecanismos cibernéticos, do controle total ou parcial, ainda que de modo temporário, de meio de comunicação se o fato é cometido por razões de xenofobia, discriminação ou preconceito de raça, cor, etnia e religião, com a finalidade de provocar terror social ou generalizado, expondo a perigo pessoa, patrimônio, a paz pública ou a incolumidade pública.

5. CORRESPONDÊNCIA COMERCIAL

▶ ***Correspondência comercial***

Art. 152. Abusar da condição de sócio ou empregado de estabelecimento comercial ou industrial para, no todo ou em parte, desviar, sonegar, subtrair ou suprimir correspondência, ou revelar a estranho seu conteúdo:

Pena – detenção, de 3 (três) meses a 2 (dois) anos.

Parágrafo único. Somente se procede mediante representação.

5.1. Considerações iniciais

O conflito dos arts. 151 e 152 é apenas aparente, vez que o segundo, de forma especial, destaca a correspondência comercial (princípio da especialidade).

Paulo José da Costa Jr. distingue a correspondência comercial da simples correspondência (esta tratada no art. 151):

> "Correspondência comercial. a) Conceito. Objeto material do delito é a correspondência comercial, que se reveste de interesse relevante de ordem patrimonial e moral.
>
> A correspondência haverá que ser comercial. Se se tratar de correspondência ordinária, enviada ao estabelecimento comercial, o crime a ser punido é o do art. 151. Estabelecimento é o local onde se desenvolve a atividade comercial ou industrial, é a loja, a fábrica, o escritório."[353].

Em síntese, tutela-se aqui a inviolabilidade de correspondência, agora comercial, sendo imprescindível que se refira ao estabelecimento.

Em virtude da pena cominada, aplicam-se os benefícios da Lei 9.099/95 (transação penal e suspensão condicional do processo).

5.2. Sujeitos do delito

O crime em questão é próprio (ao contrário do anterior), somente figurando como autor o sócio ou o empregado do estabelecimento comercial ou industrial (não se exige, porém, que o empregado desempenhe função diretamente relacionada ao recebimento ou guarda de correspondência).

Dispondo o tipo, como sujeito ativo, somente aquele que é sócio ou empregado de estabelecimento comercial ou industrial, exclui-se, logicamente, qualquer outra espécie de estabelecimento que não aqueles descritos expressamente no dispositivo, sob pena de praticar-se analogia incriminadora.

Como sujeito passivo, temos o estabelecimento comercial ou industrial (pessoa jurídica) remetente ou destinatário, bem como seus respectivos sócios (pessoas físicas).

5.3. Conduta

A maior parte dos comentários dispensados ao artigo anterior é perfeitamente aplicável ao tipo em estudo, apenas ressalvando o que este tem de especial, isto é, o abuso da condição de sócio ou empregado de estabelecimento comercial ou industrial para, no todo ou em parte, desviar (dar à correspondência destino outro que não o original e correto), sonegar (ocultar), subtrair (apoderar-se) ou suprimir (eliminar) correspondência comercial, ou revelar (dar conhecimento) a estranho seu conteúdo.

Segundo Nélson Hungria:

> "É preciso, para a existência do crime, que haja, pelo menos, possibilidade de dano, seja este patrimonial ou moral. Não se

353. *Comentários ao Código Penal*, p. 455.

> compreenderia que o sócio cometesse crime por praticar qualquer dos atos referidos no texto legal, se dele nenhum dano pudesse resultar à sociedade ou a outrem. Quanto ao empregado, se, do mesmo modo, não houvesse sequer perigo de dano, além do infligido à intangibilidade da correspondência, não haveria necessidade de incriminação fora do art. 151. Se o conteúdo da correspondência é fútil ou inócuo, não pode ser objeto do crime em questão."[354].

Do exposto, está claro que, se o conteúdo da correspondência não disser respeito a questões do estabelecimento comercial ou industrial, o crime poderá ser outro (ex.: art. 151 do CP).

5.4. Voluntariedade

Pune-se apenas a conduta dolosa, consistente na vontade de violar correspondência comercial ou industrial através da prática de uma das ações nucleares do tipo, sabendo o agente que abusa de sua condição para a prática criminosa.

5.5. Consumação e tentativa

Efetiva-se o delito no momento em que o agente pratica, ainda que parcialmente, uma das condutas descritas no tipo, criando para a vítima (sociedade comercial ou outrem) concreta possibilidade de dano (moral ou material).

Sendo possível o fracionamento da execução (delito plurissubsistente), a tentativa é possível.

5.6. Ação penal

Trata-se de crime de ação penal pública, porém condicionada à representação da vítima (parágrafo único).

SEÇÃO IV – DOS CRIMES CONTRA A INVIOLABILIDADE DOS SEGREDOS

1. INTRODUÇÃO

Explica Bitencourt:

> "Após tutelar a liberdade, sob o aspecto da inviolabilidade da correspondência, nesta seção, o Código Penal de 1940 continua protegendo a liberdade, agora sob o aspecto dos *segredos* e *confidências*. A proteção da liberdade não seria completa se não fosse assegurado ao indivíduo o direito de manter em sigilo determinados atos, fatos ou aspectos de sua vida particular e profissional, cuja divulgação possa produzir dano pessoal ou a terceiros."[355].

354. Ob. cit., v. 6, p. 246.
355. Ob. cit., v. 2, p. 481.

2. DIVULGAÇÃO DE SEGREDO

▶ ***Divulgação de segredo***

Art. 153. Divulgar alguém, sem justa causa, conteúdo de documento particular ou de correspondência confidencial, de que é destinatário ou detentor, e cuja divulgação possa produzir dano a outrem:

Pena – detenção, de 1 (um) a 6 (seis) meses, ou multa.

§ 1º-A. Divulgar, sem justa causa, informações sigilosas ou reservadas, assim definidas em lei, contidas ou não nos sistemas de informações ou banco de dados da Administração Pública:

Pena – detenção, de 1 (um) a 4 (quatro) anos, e multa.

§ 1º Somente se procede mediante representação.

§ 2º Quando resultar prejuízo para a Administração Pública, a ação penal será incondicionada.

2.1. Considerações iniciais

Tutela-se aqui a liberdade individual, com especial atenção voltada à conservação dos segredos, é dizer, detalhes íntimos da vida do indivíduo que, divulgados, podem causar dano.

A pena para a conduta tipificada no *caput* admite transação penal e suspensão condicional do processo, benefícios da Lei 9.099/95, ao passo que a do § 1º permite apenas a suspensão do feito.

2.2. Sujeitos do delito

Somente o destinatário ou o detentor do documento particular ou de correspondência confidencial pode figurar como agente do delito em tela (crime próprio). Cumpre ressaltar que, nos casos em que a divulgação é feita pelo detentor, não importa se a posse é legítima ou ilegítima (o tipo não diferencia as situações). Neste último caso, ainda que o agente tenha violado a correspondência para, posteriormente, divulgar seu conteúdo, o delito praticado será somente o do art. 153 (divulgação criminosa), vez que, tratando-se de delito-meio, a violação (art. 151) fica absorvida pela publicidade indevida do conteúdo epistolar.

Possível se mostra a participação de terceiros (art. 30 do CP), inclusive do próprio remetente.

Sujeito passivo do delito será todo aquele que, direta ou indiretamente, tenha interesse na conservação do segredo. Poderá ser o remetente, o destinatário ou outra pessoa (que não o autor do documento ou seu receptor), desde que figure no conteúdo da correspondência, podendo ser prejudicado com a divulgação indevida.

2.3. Conduta

A ação física trazida pelo tipo em comento consiste em divulgar (transmitir, tornar público), sem justa causa, segredo.

Explica Noronha:

> "Qualquer meio pode produzi-la: imprensa, rádio, televisão, exposição ao público, transmissão oral a uma plateia ou assistência etc.;

> enfim, sempre que houver comunicação a numerosas e indeterminadas pessoas."[356].

Na lição de HUNGRIA:

> "segredo é aquilo que não deve ser revelado ou que se tem motivo ou interesse para ocultar. O vínculo de segredo pode resultar de manifestação expressa ou tácita da vontade do interessado, ou de *facta concludentia*. Não deve ser, porém, puramente arbitrário. Não basta que o remetente de uma carta, por exemplo, a declare expressamente 'confidencial': é preciso que a reserva em torno do conteúdo da carta corresponda a razoável motivo ou interesse, econômico ou moral, do remetente ou de terceiro"[357].

Conclui-se, então, que o segredo revelado deve estar revestido de importância, de forma que possa acarretar prejuízo à vítima. Se o conteúdo do documento não revelar fatos relevantes, não pode ser considerado segredo somente porque assim o quis seu remetente.

Como elemento normativo do tipo, tem-se a condição de que a divulgação se dê sem justa causa (contrária ao direito):

> "Havendo justa causa para a divulgação de segredo, o fato é atípico, constituindo constrangimento ilegal o indiciamento do agente em inquérito policial" (TACrim [extinto], RHC, rel. Juiz Lauro Malheiros, *RT* 515/354).

São objetos materiais do crime somente os documentos escritos, de natureza particular ou confidencial, estando excluída a divulgação de mistério verbal.

Em resumo, como diz PIERANGELI:

> "Podemos fixar os elementos do delito na seguinte ordem, com o reparo que faremos ao final: a) documento particular ou correspondência confidencial; b) divulgação do seu conteúdo pelo destinatário ou detentor; c) ausência de justa causa; d) possibilidade de dano a outrem; e) dolo."[358].

2.4. Voluntariedade

Consiste na vontade consciente de divulgar segredo de correspondência sem que, para tanto, haja justa causa (prescinde-se de qualquer finalidade especial).

Não há previsão legal de modalidade culposa.

2.5. Consumação e tentativa

O tipo não exige que a divulgação produza danos efetivos a outrem, bastando a sua potencialidade lesiva (perigo). Para tanto, ensina a maioria da doutrina ser imprescindível

356. *Direito Penal* cit., v. 2, p. 188.
357. Ob. cit., v. 6, p. 251.
358. *Manual de direito penal brasileiro*, p. 304.

a divulgação do segredo a número indeterminado de pessoas, pois somente desta forma poderá advir perigo de dano real e efetivo ao titular do segredo.

Magalhães Noronha[359] afirma ser possível a tentativa, vez que a execução do crime pode ser fracionada em vários atos (delito plurissubsistente).

Pensamos, no entanto, ser o *conatus* de difícil configuração, pois, sendo a ação penal pública condicionada à representação da vítima, havendo representação à autoridade, será ela própria (vítima) responsável pela divulgação do segredo da correspondência, expondo a si mesma a perigo de dano ou à sua efetivação.

2.6. Divulgação de informações sigilosas da Administração Pública (§ 1º-A)

O art. 153, em seu § 1º-A, contém nova figura delituosa, relacionada à divulgação de informações sigilosas ou reservadas, definidas em lei, constantes ou não nos bancos de dados da Administração Pública.

Trata-se de crime comum, podendo ser praticado por qualquer pessoa (inclusive servidor público), figurando como vítima o Estado.

A ação incriminada continua sendo a indevida revelação, agora de informações sigilosas ou reservadas, definidas em lei, constantes ou não nos bancos de dados da Administração Pública.

A presente figura incriminadora, diferentemente do *caput*, não exige, para a consumação do crime, que a indevida divulgação do segredo possa causar dano a outrem, bastando a sua mera revelação. Aliás, havendo dano efetivo, repercutirá no campo da persecução penal, como veremos em seguida.

Esta figura criminosa não se confunde com a prevista no art. 325 do CP (violação de sigilo funcional). Aqui, o agente (necessariamente servidor público) revela fato de que tem ciência em razão do cargo e que deva permanecer em segredo, ou lhe facilita a revelação.

2.7. Ação penal

Os §§ 1º e 2º dispõem sobre a ação penal a ser proposta.

Em regra, procede-se somente mediante representação do ofendido. Excepcionalmente, no caso tipificado no § 1º-A, a ação será pública incondicionada quando da revelação resultar dano para a Administração Pública.

2.8. Princípio da especialidade

a) Código Penal x Código Penal Militar: o art. 228 do Decreto-lei 1.001/69 pune a divulgação de segredo quando praticada nos termos do art. 9º, II, *a*, daquele diploma.

359. *Direito Penal*, v. 2, p. 188.

3. VIOLAÇÃO DE SEGREDO PROFISSIONAL

▶ *Violação de segredo profissional*

Art. 154. Revelar alguém, sem justa causa, segredo, de que tem ciência em razão de função, ministério, ofício ou profissão, e cuja revelação possa produzir dano a outrem:

Pena – detenção, de 3 (três) meses a 1 (um) ano, ou multa.

Parágrafo único. Somente se procede mediante representação.

3.1. Considerações iniciais

Segue-se tutelando o direito à liberdade individual voltada à inviolabilidade dos segredos agora profissionais.

Como bem explica Pierangeli:

> "A vida mantida em meio a uma comunidade apresenta fatos e problemas para cuja solução temos de recorrer a terceiros, pessoas qualificadas técnica e profissionalmente para removê-los e a pessoas que exercem certos ministérios, aos quais se confiam segredos da intimidade pessoal ou doméstica, que devem ser mantidos em sigilo não só em benefício do cidadão confidente, mas da própria convivência social, interesses de ordem natural, moral, social ou econômica. É nesse contexto que se inserem como confidentes o médico, o advogado, o enfermeiro, o psicólogo, o terapeuta, o sacerdote, entre outros, como confidentes necessários e depositários de segredos que têm o dever de resguardar, honrando a confiança que neles se depositou. Trata-se de corolário da garantia constitucional de intimidade, *verbis*: 'São invioláveis a intimidade, a vida privada, a honra e a imagem das pessoas, assegurado o direito a indenização pelo dano material ou moral decorrente de sua violação' (Constituição, art. 5º, X)."[360].

Em razão da pena cominada, permite-se a transação penal e a suspensão condicional do processo (Lei 9.099/95).

3.2. Sujeitos do delito

Trata-se de crime próprio, exigindo do agente a condição especial relacionada ao exercício das atividades descritas no tipo (fiel depositário do segredo). Então, sujeito ativo será toda pessoa que, em razão de função, ministério, ofício, ou profissão, divulgar, de qualquer maneira, segredo de que tenha conhecimento.

Sobre as atividades profissionais apresentadas pelo tipo, explica Paulo José da Costa Jr.: *função*

360. *Manual de direito penal brasileiro*, p. 308.

> "(...) é o encargo recebido por lei, decisão judicial ou contrato (tutor, curador, inventariante, síndico, diretores de escolas, hospitais ou empresas)"; *ministério* "é o mister que tem origem em determinada condição social, de fato ou de direito (padre, freira, missionário, assistente social)"; *ofício* "é a atividade remunerada, mecânica ou manual (sapateiro, ourives, cabeleireiro, costureiro etc.)"; *profissão* "é a atividade remunerada, exercida com habitualidade, via de regra de cunho intelectual."[361].

É possível o concurso de agentes (coautoria e participação), nos exatos termos do que disposto no art. 30 do CP.

Sujeito passivo será o titular (pessoa física ou jurídica) do segredo, passível de ser prejudicado com a indevida divulgação.

3.3. Conduta

Fragoso assim define a conduta incriminada:

> "A ação típica consiste em revelar, sem justa causa, segredo de que o agente teve conhecimento em razão de função, ministério, ofício ou profissão, não sendo necessário que o segredo preexista às relações entre o agente e o interessado em sua conservação, ou que este tenha consciência de sua existência. O fato sigiloso pode, por exemplo, surgir no curso de uma consulta médica, de que o sujeito passivo não seja inteirado."[362].

A ciência de tais segredos deve decorrer do exercício de função, ministério, ofício ou profissão, circunstâncias que se prestam a agravar a conduta praticada pelo agente. Saliente-se que, para a configuração do delito, o exercício de tais funções deverá se dar na esfera privada. Se a função é pública, outra norma regulará a conduta do agente (arts. 325 e 326 do CP).

Procura-se proteger o interesse do indivíduo que busca assistência profissional com o intuito de solucionar problemas particulares que, revelados a terceiros, possam causar danos.

Exige-se que o segredo seja revelado *sem justa causa*. Havendo licitude na revelação (ou consentimento do ofendido), o fato será atípico. Estará configurada *justa causa* sempre que o interesse público se sobrepuser ao profissional.

Magalhães Noronha ensina que, em regra:

> "A justa causa funda-se na existência de estado de necessidade, é a colisão de dois interesses, devendo um ser sacrificado em benefício do outro; no caso, a inviolabilidade dos segredos deve ceder a outro bem-interesse. Há, pois, objetividades jurídicas que a ela preferem, donde não ser absoluto o dever do silêncio ou sigilo profissional."[363].

361. *Comentários ao Código Penal*, p. 458.
362. Ob. cit., v. 1, p. 273-274.
363. *Direito Penal*, v. 2, p. 195.

O art. 269 do CP bem espelha um exemplo de justa causa, obrigando o médico, sob pena de punição, comunicar à autoridade a ocorrência de moléstia contagiosa confidenciada no exercício da profissão.

Hoje, princípios como o da proporcionalidade (ou razoabilidade), bastante ventilado no campo "das provas obtidas por meios ilegais", acaba, de alguma forma, por admitir, em casos excepcionais, a revelação de segredo profissional, em especial na salvaguarda e manutenção de valores conflitantes, desde que aplicada única e exclusivamente em situações extraordinárias.

Por fim, é importante frisar:

> "Que a lei considera de tão grande importância o sigilo profissional que protege a sua inviolabilidade, excluindo o profissional da obrigação de depor, o que é dever de todo cidadão (art. 206, 1ª parte, do CPP). Aliás, os profissionais relacionados, aos quais compete o dever de sigilo, estão proibidos de depor, salvo se, desobrigados pelo interessado, quiserem dar seu testemunho (art. 207, CPP). O advogado, todavia, pode e deve recusar-se a comparecer e depor sobre fatos de que tomou conhecimento no exercício profissional e cuja revelação pode produzir dano a outrem (*RT* 523/438, 531/40 1, 625/292)."[364].

3.4. Voluntariedade

Consiste no dolo (consciência e vontade) de revelar o segredo.

Não se pune a conduta culposa.

O erro sobre o elemento normativo do tipo (justa causa) afasta o dolo e, portanto, impede a consumação do delito.

3.5. Consumação e tentativa

Trata-se de crime formal (ou de consumação antecipada), perfazendo-se com a revelação do segredo, dispensado a efetiva ocorrência do dano (material ou moral). Aliás, em ocorrendo prejuízo a terceiros, configurar-se-á o exaurimento do crime, circunstância a ser considerada pelo magistrado sentenciante na fixação da pena.

Quanto à possibilidade da tentativa, temos de distinguir: se o crime for praticado de forma oral, não se admite o *conatus*, vez que inadmissível o fracionamento da execução; no entanto, se o agente executar o crime de forma escrita, torna-se plurissubsistente, admitindo-se a forma tentada.

3.6. Ação penal

Como expresso no parágrafo único, a pena somente será perseguida mediante prévia representação da vítima (ação penal pública condicionada).

364. Pierangeli, *Manual de direito penal brasileiro:* parte especial, p. 313.

3.7. Princípio da especialidade

a) Código Penal x Código Penal Militar: o art. 230 do Decreto-lei 1.001/69 pune a violação de se segredo profissional quando praticada nos termos do art. 9º daquele diploma.

b) Código Penal x Lei de Segurança Nacional: revelar segredo obtido em razão de cargo, emprego ou função pública, relativamente a planos, ações ou operações militares ou policiais contra rebeldes, insurretos ou revolucionários é crime punido no art. 21 da Lei 7.170/83.

4. INVASÃO DE DISPOSITIVO INFORMÁTICO

▶ ***Invasão de dispositivo informático***

Art. 154-A. Invadir dispositivo informático alheio, conectado ou não à rede de computadores, mediante violação indevida de mecanismo de segurança e com o fim de obter, adulterar ou destruir dados ou informações sem autorização expressa ou tácita do titular do dispositivo ou instalar vulnerabilidades para obter vantagem ilícita:

Pena – detenção, de 3 (três) meses a 1 (um) ano, e multa.

§ 1º Na mesma pena incorre quem produz, oferece, distribui, vende ou difunde dispositivo ou programa de computador com o intuito de permitir a prática da conduta definida no caput.

§ 2º Aumenta-se a pena de um sexto a um terço se da invasão resulta prejuízo econômico.

§ 3º Se da invasão resultar a obtenção de conteúdo de comunicações eletrônicas privadas, segredos comerciais ou industriais, informações sigilosas, assim definidas em lei, ou o controle remoto não autorizado do dispositivo invadido:

Pena – reclusão, de 6 (seis) meses a 2 (dois) anos, e multa, se a conduta não constitui crime mais grave.

§ 4º Na hipótese do § 3º, aumenta-se a pena de um a dois terços se houver divulgação, comercialização ou transmissão a terceiro, a qualquer título, dos dados ou informações obtidos.

§ 5º Aumenta-se a pena de um terço à metade se o crime for praticado contra:

I – Presidente da República, governadores e prefeitos;

II – Presidente do Supremo Tribunal Federal;

III – Presidente da Câmara dos Deputados, do Senado Federal, de Assembleia Legislativa de Estado, da Câmara Legislativa do Distrito Federal ou de Câmara Municipal; ou

IV – dirigente máximo da administração direta e indireta federal, estadual, municipal ou do Distrito Federal.

4.1. Considerações iniciais

A Lei 12.737, de 30 de novembro de 2012, tipificou como crime a invasão de dispositivo informático, criminalização fomentada pelo episódio que vitimou a atriz Carolina Dieckmann, que teve seu computador invadido e seus arquivos pessoais subtraídos, vendo expostas suas fotos íntimas na rede mundial de computadores.

Apesar de a sociedade estar cada vez mais inserida no mundo da informática, percebe-se que o Direito (em especial, o Direito Penal) não acompanha, como deveria, a evolução que movimenta o setor cibernético.

No espírito de modernização da legislação criminal, o art. 154-A do CP tipifica o comportamento daquele que invade dispositivo informático alheio, conectado ou não à rede de computadores, mediante violação indevida de mecanismo de segurança e com o fim de obter, adulterar ou destruir dados ou informações sem autorização expressa ou tácita do titular do dispositivo ou instalar vulnerabilidades para obter vantagem ilícita.

Como bem observa Nucci:

> "Sabe-se, por certo, constituir a comunicação telemática o atual meio mais difundido de transmissão de mensagens de toda a ordem entre pessoas físicas e jurídicas. O e-mail tornou-se uma forma padrão de enviar informes e mensagens profissionais e particulares, seja para fins comerciais, seja para outras finalidades das mais diversas possíveis. As redes sociais criaram, também, mecanismos de comunicação, com dispositivos próprios de transmissão de mensagens. Torna-se cada vez mais rara a utilização de cartas e outras bases físicas, suportando escritos, para a comunicação de dados e informes. Diante disso, criou-se novel figura típica incriminadora, buscando punir quem viole não apenas a comunicação telemática, mas também os dispositivos informáticos, que mantém dados relevantes do seu proprietário."[365].

O objeto jurídico do crime, como se percebe, é privacidade individual e/ou profissional, resguardada (armazenada) em dispositivo informático, desdobramento lógico do direito fundamental assegurado no art. 5º, X, CF/88: "são invioláveis a intimidade, a vida privada, a honra e a imagem das pessoas, assegurando o direito de indenização pelo dano material ou moral decorrente de sua violação".

Em regra, o crime é de menor potencial ofensivo, salvo na sua forma qualificada (§ 3º), quando majorado pela divulgação, comercialização ou transmissão a terceiro, a qualquer título, dos dados ou informações obtidos (§ 4º).

4.2. Sujeitos do delito

Qualquer pessoa pode ser sujeito ativo do crime, não se exigindo qualidade ou condição especial do seu agente[366].

---

365. Código Penal Comentado, p. 774-5.

366. Luiz Regis Prado bem observa: "Segundo a terminologia utilizada na informática, aquele que invade tais dispositivos com finalidade ilegal, de obtenção de vantagem indevida ou de prejuízo alheio, é denominado *cracker*. *Cracker* é, portanto, o sujeito que 'invade sistema de computadores de outra pessoa, frequentemente em uma rede, supera senhas ou licenças em programas de computadores ou de outras formas intencionalmente quebra a segurança de computadores. Um *cracker* pode fazer isso visando lucro, maliciosamente ou para alguma finalidade ou causa altruística, ou porque o desafio está lá. Algumas invasões têm sido realizadas para demonstrar pontos fracos no sistema de segurança de um site'. Não se pode confundir *cracker* com *hacker*. Termo utilizado para designar o sujeito que é um 'aficionado por informática, profundo conhecedor de linguagem de programação, que se dedica à compreensão mais íntima do funcionamento de sistemas operacionais e a desvendar códigos de acesso a outros computadores'" (*Tratado de Direito Penal Brasileiro*, v. 4, p. 394-395).

Também qualquer pessoa pode figurar como vítima da indevida invasão.

Márcio André Lopes Cavalcante faz interessante observação:

> "Em regra, a vítima é o proprietário do dispositivo informático, seja ele pessoa física ou jurídica. No entanto, é possível também identificar, em algumas situações, como sujeito passivo, o indivíduo que, mesmo sem ser o dono do computador, é a pessoa que efetivamente utiliza o dispositivo para armazenar seus dados ou informações que foram acessados indevidamente. É o caso, por exemplo, de um computador utilizado por vários membros de uma casa ou no trabalho, onde cada um tem perfil e senha próprios. Outro exemplo é o da pessoa que mantém um contrato com uma empresa para armazenagem de dados de seus interesses em servidores para acesso por meio da internet ('computação em nuvem', mais conhecida pelo nome em inglês, qual seja, *cloudcomputing*)."[367].

Há, no entanto, uma crítica sobre a forma como o legislador tratou essa situação, pois o tipo penal estabelece a conduta criminosa no ato de invasão sem autorização expressa ou tácita do titular do dispositivo, não das informações. O ideal seria, diante da possibilidade de que mais de um indivíduo utilize o dispositivo informático, que a tutela recaísse expressamente no titular das informações armazenadas.

Por fim, nos termos do § 5º, do art. 154-A, do Código Penal, a pena é aumentada de um terço à metade se o crime for praticado contra: (1) Presidente da República, governadores e prefeitos; (2) Presidente do Supremo Tribunal Federal; (3) Presidente da Câmara dos Deputados, do Senado Federal, de Assembleia Legislativa de Estado, da Câmara Legislativa do Distrito Federal ou de Câmara Municipal; (4) Dirigente máximo da administração direta e indireta, federal, estadual, municipal ou do Distrito Federal.

4.3. Conduta

Pune-se a invasão de dispositivo informático alheio, mediante violação indevida[368] de mecanismo de segurança ou instalação de vulnerabilidades.

Por dispositivo informático entende-se qualquer aparelho(instrumento eletrônico) com capacidade de armazenar e processar automaticamente informações/programas (*notebook*, *netbook*, *tablet*, *Ipad*, *Iphone*, *Smartphone*, *pendrive* etc.). Importante observar ser indiferente o fato de o dispositivo estar ou não conectado à rede interna ou externa de computadores (*intranet* ou *internet*).

Duas são as formas (e finalidades) de agir:

a) na primeira, o agente vence os obstáculos de proteção do dispositivo (senha, chave se segurança, mecanismos de criptografia, assinatura digital, mecanismos de controle e

367. *Primeiros comentários à Lei 12.737/12, que tipifica a invasão de dispositivo informático*, disponível em www.dizerodireito.cm.br, acesso em 21/12/2012.

368. A expressão "violação indevida" não nos parece apropriada, pois não há possibilidade de existir uma "violação devida". Tratando-se de violação, é necessariamente sem autorização do titular, e, portanto, indevida. Se o acesso é devido (se decorre de uma ordem judicial, por exemplo), não pode ser tratado como violação.

acesso, mecanismos de certificação etc.) para obter, adulterar ou destruir dados ou informações sem autorização do titular do dispositivo.

Alertamos para o fato de que a ausência de dispositivo de segurança, ou o seu não acionamento, impede a configuração típica. Nesse sentido, explica Bitencourt:

> "Assim, o tipo penal é aberto e exige um juízo de valor para complementar a análise da tipicidade. Aliás, é um tipo semi-aberto, ou seja, nem aberto nem fechado, pois ao mesmo tempo que abre com a locução "mediante violação indevida", fecha com a complementação. "de mecanismo de segurança", limitando, portanto, o âmbito da violação. Em outros termos, qualquer outra violação que não se refira a "mecanismo de segurança", não tipificará a conduta descrita no caput que ora examinamos. Ou, dito de outra forma, ainda que haja a violação ou invasão "de dispositivo informático alheio, conectado ou não à rede de computadores", se não houver "mecanismo de segurança" (ou caso haja, não estando acionado) que seja violado, a conduta não se adequará a esta descrição típica. Poderá, eventualmente, adequar-se a outro dispositivo penal, mas não a este, sob pena de violar-se a tipicidade estrita."[369].

É interessante notar, a respeito da autorização para acesso, que, uma vez concedida, não se perfaz o crime, ainda que o titular do dispositivo a tenha revogado posteriormente e que o agente tenha obtido dados depois da revogação. Isto ocorre porque o tipo pune a conduta de *invadir* o dispositivo sem autorização do titular, mas não abrange o ato de *permanecer* acessando indevidamente os dados do dispositivo após a revogação da autorização. Noutras palavras, não ocorre aqui o que se verifica na violação de domicílio, que se caracteriza tanto pelo ingresso sem autorização em casa alheia quanto pela permanência após o morador ter retirado a autorização para ingresso[370].

Outro aspecto interessante a respeito desta figura criminosa é a situação em que o titular do dispositivo concede autorização parcial para acesso a dados.

Imaginemos a situação em que o proprietário de um computador autorize um técnico a acessar uma pasta com fotografias, mas o técnico vai além e obtém outras informações armazenadas no dispositivo. Há o crime?

A resposta é negativa, pois esta conduta não está abrangida no tipo, que pressupõe a violação do dispositivo. Se o titular concedeu autorização para que o dispositivo fosse acessado, não há invasão, e, ainda que o agente autorizado tenha se excedido, não se verifica o crime[371].

b) na segunda conduta, o cibercriminoso instala no dispositivo vulnerabilidades, isto é, brechas no sistema computacional (conhecidas como "bugs" ou "worms") para espalhar software malicioso que serve para atacar, degradar, impedir a utilização correta de um equipamento ou obter informações de forma encoberta, visando o agente conquistar vantagem ilícita.

---

369. *Invasão de dispositivo informático*, disponível em www.atualidadesdodireito.co.br/cezarbitencourt, acesso em 21/12/2012.

370. SYDOW, Spencer Toth. *Crimes Informáticos e Suas Vítimas*. 2 ed. São Paulo: Saraiva, 2015.

371. SYDOW, Spencer Toth. *Crimes Informáticos e Suas Vítimas*. 2 ed. São Paulo: Saraiva, 2015.

Pune o tipo a invasão de dispositivo informático para instalar vulnerabilidades visando à obtenção de vantagem ilícita. Neste caso, como a lei pune a conduta de invadir *com a finalidade de instalar vulnerabilidades*, se o agente se vale de vulnerabilidade já existente, e sua pretensão é efetivamente a obtenção de vantagem, não a obtenção, adulteração ou destruição de dados ou informações, não há o crime – ainda que a vantagem seja obtida – porque o tipo não contempla a conduta de invadir o dispositivo se valendo de vulnerabilidade preexistente.

As duas formas de execução recaem sobre os dados e as informações (relevantes) armazenadas no dispositivo informático ou sobre o próprio dispositivo.

É necessário, ainda, que o equipamento informático seja alheio (de outrem). Lembra Márcio André Lopes Cavalcante:

> "É prática comum entre os hackers o desbloqueio de alguns dispositivos informáticos para que eles possam realizar certas funcionalidades originalmente não previstas de fábrica. Como exemplo comum tem-se o desbloqueio do IPhone ou do IPad por meio de um software chamado "Jailbreak". Caso o hacker faça o invada o sistema de seu próprio dispositivo informático para realizar esse desbloqueio, não haverá o crime do art. 154-A porque o dispositivo invadido é próprio (e não alheio)"[372].

Nos termos do § 1º, na mesma pena incorre quem produz, oferece, distribui, vende ou difunde dispositivo ou programa de computador com o intuito de permitir a prática da conduta definida no *caput* (obter, adulterar ou destruir dados ou informações, ou instalar vulnerabilidades). Com a equiparação, o legislador buscou incriminar as formas mais comuns de participação criminosa[373].

4.4. Voluntariedade

É o dolo, consistente na vontade consciente de invadir dispositivo informático alheio, mediante violação indevida de mecanismo de segurança ou de instalar no mesmo vulnerabilidades, tornando-o desprotegido, facilmente sujeito a violações.

O tipo prevê elementos subjetivos específicos, representados pelas expressões "com o fim de obter, adulterar ou destruir dados ou informações" e "para obter vantagem ilícita". Logo, ausentes essas finalidades especiais, o fato passa a ser um indiferente penal.

---

372. *Primeiros comentários à Lei 12.737/12, que tipifica a invasão de dispositivo informático*, disponível em www.dizerodireito.cm.br, acesso em 21/12/2012.

373. Nucci, não sem razão, alerta que esta modalidade de conduta não possui nenhum sujeito passivo determinado. Afinal, consiste na preparação do delito do *caput*. Diante disso o interesse punitivo estatal, nesta hipótese, volta-se à proteção da sociedade, em nítido crime vago. Ora, se o sujeito passivo, na realidade, é a sociedade, este delito poderá não ser autonomamente punido, pois o art. 154-B estabelece a ação penal pública condicionada à representação da vítima, salvo se o crime é cometido contra a administração direta ou indireta (Código Penal Comentado, p. 777).

☑ ***Se o agente invade o computador da vítima para descobrir sua senha e subtrai valores de sua conta bancária pratica qual crime?***

Comete furto (mediante fraude), ficando a invasão absorvida (princípio da consunção).

Na forma equiparada (§ 1º), deve o agente agir com o intuito de permitir a prática da conduta definida no *caput*.

4.5. Consumação e tentativa

Trata-se de crime formal (ou de consumação antecipada), perfazendo-se no momento em que o agente invade o dispositivo informático da vítima, mediante violação indevida de mecanismo de segurança, ou nele instala vulnerabilidades, independentemente da produção do resultado visado pelo invasor (adulteração ou destruição de dados ou informações da vítima ou obtenção de vantagem ilícita).

A tentativa é possível (delito plurissubsistente).

4.6. Qualificadora

O § 3º, punido com reclusão, de seis meses a dois anos, e multa, qualifica o delito:

a) se da invasão resultar a obtenção de conteúdo de comunicações eletrônicas privadas (e-mail, por exemplo), segredos comerciais ou industriais (fórmulas, projetos etc.), informações sigilosas, assim definidas em lei (norma penal em branco)[374-375].

Não sem razão, alerta BITENCOURT:

> "É irrelevante que se trate de segredo temporário ou condicionado ao advento de determinado fato: mesmo assim sua invasão ou violação de dispositivo informático caracteriza a qualificadora do presente dispositivo. Nesses termos, pode-se concluir, a temporariedade ou condicionalidade, por si só, não exclui a proteção legal do segredo industrial ou comercial."[376]

b) se da invasão resultar o controle remoto não autorizado do dispositivo. Aqui, o dispositivo informático do agente passa a se denominar *guest* (hóspede), e o da vítima *host* (hospedeiro). Essa figura qualificada ocorre quando, após a invasão, o agente instala um programa para acesso e controle remoto do dispositivo, sem a autorização da vítima.

374. A Lei 12.527/11, que regula o acesso a informações, estabelece em seu art. 4º, inciso III, que informação sigilosa é "aquela submetida temporariamente à restrição de acesso público em razão de sua imprescindibilidade para a segurança da sociedade e do Estado". O art. 23, por sua vez, traz as oito situações em que o sigilo da informação é imprescindível para a segurança da sociedade ou do Estado. Dessa forma, o art. 154-A, § 3º, do CP revela, no que tange ao conceito de informações sigilosas, uma norma penal em branco ao quadrado.

375. A violação de sigilo bancário ou de instituição financeira caracteriza crime mais grave, previsto no art. 18 da Lei 7.492/86, punido com reclusão, de um a quatro anos, e multa.

376. Invasão de dispositivo informático, disponível em www.atualidadesdodireito.co.br/cezarbitencourt, acesso em 21/12/2012.

A forma qualificada não afasta a aplicação do art. 10 da Lei nº 9.296/96, pois com esse delito não se confunde.

O dispositivo da lei especial pune a interceptação de comunicações telefônicas, de informática ou telemática, e a quebra segredo da Justiça, sem autorização judicial ou com objetivos não autorizados em lei. Nota-se que enquanto o delito em estudo pune a invasão de dispositivo de informática para *obter* dados já armazenados relativos a comunicações privadas, a lei especial se atém à *interceptação* de dados, ato que só pode ser praticado simultaneamente à comunicação.

4.7. Majorantes

Nos termos do § 2º, aumenta-se a pena de 1/6 a 1/3 se da invasão resulta prejuízo econômico para a vítima.

Anuncia o § 4º que a pena é aumentada de um a dois terços se houver divulgação (propagação, tornar público ou notório), comercialização (atividade relacionada à intermediação ou venda) ou transmissão(transferência) a terceiros, a qualquer título, dos dados ou informações obtidos.

Pela posição topográfica das majorantes percebe-se que § 2º incide nas figuras previstas no *caput* e § 1º; já o aumento do § 4º recai sobre a forma qualificada do delito.

4.8. Ação penal

Ver art. 154-B.

4.9 Princípio da especialidade

a) Código Penal x Lei nº 13.260/16: o art. 2º, § 1º, inciso IV, da Lei nº 13.260/16 pune com reclusão de doze a trinta anos a conduta de sabotar o funcionamento ou apoderar-se, com violência, grave ameaça a pessoa ou servindo-se de mecanismos cibernéticos, do controle total ou parcial, ainda que de modo temporário, de meio de comunicação se o fato é cometido por razões de xenofobia, discriminação ou preconceito de raça, cor, etnia e religião, com a finalidade de provocar terror social ou generalizado, expondo a perigo pessoa, patrimônio, a paz pública ou a incolumidade pública.

5. AÇÃO PENAL

▶ ***Ação penal***

Art. 154-B. Nos crimes definidos no art. 154-A, somente se procede mediante representação, salvo se o crime é cometido contra a administração pública direta ou indireta de qualquer dos Poderes da União, Estados, Distrito Federal ou Municípios ou contra empresas concessionárias de serviços públicos.

A ação penal, em regra, é condicionada à representação da vítima, salvo se o crime é cometido contra a administração pública direta ou indireta de qualquer dos Poderes da União, Estados, Distrito Federal ou Municípios ou contra empresas concessionárias de serviços públicos, hipóteses em que a ação será pública incondicionada.

Título II

DOS CRIMES CONTRA O PATRIMÔNIO[1]

CAPÍTULO I – DO FURTO

1. FURTO

▶ *Furto*

Art. 155. Subtrair, para si ou para outrem, coisa alheia móvel:

Pena – reclusão, de 1 (um) a 4 (quatro) anos, e multa.

§ 1º A pena aumenta-se de 1/3 (um terço), se o crime é praticado durante o repouso noturno.

§ 2º Se o criminoso é primário, e é de pequeno valor a coisa furtada, o juiz pode substituir a pena de reclusão pela de detenção, diminuí-la de 1 (um) a 2/3 (dois terços), ou aplicar somente a pena de multa.

§ 3º Equipara-se à coisa móvel a energia elétrica ou qualquer outra que tenha valor econômico.

▶ ***Furto qualificado***

§ 4º A pena é de reclusão de 2 (dois) a 8 (oito) anos, e multa, se o crime é cometido:

I – com destruição ou rompimento de obstáculo à subtração da coisa;

II – com abuso de confiança, ou mediante fraude, escalada ou destreza;

III – com emprego de chave falsa;

IV – mediante concurso de duas ou mais pessoas.

§ 5º A pena é de reclusão de 3 (três) a 8 (oito) anos, se a subtração for de veículo automotor que venha a ser transportado para outro Estado ou para o exterior.

§ 6º A pena é de reclusão de 2 (dois) a 5 (cinco) anos se a subtração for de semovente domesticável de produção, ainda que abatido ou dividido em partes no local da subtração.

1.1. Considerações iniciais

O objeto da tutela penal é bastante discutido na doutrina. Para Hungria, protege-se somente a *propriedade*[2]. Já Noronha inclui na proteção também a *posse*[3]. Ficamos com a maioria, para quem a tutela agasalha a propriedade, posse e detenção *legítimas*[4] de coisa móvel (Delmanto[5] e Fragoso[6]).

---

1. No caso de crime contra o patrimônio em que o ofendido seja índio não integrado ou comunidade indígena, a pena será agravada de um terço (art. 59 da Lei 6.001/73).
2. Ob. cit., v. 7, p. 17.
3. *Código Penal brasileiro comentado*, v. 5, 1.ª parte, 1958, p. 7.
4. Protegendo somente a posse *legítima*, ladrão que subtrai ladrão pratica furto, tendo como vítima, porém, o real dono da coisa (legítimo possuidor).
5. Ob. cit., p. 453.
6. Ob. cit., v. 1, p. 175.

Em razão da pena cominada no *caput*, permite-se a suspensão condicional do processo para o furto simples, desde que não incidente a majorante do § 1º.

1.2. Sujeitos do crime

☑ ***Não se exigindo qualidade especial do agente (delito comum), qualquer pessoa pode ser sujeito ativo do furto, salvo o proprietário. Este, subtraindo coisa sua que se encontra na legítima posse de terceiro, pratica qual infração penal?***

Para a maioria, conforme o caso, haverá o delito de exercício arbitrário das próprias razões (arts. 345 e 346, ambos do CP).

Já Magalhães Noronha, argumentando seu escólio com um interessante caso de direito real de garantia (penhor), afirma haver furto, pois, a despeito de ter ocorrido subtração de coisa própria, há um sujeito ativo (o dono), um sujeito passivo (o credor), uma ação criminosa (o apoderamento), um objeto material (a coisa) e há lesão a um bem jurídico (o direito real de garantia do credor), afastando-se, desse modo, a incidência do art. 346 do CP. Eis as suas palavras textuais:

> "Se assim não quiséssemos entender esse dispositivo, cairíamos no absurdo legal. De feito, tomemos o caso do penhor. Se o devedor tem a posse da cousa e a subtrai, defraudando a garantia pignoratícia, considera a lei haver cometido estelionato, aplicando-lhe o máximo de cinco anos de reclusão (art. 171, III). Ora, mas se esse devedor, não tendo a posse da cousa, não pagando sua dívida, e sendo excutido o penhor, subtrai aquela, será apenas condenado ao máximo de dois anos de detenção (art. 346), isto é, terá até *sursis*. Nesse caso em que houve dupla violação legal – uma contra o patrimônio, pois a subtração foi injusta e outra contra a administração da justiça, pois não só estava apenhada a cousa, mas penhorada também – nesse caso, repetimos, em que dois bens jurídicos foram atingidos, ao passo que na primeira hipótese só houve uma violação patrimonial, irá a lei conceder *sursis* ao acusado? É inegável, portanto, que a figura do art. 346, com sua respectiva pena, bastante benigna, tem como fundamento que a cousa pertence livremente ao dono, que a sua pretensão é legítima, e consequentemente não furta. Seu ato é incriminado unicamente porque não usa os meios legais para reaver sua cousa. Não há dano patrimonial, há apenas lesão à administração da justiça."[7].

O funcionário público que subtrai ou facilita para que seja subtraído bem público ou particular que se encontra sob a guarda ou custódia da Administração, valendo-se, para tanto, de alguma facilidade proporcionada pelo cargo, pratica crime de peculato furto (art. 312, § 1º, do CP).

7. *Código Penal brasileiro comentado* cit., v. 5, 1.ª parte, p. 56.

Subtrair o condômino, coerdeiro ou sócio, para si ou para outrem, a quem legitimamente a detém, a coisa comum, configura o crime do art. 156 do CP (infração penal de menor potencial ofensivo cuja pena é perseguida mediante ação penal pública condicionada).

Sujeito passivo poderá ser qualquer pessoa, física ou jurídica, proprietária, possuidora ou detentora da coisa assenhorada.

1.3. Conduta

A conduta punida no tipo em estudo é apoderar-se o agente, para si ou para outrem, de coisa alheia móvel, tirando-a de quem a detém (diminui-se o patrimônio da vítima).

O apoderamento pode ser direto (apreensão manual) ou indireto (valendo-se de interposta pessoa ou até animais).

Da análise do tipo em estudo, fica claro que o objeto material do crime deve ser *coisa alheia móvel*, economicamente apreciável. O interesse apenas moral ou sentimental da coisa, desde que relevantes, segundo alguns, também configura o crime, pois não deixa de integrar o patrimônio de alguém.

NUCCI, contudo, discorda, assim argumentando seu posicionamento:

> "Coisa puramente de estimação: entendemos não ser objeto material do crime de furto, pois é objeto sem qualquer valor econômico. Não se pode conceber seja passível de subtração, penalmente punível, por exemplo, uma caixa de fósforos vazia, desgastada, que a vítima possui somente porque lhe foi dada por uma namorada, no passado, símbolo de um amor antigo. Caso seja subtraída por alguém, cremos que a *dor moral* causada no ofendido deve ser resolvida na esfera civil, mas jamais na penal, que não presta a esse tipo de reparação."[8]-[9].

O ser humano, vivo, por não ser coisa, não pode ser objeto material de furto. O cadáver, em regra, também não, salvo se pertence a alguém, destacado para alguma finalidade específica, como, por exemplo, a uma faculdade de medicina para estudos científicos.

Explica HUNGRIA:

> "O homem, por isso mesmo que não é coisa no sentido jurídico, não pode ser objeto de furto. Já o mesmo, porém, não acontece com o cadáver humano (na sua totalidade ou em suas partes), desde que se torne disponível império legis, ou por convenção ou testamento (fora daí, sua subtração não configura furto, mas o crime previsto no art. 211 do Código Penal)."[10].

8. *Código Penal comentado*, p. 783.
9. Há jurisprudência no sentido de que a mera subtração de folha de talão de cheques não pode ser objeto de crime de furto, pois não tem valor econômico, constituindo apenas meio para a prática de estelionato (*RT* 570/349).
10. Ob. cit., v. 7, p. 22-23.

A remoção de tecidos, órgãos ou partes do corpo de pessoa ou cadáver em desacordo com as disposições legais pode configurar o delito descrito no tipo do art. 14 da Lei 9.434/97 (Lei de Transplante de Órgãos).

Havendo que ser alheia, a *coisa de ninguém* (coisa que nunca teve dono) e a *coisa abandonada* (que já pertenceu a alguém, mas foi dispensada) não podem ser objeto material do delito de furto.

Tratando-se de *coisa perdida* (portanto, alheia) o crime será de apropriação indébita de coisa achada (art. 169, parágrafo único, II, do CP).

Coisas públicas de uso comum (que a todos pertencem), como, por exemplo, o ar, a luz, a água do mar e dos rios, em princípio, não podem ser objeto material de furto, a não ser que destacadas do local de origem e tenham significado econômico para alguém (ex: areia da praia que serve ao artista para criar suas obras).

A coisa deve ser *móvel.* Na sua conceituação, o direito penal não se socorre do direito civil, bastando que seja capaz de ser apreendida ou transportada de um lugar para outro, sem perder sua identidade. Dentro desse espírito, apesar da prescrição em sentido contrário do Código Civil, para fins penais, são considerados coisas móveis os navios, aeronaves e os materiais separados provisoriamente de um prédio.

☑ ***A subtração de objetos deixados dentro de uma sepultura configura qual crime?***

Para uns, haverá o delito do art. 210 ou art. 211, ambos do CP, inexistindo furto, uma vez que os objetos materiais não pertencem a "alguém" (nesse sentido: *RT* 608/305). Outros, com razão, ensinam que, se o intuito do agente não era o de violar ou profanar sepultura, mas subtrair ouro existente na arcada dentária de cadáver, o delito cometido é apenas o de furto, que absorve o art. 211 do CP (*RT* 598/313).

Subtrair, por ocasião de incêndio, inundação, naufrágio, ou outro desastre ou calamidade, aparelho, material ou qualquer meio destinado a serviço de combate ao perigo, de socorro ou salvamento, pratica o crime tipificado no art. 257 do CP, punido com reclusão de 2 a 5 anos e multa.

Por fim, como bem alerta Cezar Roberto Bitencourt:

> "Os direitos, reais ou pessoais, não podem ser objeto de furto. Contudo, os títulos ou documentos que os constituem ou representam podem ser furtados ou subtraídos de seus titulares ou detentores."[11].

1.4. Voluntariedade

É o dolo, consistente na vontade consciente de apoderar-se definitivamente de coisa alheia, para si ou para outrem.

11. Ob. cit., v. 3, p. 32.

O agente deve ter a intenção de não devolver a coisa à vítima (*animus rem sibi habendi*). Subtraindo coisa apenas para usá-la momentaneamente, devolvendo-a, logo em seguida, haverá mero *furto de uso*, um indiferente penal (caso de atipicidade por ausência do elemento subjetivo caracterizador do delito – *animus furandi*). São, em resumo, requisitos do furto de uso: a) intenção, desde o início, de uso momentâneo da coisa subtraída; b) coisa não consumível; c) sua restituição imediata e integral à vítima.

O apoderamento momentâneo de veículo configura furto de uso? Para alguns sim (*RT* 231/644), pois apesar de coisa não consumível, temos o problema da gasolina (bem consumível).

Nesse sentido, explica HUNGRIA:

> "Assim, se a coisa transitoriamente usada é um automóvel suprido de gasolina e de óleo e se tais substâncias são total ou parcialmente consumidas, já então se apresenta um *furtum rei*, isto é, um autêntico furto em relação à gasolina e ao óleo."[12].

A doutrina moderna, no entanto, vem ensinando a necessidade, para caracterizar o crime quando do simples uso, um desfalque juridicamente apreciável no patrimônio da vítima, o que não se dá com o mero gasto dos pneus ou desfalque de um tanque de gasolina. Aliás, parece evidente que, quem usa um carro não quer se apoderar da gasolina, mas é forçado, obrigado e compelido a despender esse combustível, pois do contrário o veículo não anda, principalmente em se tratando de uma coisa móvel por excelência. A se punir alguém por furto do combustível, pelo uso passageiro de um veículo motorizado, por que não punir-se, pelo gasto dos pneus (ou da borrachinha do breque), aquele que se utiliza de uma bicicleta?

☑ ***O furto famélico (para saciar a fome) é crime?***

A jurisprudência tem reconhecido o estado de necessidade (art. 24 do CP), desde que presentes os seguintes requisitos (ônus da defesa): a) que o fato seja praticado para mitigar a fome; b) que seja o único e derradeiro recurso do agente (inevitabilidade do comportamento lesivo); c) que haja a subtração de coisa capaz de diretamente contornar a emergência[13]; d) a insuficiência dos recursos adquiridos pelo agente com o trabalho ou a impossibilidade de trabalhar.

1.5. Consumação e tentativa

No que tange à consumação, há quatro correntes disputando a prevalência:

---

12. Ob. cit., v. 7, p. 24.
13. O STJ não admitiu o furto famélico na subtração de uma televisão, um botijão de gás e um liquidificador, argumentando que, nesse caso, a *res furtiva* não autoriza concluir que o agente teria agido sob influência de falta de alimentação (*LEXSTJ* 152/266).

a) *contrectatio*: a consumação se dá pelo simples contato entre o agente e a coisa alheia, dispensando o seu deslocamento;

b) *amotio* (ou *apprehensio*): dá-se a consumação quando a coisa subtraída passa para o poder do agente, mesmo que num curto espaço de tempo, independentemente de deslocamento ou posse mansa e pacífica;

c) *ablatio*: a consumação ocorre quando o agente, depois de apoderar-se da coisa, consegue deslocá-la de um lugar para outro;

d) *ilatio*: para ocorrer a consumação, a coisa deve ser levada ao local desejado pelo ladrão para ser mantida a salvo.

O STF[14] e o STJ[15] adotam a segunda (*amotio*). Assim, já se decidiu consumado o delito no momento em que o proprietário perde, no todo ou em parte, a possibilidade de contato material com a *res* ou de exercício da custódia dominical, seja porque o agente logrou bem sucedida fuga, seja porque destruiu a coisa apoderada. HUNGRIA destacava circunstâncias em que o furto deve ser considerado perfeito mesmo que a *res furtiva* permaneça no âmbito pessoal ou profissional da vítima.

> "É o caso, por exemplo, da criada que sub-repticiamente empolga uma joia da patroa e a esconde no seio ou mesmo nalgum escaninho da casa, para, oportunamente, sem despertar suspeitas, transportá-la a lugar seguro."[16].

Nessas hipóteses, o ofendido perde a possibilidade de exercer seu poder de livre disposição sobre a coisa, e o crime, portanto, se consumou.

A tentativa é possível.

☑ **Nélson Hungria formula a seguinte hipótese, comum na prática: o indivíduo, *visando "surrupiar" dinheiro do bolso da calça de transeunte, se depara com a algibeira vazia. Haverá, no caso, tentativa punível ou crime impossível (art. 17 do CP)?***

A opinião dominante é no sentido da primeira solução, assim justificando o mestre:

> "Foi meramente acidental a inexistência do dinheiro no bolso do transeunte: ou este guardava a carteira noutro bolso ou ocasionalmente não trazia dinheiro consigo. Foi por mero caso fortuito que deixou de ter êxito o militante propósito do agente. Perante o nosso Código, que, no seu art. 14, continua fiel à lição de Carrara, é inelutável a solução no sentido da tentativa punível."[17].

14. HC 135.674/PE, Segunda Turma, Rel. Min. Ricardo Lewandowski, DJe 13/10/2016.
15. HC 347.785/SC, Quinta Turma, Rel. Min. Ribeiro Dantas, DJe 15/08/2016.
16. Ob. cit., v. 7, p. 27.
17. Ob. cit., v. 7, p. 28-29.

Sobre o mesmo assunto, Bitencourt distingue duas situações:

> "(1) se a vítima tem dinheiro acondicionado em outro bolso, o bem jurídico (patrimônio) corre sério risco, há o perigo efetivo de dano; (2) contudo, se a vítima não tem dinheiro algum no momento, não há qualquer risco a seu patrimônio, em face da inexistência do bem. A ação do agente, desde o princípio, estava destinada ao insucesso, pois não se pode furtar o nada. Enfim, na primeira hipótese, a impropriedade do objeto é relativa; na segunda, a impropriedade é absoluta, tratando-se de crime impossível (art. 17 do CP)."[18].

A vigilância constante em supermercado (física e eletrônica) não torna, por si só, o crime impossível, devendo ser aquilatado, no caso concreto, a absoluta (ou relativa) ineficácia do meio. Aliás, muitos estabelecimentos são dotados de invejável aparato de segurança, o que não impede que sejam furtados, jamais recuperando a *res*. Pensar que o sistema de vigilância, por si só, exclui o crime, é fomentar a sorte dos delinquentes que farão desses locais seus preferidos para a prática da subtração, pois, na pior das hipóteses, terão que devolver o que apoderado antes de sair do estabelecimento (eis o castigo...)[19].

1.6. Qualificadoras, majorante de pena, forma privilegiada e cláusula de equiparação

1.6.1. Majorante: repouso noturno (§ 1º)

☑ ***O § 1º do art. 155 aumenta a pena de um terço se o crime é praticado durante o repouso noturno. O que significa "repouso noturno"?***

De acordo com Damásio de Jesus:

> "Repouso noturno é o período em que, à noite, pessoas se recolhem para descansar. Enquanto na violação de domicílio o CP se refere à qualificadora do fato cometido 'à noite', no furto menciona a circunstância de o fato ser praticado durante o período de repouso noturno. Não há critério fixo para a conceituação dessa qualificadora. Depende do caso concreto, a ser decidido pelo juiz. Assim, a qualificadora varia no espaço. Ninguém dirá que foi praticado durante o período de repouso noturno furto realizado às 21 horas no centro de São Paulo. Entretanto, ocorrerá essa qualificadora numa fazenda do interior, uma vez que é comum nesses lugares o recolhimento das pessoas, para o repouso, ainda bem cedo."[20].

18. Ob. cit., v. 3, p. 44.
19. No sentido de que o sistema de segurança não torna impossível o crime, sumulou o STJ: "Sistema de vigilância realizado por monitoramento eletrônico ou por existência de segurança no interior de estabelecimento comercial, por si só, não torna impossível a configuração do crime de furto" (súmula nº 567).
20. Ob. cit., v. 2, p. 314.

Em síntese, o critério para definir repouso noturno é variável, não se identificando com a noite, mas sim com o tempo em que a cidade ou local costumeiramente recolhe-se para o repouso diário.

Pensamos que a incidência da majorante depende de o crime ser praticado em *local de moradia* (não necessariamente imóvel, podendo, por exemplo, ser um *trailer*), habitado e com seus moradores repousando (nesse sentido: *RT* 714/393)[21]. A maioria, porém, discorda (*RT* 688/325, 679/386 e 637/366). Noronha, por exemplo, sustenta existir a agravante

> "quando o furto se dá durante o tempo em que a cidade ou local repousa, o que não importa necessariamente seja a casa habitada ou estejam seus moradores dormindo. Podem até estar ausentes, ou ser desabitado o lugar do furto. A Exposição de Motivos parece dar-nos razão: 'É prevista como agravante especial do furto a circunstância de ter sido o crime praticado durante o período de sossego noturno'. *Período de sossego noturno* é o tempo em que a vida das cidades e dos campos desaparece, em que seus habitantes se retiram, e as ruas e as estradas se despovoam, facilitando essas circunstâncias a prática do crime. Seja ou não habitada a casa, estejam ou não seus moradores dormindo, cabe a majoração se o crime ocorreu naquele período"[22-23].

Por fim, ressalte-se que a presente causa de aumento, de acordo com a orientação dos Tribunais Superiores, tinha aplicação restrita ao furto simples, previsto no *caput*, podendo o juiz, em se tratando de furto qualificado (§ 4º), considerar o período de cometimento (se durante o repouso noturno) na análise das circunstâncias judiciais (art. 59 do CP)[24]. Ressaltamos, no entanto, que o STJ decidiu ser possível a aplicação da majorante também no furto qualificado, pois não há incompatibilidade entre esta circunstância e aquelas que qualificam o delito, nem há prejuízo para a dosimetria da pena, tendo em vista que o juiz parte da pena-base relativa à forma qualificada e faz incidir o aumento de um terço na terceira fase de aplicação. Além disso, não se justifica a imposição de óbice porque, lançando mão de critério de interpretação semelhante, o tribunal firmou o entendimento de que é possível aplicar sobre o furto qualificado o privilégio do § 2º do art. 155[25].

---

21. Recentemente o STJ reconheceu incidir a majorante também no furto de estabelecimentos comerciais (REsp. 1.193.074/MG, 6.ª T., rel. Min. Maria Thereza de Assis Moura, DJe 15/03/2013).
22. *Código Penal brasileiro comentado*, v. 5, 1.ª parte, p. 107.
23. Já decidiu o STJ que a majorante se aplica inclusive para furtos cometidos na via pública, pois o que importa é o período de maior vulnerabilidade, não o local em que ocorre o fato (HC 162.305/DF, Rel. Min. Napoleão Nunes Maia Filho, DJe 21/06/2010.
24. Esse é também o entendimento de Luiz Regis Prado: "em face da posição topográfica da causa de aumento de pena, essa não incide sobre as formas qualificadas de furto". *Tratado de Direito Penal Brasileiro*, v. 5, p. 80.
25. HC 306.450/SP, Sexta Turma, Rel. Min. Maria Thereza de Assis Moura, DJe 17/12/2014.

1.6.2. Furto privilegiado ou mínimo (§ 2º)

O privilégio foi, originariamente, instituído em favor dos autores primários de subtração de coisa de valor insignificante, movidos por necessidade de uso.

Assim, originariamente, três eram os requisitos indispensáveis para caracterizar o benefício: a) primariedade do agente, b) coisa de pequeno valor e c) necessidade de usar, com urgência, a coisa furtada.

O atual estágio da doutrina (e jurisprudência) pátria tem dispensado, com razão, o derradeiro requisito ("necessidade de usar, com urgência"), pois, se presente no caso concreto, configurará clara hipótese de estado de necessidade (ou, como vimos, furto de uso, mero fato atípico).

Sobre a primariedade, encontramos duas orientações divergentes: para uns, é o não reincidente, ainda que tenha no passado várias condenações (*RF* 257/274; *RJTJSP* 9/533; *JTACrimSP* 44/418 e 27/283; *RTJ* 62/182); já para outros (minoria) é o que, na data da sentença, não ostenta qualquer condenação irrecorrível pretérita (*RTJ* 71/840; *JTACrim* SP 39/127; *RF* 274/274; *RJTJSP* 30/375).

A coisa subtraída de pequeno valor, no conceito assentado da jurisprudência, é aquela que não ultrapassa a importância de um salário mínimo (*RT* 657/323), predominando o entendimento de que deve ser analisado o valor do objeto por ocasião da subtração. Não se leva em consideração o prejuízo suportado pela vítima em caso de eventual recuperação do bem.

O pequeno valor do prejuízo (requisito do furto privilegiado) não se confunde com o prejuízo insignificante. Este, se presente, exclui a tipicidade (material)[26].

Diverge a doutrina sobre a possibilidade de aplicar-se o privilégio ao crime de furto qualificado. O posicionamento tradicional do STF e do STJ era no sentido de ser ele incompatível, vez que, além da gravidade do crime qualificado, a posição topográfica do

---

26. O STF, hoje, reconhece copiosamente o princípio da insignificância, analisado em conexão com os postulados da fragmentariedade e da intervenção mínima do Estado em matéria penal, tendo o sentido de excluir ou de afastar a própria tipicidade penal, examinada na perspectiva de seu caráter material. Tal postulado – que considera necessária, na aferição do relevo material da tipicidade penal, a presença de certos vetores, tais como (a) a mínima ofensividade da conduta do agente, (b) a nenhuma periculosidade social da ação, (c) o reduzidíssimo grau de reprovabilidade do comportamento e (d) a inexpressividade da lesão jurídica provocada – apoiou-se, em seu processo de formulação teórica, no reconhecimento de que o caráter subsidiário do sistema penal reclama e impõe, em função dos próprios objetivos por ele visados, a intervenção mínima do Poder Público (*RT* 834/477). Contudo, na aferição da insignificância, deve-se considerar a realidade econômica do país (não apenas a realidade da vítima e/ou agente), evitando-se, com isso, exageros e, consequentemente, injustiças. A aplicação indiscriminada do princípio em tela levaria à esdrúxula situação da ausência de proteção penal relativa aos furtos para uma grande parte da população, uma vez que, tendo em conta o salário mínimo, tudo o que normalmente os mais pobres possuem poderia ser considerado insignificante.

privilégio indica a intenção do legislador de vê-lo aplicado somente ao furto simples e noturno (*RT* 608/446, 609/354 e 617/336). Há, contudo, clara modificação de orientação por parte dos Tribunais Superiores, que passaram a admitir a combinação dos parágrafos:

> "O furto qualificado privilegiado encerra figura harmônica com o sistema penal no qual vige a interpretação mais favorável das normas penais incriminadoras, por isso que há compatibilidade entre os §§ 2º e 4º do art. 155 do Código Penal quando o réu for primário e a res furtivae de pequeno valor, reconhecendo-se o furto privilegiado independentemente da existência de circunstâncias qualificadoras. Precedentes: HC 96.843, Relatora a Ministra Ellen Gracie, 2ª Turma, DJe de 24/04/2009; HC 97.034, Relator Min. Ayres Britto, 1ª Turma, DJe de 07/05/2010; HC 99.222, Relatora Ministra Cármen Lúcia, 1ª Turma, DJe de 089/06/2011; e HC 101.256, Relator Min. Dias Toffoli, 1ª Turma, DJe de 14/09/2011)"[27].

O STJ editou a súmula nº 511 neste exato sentido:

> "É possível o reconhecimento do privilégio previsto no § 2º do art. 155 do CP nos casos de crime de furto qualificado, se estiverem presentes a primariedade do agente, o pequeno valor da coisa e a qualificadora for de ordem objetiva".

Nota-se que o enunciado destaca a aplicação do privilégio somente diante de qualificadoras objetivas. A ressalva foi feita porque, de acordo com a jurisprudência do tribunal, o abuso de confiança tem natureza subjetiva (neste sentido: HC 200895/RJ, DJe 27/05/2013). Dela (ressalva) ousamos discordar. Para nós, todas as qualificadoras do furto são objetivas, relacionadas com o meio/modo de execução do crime, conciliáveis com o privilégio.

1.6.3. Cláusula de equiparação (§ 3º)

O furto consiste na subtração de coisa alheia móvel para si ou para outrem. O § 3º equipara à coisa móvel a energia elétrica e outras (genética, mecânica, térmica e a radioatividade), desde que tenham valor econômico.

Lê-se na Exposição de Motivos da Parte Especial do Código Penal (item 56): "Para afastar qualquer dúvida, é expressamente equiparada à coisa móvel, e consequentemente reconhecida como possível objeto de *furto*, a 'energia elétrica ou qualquer outra que tenha valor econômico'. Toda energia economicamente utilizável e suscetível de incidir no poder de disposição material e exclusiva de um indivíduo (como, por exemplo, a eletricidade, a radioatividade, a energia genética dos reprodutores etc.) pode ser incluída,

27. RHC 115.225/DF, Primeira Turma, Rel. Min. Luiz Fux, DJe 16/04/2013. O próprio STF, no entanto, já decidiu, posteriormente, em sentido contrário (RHC 117.004/DF, Rel. Min. Marco Aurélio, DJe 25/08/2016).

mesmo do ponto de vista técnico, entre as *coisas móveis*, a cuja regulamentação jurídica, portanto, deve ficar sujeita"[28].

Como ajustar ao ordenamento penal a subtração de sinal de televisão a cabo (servindo a mesma pergunta para a subtração de pulso telefônico)? Há divergências.

Para Cezar Roberto Bitencourt:

> "A energia se consome, se esgota, diminui, e pode, inclusive, terminar, ao passo que 'sinal de televisão' não se gasta, não diminui; mesmo que metade do País acesse o *sinal* ao mesmo tempo, ele não diminui, ao passo que, se fosse a energia elétrica, entraria em colapso. Não se pode adotar *interpretação extensiva* para sustentar que o § 3º equiparou *a coisa móvel* 'a energia elétrica ou qualquer outra *coisa*', quando na verdade se refere a 'qualquer outra *energia*'. Se a pretensão do legislador fosse essa, equiparar coisa móvel a coisa que tenha valor econômico, poderia ter utilizado uma forma mais clara, por exemplo, 'equipara-se à coisa móvel outra que tenha valor econômico'. Afora o fato de, em não sendo energia, não poder ser objeto material do crime de furto, o 'sinal de televisão' tampouco pode ser subtraído, pois, como já afirmamos, *subtrair* significa retirar, surrupiar, tirar às escondidas a coisa móvel de alguém. Ora, quem utiliza clandestinamente de 'sinal de televisão' não o retira e tampouco dele se apossa, não havendo qualquer diminuição do patrimônio alheio, que, em última instância, é o bem jurídico protegido no crime de furto."[29].

Já para Guilherme de Souza Nucci, o furto de sinal de televisão

> "É válido para encaixar-se na figura prevista neste parágrafo, pois é uma forma de energia. Nessa ótica: 'Indícios apontando o uso irregular de sinais de TV a cabo por um período de cerca de 1 ano e 9 meses, sem o pagamento da taxa de assinatura ou as mensalidades pelo uso, apesar da cientificação pela empresa vítima da irregularidade da forma como recebiam o sinal, tendo sido refeita, inclusive, a ligação clandestina após a primeira desativação pela NET (STJ, HC 17.867-SP, 5.ª T., j. 17.12.2002, rel. Gilson Dipp, v.u., *DJ* 17.03.2003)."[30].

28. Note-se que o STJ, aplicando analogicamente a regra estabelecida a respeito da reparação do dano nos delitos tributários, considerou extinta a punibilidade em relação a autor de furto de energia elétrica que, ainda no decorrer do inquérito policial, ressarciu à distribuidora o valor referente à energia subtraída: "(...) Se o pagamento do tributo antes do oferecimento da denúncia enseja a extinção da punibilidade nos crimes contra a ordem tributária, o mesmo entendimento deve ser adotado quando há o pagamento do preço público referente à energia elétrica ou a água subtraídas, sob pena de violação ao princípio da isonomia" (HC 252.802/SE, rel. Min. Jorge Mussi, DJe 17/10/2013).
29. Ob. cit., v. 3, p. 85.
30. *Código Penal comentado*, p. 795.

A questão foi levada ao STF que, através da sua 2ª Turma, concedeu *habeas corpus* para declarar a atipicidade da conduta de condenado pela prática do crime descrito no art. 155, § 3º, do CP, por efetuar ligação clandestina de sinal de TV a cabo. Reputou-se que o objeto do aludido crime não seria "energia" e ressaltou-se a inadmissibilidade da analogia *in malam partem* em Direito Penal, razão pela qual a conduta não poderia ser considerada penalmente típica[31].

Não podemos confundir furto de energia elétrica (art. 155, § 3º), praticado mediante ligação clandestina, com o crime de estelionato (art. 171), hipótese em que o agente emprega fraude, alterando o medidor de energia, para acusar um resultado menor do que o consumido. No segundo *modus operandi*, ao contrário do primeiro, o agente está autorizado, por via de contrato, a gastar energia elétrica, porém acaba usando de artifício, induzindo a vítima a erro, provocando resultado fictício, lhe advindo indevida vantagem (nesse sentido: *RT* 726/689).

Por fim, num caso envolvendo subtração de água (o paciente foi denunciado porque se constatou, em imóvel de sua propriedade, suposta subtração de água mediante ligação direta com a rede da concessionária do serviço público, tendo o averiguado quitado o respectivo débito), assim decidiu (com justiça) o STJ: "é aplicável o princípio da subsidiariedade, pelo qual a intervenção penal só é admissível quando os outros ramos do Direito não conseguem bem solucionar os conflitos sociais. Daí que, na hipótese, em que o ilícito toma contornos meramente contratuais e tem equacionamento no plano civil, não está justificada a persecução penal"[32]. Mas a orientação não é pacífica, pois o mesmo Tribunal já decidiu: "Configura o crime de furto qualificado pela fraude (art. 155, § 4º, II, do Código Penal) a conduta consistente no furto de água praticado mediante ligação clandestina que permitia que a água fornecida pela CAESB fluísse livremente, sem passar pelo medidor de consumo"[33].

1.6.4. Qualificadoras (§§ 4º, 5º e 6º)

O furto qualificado está previsto nos incisos I a IV do § 4º e também no § 5º.

Como bem explica Nélson Hungria:

> "Notadamente quanto ao modo de execução, o furto pode revestir-se de circunstâncias que lhe imprimem um cunho de maior gravidade, por isso que traduzem um especial *quid pluris* no sentido de frustrar a vigilante defesa privada da propriedade. Tais circunstâncias, taxativamente enumeradas pela lei, entram, então, a funcionar como 'condição de maior punibilidade' (agravantes especiais, majorantes, qualificativas), e o furto se diz qualificado."[34].

Vejamos as várias hipóteses.

---

31. HC 97261/RS, rel. Min. Joaquim Barbosa, 12.4.2011.
32. HC 14.337-GO, DJ 5/8/2002.
33. REsp 741.665/DF, DJ 05811/2007.
34. Ob. cit., v. 7, p. 38.

1.6.4.1. Destruição ou rompimento de obstáculo (inciso I)

O inciso I trata da destruição ou rompimento de obstáculo colocado de forma a impedir a subtração da coisa. Assim, pode-se exemplificar como sendo a degradação, arrombamento, rompimento, fratura, demolição, destruição, total ou parcial, de quaisquer objetos (fechaduras, cadeados, cofres[35] etc.) ou construções (muros, tetos, portas, janelas etc.), que dificultem a subtração da coisa visada pelo agente[36].

☑ ***Sabendo que o rompimento de obstáculo para qualificar o crime há de ser exterior à coisa subtraída, lembra a doutrina que se a violência for exercida contra o próprio objeto visado não incide a qualificadora. Seguindo essa lição, temos que o rompimento do quebra-vento constitui violência contra a própria coisa objeto da subtração, não qualificando o furto (RT 80/264). Daí surge a inevitável indagação: se destruir quebra-vento não qualifica o delito quando a coisa visada é o próprio veículo, será que qualifica no caso de se visar a subtração do seu toca-fitas?***

Por questão de equidade há importante jurisprudência no sentido de que o rompimento de quebra-ventos de veículo para a subtração de objetos existentes no seu interior não caracteriza a qualificadora. É que, se a violação tivesse sido feita para a subtração do próprio automóvel, simples seria o furto. Ora, por ter cometido fato menor (furto de acessório e não do veículo) não pode o agente receber pena maior. O tema despertava divergência na jurisprudência do STJ: a 5ª Turma decidia, reiteradamente, que a subtração de objetos do interior do veículo caracterizava o furto qualificado (HC 93.178/DF; REsp 875.918/RS); a 6ª Turma, por sua vez, entendia não ser razoável reconhecer como qualificadora o rompimento de vidro para furto de acessórios dentro de carro, sob pena de resultar a quem subtrai o próprio veículo menor reprovação. Considerar o rompimento de obstáculo como qualificadora seria ofender o princípio da proporcionalidade da resposta penal, que determina uma graduação de severidade da pena em razão da prática do crime (HC AgRg no REsp 1363842/ HC 121.822/MG). A Terceira Seção, finalmente, firmou entendimento de que incide a qualificadora:

> "Não obstante o posicionamento outrora exarado acerca da irrazoabilidade de se considerar o furto 'qualificado' quando há rompimento do vidro do veículo para a subtração do som automotivo, e considerá-lo 'simples' quando o rompimento se dá para a subtração do próprio veículo, a Terceira Seção desta Corte, no julgamento do EREsp nº 1.079.847/SP, firmou a orientação de que a subtração

35. A Lei 10.406/02, que trata das infrações penais de repercussão interestadual ou internacional que exigem repressão uniforme, teve, no art. 1º, o inciso VI incluído pela Lei 13.124/15, que estabelece atribuição à Polícia Federal para investigar furto, roubo ou dano contra instituições financeiras, incluindo agências bancárias ou caixas eletrônicos, quando houver indícios da atuação de associação criminosa em mais de um Estado da Federação.

36. A simples remoção de telhas para possibilitar penetração em casa alheia, visando à prática de furto, só configurará a qualificadora do rompimento de obstáculo quando houver dano às telhas, não bastando o simples ato de deslocá-las ou afastá-las (*JTACRIM* 99/213).

> de objeto localizado no interior de veículo automotor mediante o rompimento de obstáculo – quebra do vidro – qualifica o furto" (HC 205.967/SP).

A violência contra a coisa deve ser empregada antes, durante ou após a subtração, mas sempre anterior à consumação, pois, do contrário, ocorrerá o crime de furto (simples ou qualificado por outra circunstância) em concurso material com dano.

Apesar de divergente, há decisões no sentido de que a "ligação direta" para movimentação de veículo configura a qualificadora do rompimento de obstáculo (*RJDTACRIM* 19/110).

☑ ***Aplica-se o princípio da insignificância quando o furto é qualificado pelo rompimento de obstáculo?***

O STF tem decisões nos dois sentidos, prevalecendo, porém, a inviabilidade da incidência do referido postulado aos delitos contra o patrimônio praticados mediante ruptura de barreira[37]. A 2ª Turma, no entanto, concedeu *habeas corpus* para **aplicar o princípio da insignificância em favor de condenado pela prática do crime de furto qualificado mediante ruptura de barreira**. Na hipótese, o paciente pulara muro, subtraíra um carrinho de mão e dois portais de madeira (avaliados em R$ 180,00) e, para se evadir do local, arrombara cadeado. Consignou-se que não houvera rompimento de obstáculo para adentrar o local do crime, mas apenas para sair deste, o que não denotaria tamanha gravidade da conduta. Na sequência, salientaram-se a primariedade do paciente e a ambiência de amadorismo para a consecução do delito. Assim, concluiu-se que a prática perpetrada não seria materialmente típica, porquanto presentes as diretivas para incidência do princípio colimado: a) mínima ofensividade da conduta do agente; b) nenhuma periculosidade social da ação; c) reduzidíssimo grau de reprovabilidade do comportamento; e d) inexpressividade da lesão jurídica provocada[38].

O STJ se orienta majoritariamente pela inviabilidade da incidência do princípio da insignificância:

> "A jurisprudência pacífica desta Corte é no sentido de que a prática do delito de furto qualificado por escalada, arrombamento ou rompimento de obstáculo, concurso de agentes, ou quando o paciente é reincidente ou possuidor de maus antecedentes, indica a reprovabilidade do comportamento e afasta a aplicação do princípio da insignificância (precedentes)"[39].

1.6.4.2. Abuso de confiança (inciso II, 1.ª hipótese)

Com relação ao abuso de confiança (inciso II, 1.ª hipótese), leciona Magalhães Noronha:

37. HC 131.618/MS, Segunda Turma, Rel. Min. Cármen Lúcia, DJe 13/05/2016.
38. HC 109363/MG, rel. Min. Ayres Britto, 11.10.2011.
39. RHC 71.863/TO, Rel. Min. Felix Fischer, DJe 07/10/2016.

> "Trata-se de circunstância subjetiva, reveladora de maior periculosidade do agente que não só furta, mas viola a confiança nele depositada. Pode tanto o criminoso captar propositadamente a confiança da vítima, para cometer o furto, como valer-se da confiança já existente."[40].

Ressalte-se que para configurar esta qualificadora exige-se um especial vínculo de lealdade ou de fidelidade entre a vítima e o agente, sendo irrelevante, por si só, a simples relação de emprego ou de hospitalidade (nesse sentido: *RT* 571/391).

Entende a doutrina que a coisa deve ingressar na esfera de disponibilidade do agente em face da facilidade decorrente da confiança nele depositada. Assim, se, não obstante a relação de confiança, o agente pratica o furto de uma maneira que qualquer outra pessoa poderia tê-lo cometido, não haverá esta qualificadora.

É comum confundir-se o furto mediante abuso de confiança com o delito de apropriação indébita.

Cezar Roberto Bitencourt assim os diferencia:

> "O furto qualificado, ora examinado, difere da apropriação indébita, basicamente, por dois aspectos fundamentais: o momento da deliberação criminosa e o do apossamento da *res*. Na apropriação indébita o agente exerce a posse em nome de outrem, enquanto no furto com abuso de confiança tem mero contato, mas não a posse da coisa; naquela, o dolo é superveniente, enquanto neste há *dolus ab initio*."[41].

Por fim, o STJ, no REsp 1.179.690-RS (Rel. Min. Og Fernandes, julgado em 16/8/2011) julgou inviável a aplicação do princípio da insignificância quando o furto é qualificado pelo abuso de confiança. Alerta-se, todavia, que o mesmo relator, meses depois, decidiu que o abuso de confiança não é impeditivo, por si, da incidência do princípio da insignificância (HC 257.323/ES, DJe 17/06/2013).

1.6.4.3. Fraude (inciso II, 2.ª hipótese)

A 2.ª figura do inciso II é a fraude. Na lição de Damásio de Jesus:

> "Trata-se de meio enganoso capaz de iludir a vigilância do ofendido e permitir maior facilidade na subtração do objeto material. Ex.: O sujeito se fantasia de funcionário da companhia telefônica para penetrar na residência da vítima e subtrair-lhe bens. Há furto com fraude no caso dos dois sujeitos que entram num estabelecimento comercial, sendo que, enquanto um distrai o ofendido, o outro lhe subtrai mercadorias."[42].

---

40. *Código Penal brasileiro comentado* cit., v. 5, 1.ª parte, p. 126.
41. Ob. cit., v. 3, p. 54.
42. Ob. cit., v. 2, p. 327.

O furto mediante fraude não se confunde com o estelionato. Naquele, a fraude visa a diminuir a vigilância da vítima e possibilitar a subtração. O bem é retirado sem que a vítima perceba que está sendo despojada. No estelionato, a fraude visa a fazer com que a vítima incida em erro e entregue espontaneamente o objeto ao agente. A vontade de alterar a posse no furto é *unilateral* (apenas o agente quer); já no estelionato é *bilateral* (agente e vítima querem).

Seguindo essa lição, os nossos Tribunais vêm decidindo que configuram furto fraudulento (e não estelionato) os seguintes comportamentos:

a) agente que, a pretexto de auxiliar a vítima a operar caixa eletrônico, apossa-se de seu cartão magnético, trocando-o por outro (*RJDTACRIM* 33/132);

b) agente que simula interesse na compra de motocicleta, com pretexto de testá-la, bem como de ir buscar dinheiro em outro lugar, para em seguida dela se apossar (*RT* 736/640);

c) agente que, como empregado da empresa-vítima, coloca aparelho de maior valor em caixa de aparelho de menor quantia, destinando-se a fraudar a vigilância do ofendido sobre o bem, de modo a impedir que tenha este conhecimento de que a *res* está saindo de seu patrimônio (*RJTACRIM* 23/237);

d) gerente de instituição financeira, falsificando assinaturas em cheques de correntistas com os quais, por sua função, mantinha relação de confiança, subtrai, sem obstáculo, valores alheios que se encontravam depositados em nome deles, caracterizando furto, servindo a fraude, no caso, para burlar a vigilância das vítimas, e não para induzi-las a entregar voluntariamente a *res* (STJ – REsp 1.173.194-SC).

1.6.4.4. Escalada (inciso II, 3.ª hipótese)

O presente inciso qualifica o crime quando cometido mediante escalada, isto é, o uso de via anormal para ingressar no local em que se encontra a coisa visada. Não implica, necessariamente, subida, mas a utilização de qualquer meio incomum, como, por exemplo, a penetração via subterrânea.

Para o reconhecimento da qualificadora exige-se, ainda, que a escalada seja fruto de um esforço fora do comum por parte do agente, não bastando a mera transposição de obstáculo facilmente vencível (ex.: saltar muro baixo). Por essa razão, em que pese corrente em sentido contrário, pensamos imprescindível a perícia, a qual atestará (ou não) a dificuldade enfrentada pelo agente.

1.6.4.5. Destreza (inciso II, 4.ª hipótese)

Por fim, a 4.ª hipótese trazida pelo inciso em comento é o uso da destreza. Aqui, o agente, por meio de peculiar habilidade física ou manual, pratica o crime sem que a vítima perceba que está sendo despojada de seus bens (ex: batedores de carteira). A jurisprudência condiciona a aplicação desta qualificadora à vítima trazer o bem junto ao corpo, pressuposto lógico para se avaliar a habilidade do punguista.

Nesse sentido:

> "Configura-se furto mediante destreza subtração de coisa ou valor que alguém traz consigo, com tal habilidade que não é pela vítima percebida a atuação do agente."[43].

Entende-se que a destreza deve ser analisada sob a ótica da vítima e não de terceiro. Assim, se a vítima, no caso concreto, pressente a ação do agente, conseguindo impedir a fuga com a *res*, haverá tentativa de furto simples. Sendo o agente impedido por terceiro, a tentativa será de furto qualificado (*RT* 538/380).

De acordo com o STJ, a incidência da qualificadora da destreza pressupõe que o agente tenha lançado mão de excepcional habilidade para a subtração do objeto que estava em poder da vítima, de modo a impedir qualquer percepção. Para o tribunal, "não configuram essa qualificadora os atos dissimulados comuns aos crimes contra o patrimônio – que, por óbvio, não são praticados às escancaras" (REsp 1.478.648/PR, Rel. Min. Newton Trisotto (desembargador convocado do TJ/SC), DJe 2/2/2015).

1.6.4.6. Chave falsa (inciso III)

O inciso III qualifica o crime quando utilizada na sua execução chave falsa[44].

Segundo ensina Damásio de Jesus, chave falsa "é todo o instrumento, com ou sem forma de chave, destinado a abrir fechaduras. Ex.: gazuas, grampos, pregos, arame etc."[45].

A chamada ligação direta para movimentação de veículo a motor não foi prevista em lei como qualificadora, não se podendo, assim, equipará-la à chave falsa ou ao rompimento de obstáculo à subtração da coisa (*JUTACRIM* 20/304). Todavia, ressaltamos, novamente, a existência de decisões no sentido de que a "ligação direta" para movimentação de veículo configura a qualificadora do rompimento de obstáculo (*RJDTACRIM* 19/110).

1.6.4.7. Concurso de pessoas (inciso IV)

O inciso IV prevê o concurso de pessoas.

De acordo com a lição de Hungria:

> "Para o reconhecimento da majorante, tem-se de atender às regras sobre a participação criminosa, mas com as seguintes alterações: a) é necessária a presença *in loco* dos concorrentes, ou seja, a cooperação deles na fase executiva do crime; b) não basta a adesão voluntária, mas ignorada, do concorrente (é indispensável que haja uma consciente combinação de vontades na ação conjunta)."[46].

43. *JUTACRIM* 22/240.
44. Curiosamente, **Noronha** leciona que se o agente empregar a chave verdadeira, obtida por meio ilícito, também incorrerá nas penas do furto qualificado (*Código Penal brasileiro comentado*, p. 131). Em que pese o brilho do professor, ousamos discordar, em respeito ao princípio da legalidade (art. 1º do CP).
45. Ob. cit., v. 2, p. 329.
46. Ob. cit., v. 7, p. 46-47.

Apesar de subscrita pelo mestre de todos nós, hoje a sua lição não prevalece.

Como bem resume Damásio de Jesus[47] o art. 29, *caput*, do Código Penal, estabelece que:

> "Quem, de qualquer modo, concorre para o crime, incide nas penas a este cominadas, na medida de sua culpabilidade".

Assim, em que pese não haver coautoria se apenas um dos concorrentes participou dos atos de execução, possível se mostra a participação moral, com a instigação à prática do delito, inclusive beneficiando-se, depois, com o fruto do ato, ou participação material, com o fornecimento, por parte do partícipe, dos objetos necessários à execução do crime. E isso pode ser por ação ou omissão: o vigia poderá fornecer a arma ao agente, como poderá deixar de trancar a porta do imóvel, para que o fato seja consumado. Dentro desse espírito, a expressão participa (verbo) é a mesma constante do art. 29, §§ 1º e 2º, ora como substantivo, ora como verbo, abrangendo aquele que, apesar de não executar o crime, envolve-se de qualquer modo na infração.

A circunstância de ser um dos comparsas inimputáveis não faz desaparecer a qualificadora (*RT* 545/402).

Se o crime foi cometido por associação criminosa (antigo delito de quadrilha ou bando, art. 288 do CP), já decidiu o STJ que a incidência da qualificadora do concurso de agentes não acarreta *bis in idem*: "Não configura *bis in idem* a condenação por crime de formação de quadrilha e furto qualificado pelo concurso de agentes, ante a autonomia e independência dos delitos"[48].

Por fim, questão interessante surge quando se observa a desproporcionalidade criada pelo legislador ao qualificar a pena do crime de furto, no caso de concurso de agentes, de forma mais drástica do que a do roubo, em idêntica situação fática. Aqui, no furto, dobra-se a reprimenda básica, passando de 1 a 4 anos, para 2 a 8 anos; lá, no roubo (crime mais grave), aumenta-se a pena de 1/3 a 1/2. Diante desse quadro, alguns, por questão de equidade, desconsideram a qualificadora do furto, aplicando à hipótese o patamar de aumento previsto no roubo, isto é, no caso de furto qualificado pelo concurso de agentes, ao invés de dobrar a pena básica, preferem aumentá-la de 1/3 a 1/2. Em que pese o esforço de justiça, os Tribunais têm negado o contorcionismo, como se percebe da Súmula 442 do STJ: "É inadmissível aplicar, no furto qualificado, pelo concurso de agentes, a majorante do roubo".

O espírito da súmula também está presente nas decisões do STF:

> "A causa de aumento de pena relativa ao concurso de pessoas no crime de roubo (CP, art. 157, § 2º) não pode ser aplicada ao crime de furto quando existe, para este, idêntica previsão legal de aumento de pena (CP, art. 155, § 4º, IV). Com base nesse entendimento, a

47. Ob. cit., v. 2, p. 329-330.

48. HC 123.932/SP, DJe 03/08/2009.

> Turma indeferiu *habeas corpus* em que pleiteada a anulação de todo o processo criminal ou o restabelecimento do acórdão do tribunal de origem, mais benéfico ao paciente, que, ao aplicar à pena de furto simples a majorante prevista para o crime de roubo, reduzira a sanção imposta. Rejeitou-se, ainda, a alegação de ilegalidade no reconhecimento da reincidência, a traduzir *bis in idem*. Asseverou-se que o recrudescimento da sanção resultaria da escolha do paciente por continuar delinquindo. Precedentes citados: HC 92626/RS (j. 25.03.2008); HC 73394/SP (*DJU* de 21.03.1997); HC 74746/SP (*DJU* 11.04.1997); HC 91688/RS (DJU 26.10.2007)."[49].

1.6.4.8. Furto de veículo automotor (§ 5º)

O art. 155 sofreu o acréscimo do § 5º pela Lei 9.426, de 24 de dezembro de 1996.

O dispositivo conserva pena máxima de oito anos, como consta do § 4º, aumentando a mínima de dois para três anos.

Pune-se aquele que concorreu, de qualquer modo, para o crime patrimonial, sabendo que a intenção era o transporte do veículo para outro Estado ou país. A pessoa contratada apenas para o transporte, não tendo qualquer participação no delito anterior (quer material, quer moral), responde somente por receptação ou favorecimento real, a depender do caso.

Para a configuração da qualificadora, não basta que a subtração seja de veículo automotor. É indispensável que seu destino seja outro Estado ou o exterior.

Veja-se que, se o agente conseguir consumar a subtração, mas for detido antes de chegar em outro Estado ou país, responderá por furto (simples ou qualificado por alguma das hipóteses do § 4º), mas não por tentativa de furto qualificado pelo § 5º, porque não se pode cogitar de tentativa em uma hipótese em que a subtração se consumou.

Nessa modalidade de furto, vislumbra-se o *conatus* apenas na hipótese do agente que, previamente intencionado a transportar o veículo para outro Estado ou país, apodera-se do bem, passa a ser perseguido de imediato até que transponha a divisa, mas acaba sendo preso sem que tenha conseguido a posse tranquila do bem[50].

O § 5º menciona "outro Estado", mas não diz nada sobre o Distrito Federal. O que concluir do silêncio? Uma primeira corrente ensina que a omissão não pode ser suprida pelo intérprete, vedação imposta pelo princípio da legalidade. O STJ, ao decidir o crime de dano, percebeu a mesma omissão, assim decidindo: "A conduta de destruir, inutilizar ou deteriorar o patrimônio do Distrito Federal não configura, por si só, o crime de dano qualificado, subsumindo-se, em tese, à modalidade simples do delito.

49. HC 93620/RS, rel. Min. Eros Grau, 08.04.2008.
50. Adotada a teoria da *amotio*, mesmo nesse exemplo parece inviável a tentativa, vez que, para a consumação do delito, basta a coisa subtraída passar para o poder do agente, mesmo que num curto espaço de tempo, independentemente de deslocamento ou posse mansa e pacífica.

Com efeito, é inadmissível a realização de analogia in malam partem a fim de ampliar o rol contido no art. 163, III, do CP, cujo teor impõe punição mais severa para o dano cometido contra o patrimônio da União, Estados, Municípios, empresa concessionária de serviços públicos ou sociedade de economia mista. Assim, na falta de previsão do Distrito Federal no referido preceito legal, impõe-se a desclassificação da conduta analisada para o crime de dano simples, nada obstante a *mens legis* do tipo, relativa à necessidade de proteção ao patrimônio público, e a discrepância em considerar o prejuízo aos bens distritais menos gravoso do que o causado aos demais entes elencados no dispositivo criminal" (HC 154.051-DF, Rel. Min. Maria Thereza de Assis Moura, julgado em 4/12/2012).

Ousamos discordar. Entendemos que o Distrito Federal está implícito. Deve-se interpretar o dispositivo de acordo com o sentido pretendido pelo legislador, sendo certo que não foi sua pretensão excluir a Capital da República, já que tal entendimento poderia transformá-la em local de "desova" de veículos subtraídos, ante a ausência de punição mais severa.

Incidindo a qualificadora em estudo, as demais, se presentes, passam a ser consideradas na fixação da pena base como circunstâncias judiciais.

1.6.4.9. Furto de animal (§ 6º)

A opção legislativa, como se percebe, foi tratar o abigeato (subtração de animais) como nova qualificadora do furto, punida com 2 a 5 anos, leia-se, infração de maior potencial ofensivo, não admitindo sequer a suspensão condicional do processo, salvo se caracterizada a tentativa.

No entanto, sabendo que esse tipo de crime, especialmente quando envolve a subtração dos animais vivos, quase nunca é praticado por um só agente, mas em concurso, com rompimento de obstáculos e uso de via anormal para ingressar na propriedade rural (escalada), pergunta-se: os furtadores vão responder pelo crime de furto qualificado pelo § 6º (punido com 2 a 5 anos) ou pelo § 4º (punido com 2 a 8 anos, em razão do rompimento de obstáculos, escalada e/ou concurso de pessoas)?

A resposta "tanto faz" ou "pelos dois parágrafos", obviamente, não serve; muito menos tem razão aquele que respondeu que os agentes sofrerão os "rigores" do § 6º. É que, nas hipóteses de coexistência de qualificadoras, não existindo entre elas relação de especialidade – mas pluralidade de circunstâncias –, deve prevalecer aquela que pune o comportamento do criminoso com mais rigor, sob pena de violação dos princípios da proporcionalidade e da razoabilidade. A outra deve ser considerada pelo magistrado na fixação da pena-base, salvo se prevista também como agravante, caso em que será aquilatada pelo juiz na segunda fase da aplicação da reprimenda.

Apesar de na prática não ser comum, em tese a nova qualificadora, sendo objetiva, é compatível com o furto privilegiado (ou mínimo), previsto no art. 155, §2º, do CP, nos exatos termos da Súmula 511 do STJ.

1.7. Ação penal

É pública incondicionada, observadas as exceções do art. 182 do CP.

1.8. Princípio da especialidade

a) Código Penal x Código Penal Militar: os arts. 240 e 241 do Decreto-lei 1.001/69 punem a prática do furto cometido na forma do art. 9º daquele diploma.

2. FURTO DE COISA COMUM

▶ ***Furto de coisa comum***

Art. 156. Subtrair o condômino, coerdeiro ou sócio, para si ou para outrem, a quem legitimamente a detém, a coisa comum:

Pena – detenção, de 6 (seis) meses a 2 (dois) anos, ou multa.

§ 1º Somente se procede mediante representação.

§ 2º Não é punível a subtração de coisa comum fungível, cujo valor não excede a quota a que tem direito o agente.

2.1. Considerações iniciais

O artigo em comento traz forma menos grave do crime de furto, um furto específico. O objeto jurídico continua sendo o mesmo (propriedade, posse ou detenção), mudando a qualidade da coisa subtraída (objeto material), agora não mais alheia, e sim comum, pertencente a várias pessoas, dentre elas o próprio sujeito ativo.

Em virtude da pena cominada, permite-se a transação penal e a suspensão condicional do processo.

2.2. Sujeitos do crime

Trata-se de crime próprio, isto porque só pode ser praticado pelo condômino, coerdeiro ou sócio.

☑ ***O sócio de fato, pode cometer o crime do art. 156 do CP?***

Responde Damásio de Jesus, com razão:

> "Para nós, como a lei apenas fala em 'sócio', não fazendo qualquer distinção quanto à sua natureza, é irrelevante que a sociedade seja legalmente constituída ou de fato"[51].

Há, contudo, julgado em sentido contrário (*RT*168/492).

O sujeito passivo será todo aquele que detém *legitimamente* a coisa, podendo ser sócio, coerdeiro, condômino ou um terceiro qualquer.

51. Ob. cit., v. 2, p. 336.

2.3. Conduta

A conduta punida continua a mesma do crime anterior (apoderar-se), recaindo, agora, sobre *coisa comum* O bem visado pelo agente deve estar na legítima posse de outrem (condômino, coerdeiro ou sócio, ou de terceiro), pois, do contrário, se estava sendo legitimamente detida pelo próprio agente, a disposição arbitrária que este faça da coisa, como dono exclusivo, constitui o delito de *apropriação indébita*, e não furto[52].

Quanto à natureza do bem subtraído, bem lembra Bitencourt:

> "Se for *fungível*, ou seja, se puder ser substituída por outra coisa da mesma espécie, quantidade e qualidade (art. 85 do CC), a *subtração* será *impunível* (art. 156, § 2º, do CP), desde que não exceda o valor da quota do agente, a despeito de revestir-se do caráter de ilícita. Tratando-se, porém, de coisa *infungível*, mesmo que o valor da coisa subtraída não supere o da quota individual, o agente responderá por furto de coisa comum.
>
> Enfim, para incidir essa espécie de 'excludente de antijuridicidade especial' é indispensável que concorram, simultaneamente, dois requisitos legais: a) que a coisa comum seja fungível; b) que seu valor não ultrapasse a quota a que o sujeito ativo tem direito (art. 156, § 2º)."[53].

Ressalta-se, porém, que a fungibilidade do bem deve decorrer da sua *natureza* e não da vontade dos sujeitos.

2.4. Voluntariedade

O crime é punido a título de dolo, representado pela vontade consciente de subtrair *para si ou para outrem* coisa comum, ciente dessa qualidade.

☑ ***Como tratar o caso do agente que, por erro, subtrai coisa comum pensando ser alheia?***

Fragoso responde:

> "Deverá sempre reconhecer-se o crime do art. 156 do CP se o agente supõe, erroneamente, ser alheia a coisa comum objeto da ação."[54].

2.5. Consumação e tentativa

O momento consumativo é divergente, como no furto do art. 155, entendendo a maioria ser suficiente a retirada da coisa da esfera de posse e disponibilidade da vítima, ingressando na livre disponibilidade do agente, dispensando, no entanto, posse tranquila.

A tentativa é admissível.

---

52. Nesse sentido: "Se o sócio desvia coisa da sociedade de que faz parte e em cuja direção se encontra, não há cogitar do delito de furto de coisa comum, podendo ocorrer, se reunidos todos os elementos integrantes da figura, o crime de apropriação indébita" (*RF* 192/408).
53. Ob. cit., v. 3, p. 89.
54. Ob. cit., v. 1, p. 193.

2.6. Ação penal

O § 1º do art. 156 condiciona a ação penal à prévia representação da vítima ou de seu representante legal.

CAPÍTULO II – DO ROUBO E DA EXTORSÃO

1. ROUBO

▶ ***Roubo***

Art. 157. Subtrair coisa móvel alheia, para si ou para outrem, mediante grave ameaça ou violência a pessoa, ou depois de havê-la, por qualquer meio, reduzido à impossibilidade de resistência:

Pena – reclusão, de 4 (quatro) a 10 (dez) anos, e multa.

§ 1º Na mesma pena incorre quem, logo depois de subtraída a coisa, emprega violência contra pessoa ou grave ameaça, a fim de assegurar a impunidade do crime ou a detenção da coisa para si ou para terceiro.

§ 2º A pena aumenta-se de 1/3 (um terço) até metade:

I – se a violência ou ameaça é exercida com emprego de arma;

II – se há o concurso de duas ou mais pessoas;

III – se a vítima está em serviço de transporte de valores e o agente conhece tal circunstância;

IV – se a subtração for de veículo automotor que venha a ser transportado para outro Estado ou para o exterior;

V – se o agente mantém a vítima em seu poder, restringindo sua liberdade.

§ 3º Se da violência resulta lesão corporal grave, a pena é de reclusão, de 7 (sete) a 15 (quinze) anos, além da multa; se resulta morte, a reclusão é de 20 (vinte) a 30 (trinta) anos, sem prejuízo da multa.

1.1. Considerações iniciais

O crime de roubo é complexo, unidade jurídica que se completa pela reunião de dois tipos penais: *furto* (art. 155 do CP) e *constrangimento ilegal* (art. 146 do CP). Tutela-se, a um só tempo, o *patrimônio* e *a liberdade individual* da vítima.

Em que pese a clara gravidade do crime, que pode atingir não só o patrimônio da vítima, como também sua integridade física, o Código Penal não o classificou como delito contra a pessoa.

Na lição de Noronha:

> "A razão é que a maior ou menor gravidade da ação física do crime, por si só, não o desnatura. Desde o furto simples até ao latrocínio, isto é, desde a forma menos grave até a mais qualificada, todos eles são patrimoniais. Constituem uma escala, cujos graus são dados pela gravidade crescente da ação do delinquente, e pelo dano; porém, na essência, constituem sempre o mesmo delito: furto, isto é, a subtração da cousa alheia móvel. Esta é a finalidade do criminoso, é o fim a que se propõe."[55].

55. *Código Penal brasileiro comentado*, p. 161.

Em razão das penas cominadas, nenhum benefício da Lei 9.099/95 é permitido.

A Lei 8.072/90, em seu art. 1º, inciso II, classifica como hediondo o latrocínio, tipificado no art. 157, § 3º, *in fine*.

1.2. Sujeitos do crime

Como o delito de furto, trata-se de crime comum, podendo ser praticado por qualquer pessoa, menos o proprietário do objeto (este, praticando violência ou grave ameaça visando recuperar coisa sua, responde, conforme o caso, por crime de exercício arbitrário das próprias razões).

Sujeito passivo é o proprietário, possuidor ou o mero detentor da coisa, bem como a pessoa contra quem se dirige a violência ou grave ameaça, ainda que desligada da lesão patrimonial.

1.3. Conduta

No *caput*, tem-se o roubo próprio, hipótese em que o agente, visando apoderar-se do patrimônio alheio, lança mão: a) de violência; b) grave ameaça c) ou qualquer outro meio capaz de impossibilitar a vítima de resistir ou defender-se.

Entende-se por *violência* o constrangimento físico da vítima (emprego de força sobre seu corpo), retirando dela os meios de defesa para subtrair o bem.

Explica Bitencourt:

> "*Violência física* à pessoa consiste no emprego de força contra o corpo da vítima. Para caracterizar essa *violência* do tipo básico de *roubo* é suficiente que ocorra *lesão corporal leve* ou simples *vias de fato*, na medida em que lesão grave ou morte qualifica o crime. *Vias de fato* são a violência física sem dano à integridade corporal (...). Violentos empurrões e trombadas também caracterizam o emprego de violência física, necessária e suficiente para caracterizar o crime de roubo. Contudo, aqueles empurrões ou trombadas, tidos como leves, utilizados apenas com a finalidade de desviar a atenção da vítima não têm sido considerados idôneos para caracterizar o crime de roubo."[56].

A *grave ameaça* consiste na intimidação, isto é, coação psicológica, na promessa, direta ou indireta, implícita ou explícita, de castigo ou de malefício. A sua análise foge da esfera física para atuar no plano da atividade mental. Por isso mesmo sua conceituação é complexa, porque atuam fatores diversos, como a fragilidade da vítima, o momento (dia ou noite), o local (ermo, escuro etc.) e a própria aparência do agente.

Grave ameaça, na lição de Bento de Faria, "é toda coerção de ordem subjetiva que se exerce sobre alguém para passividade diante da subtração de que é vítima; é a pressão moral realizada pelo medo ou pelo terror sobre o ânimo da vítima."[57].

56. Ob. cit., v. 3, p. 98-99.
57. Ob. cit., v. 4, p. 56.

A simulação do uso de arma de fogo durante a subtração configura grave ameaça caracterizadora do crime de roubo, pois tal conduta é suficiente para causar a intimidação da vítima (nesse sentido: *RJDTACRIM* 7/255).

A superioridade numérica de agentes, de acordo com os Tribunais Superiores, não serve para caracterizar a grave ameaça, tratando-se, na verdade, de furto qualificado (HC 147.622-RJ, Rel. originário Min. Nilson Naves, Rel. para acórdão Min. Maria Thereza de Assis Moura, julgado em 9/3/2010).

O terceiro *modus operandi* refere-se ao emprego de outro meio, que não a violência ou grave ameaça, porém a ela equiparada (violência imprópria), retirando da vítima a sua capacidade de oposição (emprego de drogas, soníferos, hipnose etc.).

Na lição de Bitencourt:

> "Tais meios devem ser usados ardilosamente, às escondidas, desacompanhados, evidentemente, de violência ou grave ameaça; caso contrário, serão estas e não aqueles que integrarão a definição típica do crime de roubo. Se, no entanto, a própria vítima se coloca em condições de incapacidade de oferecer resistência, o crime que tipificará eventual subtração não será o de roubo, mas certamente o de furto, cometido aproveitando-se da oportunidade criada pela vítima ou por quem vigiasse a *res*."[58].

No roubo impróprio (ou roubo por aproximação), previsto no § 1º, o agente usa da violência ou grave ameaça não para subtrair a coisa, mas, como diz o dispositivo, para assegurar a impunidade do crime ou a detenção da coisa (já apoderada).

Ensina Mirabete:

> "Nesse caso, a violência ou a grave ameaça ocorrem após a consumação da subtração, visando o agente assegurar a posse da coisa subtraída ou a impunidade do crime. Como hipóteses citem-se as de violência exercida contra o guarda-noturno quando o agente, já carregando o produto do crime, desperta a atenção do policial, ou quando, já tendo escondido a coisa subtraída, volta ao local da subtração para apanhar um documento que deixou cair e pode servir de identificação, praticando a violência contra aquele que o encontrou. No primeiro caso, o agente tenta assegurar não só a detenção da coisa, como também evitar a sua prisão; no segundo pretende a impunidade com sua não identificação."[59].

Se o agente é surpreendido quando, sem violência, ia apoderar-se da coisa, frustrando-se a subtração, mas a vem empregar na fuga, há tentativa de furto (e não de roubo), em concurso material com o crime contra a pessoa (lesão corporal, homicídio etc.)[60].

O § 1º, ao contrário do *caput*, não prevê a possibilidade de praticar o roubo por outro meio que não seja a violência ou a grave ameaça.

---

58. Ob cit., v. 3, p. 102.
59. Ob. cit., v. 2, p. 224.
60. Nesse sentido: *RT* 548/310; 537/322 e 513/433.

Para Bitencourt:

> "É inadmissível qualquer interpretação extensiva ou analógica para incluir, como elementar típica, meio que a lei não prevê, ampliando o *jus puniendi* estatal e ferindo o princípio da tipicidade taxativa. Assim, em nossa concepção, a eventual utilização desse 'recurso' – *qualquer outro meio* – após a subtração não tipifica o crime de roubo, próprio ou impróprio. O crime patrimonial, certamente, será o de furto, podendo, logicamente, haver concurso com outro"[61].

No roubo impróprio, a violência ou grave ameaça deve ser empregada após a *efetiva subtração patrimonial* ("logo depois" do apoderamento do objeto), não podendo decorrer período prolongado após a subtração do bem. A interpretação que se dá à expressão "logo depois" é no sentido de que é admissível somente até a consumação do furto que o agente pretendia cometer. Após esse período, o crime não pode mais sofrer qualquer alteração, já que a infração penal (furto) está consumada. Por isso, transcorrido esse momento, o emprego de violência ou grave ameaça gera crime autônomo de lesões corporais ou ameaça, em concurso material com o furto consumado.

A jurisprudência é copiosa no sentido de que o princípio da insignificância ou da bagatela não tem aplicação aos casos de roubo (próprio ou impróprio), tipo que se perfaz com a existência do elemento subjetivo (coisa móvel), não lhe importando o valor, arrebatado mediante violência ou grave ameaça (nesse sentido: HC 136.059/MS, Rel. Min. Rogério Schietti Cruz, DJe 18/04/2016). Também é inaplicável, segundo precedentes do STF, o privilégio previsto para o furto (*RT* 445/482).

Por fim, é típica a conduta de roubar *bem ilícito* (como máquinas caça-níqueis, por exemplo) porque, apesar da proibição à exploração do jogo de azar vigente em nosso ordenamento jurídico, a *res furtiva* tem relevância econômica, pois atinge o patrimônio da vítima, objeto jurídico tutelado pela lei penal.

1.4. Voluntariedade

É o dolo, consistente na vontade consciente de apoderar-se, para si ou para outrem, mediante violência ou grave ameaça, de coisa alheia móvel.

No roubo próprio, exige-se a presença do elemento subjetivo do tipo, que se consubstancia na finalidade de obtenção da coisa para si ou para outrem. Já na modalidade do § 1º, além desse fim especial, deve o agente empregar a violência para assegurar a impunidade do crime ou a detenção da coisa subtraída.

O roubo de uso é crime (*TJDFT* 44/180), não importando se a real intenção do agente era subtrair para ficar ou subtrair apenas para usar momentaneamente (o uso da coisa é um dos poderes inerentes à propriedade, da qual o agente se investe mediante violência ao real proprietário). Reconhecemos, porém, importante parcela da doutrina lecionando que o *animus* de uso exclui o crime.

61. Ob. cit. v. 3, p. 105.

Rogério Greco, por exemplo, explica:

> "Se houver violência na subtração levada a efeito pelo agente, que não atua com a vontade de ter a coisa para si ou para terceiro, mas tão somente de usá-la por um período curto de tempo, a fim de devolvê-la logo em seguida, poderíamos raciocinar com o tipo penal do art. 146 do diploma repressivo, que prevê o delito de constrangimento ilegal, pois que, ao tomar a coisa à força, o agente impede que a vítima faça com ela aquilo que a lei permite, vale dizer, usá-la da forma que melhor lhe aprouver."[62]-[63].

1.5. Consumação e tentativa

Temos que distinguir a hipótese em que a violência precede ou é concomitante à subtração patrimonial e a hipótese em que a esta é sucessiva. Na primeira (roubo próprio), a posição dos Tribunais Superiores é a de que o crime se consuma com a subtração (o apoderamento) do bem mediante violência ou grave ameaça, dispensando o locupletamento do agente[64] (se, após o emprego da violência pessoal, não puder o agente, por circunstâncias alheias à sua vontade, executar a subtração, reconhece-se a tentativa).

O STF, no HC 104.593/SP, apesar de ratificar entendimento de que a consumação do crime de roubo próprio independe da posse mansa da coisa, não aplicou a tese quando a ação do agente é monitorada pela Polícia que, obstando a possibilidade de fuga, frustra a consumação, reconhecendo, no caso, a tentativa.

No roubo impróprio (violência que sucede a subtração), a consumação se verifica com o emprego da violência ou grave ameaça. No que diz respeito à tentativa, para uma parcela da doutrina (Damásio de Jesus[65]) não se admite, pois ou a violência é empregada, e tem-se a consumação, ou não é empregada, e o que se apresenta é o crime de furto (nesse sentido *RT* 840/652). A maioria da doutrina moderna, contudo, discorda, reconhecendo o *conatus* quando o agente, após apoderar-se do bem, tenta empregar violência ou grave ameaça, mas não consegue (p. ex.: Mirabete, *Manual de direito penal* cit., v. 2, p. 225).

Já decidiu o STF que o roubo cometido contra mais de uma pessoa, no mesmo contexto fático, caracteriza o concurso formal de delitos (HC 112.871/DF, rel. Min. Rosa Weber, DJe 30/04/2013). Para o STJ, é possível o concurso formal, mas deve ser observada a quantidade de patrimônios atingidos pela subtração, não a quantidade de vítimas submetidas à conduta. Assim, se o agente subjugou duas ou mais pessoas para subtrair pertences de apenas uma delas, haverá só um crime de roubo (AgRg no REsp 1.490.894/DF, Rel.

---

62. Ob. cit., v. 3, p. 83.
63. A tese já foi acolhida em alguns julgados (*RT* 474/348), mas permanece minoritária.
64. Súmula nº 582 do STJ: "Consuma-se o crime de roubo com a inversão da posse do bem mediante emprego de violência ou grave ameaça, ainda que por breve tempo e em seguida à perseguição imediata ao agente e recuperação da coisa roubada, sendo prescindível a posse mansa e pacífica ou desvigiada". Há, contudo, decisões (minoritárias) exigindo do agente o exercício de posse mansa e pacífica (*RT* 746/610).
65. Ob. cit., v. 2, p. 344.

Min. Sebastião Reis Júnior, DJe 23/2/2015). Se, no entanto, foi atingido mais de um patrimônio, impõe-se o concurso formal:

> "Conforme consignado pelo Tribunal a *quo*, a ação do acusado lesionou objetos e pertences individualizados de duas vítimas, ferindo patrimônios diversos (roubo das armas de fogo da empresa de vigilância, além do roubo dos valores em dinheiro existentes na agência bancária). Dessa forma, praticado o crime de roubo em um mesmo contexto fático, mediante uma só ação, contra vítimas diferentes, tem-se configurado o concurso formal de crimes, e não a ocorrência de crime único, visto que violados patrimônios distintos"[66].

Ressaltamos que o fato de serem as vítimas da mesma família não torna o crime único, incidindo, ainda assim, a regra do concurso formal. A este respeito, cf. STJ – Quinta Turma – HC 343.751/SP – Rel. Min. Reynaldo Soares da Fonseca – DJe 23/02/2016.

Estabelecida a jurisprudência sobre o concurso formal, há decisões tanto no sentido da modalidade própria (a maioria – cf. HC 364.754/SP – Quinta Turma – Rel. Min. Joel Ilan Paciornik – Dje 10/10/2016; HC 311.722/SP – Quinta Turma – Rel. Min. Reynaldo Soares da Fonseca – Dje 13/06/2016) quanto da imprópria (cf. HC 179.676/SP – Sexta Turma – Rel. Min. Nefi Cordeiro – Dje 19/10/2015).

A ocasional inexistência de valores em poder da vítima de assalto, inviabilizando sua consumação, traduz caso de impropriedade relativa do objeto, o que caracteriza a tentativa, e não a figura do crime impossível (*RT* 542/245).

1.6. Majorantes de pena e qualificadoras

1.6.1. Majorantes de pena

O § 2º estabelece majorantes, aplicáveis tanto ao roubo próprio (*caput*) quanto ao impróprio (§ 1º).

O inciso I prevê a violência ou a grave ameaça exercida com emprego de arma.

Explica Cezar Roberto Bitencourt:

> "Segundo a dicção do texto legal, é necessário o *emprego efetivo* de arma, sendo insuficiente o simples *portar*. Para Luiz Regis Prado, no entanto, 'é suficiente para a caracterização da majorante que o sujeito ativo porte arma ostensivamente, de modo que ameace a vítima, vale dizer, não é imprescindível que venha a fazer uso do instrumento para praticar a violência ou grave ameaça, sob pena de esvaziamento da *ratio legis*'. Divergimos desse entendimento, uma vez que a tipificação legal condiciona a ser a violência ou grave ameaça 'exercida' com 'emprego de arma', e 'empregá-la' significa uso efetivo, concreto, real, isto é, a utilização da arma no cometimento da violência."[67].

66. AgRg no REsp 1.243.675/SP, Rel. Min. Reynaldo Soares da Fonseca, Quinta Turma, DJe 29/08/2016.
67. Ob. cit., v. 3, p. 109.

O substantivo *arma* gera controvérsia na doutrina. Para uns, a expressão abrange somente os objetos produzidos (e destinados) com a finalidade bélica (ex.: arma de fogo). Outros, realizando interpretação extensiva, compreendem também os objetos confeccionados sem finalidade bélica, porém capazes de intimidar, ferir o próximo (ex.: faca de cozinha, navalha, foice, tesoura, guarda-chuva, pedra etc.). Prevalece na doutrina e jurisprudência o sentido amplo, abrangendo as duas acepções (todo o objeto ou utensílio que sirva para matar, ferir ou ameaçar, seja qual for a forma ou o seu destino principal).

Nesse sentido:

> "Não se exclui a qualificadora de emprego de arma quando restou comprovado nos autos que o agente fez uso de pedaço de madeira e barra metálica, produzindo ferimentos na vítima, comprovados por laudo pericial."[68].

Sempre se ensinou (e decidiu) incidir o aumento quando empregada no crime arma de brinquedo, idônea a atemorizar o próximo.

O próprio Hungria, depois de externar o seu pensamento sobre o que sejam armas, esclarece que:

> "A ameaça com uma arma ineficiente (ex. revólver descarregado) ou fingida (ex. um isqueiro com feitio de revólver), mas ignorando o agente tais circunstâncias, não deixa de constituir a majorante, pois o *ratio* desta é a intimidação da vítima, de modo a anular-lhe a capacidade de resistir."[69].

Esse posicionamento estava sumulado no STJ (Súmula 174). Contudo, em 2001, referido Tribunal Superior retificou seu entendimento (por maioria), decidindo, hoje, que a ameaça, exercida com emprego de simulacro de arma de fogo, inofensiva, é apta para configurar a intimidação caracterizadora do crime de roubo, mas incapaz de gerar a majorante.

Com esse novel entendimento (e talvez sem perceber), o STJ incentivou a corrente que leciona que arma verdadeira, porém desmuniciada (e sem capacidade de pronto municiamento) é tão "inofensiva" quanto uma arma de brinquedo, devendo, igualmente, escapar do aumento. Aliás, se a preocupação é com a capacidade lesiva do instrumento utilizado no crime, manda a coerência que a arma deve ser apreendida e periciada[70]. Entretanto,

68. *TJDFT* 44/182.

69. Ob. cit., v. 7, p. 58.

70. "STJ (*Informativo* 386) – *Emprego. Arma. Fogo. Apreensão. Perícia. Necessidade.* A Turma, por maioria, mesmo após recente precedente do STF em sentido contrário, reiterou seu entendimento de que é necessária a apreensão da arma de fogo para que possa implementar o aumento da pena previsto no art. 157, § 2º, I, do CP. Com a ausência da apreensão e perícia da arma, não se pode apurar sua lesividade e, portanto, o maior risco para a integridade física da vítima. Precedentes citados do STF: HC 96.099/RS, *DJ* 10.03.2009; HC 92.871/SP, *DJ* 06.03.2009; HC 95.142/RS, *DJ* 05.12.2008; do STJ: HC 36.182/SP, *DJ* 21.03.2008; HC 100.906/MG, *DJ* 09.06.2008, e HC 105.321/PA, *DJ* 27.05.2008. HC 99.762/MG, rel. Min. Maria Thereza de Assis Moura, j. 10.03.2009".

"STF (*informativo* 529) – Roubo: Emprego de Arma de Fogo e Causa de Aumento. A Turma deferiu, em parte, *habeas corpus* para afastar a qualificadora prevista no art. 157, § 2º, I, do CP. Tendo em

a maioria da jurisprudência dos Tribunais Superiores (STF[71] e STJ[72]) orienta que, para a configuração da majorante, mostra-se dispensável a apreensão da arma utilizada no crime, desde que sua utilização fique demonstrada por outros meios de prova. Não obstante, a majorante não é aplicável aos casos nos quais a arma utilizada na prática do delito é apreendida e periciada, e sua inaptidão para a produção de disparos é constatada (STJ – HC 247.669/SP, Sexta Turma, rel. Min. Sebastião Reis Junior, DJe 14/12/2012).

Por fim, firmou-se no STF entendimento no sentido de ser possível a cumulação da qualificadora do roubo mediante uso de arma com a qualificadora da associação criminosa armada prevista no parágrafo único do art. 288 do CP, pois são infrações independentes, protegendo cada qual bens jurídicos próprios (*JSTJ* 2/242).

O inciso II faz referência ao concurso de pessoas.

A questão, aqui, capaz de gerar alguma controvérsia, é a que diz respeito à presença dos partícipes no evento. Assim como no furto, sustenta Hungria[73] a necessidade de que todos os agentes se façam presentes no momento da ação, ainda que não cooperem materialmente. Guilherme de Souza Nucci[74] e Mirabete[75], no entanto, consideram dispensável a prática de atos executórios por todos os agentes.

No cômputo mínimo de duas pessoas, devemos considerar eventuais inimputáveis ou agentes não identificados.

Com relação aos inimputáveis, leciona Noronha que:

> "À primeira vista, a resposta será a exclusão da agravante, pois se esta se funda no acordo de intenção e vontade, e se um dos agentes é incapaz, ou por ser menor, ou por ser doente mental,

conta que, no caso, a arma não fora apreendida e nem periciada, entendeu-se que não seria possível aferir seu potencial lesivo, o que não justificaria a incidência da majorante no crime de roubo a que condenado o paciente. Rejeitou-se, ainda, a alegação de nulidade do processo ante a ausência do representante do Ministério Público no interrogatório (CPP, art. 564, III, *d*). Aduziu-se, no ponto, que seria inconsistente o argumento da impetração no sentido de que, se o *parquet* tivesse comparecido e feito reperguntas, a defesa do paciente poderia ter sido mais bem exercida. (HC 95142/RS, rel. Min. Cezar Peluso, j. 18.11.2008).

71. "O Supremo Tribunal Federal firmou entendimento no sentido da prescindibilidade da perícia na arma de fogo para o reconhecimento da causa de aumento prevista no art. 157, § 2º, I, do Código Penal, desde que a utilização da arma reste comprovada por outros meios probatórios" (HC 94.236/RS, Segunda Turma, rel. Min. Teori Zavascki, DJe 19/09/2013)
72. "A Terceira Seção desta Corte, no julgamento do EREsp nº 961.863/RS, alinhando-se à posição esposada pelo Pleno do Supremo Tribunal Federal, firmou a compreensão de que é prescindível a apreensão e perícia da arma de fogo para a aplicação da causa de aumento prevista no art. 157, § 2º, I, do Código Penal, desde que comprovada a sua utilização por outros meios de prova. Ressalva do entendimento da relatora" (HC 213.069/RJ, Sexta Turma, rel. Min. Maria Thereza de Assis Moura, DJe 17/09/2013)
73. Ob. cit., v. 7, p. 58.
74. *Código Penal comentado*, p. 818.
75. *Manual de direito penal*, v. 2, p. 227.

> e consequentemente não pode entender a ilicitude do ato, como também não o querer, não se poderá falar em convergência de vontades. Mas não é assim. Neste particular, a lei considera a agravante sob aspecto objetivo. Ela visa a impedir, pelas razões já apontadas, a *pluralidade* de agentes no mesmo delito. Será imputada a agravante ao agente capaz."[76].

Apesar de divergente, tem-se decidido não configurar *bis in idem* a condenação do réu pelos crimes de bando e roubo qualificado pelo concurso de pessoas porque as infrações são distintas e independentes (*RT* 631/321, 719/412).

Estabelece, ainda, o § 2º, no seu inciso III, o aumento de pena quando a vítima, por ofício, dedica-se ao transporte de valores.

A esse respeito, ensina BITENCOURT que:

> "O sujeito passivo desta majorante não pode ser, em hipótese alguma, o proprietário dos 'valores transportados'. A majorante é estar a vítima 'em serviço de transporte de valores'; como 'serviço' sempre se presta a outrem, e não si próprio, isso significa que os valores transportados por quem se encontra em 'serviço' não são próprios, mas de terceiro, que é o dono ou proprietário de tais valores. Logo, sendo roubado o próprio dono ou proprietário quando se encontra transportando valores não incide a majorante."[77].

Esta majorante está umbilicalmente ligada ao interesse estatal em garantir segurança ao transporte de valores, incluindo, nesse manto protetor, o microempresário, mesmo quando seu próprio transportador.

☑ ***O que são valores?***

Certamente o vendedor que distribui mercadoria, recebe o preço e retorna à base, também transporta valores. Sem razão, assim, aqueles que buscam limitar o aumento apenas aos casos de transporte de valores das casas bancárias.

Ainda na conformidade desse dispositivo, se o agente rouba uma mala em que se transportam joias, pensando somente conter roupas, não sofrerá o aumento de pena. Deve ter ciência de que a vítima está transportando valores.

A Lei 9.426/96 acrescentou mais dois incisos ao § 2º: IV e V. Nestes casos, também a pena é aumentada de um terço até metade.

No inciso IV, a exemplo do acréscimo ao art. 155, a lei buscou, com a severidade da pena, minimizar o recorrente roubo de veículos automotores e sua posterior remessa a outros Estados ou países, aplicando-se aqui os comentários dispensados à qualificadora do furto.

---

76. *Código Penal brasileiro comentado*, p. 132-133.

77. Ob. cit., v. 3, p. 112.

Se o agente mantém a vítima em seu poder, restringindo a sua liberdade, a pena também é aumentada (inciso V).

Nesta hipótese, o agente, para consumar o crime ou garantir o sucesso da fuga, mantém a vítima em seu poder, restringindo a sua liberdade de locomoção.[78] Não se confunde com a hipótese do agente privar desnecessariamente a liberdade de locomoção da vítima, por período prolongado, caso em que teremos roubo em concurso material com o delito de sequestro.

O STJ, em jurisprudência sumulada, entende que o aumento na terceira fase de aplicação da pena no crime de roubo circunstanciado exige fundamentação concreta, não sendo suficiente para a sua exasperação a mera indicação do número de majorantes (Súmula 443). Já o STF, que adotava o entendimento de que a pluralidade de circunstâncias majorantes forçava a exasperação da pena a se aproximar da metade, parece estar se dirigindo ao encontro da orientação firmada pelo STJ[79].

1.6.2. Roubo qualificado pelo resultado (§ 3º)

O § 3º está dividido em duas partes. A primeira refere-se ao resultado lesão corporal de natureza grave (§§ 1º e 2º do art. 129 do CP); a segunda, ao resultado morte (latrocínio), esta rotulada como hedionda pela Lei 8.072/90. Analisaremos, de forma resumida, o parágrafo como um todo para, depois, estudar particularidades do crime de latrocínio.

Para a ocorrência dessas qualificadoras, o resultado (lesão grave ou morte) deve ter sido causado ao menos culposamente (dolo ou culpa, *RT* 413/113).

Utilizando a lei a expressão "*se da violência resulta...*", entende-se que não há qualificadora quando o resultado decorre do emprego de grave ameaça, hipótese em que haverá crime de roubo em concurso com o delito de homicídio ou de lesão corporal grave, podendo este ser doloso ou culposo, dependendo das circunstâncias fáticas[80].

É necessário, também, que o evento decorra da violência empregada durante (fator tempo) e em razão (fator nexo causal) do assalto. Ausente qualquer desses pressupostos, o agente responderá por crime de homicídio doloso ou lesão grave em concurso material com o roubo.[81]

---

78. Esta majorante configura espécie do gênero sequestro-relâmpago, em que pese o legislador etiquetar como tal somente o art. 158, § 3º. Sugerimos, para melhor compreensão do assunto (e da nossa conclusão) a leitura dos comentários ao referido dispositivo.

79. "Concurso de majorantes e adoção de tabela de graduação de percentual para disciplinar a aplicação das causas de aumento de pena. Impropriedade, pois há de se dar ênfase à efetiva fundamentação da causa especial de aumento da pena, dentro dos limites previstos, com base em dados concretos" (RHC 116.676/MG, rel. Min. Ricardo Lewandowski, DJe 20/08/2013).

80. Há decisões, minoritárias, no sentido de que, mesmo sendo a morte decorrência da grave ameaça, caracteriza latrocínio, bastando o nexo causal objetivo (nesse sentido, *RT* 620/333). Do mesmo modo, há julgados reconhecendo o latrocínio quando, durante o assalto, a vítima sai correndo na direção de rodovia, sendo atropelada (*JTJ* 158/304).

81. Firmou-se a jurisprudência do STF, no sentido de que o coautor que participa do roubo armado responde pelo latrocínio, ainda que o disparo tenha sido efetuado só pelo comparsa (*RTJ* 98/636). E de que é desnecessário saber qual dos coautores desferiu o tiro, pois todos respondem pelo fato

Por fim, deve ser lembrado que as circunstâncias majorantes do § 2º têm exclusiva aplicação aos crimes de roubo próprio (*caput*) e impróprio (§ 1º), não se estendendo às hipóteses tratadas no § 3º, seja por uma questão topográfica – onde não se aplica preceito antecedente ao subsequente, salvo expressa disposição a respeito –, seja porque tal majoração não corresponde ao real anseio do legislador na repressão do delito em questão, pois que já tratado com toda severidade (*RT* 780/583).

1.6.2.1. Latrocínio: particularidades

É importante observar que a figura do latrocínio configura crime contra o patrimônio qualificado pela morte. Assim, a vontade do agente é ofender o patrimônio da vítima, valendo-se, para tanto, da morte como meio.[82] Se a intenção inicial do agente era apenas a morte da vítima, mas após a consumação do crime de homicídio, resolve subtrair os seus bens, responderá pelo crime de homicídio em concurso com furto.

No tocante à consumação, deve ser observado:

1) Morte consumada, subtração consumada, gera latrocínio consumado, estando o tipo perfeito (art. 14, I, do CP).

2) Morte tentada e subtração tentada, não há dúvida de que o latrocínio será também tentado (nos termos do art. 14, II, do CP, houve início de execução de um tipo, que não se perfez por circunstâncias alheias à vontade do agente)[83].

(*RTJ* 633/380). A doutrina entende haver também concurso de roubo e homicídio – e não latrocínio – quando um dos assaltantes mata o outro, para, por exemplo, ficar com todo o dinheiro subtraído, ainda que a morte ocorra durante o assalto. Isso porque, no caso, o resultado morte atingiu o próprio sujeito ativo do roubo, delito em que a tutela recai na posse e na propriedade legítimas. O assaltante não pode ser vítima no mesmo contexto do crime patrimonial do qual é autor. Por outro lado, se o agente efetua um disparo para matar a vítima, mas, por erro de pontaria, acaba atingindo e matando seu comparsa, o crime é de latrocínio. Nesse caso, ocorreu a chamada *aberratio ictus* (art. 73), em que o agente responde como se tivesse atingido a pessoa que visava.

82. Sabendo que no latrocínio o agente mata para roubar (a morte é o *meio* para atingir o patrimônio), atente-se à Súmula 603 do STF: "A competência para o processo e julgamento de latrocínio é do juiz singular e não do Tribunal do Júri".

83. Decidiu o STJ ser irrelevante, para a caracterização do latrocínio tentado, que a vítima não tenha sofrido lesão: "O reconhecimento da existência de irregularidades no laudo pericial que atesta a natureza das lesões sofridas pela vítima de tentativa de latrocínio (157, § 3º, parte final, do CP) não resulta na desclassificação da conduta para alguma das outras modalidades de roubo prevista no art. 157 do CP. Isso porque, para a configuração daquele delito, é irrelevante se a vítima sofreu lesões corporais. Efetivamente, a figura típica do latrocínio se consubstancia no crime de roubo qualificado pelo resultado, em que o dolo inicial é de subtrair coisa alheia móvel, sendo que as lesões corporais ou a morte são decorrentes da violência empregada, atribuíveis ao agente a título de dolo ou culpa. Desse modo, embora haja discussão doutrinária e jurisprudencial acerca de qual delito é praticado quando o agente logra subtrair o bem da vítima, mas não consegue matá-la, prevalece o entendimento de que há tentativa de latrocínio quando há dolo de subtrair e dolo de matar, sendo que o resultado morte somente não ocorre por circunstâncias alheias à vontade do agente. Por essa razão, a jurisprudência do STJ pacificou-se no sentido de que o crime de latrocínio tentado se caracteriza independentemente de eventuais lesões sofridas pela vítima, bastando que o agente, no decorrer do roubo, tenha agido com o desígnio de matá-la" (HC 201.175/MS, Quinta Turma, rel. Min. Jorge Mussi, DJe 08/05/2013).

NORONHA[84], no entanto, sugere o desmembramento do crime complexo, configurando o concurso de delitos, roubo tentado e homicídio tentado.

3) Morte consumada, subtração tentada, configura, de acordo com entendimento sumulado no STF (610), latrocínio consumado. O Pretório Excelso, certamente, atentou para o fato de que a conduta, no caso, atinge a vida humana, bem jurídico acima de interesses meramente patrimoniais.

ROGÉRIO GRECO discorda dessa conclusão e explica:

> "Por entendermos que, para a consumação de um crime complexo, é preciso que se verifiquem todos os elementos que integram o tipo, ousamos discordar das posições de HUNGRIA e do STF e nos filiamos à posição de FREDERICO MARQUES, concluindo que, havendo homicídio consumado e subtração tentada, deve o agente responder por tentativa de latrocínio e não por homicídio qualificado ou mesmo por latrocínio consumado."[85].

4) Morte tentada e subtração consumada, há tentativa de latrocínio (se o latrocínio se consuma apenas com a morte, não havendo morte o tipo complexo do latrocínio não se perfaz). Entretanto, nesta hipótese, a 2.ª T do STF decidiu que o fato melhor se subsume ao delito de roubo (consumado) em concurso com o crime de tentativa de homicídio qualificado pela conexão teleológica, remetendo o caso para julgamento popular (HC 91.585/RJ).

A confusão existe porque no latrocínio, ao contrário do que ocorre com outras figuras qualificadas pelo resultado (arts. 127, 135, 213 etc.), a morte pode derivar de dolo ou culpa. Se seguisse a lógica do CP, qualificando o delito apenas quando culposa a morte, presente o dolo do agente estaria caracterizado o roubo (não qualificado) em concurso com homicídio doloso (consumado ou tentado), competência do Tribunal do Júri. É certo, porém, que a pena do latrocínio, adotando esse raciocínio, teria que sofrer ajustes para não se punir o mais (dolo na morte) com menos e o menos (culpa na morte) com mais, respeitando a proporcionalidade e razoabilidade.

☑ ***No crime de latrocínio, havendo pluralidade de vítimas numa só subtração há também pluralidade de crimes?***

Para parcela da doutrina, sendo o latrocínio crime complexo, a pluralidade de vítimas não implica pluralidade de crimes. É através da quantidade de subtrações que se afere a quantidade de roubos. O número de vítimas (feridas ou ameaçadas numa única subtração) serve apenas na fixação da pena.

Nesse sentido, explana BITENCOURT:

> "É desnecessário que a vítima da violência seja a mesma da subtração da coisa alheia, desde que haja conexão entre os dois fatos; nesse caso, tratando-se de vítima da violência distinta daquela da

84. *Código Penal brasileiro comentado*, p. 160.
85. Ob. cit., v. 3, p. 79.

> subtração, haverá dois sujeitos passivos, sem desnaturar a unidade do crime complexo, que continua único."[86].

O STF também já decidiu dessa forma:

> "A 2ª Turma concedeu, em parte, *habeas corpus* para afastar concurso de crimes e determinar ao juízo de primeiro grau que considere a circunstância de pluralidade de vítimas na fixação da pena-base, respeitado o limite do *ne reformatio in pejus*. Na espécie, alegava-se que o paciente teria cometido o delito em detrimento de patrimônio comum, indivisível do casal. Assim, insurgia-se de condenação por dois latrocínios: um tentado e o outro consumado em concurso formal — v. Informativo 699. Reconheceu-se a prática de crime único de latrocínio. Destacou-se que, ainda que se aceitasse a tese de patrimônio diferenciado das vítimas, em função das alianças matrimoniais subtraídas, o agente teria perpetrado um único latrocínio. Pontuou-se que o reconhecimento de crime único não significaria o integral acolhimento do pedido. Frisou-se que afastar-se o aumento de 1/6 da pena, relativo ao concurso de crimes, poderia levar à injustificável desconsideração do número de vítimas atingidas" (HC 109.539/RS, rel. Min. Gilmar Mendes, DJe 31/05/2013).

Em sentido diverso, vem decidindo o STJ:

> "Tipifica-se a conduta do agente que, mediante uma só ação, dolosamente e com desígnios autônomos, pratica dois ou mais crimes, obtendo dois ou mais resultados, no art. 70, 2ª parte, do Código Penal – concurso formal impróprio, aplicando-se as penas cumulativamente. Na compreensão do Superior Tribunal de Justiça, no caso de latrocínio (artigo 157, parágrafo 3º, parte final, do Código Penal), uma única subtração patrimonial, com quatro resultados morte, caracteriza concurso formal impróprio. Precedentes"[87].

1.7. Ação penal

A ação penal é pública incondicionada.

1.8. Princípio da especialidade

a) Código Penal x Código Penal Militar: o art. 242 do Decreto-lei 1.001/69 pune a prática do roubo cometido na forma do art. 9º daquele diploma.

b) Código Penal x Lei de Segurança Nacional: roubar por inconformismo político ou para obtenção de fundos destinados à manutenção de organizações políticas clandestinas ou subversivas é crime tipificado no art. 20 da Lei 7.170/83. Apoderar-se ou exercer o controle de aeronave, embarcação ou veículo de transporte coletivo, com emprego de violência ou grave ameaça à tripulação ou a passageiros, configura o crime do art. 19 da mesma lei.

86. Ob. cit., v. 3, p. 119.

87. HC 165.582/SP, Sexta Turma, rel. Min. Maria Thereza de Assis Moura, DJe 06/06/2013.

2. EXTORSÃO

▶ ***Extorsão***

Art. 158. Constranger alguém, mediante violência ou grave ameaça, e com o intuito de obter para si ou para outrem indevida vantagem econômica, a fazer, tolerar que se faça ou deixar de fazer alguma coisa:

Pena – reclusão, de 4 (quatro) a 10 (dez) anos, e multa.

§ 1º Se o crime é cometido por duas ou mais pessoas, ou com emprego de arma, aumenta-se a pena de 1/3 (um terço) até 1/2 (metade).

§ 2º Aplica-se à extorsão praticada mediante violência o disposto no § 3º do artigo anterior.

§ 3º Se o crime é cometido mediante a restrição da liberdade da vítima, e essa condição é necessária para a obtenção da vantagem econômica, a pena é de reclusão, de 6 (seis) a 12 (doze) anos, além da multa; se resulta lesão corporal grave ou morte, aplicam-se as penas previstas no art. 159, §§ 2º e 3º, respectivamente.

2.1. Considerações iniciais

O art. 158 do CP pune o delito de extorsão, protegendo, em primeiro lugar, o patrimônio e, secundariamente, a inviolabilidade pessoal da vítima. A despeito da gravidade, e a exemplo do crime de roubo, a finalidade do agente é obter vantagem econômica, tolhendo o patrimônio do ofendido (sendo a busca do indevido locupletamento a razão pela qual se inseriu a extorsão entre os crimes patrimoniais).

Bento de Faria assim conceitua o crime de extorsão:

> "Procurar alguém, para si ou para outrem, um proveito injusto, constrangendo outra pessoa, mediante violência ou ameaça grave, a fazer ou omitir alguma cousa. O ataque à liberdade é um – *meio* – e não – um *fim*, vez que o delito é praticado contra o *patrimônio* e não contra as liberdades individuais."[88].

Aqui reside a principal diferença com o delito de constrangimento ilegal: a finalidade que orienta os dois delitos é diversa, pois no constrangimento busca-se a restrição da liberdade (eis o fim almejado); na extorsão, o enriquecimento do agente (o constrangimento, aqui, é meio).

Com o advento da Lei 11.923/2009 foi acrescentado ao crime um terceiro parágrafo, qualificando a conduta criminosa quando cometida mediante a restrição da liberdade da vítima, e essa condição for necessária para a obtenção da vantagem econômica.

As penas cominadas à extorsão não permitem quaisquer dos benefícios da Lei 9.099/95.

O art. 1º, inciso III, da Lei 8.072/90 classifica como hedionda a extorsão qualificada pela morte, tipificada no § 2º do art. 158.

88. Ob. cit., v. 4, p. 65.

2.2. Sujeitos do crime

Não se exige nenhuma qualidade especial do sujeito ativo, podendo ser qualquer pessoa. Caso a indevida exigência seja feita por funcionário público, mesmo fora de sua função, ou antes de assumi-la, mas em razão dela, o crime poderá ser de concussão (art. 316 do CP), delito contra a administração pública.

Para a maioria, o sujeito passivo é aquele que suporta diretamente a violência ou a grave ameaça, e que pode ser, eventualmente, pessoa diversa do titular do bem atacado. Aliás, não sem razão, é reconhecida a possibilidade de a pessoa jurídica figurar como vítima patrimonial do delito (*RJDTACrim* 27/93).

2.3. Conduta

Reside no verbo nuclear *constranger*, isto é, obrigar, coagir alguém a fazer algo, tolerar que se faça ou deixar de fazer alguma coisa. A conduta se dá mediante violência (física) ou grave ameaça.

Entende-se por violência o constrangimento físico da vítima (emprego de força sobre seu corpo), retirando dela os meios de defesa, para subtrair o bem.

A grave ameaça consiste na intimidação, isto é, coação psicológica, na promessa, direta ou indireta, implícita ou explícita, de castigo ou de malefício.[89] A sua análise foge da esfera física para atuar no plano da atividade mental. Por isso mesmo sua definição é complexa, porque atuam fatores diversos, como a fragilidade da vítima, o momento (dia ou noite), o local (ermo, escuro etc.) e até mesmo a aparência do agente. Note-se que, não obstante a grave ameaça deva ser dirigida a alguma pessoa, não é necessário que seja contra sua integridade física, bastando que o mal prometido seja injusto e capaz de causar efetivo temor. A respeito, decidiu o STJ: "Pode configurar o crime de extorsão a exigência de pagamento em troca da devolução do veículo furtado, sob a ameaça de destruição do bem" (Sexta Turma – REsp 1.207.155-RS, Rel. Min. Sebastião Reis Júnior, julgado em 7/11/2013)[90].

O crime do art. 158 não se confunde com o roubo (art. 157). Neste, o agente emprega violência ou grave ameaça para subtrair o bem, buscando imediata vantagem, dispensando, para

89. Prática cada vez mais comum é a denominada *sextorsão*, em que o agente constrange outra pessoa se valendo de imagens ou vídeos de teor erótico que de alguma forma a envolvam. No caso, emprega-se grave ameaça consistente na promessa de divulgação do material caso a vítima se recuse a atender à exigência. A depender das circunstâncias, vislumbramos três figuras criminosas às quais a conduta pode se subsumir: a) se o agente simplesmente constrange a vítima a não fazer o que a lei permite, ou a fazer o que ela não manda, há constrangimento ilegal; b) se constrange a vítima, com o intuito de obter para si ou para outrem indevida vantagem econômica, a fazer, tolerar que se faça ou deixar de fazer alguma coisa, há o crime em estudo; c) se constrange a vítima à prática de atividade sexual, há estupro.

90. É também possível a caracterização do crime de extorsão diante da conduta do agente que invade dispositivo informático alheio, subtrai dados e informações do titular, e em seguida exige vantagem para não os utilizar contra o interesse deste último. Há, no caso, extorsão, podendo, a depender das circunstâncias, concorrer com o crime do art. 154-A do Código Penal, afastando-se a consunção porque, não obstante o propósito fosse o de subtrair para extorquir, a permanência do conteúdo subtraído em poder do agente faz com que a potencialidade lesiva do crime contra a inviolabilidade dos segredos se perpetue.

tanto, a colaboração da vítima; já na extorsão, o sujeito ativo emprega violência ou grave ameaça para fazer com que a vítima lhe proporcione indevida vantagem mediata (futura), sendo, portanto, de suma importância a participação do constrangido. Esta diferença, contudo, não impede, no caso concreto, o cúmulo das infrações, como se percebe do julgado abaixo:

> "A conduta do réu nestes autos deve se ter como bipartida: uma voltada para a subtração de coisa móvel (núcleo do roubo), em que o agente leva consigo o objeto; outra voltada à exigência de um fazer – entrega de senha (núcleo da extorsão), em que o agente nada leva a não ser informação. 2. Diante da existência de duas condutas com desígnios diversos, necessário se faz a incriminação do tipo da extorsão em concurso material com o roubo"[91]-[92].

2.4. Voluntariedade

O tipo subjetivo é o dolo, consistente na vontade consciente de constranger alguém, mediante violência ou grave ameaça, com o fim de obter indevida vantagem econômica, a fazer algo, tolerar que se faça ou deixar de fazer alguma coisa.

Se a indevida vantagem visada for de natureza moral, haverá constrangimento ilegal; se sexual, estupro; se devida a vantagem, o crime será o de exercício arbitrário das próprias razões. Há diferença, como se vê, entre a extorsão e os delitos citados.

2.5. Consumação e tentativa

Diverge a doutrina acerca do momento consumativo do delito.

Para a maioria, o crime é formal (ou de consumação antecipada), perfazendo-se no momento em que o agente emprega os meios aptos a constranger a vítima a lhe proporcionar indevida vantagem econômica (o enriquecimento indevido constitui mero exaurimento, a ser considerado na fixação da pena)[93]. Precisamente no momento do constrangimento é que o bem jurídico principal (patrimônio) sofre o perigo de lesão. A ofensa ao bem jurídico se dá, no caso da extorsão, pelo perigo. Na eventualidade de que o agente alcance o resultado, ocorre lesão efetiva ao bem jurídico patrimônio. Mas essa lesão é mero exaurimento do crime.

Existe, contudo, minoria sustentando ser o crime material, não bastando, segundo pensam, o emprego de violência ou grave ameaça. Além do constrangimento violento ou atemorizante, para a consumação do crime mostra-se indispensável a obtenção da vantagem indevida.

91. STJ, AgRg no REsp 1219381/DF, Sexta Turma, rel. Min. Maria Thereza de Assis Moura, DJe 14/05/2013.
92. Há, porém, corrente em sentido contrário, ensinando que o crime de extorsão, protegendo o mesmo bem jurídico e estando dentro do contexto do roubo, fica por este absorvido (*RT* 610/318).
93. Com fundamento nessa orientação, o STF considerou que nas situações em que o agente constrange a vítima, por telefone, a efetuar depósito em conta bancária por ele determinada, a competência é do local de que partiu a ligação, independentemente de onde se localize a vítima ou mesmo a agência bancária à qual se vincula a conta de eventual depósito, pois a obtenção da vantagem é apenas o exaurimento do crime (Pet. 5573/RJ, Rel. Min. Marco Aurélio, DJe 23/09/2015).

Vale ressaltar que o STJ, ao editar a Súmula 96, dirimiu a questão, como se pode observar: "O crime de extorsão consuma-se independentemente da obtenção da vantagem indevida"[94].

A tentativa é perfeitamente possível, pois a extorsão não se perfaz num único ato, apresentando um caminho a ser percorrido (delito plurissubsistente). O exemplo mais comum do *conatus* é a carta extorsionária interceptada. Ocorre também a tentativa de extorsão quando a vítima não se intimida (RT 525/432).

2.6. Majorantes de pena e Qualificadoras

2.6.1. Majorantes de pena

2.6.1.1. Crime cometido por duas ou mais pessoas

Ao contrário do que preconiza o § 2º, II, do art. 157, a circunstância majorante do concurso de agentes no crime de extorsão exige que, efetivamente, duas ou mais pessoas executem o núcleo constranger (a mera participação não serve para constituir a causa de aumento). Concorrentes inimputáveis ou não identificados serão computados no número mínimo para caracterizar o aumento.

2.6.1.2. Crime cometido mediante emprego de arma

O substantivo arma gera controvérsia na doutrina. Para uns, a expressão abrange somente os objetos produzidos (e destinados) com a finalidade bélica (ex: arma de fogo). Outros, realizando interpretação extensiva, compreendem também os objetos confeccionados sem finalidade bélica, porém capazes de intimidar, ferir o próximo (ex: faca de cozinha, navalha, foice, tesoura, guarda-chuva, pedra etc.). Prevalece na doutrina e jurisprudência o sentido amplo, abrangendo as duas acepções (todo o objeto ou utensílio que sirva para matar, ferir ou ameaçar, seja qual for a forma ou o seu destino principal).

A ameaça, exercida com emprego de simulacro de arma de fogo, inofensiva, apenas é apta para configurar o crime de extorsão, mas incapaz de gerar a majorante, que requer o efetivo perigo para os bens jurídicos não patrimoniais envolvidos no delito de extorsão (integridade física, liberdade individual etc.).

No mais, remetemos o leitor aos comentários do art. 157, § 2º, I, do CP, evitando enfadonha repetição.

---

94. Aliás, outra não poderia ser a solução, pois na extorsão, como vimos, o sucesso da vantagem exigida (efeito imediato da coação) depende de ato a ser praticado pela vítima (crime de resultado cortado). Essa discussão tem importância tanto para o termo inicial da prescrição, como no assunto prisão em flagrante. Se entendermos o crime como formal, a prescrição começa a correr da indevida exigência, não admitindo, em regra, flagrante no recebimento (mero exaurimento); se material, o lapso prescricional inicia-se no enriquecimento, admitindo, também nesse momento, a prisão em flagrante.

2.6.2. Qualificadoras

2.6.2.1. Lesão corporal grave e morte

Aplica-se à extorsão praticada mediante violência a qualificadora do § 3º do roubo, dividida duas partes: a primeira refere-se ao resultado lesão corporal de natureza grave; a segunda, ao resultado morte (latrocínio), esta rotulada como hedionda pela Lei 8.072/90[95].

Para a ocorrência dessas qualificadoras o resultado (lesão grave ou morte) deve ter sido causado ao menos culposamente (dolo ou culpa, *RT* 413/113), porque não existe responsabilidade objetiva no Direito penal (CP, art. 19), sendo perfeitamente possível o *conatus* no caso em que o agente, com a intenção de provocar a lesão grave ou morte, não a consuma por circunstâncias alheias à sua vontade.

2.6.2.2. Sequestro relâmpago[96]

O § 3º do art. 158, introduzido pela Lei 11.923/2009, qualifica o crime quando cometido mediante a restrição da liberdade da vítima, e essa condição é necessária[97] para a obtenção da vantagem econômica. A pena de reclusão passa a ser de 6 (seis) a 12 (doze) anos, além da multa. Se resulta lesão corporal grave ou morte, aplicam-se as penas previstas no art. 159, §§ 2º e 3º, respectivamente[98].

---

95. O art. 9º da Lei 8.072/90 prevê o acréscimo de pena até a metade, respeitado o limite máximo de trinta anos de reclusão, nos casos em que a vítima da extorsão qualificada pela morte esteja enquadrada em qualquer das hipóteses referidas no art. 224 do CP. Este artigo (224 do CP), contudo, foi revogado pela Lei 12.015/2009, eliminando-se, tacitamente, também a majorante da Lei dos Crimes Hediondos (art. 9º), cuidando-se de alteração benéfica que deve retroagir para alcançar os fatos passados. No sentido da inaplicabilidade da causa de aumento em virtude da revogação do art. 224 do Codigo Penal, decidiu o STF (HC 111.246/AC, rel. Min. Dias Toffoli, DJe 18/03/2013).

96. **Eduardo Cabette** bem alerta que: "A reiteração de certas modalidades de condutas criminosas em que o infrator, para subtrair bens da vítima ou obter vantagens patrimoniais desta, a mantém em situação de restrição de liberdade, acabou ensejando o surgimento da nomenclatura de apelo midiático e uso no jargão policial e forense de 'sequestro relâmpago'.

    Inexiste tal expressão como *nomen juris* de qualquer conduta típica prevista no Código Penal ou na legislação esparsa. Contudo, a Lei 11.923/2009 teve a inconveniência e o mau gosto de utilizar o termo em sua ementa, afirmando que se destina a tipificar o chamado 'sequestro relâmpago'. Diz-se 'mau gosto' porque a lei formal deve ser técnica, utilizar uma linguagem culta e não se deixar contaminar por jargões que beiram à gíria. Se a coisa continua nessa toada, qualquer dia acorda-se com uma reforma do Código de Processo Penal, referindo-se à 'confissão' como 'papo reto' (*sic*)! Ou quem sabe, numa nova Lei de Abuso de Autoridade, essa modalidade criminosa ganhe o *nomen juris* de 'esculacho' (*sic*)! Para arrematar, poderia ser dada nova redação ao homicídio como: 'Zerar' (*sic*) alguém!". (**Cabette**, Eduardo Luiz Santos. *A Lei 11.923/2009 e o famigerado "sequestro relâmpago"*: afinal, que "raio" de crime é esse? Disponível em http://www.lfg.com.br. 17 de maio de 2009).

97. Se a restrição for desnecessária, o agente responderá pelo crime de extorsão (art. 158 do CP) em concurso material com sequestro ou cárcere privado (art. 148 do CP), raciocínio já aplicado pela jurisprudência quando se trata de roubo (art. 157 do CP).

98. Comparando as penas dos crimes de roubo e extorsão, quando praticados com privação da liberdade da vítima, temos doutrina tecendo severas críticas, alegando desproporcionalidade. **Nucci** discorda

Antes da novel Lei, a tipificação do sequestro relâmpago gerava indisfarçável controvérsia (na doutrina e na jurisprudência), havendo três correntes:

a) art. 157, § 2º, V, do CP (privação da liberdade como causa de aumento);

b) art. 158 do CP (restrição da liberdade como circunstância judicial desfavorável);

c) art. 159 do CP (privação da liberdade como elementar do tipo).

Não era incorreto o entendimento de que referido comportamento (popularmente chamado de sequestro relâmpago) configurava qualquer um dos três tipos penais, a depender do *modus operandi* utilizado pelo agente:

a) se, para subtrair a coisa alheia móvel, o agente precisou privar a vítima da sua liberdade de locomoção, temos o crime de roubo majorado pelo sequestro;

b) se, para receber a indevida vantagem econômica, o agente, dependendo da colaboração da vítima, restringe sua liberdade de locomoção, configurado estará o crime de extorsão (hoje, qualificada pelo sequestro);

c) se a vantagem depender do comportamento de terceiro, servindo a rápida privação da liberdade da vítima como forma de coagi-lo a entregar a recompensa exigida, extorsão mediante sequestro.

Essa também parece ser a conclusão de Eduardo Cabette:

> "(...) o texto da ementa, referindo-se à suposta tipificação do ´sequestro relâmpago', dá a entender que todos os casos que têm recebido esse nome informal seriam necessariamente abrangidos pelo novo texto legal.
>
> Tal impressão é absolutamente falsa. A Lei 11.923/2009 não cria um crime autônomo que seria chamado doravante de 'sequestro relâmpago'. Aliás, somente menciona a infeliz expressão em sua ementa, sem criar um tipo penal novo, com distinto *nomen juris*. O que fez efetivamente a Lei 11.923/2009, como já mencionado alhures, é apenas e tão somente acrescer um § 3º ao crime de

---

e assim justifica: "Outra polêmica gerada pela Lei 11.923/2009, inserindo a figura típica do art. 158, § 3º, do Código Penal, é a pretensa lesão ao princípio da proporcionalidade. Diz-se que as penas são muito elevadas e não estariam em harmonia com outros delitos. Para a figura simples, prevê-se sanção de reclusão de 6 a 12 anos. Em nosso entendimento, há perfeita proporcionalidade. A extorsão cometida com emprego de arma ou por duas ou mais pessoas pode redundar na pena de 5 anos e 4 meses a 15 de reclusão. Ora, a extorsão com restrição da liberdade que, invariavelmente, é cometida com emprego de arma e mediante concurso de duas ou mais pessoas, atinge 6 a 12 anos. Está aquém do mal prometido contra a vítima, que, além de sofrer o constrangimento mediante emprego de arma e concurso de pessoas, como regra, ainda tem a liberdade restringida, sofrendo trauma psicológico em grande parte das vezes. O mesmo se diga do roubo com emprego de arma ou concurso de duas ou mais pessoas (reclusão, de cinco anos e 4 meses a 15 anos)". (*Manual de Direito Penal*, 5.ed., São Paulo: Ed. RT, 2009, p. 720).

extorsão (art. 158, CP). Nesse § 3º prevê a novel legislação uma modalidade de extorsão qualificada pelo fato de ser o crime 'cometido mediante a restrição de liberdade da vítima', sendo que 'essa condição é necessária para a obtenção da vantagem econômica'."[99]

Em resumo, com a nova Lei, a privação/restrição da liberdade da vítima pode servir como meio para a prática de três crimes patrimoniais: roubo (art. 157, § 2º, V), extorsão comum (art. 158, § 3º) e extorsão mediante sequestro (art. 159).

Por fim, destacamos que o STJ considerou aplicáveis a esta qualificadora as majorantes do § 1º:

> Em extorsão qualificada pela restrição da liberdade da vítima, sendo essa condição necessária para a obtenção da vantagem econômica (art. 158, § 3º, do CP), é possível a incidência da causa de aumento prevista no § 1º do art. 158 do CP (crime cometido por duas ou mais pessoas ou com emprego de arma). A Lei n. 11.923/2009 não cria um novo delito autônomo chamado de "sequestro relâmpago", sendo apenas um desdobramento do tipo do crime de extorsão, uma vez que o legislador apenas definiu um *modus operandi* do referido delito. É pressuposto para o reconhecimento da extorsão qualificada a prática da ação prevista no *caput* do art. 158 do CP, razão pela qual não é possível dissociar o crime qualificado das circunstâncias a serem sopesadas na figura típica do art. 158. Assim, tendo em vista que o texto legal é dotado de unidade e que as normas se harmonizam, conclui-se, a partir de uma interpretação sistemática do art. 158 do CP, que o seu § 1º não foi absorvido pelo § 3º, pois, como visto, o § 3º constitui-se qualificadora, estabelecendo outro mínimo e outro máximo da pena abstratamente cominada ao crime; já o § 1º prevê uma causa especial de aumento de pena. Dessa forma, ainda que topologicamente a qualificadora esteja situada após a causa especial de aumento de pena, com esta não se funde, uma vez que tal fato configura mera ausência de técnica legislativa, que se explica pela inserção posterior da qualificadora do § 3º no tipo do art. 158 do CP, que surgiu após uma necessidade de reprimir essa modalidade criminosa (...) [100].

2.7. Art. 158, § 3º e a Lei dos Crimes Hediondos

Já se discute na doutrina se o sequestro relâmpago do art. 158, § 3º, com resultado morte, é ou não crime hediondo.

99. CABETTE, Eduardo Luiz Santos. *A Lei 11.923/2009 e o famigerado "sequestro relâmpago"*: afinal, que "raio" de crime é esse? Disponível em <http://www.lfg.com.br>. Acesso em 17 de maio de 2009.

100. REsp 1.353.693/RS, Rel. Min. Reynaldo Soares da Fonseca, DJe 21/9/2016.

Guilherme de Souza Nucci leciona que o descuido do legislador não permite considerar o sequestro relâmpago como crime hediondo, em nenhuma de suas formas:

> "A forma eleita para transformar delitos em hediondos é a inserção no rol do art. 1º da Lei 8.072/90. É o critério enumerativo (...). Não constar desse rol elimina a infração penal do elenco dos hediondos. A falha é, pois, evidente. São hediondos o roubo com resultado morte (mas não o roubo com resultado lesão grave), a extorsão qualificada pela morte (mas não a extorsão com resultado lesão grave), a extorsão mediante sequestro, com resultado lesão grave ou morte. Não se menciona a extorsão com restrição à liberdade, mesmo que com resultado lesão grave ou morte (art. 158, § 3º, CP) (...). O novo delito do sequestro relâmpago, com resultado lesão grave ou morte da vítima, tem penas compatíveis com a gravidade do fato, mas não ingressa no contexto da Lei 8.072/90."[101].

Ousamos discordar. Realmente a extorsão do § 3º não está (explicitamente) catalogada no rol exaustivo da Lei 8.072/90 como delito hediondo, sendo vedada analogia contra o acusado. Se do fato resulta na vítima lesão corporal grave, o crime não se converte em hediondo, aplicando-se, tão somente, as penas previstas no art. 159, § 2º (é extorsão mediante sequestro *quod poenam*). Na extorsão, em nenhuma hipótese de lesão corporal o crime é hediondo.

Situação diversa ocorre na provocação (dolosa ou culposa) da morte da vítima, hipótese em que o crime será, sim, hediondo, visto que nada mais é que desdobramento formal do tipo do art. 158, § 2º, tendo o legislador preservado a matéria criminosa, explicitando, somente, seu mais novo *modus operandi*. O tipo penal do § 3º não é autônomo, ao contrário, é derivado e meramente explicativo de uma forma de extorsão. Em outras palavras, a nova qualificadora (com resultado morte) já estava contida no parágrafo anterior, especificando-se, no derradeiro parágrafo, um meio de execução próprio (restrição da liberdade de locomoção da vítima).

A interpretação literal deve ser acompanhada da interpretação racional possível (teleológica), até o limite permitido pelo Estado humanista – legal, constitucional e internacional – de Direito. As regras aplicadas ao delito geral (art. 158, § 2º) devem ser mantidas ao crime específico (art. 158, § 3º), permanecendo hediondo (quando ocorre o resultado morte). Porque o § 3º não criou crime novo, não disciplinou outro injusto distinto da extorsão (apenas explicitou a forma de execução).

Se a extorsão (simples, genérica) com resultado morte constitui crime hediondo, que sentido teria afirmar que a extorsão qualificada, específica não o seria?

De que modo podemos admitir a conclusão de que a extorsão do § 3º do art. 158, com resultado morte, é crime hediondo? Por meio da interpretação extensiva (que não

101. *Manual de Direito Penal*, p. 828.

se confunde com a analogia nem com a progressiva). Qual é a diferença entre elas? A seguinte: (a) a interpretação extensiva não foge nem ultrapassa a vontade do legislador; (b) na analogia aplica-se a um fato análogo ("B") o que o legislador previu para outra situação ("A"); (c) na interpretação progressiva atualiza-se a letra da lei feita para a situação "A" em relação a uma situação "B". Não é vontade do legislador abarcar o fato análogo ou posterior. Daí a impossibilidade de analogia e interpretação progressiva contra o réu. O aplicador da lei penal não pode fazer uso da analogia ou da interpretação progressiva contra o réu porque falta, nesse caso, a vontade da lei. Da interpretação extensiva ele pode fazer uso, desde que seja inequívoca a vontade da lei.

Disse o legislador (na Lei dos Crimes Hediondos, art. 1º – Lei 8.072/90) que a extorsão com morte é crime hediondo. Ora, se a extorsão com morte é crime hediondo, pouco importa a forma de execução do delito (com privação ou sem privação ou restrição da liberdade da vítima). Toda extorsão com morte (por vontade do legislador e da lei) é crime hediondo. O § 3º do art. 158 apenas detalhou uma forma de execução do delito (com privação ou restrição da liberdade da vítima). O que vale para a extorsão simples com morte, vale também para a extorsão específica com morte. Note-se: em nada se alterou o *substractum* do delito (do injusto penal). O conteúdo do injusto é substancialmente o mesmo. A extorsão simples com morte e a extorsão qualificada com morte são fatos idênticos no princípio e no fim.

O que altera é o meio de execução. Não há dúvida de que o meio faz parte dos dados essenciais do delito (*essentialia delicti*), mas, no caso, não chega a alterar a natureza do injusto. Por isso que o tratamento jurídico-penal deve ser idêntico. Quando um determinado conteúdo (uma elementar ou circunstância) altera o delito, é coisa distinta. Por exemplo: uma coisa é o roubo e outra é o latrocínio. Essa distinção inequívoca não pode ser vislumbrada quando se considera a extorsão simples com morte e a extorsão qualificada (pelo meio) e a morte. Na essência os delitos são idênticos. E o que é idêntico não pode ter tratamento penal distinto (os iguais devem ser tratados igualmente, os desiguais desigualmente).

O que fez o § 3º foi (apenas) especificar uma das várias formas de execução do delito de extorsão. Ele não criou delito novo. Sim, apenas explicitou uma das suas múltiplas possibilidades de execução. Sem ele (sem o § 3º) já era possível encaixar o sequestro relâmpago no art. 158 (aliás, muitos já faziam isso). Na medida em que esse § 3º não inovou o ordenamento jurídico-penal, criando *ex novo* um distinto delito, tendo apenas explicitado uma das formas de execução da extorsão prevista no art. 158, seu regime jurídico segue o que está estabelecido no art. 158 e seus parágrafos, com as correções punitivas do § 3º.

Visão legalista versus visão constitucionalista: qual é o problema da visão legalista do Direito penal?

É que ela se prende exageradamente nas formas literais ou gramaticais (ou seja: nos meandros da literalidade), sem atinar para o substrato (para a essência) das coisas. O penalista legalista (da Escola técnico-jurídica de Rocco, Binding etc.) foi treinado para decifrar as minúcias linguísticas e simbólicas da lei. Vê as árvores, mas não consegue enxergar a floresta. Vê o acessório, sem às vezes conseguir vislumbrar o principal. Ele se perde nos meandros formais. Perde a noção do proporcional e do razoável. Tem dificuldade de distinguir os âmbitos possíveis de interpretação de um dispositivo legal. Aliás, não é que perde a perspectiva da proporcionalidade, muitas vezes nem chega a conquistá-la.

Se a extorsão genérica (ou simples) com morte é crime hediondo, como se pode negar que a extorsão qualificada (ou especificada) com morte não o seja?

Não se trata de violar o princípio da legalidade: essa garantia formal não pode nunca ser esquecida ou aniquilada, dentro do Estado humanista de Direito. Mas se o legislador, na lei, já escreveu que a extorsão com morte é crime hediondo, claro que a nova forma delitiva explicitada no § 3º do art. 158 constitui crime hediondo (quando ocorre morte). Isso nada mais representa que um desdobramento do injusto típico do § 2º. O legislador, no § 3º, não inovou *ex abrupto* o ordenamento jurídico.

Qual o outro erro dessa visão legalista?

Para além de não captar o sentido do proporcional e do razoável, dentro, evidentemente, dos limites permitidos pelo princípio da legalidade, a visão legalista cai num outro equívoco que é o seguinte: ela acompanha, subscreve e apoia tudo quanto é bobagem (e arbitrariedades) que o legislador escreve nas leis. Veja o paradoxo: o legalista positivista é capaz de negar a aplicação da mesma lei para fatos substancialmente idênticos e, ao mesmo tempo, aceitar um mundo de atrocidades e arbitrariedades escritas pelo legislador na lei (sem nenhum senso crítico).

Visão constitucionalista: numa visão constitucionalista o fundamental é respeitar a vontade da lei (garantia formal da legalidade), porém, sempre submetida aos critérios limitadores da razoabilidade, proporcionalidade etc.

A extorsão (especificada no § 3º, quando resulta morte) é crime hediondo?

Sim, por força de uma interpretação extensiva (que ainda atende a vontade da lei, sem entrar na analogia, que é vedada no Direito penal, contra o réu).

Mas atenção: daí cabe inferir que todas as disposições da Lei dos Crimes Hediondos devem, então, ter incidência contra o réu (que praticou uma extorsão específica com resultado morte)?

Vamos devagar: nem tudo que o legislador projetou para os crimes hediondos é válido.

Ao legislar sobre os crimes hediondos ele foi além do que podia (escreveu mais do que devia). Ao proibir liberdade provisória, ao proibir progressão de regime etc., foi muito além do que lhe competia. Ou seja: quem tem o domínio da visão constitucionalista do Direito consegue distinguir o que é legítimo (válido) e o que é ilegítimo (inválido) (consoante Ferrajoli). Esse exercício de proporcionalidade, razoabilidade, é que falta ao legalista (que é muito simplista, muito subsuntivista, muito formalista, gramaticalista ou literalista). O constitucionalista trabalha com outro parâmetro de referência: que é a ponderação, a equidade, o equilíbrio, a razoabilidade etc.

Concluindo: o crime de extorsão previsto no § 3º do art. 158 do CP, quando resulta morte, é crime hediondo, por força de uma interpretação extensiva do § 2º. Mas nem todas as disposições da Lei dos Crimes Hediondos são aplicáveis, ou seja, somente as constitucionalmente legítimas é que podem ser sustentadas no Estado humanista de Direito, que é a síntese do Estado legal, constitucional e internacional de Direito.

2.8. Ação penal

A ação penal, não importando a forma do crime, será pública incondicionada.

2.9. Princípio da especialidade

a) Código Penal x Código Penal Militar: o art. 243 do Decreto-lei 1.001/69 pune a prática da extorsão cometida na forma do art. 9º daquele diploma.

b) Código Penal x Lei de Segurança Nacional: extorquir por inconformismo político ou para obtenção de fundos destinados à manutenção de organizações políticas clandestinas ou subversivas é crime tipificado no art. 20 da Lei 7.170/83.

3. EXTORSÃO MEDIANTE SEQUESTRO

▶ ***Extorsão mediante sequestro***

Art. 159. Sequestrar pessoa com o fim de obter, para si ou para outrem, qualquer vantagem, como condição ou preço do resgate:

Pena – reclusão, de 8 (oito) a 15 (quinze) anos.

§ 1º Se o sequestro dura mais de 24 (vinte e quatro) horas, se o sequestrado é menor de 18 (dezoito) ou maior de 60 (sessenta) anos, ou se o crime é cometido por bando ou quadrilha:

Pena – reclusão, de 12 (doze) a 20 (vinte) anos.

§ 2º Se do fato resulta lesão corporal de natureza grave:

Pena – reclusão, de 16 (dezesseis) a 24 (vinte e quatro) anos.

§ 3º Se resulta a morte:

Pena – reclusão, de 24 (vinte e quatro) a 30 (trinta) anos.

§ 4º Se o crime é cometido em concurso, o concorrente que o denunciar à autoridade, facilitando a libertação do sequestrado, terá sua pena reduzida de 1 (um) a 2/3 (dois terços).

3.1. Considerações iniciais

O dispositivo em estudo traz uma forma qualificada da extorsão, praticada mediante sequestro (a vítima é privada de sua liberdade como meio para obtenção da vantagem).

Busca-se proteger o patrimônio e a liberdade de locomoção da vítima, bem como sua integridade física, tendo em vista a previsão de formas qualificadas pela ocorrência de lesão corporal grave ou morte.

Em razão das penas cominadas, nenhum benefício da Lei 9.099/95 é aplicável a esta infração penal.

De acordo com a Lei 8.072/90, todas as modalidades de extorsão mediante sequestro (simples ou qualificadas) são consideradas hediondas.

3.2. Sujeitos do crime

A exemplo do delito anterior, qualquer pessoa pode figurar no polo ativo. Concorre para a extorsão mediante sequestro o agente a quem, na divisão de tarefas, cabe providenciar alimentos para os sequestradores e às vítimas, alugar chácaras para servir de cativeiro, bem como dar outros apoios táticos. Ainda que não tenha abordado e dominado os ofendidos, num primeiro momento da ação delituosa, agiu em comparsaria, a teor do art. 29 do CP (*RJTACRIM* 66/85).

Sujeitos passivos serão tanto o indivíduo que tem sua liberdade de locomoção tolhida, quanto aquele que sofre a lesão patrimonial.

☑ ***Pessoa jurídica pode ser vítima do crime de extorsão mediante sequestro?***

Rogério Greco entende que sim e logo exemplifica:

> "Também é possível que a pessoa jurídica goze do *status* de sujeito passivo do delito de extorsão mediante sequestro, uma vez que seus sócios podem, por exemplo, ser privados da sua liberdade, para que se efetue o pagamento do resgate por intermédio do patrimônio da pessoa jurídica a eles pertencente."[102].

Se privada a liberdade de locomoção de um animal (não protegido pela norma em sua liberdade de ir, vir e ficar), obrigando seu dono a pagar resgate pela sua liberdade, o crime será o de extorsão (art. 158).

É aumentada a pena se o sequestrado é menor de dezoito ou maior de sessenta anos.

3.3. Conduta

No verbo nuclear *sequestrar*[103] reside o tipo objetivo do delito, significando impedir, mediante qualquer meio (violência, grave ameaça etc.), com a finalidade de obtenção de qualquer vantagem, como condição ou preço do resgate, que alguém exercite o seu direito de ir e vir.

Haverá o crime ainda que a vítima não seja removida para outro local.

---

102. Ob. cit., v. 3, p. 116.

103. Apesar do silêncio do legislador, é copiosa a doutrina no sentido de que a expressão *sequestro* (gênero) abrange o *cárcere privado* (sua espécie), aliás, forma mais drástica de privar a liberdade de alguém.

Ao contrário do delito previsto no art. 158, o dispositivo em estudo não menciona a necessidade de ser a vantagem indevida, mas "qualquer vantagem". Entretanto, a interpretação literal art. 159 não é a mais acertada. Primeiramente, porque a vantagem deve ser econômica, porquanto se trata de delito patrimonial.

Ademais, sustenta HUNGRIA que a menção expressa é dispensável

> "Desde que a sua ilegitimidade resulta de ser exigida como preço da cessão de um crime. Se o sequestro visa à obtenção de vantagem *devida*, o crime será o de 'exercício arbitrário das próprias razões' (CP, art. 345) em concurso formal com o de sequestro (art. 148)."[104].

3.4. Voluntariedade

É o dolo, consubstanciado na vontade consciente de privar a vítima de sua liberdade, com a finalidade de obter ilícita vantagem em troca de sua soltura (elemento subjetivo do tipo).

3.5. Consumação e tentativa

A exemplo do delito anterior, o crime de extorsão mediante sequestro é formal, consumando-se com a privação da liberdade da vítima, configurando o recebimento do resgate mero exaurimento, a ser considerado pelo magistrado na dosagem da pena (nesse sentido: STF, informativo 27).

Trata-se de crime permanente, isto é, admite flagrante a qualquer tempo da privação (art. 302, I, do CPP), começando a correr a prescrição somente depois de cessada a permanência (art. 111, III, do CP).

Apesar de haver corrente em sentido contrário (*RT* 595/374 e 606/399), pensamos que o período de privação da liberdade da vítima, ainda que breve, não descaracteriza o crime, podendo influenciar na fixação da pena.

Neste sentido, é o ensinamento de BITENCOURT:

> "O sequestro pode ser longo ou breve, indiferentemente, desde que tenha idoneidade para produzir na vítima a certeza de que a supressão de sua liberdade não será passageira e está, no mínimo, condicionada à satisfação da exigência apresentada para o resgate. A elasticidade do tempo de privação da liberdade é circunstância que o legislador considerou para a dosagem de pena."[105].

A tentativa é possível, quando o agente, por circunstâncias alheias à sua vontade, não consegue privar a vítima de sua liberdade, havendo intenção de futuramente exigir vantagem como condição para libertá-la.

---

104. Ob. cit., v. 7, p. 72.
105. Ob. cit., v. 3, p. 154.

3.6. Qualificadoras e minorante de pena

3.6.1. Qualificadoras

O crime de extorsão mediante sequestro é qualificado nas hipóteses em que a privação da liberdade da vítima ultrapassa o período de vinte e quatro horas; em que o sequestrado é menor de dezoito ou maior de sessenta anos; ou em que é cometido por bando ou quadrilha (hoje, associação criminosa[106]).

No tocante à primeira circunstância qualificadora, leciona BITENCOURT:

> "Desnecessário frisar que a *privação da liberdade* é consequência material e direta dessa infração penal. Contudo, embora se saiba que as consequências do crime, como moduladoras da pena (art. 59), não se confundem com a consequência natural tipificadora do crime praticado, não se pode ignorar que a privação da liberdade, em qualquer circunstância, será mais ou menos grave na proporção direta de sua duração. Logo, quando mais longa, mais danosa, mais grave e mais destruidora de todos os atributos pessoais, éticos e morais que formam a personalidade humana. Nessa linha, um dia de prisão ou de cativeiro equivale a uma eternidade. Por isso, justifica-se que a duração do sequestro superior a vinte e quatro horas qualifique o crime, determinando sanção consideravelmente superior àquela cominada ao *caput* do art. 159."[107].

A qualificadora referente à idade do sequestrado leva em consideração, em primeiro lugar, a maior facilidade de que dispõem os agentes, já que, em geral, vítimas menores ou idosas possuem menor capacidade de resistência. Além disso, o sequestro de pessoas nessas circunstâncias é capaz de incutir maior temor nos familiares, causando abalos psicológicos de natureza ainda mais grave do que em circunstâncias diversas.

Por fim, o § 1º qualifica o crime quando é cometido por quadrilha ou bando (hoje, associação criminosa – art. 288 do CP). Aqui, como se pode notar, justifica-se a elevação da pena em razão da maior periculosidade ostentada pelos agentes.. Há reiteradas decisões do STJ no sentido de que a condenação pela extorsão mediante sequestro qualificada pelo concurso de agentes cumulada com o delito de associação criminosa (anterior quadrilha ou bando) não constitui *bis in idem*: "É possível, num mesmo contexto, a concomitante condenação pelos crimes de extorsão mediante sequestro qualificada e formação de quadrilha, pois os delitos são autônomos e independentes"[108].

---

106. O art. 159, § 1º, do Código Penal se refere, ainda, ao crime de quadrilha ou bando, embora a Lei nº 12.850/13 tenha alterado o *nomen iuris* do delito insculpido no art. 288 para *associação criminosa*, além de lhe modificar o número mínimo de integrantes, que passou a ser de três. Na prática, todavia, nenhuma alteração ocorre no trato da matéria, pois não houve *abolitio criminis*, incidindo o princípio da continuidade normativo-típica. Dessa forma, onde se lê, no § 1º do art. 159, *quadrilha ou bando*, deve-se considerar *associação criminosa*.

107. Ob. cit., v. 3, p. 159.

108. HC 230.484/SP, DJe 21/06/2013; HC 123.612/SP, DJe 17/12/2010; HC 120.454/RJ, DJe 22/03/2010.

Quanto aos §§ 2º e 3º, a exemplo do que ocorre no crime de roubo (invocando-se, aqui, no que couber, o exposto no art. 157, § 3º), a lesão corporal ou a morte pode decorrer de culpa ou dolo do agente, sendo certo que podem ser praticadas tanto na vítima privada da sua liberdade como na da extorsão, ou contra qualquer outra pessoa, desde que, obviamente, inserida no contexto fático do delito aqui estudado. Há doutrina, no entanto, que inclina-se em sentido contrário, exigindo, para a caracterização da qualificadora, que os resultados agravadores recaiam sobre o próprio sequestrado.

Assim leciona Capez:

> "Conforme entendimento da doutrina, se a vítima desses resultados agravadores não é o próprio sequestrado, mas, sim, terceira pessoa, por exemplo, um segurança da vítima ou a pessoa que estava efetuando o pagamento do resgate, haverá o crime de extorsão mediante sequestro na forma simples em concurso com crime contra a pessoa."[109].

3.6.2. Delação premiada: causa especial de redução de pena

O último parágrafo (§ 4º) prevê a delação premiada, causa especial de redução de pena para o concorrente da extorsão mediante sequestro que denunciar à autoridade, facilitando a libertação do sequestrado.

Da simples leitura do dispositivo, extraímos seus requisitos:

a) que o crime tenha sido cometido em concurso de pessoas;

b) que um dos concorrentes denuncie (*rectius*: esclareça, dá conhecimento) à autoridade (Delegado, Promotor, Juiz etc.);

c) facilitando a libertação do sequestrado (não sendo suficiente, para seu reconhecimento, a mera intencionalidade do agente).

Apesar da lei não condicionar a concessão do prêmio à recuperação (ou impedimento) do pagamento do resgate, há doutrina em sentido contrário.

Alberto Silva Franco, por exemplo, argumenta:

> "Pago o resgate, sem a libertação do sequestrado, seria pertinente a aplicação da causa redutora de pena, em face da delação pós-exaurimento do delito? O texto legal é omisso a respeito e tudo parece indicar a impertinência, no caso, da delação premiada. Se, no entanto, ocorrer o pagamento parcial do resgate, a delação deve ainda ser considerada."[110].

Trata-se de causa obrigatória de redução de pena, isto é, presentes os seus requisitos, é direito subjetivo do réu ver sua pena diminuída proporcionalmente ao maior ou menor auxílio prestado (aferido pela presteza na liberação do sequestrado).

---

109. Ob. cit., v. 2, p. 433.

110. Ob. cit., p. 2.701.

3.7. Ação penal

A ação penal será pública incondicionada.

3.8. Princípio da especialidade

a) Código Penal x Código Penal Militar: o art. 244 do Decreto-lei 1.001/69 pune a prática da extorsão mediante sequestro cometida na forma do art. 9º daquele diploma.

4. EXTORSÃO INDIRETA

► *Extorsão indireta*

Art. 160. Exigir ou receber, como garantia de dívida, abusando da situação de alguém, documento que pode dar causa a procedimento criminal contra a vítima ou contra terceiro:

Pena – reclusão, de 1 (um) a 3 (três) anos, e multa.

4.1. Considerações iniciais

O objeto jurídico do dispositivo é duplo: a liberdade individual e o patrimônio.

Trata-se de infração penal que tem por objetivo estabelecer proteção nas relações entre credores e devedores, evitando que os primeiros abusem de sua condição ao exigir seus créditos destes últimos. A Exposição de Motivos salienta bem essa conclusão (item 57):

> "Destina-se o novo dispositivo a coibir os torpes e opressivos expedientes a que recorrem, por vezes, os agentes de usura, para garantir-se contra o risco do dinheiro mutuado".

Em razão da pena cominada, admite-se a suspensão condicional do processo (Lei 9.099/95).

4.2. Sujeitos do crime

Sujeito ativo será qualquer pessoa que exige ou recebe o documento como garantia (não obrigatoriamente o credor, agiota). Embora o item 57 da Exposição de Motivos mencione expressamente que o dispositivo tem por finalidade coibir os agentes de usura, não se resume a eles a incidência da lei penal.

Figura como sujeito passivo, em primeiro lugar, aquele que entrega o documento. Em regra é o devedor, mas nada impede que terceira pessoa, eventualmente lesada em seu direito pela concessão da garantia, seja vítima da infração.

4.3. Conduta

Cuida-se de crime de ação múltipla, cujas condutas nucleares são: *exigir* e *receber*. Na primeira (exigir), a iniciativa da obtenção da garantia parte do agente, que obriga a vítima a entregar-lhe o documento. Na ação de receber, o agente aceita como garantia da dívida documento capaz de ensejar instauração de procedimento criminal contra a vítima (a iniciativa é dela).

Qualquer das condutas previstas no dispositivo deve ser intentada mediante o abuso da situação em que se encontra a vítima (pessoa aflita compelida a entregar o documento em razão da situação periclitante em que se encontra). Nota-se que nem sempre tal circunstância é criada pelo próprio agente, podendo ele dela se valer de forma indireta (daí o *nomem iuris* do delito).

O documento (escrito, instrumento ou papel, público ou particular) entregue pela vítima deve ser apto a ensejar a instauração de procedimento criminal (do contrário, não há crime), e ninguém nega que isso ocorre no caso de emissão de cheque sem suficiente provisão de fundos em poder do sacado (*RT* 433/426) ou em branco (*JTACRIM* 62/152). Entretanto, como veremos mais adiante, a consumação não depende da efetiva instauração do procedimento investigatório criminal. E mais: a conduta daquele que entrega o cheque sem provisão de fundos não caracteriza o estelionato na modalidade de fraude no pagamento por meio de cheque diante da inexistência do intuito fraudulento, imprescindível para que se perfaça aquele crime patrimonial. Ensina Basileu Garcia não haver crime porque

> "o tomador usurário sabia da inexistência de fundos e aceitou o cheque maquiavelicamente, para ameaçar mover medidas criminais. Em consequência, ele é que deve ser processado, pela extorsão indireta. O outro, o emitente, livra-se de toda e qualquer pena.
>
> Essa inferência ressalta da evidente inconciliabilidade entre as acusações de emissão de cheque sem fundos e extorsão indireta. O promotor que afirmasse ter o beneficiário conseguido o cheque com o intuito de documentar o seu crédito e intimidar o devedor, informado da inexistência de fundos, ficara "ipso facto" impedido de atribuir ao emitente a intenção fraudulenta, sem a qual não se compõe o crime a ser-lhe irrogado. A denúncia seria contraditória e, por isso, inepta"[111].

Como bem sintetiza Hungria[112], devem estar presentes na extorsão indireta: a) exigência ou recebimento de documento que possa dar causa a processo penal contra a vítima ou terceiro; b) abuso da situação de necessidade do sujeito passivo; c) intuito de garantir, de forma ameaçadora, o pagamento de dívida.

4.4. Voluntariedade

É o dolo, consubstanciado na vontade consciente de obter documento que pode dar causa à instauração de procedimento criminal, abusando da situação aflitiva da vítima.

111. *Doutrinas Essenciais de Direito Penal. Problemas penais do cheque. RT.* vol. 5. p. 781/801. Out/2010.
112. Ob. cit., v. 7, p. 80.

Exige-se, ainda, como elemento subjetivo do tipo, que a obtenção do documento sirva como garantia para o pagamento de dívida.

4.5. Consumação e tentativa

Na modalidade *exigir*, o crime é formal, consumando-se com a simples exigência. A tentativa, neste caso, somente é possível na forma escrita.

Na modalidade *receber*, o delito é material, consumando-se com o efetivo recebimento do documento. O *conatus* é admitido se o agente não o recebe por circunstâncias alheias à sua vontade.

Se, após obter o documento, o agente ensejar o início de procedimento criminal, sabendo inocente o imputado, haverá concurso material com denunciação caluniosa (art. 339 do CP). Não se deve cogitar, no caso, da absorção, pois, além da extorsão consumar-se com a mera exigência ou o recebimento do documento, protege bem jurídico diverso da denunciação caluniosa.

Assim ensina Capez:

> "O crime de extorsão indireta consuma-se independentemente de ser dado início ao procedimento criminal contra a vítima (devedor) e, no momento em que este é iniciado, outro crime se configura, qual seja, o de denunciação caluniosa. Ambos os crimes atingem objetividades jurídicas diversas. O primeiro constitui crime contra o patrimônio, ao passo que o segundo, crime contra a administração da justiça. Daí porque o delito de denunciação caluniosa não pode ser considerado *post factum* impunível."[113].

Em sentido contrário (admitindo a absorção), argumenta Mirabete:

> "É possível que o agente, não conseguindo receber seu crédito, utilize-se do documento para a instauração da ação penal contra a vítima. Não ocorre, todavia, concurso com o delito de denunciação caluniosa, pois a ação posterior fica consumida por ter sido praticada para utilizar a ação precedente e principal; trata-se, portanto, de exaurimento do crime de extorsão indireta, como *post factum* não punível."[114].

Ressalte-se, por fim, que, uma vez estabelecida a ocorrência da extorsão indireta, eventual imputação criminal que tenha atingido a vítima deverá ser obstada, ainda que o documento (título de crédito, por exemplo) tenha sido transferido pelo extorsionário a terceiro de boa-fé.

4.6. Ação penal

A ação penal será pública incondicionada.

---

113. Ob. cit., v. 2, p. 438-439.

114. *Manual de direito penal:* parte especial, v. 2, p. 245.

4.7. Princípio da especialidade

a) Código Penal x Código Penal Militar: o art. 246 do Decreto-lei 1.001/69 pune a prática da extorsão indireta cometida na forma do art. 9º daquele diploma.

CAPÍTULO III – DA USURPAÇÃO

1. ALTERAÇÃO DE LIMITES

> ▶ ***Alteração de limites***
>
> **Art. 161**. Suprimir ou deslocar tapume, marco ou qualquer outro sinal indicativo de linha divisória, para apropriar-se, no todo ou em parte, de coisa imóvel alheia:
>
> Pena – detenção, de 1 (um) a 6 (seis) meses, e multa.

1.1. Considerações iniciais

Apesar de Hungria[115] ensinar que somente a *propriedade* está tutelada pela norma em estudo, entende a maioria abranger também a *posse*.

Nesse sentido, explica Noronha:

> "Objeto específico da tutela do dispositivo é a posse da coisa imóvel; é ela a objetividade imediata que se tem em vista. Protegendo-a, protege também a lei a propriedade, pois a posse é a propriedade exteriorizada, atualizada. Mas, como no furto, tem preeminência no plano da proteção legal a posse, ainda que entre em conflito com a propriedade. Se no Direito Civil o possuidor pode intentar ação possessória contra o proprietário, razão maior existe para o Direito Penal proteger aquele, quando o ato do segundo apresenta caráter mais grave, invadindo a órbita do ilícito penal."[116].

Em virtude da pena cominada, são cabíveis a transação penal e a suspensão condicional do processo (Lei 9.099/95).

1.2. Sujeitos do crime

A doutrina diverge acerca de quem pode ser sujeito ativo do delito.

Para Mirabete:

> "Afirma-se que apenas o vizinho contíguo da vítima (proprietário ou possuidor) pode cometer o crime. Lembra Noronha, porém, que não se pode excluir como sujeito ativo o futuro comprador que pratica a alteração para ampliar a área do imóvel que vai adquirir."[117].

---

115. Ob. cit., v. 7, p. 85.
116. *Código Penal brasileiro comentado*, p. 282.
117. *Manual de direito penal:* parte especial, v. 2, p. 248.

Damásio de Jesus, por sua vez, leciona que:

> "Sujeito ativo só pode ser o proprietário do prédio contíguo àquele em que é realizada a alteração de limites. Isso ocorre porque somente o proprietário do prédio limítrofe poderá, suprimindo ou deslocando tapume etc., beneficiar-se do imóvel alheio."[118].

Sujeito passivo será o proprietário ou possuidor (legítimos) do imóvel cuja área é alterada em suas divisas. Os possuidores indiretos de terra podem ser sujeitos passivos de qualquer dos delitos de usurpação descritos no art. 161 do CP, facultando-lhes a lei a propositura de queixa-crime (*RT* 515/381).

1.3. Conduta

Trata-se de crime de ação múltipla,[119] cujos núcleos são: *suprimir* (eliminar, extinguir, retirar, apagar) ou *deslocar* (arrastar, mexer) *tapume* (cerca, não importando o material), *marco* (sinal demarcatório, natural ou artificial), ou qualquer outro sinal indicativo de linha divisória (curso de rio, estrada, vala etc.), para apropriar-se, no todo ou em parte, de coisa imóvel alheia. Percebe-se que após especificar duas formas de limitação da propriedade (*tapume* e *marco*), a lei encerra com uma fórmula genérica (*qualquer outro sinal...*), atraindo a interpretação analógica para que seja possível caracterizar como criminosos os atos de suprimir ou de deslocar alguma outra linha divisória que, embora não expressamente prevista, sirva para a demarcação.

Na primeira ação típica (*suprimir*), há certa controvérsia acerca do que se pode entender como efetiva supressão. Há quem sustente que a caracterização desta figura criminosa depende da retirada do sinal indicativo de linha divisória seguida da eliminação de vestígios de que a divisão se dá naquele local. Se, por exemplo, o agente remove uma cerca, mas deixa no solo a marca da instalação, não há este crime, mas o de dano ou de furto, conforme o caso (Bitencourt)[120]. Há, por outro lado, o entendimento de que a eliminação ou a permanência de vestígios não é pressuposto da figura típica, mas questão secundária cuja análise se dispensa. Deve-se atentar tão somente para o dolo do agente: se era o de usurpar a propriedade alheia, ainda que a remoção do indicativo divisório tenha deixado vestígios que permitam a identificação dos limites da propriedade, dá-se a responsabilidade penal nos termos do art. 161, pois o propósito não era o de furtar ou de danificar objetos alheios (Rogério Greco)[121].

---

118. Ob. cit., v. 2, p. 383.
119. Nota-se que o legislador, equivocadamente, omitiu a conduta de "apor" (acrescentar) novo marco, não sendo possível ao intérprete integrar a lacuna sob pena de ofender o princípio constitucional da legalidade (analogia *in malam partem*). Por isso, já se decidiu: "Plantar arbustos, mesmo que sejam próprios para a divisa, não constitui a figura do art. 161 do CP, que reza: 'Suprimir ou deslocar tapume, marco, ou qualquer outro sinal indicativo de linha divisória, para apropriar-se, no todo ou em parte, de coisa imóvel alheia'" (*RT* 380/173).
120. BITENCOURT, Cezar Roberto. Ob. cit., vol. 3, p. 147.
121. GRECO, Rogério. Ob. cit., vol. III, p. 139.

A jurisprudência é copiosa no sentido de que, para caracterizar o crime, não basta a deslocação de marcos ou sinais demarcatórios, sendo necessário que a conduta provoque confusão e dificuldades de monta, para a sua restauração (*RT* 423/428). Mostra-se de suma importância, portanto, a realização de perícia (*JTACRIM* 96/260).

1.4. Voluntariedade

É o dolo, consistente na vontade consciente de suprimir ou deslocar tapume, marco, ou qualquer outro sinal indicativo de linha divisória. Como finalidade especial, exige-se intenção de apropriar-se, no todo ou em parte, de coisa imóvel alheia, ocupando ou invadindo.

Nesse sentido vêm decidindo nossos Tribunais: "A remoção de cerca ou palanque, marcos divisórios entre propriedades, não basta para caracterizar o crime de usurpação por alteração de limites, sendo necessário, ainda, o dolo específico de apropriação da coisa imóvel alheia" (*RJDTACRIM* 33/94).

1.5. Consumação e tentativa

Trata-se de crime formal, que se consuma com a mera supressão ou deslocamento da linha divisória, independentemente do efetivo apoderamento.

Como sua execução admite fracionamento, é possível a tentativa.

2. USURPAÇÃO DE ÁGUAS

> § 1º Na mesma pena incorre quem:
>
> ▶ ***Usurpação de águas***
>
> I – desvia ou represa, em proveito próprio ou de outrem, águas alheias;

Na mesma pena do *caput* incide aquele que desvia ou represa, em proveito próprio ou de outrem, águas alheias.

2.1. Sujeitos do crime

Tratando-se de crime comum, o sujeito ativo pode ser qualquer pessoa (não necessariamente vizinho da vítima).

Sujeito passivo será o proprietário ou possuidor da água desviada ou represada.

2.2. Conduta

É crime de ação múltipla, sendo que o núcleo do tipo se consubstancia nos verbos *desviar* (afastar, mudar, alterar) e *represar* (barrar, conter, deter), em proveito próprio ou de outrem, águas alheias, podendo ser de propriedade pública ou privada.

Sobre o assunto, esclarece Mirabete, citando Fragoso:

> "O bem imóvel protegido é a massa líquida (águas em estado natural) fluentes ou estagnadas, perenes ou temporárias, nascentes, pluviais e subterrâneas (rios, lagos, lagoas, nascentes etc.). Águas *alheias* são 'aquelas que não pertencem ao agente e também as águas comuns, isto é, aquelas sobre as quais não só o agente, como terceiros tenham direito'."[122].

Por isso, já se decidiu que a água é bem imóvel, público e de uso comum do povo, apenas enquanto não destacada do leito do rio por onde naturalmente flua. Captada e canalizada, passa a ser propriedade da empresa concessionária, responsável pelo serviço público respectivo. Ingressando em reservatório particular, este lhe adquire a propriedade, pouco importando o nome que se dê ao ato oneroso de aquisição (compra e venda, tarifa, taxa, preço público etc.). A partir daí, quando subtraída, caracteriza-se o delito de furto (art. 155, *caput*, do CP) e, não, o de usurpação de águas (art. 161, I, do CP), delito caracterizado pelo impedimento de uso de águas alheias, por represamento ou desvio (*RJDTACRIM* 11/90).

2.3. Voluntariedade

É o dolo, consistente na vontade consciente de desviar ou represar águas alheias. O elemento subjetivo do tipo consiste em agir em proveito próprio ou alheio.

2.4. Consumação e tentativa

Tratando-se de crime formal, consuma-se quando ocorre o desvio ou o represamento de água alheia, independentemente do real proveito.

A tentativa é perfeitamente possível (delito plurissubsistente).

3. ESBULHO POSSESSÓRIO

▶ ***Esbulho possessório***

II – invade, com violência a pessoa ou grave ameaça, ou mediante concurso de mais de duas pessoas, terreno ou edifício alheio, para o fim de esbulho possessório.

A pena do *caput* também incide quando o agente invade, com violência ou grave ameaça a pessoa, ou mediante concurso de agentes, terreno ou edifício alheio, para o fim de esbulho possessório.

3.1. Sujeitos do crime

Tratando-se de crime comum, o sujeito ativo pode ser qualquer pessoa.

Exigindo o tipo que o imóvel seja *alheio*, fica claro que o proprietário do terreno, ocupado por terceiros, não comete o delito. Assim, sempre que o proprietário reivindicar por

122. *Manual de direito penal:* parte especial, v. 2, p. 250.

suas próprias mãos a posse do que lhe pertence, fora dos casos em que a lei civil autoriza essa recuperação, pode ele incidir nas penas do crime de exercício arbitrário das próprias razões (art. 345 do CP). Nesse sentido: *RT* 481/329. MAGALHÃES NORONHA, no entanto, faz uma distinção quando o fato se dá entre condôminos:

> "Cremos que no condomínio *pro indiviso*, onde há indivisão de direito e de fato, onde há *composse* sobre todo o imóvel, não é admissível o delito. Não assim, na comunhão *pro diviso*, onde há indivisão de direito, porém não de fato. Por contrato ou modo tácito, os condôminos delimitam suas partes, passando cada um deles a possuir na coisa comum parte certa e determinada. Tem, nessa hipótese, o condômino direito ao uso e gozo dessa parte com exclusão dos outros, tendo, aliás, direito aos interditos possessórios, quer contra estranhos, quer contra os outros condôminos (...)"[123].

Sujeito passivo é aquele que detém a posse legítima do imóvel invadido (abrangendo o possuidor indireto, *RT* 515/381).

3.2. Conduta

O núcleo do tipo é o verbo *invadir* (penetrar, ingressar), com violência a pessoa ou grave ameaça, ou mediante o concurso de mais de duas pessoas, terreno ou edifício alheio, para fim de esbulho possessório. Nada mais é do que desalojamento total e violento (ou mediante concurso de mais de duas pessoas) do possuidor, com invasão de seu terreno ou edifício.

São três as formas pelas quais pode ocorrer a invasão:

a) violência: é aquela empregada contra a pessoa, não contra o imóvel objeto do esbulho. Pode recair tanto no proprietário quanto em alguém que esteja no imóvel para zelar por sua manutenção.

Pode também caracterizar o crime a violência cometida logo após a invasão. Isto porque o art. 1.210, § 1º, do Código Civil dispõe que em caso de turbação ou esbulho o possuidor turbado ou esbulhado poderá, por seu desforço, manter-se ou **restituir-se** utilizando os meios indispensáveis para tanto.

Imaginemos o seguinte: um indivíduo invade clandestinamente uma residência vazia. O fato, *a priori*, não caracteriza o delito, pois não houve violência, grave ameaça, nem concurso de mais de duas pessoas. Alertado imediatamente por vizinhos, o proprietário se dirige ao local para resguardar sua propriedade. Neste caso, há indisfarçável direito ao desforço imediato, donde se infere não ter ainda havido o efetivo exercício da posse pelo invasor, o que por sua vez nos conduz à conclusão de que o esbulho está em pleno andamento. Se o invasor inicialmente manso se decide pela violência contra o proprietário, não vemos razão para negar a caracterização do crime patrimonial.

---

123. *Direito Penal*, vol. 2, p. 284.

b) grave ameaça: é a promessa de mal injusto e grave como forma de intimidar a vítima e tornar possível a invasão;

c) mediante concurso de mais de duas pessoas: há controvérsia doutrinária a respeito do número de indivíduos que devem estar presentes para a caracterização do esbulho. Magalhães Noronha considera imprescindível a presença de ao menos quatro, já que o dispositivo reclama que o agente tenha o concurso de mais de duas pessoas (ele, agente, e mais três)[124]. Rogério Greco, em sentido contrário, sustenta que

> "A lei penal é clara no sentido de apontar que o concurso de mais de duas pessoas, ou seja, três, pode caracterizar o delito de esbulho possessório, se presente a finalidade especial contida no tipo penal em análise"[125].

Ao contrário dos demais delitos contra o patrimônio, o concurso de agentes não é circunstância agravante ou qualificadora do crime, servindo apenas como elementar indicativa do *modus operandi* escolhido pelo agente para vencer a resistência do possuidor.

3.3. Voluntariedade

É o dolo, consistente na vontade consciente de invadir edifício ou terreno alheio. O elemento subjetivo do tipo consiste em agir em proveito próprio ou alheio, para fim de esbulho possessório.

Há decisões no STJ no sentido de que o movimento popular visando a implantação da reforma agrária não caracteriza o crime. Configura direito coletivo, expressão da cidadania, visando a implantar programa constante da Constituição Federal de 1988. A pressão popular é própria do Estado de Direito Democrático (*RT* 747/608). O tema, todavia, não é alheio a controvérsias, pois o STF já se manifestou no sentido de que não obstante seja legítima a reivindicação para a implantação de reforma agrária, é inaceitável o despojo da propriedade alheia sem que se observem os postulados constitucionais que garantem ao indivíduo a observância do devido processo legal para a privação de bens[126]:

> "O ESBULHO POSSESSÓRIO – MESMO TRATANDO-SE DE PROPRIEDADES ALEGADAMENTE IMPRODUTIVAS – CONSTITUI ATO REVESTIDO DE ILICITUDE JURÍDICA. – Revela-se contrária ao Direito, porque constitui atividade à margem da lei, sem qualquer vinculação ao sistema jurídico, a conduta daqueles que – particulares, movimentos ou organizações sociais – visam, pelo emprego arbitrário da força e pela ocupação ilícita de prédios públicos e de imóveis rurais, a constranger, de modo autoritário, o Poder Público a promover ações

124. Ob. cit., vol. 5, p. 352. Também nesse sentido, RT 563/335.

125. Ob. cit., vol. III, p. 147.

126. ADI 2213 MC/DF, rel. Min. Celso de Mello, DJ 23/04/2004.

expropriatórias, para efeito de execução do programa de reforma agrária. – O processo de reforma agrária, em uma sociedade estruturada em bases democráticas, não pode ser implementado pelo uso arbitrário da força e pela prática de atos ilícitos de violação possessória, ainda que se cuide de imóveis alegadamente improdutivos, notadamente porque a Constituição da República – ao amparar o proprietário com a cláusula de garantia do direito de propriedade (CF, art. 5º, XXII) – proclama que "ninguém será privado (...) de seus bens, sem o devido processo legal" (art. 5º, LIV). – O respeito à lei e à autoridade da Constituição da República representa condição indispensável e necessária ao exercício da liberdade e à prática responsável da cidadania, nada podendo legitimar a ruptura da ordem jurídica, quer por atuação de movimentos sociais (qualquer que seja o perfil ideológico que ostentem), quer por iniciativa do Estado, ainda que se trate da efetivação da reforma agrária, pois, mesmo esta, depende, para viabilizar-se constitucionalmente, da necessária observância dos princípios e diretrizes que estruturam o ordenamento positivo nacional. – O esbulho possessório, além de qualificar-se como ilícito civil, também pode configurar situação revestida de tipicidade penal, caracterizando-se, desse modo, como ato criminoso (CP, art. 161, § 1º, II; Lei nº 4.947/66, art. 20). – Os atos configuradores de violação possessória, além de instaurarem situações impregnadas de inegável ilicitude civil e penal, traduzem hipóteses caracterizadoras de força maior, aptas, quando concretamente ocorrentes, a infirmar a própria eficácia da declaração expropriatória. Precedentes. O RESPEITO À LEI E A POSSIBILIDADE DE ACESSO À JURISDIÇÃO DO ESTADO (ATÉ MESMO PARA CONTESTAR A VALIDADE JURÍDICA DA PRÓPRIA LEI) CONSTITUEM VALORES ESSENCIAIS E NECESSÁRIOS À PRESERVAÇÃO DA ORDEM DEMOCRÁTICA. – A necessidade de respeito ao império da lei e a possibilidade de invocação da tutela jurisdicional do Estado – que constituem valores essenciais em uma sociedade democrática, estruturada sob a égide do princípio da liberdade – devem representar o sopro inspirador da harmonia social, além de significar um veto permanente a qualquer tipo de comportamento cuja motivação derive do intuito deliberado de praticar gestos inaceitáveis de violência e de ilicitude, como os atos de invasão da propriedade alheia e de desrespeito à autoridade das leis da República".

3.4. Consumação e tentativa

Consuma-se com a invasão (violenta ou mediante o concurso de mais de duas pessoas). Havendo, na prática do esbulho, alteração de limites, esta ficará absorvida.

Tratando-se de delito plurissubsistente, admite-se a tentativa.

4. CONCURSO MATERIAL

> § 2º Se o agente usa de violência, incorre também na pena a esta cominada.

Haverá concurso material se da violência empregada se configurar qualquer dos delitos contra a pessoa.

5. AÇÃO PENAL

> § 3º Se a propriedade é particular, e não há emprego de violência, somente se procede mediante queixa.

Se a propriedade é particular e não há o emprego de violência, determina o § 3º que a ação penal será privada.

6. PRINCÍPIO DA ESPECIALIDADE

a) Código Penal x Lei 5.741/71: constitui crime de ação pública, punido com detenção de 6 meses a 2 anos e multa, invadir alguém, ou ocupar, com o fim de esbulho possessório, terreno ou unidade residencial construída ou em construção, objeto de financiamento do Sistema Financeiro da Habitação (art. 9º, *caput*).

b) Código Penal x Lei 4.947/66: o art. 20 da Lei 4.947/66 dispõe ser crime, punido com detenção de 6 meses a 3 anos, invadir, com intenção de ocupá-las, terras da União, dos Estados e dos Municípios. O seu parágrafo único acrescenta: na mesma pena incorre quem, com idêntico propósito, invadir terras, de órgãos ou entidades federais, estaduais ou municipais, destinadas à Reforma Agrária.

c) Código Penal x Código Penal Militar: o art. 257 do Decreto-lei 1.001/69 pune a prática da alteração de limites, da usurpação de águas e do esbulho cometidos na forma do art. 9º daquele diploma.

7. SUPRESSÃO OU ALTERAÇÃO DE MARCA EM ANIMAIS

> ▶ ***Supressão ou alteração de marca em animais***
>
> **Art. 162.** Suprimir ou alterar, indevidamente, em gado ou rebanho alheio, marca ou sinal indicativo de propriedade:
>
> Pena – detenção, de 6 (seis) meses a 3 (três) anos, e multa.

7.1. Considerações iniciais

Tutela-se aqui a posse e a propriedade dos semoventes, considerados coisa móvel para efeitos penais.

Em razão da pena cominada, admite-se a suspensão condicional do processo (Lei 9.099/95).

7.2. Sujeitos do crime

Tratando-se de crime comum, qualquer pessoa, (exceto o proprietário) poderá praticá-lo, inclusive, o possuidor do animal.

Já sujeito passivo será o proprietário do gado ou rebanho.

7.3. Conduta

O tipo incrimina duas ações (crime de ação múltipla): *suprimir* (extinguir, fazer com que desapareça, ocultar) ou *alterar* (modificar, transformar) marca ou sinal indicativo de propriedade em gado ou rebanho alheio.[127]

Entende-se por *marca* qualquer espécie de sinal, feito geralmente a ferro ou por substância química, capaz de identificar o proprietário do animal. *Sinal*, na definição de HUNGRIA, "é todo distintivo artificial, diverso da marca (ex.: argolas de determinado feitio nos chifres ou focinhos dos animais)."[128].

☑ ***A supressão ou alteração de marca ou sinal indicativo de propriedade em um único animal pertencente ao rebanho configura o crime do art. 162 do CP?***

Lembrando existir doutrina em sentido contrário, ROGÉRIO GRECO afirma haver o crime e explica:

> "Quando a lei penal utiliza os termos *gado* e *rebanho* quer, na verdade, dizer que a supressão ou alteração deve ser realizada em *res* que participe dessa *aglomeração animal*, não impedindo, contudo, que apenas um deles sofra a modificação levada a efeito pelo agente."[129].

Para a configuração do delito, não basta que ocorra a supressão ou a alteração. É necessário que tais condutas se deem de forma indevida, pois, se o legítimo adquirente do semovente altera ou suprime marca ou sinal do antigo proprietário não estará, obviamente, praticando crime algum (indiferente penal).

Por fim, se a supressão ou alteração de marca recair em animal furtado (art. 155, § 6º) ou receptado (art. 180-A), o delito em estudo será absorvido na qualidade de *post factum* impunível.

7.4. Voluntariedade

É o dolo, consistente na vontade consciente de suprimir ou alterar, indevidamente, em gado ou rebanho alheio, marca ou sinal indicativo de propriedade.

---

127. Nota-se que "marcar" animal desmarcado não constitui a figura do art. 162 do CP, que pune apenas as condutas que recaem sobre animal já identificado. Trata-se de omissão do legislador que não pode ser integrada em respeito ao princípio da legalidade (evitando-se a analogia *in malam partem*).
128. Ob. cit., v. 7, p. 98.
129. Ob. cit., v. 3, p. 156.

A doutrina é divergente acerca da existência ou não de elemento subjetivo do tipo.

Noronha sustenta que, embora a redação do dispositivo não faça menção a qualquer finalidade específica do agente, é necessário que, ao suprimir ou alterar a marca ou sinal, dirija-se ele com o fim de se apoderar dos semoventes[130].

Mirabete, por sua vez, argumenta que o elemento subjetivo do tipo existe, mas com outra definição. Para ele, o agente dirige sua conduta com a finalidade "de estabelecer dúvidas a respeito da propriedade dos animais a fim de facilitar a apropriação. Não existindo tal finalidade, como nos casos de alteração de sinal efetuada como injúria, provocação ou vingança, ocorrerá eventualmente outro delito (dano, injúria etc.)."[131].

7.5. Consumação e tentativa

Consuma-se o delito com a supressão ou alteração da marca ou sinal (ainda que de um só animal), independentemente da efetiva apropriação do semovente.

Note-se que, se o agente efetivamente apodera-se do animal (furto), a mera alteração ou supressão (não importando se antecedente ou subsequente) ficará absorvida pelo crime patrimonial (princípio da consunção).

Tendo em vista se tratar de crime plurissubsistente, o *conatus* é perfeitamente possível.

7.6. Ação penal

A ação penal será pública incondicionada.

7.7. Princípio da especialidade

a) Código Penal x Código Penal Militar: o art. 258 do Decreto-lei 1.001/69 pune a prática da supressão ou alteração de marcas em animais cometida na forma do art. 9º daquele diploma.

CAPÍTULO IV – DO DANO

1. DANO

▶ *Dano*

Art. 163. Destruir, inutilizar ou deteriorar coisa alheia:

Pena – detenção, de 1 (um) a 6 (seis) meses, ou multa.

▶ *Dano qualificado*

Parágrafo único. Se o crime é cometido:

130. *Código Penal brasileiro comentado*, p. 381-382.

131. *Manual de direito penal*, v. 2, p. 256.

I – com violência à pessoa ou grave ameaça;

II – com emprego de substância inflamável ou explosiva, se o fato não constitui crime mais grave;

III – contra o patrimônio da União, Estado, Município, empresa concessionária de serviços públicos ou sociedade de economia mista;

IV – por motivo egoístico ou com prejuízo considerável para a vítima:

Pena – detenção, de 6 (seis) meses a 3 (três) anos, e multa, além da pena correspondente à violência.

1.1. Considerações iniciais

Tutela-se o patrimônio alheio (bens móveis ou imóveis) contra danos que eventualmente possam sofrer. A obtenção de vantagem de ordem econômica, entretanto, não constitui elemento do tipo. Assim, no art. 163 o agente dirige sua ação com o escopo único de causar dano físico no patrimônio da vítima (embora possa estar movido por interesses econômicos).

A pena cominada no *caput* permite tanto a transação penal quanto a suspensão condicional do processo (infração de menor potencial ofensivo). Já se o crime for qualificado na forma do parágrafo único, somente a suspensão condicional do processo será cabível.

1.2. Sujeitos do crime

Trata-se de crime comum, podendo ser praticado por qualquer pessoa, que não seja proprietário da coisa danificada. Se este último deteriora bem próprio que se encontra no legítimo poder de terceiro, responderá, conforme o caso, pelo delito previsto no art. 346 do CP, apenado com maior rigor e perseguido mediante ação penal pública incondicionada (crime contra a administração da justiça). Se deteriora coisa empenhada que tinha sob sua posse, o crime será o de defraudação de penhor (art. 171, § 2º, III, do CP).

☑ ***O condômino pode praticar o crime de dano?***

Fazendo uma analogia (*in bonam partem*) com o furto de coisa comum (art. 156, § 2º), já decidiu o STF:

> "Pode ser agente ativo do crime de dano o condômino que danifica dolosamente coisa comum, salvo se a coisa é fungível e o prejuízo não excede o valor da parte a que tem direito o autor do fato."[132].

Sujeito passivo será o proprietário (e o possuidor) da coisa danificada.

132. *RT* 543/433.

1.3. Conduta

Cuida-se de crime de ação múltipla, prevendo o tipo três verbos nucleares: *destruir* (demolir, arruinar, devastar), *inutilizar* (tornar inválido, comprometer o uso, fazer falhar) e *deteriorar* (pôr em mau estado, degenerar, tornar economicamente inferior) coisa alheia.

O crime de dano pode ocorrer na forma comissiva (mais comum) e omissiva, como no caso do agente encarregado de zelar pela integridade de certo bem móvel, mas que se abstém, dolosamente, de sua obrigação, permitindo que a coisa seja atingida por destruição, inutilização ou deterioração.

☑ ***Fazer desaparecer, dolosamente, um pássaro doméstico da vigilância do seu dono configura dano?***

Para MIRABETE[133], não, pois inexiste a presença de qualquer dos núcleos do tipo. HUNGRIA, por sua vez, sustenta haver o crime, pois, na visão do autor, entende-se também por destruir "o fazer desaparecer uma coisa, de modo a tornar inviável a sua recuperação"[134].

Importante ressaltar, por fim, que:

a) o ato de "pichação", antes tido, para a maioria, como crime de dano (deterioração), atualmente se encontra tipificado no art. 65 da Lei 9.605/98, que trata das sanções penais e administrativas derivadas de atos lesivos ao meio ambiente;

b) destruir, inutilizar ou deteriorar: I – bem especialmente protegido por lei, ato administrativo ou decisão judicial; II – arquivo, registro, museu, biblioteca, pinacoteca, instalação científica ou similar protegido por lei, ato administrativo ou decisão judicial, configura crime do art. 62 da Lei 9.605/98;

c) deteriorar objetos destinados ao culto religioso gera o crime do art. 208 do CP;

d) danificar sepultura configura o crime do art. 210 do CP;

e) dano sobre documento (público ou particular), em benefício próprio ou alheio ou em prejuízo de terceiro, se ajusta ao disposto no art. 305 do CP;

f) o dano praticado por militar se subsume ao art. 259 do Dec.-Lei 1.001/69 (Código Penal Militar);

g) rasgar ou, de qualquer forma, inutilizar ou conspurcar edital afixado por ordem de funcionário público; violar ou inutilizar selo ou sinal empregado, por determinação legal ou por ordem de funcionário público, para identificar ou cerrar qualquer objeto, caracteriza o crime do art. 336 do CP;

133. *Manual de direito penal*, v. 2, p. 259.
134. Ob. cit., v. 7, p. 105.

h) subtrair, ou inutilizar, total ou parcialmente, livro oficial, processo ou documento confiado à custódia de funcionário, em razão de ofício, ou de particular em serviço público, se subsume ao art. 337 do CP;

i) inutilizar, total ou parcialmente, ou deixar de restituir autos, documento ou objeto de valor probatório, que recebeu na qualidade de advogado ou procurador, se adéqua às disposições do art. 356 do CP.

1.4. Voluntariedade

É o dolo, consistente na vontade consciente de destruir, inutilizar ou deteriorar coisa alheia.

A doutrina diverge acerca da presença de elemento subjetivo específico, qual seja, a vontade de causar prejuízo (*animus nocendi*). Para Nélson Hungria é indispensável tal circunstância, e justifica exemplificando:

> "não poderia ser considerado agente de crime de dano o meu amigo que, sem ânimo hostil, tenha cortado, para pregar-me uma peça, os fios da campainha elétrica de minha casa."[135].

Magalhães Noronha, por sua vez, sustenta que a intenção de prejudicar:

> "Não é dolo específico, porque está compreendida na própria ação criminosa. Quem destrói uma cousa, sabe que prejudica seu dono ou possuidor. O prejuízo está ínsito no dano. Se destruir é desfazer, desmanchar; se inutilizar é tirar a utilidade; e se deteriorar é piorar; quem destrói, inutiliza ou deteriora a cousa alheia não pode deixar de prejudicar a outrem. Esse prejuízo é, pois, inseparável da destruição, da inutilização e da deterioração, que são *resultados* do crime."[136].

Essa discussão não é meramente acadêmica, apresentando real interesse prático. Por exemplo, preso que danifica a cela para fugir pratica o crime?

Para aqueles que entendem indispensável o *animus nocendi*, o fato será atípico, vez que a intenção do preso, no caso, é somente a de fugir (nesse sentido, STJ: RHC 56.629/AL, Rel. Min. Antonio Saldanha Palheiro, DJe 01/08/2016). Já para aqueles que entendem dispensável, não exigindo o tipo a finalidade especial (causar prejuízo), há o crime, não importando se a intenção do agente era somente a de se evadir (*RT* 782/590). Essa segunda posição foi acolhida pelo STF: "Comete o crime de dano qualificado (art. 163, parágrafo único, III, do CP) o preso que, para evadir-se, danifica o estabelecimento prisional. O dolo específico – vontade dirigida a causar dano em coisa alheia – não é indispensável à caracterização do delito"[137].

135. Ob. cit., v. 7, p. 108.
136. *Código Penal brasileiro comentado*, p. 414.
137. HC 73.189/MS, rel. Min. Carlos Velloso, j. 23.02.1996.

1.5. Consumação e tentativa

Consuma-se com a prática do dano efetivo, seja total ou parcialmente[138].

Não há delito de dano quando a coisa não fica prejudicada em sua utilidade, ou em seu valor, sendo indiferente, para a caracterização do delito, o proveito que o agente porventura dele retire (*RF* 115/572).

Importa ressaltar que o crime de dano é subsidiário, configurando-se somente na hipótese em que o agente não pretende conduta criminosa posterior (e mais grave). Sendo assim, se pratica um dano ao patrimônio para lhe facilitar, por exemplo, a subtração de outros bens, o crime de dano será absorvido (configurando o rompimento ou a destruição de obstáculo qualificadora do furto). O mesmo raciocínio se aplica caso o dano tenha sido praticado após a subtração, para facilitar a fuga do criminoso.

Tendo em vista a possibilidade de fracionamento da conduta, a tentativa é perfeitamente admissível, como, por exemplo, na hipótese do agente que, determinado a atirar uma pedra em vidraça da residência da vítima, é contido por terceiros, que o impedem de alcançar seu intento. Na análise da tentativa, no entanto, há de se observar que certas condutas indicativas da pretensão (tentativa) de destruir podem caracterizar o crime consumado em razão de um dos outros dois núcleos do tipo. Por exemplo: o agente investe contra um objeto com o propósito de desintegrá-lo, mas, em vez disso, apenas o deteriora. Embora tenha ocorrido a tentativa de destruição, o crime será consumado.

1.6. Qualificadoras (parágrafo único)

1.6.1. Se o crime é praticado com violência à pessoa ou grave ameaça (inciso I)

A qualificadora é aplicada quando a violência (abrangendo vias de fato) ou a grave ameaça são praticadas como meios para assegurar a execução do delito (meios para que o agente possa danificar a coisa). Assim, se a agressão à pessoa é posterior ao dano, responderá o agente pela prática do delito em estudo, na forma simples, em concurso material com aquele correspondente à violência.

1.6.2. Se o crime é praticado com emprego de substância inflamável ou explosiva, se o fato não constitui crime mais grave (inciso II)

A infração prevista neste inciso é subsidiária. Somente irá incidir a qualificadora se o fato não constituir crime mais grave. Se, por exemplo, o agente, ao destruir a coisa, provoca incêndio capaz de causar perigo à incolumidade pública, responderá pelo delito de incêndio, de maior gravidade.

138. Há julgados vários exigindo relevância do dano, sob pena do reconhecimento do princípio da insignificância (nesse sentido: *RT* 667/301).

1.6.3. Se o crime é praticado contra o patrimônio da União, Estado, Município, empresa concessionária de serviços públicos ou sociedade de economia mista (inciso III)

A pena do crime de dano é elevada nas hipóteses em que o agente o pratica contra bens integrantes do patrimônio público. Tem-se como patrimônio todos aqueles bens pertencentes à Administração Pública, seja de uso comum ou não (abrangendo, inclusive, os dominicais)[139]. De acordo com o STF, é inaplicável o princípio da insignificância quando a lesão produzida pelo agente atinge bem de grande relevância para a população. Com base nesse entendimento, a 2ª Turma denegou *habeas corpus* em que requerida a incidência do mencionado princípio em favor de acusado pela suposta prática do crime de dano qualificado (CP, art. 163, parágrafo único, III). Na espécie, o paciente danificara protetor de fibra de aparelho telefônico público pertencente à concessionária de serviço público, cujo prejuízo fora avaliado em R$ 137,00. Salientou-se a necessidade de se analisar o caso perante o contexto jurídico, examinados os elementos caracterizadores da insignificância, na medida em que o valor da coisa danificada seria somente um dos pressupostos para escorreita aplicação do postulado. Asseverou-se que, em face da coisa pública atingida, não haveria como reconhecer a mínima ofensividade da conduta, tampouco o reduzido grau de reprovabilidade do comportamento. Destacou-se que as consequências do ato perpetrado transcenderiam a esfera patrimonial, em face da privação da coletividade, impossibilitada de se valer de um telefone público (HC 115.383/RS, rel. Min. Gilmar Mendes, DJe 08/08/2013).

A redação do inciso III menciona a União, o Estado e o Município, silenciando a respeito do Distrito Federal. O STJ, julgando *habeas corpus* em se discutia a prática de danos contra o patrimônio do Distrito Federal, considerou que o tratamento do fato como dano qualificado constituiria analogia *in malam partem*[140]:

> "A conduta de destruir, inutilizar ou deteriorar o patrimônio do Distrito Federal não configura, por si só, o crime de dano qualificado, subsumindo-se, em tese, à modalidade simples do delito. Com efeito, é inadmissível a realização de analogia *in malam partem* a fim de ampliar o rol contido no art. 163, III, do CP, cujo teor impõe punição mais severa para o dano "cometido contra o patrimônio da União, Estados, Municípios, empresa concessionária de serviços públicos ou sociedade de economia mista". Assim, na falta de previsão do Distrito Federal no referido preceito legal, impõe-se a desclassificação da conduta analisada para o crime de

139. Note-se que bens particulares cedidos ou alugados ao Poder Público não adquirem natureza de bens públicos. Caso o agente pratique um dano em tais condições, responderá por dano simples (nesse sentido, *RT* 573/377; 530/369).

140. Decidiu semelhantemente o tribunal a respeito do dano cometido contra a Caixa Econômica Federal, que tem natureza jurídica de empresa pública, inexistente no rol do inciso III (RHC 57.544/SP, Rel. Min. Leopoldo de Arruda Raposo (Desembargador convocado do TJ-PE), DJe 18/8/2015).

> dano simples, nada obstante a *mens legis* do tipo, relativa à necessidade de proteção ao patrimônio público, e a discrepância em considerar o prejuízo aos bens distritais menos gravoso do que o causado aos demais entes elencados no dispositivo criminal" (HC 154.051/DF, Sexta Turma, rel. Min. Maria Thereza de Assis Moura, DJe 27/05/2013).

Ousamos discordar. Entendemos que o Distrito Federal está implícito. Deve-se interpretar o dispositivo de acordo com o sentido pretendido pelo legislador (interpretação teleológica), sendo certo que não foi sua pretensão excluir a Capital da República.

1.6.4. Se o crime é praticado por motivo egoístico ou com prejuízo considerável para a vítima (inciso IV)

Motivo egoístico não pode ser considerado como aquele que satisfaz simples sentimento pessoal, pois, do contrário, não seria possível distinguir entre o dano qualificado e o simples, vez que em todas as situações há um motivo determinante para que o agente queira praticar o dano contra a coisa alheia. Deve ser encarado como egoístico aquele que se prende ao desejo ou expectativa de um ulterior proveito indireto, seja econômico, seja moral (*JTACRIM* 55/405).

Quanto ao prejuízo considerável, deve o sujeito ativo agir com a intenção de causá-lo, sendo que será ele avaliado de acordo com a condição econômico-financeira da vítima (relação prejuízo/fortuna).

1.7. Ação penal

O assunto foi analisado no art. 167 do CP.

1.8. Princípio da especialidade

a) Código Penal x Lei 9.605/98: destruir, inutilizar ou deteriorar: I – bem especialmente protegido por lei, ato administrativo ou decisão judicial; II – arquivo, registro, museu, biblioteca, pinacoteca, instalação científica ou similar protegido por lei, ato administrativo ou decisão judicial, configura crime do art. 62 da Lei dos Crimes Ambientais.

b) Código Penal x Código Penal Militar: os arts. 259, 260 e 261 do Decreto-lei 1.001/69 punem a prática do dano em coisa alheia cometido na forma do art. 9º daquele diploma.

c) Código Penal x Lei de Segurança Nacional: depredar por inconformismo político ou para obtenção de fundos destinados à manutenção de organizações políticas clandestinas ou subversivas é crime tipificado no art. 20 da Lei 7.170/83.

2. INTRODUÇÃO OU ABANDONO DE ANIMAIS EM PROPRIEDADE ALHEIA

▶ ***Introdução ou abandono de animais em propriedade alheia***

Art. 164. Introduzir ou deixar animais em propriedade alheia, sem consentimento de quem de direito, desde que do fato resulte prejuízo:

Pena – detenção, de 15 (quinze) dias a 6 (seis) meses, ou multa.

2.1. Considerações iniciais

Tutela-se a propriedade e a posse de bem imóvel contra danos que poderão ser produzidos por animais nele introduzidos ou abandonados (pastoreio ilegítimo ou pastagem indevida).

Em virtude da pena cominada, admite-se a transação penal e a suspensão condicional do processo, benefícios criados pela Lei 9.099/95.

2.2. Sujeitos do crime

Qualquer pessoa pode figurar como sujeito ativo, não se exigindo nenhuma condição especial do agente.

Discute-se se o proprietário do imóvel pode praticá-lo.

Noronha entende ser possível nos casos em que o imóvel se encontra na legítima posse de terceiro[141]. Hungria, por sua vez, discorda, apontando a exigência de a propriedade ser alheia, sempre[142].

Sujeito passivo será o proprietário ou possuidor do imóvel.

2.3. Conduta

Trata-se de crime de ação múltipla (ou conteúdo variado), possuindo duas ações nucleares: *introduzir* (inserir) ou *deixar* (abandonar) animais em propriedade alheia sem o consentimento de quem de direito. Assim, ou o agente conduz o animal até o imóvel alheio e lá o abandona, ou, sabendo que lá se encontra, nada faz para retirá-lo. Há o crime ainda quando, inicialmente, o agente tenha sido autorizado a introduzir o animal na propriedade alheia, mas, posteriormente advertido pelo proprietário para que o retirasse, abandona-o no local.

Embora o tipo mencione *animais* (no plural), é possível o cometimento do crime com a introdução ou o abandono de apenas um espécime, pois a lei, ao lançar mão daquele termo, refere-se tão somente ao gênero do que pode servir para a conduta delituosa (animais de quaisquer espécies).

---

141. *Código Penal comentado*, p. 444.

142. Ob. cit., v. 7, p. 113.

Interessante o apontamento de NORONHA a respeito da expressão *propriedade* contida no texto do dispositivo:

> "Essa expressão propriedade, notou-o com exatidão Bento de Faria, não é empregada na acepção de domínio, mas serve para indicar o terreno do prédio rústico ou urbano, cultivado ou não, suscetível de danificação por animais. Sem dúvida que tutelando o patrimônio, a lei tutela também o domínio, mas não só este, pois protege também a posse ainda que separada daquele, como se dá em outros crimes patrimoniais. Consequentemente, a lei, falando em propriedade alheia, refere-se não só ao imóvel, ao terreno no domínio pleno de outrem, como também àquele que, por justo título, se acha na posse alheia, como nos casos de enfiteuse, usufruto, etc."[143].

Exige o tipo penal que a introdução se dê sem o consentimento de quem de direito (elemento normativo do tipo), provocando prejuízo (econômico) efetivo. Trata-se de mais um exemplo em que o consentimento do ofendido exclui, antes da ilicitude, a tipicidade.

2.4. Voluntariedade

É o dolo, consubstanciado na vontade consciente de introduzir animal em propriedade alheia, sem o consentimento do proprietário ou possuidor.

Lembra ROGÉRIO GRECO:

> "Caso a conduta do agente, ao introduzir ou deixar os animais em propriedade alheia, seja dirigida a causar dano, o crime será tipificado no art. 163 do Código Penal, sendo os animais, portanto, um instrumento utilizado pelo agente na prática do delito. Se for sua finalidade que os animais se alimentem de pasto, o crime poderá ser o previsto no art. 155 do CP."[144].

2.5. Consumação e tentativa

Trata-se de crime material, que exige para consumação, além da introdução ou abandono, a ocorrência de efetivo prejuízo ao proprietário ou possuidor.

Para muitos, exigindo o tipo penal efetivo prejuízo, a tentativa é inadmissível.

DAMÁSIO DE JESUS, por exemplo, leciona neste sentido:

> "Não havendo prejuízo decorrente da entrada ou abandono de animais, o fato é indiferente ao Direito Penal. Diante disso, é inadmissível a figura da tentativa."[145].

143. *Código Penal brasileiro comentado*, p. 443.

144. Ob. cit., v. 3, p. 180.

145. Ob. cit., v. 2, p. 405.

2.6. Ação penal

O assunto foi analisado no art. 167 do CP.

3. DANO EM COISA DE VALOR ARTÍSTICO, ARQUEOLÓGICO OU HISTÓRICO

▶ ***Dano em coisa de valor artístico, arqueológico ou histórico***

Art. 165. Destruir, inutilizar ou deteriorar coisa tombada pela autoridade competente em virtude de valor artístico, arqueológico ou histórico:

Pena – detenção, de 6 (seis) meses a 2 (dois) anos, e multa.

3.1. Considerações gerais

O delito previsto no art. 165 do Código Penal foi tacitamente revogado pela Lei 9.605/98, que dispõe acerca das sanções penais e administrativas advindas de condutas lesivas ao meio ambiente. O art. 62, I, do mencionado diploma legal confere proteção a "bem especialmente protegido por lei, ato administrativo ou decisão judicial.".

Com a tipificação da conduta nos moldes da Lei 9.605/98, duas foram as mudanças: o aumento da pena, que antes variava de seis meses a dois anos de detenção (e agora é de um a três anos de reclusão) e a previsão da forma culposa (antes não tipificada). Em virtude dos atuais patamares de pena, admite-se somente a suspensão condicional do processo.

4. ALTERAÇÃO DE LOCAL ESPECIALMENTE PROTEGIDO

▶ ***Alteração de local especialmente protegido***

Art. 166. Alterar, sem licença da autoridade competente, o aspecto de local especialmente protegido por lei:

Pena – detenção, de 1 (um) mês a 1 (um) ano, ou multa.

4.1. Considerações gerais

À semelhança do dispositivo anterior, existe na Lei 9.605/98 disposição que revogou tacitamente o crime previsto no art. 166 do Código Penal. O art. 63 do mencionado diploma dispõe ser crime "alterar o aspecto ou estrutura de edificação ou local especialmente protegido por lei, ato administrativo ou decisão judicial, em razão de seu valor paisagístico, ecológico, turístico, artístico, histórico, cultural, religioso, arqueológico, etnográfico ou monumental, sem autorização a autoridade competente ou em desacordo com a concedida".

No novel dispositivo a pena também sofreu alteração, passando a ser de um a três anos de reclusão, cumulada com a multa e, a exemplo do delito anterior, admite-se apenas a suspensão condicional do processo.

5. AÇÃO PENAL

▶ ***Ação penal***

Art. 167. Nos casos do art. 163, do n. IV do seu parágrafo e do art. 164, somente se procede mediante queixa.

5.1. Considerações gerais

O art. 167 do CP disciplina a ação penal, anunciando: o crime previsto no art. 164 (*introdução ou abandono de animais em propriedade alheia*) tem sua pena perseguida mediante a ação penal de iniciativa privada.

No que diz respeito ao crime dano, quando praticado na forma simples (*caput* do art. 163) ou qualificada por motivo egoístico ou com prejuízo considerável para a vítima (inc. IV de seu parágrafo), também se procede mediante queixa.

Nas demais infrações penais tipificadas no Capítulo, a ação penal será pública incondicionada.

CAPÍTULO V – DA APROPRIAÇÃO INDÉBITA

1. APROPRIAÇÃO INDÉBITA

▶ ***Apropriação indébita***

Art. 168. Apropriar-se de coisa alheia móvel, de que tem a posse ou a detenção:

Pena – reclusão, de 1 (um) a 4 (quatro) anos, e multa.

▶ ***Aumento de pena***

§ 1º A pena é aumentada de 1/3 (um terço), quando o agente recebeu a coisa:

I – em depósito necessário;

II – na qualidade de tutor, curador, síndico, liquidatário, inventariante, testamenteiro ou depositário judicial;

III – em razão de ofício, emprego ou profissão.

1.1. Considerações iniciais

O bem jurídico tutelado é, a exemplo dos demais delitos contra o patrimônio, a propriedade. O agente, abusando da condição de possuidor ou detentor, passa a ter o bem móvel como seu, dele arbitrariamente se apropriando.

Todavia, como bem destaca Noronha:

> "A apropriação indébita não se caracteriza pela violação exclusiva do direito de propriedade. E os autores que assim pensam costumam dar um exemplo que ilustra sua afirmação. É o do credor pignoratício que, por qualquer razão, confia a terceiro o objeto dado em garantia, ocorrendo que esse depositário, ao invés de guardá-la, dela

> se apropria, entregando-a ao devedor-proprietário daquela coisa. Nesta hipótese não se pode falar em lesão do direito de propriedade, já que o proprietário se beneficiou. Mas houve lesão patrimonial. O credor pignoratício ficou sem sua garantia, sobre a qual tinha um direito que lhe integrava o patrimônio. Por outro lado, parece-nos exato que o depositário se apropriou da coisa, portando-se em relação a ela, como se dono fosse, pois, dela dispondo, praticou ato inerente ao domínio."[146].

Quando a conduta se desenvolve na forma do *caput*, admite-se a suspensão condicional do processo (Lei 9.099/95), afastando-se o benefício se incidente a causa de aumento do § 1º.

1.2. Sujeitos do crime

Trata-se de crime comum, podendo ser praticado por qualquer pessoa que tenha a posse ou detenção legítima de bem móvel alheio. Inclusive o condômino pode figurar no polo ativo, desde que não se trate de coisa fungível e que ultrapasse a cota a que faz *jus*.

Se funcionário público, apropriando-se de coisa, pública ou particular, em seu poder em razão do ofício (nexo funcional), comete o crime do art. 312 do CP (peculato).

Sujeito passivo será aquele atingido em seu patrimônio pela indevida apropriação, podendo ser pessoa física ou jurídica, não necessariamente aquele que entregou o bem ao agente.

1.3. Conduta

Trata-se de crime de ação única, cujo comportamento nuclear se consubstancia no verbo *apropriar-se* (assenhorar-se, tomar para si) coisa alheia móvel, de que tem a posse ou detenção, passando a agir arbitrariamente como se dono fosse.

Os conceitos de posse e de detenção são extraídos dos artigos 1.196 e 1.198 do Código Civil.

Nos termos do art. 1.196, "Considera-se possuidor todo aquele que tem de fato o exercício, pleno ou não, de algum dos poderes inerentes à propriedade". O art. 1.198, por sua vez, dispõe: "Considera-se detentor aquele que, achando-se em relação de dependência para com outro, conserva a posse em nome deste e em cumprimento de ordens ou instruções suas".

Para que se perfaça o crime de apropriação indébita pressupõe-se o atendimento dos seguintes requisitos:

1) a vítima deve entregar voluntariamente o bem: quer isto dizer que a posse ou a detenção deve ser *legítima* (com a concordância expressa ou tácita do proprietário). Não pode ser empregada, na execução do crime, violência, grave ameaça ou fraude, pois, do

146. *Código Penal brasileiro*, p. 16.

contrário, configurar-se-á delito de roubo (ar. 157) ou estelionato (art. 171). E no âmbito da legitimidade se insere a boa-fé, vez que se o agente recebe a coisa já com a intenção de não devolvê-la, há furto (art. 155).

2) posse ou detenção desvigiada: a posse ou a detenção exercida pelo agente deve ser *desvigiada* (confiada sem vigilância). Se o funcionário, no estabelecimento comercial, aproveita-se de momento de distração do patrão para se apropriar de mercadorias, será autor de furto, e não do delito em estudo[147];

3) a ação do agente deve recair sobre *coisa alheia móvel* (possível de ser transportada de um local para outro.)

Segundo esclarece Hungria:

> "Coisa alheia quer dizer coisa de propriedade atual de outrem, esteja, ou não, na posse direta ou imediata do proprietário. Em que pese a opinião contrária (inadvertidamente entre nós por influência dos autores italianos, afeiçoados ao direito positivo de seu país, diverso do nosso na conceituação do furto), a incriminação, na espécie, visa, essencial ou precipuamente, à tutela da propriedade, e não da posse."[148].

4) inversão do ânimo da posse: após obter legitimamente a coisa, o agente passa a agir como se fosse seu dono. Apura-se a inversão por meio de atos de disposição, como venda e locação, ou pela recusa mesma em restituir a coisa.

☑ ***É possível apropriação indébita de coisa fungível?***

O tema não é pacífico.

Na lição de Damásio de Jesus,

> "É relevante a distinção entre coisas fungíveis e infungíveis para efeito da existência do delito de apropriação indébita. As coisas fungíveis dadas em depósito ou em empréstimo, com obrigação de restituição da mesma espécie, qualidade e quantidade, não podem ser objeto material. Nesses casos, há transferência de domínio, de acordo com os artigos 645 e 586 do mesmo estatuto [Código Civil], que tratam, respectivamente, do depósito irregular e do mútuo. Nos termos do art. 586, 'o mútuo é o empréstimo de coisas fungíveis. O mutuário é obrigado a restituir ao mutuante o que dele recebeu em coisa do mesmo gênero, qualidade e quantidade'. E o art. 587 determina: 'Este empréstimo transfere o domínio da coisa emprestada ao mutuário, por cuja conta correm

147. É preciso não confundir a apropriação indébita com a modalidade de estelionato prevista no art. 171, § 2º, I, do CP, consistente no fato de quem "vende, permuta, dá em pagamento, em locação ou em garantia coisa alheia como própria", pois, em tal hipótese, o agente não tem, precedentemente, a posse confiada da coisa.

148. Ob. cit., v. 7, p. 17.

> todos os riscos dela desde a tradição'. O art. 645 reza: 'O depósito de coisas fungíveis, em que o depositário se obrigue a restituir objetos do mesmo gênero, qualidade e quantidade, regular-se-á pelo disposto acerca do mútuo'. Assim, no depósito de coisas fungíveis, existe transferência de domínio. É por isso que não existe crime de apropriação indébita, uma vez que o tipo exige que a coisa seja alheia. Excepcionalmente, entretanto, a coisa fungível pode ser objeto material. É a hipótese de o sujeito entregar ao autor coisa fungível para fim de que a transmita a terceiro ou a ostente na vitrine de uma loja"[149].

O STJ já se manifestou no sentido de que a apropriação de coisa fungível pode caracterizar o crime:

> "(...) II – O fato da coisa indevidamente apropriada ser bem fungível não impede a caracterização do crime de apropriação indébita (Precedentes desta Corte e do Pretório Excelso)"[150].

1.4. Voluntariedade

É o dolo, representado pela vontade consciente de se apropriar de coisa alheia móvel (*animus rem sibi habendi*).

No entendimento de Magalhães Noronha (minoritário), embora o dispositivo não induza conclusão pela existência de fim especial, já que não contém expressões como "*com o fim de*", reputa-se indispensável sua presença:

> "Sem ele [*fim especial*], a apropriação indébita pode confundir-se com outros crimes, ou mesmo não haver delito. Assim, quem retém um objeto, a que julga ter direito, ao invés de recorrer à justiça, pode cometer exercício arbitrário das próprias razões, mas não comete apropriação indébita."[151].

A exemplo do furto cometido com a intenção única de uso, ocorrendo tal circunstância, elide-se a configuração da apropriação indébita, exatamente pela inexistência da intenção de se apropriar definitivamente da coisa.

Lembramos que o agente, ao obter a posse ou detenção não pode ter a intenção (pretérita) de já se apropriar do bem. Se assim agir, utilizando, por exemplo, um contrato de locação como artifício para cometer a apropriação, estará praticando estelionato (art. 171 do CP).

1.5. Consumação e tentativa

Tratando-se de crime material, a consumação ocorre no momento em que o agente transforma a posse ou detenção que exerce sobre o bem em domínio, isto é, quando pratica

149. Ob. cit., vol. 2, p. 418.
150. REsp 880.870/PR, Rel. Min. Felix Fischer, DJ 23/04/2007.
151. *Código Penal brasileiro*, p. 32.

(exterioriza) atos inerentes à qualidade de dono, incompatíveis com a possibilidade de ulterior restituição da coisa.[152]

Noronha, citando jurisprudência pátria, assim exemplifica:

> "O momento consumativo do crime de apropriação indébita se fixa no ato de conversão da coisa alheia em uso próprio ou de terceiro e isto se verifica desde que se patenteia o ânimo deliberado por parte do agente criminoso, de transformar-se de mero detentor da coisa alheia em seu proprietário."[153].

Não se exige para caracterizar o crime de apropriação indébita a prévia prestação de contas (nesse sentido: *RT* 180/121).

A possibilidade de ocorrência de tentativa é tema controvertido na doutrina.

Apesar de bastante divergente, entendemos possível a tentativa, como no exemplo em que o agente é surpreendido pelo proprietário no momento em que está vendendo a coisa, sendo impedido de concretizar o negócio (somente não se pode identificar a tentativa quando o ato de vontade do agente não é perceptível exteriormente).

☑ ***Admite-se o princípio da insignificância no crime de apropriação indébita?***

O STJ concedeu a ordem de *habeas corpus* para reconhecer a atipicidade da conduta imputada ao paciente denunciado pela suposta prática do crime de apropriação indébita, ante a aplicação do princípio da insignificância. No caso, a vítima, advogado, alegou que o paciente – também advogado e colega do mesmo escritório de advocacia – teria se apropriado de sua agenda pessoal (avaliada em cerca de dez reais), a qual continha dados pessoais e profissionais. Para a Min. Relatora, a hipótese dos autos revelava um acontecimento trivial, sem que tenha ocorrido qualquer circunstância hábil a lhe conferir maior relevância. Consignou que, por mais que se considere que o objeto supostamente tomado continha informações importantes à vítima, a conduta é dotada de mínimo caráter ofensivo e reduzido grau de reprovação, assim como a lesão jurídica é inexpressiva e não causa repulsa social. Precedentes citados do STF: HC 84.412-SP, DJ 19/11/2004; do STJ: HC 103.618-SP, DJe 4/8/2008; REsp 922.475-RS, DJe 16/11/2009; REsp 1.102.105-RS, DJe 3/8/2009, e REsp 898.392-RS, DJe 9/3/2009[154].

1.6. Majorantes de pena

O § 1º do art. 168 contempla **três** majorantes:

1.6.1. Se o agente recebeu a coisa em depósito necessário

A legislação civil (art. 647 do CC) define depósito necessário como sendo aquele atribuído no desempenho de função legal ou na ocorrência de calamidades, ou, ainda, de acordo com o art. 649 do CC, no caso de depósito por equiparação.

---

152. Se o agente, mediante falsidade documental, busca dissimular a apropriação indébita, discute-se se aquele (delito de falso) fica ou não absorvido, prevalecendo o concurso material de penas (nesse sentido: *RT* 550/299).
153. *Código Penal brasileiro*, p. 36.
154. HC 181.756-MG, Rel. Min. Maria Thereza de Assis Moura, julgado em 15/2/2011.

Será que todas as hipóteses são alcançadas pela majorante em estudo?

Percebemos três posicionamentos doutrinários: a) para Nélson Hungria[155] (acompanhado pela maioria da doutrina), o dispositivo abrange somente a hipótese de depósito ocorrido em calamidades, já que o depositário legal será sempre o funcionário público, que cometerá o crime de peculato, recebendo a coisa em razão do cargo. No depósito por equiparação, deverá o agente responder como incurso no art. 168, § 1º, III; b) Noronha[156] conclui pela abrangência total do dispositivo; c) Damásio de Jesus[157], por sua vez, alerta: se o funcionário recebe a coisa em depósito em razão do cargo, cometerá peculato. Se particular, responde por apropriação indébita de coisa recebida em depósito judicial. No caso do depósito por equiparação, aplica-se o disposto no inciso III (em razão da profissão).

1.6.2. Em razão da qualidade pessoal do agente

A pena é aumentada se a coisa é recebida na qualidade de tutor, curador, síndico[158], inventariante, testamenteiro ou depositário judicial. Faz-se presente aqui a figura do particular nomeado pelo juiz como depositário.

1.6.3. Em razão de cargo, ofício, emprego ou profissão

Aumenta-se a pena se o agente recebeu a coisa em razão da atividade que desempenha.

1.7. Ação penal

A ação penal será pública incondicionada.

1.8. Princípio da especialidade

a) Código Penal x Lei dos Crimes Contra o Sistema Financeiro: pune-se com reclusão de 2 a 6 anos, apropriar-se, quaisquer das pessoas mencionadas no art. 25 da Lei 7.492/86 (o controlador, os administradores de instituição financeira, bem como o interventor, o liquidante ou o síndico), de dinheiro, título, valor ou qualquer outro bem móvel de que tem a posse, ou desviá-lo em proveito próprio ou alheio (art. 5º).

b) Código Penal x Lei 4.591/64: é crime contra a economia popular, punido com reclusão de um a quatro anos, e multa de cinco a cinquenta vezes o maior salário mínimo legal vigente no país promover incorporação, fazendo, em proposta, contratos, prospectos ou comunicação ao público ou aos interessados, afirmação falsa sobre a construção do condomínio, alienação das frações ideais do terreno ou sobre a construção das edificações (art. 65). Incorrem na mesma pena (§ 1º): "I – o incorporador, o corretor e o construtor, individuais, bem como os diretores ou gerentes de empresa coletiva, incorporadora, corretora ou construtora que, em

155. Ob. cit., v. 7, p. 147-148.

156. *Código Penal brasileiro*, p. 52.

157. Ob. cit., v. 2, p. 421.

158. Segundo decidiu o STJ, trata-se do administrador judicial na falência – que o revogado Decreto-lei nº 7.661/45 deno-minava síndico –, excluindo-se da incidência da causa de aumento o síndico de condomínio (REsp 1.552.919/SP, Rel. Min. Reynaldo Soares da Fonseca, DJe 01/06/2016).

proposta, contrato, publicidade, prospecto, relatório, parecer, balanço ou comunicação ao público ou aos condôminos, candidatos ou subscritores de unidades, fizerem afirmação falsa sobre a constituição do condomínio, alienação das frações ideais ou sobre a construção das edificações; II – o incorporador, o corretor e o construtor individuais, bem como os diretores ou gerentes de empresa coletiva, incorporadora, corretora ou construtora que usar, ainda que a título de empréstimo, em proveito próprio ou de terceiro, bens ou haveres destinados a incorporação contratada por administração, sem prévia autorização dos interessados".

c) **Código Penal x Código Penal Militar**: o art. 248 do Decreto-lei 1.001/69 pune a prática da apropriação indébita cometida na forma do art. 9º daquele diploma.

d) Código Penal x Estatuto do Idoso: o art. 102 da Lei 10.741/03 pune a conduta de se apropriar de bens, proventos, pensão ou qualquer outro rendimento do idoso, dando-lhes aplicação diversa da de sua finalidade.

e) Código Penal x Lei 13.146/15: o art. 89 da Lei 13.146/15 pune com reclusão de um a quatro anos e multa a conduta de se apropriar de bens, proventos, pensão, benefícios, remuneração ou qualquer outro rendimento de pessoa com deficiência.

2. APROPRIAÇÃO INDÉBITA PREVIDENCIÁRIA[159]

▶ ***Apropriação indébita previdenciária***

Art. 168-A. Deixar de repassar à previdência social as contribuições recolhidas dos contribuintes, no prazo e forma legal ou convencional:

Pena – reclusão, de 2 (dois) a 5 (cinco) anos, e multa.

§ 1º Nas mesmas penas incorre quem deixar de:

I – recolher, no prazo legal, contribuição ou outra importância destinada à previdência social que tenha sido descontada de pagamento efetuado a segurados, a terceiros ou arrecadada do público;

II – recolher contribuições devidas à previdência social que tenham integrado despesas contábeis ou custos relativos à venda de produtos ou à prestação de serviços;

III – pagar benefício devido a segurado, quando as respectivas cotas ou valores já tiverem sido reembolsados à empresa pela previdência social.

§ 2º É extinta a punibilidade se o agente, espontaneamente, declara, confessa e efetua o pagamento das contribuições, importâncias ou valores e presta as informações devidas à previdência social, na forma definida em lei ou regulamento, antes do início da ação fiscal.

§ 3º É facultado ao juiz deixar de aplicar a pena ou aplicar somente a de multa se o agente for primário e de bons antecedentes, desde que:

---

159. **Os crimes previdenciários, antes tipificados no art. 95,** *caput* e alíneas, §§ 1º, 3º a 5º, da Lei 8.212/91, foram expressamente revogados pela Lei 9.983/2000, que introduziu no Código Penal os arts. 168-A (apropriação indébita previdenciária) e 337-A (sonegação de contribuição previdenciária). Essa revogação, contudo, não gerou *abolitio criminis*, devendo os fatos anteriores ser enquadrados na lei revogada (ultra ativa), com a pena da posterior (mais benéfica). Temos que reconhecer, no entanto, uma única hipótese de *abolitio criminis*: o art. 95, *j* (estelionato previdenciário), da Lei 8.212/91, não foi inserido no texto do Código Penal pela Lei 9.983/2000, ocorrendo, assim, autêntica supressão de figura criminosa (hoje o estelionato contra a previdência pode caracterizar o art. 171, § 3º, do CP).

I – tenha promovido, após o início da ação fiscal e antes de oferecida a denúncia, o pagamento da contribuição social previdenciária, inclusive acessórios; ou

II – o valor das contribuições devidas, inclusive acessórios, seja igual ou inferior àquele estabelecido pela previdência social, administrativamente, como sendo o mínimo para o ajuizamento de suas execuções fiscais.

2.1 Considerações iniciais

A Constituição Federal de 1988 desenhou nosso país como Estado Democrático e *Social* de Direito. Para tanto, estabeleceu (ao menos na lei) um sistema de seguridade firme e eficaz (arts. 194 e 195). Tutela-se, nesta espécie de apropriação, exatamente o patrimônio de todos aqueles que fazem parte do sistema de seguridade, mais precisamente o previdenciário[160].

Alguns autores sustentam a inconstitucionalidade do crime de apropriação indébita previdenciária, sob o argumento de que o delito seria fruto de dívida junto à União, resultante do não pagamento de contribuição previdenciária. E, como o art. 168-A do Código Penal possibilita a privação da liberdade do seu responsável, seria violado o art. 5º, LXVII, da Constituição Federal, que proíbe a prisão civil por dívida, com exceção das hipóteses de inadimplemento voluntário e inescusável de obrigação alimentícia e ao depositário infiel[161].

Cléber Masson, não sem razão, discorda e explica:

> "Não se trata de prisão civil por dívida, mas de imposição de pena privativa de liberdade pela prática de crime. O art. 168-A do Código Penal descreve um modelo sintético de conduta criminosa, cominando a quem se envolve em sua prática uma sanção penal"[162-163].

Em razão das penas cominadas, nenhum dos benefícios da Lei 9.099/95 é admitido.

2.2. Sujeitos do crime

Sujeito ativo é a pessoa que tem o dever legal de repassar à Previdência Social a contribuição recolhida dos contribuintes.

Por falta de previsão legal, não é possível imputar o delito à pessoa jurídica, mas tão somente aos seus administradores.

---

160. A Lei 8.213/91, no seu art. 3º, institui o Conselho Nacional de Previdência Social (CNPS), órgão colegiado, destinado a concretizar a gestão democrática e descentralizada, cujos membros são nomeados pelo Presidente da República. No art. 6º da mesma Lei foi criada a Ouvidoria-Geral, no âmbito da Previdência Social, com atribuições a serem definidas em regulamento.

161. No caso do depositário, a disposição constitucional é inaplicável. O STF (súmula vinculante nº 25) considerou ilícita esta modalidade de prisão porque proibida pela Convenção Americana sobre Direitos Humanos, que, incorporada ao ordenamento jurídico brasileiro com natureza supralegal, torna incompatíveis com suas disposições as leis disciplinadoras da prisão do depositário (voluntário ou judicial).

162. Direito Penal Esquematizado – Parte Especial, vol. 2, p. 510-511.

163. Nesse mesmo sentido: STF, HC 91.704, 2.ª T., j. 06.05.2008, rel. Min. Joaquim Barbosa.

Sujeito passivo é a previdência social[164], podendo com ela concorrer os próprios segurados lesados pelo comportamento do agente.

2.3. Conduta

Prevê o tipo apenas uma ação nuclear, que é a de *deixar de repassar* à previdência social os valores recolhidos dos contribuintes no prazo e forma legal (no caso de previdência oficial) ou convencional (previdência privada).

Francisco Dias Teixeira lembra típica hipótese caracterizadora do crime:

> "Estabelecimentos bancários, ou quaisquer outros, autorizados a receber, do contribuinte, o recolhimento de contribuição previdenciária e que, no entanto, deixam de repassar à Autarquia, no prazo legal ou convencional, os valores recolhidos pelo contribuinte."[165].

Da redação do dispositivo se extrai, não obstante o *nomem iuris*, que não há estrita correspondência com a apropriação indébita do art. 168. O art. 168 pune *apropriar-se*; no delito em estudo, *deixar de repassar*. Naquele (art. 168) o agente inverte o ânimo da posse para agir como se fosse o dono do objeto apropriado; neste (art. 168-A), basta que deixe de transmitir ao órgão previdenciário o valor recolhido do contribuinte.

Além disso, no art. 168 há uma relação bilateral, em que a vítima entrega o bem ao agente e este, servindo-se da prévia posse desvigiada, passa a agir como proprietário; no art. 168-A há três personagens, vez que o responsável pela administração da pessoa jurídica recolhe a contribuição de alguém e deixa de repassá-la à previdência social.

Para a maioria, trata-se de crime omissivo, que depende de regulamentação de leis previdenciárias estabelecendo o prazo em que deve ser repassada a contribuição, bem como a forma em que o repasse deverá ocorrer. Já de acordo com a lição de Luiz Flávio Gomes e Alice Bianchini[166], o crime é comissivo omissivo (misto), pois, em primeiro lugar, temos um comportamento ativo (comissivo) que consiste em recolher as contribuições dos contribuintes. Depois advém um comportamento omissivo, deixar de repassar.

Note-se, por fim, que não obstante tipifiquem condutas absolutamente diversas, o STJ considerou que os arts. 168-A e 337-A podem gerar continuidade delitiva: "é possível o reconhecimento da continuidade delitiva entre o crime de sonegação previdenciária

---

164. Alertamos existir importante corrente no sentido de que a vítima, na verdade, é a União, ente efetiva e diretamente lesado com o comportamento do sujeito ativo. A autarquia, na realidade, administra o valor arrecadado pela União. Por fim, cumpre diferenciarmos as expressões "Seguridade Social" e "Previdência Social". Considera-se a primeira como gênero, figurando a Previdência Social, a Saúde e a Assistência Social como espécies daquela. Sendo assim, depreende-se da leitura do dispositivo que o legislador optou por fazer menção somente à Previdência Social, vez que as outras duas espécies não exigem contribuição específica.

165. Crime contra a Previdência Social em face da Lei 9.983/2000, p. 3.

166. *Crimes previdenciários*, v. 1, p. 32.

(art. 337-A do CP) e o crime de apropriação indébita previdenciária (art. 168-A do CP) praticados na administração de empresas de um mesmo grupo econômico. Apesar de os crimes estarem tipificados em dispositivos distintos, são da mesma espécie, pois violam o mesmo bem jurídico, a previdência social."[167].

2.4. Voluntariedade

É o dolo, consubstanciado na vontade consciente de deixar de repassar à Previdência Social os valores de contribuições recolhidas dentro do prazo e forma legal.

Quanto à exigência de finalidade específica (intuito de fraudar a Previdência Social), há divergência, prevalecendo ser dispensável (nesse sentido: *RT* 821/681; 810/728).

Guilherme de Souza Nucci bem resume a controvérsia:

> "Cremos existir elemento subjetivo do tipo específico, consubstanciado na vontade de fraudar a previdência, apossando-se, indevidamente, de quantias não pertencentes ao agente. Aliás, não foi à toa que o legislador utilizou, para denominar os crimes previstos neste artigo, de *apropriação indébita previdenciária*. É controversa essa posição. O STF tem-se posicionado pela exigência somente do dolo genérico, assim como o TRF das 3.ª e 4.ª Regiões, enquanto o STJ[168] e o TRF da 5.ª Região têm demandado o dolo específico."[169].

2.5. Consumação e tentativa

O entendimento dominante na doutrina é o de que se trata de crime formal, dispensando o locupletamento do agente ou o efetivo prejuízo ao Erário.

O STF já decidiu, no entanto, ser o crime material[170], razoável conclusão tendo em vista que a partir do momento em que a contribuição deixa de ser repassada, verificam-se o locupletamento do agente e o prejuízo à previdência.

Esta orientação, de resto, condiz com a postura ultimamente adotada a respeito da necessidade de esgotamento da via administrativa para que se intente a ação penal no crime de apropriação indébita previdenciária, na esteira do que dispõe a súmula vinculante nº 24. A súmula foi editada pelo STF para dispor que "Não se tipifica crime material contra a

---

167. REsp 1.212.911/RS.

168. Parece-nos que o STJ modificou seu posicionamento, aderindo à corrente consolidada no STF. Vejamos: "O crime de apropriação indébita previdenciária não exige o dolo específico de fraudar a previdência social (*animus rem sibi habendi*), bastando a mera intenção de deixar de recolher os valores devidos a título de contribuição previdenciária. Precedentes" (AgRg no REsp 1353240/RS, Quinta Turma, rel. Min. Marco Aurélio Belizze, DJe 28/06/2013). A Terceira Seção do Superior Tribunal de Justiça, no julgamento dos Embargos de Divergência no Recurso Especial n. 1.207.466/ES, de relatoria do Ministro Gurgel de Faria, pacificou o entendimento no sentido de que "a intenção específica ou vontade de se beneficiar com a ausência do recolhimento nada tem a ver com a consumação do fato que ocorre no momento que ele deixa de recolher as contribuições no prazo legal" (AgRg nos EAg 1388275/SP, Rel. Min. Leopoldo de Arruda Raposo (desembargador convocado do TJ/PE), DJe 18/05/2015).

169. *Código Penal comentado*, p. 852.

170. Inq. 2.537/GO, Rel. Min. Marco Aurélio, DJe 13/06/2008.

ordem tributária, previsto no art. 1º, incisos I a IV, da Lei nº 8.137/90, antes do lançamento definitivo do tributo". Embora não haja menção expressa à apropriação indébita previdenciária, passou-se a aplicar a mesma orientação também a este delito em virtude de sua clara natureza tributária. Ocorre que a redação do enunciado é expressa no sentido de que o crime a que se refere é **material** contra a ordem tributária, o qual não se tipifica até o **lançamento definitivo**. Por razão lógica, se houve definitivo lançamento do tributo é forçoso que se admita, no mínimo, o prejuízo aos cofres da previdência. A respeito, destacamos o seguinte julgado do STJ:

> "1. Segundo entendimento adotado por esta Corte Superior de Justiça, os crimes de sonegação de contribuição previdenciária e apropriação indébita previdenciária, por se tratarem de delitos de caráter material, somente se configuram após a constituição definitiva, no âmbito administrativo, das exações que são objeto das condutas (Precedentes)"[171].

Por se tratar de crime omissivo, não é possível haver o fracionamento da conduta, não se admitindo, pois, o *conatus* (para aqueles que defendem a tese do crime de conduta mista, a tentativa é possível).

2.6. Formas assemelhadas

O § 1º prevê formas equiparadas à prevista no *caput*, cominando, inclusive, as mesmas penas ao seu autor. Diferenciam-se os dois dispositivos somente em relação ao sujeito ativo.

Como nos ensina Bitencourt:

> "A conduta tipificada no *caput* tem a finalidade de punir o *substituto tributário*, que deve recolher à previdência social o que arrecadou do contribuinte, e deixou de fazê-lo (ver art. 31 da Lei 8.212/91). Já as figuras descritas no § 1º destinam-se ao *contribuinte-empresário*, que deve recolher a contribuição que arrecadou do contribuinte"[172-173].

Três são as condutas típicas previstas neste parágrafo:

a) no inciso I, o sujeito ativo (seja agente público ou não) não repassa à previdência os valores das contribuições devidas pelo segurado. O proprietário de empresa, por exemplo, está obrigado por lei a reter o valor que deveria ser recolhido pelo seu empregado, segurado da previdência e, posteriormente, repassá-los ao órgão governamental. Aqui, depois de reter o valor devido, não repassa[174]. Não é só a contribuição previdenciária o objeto

171. RHC 40.411/RJ, Rel. Min. Jorge Mussi, DJe 30/09/2014.
172. Ob. cit., v. 3, p. 252.
173. Deve ser observado, porém, que a condenação dos sócios sem a existência de provas robustas de que os mesmos efetivamente contribuíram para a conduta criminosa (apropriação indébita previdenciária) caracteriza responsabilidade penal objetiva, vedada pela CF/88.
174. Determina o art. 15, I, da Lei 8.212/91 ser o ente público considerado empresa para efeitos previdenciários. Logo, como bem lembra Cléber Masson (Direito Penal Esquematizado – Parte Especial, vol. 2, Grupo Editorial Nacional: São Paulo – 2011p. 514), o chefe do Poder Executivo, como

material desta forma equiparada do crime, pois a lei menciona expressamente "outra importância destinada à previdência social". O art. 91 da Lei nº 8.212/91, por exemplo, dispõe que "Mediante requisição da Seguridade Social, a empresa é obrigada a descontar, da remuneração paga aos segurados a seu serviço, a importância proveniente de dívida ou responsabilidade por eles contraída junto à Seguridade Social, relativa a benefícios pagos indevidamente". Neste caso, se determinado funcionário de uma empresa recebeu indevidamente algum benefício previdenciário, pode haver a devolução mediante desconto no salário. Uma vez emitida a ordem de desconto, se o empresário a cumpre mas não faz o repasse, perfaz-se o crime.

b) a conduta prevista no inciso II prevê a hipótese de o contribuinte (empresário) contabilizar no preço final do produto que comercializa o valor da contribuição devida em razão da manutenção de funcionários, não promovendo, porém, o devido recolhimento. Assim procedendo, o agente obteve dupla vantagem, pois "recuperou" no momento da venda do seu produto um montante que nem mesmo chegou a ser escriturado como despesa;

c) o inciso III, quando comparado com os incisos pretéritos, prevê comportamento inverso: desta feita, o contribuinte-empresário deixa de repassar ao empregado benefício previdenciário (por exemplo, salário-família, salário-maternidade etc.) já reembolsado pela Previdência Social.

2.7. Extinção da punibilidade

Antes do advento da Lei 9.983/2000, aplicava-se o disposto no art. 34 da Lei 9.249/95, que extinguia a punibilidade em relação ao agente que efetuasse o pagamento em momento anterior ao recebimento da denúncia.

Depois da referida Lei, aplicando-se o § 2º do art. 168-A, somente ocorria a extinção da punibilidade se:

a) o agente declarava e confessava a dívida (*autodenúncia*);

b) efetuando, espontaneamente (sem a intervenção de fatores externos), o pagamento do tributo devido[175];

c) antes do *início* da execução fiscal.

---

administrador, responde pela ausência de recolhimento das contribuições descontadas dos servidores. Deve ser também responsabilizado o Secretário da Fazenda ou outro servidor com atribuição para efetuar os recolhimentos legalmente previstos.

175. O art. 337-A (sonegação de contribuição previdenciária) prevê também regra de extinção da punibilidade (§ 1º), condicionada, porém, à mera declaração das contribuições sonegadas, dispensando seu efetivo recolhimento. Não havendo razão para a diferença, encontramos corrente (**Alberto Silva Franco**, **Heloisa Estellita**, **Roberto Podval** e **Paula Kahan Mandel**) reclamando o mesmo tratamento no caso da infração ao art. 168-A, sob pena de se ofender o princípio constitucional da isonomia (e da razoabilidade).

Com o aparecimento da Lei 10.684/2003 (Lei do PAES), entendeu o STF (HC 85.452, rel. Min. Eros Grau, *DJU* 03.06.2005) que o pagamento de tributo – *inclusive contribuições previdenciárias* – realizado a qualquer tempo, gerava a extinção da punibilidade, nos termos do seu art. 9º, § 2º.

A política de parcelamento extintivo da punibilidade foi novamente prevista na Lei 11.941/2009, anunciando em seu art. 69: "Extingue-se a punibilidade dos crimes referidos no art. 68 [arts. 1º e 2º da Lei 8.137/90 e arts. 168-A e 337-A do CP] quando a pessoa jurídica relacionada com o agente efetuar o pagamento integral dos débitos oriundos de tributos e contribuições sociais, inclusive acessórios, que tiverem sido objeto de concessão de parcelamento".

Por fim, a Lei 12.382/11, dando nova redação ao art. 83, § 1º, da Lei 9.430/96, proclama:

> "Na hipótese de concessão de parcelamento do crédito tributário [abrangendo as contribuições previdenciárias], a representação fiscal para fins penais somente será encaminhada ao Ministério Público após a exclusão da pessoa física ou jurídica do parcelamento". Durante o período em que a pessoa física ou jurídica relacionada com o agente do crime do art. 168-A estiver incluída no plano de parcelamento, fica "suspensa a pretensão punitiva do Estado", desde que "o pedido de parcelamento tenha sido formalizado antes do recebimento da denúncia criminal (§ 2º). A prescrição da pretensão punitiva [e não executória] também fica suspensa (§ 3º). Ocorrendo o pagamento integral dos débitos parcelados, extingue-se a punibilidade (§ 4º).

O STF já decidiu que a Lei nº 12.382/11 convive com o art. 9º, § 2º, da Lei nº 10.684/03. Julgando *habeas corpus* em processo que apurava sonegação fiscal, o relator esclareceu que o impetrante buscava ver declarada extinta a punibilidade, considerado o pagamento integral de débito tributário constituído. No *writ*, fez referência ao voto externado no exame da AP 516 ED/DF, segundo o qual a Lei 12.382/11, que trata da extinção da punibilidade dos crimes tributários nas situações de parcelamento do débito tributário, não afetaria o disposto no § 2º do art. 9º da Lei 10.684/2003, o qual preveria a extinção da punibilidade em virtude do pagamento do débito a qualquer tempo[176]. O relator ressalvou entendimento pessoal de que a quitação total do débito, a permitir que fosse reconhecida causa de extinção, poderia ocorrer, inclusive, posteriormente ao trânsito em julgado da ação penal. (HC 116.828/SP, rel. Min. Dias Toffoli, DJe 22/08/2013).

2.8. Perdão judicial e privilégio

O § 3º faculta ao juiz perdoar ou aplicar somente pena pecuniária quando, primário e portador de bons antecedentes, o agente: I – promove o pagamento dos débitos

176. Conforme decidiu o STJ, o pagamento efetuado após o trânsito em julgado da sentença condenatória não tem efeito extintivo da punibilidade (HC 302.059/SP, Rel. Min. Maria Thereza de Assis Moura, DJe 11/2/2015).

previdenciários após o início da execução fiscal, mas antes do oferecimento da denúncia; II – se apropria de valor incapaz de movimentar a máquina administrativa no sentido de receber o montante devido (o órgão previdenciário, tendo em vista a onerosidade do procedimento judicial, estabelece quantias mínimas que ensejam a instauração de processo de execução).

Como já salientado acima, pertence ao magistrado o poder de escolha entre a concessão do perdão judicial e a aplicação de pena de multa (sempre atento aos fins e princípios norteadores da pena, em especial o da necessidade concreta da sanção penal).

Na hipótese do inc. I, a intenção do legislador foi clara: se concretizado o pagamento dos débitos previdenciários antes do início da execução fiscal, extinguia-se a punibilidade, aplicando-se o § 2º (não importando se primário ou reincidente o agente); se após o início da execução fiscal, mas antes do oferecimento da ação penal, o juiz, diante de agente primário e portador de bons antecedentes, perdoava ou aplicava somente a multa. Entretanto, como vimos acima, diante da extensão que se deu às Leis 10.684/03 e 12.832/11, o dispositivo em análise ficou praticamente esquecido.

Na hipótese do inc. II, discute-se se a previsão de leque tão amplo de benesses admite espaço para aplicação do princípio da insignificância. Entendemos que, em casos tais, deve-se preferir a consideração da insignificância sobre o perdão judicial, pois, se de um lado, é certo que o legislador facultou ao juiz a concessão de perdão judicial ou aplicação só da multa, de outro, não menos correto, é que a dívida ativa, em razão do seu valor, não deve ser executada.

Ora, se esse valor é insignificante para o fim de ajuizamento da execução fiscal, com muito mais razão é irrelevante para fins penais. A dúvida, no entanto, está em saber até qual valor a dívida é etiquetada como irrelevante?

O valor mínimo para a execução fiscal está descrito no art. 20 da Lei nº 10.522/2002, no qual se estabelece que a Fazenda Pública não ajuizará execução fiscal para cobrar menos de R$ 10 mil. Sempre foi esse o patamar utilizado pelo Judiciário na análise do princípio da insignificância nos crimes previdenciários.

Ocorre que a Portaria nº 75/2012 do Ministério da Fazenda, com base em estudos do Instituto de Pesquisa Econômica Aplicada, *recalculou o valor mínimo para o ajuizamento de execução fiscal para R$ 20 mil.*

Instalou-se a dúvida: a análise da insignificância deve considerar a Lei 10.522/02 (R$ 10.000,00) ou a Portaria 75/12 (R$ 20.000,00)?

O Superior Tribunal de Justiça já decidiu a esse respeito, favoravelmente ao reconhecimento da atipicidade da conduta, mas considerando o valor previsto na Lei (R$ 10.000,00):

> "1. A Lei 11.457/07 considerou como dívida ativa da União também os débitos decorrentes das contribuições previdenciárias, dando-lhes tratamento semelhante ao que é dado aos créditos tributários. Assim, não há porque fazer distinção, na seara penal, entre os crimes de descaminho e de apropriação ou sonegação de contribuição previdenciária, razão pela qual deve se estender a aplicação do

princípio da insignificância a estes últimos delitos, quando o valor do débito não for superior R$ 10.000,00 (dez mil reais)"[177].

Essa discussão não é meramente acadêmica, sendo óbvio seu interesse prático. Com efeito, se aplicadas as disposições do § 3º do art. 168-A, com a concessão do perdão judicial, haverá uma sentença em que o juiz reconhece a culpa, isto é, considera a repercussão social negativa da conduta, mas decide que, objetivamente, a aplicação da pena é desnecessária. Por outro lado, se reconhecida a insignificância do valor indevidamente apropriado, o juiz não irá atestar a existência das circunstâncias objetivas e subjetivas que integram o delito, mas, sim, a atipicidade do fato.

2.9. Ação penal

A ação penal é pública incondicionada.

3. APROPRIAÇÃO DE COISA HAVIDA POR ERRO, CASO FORTUITO OU FORÇA DA NATUREZA

▶ ***Apropriação de coisa havida por erro, caso fortuito ou força da natureza***

Art. 169. Apropriar-se alguém de coisa alheia vinda ao seu poder por erro, caso fortuito ou força da natureza:

Pena – detenção, de 1 (um) mês a 1 (um) ano, ou multa.

3.1. Considerações iniciais

O bem jurídico tutelado continua sendo o patrimônio. Não existe, na presente hipótese, violação ou abuso da confiança por parte do agente, já que a coisa não chega em suas mãos por deliberação da vítima, mas por erro, caso fortuito ou força da natureza (daí sanção penal menor).

A pena cominada permite a transação penal e a suspensão condicional do processo (Lei 9.099/95).

3.2. Sujeitos do crime

Tratando-se de crime comum, qualquer pessoa pode praticá-lo (o dever de restituição, nessas hipóteses, recai sobre todos os indivíduos, indistintamente). A respeito do sujeito ativo, leciona Bento de Faria:

177. AgRg no REsp 1389169/MG, Rel. Min. Maria Thereza Assis Moura, DJe 04/11/2013. O STF também tem decisões em que adota critério diverso dos demais crimes tributários quando o assunto envolve o valor estabelecido como parâmetro da insignificância nos crimes previdenciários (HC 107.331/RS, Rel. Min. Gilmar Mendes, DJe 12/06/2013). Aliás, deve ser alertado que a mesma Corte, em julgados anteriores, não vinha reconhecendo o princípio da insignificância nos crimes contra a Previdência Social, com fundamento no valor supraindividual do bem jurídico tutelado, incompatível com a tese da bagatela (HC 110.124/SP, Relator: Min. Cármen Lúcia, DJe: 14/02/2012, Primeira Turma).

> "O *sujeito ativo* – devendo ser considerado em relação ao erro, ou ao caso fortuito, ou a força maior, daí resulta que o – agente – responsável há de ser quem, por um daqueles motivos, veio a possuir a coisa alheia móvel de outrem, à qual não tinha direito, ou recebeu a que não lhe era devida por quem lhe entregou.
>
> Não altera sua posição jurídica a circunstância possível de ser ele – *coproprietário* – da mesma coisa, não sendo fungível, pois se o for à apropriação seria respeitante ao excedente da sua quota."[178].

No polo passivo, figura o proprietário do bem, que tem a coisa retirada de sua esfera de disponibilidade em virtude de erro (próprio ou de terceiro), caso fortuito ou força da natureza.

3.3. Conduta

À semelhança do art. 168, somente um verbo constitui o núcleo do tipo: *apropriar-se*. Trata-se, portanto, de uma espécie de apropriação indébita (crime já estudado), aplicando-se as considerações gerais lá expostas. A diferença entre as duas figuras criminosas é a forma como a coisa chega às mãos do agente. Na primeira (art. 168), o proprietário, baseado normalmente em situação de confiança, confia (entrega) a coisa ao autor; na segunda (art. 169), o agente adquire a posse ou detenção por erro, caso fortuito ou força da natureza (não há deliberação do *dominus*).

Explica Rogério Greco:

> "O núcleo apropriar é utilizado no sentido de tomar como propriedade, tomar para si, apoderar-se de uma coisa alheia móvel. No entanto, ao contrário do que ocorre com a apropriação indébita, o agente não tinha, licitamente, a posse ou a detenção da coisa. Aqui, ela vem ao seu poder por erro, caso fortuito ou força da natureza."[179].

Por *erro* entende-se a falsa percepção da realidade, que pode recair sobre:

a) a pessoa: JOÃO deve certa quantia a ANTONIO, mas, ao efetuar o pagamento, fá-lo em favor de um homônimo, que nada opõe;

b) o objeto: JOÃO adquire um anel com revestimento dourado, mas recebe do vendedor objeto semelhante feito de ouro;

c) a obrigação: JOÃO efetua o pagamento a seu fornecedor, mas, por engano, paga novamente.

Esta, aliás, é a lição de Noronha:

> "Há erro sobre a coisa, *error in substantia*, quando incide sobre a identidade, a qualidade ou a quantidade da coisa. São exemplos de

178. Ob. cit., v. 4, p. 147.

179. Ob. cit., v. 3, p. 220.

> erro sobre a coisa: uma pessoa vende a outra um imóvel, ignorando haver em seu interior dinheiro de que o comprador se apropria; o agente compra da vítima jornais velhos, porém, juntamente com eles, vem a seu poder um título de valor econômico; uma pessoa manda sua roupa a lavar no tintureiro, mas em um dos bolsos, acha-se seu dinheiro, do qual o segundo se apropria. Há ainda erro sobre a coisa quando alguém entrega a outrem quantidade maior do que a devida. Finalmente, quando uma coisa é entregue por outra."[180].

Caso fortuito e *força da natureza* se distinguem conceitualmente, mas possuem o mesmo efeito, ou seja, não estão atrelados à vontade das pessoas que compõem o negócio jurídico.

Caso fortuito, na lição do mesmo autor:

> "'É o acaso; é o efeito produzido por uma causa estranha, não imputável àquelas pessoas. Exemplo de caso fortuito temos no do animal que de uma fazenda passa para outra, cujo dono dele se apropria" (...). E continua, conceituando força da natureza como sendo um "evento físico, natural. É o efeito de toda força física ininteligente, assim, o vento, o incêndio, o terremoto, as correntes de água (rios e mares), a inundação, etc. Exemplo clássico de força da natureza, temos no caso do objeto que é levado pelo vendaval, entrando na posse de outrem."[181].

A exemplo do dispositivo anterior (art. 168), não pode a coisa sair da esfera de disponibilidade da vítima pela subtração do agente, pela violência ou grave ameaça, ou pelo emprego de fraude (erro provocado), sob pena de configuração dos crimes de furto, roubo ou estelionato, respectivamente.

3.4. Voluntariedade

Aplicam-se aqui os mesmos comentários dispensados ao art. 168, inclusive no tocante à divergência doutrinária acerca da existência ou não de elemento subjetivo do tipo específico. O que se acrescenta, no caso, é que o dolo se consubstancia na vontade de, uma vez recebida a coisa por erro, caso fortuito ou força da natureza, dela se apropriar, não desfazendo o erro (não há dolo se impossível a identificação do real proprietário).

É de se observar que somente se caracteriza este delito se o agente percebe o erro após ter recebido a coisa, pois, se o constata no momento mesmo em que se dá a transmissão, e permanece propositadamente em silêncio, há estelionato em virtude da manutenção da vítima em erro.

3.5. Consumação e tentativa

Ocorre a consumação no instante em que o agente, percebido o engano, transforma a posse da coisa em propriedade, agindo, arbitrariamente, como se fosse o dono.

---

180. *Código Penal brasileiro*, p. 68.

181. *Código Penal brasileiro*, p. 71-72.

Tratando-se de espécie do crime previsto no art. 168, aplicam-se aqui os mesmos comentários expendidos no que tange à possibilidade de configuração do *conatus*.

4. APROPRIAÇÃO DE TESOURO

Parágrafo único. Na mesma pena incorre:

▶ ***Apropriação de tesouro***

I – quem acha tesouro em prédio alheio e se apropria, no todo ou em parte, da quota a que tem direito o proprietário do prédio;

4.1. Considerações iniciais

O bem tutelado continua sendo o patrimônio, mas daquele que faz jus, segundo o direito privado, à quota de tesouro encontrado em prédio de sua propriedade (art. 1.264 CC). É o direito penal sancionando a inobservância das regras do direito civil.

Nas palavras de Noronha:

> "A incriminação da espécie só é possível quando a legislação civil disciplina o assunto, atribuindo parte do tesouro ao proprietário do prédio, ou então a terceiro, como o Estado. A disposição penal surge pois, como sanção a esse princípio do direito privado."[182].

A previsão de pena menor possui o mesmo fundamento do *caput*, isto é, a inexistência de quebra de confiança, eis que a coisa não chegou ao agente por deliberação do proprietário.

4.2. Sujeitos do crime

Trata-se de crime comum, em que o sujeito ativo será o inventor, ou seja, aquele que encontra o tesouro.

Sujeito passivo será o proprietário do imóvel em que foi descoberto o tesouro.

4.3. Conduta

Pune-se a conduta daquele que se *apropria* da quota parte do tesouro que caberia ao proprietário do prédio em que foi achado.

Por *tesouro* entende-se o depósito antigo de coisas preciosas, oculto e de cujo dono não haja memória (art. 1.264 CC)[183].

Note-se que, inicialmente, a posse do bem é lícita, vez que o encontro do tesouro, por si só, não constitui nenhum delito. A conduta passará a ser criminosa a partir do

182. *Código Penal brasileiro*, p. 76.

183. **Noronha** alerta que "não constituem tesouro as minas, os filões etc., porque se incorporam naturalmente ao solo; como também as ruínas de antigos monumentos, ou as coisas imobilizadas, tal como uma estátua fixada a um edifício" (*Código Penal brasileiro*, v. 5, 2.ª parte, p. 84).

momento em que houver a recusa do inventor em dividir o valioso achado com o proprietário do prédio.

É pressuposto do crime que o agente caminhe em propriedade alheia autorizado. Se não autorizado, o encontro do tesouro, e seu posterior apoderamento, configurará furto (art. 155 do CP).

4.4. Voluntariedade

Consubstancia-se o dolo na vontade consciente de se apropriar da quota parte do tesouro achado em prédio alheio.

4.5. Consumação e tentativa

Consuma-se o delito com a conversão da posse ou detenção do tesouro em domínio (próprio ou de terceiro), podendo ocorrer pela alienação, disposição do bem, ou pela recusa do inventor em dividi-lo.

Quanto à tentativa, têm lugar as mesmas ponderações expendidas no crime de apropriação indébita (art. 168 do CP).

5. APROPRIAÇÃO DE COISA ACHADA

▶ ***Apropriação de coisa achada***

II – quem acha coisa alheia perdida e dela se apropria, total ou parcialmente, deixando de restituí-la ao dono ou legítimo possuidor ou de entregá-la à autoridade competente, dentro no prazo de 15 (quinze) dias.

5.1. Considerações iniciais

É a última modalidade de apropriação prevista na lei. Possui o mesmo fundamento da anterior, explicando-se a diminuição de pena em relação à apropriação indébita fundamental também pela ausência de violação de fidúcia.

De acordo com o escólio de Noronha:

> "O dispositivo penal é uma sanção imposta ao inventor de coisa perdida. Impõe-lhe a norma civil a obrigação de entregá-la ao dono ou ao legítimo possuidor, ou, no caso de não conhecê-los, à autoridade competente. A disposição penal, portanto, só se justifica quando a legislação civil não admite como modo de aquisição de domínio da coisa perdida, a invenção, quando, ainda que o adquira, estiver o agente sujeito à execução de determinadas providências ditadas pelo estatuto civil."[184].

184. *Código Penal brasileiro*, p. 92.

5.2. Sujeitos do crime

Tratando-se de crime comum, qualquer pessoa poderá praticá-lo. Sujeito ativo será aquele que acha a coisa perdida e dela se apropria, a despeito do dever legal de entregá-la ao dono, ao legítimo possuidor (se conhecer sua identidade) ou à autoridade competente.

No polo passivo, figurará o proprietário ou legítimo possuidor da coisa apropriada.

5.3. Conduta

Pune-se a conduta daquele que acha coisa alheia e não a restitui ao proprietário ou legítimo possuidor, ou não a entrega à autoridade competente, dentro do prazo legal (crime a prazo).

Apesar de divergente, prevalece que a *invenção* (achado de coisa alheia perdida) só pode ser casual (por acaso). Se intencional (percebida), o apoderamento da coisa caracteriza furto (ex: agente que percebe a carteira da vítima caindo do seu bolso).

Sobre o assunto, esclarece Hungria:

> "Para que se apresente o crime em questão, e não o furto, é preciso que o agente tenha razão (fundada no *id quod plerumque accidit*) que o *certifique* de que a coisa está *perdida*. Se há casos em que o *perdimento* é evidente *prima facie*, outros há em que é manifesto o *não perdimento*. Uma pedra preciosa que se depara caída numa sarjeta é, *ictu oculi*, uma *res deperdita*; mas não o são, sem a menor dúvida, por exemplo, os animais que costumam vaguear pelas ruas suburbanas, ainda quando se distanciem do quintal do *dominus*, sem perderem a *consuetudo revertendi*."[185].

Considera-se *coisa perdida*[186] aquela que, estando fora da esfera de disponibilidade do proprietário ou legítimo possuidor, encontra-se em local público ou de acesso ao público. Assim, não se considera perdida a coisa que, embora esteja em local incerto, não saiu da custódia do proprietário, como a que se encontra em local incerto de sua residência, por exemplo. Neste caso, havendo apoderamento, também configurará crime de furto (art. 155 do CP).

5.4. Voluntariedade

É o dolo, consistente na vontade consciente de, uma vez achada a coisa, dela se apropriar (exige-se o *animus rem sibi habendi*).

O simples decurso do prazo de 15 dias previsto para a entrega da coisa achada à autoridade competente não faz, por si só, presumir o dolo, pois é perfeitamente possível que,

185. Ob. cit., v. 7, p. 154.

186. A apropriação de coisa abandonada (*res derelicta*) e da coisa que nunca teve proprietário ou possuidor (*res nullius*) não constitui crime (nesse sentido: *RJDTACRIM* 11/45).

neste período, outros meios tenham sido utilizados para que se encontrasse o proprietário ou legítimo possuidor.

Não haverá crime, ainda, se o agente, considerando as condições em que foi encontrada a coisa, supuser seu abandono, ocorrendo erro sobre o elemento constitutivo do tipo.

5.5. Consumação e tentativa

Nos casos em que o agente tem conhecimento da propriedade ou posse legítima do bem, o crime se consuma no momento em que deixa de entregá-lo com a finalidade de permanência em seu poder. Quando está obrigado a entregar o bem à autoridade competente, consuma-se o delito na fluência do prazo sem manifestação do agente, ou, quando, antes de vencido o lapso temporal, pratica atos que evidenciam a apropriação (venda, permuta, doação, locação etc.). Há, no entanto, jurisprudência no sentido da necessidade do exaurimento do prazo de 15 dias, sempre, sem o qual o crime não se consuma.

Nesse sentido:

> "Não se consuma o delito de apropriação de coisa achada, ainda que tenha o agente tentado vender a *res*, se for a mesma apreendida pela autoridade competente antes do decurso do prazo legal para a restituição voluntária."[187].

6. AÇÃO PENAL

Em todas as figuras previstas no art. 169, a ação penal será pública incondicionada.

7. PRINCÍPIO DA ESPECIALIDADE

a) Código Penal x Código Penal Militar: o art. 249 do Decreto-lei 1.001/69 pune a prática da apropriação de coisa havida acidentalmente cometida na forma do art. 9º daquele diploma.

8. APROPRIAÇÃO INDÉBITA PRIVILEGIADA

Art. 170. Nos crimes previstos neste Capítulo, aplica-se o disposto no art. 155, § 2º.

8.1. Considerações gerais

Cuida o art. 170 da apropriação indébita privilegiada.

A exemplo do art. 155, § 2º, que trata de figura semelhante para o delito de furto, poderá o juiz substituir a pena de reclusão pela de detenção, reduzi-la de um a dois terços, ou aplicar somente a pena de multa, desde que seja primário o agente e de pequeno valor a coisa apropriada.

187. *JUTACRIM* 20/302.

CAPÍTULO VI – DO ESTELIONATO E OUTRAS FRAUDES

1. ESTELIONATO

▶ ***Estelionato***

Art. 171. Obter, para si ou para outrem, vantagem ilícita, em prejuízo alheio, induzindo ou mantendo alguém em erro, mediante artifício, ardil, ou qualquer outro meio fraudulento:

Pena – reclusão, de 1 (um) a 5 (cinco) anos, e multa.

1.1. Considerações iniciais

Tutela-se com a incriminação do estelionato a inviolabilidade patrimonial, aviltada pela prática de atos enganosos pelo agente.

Na lição de NORONHA:

> "O mundo moderno oferece *clima* propício ao estelionato, pela multiplicidade de relações jurídicas que a expansão econômica e o desenvolvimento das atividades humanas impõem. Ora, o equilíbrio e a harmonia social exigem que essas relações se assentem sobre o pressuposto da *boa-fé*, e daí o objetivo particular da lei de tutelá-la, ameaçando com a pena as violações da lisura, da honestidade que, como imperativo constante, deve reinar nas relações jurídicas, em torno das quais a vida hodierna se agita. Esse interesse é eminentemente social, pelo que somos dos que pensam que a tutela do dispositivo não se dirige tanto a proteger a boa-fé *individual* no negócio jurídico – já que aceitamos que o crime existe ainda que a vítima não se tenha havido com grande lisura – mas é inspirada no *interesse público* de reprimir de qualquer maneira a fraude causadora do dano alheio."[188].

A doutrina discute fartamente acerca da existência de diferença entre fraude penal e fraude civil, sinalizando negativamente. Com efeito, fraude é fraude, é o ato ardiloso, de má-fé, que visa a obtenção de indevida vantagem, acarretando prejuízo a outrem.

Não há critério científico apto a estabelecer diferenciação entre as duas hipóteses, sendo certo que caberá ao aplicador da lei, tendo como base as razões de política criminal, estabelecer em quais situações estará o agente buscando uma vantagem indevida e quando tal vantagem deve ser tolerada como a obtenção permitida de lucro proveniente do próprio negócio estabelecido entre as partes.

Neste sentido, aliás, é a lição de NORONHA:

> "Em síntese: não há diferença ontológica entre fraude civil e fraude penal, sendo vãs todas as teorias que procuram traçar *in abstracto* um princípio que as distinga; não obstante, há casos de fraude, para

---

188. *Código Penal brasileiro*, p. 127.

os quais a política criminal não julga necessária a pena; incumbe ao juiz a distinção entre essa fraude e aquela sujeita ao magistério punitivo."[189].

A pena cominada permite a suspensão condicional do processo (Lei 9.099/95), desde que não incidente a causa de aumento prevista no § 3º.

1.2. Sujeitos do crime

Sujeito ativo poderá ser qualquer pessoa, dele não se exigindo nenhuma qualidade ou condição especial (crime comum).

O sujeito passivo também é comum, isto é, qualquer pessoa que sofra lesão patrimonial ou que seja submetida à ação fraudulenta empreendida pelo agente, notando-se que nem sempre o prejuízo econômico recairá sobre a pessoa que sofreu o enliço. Aliás, a jurisprudência do STF é pacífica no sentido de que o sujeito passivo, no crime de estelionato, tanto pode ser a pessoa enganada quanto a prejudicada, ainda que uma seja ente público (*RT* 839/495).

A vítima, no entanto, deve ter capacidade para ser iludida, pois, do contrário, ocorrerá abuso de incapazes (art. 173 do CP). Deve, ainda, ser determinada, pois se incerta estaremos diante, por exemplo, do crime previsto no art. 2º, XI, da Lei 1.521/51 (ex.: alteração de taxímetros, de balanças, de bombas de combustíveis etc.)[190].

1.3. Conduta

Pune-se aquele que, por meio da "astúcia", "da esperteza", do "engodo", da "mentira", procura despojar a vítima do seu patrimônio fazendo com que esta entregue a *coisa* visada *espontaneamente*, evitando, assim, retirá-lo por meios violentos. Em suma, o agente busca lesar a vítima em seu patrimônio, de maneira sutil, mas sempre segura.

A fraude pode ser empregada para *induzir* ou *manter* a vítima em erro. No ato de *induzir* (incutir) é o agente quem cria na vítima a falsa percepção da realidade. Já na *manutenção*, a própria vítima se encontra equivocada e o fraudador, aproveitando-se dessa circunstância, emprega os meios necessários para mantê-la nesse estado, não desfazendo o engano percebido.

Da simples leitura do tipo percebe-se que, para existir o crime, necessário se faz a presença de **três elementos**:

a) fraude: lesão patrimonial realizada por meio de malicioso engano, podendo ser o *artifício* (encenação material mediante uso de objetos ou aparatos aptos a enganar, como o

189. *Código Penal brasileiro*, p. 127.

190. A adulteração de combustível configura o crime do art. 1º, I, da Lei 8.176/91, de competência da Justiça Estadual, salvo se demonstrada lesão a bens, serviços ou interesses da União. Não há que aduzir a competência da Justiça Federal em razão da fiscalização pela Agência Nacional de Petróleo – ANP, salvo se comprovado prejuízo à autarquia especial.

"bilhete premiado", a utilização de disfarce etc.), o *ardil* (astúcia, conversa enganosa); ou *qualquer outro meio fraudulento* (como o silêncio, por exemplo, que consistiria no estelionato por omissão). O meio escolhido deve, no entanto, ser apto a ludibriar alguém,[191] caso contrário, haverá crime impossível (art. 17 do CP);

b) vantagem ilícita: se a vantagem for devida estar-se-á diante do crime de exercício arbitrário das próprias razões.

Há divergência no tocante à natureza da vantagem (se deve ser econômica ou não necessariamente). Leciona Fragoso que "por *vantagem ilícita* deve entender-se qualquer utilidade ou proveito de ordem patrimonial, que o agente venha a ter em detrimento do sujeito passivo sem que ocorra justificação legal."[192].

Em sentido contrário, Bitencourt, para quem mostra-se indiferente a natureza da vantagem visada pelo agente, exigindo-se somente que seja injusta:

> "O argumento de que a natureza econômica da vantagem é necessária, pelo fato de o estelionato estar localizado no Título que disciplina os crimes contra o patrimônio, além de inconsistente, é equivocado. Uma coisa não tem nada que ver com a outra: os crimes contra o patrimônio protegem a inviolabilidade patrimonial da sociedade em geral e da vítima em particular, o que não se confunde com a vantagem ilícita conseguida pelo agente. Por isso, não é a *vantagem* obtida que deve ter natureza econômica; o *prejuízo* sofrido pela vítima é que deve ter essa qualidade."[193].

A fraude em certames de interesse público (concurso público, avaliação ou exame públicos, processo seletivo para ingresso no ensino superior ou exame ou processo seletivo previstos em lei) pode configurar o crime previsto no art. 311-A, criado pela Lei 12.550/11.

c) prejuízo alheio: para a caracterização do crime, a vítima deve sofrer um prejuízo patrimonial que corresponda à vantagem indevida obtida pelo agente. Aliás, quando o tipo se refere à "vantagem indevida", isto é "vantagem ilícita" e "prejuízo alheio", fica claro que a primeira pressupõe o segundo, já que quem obtém ilicitamente algum bem, está evidentemente lesando o patrimônio do *tertius* e está lhe proporcionando um "prejuízo".

O STF, analisando a fraude praticada em detrimento do FGTS, decidiu ser inaplicável o princípio da insignificância:

> "A 1ª Turma denegou habeas corpus em que requerida a aplicação do princípio da insignificância em favor de acusada pela suposta

191. Apesar de muitos ainda insistirem que a idoneidade (ou não) do meio fraudulento utilizado pelo agente se extrai da percepção do *homem médio* (homem de diligência mediana), preferimos, com o devido respeito, analisar o caso concreto, aquilatando as condições da vítima (idade, grau de instrução etc.), dados importantes para concluir pela eficácia (ou não) do artifício utilizado pelo estelionatário.

192. Ob. cit., v. 2, p. 349.

193. Ob. cit., v. 3, p. 276.

prática do crime de estelionato. Destacou-se que a paciente obtivera a vantagem em face de saques irregulares de contas inativas vinculadas ao Fundo de Garantia por Tempo de Serviço – FGTS. Ademais, por tratar-se de fraude contra programa social do governo a beneficiar inúmeros trabalhadores, asseverou-se que a conduta seria dotada de acentuado grau de desaprovação."[194].

O mesmo tribunal decidiu que, no art. 171, caput, o ressarcimento do dano não atrai as disposições legais relativas à extinção da punibilidade pelo pagamento do tributo nos delitos contra a ordem tributária:

> "A causa especial de extinção de punibilidade prevista no § 2º do art. 9º da Lei 10.684/2003, relativamente ao pagamento integral do crédito tributário, não se aplica ao delito de estelionato (CP, art. 171). Esse o entendimento da Segunda Turma, que negou provimento a recurso ordinário em "habeas corpus" em que se pleiteava a declaração da extinção da punibilidade em razão do ressarcimento integral do dano causado à vítima do estelionato"[195].

☑ ***A fraude bilateral (má-fé do agente e da vítima) exclui o crime?***

Como vimos, os únicos requisitos exigidos por lei para caracterizar o crime de estelionato são (a) fraude do agente, (b) vantagem ilícita (c) e o prejuízo alheio. O tipo não faz qualquer referência à boa-fé da vítima (esta não aparece como elementar do tipo). Se o ofendido se deixou enganar pelo engodo de outrem, ainda que movido por ganância, nem por isso se apaga a conduta criminosa do estelionatário.

Bento de Faria, nesse sentido, explica:

> "Pouco importa que o ato praticado pelo sujeito passivo, em consequência do erro seja necessariamente nulo, em razão do vício do consentimento. Alegar a nulidade como excludente da imputabilidade penal equivaleria excluir a criminalidade da prática com fundamento em elemento que, justamente, comprova a sua subsistência. Da mesma forma, quando o erro do sujeito passivo foi respeitante a uma relação ou a um fato ilícito ou imoral, isto é, quando tenha sido induzido a ele para proporcionar a prestação ao agente, sendo a causa delituosa ou ilícita. A razão repressiva da lei não está subordinada à moralidade do sujeito passivo. Sem embargo da opinião contrária de Carrara e de Pessina e outros, prefiro adotar o parecer dos que entendem ser indiferente a antijuridicidade e a imoralidade da intenção da vitima e as das relações entre ela e o agente, desde que intervenha a fraude."[196].

194. HC 110.845/GO, Primeira Turma, rel. Min. Dias Toffoli, DJe 01/06/2012.
195. RHC 126917/SP, rel. Min. Teori Zavascki, DJe 09/09/2015 .
196. Ob. cit., v. 4, p. 180.

Assim se posiciona a maioria da jurisprudência.

Vejamos uma do STF:

> "Embora reprovável a conduta da vítima que participa da trama de outrem, visando vantagem ilícita, a sua boa-fé não é elemento do tipo previsto no art. 171 do CP. Sanciona-se a conduta de quem arquiteta a fraude, porque o Direito Penal tem em vista, primordialmente, a ofensa derivada do delito."[197].

Nélson Hungria, porém, pensa diferente. Para o mestre, em caso de fraude bilateral, o crime deixa de existir, não podendo o direito amparar a má-fé da vítima.

Eis sua lição:

> "O patrimônio individual cuja lesão fraudulenta constitui o estelionato é o *juridicamente protegido*, e somente goza da proteção do direito o patrimônio que sirva a um fim legítimo, dentro de sua função econômico-social. Desde o momento que ele é aplicado a um fim ilícito ou imoral, a lei, que é a expressão do direito como *mínimo ético* indispensável ao convívio social, retira-lhe o arrimo, pois, de outro modo, estaria faltando à sua própria finalidade."[198].

Por fim, devemos lembrar que o crime de estelionato, pela sua natureza, pode vir acompanhado pelo ato de falsificação de documentos[199]. Nessa hipótese discute-se se há (ou não) o concurso de delitos, havendo **três** posicionamentos:

a) de acordo com o STJ, protegendo bens jurídicos diversos, o agente responde pelos dois crimes (estelionato e falso), em concurso material (art. 69 do CP), considerando a pluralidade de condutas produzindo vários resultados. Contudo, se o falso se esgota (se exaure) no estelionato, o delito contra a fé-pública (falso) ficará absorvido pelo patrimonial (art. 171)[200];

b) segundo o STF o agente responderá pelos dois delitos, porém em concurso formal, considerando haver uma conduta (dividida em dois atos) produzindo pluralidade de resultados. Deve-se notar, contudo, que o Pleno do tribunal, em julgamento de processo de

---

197. RHC 65.186-1-SP, Rel. Min. Carlos Madeira, j. 19.06.1987.
198. Ob. cit., v. 7, p. 192.
199. Noutra forma de concurso, entre o estelionato e o roubo, em que o agente, com violência, subtrai talonário de cheques, falsifica a assinatura do titular e tenta obter indevida vantagem, decidiu o STJ não haver absorção: "O delito de estelionato não será absorvido pelo de roubo na hipótese em que o agente, dias após roubar um veículo e os objetos pessoais dos seus ocupantes, entre eles um talonário de cheques, visando obter vantagem ilícita, preenche uma de suas folhas e, diretamente na agência bancária, tenta sacar a quantia nela lançada. Isso porque a falsificação da cártula, no caso, não é mero exaurimento do crime antecedente, porquanto há diversidade de desígnios e de bens jurídicos lesados. Dessa forma, inaplicável o princípio da consunção. Precedente citado: REsp 1.111.754-SP, Sexta Turma, DJe 26/11/2012" (HC 309.939/SP, Rel. Min. Newton Trisotto (Desembargador convocado do TJ-SC), DJe 19/5/2015).
200. Nesse sentido é a Súmula 17 do STJ: "Quando o falso se exaure no estelionato, sem mais potencialidade lesiva, é por este absorvido".

extradição, também já se manifestou pela possibilidade de absorção do falso pelo estelionato quando a potencialidade lesiva daquele se exaure neste último (Ext. 931/PT, rel. Min. Cezar Peluso, DJe 14/10/2005).

c) o crime de falso absorve o estelionato, se o documento for público, já que a pena do *falsum* é mais severa (princípio da absorção).

1.4. Voluntariedade

Consiste no dolo de induzir ou manter alguém em erro a fim de obter indevida vantagem, para si ou para outrem.

O dolo deve abranger não só o ato de indução ou manutenção da vítima ao equívoco, como também o meio fraudulento empregado, a vantagem ilícita a ser obtida e o prejuízo alheio.

No induzimento a erro, o dolo deve anteceder a ação. Na manutenção, será concomitante. Eis a lição de NORONHA:

> "Resta dizer que no *momento* do dolo reside uma das características do estelionato: deve ele ser anterior ao erro do sujeito passivo, que determinará a prestação causativa da vantagem ilícita. Se for *consequente* a esse momento, dará lugar à apropriação indébita. Se se tratar de *manter* em erro, será *simultâneo*, pois que se o erro preexiste, prossegue com ele."[201].

Exige o tipo a presença do elemento subjetivo, consistente na obtenção da vantagem em proveito próprio ou de terceiro. Se o agente emprega os meios fraudulentos com a mera finalidade, por exemplo, de prejudicar a vítima, sem visar locupletamento seu ou de outrem, o estelionato não se caracterizará.

1.5. Consumação e tentativa

O crime é de duplo resultado, somente se consumando após a efetiva obtenção da vantagem indevida[202], correspondente à lesão patrimonial de outrem (nesse sentido: *RT* 536/326).

A esse respeito, leciona BITENCOURT:

> "À *vantagem ilícita* deve corresponder, simultaneamente, um *prejuízo alheio*; a ausência de qualquer dos dois descaracteriza o crime

201. *Código Penal brasileiro*, p. 151.

202. O STJ decidiu que na situação na qual o agente induz a vítima a efetuar depósito em conta corrente, dá-se a consumação e se firma a competência no local em que situada a agência bancária que recebeu o dinheiro: "Compete ao juízo do foro onde se encontra localizada a agência bancária por meio da qual o suposto estelionatário recebeu o proveito do crime – e não ao juízo do foro em que está situada a agência na qual a vítima possui conta bancária – processar a persecução penal instaurada para apurar crime de estelionato no qual a vítima teria sido induzida a depositar determinada quantia na conta pessoal do agente do delito" (CC 139.800/MG, Rel. Min. Reynaldo Soares da Fonseca, DJe 1º/7/2015).

> de estelionato. A ausência dessa correspondência, isto é, se o sujeito ativo obtiver a vantagem ilícita, mas não causar prejuízo a terceiro, faltará a elementar típica "em prejuízo alheio". Nessa hipótese, não se pode afirmar que houve estelionato; faz-se necessário que se examine a possibilidade teórica da ocorrência da tentativa."[203].

Tratando-se de delito plurissubsistente, a tentativa é admissível, como no caso do agente que consegue induzir a vítima em erro e, no momento da obtenção da indevida vantagem, é impedido por circunstâncias alheias à sua vontade. Não se há falar em tentativa, no entanto, nas hipóteses em que o sujeito ativo sequer chega a induzir ou manter a vítima em erro, devendo-se considerar tais atos como meramente preparatórios.

☑ ***Quando o agente, mediante engodo, consegue obter da vítima, não dinheiro ou coisa de valor econômico imediato, mas um título de crédito (ex.: nota promissória ou um cheque), tem-se crime consumado ou tentado?***

Há divergência. Para uns, considerando que a obrigação assumida pela vítima, com a emissão do título, já é um proveito adquirido pelo estelionatário, trata-se de delito perfeito (consumado). Outros, não sem razão, lembram que, enquanto o título não é convertido em valor material, não há efetivo proveito do agente, podendo ele, por circunstâncias alheias à sua vontade, ser impedido de convertê-lo em numerário, respondendo apenas por tentativa de estelionato.

2. DISPOSIÇÃO DE COISA ALHEIA COMO PRÓPRIA

§ 2º Nas mesmas penas incorre quem:

▶ ***Disposição de coisa alheia como própria***

I – vende, permuta, dá em pagamento, em locação ou em garantia coisa alheia como própria;

2.1. Considerações gerais

Sendo comum, qualquer pessoa pode praticar esta forma equiparada do crime de estelionato (inclusive o condômino que aliena coisa indivisa como se só dele fosse).

Sujeito passivo será tanto o adquirente de boa-fé quanto o real proprietário da coisa (crime de dupla subjetividade passiva).

Pune-se o agente que *vende* (transferência da coisa mediante pagamento), *permuta* (troca), *dá em pagamento* (entrega, com o consentimento do credor, de determinada coisa como pagamento por prestação eventualmente devida), *locação* (o agente cede a coisa, mediante remuneração, por tempo determinado ou não), *dação em garantia* (penhor, anticrese e hipoteca), coisa *alheia* como *própria*.

203. Ob. cit., p. 273.

O rol previsto neste inciso, taxativo, não prevê o mero *compromisso de compra e venda*. Todavia, a depender do *modus operandi* do agente, sua conduta, nessa hipótese, poderá se subsumir à previsão do *caput*.

O objeto material é a coisa alheia.

Para que se configure crime, não basta ao agente induzir ou manter alguém em erro apenas praticando uma das condutas, sendo imprescindível sua ciência no tocante à titularidade da coisa por terceiro, ou seja, o dolo deve abranger a consciência de que não há o poder de disponibilidade sobre o bem.

De resultado duplo, o crime se consuma com o locupletamento do agente, causador de prejuízo econômico, dispensando-se a tradição (no caso de coisa móvel), ou o registro (coisa imóvel). Possível se mostra a tentativa (delito plurissubsistente).

Se o furtador vender a coisa como se própria fosse pratica quais crimes? Parcela da doutrina entende que haverá apenas furto (art. 155 do CP), constituindo o estelionato *post factum* impunível.

Assim decidiu o extinto TACrimSP:

> "A venda ulterior não é um *plus* em relação ao furto, mas um exaurimento dessa conduta delituosa. Subtrair, para proveito próprio, inclui a disposição subsequente. Não se exige que o ladrão passa a possuir a coisa furtada em definitivo, em aliená-la, sendo até mais característico do *animus furandi* o proveito ulterior."[204].

Há, no entanto, entendimento de que o caso configura concurso material de delitos:

> "Não ocorre absorção do estelionato pelo furto quando o agente, com dolo diverso, obtém novas vantagens ilícitas em prejuízo de pessoas diferentes da vítima do furto, mediante artifício fraudulento típico do estelionato; assim, o que ocorre é o concurso material de delitos."[205].

Efetivada a alienação, ainda que o agente regularize posteriormente o domínio, o crime permanecerá.

Essa conclusão vem estampada nas lições de Hungria:

> "Se o agente supõe razoavelmente que pode dispor da coisa ou que esta é sua, como quando a possuía como tal, com justo título e boa-fé, inexiste o crime. Se está, porém, de má-fé, nem mesmo a ulterior aquisição da *res* ao *dominus*, ou a ratificação deste ao ato de disposição, excluirá o crime."[206].

204. *RT* 441/401.
205. *RT* 746/608.
206. Ob. cit., v. 7, p. 233.

3. ALIENAÇÃO OU ONERAÇÃO FRAUDULENTA DE COISA PRÓPRIA

▶ ***Alienação ou oneração fraudulenta de coisa própria***

II – vende, permuta, dá em pagamento ou em garantia coisa própria inalienável, gravada de ônus ou litigiosa, ou imóvel que prometeu vender a terceiro, mediante pagamento em prestações, silenciando sobre qualquer dessas circunstâncias;

3.1. Considerações gerais

As condutas trazidas pelo inciso II são praticamente as mesmas do anterior, excluindo-se apenas a locação, já que esta modalidade de disposição, por si só, não é impedida nos casos de coisa gravada de ônus, litigiosa ou prometida a terceiro[207].

A diferença significativa entre os incisos está no objeto material. Lá (inciso I), o agente vende coisa (móvel ou imóvel) alheia como própria; aqui (inciso II), vende coisa (móvel ou imóvel) sua (própria), porém onerada, silenciando sobre a existência do gravame. Aliás, para que haja o crime, não basta a disposição do bem onerado, sendo imprescindível que o agente silencie a respeito dos ônus que sobre ele recaem (aqui reside a fraude).

Do exposto, fica claro que o crime aqui é próprio, só podendo ser praticado pelo dono da coisa, que dela dispõe de forma fraudulenta.

Sujeito passivo será o adquirente de boa-fé e, se o caso, o promitente comprador.

Punido a título de dolo, deve o agente ter conhecimento do ônus ou encargo que recai sobre a coisa.

Consuma-se o crime com o recebimento da vantagem, em prejuízo alheio, sendo perfeitamente possível a tentativa.

4. DEFRAUDAÇÃO DE PENHOR

▶ ***Defraudação de penhor***

III – defrauda, mediante alienação não consentida pelo credor ou por outro modo, a garantia pignoratícia, quando tem a posse do objeto empenhado;

4.1. Considerações gerais

Sendo pressuposto para a prática do crime a existência de um contrato pignoratício, sujeito ativo será o devedor que conserva a posse da coisa empenhada, e, passivo, o credor titular do penhor (art. 1.431 do CC).

A ação típica consiste na defraudação, mediante alienação (venda, permuta, doação) não consentida pelo credor ou por outro modo (destruindo, ocultando, abandonando a coisa etc.), a garantia pignoratícia.

207. Nota-se, mais uma vez, que a promessa de compra e venda, isoladamente, não caracteriza o delito em estudo, podendo, conforme o caso, configurar o tipo básico (art. 171, *caput*).

Note-se que a defraudação de coisa for *penhorada* não configura inciso III, vez que a *penhora*, que se destina a servir de garantia à execução, não se confunde com o *penhor*, que é garantia de débito. Nesta hipótese, duas consequências podem advir: a) se a defraudação da penhora levar o devedor à insolvência, tem-se a prática do crime de fraude à execução (art. 179 do CP); b) se, mesmo com a fraude, ao devedor restam bens aptos a garantir o débito, estar-se-á diante de mero ilícito civil.

É necessário que o agente tenha consciência de que sobre a coisa pesam os efeitos inerentes ao penhor, e que o credor não tenha autorizado expressamente a alienação.

Apesar de a maioria ensinar que o crime continua sendo material (de duplo resultado), há jurisprudência julgando como formal:

> "É de natureza formal o crime definido no art. 171, § 2º, III, do CP. Consuma-se no momento em que ocorrida a alienação, sem que autorizada pelo credor. Para a sua configuração, desnecessário se torna, outrossim, a efetiva superveniência de vantagem patrimonial para o agente."[208].

5. FRAUDE NA ENTREGA DE COISA

> ▶ ***Fraude na entrega de coisa***
>
> IV – defrauda substância, qualidade ou quantidade de coisa que deve entregar a alguém;

5.1. Considerações gerais

Sujeito ativo poderá ser qualquer pessoa, juridicamente obrigada a entregar a coisa a alguém; o sujeito passivo é a pessoa prejudicada com recebimento da coisa defraudada.

A ação nuclear é a mesma do inciso anterior (defraudação), alterando o agente a substância, qualidade ou quantidade de coisa que deve entregar a outrem (em decorrência de obrigação legal, judicial ou contratual).

Substância é a natureza da coisa, é a sua essência (o agente substitui diamantes por vidro). Qualidade é o seu atributo, seu modo de ser (o agente substitui a coisa por outra aparentemente igual, mas economicamente inferior). Quantidade é relacionada a números como peso, dimensão etc. (o agente entrega, dolosamente, menos do que estaria obrigado)[209].

O sujeito ativo deve ter consciência de que entrega coisa defraudada em sua substância, qualidade ou quantidade. Obviamente, somente ocorrerá o crime se o bem a ser entregue sofrer depreciação após a alteração, já que a ocorrência de prejuízo para a vítima é imprescindível.

---

208. TFR, RHC 5.726/GO, Rel. Min. Hélio Pinheiro, j. 23.09.1983.

209. Se a defraudação envolver substância ou produto alimentício (alterados em sua substância), o crime será o previsto no art. 272 do CP; recaindo sobre produtos destinados a fins terapêuticos ou medicinais, o art. 273 do CP, aliás, hediondo (Lei 8.072/90).

Nota-se que se a fraude se der no exercício de atividade comercial (praticada por comerciante), configurar-se-á o art. 175 do CP.

6. FRAUDE PARA RECEBIMENTO DE INDENIZAÇÃO OU VALOR DE SEGURO

▶ ***Fraude para recebimento de indenização ou valor de seguro***

V – destrói, total ou parcialmente, ou oculta coisa própria, ou lesa o próprio corpo ou a saúde, ou agrava as consequências da lesão ou doença, com o intuito de haver indenização ou valor de seguro;

6.1. Considerações gerais

Tratando-se de fraude para recebimento de indenização ou valor de seguro, o sujeito ativo será o segurado, e, passivo, a seguradora.

Note-se que se o agente destrói a coisa ou pratica a lesão sem o conhecimento do segurado, com o intuito de se beneficiar da indenização a ser recebida, responderá pelo estelionato, porém na forma do *caput*, em concurso com o dano ou com a lesão corporal.

Há quatro maneiras de praticar o crimes: *destruir* ou *ocultar* coisa própria e *lesar* ou *agravar* lesão no próprio corpo, no intuito de obter indenização securitária, sendo que o contrato que obriga as partes deve ser vigente e válido à época do emprego da fraude.

Punido a título de dolo, esta modalidade equiparada é a única de consumação antecipada (crime formal), perfazendo-se com o emprego da fraude, independentemente do recebimento da indenização (*RT* 572/383 e 635/389). A tentativa pode ser admitida, em razão do caráter plurissubsistente do delito.

7. FRAUDE NO PAGAMENTO POR MEIO DE CHEQUE

▶ ***Fraude no pagamento por meio de cheque***

VI – emite cheque, sem suficiente provisão de fundos em poder do sacado, ou lhe frustra o pagamento.

7.1. Considerações gerais

O inciso VI traz a modalidade mais corrente de estelionato (equiparado), consistente: a) na emissão de cheque sem provisão de fundos, colocando a cártula em circulação; b) na frustração de seu pagamento (mediante contraordem ao banco sacado, retirando o saldo da conta corrente, encerrando-a etc.)[210].

210. A caracterização da segunda conduta depende, no momento em que o agente emite o cheque, de saldo suficiente em conta, pois, do contrário, tem-se a emissão fraudulenta, e não o impedimento do pagamento.

Em ambas as hipóteses, obviamente, mostra-se imprescindível fraude (Súmula 246 do STF). Desse modo, não há crime quando o emitente possui o direito de impedir o pagamento do cheque, caso tenha justificado motivo para tanto. Nesse sentido, Basileu Garcia:

> "Se há um ponto, na debatida e insegura matéria penal do cheque, em que reina hoje acordo praticamente total em nosso país, é o de que o intuito fraudulento do sujeito ativo é indispensável à configuração das duas entidades criminais referidas. Assim, não se dará frustração criminosa, se o bloqueio dos fundos ou a contra-ordem advier de justa causa. Por exemplo, o emitente entregou o cheque em razão de erro, fraude ou coação, e cuida impedir se consume o pagamento. Ou tem notícia de que o cheque se extraviou, ou foi furtado. Nessas e noutras circunstâncias análogas, a determinação do emissor ao sacado para que não satisfaça o pagamento é legítima, não se podendo entrever crime algum"[211].

Sujeito ativo será o emitente do cheque.

Para Nucci:

> "Caso o título pertença a terceiro, ingressa-se na figura do *caput*. Não se inclui, também, o endossante, que não emite o título de crédito. Esta pessoa pode responder como partícipe do crime ou por estelionato na forma simples."[212].

No que se refere ao endossante, Noronha discorda, interpretando extensivamente o verbo *emitir*. Eis sua lição:

> "A nós parece que o endossador pode cometer o crime em apreço. É exato falar a lei em emissão – emite cheque... Mas a expressão deve ser tomada em sentido amplo considerando-se o fim a que ela visa. Não é, assim nos parece, a emissão sem fundos que se pune. A lei quer mais alguma coisa. A razão do dispositivo está indicada pelo seu 'nomem juris' – Fraude no pagamento por meio de cheque – O que se pune é o *pagamento fraudulento*, por via de cheque."[213].

O sujeito passivo pode ser qualquer pessoa.

A emissão de cheque pós-datado sem posterior fundo junto ao banco sacado, não configura o crime, pois tal prática costumeira (pós-datar a cártula) desnatura o cheque, deixando de ser ordem de pagamento à vista, revestindo-se das características de nota promissória,

211. Doutrinas Essenciais de Direito Penal. *Problemas penais do cheque*. RT. vol. 5. p. 781/801. Out/2010.
212. *Código Penal comentado*, p. 876.
213. *Código Penal brasileiro*, p. 244/245.

logo, mera garantia do crédito[214]. Nessa situação, ademais, àquele que recebe o cheque, ainda que não seja expressamente alertado, é possível presumir a inexistência imediata de fundos, pois, houvesse pronta possibilidade de pagamento da cártula, não se vislumbraria motivo para que o emissor solicitasse que o saque fosse postergado.

Ainda no tocante à pós-data, invocamos novamente a lição de Basileu Garcia, que alerta para o efetivo significado da expressão *frustrar*:

> "Vez ou outra os juízes e tribunais têm intentado reagir, com a ameaça penal, contra a desfiguração do cheque através da pós-data. E uma dessas manifestações de rigor consistiu na tese de que, conquanto não se integre o crime de emissão de cheque sem fundos, haverá o de frustração de pagamento, pelo fato de não ser encontrada provisão bancária.
>
> Parece-me insustentável esse ponto de vista. Aferrado o penalista à interpretação estrita, não lhe é permitido alargar o alcance do verbo frustrar, para atingir a omissão de quem, com o dever de pagar, deixa de providenciar fundos que acudiriam ao cheque. Isso não é, propriamente, frustrar o pagamento. Deixar de agir para que o cheque encontre cobertura não é o mesmo que lhe frustrar o pagamento, o que se consubstancia numa atividade posterior à existência de fundos, que são retirados ou bloqueados"215.

Na modalidade de emissão de cheques sem fundos, a reparação do dano antes do recebimento da inicial obsta a instauração da ação penal (Súmula 554 do STF, *a contrario sensu*), não se aplicando o instituto do arrependimento posterior, previsto no art. 16 do CP[216]. Também está sumulado o entendimento de competir ao juízo da Comarca em que houve a recusa do cheque por insuficiência de fundos, processar e julgar o delito (Súmula 521 STF)[217]. Apesar de nenhuma das duas súmulas do Tribunal Supremo fazer referência à modalidade de frustrar o pagamento de cheque, não enxergamos razão para o tratamento desigual, merecendo, portanto, ser também abrangida pelos entendimentos acima pacificados.

214. Deve ser alertado que a emissão fraudulenta do cheque, mesmo que pós-datado, configura o estelionato do *caput*. Assim, aquele que, sabendo que o cheque que emite não tem fundos no presente, nem terá no futuro, pratica o tipo básico do art. 171, servindo-se desse instrumento (cártula pós-datada) para obter vantagem indevida em prejuízo alheio.

215. Doutrinas Essenciais de Direito Penal. *Problemas penais do cheque*. RT. vol. 5. p. 781/801. Out/2010.

216. A 5ª. Turma do Superior Tribunal de Justiça decidiu (HC 280.089-SP) que "não configura óbice ao prosseguimento da ação penal – mas sim causa de diminuição de pena (art. 16 do CP) – o ressarcimento integral e voluntário, antes do recebimento da denúncia, do dano decorrente de estelionato praticado mediante a emissão de **cheque furtado** sem provisão de fundo

217. Esse entendimento também é objeto de Súmula do STJ (244): "Compete ao foro do local da recusa processar e julgar o crime de estelionato mediante cheque sem provisão de fundos".

Reforma da Parte Geral de 1984	
Antes	**Depois**
O CP não previa o instituto do arrependimento posterior, razão pela qual nasce a Súmula 554 STF para fraude no pagamento de cheque (política criminal).	O CP agora prevê o instituto do arrependimento posterior, com diminuição de pena (e não mais perdão).
Consequência: perdão judicial.	O STF, mesmo diante da nova legislação penal, ratificou os termos da Súmula 554. Conclusão: para fraude no pagamento de cheque, permanece o perdão judicial.

A conduta do agente que falsifica a assinatura do titular da conta corrente não se subsume ao inciso VI, mas à forma básica do *caput*, ocorrendo o mesmo no caso em que titular emite o cheque estando a conta já encerrada. Nestas hipóteses, não se aplicam as súmulas 521 e 554 do STF[218].

☑ ***Emissão de cheque sem fundos para pagamento de dívida de jogo configura o crime?***

Tem-se decido que **não**:

> "Não configura estelionato a emissão de cheques sem fundos para aposta de corrida de cavalos considerada ilegal, por serem dívidas de jogo incobráveis, nos termos do art. 1.477 do CC [atual art. 814 do CC], e principalmente pela inexistência de qualquer prejuízo ao patrimônio da vítima."[219].

8. MAJORANTE DE PENA E FORMA PRIVILEGIADA

§ 1º Se o criminoso é primário, e é de pequeno valor o prejuízo, o juiz pode aplicar a pena conforme o disposto no art. 155, § 2º.

§ 3º A pena aumenta-se de 1/3 (um terço), se o crime é cometido em detrimento de entidade de direito público ou de instituto de economia popular, assistência social ou beneficência.

▶ ***Estelionato contra idoso***

§ 4º Aplica-se a pena em dobro se o crime for cometido contra idoso.

8.1. Forma Privilegiada

Temos estampado no § 1º do art. 171 o estelionato privilegiado, minorante de pena, nos moldes do art. 155, § 2º, do CP.

218. Aliás, nessa hipótese, diz a Súmula 48 do STJ: "Compete ao juízo do local da obtenção da vantagem ilícita processar e julgar crime de estelionato cometido mediante falsificação de cheque".
219. *RT* 532/404.

São pressupostos do privilégio: a) primariedade do agente, isto é, não reincidente; b) pequeno valor do prejuízo.

O que se deve entender por pequeno valor?

A maioria fala em valor que não suplante um salário mínimo (a ser apurado na data da consumação).

☑ ***O privilégio, no crime de estelionato, aplica-se somente ao "caput" do art. 171 do CP, ou também às formas equiparadas trazidas no parágrafo seguinte (§ 2º)?***

Apesar de haver corrente em sentido contrário, parece-nos um contrassenso não estender o benefício às variações do crime, previstas nos incisos do parágrafo seguinte (algumas, aliás, menos perigosas que o comportamento do *caput*). Tratar diferente crimes da mesma natureza é desrespeitar o princípio constitucional da proporcionalidade.

Exatamente, dessa forma, com palavras diferentes doutrina NORONHA:

> "Não é necessário notar que, a despeito da colocação desse parágrafo, tem ele aplicação aos outros crimes definidos no § 2º, que se inicia pela oração: 'Nas mesmas penas incorre...'. É claro que nas *mesmas* penas se inclui a atenuada do § 1º. Não havia razão, aliás, para excluir a minorativa, pois os incisos I a VI capitulam outros casos de fraude semelhantes ao estelionato, definido no presente dispositivo, que podem importar pequeno prejuízo e ser praticados por delinquente primário. Não são formas qualificadas."[220].

8.2. Majorante de pena

O § 3º prevê a majoração da pena nos casos em que o estelionato, em qualquer das formas previstas, é praticado em prejuízo de bens pertencentes a entidade de direito público[221] ou de instituto de economia popular, assistência social ou de beneficência.

NÉLSON HUNGRIA, esclarece o que sejam tais entidades, quando ensina:

> "Entidade de direito público é a que integra a organização administrativa do Estado ou gravita na órbita dessa organização (União, Estados federados, Distrito Federal, Territórios, Municípios, Autarquias ou entidades paraestatais); Instituto de economia popular é todo aquele que serve a direto interesse econômico do povo ou indeterminado número de pessoas (bancos populares, cooperativas, caixa Raiffeisen, sociedade de mutualismo etc.). Instituto de assistência social ou de beneficência é o que atende a fins de filantropia,

220. *Código Penal Brasileiro*, p. 166.

221. Não abrangendo entidade de direito privado, fica excluído do aumento o crime praticado contra a Banco do Brasil.

de solidariedade humana, de caridade, de altruístico socorro aos necessitados em geral, de desinteressado melhoramento social ou educacional."[222].

A razão do aumento é que nesses casos há lesão do patrimônio de diversas vítimas, afetando o próprio interesse social ou o interesse particular de numerosas vítimas.

O § 4º, acrescentado pela Lei 13.228/2015, dobra a pena do crime quando cometido contra idoso (pessoa com idade igual ou superior a 60 anos). Assim, acredita o legislador que o delito de estelionato receberá a punição adequada e proporcional à reprovabilidade social da ação criminosa, contribuindo para a devida proteção das pessoas idosas, como determina a Constituição Federal (art. 230).

8.2.1. Estelionato Previdenciário

A presente majorante é aplicada quando figura como vítima entidade autárquica da Previdência Social (Súmula 24 do STJ). Nasce aqui importante discussão a respeito da natureza do estelionato previdenciário: seria crime instantâneo (de efeito permanente) ou delito permanente, cuja consumação se protrai no tempo? A discussão é relevante tendo em vista o início da contagem do lapso prescricional.

Inicialmente, devemos destacar duas situações em que pode ocorrer o estelionato previdenciário: a) em que o benefício é fraudulento na origem, ou seja, é criado com ardil, sem qualquer atendimento aos requisitos legais; b) em que o benefício é devido, mas alguém utiliza o cartão previdenciário do beneficiário, após sua morte, para continuar a receber os valores.

No primeiro caso, o STF considera que o crime pode ser instantâneo (de efeito permanente) ou permanente. Será instantâneo quando cometido por terceiro não beneficiário da prestação (HC 112.095/MA). Já o agente que se beneficia da fraude, recebendo periodicamente os valores despendidos pela Previdência Social, comete crime permanente (HC 117.168/ES).

O STJ segue a mesma orientação (RHC 27.582/DF): para aquele que comete a fraude contra a Previdência e não se torna beneficiário da aposentadoria, o crime é instantâneo, ainda que de efeitos permanentes. Contudo, para o beneficiário, o delito continua sendo permanente, consumando-se com a cessação da permanência.

Note-se que uma vez estabelecida a natureza permanente do delito, admite-se flagrante a qualquer tempo e o prazo prescricional somente passa a fluir após cessada a permanência (art. 111, III, do CP).

A discussão a respeito da instantaneidade ou da permanência do delito não se aplica à segunda situação, em que alguém, utilizando o cartão de benefício de outrem, após sua morte, efetua saques de valores provenientes da Previdência Social. Neste caso, havendo reiterados saques, impõe-se a regra da continuidade delitiva. Neste sentido, decidiu o STJ: "A regra da

222. Ob. cit., v. 7, p. 258-261.

continuidade delitiva é aplicável ao estelionato previdenciário (art. 171, § 3º, do CP) praticado por aquele que, após a morte do beneficiário, passa a receber mensalmente o benefício em seu lugar, mediante a utilização do cartão magnético do falecido. Nessa situação, não se verifica a ocorrência de crime único, pois a fraude é praticada reiteradamente, todos os meses, a cada utilização do cartão magnético do beneficiário já falecido. Assim, configurada a reiteração criminosa nas mesmas condições de tempo, lugar e maneira de execução, tem incidência a regra da continuidade delitiva prevista no art. 71 do CP. A hipótese, ressalte-se, difere dos casos em que o estelionato é praticado pelo próprio beneficiário e daqueles em que o não beneficiário insere dados falsos no sistema do INSS visando beneficiar outrem; pois, segundo a jurisprudência do STJ e do STF, nessas situações o crime deve ser considerado único, de modo a impedir o reconhecimento da continuidade delitiva" (REsp 1.282.118/RS, Sexta Turma, rel. Min. Maria Thereza de Assis Moura, DJe 12/03/2013).

A devolução dos valores indevidamente recebidos não acarreta a extinção da punibilidade diante da inaplicabilidade das disposições relativas ao pagamento do tributo nos delitos contra a ordem tributária. O estelionato não se confunde com aqueles delitos porque, segundo o STJ, "há emprego de ardil para o recebimento indevido de benefícios. Dessa forma, não é possível aplicação, por analogia, da causa extintiva de punibilidade prevista no art. 9º da Lei 10.684/2003 pelo pagamento do débito ao estelionato previdenciário, pois não há lacuna involuntária na lei penal a demandar o procedimento supletivo, de integração do ordenamento jurídico. Precedente citado: AgRg no Ag 1.351.325-PR, Quinta Turma, DJe 5/12/2011 (REsp 1.380.672/SC, Rel. Min. Rogerio Schietti Cruz, DJe 6/4/2015).

Por fim, deve ser lembrado competir à Justiça Comum Estadual processar e julgar crime de estelionato praticado mediante falsificação das guias de recolhimento das contribuições previdenciárias, quando não ocorrente lesão à autarquia federal (Súmula 107 do STJ).

9. AÇÃO PENAL

Em regra, a ação penal será pública incondicionada, excetuando-se as hipóteses previstas no art. 182 do Código Penal.

10. PRINCÍPIO DA ESPECIALIDADE

a) Código Penal x Lei 7.492/86: o art. 6º da Lei 7.492/86 pune com 2 a 6 anos de reclusão, induzir ou manter em erro, sócio, investidor ou repartição pública competente, relativamente a operação ou situação financeira, sonegando-lhe informação ou prestando-a falsamente.

b) Código Penal x Lei 11.101/05: o art. 168 da Lei 11.101/2005, pune com reclusão de 3 a 6 anos e multa quem praticar, antes ou depois da sentença que decretar a falência, conceder a recuperação judicial ou homologar a recuperação extrajudicial, ato fraudulento de que resulte ou possa resultar prejuízo aos credores, com o fim de obter ou assegurar vantagem indevida para si ou para outrem.

c) Código Penal x Estatuto do Torcedor: o art. 41-E da Lei 10.671/03 pune com reclusão de dois a seis anos a conduta de fraudar, por qualquer meio, ou contribuir para que se fraude, de qualquer forma, o resultado de competição esportiva ou evento a ela associado.

d) Código Penal x Código Penal Militar: o art. 251 do Decreto-lei 1.001/69 pune a prática do estelionato cometido na forma do art. 9º daquele diploma.

e) Código Penal x Estatuto do Idoso: o art. 106 do Estatuto do Idoso pune, com reclusão de dois a quatro anos aquele que induzir pessoa idosa sem discernimento de seus atos a outorgar procuração para fins de administração de bens ou deles dispor livremente.

11. DUPLICATA SIMULADA

▶ ***Duplicata simulada***

Art. 172. Emitir fatura, duplicata ou nota de venda que não corresponda à mercadoria vendida, em quantidade ou qualidade, ou ao serviço prestado.

Pena – detenção, de 2 (dois) a 4 (quatro) anos, e multa.

Parágrafo único. Nas mesmas penas incorrerá aquele que falsificar ou adulterar a escrituração do Livro de Registro de Duplicatas.

11.1. Considerações iniciais

O bem jurídico tutelado é não somente o patrimônio particular de alguém, como também a boa-fé que deve integrar as relações mercantis (espécie de delinquência empresarial).

De acordo com Noronha:

> "O desconto de uma duplicata simulada atenta contra o patrimônio do tomador que, fazendo uma prestação, recebe em troca crédito fictício, irreal, inexistente. É iludido em sua boa-fé, pois, descontando esse título, tem convicção segura de representar o preço de mercadorias compradas."[223].

Em virtude da pena cominada, não se admite nenhum dos benefícios da Lei 9.099/95

11.2. Sujeitos do crime

Sujeito ativo será aquele que emite o falso título. Os demais endossantes e o avalista, sozinhos, não podem figurar no polo ativo, vez que endossar ou avalizar o título não se enquadra na ação nuclear típica *emitir* (possível, no entanto, que sejam partícipes).

Sujeito passivo poderá ser o sacado, quando aceita o título emitido de boa-fé (se de má-fé, pode, conforme o caso, ser partícipe do crime) ou o tomador, que é aquele que desconta a duplicata.

11.3. Conduta

Antes do advento da Lei 8.137/90, o art. 172 punia: "Expedir ou aceitar duplicata que não corresponda, juntamente com a fatura respectiva, a uma venda efetiva de bens ou a uma real prestação de serviço".

223. *Código Penal brasileiro*, p. 274.

Hoje, com a alteração de 1990, o crime consiste em *emitir* (produzir, lançar, compor o título) *fatura* (documento que comprova contrato de compra e venda mercantil), *duplicata* (título de crédito causal, emitido com base em obrigação proveniente de compra e venda comercial ou prestação de certos serviços) ou *nota de venda* (instrumento de outorga do crédito pelo fornecedor ao titular) que não corresponda à mercadoria vendida, em quantidade ou qualidade, ou ao serviço prestado.

Da simples comparação dos tipos (atual e passado) conclui-se:

a) o mero *aceite* é fato atípico (há corrente em sentido contrário, defendendo estar abrangido pelo núcleo *emitir*);

b) é pressuposto do crime um negócio real, concretizado, existente, simulando-se o tipo, a quantidade ou a qualidade da mercadoria negociada ou do serviço prestado (não mais se pune – *e nem se pode confundir* – a duplicata quando fria, mas somente quando simulada).

Essa é também a conclusão de Fábio Ulhoa Coelho:

> "A duplicata fria não é mais o mesmo que duplicata simulada e o saque daquela (fria) deixou de ser crime", e finaliza: "a emissão de duplicata não fundada em efetiva compra e venda mercantil, é, portanto hoje, e desde de 28 de dezembro de 1990, data da entrada em vigor da Lei 8.137, conduta penalmente atípica."[224].

Contudo, os Tribunais, mesmo diante da nova redação típica, não excluem da incriminação o ato de emitir duplicata fria, isto é, que não corresponda a uma venda de mercadoria ou prestação de serviço efetivamente realizadas[225].

A doutrina penal também segue esse mesmo raciocínio.

> "Por uma imprecisão lamentável, deixou-se de constar *expressamente* no tipo que a emissão de fatura, duplicata ou nota por venda ou serviço inexistente também é crime. Mencionou-se a emissão que não corresponda à *mercadoria vendida* ou *serviço prestado*, como se efetivamente uma venda ou um serviço tivesse sido realizado. Não faria sentido, no entanto, punir o emitente por alterar a quantidade ou a qualidade da venda feita e não punir o comerciante que *nenhuma* venda fez, emitindo a duplicata, a fatura ou a nota assim mesmo. Portanto, é de se incluir nesse contexto a 'venda inexistente' ou o 'serviço não prestado'. Trata-se de decorrência natural da interpretação extensiva que se pode – *e deve* – fazer do tipo penal."[226].

224. *O saque de duplicata fria não é mais crime*, p. 8.

225. Nesse sentido: STJ, 6.ª T., REsp 1.267.626/PR, Rel. Min. Maria Thereza de Assis Moura, DJe 16/12/2013.

226. Guilherme de Souza Nucci, *Código Penal comentado*, p. 882.

Já decidiu o STF não haver crime de emissão de duplicata simulada quando não há assinatura do emitente no referido título (RHC 79.784/GO, rel. Min. Sepúlveda Pertence, j. 14.12.1999).

11.4. Voluntariedade

Consiste na vontade consciente de emitir duplicata, fatura ou nota de venda que não corresponda à mercadoria vendida ou ao serviço efetivamente prestado. Não é necessário sequer se demonstrar a intenção do agente em descontar o título.

Essa, aliás, é a lição de Noronha:

> "A respeito do elemento subjetivo, é inegável que o móvel do agente é criar um título, para descontá-lo, *fazer dinheiro*, porém, a lei, como veremos dentro em pouco, não exige esse objetivo alcançado, e, segundo pensamos também, sequer provado. O que se pune é a expedição de duplicata simulada, sem demais indagações quanto aos fins posteriores do agente."[227].

O tipo não prevê modalidade culposa. Assim, se o agente emite o título por engano, o fato será atípico.

11.5. Consumação e tentativa

A doutrina diverge no que tange à consumação do delito. Para Bitencourt[228] e Damásio de Jesus[229], o crime se consuma com a colocação do título em circulação[230]. Já para Capez, atento à redação dada ao artigo pela Lei 8.137/90, que substituiu a ação de *expedir* pela de *emitir*, não mais se exige a efetiva circulação, bastando a simples criação do título. Todos concordam, no entanto, que o crime é formal, dispensando efetivo dano, o qual, se sobrevier, configurará mero exaurimento[231].

A doutrina discute, também, a possibilidade da tentativa. Bitencourt[232] leciona ser o crime passível de fracionamento e, por isso, temerário o entendimento de que em nenhuma hipótese irá configurar o *conatus*.

Noronha, por sua vez, nega a possibilidade, ensinando ser o delito em comento unissubsistente, e assim elucida sua lição:

227. *Código Penal brasileiro*, p. 278.
228. Ob. cit., v. 3, p. 294.
229. Ob. cit., v. 2, p. 451.
230. Nesse sentido vem decidindo o STJ: a consumação do delito previsto no art. 172 do CP, crime formal e unissubsistente, dá-se com a simples e efetiva colocação da duplicata em circulação, independentemente do prejuízo (6.ª T., RHC 16.053/SP, Rel. Min. Paulo Medina, *DJ* 12.09.2005, p. 368).
231. Ob. cit., v. 2, p. 517.
232. Ob. cit., v. 3, p. 294.

> "No exemplo que melhor se poderia prestar à discussão da tentativa, ou seja, no caso em que o agente, preenchida a duplicata e endossada, a remete a um banco para desconto, e se outrem, no trajeto, a intercepta, impedindo-a de chegar às mãos do banqueiro, não cremos se possa dizer ter havido tentativa, por isso que não deixou aquele de *expedir* duplicata que não corresponde a venda efetiva de mercadoria, entregue real ou simbolicamente com a fatura respectiva.
>
> Certo é que antes da expedição, foi a duplicata criada, mas isso, a nosso ver, é ato preparatório, pois nele não existe ainda ataque ao bem jurídico tutelado, que caracteriza o ato de execução. E como, na espécie, este é único, consumando-se o delito, não nos parece possível a tentativa."[233].

11.6. Forma equiparada

O parágrafo único do art. 172 pune a conduta daquele que falsificar ou adulterar a escrituração do Livro de Registro de Duplicatas. Embora se trate de crime de falsidade documental, optou o legislador em classificá-lo como patrimonial.

Consiste o crime na falsificação, ou seja, inserção de dados inexatos na escrituração do livro, e na adulteração, isto é, modificação dos dados já existentes.

Ao contrário do delito previsto no *caput*, o sujeito passivo aqui não será o particular, mas o Estado.

Note-se que somente será punível o crime de falso se ocorrer de forma isolada, pois, se anteceder a emissão da duplicata fraudulenta, será absorvido pelo delito previsto no *caput*. Se praticado depois, constituirá *post factum* impunível. Todavia, se, emitida a duplicata, a falsificação ou a adulteração for praticada por pessoa diversa do emitente, ocorrerão crimes autônomos.

11.7. Ação penal

Regra geral, a ação penal será pública incondicionada. Dependerá de representação nos casos do art. 182 do CP.

12. ABUSO DE INCAPAZES

> ▶ ***Abuso de incapazes***
>
> **Art. 173**. Abusar, em proveito próprio ou alheio, de necessidade, paixão ou inexperiência de menor, ou da alienação ou debilidade mental de outrem, induzindo qualquer deles à prática de ato suscetível de produzir efeito jurídico, em prejuízo próprio ou de terceiro:
>
> Pena – reclusão, de 2 (dois) a 6 (seis) anos, e multa.

---

233. *Código Penal brasileiro*, p. 280.

12.1. Considerações iniciais

Tutela-se aqui o patrimônio pertencente ao menor ou pessoa com debilidade (ou alienação) mental, impedindo abuso por parte de terceiro que vise o alcance de efeito jurídico, em proveito próprio ou alheio, que acarrete prejuízo à vítima incapaz.

Não se confunde com o estelionato, pois aqui não se exige o emprego de artifício ou ardil, dispensados em razão da própria condição do ofendido. Não bastasse, aqui se dispensa, também, a efetiva lesão patrimonial (bastando a potencialidade lesiva).

As penas cominadas não permitem a aplicação dos benefícios da Lei 9.099/95.

12.2. Sujeitos do crime

Tratando-se de crime comum, qualquer pessoa que induzir o menor ou incapaz à prática de ato ruinoso para patrimônio seu ou de terceiro cometerá o delito.

No polo passivo, figuram o menor, o alienado ou o débil mental (nesse tanto, crime próprio).

Menor é aquele que ostenta idade inferior a dezoito anos.

Por alienação mental, nas palavras de Bento de Faria:

> "Deve se entender não somente a loucura, propriamente dita, como toda a enfermidade mental, quando anula a inteligência, altera profundamente a vontade e torna o indivíduo incapaz de determinar-se com o são entendimento."[234].

Débil mental é aquele portador de enfermidade psíquica e, tal como o alienado, é incapaz de determinar-se de acordo com sua capacidade intelectiva e volitiva.

Questão interessante é a possibilidade de o menor emancipado figurar como vítima do delito em estudo.

Bento de Faria afirma que o dispositivo legal nada menciona acerca da capacidade do menor, limitando-se à sua idade, e que não se poderia criar distinções não previstas pela lei entre emancipados e não emancipados (ob. cit., v. 4, p. 212).

Todavia, não sem razão, Noronha discorda, ensinando:

> "É exato falar o legislador em *menor*, mas a oração que define o crime tem que se conciliar com a rubrica. E esta é *abuso de incapazes* e o menor emancipado não é um *incapaz*. O raciocínio leva a patente colisão entre o conteúdo do artigo e o *nomen juris* do delito, o que, por certo, o intérprete deve evitar. Considerar o menor emancipado *incapaz* para a prática de *ato suscetível de produzir efeito jurídico*, seria fazer o direito penal derrogar o direito civil,

234. Ob. cit., v. 4, p. 213.

> criando uma incapacidade *sui-generis*, o que, sem dúvida, não lhe é dado a fazer."[235].

Ressalte-se que, no caso de alienados e débeis mentais, desnecessária é a existência de procedimento de interdição, sendo certo que a prova pode ser produzida no próprio feito criminal, através de perícia (nesse sentido: *JTACRIM* 67/131).

Por fim, podem ser também sujeitos passivos eventuais terceiros que sofram prejuízo patrimonial pela ação do incapaz, vez que o dispositivo prevê expressamente a prática de ato capaz de produzir efeitos jurídicos em prejuízo próprio ou de terceiro.

12.3. Conduta

A ação nuclear típica se resume no verbo *abusar*, isto é, tirar vantagem da necessidade, paixão ou inexperiência de menor ou da alienação ou debilidade mental de outrem.

Como se pode notar, há duas situações distintas previstas no dispositivo. A primeira diz respeito tão somente ao menor, que sofre abuso em razão de sua necessidade, paixão ou inexperiência. A segunda situação envolve alienados ou débeis mentais, não se exigindo nenhuma outra condição, bastando a constatação da enfermidade.

Neste ponto, bastante oportuna é a lição de Noronha:

> "Está visto também, pela própria redação do artigo, que a *necessidade*, a *paixão* e a *inexperiência* se referem *exclusivamente* ao menor. Em relação ao alienado e ao débil mental, eles oferecem campo muito mais fértil ao agente, apresentam *condições* muito melhores que aquelas, para o desígnio delituoso; são, enfim, presas mais fáceis do que o menor. Em se tratando deles, não há cogitar, pois, se foram explorados em sua necessidade, se havia estado passional ou de inexperiência. Basta a enfermidade. Quanto ao menor, entretanto, é mister ser ele *explorado* na situação de premência, na paixão que o domina, ou na inexperiência que o desapercebe para o ato do sujeito ativo, ainda que injustificadas."[236].

Para que se configure o delito, não basta que o agente abuse das condições da vítima, sendo necessário que, em conjunto com tal atitude, a induza, em proveito próprio ou alheio, à prática de ato lesivo a si mesma ou a terceiro.

O tipo penal não exige, como já alertado, o emprego de artifício ou ardil, mas, havendo o uso de meios fraudulentos, o crime não estará descaracterizado, nem se configurará o estelionato. Logo, se a lei não inclui o engodo, a deslisura, também não os afasta, sendo perfeitamente admissível a prática do crime mediante seu emprego.

Prevê o tipo que o ato praticado pela vítima seja apto a produzir efeito jurídico. Assim, tem-se entendido que o ato absolutamente nulo por razões diversas da condição da

235. *Código Penal brasileiro*, p. 294.
236. *Código Penal brasileiro*, p. 296.

vítima não poderia produzir nenhum efeito, acarretando atipicidade do fato. Ousamos discordar. O ato nulo em função da incapacidade da própria vítima não exclui o crime, pois, entendimento contrário, ensejaria conclusão de que ninguém seria punido pela sua prática, tendo em vista ser exatamente o abuso desta incapacidade o que proporciona a punição do agente.

Por fim, questão interessante é a da natureza do prejuízo causado à vítima ou a terceiro e do proveito obtido pelo agente ou por indivíduo alheio à ação. Cumpre esclarecer que não se deve confundi-los. O primeiro, tendo em vista a natureza do delito em estudo, bem como sua localização no título concernente aos crimes contra o patrimônio, deve ser de cunho econômico, ainda que o dano seja em potencial. Já para o proveito obtido dispensa-se tal característica, podendo o sujeito ativo agir visando alcançar benefício moral.

Neste sentido ensina BITENCOURT:

> "Assim, devem-se distinguir com precisão duas coisas básicas: proveito e prejuízo. Não é necessário que ambos tenham a mesma natureza, podendo um ter cunho moral e outro econômico, sem qualquer relevância típica. O 'proveito' deve ser próprio ou alheio; o prejuízo, deve ser 'próprio ou de terceiro'. Mas acaba por aí a semelhança de proveito e prejuízo. A rigor, o que não pode deixar de ter natureza econômica é o *prejuízo* da vítima ou de terceiro, e é exatamente em razão do prejuízo que se qualifica o crime patrimonial, e não segundo a *vantagem ou proveito obtido* ou pretendido pelo sujeito ativo."[237].

12.4. Voluntariedade

Caracteriza-se o delito pela presença do dolo, consistente na vontade consciente de abusar de incapaz para obter proveito indevido para si ou para outrem (elemento subjetivo do tipo).

Deve o agente ter conhecimento da incapacidade da vítima menor ou enferma mental. Havendo dúvida, caracterizado estará o dolo eventual. A respeito, clara é a lição de NORONHA:

> "Dito isto, *ipso facto* está afirmado que para haver o crime é mister saber o agente que a vítima é menor, alienado ou débil mental. É isso elemento integrante do dolo, no caso em apreço. Aliás, a lei fala em *abusar*, isto é, fazer mau uso das condições próprias da vítima, e evidentemente ninguém pode usar mal uma coisa que desconhece, de que não tenha conhecimento. Se o agente tem certeza de tratar com pessoa capaz, quando o contrário acontece, pode cometer outro crime, *v.g.*, o de estelionato, se se apresentarem seus elementos constitutivos.

237. Ob. cit., v. 3, p. 298.

> A dúvida do sujeito ativo não exclui o dolo. Quem duvida *não ignora* e, se pratica o ato, se arrisca. Nos termos de nossa lei, assumir o risco é querer. Haverá dolo consequentemente"[238].

Note-se, finalmente, que o proveito visado pelo agente deve ser injusto, pois, se devido, poderá haver a prática do crime de exercício arbitrário das próprias razões (art. 345 do CP).

12.5. Consumação e tentativa

O crime atinge seu momento consumativo no instante em que a vítima pratica o ato a que foi induzida (e não com a mera incitação por parte deste). É indiferente a obtenção efetiva de proveito pelo sujeito ativo (ou o real prejuízo ao incapaz), bastando que o ato praticado pela vítima seja suscetível de produzir efeitos jurídicos (potencialmente lesivo).

Assim já decidiu o STF:

> "O delito de abuso de incapaz consuma-se com o só ato da vítima, débil mental, de outorgar procuração para a venda de seus bens, embora a mesma não se tenha verificado. Trata-se de crime formal, de conduta e resultado, em que o tipo não exige sua produção. Basta que o ato seja apto a produzir efeitos jurídicos. E é evidente que procuração por instrumento público é idônea para esse fim"[239].

Havendo *iter criminis* a ser fracionado, a tentativa é admissível.

12.6. Ação penal

A ação penal será pública incondicionada.

12.7. Princípio da especialidade

a) Código Penal x Lei dos crimes contra a economia popular: a Lei 1.521/51 equipara ao crime de usura, punido com 6 meses a 2 anos de detenção, e multa, o comportamento de quem obtiver, ou estipular, em qualquer contrato, abusando da premente necessidade, inexperiência ou leviandade de outra parte, lucro patrimonial que exceda o quinto do valor corrente ou justo da prestação feita ou prometida (art. 4º, *b*).

b) Código Penal x Estatuto do Idoso: o art. 106 do Estatuto do Idoso pune, com reclusão de dois a quatro anos aquele que induzir pessoa idosa sem discernimento de seus atos a outorgar procuração para fins de administração de bens ou deles dispor livremente.

c) Código Penal x Código Penal Militar: o art. 252 do Decreto-lei 1.001/69 pune a prática do abuso de pessoa cometido na forma do art. 9º daquele diploma.

---

238. *Código Penal brasileiro*, p. 300-301.

239. *RT* 613/405.

13. INDUZIMENTO À ESPECULAÇÃO

▶ ***Induzimento à especulação***

Art. 174. Abusar, em proveito próprio ou alheio, da inexperiência ou da simplicidade ou inferioridade mental de outrem, induzindo-o à prática de jogo ou aposta, ou à especulação com títulos ou mercadorias, sabendo ou devendo saber que a operação é ruinosa:

Pena – reclusão, de 1 (um) a 3 (três) anos, e multa.

13.1. Considerações iniciais

Tutela-se o patrimônio da pessoa ingênua, crédula ou de mentalidade inferior contra a ação do agente que abusa de sua condição para obter proveito próprio ou alheio.

Se a norma visa a reprimir a prática de jogatina ou de especulação, não se pode olvidar que seu objetivo principal é de fato a proteção do patrimônio do indivíduo simplório ou pouco desenvolvido mentalmente.

O crime de induzimento à especulação muito se aproxima do anterior, possuindo diversos elementos comuns, como o abuso, a intenção de se obter proveito próprio ou alheio, a inexperiência (abrangendo a menoridade) a inferioridade mental e o induzimento à prática de ato que possa causar a derrocada da vítima. Todavia, contrariamente ao abuso de incapazes, não se refere o presente dispositivo a "qualquer ato que possa produzir efeito jurídico", mas especificamente ao jogo, à aposta e à especulação com títulos ou mercadorias (especializante).

Não poderia ser tratado como estelionato, haja vista dispensar o emprego de artifício ou ardil por parte do agente.

A pena cominada permite a suspensão condicional do processo (Lei 9.099/95).

13.2. Sujeitos do crime

Trata-se de crime comum, em que o sujeito ativo poderá ser qualquer pessoa que abuse da vítima, induza-a à prática de jogo, aposta ou especulação com títulos ou mercadorias.

O sujeito passivo é a pessoa inexperiente, simplória ou de mentalidade inferior.

NORONHA, a esse respeito, leciona:

> "Inexperiente é a pessoa despida de experiência, sem pratica, bisonha, e por isso desapercebida para a vida dos negócios, dos interesses econômicos ou financeiros, tornando-se, consequentemente, presa fácil nas mãos dos ladinos. A seguir, refere-se a lei à *simplicidade*, isto é, ao simples de espírito, ao destituído de malícia e atilamento. E, por fim, alude à *inferioridade mental*, que pouco difere da simplicidade. Não chega a constituir debilidade mental, porém, comparado com a média dos indivíduos, a pessoa apresenta deficiência psíquica."[240].

240. *Código Penal brasileiro*, p. 307.

A lei não inclui expressamente o menor como sujeito passivo, mas, como a tutela recai também sobre o inexperiente, não se pode negar a possibilidade de figurar como vítima do delito.

Cremos ser possível figurar como vítima terceira pessoa prejudicada pelo comportamento do inexperiente abusado, pois a fraude, como se sabe, nem sempre tem consequências somente no patrimônio daquele que é iludido.

13.3. Conduta

A ação nuclear se consubstancia na conduta de *abusar*, isto é, tirar vantagem, prevalecer-se das condições de inexperiência, simplicidade ou inferioridade mental de outrem, induzindo-o à prática de jogo ou aposta ou à especulação.

Convém, primeiramente, diferenciarmos *jogo* de *aposta*, servindo-nos, para tanto, das lições de MIRABETE:

> "O jogo é um contrato aleatório em que o ganho ou a perda depende exclusivamente ou na maior parte da sorte. A aposta é também contrato aleatório em que o ganho depende da verificação de um acontecimento independente das atividades das partes. Como a lei civil protege o menor e o interdito que perde no jogo (art. 814 do CC), é lícita a afirmação, para a configuração do crime, não há diferença quanto à legalidade deste ou da aposta."[241].

O tipo prevê, também, o induzimento do sujeito passivo à especulação com títulos ou mercadorias. Nota-se que a especulação, por si só, não se afigura ato criminoso ou mesmo imoral, mas o contrário. Da especulação, entendida como pesquisa de preço, dentre outros elementos, mantém-se o comércio. Ninguém afeito a essa atividade a pratica sem especular. Logo, não é disso que trata o dispositivo. Trata-se, aqui, da proteção ao indivíduo que é levado à especulação em operação ruinosa sobre títulos da bolsa, mercadorias ou valores (art. 816 do CC). Neste caso, o agente que provoca a especulação age de má-fé, é pernicioso, já que visa a ruína da vítima, para proveito seu ou de terceiro.

A punição é totalmente justificável, vez que, pela natureza de tais operações (que se assemelham ao jogo ou à aposta), seu operador deve ter suficiente controle, pois, embora não dependam de sua iniciativa, são em muitos casos, em razão dos fatores que as envolvem, suscetíveis de previsão.

NORONHA, acerca do tema, leciona o seguinte:

> "À complexidade das operações, à experiência que delas deve ter a pessoa, acrescente-se o conhecimento necessário, principalmente nas operações sobre mercadorias, acerca de usos e costumes que o especulador não pode deixar de ter.

241. *Manual de direito penal*, p. 336.

> Enfim, o êxito da operação depende, em grande parte, da previsibilidade de quem opera e que é dada por determinados fatores, como escreve Carvalho de Mendonça:
>
> 'Causas políticas (guerra, revolução, má política financeira do governo etc.), situação da parca, onerada com compromissos assumidos por uma série de operações na alta etc., concorrem para essas flutuações."[242].

13.4. Voluntariedade

É o dolo de abusar da vítima, induzindo-a a prática de jogo, aposta ou especulação com títulos ou mercadorias. O agente deve ter conhecimento das condições de simplicidade, inexperiência ou inferioridade mental do induzido. Se houver dúvida, deve abster-se da prática de qualquer ato, pois, do contrário, estará assumindo o risco de produzir o resultado danoso, respondendo pela prática delituosa (dolo eventual).

Exige-se, ainda, o elemento subjetivo especial do tipo, representado pela finalidade de obtenção de proveito, próprio ou de terceiro, de natureza patrimonial. A vantagem visada deve ser injusta (se justa, estaremos diante de exercício arbitrário das próprias razões).

No tocante à expressão *devendo saber* que a operação é ruinosa, NORONHA questiona se o legislador teria previsto uma espécie de fraude culposa e, após dissertar longamente, conclui, com acerto, pela presunção do dolo:

> "Como vimos, a especulação com títulos e mercadorias, a especulação da Bolsa apresenta elemento aleatório, é constituída por operações dotadas de complexidade, conhecidas em regra por especialistas (corretores, banqueiros, comerciantes etc.), não estando ao alcance dos simples e inexperientes. A lei *presume, então, que aquelas devem saber tratar-se de operações ruinosas*, querendo estender tutela mais ampla à vítima."[243].

13.5. Consumação e tentativa

Consuma-se o crime com a prática, pelo induzido, do jogo, aposta ou especulação, dispensando-se a obtenção da vantagem visada pelo agente. Prescindível, ainda, a ocorrência de prejuízo à vítima (delito formal).

Tratando-se de crime cujo *iter* pode ser fracionado, perfeitamente possível a tentativa.

13.6. Ação penal

Será pública incondicionada, com exceção das hipóteses do art. 182, quando estará adstrita a condição de procedibilidade.

242. *Código Penal brasileiro*, p. 312.
243. *Código Penal brasileiro*, p. 316.

14. FRAUDE NO COMÉRCIO

▶ ***Fraude no comércio***

Art. 175. Enganar, no exercício de atividade comercial, o adquirente ou consumidor:

I – vendendo, como verdadeira ou perfeita, mercadoria falsificada ou deteriorada;

II – entregando uma mercadoria por outra:

Pena – detenção, de 6 (seis) meses a 2 (dois) anos, ou multa.

§ 1º Alterar em obra que lhe é encomendada a qualidade ou o peso de metal ou substituir, no mesmo caso, pedra verdadeira, por falsa ou por outra de menor valor; vender pedra falsa por verdadeira, vender como precioso, metal de outra qualidade:

Pena – reclusão, de 1 (um) a 5 (cinco) anos, e multa.

§ 2º É aplicável o disposto no art. 155, § 2º.

14.1. Considerações iniciais

Tutela-se, com a presente incriminação, tanto o patrimônio (contra a ação daquele que exerce o comércio com deslealdade), quanto a moralidade nas relações comerciais, imprescindíveis para suprir a quase totalidade dos anseios materiais da sociedade.

Leciona Noronha:

> "O estudo do delito não comporta certamente longa exposição sobre o comércio, bastando dizer-se que sua história é a história da própria humanidade. Há perfeito isocronismo entre seu desenvolvimento e a civilização do homem, pois que ele se opera pelas exigências da sociedade. Destina-se a servi-la, a melhorar suas condições de vida, de modo que deve atender aos seus reclamos, que se multiplicam com a civilização, a cultura e o progresso.
>
> Por isso mesmo deve ele obedecer a um mínimo ético, a determinados princípios e regras, necessários à sua própria realização e subsistência. Disso cuida a lei penal, com a disposição em tela. Desnecessário, por certo, é afirmar que a moralidade comercial não é bem que interesse a um grupo ou a uma classe, mas diz respeito à sociedade toda. Contra a fraude que o desnatura e envilece – infelizmente tanto mais fácil, quanto maior o progresso da ciência – age a norma penal."[244].

O delito se assemelha àquele do art. 171, § 2º, IV, que pune a conduta de quem defrauda substância, qualidade ou quantidade de coisa que deve entregar a alguém. A distinção reside no fato de, no dispositivo em comento, a proteção recair exclusivamente sobre as relações comerciais, mencionando expressamente o texto legal que a conduta deve se dar no exercício de atividade comercial.

244. *Código Penal brasileiro*, p. 318.

Também pode haver semelhança com certos dispositivos que punem a prática de crimes contra a saúde pública (arts. 272, 273, 276 e 277, todos do CP). Identificados os elementos caracterizadores de tais delitos, responderá o agente por estes, e não por fraude no comércio (*princípio da especialidade*).

Apesar de haver doutrina lecionando que o art. 175 teria sido revogado pelas Leis 8.078/90 (Código de Defesa do Consumidor) e 8.137/90 (Crime contra a Ordem Tributária), ambos diplomas possuindo em seus textos dispositivos semelhantes ao aqui analisado, entendemos correta a sempre lúcida observação de BITENCOURT:

> "Essa superposição de leis disciplinando praticamente a mesma matéria recomenda prudência e aguda observação em seu exame, devendo-se observar que o art. 2º, § 1º, da Lei de Introdução ao Código Civil dispõe que lei posterior revoga a anterior quando *disciplina inteiramente* a matéria nela contida (...). Na verdade, exatamente em respeito àquela previsão da Lei de Introdução ao Código Civil, consideramos que as leis posteriores não regularam inteiramente a mesma matéria, sendo, assim, impossível admitir a revogação tácita do dispositivo em exame do Código Penal. Com efeito, casuisticamente, devem-se confrontar os diversos diplomas legais e resolver a questão por meio do conflito aparente de normas e aplicar, *in concreto*, aquela que contemplar todas as elementares típicas."[245].

A pena cominada à modalidade do crime prevista no *caput* permite a transação penal e a suspensão condicional do processo (Lei 9.099/95). Já na forma qualificada do § 1º, somente a suspensão condicional do processo poderá ser admitida.

14.2. Sujeitos do crime

Cuida-se de crime próprio, só podendo ser praticado por quem exerça atividade comercial (exercício habitual, contínuo e profissional do comércio). Se praticado ato de comércio por particular, que não o exerça, outra figura delituosa poderá estar configurada (art. 171, § 2º, IV).

Assim já se decidiu:

> "Não há confundir, para efeitos do art. 175 do CP, *ato de comércio* com *atividade comercial*, eis que esta é uma espécie do *genus* 'atividade econômica', que pressupõe, conceitualmente, continuidade, habitualidade e profissionalidade. Assim, tratando-se de simples ato comercial ardilosamente praticado por indivíduo não comerciante, não há falar em fraude no comércio, mas sim, no delito de estelionato."[246].

245. Ob. cit., p. 308-309.
246. *JTACRIM* 38/297.

Essa conclusão, contudo, está longe de ser pacífica, sendo contestada por NORONHA:

> "Ora, se o legislador, ao aludir à vítima, usa as expressões *adquirente* ou *consumidor* – que são coisas diversas, pois, ao contrário, haveria redundância, – é porque não se submete às noções e princípios rígidos e estritos do direito comercial.
>
> O outro argumento de que se o presente artigo não houvesse *particularizado* o sujeito ativo seria repetição ociosa do § 2º, IV do art. 171 não procede porque: a) é certo que o comerciante também pode cometer o delito do último dispositivo; b) os dois crimes se distinguem por outros elementos, entre eles, o *objeto material* – aqui a *mercadoria*, e lá a *coisa*, que também pode ser o imóvel."[247].

Sujeito passivo é o adquirente ou consumidor da mercadoria viciada. O comerciante também pode ser vítima do delito em tela quando adquire produtos para revendê-los.

14.3. Conduta

A ação nuclear se consubstancia no verbo *enganar*, isto é, falsear, ludibriar o adquirente ou consumidor, no exercício de atividade comercial, de **duas** maneiras distintas:

14.3.1. Vendendo, como verdadeira ou perfeita, mercadoria falsificada ou deteriorada

Nota-se que a lei considera apenas a venda (ocorrendo outras formas negociais, como a dação em pagamento, a permuta etc., poderá configurar o crime de estelionato comum, art. 171). A mercadoria a que aduz o dispositivo pode ser *falsificada* ou *deteriorada*. A primeira é a mercadoria espúria, à que o agente confere aparência de legítima. Já a segunda é a danificada, total ou parcialmente, que, neste caso, é exposta como perfeita, com seus vícios ocultados. Em ambos os casos, o agente busca incutir no adquirente ou no consumidor a impressão de que estão adquirindo mercadoria idônea e perfeita (nisso consistindo a fraude)[248];

14.3.2. Entregando uma mercadoria por outra

Aqui o agente ludibria a vítima entregando-lhe mercadoria diversa daquela verdadeiramente adquirida. Pressupõe-se, no caso, relação obrigacional preexistente, em que a coisa negociada foi determinada em sua qualidade ou quantidade, devendo o comerciante entregá-la nos exatos termos do compromisso assumido. Por óbvio, no tocante à quantidade, excluem-se as irrisórias diferenças que podem ocorrer em determinadas circunstâncias, e que ilidem o dolo do agente.

---

247. Ob. cit., v. 5, 2.ª parte, p. 324.

248. A venda de mercadoria falsificada, revelando essa característica ao adquirente, não configura o crime do art. 175, I, do CP. "O tipo exige que se venda mercadoria falsificada como verdadeira. Aí é que está a fraude, o engano, dado estrutural, essencial do delito de que se cogita, sob o *nomen juris* de 'fraude no comércio'" (*RT* 546/351).

Para que se configure o delito, dispensa-se o emprego de artifício ou ardil, tendo em vista não haver induzimento da vítima a adquirir mercadoria falsificada ou viciada, encontrando-se a fraude no próprio ato de entregar a mercadoria.

Nas palavras de NORONHA:

> "A fraude, dessarte, é ínsita no ato incriminado pelo dispositivo; há, então, engano de fato, ou, noutros termos, *in re ipsa*, pois que se consubstancia em vender mercadoria falsificada ou deteriorada, como verdadeira ou perfeita, ou entregar mercadoria por outra."[249].

14.4. Voluntariedade

É o dolo de vender ou entregar mercadoria falsificada, deteriorada ou diversa da que deveria receber o adquirente ou consumidor. Não se exige o elemento subjetivo especial do tipo, ou seja, que o agente pretenda obter vantagem em proveito próprio ou de terceiro.

Por óbvio, deve o agente ter consciência de que a mercadoria que vende é falsificada ou deteriorada.

14.5. Consumação e tentativa

Consuma-se o crime com o engano da vítima, que só pode surtir efeito após a efetiva tradição da mercadoria (entrega ao adquirente ou consumidor, que o aceita).

A tentativa é admitida, pois a conduta criminosa admite fracionamento (por exemplo, se a vítima, antes de receber a coisa, percebe que se trata de mercadoria falsificada ou deteriorada, não a aceitando, temos o *conatus*).

14.6. Qualificadora e forma privilegiada

14.6.1. Qualificadora

O § 1º do art. 175, com pena de reclusão de um a cinco anos, pune quem altera em obra que lhe é encomendada a qualidade ou o peso de metal ou substitui, no mesmo caso, pedra verdadeira por falsa ou por outra de menor valor. Reprova-se, ainda, a venda de pedra falsa por verdadeira e a venda, como precioso, de metal de outra qualidade. Exige-se aqui, tal como no *caput*, que a conduta se dê no exercício de atividade comercial.

Como se pode observar, diferença mais significativa em comparação ao tipo básico é a pena mais grave. Justifica-se a preocupação do legislador em razão do vultoso prejuízo certamente causado à vítima quando a fraude atinge pedras e metais preciosos. Além disso, pela própria natureza de tais objetos, torna-se dificultosa a percepção da fraude encampada pelo agente.

---

249. *Código Penal brasileiro*, p. 328.

No mais, acrescente-se que nesta figura típica são previstas ações nucleares diversas da anterior. A conduta consiste em alterar (qualidade ou peso de metal), substituir (pedra verdadeira por falsa ou outra de menor valor) e vender (pedra falsa por verdadeira ou metal, como precioso, de qualidade diversa), tudo de forma fraudulenta.

14.6.2. Forma privilegiada

Prevê o § 2º a possibilidade de aplicação do disposto acerca do furto privilegiado, que permite a redução da pena ou aplicação somente de multa, nos casos em que o agente é primário e é de pequeno valor o objeto material.

14.7. Ação penal

A ação penal será pública incondicionada, dispensando qualquer condição de procedibilidade.

15. OUTRAS FRAUDES

▶ ***Outras fraudes***

Art. 176. Tomar refeição em restaurante, alojar-se em hotel ou utilizar-se de meio de transporte sem dispor de recursos para efetuar o pagamento:

Pena – detenção, de 15 (quinze) dias a 2 (dois) meses, ou multa.

Parágrafo único. Somente se procede mediante representação, e o juiz pode, conforme as circunstâncias, deixar de aplicar a pena.

15.1. Considerações iniciais

Objetiva-se a proteção ao patrimônio daquele que se dedica à atividade de oferta de bebidas, alimentos, alojamentos ou meios de transporte, contra a ação fraudulenta do indivíduo que, sem dispor dos meios necessários para cobrir os custos, usufrui de tais serviços.

Contudo, não só à incolumidade do patrimônio se atém a lei, buscando, também, a ordem, a estabilidade das relações jurídicas na sociedade.

Noronha, justificando a previsão de crime autônomo para a conduta aqui tratada (que poderia, em tese, ser considerada como estelionato), assim leciona:

> "Já que a lei definiu à parte espécies que em nada diferem do estelionato, maior razão havia aqui para assim se conduzir. Acresce que a figura criminal poderia gerar vacilações, quando o dano patrimonial fosse insignificante, o que de ordinário acontece, levando até os juristas alemães a denominarem-na de 'Bagatellbetrug'.
>
> Por outro lado, capitulando taxativamente a espécie, a lei teve em vista a proteção dos interesses de determinadas pessoas, dado o gênero de profissão que abraçaram, o que facilita a fraude dos inescrupulosos.

> Com efeito, não há grande diferença em uma pessoa entrar em restaurante, tomar refeição e não pagá-la, e entrar em mercearia, comprar vitualhas, e passar... o calote. Mas a lei não estende a proteção aos merceeiros, às leiterias, aos padeiros e, em suma, aos fornecedores, porque diverso é o gênero de seu comércio, que lhes permite averiguarem antes da idoneidade moral e financeira do freguês, ao passo que o dono de hotel ou restaurante, e o condutor de veículo não têm essa possibilidade, sendo obrigados a confiar em quem solicita o serviço, mesmo porque se presume honesta a pessoa até prova em contrário, e, no caso, a prova é... produzida pelo crime."[250].

Cuida-se de infração de menor potencial ofensivo (Lei 9.099/95).

15.2. Sujeitos do crime

Qualquer pessoa pode praticar o delito, desde que, obviamente, civilmente capaz de adimplir a obrigação assumida e não cumprida.

Sujeito passivo poderá ser pessoa física ou jurídica que presta o serviço utilizado e não pago. É de se notar que nem sempre o enganado é aquele que sofre o prejuízo patrimonial, sendo possível o concurso de vítimas (o recepcionista, enganado, e o dono do hotel, lesado no seu patrimônio, por exemplo).

15.3. Conduta

O tipo prevê **três** condutas, que ocorrem sem que o agente disponha de numerário para efetuar o pagamento:

15.3.1. Tomar refeição em restaurante

Somente se configura se a conduta (tomar refeição, incluindo bebida)[251] se der nas dependências do estabelecimento. A expressão *restaurante* deve ser entendida em sentido amplo, abarcando lanchonetes, bares, pensões etc. (em suma, lugar cuja atividade seja a de fornecer alimentos para consumo imediato). Nota-se que, se o agente encomenda a refeição para ser entregue em local diverso, em que pese o pagamento posterior, não incorrerá no delito em estudo, podendo configurar, conforme o caso, o estelionato;

15.3.2. Alojar-se em hotel

A expressão *hotel*, tomada no seu sentido amplo, abrange hospedarias, albergues, pensões, motéis etc.

Explica Rogério Greco:

> "*Hotel*, aqui, tem o sentido de qualquer lugar destinado a receber hóspedes, podendo-se incluir os motéis, hospedarias, estalagens,

---

250. *Código Penal brasileiro*, p. 340.

251. No sentido de que refeição abrange bebidas temos: **Damásio de Jesus** (ob. cit., v. 2, p. 466) e **Delmanto** (ob. cit., p. 542).

> pensões, pousadas, *campings* etc. Para que a conduta de alojar-se se aperfeiçoe, é preciso que o agente efetivamente se hospede, com a utilização do hotel destinado a esse fim, podendo o quarto ser individual, coletivo ou outros similares, não importando o tempo de sua permanência, sendo possível, até mesmo, que o agente sequer permaneça alojado por um período completo, vale dizer, 24 horas."[252].

15.3.3. Utilizar-se de meio de transporte

Ocorre quando o agente utiliza meios de transporte cujo pagamento se dá durante ou ao final da viagem, como ônibus, táxis etc., afastando-se aqueles em que o pagamento deve ser adiantado, como navios, aviões, metrô (nos casos em que o bilhete é comprado antes do embarque). Somente se configura o crime por esta hipótese quando o agente, apresentando-se como cliente honesto, induz a vítima em erro. Isto significa que, se encontra uma forma de se infiltrar no meio de transporte clandestinamente, responderá por estelionato[253].

Esse é também o entendimento de Noronha:

> "Introduzindo-se sub-repticiamente no veículo, o delinquente usa de fraude, diferente da empregada por aquele que toma um automóvel e, chegando ao término da viagem, não paga o custo devido, visto que, neste caso, a fraude consistiu em comportar-se como faz a pessoa honesta e bem intencionada, silenciando, entretanto, sobre a impossibilidade do pagamento. Enfim, é nosso pensar que aquele caso não entra no *tipo* descrito pelo legislador, no presente artigo, e querer abrangê-lo seria, a nosso ver, fazer analogia, isto é, abarcar por identidade de razão (fruir de um serviço sem pagar) um caso que a lei não previu"[254].

Em todas as modalidades do art. 176, deve o agente faltar ao pagamento por inexistência de recursos disponíveis, consistindo a fraude no silêncio quanto a esta circunstância. Logo, nos casos em que o agente, dispondo de numerário bastante, recusar-se a realizar o pagamento, não se configura o presente delito, mas reprovável ato de calote, que pertence ao âmbito do direito civil.

É o caso da "pendura".

Sobre o assunto, ensina Nucci:

> "Por força da tradição, acadêmicos de direito costumam, como forma de comemorar a instalação dos cursos jurídicos no Brasil (11 de agosto), dar penduras em restaurantes, tomando refeições sem

252. Ob. cit., v. 3, p. 286.
253. Apesar de **Capez** (ob. cit., v. 2, p. 529) ensinar haver estelionato (art. 171) na conduta daquele que se utiliza de bilhete de transporte falsificado, alertamos que esse comportamento melhor se subsume ao disposto no art. 293, § 1º, I, do CP, crime contra a fé pública.
254. *Código Penal brasileiro*, p. 346.

> efetuar o devido pagamento. Tem entendido a jurisprudência, neste caso, não estar configurada a hipótese do art. 176, pois, na sua grande maioria, são pessoas que têm dinheiro para quitar a conta, embora não queiram fazê-lo, alegando tradição. Tratar-se-ia, pois, de um ilícito meramente civil. (...). Ocorre que, na atualidade, o número de estudantes de direito aumentou sensivelmente, provocando uma pesada carga para vários comerciantes do ramo de restaurantes, até porque alguns estabelecimentos, pela excelência dos seus serviços, são os mais procurados. Assim, conforme situação aventada pelos estudantes, o grau do ardil utilizado (nem toda a pendura é 'diplomática', ou seja, previamente declarada ao comerciante) e, principalmente, o prejuízo causado, pode-se, até, situar a questão no contexto do estelionato (art. 171, *caput*)."[255].

15.4. Voluntariedade

É o dolo, consistente na vontade de praticar uma das ações descritas no tipo, com a consciência de que não possui recursos para efetuar o pagamento (dolo preordenado de inadimplemento da obrigação).

Explica Noronha:

> "O erro de fato exclui o dolo. Quem toma refeição em restaurante ou se serve de meio de transporte e, no momento de pagar, verifica ter sido despojado de sua carteira, não delinque; há erro de fato, consistente em supor situação (posse de dinheiro) incompatível com o dolo que a ação criminosa requer."[256].

O mesmo autor sustenta ser indispensável o elemento subjetivo do tipo (finalidade especial do agente), traduzido na obtenção de vantagem indevida. Fragoso, por sua vez, ensina que o crime é punido a título de dolo, desacompanhado de qualquer elemento finalístico especial[257].

15.5. Consumação e tentativa

A doutrina é divergente no que concerne ao momento consumativo do delito. Para uma primeira corrente (Mirabete), o crime é formal, consumando-se com a prática de qualquer uma das condutas, ainda que parcial. Eventual ressarcimento posterior não exclui o delito. Já para uma segunda corrente, o crime é material, consumando-se com o não pagamento das despesas efetuadas.

Nesse sentido, explica Bitencourt:

> "A relevância jurídica de qualquer das condutas surge somente com o não pagamento das despesas efetuadas, ou seja, após a

255. *Código Penal comentado*, p. 890.
256. *Código Penal brasileiro*, p. 350.
257. Ob. cit., v. 2, p. 388.

> prática de qualquer das condutas (refeição, alojamento ou transporte). Logo, estamos diante de um *crime material*, isto é, um crime de dano, que somente se concretiza com a ocorrência efetiva de prejuízo."[258].

Tratando-se de delito plurissubsistente (execução fracionável) admite-se a tentativa.

15.6. Ação penal

A ação penal será pública condicionada à representação do ofendido, podendo o juiz deixar de aplicar a pena, conforme as circunstâncias em que se derem os fatos (perdão judicial).

16. FRAUDES E ABUSOS NA FUNDAÇÃO OU ADMINISTRAÇÃO DE SOCIEDADE POR AÇÕES

▶ ***Fraudes e abusos na fundação ou administração de sociedade por ações***

Art. 177. Promover a fundação de sociedade por ações fazendo, em prospecto ou em comunicação ao público ou à assembleia, afirmação falsa sobre a constituição da sociedade, ou ocultando fraudulentamente fato a ela relativo:

Pena – reclusão, de 1 (um) a 4 (quatro) anos, e multa, se o fato não constitui crime contra a economia popular.

§ 1º Incorrem na mesma pena, se o fato não constitui crime contra a economia popular:

I – o diretor, o gerente ou o fiscal de sociedade por ações, que, em prospecto, relatório, parecer, balanço ou comunicação ao público ou à assembleia, faz afirmação falsa sobre as condições econômicas da sociedade, ou oculta fraudulentamente, no todo ou em parte, fato a elas relativo;

II – o diretor, o gerente ou o fiscal que promove, por qualquer artifício, falsa cotação das ações ou de outros títulos da sociedade;

III – o diretor ou o gerente que toma empréstimo à sociedade ou usa, em proveito próprio ou de terceiro, dos bens ou haveres sociais, sem prévia autorização da assembleia geral;

IV – o diretor ou o gerente que compra ou vende, por conta da sociedade, ações por ela emitidas, salvo quando a lei o permite;

V – o diretor ou o gerente que, como garantia de crédito social, aceita em penhor ou em caução ações da própria sociedade;

VI – o diretor ou o gerente que, na falta de balanço, em desacordo com este, ou mediante balanço falso, distribui lucros ou dividendos fictícios;

VII – o diretor, o gerente ou o fiscal que, por interposta pessoa, ou conluiado com acionista, consegue a aprovação de conta ou parecer;

VIII – o liquidante, nos casos dos ns. I, II, III, IV, V e VII;

IX – o representante da sociedade anônima estrangeira, autorizada a funcionar no País, que pratica os atos mencionados nos ns. I e II, ou dá falsa informação ao Governo.

§ 2º Incorre na pena de detenção, de 6 (seis) meses a 2 (dois) anos, e multa, o acionista que, a fim de obter vantagem para si ou para outrem, negocia o voto nas deliberações de assembleia geral.

---

258. Ob. cit., v. 3, p. 313.

16.1. Considerações iniciais

Tutela-se o patrimônio dos investidores em sociedades por ações, contra a administração fraudulenta de seus dirigentes. O tipo tem por escopo o resguardo, em especial, dos interesses dos acionistas minoritários, que normalmente exercem menor participação nos ditames administrativos da empresa.

Na lição de Bitencourt:

> "O interesse dos acionistas apresenta-se por meio de um conjunto de princípios que se pode resumir como veracidade e autenticidade das informações, dados, números sobre a constituição, funcionamento e administração da sociedade, integridade do capital social e funcionamento correto do mercado de título imobiliário e, finalmente, atuação correta de administradores e fiscais no interesse da sociedade. Todos esses aspectos, em outros termos, constituem, abstratamente, o patrimônio do acionista."[259].

O preceito secundário do delito ressalva, expressamente, que, só se pune a conduta prevista no *caput* se a mesma não constituir crime contra a economia popular (subsidiariedade expressa). Com efeito, a Lei 1.521/51 prevê punição para inúmeras condutas que poderiam se enquadrar também num dos subtipos do art. 177. Todavia, em que pese ser laborioso o discernimento entre os tipos penais, a diferenciação, a ser levada a efeito de acordo com o caso concreto, é marcada pela característica daqueles que são atingidos pelo resultado jurídico produzido pelo delito, isto é, se são pessoas determinadas, como ocorre com os acionistas, ou se incertos os prejudicados. No primeiro caso, haverá a fraude patrimonial do art. 177 do CP (ora estudada) e, no segundo, crime contra a economia popular (Lei 1.521/51).

A pena cominada à modalidade criminosa tipificada no *caput* permite a suspensão condicional do processo. Já a figura estampada no § 2º é de menor potencial ofensivo (Lei 9.099/95).

16.2. Sujeitos do crime

O delito descrito no *caput* é próprio, só podendo ser praticado por *sócio-fundador* da sociedade por ações (o tipo menciona expressamente que a fraude ocorrerá no ato de promoção da sociedade).

Sujeito passivo poderá ser qualquer pessoa (física ou jurídica) que integre o quadro acionário da sociedade.

16.3. Conduta

Pune-se a fraude e o abuso na fundação ou administração de sociedade por ações (anônima ou comandita por ações)[260], sendo duas as formas de executar o crime:

---

259. Ob. cit., v. 3, p. 317.

260. O art. 82 da Lei 6.404/76 impõe ao fundador apresentar, quando da constituição da companhia por subscrição pública, requerimento à Comissão de Valores Mobiliários (CMV) contendo: a) o estudo

a) ***promover a fundação fazendo afirmação falsa acerca da constituição da sociedade***: aqui o agente, no ato da fundação da sociedade, divulga (escrita ou oralmente) dados inverídicos a respeito da empresa, como o valor do capital investido e seu respectivo retorno; o ramo de atividade para o qual foi criada; o seu quadro societário majoritário, envolvendo o nome de pessoas que desfrutam de elevado conceito no ramo empresarial etc.;

b) ***promover sua fundação ocultando fraudulentamente fato relativo à mencionada sociedade, com o intuito de atrair número maior de investidores em ações***: o fundador, no ato da criação da sociedade, não divulga aos futuros investidores as reais características da empresa, omitindo dados relevantes, com a consequente indução dos pretensos acionistas em erro. Trata-se de modalidade omissiva própria.

Nota-se que em ambas as condutas os dados falsos divulgados ou os verdadeiros ocultados devem possuir relevância jurídica, ou seja, é imprescindível que, por sua natureza, possam causar lesão ao bem jurídico protegido. Se a afirmação ou a ocultação recaírem sobre elementos irrelevantes, periféricos, não se há falar na ocorrência do crime em estudo.

16.4. Voluntariedade

É o dolo de promover a sociedade por ações, afirmando falsamente sobre sua constituição ou ocultando dados relevantes a seu respeito.

Embora haja doutrina exigindo o elemento subjetivo (especial finalidade de constituir a sociedade por ações), analisando-se o tipo, não se observa tal exigência. A promoção da sociedade evidencia o próprio dolo, e não uma específica finalidade pretendida pelo agente.

A esse respeito, disserta Bitencourt:

> "Com efeito, o que, segundo se tem afirmado, constituiria o fim especial do injusto é exatamente o que caracteriza o dolo (vontade e consciência de constituir sociedade por ações), ou seja, sem essa vontade consciente não se pode falar em dolo. Nesse sentido, reformulando nossa posição anterior, entendemos não existir o mencionado elemento subjetivo especial do tipo, como destaca, lucidamente, Guilherme Nucci, ao afastar esse elemento subjetivo, *in verbis*: 'Não se pode concordar com tal concepção, pois o mencionado *intuito de constituir a sociedade* é conduta ínsita ao verbo do tipo 'promover', ou seja, gerar. Basta, pois, o dolo'."[261].

16.5. Consumação e tentativa

Tratando-se de crime formal, consuma-se com a prática de uma das ações previstas, sem necessidade da ocorrência de qualquer resultado lesivo aos acionistas, bastando, pois, o dano potencial.

---

da viabilidade econômica e financeira do empreendimento; b) o projeto do estatuto social; c) o prospecto, organizado e assinado pelos fundadores e pela instituição financeira intermediária.

261. Ob. cit., v. 3, p. 321.

Na forma comissiva, a tentativa, ao menos em tese, é admissível, já que há a possibilidade de fracionamento da conduta do agente. Já na conduta omissiva, obviamente, não se vislumbra a possibilidade de ocorrência do *conatus*.

16.6. Figuras equiparadas

A conduta punível em todos os incisos do § 1º se refere não mais à constituição da sociedade por ações, mas ao seu funcionamento, com a ressalva expressa de que somente se aplicará o disposto no Código Penal se o fato não constitui crime contra a economia popular[262].

a) O diretor, o gerente ou o fiscal de sociedade por ações, que, em prospecto, relatório, parecer, balanço ou comunicação ao público ou à assembleia, faz afirmação falsa sobre as condições econômicas da sociedade, ou oculta fraudulentamente, no todo ou em parte, fato a elas relativo[263].

No inciso I, a ação do agente consiste em fazer afirmação falsa sobre as condições econômicas da empresa ou ocultar fato a ela relativo. A exemplo do *caput*, a fraude deve recair sobre fatos relevantes, lesivos ou potencialmente lesivos ao patrimônio de terceiros.

O próprio tipo penal elenca aqueles que podem figurar no polo ativo (crime próprio): o diretor, o gerente, ou o fiscal, tratando-se, pois, de crime próprio. Vale lembrar que o rol é taxativo, não se admitindo extensão a outros membros da sociedade que não exerçam a atividade de diretoria, de gerência ou de fiscalização, a não ser conluiados com o agente especial. Sujeito passivo pode ser qualquer pessoa (física ou jurídica) que subscreva as ações da sociedade.

Tanto a afirmação falsa quanto a ocultação de fatos ocorrem em *prospecto* (documento concernente ao aumento de capital por meio de subscrição pública), *relatório* (confeccionado pela administração da sociedade, contendo os principais fatos administrativos e

262. Se a conduta do agente causar lesão ou perigo de lesão ao sistema financeiro como um todo (e não apenas ao patrimônio da sociedade e/ou dos sócios), o crime será punido na conformidade da Lei 7.492/86 (Lei dos Crimes Contra o Sistema Financeiro Nacional). Nesse sentido, alerta o Procurador Federal **Adel El Tasse**: "A tipificação de qualquer conduta que se afirme protetiva do sistema financeiro nacional deve, necessariamente, observar que o agir do sujeito tenha ido além da mera lesão patrimonial, quer à instituição financeira, quer aos investidores, e tenha efetivamente colocado em ataque a credibilidade financeira nacional, produzindo, ao menos, a real ameaça da perda de investimentos e, com isso, da diminuição da produção da riqueza no País" (*Direito penal contemporâneo*, p. 339).

263. Há doutrina (Modesto Carvalhosa e Nélson Eizirik. *A nova lei da S/A*, p. 530) sustentando que o inciso I está revogado pelo art. 27-C da Lei 6.385/76, introduzido pela Lei 10.303/2001, *in verbis*: "Art. 27-C. Realizar operações simuladas ou executar outras manobras fraudulentas, com a finalidade de alterar artificialmente o regular funcionamento dos mercados de valores mobiliários em bolsa de valores, de mercadorias e de futuros, no mercado de balcão ou no mercado de balcão organizado, com o fim de obter vantagem indevida ou lucro, para si ou para outrem, ou causar dano a terceiros: Pena – reclusão, de 1 (um) a 8 (oito) anos, e multa de até 3 (três) vezes o montante da vantagem ilícita obtida em decorrência do crime".

apontamentos sobre a gestão de negócios), *parecer* (elaborado pelo conselho fiscal e dirigido aos acionistas nas situações determinadas em lei), *balanço* (demonstrativo financeiro das atividades da empresa, individualizando seus ativos e passivos), ou algum outro meio de comunicação ao público ou à assembleia.

Aplicam-se, no mais, os comentários dispensados ao tipo básico.

b) O diretor, o gerente ou o fiscal que promove, por qualquer artifício, falsa cotação das ações ou de outros títulos da sociedade[264].

Reprova-se a conduta do diretor, gerente ou fiscal que, com o intuito de fomentar mercado fictício de ações ou outros títulos da sociedade, promove sua falsa cotação.

Mais uma vez, o tipo penal lista os possíveis sujeitos ativos, em rol taxativo, vedando-se qualquer espécie de interpretação extensiva (delito próprio). Sujeito passivo poderá ser qualquer pessoa integrante do painel acionário da sociedade, bem como os investidores que possam sofrer prejuízo patrimonial em razão da fraude.

A conduta consiste na promoção de cotação falsa de ações ou outros títulos da sociedade. Entende-se por cotação falsa aquela que não corresponde à realidade financeira da empresa e do mercado acionário, sendo certo que pode ocorrer tanto para valorizar os títulos quanto para depreciá-los. A falsa cotação pode ocorrer das mais diversas formas possíveis, desde que capazes de iludir os operadores do mercado acionário.

A consumação, a exemplo do inciso I, ocorre na mesma forma do *caput*. No tocante à tentativa, todavia, o dispositivo sofre alteração, já que não há dúvida acerca da possibilidade de sua ocorrência, pois o agente poderá empregar os meios idôneos para iludir e não conseguir promover a cotação falsa por circunstâncias alheias à sua vontade.

No mais, inciso II possui as mesmas características dos comportamentos pretéritos.

c) O diretor ou o gerente que toma empréstimo à sociedade ou usa, em proveito próprio ou de terceiro, dos bens ou haveres sociais, sem prévia autorização da assembleia geral.

Pune-se o abuso praticado por parte do diretor ou gerente da sociedade, que usa, em proveito próprio ou de terceiro, os bens ou haveres sociais (coisas alheia). Busca-se, desse modo, a proteção dos interesses da sociedade contra os maus administradores[265].

264. A exemplo do inciso I, também no inciso II encontramos doutrina (Modesto Carvalhosa e Nélson Eizirik. *A nova lei da S/A*, p. 530) sustentando estar revogado pelo art. 27-C, da Lei 6.385/76, introduzido pela Lei 10.303/2001.

265. O art. 154 da Lei 6.404/76 veda ao administrador: a) praticar ato de liberalidade à custa da companhia; b) sem prévia autorização da assembleia-geral ou do Conselho de Administração, tomar por empréstimos recursos ou bens da companhia, ou usar, em proveito próprio, de sociedade em que tenha interesse, ou de terceiros, os seus bens, serviços ou crédito; c) receber de terceiros, sem autorização estatutária ou da assembleia-geral, qualquer modalidade de vantagem pessoal, direta ou indireta, em razão do exercício do seu cargo.

Embora semelhante ao crime de apropriação indébita, o dispositivo em estudo dele se diferencia em razão do *animus* do agente. Neste último, ocorre tão somente o *empréstimo* ou *uso indevido* do bem pertencente à sociedade, enquanto naquele, o agente quer, arbitrariamente, se apropriar, agindo como se dono fosse.

Por expressa previsão típica, somente o diretor ou o gerente poderão figurar no polo ativo. Se outros praticarem a conduta, o fato será atípico. Sujeitos passivos serão os acionistas, que sofrerão prejuízo patrimonial em razão da administração temerária da sociedade.

A conduta consiste na tomada de empréstimo ou uso de bens e haveres da sociedade, à revelia da assembleia geral. As duas ações podem ocorrer tendo como objetos móveis, imóveis, dinheiro, as próprias ações e títulos da sociedade etc.

No tocante à consumação, aplicam-se os mesmos comentários dispensados aos incisos anteriores.

Com relação à tentativa:

I) a ação de *usar* não admite fracionamento (o primeiro ato de uso consumará o crime);

II) no *empréstimo*, todavia, o *iter criminis* pode ser facilmente fracionado, somente se falando em consumação após a tradição da coisa, que pode não ocorrer por circunstâncias alheias à vontade do agente.

d) O diretor ou o gerente que compra ou vende, por conta da sociedade, ações por ela emitidas, salvo quando a lei o permite.

Incrimina-se a conduta do diretor ou gerente que negocia, por conta da sociedade, ações por ela emitidas. Não haverá punição, no entanto, se a própria lei permitir a compra e venda.

Sujeito ativo será o diretor ou o gerente, previstos em rol legal (taxativo). No polo passivo figurarão os acionistas, que são os que poderão sofrer diretamente o prejuízo patrimonial advindo da administração fraudulenta da sociedade.

A conduta se consubstancia na compra e venda, pela sociedade, das ações de sua própria titularidade, o que é, em regra, vedado por lei (art. 30 da Lei 6.404/76). Qualquer transação capitaneada pela sociedade, envolvendo suas ações, capaz de produzir efeitos econômicos, é tratada como compra e venda, podendo ensejar a ocorrência do delito em estudo. Nos casos em que a lei permitir a negociação[266], considera-se excluída a tipicidade, afastando a incidência do tipo penal.

---

266. O mesmo art. 30 da Lei das Sociedades Anônimas que veda as companhias negociarem com as próprias ações, ressalva: a) as operações de resgate, reembolso ou amortização previstas em lei; b) a aquisição, para permanência em tesouraria ou cancelamento, desde que até o valor do saldo de lucros ou reservas, exceto a legal, e sem diminuição do capital social, ou por doação; c) a alienação das ações adquiridas nos termos da alínea *b* e mantidas em tesouraria; d) a compra quando, resolvida

A consumação se dá com a efetiva compra e venda, sendo certo que a tentativa, em tese, é possível de se configurar.

e) O diretor ou o gerente que, como garantia de crédito social, aceita em penhor ou em caução ações da própria sociedade.

A exemplo do anterior, o inciso V pune a conduta do diretor ou gerente que pratica abusos envolvendo as ações da própria sociedade, aceitando-as, desta feita, em penhor ou em caução, como garantia de crédito social, contrariando proibição legal (art. 30, § 3º, da Lei 6.404/76).

Sujeito ativo será somente o diretor ou o gerente. Sujeito passivo será a própria sociedade e seus acionistas.

A conduta consiste na aceitação, como garantia de crédito da sociedade, suas próprias ações, recebidas em penhor ou em caução. No caso, o acionista possui um débito com a sociedade e, para garanti-lo, oferece as ações que subscreve. Obviamente, tal atitude não é condizente com a natureza das ações, que representam um débito da empresa em favor do acionista. Ora, se a sociedade é devedora do acionista no título, não pode ser ao mesmo tempo credora com base nele mesmo.

A finalidade da norma está bem delineada nas lições de Noronha: "Que a sociedade venha a receber, como garantia de crédito que possui, ações dela mesma. Seria, então, credora e fiadora ao mesmo tempo, o que é inadmissível."[267].

A consumação ocorre com a aceitação das ações (efetivação da transação), havendo tentativa na hipótese em que não ocorre por circunstâncias alheias à vontade do agente.

f) O diretor ou o gerente que, na falta de balanço, em desacordo com este, ou mediante balanço falso, distribui lucros ou dividendos fictícios.

Pune-se a conduta do diretor ou gerente que distribui lucros ou dividendos fictícios.

Somente o diretor ou o gerente poderá praticar o delito (crime próprio). Neste caso, a sociedade será vítima, não se imaginando os acionistas nesta posição, porquanto sejam beneficiados pela distribuição fictícia de dividendos, ainda que de maneira involuntária.

O tipo objetivo consiste em distribuir lucros ou dividendos de forma fraudulenta. Na sociedade por ações, o lucro é apurado de acordo com a realização do balanço e, portanto, a distribuição dos dividendos somente ocorrerá com base no resultado deste último. O repasse de dividendos sem a existência de lucro induz o investidor a acreditar que a sociedade prospera economicamente, quando na verdade pode ocorrer o contrário.

Explica Hungria:

> "Para a verificação de lucros líquidos, é indispensável o balanço ao fim de cada ano social. Se há distribuição de dividendos sem prévio balanço ou em desacordo com este, a fraude é reconhecível *prima facie*. No caso do balanço falso, porém, é preciso distinguir entre a hipótese de falsidade intencional e a de inexatidão por erro

---

a redução do capital mediante restituição, em dinheiro, de parte do valor das ações o preço destas em bolsa for inferior ou igual à importância que deve ser restituída.

267. Código Penal brasileiro, p. 371.

> de avaliação ou contabilidade, que tenha passado despercebido ao diretor ou gerente: no primeiro caso, haverá o crime de que ora se trata em concurso com o de falsidade material ou ideológica; no segundo, nenhum crime poderá ser reconhecido. Balanço falso é o balanço *fraudulento*, como tal se entendendo, na espécie, aquele que, *artificialmente*, apresenta majoração dos valores ativos ou minoração dos valores passivos, de modo a fazer supor um lucro inexistente ou superior ao que realmente existe."[268].

De acordo com o art. 201, § 2º, da Lei das Sociedades Anônimas: "Presume-se a má-fé quando os dividendos forem distribuídos sem o levantamento do balanço ou em desacordo com os resultados deste". A presunção determinada no dispositivo não se aplica, de forma absoluta, ao direito penal, sendo indispensável a prova de que os lucros são fictícios (a distribuição de lucros ou dividendos reais, sem o devido balanço, não caracteriza o crime).

A consumação ocorre com a efetiva distribuição (entrega) dos lucros ou dividendos irreais, sendo a tentativa admitida pela doutrina.

g) O diretor, o gerente ou o fiscal que, por interposta pessoa, ou conluiado com acionista, consegue a aprovação de conta ou parecer.

O dispositivo reprova a conduta do diretor, gerente ou fiscal que, agindo por intermédio de terceiro ou em conluio com acionista, obtém a aprovação de conta ou parecer[269].

O rol de sujeitos ativos é o previsto taxativamente no inciso VII (possível se mostra a participação de acionista). Sujeito passivo é a sociedade por ações e seus acionistas que, obviamente, não estejam em conluio com o agente.

Duas são as formas de praticar o crime:

I) *aprovando conta ou parecer por interposta pessoa:* aqui o agente repassa suas ações a um terceiro (cessionário), que vota a favor das contas ou parecer a ser aprovado;

II) *aprovando conta ou parecer em conluio com acionista:* corrompe-se o acionista para que vote nesse mesmo sentido.

Evidentemente, o conteúdo das contas ou do parecer deve ser contrário à realidade (não verdadeiros), quando, então, sua aprovação poderá acarretar danos ao patrimônio dos acionistas.

Nesse sentido, explica Nélson Hungria:

> "É obvio que as contas ou pareceres devem estar em contraste com a verdade, importando sua aprovação uma lesão ou perigo de lesão ao interesse da sociedade ou de outrem."[270].

268. Ob. cit., v. 7, p. 291.

269. De acordo com o art. 132 da Lei 6.404/76: "Anualmente, nos quatro primeiros meses seguintes ao término do exercício social, deverá haver uma assembleia-geral para: I – tomar as contas dos administradores, examinar, discutir e votar as demonstrações financeiras (...)".

270. Ob. cit., v. 7, p. 292.

Pune-se somente o comportamento doloso (sendo atípica a mera negligência).

A consumação ocorre com a aprovação das contas ou do parecer fraudulento, podendo ocorrer a tentativa se o propósito do agente não se concretiza por circunstâncias alheias à sua vontade.

h) O liquidante, nos casos dos ns. I, II, III, IV, V e VII.

No caso de liquidação da sociedade, cessam as atribuições dos sócios gerentes ou administradores, assumindo a figura do liquidante. No exercício dessa atividade, tendo a mesma responsabilidade do administrador, pode cometer os crimes previstos nos incisos anteriores, com exceção do n. VI (a situação de liquidação da sociedade é incompatível com a distribuição de lucros e dividendos).

i) O representante da sociedade anônima estrangeira, autorizada a funcionar no País, que pratica os atos mencionados nos nº I e II, ou dá falsa informação ao Governo.

As condutas puníveis previstas nos incisos I e II, bem como a previsão do *caput* (no caso de afirmação falsa ao Governo, na ocasião de sua constituição), aplicam-se ao dirigente de sociedade anônima estrangeira autorizada a operar no Brasil.

Além do patrimônio dos acionistas, busca-se assegurar a veracidade das informações que devem ser prestadas ao Poder Público brasileiro, em verdadeira defesa dos interesses nacionais.

16.7. Conduta fraudulenta de acionista

Ao contrário do § 1º, o dispositivo visa a punir a conduta fraudulenta do acionista que negocia seu voto nas deliberações de assembleia geral com a finalidade de obter vantagem para si ou para outrem.

Obviamente, só o acionista poderá praticar esse crime. No polo passivo, figurarão os demais (acionistas) que não intervierem na prática delitiva.

A conduta se consubstancia na *negociação* do voto,[271] abrangendo não só a compra e venda, como qualquer outra espécie de acordo a que aderir o acionista com a finalidade de obtenção, para si ou para terceiro, de indevida vantagem.

Além do dolo de negociação, deve haver o elemento subjetivo consistente na busca do locupletamento.

16.8. Ação penal

Em regra, será pública incondicionada, excetuando-se somente as hipóteses previstas no art. 182 do Código Penal.

271. Não se deve confundir a negociação com o acordo de acionistas, permitido por lei. Neste último caso, autoriza-se o acionista deliberar em que sentido irá votar nas assembleias-gerais, não como forma de obtenção de vantagem indevida, mas de política administrativa, que, em última análise, visa à obtenção de vantagem geral, e não individual.

17. EMISSÃO IRREGULAR DE CONHECIMENTO DE DEPÓSITO OU *WARRANT*

▶ ***Emissão irregular de conhecimento de depósito ou warrant***

Art. 178. Emitir conhecimento de depósito ou *warrant*, em desacordo com disposição legal:

Pena – reclusão, de 1 (um) a 4 (quatro) anos, e multa.

17.1. Considerações iniciais

O objeto da tutela penal é o patrimônio representado pelos títulos mencionados no tipo (conhecimento de depósito e *warrant*). Secundariamente a fé pública é tutelada. A punição ocorre em razão da natureza negociável dos títulos que, uma vez emitidos, circulam representando valores que proporcionam crédito ao seu titular e, por isso mesmo, devem estar revestidos da maior garantia possível de que não ostentam vício capaz de inutilizá-los.

Em razão da pena cominada, admite-se a suspensão condicional do processo.

17.2. Sujeitos do crime

Qualquer pessoa pode praticar o crime em estudo (embora seja mais comum a emissão irregular pelo depositário da mercadoria, empresários de armazéns em geral).

No polo passivo, figurará o portador ou endossatário do título, que ignore sua natureza ilegal.

17.3. Conduta

Quando uma mercadoria é deixada em um armazém geral, estabelece-se entre a empresa e aquele que entrega as mercadorias uma relação de depósito. Pode o armazém, em razão dessa relação, entregar para o depositante um recibo ou, se este (depositante) preferir, emitir os títulos de crédito mencionados no tipo penal: o conhecimento de depósito e o *warrant* (conceituadas no Dec. 1.102/03 como sendo aqueles que têm por finalidade guardar ou conservar mercadorias e emitir títulos que as representem).

Criado o título (conhecimento de deposito e o *warrant*), pode ser negociado e endossado, conforme o interesse do proprietário dos bens depositados, sendo certo que, embora emitidos em conjunto, possuem funções distintas. O conhecimento de depósito representa a propriedade da mercadoria, atribuindo ao seu titular disponibilidade sobre a mesma. Já o *warrant* é título de garantia real, que assegura ao portador a possibilidade de instituir penhor sobre a mercadoria.

A ação nuclear típica se consubstancia no verbo *emitir*, ou seja, criar, pôr em circulação o título sem que se obedeçam às disposições legais. Trata-se de norma penal em branco ("em desacordo com disposição legal"), averiguando-se a legalidade da emissão através do mencionado decreto (Dec. 1.102/03, em parte modificado pela Lei Delegada 3/62) que assim disciplina a matéria: é ilegal a emissão do título quando: **I)** a empresa de armazém geral não é legalmente constituída; **II)** o governo federal não houver autorizado a emissão; **III)** as mercadorias especificadas no título não existirem; **IV)** houver a emissão de mais de um título para as mesmas mercadorias.

17.4. Voluntariedade

É o dolo, direto ou eventual, de emitir *warrant* ou conhecimento de depósito em desacordo com os preceitos legais, devendo o agente ter pleno conhecimento de que não os seguiu.

17.5. Consumação e tentativa

Consuma-se com a emissão (efetiva circulação dos títulos), independentemente da causação de prejuízos dela decorrentes (delito formal ou de consumação antecipada).

Tratando-se de crime unissubsistente, a tentativa é inadmissível.

Rogério Greco, contudo, a admite, assim argumentando:

> "Embora a posição majoritária seja no sentido de não permitir o reconhecimento da tentativa, entendemos que a infração penal em estudo encontra-se no rol daquelas consideradas plurissubsistentes, podendo-se, consequentemente, fracionar o *iter criminis*. Dessa forma, somente a análise do caso concreto nos permitirá concluir, com a necessária convicção, se o agente, efetivamente, colocou em circulação os títulos, consumando o delito, ou se a infração penal permaneceu na fase do *conatus*."[272].

17.6. Ação penal

A ação pena será pública incondicionada.

18. FRAUDE À EXECUÇÃO

> ▶ ***Fraude à execução***
>
> **Art. 179.** Fraudar execução, alienando, desviando, destruindo ou danificando bens, ou simulando dívidas:
>
> Pena – detenção, de 6 (seis) meses a 2 (dois) anos, ou multa.
>
> Parágrafo único. Somente se procede mediante queixa.

18.1. Considerações iniciais

Tutela-se, mais uma vez, o patrimônio, agora daquele que, diante de sua pretensão ao recebimento de crédito, a vê obstada por manobra ardilosa do devedor, que busca se desfazer de seu patrimônio ou simular que o fez, no único intuito de se livrar do ônus que lhe é inerente.

272. Ob. cit.,v. 3, p. 317.

Num plano secundário, resguarda-se a autoridade das decisões judiciais que conferem procedência às pretensões do credor em juízo, impedindo, por meio da sanção penal aplicada, o descumprimento de tais atos.

Em virtude da pena cominada, admite-se tanto a transação penal quanto a suspensão condicional do processo (Lei 9.099/95).

18.2. Sujeitos do crime

Trata-se de crime próprio, figurando como sujeito ativo, em regra, o devedor, não comerciante.[273] Admite o concurso de terceiros que resolvam aderir à fraude praticada.

Pode ocorrer, ainda, especialmente na modalidade de desvio, que terceiro interessado em determinado bem a ser executado empregue, sozinho, a fraude, insciente o devedor, hipótese em que responderá pelo delito em estudo (*RT* 613/339).

Sujeito passivo será o titular do direito que se visa garantir com a execução (em suma: o credor).

18.3. Conduta

Pune-se a conduta daquele que *fraudar* a *execução*.

A fraude pode ocorrer por meio de cinco formas distintas:

a) *alienação*: é a transferência do domínio do bem a terceiros. Note-se que, não admitindo o direito penal presunções, o propósito fraudulento da alienação deve ser devidamente comprovado. Logo, se o agente vendeu o único bem que possuía para garantir a execução, fazendo-o em razão da lucratividade do negócio, para livrar-se da decadência financeira, sem que tenha havido emprego de fraude, não se há falar na ocorrência de crime;

b) *desvio*: é a destinação diversa daquela que deveria ser conferida ao bem, acarretando impossibilidade de se efetuar a penhora, podendo se dar, por exemplo, com a ocultação da coisa em local diverso daquele em que deveria se encontrar;

c) *destruição*: é a eliminação do bem objeto da execução, fazendo com que perca sua essência ou utilidade;

d) *danificação*: é a ação de deteriorar o bem, diminuindo seu valor, a fim de que se torne insuficiente à garantia da execução;

e) *simulação de dívidas*: consiste na apresentação de dívida inexistente como verdadeira, com a consequente sonegação de bens em proveito próprio, a pretexto de que garantirão o débito apresentado.

O crime admite a modalidade omissiva, como nos casos em que o agente tem o dever de tomar as cautelas necessárias à conservação do bem (art. 13, § 2º, do CP) e permite que este pereça, no intuito de evitar o sucesso da execução.

273. Se comerciante, o crime será o do art. 168 da Lei 11.101/2005.

☑ ***A fraude configuradora do crime do art. 179 do CP pode ocorrer a qualquer tempo ou pressupõe processo civil já está instaurado (em fase de execução ou cognitiva)?***

Bento de Faria, entendendo dispensável a lide civil, leciona:

> "O dispositivo em apreço, não excluindo de seu conceito o quanto ficou exposto, também não subordina a repressão a necessidade da execução ajuizada ou a iminência da execução. Tanto pode ser fraudada nesses momentos, como em qualquer outro. Basta, quanto aos bens, que o devedor os aliene ou desvie ou destrua por forma a tornar-se insolvente."[274].

Já Noronha, não sem razão, discorda, exigindo processo civil em curso, lembrando, para tanto, que fraude à *execução* não se confunde com a fraude *contra credores*, sendo vedado ao direito penal igualá-las para fins punitivos:

> "No campo do direito civil substantivo e adjetivo as situações são demarcadas nitidamente. Existe fraude contra credores e existe fraude à execução. O *momento* em que o ato fraudulento se realiza é que caracterizará uma ou outra fraude. De invocar as palavras de Amilcar de Castro: 'Por essa forma é que se distinguem os casos de fraude *contra credores*, operada sem atenção presa a qualquer processo judicial, dos casos particulares de fraude *contra a execução*, que têm como pressuposto uma demanda iniciada ou uma execução a iniciar-se' (...). A extensão da fraude à execução deve ser dada pelo direito processual civil, pois seria indefensável punir-se como fraude à execução, o que este não considera como tal."[275].

Partindo da premissa de que a lide civil é indispensável, outra questão se coloca: há necessidade de que o devedor tenha sido citado? Apesar de haver jurisprudência em sentido contrário (*RT* 520/478), entendemos desnecessário o chamamento do devedor, bastando a prova de que este, no instante da fraude, tivesse conhecimento (mesmo que extrajudicialmente) de lide pendente e que seus bens estavam na iminência de penhora. Essa é também a lição de Pierangeli[276].

---

274. Ob. cit., v. 4, p. 255.
275. A Corte Especial do STJ anunciou os pressupostos necessários para o reconhecimento de FRAUDE À EXECUÇÃO: (a) é indispensável a CITAÇÃO VÁLIDA, ressalvada a hipótese prevista no § 4º do art. 828 do CPC (Código revogado); (b) depende do REGISTRO DA PENHORA do bem alienado ou da prova de MÁ-FÉ DO TERCEIRO ADQUIRENTE (Súmula 375/STJ); (c) a PRESUNÇÃO DE BOA-FÉ é princípio geral de direito universalmente aceito, sendo milenar a parêmia: a boa-fé se presume, a má-fé se prova; (d) INEXISTINDO registro da penhora na matrícula do imóvel, é do CREDOR o ônus da prova de que o terceiro adquirente tinha conhecimento de demanda capaz de levar o alienante à insolvência, sob pena de tornar-se letra morta o disposto no art. 844 do CPC (art. 659, § 4º, do Código revogado); (e) conforme previsto no § 4º do art. 828 do CPC (§ 3º do art. 615-A do Código revogado), PRESUME-SE em fraude de execução a ALIENAÇÃO ou ONERAÇÃO de bens realizada APÓS a averbação referida no dispositivo. (REsp 956.943/PR, rel. originária Min. Nancy Andrighi, rel. para acórdão Min. João Otávio de Noronha, j. 20.8.2014).
276. *Manual de direito penal brasileiro:* parte especial, p. 600.

Por fim, é imperioso que o comportamento do agente (devedor) o deixe sem patrimônio suficiente para garantir a execução fraudada. Desse modo, nem sempre a alienação do bem anteriormente oferecido em garantia pelo devedor configura o crime. Remanescendo-lhe outro, apto a cumprir o mesmo papel, não se pode falar em fraude, porquanto não obstada a pretensão do credor. Nesse sentido:

> "Em princípio, não havendo redução do devedor à insolvência, consistente na falta de apresentação de outros bens à penhora, deixa de se perfazer a figura típica do art. 179 do CP, traduzida em tornar 'impraticável a execução'."[277].

18.4. Voluntariedade

É o dolo consistente na ação do devedor em alienar, desviar, destruir, danificar ou simular dívidas, na pendência de ação civil, com a consciência e especial vontade de prejudicar o autor/credor.

18.5. Consumação e tentativa

Consuma-se o crime no momento em que, empregada a fraude, o devedor coloca-se em estado de insolvência, impossibilitando a execução.

A tentativa é perfeitamente possível, quando, por exemplo, o agente, no momento da venda do único bem disponível a garantir a execução, é surpreendido pelo oficial de justiça designado para efetivar a penhora.

18.6. Ação penal

De acordo com o art. 179, parágrafo único, a persecução criminal, neste caso, depende de iniciativa da vítima ou seu representante legal (ação penal privada).

CAPÍTULO VII – DA RECEPTAÇÃO

1. RECEPTAÇÃO

▶ ***Receptação***

Art. 180. Adquirir, receber, transportar, conduzir ou ocultar, em proveito próprio ou alheio, coisa que sabe ser produto de crime, ou influir para que terceiro, de boa-fé, a adquira, receba ou oculte:

Pena – reclusão, de 1 (um) a 4 (quatro) anos, e multa.

277. STJ, 6.ª T., HC 6.728/RS, Rel. Min. Fernando Gonçalves, j. 05.03.1998.

▶ ***Receptação qualificada***

§ 1º Adquirir, receber, transportar, conduzir, ocultar, ter em depósito, desmontar, montar, remontar, vender, expor à venda, ou de qualquer forma utilizar, em proveito próprio ou alheio, no exercício de atividade comercial ou industrial, coisa que deve saber ser produto de crime:

Pena – reclusão, de 3 (três) a 8 (oito) anos, e multa.

§ 2º Equipara-se à atividade comercial, para efeito do parágrafo anterior, qualquer forma de comércio irregular ou clandestino, inclusive o exercido em residência.

§ 3º Adquirir ou receber coisa que, por sua natureza ou pela desproporção entre o valor e o preço, ou pela condição de quem a oferece, deve presumir-se obtida por meio criminoso:

Pena – detenção, de 1 (um) mês a 1 (um) ano, ou multa, ou ambas as penas.

§ 4º A receptação é punível, ainda que desconhecido ou isento de pena o autor do crime de que proveio a coisa.

§ 5º Na hipótese do § 3º, se o criminoso é primário, pode o juiz, tendo em consideração as circunstâncias, deixar de aplicar a pena. Na receptação dolosa aplica-se o disposto no § 2º do art. 155.

§ 6º Tratando-se de bens e instalações do patrimônio da União, Estado, Município, empresa concessionária de serviços públicos ou sociedade de economia mista, a pena prevista no caput deste artigo aplica-se em dobro.

1.1. Considerações iniciais

O bem jurídico tutelado é o patrimônio, cuja inviolabilidade se busca garantir com a incriminação.

Secundariamente, pode-se afirmar a proteção também à administração da justiça que, sem dúvida nenhuma, tem sua atuação embaraçada pela ação do receptador.

A esse respeito, comenta Noronha:

> "Como deixamos dito, é certo existir na receptação ofensa à administração da Justiça. Adquirindo, recebendo ou ocultando a coisa, o receptador torna mais árdua a tarefa da autoridade, dificulta a apreensão da coisa, enfim, embaraça a ação da Justiça. Mas a classificação de um crime, se é exato que deve, em regra, obedecer à prevalência do bem tutelado, não é menos certo depender, muita vez, da inclinação ou opinião do legislador. Cremos que nossa lei deu preferência a esta classificação, tendo em vista que o dano à Justiça é um acidente na receptação; que na maior parte das vezes ela repete a violação patrimonial antecedente; e que sobretudo o dolo específico do receptador é conseguir um proveito próprio ou de outrem, e não estorvar a função da autoridade judiciária, e muito menos favorecer ao autor do crime pressuposto."[278].

A pena cominada para a figura criminosa do *caput* admite a suspensão condicional do processo, desde que não incidente a majorante do § 6º.

278. *Código Penal brasileiro*, p. 428.

Já a receptação culposa permite tanto a transação penal quanto a suspensão condicional do processo.

1.2. Sujeitos do crime

Sujeito ativo pode ser qualquer pessoa, com exceção do concorrente (coautor ou partícipe) do crime anterior. Assim, o agente que, após furtar determinado bem, em companhia de outros, adquire a quota que corresponderia aos demais, constitui *post factum* impunível.

Excepcionalmente pode figurar como sujeito ativo o proprietário do bem, caso o objeto esteja na posse legítima de terceiro. A respeito da receptação pelo proprietário, NORONHA aponta questão interessante:

> "A respeito do proprietário, foi levantada por Leto a questão de ser ou não receptador o proprietário, que, tendo sido furtado em coisa de sua propriedade e desesperançado da ação policial, entra em entendimentos com o ladrão e compra-a deste, concluindo aquele escritor existir receptação, que, para ele, é crime contra a administração da Justiça. Refuta-o Puglia, sustentando ser a receptação delito patrimonial e que mesmo tivesse aquela natureza, nem por isso haveria crime, por ausência de dolo específico, pois não se pode dizer querer dificultar ou impedir a ação da Justiça, quem, vendo baldados os seus esforços, adquire a coisa que ela colimava entregar-lhe. A nosso ver, não é possível falar-se em receptação. Não há delito patrimonial no fato de o proprietário reaver a própria coisa, não gravada de ônus que lhe impede o uso ou disponibilidade. Não há dolo. Nem no caso, ele agiu em proveito próprio, pois não logra proveito quem compra coisa que é sua."[279].

Sujeito passivo será o mesmo do delito antecedente. Aliás, analisando o crime, conclui-se que a receptação prolonga ou mantém, perpetuando-a, a situação ilícita criada pelo crime anterior, em prejuízo da respectiva vítima.

1.3. Conduta

O tipo penal é dividido em duas partes: receptação própria e imprópria.

Na própria, o agente, sabendo ser a coisa produto de crime, a *adquire* (obter, a título gratuito ou oneroso), *recebe* (entendendo-se como qualquer forma de aceitação da posse, que não seja a propriedade), *transporta* (carregar), *conduz* (dirigir) ou *oculta* (esconde).

NORONHA aponta não ser necessário ajuste entre o autor do crime antecedente e o receptador, citando o exemplo do indivíduo que se apodera de objeto dispensado pelo ladrão em fuga, sabendo da origem criminosa que o envolve.

279. *Código Penal brasileiro*, p. 429.

Afirma, ainda:

> "Nem sempre a receptação se dá por título injusto. O herdeiro que, ciente da origem criminosa da coisa, a adquire por sucessão, pratica o delito; o credor que para se pagar aceita coisa que sabe ser produto de crime é receptador; etc."[280].

Já a receptação imprópria se consubstancia na conduta daquele que influi para que terceiro, de boa-fé, adquira, receba ou oculte a coisa produto de crime[281].

Nesta hipótese o agente não é propriamente o receptador, mas aquele que incute no terceiro a ideia de adquirir, receber ou ocultar o bem obtido por meio de atividade criminosa (o intermediário, a mediação criminosa). Logicamente, o terceiro deve agir de boa-fé, pois, do contrário, estará agindo como receptador próprio, e aquele que o influenciou responderá como partícipe da conduta descrita na primeira parte do *caput*.

Para que se configure a receptação (própria ou imprópria), é imprescindível a existência de delito precedente[282], figurando como objeto material a coisa produto de *crime*[283], não necessariamente contra o patrimônio (restrição não prevista, nem implicitamente, no tipo penal).

Explica Pierangeli:

> "Muito embora se trata de crime autônomo, a receptação é um delito acessório, sucedâneo ou consequencial, que também recebe da doutrina e da jurisprudência a denominação de parasitário, pois a sua existência depende da ocorrência de um crime anterior, que pode ou não ser patrimonial. Destarte, a coisa pode advir, inclusive, de um delito contra a Administração Pública, como o peculato (art. 312), concussão (art. 316), corrupção passiva (art. 317), contrabando ou descaminho (art. 334), todos esses artigos do Código Penal."[284].

☑ ***Existe receptação (própria ou imprópria) de coisa produto de ato infracional?***

Para Fragoso, se a lei se refere somente a *crime*, sem qualquer referência ao ato infracional, a receptação será atípica[285].

280. *Código Penal Brasileiro*, p. 432.
281. Note-se que, ao contrário do que ocorreu na primeira parte do *caput*, o legislador não acrescentou à receptação imprópria a conduta de influir para que terceiro de boa-fé *transporte* ou *conduza* a coisa produto de crime. Assim, ante à flagrante omissão do legislador, havendo tal prática, o fato será atípico.
282. Nélson Hungria entende perfeitamente possível a receptação da receptação, desde que a coisa conserve seu caráter delituoso; assim, se for adquirida por terceiro de boa-fé que a transmite a outro, não há receptação, mesmo que o último adquirente saiba que a coisa provém de crime (ob. cit., v. 7, p. 305).
283. Sendo vedada a analogia incriminadora, forçoso é convir que *coisa produto de contravenção penal* não gera receptação.
284. *Manual de direito penal brasileiro:* parte especial, p. 609.
285. Ob. cit., v. 2, p. 421-422.

Noronha discorda, ensinando:

> "Pode tratar-se ainda de irresponsável (art. 22 [anterior à Reforma de 1984]), que a situação jurídica de quem, em proveito próprio ou alheio, adquire, recebe ou oculta a coisa, não mudará. Não se aplicam, dessarte, ao nosso Código, as palavras de Von Liszt: 'Se a ação principal foi praticada por um indivíduo sem imputabilidade, como tal ação não é *punível*, não pode dar-se receptação, mas é possível que se dê o delito de desvio'. Não têm cabida, porque, ao contrário do § 250 do Código Alemão, nosso estatuto não se refere a ação *punível*, e sim a crime, o qual não desaparece porque excluída a responsabilidade de quem o praticou"[286].

O mesmo autor afirma que a receptação será punível ainda que o autor do crime anterior esteja isento de pena em razão da disposição do art. 181 do Código Penal[287].

Da simples leitura do tipo percebe-se que o legislador não limitou o objeto material à coisa móvel (falando em *coisa*), dando margem a que se inclua aí também a coisa imóvel. Essa conclusão, no entanto, desperta discussão, tanto na doutrina quanto na jurisprudência.

Heleno Cláudio Fragoso, lembrando a divergência, explica:

> "Objeto material da ação pode ser qualquer coisa (móvel ou imóvel). Não nos parece justificável a restrição feita por Nélson Hungria (*Comentários*, v. 7, p. 298) e Magalhães Noronha (*Crimes contra o patrimônio*, 2.ª parte, p. 436), de que somente a coisa *móvel* pode ser objeto material deste crime. A palavra *coisa*, empregada pela lei, tanto pode ser aplicada aos móveis como aos imóveis. Na receptação, a lei não distingue, como faz no furto (art. 155 do CP) e no roubo (art. 157 do CP) sobre a natureza da coisa.
>
> Nem se percebe porque a receptação pressuponha "deslocamento" do objeto. O significado léxico da palavra é secundário, quando se trata de conceitos normativos. Por outro lado, é perfeitamente claro que um imóvel pode ser produto de crime (falsidade, estelionato etc.). Não só a posse provém de crime, neste caso, como a própria coisa, isto é, o próprio imóvel, na sua materialidade... e pode haver receptação, desde que venha a ser tal imóvel adquirido por terceiro, com conhecimento de causa"[288].

Nessa linha, considera-se de todo irrazoável alguém permanecer impune na situação em que, sem integrar a ação criminosa antecedente, adquire, com má-fé, o imóvel objeto de crime, em situação que se revela, no mais das vezes, pelo vulto, mais grave do que a receptação de um bem móvel. Efetivamente, impondo restrição que o tipo não faz expressamente, cria-se a situação em que o receptador de um bem de médio valor é apenado com prisão e o receptador de um imóvel produto, por exemplo, de estelionato, permanece absolutamente impune.

286. *Código Penal brasileiro*, p. 417.
287. *Código Penal brasileiro*, p. 417-418.
288. Ob. cit., v. 2, p. 422-423.

O STF, chamado a se manifestar, decidiu que somente coisa móvel será objeto material do delito, conclusão extraída dos núcleos formadores do tipo (*RT* 546/413).

Por fim, não importa seja a coisa genuína, transformada ou alterada. Proveniente do delito é não só o dinheiro obtido por meio dele, mas também o advindo da venda da coisa, pois que a lei não exige proveniência imediata.

1.4. Voluntariedade

O *caput* é punido a título de dolo, devendo o agente ter certeza acerca da origem criminosa da coisa (dolo direto). A dúvida, dependendo das circunstâncias, poderá configurar a receptação culposa, prevista no § 3º.

Exige o tipo a presença do elemento subjetivo, que se traduz na obtenção de proveito próprio ou alheio. Significa que não basta ao agente adquirir, receber, transportar, conduzir ou ocultar a coisa proveniente de crime, sendo imprescindível que vise a obtenção de vantagem, ainda que para terceiro. Se agir como simples forma de auxiliar o autor do delito antecedente praticará favorecimento real, e não receptação.

Quem recebe um objeto proveniente de delito, em boa-fé, e depois conhecendo essa origem viciosa, o oculta, responde como receptador? O dolo deve, necessariamente, preceder (ou ser contemporâneo) a qualquer das condutas previstas no tipo, pois, contrariamente, não haverá receptação.

Hungria discorda:

> "Não é pacífico se a receptação pode ocorrer no caso de *dolus subsequens*, isto é, no caso em que alguém, tendo adquirido ou recebido a coisa em boa-fé, vem posteriormente a saber que é produto de crime, e não a restitui ao *dominus*. A jurisprudência francesa decide no sentido afirmativo (cons. Bouzat, *Traité théorique et pratique de Droit Pènal*, 1951, p. 500). Entendemos que esta é a solução que se impõe por *força de compreensão*. Não há distinguir entre *ciência contemporânea* e *ciência posterior*, se esta não tem como consequência a interrupção da situação patrimonial resultando do crime *a quo*"[289].

1.5. Consumação e tentativa

A receptação própria é crime material, consumando-se no momento em que a coisa é incluída na esfera de disponibilidade do agente. As hipóteses de transporte, condução e ocultação são formas permanentes do crime, possibilitando a prisão em flagrante a qualquer tempo.

A modalidade imprópria de receptação é formal, bastando a influência sobre o terceiro de boa-fé.

A doutrina, na sua maioria, explica ser admissível a tentativa somente na receptação própria. Ousamos discordar. É possível que o intermediário (receptação imprópria) busque

289. Ob. cit., v. 7, p. 306-307.

influir no convencimento do terceiro de boa-fé por escrito, caso em que a execução admitirá fracionamento (carta interceptada antes de atingir seu destino). Assim também pensa Pierangeli (ob. cit., p. 614-615).

O STJ, em julgamento de habeas corpus, reconheceu atípica a conduta praticada pelo paciente, consistente na receptação de folhas de cheque. Reafirmou-se a jurisprudência da Corte no sentido de que o talonário de cheque não possui valor econômico intrínseco, logo não pode ser objeto material do crime de receptação (HC 222.503/SP, Quinta Turma, rel. Min. Jorge Mussi, DJe 29/03/2012).

1.6. Qualificadora, majorante e minorante de pena

1.6.1. Qualificadora

A receptação qualificada não existia na redação primitiva do art. 180 do Código Penal, tendo sido acrescentada pela Lei 9.426/96.

Ao tratar do assunto, Damásio de Jesus entende o § 1º como tipo autônomo (e não como qualificadora), já que não possui características meramente circunstanciais:

> "O dispositivo não descreve causa de aumento de pena ou qualificadora. Não contém meras circunstâncias. Cuida-se de figura típica autônoma: menciona seis verbos que não se encontram no *caput*, repete cinco condutas e apresenta dois elementos subjetivos do tipo. Não é um simples acréscimo à figura reitora da receptação."[290].

Com efeito, o § 1º em estudo traz outras inúmeras condutas típicas não presentes no *caput* do dispositivo. São elas: ter em depósito, desmontar, montar, remontar, vender, expor à venda e utilizar, de qualquer forma, coisa que deve saber ser produto de crime.

Trata-se de crime próprio, vez que somente pode ser praticado por quem exerça atividade comercial ou industrial (razão do rigorismo da pena), explicando o § 2º que à atividade comercial se equipara qualquer forma de comércio irregular ou clandestino, inclusive aquele exercido em residência. Assim, a atividade de vendedores ambulantes, por exemplo, que disponibilizam à venda produtos de contrabando, ainda que o façam em suas residências, praticam o delito em estudo.

O crime é punido a título de dolo, discutindo a doutrina a natureza da expressão *deve saber* contida no tipo. Para uns (minoria), trata-se somente de dolo eventual e, consequentemente, aquele que sabe (dolo direto) responde simplesmente pelo *caput*, modalidade menos rigorosa. Já para outros (maioria), a expressão *sabe* está contida naquela (deve saber), pois, se o legislador pretende punir mais severamente o agente que deveria ter conhecimento da origem criminosa do bem, é óbvia sua intenção em punir também aquele que possui conhecimento direto sobre a proveniência da coisa.

290. Ob. cit., v. 2, p. 497.

Neste sentido, é a lição de Capez:

> "A lei pretendeu punir não apenas quem sabe mas até mesmo aquele que devia saber. Foi além, portanto; previu como qualificadora mais do que o dolo direto, razão pela qual a conduta encontra-se embutida na de quem deve saber, de forma que o § 1º do art. 180 alcança tanto o dolo direto (sabe) quanto o dolo eventual (deve saber). Não se trata de analogia ou interpretação extensiva, mas de declarar o exato significado da expressão ('deve saber' inclui o 'sabe'), interpretação meramente declarativa, portanto. Se aquele que devia saber comete o crime, com maior razão responderá pela receptação qualificada o sujeito que sabia da origem ilícita do produto."[291].

Os Tribunais Superiores têm decisões nos dois sentidos, como se percebe da coletânea de julgados abaixo, prevalecendo a tese da constitucionalidade.

STF

a) Inconstitucionalidade (minoria)

Ementa: Receptação simples (dolo direto) e receptação qualificada (dolo indireto eventual). Cominação de pena mais leve para o crime mais grave (CP, art. 180, *caput*) e de pena mais severa para o crime menos grave (CP, art. 180, § 1º). Transgressão, pelo legislador, dos princípios constitucionais da proporcionalidade e da individualização "*in abstracto*" da pena. Limitações materiais que se impõem à observância do estado, quando da elaboração das leis. A posição de Alberto Silva Franco, Damásio E. Jesus e de Celso, Roberto, Roberto Júnior e Fábio Delmanto. A proporcionalidade como postulado básico de contenção dos excessos do poder público. O *due process of law* em sua dimensão substantiva (CF, art. 5º, LIV). Doutrina. Precedentes. A questão das antinomias (aparentes e reais). Critérios de superação. Interpretação ab-rogante. Excepcionalidade. Utilização, sempre que possível, pelo poder judiciário, da interpretação corretiva, ainda que desta resulte pequena modificação no texto da lei. Precedente do Supremo Tribunal Federal. Medida cautelar deferida (HC 91.836/BA).

b) Constitucionalidade (maioria)

> "*Direito penal. Recurso extraordinário. Alegação de inconstitucionalidade. Art. 180, § 1º, CP. Princípios da proporcionalidade e da individualização da pena. Dolo direto e eventual. Métodos e critérios de interpretação. Constitucionalidade da norma penal. Improvimento.* 1. A questão de direito de que trata o recurso extraordinário diz respeito à alegada inconstitucionalidade do art. 180, § 1º, do Código Penal, relativamente ao seu preceito secundário (pena de reclusão de 3 a 8 anos), por suposta violação aos princípios

291. Ob. cit., v. 2, p. 550.

> constitucionais da proporcionalidade e da individualização da pena. 2. Trata-se de aparente contradição que é resolvida pelos critérios e métodos de interpretação jurídica. 3. Não há dúvida acerca do objetivo da criação da figura típica da receptação qualificada que, inclusive, é crime próprio relacionado à pessoa do comerciante ou do industrial. A ideia é exatamente a de apenar mais severamente aquele que, em razão do exercício de sua atividade comercial ou industrial, pratica alguma das condutas descritas no referido § 1º, valendo-se de sua maior facilidade para tanto devido à infraestrutura que lhe favorece. 4. A lei expressamente pretendeu também punir o agente que, ao praticar qualquer uma das ações típicas contempladas no § 1º, do art. 180, agiu com dolo eventual, mas tal medida não exclui, por óbvio, as hipóteses em que o agente agiu com dolo direto (e não apenas eventual). Trata-se de crime de receptação qualificada pela condição do agente que, por sua atividade profissional, deve ser mais severamente punido com base na maior reprovabilidade de sua conduta. 5. Não há proibição de, com base nos critérios e métodos interpretativos, ser alcançada a conclusão acerca da presença do elemento subjetivo representado pelo dolo direto no tipo do § 1º, do art. 180, do Código Penal, não havendo violação ao princípio da reserva absoluta de lei com a conclusão acima referida. 6. Inocorrência de violação aos princípios constitucionais da proporcionalidade e da individualização da pena. Cuida-se de opção político-legislativa na apenação com maior severidade aos sujeitos ativos das condutas elencadas na norma penal incriminadora e, consequentemente, falece competência ao Poder Judiciário interferir nas escolhas feitas pelo Poder Legislativo na edição da referida norma. 7. Recurso extraordinário improvido" (RE 443388/SP)

E o Tribunal tem reiterado o entendimento exposto no julgado acima transcrito:

> "É constitucional o § 1º do art. 180 do CP, que versa sobre o delito de receptação qualificada (" *§ 1º – Adquirir, receber, transportar, conduzir, ocultar, ter em depósito, desmontar, montar, remontar, vender, expor à venda, ou de qualquer forma utilizar, em proveito próprio ou alheio, no exercício de atividade comercial ou industrial, coisa que deve saber ser produto de crime*"). Com fundamento nessa orientação, a 1ª Turma negou provimento a recurso ordinário em *habeas corpus*. A recorrente reiterava alegação de inconstitucionalidade do referido preceito, sob a assertiva de que ofenderia o princípio da culpabilidade ao consagrar espécie de responsabilidade penal objetiva. Reportou-se a julgados nos quais, ao apreciar o tema, o STF teria asseverado a constitucionalidade do dispositivo em comento. Precedentes citados: RE 443388/SP (DJe de 11.9.2009); HC 109012/PR (DJe de 1º.4.2013)" (HC 114.143/RS).

STJ

a) Inconstitucionalidade (minoria)

> Receptação/receptação qualificada (punibilidade menor/maior). Lei 9.426/96 (imperfeições). Norma/preceito secundário (desconsideração).
>
> 1. É nossa a tradição da menor punibilidade da receptação, "em confronto com o crime de que deriva" (por exemplo, Hungria em seus comentários).
>
> 2. Fruto da Lei 9.426/96, o § 1º do art. 180 do Código Penal – receptação qualificada – reveste-se de imperfeições – formal e material. É que não é lícita sanção jurídica maior (mais grave) contra quem atue com dolo eventual (§ 1º), enquanto menor (menos grave) a sanção jurídica destinada a quem atue com dolo direto (art. 180, *caput*). 3. Há quem sustente, por isso, a inconstitucionalidade da norma secundária (violação dos princípios da proporcionalidade e da individualização); há quem sustente a desconsideração de tal norma (do § 1º, é claro). 4. Adoção da hipótese da desconsideração, porque a declaração, se admissível, de inconstitucionalidade conduziria, quando feita, a semelhante sorte, ou seja, à desconsideração da norma secundária (segundo os kelsenianos, da norma primária, porque, para eles, a primária é a norma que estabelece a sanção – negativa, também a positiva). 5. Ordem concedida a fim de se fixar a pena-base em 1 (um) ano de reclusão, substituída por pena restritiva de direitos (pena pecuniária). (HC 109.780/SP).

b) Constitucionalidade (maioria)

> Agravo regimental em recurso especial. Penal. Art. 180, §§ 1º e 2º, do Código Penal. Aplicação da pena prevista para a receptação simples. Impossibilidade. Maior gravidade e reprovabilidade da conduta. Aplicação da pena. Elevação acima do mínimo legal, sem amparo em condenações com trânsito em julgado. Impossibilidade. alegação de reexame de provas. Inocorrência. Mera revaloração dos fatos elencados no acórdão. Agravo a que se nega provimento. 1. Não se pode admitir a aplicação da pena prevista para a receptação simples ao réu condenado pela prática do delito de receptação qualificada, sob pena de negativa de vigência ao art. 180, § 1º, CP. Nesse sentido, impende consignar que a pena mais severa cominada à forma qualificada do delito tem razão de ser, tendo em vista a maior gravidade e reprovabilidade da conduta, uma vez que praticada no exercício de atividade comercial ou industrial. Trata-se de opção legislativa, em que se entende haver a necessidade de repressão mais dura a tais condutas, por se entender serem dotadas de maior lesividade. 2. A revaloração de elementos do acórdão impugnado não enseja reexame de provas, o que seria vedado pela Súmula 7/STJ. 3. Agravo a que se nega provimento (AgRg no REsp 1046668 / SP).

O STJ tem se alinhado ao entendimento adotado majoritariamente pelo STF, reiterando a orientação firmada no julgado acima transcrito:

> "O Supremo Tribunal Federal já se pronunciou pela constitucionalidade do art. 180, § 1º, do Código penal, asseverando que se cuida "de opção político-legislativa na apenação com maior severidade aos sujeitos ativos das condutas elencadas na norma penal incriminadora e, consequentemente, falece competência ao Poder Judiciário interferir nas escolhas feitas pelo Poder Legislativo na edição da referida norma." (RE 443.388/SP, 2.ª Turma, Rel. Min. ELLEN GRACIE, DJe de 11/09/2009). 5. Em que pese a imprecisão técnica do legislador ao redigir o § 1º do art. 180 do Código Penal, não há razão para suspender a eficácia da sentença condenatória, afastando a aplicação da pena mais gravosa prevista para a receptação qualificada pelo fato de o crime ser praticado no exercício de atividade comercial ou industrial, obviamente mais grave que a figura simples" (HC 135.653/RS).

Por fim, o princípio da insignificância, bem como o benefício da suspensão condicional do processo (Lei 9.099/95, art. 89) não são aplicáveis ao delito de receptação qualificada (CP, art. 180, § 1º). Com base nesse entendimento, a 2ª Turma do STF conheceu, em parte, de habeas corpus e, nessa extensão, indeferiu a ordem impetrada em favor de denunciado pela suposta prática do crime de receptação qualificada por haver sido encontrado em sua farmácia medicamento destinado a fundo municipal de saúde. Frisou-se que a pena mínima cominada ao tipo penal em questão seria superior a um ano de reclusão, o que afastaria o instituto da suspensão condicional do processo. HC 105963/PE, rel. Min. Celso de Mello, 24.4.2012.

1.6.2. Perdão judicial e minorante

O § 5º, em sua primeira parte, possibilita ao crime culposo a concessão de perdão judicial, caso seu autor seja primário (não reincidente), atuando com culpa levíssima.

Na segunda parte, tratando-se de crime doloso, remete o aplicador da lei ao art. 155, § 2º, privilegiando as consequências do delito.

Receptação culposa	Receptação dolosa
Perdão judicial	**Privilégio**
Requisitos: primariedade do agente; as circunstâncias indicarem a desnecessidade da pena (culpa levíssima).	Requisitos: primariedade do agente e pequeno valor da coisa.
Atenção: De acordo com a maioria, não importa o valor da coisa receptada.	–

☑ ***Pergunta-se: é possível receptação qualificada privilegiada?***

Não restringindo o tipo à modalidade simples (como fez o parágrafo seguinte), a resposta parece ser positiva. Há, porém, entendimento de que a gravidade da qualificadora é incompatível com o privilégio.

1.6.3. Majorante

Em que pese respeitável doutrina ensinando que o § 6º anuncia qualificadora[292], entendemos tratar-se de causa de aumento de pena, aplicável para a receptação de bens e instalações do patrimônio da União, dos Estados, dos Municípios, de empresas concessionárias de serviços públicos ou sociedade de economia mista.

Todavia, a majorante somente é aplicada nos casos em que a conduta do agente receptador se subsumir aos preceitos existentes no *caput*, excluindo-se a qualificadora e a forma culposa.

Decidiu o STF que a majorante se aplica também se a receptação ocorrer sobre bens de empresa pública:

> "No delito de receptação, os bens de empresa pública recebem o mesmo tratamento que os da União e, por isso, cabível a majoração da pena ao crime contra ela praticado."[293].

1.7. Receptação culposa

O § 3º se ocupa da receptação culposa, consistente na conduta daquele (qualquer pessoa) que adquirir ou receber coisa que, por sua natureza (à sua essência) ou pela desproporção entre o valor e o preço (devendo ser manifesta, clara, flagrante), ou pela condição de quem a oferece (idade, aparência, profissão etc.), deve presumir-se obtida por meio criminoso. São circunstâncias não cumulativas que fazem presumir a qualidade espúria da coisa.

Alerta Noronha que a natureza da coisa, por si só, não possui grande representatividade para se determinar a ocorrência da receptação culposa:

> "Esse indício, por si só, não tem grande valor, pois será relacionado com a pessoa que oferece a coisa e com o preço pedido. Se uma criança aparece vendendo uma joia de ouro, a natureza da coisa advertirá da dúvida sobre a proveniência, mas é inegável que ela não se destaca da condição da pessoa que propõe; o mesmo acontece se um comprador de ferro velho oferece joia a venda: a natureza da coisa deve pôr de sobreaviso a pessoa, pois outra é a dos objetos

292. E neste mesmo sentido decidiu o TRF da 5ª Região: "O crime previsto no parágrafo 6º, do art. 180 do CP, constitui tipo qualificado, determinando a aplicação da pena em dobro, o que significa um aumento do mínimo e do máximo abstratamente previstos para a receptação simples (caput): de 1 a 4 anos passaria a punição para a faixa de 2 a 8 anos, não constituindo causa de aumento de pena" (Apelação Criminal 200882000038840, DJ. 16/12/2013).

293. HC 105.542/RS.

> com que ele transaciona, mas não se pode recusar que sua condição de comprador de metais ordinários concorre para a advertência."[294]

Extrai-se da lição que, no mais das vezes, o mais seguro é analisar os três elementos em conjunto.

1.8. Independência típica

Apesar de crime acessório (pressupõe outro para sua existência), na punição da receptação não é necessário que se comprove a autoria do crime pretérito, nem que seu autor seja punido, bastando que haja prova da ocorrência do injusto penal, consoante o disposto no § 4º.

Dispensa a instauração de inquérito policial ou processo penal quanto ao crime antecedente.

Como vimos, apesar de divergente, prevalece ser possível que o autor do fato passado, previsto como crime, seja desconhecido ou isento de pena (admite-se receptação de coisa produto de ato infracional).

Subsiste a receptação mesmo quando extinta a punibilidade do crime anterior (art. 108 do CP).

Em suma, é prescindível que o autor do crime anterior seja condenado pela sua prática ou que seja conhecido. Provada a ocorrência do fato precedente definido como crime, o receptador poderá ser punido normalmente.

1.9. Ação penal

Com as ressalvas previstas no art. 182, a ação penal será pública incondicionada.

1.10. Princípio da especialidade

a) Código Penal x Código Penal Militar: os arts. 254 a 256 do Decreto-lei 1.001/69 punem a receptação cometida na forma do art. 9º daquele diploma.

2. RECEPTAÇÃO DE ANIMAL

> **Art. 180-A**. Adquirir, receber, transportar, conduzir, ocultar, ter em depósito ou vender, com a finalidade de produção ou de comercialização, semovente domesticável de produção, ainda que abatido ou dividido em partes, que deve saber ser produto de crime:
>
> Pena – reclusão, de 2 (dois) a 5 (cinco) anos, e multa.

2.1. Considerações iniciais

O novel tipo é punido com reclusão de 2 a 5 anos, infração penal de maior potencial ofensivo, não admitindo qualquer das medidas despenalizadoras da Lei 9.099/95, salvo se tentado, caso em que será possível o beneplácito da suspensão condicional do processo.

294. *Código Penal brasileiro*, p. 457.

A objetividade jurídica é, evidentemente, o patrimônio, com ênfase na produção ou comercialização de semoventes domesticáveis de produção, diante do crescente número de furtos e roubos cometidos em áreas rurais, o que consequentemente fomenta a receptação. Mas não se pode ignorar a preocupação do legislador em tutelar, ainda, a saúde pública, mesmo que de forma mediata, considerando, especialmente, que esse crime abastece o comércio clandestino de alimentos, "livres" da fiscalização dos órgãos competentes (sem ignorar, também, a sonegação de impostos sempre presente nesses comportamentos).

Ainda nestas considerações iniciais, não podemos deixar de observar que o legislador atuou sem nenhuma técnica.

Efetivamente, não nos parece aconselhável que se crie tipo penal específico simplesmente em razão da natureza do objeto receptado. São, afinal, diversos os produtos que, por inúmeras razões, passam a figurar entre os alvos preferidos de criminosos. Especialmente nas grandes cidades, é altíssimo o número de furtos e roubos de automóveis. É ascendente o índice de subtração de aparelhos de telefone celular. Há não muito tempo, matérias jornalísticas davam conta de uma série de subtrações que ocorriam na cidade de São Paulo e que tinham por alvo bicicletas de alto valor. Nos três casos, as subtrações ocorrem para que os produtos sejam posteriormente receptados e vendidos no mercado clandestino. Seria absurdo, no entanto, sustentar a criação de tipos penais de receptação para cada situação ou diferente objeto. A ser assim, não tardaria para estarmos diante de uma lei inserindo no Código Penal o art. 180-Z.

É fato que a pena da receptação (especialmente na forma básica do art. 180) é baixa se considerarmos as consequências do círculo vicioso formado entre a subtração e a aquisição irregular do produto subtraído. A solução, no entanto, está longe da criação de tipos penais aleatórios – saída mais fácil, mas de pouca ou nenhuma efetividade. O ideal seria estabelecer a pena adequada e promover o efetivo combate ao comércio irregular (como, aliás, tem acontecido no caso dos automóveis – A Lei Estadual nº 15.276/14 pode ser citada como exemplo de medida de combate à receptação de veículos no Estado de São Paulo).

2.2. Sujeitos do crime

O crime é comum, ou seja, pode ser cometido por qualquer pessoa, com exceção 1ª) do proprietário do semovente ou 2ª) do próprio autor do crime antecedente. Vejamos as duas ressalvas.

No que diz respeito à primeira, de fato não existe receptação de coisa própria, salvo se o semovente adquirido pelo próprio dono estiver na posse legítima de terceiro. Imaginemos que animais de um ruralista fossem penhorados, retirados da sua propriedade, e depois furtados do depositário. O ruralista que adquire esses (seus) animais, sabendo (ou devendo saber) terem sido subtraídos do fiel possuidor, responde pelo art. 180-A do CP.

A razão da segunda exceção é óbvia: o autor do crime antecedente não pode ele mesmo responder por adquirir, receber, transportar, conduzir, ocultar, ter em depósito ou vender os animais ou suas partes, situação em que se estabelece o *bis in idem*. Assim, o agente que, após furtar semoventes em companhia de outros, adquire a quota que corresponderia aos demais, visando à sua produção ou comercialização, comete *post factum* impunível.

Quis o legislador punir, basicamente, os receptadores que atuam nos setores primário (pecuária) e terciário (comércio), mas não no setor secundário (indústria). O receptador em atividade industrial responde pelo art. 180, §1º, do CP, punido com 3 a 8 anos. Percebam, contudo, que esse mesmo §1º também pune o agente em atividade comercial. E agora, como resolver esse conflito? Vamos demonstrá-lo na tabela abaixo:

Setor primário	Setor secundário	Setor terciário
Está referido apenas no art. 180-A do CP	Está referido apenas no art. 180, § 1º, do CP	Está referido nos arts. 180, §1º, e 180-A, ambos do CP
Finalidade produtiva	Atividade industrial	Atividade comercial
Não existe conflito de normas	Não existe conflito de normas	Existe conflito de normas

O conflito, portanto, existe quando o receptador de semovente domesticável de produção, ainda que abatido ou dividido em partes, está na atividade comercial: responde ele pelo art. 180, §1º, punido com 3 a 8 anos, ou art. 180-A, punido com 2 a 5 anos?

Novamente recordamos que a ementa da novel Lei indica que a intenção foi tipificar, **de forma mais gravosa**, o crime de receptação de semovente domesticável de produção. Essa intenção, no entanto, foi traída pela redação no novo tipo. Se a finalidade for comercial, a nova lei, **especial em relação ao art. 180, §1º**, acabou sendo mais benéfica. O comerciante, de fato ou de direito, deixa de responder pelo art. 180, §1º, ficando sujeito às sanções do art. 180-A. Como se percebe – repetimos – se a intenção do legislador foi punir mais severamente esse crime, "o tiro saiu pela culatra".

2.3. Conduta

O crime consiste em *adquirir* (obter, a título gratuito ou oneroso), *receber* (qualquer forma de aceitação da posse, que não seja a propriedade), *transportar* (carregar), *conduzir* (dirigir), *ocultar* (esconder), *ter em depósito* (exercer posse protegida) ou *vender* (alienar em qualquer condição), com a finalidade de produção ou de comercialização, semovente domesticável de produção, ainda que abatido ou dividido em partes, que deve saber ser produto de crime.

O tipo repete, portanto, algumas das condutas estabelecidas no art. 180, mais precisamente as da receptação própria.

Para que se configure a receptação do art. 180-A, é imprescindível a existência de delito precedente, figurando como objeto material o semovente domesticável de produção, ainda que abatido ou dividido em partes. Não é necessário que o crime antecedente seja de furto; pode ser também roubo, extorsão, estelionato ou até mesmo outra receptação (receptação de receptação ou receptação sucessiva).

2.4. Voluntariedade

Temos aqui outro exemplo de falta de acuidade do legislador. Com efeito, a voluntariedade do tipo se estrutura na receptação, cometida com a finalidade de produção ou de comercialização, de semovente domesticável de produção **que o agente deve saber ser produto de crime.**

Trata-se, como se extrai da expressão destacada, da mesma estrutura utilizada na receptação qualificada do art. 180, § 1º, que, todos sabem, é objeto de infindável debate doutrinário: "deve saber" indica que o crime admite apenas o dolo eventual ou também dolo direto?

Prevalece que a expressão *sabe* está contida naquela (deve saber), pois, se o legislador pretende punir mais severamente o agente que deveria ter conhecimento da origem criminosa do bem, é óbvia sua intenção em punir também aquele que possui conhecimento direto sobre a proveniência da coisa.

No mais, o tipo contém um elemento subjetivo específico, consistente no ato de receptar com a finalidade de produção ou de comercialização.

2.5. Consumação e tentativa

Assim como ocorre na receptação própria do art. 180, o crime é material, consumando-se no momento em que a coisa é incluída na esfera de disponibilidade do agente. As hipóteses de transporte, condução, ocultação e de manutenção em depósito são formas permanentes do crime, possibilitando a prisão em flagrante a qualquer tempo.

Tendo em vista as características das ações nucleares típicas, admite-se a tentativa.

2.6. Ação penal

Com as ressalvas previstas no art. 182, a ação penal será pública incondicionada.

CAPÍTULO VIII – DISPOSIÇÕES GERAIS

1. ESCUSA ABSOLUTÓRIA

Art. 181. É isento de pena quem comete qualquer dos crimes previstos neste título, em prejuízo:

I – do cônjuge, na constância da sociedade conjugal;

II – de ascendente ou descendente, seja o parentesco legítimo ou ilegítimo, seja civil ou natural.

1.1. Considerações gerais

O art. 181 do Código Penal, visando à manutenção da harmonia em família, prevê duas causas pessoais de isenção de pena (imunidade absoluta) para aqueles que cometem crimes contra o patrimônio:

a) quando a vítima é seu cônjuge (na constância da sociedade conjugal);

b) quando a vítima é ascendente ou descendente, sendo irrelevante a natureza do parentesco.

Vejamos cada uma:

1.1.1. Do cônjuge, na constância da sociedade conjugal

Destaca-se que o crime deve ocorrer enquanto se mantém a sociedade conjugal (mesmo que separados de fato[295]). Se o casamento se der após, ou se o casal já estiver judicialmente separado ou divorciado, não há isenção.

Nota-se que tendo em vista o objetivo da escusa absolutória (manutenção da harmonia familiar), aqueles que vivem em união estável dela poderão se beneficiar, já que o art. 226, § 3º, da CF dispõe que, "para efeito da proteção do Estado, é reconhecida a união estável entre o homem e a mulher como entidade familiar, devendo a lei facilitar sua conversão em casamento".

O STF, ao julgar a ADI 4277 e a ADPF 132, reconheceu a união estável para casais do mesmo sexo. Logo, parece claro que a referida decisão repercute na seara penal, mais precisamente nas escusas absolutórias, admitindo-se a aplicação do art. 181, I, nas relações homoafetivas.

1.1.2. De ascendente ou descendente, seja o parentesco legítimo ou ilegítimo, seja civil ou natural.

O inciso II, referindo-se aos ascendentes e descendentes, abrange os parentes em linha reta, sem grau de limitação e independentemente da natureza do parentesco.

2. ESCUSA RELATIVA

Art. 182. Somente se procede mediante representação, se o crime previsto neste título é cometido em prejuízo:

I – do cônjuge desquitado ou judicialmente separado;

II – de irmão, legítimo ou ilegítimo;

III – de tio ou sobrinho, com quem o agente coabita.

2.1. Considerações gerais

O art. 182 possui o mesmo propósito do anterior, tratando de hipóteses diversas, em que a instauração da ação penal está condicionada à iniciativa da vítima (imunidade relativa).

295. Deve ser alertada a existência de corrente lecionando que a separação de fato por tempo considerável põe fim à sociedade conjugal (STJ – Resp. 555.771/SP). Flávio Tartuce, um dos civilistas mais importantes da nova geração, concorda com esse entendimento, lhe parecendo mais justo e conforme a função social da família.

Aqui, três são as hipóteses em que aquele que comete crime patrimonial é beneficiado pela existência de condição de procedibilidade:

a) quando a vítima é seu cônjuge, mas divorciado ou separado judicialmente;

b) quando é seu irmão, bilateral ou não;

c) quando é seu tio ou sobrinho, devendo haver coabitação.

2.2.1. Do cônjuge desquitado ou judicialmente separado[296]

Com relação aos cônjuges, o que não se aplicava no dispositivo anterior aqui se insere, mas não como forma de imunidade, mas tão somente como pressuposto para que se inicie a ação penal.

2.2.2. De irmão, legítimo ou ilegítimo

Relativamente ao irmão, mais uma vez mostra-se inadequado o texto do Código Penal, já que diferencia (a *contrario sensu*) entre o legítimo e o ilegítimo, quando a discriminação é vedada pela Constituição da República, tal como antes apontado.

2.2.3. De tio ou sobrinho, com quem o agente coabita.

Em relação ao tio ou sobrinho, exige a lei que o agente com ele coabite, não de forma passageira, mas duradoura (pouco importando o local da prática do delito). O sentido de coabitação não abrange visitas esporádicas ou mesmo temporárias, devendo haver efetiva residência em comum, desde que, obviamente, no momento do crime. Se este ocorrer antes ou depois da coabitação, o fato será indiferente.

3. INAPLICABILIDADE DAS ESCUSAS

Art. 183. Não se aplica o disposto nos dois artigos anteriores:

I – se o crime é de roubo ou de extorsão, ou, em geral, quando haja emprego de grave ameaça ou violência à pessoa;

II – ao estranho que participa do crime;

III – se o crime é praticado contra pessoa com idade igual ou superior a 60 (sessenta) anos.

3.1. Considerações gerais

O art. 183 traz hipóteses em que não incidirão as escusas, nem do art. 181, nem do 182.

Com o advento da Lei 11.340/2006 (define violência doméstica e familiar contra a mulher), encontramos doutrina no sentido de que os crimes patrimoniais praticados *contra*

296. Com a EC 66/10 *(apelidada Emenda do Divórcio)*, a tendência a médio e longo prazo é o estado "separado judicialmente" desaparecer.

a mulher, no âmbito doméstico e familiar, mesmo que sem violência, também não permitem as imunidades dos arts. 181 e 182 do CP.

Maria Berenice Dias, comungando desse entendimento, ensina:

> "A partir da nova definição de violência doméstica, assim reconhecida também a violência patrimonial, não se aplicam as imunidades absolutas e relativas dos arts. 181 e 182 do Código Penal quando a vítima é mulher e mantém com o autor da infração vínculo de natureza familiar. Não há mais como admitir o injustificável afastamento da pena ao infrator que pratica um crime contra sua cônjuge ou companheira, ou, ainda, alguma parente do sexo feminino. Aliás, o Estatuto do Idoso, além de dispensar a representação, expressamente prevê a não aplicação desta excludente da criminalidade quando a vítima tiver mais de 60 anos."[297].

Ousamos discordar. A uma, deve ser alertado que o Estatuto do Idoso, para impedir as escusas quando a vítima é pessoa idosa, foi expresso[298] (diferente da Lei Maria da Penha, que nada dispôs nesse sentido, nem implicitamente); a duas, não permitir a imunidade para o marido que furta a mulher, mas permiti-la quando a mulher furta o marido, é ferir, de morte, o princípio constitucional da isonomia (aliás, a Lei 11.340/2006 deve garantir à mulher *vítima* de violência doméstica e familiar especial proteção, e não simplesmente à mulher, mesmo quando autora!).

Diferentemente do Estatuto do Idoso, o legislador, quando criou o Estatuto da Pessoa com Deficiência (Lei 13.146/15), lamentavelmente não alterou o dispositivo em estudo, permitindo em crimes contra o patrimônio, sem violência ou grave ameaça, previstos no Tit. II da Parte Especial do CP, cometidos em face do deficiente, a incidência das imunidades absolutas e relativas dos arts. 181 e 182 do CP.

Os operadores do Direito, diante da novel Lei, já questionam: tais dispositivos (arts. 181 e 182 do CP) incidem nos crimes contra o patrimônio, cometidos sem violência ou grave ameaça a pessoa com deficiência, tipificados na Lei nº 13.146/15 (é o caso, por exemplo, dos arts. 89 e 91)? Muitos certa-mente irão defender a sua aplicação, ostentando a bandeira da analogia *in bonam partem*.

Entendemos, depois de muita reflexão sobre o tema, que deve prevalecer o princípio da especiali-dade, isto é, crimes contra o patrimônio cometidos em face da pessoa com deficiência previstos no Estatuto ou em qualquer outra lei especial não são alcançados pelas citadas imunidades. Conclusão diversa redundaria numa clara proteção deficitária do Estado. Não se pode ignorar que, na esmagadora maioria das vezes, quem tutela o

297. *A Lei Maria da Pena na Justiça*: a efetividade da Lei 11.340/2006 de combate à violência doméstica e familiar contra a mulher, p. 52.

298. Reza o art. 95 do Estatuto: "Os crimes definidos nesta Lei são de ação penal pública incondicionada, não se lhes aplicando os arts. 181 e 182 do Código Penal".

patrimônio da pessoa com deficiência é seu parente próximo (cônjuge, companheiro, ascendente, descendente ou irmão). Garantir-lhes, desde logo, causa especial de exclusão de punibilidade quando arbitrariamente atacam a fortuna da pessoa com deficiência soa como indisfarçável absurdo.

Título III

DOS CRIMES CONTRA A PROPRIEDADE IMATERIAL

CAPÍTULO I – DOS CRIMES CONTRA A PROPRIEDADE INTELECTUAL

1. VIOLAÇÃO DE DIREITO AUTORAL

▶ ***Violação de direito autoral***

Art. 184. Violar direitos de autor e os que lhe são conexos:

Pena – detenção, de 3 (três) meses a 1 (um) ano, ou multa.

§ 1º Se a violação consistir em reprodução total ou parcial, com intuito de lucro direto ou indireto, por qualquer meio ou processo, de obra intelectual, interpretação, execução ou fonograma, sem autorização expressa do autor, do artista intérprete ou executante, do produtor, conforme o caso, ou de quem os represente:

Pena – reclusão, de 2 (dois) a 4 (quatro) anos, e multa.

§ 2º Na mesma pena do § 1º incorre quem, com o intuito de lucro direto ou indireto, distribui, vende, expõe à venda, aluga, introduz no País, adquire, oculta, tem em depósito, original ou cópia de obra intelectual ou fonograma reproduzido com violação do direito de autor, do direito de artista intérprete ou executante ou do direito do produtor de fonograma, ou, ainda, aluga original ou cópia de obra intelectual ou fonograma, sem a expressa autorização dos titulares dos direitos ou de quem os represente.

§ 3º Se a violação consistir no oferecimento ao público, mediante cabo, fibra ótica, satélite, ondas ou qualquer outro sistema que permita ao usuário realizar a seleção da obra ou produção para recebê-la em um tempo e lugar previamente determinados por quem formula a demanda, com intuito de lucro, direto ou indireto, sem autorização expressa, conforme o caso, do autor, do artista intérprete ou executante, do produtor de fonograma, ou de quem os represente:

Pena – reclusão, de 2 (dois) a 4 (quatro) anos, e multa.

§ 4º O disposto nos §§ 1º, 2º e 3º não se aplica quando se tratar de exceção ou limitação ao direito de autor ou os que lhe são conexos, em conformidade com o previsto na Lei 9.610, de 19 de fevereiro de 1998, nem a cópia de obra intelectual ou fonograma, em um só exemplar, para uso privado do copista, sem intuito de lucro direto ou indireto.

1.1. Considerações iniciais

O presente capítulo cuida dos crimes contra a propriedade imaterial, mais precisamente a propriedade intelectual (arts. 184 a 186, exceto o art. 185, revogado pela Lei 10.695/2003).

Os capítulos referentes aos delitos contra o privilégio de invenção (arts. 187 a 191), contra as marcas de indústria e comércio (arts. 192 a 195) e de concorrência desleal (art. 196) foram revogados pela Lei 9.279/96.

Sem preocupações doutrinárias a respeito da natureza, da definição e das teorias explicativas do direito de autor,[1] podemos conceituá-lo como o conjunto de prerrogativas exclusivas que a lei reconhece a todo o criador sobre suas obras intelectuais de alguma valia, abrangendo faculdades tanto de ordem pessoal como de ordem patrimonial.

A Constituição Federal de 1988, no seu art. 5º, XXVII, assegura: "aos autores pertence o direito exclusivo de utilização, publicação ou reprodução de suas obras, transmissível aos herdeiros pelo tempo que a lei fixar". A matéria, hoje, está disciplinada na Lei 9.610/98.

Vê-se, desse modo, garantido ao autor o direito à paternidade da obra, bem como dela retirar os benefícios pecuniários advindos da sua reprodução, representação, execução, recitação, adaptação, transposição, arranjos, dramatização, tradução e radiodifusão.

A pena cominada no *caput* permite a transação penal e a suspensão condicional do processo.

1.2. Sujeitos do crime

Trata-se de crime comum, podendo ser praticado por qualquer pessoa.

Sujeito passivo é o autor da obra[2]. Se foi esta transmitida aos herdeiros, estes figurarão no polo passivo. De igual forma, se a obra foi transmitida à pessoa jurídica (de direito público ou privado), esta sofrerá as consequências do crime, sendo, portanto, vítima.

Nas hipóteses em que a violação recair sobre direitos conexos aos do autor, serão sujeitos passivos seus respectivos titulares, tais como o artista intérprete, produtores, empresas de radiodifusão etc.

1.3. Conduta

Prevê o tipo básico (*caput*) apenas uma conduta nuclear: *violar* (transgredir, desrespeitar, ofender) o direito de autor, publicando, reproduzindo ou modificando, a revelia,

---

1. A natureza jurídica dos direitos autorais é tema de discussão doutrinária. Para uns, são considerados direitos de propriedade. Já para outros, privilégio ou monopólio criado em benefício do autor. Uma terceira vertente sustenta serem direitos de personalidade. A esse propósito, leciona **Fragoso**: "O chamado direito autoral é hoje considerado um direito *sui-generis*, pois envolve consideração de interesses de diversa índole. Por um lado, o direito de publicação, como direito ao fruto do próprio engenho; por outro, o interesse patrimonial e moral no proveito que resulta da reprodução, ambos exigindo a proteção jurídica contra a contrafação. Nem pode ser desprezado o interesse cultural e social em torno da obra artística, literária ou científica, que impõe limitações ao direito do autor, como, por exemplo, a queda da obra no domínio comum (art. 649, §§ 1º e 2º, Código Civil [1916]). A discussão em torno à natureza do direito autoral, transcende, por certo, os nossos fins. Com o que ficou dito apenas se procurou demonstrar a justeza da classificação dos crimes em exame, em *título autônomo*, adotada pelo Código Penal" (*Lições de Direito Penal*, v. 2, p. 435).
2. Não importa a forma como o autor se identifica em sua obra, já que o art. 12 da Lei 9.610/98 lhe faculta essa opção: "Para se identificar como autor, poderá o criador da obra literária, artística ou científica usar de seu nome civil, completo ou abreviado até por suas iniciais, de pseudônimo ou qualquer outro sinal convencional".

sua obra. Trata-se de norma penal em branco, cujo conteúdo (direito de autor) deve ser complementado pela Lei 9.610/98. Aliás, esta Lei, ao mesmo tempo em que dispõe acerca das violações dos direitos autorais (arts. 24 a 29), considerando ilícita a contrafação da obra (artística, científica ou literária), traz, no art. 46, hipóteses outras de atipicidade (representação teatral e a execução musical, quando realizadas no recesso familiar, por exemplo)[3]. Com isso, diferenciou o plágio (crime) da simples imitação (indiferente penal).

Vejamos a lição de FRAGOSO:

> "Plágio é a usurpação total ou parcial de obra alheia, que o agente faz passar como própria. Pode o plágio não constituir reprodução fiel, ocultando-se sob forma diferente e modificações relevantes. Nesse caso, não haverá crime. Só se configurará esta infração penal, no caso de plágio que consistir em reprodução total ou parcial, desde que relevante. Na imitação – que não constitui crime – não há reprodução, mas utilização de ideias, métodos, formas ou sistemas."[4].

Como já apontado, entende-se por direitos autorais os morais e patrimoniais sobre uma obra literária, artística ou científica.[5] Direitos morais são aqueles inerentes à obra produzida, mas que não são suscetíveis de alienação, além de serem imprescritíveis e irrenunciáveis. A única forma possível de transmissão é através da via sucessória. Já os direitos patrimoniais dizem respeito à exploração econômica da obra produzida. Ao contrário dos morais, os atinentes ao patrimônio podem ser alienados a qualquer tempo, de acordo com a vontade do autor da obra, observando-se, logicamente, o disposto em legislação específica. Serão eles exercidos durante toda a vida do autor, sendo sucessíveis *causa mortis*. Neste caso, os herdeiros terão o direito de utilizar, fruir e dispor da obra pelo prazo de setenta anos, contados a partir do dia 1º de janeiro do ano subsequente ao falecimento do autor (art. 41 da Lei 9.610/98).

Para assegurar ou comprovar a titularidade da obra, o autor tem a faculdade (e não a obrigação) de registrá-la na entidade correspondente à sua natureza (Biblioteca Nacional, Escola de Música, Escola de Belas-Artes da Universidade Federal do Rio de Janeiro, Instituto Nacional do Cinema ou Conselho Federal de Engenharia, Arquitetura e Agronomia).

1.4. Voluntariedade

É o dolo, consubstanciado na vontade consciente de violar os direitos do autor, sendo desnecessário o intuito de lucro (havendo essa finalidade, o crime passa a ser qualificado – § 1º do art. 184 do CP).

---

3. O Supremo Tribunal Federal também já se manifestou acerca da tutela dos direitos autorais por meio da Súmula 386: "Pela execução de obra musical por artistas remunerados é devido direito autoral, não exigível quando a orquestra for de amadores".
4. Ob. cit., v. 2, p. 439.
5. Modelo fotográfico não é coautor de obra fotográfica, e, consequentemente, não é detentor dos direitos autorais relativos à foto. É apenas um elemento utilizado para a criação da obra fotográfica, e não seu autor (*RT* 601/341).

O tipo penal não admite a modalidade culposa. Sendo assim, se o agente pratica a violação supondo que a obra caiu em domínio público[6], incorrerá em erro de tipo, sendo impunível sua conduta (art. 20 do CP).

1.5. Consumação e tentativa

O momento consumativo do delito irá variar conforme a modalidade de violação.

Tratando-se de pintura ou escultura, consuma-se com a exibição ao público.

Se for reprodução de obra literária ou científica, a conduta se perfaz com a publicação abusiva, não importando o número de exemplares editados.

No caso de reprodução de fonograma ou videofonograma, o delito se consuma com a simples reprodução.

Finalmente, no caso de representação teatral ou musical, consuma-se com a execução ou representação.

O crime, sendo plurissubsistente, admite fracionamento da execução e, por conseguinte, a tentativa.

A jurisprudência vem decidindo que a imitação grosseira não caracteriza o crime (*JTJ* 173/333; 195/302).

1.6. Qualificadoras

Cuida-se, ainda, da tutela dos direitos autorais (e os conexos), punindo-se conduta daquele que viola referidos direitos com o escopo de lucro, elencando o tipo as obras especialmente protegidas pela norma.

A exemplo do *caput*, trata-se de crime comum, que pode ser praticado por qualquer pessoa, sendo sujeito passivo o titular dos direitos violados.

A ação nuclear consiste em, por meio de qualquer método ou processo, *reproduzir*, total ou parcialmente, sem autorização expressa, obra intelectual, interpretação, execução ou fonograma[7].

---

6. De acordo com a Lei 9.610/98 (art. 45), considera-se de domínio público, além das obras em relação às quais decorreu o prazo de proteção aos direitos patrimoniais: "I – as de autores falecidos que não tenham deixado sucessores; II – as de autor desconhecido, ressalvada a proteção legal aos conhecimentos étnicos e tradicionais". O art. 41, *caput*, da Lei 9.610/98 dispõe acerca do prazo pelo qual os direitos autorais permanecem sob a tutela dos sucessores do criador da obra intelectual: "Os direitos patrimoniais do autor perduram por 70 anos contados de 1º de janeiro do ano subsequente ao de seu falecimento, obedecida a ordem sucessória da lei civil".

7. Alerta **Capez** que: "Anteriormente à Lei 10.695/ 2003, os parágrafos do art. 184 do Código Penal (com a redação determinada pela Lei 8.635/93) mencionavam expressamente o videofonograma como objeto material dos delitos em questão. Entretanto, com a nova redação, foi suprimida tal expressão, mencionando-se apenas 'obra intelectual' e 'fonograma' (fitas, cassete, CDs etc.). Tal omissão se justifica, uma vez que aquela terminologia (videofonograma) era inspirada na Lei 5.988/73, a

O crime é punido a título de dolo (vontade consciente de praticar a conduta típica descrita), somado à finalidade especial de obtenção do lucro (elemento subjetivo do tipo).

A conduta se perfaz mediante a reprodução, total ou parcial, da obra intelectual, interpretação, execução ou fonograma, sem autorização expressa do autor, do artista intérprete ou executante, do produtor, conforme o caso, ou de quem os represente, independentemente do locupletamento do agente (crime formal).

Como se trata de crime plurissubsistente, a forma tentada é perfeitamente possível.

O § 2º, a exemplo do anterior e do *caput*, tutela os direitos do autor, bem como os conexos a este. Todavia, neste parágrafo, somente são protegidas a obra intelectual e o fonograma.

Qualquer pessoa pode figurar como sujeito ativo do crime, ainda que não seja comerciante, bastando que aja com o intuito de lucro, direto ou indireto.

Frise-se que a tipicidade depende de o agente não ter participado, de qualquer modo, da reprodução fraudulenta, pois se o fez, deverá ser punido de acordo com os preceitos do parágrafo anterior.

Sujeito passivo será o detentor dos direitos autorais que sofreu as violações.

O tipo penal qualificado do § 2º prevê inúmeros comportamentos criminosos, divididos em dois grupos, conforme a natureza do objeto material:

a) na primeira parte, pune-se *distribuir*, *vender*, *expor à venda*, *alugar*, *introduzir no país*, *adquirir*, *ocultar* e *ter em depósito* original ou cópia de obra intelectual ou fonograma reproduzido com violação do direito de autor, do direito de artista intérprete ou executante ou do direito do produtor de fonograma, reproduzido com violação de direito autoral (existe, portanto, pretérita violação do direito do autor por alguém que não o próprio agente desta figura criminosa). Em virtude do princípio da especialidade, afasta-se a tipificação pelo artigo 180 do CP.

b) já na segunda parte do parágrafo, incrimina-se *alugar* original ou cópia de obra intelectual ou fonograma, sem a expressa autorização dos titulares dos direitos ou de quem os represente (não se exige a anterior violação do direito autoral, vez que a obra a ser *alugada* pode ser ainda a original). Nesta modalidade, está presente o elemento normativo do tipo, exigindo-se que a locação seja realizada sem a expressa autorização do titular dos direitos autorais.

---

qual foi derrogada pela Lei 9.610/98, que, por sua vez, não mais falou em videofonograma. O Código Penal apenas se adaptou a essa nova realidade jurídica. Isto não significa, contudo, que os videocassetes e DVDs, por exemplo, deixaram de merecer proteção legal, mas tão somente que passaram a se enquadrar em uma nova definição jurídica. Agora, os videofonogramas são chamados de 'obra audiovisual' (Lei 9.610/98, art. 7º, VI) e constituem espécie do gênero 'obra intelectual'" (*Curso de direito penal*: parte especial, v. 2, p. 566).

O tipo subjetivo é o dolo, consubstanciado na vontade consciente de praticar uma das ações nucleares previstas, acrescido da intenção de obter lucro (sem essa finalidade especial, poderá estar configurado o crime de receptação).

Consuma-se com a realização de uma das condutas previstas no tipo, ainda que não haja o locupletamento (delito formal). Deve ser alertado que nos comportamentos *expor à venda*, *ocultar* ou *ter em depósito* a consumação se protrai no tempo (delito permanente).

Trata-se de crime plurissubsistente, admitindo-se a tentativa.

O STF indeferiu habeas corpus em que a Defensoria Pública do Estado de São Paulo requeria, com base no princípio da adequação social, a declaração de atipicidade da conduta imputada a condenado como incurso nas penas do art. 184, § 2º, do CP. Sustentava-se que a referida conduta seria socialmente adequada, haja vista que a coletividade não recriminaria o vendedor de CDs e DVDs reproduzidos sem a autorização do titular do direito autoral, mas, ao contrário, estimularia a sua prática em virtude dos altos preços desses produtos, insuscetíveis de serem adquiridos por grande parte da população. De acordo com o Supremo, o fato de a sociedade tolerar a prática do delito em questão não implicaria dizer que o comportamento do paciente poderia ser considerado lícito. Salientou-se, ademais, que a violação de direito autoral e a comercialização de produtos "piratas" sempre fora objeto de fiscalização e repressão.

Afirmou-se que a conduta descrita nos autos causaria enormes prejuízos ao Fisco pela burla do pagamento de impostos, à indústria fonográfica e aos comerciantes regularmente estabelecidos (HC 115.986/ES, rel. Min. Luiz Fux, DJe 16/8/2013). No mesmo sentido temos decisões no STJ: HC 233.382/SP, rel. Min. Og Fernandes, DJe 20/03/2013, que, aliás, sumulou a orientação (Súmula 502: Presentes a materialidade e a autoria, afigura-se típica, em relação ao crime previsto no art. 184, § 2º, do CP, a conduta de expor à venda CDs e DVDs piratas).

Quanto à forma de prova do crime, o STJ sumulou o entendimento de que se dispensa a realização de perícia sobre todo o material apreendido, bastando que seja feita por amostragem. E não é necessário que se identifiquem os titulares dos direitos autorais violados (súmula nº 574).

O § 3º traz outra forma qualificada do delito em que, à semelhança dos dispositivos anteriores, qualquer pessoa pode figurar no polo ativo (ainda que não possua a qualidade de comerciante). Sujeito passivo será o autor, o artista intérprete ou executante ou, ainda, o produtor da obra.

Apenas uma ação nuclear é prevista pelo tipo: *oferecer* ao público. Sendo assim, a conduta de captar, sem autorização, obra ou produção para uso próprio, não caracteriza o delito qualificado, devendo ser o agente punido de acordo com o previsto no *caput* do dispositivo. Novamente, exige-se a falta de autorização expressa do autor, do artista intérprete, do executante ou do produtor (elemento normativo do tipo).

O dolo, que se consubstancia na vontade consciente de oferecer a obra ao público, é o tipo subjetivo. Conserva-se, todavia, como nos parágrafos anteriores, a necessidade da existência do intuito de lucro (finalidade especial).

Consuma-se o delito com o oferecimento ao público, independentemente da efetiva obtenção do lucro (crime formal).

Sendo o delito plurissubsistente, admite-se o *conatus*.

1.7. Exclusão da tipicidade

A própria lei que dispõe acerca dos direitos autorais (Lei 9.610/98) prevê, em seu art. 46, algumas condutas que não constituem ofensa aos direitos do autor, que, embora revestidos de proteção, mostram-se, assim, limitados.

Note-se que o legislador expressou somente a exclusão da tipicidade em relação aos §§ 1º, 2º e 3º, omitindo-se com relação ao *caput*. No entanto, a doutrina é copiosa no sentido de estender a aplicação do dispositivo ao tipo básico, não se concebendo, se praticada a violação simples, mediante uma das ações previstas no art. 46, seja crime, quando as formas qualificadas, praticadas do mesmo modo, "não constituem ofensa aos direitos autorais".

As limitações aos direitos do autor, que excluem a tipicidade da conduta, são:

> **Art. 46**. Não constitui ofensa aos direitos autorais:
>
> I – a reprodução:
>
> *a)* na imprensa diária ou periódica, de notícia ou de artigo informativo, publicado em diários ou periódicos, com a menção do nome do autor, se assinados, e da publicação de onde foram transcritos;
>
> *b)* em diários ou periódicos, de discursos pronunciados em reuniões públicas de qualquer natureza;
>
> *c)* de retratos, ou de outra forma de representação da imagem, feitos sob encomenda, quando realizada pelo proprietário do objeto encomendado, não havendo a oposição da pessoa neles representada ou de seus herdeiros;
>
> *d)* de obras literárias, artísticas ou científicas, para uso exclusivo de deficientes visuais, sempre que a reprodução, sem fins comerciais, seja feita mediante o sistema Braille ou outro procedimento em qualquer suporte para esses destinatários;
>
> II – a reprodução, em um só exemplar de pequenos trechos, para uso privado do copista, desde que feita por este, sem intuito de lucro;
>
> III – a citação em livros, jornais, revistas ou qualquer outro meio de comunicação, de passagens de qualquer obra, para fins de estudo, crítica ou polêmica, na medida justificada para o fim a atingir, indicando-se o nome do autor e a origem da obra;
>
> IV – o apanhado de lições em estabelecimentos de ensino por aqueles a quem elas se dirigem, vedada sua publicação, integral ou parcial, sem autorização prévia e expressa de quem as ministrou;

V – a utilização de obras literárias, artísticas ou científicas, fonogramas e transmissão de rádio e televisão em estabelecimentos comerciais, exclusivamente para demonstração à clientela, desde que esses estabelecimentos comercializem os suportes ou equipamentos que permitam a sua utilização;

VI – a representação teatral e a execução musical, quando realizadas no recesso familiar ou, para fins exclusivamente didáticos, nos estabelecimentos de ensino, não havendo em qualquer caso intuito de lucro;

VII – a utilização de obras literárias, artísticas ou científicas para produzir prova judiciária ou administrativa;

VIII – a reprodução, em quaisquer obras, de pequenos trechos de obras preexistentes, de qualquer natureza, ou de obra integral, quando de artes plásticas, sempre que a reprodução em si não seja o objetivo principal da obra nova e que não prejudique a exploração normal da obra reproduzida nem cause um prejuízo injustificado aos legítimos interesses dos autores.

1.8. Ação penal

O assunto será abordado quando da análise do art. 186 do CP.

1.9. Princípio da especialidade

a) Código Penal x Lei 12.663/12 (Dispõe sobre as medidas relativas à Copa das Confederações FIFA 2013, à Copa do Mundo FIFA 2014 e à Jornada Mundial da Juventude – 2013, que foram realizadas no Brasil): o art. 31 da Lei 12.663/12 pune com detenção de 1 a 3 meses importar, exportar, vender, distribuir, oferecer ou expor à venda, ocultar ou manter em estoque Símbolos Oficiais ou produtos resultantes da reprodução, imitação, falsificação ou modificação não autorizadas de Símbolos Oficiais para fins comerciais ou de publicidade. Trata-se de lei penal temporária (art. 3º do CP), com vigência até 31 de dezembro de 2014, dependendo o início do processo de expressa representação da FIFA.

2. USURPAÇÃO DE NOME OU PSEUDÔNIMO ALHEIO

► ***Usurpação de nome ou pseudônimo alheio***

Art. 185. (*Revogado pela Lei 10.695/2003*).

Redação anterior:

"Art. 185. Atribuir falsamente a alguém, mediante o uso de nome, pseudônimo ou sinal por ele adotado para designar seus trabalhos, a autoria de obra literária, científica ou artística:

Pena – detenção, de 6 (seis) meses a 2 (dois) anos, e multa".

3. AÇÃO PENAL

▶ ***Ação penal***

Art. 186. Procede-se mediante:

I – queixa, nos crimes previstos no *caput* do art. 184;

II – ação penal pública incondicionada, nos crimes previstos nos §§ 1º e 2º do art. 184;

III – ação penal pública incondicionada nos crimes cometidos em desfavor de entidades de direito público, autarquia, empresa pública, sociedade de economia mista ou fundação instituída pelo Poder Público.

IV – ação penal pública condicionada à representação, nos crimes previstos no § 3º do art. 184.

3.1. Considerações gerais

O art. 186 do Código Penal traz diversas disposições acerca da forma como deve se dar a persecução criminal no caso de violação de direitos autorais.

Se praticado o delito na forma prevista no *caput*, procede-se mediante queixa.

Já nas figuras qualificadas (§§ 1º e 2º), a ação penal será pública incondicionada. Também o será nos crimes cometidos em desfavor de entidades de direito público, autarquia, empresa pública, sociedade de economia mista ou fundação instituída pelo Poder Público.

A ação penal será submetida a condição de procedibilidade (representação) quando a conduta se subsumir ao disposto no § 3º do art. 184.

CAPÍTULO II – DOS CRIMES CONTRA O PRIVILÉGIO DE INVENÇÃO

1. VIOLAÇÃO DE PRIVILÉGIO DE INVENÇÃO

▶ ***Violação de privilégio de invenção***

Art. 187. (*Revogado pela Lei 9.279/96*).

Redação anterior:

"Art. 187. Violar direito de privilégio de invenção ou de descoberta:

I – fabricando, sem autorização do concessionário ou cessionário, produto que é objeto de privilégio;

II – usando meio ou processo que é objeto de privilégio;

III – importando, vendendo, expondo à venda, ocultando ou recebendo, para o fim de ser vendido, produto fabricado com violação de privilégio:

Pena – detenção, de 6 (seis) meses a 1 (um) ano, e multa.

▶ ***Aumento de pena***

Parágrafo único. A pena é aumentada de um terço:

I – se o agente foi mandatário, preposto ou empregado do concessionário ou do cessionário do privilégio;

II – se o agente entrou em conluio com representante, mandatário, preposto ou empregado do concessionário ou do cessionário, para conhecer a invenção ou o modo de seu emprego".

2. FALSA ATRIBUIÇÃO DE PRIVILÉGIO

▶ ***Falsa atribuição de privilégio***

Art. 188. (Revogado pela Lei 9.279/96).

Redação anterior:

"Art. 188. Exercer, como privilegiada, indústria que não o seja, ou depois de anulado, suspenso ou caduco o privilégio:

Pena – detenção, de 1 (um) a 6 (seis) meses, ou multa.

Parágrafo único. Incorre na mesma pena o titular de privilégio que, em prospecto, letreiro, anúncio ou outro meio de publicidade, faz menção do privilégio, sem especificar-lhe o objeto".

3. USURPAÇÃO OU INDEVIDA EXPLORAÇÃO DE MODELO OU DESENHO PRIVILEGIADO

▶ ***Usurpação ou indevida exploração de modelo ou desenho privilegiado***

Art. 189. (*Revogado pela Lei 9.279/96*).

Redação anterior:

"Art. 189. Reproduzir, por qualquer meio, no todo ou em parte, sem autorização, desenho ou modelo de privilégio alheio; explorar, sem autorização, desenho ou modelo de privilégio alheio; vender, expor à venda ou introduzir no país objeto que é imitação ou cópia de modelo privilegiado:

Pena – detenção, de 1 (um) a 6 (seis) meses, ou multa".

4. FALSA DECLARAÇÃO DE DEPÓSITO EM MODELO OU DESENHO

▶ ***Falsa declaração de depósito em modelo ou desenho***

Art. 190. (*Revogado pela Lei 9.279/96*).

Redação anterior:

"Art. 190. Usar em modelo ou desenho, de expressão que o dê falsamente como depositado, ou mencionar em anúncio ou papel comercial, como depositado, desenho ou modelo que não o seja:

Pena – detenção, de 1 (um) a 3 (três) meses, ou multa".

Art. 191. (*Revogado pela Lei 9.279/96*).

Redação anterior:

"Art. 191. Nos crimes previstos neste Capítulo, excetuados os dos arts. 188, e seu parágrafo, e 190, somente se procede mediante queixa".

CAPÍTULO III – DOS CRIMES CONTRA AS MARCAS DE INDÚSTRIA E COMÉRCIO

1. VIOLAÇÃO DO DIREITO DE MARCA

▶ ***Violação do direito de marca***

Art. 192. (*Revogado pela Lei 9.279/96*).

Redação anterior:

"Art. 192. Violar direito de marca de indústria ou de comércio:

I – reproduzindo, indevidamente, no todo ou em parte, marca de outrem registrada, ou imitando-a, de modo que possa induzir em erro ou confusão;

II – usando marca reproduzida ou imitada nos termos do n. I;

III – usando marca legítima de outrem em produto ou artigo que não é de sua fabricação;

IV – vendendo, expondo à venda ou tendo em depósito:

a) artigo ou produto revestido de marca abusivamente imitada ou reproduzida no todo ou em parte;

b) artigo ou produto que tem marca de outrem e não é de fabricação deste:

Pena – detenção, de 3 (três) meses a 1 (um) ano, e multa".

2. USO INDEVIDO DE ARMAS, BRASÕES E DISTINTIVOS PÚBLICOS

▶ ***Uso indevido de armas, brasões e distintivos públicos***

Art. 193. (*Revogado pela Lei 9.279/96*).

Redação anterior:

"Art. 193. Reproduzir, sem autorização, no todo ou em parte, ou imitar de modo que possa induzir em erro ou confusão, armas, brasões ou distintivos públicos, nacionais ou estrangeiros, em marca de indústria ou comércio:

Pena – detenção, de 1 (um) a 6 (seis) meses, ou multa.

Parágrafo único. Incorre na mesma pena quem usa de marca reproduzida ou imitada nos termos deste artigo, ou vende ou expõe à venda produto ou artigo com ela assinalado".

3. MARCA COM FALSA INDICAÇÃO DE PROCEDÊNCIA

▶ ***Marca com falsa indicação de procedência***

Art. 194. (Revogado pela Lei 9.279/96).

Redação anterior:

"Art. 194. Usar, em produto ou artigo, marca que indique procedência que não é a verdadeira, ou vender ou expor à venda produto ou artigo, com essa marca:

Pena – detenção, de 1 (um) a 6 (seis) meses, ou multa".

Art. 195. (Revogado pela Lei 9.279/96).

Redação anterior:

"Art. 195. Nos crimes previstos neste Capítulo, salvo os dos arts. 193, e seu parágrafo, e 194, somente se procede mediante queixa".

CAPÍTULO IV – DOS CRIMES DE CONCORRÊNCIA DESLEAL

1. CONCORRÊNCIA DESLEAL

▶ ***Concorrência desleal***

Art. 196. (*Revogado pela Lei 9.279/96*).

Redação anterior:

"Art. 196. Fazer concorrência desleal:

▶ ***Pena – detenção, de 3 (três) meses a 1 (um) ano, ou multa.***

§ 1º Comete crime de concorrência desleal quem:

▶ ***Propaganda desleal***

I – publica pela imprensa, ou por outro meio, falsa afirmação, em detrimento de concorrente, com o fim de obter vantagem indevida;

II – presta ou divulga, com intuito de lucro, acerca de concorrente, falsa informação capaz de causar-lhe prejuízo;

▶ ***Desvio de clientela***

III – emprega meio fraudulento para desviar, em proveito próprio ou alheio, clientela de outrem;

▶ ***Falsa indicação de procedência de produto***

IV – produz, importa, exporta, armazena, vende ou expõe à venda a mercadoria com falsa indicação de procedência;

▶ ***Uso indevido de termos retificativos***

V – usa em artigo ou produto, em recipiente ou invólucro, em cinta, rótulo, fatura, circular, cartaz ou em outro meio de divulgação ou propaganda, termos retificativos, tais como "tipo", "espécie", "gênero", "sistema", "semelhante", "sucedâneo", "idêntico", ou equivalentes, ressalvando ou não a verdadeira procedência do artigo ou produto;

▶ ***Arbitrária aposição do próprio nome em mercadoria de outro produtor***

VI – apõe o próprio nome ou razão social em mercadoria de outro produtor sem o seu consentimento;

▶ ***Uso indevido de nome comercial ou título de estabelecimento***

VII – usa indevidamente nome comercial ou título de estabelecimento alheio;

▶ ***Falsa atribuição de distinção ou recompensa***

VIII – se atribui, como meio de propaganda de indústria, comércio ou ofício, recompensa ou distinção que não obteve;

▶ ***Fraudulenta utilização de recipiente ou invólucro de outro produtor***

IX – vende ou expõe à venda, em recipiente ou invólucro de outro produtor, mercadoria adulterada ou falsificada, ou dele se utiliza para negociar com mercadoria da mesma espécie, embora não adulterada ou falsificada, se o fato não constitui crime mais grave;

▶ ***Corrupção de preposto***

X – dá ou promete dinheiro ou outra utilidade a empregado de concorrente, para que, faltando ao dever do emprego, lhe proporcione vantagem indevida;

XI – recebe dinheiro ou outra utilidade, ou aceita promessa de paga ou recompensa, para, faltando ao dever do emprego, proporcionar a concorrente do empregador vantagem indevida;

▶ ***Violação de segredo de fábrica ou negócio***

XII – divulga ou explora, sem autorização, quando a serviço de outrem, segredo de fábrica ou de negócio, que lhe foi confiado ou de que teve conhecimento em razão do serviço.

§ 2º Somente se procede mediante queixa, salvo nos casos dos números X a XII, em que cabe ação pública mediante representação".

Título IV
DOS CRIMES CONTRA A ORGANIZAÇÃO DO TRABALHO

CAPÍTULO I – DOS CRIMES CONTRA A ORGANIZAÇÃO DO TRABALHO

1. INTRODUÇÃO

No que diz respeito aos crimes contra a organização de trabalho, protege a lei penal não apenas o livre gozo e o exercício dos direitos individuais, como a própria organização do trabalho. Explica a Exposição de Motivos da Parte Especial do Código Penal:

> "não somente na defesa e no ajustamento dos direitos e interesses individuais em jogo, mas também, e principalmente, no sentido superior do *bem comum de todos*" (item 67).

Deve ser lembrado que, no capítulo concernente aos direitos sociais, a Constituição Federal prevê inúmeros dispositivos que se destinam a conferir maior proteção aos direitos do trabalhador (arts. 6º e ss.). Em consonância com o texto constitucional e visando assegurar o efetivo cumprimento de tais preceitos, o Código Penal tipificou algumas condutas que atentam contra a organização e o normal desenvolvimento das atividades laborativas do trabalhador.

Percebendo a abrangência, há posicionamento doutrinário no sentido de que a competência para julgar tais crimes é da Justiça Federal, no espírito do art. 109, VI, da Constituição Federal.

Não é a tese que prevalece, já que tanto o Superior Tribunal de Justiça quanto o Supremo Tribunal Federal consideram que, se atingido interesse individual do trabalhador, a competência para processo e julgamento é dos Estados.

Nesse sentido:

> "A competência da Justiça Federal está disposta no art. 109, VI da Constituição Federal que dispõe que aos juízes federais compete processar e julgar os crimes contra a organização do trabalho e, nos casos determinados por lei, contra o sistema financeiro e a ordem econômico-financeira. 2. Não havendo lesão ao direito dos trabalhadores de forma coletiva ou ofensa aos órgãos e institutos que os preservam, apurando-se somente a frustração de direitos trabalhistas de trabalhadores específicos, e, portanto, em âmbito individual, não há falar em competência da Justiça Federal. 3. A competência da Justiça Federal não alcança os delitos que atingem somente direitos individuais de determinado grupo de trabalhadores (e não a categoria como um todo), como é o caso dos autos, em

que a suposta conduta delituosa restringiu-se a um grupo de funcionários de uma única empresa de transporte coletivo que seriam filiados à entidade sindical representante da categoria".[1]

2. ATENTADO CONTRA A LIBERDADE DE TRABALHO

▶ ***Atentado contra a liberdade de trabalho***

Art. 197. Constranger alguém, mediante violência ou grave ameaça:

I – a exercer ou não exercer arte, ofício, profissão ou indústria, ou a trabalhar ou não trabalhar durante certo período ou em determinados dias:

Pena – detenção, de 1 (um) mês a 1 (um) ano, e multa, além da pena correspondente à violência;

II – a abrir ou fechar o seu estabelecimento de trabalho, ou a participar de parede ou paralisação de atividade econômica:

Pena – detenção, de 3 (três) meses a 1 (um) ano, e multa, além da pena correspondente à violência.

2.1. Considerações iniciais

Tutela-se a liberdade a que faz jus o trabalhador para escolher a profissão que irá exercer, na esteira do que garante a Constituição Federal em seu art. 5º, XIII.

Ensina Bento de Faria:

> "O livre exercício de qualquer indústria, comércio ou ofício é o direito inerente a cada indivíduo de, segundo a sua própria determinação, aplicar e desenvolver sua faculdades naturais e adquiridas, na prática de algum mister, ofício, trabalho de qualquer gênero, à sua escolha e independentemente de licença da autoridade, sendo apenas permitida a ação desta quanto ao que acaso prejudique ao bem geral e ao direito de terceiros."[2].

Em razão das penas cominadas, são admissíveis a transação penal e a suspensão condicional do processo (Lei 9.099/95).

2.2. Sujeitos do crime

A lei não exige qualidade especial do sujeito ativo do crime (crime comum).

Bento de Faria, discordando, argumenta:

> "*Sujeito ativo, ou passivo*, do delito, há de ser a pessoa diretamente interessada na realização do serviço ou trabalho imposto, ou na sua cessação ou paralisação da atividade econômica."[3].

1. STJ. CC 118.436/SP, Terceira Seção, rel. Min. Alderita Ramos de Oliveira, DJe 29/05/2013.
2. *Código Penal brasileiro*, v. 4, p. 411-412.
3. Ob. cit., v. 4, p. 415.

O sujeito passivo varia conforme o comportamento delituoso. Se configurado o inciso I ou a segunda parte do inciso II, qualquer pessoa constrangida poderá ser vítima. Já no caso do inciso II, primeira parte, deverá o constrangimento atingir o proprietário do estabelecimento.

Guilherme de Souza Nucci, lembrando as lições de Hungria, observa que o crime é modalidade especial de constrangimento ilegal, no qual a pessoa jurídica não pode figurar como vítima. Contudo:

> "Somente o ser humano pode ser vítima da violência ou da grave ameaça, abrindo ou fechando o que lhe pertence. Não tem cabimento dizer, por exemplo, que a loja fechada pelo empregado que sofreu a violência, tem por sujeito passivo a pessoa jurídica, uma vez que foi o vendedor que *fechou* o estabelecimento e este não lhe pertence. Eis por que é inadequado dizer que a pessoa jurídica é o sujeito passivo."[4].

Noronha discorda, ensinando:

> "Pode a pessoa jurídica ser ofendida no delito em apreço, *v.g.*, fechar o estabelecimento de trabalho, mas a ação do sujeito ativo há de recair, obviamente, nas pessoas físicas que a dirigem. Não impede tal entendimento o dizer o dispositivo 'constranger *alguém...*', usando o pronome indefinido, equivalente a *alguma pessoa* que também compreende a jurídica."[5].

A pluralidade de vítimas não desnatura da unidade do crime, mas pode servir para o Magistrado na fixação da pena-base.

2.3. Conduta

O núcleo do tipo está no verbo *constranger* (subjugar, sujeitar, obrigar, forçar) *alguém* (ainda que pessoa diversa daquela cujo trabalho se deseja cercear), mediante violência ou grave ameaça, a exercer ou não exercer arte, ofício, profissão ou indústria, ou a trabalhar ou não trabalhar durante certo período ou em determinados dias (I); a abrir ou fechar o seu estabelecimento de trabalho (II)[6].

Lembra Bitencourt:

> "Não é necessário que o ofendido *oponha resistência efetiva* contra a coação ou procure superá-la, pedindo socorro ou empregando qualquer outro recurso; é suficiente que, mediante violência ou grave

4. *Código Penal comentado*, p. 937.
5. *Direito Penal*, v. 2, p. 48.
6. A parte final do inciso II ("constranger alguém a participar de parede ou paralisação de atividade econômica") foi revogada pela Lei 4.330/64 que, por sua vez, foi revogada, expressamente, pela Lei 7.783/89.

> ameaça, tenha-se violentado sua liberdade interna, constrangendo-o, assim, a realizar o que lhe foi imposto ou a não fazer o que pretendia, sem amparo legal."[7].

Note-se que, em ambos os incisos, a lei prevê o cúmulo material das penas previstas para o crime em análise e a relativa à violência empregada pelo agente, sendo, pois, incabível, falar-se em absorção.

2.4. Voluntariedade

É o dolo, consistente na vontade consciente de forçar a vítima a trabalhar ou não trabalhar (I) ou a abrir ou fechar estabelecimento de trabalho (II).

Não se exige qualquer finalidade especial do agente.

Mirabete, a esse respeito, entende que:

> "O dolo é a vontade de constranger, ou seja, a de obrigar o ofendido, com o fim específico de que pratique ele ou deixe de praticar uma das atividades mencionadas no dispositivo. Se a finalidade for outra, ocorrerá o crime de constrangimento ilegal."[8].

2.5. Consumação e tentativa

Consuma-se o delito quando a vítima cede diante do constrangimento, fazendo ou deixando de fazer aquilo a que foi constrangida.

Tendo em vista se tratar de crime material e plurissubsistente, a forma tentada é perfeitamente possível.

2.6. Ação penal

Tendo em vista o bem jurídico tutelado, optou o legislador pela ação penal pública incondicionada.

3. ATENTADO CONTRA A LIBERDADE DE CONTRATO DE TRABALHO E BOICOTAGEM VIOLENTA

▶ ***Atentado contra a liberdade de contrato de trabalho e boicotagem violenta***

Art. 198. Constranger alguém, mediante violência ou grave ameaça, a celebrar contrato de trabalho, ou a não fornecer a outrem ou não adquirir de outrem matéria-prima ou produto industrial ou agrícola:

Pena – detenção, de 1 (um) mês a 1 (um) ano, e multa, além da pena correspondente à violência.

3.1. Considerações iniciais

Da mesma forma que o dispositivo anterior, tutela-se, na primeira parte, a liberdade do trabalhador para optar pela profissão que considerar adequada às suas aptidões. Na

7. Ob cit., v. 3, p. 400.
8. *Manual de direito penal*: parte especial, v. 2, p. 373.

segunda, busca-se a manutenção da normalidade das relações de trabalho, que não podem ser submetidas a ações especulativas, dirigidas à obtenção de proveito por parte do agente.

Em razão da pena cominada, admite-se tanto a transação penal quanto a suspensão condicional do processo (Lei 9.099/95).

3.2. Sujeitos do crime

Sujeito ativo poderá ser qualquer pessoa, vez que o tipo não exige nenhuma qualidade especial do agente. Igualmente, pode figurar no polo passivo qualquer indivíduo que seja constrangido a celebrar um contrato de trabalho ou a promover uma boicotagem.

Note-se que, ainda que o constrangimento atinja vítimas diversas, inseridas no mesmo contexto fático, o crime será único.

☑ ***Pessoa jurídica pode ser vítima do crime de boicotagem violenta?***

Bitencourt, lembrando haver divergência, explica:

> "Embora não seja desarrazoado o entendimento de Regis Prado quando sustenta que a *pessoa jurídica* pode ser sujeito passivo do crime de boicotagem violenta, não nos parece tecnicamente adequado à norma proibitiva. Com efeito, qualquer das duas figuras descritas no dispositivo em exame exige que a conduta de constranger seja praticada contra *alguém*, e, em nosso vernáculo, não há espaço para abranger como 'alguém' uma ficção, em vez da pessoa natural."[9].

3.3. Conduta

Consiste o delito em *constranger* (subjugar, sujeitar, dominar) alguém, mediante violência (emprego de força física) ou grave ameaça (anúncio de um mal injusto e grave), a celebrar contrato de trabalho (*atentado contra a liberdade de contrato de trabalho*)[10] ou a não fornecer a outrem ou não adquirir de outrem matéria-prima ou produto industrial ou agrícola (*boicotagem violenta*).

Em sua lição, destaca Mirabete:

> "Tratando-se de crimes diversos, embora previstos no mesmo dispositivo (tipo misto cumulativo), a prática das duas ações no art. 198 implica concurso de crimes."[11].

9. Ob. cit., v. 3, p. 406.
10. Nota-se que o tipo penal não previu, neste crime, o comportamento injusto daquele que constrange a vítima a não celebrar o contrato de trabalho. Sabendo que o "cochilo" do legislador não pode ser suprido em prejuízo do agente (analogia *in malam partem*), o crime, nessa hipótese, será o de constrangimento ilegal (art. 146 do CP) ou de atentado contra a liberdade de trabalho (art. 197, I, do CP), a depender das circunstâncias. Coagir alguém para alterar contrato vigente ou renovar contrato já extinto (ou na iminência de se extinguir) caracteriza o delito do art. 198 do CP.
11. *Manual de direito penal*: parte especial, v. 2, p. 375.

À semelhança do art. 197 do CP, o preceito secundário da norma determina o cúmulo material entre as penas aqui cominadas e as previstas para a violência eventualmente empregada pelo agente.

3.4. Voluntariedade

É o dolo, consistente na vontade consciente de constranger a vítima a celebrar contrato de trabalho, ou a não fornecer a outrem ou não adquirir de outrem matéria-prima ou produto industrial ou agrícola (a finalidade específica é, em qualquer caso, irrelevante para a tipificação, podendo influenciar na dosagem da pena).

3.5. Consumação e tentativa

A consumação varia conforme a forma criminosa. Na primeira modalidade, será no momento em que ocorre a celebração do contrato, não importando se de forma primitiva, renovatória ou modificativa, bem como se escrita ou oral.

Na boicotagem, a consumação se dá no momento em que a vítima se abstém de fornecer ou adquirir produto ou matéria-prima do boicotado.

Tratando-se de crime plurissubsistente, a tentativa é admissível.

3.6. Ação penal

A ação penal será pública incondicionada.

4. ATENTADO CONTRA A LIBERDADE DE ASSOCIAÇÃO

► ***Atentado contra a liberdade de associação***

Art. 199. Constranger alguém, mediante violência ou grave ameaça, a participar ou deixar de participar de determinado sindicato ou associação profissional:

Pena – detenção, de 1 (um) mês a 1 (um) ano, e multa, além da pena correspondente à violência.

4.1 Considerações iniciais

A liberdade de associação é assegurada pela Constituição Federal em seus arts. 5º, XVII ("é plena a liberdade de associação para fins lícitos, vedada a de caráter paramilitar") e 8º, este dirigido especialmente aos trabalhadores, que, no inciso V, determina: "ninguém será obrigado a filiar-se ou a manter-se filiado a sindicato".

O dispositivo incriminador em estudo visa, pois, tutelar essa liberdade do trabalhador, impedindo seja ele compelido a aderir à associação profissional ou sindicato com o qual não mantenha vínculo ideológico ou que não represente efetivamente seus interesses.

A pena prevista admite a transação penal e a suspensão condicional do processo (Lei 9.099/95).

4.2. Sujeitos do crime

Trata-se de crime comum, podendo ser praticado por qualquer pessoa (pertença ou não aos quadros da associação profissional ou sindicato).

Se, por acaso, a conduta partir de funcionário público, o crime poderá ser de abuso de autoridade (art. 3º, *f*, da Lei 4.898/65).

De igual forma, qualquer pessoa pode ser vítima, compelida a participar ou não de determinada associação ou sindicato (se a violência for dirigida contra terceiros, estes figurarão também como sujeitos passivos).

4.3. Conduta

Consiste o crime em *constranger* (subjugar, sujeitar, dominar) alguém, mediante violência (emprego de força física) ou grave ameaça (anúncio de um mal injusto e grave), a participar ou deixar de participar de sindicato ou associação profissional.

Observa Bitencourt estar criminalizada a conduta de constranger a vítima a participar (ou não) em *determinado* sindicato ou em *determinada* associação profissional.

> "O constrangimento a participar ou não participar, genericamente, de qualquer sindicato ou associação não tipifica esse crime, mas tão somente o crime de constrangimento ilegal (art. 146)."[12].

Pelos mesmos motivos, pressupondo o crime uma ação obstativa da participação em determinado sindicato, não se insere no núcleo do tipo a conduta destinada a afastar alguém de cargo sindical (*RJDTACRIM* 23/118).

O art. 199, em conformidade com os anteriores, prevê a aplicação da pena relativa à violência em cúmulo material com a do constrangimento.

4.4. Voluntariedade

É o dolo, consistente na vontade consciente de impedir ou coagir alguém a participar de determinado sindicato ou associação profissional. Não exige o tipo qualquer finalidade especial por parte do agente.

4.5. Consumação e tentativa

Consuma-se o delito no momento em que o agente impede a vítima de participar da associação ou sindicato ou quando esta adere ao constrangimento e se filia às entidades.

Por se tratar de conduta que admite fracionamento, o *conatus* é admissível.

4.6. Ação penal

Em razão do bem jurídico tutelado, a ação penal será pública incondicionada.

12. Ob. cit., v. 3. p. 412.

5. PARALISAÇÃO DE TRABALHO, SEGUIDA DE VIOLÊNCIA OU PERTURBAÇÃO DA ORDEM

▶ ***Paralisação de trabalho, seguida de violência ou perturbação da ordem***

Art. 200. Participar de suspensão ou abandono coletivo de trabalho, praticando violência contra pessoa ou contra coisa:

Pena – detenção, de 1 (um) mês a 1 (um) ano, e multa, além da pena correspondente à violência.

Parágrafo único. Para que se considere coletivo o abandono de trabalho é indispensável o concurso de, pelo menos, três empregados.

5.1. Considerações iniciais

A Constituição Federal, no art. 9º, *caput*, dispõe ser "assegurado o direito de greve, competindo aos trabalhadores decidir sobre a oportunidade de exercê-lo e sobre os interesse que devam por meio dele defender".

Obviamente, o Código Penal não reprova a conduta do trabalhador que simplesmente adere à paralisação, mas daquele que, integrando o movimento, se põe a praticar violência tanto contra a pessoa quanto contra a coisa.

A esse respeito, leciona Bento de Faria:

> "Como quer que seja não há como contestar o direito ou a faculdade de cruzar os braços ao indivíduo que oferece o seu esforço mediante condições estabelecidas e aceitas quando esses mesmos compromissos não forem cumpridos pelo patrão ou empregador. Realizada assim pela abstenção pura e simples de trabalhar, não se justificaria a repressão penal."[13].

O bem jurídico tutelado é, mais uma vez, a liberdade de trabalho, que certamente é abalada pelo ato violento praticado pelos agentes.

A pena cominada ao delito permite a transação penal e a suspensão condicional do processo (Lei 9.099/95).

5.2. Sujeitos do crime

Na hipótese de abandono coletivo de trabalho, o crime é plurissubjetivo, sendo necessária a presença de no mínimo três empregados (parágrafo único).

Já na suspensão do trabalho (*lockout*), os empregadores é que figurarão como autores do delito. A lei, nesta hipótese, nada menciona acerca da necessidade de haver um grupo mínimo de agentes, porém, a maioria da doutrina entende evidente essa condição, já que o texto prevê a conduta de *participar*, que naturalmente pressupõe a pluralidade de pessoas.

13. Ob. cit., v. 4, p. 420.

Nesse sentido é a lição de NORONHA:

> "O verbo *participar* pressupõe *pluralidade* de pessoas – participar de um baile, comemoração, assembleia, etc., e na lei 'participar de parede' (art. 197, n. II [a parte final do inciso II foi revogada pela Lei 4.330/64, esta, hoje, revogada expressamente pela Lei 7.783/89]), 'participar de rixa' (art. 137). Poder-se-ia dizer do dono de um estabelecimento comercial de seis ou oito empregados, que decretou suspensão e agrediu um deles, que *participou* de *lock-out violento*? É necessário, pois, que *do lado de lá*, isto é, do patrão, haja alguém que faça violência. Se assim não for, devia a lei abandonar o verbo *participar*, seguido da preposição *de*, e usar outro, *v.g.*, *realizar*, *efetuar* etc. suspensão de trabalho praticando violência... Falando em *participar de...*, pressupõe a existência, no fato, de mais de uma pessoa, podendo, *nessas condições*, o patrão ser *violento.*"[14].

Não há a necessidade de que todos os participantes sejam empregadores, bastando a presença de um indivíduo nessa condição.

Sujeito passivo poderá ser tanto a pessoa física (no caso de violência à pessoa) quanto a jurídica (no caso de violência à coisa).

5.3. Conduta

Consiste o crime em *participar* (aderir, envolver-se, tomar parte) de suspensão ou abandono coletivo de trabalho[15], praticando violência contra pessoa ou contra coisa. Percebam que não se pune, obviamente, a paralisação (dos empregadores ou trabalhadores), mas a forma (violenta) com que é executada.

O dispositivo, ao contrário dos anteriores, não faz referência à grave ameaça, mas somente à violência, que pode ocorrer tanto contra a pessoa (lesões corporais, homicídio) quanto contra a coisa (dano). Assim, se durante a greve os agentes prometerem causar mal injusto e grave a alguém, não se configurará o crime do art. 200 do CP[16], mas o de ameaça, previsto no art. 147 do mesmo Estatuto.

A pena relativa à violência é somada à prevista para a prática do delito em estudo.

---

14. *Código Penal brasileiro comentado*, v. 6, p. 165.
15. Para a caracterização do crime, não importa se o movimento de greve é legítimo ou não (características não exigidas pelo tipo).
16. Por isso já se decidiu que o simples porte de armas brancas pelos "piquetes" de greve no sentido de impedir o trabalho de outros companheiros, ocasionando a paralisação das atividades da empregadora, não constitui violência contra a pessoa ou contra a coisa a que alude o art. 200 do CP (*RT* 363/206).

Diverge a doutrina acerca da soma de penas quando houver dano à coisa. Mirabete[17] entende que a pena do crime de dano não pode ser aplicada cumulativamente à luz do art. 200. Luiz Regis Prado, por seu turno, entende que "a pena cominada no artigo 200, de detenção de um mês a um ano e multa, é aplicável independentemente da violência (*v.g.*, homicídio, lesões corporais, dano). Dessa forma, haverá concurso material entre o crime em apreço e o ocasionado contra pessoa ou coisa."[18].

5.4. Voluntariedade

É o dolo, consistente na vontade consciente de participar de suspensão ou abandono coletivo de trabalho, empregando violência contra pessoa ou coisa (dispensando finalidade específica por parte do agente).

5.5. Consumação e tentativa

O delito se consuma com o emprego da violência, desde que durante o ato de suspensão ou abandono coletivo de trabalho.

Tratando-se de crime plurissubsistente, a tentativa é possível.

5.6. Ação penal

A ação penal será pública incondicionada.

6. PARALISAÇÃO DE TRABALHO DE INTERESSE COLETIVO[19]

▶ ***Paralisação de trabalho de interesse coletivo***

Art. 201. Participar de suspensão ou abandono coletivo de trabalho, provocando a interrupção de obra pública ou serviço de interesse coletivo:

Pena – detenção, de 6 (seis) meses a 2 (dois) anos, e multa.

---

17. *Manual de direito penal:* parte especial, v. 2, p. 377.
18. *Tratado de Direito Penal Brasileiro*, v. 5, p. 385-386.
19. **A respeito do dispositivo em estudo, diverge a doutrina no tocante à sua revogação pela Lei 7.783/89, que regulamentou o direito de greve. Para aqueles que o consideram revogado, o argumento para tanto reside no fato de que o mencionado diploma legal permite greve em serviços essenciais e, além disso, a própria norma constitucional, ao garantir esse direito, não excepcionou (Luiz Regis Prado**, ob. cit., p. 388). Para outros, como **Mirabete**, o art. 201 permanece em vigor, mas não basta que a obra seja pública ou o interesse seja coletivo. É preciso que seja essencial para a preservação do interesse público (ob. cit., p. 378). Há quem sustente, ainda, que, no tocante aos serviços não essenciais, sobre os quais o direito de greve é ilimitado, não se aplica o art. 201 do Código Penal, mas quanto aos serviços essenciais, em que se limita o direito de paralisação, pode haver abusos, razão pela qual não se pode considerar revogado o dispositivo sem detida análise (neste sentido, manifesta-se Cleber Masson, Direito Penal Esquematizado – Parte Especial, vol. 2, Grupo Editorial Nacional: São Paulo – 2011, p. 718).

6.1. Considerações iniciais

Diante da amplitude da proteção à organização do trabalho, não mais se tutela a liberdade de seu exercício, mas o interesse comum inerente às obras públicas e aos serviços voltados ao benefício coletivo.

Em razão da pena cominada, são admissíveis a transação penal e a suspensão condicional do processo.

6.2. Sujeitos do crime

O sujeito ativo será o empregado (greve) ou o empregador (*lockout*) que tem sob sua responsabilidade a obra pública ou o serviço de interesse coletivo.

Sobre o tema, não sem razão, explica Bitencourt:

> "Na hipótese de *greve*, o crime é plurissubjetivo, isto é, crime de concurso necessário, uma vez que, além de referir-se a *abandono coletivo*, reforça, a nosso juízo desnecessariamente, a exigência do concurso de no mínimo três empregados. Equivocam-se aqueles doutrinadores que sustentam trata-se de crime unissubjetivo, pois ignoram que não existe 'coletivo representado por uma unidade'.
>
> No caso de *lockout*, é desnecessária a multiplicidade de empregadores, não sendo hipótese de concurso necessário; se houve concurso, será eventual (art. 29 do CP). Nesse particular, Magalhães Noronha sustentava equivocadamente ser 'indispensável que os patrões (da mesma empresa), sócios ou empregados de categoria *participem* do *lockout* violento'."[20].

Sujeito passivo será a coletividade, prejudicada pela paralisação do trabalho de interesse coletivo.

6.3. Conduta

Consiste o delito em *participar* (aderir, envolver-se, tomar parte) de suspensão ou abandono coletivo de trabalho provocando a interrupção de obra pública ou serviço de interesse coletivo.

Ao contrário do dispositivo anterior, aqui não importa se a greve é pacífica ou não, sendo suficiente a paralisação de obra pública ou serviço de interesse coletivo.

Cumpre, assim, efetuarmos breve referência acerca de qual obra pode ser tida como pública, bem como dos serviços que podem ser considerados de interesse coletivo.

Na lição de Bento de Faria:

20. Ob. cit., v. 3, p. 416-417.

> "Por obras públicas entende-se as que são realizadas pelo próprio Estado, e destinadas quer aos seus serviços, quer a utilização ou gozo de todos. Que se deve considerar, porém, como *interesse coletivo*? São todos aqueles que representam uma utilidade maior para todos e são desempenhados mediante concessão do Poder Público ou subordinados a fiscalização e intervenção dos seus órgãos."[21].

6.4. Voluntariedade

É o dolo, consubstanciado na vontade consciente de participar de suspensão ou abandono coletivo de trabalho, provocando a interrupção de obra pública ou serviço de interesse coletivo. Note-se que o dolo deve abranger o conhecimento, por parte do sujeito ativo, do tipo de obra paralisada.

Não se exige nenhuma finalidade especial do agente.

6.5. Consumação e tentativa

O crime atinge seu momento consumativo com a efetiva suspensão ou abandono.

A tentativa é possível, tendo em vista a possibilidade de fracionamento da conduta.

6.6. Ação penal

A ação penal será pública incondicionada, considerando o interesse comum tutelado pela norma.

7. INVASÃO DE ESTABELECIMENTO INDUSTRIAL, COMERCIAL OU AGRÍCOLA. SABOTAGEM

> ▶ ***Invasão de estabelecimento industrial, comercial ou agrícola. Sabotagem***
>
> **Art. 202.** Invadir ou ocupar estabelecimento industrial, comercial ou agrícola, com o intuito de impedir ou embaraçar o curso normal do trabalho, ou com o mesmo fim danificar o estabelecimento ou as coisas nele existentes ou delas dispor:
>
> Pena – reclusão, de 1 (um) a 3 (três) anos, e multa.

7.1. Considerações iniciais

O dispositivo em estudo tutela, em primeiro plano, a organização do trabalho e, secundariamente, o patrimônio da empresa.

Em razão da pena cominada, admite-se apenas a suspensão condicional do processo (Lei 9.099/95).

---

21. Ob. cit., v. 4, p. 425.

7.2. Sujeitos do crime

O crime é comum, podendo ser praticado por qualquer pessoa, seja empregado ou não do estabelecimento (o empregador, obviamente, não pode figurar como sujeito ativo do crime em estudo).

Sujeito passivo, para a maioria da doutrina, será tanto a coletividade quanto o proprietário do estabelecimento atingido.

7.3. Conduta

Há duas formas de praticar o crime:

a) *invadindo* (ocupando de forma abusiva, dominando, tomando à força) ou *ocupando* (instalando-se sem autorização) estabelecimento industrial, comercial ou agrícola, com o intuito de impedir ou embaraçar o curso normal do trabalho.

Bento de Faria ensina:

> "A *invasão*, aqui prevista, é o fato de quem, sendo estranho ao respectivo estabelecimento, nele penetra arbitrariamente para realizar qualquer dos atos indicados, no local onde se desenvolve a correspondente atividade industrial, comercial ou agrícola.
>
> *Ocupar* um estabelecimento equivale a tomar posse do mesmo, excluindo a ingerência, total ou parcialmente, do respectivo titular do direito, seja, ou não, expulso, ou aí permaneça livre, sujeito apenas a restrição do afastamento da direção ou empresa."[22].

b) a segunda forma é conhecida como *sabotagem*, caso em que o agente, com o intuito de impedir ou embaraçar o curso normal do trabalho, *danifica* (inutiliza, total ou parcialmente) o estabelecimento ou as coisas nele existentes ou delas *dispõe* (vende, permuta etc.).

7.4. Voluntariedade

É o dolo, consistente na vontade de praticar uma das ações típicas previstas. Além disso, deve haver a finalidade especial de impedir ou embaraçar o curso normal do trabalho. Sem o motivo determinante da ação delituosa não se pode inferir a prática do delito previsto no art. 202 do CP, sob qualquer de suas formas (*RT* 564/425). É esse elemento subjetivo do tipo que diferencia o crime em apreço da invasão de domicílio, do esbulho possessório, do furto e do dano.

7.5. Consumação e tentativa

Consuma-se o delito, na primeira modalidade, com a invasão ou ocupação do estabelecimento. Na segunda ação prevista, o crime atinge seu momento consumativo no instante em que ocorre o dano ao estabelecimento ou às coisas nele existentes, ou a disposição destas últimas.

---

22. Ob. cit., v. 4, p. 427-428.

Considerando que o *iter criminis* perpetrado pelo agente pode ser fracionado, a tentativa é admissível.

7.6. Ação penal

Tendo em vista o bem jurídico tutelado, a ação penal será pública incondicionada.

8. FRUSTRAÇÃO DE DIREITO ASSEGURADO POR LEI TRABALHISTA

▶ ***Frustração de direito assegurado por lei trabalhista***

Art. 203. Frustrar, mediante fraude ou violência, direito assegurado pela legislação do trabalho:

Pena – detenção de 1 (um) ano a 2 (dois) anos, e multa, além da pena correspondente à violência.

§ 1º Na mesma pena incorre quem:

I – obriga ou coage alguém a usar mercadorias de determinado estabelecimento, para impossibilitar o desligamento do serviço em virtude de dívida;

II – impede alguém de se desligar de serviços de qualquer natureza, mediante coação ou por meio da retenção de seus documentos pessoais ou contratuais.

§ 2º A pena é aumentada de 1/6 (um sexto) a 1/3 (um terço) se a vítima é menor de 18 (dezoito) anos, idosa, gestante, indígena ou portadora de deficiência física ou mental.

8.1. Considerações iniciais

A maioria da doutrina ensina que o bem jurídico tutelado pela norma é a lei garantidora de direitos aos trabalhadores. É o Direito Penal sancionando violações às normas do Direito Trabalhista.

Pensamos diferente. Parece-nos que o real objetivo da norma em estudo é a manutenção da regular relação de trabalho. A lei trabalhista, por si só, não necessita de proteção penal, tendo em vista sua característica de imperatividade. A intenção do legislador, certamente, é garantir ao trabalhador que seu contrato de trabalho seja celebrado com a observância das regras inerentes às relações laborais.

Em virtude da pena cominada, admite-se tanto a transação penal quanto a suspensão condicional do processo (Lei 9.099/95), desde que não incidente a causa de aumento do § 2º.

8.2. Sujeitos do crime

Trata-se de crime comum, podendo ser praticado por qualquer pessoa, ainda que alheia à relação de trabalho existente entre a vítima e seu empregador.

Sujeito passivo será o trabalhador prejudicado pela ação do agente. Para aqueles que consideram a lei trabalhista objeto da tutela penal, o Estado também figurará no polo passivo.

O § 2º traz causa de aumento de pena se a vítima é menor de dezoito anos, idosa, gestante, indígena ou portadora de deficiência física ou mental.

8.3. Conduta

Trata-se de crime de ação múltipla. Pune-se aquele que *frustrar* (obstar, impedir a concretização), mediante *fraude* (qualquer meio apto a iludir)[23] ou *violência* (física)[24], direito assegurado pela legislação do trabalho.

Estamos diante de norma penal em branco, cujo complemento está nas leis do trabalho.

Se as vítimas aceitaram, livre e conscientemente, a condição que lhes foi imposta pelos agentes ao serem admitidas como suas empregadas, não há falar em frustração de direito assegurado em lei trabalhista (*RT* 370/80).

O § 1º prevê duas formas equiparadas à do *caput*, aplicando-se-lhes a mesma pena:

a) no inciso I (coação para compra de mercadorias) o agente, mediante violência ou grave ameaça, obriga ou coage a vítima a usar mercadorias de determinado estabelecimento, para impossibilitar o desligamento do serviço em virtude de dívida (o endividamento, muitas vezes, é inevitável, servindo de "laço" para manter o empregado preso ao trabalho)[25].

b) no inciso II (coação e retenção de documentos) encontra-se a conduta de *impedir* alguém de se desligar de serviços de qualquer natureza, mediante coação ou por meio da retenção de seus documentos pessoais ou contratuais.

8.4. Voluntariedade

É o dolo, consistente na vontade consciente de praticar uma das condutas previstas no tipo penal.

Note-se que no caso do § 1º, I, exige-se o elemento subjetivo do tipo, já que o agente obriga ou coage o trabalhador a usar mercadorias de determinado estabelecimento *a fim de impossibilitar o desligamento do serviço em virtude de dívida.*

8.5. Consumação e tentativa

São três os momentos consumativos do crime: no instante da frustração do direito trabalhista; quando do uso efetivo da mercadoria de estabelecimento determinado; e com a retenção dos documentos do trabalhador.

Tratando-se de crime plurissubsistente, a tentativa é perfeitamente admissível.

---

23. Cheque sem fundos para pagamento do empregado caracteriza estelionato (e não crime contra a organização do trabalho).
24. Não haverá o crime quando o agente empregar ameaça (caso em que responderá pelo art. 147 do CP). Há, porém, decisões admitindo a ameaça como possível *modus operandi* do delito (nesse sentido: *RT* 378/308).
25. Se a vítima é restringida, *por qualquer meio, na sua locomoção, em razão de dívida contraída com o empregador ou preposto*, poderá configurar-se o crime do art. 149 do CP (redução à condição análoga à de um escravo), restando apenas averiguar o dolo do agente.

8.6. Majorante de pena

O § 2º prevê aumento de um sexto a um terço[26] se a vítima é menor de dezoito anos, idosa, gestante, indígena ou portadora de deficiência física ou mental.

A presunção de menor grau de discernimento das vítimas nessas circunstâncias tem sido objeto de críticas.

Lembra PIERANGELI que:

> "Nem sempre a idade da vítima pode ser considerada redução da capacidade de discernimento e de resistência. Com 90 anos de idade, o saudoso Professor Luis Cousiño Mac Iver exercia as funções de juiz da Suprema Corte do Chile, a ela emprestando sua experiência e sua invulgar cultura, e ainda escrevia livros de excelente aceitação no mercado. No nosso país, dois exemplos bastam: o do saudoso Ministro Evandro Lins e Silva e o Professor Miguel Reale (...)."[27].

De lege ferenda, é mais justo o juiz, aquilatando as circunstâncias do caso concreto, decidir se a vítima tem (ou não) diminuída sua capacidade de discernimento e resistência.

8.7. Ação penal

Em razão do bem jurídico tutelado, a ação penal será pública incondicionada.

9. FRUSTRAÇÃO DE LEI SOBRE A NACIONALIZAÇÃO DO TRABALHO

> ▶ ***Frustração de lei sobre a nacionalização do trabalho***
>
> **Art. 204**. Frustrar, mediante fraude ou violência, obrigação legal relativa à nacionalização do trabalho:
>
> Pena – detenção, de 1 (um) mês a 1 (um) ano, e multa, além da pena correspondente à violência.

9.1. Considerações iniciais

À época da elaboração do Código Penal de 1940, a Constituição de 1937 previa regra que vedava a contratação de estrangeiros em maior número do que brasileiros em empresas nacionais. Essa previsão foi repetida nos textos constitucionais subsequentes, até a Emenda Constitucional 1 de 1969.

Com a promulgação da *Charta Magna* de 1988, passou-se a garantir a igualdade entre brasileiros e estrangeiros residentes no país, sendo a todos assegurado o livre exercício de qualquer trabalho, ofício ou profissão, respeitando-se as qualificações profissionais que a lei estabelecer. Proibiu-se, assim, a discriminação de estrangeiros no preenchimento de postos de trabalho.

---

26. Não se aplica ao caso a agravante prevista no art. 61, II, *h*, do CP, evitando-se, assim, incorrer em flagrante *bis in idem*.
27. *Manual de direito penal brasileiro*: parte geral, p. 699.

Dentro desse espírito, há posicionamento doutrinário negando a recepção do art. 204 do CP (bem como de qualquer outra norma, injustificadamente, discriminatória) pela Constituição Federal de 1988.

Mirabete, nesse sentido, ensina:

> "(...) a Constituição de 1988, garantindo expressamente a igualdade de direitos entre os brasileiros e os estrangeiros residentes no país, não estabeleceu qualquer diferença para que sejam protegidos aqueles em desfavor destes. Assim, passaram a ser incompatíveis com a Carta Magna as obrigações legais relativas à nacionalização do trabalho, tornando inócuo o dispositivo em estudo."[28].

Em que pese a clareza (e acerto) dessa conclusão, havendo corrente em sentido contrário, teceremos rápidos comentários sobre o crime.

Tutela-se, mais, uma vez, o interesse do trabalhador, neste caso o brasileiro, buscando-se a este garantir maior competitividade no mercado de trabalho em face dos estrangeiros.

A pena cominada permite a aplicação da transação penal e da suspensão condicional do processo (Lei 9.099/95).

9.2. Sujeitos do crime

Embora na maioria das vezes seja cometido pelo empregador, trata-se de crime comum, que pode ser praticado por qualquer pessoa, inclusive outro empregado ou terceiro alheio à relação trabalhista.

Sujeito passivo será a coletividade, tendo em vista que, com a punição, busca-se assegurar a nacionalização do trabalho.

9.3. Conduta

Consiste o crime em *frustrar* (obstar, impedir embaraçar), mediante fraude ou violência, obrigação legal relativa à nacionalização do trabalho.

Duas são as formas possíveis de frustração da obrigação legal: *violência* física contra a pessoa ou *fraude*, que pode consistir em qualquer meio idôneo para ludibriar alguém. Não se admite a prática desse crime por meio de ameaça.

Trata-se de norma penal em branco, porquanto depende de complementação por outras de ordem trabalhista. A CLT traz alguns dispositivos a esse respeito, estabelecendo diretrizes ao empregador quando da seleção de funcionários (arts. 352 a 370), obrigando-o,

28. *Manual de direito penal:* parte especial, v. 2, p. 383.

por exemplo, a manter no seu quadro pessoal uma porcentagem de vagas para brasileiros. No entanto, como já apontado acima, é duvidosa a recepção dessas normas pela Constituição Federal.

9.4. Voluntariedade

É o dolo, consistente na vontade consciente de frustrar, mediante fraude ou violência, obrigação legal relativa à nacionalização do trabalho. Não se exige qualquer finalidade especial por parte do agente.

9.5. Consumação e tentativa

Consuma-se o delito no momento em que ocorre a frustração da obrigação.

Tratando-se de crime plurissubsistente, a tentativa é perfeitamente possível.

9.6. Ação penal

Será pública incondicionada.

10. EXERCÍCIO DE ATIVIDADE COM INFRAÇÃO DE DECISÃO ADMINISTRATIVA

▶ ***Exercício de atividade com infração de decisão administrativa***

Art. 205. Exercer atividade, de que está impedido por decisão administrativa:

Pena – detenção, de 3 (três) meses a 2 (dois) anos, ou multa.

10.1. Considerações iniciais

Busca o dispositivo em estudo assegurar a execução das decisões administrativas, emanadas do Poder Público, relativas ao exercício de atividade laboral.

Em razão da pena cominada, permite-se a transação penal e a suspensão condicional do processo (Lei 9.099/5).

10.2. Sujeitos do crime

Cuida-se de crime próprio, já que somente a pessoa impedida de exercer a atividade poderá praticá-lo.

Se o agente for funcionário público, pode haver o delito previsto no art. 324 do CP.

Sujeito passivo será o Estado, que sofre o desprestígio de ter suas decisões administrativas arbitrariamente descumpridas pelo agente.

10.3. Conduta

Consiste o delito em *exercer* (executar, dedicar-se) atividade, estando impedido por decisão administrativa.

É pressuposto do delito a existência de d*ecisão administrativa*[29] (emanada de autoridade administrativa decidindo matéria de sua competência) impedindo o agente de exercer determinada atividade.

Apesar de haver divergência, entendemos que o crime é habitual, exigindo do agente a reiteração de atos inerentes a profissão ou trabalho.

Pratica este crime o advogado que, por exemplo, atuar em reclamação trabalhista após ter sua inscrição cancelada pela OAB em razão da incompatibilidade prescrita no art. 28, VII, da Lei 8.906/94 (nesse sentido, *RT* 604/371).

☑ ***O médico que continua a exercer a profissão após ter sua inscrição cancelada no Conselho Federal de Medicina pratica o delito do art. 205 (exercício e atividade com infração de decisão administrativa) ou do art. 282 (exercício ilegal da medicina)?***

De acordo com a jurisprudência do STF, a conduta típica prevista no art. 205 do CP, por ser específica, exclui a do art. 282 também do CP, portanto, o médico, que, após ter cancelada a sua inscrição pelo Conselho Federal de Medicina, continua a exercer a profissão, pratica o delito de exercício de atividade com infração de decisão administrativa (*RT* 748/544).

Por fim, alerta Pierangeli:

> "Observamos que haverá o delito quando, interposto recurso administrativo, não se lhe concedeu o efeito suspensivo, e, por conseguinte, não ocorrerá o delito quando o recurso está apoiado no efeito suspensivo."[30].

10.4. Voluntariedade

É o dolo, consubstanciado na vontade consciente de exercer a atividade, sabendo do impedimento administrativo. Se o agente obrar por erro quanto à existência ou extensão do impedimento, excluídos estarão o dolo e, por consequência, a punição, pois inexistente a modalidade culposa.

Não se exige qualquer finalidade especial por parte do sujeito ativo.

10.5. Consumação e tentativa

Consuma-se o delito com o exercício habitual da atividade após o impedimento administrativo, sendo, portanto, inadmissível a tentativa.

---

29. Note-se que somente o descumprimento de decisão administrativa configura o crime em análise. Se descumprida decisão judicial, o crime será o do art. 359 do CP ("exercer função, atividade, direito, autoridade ou múnus, de que foi suspenso ou privado por decisão judicial").

30. *Manual de direito penal brasileiro:* parte especial, p. 707.

Há, no entanto, corrente ensinando que o crime não é habitual, consumando-se com a prática de um único ato, sendo possível o *conatus* (nesse sentido, PIERANGELI[31]).

10.6. Ação penal

Considerando o bem jurídico tutelado, a ação penal será pública incondicionada.

11. ALICIAMENTO PARA O FIM DE EMIGRAÇÃO

> ▶ ***Aliciamento para o fim de emigração***
>
> **Art. 206**. Recrutar trabalhadores, mediante fraude, com o fim de levá-los para território estrangeiro.
>
> Pena – detenção, de 1 (um) a 3 (três) anos, e multa.

11.1. Considerações iniciais

Tutela-se o interesse do Estado na permanência de trabalhadores no território brasileiro, buscando evitar, com isso, a diminuição da mão de obra, capaz de acarretar contratempos à produção, ao comércio e, de forma generalizada, à economia nacional.

A pena cominada ao delito permite apenas a suspensão condicional do processo (Lei 9.099/95).

11.2. Sujeitos do crime

Qualquer pessoa pode praticar o crime.

Sujeito passivo primário será o Estado, interessado direto na permanência dos trabalhadores no país. Também poderão figurar no polo passivo os trabalhadores fraudulentamente recrutados.

11.3. Conduta

Consiste o crime em *recrutar* (atrair, convocar, reunir) trabalhadores, mediante *fraude*[32] (emprego de meio enganoso), com o fim de levá-los a território estrangeiro.

31. *Manual de direito penal brasileiro:* parte especial, p. 707.
32. O delito deve ocorrer mediante fraude, ou seja, emprego de meios ardilosos a fim de convencer o trabalhador a deslocar-se ao estrangeiro. Note-se que a redação original não previa essa condição, bastando que houvesse à época o denominado *aliciamento*. Assim, após a vigência da Lei 8.683/93, que conferiu nova redação ao dispositivo, houve *abolitio criminis* em relação aos fatos ocorridos sem o emprego de fraude.

Deve ser observado que o tipo penal prevê o recrutamento de mais de um trabalhador, pois que utilizado o vocábulo no plural (*trabalhadores*). O que se discute na doutrina é o número mínimo exigido para a tipificação. Para uns (Celso Delmanto[33]), bastam dois trabalhadores recrutados para a ocorrência do fato delituoso. Já para outros (Mirabete[34], Bitencourt[35]), exige-se o recrutamento de pelo menos três trabalhadores, pois o Código Penal, quando se contenta com o número mínimo de dois, o diz expressamente.

Por fim, indaga-se: qual o sentido do termo trabalhadores?

Pierangeli responde:

> "O termo contido no tipo, *trabalhadores*, possui um sentido bem mais amplo do que *empregados*. O aliciamento considerado pela proibição é feito com trabalhadores, estejam ou não empregados. A própria Consolidação da Leis do Trabalho estabelece a distinção, esclarecendo que a palavra *empregado* abrange apenas 'as pessoas físicas que prestam serviços de natureza não eventual a empregador, sob a dependência deste e mediante salário' (art. 3º). O aliciamento pode ocorrer também com trabalhadores avulsos, autônomos, e todos aqueles que desenvolvem qualquer trabalho lícito. Não é exagero algum afirmar que a palavra trabalhador é o gênero de que empregado é espécie, isto é, todo o empregado é trabalhador, mas nem todo trabalhador é empregado."[36].

11.4. Voluntariedade

É o dolo, consistente na vontade consciente de recrutar trabalhadores. Além disso, deve estar presente o elemento subjetivo do injusto, isto é, a finalidade de levá-los ao estrangeiro.

11.5. Consumação e tentativa

Consuma-se o delito com o recrutamento fraudulento dos trabalhadores, dispensando-se a efetiva saída do território nacional (crime formal).

A tentativa é admissível, tendo em vista a possibilidade de fracionamento do *iter criminis*.

11.6. Ação penal

Em razão da relevância do bem jurídico tutelado, a ação penal será pública incondicionada.

---

33. *Código Penal comentado*, p. 577.
34. *Manual de direito penal:* parte especial, v. 2, p. 386.
35. Ob. cit., v. 3, p. 440.
36. *Manual de direito penal brasileiro:* parte especial, p. 711.

12. ALICIAMENTO DE TRABALHADORES DE UM LOCAL PARA OUTRO DO TERRITÓRIO NACIONAL

► ***Aliciamento de trabalhadores de um local para outro do território nacional***

Art. 207. Aliciar trabalhadores, com o fim de levá-los de uma para outra localidade do território nacional:

Pena – detenção de um a três anos, e multa.

§ 1º Incorre na mesma pena quem recrutar trabalhadores fora da localidade de execução do trabalho, dentro do território nacional, mediante fraude ou cobrança de qualquer quantia do trabalhador, ou, ainda, não assegurar condições do seu retorno ao local de origem.

§ 2º A pena é aumentada de 1/6 (um sexto) a 1/3 (um terço) se a vítima é menor de 18 (dezoito) anos, idosa, gestante, indígena ou portadora de deficiência física ou mental.

12.1. Considerações iniciais

Tutela-se, novamente, o interesse do Estado em manter o regular povoamento de seu território, mediante o contínuo desenvolvimento das atividades econômicas locais. Evita-se a migração em massa de cidadãos de uma região a outra do país (êxodos de trabalhadores), podendo acarretar o despovoamento de uma localidade e o superpovoamento de outra.

A pena cominada ao delito permite a suspensão condicional do processo (Lei 9.099/95), desde que não incidente a majorante do § 2º.

12.2. Sujeitos do crime

Sujeito ativo pode ser qualquer pessoa que alicia trabalhadores para se mudarem de um local a outro do país.

Sujeito passivo primário será o Estado. Secundariamente, podem figurar como vítimas os trabalhadores aliciados.

O § 2º traz causa de aumento de pena se a vítima é menor de dezoito anos, idosa, gestante, indígena ou portadora de deficiência física ou mental.

12.3. Conduta

No *caput* pune-se aquele que *aliciar* (atrair, envolver) trabalhadores, com o fim de levá-los de uma para outra localidade do território nacional.

O dispositivo é semelhante ao anterior, diferenciando-se no tocante ao destino dos trabalhadores[37], localidade outra dentro do território nacional, e na forma de aliciamento, que não se dá, obrigatoriamente, mediante fraude.

---

37. A elementar *trabalhadores* foi analisada no artigo anterior, para onde remetemos o leitor.

Luiz Regis Prado[38], não sem razão, sustenta que a localidade para a qual serão enviados os trabalhadores deve ser afastada da origem, sob pena de não se ofender o bem jurídico.

O § 1º traz duas formas equiparadas.

A primeira diz respeito ao recrutamento de trabalhadores fora da localidade de execução do trabalho, dentro do território nacional, mediante fraude ou cobrança de qualquer quantia do trabalhador. Duas são as formas de execução:

a) emprego de *fraude* (qualquer meio ilusório adequado a induzir as vítimas em erro); ou

b) *cobrança de qualquer quantia*, visando-se, neste último caso, que o trabalhador seja explorado economicamente, sob o pretexto de obter melhor colocação profissional.

A segunda forma equiparada consiste em não assegurar condições do retorno dos trabalhadores ao local de origem. Aqui o agente os recruta, prometendo-lhes o fornecimento de condições para seu retorno ao final dos serviços prestados, e os deixa desamparados quando da ocorrência de tal condição.

A mesma discussão apontada no dispositivo anterior (art. 206), quanto ao número mínimo de trabalhadores, deve ser aqui considerada.

12.4. Voluntariedade

É o dolo, consubstanciado na vontade consciente de recrutar ou aliciar os trabalhadores, conforme a conduta se dê na forma do *caput* ou do § 1º. Além disso, exige-se a finalidade especial de agir, consistente em levá-los de um local para outro do território nacional.

12.5. Consumação e tentativa

Consuma-se o delito com o recrutamento ou aliciamento, independentemente da ida efetiva dos trabalhadores ao local pretendido pelo agente ou o pagamento da quantia. No caso do § 1º, *in fine*, tem-se consumado o crime no instante em que o agente nega ao trabalhador os recursos para seu retorno, sendo indiferente que este os consiga por meios próprios.

A tentativa, em se tratando de crime plurissubsistente, é admissível.

12.6. Majorante de pena

A pena cominada no *caput* é majorada de um sexto a um terço nas hipóteses em que o crime envolver pessoa menor de 18 anos, idosa, gestante, indígena ou portadora de deficiência física ou mental.

12.7. Ação penal

Em razão do bem jurídico tutelado, a ação penal será pública incondicionada.

---

38. *Curso de direito penal brasileiro:* parte especial, p. 186.

Título V

DOS CRIMES CONTRA O SENTIMENTO RELIGIOSO E CONTRA O RESPEITO AOS MORTOS

CAPÍTULO I – DOS CRIMES CONTRA O SENTIMENTO RELIGIOSO

1. INTRODUÇÃO

A Constituição Federal de 1988 assegura a liberdade de consciência e de crença, possibilitando o livre exercício dos cultos religiosos, bem como garantindo a proteção aos locais de culto e as suas liturgias, na forma de lei (art. 5º, VI, da CF).

Neste capítulo defende-se o sentido piedoso das manifestações de fé contra as ofensas de caráter antirreligioso, prevendo-se os casos de vilipêndio dos túmulos e cadáveres, bem como o impedimento ou perturbação opostos aos enterros e cerimônias religiosas.

2. ULTRAJE A CULTO E IMPEDIMENTO OU PERTURBAÇÃO DE ATO A ELE RELATIVO

► ***Ultraje a culto e impedimento ou perturbação de ato a ele relativo***

Art. 208. Escarnecer de alguém publicamente, por motivo de crença ou função religiosa; impedir ou perturbar cerimônia ou prática de culto religioso; vilipendiar publicamente ato ou objeto de culto religioso:

Pena – detenção, de 1 (um) mês a 1 (um) ano, ou multa.

Parágrafo único. Se há emprego de violência, a pena é aumentada de 1/3 (um terço), sem prejuízo da correspondente à violência.

2.1. Considerações iniciais

Como vimos acima, o art. 5º, VI e VIII, da Constituição Federal consagra a liberdade religiosa como direito fundamental. Nesta mesma esteira, o Pacto de São José da Costa Rica confere a toda pessoa o direito de ser respeitada em suas escolhas religiosas (art. 12.1).

Em consonância com a ordem constitucional, bem como às normas internacionais, o Código Penal confere especial tutela ao sentimento religioso e à liberdade de culto.

Mirabete, a respeito da objetividade jurídica do delito, assim leciona:

> "Embora sejam admissíveis os debates, críticas ou polêmicas a respeito das religiões em seus aspectos teológicos, científicos, jurídicos, sociais ou filosóficos, não se permitem os extremos de zombarias, ultrajes ou vilipêndios aos crentes ou coisas religiosas."[1].

A pena cominada ao delito permite a transação penal e a suspensão condicional do processo (Lei 9.099/95), ainda que incidente a causa de aumento do parágrafo único.

2.2. Sujeitos do crime

Trata-se de crime comum, podendo praticá-lo indivíduo fiel ou não à religião atacada, bem como os próprios religiosos que presidem os cultos.

No caso do agente público, a conduta pode configurar abuso de autoridade (art. 3º, *d* e *e*, da Lei 4.898/65).

Quanto ao sujeito passivo, temos que diferenciar duas situações:

I) na primeira modalidade, a vítima será pessoa determinada;

II) nas demais, figurará no polo passivo a coletividade religiosa.

Sobre o tema, Regis Prado, citando Noronha, esclarece:

> "Na primeira parte do dispositivo é indispensável que o sujeito passivo seja uma pessoa física determinada. 'Se for endereçado aos crentes em geral, não concretiza o delito em exame: assim, se diz que os católicos protestantes ou budistas são isso ou aquilo. Dá-se o mesmo em relação aos sacerdotes, ministros, etc. (...). Sem razão, pois, a Exposição de Motivos quando diz que a tutela se faz à religião em si mesma. Se assim fosse, desnecessário seria que a ofensa se objetivasse pessoa determinada, máxime quando dirigida em geral aos sacerdotes, pastores etc.'.
>
> Com relação à segunda conduta, os titulares lesados são os crentes, contidos neste termo tanto os fiéis que assistem à cerimônia como aqueles que celebram ou auxiliam a mesma. E, por fim, na última, tutela-se a coletividade."[2].

2.3. Conduta

O tipo penal em estudo é composto de **três** ações diversas:

a) *escarnecer* (achincalhar, zombar, ridicularizar) de alguém publicamente, por motivo de *crença* (fé ou convicção em relação a Deus ou ao sobrenatural) ou *função religiosa* (missão religiosa).

1. *Manual de direito penal*: parte especial, v. 2, p. 392.
2. *Curso de direito penal brasileiro:* parte especial, v. 3, p. 200-201.

A conduta do agente deve ser pública, isto é, na presença de várias pessoas ou por meio capaz de conduzir o escárnio ao conhecimento de pessoas indeterminadas, dispensando-se a presença da vítima (ex.: imprensa).

Não há que se confundir o crime em estudo com a injúria qualificada (art. 140, § 3º). No art. 208 do CP o agente passa a zombar da vítima em razão da sua opção religiosa; já no delito contra a honra, o agente atribui ao crente qualidade negativa em face da sua crença.

b) *impedir* (interromper, obstruir, proibir) ou *perturbar* (atrapalhar, embaraçar) cerimônia ou prática de culto religioso, utilizando-se de qualquer meio apto (violência, ruídos, algazarras).

Luiz Regis Prado faz interessante diferenciação entre *cerimônia* e *culto religioso*:

> "*Cerimônia*, elemento normativo extrajurídico do tipo, é a manifestação exterior de culto religioso (missa, culto, batismo, casamento, procissão etc.). Esta não precisa ser realizada necessariamente dentro de uma Igreja ou templo para ser denominada cerimônia, pode também ser fora desses locais, como ocorre com a procissão, certos casamentos e missas ao ar livre. *Prática de culto religioso*, também elemento normativo, é uma atividade menos solene, mas que está correlacionada com o culto (oração coletiva na igreja ou sinagoga, ensino de catecismo, sessão espírita), não se confunde, contudo, com a 'prática de outros atos, como a oração individual, a coleta de donativos ou esmolas, a quermesse religiosa etc.'. Aqui é igualmente indiferente que ocorra dentro ou fora de Igrejas ou templos e se é realizada na presença ou não do padre, rabino ou pastor."[3].

Obviamente, somente se tutelam as cerimônias ou cultos admitidos, ou seja, que não atentem contra a moral e os bons costumes.

Há posicionamentos doutrinários afirmando que, além do requisito acima mencionado, para se beneficiar da tutela penal, deve a religião ser seguida por número considerável de pessoas.

Nesse sentido, é a lição de Fragoso:

> "O que se protege aqui é o interesse ético-social do sentimento religioso, o que exige que se trate de religião admitida pelo Estado, com considerável número de adeptos e que não viole a ordem pública e os bons costumes, tendo, pois, uma função ético-social a cumprir."[4].

Todavia, parece-nos que essa orientação conflita com o real escopo da norma, que é a tutela da *liberdade* de escolha de crença. Se a garantia da livre opção religiosa é o que busca a lei, desde que não ofenda a moral e os bons costumes, deve a religião ser considerada, independentemente do número de indivíduos adeptos.

---

3. *Curso de direito penal brasileiro:* parte especial, p. 203.
4. Ob. cit., v. 2, p. 479.

Bento de Faria, ao dissertar sobre o assunto, desconsidera o número de adeptos:

> "A proteção assim dispensada a – cerimônia – ou prática de culto religioso é, porém, condicionada: *a)* – a sua *legitimidade*, isto é, desde que o seu exercício não enfrente e ordem jurídica do Estado, pouco importando que seja praticado de acordo com as regras religiosas. (...) *b) – a regularidade das práticas*. Assim como o Estado tem o direito de não amparar as funções ou cerimônias religiosas que perturbem a sua ordem jurídica ou colidam com os seus interesses também tem o dever de não protegê-las quando transgridem às normas orgânicas e rituais da respectiva religião."[5].

c) *vilipendiar* (desprezar, rebaixar, aviltar) publicamente ato ou objeto de culto religioso. A ação pode se dar por meio de qualquer ato capaz de conferir publicidade ao aviltamento. Em razão da exigida publicidade, deve a conduta ser praticada na presença de várias pessoas.

Recai a conduta diretamente sobre *ato* ou *objeto* religioso. *Ato*, aqui, é uma ação religiosa que abrange tanto a cerimônia como o culto. *Objeto religioso* é qualquer bem corpóreo ligado à realização do culto (imagens, templos, documentos, crucifixos etc.).

Como bem alerta Hungria:

> "É preciso que tais objetos estejam consagrados ao culto: não serão especialmente protegidos quando, por exemplo, ainda expostos à venda numa casa comercial."[6].

2.4. Voluntariedade

É o dolo, consubstanciado na vontade consciente de praticar uma das condutas descritas no tipo penal.

A respeito do tipo subjetivo, Pierangeli explica:

> "Note-se que, na primeira e na terceira proposições, apresenta-se, expressamente, um especial fim de agir, outrora denominado dolo específico e que a doutrina moderna prefere chamar de elemento subjetivo do tipo ou do injusto. Na primeira hipótese, a finalidade é representada pela atuação por motivo de crença ou função religiosa e assim ofender o sentimento religioso de alguém (...). Na terceira situação, o tipo subjetivo, além do dolo, exige um elemento subjetivo do tipo, que é ofender o sentimento religioso."[7].

Em sentido contrário temos Mirabete[8], para quem somente o dolo já basta para caracterizar qualquer das formas do crime.

---

5. Ob. cit. v. 4, p. 442-443.
6. Ob. cit., v. 8, p. 68.
7. *Manual de direito penal brasileiro*: parte geral, p. 728.
8. *Manual de direito penal* cit., v. 2, p. 392-394.

2.5. Consumação e tentativa

Na primeira parte (*escarnecer de alguém publicamente*), o crime se consuma no instante em que o agente zomba, publicamente, de alguém, por motivo de crença ou função religiosa, mesmo que a vítima não se sinta menosprezada ou ridicularizada (eventual crime contra a honra ficará absorvido).

Na segunda figura (*impedir ou perturbar cerimônia ou prática de culto religioso*), consuma-se o delito no momento em que o agente efetivamente interrompe ou atrapalha a realização da cerimônia ou culto.

Já na derradeira hipótese típica (*vilipendiar publicamente ato ou objeto de culto religioso*), lembra Rogério Greco:

> "Na última figura, consuma-se o delito, de acordo com a lições de Noronha, 'com o vilipêndio realizado. O delito tanto pode ser material como de mera conduta ou simples atividade. Na primeira hipótese, temos os atos de destruir imagem, atirar lixo sobre objeto de culto etc. Na segunda, *v.g.*, a injúria verbal, como se alguém, à hora em que os fiéis estiverem reunidos, proferir impropério contra o ato que se realiza'."[9].

A tentativa, em regra, é possível (somente se admitindo no escárnio quando praticado por escrito).

2.6. Majorante de pena

Se o crime é praticado mediante violência, a pena é aumentada de um terço. Além da majorante, aplica-se o cúmulo material com a pena respectiva à violência[10].

Entende-se que a majorante se aplica tanto para a violência praticada contra a pessoa quanto aquela utilizada em face da coisa.

2.7. Ação penal

Será pública incondicionada.

2.8. Princípio da especialidade

a) Código Penal x Estatuto do Índio: dispõe o art. 58 da Lei 6.001/73 constituir crime contra os índios e a cultura indígena, punido com detenção de um a três meses: "I – escarnecer de cerimônia, rito, uso, costume ou tradição culturais indígenas, vilipendiá-los ou perturbar, de qualquer modo, a sua prática".

9. Ob. cit., v. 3, p. 428.

10. Não é demais questionarmos, nesse tanto, a constitucionalidade do dispositivo, pois, determinar a soma de penas quando há emprego de violência parece ferir o princípio do *non bis in idem*, apenando-se o agente duas vezes pelo mesmo fato (a mesma lesão corporal que majora a pena do crime serve, também, como tipo autônomo).

CAPÍTULO II – DOS CRIMES CONTRA O RESPEITO AOS MORTOS[11]

1. IMPEDIMENTO OU PERTURBAÇÃO DE CERIMÔNIA FUNERÁRIA

▶ ***Impedimento ou perturbação de cerimônia funerária***

Art. 209. Impedir ou perturbar enterro ou cerimônia funerária:

Pena – detenção, de 1 (um) mês a 1 (um) ano, ou multa.

Parágrafo único. Se há emprego de violência, a pena é aumentada de 1/3 (um terço), sem prejuízo da correspondente à violência.

1.1. Considerações iniciais

A cultura de respeito aos mortos se reporta às mais primitivas formas de vivência em sociedade, tendo sido-lhes sempre conferido notável acatamento em virtude, até mesmo, da incógnita que cerca a morte. Obviamente, os cultos prestados àqueles já falecidos possuem também e principalmente raízes em ensinamentos religiosos de diversas vertentes, incutidos nos vivos.

A tutela penal atua, pois, em favor do sentimento de respeito aos mortos.

Tal como destacado por Nélson Hungria:

> "É em obséquio aos vivos, e não aos mortos (tal como no caso da 'calúnia contra os mortos', prevista no art. 138, § 2º), que surge a incriminação. O respeito aos mortos (do mesmo modo que o sentimento religioso) é um relevante *valor ético-social*, e como tal, um interesse jurídico digno, por si mesmo, da tutela penal."[12].

A pena cominada permite a transação penal e a suspensão condicional do processo (Lei 9.099/95), ainda que presente a causa de aumento do parágrafo único.

1.2. Sujeitos do crime

Trata-se de crime comum, podendo ser praticado por qualquer pessoa.

11. "Não é feliz a rubrica do Título V da Parte Especial de seu Capítulo II – *Crimes contra o respeito aos mortos*. Na verdade, o objeto jurídico tutelado não é o respeito aos mortos, o que induziria à falsa conclusão de que o Direito faz respeitar os mortos, que não são sujeitos de direito. O objeto jurídico realmente tutelado é o sentimento de respeito que os vivos têm pelos mortos, ou seja, um direito dos vivos, à evidência. Melhor seria, pois, que o título mencionasse: Dos crimes contra o sentimento de respeito pelos mortos" (MAZZILLI, Hugo Nigro. Doutrinas Essenciais de Direito Penal. *O crime de violação de sepultura no direito brasileiro*. RT. vol. 6. p. 473/501. Out/2010).
12. Ob. cit., v. 8, p. 72.

Evidentemente, a vítima do delito não será o morto, porquanto não mais titular de direitos. Tendo em vista a objetividade jurídica, sujeito passivo será a coletividade, representada, conforme o caso concreto, pela família, pelos amigos ou qualquer pessoa que com ele (morto) guarde relação.

1.3. Conduta

As ações típicas previstas são: *impedir* (evitar que comece ou prossiga o ato) ou *perturbar* (atrapalhar, transtornar, provocar balburdia) *enterro* (sepultamento do cadáver ou de suas partes) ou *cerimônia funerária* (qualquer solenidade celebrada em homenagem ao morto)[13].

Na lição de Mirabete:

> "Pode-se praticar o crime até por omissão, como no caso de não se fornecer o esquife, a viatura para transporte, as chaves do túmulo etc."[14].

1.4. Voluntariedade

É o dolo, consistente na vontade consciente de impedir ou perturbar o enterro ou a cerimônia fúnebre.

Embora a maioria, ante a ausência de previsão legal, não exija do agente qualquer finalidade especial (bastando que, de forma consciente, queira ou assuma o risco de perturbar ou impedir enterro ou cerimônia fúnebre), Noronha pensa diferente:

> "Não existe o crime sem dolo genérico. A respeito do *específico*, reina divergência. Cremos, entretanto, que é mister esse outro dolo, que é o fim ou o escopo de transgredir ou violar o sentimento de piedade para os que não mais vivem. É o que especifica o crime. Se, p. ex., um parente do morto, indignado com a empresa funerária, pela má qualidade do esquife enviado, o danifica ou destrói (ainda que o corpo ali esteja), não cremos haver praticado o delito em apreço, pois o objetivo da pessoa é justamente protestar contra o que reputa falta de consideração ou deferência para o ente querido."[15].

1.5. Consumação e tentativa

O crime se consuma com o efetivo impedimento ou perturbação do enterro ou da cerimônia fúnebre.

---

13. "Não deve ser incluída nesse conceito a cerimônia religiosa (missa de corpo presente, de sétima dia ou encomendação), mas somente a cerimônia civil, uma vez que o impedimento ou a perturbação daquela tipifica o crime insculpido no artigo 208 do Código Penal" (**Luiz Regis Prado**, ob. cit., p. 439).
14. *Manual de direito penal* cit., v. 2, p. 396.
15. *Direito penal*, v. 3, p. 81.

Admite-se a tentativa nas hipóteses em que o agente, embora empregando os meios idôneos à prática do crime, não alcança seu intento por circunstâncias alheias à sua vontade.

1.6. Majorante de pena

O parágrafo único do art. 209 prevê uma majorante nas hipóteses em que o crime é praticado com o emprego de violência (contra a pessoa), aumentando-se a pena em um terço.

O mesmo dispositivo determina que, à pena correspondente ao crime contra o respeito aos mortos, seja somada a relativa à violência empregada[16].

1.7. Ação penal

A ação penal será pública incondicionada

2. VIOLAÇÃO DE SEPULTURA

▶ ***Violação de sepultura***

Art. 210. Violar ou profanar sepultura ou urna funerária:

Pena – reclusão, de 1 (um) a 3 (três) anos, e multa.

2.1. Considerações iniciais

A objetividade jurídica aqui é a mesma do dispositivo anterior (o respeito aos mortos).

Em razão da pena cominada, admite-se somente a suspensão condicional do processo (Lei 9.099/95).

2.2. Sujeitos do crime

Qualquer pessoa pode praticar o crime, inclusive familiares do morto, o proprietário ou responsável pelo túmulo ou urna.

Sujeito passivo será a coletividade que, assim como anteriormente apontado, pode ser representada pelos familiares e amigos do extinto.

2.3. Conduta

As ações típicas previstas são a de *violar* (abrir, quebrar, devassar) ou *profanar* (ofender, ultrajar, desrespeitar) *sepultura* (local onde se enterram os cadáveres) ou *urna funerária* (reservatório destinado ao depósito de cinzas ou partes do defunto).

---

16. O mesmo alerta feito no artigo anterior aqui deve ser repetido: questionamos, nesse tanto, a constitucionalidade do dispositivo, pois, ao determinar a soma de penas quando há emprego de violência parece ferir o princípio do *non bis in idem*, apenando-se o agente duas vezes pelo mesmo fato (a mesma lesão corporal que majora a pena do crime serve, também, como tipo autônomo).

De acordo com Mirabete:

> "Citam-se como exemplos remover pedras, danificar ornamentos, colocar objetos grosseiros, escrever palavras injuriosas etc. Tem-se decidido pela ocorrência do ilícito na alteração chocante, de aviltamento, de grosseira irreverência (*RT* 476/339), na derrubada da cruz ou enfeite religioso (*RT* 238/621), no derramamento de bebida alcoólica sobre os símbolos funerários (*RT* 238/621) etc."[17].

Para Damásio de Jesus, "a sepultura vazia ou o monumento erigido à memória de alguém, que não contenham sequer partes de um cadáver, não constituem objeto material do delito."[18]. No mesmo sentido é a lição de Luiz Regis Prado[19].

É possível inclusive que o crime seja cometido por expressão oral, que, no entanto, deve ganhar publicidade de forma a ser capaz de atingir o sentimento de respeito que se nutre pelo morto. Nas palavras de Hugo Nigro Mazzilli:

> "No caso das expressões orais, será necessária a publicidade da profanação não só porque sob esta modalidade estamos diante de crime formal, que não deixa vestígios (assim, a publicidade será necessária aos fins probatórios), como até mesmo antes disso, para configurar a própria existência do delito (...). Com efeito, destinando-se a palavra a servir de meio de comunicação, quando a comunicação não é efetiva, a palavra se perdeu, e, destarte, não se sustentaria a presença do crime do art. 210 do CP sequer na forma tentada. O mesmo se diga das expressões aviltantes proferidas noutra língua, totalmente desconhecida dos circunstantes. Seriam como um solilóquio, um monólogo, como se o agente falasse para si mesmo; neste caso, não se teria violado o objeto jurídico, porque não teria sido ferido o sentimento de respeito de ninguém, por absoluta ineficácia do meio empregado. Diversamente ocorreria na realização do crime na sua forma material, mesmo sem testemunhas, pois o corpo de delito remanescente poderia ferir o sentimento de respeito alheio"[20].

2.4. Voluntariedade

A respeito do elemento subjetivo do tipo, três são as posições doutrinárias:

a) exige-se finalidade especial por parte do agente, vez que no ato de violação ou profanação, é imprescindível o sentimento de desrespeito (Hungria[21]);

---

17. *Manual de direito penal*, v. 2, p. 397.
18. *Direito penal*, v. 3, p. 78.
19. *Curso de direito penal brasileiro:* parte especial, p. 225.
20. Doutrinas Essenciais de Direito Penal. *O crime de violação de sepultura no direito brasileiro*. RT. vol. 6. p. 473/501. Out/2010 .
21. Ob. cit., v. 8, p. 75.

b) somente a modalidade *profanar* deve ser acompanhada do elemento subjetivo especial do injusto, tendo em vista não ocorrer esse ato sem o propósito de vilipendiar ou desprezar (FRAGOSO[22]);

c) o propósito do agente é irrelevante, tendo em vista que o respeito aos mortos é inerente ao ser humano, e, ao praticar uma das condutas previstas, sabe que age em desrespeito a esse sentimento, o que se afigura bastante (MIRABETE[23]).

2.5. Consumação e tentativa

Consuma-se o delito com a violação ou a prática de qualquer ato de profanação de sepultura ou urna funerária.

Tratando-se de crime plurissubsistente, a tentativa é admissível. REGIS PRADO lembra duas exceções: "na hipótese de violação, pois sua tentativa já constitui profanação consumada, e quando houver ultraje por palavras orais em público."[24].

2.6. Concurso de crimes

O delito em estudo pode ser praticado em concurso com outros de natureza semelhante. Vejamos algumas situações:

a) *Calúnia contra os mortos*: se o ato de profanação se traduzir em calúnia contra o extinto, haverá concurso formal de delitos.

b) *Furto*: se o agente violar a sepultura no intuito de subtrair objetos *enterrados* junto ao cadáver, o delito em análise será absorvido, por se tratar de crime-meio (*RT* 598/313). Note-se que outro ato de desrespeito ao morto não será absorvido, nem mesmo a profanação, que não se trata de meio necessário ao alcance do fim visado pelo agente. Neste caso, ocorrerá concurso material.

A subtração de objetos colocados *sobre* sepultura ou urna, sem violação ou profanação, configura qual crime? A jurisprudência é divergente. Para uns, haverá delito de furto, art. 155 do CP (*RT* 598/313); para outros, os crimes dos arts. 210 ou 211, conforme o caso (*RT* 608/305).

c) *Subtração ou destruição de cadáver*: na hipótese em que o agente viola a sepultura com a finalidade de subtrair ou destruir o cadáver que ali se encontra, aplica-se o mesmo raciocínio do item anterior, vez que a primeira conduta constitui meio necessário ao alcance da finalidade pretendida.

2.7. Ação penal

A ação penal será pública incondicionada.

22. Ob. cit., v. 2, p. 485.
23. *Manual de direito penal*, v. 2, p. 397-398.
24. *Curso de direito penal brasileiro:* parte especial, p. 227.

2.8. Princípio da especialidade

a) Código Penal x Lei das Contravenções Penais: pune-se com prisão simples, de um mês a um ano, ou multa inumar ou exumar cadáver, com infração das disposições legais (art. 67).

3. DESTRUIÇÃO, SUBTRAÇÃO OU OCULTAÇÃO DE CADÁVER[25]

▶ ***Destruição, subtração ou ocultação de cadáver***

Art. 211. Destruir, subtrair ou ocultar cadáver ou parte dele:

Pena – reclusão, de 1 (um) a 3 (três) anos, e multa.

3.1. Considerações iniciais

A exemplo dos dispositivos estudados neste capítulo, tutela-se o sentimento de respeito pelos mortos.

A pena cominada admite apenas a suspensão condicional do processo.

3.2. Sujeitos do crime

Trata-se de crime comum, suscetível de ser praticado por qualquer pessoa (inclusive por familiares do morto).

> "Assim, a mãe que oculta o cadáver do recém-nascido para encobrir as provas do infanticídio; o filho que destrói o cadáver do pai, para afastar as provas do homicídio; ou o coveiro que subtrai o cadáver para se vingar da família do falecido serão sujeitos ativos do delito insculpido no artigo 211 do Código Penal."[26].

Sujeito passivo será a coletividade, bem como a família do morto.

3.3. Conduta

Três são as ações nucleares típicas previstas no dispositivo em estudo: *destruir* (desfazer, desmanchar, destroçar), *subtrair* (apoderar-se) e *ocultar*(esconder, dissimular)[27] cadáver ou parte dele.

Na lição de Bento de Faria:

---

25. No tocante à remoção de órgãos, tecidos e partes do corpo humano para fins de transplante e tratamentos, a Lei 9.434/97, nos arts. 14 a 20, traz tipos incriminadores específicos.

26. *Curso de direito penal brasileiro:* parte especial, p. 232.

27. Para Nélson Hungria, "a ocultação somente pode ocorrer antes do sepultamento do cadáver (isto é, pressupõe que o cadáver ainda não se ache no lugar de destino). A subtração pode dar-se antes ou depois do sepultamento" (ob. cit., v. 8, p. 76-77).

> "*Cadáver* é todo o corpo humano sem vida, quer a morte, isto é, a cessação dos fenômenos vitais, tenha ocorrido antes ou depois do nascimento. (...) Devem, portanto, ser assim considerados: a) a *parte do cadáver*, quando deva ser dada a sepultura; b) o *nati-morto*. Assim, em se tratando de feto que atingiu a maturação, tendo sido expulso privado de vida, por qualquer causa; c) o *monstro*, ou seja um produto teratológico, porque da mulher somente pode nascer *ser humano*; d) *os corpos* depois de autopsiados, ou de servirem a estudos anatômicos."[28].

Note-se que, para que seja considerado cadáver, não basta ao corpo humano estar sem vida, sendo imprescindível que mantenha os traços mínimos identificadores da aparência humana, ou seja, que não tenha sido atingido pela decomposição cadavérica. Assim, não são objetos do crime em estudo o esqueleto, as cinzas, as múmias e as partes do corpo incapazes de se reconhecer como tal[29].

As partes do corpo do cadáver a que se refere o dispositivo são aquelas separadas em razão das circunstâncias da morte (como a explosão), bem como as retiradas do corpo humano após a morte. Deve-se atentar para o fato de que as partes amputadas de um corpo vivo não são protegidas pelo dispositivo em apreço, que trata da tutela do respeito aos mortos.

3.4. Voluntariedade

É o dolo, consistente na vontade consciente de destruir, subtrair ou ocultar o cadáver ou parte dele. Indiferente é a finalidade com a qual o agente intentou a ação. Aliás, dependendo do fim especial que anima o agente haverá concurso de crimes, como por exemplo, se praticada a infração com o objetivo de impedir a apuração de crime de homicídio, temos o concurso material com o delito de fraude processual (art. 347 do CP).

3.5. Consumação e tentativa

Os momentos consumativos do delito irão variar conforme a ação do agente. Na destruição, o crime se consuma com a extinção do cadáver ou parte dele. Havendo subtração, a consumação ocorre no momento em que o cadáver é retirado da esfera de proteção dos familiares ou responsáveis pelo cemitério. A ocultação, por sua vez, estará consumada com o desaparecimento, ainda que temporário, do cadáver ou suas partes[30].

---

28. Ob. cit., v. 4, p. 455-456.
29. Havendo, por exemplo, subtração de múmia, poderá o agente incorrer na prática do crime de furto, tendo em vista não se tratar de coisa excluída do comércio.
30. Hoje é cada vez mais crescente o movimento no sentido de que o crime de ocultação de cadáver é da espécie permanente, isto é, tem sua consumação prolongada durante todo o tempo da sonegação. Desse modo, admite flagrante a qualquer tempo da ocultação (art. 302, I, CPP), correndo a prescrição somente após cessada a permanência (art. 111, I, do CP), aplicando-se, no caso de sucessão de leis penais, sempre a última, ainda que mais gravosa (Súmula 711 do STF). Nesse sentido: STJ, Resp 900.509/PR, 5.ª T., j. 26.06.2007, rel. Mn. Félix Fischer, v.u., *DJU* 27.08.2007).

Tratando-se de crime plurissubsistente em todas as suas modalidades, a tentativa é admissível.

3.6. Ação penal

Em razão do bem jurídico tutelado, a ação penal será pública incondicionada.

4. VILIPÊNDIO A CADÁVER

▶ ***Vilipêndio a cadáver***

Art. 212. Vilipendiar cadáver ou suas cinzas:

Pena – detenção, de 1 (um) a 3 (três) anos, e multa.

4.1. Considerações iniciais

O bem jurídico tutelado neste dispositivo, seguindo a linha dos anteriores, é o respeito aos mortos.

Em razão da pena cominada, admite-se apenas a suspensão condicional do processo.

4.2. Sujeitos do crime

É crime comum, que, inclusive, pode ser praticado por familiares do morto (ou mesmo o coveiro).

Sujeito passivo será a coletividade e, em especial, os familiares e outros indivíduos ligados ao falecido.

4.3. Conduta

A ação nuclear típica é *vilipendiar* (desprezar, desdenhar, aviltar, menoscabar, rebaixar) o cadáver ou suas cinzas.

É crime de execução livre, podendo ser praticado pelo escarro, pela conspurcação, desnudamento, colocação do cadáver em posições grosseiras ou irreverentes, pela aposição de máscaras ou de símbolos burlescos e até mesmo por meio de palavras; pratica o vilipêndio quem desveste o cadáver, corta-lhe um membro com propósito ultrajante, derrama líquidos imundos sobre ele ou suas cinzas (*RT* 493/362) [31].

31. Pode ser incluído no tipo em estudo os comportamentos de canibais (antropofagia), salvo se presente o estado de necessidade. Muitos ainda se lembram do episódio conhecido como **Tragédia dos Andes** ou **Milagre dos Andes**, quando um voo fretado que transportava 45 pessoas, incluindo uma equipe de rúgbi, seus amigos, familiares e associados, caiu na Cordilheira dos Andes no dia 13 de outubro de 1972. Mais de um quarto dos passageiros morreram no acidente e vários sucumbiram rapidamente devido ao frio e aos ferimentos. Os sobreviventes tinham pouca comida e nenhuma fonte de calor em condições extremas. Diante da fome e notícias reportadas via rádio de que a busca por eles tinha sido abandonada, os sobreviventes alimentaram-se da carne dos passageiros

Luiz Regis Prado, ao discorrer sobre o objeto material do delito (cadáver ou suas cinzas), faz o seguinte apontamento:

> "Quanto ao objeto material desse dispositivo, é muito importante esclarecer que tanto pode ser o *cadáver* (corpo humano inanimado, inclusive o natimorto), as *partes deste* ou suas *cinzas* (resíduos de cremação). Embora o legislador não tenha expressamente incluído o termo 'partes dele', como o fez o legislador de 1969 [no Código Penal que não chegou a vigorar], é perfeitamente possível que aquelas sejam objeto de proteção desse dispositivo, com base no argumento a *minori ad maius*. Ora, não seria lógico salientar que constitui crime escarrar sobre as cinzas de um cadáver, enquanto o mesmo ato praticado sobre um membro (*v.g.*, tronco, braço, cabeça) de uma pessoa falecida constitua conduta atípica."[32].

Noronha também entende que, neste caso, igualmente podem ser objetos do delito em estudo os esqueletos, pois, se a lei menciona tanto o cadáver quanto suas cinzas, ou seja, os extremos, não há motivo para se desconsiderar aquilo que se encontra entre essas duas situações[33].

Note-se que, se as palavras proferidas imputarem ao morto, falsamente, fato definido como crime, haverá concurso formal entre o delito em estudo e o previsto no art. 138, § 2º, do Código Penal.

4.4. Voluntariedade

É o dolo, consubstanciado na vontade consciente de aviltar o cadáver ou suas cinzas. Tem-se decidido ser indispensável a presença do elemento moral, consistente no desejo de desprezar o corpo sem vida, com intenção de depreciá-lo, o que caracterizaria a necessidade da presença do elemento subjetivo especial do injusto, posicionamento encampado por Fragoso[34] e contestado por Bento de Faria[35].

4.5. Consumação e tentativa

O delito se consuma com a prática do ato aviltante, seja por meio de gestos ou de palavras.

Tratando-se, em regra, de crime plurissubsistente, a tentativa é possível, salvo se a ação ocorrer na forma verbal.

4.6. Ação penal

Será pública incondicionada.

---

mortos, que havia sido preservada na neve. Obviamente o canabalismo nesse trágico (mas verídico) exemplo não pode ser considerado crime, agindo os sobreviventes sob o manto do estado de necessidade.

32. *Curso de direito penal brasileiro:* parte especial, p. 243.
33. *Direito Penal*, v. 3, p. 88-89.
34. Ob. cit., v. 2, p. 488.
35. Ob. cit., v. 4, p. 461.

Título VI

DOS CRIMES CONTRA A DIGNIDADE SEXUAL[1] [2]

1. CONSIDERAÇÕES GERAIS

O Título VI do CP, com o advento da Lei 12.015/2009, passou a tutelar não mais os costumes, mas a dignidade sexual, expressão umbilicalmente ligada à liberdade e ao desenvolvimento sexual da pessoa humana. A mudança observou, corretamente, as pertinentes críticas da doutrina, assim resumidas, de forma ímpar, no editorial do Boletim 149 do IBCCrim:

> "Infelizmente, o nome dado ao Título VI da Parte Especial do Código Penal permanece 'Dos crimes contra os costumes', tratando, indistintamente, do tráfico de pessoas e da liberdade sexual sob mesma rubrica, quando as condutas ali tipificadas em nada se relacionam com os costumes, mas com liberdade, segurança e incolumidade física no âmbito da sexualidade humana. Não se trata mais da eleição arbitrária de um modelo de moralidade, em prejuízo de outros igualmente possíveis. Trata-se, isso sim, de preservar uma concepção pluralista de organização social, com respeito recíproco como padrão de convivência dialética e de tolerância entre as diferenças"[3].

No mesmo sentido o escólio de Lorette Garcia Sandeville:

> "Assim, não é mais a moral sexual que clama proteção, e sim o direito individual da mulher [leia-se: de qualquer pessoa], sua liberdade de escolha do parceiro e o consentimento na prática do ato sexual. A violação a isso corresponde a um ilícito ligado à sua pessoa e não mais contra os costumes. Prevalece na ofensa sofrida, sua liberdade e não a moral. Daí, justifica-se a nova adequação típica das figuras penais do estupro; e do atentado violento ao pudor.
>
> (...)
>
> Mas no enfoque jurídico, conclui-se que, a violência dos crimes sexuais deve ser totalmente desvinculada de todo e qualquer aspecto

1. Dispõe o art. 59 da Lei 6.001/73 (Estatuto do Índio) que, no caso de crime contra os costumes [dignidade sexual], em que o ofendido seja índio não integrado ou comunidade indígena, a pena será agravada de um terço.
2. A Lei 12.845/13 dispõe sobre o atendimento obrigatório e integral de pessoas em situação de violência sexual.
3. Diferenças de gênero: liberdade e igualdade. *Boletim IBCCrim* n. 149, abr. 2005.

> moral, pois estes atingem mormente a personalidade humana e não os costumes. Mister, então, se faz considerar tais infrações como uma invasão à privacidade da vítima, que teve isolada sua liberdade sexual.".[4]

Por fim, com o advento da Lei 12.650/12, nos crimes contra a dignidade sexual de crianças e adolescentes, previstos neste Código ou em legislação especial, o termo inicial da prescrição da pretensão punitiva começa a correr da data em que a vítima completar 18 (dezoito) anos, salvo se a esse tempo já houver sido proposta a ação penal.

Não se trata de mais um caso de imprescritibilidade (mesmo porque o legislador ordinário não poderia suplantar as hipóteses de crimes sem prescrição taxativamente previstos na Constituição Federal). Apenas se buscou, com base na Carta Maior (art. 227, § 4º – "A lei punirá severamente o abuso, a violência e a exploração sexual da criança e do adolescente") a eficiência na punição do agressor, evitando uma proteção deficiente do Estado. O STF, no HC 104.410/RS bem alerta que os direitos fundamentais não podem ser considerados apenas como proibições de intervenção, expressando também um postulado de proteção. Pode-se dizer que os direitos fundamentais expressam não apenas uma proibição do excesso, como também podem ser traduzidos como proibições de proteção insuficiente ou imperativos de tutela.

CAPÍTULO I – DOS CRIMES CONTRA A LIBERDADE SEXUAL

1. ESTUPRO

▶ ***Estupro***

Art. 213. Constranger alguém, mediante violência ou grave ameaça, a ter conjunção carnal ou a praticar ou permitir que com ele se pratique outro ato libidinoso:

Pena – reclusão, de 6 (seis) a 10 (dez) anos.

§ 1º Se da conduta resulta lesão corporal de natureza grave ou se a vítima é menor de 18 (dezoito) ou maior de 14 (catorze) anos:

Pena – reclusão, de 8 (oito) a 12 (doze) anos.

§ 2º Se da conduta resulta morte:

Pena – reclusão, de 12 (doze) a 30 (trinta) anos.

1.1. Considerações iniciais

Tutela-se a dignidade sexual da vítima, constrangida mediante violência ou grave ameaça. O vocábulo estupro, no Brasil, se limitava a incriminar o constrangimento de mulher à conjunção carnal. Outros atos libidinosos estavam tipificados no artigo seguinte, que protegia, também, o homem. Resolveu o legislador, com a edição da Lei 12.015/2009, seguir a sistemática de outros países (México, Argentina e Portugal), reunindo os dois crimes num só tipo penal, gerando, desse modo, uma nova acepção ao vocábulo estupro, hoje

4. Crimes sexuais: seu perfeito enquadramento jurídico. *Boletim IBCCrim* n. 25, jan.1995, p. 05.

significando não apenas conjunção carnal violenta, contra homem ou mulher (estupro em sentido estrito), mas também o comportamento de obrigar a vítima, homem ou mulher, a praticar ou permitir que com o agente se pratique outro ato libidinoso.

O art. 1º, inc. V, da Lei 8.072/90 classifica como hediondo o estupro praticado tanto na forma simples quanto nas modalidades qualificadas.

1.2. Sujeitos do crime

Antes da Lei 12.015/2009, ensinava a doutrina que o crime de estupro era *bipróprio*, exigindo condição especial dos dois sujeitos, ativo (homem) e passivo (mulher). Agora, com a reforma, conclui-se que o delito é *bicomum*, onde qualquer pessoa pode praticar ou sofrer as consequências da infração penal[5] (em outras palavras: qualquer pessoa pode ser sujeito ativo assim como qualquer pessoa pode ser sujeito passivo).

Se o agente é ascendente, padrasto, madrasta, irmão, cônjuge,[6] companheiro, tutor ou curador, preceptor ou empregador da vítima ou se assumiu, por lei ou outra forma, obrigação de cuidado, proteção ou vigilância, a pena será majorada de metade (art. 226, II).

Tratando-se de vítima menor de 18 e maior de 14 anos o crime será qualificado (§ 1º). Se menor de 14 anos, o delito será o do art. 217-A do CP (estupro de vulnerável), abolindo-se a presunção de violência trazida pelo art. 224 do CP.

1.3. Conduta

Pune-se o *ato de libidinagem* violento, coagido, obrigado, forçado, buscando o agente constranger a vítima à conjunção carnal (conjunção normal entre sexos opostos) ou praticar ou permitir que com ele se pratique outro ato libidinoso[7].

5. Até mesmo a prostituta pode ser vítima do delito. O bem jurídico protegido é a dignidade sexual do ofendido, é o direito de dispor do corpo, a tutela do critério de eleição sexual de que goza na sociedade. É direito seu que não desaparece mesmo quando se dá a vida licenciosa, pois, nesse caso, ainda que mercadejando com o corpo, ele conserva a faculdade de aceitar ou recusar o parceiro que o solicita.

6. No passado já se entendeu não criminosa a conjunção carnal violenta praticada pelo homem em face da sua mulher. Entendia-se, no caso, presente a descriminante do exercício regular de um direito (art. 23, III, do CP). Esta tese, hoje, encontra-se ultrapassada (machismo inaceitável). Não existe justa causa. Não há dúvida que a conjunção carnal é débito conjugal, porém, não justifica o crime (exercício *irregular* de um direito). Reforçando a possibilidade de crime sexual entre cônjuges, temos a Lei 11.106/2005, prevendo, nessas hipóteses, uma causa de aumento de pena (art. 226, II, do CP), bem como a Lei 11.340/2006, etiquetando esse comportamento como violência doméstica e familiar contra a mulher (art. 7º, III).

7. A expressão "outro ato libidinoso" é bastante ampla, porosa e, se não interpretada com cautela, pode culminar em séria injustiça, como já registrada pela nossa jurisprudência quando os Tribunais subsumiam ao tipo do antigo art. 214 do CP o simples beijo lascivo. Deve o aplicador aquilatar o caso concreto e concluir se o ato praticado foi capaz de ferir ou não a dignidade sexual da vítima com a mesma intensidade de uma conjunção carnal. Como exemplos citamos o coito per *anum*, *inter femora*, *a fellatio*, o *cunnilingus*, o *anilingus*, ou ainda a associação da *fellatio* e o *cunnilingus*, a cópula axilar, entre os seios, vulvar etc. O STJ decidiu ter se caracterizado o crime de estupro

Da simples leitura do tipo penal percebe-se que o delito abrange não só o fato de o autor constranger sua vítima a prática de ato libidinoso (com efetiva participação do ofendido), como também a situação em que faz com que aquela permita que com ela seja praticado tal ato (existe uma atitude passiva do ofendido).

O meio de execução é a violência ou grave ameaça.

A *violência* deve ser material, isto é, emprego de força física suficientemente capaz de impedir a mulher de reagir.

A *grave ameaça* se dá através de violência moral, direta, justa ou injusta, situação em que a vítima não vê alternativa a não ser ceder ao ato sexual.[8-9] A doutrina clássica nos ensina que a gravidade (ou não) da ameaça deve ser extraída tendo em vista não a pessoa ameaçada, mas a generalidade, a normalidade dos homens, pois os valentes ou intrépidos e os pusilânimes ou poltrões são extremos, entre os quais se coloca o homem comum ou normal.

Ousamos discordar. A individualidade da vítima deve ser tomada em consideração. Assim, a idade, sexo, grau de instrução etc. são fatores que não podem ser desconsiderados na análise do caso concreto. Não se duvida que uma expressão que aterroriza um analfabeto pode nem sequer assustar uma universitária; uma promessa de mal injusto pode ser grave para uma moça de pouca idade e não o ser para uma senhora de meia idade. Logo, as circunstâncias do caso concreto demonstrarão se houve ou não o delito. Se as penas do Direito penal recaem sobre pessoas concretas, se as ofensas incidem sobre pessoas concretas, o juízo valorativo do juiz não pode ter por objeto pessoas abstratas (que não vão para a cadeia, que não sofrem o constrangimento, que não possuem carne e osso).

De acordo com a maioria da doutrina, não há necessidade de contato físico entre o autor e a vítima, cometendo o crime o agente que, para satisfazer a sua lascívia, ordena que a vítima explore seu próprio corpo (masturbando-se), somente para contemplação (tampouco há que se imaginar a vítima desnuda para a caracterização do crime – *RT* 429/380).

1.4. Voluntariedade

É o dolo, consistente na vontade consciente de constranger alguém, mediante violência ou grave ameaça, a ter conjunção carnal ou a praticar ou permitir que com ele se

---

qualificado na situação em que o agente, pretendendo se envolver lascivamente com uma adolescente de quinze anos, levou-a ao chão e, imobilizando-a com o joelho, "roubou-lhe" um beijo (REsp 1.611.910/MT, Rel. Min. Rogério Schietti Cruz, DJe 27/10/2016).

8. É imprescindível para a configuração do crime a resistência séria, efetiva e sincera da vítima (a simples relutância não basta).

9. Prática cada vez mais comum é a denominada *sextorsão*, em que o agente constrange outra pessoa se valendo de imagens ou vídeos de teor erótico que de alguma forma a envolvam. No caso, emprega-se grave ameaça consistente na promessa de divulgação do material caso a vítima se recuse a atender à exigência. A depender das circunstâncias, vislumbramos três figuras criminosas às quais a conduta pode se subsumir: a) se o agente simplesmente constrange a vítima a não fazer o que a lei permite, ou a fazer o que ela não manda, há constrangimento ilegal; b) se constrange a vítima, com o intuito de obter para si ou para outrem indevida vantagem econômica, a fazer, tolerar que se faça ou deixar de fazer alguma coisa, há extorsão; c) se constrange a vítima à prática de atividade sexual, há o crime em estudo.

pratique outro ato libidinoso. Antes da reforma a doutrina discutia a necessidade (ou não) de finalidade específica animando o agente.

Mirabete entende imprescindível sua presença, e, comentando o artigo antes da reforma, argumentava:

> "A vontade de constranger, obrigar, forçar a mulher é o dolo do delito de estupro. Exige-se, porém, o elemento subjetivo do injusto (dolo específico), que é o intuito de manter conjunção carnal."[10].

Já Fernando Capez, com a maioria, ensina que nenhuma finalidade específica é necessária para que se configure o crime de estupro:

> "Entendemos que não é exigida nenhuma finalidade especial, sendo suficiente a vontade de submeter a vítima à prática de relações sexuais completas. O que pode causar certa dúvida é o fato de que tal crime exige a finalidade de satisfação da lascívia para a sua caracterização. Ocorre que se trata de um delito de tendência, em que tal intenção se encontra ínsita no dolo, ou seja, na vontade de praticar a conjunção carnal. Deste modo, o agente que constrange mulher mediante o emprego de violência ou grave ameaça à prática de cópula vagínica não age com nenhuma finalidade específica, apenas atua com a consciência e vontade de realizar a ação típica e com isso satisfazer sua libido (o até então chamado dolo genérico)."[11].

A Lei 12.015/2009 não foi capaz de esclarecer a divergência. Mas resulta claro que da noção do dolo, nos crimes sexuais, faz parte a intenção de realizar ato de libidinagem, ou seja, a intenção sexual é inerente ao dolo, nos delitos contra a dignidade sexual.

1.5. Consumação e tentativa

O delito consuma-se com a prática do *ato de libidinagem* (gênero que abrange conjunção carnal e vasta enumeração de atos libidinosos ofensivos à dignidade sexual da vítima[12])

---

10. *Manual de direito penal*: parte especial, v. 2, p. 409.
11. Ob. cit., v. 3, p. 6-7.
12. A respeito do atentado violento ao pudor (atualmente tipificado no dispositivo em estudo), o STJ considerou consumado o delito em situação em que o agente, após levar um menor de catorze anos a um quarto, havia se despido e começado a acariciar o corpo da vítima enquanto lhe retirava as roupas, tendo esta última fugido do local antes da prática de efetivos atos sexuais. Para o tribunal, "Considerar consumado atos libidinosos diversos da conjunção carnal somente quando invasivos, ou seja, nas hipóteses em que há introdução do membro viril nas cavidades oral, vaginal ou anal da vítima, não corresponde ao entendimento do legislador, tampouco ao da doutrina e da jurisprudência acerca do tema. (...) Quando o crime é praticado contra criança, um grande número de outros atos (diversos da conjunção carnal) contra vítima de tenra idade, são capazes de lhe ocasionar graves consequências psicológicas, devendo, portanto, ser punidos com maior rigor (...). Na hipótese em análise (...), ficou evidenciada a prática de ato libidinoso diverso da conjunção carnal em desfavor da vítima em um contexto no qual o réu satisfez sua lascívia ao acariciar o corpo nu do menor. Ressalta-se, por fim, que a proteção integral à criança, em especial no que se refere às agressões sexuais, é preocupação constante de nosso Estado, constitucionalmente garantida (art. 227, *caput* e § 4º, da CF), e de instrumentos internacionais (REsp 1.309.394/RS, Rel. Min. Rogerio Schietti Cruz, DJe 20/2/2015). E ainda

sendo perfeitamente possível a tentativa quando, iniciada a execução, o ato sexual visado não se consuma por circunstâncias alheias à vontade do agente.

☑ ***A prática de conjunção carnal seguida de atos libidinosos (sexo anal, por exemplo) gera pluralidade de delitos?***

Antes da Lei 12.015/09 entendia-se que o agente, nesse caso, praticava duas condutas (impedindo reconhecer-se o concurso formal) gerando dois resultados de espécies diferentes (incompatíveis com a continuidade delitiva).

Contudo, com a novel Lei, percebe-se na doutrina (e na jurisprudência) a saudável discussão entre duas correntes:

1ª) desde logo defendemos que o crime de estupro passou a ser de conduta múltipla ou de conteúdo variado. Praticando o agente mais de um núcleo, dentro do mesmo contexto fático, não desnatura a unidade do crime (dinâmica que, no entanto, não pode passar imune na oportunidade da análise do art. 59 do CP). A mudança é benéfica para o acusado, devendo retroagir para alcançar os fatos pretéritos (art. 2º, parágrafo único, do CP)[13].

2ª) Vicente Greco Filho ensina que a alteração legislativa tornou o crime do art. 213 daqueles em que a alternatividade ou cumulatividade são igualmente possíveis e que precisam ser analisadas à luz dos princípios da especialidade, subsidiariedade e da consunção, incluindo-se neste o da progressão. Vemos, nas diversas violações do tipo, delito único se uma conduta absorve a outra ou se é fase de execução da seguinte, igualmente violada. Se não for possível ver nas ações ou atos sucessivos ou simultâneos nexo causal, teremos, então, delitos autônomos. Para referido mestre, não é possível aplicar a regra da continuidade delitiva no caso de conjunção carnal seguida de outro ato sexual, vez que a reunião dos fatos diversos em apenas um tipo penal não tem o condão de unificar sua natureza[14].

Posta a divergência, Rogério Greco ficou com primeira corrente, assim rebatendo os (sedutores) argumentos da segunda:

---

sobre o atentado violento ao pudor, o STJ firmou o entendimento de que a revogação do art. 214 do Código Penal não autoriza a conclusão de que houve *abolitio criminis*. Aplica-se, no caso, o princípio da continuidade normativo-típica: "Em respeito ao princípio da continuidade normativa, não há que se falar em *abolitio criminis* em relação ao delito do art. 214 do Código Penal, após a edição da Lei n. 12.015/2009. Os crimes de estupro e de atentado violento ao pudor foram reunidos em um único dispositivo" (HC 225.658/DF, Rel. Min. Rogério Schietti Cruz, DJe 02/03/2016).

13. Ausente a unidade de contexto, aplica-se o concurso de delitos, material, formal ou continuidade delitiva, a depender do caso concreto. Aliás, com a reforma da Parte Geral do Código Penal, em 1984, inexiste qualquer óbice em se considerar a continuidade delitiva no crime de estupro, mesmo que praticado em face de vítimas diversas (*RT* 703/336). E, nesta hipótese, o STJ já decidiu que "Constatando-se a ocorrência de diversos crimes sexuais durante longo período de tempo, é possível o aumento da pena pela continuidade delitiva no patamar máximo de 2/3 (art. 71 do CP), ainda que sem a quantificação exata do número de eventos criminosos" (HC 311.146/SP, DJe 31/03/2015).

14. *Uma interpretação de duvidosa dignidade*. Disponível em http://www.oabsp.org.br/comissoes2010/mulher-advogada/gestao-2007-2009/eventos/2009/vicente_filho.pdf

> "Com todo o respeito que merece o ilustre professor da Faculdade de Direito de São Paulo, não podemos concordar com suas posições. Como dissemos, o delito de estupro, com a nova redação que lhe foi dada pela Lei 12.015, de 15 de agosto de 2009, prevê, tão somente, um tipo misto alternativo, e não um tipo híbrido, misturando-se alternatividade com cumulatividade, como induz o renomado autor.
>
> Por outro lado, no próprio art. 213 do estatuto repressivo, conseguiu visualizar, em algumas situações, a impossibilidade de continuidade delitiva o que, *permissa venia*, contraria frontalmente as disposições constantes do art. 71 do Código Penal. Ao que parece, embora não tenha feito menção, ele não considerou como da mesma espécie os atos libidinosos e a conjunção carnal (que também é uma espécie de ato libidinoso), mantendo a antiga posição de nossos Tribunais Superiores, que assim agiam em virtude de existir, até então, figuras típicas diferentes, ou seja, o delito de estupro e o atentado violento ao pudor.
>
> Agora, como as referidas figuras típicas foram fundidas, não há mais qualquer argumento que justifique o entendimento de que conjunção carnal e atos libidinosos, embora do mesmo gênero, não são da mesma espécie. Se esse raciocínio não se sustentava, que dirá agora, depois da fusão dos mencionados tipos penais! Dizer que não cabe continuidade delitiva entre comportamentos previstos na mesma figura típica é negar, evidentemente, a realidade dos fatos. É querer, a todo custo, buscar uma pena mais severa para o condenado."[15].

A Sexta Turma do STJ vem decidindo no mesmo sentido, ou seja, o autor de estupro e atentado violento ao pudor, praticados no mesmo contexto fático e contra a mesma vítima, tem direito à aplicação retroativa da Lei 12.015/2009, de modo a ser reconhecida a ocorrência de crime único, devendo a prática de ato libidinoso diverso da conjunção carnal ser valorada na aplicação da pena-base referente ao crime de estupro (Precedentes citados: HC 243.678-SP, Sexta Turma, DJe 13/12/2013; e REsp 1.198.786-DF, Quinta Turma, DJe 10/04/2014. HC 212.305-DF, Rel. Min. Marilza Maynard – Desembargadora Convocada do TJ/SE-, julgado em 24/4/2014).

Cleber Masson, por sua vez, ao tratar do assunto, alerta para um equívoco técnico cometido pela doutrina e pela jurisprudência na discussão das características do artigo 213 do Código Penal. Com efeito, na análise do tipo penal com a nova redação determinada pela Lei 12.015/09, o consenso se estabelece no fato de se tratar de tipo misto.

Conforme destaca o autor, no entanto:

> "No art. 213, *caput*, do Código Penal há somente um núcleo: "constranger". Este verbo se relaciona aos atos de "ter conjunção carnal" e "praticar ou permitir que com ele se pratique outro ato libidinoso". Se existe um único núcleo, o tipo penal é simples, e

15. Ob. cit., v. 3, p. 485-486.

não misto. Destarte, parece-nos apropriado evitar, no plano terminológico, a dicotomia "tipos mistos alternativos" e "tipos mistos cumulativos". A discussão, com idênticos fundamentos jurídicos, deve ser centrada no dualismo "crime de condutas alternativas" e "crime de condutas cumulativas."[16].

1.6. Qualificadoras

Os §§ 1º e 2º trazem qualificadoras preterdolosas (dolo no antecedente e culpa no consequente), punidas com reclusão de 8 a 12 anos quando da conduta do agente resulta lesão corporal de natureza grave, e 12 a 30 anos, se resulta morte.

Com a nova redação aboliu-se o art. 223 do CP, autorizando o aumento quando o resultado qualificador advém de qualquer uma das condutas violentas (física ou moral). No caso da lesão grave, as penas mínima e máxima foram mantidas; já no resultado morte, a pena máxima foi aumentada, alteração que não pode retroagir para alcançar fatos pretéritos.

1.7. Ação penal

Será estudada quando da análise do art. 225 do CP.

1.8. Princípio da especialidade

a) Código Penal x Código Penal Militar: os arts. 232 e 233 do Decreto-lei 1.001/69 punem, separadamente, tal como fazia o Código Penal antes da Lei 12.015/09, o estupro e o atentado violento ao pudor praticados na forma do art. 9º daquele diploma.

2. ATENTADO VIOLENTO AO PUDOR

▶ ***Atentado violento ao pudor***

Art. 214. (*Revogado pela Lei 12.015/2009*).

Redação anterior:

"Art. 214. Constranger alguém, mediante violência ou grave ameaça, a praticar ou permitir que com ele se pratique ato libidinoso diverso da conjunção carnal: Pena – reclusão, de 6 (seis) a 10 (dez) anos.

Parágrafo único. (Revogado pelas Leis 9.281/1996 e 12.015/2009)".

3. VIOLAÇÃO SEXUAL MEDIANTE FRAUDE

▶ ***Violação sexual mediante fraude***

Art. 215. Ter conjunção carnal ou praticar outro ato libidinoso com alguém, mediante fraude ou outro meio que impeça ou dificulte a livre manifestação de vontade da vítima:

Pena – reclusão, de 2 (dois) a 6 (seis) anos.

Parágrafo único. Se o crime é cometido com o fim de obter vantagem econômica, aplica-se também multa.

---

16. Ob. cit., p. 510-511.

3.1. Considerações iniciais

Tutela-se a dignidade sexual da vítima, lesada mediante fraude do agente.

Tal como no delito de estupro, a violação sexual mediante fraude nasce da reunião dos arts. 215 (posse sexual mediante fraude) e 216 (atentado ao pudor mediante fraude).

As penas dos tipos básicos foram majoradas, não retroagindo para alcançar os fatos passados, conforme mandamento previsto no art. 1º do CP.

Em razão da pena cominada, nenhum benefício da Lei 9.099/95 (transação penal ou suspensão condicional do processo) é admitido.

3.2. Sujeitos do crime

Trata-se de crime comum, podendo ser praticado por qualquer pessoa.

Se o agente é ascendente, padrasto, madrasta, irmão, cônjuge, companheiro, tutor ou curador, preceptor ou empregador da vítima ou se assumiu, por lei ou outra forma, obrigação de cuidado, proteção ou vigilância, a pena será majorada de metade (art. 226, II).

Igualmente não há distinção em relação ao sujeito passivo, tendo em vista as alterações legais promovidas e já mencionadas no artigo anterior[17].

Tratando-se de menor de 14 anos o crime será o do art. 217-A do CP (estupro de vulnerável).

3.3. Conduta

Pune-se o estelionato sexual, comportamento caracterizado quando o agente, sem emprego de qualquer espécie de violência, pratica com a vítima *ato de libidinagem* (conjunção carnal ou ato diverso de natureza libidinosa), usando de *fraude* ou *outro meio que impeça ou dificulte a livre manifestação de vontade da vítima*[18].

Elucidativo (e ainda atual) é o exemplo apresentado por Luiz Regis Prado:

> "Tome-se como exemplo a mulher que, num baile de máscara, no decorrer da festividade, após separar-se momentaneamente do marido, dirige-se a outra pessoa, pensando tratar-se do cônjuge e,

17. Antes da reforma, os arts. 215 e 216 puniam mais severamente o agente quando praticava o crime contra vítima (virgem na posse sexual) menor de 18 e maior de 14 anos. Essas qualificadoras foram abolidas, o que não impede o juiz de considerar tais circunstâncias no cálculo da reprimenda (art. 59 do CP).
18. Partindo das lições do Direito Civil, são causas que impedem ou dificultam a livre manifestação da vontade a coação e a simulação. A primeira, se presente, gera o crime de estupro; a segunda, por sua vez, está abrangida pela expressão "fraude", mostrando-se inútil o acréscimo trazido pela novel Lei. Contudo, certamente não faltará doutrina querendo subsumir à expressão "outro meio que impeça ou dificulte a livre manifestação de vontade da vítima" o temor reverencial ou mesmo a embriaguez moderada.

objetivando agradá-lo, convida-o para irem ao motel, sendo que a terceira pessoa, aproveitando-se da situação, não só aceita o convite, como sugere que o ato sexual seja realizado também de máscara e na penumbra."[19].

É necessário que a fraude seja capaz de iludir alguém, analisando-se, para tanto, não só o meio empregado, como também as condições do ofendido, que poderão variar conforme o caso concreto (o local em que vive a vítima, o seu grau de instrução, a forma como foi educada etc.).

A fraude utilizada na execução do crime não pode anular a capacidade de resistência da vítima, caso em que estará configurado o delito de estupro de vulnerável (art. 217-A do CP). Assim, não pratica estelionato sexual (art. 215 do CP), mas estupro de vulnerável (art. 217-A do CP), o agente que usa psicotrópicos para vencer a resistência da vítima e com ela manter a conjunção carnal.

3.4. Voluntariedade

É o dolo, consistente na vontade consciente de praticar ato de libidinagem com alguém mediante o emprego de meio fraudulento ou outro que impeça ou dificulte a livre manifestação de vontade da vítima.

Como já discorrido no art. 213, também aqui a doutrina diverge se o delito prescinde ou não de finalidade especial do agente. É certo, porém, que se o crime é cometido com o fim de obter vantagem econômica, aplica-se também multa (parágrafo único).

3.5. Consumação e tentativa

Tal como ocorre no estupro, consuma-se o delito com a prática do ato de libidinagem, sendo perfeitamente possível a tentativa quando, iniciada a execução, o ato sexual visado não se consuma por circunstâncias alheias à vontade do agente.

A tentativa é admissível, pois se trata de delito plurissubsistente.

3.6. Ação penal

Será estudada quando da análise do art. 225 do CP.

4. ATENTADO AO PUDOR MEDIANTE FRAUDE

▶ ***Atentado ao pudor mediante fraude***

Art. 216. (*Revogado pela Lei 12.015/2009*).

Redação anterior:

19. *Comentários ao Código Penal*, vol. 3, p. 277.

"Art. 216. Induzir alguém, mediante fraude, a praticar ou submeter-se à prática de ato libidinoso diverso da conjunção carnal:

Pena – reclusão, de 1 (um) a 2 (dois) anos.

Parágrafo único. Se a vítima é menor de 18 (dezoito) e maior de 14 (quatorze) anos.

Pena – reclusão, de 2 (dois) a 4 (quatro) anos".

5. ASSÉDIO SEXUAL

▶ ***Assédio sexual***

Art. 216-A. Constranger alguém com o intuito de obter vantagem ou favorecimento sexual, prevalecendo-se o agente da sua condição de superior hierárquico ou ascendência inerentes ao exercício do emprego, cargo ou função.

Pena – detenção, de 1 (um) a 2 (dois) anos.

Parágrafo único. (*Vetado.*)

§ 2º A pena é aumentada em até 1/3 (um terço) se a vítima é menor de 18 (dezoito) anos.

5.1. Considerações iniciais

Tutela-se, de forma precípua, a liberdade sexual do indivíduo. No entanto, pode-se dizer que se trata de delito pluriofensivo, pois, além do bem jurídico mencionado, também atinge a liberdade de exercício do trabalho e o direito de não ser discriminado.

A novidade trazida pela Lei 12.015/2009 foi majorar a pena quando a vítima é pessoa menor de 18 anos, aumento irretroativo nos termos do art. 1º do CP. Errou o legislador ao introduzir a majorante no § 2º sem que o artigo tenha um primeiro parágrafo!

Salvo quando a vítima é menor de 18 anos (§ 2º), as penas cominadas permitem transação penal e a e a suspensão condicional do processo (Lei 9.099/95).

5.2. Sujeitos do crime

Trata-se de crime próprio, que só pode ser praticado por superior hierárquico ou ascendente em relação de emprego, cargo ou função.

Se o agente é ascendente, padrasto, madrasta, irmão, cônjuge, companheiro, tutor ou curador ou se assumiu, por lei ou outra forma, obrigação de cuidado, proteção ou vigilância, a pena será majorada de metade (art. 226, II). O aumento não deve ser aplicado quando preceptor ou empregador da vítima, circunstâncias já elementares do tipo, configurando *bis in idem.*

O sujeito passivo também é próprio, exigindo o tipo uma condição especial sua, qual seja, ser subalterno do autor. Não havendo essa relação entre os personagens, a conduta do agente poderá se amoldar ao art. 146 do CP (constrangimento ilegal) ou ao art. 61

do Dec.-lei 3.688/41 (importunação ofensiva ao pudor)[20]. Se menor de 18 anos, o crime, como visto, tem a pena aumentada até um terço.

Note-se que o tipo penal, não fazendo menção ao sexo dos envolvidos, admite o crime de assédio entre pessoas do mesmo sexo.

5.3. Conduta

A ação típica consiste em *constranger* alguém com o intuito de obter vantagem sexual, prevalecendo-se o agente da sua condição de superior hierárquico ou ascendência (condição de mando) inerentes ao exercício de emprego, cargo ou função. É, em síntese, a insistência importuna de alguém em posição privilegiada, que usa dessa vantagem para obter favores sexuais de um subalterno.

☑ ***É possível assédio sexual praticado por professor em face de aluno? De bispo para com o sacerdote?***

Na busca da resposta, indispensável se mostra, primeiro, conceituar superioridade hierárquica e ascendência, condições elementares do tipo.

Para Guilherme de Souza Nucci[21], a primeira (*superioridade hierárquica*) retrata uma relação laboral no âmbito público, enquanto a segunda (*ascendência*), a mesma relação, porém no campo privado, *ambas inerentes ao exercício de emprego, cargo ou função.* Dentro desse espírito, não configura o crime mera relação entre docente e aluno, por ausência entre os dois sujeitos do vínculo de trabalho (aliás, o vínculo de trabalho é entre a faculdade e o professor).

Luiz Regis Prado discorda, assim argumentando:

> "*Superior hierárquico*, como elemento normativo do tipo, é condição que decorre de uma relação laboral, tanto no âmbito da Administração Pública como da iniciativa privada, em que determinado agente, por força normativa ou por contrato de trabalho, detém poder sobre outro funcionário ou empregado, no sentido de dar ordens, fiscalizar, delegar, ou avocar atribuições, conceder privilégios (*v.g.*, promoção, gratificação etc.), existindo uma carreira funcional, escalonada em graus.
>
> Na *ascendência*, elemento normativo do tipo, não se exige uma carreira funcional, mas apenas uma relação de domínio, de influência, de respeito e até mesmo de temor reverencial (*v.g.*, relação professor-aluno em sala de aula)."[22].

20. Nos ordenamentos jurídicos que tipificam o crime independentemente da relação de subordinação entre as partes, o assédio denomina-se *ambiental*.
21. *Código Penal comentado*, p. 985.
22. *Curso de direito penal brasileiro:* parte especial, p. 288.

Apesar de Cezar Bitencourt admitir a violência ou grave ameaça como meios de execução do crime[23], prevalece que não pode o agente valer-se de tais comportamentos executivos, hipóteses configuradoras de delito de estupro (art. 213).

5.4. Voluntariedade

É o dolo, consistente na vontade consciente de constranger a vítima, aliado à finalidade especial (elemento subjetivo especial do injusto) de obter vantagem ou favorecimento sexual.

☑ ***Existe o crime de assédio sexual se o empregador constrange sua subalterna para favorecer sexualmente seu filho (do empregador)?***

Na lição de Fernando Capez:

> "A vantagem ou favorecimento sexual pode ser para o próprio agente ou para outrem (p. ex., um amigo), ainda que este desconheça esse propósito do agente. Caso o terceiro tenha ciência e queira a obtenção desses benefícios sexuais, haverá o concurso de pessoas."[24].

5.5. Consumação e tentativa

No tocante ao momento consumativo do delito, há duas correntes. Para uns, o crime se perfaz com o constrangimento (ainda que representado por um só ato), independentemente da obtenção da vantagem sexual visada. Assim lecionam Mirabete[25] e Fernando Capez[26]; para outros, o crime é habitual, sendo necessária a prática de reiterados atos constrangedores.

Comungando deste último entendimento, explica Rodolfo Pamplona Filho:

> "Como regra geral, o assédio sexual depende, para sua configuração, de que a conduta do assediante seja reiterada. Um ato isolado geralmente não tem o condão de caracterizar, doutrinariamente, tal doença social. Todavia, excepcionalmente, há precedentes jurisprudenciais no direito comparado que entendem que se a conduta de conotação sexual do assediante se revestir de uma gravidade insuperável (como, por exemplo, em casos de contatos físicos de intensa intimidade não aceitável socialmente), é possível o afastamento desse requisito. (...) Apesar deste 'desprezo jurisprudencial' por tal requisito, a sua menção nos parece fundamental, uma vez que, salvo eventual divergência fundamentada em direito positivo (em que valerá o brocardo *dura lex, sede lex*), é sintomática a observação de que o afastamento desse requisito se dá sempre como exceção."[27].

23. Ob. cit., v. 4, p. 78.
24. Ob. cit., v. 3, p. 44-45.
25. *Manual de direito penal*, v. 2, p. 422.
26. Ob. cit., v. 3, p. 45.
27. *Assédio sexual*, Coord. Damásio de Jesus e Luiz Flávio Gomes, p. 120-121.

A depender do posicionamento adotado, a tentativa poderá ou não ser admitida. Se apenas um ato de assédio for o bastante, admite-se o *conatus*, ainda que de difícil configuração. Considerando o delito como habitual, obviamente, não será possível a tentativa.

5.6. Majorante de pena

Buscando dar maior proteção ao menor, em especial quando na condição de aprendiz (art. 7º XXXIII, CF/88), a Lei 12.015/09 criou o § 2º, permitindo ao juiz aumentar a pena em até 1/3 (um terço) se a vítima é menor de 18 (dezoito) anos.

Apesar de haver doutrina criticando o critério (não rígido) escolhido para o aumento ("até 1/3"), concordamos com a defesa feita por BITENCOURT:

> "Não se pode esquecer que as majorantes e minorantes, como simples causas modificadoras de pena, somente estabelecem sua variação, sendo recomendável maior flexibilidade facilitando a melhor individualização da pena. Somos contrários ao engessamento do juiz, especialmente quanto à dosimetria penal, em que o julgador precisa de algum espaço para usar a sua sensibilidade a ajustar a pena abstrata ao caso concreto."[28].

5.7. Ação penal

Será estudada quando da análise do art. 225 do CP.

CAPÍTULO II – DOS CRIMES SEXUAIS CONTRA VULNERÁVEL

1. SEDUÇÃO

> ▶ ***Sedução***
>
> **Art. 217**. *(Revogado pela Lei 11.106/2005).*
>
> Redação anterior:
>
> *"Art. 217. Seduzir mulher virgem, menor de 18 (dezoito) anos e maior de 14 (quatorze), e ter com ela conjunção carnal, aproveitando-se de sua inexperiência ou justificável confiança:*
>
> *Pena – reclusão, de 2 (dois) a 4 (quatro) anos".*

2. ESTUPRO DE VULNERÁVEL

> ▶ ***Estupro de vulnerável***
>
> **Art. 217-A.** Ter conjunção carnal ou praticar outro ato libidinoso com menor de 14 (catorze) anos:
>
> Pena – reclusão, de 8 (oito) a 15 (quinze) anos.

28. Ob. cit., vol. 4, p. 90.

§ 1º Incorre na mesma pena quem pratica as ações descritas no caput com alguém que, por enfermidade ou deficiência mental, não tem o necessário discernimento para a prática do ato, ou que, por qualquer outra causa, não pode oferecer resistência.

§ 2º (Vetado.)

§ 3º Se da conduta resulta lesão corporal de natureza grave:

Pena – reclusão, de 10 (dez) a 20 (vinte) anos.

§ 4º Se da conduta resulta morte:

Pena – reclusão, de 12 (doze) a 30 (trinta) anos.

2.1. Considerações iniciais

O art. 217-A do CP tutela a dignidade sexual do vulnerável.

Antes da Lei 12.015/2009 o ato sexual com pessoa vulnerável configurava, a depender do caso, estupro (art. 213) ou atentado violento ao pudor (art. 214), mesmo que praticado sem violência física ou moral, pois presumida (de forma absoluta de acordo com a maioria) no art. 224 do CP. Este dispositivo (art. 224) agora está expressamente revogado[29], subsumindo-se a conduta ao disposto no art. 217-A do CP.

Sempre se discutiu (na doutrina e jurisprudência) se o estupro contra vulnerável, sem violência ou grave ameaça, era ou não hediondo (antigo art. 224 do CP). A Lei 12.105/2009 colocou uma pá de cal na discussão, incluindo, expressamente, o art. 217-A no rol de delitos hediondos. No entanto, para aqueles que negavam o caráter hediondo ao crime, a mudança é irretroativa. Nesse sentido decidiu a 6ª. T do STJ:

> "*Habeas corpus*. Atentado violento ao pudor, cometido mediante violência presumida. Conduta anterior à Lei 12.015/2009. Afastamento da hediondez. Agravante da reincidência. Constitucionalidade. Roubo circunstanciado. Emprego de arma. Necessidade

29. A Lei 8.072/90, em seu art. 9º, determina que as penas previstas para prática dos crimes de latrocínio, extorsão qualificada pela morte, extorsão mediante sequestro, *estupro e do atentado violento ao pudor*, em todas as suas formas, sejam aumentadas da metade quando a vítima encontrar-se em qualquer das hipóteses referidas no art. 224 do CP. Com a revogação deste dispositivo, parece clara a conclusão de que referida majorante também foi abolida. Consequência: antes da Lei 12.015/2009, se o estupro ou atentado ao pudor de pessoa vulnerável fosse praticado sem violência real, incidia a presunção do art. 224 do CP, respondendo o agente pelo art. 213 ou 214, a depender do caso, com pena de 6 a 10 anos, não incidindo, de acordo com a maioria, o aumento de 1/2 trazido pelo art. 9º da Lei 8.072/90 (evitando *bis in idem*). A nova Lei, portanto, nessa hipótese, é mais gravosa, não alcançado os fatos anteriores. Havendo violência real, dispensava-se a presunção do art. 224, respondendo o agente pelo crime do art. 213 ou 214, conforme a conduta, majorado de 1/2 de acordo com determinação prevista no art. 9º da Lei dos Crimes Hediondos, gerando uma baliza punitiva de 9 a 15 anos. A nova pena é mais benéfica (8 a 15 anos), retroagindo (art. 2º, parágrafo único, do CP). No sentido da inaplicabilidade da causa de aumento em virtude da revogação do art. 224 do Codigo Penal, decidiu o STF (HC 111.246/AC, rel. Min. Dias Toffoli, DJe 18/03/2013).

> de apreensão. Afastamento da causa de aumento. 1. A partir do julgamento do *Habeas Corpus* 88.664/GO, houve uma mudança no entendimento da Sexta Turma, para que não mais se considerassem hediondos os crimes de estupro ou atentado violento ao pudor praticados antes da Lei 12.015/2009 quando cometidos mediante violência presumida."[30].

A 3ª Seção da Corte Superior, com composição mais ampla, firmou entendimento diverso, autorizando a aplicação dos consectários da Lei 8.072/90 para os crimes sexuais praticados com violência presumida, mesmo que anteriores a Lei nº 12.015/09:

> "Os crimes de estupro e atentado violento ao pudor praticados anteriormente à Lei nº 12.015/2009, ainda que mediante violência presumida, configuram crimes hediondos. Precedentes desta Corte e do Supremo Tribunal Federal. 2. Embargos de divergência acolhidos a fim de reconhecer a hediondez do crime praticado pelo Embargado" (EREsp 1225387/RS, rel. Min. Laurita Vaz, DJe 04/09/2013).

2.2. Sujeitos do crime

O crime é comum, podendo ser praticado por qualquer pessoa.

Se o agente é ascendente, padrasto, madrasta, irmão, cônjuge, companheiro, tutor ou curador, preceptor ou empregador da vítima ou se assumiu, por lei ou outra forma, obrigação de cuidado, proteção ou vigilância, a pena será majorada de metade (art. 226, II).

A vítima, por sua vez, só pode ser pessoa com menos de 14 anos (*caput*) ou portadora de enfermidade ou deficiência mental incapaz de discernimento para a prática do ato, ou que, por qualquer outra causa, sem condições de oferecer resistência (§ 1º).

Ao estabelecer, no *caput* do art. 217-A, que a vítima do crime de estupro de vulnerável é a menor de quatorze anos, a lei consequentemente admite, uma vez atingida esta idade, a aquisição da capacidade de consentimento para a relação sexual, que, portanto, não é criminalizada, a não ser, evidentemente, quando, ainda que haja consentimento, tratar-se de situação em que haja exploração sexual.

Esta situação causa certa perplexidade quando cotejada com os crimes relativos à pornografia infantil tipificados no Estatuto da Criança e do Adolescente, pois, se a lei considera válido o consentimento do menor entre quatorze e dezoito anos para a relação sexual, é estranho que imponha um sistema de proteção absoluta a alguém nesta mesma faixa etária em relação à filmagem da relação sexual por seus próprios personagens.

De qualquer maneira, a nosso ver o crime do ECA não é prejudicado nesse caso. Na relação sexual, a lei considera que, aos quatorze anos de idade, a pessoa tem certo discernimento para consentir para aquele determinado ato. O crime do ECA, no entanto, não envolve só o ato filmado. Uma vez registrada a relação sexual, aquilo se torna perene e pode trazer consequências imprevisíveis, inclusive num futuro distante. Considera-se, no caso, que a pessoa,

30. HC 128.648, 6.ª T, rel. Min. Og Fernandes, *DJe* 03.11.2009.

aos quatorze anos de idade, não tem – ou pode não ter – a exata dimensão dessas consequências. Isso sem mencionar que com as incriminações dessas condutas relativas a imagens de pornografia e sexo explícito com menores o ECA pretende mesmo é coibir o mercado de pornografia infantil. A punição do ato de filmar ou registrar é o primeiro passo de uma série de incriminações que envolvem a venda, a distribuição e a aquisição. E seria praticamente impossível a coibição dessa conduta inicial de filmar se a lei – ou o intérprete – excepcionasse e admitisse a filmagem de uma relação sexual com um adolescente só porque consentida. Na prática, a punição seria possível apenas se o material fosse efetivamente distribuído.

No mais, registramos que se o agente mantiver relação sexual com menor de quatorze anos e a filmar, responderá por estupro de vulnerável em concurso formal impróprio com o art. 240 do ECA.

2.3. Conduta

Pune-se o agente que tem conjunção carnal ou pratica outro ato libidinoso[31] com vítima com menos de 14 anos (*caput*) ou portadora de enfermidade ou deficiência mental incapaz de discernimento para a prática do ato, ou que, por qualquer outra causa, não tenha condições de oferecer resistência (§ 1º) – pouco importando, neste último caso, se a incapacidade foi ou não provocada pelo autor.

Trata-se de crime de execução livre.

A entrada em vigor do Estatuto da Pessoa com Deficiência (Lei nº 13.146/15) promoveu extensa alteração no tratamento dispensado pela lei à pessoa que padece de impedimentos de natureza física, mental, intelectual ou sensorial. Como exemplo, temos a revogação dos incisos do art. 3º do Código Civil, que antes considerava absolutamente incapaz aquele que, por enfermidade ou deficiência mental, não tivesse o necessário discernimento para a prática dos atos da vida civil. Atualmente, o indivíduo que, por causa transitória ou permanente, não puder exprimir sua vontade é tratado como relativamente incapaz (art. 4º, inciso III).

Isso ocorre sobretudo por influência do art. 6º da Lei nº 13.146/15, segundo o qual a deficiência não "afeta a plena capacidade civil da pessoa, inclusive para: I – casar-se e constituir união estável; **II – exercer direitos sexuais e reprodutivos [destacamos];** III – exercer o direito de decidir sobre o número de filhos e de ter acesso a informações adequadas sobre reprodução e planejamento familiar; IV – conservar sua fertilidade, sendo vedada a esterilização compulsória; V – exercer o direito à família e à convivência familiar e comunitária; e VI – exercer o direito à guarda, à tutela, à curatela e à adoção, como adotante ou adotando, em igualdade de oportunidades com as demais pessoas".

31. A conduta de ***praticar*** com menor de idade atos libidinosos abrange tanto o ato sexual tendo a vítima um comportamento passivo (permitindo que com ela se pratiquem os atos) ou ativo (praticando os atos de libidinagem no agente), implicando, interpretação diversa, proteção deficiente do Estado. De acordo com o que decidiu o STJ, o crime de estupro de vulnerável pode se caracterizar inclusive em situações nas quais não há contato físico entre o agente e a vítima (RHC 70.976/MS, Rel. Min. Joel Ilan Paciornik, DJe 10/8/2016).

No campo penal, a entrada em vigor do Estatuto tem suscitado dúvidas a respeito da influência do disposto no inciso II acima transcrito na caracterização do crime de estupro de vulnerável, especificamente no caso do § 1º do art. 217-A do Código Penal, que pune a conduta de praticar conjunção carnal ou outro ato libidinoso com alguém que, por enfermidade ou deficiência mental, não tem o necessário discernimento para a prática do ato. A dúvida é a seguinte: se o deficiente é plenamente capaz para "exercer direitos sexuais e reprodutivos", qual a razão para rotulá-lo como vulnerável e, portanto, incapaz de consentir para o ato sexual? Existe uma contradição entre os documentos legais?

Esse conflito é meramente aparente.

Para dirimir a dúvida, façamos uma análise do tipo do art. 217-A no que concerne aos sujeitos passivos, não por acaso separados entre o *caput* e o § 1º:

1) o menor de quatorze anos: Antes da entrada em vigor da Lei 12.015/09, o Código Penal considerava, pelo disposto art. 224, presumidamente violenta a relação sexual com menor de quatorze anos. Havia, então, extenso debate a respeito da natureza da presunção, isto é, se relativa ou absoluta. Uma primeira corrente sustentava a necessidade de apurar, concretamente, a incapacidade do menor para o consentimento, enquanto outra, majoritária, defendia a aplicação absoluta da regra relativa à idade.

Com a edição da Lei 12.015/09, revogou-se o art. 224 do Código Penal e a regra da presunção de violência deixou de ser aplicada. A mesma lei incluiu no Código o art. 217-A, que, sem mencionar presunção de nenhuma ordem, pune, no *caput*, a conduta de ter conjunção carnal ou praticar outro ato libidinoso com menor de quatorze anos.

A clara disposição legal, no entanto, não foi capaz de impedir a continuidade do debate a respeito da presunção, agora de vulnerabilidade. Afirma, por exemplo, Guilherme de Souza Nucci:

> "Agora, subsumida na figura da vulnerabilidade, pode-se tratar da mesma como sendo absoluta ou relativa. Pode-se considerar o menor, com 13 anos, absolutamente vulnerável, a ponto de seu consentimento para a prática do ato sexual ser completamente inoperante, ainda que tenha experiência sexual comprovada? Ou será possível considerar relativa a vulnerabilidade em alguns casos especiais, avaliando-se o grau de conscientização do menor para a prática sexual? Essa é a posição que nos parece acertada. A lei não poderá, jamais, modificar a realidade e muito menos afastar a aplicação do princípio da intervenção mínima e seu correlato princípio da ofensividade. Se durante anos debateu-se, no Brasil, o caráter da presunção de violência – se relativo ou absoluto –, sem consenso, a bem da verdade, não será a criação de novo tipo penal o elemento extraordinário a fechar as portas para a vida real"[32].

Prevalece, no entanto, tese diversa. Leciona a maioria da doutrina não haver espaço para discussão a respeito da presunção de vulnerabilidade, pois a lei nada presume. Sua

32. *Crimes contra a dignidade sexual*, p. 37-38.

redação é clara e inequívoca: proíbe-se a relação sexual com menor de quatorze anos. Foi este o manifesto propósito do legislador com a revogação do art. 224 – este sim expresso sobre a presunção de violência. Fosse para se perpetuar o debate, seria evidentemente desnecessária qualquer alteração. Tanto é assim que a justificação do projeto que originou a Lei 12.015/09 foi emitida nos seguintes termos:

> "Esse artigo [217-A], que tipifica o estupro de vulneráveis, substitui o atual regime de presunção de violência contra criança ou adolescente menor de 14 anos, previsto no art. 224 do Código Penal. Apesar de poder a CPMI advogar que é absoluta a presunção de violência de que trata o art. 224, não é esse o entendimento em muitos julgados. O projeto de reforma do Código Penal, então, **destaca a vulnerabilidade de certas pessoas**, não somente crianças e adolescentes com idade até 14 anos, mas também a pessoa que, por enfermidade ou deficiência mental, não possuir discernimento para a prática do ato sexual, e aquela que não pode, por qualquer motivo, oferecer resistência; e com essas pessoas considera como crime ter conjunção carnal ou praticar outro ato libidinoso; **sem entrar no mérito da violência e sua presunção. Trata-se de objetividade fática**" – grifamos.

E atendendo ao propósito da lei, o STJ firmou o entendimento no sentido de afastar pretensões para apurar concretamente a vulnerabilidade, como se extrai do seguinte julgado, exarado por sua Terceira Seção:

> "Para a caracterização do crime de estupro de vulnerável previsto no art. 217-A, *caput*, do Código Penal, basta que o agente tenha conjunção carnal ou pratique qualquer ato libidinoso com pessoa menor de 14 anos; o consentimento da vítima, sua eventual experiência sexual anterior ou a existência de relacionamento amoroso entre o agente e a vítima não afastam a ocorrência do crime"[33].

2) aquele que, por enfermidade ou deficiência mental, não tem o necessário discernimento para a prática do ato, ou que, por qualquer outra causa, não pode oferecer resistência: Esta situação, extraída do § 1º do art. 217-A, em tudo difere da anterior – daí porque dissemos não ter sido por acaso que o legislador cindiu o tipo penal entre o *caput* e o § 1º para tratar do sujeito passivo do crime.

Neste caso, assim como ocorria em relação ao menor de quatorze anos, o ordenamento anterior à Lei 12.015/09 presumia a violência por meio do mesmo art. 224 do Código Penal.

Uma vez em vigor a referida Lei, o tipo do § 1º do art. 217-A passou a punir o ato de ter conjunção carnal ou praticar outro ato libidinoso com alguém que, por enfermidade ou deficiência mental, **não tem o necessário discernimento para a prática do ato,** ou que, por qualquer outra causa, não pode oferecer resistência.

33. REsp 1.480.881/PI, Rel. Min. Rogerio Schietti Cruz, DJe 10/9/2015.

Iniciando pela última hipótese, em que a vítima não pode, por qualquer causa, oferecer resistência, podemos citar como exemplos as situações da pessoa que, embora não padeça de nenhuma anomalia mental, embriaga-se até a inconsciência e, inerte, é submetida ao ato sexual sem que possa resistir; ou da pessoa que é induzida, por meio de drogas, à inconsciência por alguém que tem o propósito de com ela manter relação sexual não consentida.

No caso do deficiente mental, não se pune a relação sexual pelo simples fato de ter sido praticada com alguém nesta condição, como ocorre no caso do menor de quatorze anos. Aqui, caracteriza-se o crime se o agente mantiver conjunção carnal ou praticar outro ato libidinoso com alguém que, em virtude de enfermidade ou deficiência mental, **não tem o necessário discernimento**. É imprescindível, portanto, ao contrário do que se verifica no *caput*, apurar concretamente se a pessoa portadora de enfermidade ou deficiência mental tinha ou não discernimento para a prática do ato.

Nessa linha, o Estatuto da Pessoa com Deficiência em nada interfere na caracterização do crime de estupro de vulnerável, pois desde a edição da Lei 12.015/09, em que a presunção de violência foi extirpada do nosso ordenamento jurídico, é necessário apurar se a enfermidade ou a deficiência mental de que padeça alguém ocasiona a falta de discernimento. As disposições do art. 6º do Estatuto podem servir para reforçar a indicação do Código Penal, mas não há mudança substancial na incidência do tipo.

Em resumo, temos:

Antes da Lei 12.015/09	Depois da Lei 12.015/09
Art. 224 do CP – eram vulneráveis, presumindo-se a violência:	**Art. 217-A do CP** – são vulneráveis, havendo ou não violência na execução do crime:
a) não maior de 14 anos	a) menor de 14 anos (*caput*)
b) pessoa com deficiência	b) pessoa enferma ou com deficiência mental, **sem o necessário discernimento** (§1º),
c) pessoa que não podia, por qualquer causa, oferecer resistência	c) pessoa que não pode, por qualquer causa, oferecer resistência (§1º)
Obs.: a lei, antes, tratava dos vulneráveis no mesmo dispositivo. No caso da pessoa com deficiência, a lei não exigia falta de discernimento, bastando a anomalia.	**Obs.**: a lei, agora, trata o vulnerável pela idade no *caput*, e os demais no §1º. No *caput*, pouco importa o discernimento ou a capacidade de resistência do menor de 14 anos; no §1º, o discernimento do enfermo/deficiente mental deve ser aquilatado, bem como a capacidade de resistência da pessoa.

2.4. Voluntariedade

O crime é punido a título de dolo, devendo o agente ter ciência de que age em face de pessoa vulnerável. Na hipótese da enfermidade ou deficiência mental, permanece atual a doutrina de HUNGRIA[34] quando alerta que a qualidade da vítima deve ser, quando não *espetacular*, pelo menos aparente, reconhecível por qualquer leigo em psiquiatria.

Em regra, o erro que conduz o sujeito ativo a desconhecer a vulnerabilidade da vítima o isenta de pena, excluindo o próprio crime, nos termos do art. 20 do CP (erro de tipo), salvo

34. Ob. cit., v. 8, p. 226.

se utilizou, na execução do delito, de violência (física ou moral) ou de fraude, configurando, então, estupro (art. 213) ou violação sexual mediante fraude (art. 215), respectivamente.

2.5. Consumação e tentativa

Consuma-se o delito com a prática do ato de libidinagem, sendo perfeitamente possível a tentativa quando, iniciada a execução, o ato sexual visado não se consuma por circunstâncias alheias à vontade do agente.

2.6. Qualificadoras

Os §§ 3º e 4º trazem qualificadoras preterdolosas (dolo no antecedente e culpa no consequente), punidas com reclusão de 10 a 20 anos quando da conduta resultar lesão grave, e 12 a 30 anos, quando resultar morte.

2.7. Ação penal

Será estudada quando da análise do art. 225 do CP.

3. MEDIAÇÃO DE MENOR VULNERÁVEL PARA SATISFAZER A LASCÍVIA DE OUTREM

▶ ***Mediação de menor vulnerável para satisfazer a lascívia de outrem***

Art. 218. Induzir alguém menor de 14 (catorze) anos a satisfazer a lascívia de outrem:

Pena – reclusão, de 2 (dois) a 5 (cinco) anos.

Parágrafo único. (*Vetado.*)

3.1. Considerações iniciais

Tutela-se a dignidade sexual do vulnerável menor de 14 anos.

Antes da Lei 12.015/2009 o lenocínio típico (alcovitaria) estava previsto somente no art. 227 do CP, punido com reclusão de 1 a 3 anos em se tratando de vítima adulta (art. 227, *caput*); reclusão de 2 a 5 anos, quando a vítima era adolescente maior de 14 anos (art. 227, § 1º); se não maior de 14 anos, reclusão de 2 a 8 anos, presumindo-se a violência (art. 224, *a*). Esta última hipótese, com o advento da nova Lei passou a configurar crime autônomo (art. 218 do CP), punido com reclusão de 2 a 5 anos.

Em razão das penas cominadas, não são admitidos os benefícios da Lei 9.099/95.

3.2. Sujeitos do crime

Trata-se de crime comum, podendo ser praticado por qualquer pessoa, isolada ou associada a outra.

Da simples leitura do tipo percebe-se que a mediação pressupõe um triângulo constituído pelo sujeito ativo (mediador ou lenão), a vítima (pessoa menor de 14 anos induzida a satisfazer a lascívia de outrem) e o "destinatário" da atividade criminosa do primeiro. Este (consumidor) não pode ser considerado coautor do crime, ainda que haja instigado o mediador, pois a norma exige o fim de satisfazer a lascívia de outrem (e não própria).

Se o agente é ascendente, padrasto, madrasta, irmão, cônjuge, companheiro, tutor ou curador, preceptor ou empregador da vítima ou se assumiu, por lei ou outra forma, obrigação de cuidado, proteção ou vigilância, a pena será majorada de metade (art. 226, II).

Não distingue a lei o sexo do sujeito passivo (ambos podem ser induzidos à satisfação dos desejos eróticos de terceiro)[35].

3.3. Conduta

O crime se verifica quando o sujeito ativo *induzir* (aliciar, persuadir) menor de 14 anos a satisfazer a *lascívia* (sensualidade, libidinagem, luxúria) de outrem.

Observa Nucci que a opção legislativa, de criar um tipo de lenocínio especial para vítima vulnerável, foi das mais infelizes:

> "O estrago provocado pelo novo art. 218 será visível. Enquanto o art. 227 era apenas inócuo, o atual art. 218 criou uma modalidade de exceção pluralística à teoria monística, impedindo a punição de participação de estupro de vulnerável, pela pena prevista para o art. 217-A, quando se der na modalidade de induzimento."[36].

Ousamos discordar. Para nós, diferentemente do lenocínio comum, no art. 218 o ato que o menor vulnerável é induzido a praticar não pode consistir em conjunção carnal ou atos libidinosos diversos da cópula normal, casos em que, ocorrendo a sua prática efetiva, configurado estará o crime de estupro de vulnerável (art. 217-A do CP), tanto para quem induz, quanto para quem deles participa diretamente. Limita-se, portanto, às práticas sexuais meramente contemplativas, como, por exemplo, induzir alguém menor de 14 anos a vestir-se com determinada fantasia para satisfazer a luxúria de alguém (ou despir-se com sensualidade). Esta conclusão se extrai, principalmente, pelo fato de o legislador, pela primeira vez, não fazer referência aos atos de libidinagem. Aliás, jamais se viu uma exceção pluralística à teoria monística com consequências tão diferentes para os diversos participantes.

Esse é também o entendimento de Bitencourt:

> "A finalidade do induzimento é satisfazer a lascívia de outrem, por meio da prática de conduta lasciva. Trata-se, em outros termos, de práticas sexuais contemplativas, exibicionistas, expositivas (v.g., strip-tease), como, por exemplo, vestir-se com determinadas fantasias para satisfazer certas taras etc."[37].

Trata-se de crime de ação livre, não necessariamente habitual.

Induzir menor de 14 anos a presenciar conjunção carnal ou outro ato libidinoso, a fim de satisfazer lascívia própria ou de outrem, configura o delito do art. 218-A.

35. No lenocínio comum (art. 227 do CP) a lei não faz ressalva no tocante às qualidades morais da vítima. Contudo, prevalece que, tratando-se de pessoa já corrompida, afeita à vida sexual promíscua, o delito não se configura, pois que a conduta punível é a de induzir, não sendo possível que ocorra contra quem já é dado a práticas dessa natureza. A lição parece-nos aplicável ao art. 218, mormente quando se trata de adolescente.

36. Crimes contra a dignidade sexual, p. 45.

37. Ob. cit., v. 4, p. 108-109.

A conduta deve recair sobre pessoa determinada, pois se o agente induz a vítima a satisfazer a lascívia de um número indeterminado de pessoas, o crime passará a ser o de favorecimento da prostituição (art. 218-B do CP).

3.4. Voluntariedade

É o dolo, consistente na vontade consciente de induzir a vítima a satisfazer a lascívia de outrem, sabendo o agente que age em face de menor de 14 anos.[38]

3.5. Consumação e tentativa

Consuma-se o delito com a prática do ato que importa na satisfação da lascívia de outrem, independentemente deste considerar-se satisfeito.

Lembramos, mais uma vez, ser dispensável a reiteração de atos, não se cuidando de crime habitual.

A tentativa é admissível.

3.6. Ação penal

Será estudada quando da análise do art. 225 do CP.

3.7. Princípio da especialidade

a) Código Penal x Código Penal Militar: o art. 234 do Decreto-lei 1.001/69 pune a conduta, intentada na forma do art. 9º daquele diploma, de corromper ou facilitar a corrupção de pessoa menor de dezoito e maior de quatorze anos, com ela praticando ato de libidinagem, ou induzindo-a a praticá-lo ou presenciá-lo.

4. SATISFAÇÃO DE LASCÍVIA MEDIANTE PRESENÇA DE CRIANÇA OU ADOLESCENTE

► ***Satisfação de lascívia mediante presença de criança ou adolescente***

Art. 218-A. Praticar, na presença de alguém menor de 14 (catorze) anos, ou induzi-lo a presenciar, conjunção carnal ou outro ato libidinoso, a fim de satisfazer lascívia própria ou de outrem:

Pena – reclusão, de 2 (dois) a 4 (quatro) anos.

4.1. Considerações iniciais

O art. 218 do CP, antes da Lei 12.015/2009, punia a corrupção "sexual" de menores, isto é, a sua precoce iniciação nos prazeres chamados "carnais", tendo como potencial vítima pessoa maior de 14 e menor de 18 anos, com quem o agente, sem violência, ameaça

38. O PL 253/2004, convertido na Lei 12.015/2009, previa, no parágrafo único, a majorante do lenocínio *questuarium* (ou mercenário), isto é, quando praticado o crime com o intuito de lucro. Ao ser vetado, nada impede que o Magistrado Sentenciante considere essa circunstância na fixação da pena.

ou fraude, praticava ato de libidinagem, ou quem o agente induzia a praticá-lo ou presenciá-lo. A vítima não maior de 14 anos não estava abrangida pelo tipo, pois, em regra, sua corrupção gerava o crime de estupro ou atentado ao pudor, com violência presumida.

A doutrina, não sem razão, observava que induzir vítima, não maior de 14 anos, a simplesmente presenciar atos de libidinagem, sem deles participar ativa ou passivamente, era, em regra, um indiferente penal (fato era atípico).

A Lei 12.015/2009 integrou a lacuna, criando o art. 218-A[39].

A pena cominada ao delito não permite a aplicação de nenhum dos benefícios da Lei 9.099/95.

4.2. Sujeitos do crime

O crime é comum, podendo ser praticado por qualquer pessoa.

Se o agente é ascendente, padrasto, madrasta, irmão, cônjuge, companheiro, tutor ou curador, preceptor ou empregador da vítima ou se assumiu, por lei ou outra forma, obrigação de cuidado, proteção ou vigilância, a pena será majorada de metade (art. 226, II).

A vítima, porém, deve ser menor de 14 anos, não importando o sexo. Note-se que, ao contrário do que fez no art. 217-A, o legislador não incluiu no polo passivo os vulneráveis que, por enfermidade ou deficiência mental, não têm o necessário discernimento para presenciar conjunção carnal ou outro ato libidinoso.

4.3. Conduta

O crime admite duas modalidades de execução:

a) *praticar, na presença da vítima, conjunção carnal ou outro ato libidinoso*, querendo ou aceitando ser observado. Nesta hipótese o agente não interfere na vontade do menor, mas aproveita-se da sua espontânea presença para realizar o ato sexual, visando, desse modo, satisfazer lascívia própria ou de outrem;

b) *induzindo a vítima a presenciar conjunção carnal ou outro ato libidinoso*, hipótese em que o agente faz nascer na criança ou no adolescente (menor de 14 anos) a ideia de presenciar o ato de libidinagem.

Em nenhuma das hipóteses a vítima participa do ato sexual, limitando-se a observar, pois, caso contrário, haverá estupro de vulnerável (art. 217-A do CP).

☑ ***No crime do art. 218-A do CP, exige-se a presença física (in loco) do menor?***

Apesar de haver corrente lecionando que o avanço tecnológico autoriza o crime sem a presença física da vítima, Bitencourt discorda e assim argumenta:

---

39. Os três comportamentos típicos trazidos pelo antigo *caput* do art. 218 do CP, tratando-se de vítima maior de 14 e menor de 18 anos, foram abolidos (supressão da figura criminosa), devendo retroagir nos termos do art. 2º do CP. Envolvendo vítima menor de 14 anos, as condutas de praticar ou induzir a praticar atos libidinagem configuram, agora, estupro de vulnerável (art. 217-A do CP).

> "O texto legal utiliza os vocábulos 'na presença de alguém menor' e 'induzi-lo a presenciar', ou seja, com os termos 'presença' e 'presenciar', fica claro que o menor vulnerável deve encontrar-se, fisicamente, no local onde se realiza a cena de libidinagem. Tais termos têm significado muito específico, iniludível de que o indivíduo deve estar, pessoalmente ou, dito de outra forma, 'de corpo presente' onde se desenrola o acontecimento libidinoso (...) e não indiretamente, via qualquer mecanismo tecnológico, físico ou virtual, como permitiria o mundo tecnológico."[40].

Para Nucci, nada impediria a caracterização deste delito por meios virtuais, não fosse uma circunstância: o art. 241-D, parágrafo único, inciso I, da Lei nº 8.069/90:

> "Somos da opinião de que o bem jurídico tutelado pode ser também exposto a risco quando da prática do ato por meios virtuais, de forma que o crime estaria, em tese, configurado ainda que vítima e ofensor não estivessem fisicamente no mesmo local. Ocorre que o art. 241-D, parágrafo único, I, do ECA, comina pena de 1 a 3 anos de reclusão para aquele que facilita ou induz o acesso à criança de material contendo cena de sexo explícito ou pornográfica com o fim de com ela praticar ato libidinoso. Ora, sabemos que na hipótese do art. 218-A o agente não mantém qualquer contato físico com a vítima, nem tem a intenção de fazê-lo, pois do contrário caracterizar-se-ia a tentativa de estupro de vulnerável (art. 217-A). Ademais, tem-se que nos termos do art. 2º do ECA, a conduta do art. 241-D, parágrafo único, I, será típica quando a vítima contar 12 anos incompletos; e, por sua vez, o art. 218-A do CP resguarda aqueles que contam até 14 anos.
>
> Infere-se, assim, do cotejamento de ambos os dispositivos que aquele que busca praticar ato de libidinagem com menor de 12 anos e, para tanto, facilita o acesso a material pornográfico, será punido menos severamente do que aquele que não pretende qualquer contato físico com o menor de 14 anos. Tal situação só seria admissível, em virtude do princípio da proporcionalidade, se na hipótese do art. 218-A entendêssemos como necessária a imediatidade física, a maltratar ainda mais a saúde psicológica da vítima.
>
> (...)
>
> Portanto, conclui-se pela impossibilidade de se admitir a caracterização do tipo prescrito pelo art. 218-A do CP por meios virtuais, conclusão esta que se chega através de interpretação constitucional, norteada pela proporcionalidade das penas cominadas às respectivas condutas, de modo a privilegiar maior adequação lógica de todo o ordenamento jurídico"[41].

---

40. Ob. cit., vol. 4, p. 117.
41. NUCCI, Guilherme de Souza *et al.* Doutrinas Essenciais de Direito Penal. *Os contornos normativos da proteção do vulnerável prescrita pelo Código Penal (arts. 218-A e 218-B, introduzidos pela Lei 12.015/2009).* RT. vol. 6. p. 33-57. Out/2010).

4.4. Voluntariedade

Pune-se somente a conduta dolosa, acrescida da finalidade especial de satisfazer a lascívia (desejo sexual), própria ou de outrem. A idade da vítima deve ser conhecida pelo agente, pois, se ignorada, haverá erro de tipo, excludente do crime (art. 20 do CP).

4.5. Consumação e tentativa

A consumação depende da modalidade delituosa. Na primeira, praticar, na presença de pessoa menor de 14 anos, conjunção carnal ou outro ato libidinoso, o crime se perfaz somente com a efetiva realização do ato sexual. Já na segunda, induzir a presenciar, o delito se caracteriza com a realização do núcleo, independentemente da concretização do ato de libidinagem[42].

As duas formas, sendo plurissubsistentes, admitem a tentativa.

4.6. Ação penal

Será estudada quando da análise do art. 225 do CP.

5. FAVORECIMENTO DA PROSTITUIÇÃO OU OUTRA FORMA DE EXPLORAÇÃO SEXUAL DE CRIANÇA OU ADOLESCENTE OU DE VULNERÁVEL

▶ ***Favorecimento da prostituição ou outra forma de exploração sexual de criança ou adolescente ou de vulnerável***

Art. 218-B. Submeter, induzir ou atrair à prostituição ou outra forma de exploração sexual alguém menor de 18 (dezoito) anos ou que, por enfermidade ou deficiência mental, não tem o necessário discernimento para a prática do ato, facilitá-la, impedir ou dificultar que a abandone:

Pena – reclusão, de 4 (quatro) a 10 (dez) anos.

§ 1º Se o crime é praticado com o fim de obter vantagem econômica, aplica-se também multa.

§ 2º Incorre nas mesmas penas:

I – quem pratica conjunção carnal ou outro ato libidinoso com alguém menor de 18 (dezoito) e maior de 14 (catorze) anos na situação descrita no caput deste artigo;

II – o proprietário, o gerente ou o responsável pelo local em que se verifiquem as práticas referidas no caput deste artigo.

§ 3º Na hipótese do inciso II do § 2º, constitui efeito obrigatório da condenação a cassação da licença de localização e de funcionamento do estabelecimento.

42. **Nucci** discorda, ensinando que o crime, não importando a modalidade, se consuma com a visualização, pelo menor, da prática sexual (ob. cit., p. 51).

Esta figura não se confunde com a do art. 218 (mediação para servir a lascívia de outrem): no art. 218, o agente induz a vítima a satisfazer a lascívia de pessoa(s) certa(s) e determinada(s); já no favorecimento (art. 218-B), o agente leva, atrai, propicia ou retém a vítima, visando desta o exercício da prostituição, consistente em satisfazer a lascívia do *premier passant*, de maneira geral, pessoa indeterminada.

5.1. Considerações iniciais

A Lei 12.015/2009, reunindo no art. 218-B os artigos 244-A do ECA, e 228, § 1º, do Código Penal, criou o delito de favorecimento da prostituição ou outra forma de exploração sexual de vulnerável. A Lei nº 12.978/14 modificou o *nomem iuris* do art. 218-B, sendo agora rotulado como "favorecimento da prostituição ou de outra forma de exploração sexual de criança ou adolescente ou de vulnerável".

Além disso, o novo diploma incluiu o art. 218-B, em todas as suas formas, no rol dos crimes hediondos. Esta última modificação tem relevância no tema "lei penal no tempo", pois, como veremos, das seis figuras criminosas que compõem o art. 218-B, duas delas traduzem modalidade de crime permanente (*impedir* e *dificultar*). Nestas modalidades, o delito se consuma no momento em que a vítima decide abandonar a prostituição e o agente a impede ou dificulta a sua saída, protraindo-se a consumação até o momento em que cessar o embaraço. Desta forma, os agentes que iniciaram o ato de impedir ou de dificultar que a vítima abandonasse a prostituição antes da entrada em vigor da lei, e que assim permanecem, sofrerão os consectários da Lei nº 8.072/90, aplicando-se, neste caso, a súmula nº 711 do STF.

A exploração sexual, de acordo com o primoroso estudo de Eva Faleiros[43], pode ser definida como uma dominação e abuso do corpo de crianças, adolescentes e adultos (oferta), por exploradores sexuais (mercadores), organizados, muitas vezes, em rede de comercialização local e global (mercado), ou por pais ou responsáveis, e por consumidores de serviços sexuais pagos (demanda), admitindo quatro modalidades:

a) *prostituição* – atividade na qual atos sexuais são negociados em troca de pagamento, não apenas monetário;

b) *turismo sexual* – é o comércio sexual, bem articulado, em cidades turísticas, envolvendo turistas nacionais e estrangeiros e principalmente mulheres jovens, de setores excluídos de Países de Terceiro Mundo;

c) *pornografia* – produção, exibição, distribuição, venda, compra, posse e utilização de material pornográfico, presente também na literatura, cinema, propaganda etc.; e

43. Repensando os conceitos de violência, abuso e exploração sexual de crianças e de adolescentes: **Faleiros**, Eva T. Silveira; **Campos**, Josete de Oliveira. *Publicação resultante da pesquisa sobre os conceitos de violência, abuso e exploração sexual de crianças e de adolescentes, realizada em 1998.* Brasília: CECRIA, 2000 [documento eletrônico em CD-ROM].

d) *tráfico para fins sexuais* – movimento clandestino e ilícito de pessoas através de fronteiras nacionais, com o objetivo de forçar mulheres e adolescentes a entrar em situações sexualmente opressoras e exploradoras, para lucro dos aliciadores, traficantes.

A exploração da prostituição *de adolescentes* (não menores de 14 anos) está prevista como crime no art. 218-B do CP (revogando, nesse tanto, o art. 244-A do ECA). A exploração da prostituição *de adultos* está tipificada no art. 228 do CP. No art. 149-A pune-se o tráfico – interno e transnacional – de pessoas com a finalidade de exploração sexual (inciso V). A pornografia envolvendo *crianças e adolescentes* foi incriminada no ECA, mais precisamente nos arts. 240, 241, 241-A a 241-D; a *de adultos*, em regra, não configura crime.

Em razão das penas cominadas, não são admitidos os benefícios da Lei 9.099/95.

5.2. Sujeitos do crime

Trata-se de crime comum, podendo qualquer pessoa praticá-lo.

Se o agente é ascendente, padrasto, madrasta, irmão, cônjuge, companheiro, tutor ou curador, preceptor ou empregador da vítima ou se assumiu, por lei ou outra forma, obrigação de cuidado, proteção ou vigilância, a pena será majorada de metade (art. 226, II).

O polo passivo será integrado por pessoa (homem ou mulher) menor de 18 anos ou que, por enfermidade ou deficiência mental, não tem o necessário discernimento para a prática do ato.

Observa Bitencourt:

> "Embora o texto legal não diga, faz-se necessário que o menor não tenha menos de 14 anos, pois, nesse caso, o crime poderá ser o estupro de vulnerável (art. 217-A). Ainda poderá figurar como sujeito passivo quem, por enfermidade ou deficiência mental, não tem o necessário discernimento para a prática do ato. Nessa última hipótese, a exploração sexual não pode atingir o nível da prática do ato de libidinagem, sob pena de poder configurar o estupro de vulnerável já mencionado"[44].

A lei não diferencia o já corrompido daquele que conta com sua moral intacta.

☑ ***A prostituta pode ser vítima do delito do art. 218-B?***

Quando impedida de deixar a prostituição, sim (contudo, por já se dedicar, por conta própria, ao comércio carnal, não será possível, obviamente, induzir, atrair ou facilitar o seu ingresso na libertinagem).

5.3. Conduta

Seis são as ações nucleares típicas: *submeter* (sujeitar), *induzir* (inspirar, instigar), *atrair* (aliciar) a vítima à prostituição ou outra forma de exploração sexual, *facilitá-la*

44. Ob. cit., vol. 4, p. 122.

(proporcionar meios, afastar dificuldades), ou *impedir* (opor-se) ou *dificultar* (criar obstáculos) que alguém a abandone[45].

O favorecimento pode ocorrer por ação ou omissão, esta na hipótese em que o agente, revestido do dever jurídico de impedir que a vítima ingresse na prostituição, nada faz, aderindo subjetivamente à sua conduta.

☑ ***Há facilitação de prostituição na conduta do agente que mantém página na internet em que prostitutas anunciam seus serviços?***

Segundo Renê Ariel Dotti, não se perfaz o crime:

> "É curial que a conduta do réu, dando publicidade de imagens e endereços de pessoas adultas e capazes para encontros sexuais, não está facilitando a produção de um fato preexistente, ou seja, a prostituição. Não existe o tipo de divulgar ou propagar a imagem de alguém que pretenda manter encontros sexuais com o parceiro que melhor lhe convier"[46].

Se o crime é cometido com o emprego de violência, grave ameaça ou fraude, diferentemente do art. 228 do CP, tais circunstâncias não qualificam o crime, mas certamente, na violência ou grave ameaça, surgirá o concurso de delitos.

Incorre nas mesmas penas (§ 2º):

I – quem pratica conjunção carnal ou outro ato libidinoso com pessoa menor de 18 (dezoito) e maior de 14 (catorze) anos na situação descrita no *caput* deste artigo[47]. Com razão alerta Nucci: "quer se punir, de acordo com o art. 218-B, aquele que insere o menor de 18 anos no cenário da prostituição ou outra forma de exploração sexual, facilita sua permanência ou impede ou dificulta sua saída da atividade. Por isso, passa-se a punir o cliente do cafetão, agenciador dos menores de 18 anos, que tenha conhecimento da exploração sexual. Ele atua, na espécie, como partícipe. Não há viabilidade de configuração do tipo penal do art. 218-B, § 2º, I, quando o menor de 18 e maior de 14 procurar a prostituição por sua conta e mantiver relação sexual com outrem. Afinal, ele não se encontra na 'situação descrita no *caput* deste artigo' (expressa menção feita no § 2º, I, parte final)"[48].

45. Antes da Lei 12.015/2009, *submeter* menor de 18 anos à exploração sexual se subsumia ao disposto no art. 244-A do ECA, com pena de 4 a 10 anos. A alteração, portanto, manteve a sanção penal. Já nas modalidades *induzir*, *atrair*, *facilitar* ou *atrair* alguém, menor de 18 e maior de 14 anos, incidia o art. 228, § 1º, com pena de 3 a 8 anos. A Lei nova, nesse ponto, é mais gravosa, não podendo retroagir para alcançar fatos pretéritos

46 Doutrinas Essenciais de Direito Penal. *Revista eletrônica de acesso restrito – imputação dos crimes previstos nos arts. 228 e 230 do CP*. RT. vol. 6. p. 183/213. Out/2010.

47. Se menor de 14 anos ou portadora de enfermidade ou deficiência mental o crime será do art. 217-A do CP.

48. *Crimes contra a dignidade sexual*, p. 59.

II – o proprietário, o gerente ou o responsável pelo local em que se verifiquem as práticas referidas no *caput* deste artigo, constituindo efeito *obrigatório* da condenação a cassação da licença de localização e de funcionamento do estabelecimento (§ 3º). Este dispositivo não escapou das críticas da doutrina. Bitencourt, por exemplo, alerta que o dispositivo "não descreve conduta do agente, limita-se a descrever sua condição de responsável pelo local dos fatos, em que os outros praticam conduta descrita no *caput*, independentemente de qualquer vínculo subjetivo com uns e outros. Como não é atribuição do magistrado completar tipos penais defeituosos (v.g., art. 218-B, II), a constatação de deficiência dessa envergadura implica, necessariamente, o reconhecimento de sua inconstitucionalidade.

Por fim, quanto ao disposto no § 3º, não se lhe reserva melhor sorte, pois, como acessório, deve seguir o principal, que é o § 2º, inciso, II, perdendo, por isso, objeto."[49].

5.4. Voluntariedade

É o dolo, consistente na vontade consciente de induzir ou atrair alguém à prostituição, facilitá-la ou impedir que a alguém a abandone, havendo divergência sobre a existência (ou não) de finalidade especifica animando o agente. Mirabete[50] e Bento de Faria[51] entendem ser indispensável a pretensão especial de satisfazer a lascívia de outrem. Heleno Fragoso, no entanto, discorda e assim leciona:

> "O dolo é, na espécie, genérico. Consiste na vontade consciente de praticar qualquer das ações incriminadas pela lei (introduzir, atrair, facilitar, impedir), para levar a vítima à prostituição (ou para que nela permaneça). Os autores italianos afirmam que o dolo neste crime é específico, e não há dúvida de que lhes assiste razão em face da lei italiana, que expressamente exige que a ação praticada para servir à libidinagem de outrem (*per servire all'altrui libidine*), como, aliás, faz o nosso Código no art. 227. Não se apercebe, entretanto, como seja exigível o dolo específico em face da disposição legal em exame. O crime independe de qualquer especial fim de agir e estará perfeito qualquer que seja o propósito do agente."[52].

A nova Lei, apesar de não resolver o impasse, adverte no § 1º que, havendo intuito de lucro por parte do agente, além da pena privativa de liberdade, deve ser aplicada também a de multa. Em síntese, para a Lei 12.015/2009, o fito de lucro não aparece como circunstância constitutiva, e sim uma agravante especial do delito.

Nas hipóteses equiparadas do § 2º é indispensável que o participante do ato sexual saiba que a vítima é menor de 18 e maior de 14 anos, sexualmente explorada. Já o proprietário,

49. Ob. cit., vol. 4, p. 134.
50. *Manual de direito penal:* parte especial, v. 2, p. 460.
51. Ob. cit., p. 118.
52. Ob. cit., Vol. 3, p. 519.

o gerente ou o responsável pelo local deve saber que ali se realizam as práticas referidas no *caput* deste artigo, evitando-se, desse modo, a responsabilidade penal objetiva.

5.5. Consumação e tentativa

Nas modalidades *submeter, induzir, atrair* e *facilitar* consuma-se o delito no momento em que a vítima passa a se dedicar à prostituição, colocando-se, de forma constante, à disposição dos clientes, ainda que não tenha atendido nenhum.

Já na modalidade de *impedir* ou *dificultar* o abandono da prostituição, o crime consuma-se no momento em que a vítima delibera por deixar a atividade e o agente obsta esse intento, protraindo a consumação durante todo o período de embaraço (crime permanente).

A tentativa parece perfeitamente possível em todas as modalidades (o agente pratica os atos aptos a perfazer a conduta e não consegue seu propósito por circunstâncias alheias à sua vontade).

5.6. Ação penal

Será estudada quando da análise do art. 225 do CP.

CAPÍTULO III – DO RAPTO

1. RAPTO VIOLENTO OU MEDIANTE FRAUDE

▶ ***Rapto violento ou mediante fraude***

Art. 219. (Revogado pela Lei 11.106/2005).

Redação anterior:

"Art. 219. Raptar mulher honesta, mediante violência, grave ameaça ou fraude, para fim libidinoso:

Pena – reclusão, de 2 (dois) a 4 (quatro) anos".

▶ ***Rapto consensual***

Art. 220. (*Revogado pela Lei 11.106/2005*).

Redação anterior:

"Art. 220. Se a raptada é maior de 14 (quatorze) anos e menor de 21 (vinte e um), e o rapto se dá com seu consentimento:

Pena – detenção, de 1 (um) a 3 (três) anos".

▶ ***Diminuição de pena***

Art. 221. (*Revogado pela Lei 11.106/2005*).

Redação anterior:

"Art. 221. É diminuída de um terço a pena, se o rapto é para fim de casamento, e de metade, se o agente, sem ter praticado com a vítima qualquer ato libidinoso, a restitui à liberdade ou a coloca em lugar seguro, à disposição da família".

▶ ***Concurso de rapto e outro crime***

Art. 222. (Revogado pela Lei 11.106/2005).

Redação anterior:

"Art. 222. Se o agente, ao efetuar o rapto, ou em seguida a este, pratica outro crime contra a raptada, aplicam-se cumulativamente a pena correspondente ao rapto e a cominada ao outro crime".

CAPÍTULO IV – DISPOSIÇÕES GERAIS

1. FORMAS QUALIFICADAS

Art. 223. (Revogado pela Lei 12.015/2009).

Redação anterior:

"Art. 223. Se da violência resulta lesão corporal de natureza grave:

Pena – reclusão, de 8 (oito) a 12 (doze) anos.

Parágrafo único. Se do fato resulta a morte:

Pena – reclusão, de 12 (doze) a 25 (vinte e cinco) anos".

2. PRESUNÇÃO DE VIOLÊNCIA

Art. 224. (Revogado pela Lei 12.015/2009).

Redação anterior:

"Art. 224. Presume-se a violência, se a vítima: a) não é maior de 14 (quatorze) anos; b) é alienada ou débil mental, e o agente conhecia esta circunstância; c) não pode, por qualquer outra causa, oferecer resistência".

3. AÇÃO PENAL

▶ ***Ação penal***

Art. 225. Nos crimes definidos nos Capítulos I e II deste Título, procede-se mediante ação penal pública condicionada à representação.

Parágrafo único. Procede-se, entretanto, mediante ação penal pública incondicionada se a vítima é menor de 18 (dezoito) anos ou pessoa vulnerável.

3.1. Considerações gerais

Antes da Lei 12.015/2009, a ação penal regra nos crimes sexuais era de iniciativa privada, de acordo com o que estabelecia o *caput* do art. 225. Havia quatro exceções:

a) procedia-se mediante ação pública condicionada à representação se a vítima ou seus pais não podiam prover às despesas do processo, sem privar-se de recursos indispensáveis à manutenção própria ou da família;

b) procedia-se mediante ação pública incondicionada se o crime era cometido com abuso do poder familiar, ou da qualidade de padrasto, tutor ou curador;

c) procedia-se mediante ação pública incondicionada se da violência resultasse na vítima lesão grave ou morte;

d) a ação penal era *pública incondicionada*, de acordo com a Súmula 608 do STF, quando o crime de estupro fosse praticado mediante o emprego de violência real (aplicando-se o mesmo ao atentado violento ao pudor).

Agora, com a reforma, a regra estabelece que a ação penal é pública condicionada, transformando-se em pública incondicionada quando a vítima é:

I – menor de 18 anos; ou

II – pessoa vulnerável[53].

Há decisões do STJ no sentido de que a súmula nº 608 se aplica inclusive a crimes de estupro cometidos com violência real após a entrada em vigor da Lei nº 12.015/09:

> "(...) Não bastasse isso, sendo o crime praticado com violência e grave ameaça consistente na utilização de arma de fogo, mesmo com o advento da Lei n. 12.015/2009, aplica-se à espécie a Súmula 608 do Supremo Tribunal Federal: "no crime de estupro, praticado mediante violência real, a ação penal é publica incondicionada". Precedente"[54].

Há quem sustente, ademais, que a ação penal no crime de estupro cometido mediante violência real no âmbito doméstico e familiar também deve ser pública incondicionada, não somente em razão do disposto na mencionada súmula como ainda em virtude da decisão do STF na ADI 4424, na qual o tribunal estabeleceu que a ação penal no crime de lesão corporal de natureza leve no âmbito doméstico e familiar é pública incondicionada. Neste sentido, Eugenio Pacelli[55]:

53. De acordo com o art. 225, parágrafo único, do Código Penal, a ação penal, no crime de estupro de vulnerável, é pública incondicionada, escapando à regra da condicionalidade estabelecida para os crimes sexuais. Vítima vulnerável é aquela com menos de catorze anos, ou portadora de enfermidade ou deficiência mental ou incapaz de discernimento para a prática do ato, ou que, por qualquer outra causa, não tenha condições de oferecer resistência. Destacamos, no entanto, que o STJ proferiu decisão no sentido de que "em relação à vítima possuidora de incapacidade permanente de oferecer resistência à prática dos atos libidinosos, a ação penal seria sempre incondicionada. Mas, em se tratando de pessoa incapaz de oferecer resistência apenas na ocasião da ocorrência dos atos libidinosos – não sendo considerada pessoa vulnerável –, a ação penal permanece condicionada à representação da vítima, da qual não pode ser retirada a escolha de evitar o *strepitus judicii*. Com este entendimento, afasta-se a interpretação no sentido de que qualquer crime de estupro de vulnerável seria de ação penal pública incondicionada, preservando-se o sentido da redação do caput do art. 225 do CP (HC 276.510/RJ j. 11/11/2014).

54. HC 161.663/SP, Quinta Turma, Rel. Min. Gurgel de Faria, DJe 02/12/2015. No mesmo sentido: REsp 1485352/DF, Sexta Turma, Rogério Schietti Cruz, DJe 16/12/2014.

55. Disponível em http://eugeniopacelli.com.br/quartas/ainda-os-crimes-contra-a-dignidade-sexual/

"Na linha da compreensão da citada Súmula 608, mesmo ao tempo da redação anterior (à Lei 12.015) do CP, seria de ação pública incondicionada o crime de estupro praticado mediante violência física, ao entendimento de que a lesão corporal era perseguida por ação pública e não privada, aplicando, portanto, o art. 101, CP.

E a Suprema Corte prosseguiu assim entendendo mesmo após a Lei 9.099/95 condicionar à representação a ação penal nos casos de lesão corporal leve ou culposa.

Eis a resposta, então, que nos parece mais adequada, também em coerência com as orientações do STF sobre a matéria.

Afastada a aplicação da Lei 9.099/95 ao ambiente de violência doméstica (inexigindo-se, portanto, representação nos casos de lesão corporal leve), pensamos que as ações penais nos crimes de estupro ali praticados serão públicas incondicionadas, sempre que praticados os fatos com violência real, na linha do quanto entendido na velha Súmula 608, no art. 101, CP, e segundo a decisão da Suprema Corte em relação à Lei Maria da Penha".

Não é, todavia, o que sustenta Damásio de Jesus[56]:

"Em primeiro lugar, o estupro com violência física de que resulta lesão corporal leve não é delito complexo (JESUS, Damásio de. *Direito Penal.* São Paulo: Saraiva. v. I, ação penal no crime complexo). O art. 131 do CP italiano tratava do crime complexo em sentido amplo; o nosso art. 101 do CP conceitua o delito complexo em sentido estrito, que exige a fusão de dois tipos criminais. Ora, o estupro (art. 213) é o constrangimento ilegal (art. 146) acrescido da conjunção carnal e do ato libidinoso diverso, os quais, "por si mesmos", não são delitos. Além disso, os arts. 102, *caput*, e 225, *caput*, do CP, que, no caso, impõem ao marido estuprador a ação penal pública condicionada à representação da vítima, não foram revogados pela Lei n. 12.015/2009.

Se o agente, no âmbito doméstico e familiar e em um só contexto de fato, tivesse estuprado a esposa mediante agressão física, causando-lhe lesão corporal leve, aplicado o princípio do concurso aparente de normas na espécie subsidiariedade implícita, responderia só por um crime, o de estupro, absorvida a lesão, sendo condicionada a ação penal. Se, contudo, na progressão criminosa propriamente dita, cessasse a conduta na lesão corporal leve, desistindo do estupro, responderia somente por aquele crime (de lesão corporal), de ação penal incondicionada, segundo o STF".

56. Disponível em http://www.cartaforense.com.br/conteudo/colunas/estupro-e-lesao-leve-no-ambiente-familiar/9363.

☑ ***Nos casos em que a ação penal de iniciativa privada passou para pública, devem os fatos anteriores ser descritos em queixa-crime, oferecida pela vítima, ou em denúncia, proposta pelo Ministério Público?***

Certamente haverá aqueles que, norteados pelas regras do direito intertemporal no processo penal, lecionarão pela aplicação imediata da mudança, isto é, denúncia (não se observando o *tempus regit actum*).

Entendemos, com o devido respeito, que a ação penal, para os casos praticados antes da vigência da nova lei, deve continuar sendo privada (queixa-crime), vez que, do contrário, estar-se-ia subtraindo inúmeros institutos extintivos da punibilidade ao acusado (ex.: renúncia, perdão do ofendido, perempção etc.). A mudança da titularidade da ação penal é matéria de processo penal, mas conta com reflexos penais imediatos. Daí a imperiosa necessidade de tais normas (processuais, mas com reflexos penais diretos) seguirem a mesma orientação jurídica das normas penais. Quando a inovação é desfavorável ao réu, não retroage.

Rogério Greco entende que para a análise do tema deve-se:

> "Primeiramente, identificar a natureza jurídica dessa norma, ou seja, daquela que exige a representação para o início da *persecutio criminis in judicio* pelo Ministério Público.
>
> Se a entendermos como puramente processual, deverá ser aplicada a regra constante do art. 2º do Código de Processo Penal, que prevê o princípio do *tempus regit actum*.
>
> No entanto, se a entendermos como de natureza material, deverá ser aplicado o princípio da retroatividade benéfica, previsto tanto no parágrafo único do art. 2º do Código Penal, quanto no inciso XL do art. 5º da Constituição Federal, que diz que *a lei penal não retroagirá, salvo para beneficiar o réu.*
>
> Poderá, ainda, como defendem alguns processualistas, ser entendida como norma hibrida ou mista, ou seja, uma norma processual com reflexos penais, posição com a qual concordamos."[57].

Aplicamos o mesmo raciocínio para os casos em que a ação pública condicionada passou a ser incondicionada.

Nas hipóteses de ação pública incondicionada que passaram para a regra (condicionada), entendemos que a análise exige separar duas situações:

a) se a inicial (denúncia) já foi ofertada, trata-se de ato jurídico perfeito, não sendo alcançado pela mudança. Não nos parece correto o entendimento de que a vítima deve ser chamada para manifestar seu interesse em ver prosseguir o processo. Essa lição transforma a natureza jurídica da representação de condição de procedibilidade em

57. Ob. cit., v. 3, p. 577.

condição de prosseguibilidade. A lei nova não exigiu essa manifestação (como fez no art. 88 da Lei 9.099/1995);

b) se a incoativa ainda não foi oferecida, deve o MP aguardar a oportuna representação da vítima ou o decurso do prazo decadencial, cujo termo inicial, para os fatos pretéritos, é o da vigência da novel lei.

☑ ***Por fim, qual a ação penal nos casos em que da violência resulta na vítima lesão grave ou morte?***

Antes do advento da Lei 12.015/2009 era de ação penal pública incondicionada (podia e devia o Ministério Público atuar sem nenhuma manifestação da vítima).

Por força da atual redação (ou omissão) do art. 225, a ação penal passou a ser pública condicionada.

O Procurador-Geral da República, acolhendo manifestação da Subprocuradora-Geral da República, Deborah Macedo Duprat de Britto Pereira, ingressou com ADI (4.301), junto ao STF, solicitando o reconhecimento (inclusive liminar) da inconstitucionalidade do art. 225 do CP (sem redução de texto), para se admitir que a ação penal, no caso do estupro com resultado morte ou lesão corporal grave, seria pública incondicionada.

Três foram os fundamentos invocados: **1º)** ofensa ao princípio da dignidade da pessoa humana; **2º)** ofensa ao princípio da proteção eficiente (que nada mais significa que um dos aspectos do princípio da proporcionalidade); **3º)** a possível extinção da punibilidade em massa nos processos em andamento (de estupro com resultado morte ou lesão corporal grave), porque passariam a exigir manifestação da vítima (sob pena de decadência).

Essa também é a posição de Bitencourt:

> "Na nossa ótica, a previsão contida no art. 225 e seu parágrafo único constitui *norma geral* que complementa aquela, igualmente geral, segundo a qual todos os crimes são de *ação pública incondicionada*, salvo se houver previsão legal expressa em sentido contrário. Pois essa previsão expressa também é *norma geral* que complementa a anterior. Ninguém discorda, por outro lado, que o crime de *estupro com violência real* constitui o conhecido *crime complexo*, que, aliás, recebeu *atenção especial do legislador*, o qual previu *norma específica* determinando a natureza da ação penal (...).
>
> Essa previsão legal, como estamos demonstrando, não só é *especial*, como também *específica*, uma vez que se destina a todos os *crimes complexos* distribuídos pelo Código Penal, independentemente do capítulo em que se encontrem insertos.
>
> (...)
>
> Em outros termos, a natureza da ação penal do *crime complexo* segue a natureza da ação penal pública dos fatos que o compõem, e

tanto a lesão corporal grave quanto o homicídio são crimes de *ação pública incondicionada*. Seria uma irracionalidade sustentar que no crime de *matar alguém*, pelo simples fato de estar vinculado a outro crime (igualmente grave, no caso), a *persecutio criminis* não poderia ser pública incondicionada. Interpretação como essa afrontaria o sistema penal, deixaria descoberto um dos bens jurídicos mais valiosos, a vida, quiçá o mais importante de todos (sua perda, torna irrelevante os demais, no plano pragmático), além de violar o princípio da razoabilidade."[58].

Luiz Flávio Gomes discorda, argumentando:

"A nova norma (do art. 225 do CP) é razoável e equilibrada. Andou bem em dispor que a ação penal, nos crimes sexuais previstos nos Capítulos I e II, seja, em regra, pública condicionada à representação da vítima. Nos crimes sexuais não existem interesses relevantes apenas do Estado. Antes, e sobretudo, também marcantes são os interesses privados (o interesse de recato, de preservação da privacidade e da intimidade etc.). O escândalo do processo, muitas vezes, só intensifica a ofensa precedente (gerando o que se chama, na Criminologia, de vitimização secundária). O legislador não ignorou esse aspecto (sumamente importante) da questão. Nada mais sensato, nos crimes sexuais em geral (e no estupro em particular), que condicionar a atuação do Ministério Público à manifestação de vontade da vítima. Imagine (por desgraça) um juiz, um procurador, um parlamentar etc. sendo vítima de um estupro. A publicidade que acarreta o processo pode potencializar (e normalmente potencializa) a ofensa. Pode ser que a privacidade seja melhor para a vítima (para que ela não sofra a vitimização secundária).

Tudo isso foi levado em conta na nova norma (que é sensata e proporcional). Não é ofensiva à dignidade da pessoa humana (ao contrário). Não espelha nenhuma deficiência protetiva (ao contrário). De outro lado, nos crimes sexuais, quando a vítima não tem interesse, o aspecto probatório resulta sensivelmente prejudicado. A conciliação dos interesses privados com o público é o melhor caminho nos crimes sexuais. Essa regra só foi excepcionada quando se trata de vítima menor de dezoito anos ou vulnerável (o que também é sensato).

A ação penal no crime de estupro com resultado morte ou lesão corporal grave, em síntese, é pública condicionada. Impossível aplicar o art. 101 do CP, por duas razões: 1ª) a norma do art. 225 do CP é especial (frente ao art. 101 que é geral); 2ª) a norma do art. 225 é posterior (o que afasta a regra anterior). Não vemos razão para alterar o quadro jurídico fixado pela Lei 12.015/2009. A tendência publicista do Direito não pode chegar ao extremo de

58. Ob. cit., v. 4, p. 142-143.

> ignorar complemente os interesses privados da vítima, quando o delito atinge a sua intimidade, que é um dos relevantes aspectos (que lhe sobra) da sua personalidade."[59].

4. AUMENTO DE PENA

> ▶ ***Aumento de pena***
>
> **Art. 226.** A pena é aumentada:
>
> I – de quarta parte, se o crime é cometido com o concurso de 2 (duas) ou mais pessoas;
>
> II – de 1/2 (metade), se o agente é ascendente, padrasto ou madrasta, tio, irmão, cônjuge, companheiro, tutor, curador, preceptor ou empregador da vítima ou por qualquer outro título tem autoridade sobre ela;
>
> III – (*Revogado pela Lei 11.106/2005.*)

4.1. Considerações gerais

O art. 226 do CP prevê duas circunstâncias majorantes da pena de quaisquer dos crimes contra a liberdade sexual e dos crimes sexuais contra vulnerável.

A primeira, prevista no inciso I, determina que a pena seja aumentada de quarta parte se o crime é cometido em concurso entre duas ou mais pessoas. Considera-se, no caso, o maior temor causado à vítima pelos agentes, além da maior periculosidade por eles revelada.

Bento de Faria, acompanhado por Hungria, considera indispensável a efetiva execução por todos os agentes para que a majorante seja aplicada:

> "O *concurso de agentes* verifica-se quando o mesmo crime (delito singular) é praticado com o auxílio de duas ou mais pessoas. Esse concurso há de ser, pois, prestado ao agente da prática delituosa, por meio de ações simultâneas."[60].

Em sentido contrário, leciona Heleno Fragoso (acompanhado por Mirabete[61]):

> "Ainda que se admita como razão de ser da agravante o maior perigo e maior eficiência na ação criminosa (que, aliás, independe da presença de todos os partícipes na execução), ou a maior imoralidade, é evidente que a interpretação teleológica não permite passar sobre o texto a lei. O legislador sabe expressar-se, e se pretendesse exigir a presença de todos em atos de execução, poderia empregar uma fórmula semelhante à do art. 143, § 1º, CP."[62].

---

59. *Estupro com Lesão Corporal Grave ou Morte: A Ação Penal é Pública Condicionada*. Disponível em http://www.lfg.com.br, 28 setembro de 2009.
60. Ob. cit., v. 5, p. 98.
61. *Manual de direito penal*, v. 2, p. 450.
62. Ob. cit., v. 2, p. 547.

A segunda causa de aumento diz respeito ao parentesco entre a vítima e o agente, bem como a outras relações pessoais existentes entre eles. Justifica-se o agravamento da pena em razão da maior reprovação moral da conduta, em que o agente abusa das relações familiares, de intimidade ou de confiança que mantém com a vítima. A existência dessa causa de aumento afasta a possibilidade de aplicação das agravantes genéricas previstas no art. 61, II, *e*, *f* e *g*, do CP, sob pena de se incorrer em claro *bis in idem*.

CAPÍTULO V – DO LENOCÍNIO E DO TRÁFICO DE PESSOA PARA FIM DE PROSTITUIÇÃO OU OUTRA FORMA DE EXPLORAÇÃO SEXUAL

1. MEDIAÇÃO PARA SERVIR A LASCÍVIA DE OUTREM

▶ ***Mediação para servir a lascívia de outrem***

Art. 227. Induzir alguém a satisfazer a lascívia de outrem:

Pena – reclusão, de 1 (um) a 3 (três) anos.

§ 1º Se a vítima é maior de 14 (catorze) e menor de 18 (dezoito) anos, ou se o agente é seu ascendente, descendente, cônjuge ou companheiro, irmão, tutor ou curador ou pessoa a quem esteja confiada para fins de educação, de tratamento ou de guarda:

Pena – reclusão, de 2 (dois) a 5 (cinco) anos.

§ 2º Se o crime é cometido com emprego de violência, grave ameaça ou fraude:

Pena – reclusão, de 2 (dois) a 8 (oito) anos, além da pena correspondente à violência.

§ 3º Se o crime é cometido com o fim de lucro, aplica-se também multa.

1.1. Considerações iniciais

Busca-se tutelar a moral sexual, bem como a liberdade sexual da vítima (quando objeto de violência, grave ameaça ou fraude).

Note-se que a conduta punível é a de induzir *alguém* a satisfazer a lascívia de outrem, ou seja, a ação deve recair sobre pessoa determinada, pois, do contrário, poderá configurar o delito de favorecimento da prostituição, previsto no art. 228 do CP.

A pena cominada no *caput* permite a aplicação da suspensão condicional do processo, mas as formas qualificadas impedem qualquer benefício da Lei 9.099/95.

1.2. Sujeitos do crime

Trata-se de crime comum, podendo ser praticado por qualquer pessoa, isolada ou associada a outra.

Da simples leitura do tipo percebe-se que a mediação pressupõe um triângulo constituído pelo sujeito ativo (lenão), a vítima (pessoa induzida a satisfazer a lascívia de outrem) e o "destinatário" da atividade criminosa do primeiro. Este (consumidor) não pode ser considerado coautor do crime, ainda que haja instigado o mediador, pois a norma exige o fim de satisfazer a lascívia de outrem (e não própria).

O destinatário do lenocínio, em favor de quem age o sujeito ativo, não responde pelo delito, ainda que haja instigado o lenão, já que a norma exige o fim de servir a lascívia alheia e não a própria.

Não distingue a lei o sexo do sujeito passivo[63] (ambos podem ser induzidos à satisfação dos desejos eróticos de terceiro).

1.3. Conduta

O crime se verifica quando o sujeito ativo *induz* (aliciar, persuadir) alguém a satisfazer a *lascívia* (sensualidade, libidinagem, luxúria) de outrem. Nas palavras de Bento de Faria:

> "Pouco importa a espécie de ato libidinoso, que tanto pode ser a conjunção carnal como as práticas sexuais anormais ou meramente contemplativas, ou quaisquer outras expressivas de depravação física ou moral."[64].

Trata-se de crime de ação livre, não necessariamente habitual, lembrando que a violência, grave ameaça e a fraude atuam como qualificadoras (§ 2º).

A conduta deve recair sobre pessoa determinada, pois se o agente induz a vítima a satisfazer a lascívia de um número indeterminado de pessoas, o crime passará a ser o de favorecimento da prostituição (art. 228 do CP).

1.4. Voluntariedade

É o dolo, consistente na vontade consciente de induzir a vítima a satisfazer a lascívia de outrem. A maioria da doutrina aponta uma finalidade especial, consistente na busca da satisfação da lascívia de outrem.

1.5. Consumação e tentativa

Consuma-se o delito com a prática do ato que importe na satisfação da lascívia de outrem, independentemente deste considerar-se satisfeito.

Lembramos, mais uma vez, ser dispensável a reiteração de atos, não se cuidando de crime habitual.

A tentativa é admissível.

63. Embora o tipo penal não faça nenhuma ressalva no tocante às qualidades morais da vítima, tem-se entendido que, tratando-se de pessoa inteiramente corrompida, afeita à vida sexual promíscua, o delito não se configura, pois que a conduta punível é a de *induzir*, não sendo possível que ocorra contra quem já é dado a práticas dessa natureza (nesse sentido: *RT* 487/347).

64. Ob. cit., v. 5, p. 106.

1.6. Qualificadoras

O § 1º determina pena de dois a cinco anos se:

a) *a vítima é maior de 14 (catorze) e menor de 18 (dezoito) anos*: o maior rigorismo se justifica em razão do desenvolvimento físico e psíquico incompletos do(a) induzido(a), ainda não preparado(a) para se entregar a atos dessa natureza. Ressalte-se que, se a vítima contar com menos de 14 anos, haverá o crime previsto no art. 218 do CP, incluído pela Lei 12.015/2009.

b) *o agente é seu [da vítima] ascendente, descendente, cônjuge ou companheiro, irmão, tutor ou curador ou pessoa a quem esteja confiada para fins de educação, de tratamento ou de guarda*: aqui temos hipóteses (taxativas) em que o crime é praticado por familiares da vítima (lenocínio familiar), bem como por seu tutor ou curador. Neste ponto, a Lei 11.106/2005 alterou a redação original e acrescentou a possibilidade de o companheiro figurar como sujeito ativo do crime qualificado. Qualifica-se o delito, também, quando intentado por qualquer pessoa a quem a vítima tenha sido entregue para fins de educação, guarda (de direito ou de fato) ou tratamento.

Já o § 2º aumenta a pena para reclusão de dois a oito anos se o crime é cometido com emprego de violência (*vis corporalis*), grave ameaça (*vis compulsiva*) ou fraude (artifício, ardil): a vítima, nestes casos, é forçada ou enganada a satisfazer a lascívia de outrem.

Observa Rogério Greco:

> "Nos casos de violência ou grave ameaça, a conduta do agente estaria muito próxima daquelas previstas pelos arts. 213 e 214 do Código Penal, que traduzem os delitos de estupro e atentado violento ao pudor. A diferença fundamental entre essas figuras típicas é que a vítima, no delito em estudo, é induzida, mesmo que à força, à satisfação da lascívia de outrem. No caso do estupro, por exemplo, a vítima é compelida ao ato sexual, não havendo qualquer consentimento de sua parte. Na figura típica do art. 227, ao contrário, mesmo que induzida à força ao ato que tenha por finalidade satisfazer a lascívia de outrem, ainda há resquício de sua vontade, ou seja, ela o pratica com o seu consentimento."[65].

1.7. Pena de multa

O § 3º do art. 227 trata da hipótese do lenocínio *questuarium* (ou mercenário) praticado com o intuito de lucro, embora sem habitualidade. Neste caso, além da pena privativa de liberdade, deve ser aplicada também a de multa.

Esta modalidade não se confunde com o crime de rufianismo, tipificado no art. 230 do Código Penal, embora ambos sejam semelhantes em virtude do intuito de

65. Ob. cit., v. 3, p. 713-714.

obter lucro a partir da atividade sexual de terceiro. Enquanto no rufianismo a vítima exerce a prostituição, dando-se a exploração de forma habitual, nesta espécie de lenocínio a pessoa explorada não exerce atividade de comércio sexual e tampouco se exige habitualidade.

1.8. Ação penal

A ação penal será pública incondicionada.

1.9. Princípio da especialidade

a) Código Penal x Estatuto da Criança e do Adolescente: o art. 241-D do ECA (introduzido pela Lei 11.829/2008) pune com reclusão de 1 a 3 anos, e multa, "aliciar, assediar, instigar ou constranger, por qualquer meio de comunicação, criança, com o fim de com ela praticar ato libidinoso".

2. FAVORECIMENTO DA PROSTITUIÇÃO OU OUTRA FORMA DE EXPLORAÇÃO SEXUAL

▶ ***Favorecimento da prostituição ou outra forma de exploração sexual***

Art. 228. Induzir ou atrair alguém à prostituição ou outra forma de exploração sexual, facilitá-la, impedir ou dificultar que alguém a abandone:

Pena – reclusão, de 2 (dois) a 5 (cinco) anos, e multa.

§ 1º Se o agente é ascendente, padrasto, madrasta, irmão, enteado, cônjuge, companheiro, tutor ou curador, preceptor ou empregador da vítima, ou se assumiu, por lei ou outra forma, obrigação de cuidado, proteção ou vigilância:

Pena – reclusão, de 3 (três) a 8 (oito) anos.

§ 2º Se o crime é cometido com o emprego de violência, grave ameaça ou fraude:

Pena – reclusão, de 4 (quatro) a 10 (dez) anos, além da pena correspondente à violência.

§ 3º Se o crime é cometido com o fim de lucro, aplica-se também multa.

2.1. Considerações iniciais

A exemplo do art. 218-B, pune-se o favorecimento da prostituição ou outra forma de exploração sexual, porém, agora, a vítima já não é criança ou adolescente.

A exploração sexual, de acordo com o primoroso estudo de Eva Faleiros[66], pode ser definida como uma dominação e abuso do corpo de crianças, adolescentes e adultos

66. Repensando os conceitos de violência, abuso e exploração sexual de crianças e de adolescentes: **Faleiros**, Eva T. Silveira; **Campos**, Josete de Oliveira. *Publicação resultante da pesquisa sobre os conceitos de violência, abuso e exploração sexual de crianças e de adolescentes, realizada em 1998*. Brasília: CECRIA, 2000 [documento eletrônico em CD-ROM].

(oferta), por exploradores sexuais (mercadores), organizados, muitas vezes, em rede de comercialização local e global (mercado), ou por pais ou responsáveis, e por consumidores de serviços sexuais pagos (demanda), admitindo quatro modalidades:

a) *prostituição* – atividade na qual atos sexuais são negociados em troca de pagamento, não apenas monetário;

b) *turismo sexual* – é o comércio sexual, bem articulado, em cidades turísticas, envolvendo turistas nacionais e estrangeiros e principalmente mulheres jovens, de setores excluídos de Países de Terceiro Mundo;

c) *pornografia* – produção, exibição, distribuição, venda, compra, posse e utilização de material pornográfico, presente também na literatura, cinema, propaganda etc.; e

d) *tráfico para fins sexuais* – movimento clandestino e ilícito de pessoas através de fronteiras nacionais, com o objetivo de forçar mulheres e adolescentes a entrar em situações sexualmente opressoras e exploradoras, para lucro dos aliciadores, traficantes.

Especificamente a respeito do tratamento conferido pelo Estado à prostituição, há três sistemas comumente utilizados:

1) regulamentação: o Estado regulamenta a atividade, permitindo que seja desempenhada formalmente, o que possibilita o exercício de direitos inerentes à relação laboral.

2) proibição: o exercício da prostituição é vedado tanto quanto a sua exploração e é punido, no mais das vezes, criminalmente;

3) abolicionista: o exercício, em si, embora seja considerado imoral, não é punido, reservando-se a incidência da lei penal somente àqueles que tomam proveito da prostituição alheia. É o sistema adotado no Brasil.

A exploração da prostituição *de adolescentes* está prevista como crime no art. 218-B do CP (revogando o art. 244-A do ECA). A exploração da prostituição *de adultos* está tipificada no art. 228 do CP. No art. 149-A pune-se o tráfico – interno e transnacional – de pessoas com a finalidade de exploração sexual (inciso V). A pornografia envolvendo *crianças e adolescentes* foi incriminada no ECA, mais precisamente nos arts. 240, 241, 241-A a 241-D; a *de adultos*, em regra, não configura crime.

Em razão das penas cominadas, nenhum benefício da Lei 9.099/95 pode ser aplicado.

2.2. Sujeitos do crime

Trata-se de crime comum, podendo ser praticado por qualquer pessoa.

Se o agente é ascendente, padrasto, madrasta, irmão, enteado, cônjuge, companheiro, tutor ou curador, preceptor ou empregador da vítima, ou se assumiu, por lei ou outra forma, obrigação de cuidado, proteção ou vigilância, a reclusão passa a ser de 3 a 8 anos (§ 1º).

O polo passivo pode ser integrado por qualquer pessoa não menor de 18 anos, seja homem ou mulher, capaz mentalmente, possuindo, no momento do crime, o necessário discernimento para a prática do ato.

A lei não diferencia o já corrompido daquele que conta com sua moral intacta. A prostituta pode ser vítima do delito? Quando impedida de deixar a prostituição, sim (contudo, por já se dedicar ao comércio carnal, não será possível, obviamente, induzir, atrair ou facilitar o seu ingresso na libertinagem).

2.3. Conduta

Cinco são as ações nucleares típicas: *induzir* (inspirar, instigar), *atrair* (aliciar) alguém à prostituição (comércio sexual) ou outra forma de exploração sexual, *facilitá-la* (proporcionar meios, afastar dificuldades), ou *impedir* (opor-se) ou *dificultar* (criar obstáculos) que alguém a abandone.

O favorecimento pode ocorrer por ação ou omissão, esta na hipótese em que o agente, revestido do dever jurídico de impedir que a vítima ingresse na prostituição, nada faz, aderindo subjetivamente à sua conduta.

Se o crime é cometido com o emprego de violência, grave ameaça ou fraude, a pena de reclusão será de 4 (quatro) a 10 (dez) anos, além da pena correspondente à violência (§ 2º).

2.4. Voluntariedade

É o dolo, consistente na vontade consciente de induzir ou atrair alguém à prostituição ou outra forma de exploração sexual, facilitá-la ou impedir que a alguém a abandone. Como já alertamos nos comentários ao art. 218-B do CP, há discussão na doutrina sobre a existência (ou não) da finalidade especifica satisfazer a lascívia de outrem animando o agente.

Por fim, é desnecessário fim de lucro que, se presente, resultará na aplicação, também, de pena de multa (§ 3º).

2.5. Consumação e tentativa

Nas modalidades *induzir*, *atrair* e *facilitar* consuma-se o delito no momento em que a vítima passa a se dedicar à prostituição ou outra forma de exploração sexual, colocando-se, de forma constante, à disposição dos clientes, ainda que não tenha atendido nenhum.

Já na modalidade de *impedir* ou *dificultar* o abandono da exploração sexual, o crime consuma-se no momento em que a vítima delibera por deixar a atividade e o agente obsta esse intento, protraindo a consumação durante todo o período de embaraço (crime permanente).

A tentativa parece perfeitamente possível em todas as modalidades (o agente pratica os atos aptos a perfazer a conduta e não consegue seu propósito por circunstâncias alheias à sua vontade).

2.6. Ação penal

A pena deve ser perseguida mediante ação penal pública incondicionada.

3. ESTABELECIMENTO PARA EXPLORAÇÃO SEXUAL[67]

▶ ***Estabelecimento para exploração sexual***

Art. 229. Manter, por conta própria ou de terceiro, estabelecimento em que ocorra exploração sexual, haja, ou não, intuito de lucro ou mediação direta do proprietário ou gerente:

Pena – reclusão, de 2 (dois) a 5 (cinco) anos, e multa.

3.1. Considerações iniciais

A nossa legislação, com o advento da Lei 12.015/2009, insistiu em punir a manutenção de prostíbulos, mas deu-lhe nova configuração, porque agora exige um estabelecimento onde haja exploração sexual (não simplesmente sexo, sim, exploração sexual). De lugar destinado a encontros libidinosos passou-se para estabelecimento onde haja exploração sexual.

A exploração sexual, de acordo com o primoroso estudo de Eva Faleiros, pode ser definida como uma dominação e abuso do corpo de crianças, adolescentes e adultos (oferta), por exploradores sexuais (mercadores), organizados, muitas vezes, em rede de comercialização local e global (mercado), ou por pais ou responsáveis, e por consumidores de serviços sexuais pagos (demanda), admitindo quatro modalidades:

a) *prostituição* – atividade na qual atos sexuais são negociados em troca de pagamento, não apenas monetário;

b) *turismo sexual* – é o comércio sexual, bem articulado, em cidades turísticas, envolvendo turistas nacionais e estrangeiros e principalmente mulheres jovens, de setores excluídos de Países de Terceiro Mundo;

c) *pornografia* – produção, exibição, distribuição, venda, compra, posse e utilização de material pornográfico, presente também na literatura, cinema, propaganda etc.; e

d) *tráfico para fins sexuais* – movimento clandestino e ilícito de pessoas através de fronteiras nacionais, com o objetivo de forçar mulheres e adolescentes a entrar em situações sexualmente opressoras e exploradoras, para lucro dos aliciadores, traficantes.

Especificamente a respeito do tratamento conferido pelo Estado à prostituição, há três sistemas comumente utilizados:

---

67. Este crime não se confunde com o anterior. No art. 228 quer-se prevenir o fato de o sujeito ativo facilitar a prostituição de alguém, pessoa certa e determinada. Já no art. 229, pune-se uma forma especial de favorecimento da prostituição (mantendo casa), comportando-se o agente de forma geral e indeterminada.

1) regulamentação: o Estado regulamenta a atividade, permitindo que seja desempenhada formalmente, o que possibilita o exercício de direitos inerentes à relação laboral.

2) proibição: o exercício da prostituição é vedado tanto quanto a sua exploração e é punido, no mais das vezes, criminalmente;

3) abolicionista: o exercício, em si, embora seja considerado imoral, não é punido, reservando-se a incidência da lei penal somente àqueles que tomam proveito da prostituição alheia. É o sistema adotado no Brasil.

Em resumo: o que está reprovado, agora, não é o sexo (a libidinagem), mas sim, a exploração. A jurisprudência já caminhava nesse mesmo sentido (destacando a necessidade de proteção de menores):

> "(...) A eventual tolerância ou indiferença na repressão criminal, bem assim o pretenso desuso não se apresentam, em nosso sistema jurídico-penal, como causa de atipia. O enunciado legal (art. 229 e art. 230) é taxativo e não tolera incrementos jurisprudenciais. Os crimes em comento estão gerando grande comoção social, em face da repercussão, existindo uma mobilização nacional de proteção de menores."[68].

A profunda inovação introduzida pela Lei 12.015/2009 foi substituir *casa de prostituição ou lugar destinado a encontro para fins libidinosos* por *estabelecimento em que ocorra a exploração sexual*, expressão muito mais pertinente (para o fim de incriminação da conduta), permitindo abranger não só os prostíbulos, mas qualquer espaço que venha a servir de abrigo habitual para a prática de comportamentos contra a dignidade sexual de alguém, ou seja, comportamentos que denotem "exploração" sexual[69].

Em razão da pena cominada, nenhum benefício da Lei 9.099/95.

3.2. Sujeitos do crime

Qualquer pessoa pode praticar o delito, não apenas o proprietário, mas também o locador e gerente do estabelecimento (desde que, obviamente, cientes da destinação que é dada ao local)[70].

Inserido no Título VI, *dos Crimes Contra a Dignidade Sexual*, parece claro figurar como vítima a pessoa explorada sexualmente. A coletividade também poderia ser ofendida, mas nesse caso remotamente. O risco sempre de se colocar a coletividade como sujeito

---

68. STJ, REsp 585.750-RS, 5.ª T., j. 10.02.2004, rel. Min. Arnaldo da Fonseca Esteves.
69. A Lei alterou o seu espectro da incriminação, exigindo agora a exploração sexual. Todos os que foram condenados pelo tipo penal antigo, mais amplo, acabaram sendo favorecidos pelo novo texto, que, nesta parte, é retroativo.
70. Se prostituta mantiver a casa onde exerce o meretrício (recebendo seus clientes), o fato será atípico, pois o simples ato de se prostituir não é crime (*RT* 401/85). Será punida, no entanto, se a casa que utiliza serve também para outras prostitutas exercerem a atividade.

passivo nos crimes sexuais consiste na inclinação "moralizante" que daí resulta. Desde o advento do secularismo (distinção entre pecado e crime) temos que evitar essa tendência moralizante do Direito penal.

Se o sujeito passivo for pessoa menor de dezoito e maior de catorze anos, o crime será o do art. 218-B, § 2º, inciso II, do Código Penal. Se menor de catorze, o responsável pelo estabelecimento em que ocorra a exploração sexual responderá como partícipe do crime de estupro de vulnerável.

3.3. Conduta

A conduta consiste em *manter* (sustentar, conservar, prover o necessário para que permaneça a atividade), por conta própria ou de terceiro, estabelecimento em que ocorra exploração sexual, haja, ou não, intuito de lucro ou mediação direta do proprietário ou gerente[71].

Como já alertado, ao invés de casa de prostituição (local onde comumente se encontram as prostitutas à espera de clientes) ou lugar destinado a encontros com fins libidinosos, preferiu a Lei 12.015/2009 referir-se a qualquer estabelecimento que serve à exploração sexual, ainda que, eventualmente, licenciado. Assim, mesmo não olvidando permanecer doutrina em sentido contrário, a intenção do legislador parece ser punir também hotéis, motéis, hospedarias e até restaurantes, desde que destinados, habitualmente, à exploração sexual.

É indiferente que o proprietário do local ali compareça, já que o tipo não pune a conduta daquele que participa do comércio carnal, mas tão somente daquele que mantém local destinado a esse fim.

Trata-se de crime habitual, conclusão que se extrai do núcleo típico *manter*, isto é, comportamento costumeiro, corrente e reiterado.

3.4. Voluntariedade

É o dolo, consistente na vontade consciente de manter estabelecimento em que ocorre exploração sexual, dispensando, com a nova redação, elemento subjetivo especial do injusto, consistente na intenção de satisfazer a lascívia alheia.

3.5. Consumação e tentativa

Consuma-se o crime com a manutenção do estabelecimento, lembrando que se trata de delito habitual (logo, não admitindo a tentativa).

71. **Hungria** alertava a existência de certa corrente jurisprudencial, na vigência da lei anterior, sustentando constituírem elementos indispensáveis para a configuração do delito, a "mediação direta" e o "fim de lucro" do agente. A parte final do dispositivo (haja, ou não, intuito de lucro ou mediação direta do proprietário ou gerente) acabou por dirimir qualquer controvérsia a respeito (ob. cit., v. 8, p. 265-266).

A despeito da nova redação dada ao art. 229 do CP, a doutrina continuará discutindo se o crime é ou não permanente.

Apesar de a maioria afirmar que sim, Guilherme de Souza Nucci discorda, assim argumentando:

> "Entendendo-se haver em funcionamento uma casa de prostituição, instaura-se o inquérito, investiga-se e, provada a habitualidade, pode-se punir, aplicando a sanção, através do exercício da ação penal, sem necessidade alguma da violência da prisão em flagrante, duvidosa, sempre, e maliciosa, muitas outras vezes. Não destoa desse pensamento Frederico Marques, para quem o delito permanente comporta prisão em flagrante a qualquer tempo, tendo em vista que 'existe sempre uma atualidade delituosa', vale dizer, uma conduta é crime, enquanto a reiteração dela também o é. Mas o crime habitual, isolando-se uma ação no tempo, não faz nascer para o Estado o direito de punir, visto que somente a prova segura e efetiva do conjunto é que poderá configurar o tipo penal. E arremata: 'Evidente se nos afigura, portanto, que não pode considerar-se em flagrante delito quem é surpreendido na prática de ação isolada de crime habitual, visto que se não pode dizer que, em tal situação, esteja ele cometendo a infração penal' (*Elementos de direito processual penal*, v. 4, p. 89)."[72].

3.6. Ação penal

A ação penal será pública incondicionada.

4. RUFIANISMO[73]

▶ ***Rufianismo***

Art. 230. Tirar proveito da prostituição alheia, participando diretamente de seus lucros ou fazendo-se sustentar, no todo ou em parte, por quem a exerça:

Pena – reclusão, de 1 (um) a 4 (quatro) anos, e multa.

§ 1º Se a vítima é menor de 18 (dezoito) e maior de 14 (catorze) anos ou se o crime é cometido por ascendente, padrasto, madrasta, irmão, enteado, cônjuge, companheiro, tutor ou curador, preceptor ou empregador da vítima, ou por quem assumiu, por lei ou outra forma, obrigação de cuidado, proteção ou vigilância:

Pena – reclusão, de 3 (três) a 6 (seis) anos, e multa.

§ 2º Se o crime é cometido mediante violência, grave ameaça, fraude ou outro meio que impeça ou dificulte a livre manifestação da vontade da vítima:

Pena – reclusão, de 2 (dois) a 8 (oito) anos, sem prejuízo da pena correspondente à violência.

---

72. *Código Penal comentado*, p. 1015/1016.

73. O crime de *rufianismo* não se confunde com o lenocínio, pois neste o agente, depois de servir como intermediário de uma relação sexual, em regra afasta-se da vítima, não buscando, necessariamente, lucro. Também a desnecessidade de compartilhar lucro é o marco que diferencia o crime do art. 230 daquele previsto no art. 229 (casa de prostituição).

4.1. Considerações iniciais

O delito de rufianismo dispensa especial proteção àqueles que se dedicam ao meretrício, que, por si só, não é crime, e são explorados em razão disso. Dentro desse espírito, a Lei 12.015/2009 incluiu entre as circunstâncias qualificadoras do delito o emprego da fraude ou outro meio que impeça ou dificulte a livre manifestação da vontade da vítima.

A pena cominada no *caput* permite a aplicação da suspensão condicional do processo (Lei 9.099/95), benefício vedado nas formas qualificadas.

4.2. Sujeitos do crime

Qualquer pessoa pode ser sujeito ativo desse crime, vivendo às expensas de prostitutas.

A esse respeito, ensina Mirabete:

> "São vários os tipos de rufiões: há os que utilizam a coação, inclusive pela força ou terror (*maquereau*, *cáften* ou *apache*); há os que atuam pelo poder de sedução ou do amor (*cafinflero*) ou o que faz apenas da atividade um comércio (comerciante). Os gigolôs (*amants du coeur*), que se servem gratuitamente da meretriz, ou que dela recebem esporádicos presentes, não praticam o crime. A meretriz também pode ser sujeito ativo do crime; prestando-se, mediante paga, a guardar outras prostitutas da polícia, enquanto se entregam estas ao comércio sexual, pratica o delito de rufianismo (*RT* 330/190)."[74].

Se o agente é ascendente, padrasto, madrasta, irmão, enteado, cônjuge, companheiro, tutor ou curador, preceptor ou empregador da vítima, ou por quem assumiu, por lei ou outra forma, obrigação de cuidado, proteção ou vigilância, a reclusão passa a ser de 3 a 6 anos, e multa (§ 1º). E neste caso pode incidir, se motivado na sentença, o efeito estabelecido no art. 92, inciso II, do Código Penal: incapacidade para o exercício do poder familiar, tutela ou curatela.

Sujeito passivo será a pessoa que se dedica à prostituição, tendo sua atividade explorada pelo rufião (ou rufiã). Se menor de 18 (dezoito) e maior de 14 (catorze) anos, a reclusão passa a ser de 3 a 6 anos, e multa (§ 1º). A doutrina inclui no rol de vítimas também a coletividade. Como já alertado no crime anterior, colocar a coletividade como sujeito passivo nos crimes sexuais consiste na inclinação "moralizante" que daí resulta. Desde o advento do secularismo (distinção entre pecado e crime) temos que evitar essa tendência moralizante do Direito penal.

4.3. Conduta

São duas as ações nucleares típicas: *tirar* proveito da prostituição ou *fazer-se* sustentar, no todo ou em parte, por quem a exerça.

74. *Manual de direito penal*, v. 2, p. 465.

Na primeira (*rufianismo ativo*), o rufião obtém vantagem proveniente *diretamente* dos lucros auferidos pela prostituta (formando, mal comparando, uma sociedade empresarial), embora deles não necessite para seu sustento. Não é necessário que o agente tome a iniciativa requerendo participação (a espontaneidade do oferecimento por parte da meretriz é indiferente à configuração do delito, *RT* 288/176).

Já na segunda modalidade (*rufianismo passivo*) o agente participa *indiretamente* do proveito da prostituição, vivendo às custas da meretriz, recebendo dinheiro, alimentação, vestuário, moradia e outros benefícios de que necessita para sua manutenção.

Nas duas formas de execução, a vantagem direta ou indireta deve ser proveniente da prostituição (se originário de outras formas de renda por parte da meretriz, o delito não se configurará).

O § 2º aumenta a pena para reclusão, de dois a oito anos, além da multa, se há emprego de violência, grave ameaça, fraude ou outro meio que impeça ou dificulte a livre manifestação da vontade da vítima. A pena referente à violência é cumulada com a de rufianismo.

Trata-se de crime habitual, destacando Fernando Capez[75] também a permanência, entendimento não compartilhado por Guilherme de Souza Nucci[76].

4.4. Voluntariedade

É o dolo, consistente na vontade consciente de tirar proveito da prostituição alheia ou de fazer-se sustentar, no todo ou em parte, por quem a exerça. Não se exige qualquer finalidade especial por parte do agente.

4.5. Consumação e tentativa

A consumação ocorrerá com a prática de atos reiterados de obtenção de proveito ou de sustento por parte do rufião. A tentativa, em razão da habitualidade, não pode ser admitida.

É perfeitamente possível concurso material entre casa de prostituição (ou de exploração sexual) e rufianismo, permanecendo atual (e aplicável) o entendimento do STJ no sentido de que o primeiro, art. 229 do CP, não fica absorvido pelo segundo, art. 230 (HC 238.688/RJ, Rel. Min. Felix Fischer, DJe 19/08/2015).

4.6. Ação penal

A ação penal será pública incondicionada.

---

75. Ob. cit., v. 3, p. 94.
76. *Código Penal comentado*, p. 1018.

5. TRÁFICO INTERNACIONAL DE PESSOA PARA FIM DE EXPLORAÇÃO SEXUAL

▶ ***Tráfico internacional de pessoa para fim de exploração sexual***

Art. 231. (Revogado pela Lei 13.344/16)

Redação anterior:

"Art. 231 Promover ou facilitar a entrada, no território nacional, de alguém que nele venha a exercer a prostituição ou outra forma de exploração sexual, ou a saída de alguém que vá exercê-la no estrangeiro.

Pena – reclusão, de 3 (três) a 8 (oito) anos.

§ 1º Incorre na mesma pena aquele que agenciar, aliciar ou comprar a pessoa traficada, assim como, tendo conhecimento dessa condição, transportá-la, transferi-la ou alojá-la.

§ 2º A pena é aumentada da metade se:

I – a vítima é menor de 18 (dezoito) anos;

II – a vítima, por enfermidade ou deficiência mental, não tem o necessário discernimento para a prática do ato;

III – se o agente é ascendente, padrasto, madrasta, irmão, enteado, cônjuge, companheiro, tutor ou curador, preceptor ou empregador da vítima, ou se assumiu, por lei ou outra forma, obrigação de cuidado, proteção ou vigilância; ou

IV – há emprego de violência, grave ameaça ou fraude.

§ 3º Se o crime é cometido com o fim de obter vantagem econômica, aplica-se também multa.

6. TRÁFICO INTERNO DE PESSOA PARA FIM DE EXPLORAÇÃO SEXUAL

▶ ***Tráfico interno de pessoa para fim de exploração sexual***

Art. 231-A. (Revogado pela Lei 13.344/16)

Redação anterior:

"Art. 231, Promover ou facilitar o deslocamento de alguém dentro do território nacional para o exercício da prostituição ou outra forma de exploração sexual:

Pena – reclusão, de 2 (dois) a 6 (seis) anos.

§ 1º Incorre na mesma pena aquele que agenciar, aliciar, vender ou comprar a pessoa traficada, assim como, tendo conhecimento dessa condição, transportá-la, transferi-la ou alojá-la.

§ 2º A pena é aumenta da 1/2 (metade) se:

I – a vítima é menor de 18 (dezoito) anos;

II – a vítima, por enfermidade ou deficiência mental, não tem o necessário discernimento para a prática do ato;

III – se o agente é ascendente, padrasto, madrasta, irmão, enteado, cônjuge, companheiro, tutor ou curador, preceptor ou empregador da vítima, ou se assumiu, por lei ou outra forma, obrigação de cuidado, proteção ou vigilância; ou

IV – há emprego de violência, grave ameaça ou fraude.

§ 3º Se o crime é cometido com o fim de obter vantagem econômica, aplica-se também multa."

7. DISPOSIÇÕES FINAIS

Art. 232. (Revogado pela Lei 12.015/2009).

Redação anterior:

"Art. 232. Nos crimes de que trata este Capítulo, é aplicável o disposto nos arts. 223 e 224."

CAPÍTULO VI – DO ULTRAJE PÚBLICO AO PUDOR

1. INTRODUÇÃO

O ultraje (desrespeito) público constitui uma das situações em que se mostra viva a necessidade, mesmo no direito penal, dos usos e costumes, aqui atuando como importante instrumento de interpretação para o operador do direito buscar o real sentido e o valor do texto incriminador.

2. ATO OBSCENO

► ***Ato obsceno***

Art. 233. Praticar ato obsceno em lugar público, ou aberto ou exposto ao público:

Pena – detenção, de 3 (três) meses a 1 (um) ano, ou multa.

2.1. Considerações iniciais

Tutela-se o pudor público, a moralidade coletiva. Embora possua esse caráter principal, não se pode descartar que a lei protege, também, o pudor individual daquele que presencia o ato indecente praticado pelo agente.

Em razão da pena cominada, admite-se tanto a transação penal quanto a suspensão condicional do processo (Lei 9.099/95).

2.2. Sujeitos do crime

Qualquer pessoa pode praticar o delito em tela, pois não exige a lei nenhuma qualidade ou condição especial do agente.

Sujeito passivo primário é a coletividade; num segundo plano, sofrem as consequências do delito também aqueles que eventualmente o presenciem.

2.3. Conduta

Consiste o crime em *praticar* ato obsceno em lugar público, ou aberto ou exposto ao público.

Ato obsceno, na lição de Bento de Faria:

> "É todo o fato realizado com manifestações positivas de idoneidade ofensiva ao pudor. É o que pode ofender o pudor dos cidadãos, causar escândalo e ferir a honestidade dos que forem testemunhas.
>
> Indicativo de uma ação física (ato), da sua compreensão se excluem os discursos obscenos, as canções imorais, as propostas torpes etc., aliás suscetíveis de serem punidas por outro título"[77].

Como já alertamos, *ato obsceno* tem significado relativo, modificando-se de acordo com os valores culturais inerentes à coletividade, que certamente não serão os mesmos em todo o país, além de se modificarem com o passar do tempo[78]. Por exemplo, pode-se citar o beijo lascivo que há anos passados era tido como ato ultrajante ao pudor público, mas, com a evolução dos costumes, deixou-se de assim considerá-lo.

Para que se configure o crime, é imprescindível que o ato ocorra em local público, aberto ou exposto ao público.

O lugar público é aquele plenamente acessível a qualquer pessoa, em qualquer ocasião (ruas, praças etc.).

O lugar aberto ao público, também frequentado por número indeterminado de pessoas, está sujeito a condições que estabeleçam o momento apropriado para o acesso (restaurantes, teatros, cinemas etc.).

Já o lugar exposto, apesar de não ser aberto, está numa situação em que o público, de algum lugar, pode perceber o que se passa no seu interior[79].

Não haverá o crime se o ato for praticado em lugar que não ofereça a publicidade requerida para que se ofenda a coletividade. Assim, se o agente se envolve, por exemplo, em ato sexual em um terreno, público, aberto ou exposto ao público, sem a possibilidade de ser presenciado (difícil acesso, condições climáticas, horário avançado) não haverá o crime.

Quando o ato obsceno é praticado, propositadamente, na presença de pessoa menor de 14 anos, haverá crime sexual contra vulnerável, previsto no art. 218-A, do CP, incluído pela Lei 12.015/2009.

77. Ob. cit., v. 5, p. 144-145.
78. Considera-se ato obsceno: andar nu (*RT* 669/319); masturbação em público (*RT* 592/350); exibição de órgãos genitais (*JTACRIM* 20/212).
79. Lembra **Mirabete** que, se o ato tido como obsceno for praticado em um local privado, visível de outro da mesma natureza (isto é, também privado), não ocorre o crime (*Manual de direito penal* cit., v. 2, p. 477).

☑ ***Como encarar a micção em público? É crime ou indiferente penal?***

Para uns, configura o crime de ato obsceno (*RJTACRIM* 36/126). Já para outros, o fato de o agente urinar na rua não caracteriza o delito do art. 233 do CP, vez que a micção é ato natural, sendo impossível imaginá-lo sem a exibição do pênis (*RJDTACRIM* 18/176). Penso que o certo é aquilatar o caso concreto. Assim, a micção em local público, durante a madrugada, sem a presença de pessoas e de frente para a parede, não soa criminoso, mesmo porque, como veremos, inexiste dolo.

Por fim, este crime não se confunde com a contravenção penal de importunação ofensiva ao pudor (art. 61 da LCP).

Explica Luiz Regis Prado:

> "O crime em exame [art. 233] diferencia-se da contravenção definida no art. 61 da Lei das Contravenções Penais (*importunação ofensiva ao pudor*) apenas por uma questão quantitativa, visto que, enquanto aquele expressa um ultraje ao pudor, esta manifesta-se por uma ofensa ao pudor: 'na contravenção, há uma ofensa ao pudor; no ato obsceno ultrajante ao pudor'."[80].

2.4. Voluntariedade

É o dolo, consistente na vontade consciente de praticar ato obsceno em local público, aberto ou exposto ao público, sendo que, de acordo com a maioria da doutrina, não se exige finalidade especial por parte do agente.

Todavia, este não é o entendimento adotado por Guilherme de Souza Nucci[81], para quem o elemento subjetivo especial do injusto deve existir, consistindo na vontade de ofender o pudor alheio.

2.5. Consumação e tentativa

Consuma-se o delito com a prática do ato obsceno, independentemente de ter sido presenciado por alguém, bastando a possibilidade de que o seja (nesse sentido: *RT* 498/302). Também não se exige que aquele que o presenciou tenha se ofendido, pois a tutela recai, primariamente, sobre a coletividade.

De acordo com a maioria, a execução do crime é fracionável, sendo perfeitamente possível a tentativa. Já Damásio de Jesus[82]não admite o *conatus*: ou o sujeito pratica o ato que seja obsceno, e o crime será consumado, ou não o pratica, e, nesta hipótese, não existe início de execução passível de interrupção.

2.6. Ação penal

A ação penal será pública incondicionada.

80. *Curso de direito penal brasileiro:* parte especial, v. 3, p. 417.
81. *Código Penal comentado*, p. 1027.
82. Ob. cit., v. 3, p. 178.

2.7. Princípio da especialidade

a) Código Penal x Estatuto do Idoso: a segunda parte do art. 98 da Lei 10.741/03 pune com reclusão de seis meses a três anos e multa a conduta de não prover as necessidades básicas do idoso, quando obrigado por lei ou mandado.

b) Código Penal x Lei 13.146/15: o parágrafo único do art. 90 da Lei 13.146/15 pune com reclusão de seis meses a três anos e multa a conduta de não prover as necessidades básicas de pessoa com deficiência, quando obrigado por lei ou mandado.

3. ESCRITO OU OBJETO OBSCENO

▶ ***Escrito ou objeto obsceno***

Art. 234. Fazer, importar, exportar, adquirir ou ter sob sua guarda, para fim de comércio, de distribuição ou de exposição pública, escrito, desenho, pintura, estampa ou qualquer objeto obsceno:

Pena – detenção, de 6 (seis) meses a 2 (dois) anos, ou multa.

Parágrafo único. Incorre na mesma pena quem:

I – vende, distribui ou expõe à venda ou ao público qualquer dos objetos referidos neste artigo;

II – realiza, em lugar público ou acessível ao público, representação teatral, ou exibição cinematográfica de caráter obsceno, ou qualquer outro espetáculo, que tenha o mesmo caráter;

III – realiza, em lugar público ou acessível ao público, ou pelo rádio, audição ou recitação de caráter obsceno.

3.1. Considerações iniciais

A tutela recai sobre o pudor público, atingido pela divulgação de material com conteúdo obsceno ofensivo à moral.

A doutrina se atenta para a circunstância de que, em razão da evolução dos costumes, a sociedade tem tolerado cada vez mais a produção, a circulação e a exibição de materiais obscenos, que não mais atingem o bem tutelado e, por isso, o crime vem sendo menos reprimido. Obviamente, não se trata aqui de revogação do delito pelo costume, pois que somente a lei poderia fazê-lo. O que ocorre é a inexistência de reprovação da sociedade sobre a conduta praticada e, considerando que à configuração do delito é imprescindível a ofensa à moralidade pública, que não mais ocorre, a efetiva punição se tornou incomum. De qualquer modo, deve ser analisado o caso concreto, bem diferenciando o que é apenas imoral do obsceno.

Como bem adverte Bento de Faria:

> "A determinação do caráter obsceno do escrito constitui uma questão de fato, sem os exageros que podem confundir a missão do Juiz com a do moralista, e tendo em vista que a organização social não considera necessariamente equivalentes – a obscenidade e a imoralidade"[83].

---

83. Ob. cit., v. 5, p. 161.

Em razão da pena cominada, são aplicáveis a transação penal e a suspensão condicional do processo (Lei 9.099/95).

3.2. Sujeitos do crime

Qualquer pessoa pode praticar o delito em apreço.

Sujeito passivo será a coletividade. Também será vítima a pessoa que tiver contato direto com o escrito ou objeto obsceno.

3.3. Conduta

Consiste o crime em *fazer* (produzir, criar), *importar* (fazer ingressar no país), *exportar* (fazer com que saia do país), *adquirir* (obter a título gratuito ou oneroso) ou *ter sob sua guarda* (reservar o material), para fim de comércio, de distribuição ou de exposição pública, escrito, desenho, pintura, estampa ou qualquer objeto obsceno.

Nota-se que o tipo penal prevê um encerramento genérico (*ou qualquer objeto obsceno*), permitindo ao magistrado aquilatar, no caso concreto, outros objetos não referidos expressamente na lei (interpretação analógica).

3.4. Voluntariedade

É o dolo, consistente na vontade consciente de fazer, importar, exportar, adquirir ou ter sob sua guarda, escrito, desenho, pintura, estampa ou qualquer objeto obsceno.

Indispensável, para a caracterização do crime, a presença de dois elementos subjetivos especiais do injusto: a finalidade de comércio, de distribuição ou de exposição pública, e, também, o propósito de ofender a moralidade pública.

A esse respeito, FRAGOSO apresenta a seguinte lição:

> "O simples propósito obsceno não basta, assim como não desculpa o propósito superior, se a obra ofende grosseiramente o pudor público.
>
> Para que se afirme a obscenidade do escrito, pintura etc. é necessário que materialmente expresse um fato atentatório ao pudor público, revelando por parte do autor o propósito de excitar a sensualidade e a luxúria, sendo irrelevante que além desse propósito pretenda o autor fazer obra de arte ou científica."[84].

3.5. Consumação e tentativa

Consuma-se o crime com a prática de uma das ações típicas, independentemente da efetiva ofensa ao pudor público (bastando a potencialidade de dano).

A tentativa é possível, tendo em vista se tratar de *iter criminis* fracionável.

84. Ob. cit., v. 3, p. 545-546.

3.6. Figuras equiparadas

O parágrafo único, em três incisos, prevê algumas condutas equiparadas, puníveis da mesma forma que o *caput*. Vejamos.

a) O inciso I pune quem vende, distribui ou expõe à venda ou ao público qualquer dos objetos referidos no *caput*. Aqui também não se exige a efetiva lesão ao pudor público, sendo bastante que o material seja capaz de escandalizar.

b) No inciso II é punível a conduta de quem realiza, em lugar público ou acessível ao público, representação teatral, ou exibição cinematográfica de caráter obsceno, ou qualquer outro espetáculo, que tenha o mesmo caráter. Mencionando a lei expressamente local público ou acessível ao público, a representação ou exibição em lugar restrito não configura o crime.

c) Por fim, no inciso III, pune-se quem realiza, em lugar público ou acessível ao público, ou pelo rádio, audição ou recitação de caráter obsceno.

A doutrina tem apontado que as punições previstas no parágrafo único, diante da nova ordem constitucional, tendem a ser mitigadas.

Essa é a lição de Regis Prado:

> "Convém observar que, com o advento da Constituição de 1988, que elenca entre os direitos fundamentais a liberdade de expressão da atividade intelectual, artística, científica e de comunicação, independentemente de censura ou licença, aliado à evolução dos costumes, as vedações constantes do artigo 234, parágrafo único, II e III, tendem a não ser mais passíveis de punição, em decorrência da aplicação do princípio da adequação social."[85]. No mesmo sentido: Cezar Roberto Bitencourt[86].

3.7. Princípio da especialidade

Note-se que, se as condutas apontadas tanto no *caput* como no parágrafo único envolverem criança ou adolescente, o agente não será punido pela prática do crime em análise, mas de acordo com o que dispõem os arts. 240 a 241-E do Estatuto da Criança e do Adolescente, alterados pela Lei 11.829/2008.

> **Art. 240**. Produzir, reproduzir, dirigir, fotografar, filmar ou registrar, por qualquer meio, cena de sexo explícito ou pornográfica, envolvendo criança ou adolescente:
>
> Pena – reclusão, de 4 (quatro) a 8 (oito) anos, e multa.
>
> § 1º Incorre nas mesmas penas quem agencia, facilita, recruta, coage, ou de qualquer modo intermedeia a participação de criança

85. *Curso de direito penal brasileiro:* parte especial, v. 3, p. 426-427.
86. Ob. cit., v. 4, p. 193.

ou adolescente nas cenas referidas no *caput* deste artigo, ou ainda quem com esses contracena.

§ 2º Aumenta-se a pena de 1/3 (um terço) se o agente comete o crime:

I – no exercício de cargo ou função pública ou a pretexto de exercê-la;

II – prevalecendo-se de relações domésticas, de coabitação ou de hospitalidade; ou

III – prevalecendo-se de relações de parentesco consanguíneo ou afim até o terceiro grau, ou por adoção, de tutor, curador, preceptor, empregador da vítima ou de quem, a qualquer outro título, tenha autoridade sobre ela, ou com seu consentimento.

Art. 241. Vender ou expor à venda fotografia, vídeo ou outro registro que contenha cena de sexo explícito ou pornográfica envolvendo criança ou adolescente:

Pena – reclusão, de 4 (quatro) a 8 (oito) anos, e multa.

Art. 241-A. Oferecer, trocar, disponibilizar, transmitir, distribuir, publicar ou divulgar por qualquer meio, inclusive por meio de sistema de informática ou telemático, fotografia, vídeo ou outro registro que contenha cena de sexo explícito ou pornográfica envolvendo criança ou adolescente:

Pena – reclusão, de 3 (três) a 6 (seis) anos, e multa.

§ 1º Nas mesmas penas incorre quem:

I – assegura os meios ou serviços para o armazenamento das fotografias, cenas ou imagens de que trata o *caput* deste artigo;

II – assegura, por qualquer meio, o acesso por rede de computadores às fotografias, cenas ou imagens de que trata o *caput* deste artigo.

§ 2º As condutas tipificadas nos incisos I e II do § 1º deste artigo são puníveis quando o responsável legal pela prestação do serviço, oficialmente notificado, deixa de desabilitar o acesso ao conteúdo ilícito de que trata o *caput* deste artigo.

Art. 241-B. Adquirir, possuir ou armazenar, por qualquer meio, fotografia, vídeo ou outra forma de registro que contenha cena de sexo explícito ou pornográfica envolvendo criança ou adolescente:

Pena – reclusão, de 1 (um) a 4 (quatro) anos, e multa.

§ 1º A pena é diminuída de 1 (um) a 2/3 (dois terços) se de pequena quantidade o material a que se refere o *caput* deste artigo.

§ 2º Não há crime se a posse ou o armazenamento tem a finalidade de comunicar às autoridades competentes a ocorrência das condutas descritas nos arts. 240, 241, 241-A e 241-C desta Lei, quando a comunicação for feita por:

I – agente público no exercício de suas funções;

II – membro de entidade, legalmente constituída, que inclua, entre suas finalidades institucionais, o recebimento, o processamento e o encaminhamento de notícia dos crimes referidos neste parágrafo;

III – representante legal e funcionários responsáveis de provedor de acesso ou serviço prestado por meio de rede de computadores, até o recebimento do material relativo à notícia feita à autoridade policial, ao Ministério Público ou ao Poder Judiciário.

§ 3º As pessoas referidas no § 2º deste artigo deverão manter sob sigilo o material ilícito referido.

Art. 241-C. Simular a participação de criança ou adolescente em cena de sexo explícito ou pornográfica por meio de adulteração, montagem ou modificação de fotografia, vídeo ou qualquer outra forma de representação visual:

Pena – reclusão, de 1 (um) a 3 (três) anos, e multa.

Parágrafo único. Incorre nas mesmas penas quem vende, expõe à venda, disponibiliza, distribui, publica ou divulga por qualquer meio, adquire, possui ou armazena o material produzido na forma do *caput* deste artigo.

Art. 241-D. Aliciar, assediar, instigar ou constranger, por qualquer meio de comunicação, criança, com o fim de com ela praticar ato libidinoso:

Pena – reclusão, de 1 (um) a 3 (três) anos, e multa.

Parágrafo único. Nas mesmas penas incorre quem:

I – facilita ou induz o acesso à criança de material contendo cena de sexo explícito ou pornográfica com o fim de com ela praticar ato libidinoso;

II – pratica as condutas descritas no *caput* deste artigo com o fim de induzir criança a se exibir de forma pornográfica ou sexualmente explícita.

Art. 241-E. Para efeito dos crimes previstos nesta Lei, a expressão "cena de sexo explícito ou pornográfica" compreende qualquer situação que envolva criança ou adolescente em atividades sexuais explícitas, reais ou simuladas, ou exibição dos órgãos genitais de uma criança ou adolescente para fins primordialmente sexuais.

3.8. Ação penal

A ação penal será pública incondicionada.

CAPÍTULO VII – DISPOSIÇÕES GERAIS

1. AUMENTO DE PENA

▶ ***Aumento de pena***

Art. 234-A. Nos crimes previstos neste Título a pena é aumentada:

I – (*Vetado.*);

II – (*Vetado.*);

III – de 1/2 (metade), se do crime resultar gravidez; e

IV – de 1/6 (um sexto) até a 1/2 (metade), se o agente transmite à vitima doença sexualmente transmissível de que sabe ou deveria saber ser portador.

1.1. Considerações gerais

O artigo em comento (diante dos vetos[87]) traz duas novas majorantes, cada qual com frações diferentes, incidindo sobre todos os capítulos do Título VI.

1) O inciso III aumenta a pena de metade se da conduta do agente resulta gravidez[88]. O legislador busca, com a presente majorante, punir mais severamente o comportamento do autor, considerando, para tanto, a nefasta consequência do crime para a vítima (e familiares). Cuidando-se de consequência da infração penal parece claro não necessitar ser alcançada pelo dolo (vontade consciente) do agente.

Sobre esta majorante algumas questões já estão sendo debatidas pelos estudiosos, como por exemplo:

☑ ***Sabendo que a mulher pode ser sujeito ativo de estupro, tendo um homem como vítima, haverá o aumento de pena previsto no art. 234-A do CP quando, nessa condição, engravidar?***

Cezar Roberto Bitencourt considera inaplicável a majorante:

> "Certamente, a previsão legal não admite essa conotação, pois não passaria de *mutatis mutandis*, uma espécie de autolesão, que não representa maior desvalor do resultado da conduta para a vítima."[89].

Entendemos, todavia, cabível o aumento, pois a lei não diferencia a pessoa grávida. Aliás, quando o homem (vulnerável, por exemplo) é vítima, a gravidez da autora do crime é para ele consequência grave, merecendo incidir o aumento. Não bastasse, a concepção

87. Razões do veto: "As hipóteses de aumento de pena previstas nos dispositivos que se busca acrescer ao diploma penal já figuram nas disposições gerais do Título VI. Dessa forma, o acréscimo dos novos dispositivos pouco contribuirá para a regulamentação da matéria e dará ensejo ao surgimento de controvérsias em torno da aplicabilidade do texto atualmente em vigor."

88. Esta circunstância, antes da Lei 12.015/2009, era considerada pelo magistrado na fixação da pena-base (consequências para a vítima). A retroatividade (ou não) da alteração deve ser aquilatada no caso concreto, atentando-se para a fração de aumento eventualmente aplicada na primeira fase do cálculo da pena

89. Ob. cit., v. 4, p. 201.

durante um ato de estupro, por si, é bastante para tornar mais grave a conduta, que tem repercussão social muito maior.

☑ ***A autora do crime sexual, engravidando em face do estupro que praticou, pode abortar legalmente, nos termos do art. 128, II, do CP?***

Entendemos que não, pois referida permissão legal só se aplica à mulher *vítima*.

2) O inciso IV majora a pena de um sexto até metade se o agente transmite à vítima doença sexualmente transmissível de que sabe (dolo direto) ou deve saber (dolo eventual) que está contaminado. Antes da Lei 12.015/2009 o agente respondia pelo crime sexual em concurso formal impróprio com o crime do art. 130 do CP. Agora, parece óbvio que o crime de perigo de contágio de moléstia venérea fica absorvido, servindo somente como majorante, evitando-se *bis in idem*.

Na situação em que, durante o crime sexual, o agente transmite à vítima o vírus HIV, não se aplica a presente majorante. Isto porque o STJ tem o entendimento de que a transmissão do vírus HIV constitui lesão corporal de natureza gravíssima[90]. Diante disso, nos crimes de estupro e de estupro de vulnerável, que são qualificados no caso de lesão corporal grave (o que abrange a gravíssima), há duas situações possíveis: 1) se o agente transmite o vírus culposamente, há o crime sexual qualificado pela lesão grave; b) se transmite o vírus dolosamente, há o crime sexual simples em concurso formal impróprio com o crime de lesão corporal de natureza gravíssima, pois a qualificadora da lesão grave é preterdolosa.

Nos demais crimes sexuais dos quais pode decorrer a transmissão de HIV, como na violação sexual mediante fraude ou na prática de conjunção carnal ou outro ato libidinoso com alguém menor de dezoito e maior de catorze anos em situação de exploração sexual, temos o seguinte: 1) se o agente transmite o vírus dolosamente, há concurso formal impróprio entre o crime sexual e a lesão corporal de natureza gravíssima; 2) se transmite o vírus culposamente, há concurso formal próprio entre o crime sexual e o crime de lesão corporal culposa, aplicando-se o sistema da exasperação ou o cúmulo material benéfico, conforme o caso.

Em ambas as hipóteses, a pena será aumentada ainda que o agente faça uso de preservativo, pois a redação dos incisos III e IV é clara ao estabelecer a majoração simplesmente se do crime resulta a gravidez ou se o agente transmite a doença à vítima, ainda que involuntariamente. Basta, portanto, o dolo de praticar o crime contra a dignidade sexual, tornando-se irrelevante a circunstância de ter o agente tomado medidas para evitar a gravidez ou a transmissão da doença, especialmente porque não foi bem sucedido.

2. SEGREDO DE JUSTIÇA

Art. 234-B. Os processos em que se apuram crimes definidos neste Título correrão em segredo de justiça.

90. HC 160.982/DF, Rel. Min. Laurita Vaz, DJe 28/05/2012.

2.1. Considerações gerais

O princípio da publicidade (arts. 5º, LX e 93, IX da CF) determina que os atos processuais são públicos, com acesso irrestrito. Essa regra, contudo, cede diante de algumas exceções, dentre elas, quando da publicidade decorra violação *à intimidade da pessoa*. Nos processos em que se apuram crimes contra a dignidade sexual, a intimidade da vítima fica exposta (de maneira incomum), merecendo correr em segredo de justiça sem que, com isso, fique ferido o devido processo legal.

3. EXPLORAÇÃO SEXUAL X VIOLÊNCIA SEXUAL

Art. 234-C. (*Vetado.*)

Redação vetada:

"Art. 234-C. Para os fins deste Título, ocorre exploração sexual sempre que alguém é vítima dos crimes nele tipificados".

3.1. Razões do veto

> "Ao prever que ocorrerá exploração sexual sempre que alguém for vítima dos crimes contra os costumes, o dispositivo confunde os conceitos de 'violência sexual' e de 'exploração sexual', uma vez que pode haver violência sem a exploração. Diante disso, o dispositivo estabelece modalidade de punição que se aplica independentemente de verificada a efetiva prática de atos de exploração sexual."

Título VII
DOS CRIMES CONTRA A FAMÍLIA

CAPÍTULO I – DOS CRIMES CONTRA O CASAMENTO

1. BIGAMIA[1]

▶ ***Bigamia***

Art. 235. Contrair alguém, sendo casado, novo casamento:

Pena – reclusão, de 2 (dois) a 6 (seis) anos.

§ 1º Aquele que, não sendo casado, contrai casamento com pessoa casada, conhecendo essa circunstância, é punido com reclusão ou detenção, de 1 (um) a 3 (três) anos.

§ 2º Anulado por qualquer motivo o primeiro casamento, ou o outro por motivo que não a bigamia, considera-se inexistente o crime.

1.1. Considerações iniciais

O que se tutela aqui é o casamento monogâmico (ordem jurídica matrimonial) e, consequentemente, a organização da família, considerada a base da sociedade.

A pena cominada no *caput* não permite qualquer benefício da Lei 9.099/95. No caso do § 1º, admite-se a suspensão condicional do processo.

1.2. Sujeitos do crime

O *caput* tem como sujeito ativo somente a pessoa já casada.[2] Trata-se de crime próprio, de concurso necessário, demandando duas pessoas concorrendo na sua execução.

Na lição de Fragoso:

> "É indiferente que um dos partícipes não seja punível por ausência de dolo ou por irresponsabilidade."[3].

Já no que se refere ao § 1º, será autor o não casado (solteiro, viúvo ou divorciado).

---

1. Observa Rogério Greco (Ob. cit, v. 3, p. 655-656) que, embora o tipo penal preveja o delito de bigamia, será possível, também, a ocorrência da chamada poligamia, tendo o agente se casado mais de uma vez depois de seu primeiro matrimônio. Nesse caso, teríamos que aplicar a regra relativa ao concurso de crimes (material ou continuidade delitiva, a depender do caso concreto).
2. O tipo incriminador não pode ser alargado para o fim de abranger o convivente numa união estável, hipótese que configuraria analogia *in malam partem*.
3. Ob. cit., v. 3, p. 554.

Ainda no tocante ao sujeito ativo, há entendimentos no sentido de que as testemunhas que afirmam a inexistência de impedimento, sabendo que um dos nubentes é pessoa já casada, respondem como partícipes (Luiz Regis Prado[4]).

Mirabete, lembrando jurisprudência em sentido contrário, ensina:

> "Não havendo colaboração das testemunhas para a realização do tipo penal, em uma execução tal como a contida na descrição legal, não há falar em responsabilidade criminal pelo delito de bigamia. Nessa hipótese haveria colaboração nos atos preparatórios, sendo possível reconhecer apenas um crime de falsidade ideológica (*RT* 352/61, 526/334). Esse fundamento, todavia, é improcedente; quem participa conscientemente do ato preparatório responde pelo crime afinal tentado ou consumado (arts. 13, 29 e 30)."[5].

O crime admite a participação tanto no *caput* quanto no § 1º, pois nada impede alguém de induzir, instigar ou auxiliar o nubente a cometer o delito. Neste particular, sustenta Delmanto[6] que o partícipe deve sempre responder de acordo com a pena do § 1º, mesmo que tenha contribuído para o crime do *caput*, pois não seria razoável estabelecer-lhe, pela mera participação, pena maior do que a cabível ao nubente que, não sendo casado, mas ciente do estado civil do outro, efetivamente contrai o casamento.

Sujeito passivo primário será o Estado, tendo em vista o bem jurídico tutelado. Secundariamente, também poderão figurar como vítimas o cônjuge do primeiro matrimônio e, até mesmo, o do subsequente, desde que de boa-fé.

1.3. Conduta

Consiste o crime em *contrair* (assumir) alguém, sendo casado, novo casamento.

A lei não exige que o casamento anterior seja válido, desde que vigente[7]. Logo, se nulo ou anulável, até que se declare a nulidade ou que seja anulado[8], produzirá efeitos e servirá para caracterizar o crime de bigamia.

Contrair novo casamento quando separado judicialmente no primeiro não elide o crime, vez que, até a decretação do divórcio, o vínculo matrimonial permanece (*RT* 733/554). O mesmo raciocínio ocorre com a declaração de ausência.

---

4. *Curso de direito penal brasileiro:* parte especial, p. 437.
5. *Manual de direito penal:* parte especial, v. 3, p. 4.
6. Ob. cit., p. 731.
7. O casamento religioso, anterior ou posterior ao civil, não irá se prestar a caracterizar o crime, a não ser que seja realizado na forma do art. 226, § 2º, da CF, ou seja, que siga os termos do que estatui o Código Civil para a sua celebração.
8. Se houver ação civil em curso que trata da nulidade do primeiro casamento, a ação penal deve ser suspensa, pois se trata de questão prejudicial, aplicando-se o disposto no art. 92 do CPP.

Caracteriza-se também o crime de bigamia se o agente, casado com alguém do sexo oposto, contrai nova união com pessoa do mesmo sexo. Isto porque o Supremo Tribunal Federal, no julgamento conjunto da ADPF nº 132 e da ADI 4277, conferiu interpretação conforme ao art. 1.723 do Código Civil "para excluir do dispositivo em causa qualquer significado que impeça o reconhecimento da união contínua, pública e duradoura entre pessoas do mesmo sexo como família. Reconhecimento que é de ser feito segundo as mesmas regras e com as mesmas consequências da união estável heteroafetiva". Em razão do julgamento, e para lhe prestar a devida efetividade no plano burocrático, o Conselho Nacional de Justiça editou a Resolução nº 175/2013, que, no art. 1º, dispõe ser "vedada às autoridades competentes a recusa de habilitação, celebração de casamento civil ou de conversão de união estável em casamento entre pessoas de mesmo sexo". Por esta razão, uma vez que duas pessoas compareçam no cartório de registro civil, habilitem-se para o casamento e consumem o ato, aplicam-se à união todos os consectários legais, inclusive aquele que proíbe a pessoa casada de contrair novas núpcias (art. 1.521, inciso VI, do Código Civil) e aquele que pune o casado que o tenha feito (art. 235 do Código Penal).

De acordo com o disposto no § 1º, é também punido aquele que, não sendo casado (solteiro, viúvo ou divorciado), contrai casamento com pessoa casada, conhecendo essa circunstância. Neste caso, a pena é mais branda, de um a três anos de reclusão ou detenção. Trata-se, aqui, de uma exceção pluralista à teoria monista do art. 29 do CP.

O § 2º enuncia duas hipóteses em que o crime deixa de existir:

a) *se anulado, por qualquer motivo, o primeiro casamento:* a Exposição de Motivos bem elucida (item 76): "Conforme expressamente dispõe o projeto, o crime de bigamia existe desde que, ao tempo do segundo casamento, estava vigente o primeiro; mas, se este, a seguir, é judicialmente declarado nulo, o crime se extingue, pois que a declaração de nulidade retroage *ex tunc*".

As causas de nulidade estão previstas nos arts. 1548, I e II, e 1521, I a VII, do Código Civil. As de anulabilidade estão dispostas no art. 1550, I a VI, do mesmo *codex*.

b) *ou se anulado o segundo casamento por motivo que não a bigamia:* também se considera inexistente o crime se o segundo casamento é anulado por outro motivo que não a própria bigamia (a bigamia não pode excluir-se a si mesma).

☑ ***Por fim, sabendo-se que o crime de bigamia é antecedido de declaração falsa do agente a respeito do seu estado civil no processo de habilitação, fica a pergunta: o crime de falsidade fica absorvido pelo de bigamia?***

Luiz Regis Prado esclarece:

> "Frise-se que a prática do delito previsto no art. 235 do Código Penal supõe que o agente declare, em documento público, ser solteiro, viúvo ou divorciado, incorrendo no delito insculpido no art. 299 do mesmo diploma. Haveria, portanto, concurso material de delitos? Embora parte da doutrina se manifeste nesse sentido, urge reconhecer que o delito de bigamia exige a precedente falsidade, isto é, o processo preliminar de habilitação para o segundo casamento

> importa necessariamente declaração falsa por parte do agente. Destarte, em se admitindo o concurso material de crimes, o sujeito ativo responderia sempre pelo delito de falsidade. Nesse contexto, é indicada a solução do conflito pelo critério da consunção. Com efeito, o delito de falsidade ideológica (norma consumida) é fase de realização do crime de bigamia (norma consuntiva) ou é uma regular forma de transição para este último (delito progressivo). O crime-fim (bigamia) absorve, portanto, o crime-meio (falsidade ideológica), que constitui etapa de sua realização (*major absorbet minorem*). Advirta-se, porém, que a aplicação desse critério pode trazer incoerência: a bigamia tentada, que absorveria a falsidade, seria sancionada menos severamente do que esta: todavia, se não caracterizado o início da execução, a falsidade ideológica consumada (ato preparatório) seria punível como delito autônomo."[9].

1.4. Voluntariedade

É o dolo (direto ou eventual), consistente na vontade consciente de contrair novo matrimônio sendo ainda vigente o casamento anterior.

No § 1º, aquele que, não sendo casado, contrai casamento com pessoa que o seja, deve conhecer essa circunstância, não sendo bastante o dolo eventual.

Não se exige qualquer elemento psíquico específico.

1.5. Consumação e tentativa

A bigamia se consuma no momento em que é declarado perfeito o segundo casamento, isto é, quando manifestada a vontade de ambos os nubentes (dispensando a lavratura do termo)[10].

No que tange à tentativa, a doutrina é divergente.

De acordo com Fragoso[11], acompanhado por Mirabete[12], a tentativa é possível, quando, iniciados os atos de celebração do casamento, o agente não se manifesta favorável por circunstâncias alheias à sua vontade.

Já Romão Côrtes Lacerda, mencionado por Fernando Capez, sustenta:

> "Os atos praticados para o advento da ocasião dessa *declaração de vontade* são *preparatórios*, não podem ser tomados como atos de *execução*, pois esta *começa* e *acaba* com a *declaração de vontade*, e *não começa sem a declaração*. Se, no momento em que o agente vai

9. *Curso de direito penal brasileiro:* parte especial, v. 3, p. 440-441.
10. A celebração, por parte do mesmo agente, de mais de um casamento, estando vigente o primeiro, configura concurso material de delitos (art. 69 do CP).
11. Ob. cit., v. 3, p. 556-557.
12. *Manual de direito penal*, v. 3, p. 7-8.

responder *sim* ou *não* a pergunta do celebrante, surge alguém e o denuncia, não se pode dizer que a execução se haja interrompido *independentemente* da vontade do agente, que tanto poderia ter respondido *sim* como *não*, e posto que no *sim* estaria a *execução*."[13].

1.6. Ação penal

A ação penal será pública incondicionada.

Consoante o estatuído no art. 111, IV, do CP, o prazo prescricional começa a correr a partir da data em que o fato se tornou conhecido, e não do dia em que o crime se consumou.

2. INDUZIMENTO A ERRO ESSENCIAL E OCULTAÇÃO DE IMPEDIMENTO

▶ ***Induzimento a erro essencial e ocultação de impedimento***

Art. 236. Contrair casamento, induzindo em erro essencial o outro contraente, ou ocultando-lhe impedimento que não seja casamento anterior:

Pena – detenção, de 6 (seis) meses a 2 (dois) anos.

Parágrafo único. A ação penal depende de queixa do contraente enganado e não pode ser intentada senão depois de transitar em julgado a sentença que, por motivo de erro ou impedimento, anule o casamento.

2.1. Considerações iniciais

Segue-se tutelando a instituição do casamento e a organização da família (sua regular formação).

A pena cominada ao delito permite a transação penal e a suspensão condicional do processo (Lei 9.099/95).

2.2. Sujeitos do crime

Não exigindo o tipo nenhuma condição (ou qualidade) especial do agente, qualquer pessoa pode praticar o delito. É possível, inclusive, que os dois contraentes o pratiquem, simultaneamente, enganando um ao outro (dolo bilateral).

Sujeito passivo primário, a exemplo do crime anterior, é o Estado. Também pode figurar no polo passivo o contraente enganado (de boa-fé).

2.3. Conduta

Pune-se aquele que contrair casamento, induzindo em erro essencial o outro contraente, ou ocultando-lhe impedimento que não seja casamento anterior. Da simples leitura do tipo incriminador percebemos duas condutas punidas:

13. Ob. cit., v. 3, p. 119.

a) A primeira é a de *induzir* outrem a erro essencial, contraindo com ele casamento. De acordo com o art. 1.557 do CC, considera-se erro essencial sobre a pessoa do outro cônjuge: I – o que diz respeito à sua identidade, sua honra e boa fama, sendo esse erro tal que o seu conhecimento ulterior torne insuportável a vida em comum ao cônjuge enganado; II – a ignorância de crime, anterior ao casamento, que, por sua natureza, torne insuportável a vida conjugal; III – a ignorância, anterior ao casamento, de defeito físico irremediável, ou de moléstia grave e transmissível, pelo contágio ou herança, capaz de pôr em risco a saúde do outro cônjuge ou de sua descendência; IV – a ignorância, anterior ao casamento, de doença mental grave que, por sua natureza, torne insuportável a vida em comum ao cônjuge enganado.

b) A segunda é a de *ocultar* impedimento, desde que não seja casamento anterior (tratando-se de casamento anterior, ainda vigente, o crime será de bigamia, art. 235 do CP). O impedimento torna o casamento nulo, e as hipóteses em que isso ocorre estão assim dispostas no art. 1.521 do Código Civil: "Não podem casar: I – os ascendentes com os descendentes, seja o parentesco natural ou civil; II – os afins em linha reta; III – o adotante com quem foi cônjuge do adotado e o adotado com quem o foi do adotante; IV – os irmãos, unilaterais ou bilaterais, e demais colaterais, até o terceiro grau inclusive; V – o adotado com o filho do adotante; VI – as pessoas casadas; VII – o cônjuge sobrevivente com o condenado por homicídio ou tentativa de homicídio contra o seu consorte.

Apesar de a lei silenciar, a doutrina ensina que a ocultação deve ser comissiva (uma ação), pois a forma omissiva (silêncio, inação) é um indiferente penal.

Nesse sentido, explica Regis Prado:

> "Em que pese a ausência de menção expressa de que a ocultação se faça por meio fraudulento, predomina o entendimento segundo o qual a ocultação referida pela descrição típica deve ser comissiva. Dessa forma, indispensável que o delito se realize através do exercício de uma atividade finalística conscientemente dirigida ao fim proposto (ocultação do impedimento). Assim, por exemplo, se através da certidão de nascimento pudesse o outro contraente vir a saber do parentesco, mas o agente, no lugar da certidão, anexou prova de idade equivalente, buscando esconder o parentesco, caracteriza-se o impedimento. O mero silêncio ou a ocultação fraudulenta por omissão não são suficientes para a caracterização do delito em apreço."[14].

2.4. Voluntariedade

É o dolo, consistente na vontade consciente de contrair matrimônio induzindo em erro essencial outro contraente, ou ocultando-lhe impedimento (que não seja casamento anterior).

Nenhuma finalidade específica é exigida do agente.

2.5. Consumação e tentativa

Consuma-se o crime com o casamento, não sendo bastante o induzimento a erro ou a ocultação de impedimento.

14. *Curso de direito penal brasileiro*, v. 3, p. 448.

A condição[15] imposta pelo parágrafo único (*a ação penal não pode ser intentada senão depois de transitar em julgado a sentença que, por motivo de erro ou impedimento, anule o casamento*) torna a tentativa juridicamente impossível.

Mirabete[16], citando Noronha e Fragoso, ensina que a prescrição só começa a correr após o trânsito em julgado da sentença que declara a nulidade do casamento, pois, somente a partir de então, é que surge o direito de o Estado iniciar a persecução criminal.

2.6. Ação penal

A ação penal é privada personalíssima (a titularidade da ação não se transmite aos sucessores), aliás, única existente no Código Penal após a revogação do art. 240, que tipificava o adultério.

3. CONHECIMENTO PRÉVIO DE IMPEDIMENTO

▶ ***Conhecimento prévio de impedimento***

Art. 237. Contrair casamento, conhecendo a existência de impedimento que lhe cause a nulidade absoluta:

Pena – detenção, de 3 (três) meses a 1 (um) ano.

3.1. Considerações iniciais

À semelhança dos dois dispositivos anteriores, tutela-se o casamento e a regular organização da família.

A pena cominada ao delito permite a transação penal e a suspensão condicional do processo (Lei 9.099/95).

3.2. Sujeitos do crime

Qualquer pessoa que contraia casamento conhecendo a existência de impedimento (absoluto) praticará o crime em análise (podendo ser cometido por ambos os cônjuges, em coautoria).

Sujeito passivo é o Estado, com ele concorrendo o cônjuge enganado.

3.3. Conduta

Consiste o crime em contrair casamento, conhecendo a existência de impedimento que lhe cause a nulidade absoluta.

Ao contrário do que ocorre no delito anterior, não há emprego de fraude (*induzimento* ou *ocultação*), sendo suficiente que um (ou ambos) nubente saiba da existência do impedimento.

15. Diverge a doutrina a respeito da natureza desta *condição*. Para uns (**Fragoso**, **Mirabete**, **Damásio** e **Bitencourt**) trata-se de *condição de procedibilidade*; já para outros (**Noronha**, **Bento de Faria** e **Paulo José da Costa Jr.**) constitui *condição objetiva de punibilidade*.

16. *Manual de direito penal* cit., v. 3, p. 12.

Como já destacado, os impedimentos ao casamento são aqueles previstos no art. 1.521, I a VII, do CC. Aqui, a lei não exclui expressamente o casamento anterior como uma dessas causas impeditivas, como o faz na segunda figura do art. 236. No entanto, o mesmo raciocínio deve ser aplicado, pois se o agente se casa nessas condições, estará praticando o crime de bigamia.

3.4. Voluntariedade

É o dolo (direto), consistente na vontade consciente de contrair o casamento, desde que ciente da existência de impedimento.

Não se exige finalidade especial por parte do agente.

3.5. Consumação e tentativa

O crime se consuma com a efetiva celebração do casamento, ou seja, após o assentimento dos nubentes (art. 1.514 do CC).

Apesar de haver divergência, prevalece ser possível a tentativa, aplicando-se, no mais, os mesmos comentários dispensados ao tema quando da análise do crime de bigamia (art. 235 do CP).

3.6. Ação penal

A ação penal é pública incondicionada.

Regis Prado, citando Fragoso, justifica:

> "Justifica-se a natureza pública da ação penal pela admissibilidade de coautoria entre os cônjuges. Com efeito, embora menos grave que o delito precedente – para o qual é prevista ação penal privada personalíssima –, a possibilidade de que ambos os cônjuges figurem como autores, cientes da existência de impedimento absoluto, obsta que se consagre a exigência de que a ação penal seja intentada unicamente por um dos contraentes."[17].

4. SIMULAÇÃO DE AUTORIDADE PARA CELEBRAÇÃO DE CASAMENTO[18]

> ▶ ***Simulação de autoridade para celebração de casamento***
>
> **Art. 238**. Atribuir-se falsamente autoridade para celebração de casamento:
>
> Pena – detenção, de 1 (um) a 3 (três) anos, se o fato não constitui crime mais grave.

---

17. *Curso de direito penal brasileiro:* parte especial, p. 456.
18. Este crime é uma forma especial de usurpação de função pública (art. 328 do CP). Aliás, se o agente, com sua conduta, aufere vantagem, o crime será o do art. 328 do CP.

4.1. Considerações iniciais

O bem jurídico tutelado, aqui, não é somente a instituição do casamento e a organização da família. Busca-se, também, a manutenção da segurança jurídica na celebração da união, que deve seguir todas as formalidades previstas em lei.

A punição se justifica porque somente o Estado pode determinar a autoridade competente a celebrar o casamento. Nos termos do art. 98, II, da CF, a União, no Distrito Federal e nos Territórios, e os Estados criarão justiça de paz, remunerada, composta de cidadãos eleitos pelo voto direto, universal e secreto, com mandato de quatro anos e competência para, na forma da lei, celebrar casamentos, verificar, de ofício ou em face de impugnação apresentada, o processo de habilitação e exercer atribuições conciliatórias, sem caráter jurisdicional, além de outras previstas na legislação.

A pena cominada ao delito permite apenas a suspensão condicional do processo (Lei 9.099/95).

4.2. Sujeitos do crime

O crime pode ser praticado por qualquer pessoa (incluindo o funcionário público).

Sujeito passivo será o Estado, bem como os cônjuges que contraírem o casamento de boa-fé (se apenas um estiver de boa-fé, apenas ele figurará como vítima).

4.3. Conduta

O delito consiste em *atribuir-se* (intitular-se) falsamente autoridade para celebração de casamento.

Dispõe o art. 1.550, VI, do CC, que o casamento realizado nessas circunstâncias (por autoridade incompetente) é anulável.

No entanto, o mesmo Estatuto, percebendo nesses casos a quase sempre boa-fé dos noivos, induzidos em erro pelo falso celebrante, prevê no art. 1.554 a convalidação da nulidade se o ato tiver sido registrado no Registro Civil.

Essa convalidação, no entanto, não faz desaparecer o crime, como bem esclarece Regis Prado:

> "Essa exceção ao princípio da incurabilidade das nulidades encontra justificativa ante o interesse prevalente dos filhos e dos consortes de boa-fé, sendo preferível, nessa hipótese, conservar a integridade do vínculo matrimonial (...). Nesse particular enfoque, calha salientar que a convalidação não constitui causa extintiva de punibilidade e tampouco causa excludente do próprio delito. Conclui-se, portanto, que, embora sanada a nulidade, subsistem o delito e a possibilidade de aplicação concreta da sanção penal correspondente."[19].

---

19. *Curso de direito penal brasileiro:* parte especial, v. 3, p. 461.

4.4. Voluntariedade

É o dolo, consubstanciado na vontade consciente de atribuir-se falsamente autoridade para celebração de casamento. Se a intenção do agente for a prática de crime mais grave, responderá por este (o tipo ressalva expressamente a natureza subsidiária).

4.5. Consumação e tentativa

Para a consumação do crime não se exige a celebração do matrimônio, bastando a prática de ato inequívoco de atribuir-se autoridade.

A tentativa será possível, casuisticamente, se o ato praticado pelo agente puder ser fracionado.

4.6. Ação penal

A ação penal será pública incondicionada.

5. SIMULAÇÃO DE CASAMENTO

> ▶ ***Simulação de casamento***
>
> **Art. 239**. Simular casamento mediante engano de outra pessoa:
>
> Pena – detenção, de 1 (um) a 3 (três) anos, se o fato não constitui elemento de crime mais grave.

5.1. Considerações iniciais

Permanece a tutela sobre a instituição do casamento e a organização da família, base da sociedade.

Em razão da pena cominada, permite-se apenas a suspensão condicional do processo (Lei 9.099/95).

5.2. Sujeitos do crime

A doutrina é divergente acerca de quem pode praticar o delito em estudo. Mirabete, ao discorrer sobre o assunto, faz a seguinte observação:

> "Normalmente sujeito ativo do crime é um dos nubentes, mas, ao contrário do que afirmam Romão C. de Lacerda e Fragoso, o delito pode existir sem que atue um dos contraentes como agente. Afirma, corretamente, Noronha: 'Podem, aliás, ser o magistrado e o oficial do Registro Civil os autores quando então os contraentes são enganados: certamente aqueles simulam casamento, mediante engano de outra pessoa'. Poderá haver também conluio e, portanto, coautoria, entre o magistrado e um dos nubentes"[20].

Em sentido contrário, Fragoso conclui que, embora admita coautoria, o "*sujeito ativo* pode ser qualquer pessoa que simule casar-se"[21].

---

20. *Manual de direito penal*, v. 3, p. 15.

21. Ob. cit., v. 3, p. 567.

Sujeito passivo será o Estado. Também poderão figurar no polo passivo (secundariamente) o nubente de boa-fé ou o representante legal de incapazes que necessitam do consentimento para se casar.

5.3. Conduta

Pune-se quem *simular* (fingir) casamento mediante engano de outra pessoa.

Na lição de Bento de Faria, a simulação do casamento:

> "Significa representar com semelhança o ato verdadeiro, para fazer supor a sua realidade e legitimidade. Consiste, pois, em celebrar um ato que tenha as aparências do casamento, constituindo meio eficiente para determinar, não um vínculo suscetível de anulação, mas o engano de que foi vítima o sujeito passivo"[22].

É indispensável, para que se configure o crime, que a ação enganosa ludibrie alguém diretamente interessado na celebração do matrimônio, como os nubentes ou seus responsáveis (quando do seu consentimento depende a união).

5.4. Voluntariedade

É o dolo, consistente na vontade consciente de simular casamento, enganando outra pessoa. Se o agente, com a simulação, visou a prática de crime mais grave, responderá somente por este, como destaca o preceito secundário do dispositivo (delito subsidiário).

Não se exige nenhuma intenção específica por parte do sujeito ativo.

5.5. Consumação e tentativa

Consuma-se o crime com a realização da cerimônia fraudulenta.

A tentativa é possível, tendo em vista a possibilidade de fracionamento da conduta.

5.6. Ação penal

A ação penal será pública incondicionada.

6. ADULTÉRIO

> ▶ ***Adultério (Revogado pela Lei 11.106/2005.)***
>
> **Art. 240**. Cometer adultério:
>
> Pena – detenção, de quinze dias a seis meses.
>
> § 1º Incorre na mesma pena o co-réu.
>
> § 2º A ação penal somente pode ser intentada pelo cônjuge ofendido, e dentro de um mês após o conhecimento do fato.
>
> § 3º A ação penal não pode ser intentada:
>
> I – pelo cônjuge desquitado;

22. Ob. cit., v. 5, p. 196.

II – pelo cônjuge que consentiu no adultério ou o perdoou, expressa ou tacitamente.

§ 4º O juiz pode deixar de aplicar a pena:

I – se havia cessado a vida em comum dos cônjuges;

II – se o querelante havia praticado qualquer dos atos previstos no art. 317 do Código Civil.

CAPÍTULO II – DOS CRIMES CONTRA O ESTADO DE FILIAÇÃO

1. REGISTRO DE NASCIMENTO INEXISTENTE

▶ ***Registro de nascimento inexistente***

Art. 241. Promover no registro civil a inscrição de nascimento inexistente:

Pena – reclusão, de 2 (dois) a 6 (seis) anos.

1.1. Considerações iniciais

O bem jurídico ora tutelado é, especialmente, o estado de filiação. Também recai a proteção sobre a fé pública de que são dotados os documentos inscritos no registro civil (com a prática delituosa, tornam público um ato inexistente).

A pena cominada ao delito não admite qualquer benefício da Lei 9.099/95.

1.2. Sujeitos do crime

Qualquer pessoa pode praticar o delito em estudo (crime comum).

Lembra Regis Prado:

> "É bem possível que o agente seja pessoa estranha à família daqueles indicados como pais da criança inexistente ou, ainda, oficial do Registro Civil. O médico que forneça atestado de nascimento inexistente e as testemunhas do suposto nascimento podem figurar como partícipes do delito em estudo. De outro lado, são coautores do delito o pai e a mãe fictícios que promovem a falsa inscrição no Registro Civil."[23].

Sujeito passivo será o Estado. Também poderá figurar como vítima aquele eventualmente prejudicado pelo falso registro.

1.3. Conduta

Consiste o crime em *promover* (gerar, provocar, requerer) no registro civil a *inscrição de nascimento inexistente*, isto é, assentamento de pessoa que não foi concebida (abrangendo, também, a inscrição de nascimento de natimorto)[24].

---

23. *Curso de direito penal brasileiro:* parte especial, v. 3, p. 484.

24. Diz a lei (art. 50 da Lei 6.015/73) que todo o nascimento ocorrido no território nacional deve ser comunicado e registrado em livro próprio, com todos os dados a ele referentes (data, hora, local

Trata-se de forma especial de praticar falsidade ideológica (art. 299), que, no entanto, fica absorvida pelo crime fim (art. 241).

1.4. Voluntariedade

É o dolo, consistente na vontade consciente de promover no registro civil a inscrição de nascimento inexistente.

Não se exige finalidade especial por parte do agente.

1.5. Consumação e tentativa

A consumação ocorre com a inscrição do nascimento inexistente no registro civil, independentemente dos efeitos que possa causar.

A tentativa é possível quando, por exemplo, o agente emite a falsa declaração do nascimento, que não é registrado por circunstâncias alheias à sua vontade.

1.6. Ação penal

A ação penal será pública incondicionada.

A prescrição da pretensão punitiva, nos termos do que disposto no art. 111, IV, do CP, tem início da data em que o fato tornou-se conhecido.

2. PARTO SUPOSTO. SUPRESSÃO OU ALTERAÇÃO DE DIREITO INERENTE AO ESTADO CIVIL DE RECÉM-NASCIDO

▶ ***Parto suposto. Supressão ou alteração de direito inerente ao estado civil de recém-nascido***

Art. 242. Dar parto alheio como próprio; registrar como seu o filho de outrem; ocultar recém-nascido ou substituí-lo, suprimindo ou alterando direito inerente ao estado civil:

Pena – reclusão, de 2 (dois) a 6 (seis) anos.

Parágrafo único. Se o crime é praticado por motivo de reconhecida nobreza:

Pena – detenção, de 1 (um) a 2 (dois) anos, podendo o juiz deixar de aplicar a pena.

2.1. Considerações iniciais

Tutela-se aqui tanto o estado de filiação quanto a fé pública que envolve seu registro.

A pena cominada no *caput* não permite nenhum dos benefícios da Lei 9.099/95, mas se a conduta se subsumir ao parágrafo único, são cabíveis a transação penal e a suspensão condicional do processo.

---

do nascimento, nome dos pais e dos avós etc.). O art. 53, § 1º, da mesma lei, determina que, no caso de ter a criança nascido morta, será o registro feito no livro "C Auxiliar", com os elementos que couberem.

2.2. Sujeitos do crime

Na primeira figura típica, o crime só pode ser praticado pela mulher que comunica parto alheio como sendo próprio. Nas demais (*registrar como seu o filho de outrem; ocultar recém-nascido ou substituí-lo, suprimindo ou alterando direito inerente ao estado civil*), qualquer pessoa pode praticá-lo, pois dispensa qualidade (ou condição) especial do agente.

Sujeito passivo primário é o Estado, atingido pela conduta que abala a regular formação da família e macula os registros públicos inerentes ao estado civil do indivíduo. Também poderá figurar como vítima do crime pessoa que eventualmente seja prejudicada pela ação delituosa (ex.: herdeiros do agente).

2.3. Conduta

Quatro são os comportamentos típicos (delito de ação múltipla ou conteúdo variado):

a) *dar parto alheio como próprio*[25]: aqui, a mulher (crime próprio), sem gerar falso registro (que, em ocorrendo, configurará a conduta seguinte) atribui a si mesma a maternidade de uma criança não originária de seu ventre.

A respeito dessa conduta, ensina Bento de Faria:

> "A simulação por si só, seja de prenhez, seja da parturição, não constitui crime; pode ser um fato de caráter todo particular com que nada tem que ver a justiça pública, por isso que não afeta, nem prejudica interesses de terceiros que estão sob sua guarda e a ela cumpre zelar"[26].

b) *de registrar,*[27] *como seu, o filho de outrem*: é conduta semelhante à do dispositivo anterior (art. 241), distinguindo-se pelo fato de que, aqui, o nascimento efetivamente ocorreu. Essa prática é conhecida como "adoção à brasileira", bastante utilizada pelos agentes para burlarem o procedimento legal da adoção.

c) *de ocultar* (sonegar, esconder, encobrir) *recém-nascido, suprimindo ou alterando direito inerente ao estado civil*: nessa hipótese, o sujeito ativo sonega a existência do *recém-nascido* (primeiros dias após o parto), visando suprimir ou alterar direito concernente a estado civil.

Explica Regis Prado:

> "Irrelevante a efetiva ocorrência do ocultamento material, ou seja, basta que o agente não apresente o neonato, advindo dessa conduta a supressão ou alteração de seu *status familiae*. A não-realização

25. A conduta inversa, isto é, dar parto próprio como alheio, não configura este crime, podendo tipificar o delito de falsidade ideológica (art. 299 do CP).
26. Ob. cit., v. 5, p. 216.
27. A falsidade ideológica (art. 299 do CP) fica absorvida, tratando-se de crime-meio para a prática do delito do art. 242 do CP (nesse sentido: *RJTJSP* 93/440).

> da inscrição do nascimento no Registro Civil, com a finalidade de suprimir direito do recém-nascido – por exemplo, obstar que figure como herdeiro –, configura o delito se acompanhada da privação de direito concernente ao estado civil"[28].

d) por fim, haverá o delito quando o *agente substitui o recém-nascido, suprimindo ou alterando direito inerente ao estado civil*: na presente hipótese há uma troca do neonato, apresentando-se outra criança em seu lugar, suprimindo-lhe os direitos ligados ao estado de filiação, já que passará aos cuidados de família que não a sua. Dispensa-se a efetiva inscrição da criança no registro civil (aliás, é possível que a substituição seja feita antes ou depois da inscrição dos neonatos no Registro Civil).

2.4. Voluntariedade

Nas modalidades de dar parto alheio como próprio e de registrar como seu o filho de outrem, é o dolo, consubstanciado na vontade consciente de praticar a ação típica.

No entanto, a ocultação e a substituição de recém-nascido exigem, além do dolo, o elemento subjetivo especial do injusto, consistente na finalidade de suprimir ou alterar direito inerente ao estado civil.

2.5. Consumação e tentativa

Temos que distinguir o momento consumativo do crime conforme a modalidade de execução, como bem esclarece Regis Prado:

> "Na primeira figura, verifica-se quando criada situação duradoura que realmente implique alteração do *status familiae* da criança; na segunda, com o efetivo registro do filho alheio como se fosse próprio; na terceira e quarta figuras, com a supressão ou alteração de direito inerente ao estado civil. Logo, se da ocultação ou da supressão não resultou a privação de direito do neonato, haverá unicamente tentativa. Aliás, a tentativa é admissível em qualquer das figuras examinadas"[29].

2.6. Figura privilegiada, perdão judicial e prescrição

O parágrafo único do art. 242 prevê minorante (privilégio) para as hipóteses em que o crime é cometido por motivo de reconhecida nobreza, podendo o juiz, inclusive, deixar de aplicar a pena (perdão judicial). Trata-se de direito subjetivo do agente (presentes os requisitos, o juiz deve perdoar).

Motivo nobre é o digno, altruísta, elevado e generoso, como, por exemplo, o do agente que, diante da miséria a que é submetida a criança, gerada por pais sem a mínima condição de subsistência, a registra como própria, com a finalidade de lhe garantir adequado desenvolvimento.

---

28. *Curso de direito penal brasileiro:* parte especial, v. 3, p. 493.
29. *Curso de direito penal brasileiro:* parte especial, v. 3, p. 494.

2.7. Ação penal

A ação penal será pública incondicionada.

Na modalidade de registrar como seu filho de outrem, a prescrição somente começa a correr da data em que o fato se tornar conhecido, tal como prevê o art. 111, IV, do CP.

3. SONEGAÇÃO DE ESTADO DE FILIAÇÃO

▶ ***Sonegação de estado de filiação***

Art. 243. Deixar em asilo de expostos ou outra instituição de assistência filho próprio ou alheio, ocultando-lhe a filiação ou atribuindo-lhe outra, com o fim de prejudicar direito inerente ao estado civil:

Pena – reclusão, de 1 (um) a 5 (cinco) anos, e multa.

3.1. Considerações iniciais

Continua-se tutelando a organização da família e o estado de filiação.

A pena cominada ao delito permite a suspensão condicional do processo (Lei 9.099/95).

3.2. Sujeitos do crime

Qualquer pessoa pode praticar o crime em estudo (salvo na hipótese de *filho próprio*, caso em que somente o pai e a mãe podem praticá-lo).

No polo passivo, figurarão o Estado e o menor (ainda que não registrado), prejudicados pela sonegação do estado de filiação.

3.3. Conduta

A conduta delituosa consiste em *deixar* (abandonar, desamparar) em asilo de expostos (abrigo de crianças abandonadas) ou outra instituição de assistência (pública ou particular) filho próprio ou alheio, ocultando-lhe a filiação ou atribuindo-lhe outra, com o fim de prejudicar direito inerente ao estado civil.

Como bem adverte Bento de Faria:

> "O simples abandono, *em tais lugares*, não incide na sanção penal quando, conjuntamente com a criança, foram deixadas declarações escritas suficientemente indicativas da sua verdadeira filiação, *v.g.*, quando foram pregadas a sua roupa"[30].

O crime pode ser comissivo (ação) ou omissivo (inação).

30. Ob. cit., v. 5, p. 222.

Esclarece Regis Prado:

> "A conduta proibida se refere a uma ação – deixar (abandonar) – e, ao mesmo tempo, a vincula à infração de um dever de agir, decorrente de uma especial relação entre o agente e a vítima, o que significa que, embora sua estrutura se encontre calcada basicamente na proibição, identifica com esta o não-impedimento do resultado, por omissão. Se o sujeito ativo está subordinado a um dever especial de assistência, é ele garantidor do bem jurídico tutelado (delito comissivo por omissão). Trata-se, portanto, de *delito omissivo impróprio* ou *comissivo por omissão*, pois o agente, na situação concreta, não evita o advento do resultado típico (alteração do estado de filiação), podendo e devendo fazê-lo."[31].

O abandono em outro local que não os mencionados no tipo penal não se ajusta ao art. 243, podendo configurar os crimes de abandono de incapaz ou exposição ou abandono de recém-nascido, arts. 133 e 134 do CP, respectivamente.

3.4. Voluntariedade

É o dolo, consistente na vontade consciente de deixar a vítima em asilo de expostos, ou outra instituição de assistência, ocultando-lhe a filiação ou atribuindo-lhe outra.

O tipo é caracterizado também pelo elemento subjetivo especial do injusto, consubstanciado na finalidade específica de prejudicar direito inerente ao estado civil (pode o agente, sonegando estado de filiação, buscar omitir o menor vítima de herança, ou mesmo privá-lo dos alimentos devidos).

3.5. Consumação e tentativa

O crime se consuma com o abandono do menor com a consequente ocultação de sua filiação ou com sua falsa atribuição.

A tentativa é admissível, tendo em vista a possibilidade de fracionamento da conduta.

3.6. Ação penal

A ação penal será pública incondicionada.

CAPÍTULO III – DOS CRIMES CONTRA A ASSISTÊNCIA FAMILIAR

1. INTRODUÇÃO

No passado, a família, ambiente sólido e de laços firmes unindo seus membros, dispensava o Direito Penal (a imposição moral era suficiente).

Hoje, com o afrouxamento desses laços, se forçou a adoção de regras coercitivas, não bastando os princípios morais. Temos, no capítulo em análise, exemplos da necessária

31. *Curso de direito penal brasileiro:* parte especial, v. 3. p. 502.

intervenção do Direito Penal, obrigando, por meio da sanção penal, os membros da família a se ajudarem nas suas necessidades.

2. ABANDONO MATERIAL[32]

▶ ***Abandono material***

Art. 244. Deixar, sem justa causa, de prover a subsistência do cônjuge, ou de filho menor de 18 (dezoito) anos ou inapto para o trabalho, ou de ascendente inválido ou maior de 60 (sessenta) anos, não lhes proporcionando os recursos necessários ou faltando ao pagamento de pensão alimentícia judicialmente acordada, fixada ou majorada; deixar, sem justa causa, de socorrer descendente ou ascendente, gravemente enfermo:

Pena – detenção, de 1 (um) a 4 (quatro) anos, e multa, de uma a dez vezes o maior salário mínimo vigente no País.

Parágrafo único. Nas mesmas penas incide quem, sendo solvente, frustra ou ilide, de qualquer modo, inclusive por abandono injustificado de emprego ou função, o pagamento de pensão alimentícia judicialmente acordada, fixada ou majorada.

2.1. Considerações iniciais

Inserindo o abandono material no capítulo referente aos crimes contra a assistência familiar, a lei tutela a regular manutenção da família, buscando-se a garantia de subsistência de seus membros.

A pena cominada ao delito permite a suspensão condicional do processo (Lei 9.099/95).

2.2. Sujeitos do crime

Trata-se de crime próprio, podendo ser praticado somente por aquele que tem o dever legal de garantir a subsistência da vítima (cônjuge, ascendentes e descendentes). No caso de coobrigados, isto é, quando o dever de assistência recai sobre várias pessoas, cada um responderá como autor da sua omissão.

Sujeito passivo será aquele que pode exigir o amparo por parte do agente (cônjuge, ou filho menor de 18 anos ou inapto para o trabalho, ou ascendente inválido ou maior de 60 anos e ascendente ou descendente gravemente enfermo).

2.3. Conduta

O *caput* enuncia **três** formas de praticar o crime:

---

32. **Art. 22,** *caput*, da Lei 5.478/68: "Constitui crime contra a administração da Justiça deixar o empregador ou funcionário público de prestar ao juízo competente as informações necessárias à instrução de processo ou execução de sentença ou acordo que fixe pensão alimentícia: Pena – Detenção de 6 (seis) meses a 1 (um) ano, sem prejuízo da pena acessória de suspensão do emprego de 30 (trinta) a 90 (noventa) dias".

a) deixar, sem justa causa, de prover a subsistência do cônjuge, ou de filho menor de dezoito anos ou inapto para o trabalho, ou de ascendente inválido ou maior de sessenta anos, não lhes proporcionando os recursos necessários (abandono material em sentido estrito);

b) faltar ao pagamento de pensão alimentícia judicialmente acordada, fixada ou majorada;

c) deixar, sem justa causa, de socorrer descendente ou ascendente, gravemente enfermo.

Na **primeira** ação, o agente, sem justificativa, deixa de garantir ao cônjuge, ao filho menor de dezoito anos[33] ou inapto para o trabalho, ou ao ascendente inválido ou maior de sessenta anos, os recursos materiais necessários à sua sobrevivência, compreendendo alimentação, vestuário, habitação, tratamento da saúde etc. (a maioria limita tão somente às necessidades fundamentais à manutenção da pessoa humana com dignidade[34]). Mostra-se desnecessária, para a caracterização do crime, prévia ação de alimentos (finda ou em discussão). Deve-se ressaltar, quanto à subsistência de filho, que a lei pune a omissão apenas se este for menor de dezoito anos ou inapto para o trabalho, não se simplesmente recusa o trabalho porque os pais têm possibilidade de sustentá-lo. Neste caso, a lei penal não incidirá, pois, do contrário, tornar-se-á um meio de fomentar a vadiagem, desviando-se do seu sentido de preservar a solidariedade no âmbito familiar.

O **segundo** comportamento típico se dá quando o sujeito ativo falta ao pagamento de pensão alimentícia judicialmente acordada, fixada ou majorada (sendo necessária, nessa hipótese, a existência de sentença judicial alimentícia). Fragoso[35] (seguido por Mirabete[36]) entende que a inobservância da ordem estabelecida pela Lei Civil na atribuição da obrigação de prestar alimentos é irrelevante para o aperfeiçoamento do crime.

A **terceira** ação criminosa ocorre quando o agente deixa, sem justa causa, de socorrer descendente ou ascendente, gravemente enfermo. Não se trata de omitir os meios de subsistência que devem ser garantidos ao sujeito passivo, mas o amparo de que necessita em razão de grave enfermidade (física ou mental), como medicamentos, acompanhamento médico, acomodação hospitalar etc. Trata-se de forma especial de omissão de socorro, que, ao contrário do art. 135 do Código Penal, pressupõe relação de ascendência ou descendência entre o agente e a vítima. Daí advém outra diferença: se da omissão de socorro do art. 135 resulta lesão corporal grave ou morte, a pena daquele crime é majorada; se decorre o mesmo da omissão do art. 244, o agente é responsável pelo resultado mais grave na forma de omissão imprópria, pois, na qualidade de ascendente ou descendente obrigado a socorrer a vítima gravemente enferma, sobre ele recai a obrigação de evitar o resultado.

---

33. "Ainda quando seja a mulher pessoa saudável e capaz de trabalhar, responde pelo delito do art. 244 do CP o marido que deixa de prover ao sustento dos filhos do casal" (*JTACRIM* 39/173).
34. Nesse sentido, **Rogério Greco** (*Curso de Direito Penal – Parte Especial,* v. 3, p. 694).
35. Ob. cit., v. 3, p. 598.
36. *Manual de direito penal:* parte especial, vol. 3, p. 30.

Aponta Mirabete a infelicidade do legislador ao prever a obrigação de amparo somente nos casos de enfermidade grave, pois há doenças que:

> "Não são graves do ponto de vista médico, mas impossibilitam o paciente para o trabalho e, em decorrência, dificultam a própria subsistência da pessoa desamparada."[37].

Contudo, observamos que se a vítima sofre de doença não grave, mas que a impossibilite para o trabalho, prejudicando sua subsistência, não se poderá falar em atipicidade, subsumindo-se a conduta do agente à primeira ação típica.

O parágrafo único equipara ao *caput* a ação de quem, sendo solvente, frustra ou ilide, de qualquer modo, inclusive por abandono injustificado de emprego ou função, o pagamento de pensão alimentícia judicialmente acordada, fixada ou majorada. Pune-se, principalmente, o ato daquele que abandona o emprego, sem justa causa, com a finalidade de evitar que lhe sejam descontados valores referentes à obrigação alimentar. A lei não pune somente aquele que abandona o emprego, mas quem de *qualquer modo* frustra ou ilide o pagamento de pensão alimentícia.

Parece-nos, todavia, que a intenção do legislador era a de evitar, tão somente, que o agente deixasse o emprego para alegar justa causa ao não pagamento dos alimentos, pois quem o frustra ou ilide de qualquer outro modo, já está faltando com a prestação, e incide na figura prevista no *caput*.

Nota-se que, para a caracterização de qualquer das figuras típicas, deve o sujeito ativo agir de forma injustificada (elemento normativo do tipo), aquilatada no caso concreto, apreciando as necessidades do paciente e as possibilidades do agente.

Por fim, a omissão de assistência a número plural de parentes não desnatura a unidade do crime, pois, como vimos, o bem jurídico protegido é a família (nesse sentido: *RT* 518/385).

2.4. Voluntariedade

É o dolo (sem finalidade específica), consubstanciado na vontade consciente de praticar uma das condutas típicas.

2.5. Consumação e tentativa

A consumação depende do tipo de comportamento praticado pelo agente:

a) se abandono material propriamente dito, o crime se consuma no momento em que o agente deixa de prover a subsistência da vítima, podendo fazê-lo (é modalidade permanente do crime, protraindo-se a sua consumação no tempo da omissão);

37. *Manual de direito penal*, v. 3, p. 32.

b) se o crime consistir no não pagamento de pensão alimentícia acordada, fixada ou majorada judicialmente (aplicando-se o mesmo raciocínio para o caso do parágrafo único), consuma-se com a recusa, considerando-se, porém, as datas de adimplemento eventualmente pactuadas pelos interessados. A consumação deste crime não se atrela à decretação, pelo juízo cível, da prisão em decorrência da dívida alimentar. A única exigência para que se perfaça o delito é que a prestação não paga tenha sido judicialmente acordada, fixada ou majorada.

c) a omissão de socorro consuma-se com a mera inação, geradora de perigo.

Por se tratar de delito omissivo próprio, é inadmissível a tentativa.

2.6. Ação penal

A ação penal será pública incondicionada.

2.7. Princípio da especialidade

a) Código Penal x Estatuto do Idoso: a segunda parte do art. 98 da Lei 10.741/03 pune com reclusão de seis meses a três anos e multa a conduta de não prover as necessidades básicas do idoso, quando obrigado por lei ou mandado.

b) Código Penal x Lei 13.146/15: o parágrafo único do art. 90 da Lei 13.146/15 pune com reclusão de seis meses a três anos e multa a conduta de não prover as necessidades básicas de pessoa com deficiência, quando obrigado por lei ou mandado.

3. ENTREGA DE FILHO MENOR A PESSOA INIDÔNEA

► ***Entrega de filho menor a pessoa inidônea***

Art. 245. Entregar filho menor de 18 (dezoito) anos a pessoa em cuja companhia saiba ou deva saber que o menor fica moral ou materialmente em perigo:

Pena – detenção, de 1 (um) a 2 (dois) anos.

§ 1º A pena é de 1 (um) a 4 (quatro) anos de reclusão, se o agente pratica delito para obter lucro, ou se o menor é enviado para o exterior.

§ 2º Incorre, também, na pena do parágrafo anterior quem, embora excluído o perigo moral ou material, auxilia a efetivação de ato destinado ao envio de menor para o exterior, com o fito de obter lucro.

3.1. Considerações iniciais

Ainda se tutela a regular manutenção da família, especialmente no que tange à formação dos filhos, acautelando a vida e a moral dos menores de 18 anos.

A pena cominada no *caput* admite a transação penal e a suspensão condicional do processo (Lei 9.099/95), ao passo que se a conduta se subsumir ao § 1º somente este último benefício poderá ser concedido.

3.2. Sujeitos do crime

Cuida-se de crime próprio, só podendo ser praticado pelos pais. Lembra Regis Prado[38] que o tutor, parente ou o terceiro que tenha a guarda do menor podem, eventualmente, figurar como coautores ou partícipes.

Sujeito passivo, consequentemente, só poderá ser o filho, menor de dezoito anos.

3.3. Conduta

A conduta típica consiste em desencarregar-se de filho menor de 18 anos, entregando-o a pessoa com a qual saiba ou deva presumir que ele (filho) ficará moral ou materialmente em perigo.

Percebe-se que a lei não se contenta com a simples entrega do menor à pessoa inidônea, sendo imprescindível que esta pessoa possa atingir o infante material ou moralmente. Será perigo material aquele capaz de causar algum dano físico, como lesões, doenças, inclusive decorrentes de trabalho excessivo, a entrega a um ébrio, a um toxicômano. Perigo moral se dá quando capaz de causar dano psíquico no menor, seja pela atividade que irá realizar juntamente com a pessoa à qual foi entregue (viver com pessoa que exerça indústria perigosa), seja pelo que irá presenciar por parte dessa pessoa (viver com meretriz).

Não é necessário que haja o efetivo dano ao menor, bastando que seja exposto a tanto, ainda que de forma não contínua.

3.4. Voluntariedade

É o dolo, consistente na vontade consciente de entregar filho menor de dezoito anos aos cuidados de pessoa inidônea.

A expressão *saiba ou deva saber*, contida no dispositivo, tem natureza controvertida na doutrina.

Fragoso, acompanhado por Mirabete[39], entende que a expressão está a indicar que o crime pode ser doloso ou culposo:

> "O *elemento subjetivo* do crime é o dolo ou a culpa. O dolo, genérico, existe quando há vontade conscientemente dirigida à entrega do menor a pessoa com quem o agente sabe que ficará em perigo. A culpa verifica-se quando o agente, sem ter conhecimento de que a ação envolve perigo, material ou moral, para o menor, devesse, porém, sabê-lo, se não omitisse a diligência e a cautela exigíveis."[40].

No entanto, esse entendimento não é compartilhado por Luiz Regis Prado[41] e Guilherme de Souza Nucci, para quem:

38. *Curso de direito penal brasileiro:* parte especial, v. 3, p. 522.
39. *Manual de direito penal:* parte especial, vol. 3, p. 38-39.
40. Ob. cit., v. 3, p. 601.
41. *Curso de direito penal brasileiro:* parte especial, p. 522-523.

> "A culpa deve estar *expressa* no tipo, não se podendo considerar culposo o que não ficou nítido pela lei. (...) Além disso, não há o menor cabimento – e não tem sido esta a postura do legislador nos demais crimes – equiparar a conduta dolosa à culposa, prevendo idêntica pena para ambas. Fosse de modo diverso e o agente, *tendo certeza* de colocar o menor em risco ao entregá-lo para outra pessoa, responderia pela mesma pena destinada a quem, *sendo negligente*, entrega o filho a outra pessoa, sem desejar qualquer risco para sua integridade, o que é um contra-senso"[42].

Não se exige elemento subjetivo específico do injusto.

3.5. Consumação e tentativa

Consuma-se o crime com o perigo efetivo[43] advindo da entrega do menor a pessoa inidônea, independentemente do tempo em que permaneça sob seus cuidados.

Tratando-se de conduta que pode ser fracionada, a tentativa é admissível.

3.6. Qualificadoras

O § 1º eleva a pena máxima de dois para quatro anos de reclusão quando:

a) *o agente pratica o delito para obter lucro*: o simples ânimo de lucro justifica a qualificadora, mesmo que não ocorra o locupletamento do agente. Não se confunde com o crime do art. 238 do ECA ("Prometer ou efetivar a entrega de filho ou pupilo a terceiro, mediante paga ou recompensa"), pois nesta figura especial a promessa ou a efetiva entrega do filho deve ser acompanhada do recebimento da paga ou recompensa;

b) *se o menor é enviado para o exterior*: neste caso, retirando o infante do país de origem, fica dificultada ou impossível sua defesa (e, muitas vezes, seu retorno).

O § 2º pune a conduta daquele que, embora excluído o perigo moral ou material, auxiliava a efetivação de ato destinado ao envio de menor para o exterior, com o fito de obter lucro.

Tal comportamento, hoje, está disciplinado no art. 239 da Lei 8.069/90 (Estatuto da Criança e do Adolescente), revogando, tacitamente, o presente parágrafo (§ 2º), assim dispondo:

> "Promover ou auxiliar a efetivação de ato destinado ao envio de criança ou adolescente para o exterior com inobservância das formalidades legais ou com o fito de obter lucro".

A pena cominada foi majorada (quatro a seis anos) e a figura é mais abrangente, já que o crime irá se configurar pelo simples fato de enviar criança ou adolescente ao

42. *Código Penal comentado*, p. 1047.

43. **Cezar Roberto Bitencourt** classifica o crime como sendo de *perigo presumido* "em razão das condições pessoais aquele a quem o menor é entregue" (*Tratado de direito penal – Parte especial*, v. 4, p. 232).

exterior sem cumprir as formalidades legais, podendo ou não haver intuito de lucro, que, no § 2º, era imprescindível.

3.7. Ação penal

A ação penal será pública incondicionada.

4. ABANDONO INTELECTUAL

> ▶ ***Abandono intelectual***
>
> **Art. 246.** Deixar, sem justa causa, de prover à instrução primária de filho em idade escolar:
>
> Pena – detenção, de 15 (quinze) dias a 1 (um) mês, ou multa.

4.1. Considerações iniciais

A Constituição Federal dispõe no art. 205: "A educação, direito de todos e dever do Estado e da família, será promovida e incentivada com a colaboração da sociedade, visando ao pleno desenvolvimento da pessoa, seu preparo para o exercício da cidadania e sua qualificação para o trabalho".

Também o Código Civil estabelece, no art. 1.634, I, que compete aos pais, quanto à pessoa dos filhos menores, "dirigir-lhes a criação e educação".

O Código Penal, dentro desse espírito, pune no presente artigo o abandono intelectual, acautelando, a exemplo dos crimes anteriores, a organização da família, agora no que tange à formação do filho em idade escolar.

A pena cominada admite a transação penal e a suspensão condicional do processo (Lei 9.099/95).

4.2. Sujeitos do crime

Referindo-se o tipo a *filho* em idade escolar como potencial vítima, conclui-se que somente os pais podem figurar como sujeitos ativos.

Sobre o assunto esclarece Magalhães Noronha:

> "Sujeito ativo do delito são os pais e unicamente eles, diante dos dizeres do Código. Não é o tutor, embora lhe caiba, pelo art. 424, I, do Código Civil [atual art. 1.740, I, CC/2002], dirigir a educação do tutelado. Mal não haveria que, sancionado esse imperativo de direito privado, a lei também estendesse a ele a obrigação, coisa que, aliás, também, deveria ter feito no art. 245. São, portanto, agentes do delito, os pais, mesmo os naturais e adotivos."[44].

Até 2005, entendia-se por filho em período escolar aquele com idade entre sete e quatorze anos. Com o advento da Lei 11.114/2005, foi alterada a Lei de diretrizes e bases

44. *Direito penal*, v. 3, p. 329.

da educação nacional, fixando a idade mínima para ingresso no ensino funda – mental aos seis anos (arts. 6º e 32 da Lei 9.394/96). Em 2009, a Emenda Constitucional nº 59 estabeleceu a garantia de educação básica e gratuita dos quatro aos dezessete anos de idade. Regulamentando a nova disposição constitucional, a Lei nº 12.796/13 alterou novamente as diretrizes e bases da educação nacional, dispondo que a educação básica e gratuita, dos quatro aos dezessete anos de idade, se organiza da seguinte forma: a) pré-escola; b) ensino fundamental; c) ensino médio. E o art. 6º da Lei nº 9.394/96, também modificado, impõe aos pais e responsáveis a obrigação de efetuar a matrícula das crianças na educação básica a partir dos quatro anos de idade.

4.3. Conduta

A conduta punível é deixar, sem justa causa, de prover à instrução primária de filho em idade escolar.

Pratica o crime o pai e/ou a mãe que, convivendo ou não com o filho, deixar de providenciar seu ingresso no ensino fundamental, omitindo investimento na sua formação escolar. Trata-se, pois, de crime omissivo próprio, transgredindo o agente norma mandamental.

Assim como no abandono material, exige-se a inexistência de justa causa para a omissão (elemento normativo do tipo). Todo impedimento de força maior é justa causa, mas não só: dificuldades de ordem econômica da família, quando, por exemplo, a escola fica longe e a família não dispõe de meios para pagar o transporte, podem constituir justa causa. Ao operador do direito compete aferir quando o dolo é excluído pela justa causa[45].

Em resumo, para que o delito de abandono intelectual se caracterize, é preciso: **a)** omissão do pai e/ou mãe, sendo responsável quem se encontre no exercício do poder familiar; **b)** o menor esteja em idade escolar; **c)** ausência de justa causa.

Por fim, alerta Regis Prado:

> "Em que pese sustentar que não se perfaz o abandono intelectual quando a educação do menor é ministrada em casa, é forçoso reconhecer que a *ratio legis* da incriminação é a de compelir os pais a providenciar a escolarização do filho, oferecendo-lhe a educação fundamental no estabelecimento de ensino regular – e não fora dele. Aliás, acentua-se, corroborando tal entendimento, que apenas naquele local pode o menor, 'convivendo intimamente com os colegas e respectivas famílias, participando das atividades desenvolvidas pela agência educativa, formar integralmente sua personalidade, preparando-se para a vida em sociedade'. Não fosse assim, 'não haveria como justificar a expressão – idade escolar – utilizada pelo legislador ao estruturar a figura definida no art. 246 do Código

45. A miserabilidade dos pais não pode ser invocada como razão excludente da obrigação, salvo quando o próprio Poder Público não cumpre com seu dever (constitucional): dispõe o art. 208, VII, da CF ser dever do Estado o atendimento ao educando, no ensino fundamental, através de programas suplementares de material didático-escolar, transporte, alimentação e assistência à saúde.

> Penal. Idade *escolar*, ao que tudo indica, significa aquela em que deve ter lugar a entrada na *escola*'."[46].

Esta orientação, no entanto, não é compartilhada por Damásio[47]:

> "Observo que o tema não é pacífico, entendendo-se, em sentido contrário ao meu, que a educação domiciliar é ilegal, prejudicando a vivência social dos menores pela ausência do ensino escolar. Quanto a essa fundamentação, de relance, cumpre anotar que, nos dias atuais, o ambiente escolar, dentro e fora dos estabelecimentos de ensino público e particular, salvo exceções, permite aos pais a indicação de novo exemplo do elemento normativo do tipo incriminador, quando faz referência a só existir crime quando a omissão ocorre "sem justa causa".
>
> (...)
>
> A Carta Magna, após qualificar a educação como direito social (art. 6º), impõe aos pais o dever de "educar" os filhos (art. 229). Não dispõe sobre a obrigação de educá-los em "escola" (pública ou particular). A Lei de Diretrizes e Bases, porém, uma das fontes da legislação ordinária sobre o assunto, não determina o dever de "educação" em sentido amplo (Lei n. 9.394/96). Restringe-se a disciplinar a "educação escolar" (art. 1º, §§ 1º e 2º), prevendo a matrícula obrigatória no "ensino fundamental" (art. 6º). E o Estatuto da Criança e do Adolescente (ECA – Lei n. 8.069/90), em seu art. 55, obriga os pais a matricularem seus filhos na "rede regular de ensino", cominando multa civil no caso de descumprimento (art. 249). O Plano Nacional de Educação menciona a palavra "escola" dezenas de vezes (Lei n. 10.172, de 9 de janeiro de 2001). Nota-se, pois, que, enquanto a Constituição Federal (CF) dispõe sobre "educação", abrangendo a escolar e a domiciliar, a legislação ordinária regulamenta somente a "escolar" (pública ou privada). E mais: obriga os pais a matricular seus filhos em "escola". Sob esse aspecto, significa: para a legislação ordinária brasileira, a educação domiciliar é ilícita. De ver-se que, como a interpretação das leis deve atender ao princípio da conformidade à CF, conclui-se que a lei ordinária, restritiva, não pode imperar sobre a superior, tacitamente extensiva. É simples: se a Carta Maior impõe o dever de educação dos filhos, não se atendo, implicitamente, à escolar, não pode ser legal norma que considera criminoso o pai que provê o filho de educação domiciliar.
>
> (...)

46. *Curso de direito penal brasileiro:* parte especial, p. 532.
47. Disponível em http://www.cartaforense.com.br/conteudo/colunas/educacao-domiciliar-constitui--crime/5439.

> Se a CF impõe aos pais o dever de "educação" e, se ela pode ser escolar e domiciliar, admitindo as duas, esta última não pode ser considerada ilegal. O art. 246 do CP, portanto, não tipifica o fato do pai que deixa de matricular o filho na escola, mas sim o que não lhe providencia o devido ensino, seja formal ou domiciliar. Por isso, este não pode ser considerado delito de abandono intelectual. Falta-lhe tipicidade, sem necessidade de socorrer-se da eventual análise da elementar "sem justa causa" (elemento normativo do tipo)".

4.4. Voluntariedade

É o dolo, consistente na vontade consciente de não cumprir o dever de dar educação.

Não se exige qualquer finalidade especial por parte do agente.

4.5. Consumação e tentativa

O crime se consuma com a omissão, ficando o menor, em idade escolar, sem a devida instrução, por tempo juridicamente relevante.

Rogério Greco pensa diferente, ensinando "que o delito se consuma quando esgotado o último dia de prazo para a realização da matrícula daquele que necessita do ensino fundamental, desde que não haja justa causa para tanto."[48].

A tentativa, por se tratar de crime omissivo próprio, é inadmissível.

4.6. Ação penal

A ação penal será pública incondicionada.

5. ABANDONO MORAL

> **Art. 247**. Permitir alguém que menor de 18 (dezoito) anos, sujeito a seu poder ou confiado à sua guarda ou vigilância:
>
> I – frequente casa de jogo ou mal-afamada, ou conviva com pessoa viciosa ou de má vida;
>
> II – frequente espetáculo capaz de pervertê-lo ou de ofender-lhe o pudor, ou participe de representação de igual natureza;
>
> III – resida ou trabalhe em casa de prostituição;
>
> IV – mendigue ou sirva a mendigo para excitar a comiseração pública:
>
> Pena – detenção, de 1 (um) a 3 (três) meses, ou multa.

5.1. Considerações iniciais

O delito do art. 247 do Código Penal, apesar de desprovido de rubrica indicativa do *nomen iuris*, foi batizado pela doutrina (aceito pela jurisprudência) de *abandono moral*.

---

48. Ob. cit.,v. 3, p. 713-714.

Mais uma vez, a tutela recai sobre a organização da família na formação dos filhos, buscando-se evitar situações que o conduzam à corrupção de caráter.

A pena cominada permite a transação penal e a suspensão condicional do processo (Lei 9.099/95).

5.2. Sujeitos do crime

Praticam o crime não só os pais do menor, como também aqueles que sobre ele (menor) exerçam poder, guarda ou vigilância[49].

Sujeito passivo será o menor de dezoito anos submetido ao poder, guarda ou vigilância do agente.

5.3. Conduta

São **quatro** as ações típicas previstas:

I) *permitir que o menor frequente casa de jogo ou mal-afamada, ou conviva com pessoa viciosa ou de má vida.*

Proíbe-se que os responsáveis pelo menor consintam que ele frequente casa de jogo (cassinos etc.)[50] ou mal-afamada (boates, cabarés, prostíbulos etc.), ou que conviva com pessoa dada à prostituição, ao crime, ao vício em álcool ou drogas. A elementar *frequentar* significa comparecer muitas vezes. Não basta, portanto, que o menor vá uma só vez aos locais referidos no inciso, sendo imprescindível a reiteração de visitas (só assim, coloca-se em risco o caráter do jovem). De igual forma, utilizando a expressão *conviver*, a lei não se contenta com um contato esporádico e eventual, exigindo intimidade, contato reiterado com *pessoa viciosa ou de má vida*. No entanto, obviamente, isso não conduz ao conceito de crime habitual, vez que a reiteração de atos, nestes casos, não se dá por parte do agente, mas do menor por quem deveria zelar.

II – *permitir que o menor frequente espetáculo capaz de pervertê-lo ou de ofender-lhe o pudor, ou participe de representação de igual natureza.*

49. Aquele que somente acolhe o menor, sem lhe exercer nenhuma influência, não responderá por este crime, podendo, conforme o caso, incorrer nas penas da corrupção de menores.

50. O que se entende por casa de jogo? **Rogério Greco** responde: "Hoje em dia, com a evolução assustadora da informática, existem casa de jogos onde, em geral, os adolescentes se reúnem para disputar, por meio de computadores, os mais diversos jogos com pessoas praticamente do mundo inteiro, ligadas à rede internacional de computadores (*internet*). Se um pai permitisse que seu filho frequentasse a chamada *lan house*, estaria ele praticando o delito em estudo? Entendemos que não, pois que a casa de jogo deve ser entendida como aquela em que o menor convive com pessoas acostumadas ao risco patrimonial que envolve o jogo, podendo chegar, até mesmo, à insolvência, a exemplo do que ocorre com o jogo de pôquer. Também não podemos mais compreender nestas expressões – *casa de jogo ou mal afamadas* –, aquelas destinadas ao jogo de bilhar que, hoje, tem reconhecimento nacional, até mesmo com competições internacionais" (Ob. cit., v. 3, p. 718).

Pune-se o agente que permita a menor sob seus cuidados frequentar ou participar de espetáculo que possa lhe corromper o caráter (pois obsceno, violento etc.). Na primeira parte, considerando a elementar *frequência*, aplica-se o mesmo raciocínio feito no inciso anterior, exigindo-se reiteração. Já a segunda parte (permissão para participar), não pressupõe reiteração, bastando uma única participação. Esta figura, contudo, foi revogada pelo art. 240 do ECA, alterado pela Lei 11.829/2008, que agora pune:

> "Art. 240. Produzir, reproduzir, dirigir, fotografar, filmar ou registrar, por qualquer meio, cena de sexo explícito ou pornográfica, envolvendo criança ou adolescente:
>
> Pena – reclusão, de 4 (quatro) a 8 (oito) anos, e multa.
>
> § 1º Incorre nas mesmas penas quem agencia, facilita, recruta, coage, ou de qualquer modo intermedeia a participação de criança ou adolescente nas cenas referidas no *caput* deste artigo, ou ainda quem com esses contracena.
>
> § 2º Aumenta-se a pena de 1/3 (um terço) se o agente comete o crime:
>
> I – no exercício de cargo ou função pública ou a pretexto de exercê-la;
>
> II – prevalecendo-se de relações domésticas, de coabitação ou de hospitalidade; ou
>
> III – prevalecendo-se de relações de parentesco consanguíneo ou afim até o terceiro grau, ou por adoção, de tutor, curador, preceptor, empregador da vítima ou de quem, a qualquer outro título, tenha autoridade sobre ela, ou com seu consentimento".

III – *permitir que o menor resida ou trabalhe*[51] *em casa de prostituição.*

Veda-se a presença de menores de 18 anos em casa de prostituição, a título de "residência ou trabalho", não havendo no tipo qualquer elemento que indique a necessidade de reiteração de atos.

IV – *permitir que o menor mendigue ou sirva a mendigo para excitar a comiseração pública.*

A conduta punível consiste na tolerância por parte do agente à mendicância pelo menor ou que sirva a mendigo para fomentar o sentimento de piedade, a compaixão pública[52].

---

51. Quando menciona a possibilidade de o menor trabalhar em casa de prostituição, não se refere o tipo, obviamente, à sua submissão ao meretrício, que constitui conduta típica específica no art. 244-A do ECA (Lei 8.069/90), mas a outras atividades que ali possa exercer sem que seja o comércio carnal.
52. O mendigo servido pelo menor não será considerado coautor do crime do art. 247 do CP. Responderia pela contravenção penal prevista no art. 60, parágrafo único, *c*, do Dec.-lei 3.688/41, atualmente revogada pela Lei 11.983, de 16 de julho de 2009.

Em ambas as condutas, não se faz necessário que a permissão seja expressa, bastando que o responsável pelo menor deixe de evitar que este pratique qualquer dos atos previstos no tipo penal.

5.4. Voluntariedade

É o dolo, consubstanciado na vontade consciente de permitir que o menor se entregue a qualquer das atividades previstas.

O elemento subjetivo especial do injusto somente é exigido no inciso IV (finalidade de excitar a comiseração – *misericórdia* – pública).

5.5. Consumação e tentativa

A consumação dependerá da espécie criminosa cometida:

a) nas situações de permitir que o menor frequente casa de jogo ou mal-afamada ou frequente espetáculo capaz de pervertê-lo ou de ofender-lhe o pudor, em que se exige a reiteração de atos por parte do menor, a consumação só ocorre quando constatado seu comparecimento habitual em lugares que podem prejudicar sua formação moral;

b) nas situações de permitir que o menor conviva com pessoa viciosa ou de má vida ou resida ou trabalhe em casa de prostituição, embora não haja o pressuposto da habitualidade, há de se estabelecer um período juridicamente relevante, capaz de submeter a perigo a formação moral do menor;

c) finalmente, na situação de permitir que o menor mendigue ou sirva a mendigo para excitar a comiseração pública, o crime se consuma no exato momento em que se verifique o ato.

A tentativa pode ser admitida nas hipóteses em que o tipo não exige habitualidade.

É possível ao agente permitir alguma das situações de abandono moral também de forma tácita, por omissão, em que toma conhecimento das circunstâncias em que se encontra o menor e não adota nenhuma providência. Não se trata, neste caso, de omissão própria, pois o crime só pode ser cometido pelos pais ou por quem exerça poder, guarda ou vigilância sobre o menor, ou seja, por quem ostente a figura de garante, razão pela qual não há óbice à tentativa na forma omissiva.

Luiz Regis Prado[53] ensina que o crime é de perigo abstrato, contrariado por Rogério Greco, que ensina ser o delito de perigo concreto, efetivo e iminente[54].

5.6. Ação penal

A ação penal será pública incondicionada.

---

53. *Curso de direito penal brasileiro:* parte especial, v. 3, p. 541.
54. Ob. cit., v. 3, p. 720.

CAPÍTULO IV – DOS CRIMES CONTRA O PÁTRIO PODER, TUTELA E CURATELA

Embora se mencione no capítulo *crimes contra o pátrio poder*, faz-se necessário destacar que o Código Civil em vigor, no Livro correspondente ao Direito de Família, não mais utiliza essa denominação, mas, sim, a de *poder familiar*, o que significa que compete a ambos os genitores a direção da formação dos filhos.

1. INTRODUÇÃO

O presente Capítulo traz crimes perfeitamente cabíveis no anterior, por serem, também, violadores da assistência familiar. O título, no entanto, tem o defeito de não compreender todo o conteúdo dos arts. 248 e 249, pois, como veremos, são previstos casos de subtração de incapazes do poder de quem, embora não sendo pai, mãe, tutor ou curador, os conserva sob sua guarda por ordem judicial.

2. INDUZIMENTO A FUGA, ENTREGA ARBITRÁRIA OU SONEGAÇÃO DE INCAPAZES[55]

▶ ***Induzimento a fuga, entrega arbitrária ou sonegação de incapazes***

Art. 248. Induzir menor de 18 (dezoito) anos, ou interdito, a fugir do lugar em que se acha por determinação de quem sobre ele exerce autoridade, em virtude de lei ou de ordem judicial; confiar a outrem sem ordem do pai, do tutor ou do curador algum menor de 18 (dezoito) anos ou interdito, ou deixar, sem justa causa, de entregá-lo a quem legitimamente o reclame:

Pena – detenção, de 1 (um) mês a 1 (um) ano, ou multa.

2.1. Considerações iniciais

Tutela-se a regular manutenção do poder familiar, no que tange aos direitos dos pais, tutor ou curador dos incapazes.

A pena cominada ao delito permite a transação penal e a suspensão condicional do processo (Lei 9.099/95).

2.2. Sujeitos do crime

Qualquer pessoa poderá praticar o delito em estudo (inclusive os pais, destituídos ou suspensos do poder familiar).

Regis Prado bem lembra:

> "Insta destacar, a propósito, que não incorre no delito em apreço, mas sim, eventualmente, naquele acostado no art. 359

55. Este crime não se confunde com o de subtração de incapazes (art. 249 CP). Neste, o menor é tirado (e não meramente induzido a fugir) de quem o tem sob sua guarda legítima.

> (desobediência à decisão judicial sobre a perda ou suspensão de direito), o cônjuge separado judicialmente que retém o filho menor por prazo superior ao acordado."[56].

Sujeito passivo é o pai, a mãe, o tutor ou o curador. Secundariamente, figurará como vítima o menor de dezoito anos ou o interdito.

Mirabete, ao discorrer acerca do assunto, leciona:

> "Na expressão *interdito* não está incluído o pródigo, uma vez que a curatela especial deste estende-se apenas aos seus bens materiais (art. 1782 do CC). O alienado mental não interditado não goza, injustificadamente, da proteção legal do art. 248."[57].

2.3. Conduta

Três são as hipóteses previstas no art. 248:

I – *induzir menor de dezoito anos, ou interdito, a fugir do lugar em que se acha por determinação de quem sobre ele exerce autoridade, em virtude de lei ou de ordem judicial.*

Aqui o agente desperta no menor ou no interdito a ideia de fugir do lugar em que se encontre, mediante conselhos ou promessas, fazendo com que o incapaz, por seus próprios meios, saia da companhia da pessoa a quem foi entregue ou do estabelecimento em que se encontra internado para educação ou tratamento da saúde. Não basta a indução, sendo imprescindível que haja o efetivo desaparecimento[58].

II – *confiar a outrem sem ordem do pai, do tutor ou do curador algum menor de dezoito anos ou interdito.*

Neste caso, o agente tem o menor sob sua responsabilidade momentaneamente (como, por exemplo, o responsável por instituição de ensino) e o entrega a alguém sem ordem dos pais, tutor ou curador (entrega arbitrária)[59].

Hungria observa: "Em tal caso, o terceiro que recebe o incapaz será coautor, se conhecedor do arbítrio da entrega; se desconhecia tal circunstância, mas se recusa a restituir o incapaz, incorrerá no crime de sonegação (terceira modalidade prevista no art. 248 do CP). Se o terceiro obtém a entrega mediante engano do *tradens*, ou violência material ou moral contra este, cometerá o crime de *subtração* (art. 249)."[60].

---

56. *Curso de direito penal brasileiro:* parte especial, vol. 3, p. 547.
57. *Manual de direito penal*, v. 3, p. 48.
58. Note-se que o agente deve apenas persuadir o incapaz a fugir, pois, se praticar qualquer ato destinado à sua retirada da esfera de proteção do responsável, a figura jurídica muda: teremos a subtração, prevista no artigo seguinte (art. 249 do CP).
59. Não haverá crime se a entrega ocorrer em obediência à ordem judicial, porque a ninguém é lícito desrespeitar uma determinação de tal natureza.
60. Ob. cit., v. 8, p. 478.

III – *deixar, sem justa causa, de entregar o menor de dezoito anos ou o interdito a quem legitimamente o reclame.*

Trata-se de modalidade omissiva, em que o agente já tem o incapaz sob seus cuidados, de forma regular, e se recusa a entregá-lo a quem de direito. A posse anterior do incapaz deve ser regular (legítima e autorizada) porque, do contrário, o agente que se recusa a devolvê-lo já terá praticado o delito de subtração de incapazes (art. 249 do CP). Exige-se, neste caso, que o ato de recusa se dê sem justa causa, pois, provado motivo justo para que a negativa se operasse, afastada estará a tipicidade, ocorrendo o mesmo se o reclame for ilegítimo (se o tutor, por exemplo, pretende retirar a tutelada para entregá-la à prostituição, a recusa do agente não constitui crime).

2.4. Voluntariedade

É o dolo, consistente na vontade consciente de praticar uma das condutas previstas no tipo.

Não se exige qualquer finalidade específica por parte do agente.

2.5. Consumação e tentativa

Na primeira figura típica, parte da doutrina entende que o crime é material, consumando-se com a efetiva fuga do incapaz (sendo insuficiente o mero induzimento).

Guilherme de Souza Nucci, no entanto, discorda, ensinando:

> "Trata-se de delito formal, e o mero induzimento já configura o crime contra o pátrio poder, tutela ou curatela, desde que seja suficiente para formar a opinião do menor ou do interdito."[61].

Na modalidade *confiar o menor ou interdito*, a consumação ocorre com a efetiva entrega.

Por fim, a terceira ação delituosa se consuma no momento da recusa em entregar o incapaz a quem o legitimamente o reclame, sem justa causa para tanto.

Nas duas primeiras, a tentativa é perfeitamente admissível. No entanto, na recusa em entregar o incapaz, por se tratar de crime omissivo próprio, o *conatus* não ocorre.

2.6. Ação penal

A ação penal será pública incondicionada.

---

61. *Código Penal comentado*, p. 1052.

3. SUBTRAÇÃO DE INCAPAZES

▶ ***Subtração de incapazes***

Art. 249. Subtrair menor de 18 (dezoito) anos ou interdito ao poder de quem o tem sob sua guarda em virtude de lei ou de ordem judicial:

Pena – detenção, de 2 (dois) meses a 2 (dois) anos, se o fato não constitui elemento de outro crime.

§ 1º O fato de ser o agente pai ou tutor do menor ou curador do interdito não o exime de pena, se destituído ou temporariamente privado do pátrio poder, tutela, curatela ou guarda.

§ 2º No caso de restituição do menor ou do interdito, se este não sofreu maus-tratos ou privações, o juiz pode deixar de aplicar pena.

3.1. Considerações iniciais

Mais uma vez, protege-se a regular manutenção da família, no que diz respeito à guarda de menor ou interdito.

A pena cominada ao delito admite a transação penal e a suspensão condicional do processo (Lei 9.099/95).

3.2. Sujeitos do crime

O crime é comum, podendo ser praticado por qualquer pessoa. Da simples leitura do § 1º percebe-se que poderão também figurar como autores do crime o pai[62], o tutor ou o curador quando destituídos ou temporariamente privados do poder familiar, tutela, curatela ou guarda.

Sujeito passivo primário será aquele que tem o incapaz sob sua guarda em virtude de lei ou ordem judicial. Secundariamente, também figurará como vítima o próprio menor ou interdito subtraído.

3.3. Conduta

Pune-se a subtração (retirada) do incapaz da companhia dos pais, tutor ou curador ou mesmo da pessoa a quem a lei ou autoridade judicial o confiou (não implicando, necessariamente, deslocamento espacial da vítima).

O crime é de execução livre, podendo ser praticado das mais variadas formas (mediante violência, ameaça etc.).

Trata-se de delito subsidiário, ficando absorvido se a subtração for praticada com finalidade que ultrapasse a simples retirada do incapaz, como na hipótese em que o agente visa praticar extorsão mediante sequestro.

62. Apesar do § 1º fazer referência somente ao *pai*, a jurisprudência é copiosa no sentido de abranger a mãe (não há razão para excluí-la), não cogitando de analogia *in malam partem*. Nesse sentido: *RT* 630/315.

Lembra Regis Prado:

> "não se caracteriza o delito previsto no art. 249 do CP se o menor foi subtraído de quem apenas o cria, sem ter sua guarda em razão de lei ou de determinação judicial."[63].

Note-se, por fim, que eventual consentimento do incapaz não conduz à elisão do crime, tendo-se em vista a natureza do bem jurídico protegido (indisponível), bem como a sua (menor) (in)capacidade de discernir.

3.4. Voluntariedade

É o dolo, consubstanciado na vontade consciente de subtrair o menor ou o interdito de quem tenha a sua guarda por determinação legal ou judicial.

Não se exige finalidade especial por parte do agente, devendo-se ressaltar que, se agiu com outro propósito mais grave que a simples subtração, responderá pelo fato pretendido, se ilícito for, na medida de sua culpabilidade.

3.5. Consumação e tentativa

Consuma-se com a retirada do incapaz da esfera de proteção de seus pais, tutor ou curador. De acordo com Mirabete[64], Fragoso[65] e Luiz Regis Prado[66], o crime é permanente (entendimento não compartilhado por Guilherme de Souza Nucci[67]).

Tratando-se de crime plurissubsistente, a tentativa é perfeitamente possível.

3.6. Ação penal e perdão judicial

A ação penal será pública incondicionada.

O § 2º traz hipótese de perdão judicial, ao prever que o juiz pode deixar de aplicar a pena no caso de restituição do menor ou do interdito, se este não sofreu maus-tratos ou privações. Obviamente, a restituição deve partir do próprio agente, ou seja, deve ser espontânea ou pelo menos voluntária.

3.7. Princípio da especialidade

a) Código Penal x Estatuto da Criança e do Adolescente: é crime previsto no art. 237 do ECA (punido com reclusão de dois a seis anos, e multa) subtrair criança ou adolescente ao poder de quem o tem sob sua guarda em virtude de lei ou ordem judicial, com o fim de colocação em lar substituto.

---

63. *Curso de direito penal brasileiro:* parte especial, v. 3, p. 556.
64. *Manual de direito penal:* parte especial, v. 3, p. 88.
65. Ob. cit., v. 3, p. 617.
66. *Curso de direito penal brasileiro:* parte especial, p. 557.
67. *Código Penal comentado*, p. 1053.

Título VIII
DOS CRIMES CONTRA A INCOLUMIDADE PÚBLICA

CAPÍTULO I – DOS CRIMES DE PERIGO COMUM

1. INCÊNDIO

► *Incêndio*

Art. 250. Causar incêndio, expondo a perigo a vida, a integridade física ou o patrimônio de outrem:

Pena – reclusão, de 3 (três) a 6 (seis) anos, e multa.

► *Aumento de pena*

§ 1º As penas aumentam-se de 1/3 (um terço):

I – se o crime é cometido com intuito de obter vantagem pecuniária em proveito próprio ou alheio;

II – se o incêndio é:

a) em casa habitada ou destinada a habitação;

b) em edifício público ou destinado a uso público ou a obra de assistência social ou de cultura;

c) em embarcação, aeronave, comboio ou veículo de transporte coletivo;

d) em estação ferroviária ou aeródromo;

e) em estaleiro, fábrica ou oficina;

f) em depósito de explosivo, combustível ou inflamável;

g) em poço petrolífero ou galeria de mineração;

h) em lavoura, pastagem, mata ou floresta.

► *Incêndio culposo*

§ 2º Se culposo o incêndio, a pena é de detenção, de 6 (seis) meses a 2 (dois) anos.

1.1. Considerações iniciais

Tutela-se a incolumidade pública, abalada pela conduta do agente (causar incêndio). É a necessidade de preservar a sociedade civil do perigo de fogo, independentemente do dano que se possa seguir. É, em síntese, a ameaça, o risco que representa para a segurança coletiva por causa da possibilidade de sua propagação.

A pena cominada no *caput* não admite nenhum dos benefícios da Lei 9.099/95. Já se o incêndio for culposo, permite-se a transação penal e a suspensão condicional do processo, exceto se incidente a majorante do art. 258, segunda parte. Neste caso, se do incêndio resulta lesão corporal de natureza grave, somente a suspensão condicional do processo será admitida, ao passo que, ocorrendo homicídio, nenhum dos institutos será aplicável.

1.2. Sujeitos do crime

Qualquer pessoa pode praticar o delito em análise (crime comum), inclusive o proprietário da coisa incendiada, pois a lei mostra-se indiferente se o incêndio ocorre em coisa própria ou alheia.

Sujeito passivo será o Estado, a coletividade, bem como aqueles que, eventualmente, são atingidos (em sua vida, integridade pessoal ou patrimonial) pela prática incendiária.

1.3. Conduta

Pune-se a conduta daquele que *causar* (provocar) incêndio, expondo a perigo a vida, a integridade física ou o patrimônio de outrem.

Incêndio é a voluntária comunicação de fogo a alguma coisa com a consciência de, assim agindo, acarretar perigo para a vida, integridade pessoal ou patrimônio alheios ou apenas provocando tal perigo de maneira imprevista em decorrência de imprudência, negligência ou imperícia.

Na lição de Mirabete:

> "Incêndio pode ser conceituado como a combustão de qualquer matéria (sólida, líquida ou gasosa), com sua destruição total ou parcial, que, por sua proporção e condições, pode propagar-se, expondo a perigo a incolumidade pública. Não é qualquer fogo, mas o *fogo perigoso*, aquele que acarreta tal risco pela carbonização progressiva e continuada, ainda que sem chamas, como, p. ex., em uma turfeira"[1].

Trata-se de crime de perigo comum[2], isto é, "perigo dirigido contra um círculo, previamente incalculável na sua extensão, de pessoas ou coisas não individualmente determinadas"[3] e essa indeterminação é o caráter que diferencia este crime daqueles previstos no capítulo da periclitação da vida e da saúde das pessoas.

1. *Manual de direito penal:* parte especial, v. 3, p. 59.
2. Na ausência de perigo comum, sendo própria a coisa incendiada, o crime pode ser o do art. 171, § 2º, V, do CP (fraude contra seguradora); sendo alheia, tipifica-se o crime de dano qualificado pelo emprego de fogo (art. 163, parágrafo único, II, do CP).
3. **Nélson Hungria** (ob. cit., v. 9, p. 12).

Pode ser praticado não só por ação, mas também por omissão, quando o agente, por exemplo, dá causa à sua ocorrência por acidente e, podendo, deixa de evitar sua propagação, bem como nas hipóteses em que sobre ele pesava o dever legal de evitá-la.

Nesse sentido:

> "A omissão de cautela, imposta por comezinhos preceitos de técnica, que dá causa a um incêndio, constitui procedimento culposo, desidioso e negligente. O industrial que assim procede incide, portanto, na sanção da lei penal"[4].

O crime de incêndio não se confunde com aquele tipificado no art. 16, parágrafo único, inciso III, da Lei nº 10.826/03, consistente em possuir, deter, fabricar ou empregar artefato explosivo ou incendiário, sem autorização ou em desacordo com determinação legal ou regulamentar. O delito de que trata o Estatuto do Desarmamento, ao contrário deste em estudo, é de perigo abstrato, contentando-se com a simples posse irregular de artefato incendiário; e mesmo em caso de emprego, não se exige efetivo risco à vida, à integridade física ou ao patrimônio de outrem.

1.4. Voluntariedade

É o dolo, consubstanciado na vontade consciente de causar incêndio, sabendo que de tal ato resultará perigo comum. Não se exige finalidade especial por parte do incendiário (podendo servir, no entanto, como causa de aumento de pena, art. 250, § 1º, I, do CP).

Sobre o tema, explica HUNGRIA:

> "O elemento subjetivo é o dolo genérico: vontade de causar incêndio e consciência de que este acarretará perigo comum. Duplo, portanto, é o elemento moral: *dolo de dano* quanto à coisa individuada a que se põe fogo, e *dolo de perigo*, isto é, consciência de que o incêndio pode atingir coisas outras ou pessoas não individuadas, embora o agente não queira, nem mesmo eventualmente, o efetivo dano destas. É irrelevante o fim do agente, o que vale dizer: não é exigido dolo específico. Se há o intuito de obter vantagem pecuniária (em proveito próprio ou alheio), o crime se considera especialmente agravado (v. n. 6). Se o agente visa a atentar contra a segurança do Estado (ato de *terrorismo*), haverá concurso formal de crime de incêndio (simples ou qualificado) e o previsto no art. 4º, II, da Lei 1.802, de 1953 [atual art. 20 Lei 7.170/83] (Lei de Segurança Nacional). Se as coisas incendiadas são 'matérias primas ou produtos necessários ao consumo do povo', e o agente procede pelo 'fim de determinar alta de preços', dá-se igualmente concurso formal de crimes: o de incêndio e o previsto no art. 3º, I, da Lei 1.521, de 1951 (Lei de Proteção à Economia Popular). Se o agente causa o incêndio para matar ou lesar corporalmente pessoa determinada,

4. *RT* 170/63.

haverá, do mesmo modo, concurso formal: o de incêndio e o de homicídio qualificado (art. 121, § 2º, III), consumado ou tentado, ou o de lesão corporal dolosa (com a agravante genérica prevista no art. 44, letra *e*) [atual 61, II, *d*]"[5]-[6].

Complementando a lição de Hungria, cometido o incêndio com o propósito de danificar coisa alheia, é possível, se o alastramento do fogo acaba por expor a perigo a vida, a integridade física ou o patrimônio de indeterminadas pessoas, o concurso formal de crimes.

De igual forma, caso alguém provoque incêndio para receber indenização ou valor de seguro, nada impede o concurso formal entre o crime de perigo comum e o estelionato, observando-se, no entanto, que, punido autonomamente o propósito de obter a vantagem, o incêndio não será majorado nos moldes do § 1º, inciso I, de forma a que se evite o *bis in idem*.

1.5. Consumação e tentativa

Consuma-se o crime no momento em que o fogo se propala, gerando efetivo, concreto perigo comum, pela sua capacidade de subsistência, expansão e resistência à debelação (dificuldade de extermínio), questão de fato a ser resolvida em cada caso concreto.

É pacífica a admissibilidade da tentativa de incêndio doloso. Alguns exemplos elucidam bem a questão: a mecha acesa é atirada para dentro de uma casa, mas não se comunica o fogo a objeto algum, porque os moradores conseguiram retirá-la a tempo; o fogo da mecha comunica-se a um móvel da casa, mas, antes de atingir a construção, é apagado por outrem; já predisposto o meio de eclosão do incêndio, é descoberto e inutilizado por terceiros (Nélson Hungria[7]).

1.6. Majorantes de pena e formas culposa e majorada pelo resultado

1.6.1. Majorantes de pena

O § 1º do art. 250 traz inúmeras circunstâncias em que a pena é aumentada de um terço, atentando-se para a ganância do agente ou a maior dificuldade na debelação do fogo e, consequentemente, de maior perigo.

O inciso I determina a majoração nos casos em que o crime é praticado com intuito de obter vantagem pecuniária em proveito próprio ou alheio.

Para Nélson Hungria[8] a procurada vantagem deve ser consequência do incêndio em si mesmo, e não como preço do crime. Fragoso discorda:

5. Ob. cit., v. 9, p. 25-26.
6. Para **Basileu Garcia** (ob. cit., p. 110-111), se a intenção do agente era matar alguém, não havia concurso porque o incêndio é subsidiário do homicídio qualificado pelo emprego de fogo.
7. Ob. cit., v. 9, p. 27.
8. Ob. cit., v. 9, p. 28.

> "Não nos parece seja justificável a restrição feita por Nélson Hungria excluindo a qualificação quando a vantagem pecuniária constituir *preço* do crime (caso do incêndio mercenário) e não decorrer do incêndio em si mesmo. Tal restrição dificilmente se harmoniza com a disposição ampla da lei, que em várias outras passagens revela especial severidade com o crime praticado mediante paga."[9].

O inciso II prevê o aumento da pena quando o incêndio é praticado em determinados locais, que, por sua natureza, podem servir como meios mais favoráveis à causação de perigo comum. São eles:

a) *em casa habitada ou destinada a habitação*: casa habitada é o edifício onde alguém mora ou exerce habitualmente alguma atividade, ainda que ali não resida (conceituada pelo uso). Casa destinada a habitação é o edifício construído para o fim de moradia (conceituada pela destinação). Pode ser permanente, temporária, provisória, precária, intermitente ou descontínua. Não se tratando de circunstância objetiva, deve o agente ter consciência de que pratica o delito em casa habitada ou destinada a tanto;

b) *em edifício público ou destinado a uso público ou a obra de assistência social ou de cultura*: edifício público é o pertencente ou utilizado pela União, Estados, Distrito Federal ou Municípios (se o edifício estiver locado a particular, não incide majorante). Já o destinado a uso público é aquele que, embora particular, é permitido o acesso, condicionado ou não, ao público em geral (cinemas, teatro, igreja etc.). Não se exige que estejam abertos no momento do incêndio, bastando que se destinem à frequência pública. Edifício destinado a obra de assistência social ou de cultura abrange institutos de beneficência, hospitais, asilos, creches, bibliotecas etc., ainda que de propriedade privada e de ingresso condicionado;

c) *em embarcação, aeronave, comboio ou veículo de transporte coletivo*: aqui o incêndio é causado em meio de transporte de pessoas[10], público ou privado. Não tem relevância o fato de o veículo se encontrar, no momento da ação, sem utilização pelo público;

d) *em estação ferroviária ou aeródromo*: estação ferroviária ou aeródromo são os lugares destinados chegada e partida, carga e descarga, de trens ou aeronaves. Não majora a pena o fato de o incêndio ter sido praticado em estação rodoviária ou em instalações portuárias;

e) *em estaleiro, fábrica ou oficina*: no estaleiro são construídas embarcações. Fábrica é o estabelecimento de fins industriais. Oficina é o lugar (que não chega a ser fábrica) em que se realizam trabalhos manuais, sendo dispensável a presença de pessoas no interior desses locais no momento do incêndio;

f) *em depósito de explosivo, combustível ou inflamável*: explosivo é toda substância que, em determinadas condições, produz, rapidamente, grande quantidade de gases e calor assim exercendo pressão violenta sobre as coisas adjacentes (dinamite, pólvora negra, cordite

---

9. Ob. cit., v. 3, p. 629.
10. **Nélson Hungria** (ob. cit., v. 9, p. 30) entende não estarem compreendidos os meios de transporte de coisas.

etc.). Por inflamável entende-se toda substância que, em determinadas condições, produz chamas (hidrogênio, petróleo, álcool etc.). Considera-se combustível toda substancia que em determinadas condições arde (lenha, carvão, palha etc.). A majoração é justificada em razão da maior (e evidente) periculosidade a que a ação expõe a incolumidade pública;

g) *em poço petrolífero ou galeria de mineração*: o mesmo fundamento que justifica o aumento de pena na alínea anterior pode ser aqui aplicado, já que um incêndio em campo petrolífero ou de mineração pode tomar proporções catastróficas com possibilidade exígua de controle;

h) *em lavoura, pastagem, mata ou floresta*: a Lei 9.605/98, em seu art. 41, prevê a conduta criminosa de provocar incêndio em mata ou floresta, cominando pena de dois a quatro anos de reclusão, e multa, se dolosa, e de seis meses a um ano, e multa, se culposa. Todavia, a ação somente irá se subsumir ao previsto na lei especial se do fato não decorrer perigo comum, pois, do contrário, será mais grave, submetendo-se o agente às penas do art. 250 do CP, na forma majorada. No que tange ao incêndio de lavoura ou pastagem, o agente responderá sempre pelo delito em estudo, pois o mencionado diploma ambiental não trata dessa conduta.

1.6.2. Forma culposa

O § 2º prevê pena menor (de seis meses a dois anos de detenção) se o incêndio é provocado culposamente, e o agente não tem condições de evitar que seu ato acarrete perigo comum, pois, do contrário, podendo impedir a propagação, não o fazendo responderá pelo incêndio na forma comissiva por omissão. Também se faz necessário esclarecer que as figuras majoradas do § 1º não têm aplicação neste caso.

1.6.3. Forma majorada pelo resultado

Por fim, o art. 258 trata do crime de perigo comum qualificado pelo resultado, com a seguinte redação: "Se do crime doloso de perigo comum resulta lesão corporal de natureza grave, a pena privativa de liberdade é aumentada de metade; se resulta morte, é aplicada em dobro. No caso de culpa, se do fato resulta lesão corporal, a pena aumenta-se de metade; se resulta morte, aplica-se a pena cominada ao homicídio culposo, aumentada de um terço".

A primeira parte trata de crime preterdoloso, pois considera o incêndio querido pelo agente e o resultado morte ou lesão corporal advindo de forma culposa, ante a previsibilidade de que ocorresse. Note-se que esse resultado mais grave não poderá ser desejado pelo agente, sob pena de responder pelos crimes de homicídio qualificado ou de lesão corporal grave em concurso formal com o delito de incêndio (neste sentido, é a lição de Hungria[11]).

A segunda parte do dispositivo prevê um aumento de pena para os casos em que do incêndio culposo resulta lesão corporal na vítima, que, obviamente, também será culposa. Se esse fato ocasionar a morte de alguém, aplicar-se-á a pena do homicídio culposo, aumentada de um terço.

11. Ob. cit., v. 9, p. 55.

1.7. Ação penal

A ação penal será pública incondicionada.

1.8. Princípio da especialidade

a) Código Penal x Código Penal Militar: o art. 268 do Decreto-lei 1.001/69 pune a prática de causar incêndio em lugar sujeito à administração militar na forma do art. 9º daquele diploma.

b) Código Penal x Lei de Segurança Nacional: incendiar por inconformismo político ou para obtenção de fundos destinados à manutenção de organizações políticas clandestinas ou subversivas é crime tipificado no art. 20 da Lei 7.170/83.

c) Código Penal x Lei nº 9.605/98: o art. 41 da Lei nº 9.605/98 pune a conduta de provocar incêndio em mata ou floresta.

2. EXPLOSÃO

▶ ***Explosão***

Art. 251. Expor a perigo a vida, a integridade física ou o patrimônio de outrem, mediante explosão, arremesso ou simples colocação de engenho de dinamite ou de substância de efeitos análogos:

Pena – reclusão, de 3 (três) a 6 (seis) anos, e multa.

§ 1º Se a substância utilizada não é dinamite ou explosivo de efeitos análogos:

Pena – reclusão, de 1 (um) a 4 (quatro) anos, e multa.

▶ ***Aumento de pena***

§ 2º As penas aumentam-se de 1/3 (um terço), se ocorre qualquer das hipóteses previstas no § 1º, I, do artigo anterior, ou é visada ou atingida qualquer das coisas enumeradas no n. II do mesmo parágrafo.

▶ ***Modalidade culposa***

§ 3º No caso de culpa, se a explosão é de dinamite ou substância de efeitos análogos, a pena é de detenção, de 6 (seis) meses a 2 (dois) anos; nos demais casos, é de detenção, de 3 (três) meses a 1 (um) ano.

2.1. Considerações iniciais

Tutela-se, mais uma vez, a incolumidade pública que é colocada em risco diante da utilização de substâncias que podem provocar danos à integridade das pessoas e do patrimônio alheio.

A pena cominada no *caput* não permite nenhum dos benefícios da Lei 9.099/95. Caso a conduta se subsuma ao § 1º, e desde que não incidente a majorante do § 2º, admite-se a suspensão condicional do processo. Quanto à explosão culposa, há várias possibilidades: a) se não resultar em lesão grave ou morte, permite-se a transação penal e a suspensão condicional do processo; b) se se tratar de dinamite ou substância de efeitos análogos e da explosão resultar lesão grave, será cabível somente a suspensão condicional do processo; c) se da explosão, quando não utilizada dinamite ou substância de efeitos análogos, resultar lesão grave, ambos os benefícios serão admitidos; d) sempre que da explosão culposa decorrer a morte, os benefícios despenalizadores serão afastados.

2.2. Sujeitos do crime

Qualquer pessoa pode praticar o delito (o tipo não exige nenhuma qualidade especial do agente).

Sujeito passivo será o Estado, representado pela coletividade (corpo social), bem como pessoas eventualmente atingidas pela prática criminosa.

2.3. Conduta

Consiste o crime em *expor* a perigo a vida, a integridade física ou o patrimônio de outrem, mediante explosão, arremesso ou simples colocação de engenho de dinamite ou de substância de efeitos análogos[12].

Na lição de Hungria:

> "O engenho a que se refere o texto legal é a *bomba*, *aparelho*, *máquina infernal* ou qualquer artefato formado ou combinado com substância explosiva. É irrelevante o modo pelo qual possa produzir-se a explosão: se por combinação química, percussão ou acendimento."[13].

São **três** as formas de praticar o crime:

a) na primeira, o agente provoca diretamente a explosão, que é a arrebentação repentina, violenta e ruidosa, causada pela libertação de um gás ou pela expansão abrupta de um corpo sólido, que, no processo, parte-se em pedaços;

b) na segunda, o agente, por meios próprios ou de aparelhos, arremessa o engenho explosivo;

c) por fim, o sujeito coloca (põe, prepara, arruma) o explosivo em determinado local (por exemplo, comete o crime aquele que enterra no chão bombas de dinamite, expondo a perigo evidente a vida, a integridade física e o patrimônio de outrem – *RT* 393/243).

Como se pode observar, é dispensável a efetiva explosão, bastando que da ação do agente ocorra perigo concreto à incolumidade pública.

Contudo, alerta Fragoso que, no caso do arremesso e da colocação:

---

12. Ao se referir a substância de efeitos análogos à dinamite, o tipo penal condiciona a apuração à realização de perícia no artefato utilizado pelo agente, a fim de que se constate se sua capacidade lesiva se aproxima daquela verificada na própria dinamite.

13. Ob. cit., v. 9, p. 39.

> "Exige-se maior rigor para a verificação do crime consumado, pois é necessário que o arremesso ou a colocação acarretem situação de perigo próximo e imediato, que só haverá se a explosão for iminente, e se pela natureza do engenho ou da substância a explosão dever acarretar perigo comum. Fora daí, deverá reconhecer-se no arremesso ou colocação simples tentativa, já que a ação fundamentalmente incriminada pela lei é *expor perigo*."[14]

O crime de explosão não se confunde com aquele tipificado no art. 16, parágrafo único, inciso III, da Lei nº 10.826/03, consistente em possuir, deter, fabricar ou empregar artefato explosivo ou incendiário, sem autorização ou em desacordo com determinação legal ou regulamentar. O delito de que trata o Estatuto do Desarmamento, ao contrário deste em estudo, é de perigo abstrato, contentando-se com a simples posse irregular de artefato explosivo; e mesmo em caso de emprego, não se exige efetivo risco à vida, à integridade física ou ao patrimônio de outrem.

2.4. Voluntariedade

É o dolo, consistente na vontade consciente de praticar uma das condutas previstas no tipo.

Não se exige finalidade especial por parte do agente (havendo fim específico animando a sua conduta – como, por exemplo, matar alguém –, diverge a doutrina se ocorrerá ou não concurso formal de crimes, discussão esta já analisada no delito anterior, aqui aplicável no todo).

2.5. Consumação e tentativa

O crime se consuma no momento em que a ação criminosa causa o perigo à coletividade (nesse sentido *RT* 382/87).

A tentativa, por se tratar de conduta fracionável em todas as modalidades, é perfeitamente admissível.

2.6. Majorantes de pena e formas privilegiada e culposa

2.6.1. Forma privilegiada

O § 1º reduz a pena para reclusão de um a quatro anos se a substância utilizada não é dinamite ou explosivo de efeitos análogos. Obviamente, a constatação do crime na forma privilegiada dependerá de análise pericial, imprescindível na determinação se a substância utilizada pelo agente era ou não de potencialidade lesiva própria ou análoga à dinamite.

14. Ob. cit., v. 3, p. 636.

2.6.2. Majorantes de pena

O § 2º majora a pena de um terço, se houver constatação da ocorrência de qualquer das hipóteses previstas no § 1º, I, do art. 250, ou é visada ou atingida qualquer das coisas enumeradas no n. II do mesmo dispositivo (art. 250, § 1º). Sendo as mesmas causas majorantes do crime de incêndio, aplicam-se aqui os mesmos comentários já dispensados lá.

Aplicam-se também ao tipo em estudo as hipóteses previstas no art. 258 do Código Penal, que aumentam a pena do crime, doloso ou culposo, quando ocorrer o resultado morte ou lesão corporal, sempre a título de culpa.

2.6.3. Forma culposa

Finalmente, o § 3º diminui a pena pela prática do crime na forma culposa, variando a sanção conforme a natureza da substância que causou a explosão: se for dinamite ou substância de efeitos análogos, a reprimenda é de detenção, de seis meses a dois anos; nos demais casos, detenção, de três meses a um ano (deve ser observado que a forma culposa somente será típica em relação à explosão, já que a lei não prevê punição para aquele que, por imprudência, negligência ou imperícia, arremessa ou promove a colocação de substância explosiva).

2.7. Ação penal

A ação penal será pública incondicionada.

2.8. Princípio da especialidade

a) Código Penal x Lei de Segurança Nacional: provocar explosão por inconformismo político ou para obtenção de fundos destinados à manutenção de organizações políticas clandestinas ou subversivas é crime tipificado no art. 20 da Lei 7.170/83.

b) Código Penal x Código Penal Militar: o art. 269 do Decreto-lei 1.001/69 pune a provocação de explosão em lugar sujeito à administração militar praticada na forma do art. 9º daquele diploma.

c) Código Penal x Lei nº 9.605/98: o art. 35, inciso I, da Lei nº 9.605/98 pune a conduta de pescar mediante a utilização de explosivos ou substâncias que, em contato com a água, produzam efeito semelhante.

d) Código Penal x Lei nº 13.260/16: o art. 2º, § 1º, inciso I, da Lei nº 13.260/16 pune com reclusão de doze a trinta anos as condutas de usar ou ameaçar usar, transportar, guardar, portar ou trazer consigo explosivos se o fato é cometido por razões de xenofobia, discriminação ou preconceito de raça, cor, etnia e religião, com a finalidade de provocar terror social ou generalizado, expondo a perigo pessoa, patrimônio, a paz pública ou a incolumidade pública.

3. USO DE GÁS TÓXICO OU ASFIXIANTE

▶ ***Uso de gás tóxico ou asfixiante***

Art. 252. Expor a perigo a vida, a integridade física ou o patrimônio de outrem, usando de gás tóxico ou asfixiante:

Pena – reclusão, de 1 (um) a 4 (quatro) anos, e multa.

▶ ***Modalidade culposa***

Parágrafo único. Se o crime é culposo:

Pena – detenção, de 3 (três) meses a 1 (um) ano.

3.1. Considerações iniciais

Assim como nos crimes antecedentes, a tutela penal recai sobre a incolumidade pública, agora colocada em risco pelo uso de gás tóxico ou asfixiante.

Para Luiz Regis Prado, não sem razão, o artigo em comento foi parcialmente revogado pelo art. 54 da Lei 9.605/98 ("causar poluição de qualquer natureza em níveis tais que resultem ou possam resultar em danos à saúde humana, ou que provoquem a mortandade de animais ou a destruição significativa da flora") assim argumentando:

> "O art. 252 do Código Penal de 1940, porém, foi tacitamente revogado pelo art. 54 da Lei 9.605/98 (Lei dos Crimes Ambientais). De conseguinte, aquele que expõe a perigo a vida e a integridade física de outrem mediante o uso de gás tóxico ou asfixiante incorre nas penas previstas neste último dispositivo. Entretanto, permanece em vigor o artigo em análise quando houver a exposição a perigo, através do uso de gás tóxico ou asfixiante, do patrimônio alheio"[15].

A pena cominada no *caput* permite a suspensão condicional do processo (Lei 9.099/95), desde que não incidente a causa de aumento de pena do art. 258, primeira parte. Se o crime for culposo, admite-se a transação penal e a suspensão condicional do processo, exceto se houver o resultado morte previsto na majorante do art. 258, segunda parte.

3.2. Sujeitos do crime

Qualquer pessoa pode praticar o delito em estudo.

Sujeito passivo é a coletividade, bem como aqueles que sofrem risco advindo do comportamento criminoso do agente.

3.3. Conduta

A conduta delituosa consiste em *expor* a perigo a vida, a integridade física ou o patrimônio de outrem, usando de gás tóxico ou asfixiante.

---

15. *Curso de direito penal brasileiro:* parte especial, v. 3. p. 597.

Na lição de BENTO DE FARIA:

> "*Gás tóxico* (venenoso) ou *asfixiante* (sufocante) é qualquer fluido aeriforme que, ainda quando não seja necessariamente mortífero, é susceptível de expor a perigo a vida ou a saúde. Não se confundem, pois, com a simples *fumaça*, ou *vapor* ou mesmo qualquer outro gás, ainda quando possam causar *incomodo*, sem tais efeitos"[16].

Em comparação aos crimes anteriores, o que se modifica é o meio utilizado pelo agente para colocar em risco a incolumidade pública: lá (arts. 250 e 251) há emprego de fogo ou explosivos em geral; aqui (art. 252) utiliza-se gás tóxico ou asfixiante.

Novamente, não basta o uso de gás tóxico (ou asfixiante), sendo necessário a comprovação da ocorrência de perigo concreto à coletividade.

Por isso, já se decidiu:

> "A lei visa punir, no art. 252 do CP, quem expõe a perigo a vida, a integridade física ou o patrimônio de outrem usando gás tóxico ou asfixiante, não se caracterizando o delito se a substância utilizada é de baixa toxicidade, não chegando a ocorrer risco de gravame mais sério."[17]. Assim também é a lição de FRAGOSO: "Ainda aqui estamos diante de crime de perigo concreto, sendo necessário que se demonstre, para a consumação do delito, a superveniência de perigo efetivo e real para indeterminado número de pessoas e coisas. Deve ter-se sempre em mente que este é crime de perigo comum, não podendo a redação da lei induzir em erro o intérprete. Quando se fala, na definição legal do crime, em exposição a perigo da vida, integridade física ou patrimônio de *outrem*, expressa-se uma fórmula de perigo comum concreto, que deve atingir pelo menos alguém, isto é qualquer pessoa, de forma indiscriminada e indeterminada"[18].

☑ ***E como interpretar o uso de gás lacrimogêneo pela polícia?***

Em determinadas situações de tumulto generalizado, em que indivíduos se aglomeram para impedir o direito de ir e vir dos outros, para danificar o patrimônio público e privado ou mesmo para atingir a integridade física alheia, é dever dos agentes públicos agir para evitar não só a prática de infrações penais generalizadas, como também para se resguardar das ações marginais a fim de que possam bem desempenhar sua função.

Para tanto, dispõem as polícias de armas consideradas não letais, no mais das vezes eficientes para dispersar agitações dessa natureza, normalmente promovidas por pessoas que, embora de índole belicista, ao menos em sua maioria, não utilizam armas de fogo.

16. Ob. cit., v. 5, p. 273.
17. *RT* 624/310.
18. Ob. cit., v. 3, p. 638/639.

Um dos instrumentos de que fazem uso as autoridades públicas é o gás lacrimogêneo, de caráter asfixiante e, a depender da quantidade, efetivamente tóxico. O uso deste artefato, em circunstâncias como as descritas, é legítimo e afasta a ilicitude da conduta por estar o agente de segurança pública no estrito cumprimento do dever legal. É necessário, no entanto, que os agentes públicos atentem para eventuais excessos, em razão dos quais podem ser responsabilizados dolosa ou culposamente.

3.4. Voluntariedade

É o dolo, consubstanciado na vontade consciente de usar gás tóxico ou asfixiante, com a ciência de que causa perigo comum.

Não se exige finalidade especial por parte do agente (como alertamos nos crimes anteriores, se existir fim específico orientando o comportamento do agente – como, por exemplo, intuito de matar alguém – verificando-se também a ocorrência de perigo à coletividade, há divergência se o caso retrata concurso formal com o delito de homicídio qualificado, tentado ou consumado, ou se a infração penal de uso de gás tóxico ou asfixiante ficará absorvido pelo crime contra a vida).

3.5. Consumação e tentativa

O crime se consuma com a causação do perigo comum, sendo indispensável sua comprovação.

A tentativa é perfeitamente admissível, ante a possibilidade de fracionamento da conduta.

3.6. Majorantes de pena e forma culposa

O parágrafo único diminui a pena para detenção de três meses a um ano se o uso do gás tóxico ou asfixiante é culposo.

Os comentários dispensados às hipóteses previstas no art. 258 do Código Penal, em que do crime, doloso ou culposo, ocorre o resultado morte ou lesão corporal, sempre a título de culpa, são aplicáveis também ao art. 252.

3.7. Ação penal

A ação penal será pública incondicionada.

3.8. Princípio da especialidade

a) Código Penal x Código Penal Militar: o art. 269 do Decreto-lei 1.001/69 pune o emprego de gás tóxico ou asfixiante, em lugar sujeito à administração militar, praticado na forma do art. 9º daquele diploma.

b) Código Penal x Lei 11.254/05: Nos termos do art. 4º, constitui crime, punido com reclusão de 1 a 10 anos: I – fazer uso de armas químicas ou realizar, no Brasil, atividade que envolva a pesquisa, produção, estocagem, aquisição, transferência, importação ou exportação de armas químicas ou de substâncias químicas abrangidas pela CPAQ com a finalidade de produção de tais armas; II – contribuir, direta ou indiretamente, por ação ou omissão, para o uso de armas químicas ou para a realização, no Brasil ou no exterior, das atividades arroladas no inciso I.

c) **Código Penal x Decreto-lei nº 3.688/41:** o art. 38 da Lei das Contravenções Penais pune a conduta de provocar, abusivamente, emissão de fumaça, vapor ou gás, que possa ofender ou molestar alguém.

d) **Código Penal x Lei nº 13.260/16:** o art. 2º, § 1º, inciso I, da Lei nº 13.260/16 pune com reclusão de doze a trinta anos as condutas de usar ou ameaçar usar, transportar, guardar, portar ou trazer consigo gases tóxicos se o fato é cometido por razões de xenofobia, discriminação ou preconceito de raça, cor, etnia e religião, com a finalidade de provocar terror social ou generalizado, expondo a perigo pessoa, patrimônio, a paz pública ou a incolumidade pública.

4. FABRICO, FORNECIMENTO, AQUISIÇÃO, POSSE OU TRANSPORTE DE EXPLOSIVOS OU GÁS TÓXICO, OU ASFIXIANTE

▶ ***Fabrico, fornecimento, aquisição, posse ou transporte de explosivos ou gás tóxico, ou asfixiante***

Art. 253. Fabricar, fornecer, adquirir, possuir ou transportar, sem licença da autoridade, substância ou engenho explosivo, gás tóxico ou asfixiante, ou material destinado à sua fabricação:

Pena – detenção, de 6 (seis) meses a 2 (dois) anos, e multa.

4.1. Considerações iniciais

Tutela-se a incolumidade pública.

É de se ressaltar que o art. 16, parágrafo único, III, da Lei 10.826/2003, revogou parcialmente o dispositivo em estudo ao tratar de matéria semelhante. Dispõe o texto legal (especial) que nas mesmas penas do *caput* incorre quem:

> "possuir, detiver, fabricar ou empregar artefato explosivo ou incendiário, sem autorização ou em desacordo com determinação legal ou regulamentar".

Nota-se, pois, que a conduta prevista abarca as de *fabricar*, *fornecer*, *adquirir*, *possuir* ou *transportar* substância ou engenho explosivo sem licença da autoridade. Isto porque, para fornecer ou transportar artefatos tais, necessariamente deve o agente possuí-los ou detê-los em momento imediatamente anterior, ainda que por um instante. O mesmo raciocínio se aplica à aquisição, pois que, aquele que adquire, forçosamente, irá possuir o elemento explosivo.

No entanto, as demais condutas continuam sendo puníveis de acordo com o que estatui o dispositivo em análise, inclusive a de fabricar, fornecer, adquirir, possuir ou transportar, sem licença da autoridade, material destinado à fabricação de substância ou engenho explosivo, que não encontra correspondente na Lei 10.826/2003.

A pena cominada permite a transação penal e a suspensão condicional do processo (Lei 9.099/95), exceto se presente a causa de aumento do art. 258, primeira parte, hipótese em que somente o segundo benefício poderá ser admitido.

4.2. Sujeitos do crime

Qualquer pessoa pode praticar o delito (o tipo não exige qualidade especial por parte do agente).

Sujeito passivo será a coletividade (corpo social).

4.3. Conduta

Consiste o crime em *fabricar, fornecer, adquirir, possuir* ou *transportar*, sem licença da autoridade, substância ou engenho explosivo, gás tóxico ou asfixiante, ou material destinado à sua fabricação.

São enunciados os seguintes objetos materiais:

a) substância explosiva;

b) engenho explosivo;

c) gás tóxico;

d) gás asfixiante;

e) material destinado à fabricação de substância ou engenho explosivo ou gás tóxico ou asfixiante.

No que tange às duas primeiras (substância ou engenho explosivo), como já se mencionou, não mais se aplica o Código Penal, ante a previsão da Lei 10.826/2003, senão em relação ao material destinado à sua fabricação.

Pune-se, portanto, quem *fabricar* (produzir a partir de matéria prima, manufaturar), *fornecer* (proporcionar, gratuita ou onerosamente), *adquirir* (obter gratuita ou onerosamente), *possuir* (dominar, ter à disposição) ou *transportar* (carregar, levar consigo), sem licença da autoridade, gás tóxico ou asfixiante, ou material destinado à sua fabricação, ou à manufatura de engenho ou substância explosiva.

Note-se que o legislador incrimina o que caracterizaria meros atos preparatórios para a prática do crime de uso de gás tóxico e asfixiante, considerando crime seu manuseio ou o de substâncias destinadas à sua fabricação.

Por fim, o tipo exige que a conduta se dê sem licença da autoridade. Assim, se o agente a possuir, não praticará o delito em estudo, podendo configurar outro, como, por exemplo, o art. 132 do Código Penal.

4.4. Voluntariedade

É o dolo, consistente na vontade consciente de praticar uma das ações típicas previstas.

Não se exige finalidade especial do agente.

4.5. Consumação e tentativa

O crime se consumará no momento em que agente fabricar, fornecer, adquirir ou transportar gás tóxico ou asfixiante, ou material destinado à sua fabricação, como também à manufatura de substância ou engenho explosivo. A maioria da doutrina ensina ser o crime de perigo abstrato, presumindo-se o risco da simples prática de qualquer uma das condutas.

A tentativa é de difícil configuração, já que a preparação do material destinado à fabricação do gás ou do explosivo já consumará o crime.

Também negando a tentativa, explica Fragoso:

> "Os autores são acordes em afirmar que neste crime é juridicamente inadmissível a tentativa, porque, tratando-se de atos preparatórios, a tentativa constituiria perigo remotíssimo. Assim, Manzini (*Tratatto*, v. VI, p. 306) e Maggiore (*Diritto Penali*, p. 390)."[19].

Mirabete[20], no entanto, reconhece o *conatus* na hipótese de aquisição irregular da substância.

4.6. Majorantes de pena

O art. 258 do Código Penal também incide neste dispositivo, mas somente no que tange à primeira parte, já que aqui não se prevê modalidade culposa.

4.7. Ação penal

A ação penal será pública incondicionada.

4.8 Princípio da especialidade

a) Código Penal x Lei nº 13.260/16: o art. 2º, § 1º, inciso I, da Lei nº 13.260/16 pune com reclusão de doze a trinta anos as condutas de usar ou ameaçar usar, transportar, guardar, portar ou trazer consigo gases tóxicos se o fato é cometido por razões de xenofobia, discriminação ou preconceito de raça, cor, etnia e religião, com a finalidade de provocar terror social ou generalizado, expondo a perigo pessoa, patrimônio, a paz pública ou a incolumidade pública.

19. Ob. cit., v. 3, p. 641.

20. *Manual de direito penal:* parte especial, v. 3, p. 72.

5. INUNDAÇÃO

▶ ***Inundação***

Art. 254. Causar inundação, expondo a perigo a vida, a integridade física ou o patrimônio de outrem:

Pena – reclusão, de 3 (três) a 6 (seis) anos, e multa, no caso de dolo, ou detenção, de 6 (seis) meses a 2 (dois) anos, no caso de culpa.

5.1. Considerações iniciais

Trata-se de dispositivo que tutela a incolumidade pública, em razão dos prejuízos físicos e patrimoniais que um grande alagamento pode causar.

A pena cominada para o crime doloso não admite nenhum dos benefícios da Lei 9.099/95. A modalidade culposa, no entanto, permite a transação penal e a suspensão condicional do processo, desde que não incidente a majorante do art. 258, segunda parte. Neste caso, havendo lesão grave, permite-se apenas a suspensão condicional do processo. Se da conduta culposa decorrer a morte, afasta-se qualquer benefício despenalizador.

5.2. Sujeitos do crime

Qualquer pessoa pode praticar o delito (crime comum).

Sujeito passivo será a coletividade, bem como eventuais atingidos pela inundação provocada pelo agente.

5.3. Conduta

Consiste o crime em *causar* (dar causa, provocar) inundação, expondo a perigo a vida, a integridade física ou o patrimônio de outrem.

Inundação é a grande afluência de água, desviada de onde deveria permanecer natural ou artificialmente, provocando a submersão de um local não preparado ou designado a recebê-la.

Primeiramente, deve-se ter em consideração a necessidade de que o extravasamento das águas seja apto a causar efetivo perigo (que, aliás, deve ser comprovado) à incolumidade pública. Se o agente provocou inundação que não tinha essa capacidade, poderá, conforme o caso, responder pelos crimes de usurpação de águas (art. 161, § 1º, I) ou mesmo simples dano (art. 163).

> "É perfeitamente admissível o delito de inundação por omissão. Para que se configure a inundação como delito omissivo impróprio ou comissivo por omissão, exige-se a presença de uma situação típica – consubstanciada na produção iminente de uma lesão ou perigo de lesão ao bem jurídico protegido (incolumidade pública) –, da não realização da ação dirigida a evitar o resultado, da capacidade

> concreta de ação – que pressupõe o conhecimento da situação típica e do modo de evitar o resultado –, da posição de garantidor do bem jurídico e da identidade entre omissão e ação. É o que ocorre, por exemplo, na hipótese de o funcionário encarregado da vistoria de uma barragem deixar de reparar uma brecha nela existente, podendo fazê-lo, dando lugar à inundação de determinado local."[21].

5.4. Voluntariedade

É o dolo, consubstanciado na vontade consciente de provocar inundação, com a ciência de que expõe a vida, a integridade ou o patrimônio de outrem a perigo.

Não se exige finalidade especial pelo agente.

5.5. Consumação e tentativa

O delito se consuma no momento em que a coletividade é exposta a efetivo perigo pela inundação causada.

A tentativa é perfeitamente admissível. Aponta Fragoso, no entanto:

> "A tentativa do crime de inundação, pode corresponder materialmente ao crime de perigo de inundação consumado (como, por exemplo, na forma de destruição de diques ou barragens. A diferença entre um e outro caso reside no elemento subjetivo, pois no perigo de inundação o agente não quer o alagamento, nem assume o risco de produzi-lo."[22].

5.6. Majorantes de pena e forma culposa

O art. 254 comina pena de seis meses a dois anos nos casos em que a inundação resulta de imprudência, negligência ou imperícia por parte do agente.

A este dispositivo se aplicam integralmente os comentários dispensados ao art. 258 quando da análise do crime de incêndio.

5.7. Ação Penal

A ação penal será pública incondicionada.

5.8. Princípio da especialidade

a) Código Penal x Código Penal Militar: o art. 272 do Decreto-lei 1.001/69 pune a prática de causar inundação em lugar sujeito à administração militar na forma do art. 9º daquele diploma.

21. Luiz Regis Prado, *Tratado de Direito Penal Brasileiro*, v. 6, p. 87.
22. Ob. cit., v. 4, p. 645.

6. PERIGO DE INUNDAÇÃO

▶ ***Perigo de inundação***

Art. 255. Remover, destruir ou inutilizar, em prédio próprio ou alheio, expondo a perigo a vida, a integridade física ou o patrimônio de outrem, obstáculo natural ou obra destinada a impedir inundação:

Pena – reclusão, de 1 (um) a 3 (três) anos, e multa.

6.1. Considerações iniciais

Tutela-se a incolumidade pública, mas agora em razão do perigo, e não da inundação efetiva.

A pena cominada ao delito permite a suspensão condicional do processo, exceto de incidente a majorante do art. 258, primeira parte.

6.2. Sujeitos do crime

Pode ser praticado por qualquer pessoa, inclusive o proprietário do prédio em perigo, ante a expressa previsão legal ("prédio próprio").

Sujeito passivo será a coletividade, bem como aquele que, individualmente, forem ameaçados pela ação criminosa.

6.3. Conduta

Consiste a figura típica em *remover* (deslocar, tirar), *destruir* (eliminar, estragar) ou *inutilizar* (anular, tornar inútil), em prédio próprio ou alheio, expondo a perigo a vida, a integridade física ou o patrimônio de outrem, *obstáculo natural* (margem de um rio) ou *obra destinada a impedir inundação* (barragem, comporta etc.).

Observa DELMANTO[23] a inexistência de punição para a conduta daquele que coloca obstáculo capaz de causar inundação, podendo configurar, por exemplo, a infração penal do art. 132 do CP[24].

O perigo de inundação deve ser concreto, comprovando-se não só a possibilidade de sua ocorrência, como também de que, da ação, advirá ameaça à incolumidade pública.

Ensina HUNGRIA[25] que se das manobras efetuadas para causar o perigo sobrevém a inundação, que, embora prevista, não era querida pelo agente, responderá ele pelo perigo de inundação em concurso formal com o crime de inundação na forma culposa.

---

23. Ob. cit., p. 665.
24. Alertamos, porém, que o caso pode configurar o crime anterior (provocar inundação).
25. Ob. cit., v. 9, p. 50.

6.4. Voluntariedade

É o dolo, consubstanciado na vontade consciente do agente de praticar uma das ações típicas previstas no dispositivo, com a ciência de que causa perigo de inundação.

O tipo não prevê a necessidade de finalidade especial.

Lembra Regis Prado:

> "Se o agente quer a inundação como fim de sua conduta, ou seja, se sua vontade se dirige à realização da efetiva inundação, por ele querida, ou se, embora não querendo diretamente sua ocorrência, a aceita como possível ou provável, assumindo o risco da sua produção, configura-se a inundação tentada, e não o delito previsto pelo art. 255 (perigo de inundação)"[26].

6.5. Consumação e tentativa

A consumação ocorrerá com a instalação do perigo comum. Se a inundação ocorrer sem que o agente a tenha querido ou assumido o risco de provocá-la, responderá em concurso formal com o art. 254, na forma culposa.

A possibilidade de tentativa é controversa.

Há quem sustente, como Nucci, ser inadmissível o *conatus* porque o perigo de inundação é um ato preparatório da própria inundação punido autonomamente[27], tratando-se, portanto, de um crime de atentado.

Rogério Greco[28], opondo-se também a Noronha, para quem não se admite a tentativa porque o agente não quer a inundação em si, limitando-se a uma das ações típicas concernentes ao perigo, discorda desta orientação, pois:

> "o tipo penal pune tão somente a conduta daquele que remove, destrói ou inutiliza, em prédio próprio ou alheio, obstáculo natural ou obra destinada a impedir inundação, sabendo que o seu comportamento importará em perigo concreto para a vida, a integridade física ou o patrimônio de outrem. O agente, na verdade, não quer a inundação, pois se a quisesse não poderia responder pelo delito previsto no artigo em estudo, mas, sim, pelo delito de inundação, tentado ou consumado".

6.6. Majorantes de pena

Pelo texto do art. 258 do Código Penal, as majorantes ali inscritas se aplicam a todos os crimes de perigo comum que lhe antecedem, dentre os quais este em estudo. Não

26. *Tratado de Direito Penal Brasileiro*, v. 6, p. 87.
27. Ob. cit. p. 1063.
28. Ob. cit., vol. IV, p. 43.

nos parece, entretanto, possível o aumento porque a lesão corporal ou a morte não pode decorrer da simples remoção, destruição ou inutilização de obstáculo natural ou de obra destinada a impedir inundação, mas somente da própria inundação. Assim, vemos a possibilidade de incidência da majorante, no mesmo contexto do perigo, apenas no caso de concurso com a inundação culposa, hipótese, no entanto, em que tão só este último delito terá a pena aumentada.

6.7. Ação penal

A ação penal será pública incondicionada.

6.8. Princípio da especialidade

a) Código Penal x Código Penal Militar: o art. 273 do Decreto-lei 1.001/69 pune o ato de remover, destruir ou inutilizar, em lugar sujeito à administração militar, obstáculo natural ou obra destinada a impedir inundação, praticado na forma do art. 9º daquele diploma.

7. DESABAMENTO OU DESMORONAMENTO

▶ ***Desabamento ou desmoronamento***

Art. 256. Causar desabamento ou desmoronamento, expondo a perigo a vida, a integridade física ou o patrimônio de outrem:

Pena – reclusão, de 1 (um) a 4 (quatro) anos, e multa.

▶ ***Modalidade culposa***

Parágrafo único. Se o crime é culposo:

Pena – detenção, de 6 (seis) meses a 1 (um) ano.

7.1. Considerações iniciais

A objetividade jurídica desse delito ainda recai sobre a incolumidade pública.

Em razão da pena cominada no *caput*, admite-se a suspensão condicional do processo (Lei 9.099/95), desde que não incidente a majorante do art. 258, primeira parte. Se o crime for culposo, permite-se a transação penal e a suspensão condicional do processo, inclusive se da conduta decorrer lesão corporal grave. Se, todavia, advier a morte, nenhum benefício será admitido.

7.2. Sujeitos do crime

Qualquer pessoa pode praticar o delito, até mesmo o dono do imóvel.

Sujeito passivo será a coletividade e, secundariamente, o indivíduo lesado pela conduta do agente.

7.3. Conduta

A conduta criminosa consiste em *causar* (provocar) *desabamento* (queda, total ou parcial, de construção) ou *desmoronamento* (derrocada, deslizamento, ainda que parcial, do solo), expondo a perigo a vida, a integridade física ou o patrimônio de outrem (número indeterminado de indivíduos).

Há decisões várias no sentido de que os verbos *desabar* e *desmoronar* expressam significado preciso, a envolver a ideia de enorme e pesada estrutura que vem abaixo, no seu todo ou em partes, de modo que a simples queda de materiais isolados não basta para configurar o delito do art. 256 do CP (nesse sentido: *JTACRIM* 76/142 e *RT* 582/345).

É possível que o crime seja cometido por omissão, no caso em que o agente, sendo possível ou tendo o dever jurídico de agir, não evita o resultado (p. ex: o proprietário de um imóvel, cujo muro de arrimo está por desabar, não toma as medidas necessárias para evitar o desastre).

É imprescindível que se constate a ocorrência de perigo concreto à incolumidade pública, pois, do contrário poderá o agente, conforme a hipótese, responder apenas pela prática do crime de dano (art. 163 do CP) ou mera contravenção penal prevista no art. 29 da LCP (provocar o desabamento de construção ou, por erro no projeto ou na execução, dar-lhe causa).

Anota Hungria:

> "Se o fato for praticado mediante emprego de dinamite ou explosivo de efeito análogo, o crime será o de *explosão, absorvido* o de desabamento ou desmoronamento"[29].

7.4. Voluntariedade

É o dolo, consubstanciado na vontade consciente do agente de causar desabamento ou desmoronamento, ciente de que causará perigo à vida, à integridade física ou ao patrimônio de um número indeterminado de indivíduos.

Não se exige a presença de elemento subjetivo especial do injusto.

7.5. Consumação e tentativa

A consumação ocorrerá com o desabamento ou desmoronamento, desde que causem perigo comum.

A tentativa é perfeitamente possível, tendo em vista a possibilidade de se fracionar o *iter criminis*.

29. Ob. cit., v. 9, p. 52.

7.6. Majorantes de pena e forma culposa

O parágrafo único prevê pena de seis meses a um ano de detenção nos casos em que o desabamento ou o desmoronamento é provocado por imprudência, negligência ou imperícia do agente.

> "Conduzindo-se o agente de acordo com as normas técnicas pertinentes à efetivação da escavação, não há reconhecer culpa se, em decorrência de imprevisível elevado índice pluviométrico, verificar-se inesperado deslizamento de solo"[30].

Aplica-se aqui integralmente o disposto no art. 258 do Código Penal.

7.7. Ação penal

A ação penal será pública incondicionada.

7.8. Princípio da especialidade

a) Código Penal x Código Penal Militar: o art. 274 do Decreto-lei 1.001/69 pune o ato de causar desabamento ou desmoronamento, em lugar sujeito à administração militar, praticado na forma do art. 9º daquele diploma.

8. SUBTRAÇÃO, OCULTAÇÃO OU INUTILIZAÇÃO DE MATERIAL DE SALVAMENTO

> ▶ ***Subtração, ocultação ou inutilização de material de salvamento***
>
> **Art. 257**. Subtrair, ocultar ou inutilizar, por ocasião de incêndio, inundação, naufrágio, ou outro desastre ou calamidade, aparelho, material ou qualquer meio destinado a serviço de combate ao perigo, de socorro ou salvamento; ou impedir ou dificultar serviço de tal natureza:
>
> Pena – reclusão, de 2 (dois) a 5 (cinco) anos, e multa.

8.1. Considerações iniciais

A incolumidade pública é o objeto da tutela penal, agora no que diz respeito à subtração, ocultação ou inutilização de materiais de salvamento.

Em razão da pena cominada, nenhum benefício da Lei 9.099/95 será admitido.

8.2. Sujeitos do crime

Qualquer pessoa pode praticar o delito em análise, inclusive o proprietário do material para salvamento.

Sujeito passivo será a coletividade, bem como, secundariamente, eventuais atingidos pela conduta delituosa.

---

30. *JTACRIM* 36/283.

8.3. Conduta

Consiste o crime em *subtrair* (apropriar-se, retirar), *ocultar* (fazer desaparecer) ou *inutilizar* (tornar imprestável), por ocasião de incêndio, inundação, naufrágio, ou outro desastre ou calamidade, aparelho, material ou qualquer meio destinado a serviço de combate ao perigo, de socorro ou salvamento; ou *impedir* (tornar impraticável) ou *dificultar* (estorvar, tornar trabalhoso) serviço de tal natureza.

Alerta Hungria:

> "Não há indagar se tais fatos procederam de crime (doloso ou culposo) ou de caso fortuito (ex: inundação causada por chuvas torrenciais, devastação, decorrente de um ciclone, incêndio provocado por faísca elétrica)."[31].

Como objeto material do delito temos o aparelho, material ou qualquer meio destinado a serviço de combate ao perigo, de socorro ou salvamento, como, por exemplo, medicamentos, extintor de incêndio, cordas etc.

É pressuposto para a ocorrência do delito que esteja em andamento, por ocasião da conduta, incêndio, inundação, naufrágio, ou outro desastre ou calamidade. Inexistentes essas circunstâncias, outro poderá ser o crime, como, por exemplo, furto ou dano.

Por fim, lembra Mirabete[32] não constituir crime a simples recusa de auxílio pessoal aos bens jurídicos em perigo quando o sujeito não tem o dever jurídico de impedir o resultado. Pode haver crime por omissão de bombeiros, marinheiros, médicos sanitaristas etc.

8.4. Voluntariedade

É o dolo, consistente na vontade consciente de praticar uma das condutas previstas no tipo penal.

Não se exige o elemento subjetivo especial do injusto, mas, conforme a intenção do agente, poderá ele responder também pela prática de outro crime, como homicídio, lesões corporais etc., em concurso formal com o aqui estudado.

8.5. Consumação e tentativa

A consumação ocorre no momento em que o agente pratica qualquer das condutas, não havendo necessidade de comprovação de perigo concreto (crime de perigo abstrato).

A tentativa é admissível em todas as modalidades.

8.6. Majorantes de pena

Tendo em vista não haver previsão da modalidade culposa para o delito, aplica-se aqui somente o disposto na primeira parte do art. 258 do Código Penal.

---

31. Ob. cit., v. 9, p. 53.
32. Ob. cit., v. 3, p. 81.

8.7. Ação Penal

A ação penal será pública incondicionada.

8.8. Princípio da especialidade

a) Código Penal x Código Penal Militar: o art. 275 do Decreto-lei 1.001/69 pune o ato de subtração, ocultação ou inutilização de material de socorro praticado na forma do art. 9º daquele diploma.

9. FORMAS QUALIFICADAS DE CRIME DE PERIGO COMUM

▶ ***Formas qualificadas de crime de perigo comum***

Art. 258. Se do crime doloso de perigo comum resulta lesão corporal de natureza grave, a pena privativa de liberdade é aumentada de metade; se resulta morte, é aplicada em dobro. No caso de culpa, se do fato resulta lesão corporal, a pena aumenta-se de metade; se resulta morte, aplica-se a pena cominada ao homicídio culposo, aumentada de 1/3 (um terço).

9.1. Considerações gerais

O art. 258 traz majorantes aplicáveis ao capítulo dos crimes de perigo comum.

A primeira parte majora a pena se do crime doloso resulta lesão corporal de natureza grave ou morte. Trata-se de figura preterdolosa, agindo o sujeito com dolo no antecedente (conduta) e culpa do consequente (resultado).

A segunda parte do dispositivo prevê um aumento de pena se do crime culposo resultam tais resultados (assim, culpa no antecedente e no consequente).

Ressaltamos que se de apenas uma conduta relativa a crime de perigo comum decorrer lesão corporal ou morte de mais de uma pessoa, não haverá concurso de crimes. Na lição de Bitencourt[33]:

> "havendo na lei penal (art. 258) expressa previsão da genérica qualificação dos crimes de *perigo comum* em decorrência de lesões pessoais ou de morte, não há como considerar separadamente tais resultados para admiti-los como figuras autônomas, ao lado do crime de perigo que as ensejou".

10. DIFUSÃO DE DOENÇA OU PRAGA

▶ ***Difusão de doença ou praga***

Art. 259. Difundir doença ou praga que possa causar dano a floresta, plantação ou animais de utilidade econômica:

Pena – reclusão, de 2 (dois) a 5 (cinco) anos, e multa.

▶ ***Modalidade culposa***

Parágrafo único. No caso de culpa, a pena é de detenção, de 1 (um) a 6 (seis) meses, ou multa.

---

33. Ob. cit., vol. 4, p. 205.

10.1. Considerações gerais

A tutela penal ainda recai sobre a incolumidade pública.

No entanto, com o advento da Lei 9.605/98, o seu art. 61 passou a regular inteiramente a matéria, ensejando a revogação tácita do dispositivo em comento. Dispõe o mencionado artigo de lei: "Disseminar doença ou praga ou espécies que possam causar dano à agricultura, à pecuária, à fauna, à flora ou aos ecossistemas".

Como se pode notar, o novo tipo penal é mais abrangente, já que prevê a possibilidade de danos a bens jurídicos não considerados pelo Código Penal, além de meios outros para a prática que não só doença ou praga. A nova lei também aboliu a forma culposa do crime e passou a cominar pena menor do que aquela prevista no art. 259 (reclusão de um a quatro anos).

CAPÍTULO II – DOS CRIMES CONTRA A SEGURANÇA DOS MEIOS DE COMUNICAÇÃO E TRANSPORTE E OUTROS SERVIÇOS PÚBLICOS

1. PERIGO DE DESASTRE FERROVIÁRIO[34]

► ***Perigo de desastre ferroviário***

Art. 260. Impedir ou perturbar serviço de estrada de ferro:

I – destruindo, danificando ou desarranjando, total ou parcialmente, linha férrea, material rodante ou de tração, obra-de-arte ou instalação;

II – colocando obstáculo na linha;

III – transmitindo falso aviso acerca do movimento dos veículos ou interrompendo ou embaraçando o funcionamento de telégrafo, telefone ou radiotelegrafia;

IV – praticando outro ato de que possa resultar desastre:

Pena – reclusão, de 2 (dois) a 5 (cinco) anos, e multa.

► ***Desastre ferroviário***

§ 1º Se do fato resulta desastre:

Pena – reclusão, de 4 (quatro) a 12 (doze) anos, e multa.

§ 2º No caso de culpa, ocorrendo desastre:

Pena – detenção, de 6 (seis) meses a 2 (dois) anos.

§ 3º Para os efeitos deste artigo, entende-se por estrada de ferro qualquer via de comunicação em que circulem veículos de tração mecânica, em trilhos ou por meio de cabo aéreo.

---

34. Não havendo ofensa direta a bens, serviços e interesses da União ou de suas entidades autárquicas ou empresas públicas (art. 109, IV, da CF), compete à Justiça Estadual – e não à Justiça Federal – processar e julgar suposto crime de perigo de desastre ferroviário qualificado pelo resultado lesão corporal e morte (art. 260, IV, § 2º, c/c art. 263 do CP) ocorrido por ocasião de descarrilamento de trem em malha ferroviária da União. De fato, o bem jurídico tutelado pelo crime de perigo de desastre ferroviário é a incolumidade pública, consubstanciada na segurança dos meios de comunicação e transporte. Indiretamente, também se tutelam a vida e a integridade física das pessoas vítimas do desastre. O sujeito passivo do delito é, portanto, a coletividade em geral e, de forma indireta, as pessoas que, eventualmente, sofram lesões corporais ou morte. Precedente citado: CC 45.652-SP, Terceira Seção, DJe 24/11/2004. RHC 50.054-SP, Rel. Min. Nefi Cordeiro, julgado em 4/11/2014.

1.1. Considerações iniciais

A incolumidade pública está tutelada pela presente incriminação, abrangendo, também, a regular manutenção dos serviços ferroviários.

Às modalidades criminosas tipificadas no *caput* e no § 1º nenhum dos benefícios da Lei 9.099/95 é aplicável. Se a conduta for culposa, admite-se a transação penal e a suspensão condicional do processo, desde que não incidente a majorante do art. 263. Neste caso, se resultar em lesão grave, somente a suspensão condicional do processo poderá ser admitida, ao passo que, ocorrendo a morte, não haverá espaço para nenhum benefício despenalizador.

1.2. Sujeitos do crime

Qualquer pessoa pode praticar o delito (inclusive funcionários da empresa ferroviária).

Sujeito passivo será a coletividade e, eventualmente, os lesados pela ocorrência do desastre.

1.3. Conduta

O tipo em estudo pune condutas que colocam em risco o serviço prestado em estrada de ferro.

Entende-se por *estrada de ferro* qualquer via de comunicação em que circulem veículos de tração mecânica, em trilhos ou por meio de cabo aéreo (§ 3º). Logo, estão incluídos trens, bondes (*RT* 172/495), metrô, teleféricos, sejam públicos ou particulares.

Quatro são as formas de *impedir* (obstruir) ou *perturbar* (atrapalhar) serviço de estrada de ferro:

I – destruindo (tornar inútil), danificando (causar avaria) ou desarranjando (tirar da ordem), total ou parcialmente, linha férrea (local por onde circulam os meios de transporte, como trilhos, dormentes etc.), material rodante(que circula pela linha férrea, com vagões) ou de tração (impulsiona os anteriores, como locomotivas), obra-de-arte(construção destinada à passagem dos veículos, como ponte, túnel etc.) ou instalação (destinado ao auxílio à prestação do serviço ferroviário, como prédios, cabines, chave de desvio, sinalizações etc.);

II – colocando obstáculo na linha, isto é, deitar entre os trilhos, por exemplo, objetos (pedras, troncos de árvores etc.) ou mesmo animais, que impeçam ou dificultem a livre circulação dos veículos ferroviários;

III – transmitindo falso aviso acerca do movimento dos veículos ou interrompendo ou embaraçando o funcionamento de telégrafo, telefone ou radiotelegrafia. A comunicação existente acerca do movimento de veículos é essencial para que se evitem acidentes, especialmente colisões, sendo que conduta do agente prejudica sobremaneira o regular funcionamento dessa atividade, podendo ocasionar desastres ou embaraços, como o atraso de trens, por exemplo[35];

---

35. O crime de perigo de desastre ferroviário, absorve o previsto no art. 266 do CP (interromper ou perturbar serviço telegráfico, radiotelegráfico ou telefônico, impedir ou dificultar-lhe o restabelecimento).

IV – praticando outro ato de que possa resultar desastre: neste caso, a conduta pode ocorrer das mais variadas formas, desde que sejam tendentes a causar desastre. Este inciso, ao prever fórmula genérica, dispensaria a enunciação taxativa dos anteriores[36].

Para a ação prevista no *caput*, contenta-se a lei com o perigo de desastre, que, no entanto, deve ser efetivamente comprovado.

Pode o crime ocorrer tanto por ação quanto por omissão, como no caso do funcionário do serviço ferroviário que deixa de operar a chave de desvio, podendo fazê-lo, sabendo que dois veículos irão passar pelo mesmo local, gerando perigo de colisão ou sua efetiva ocorrência.

Nota-se ser dispensável que o veículo esteja em movimento ou com passageiros, bastando que a ação seja concretamente capaz de, eventualmente, causar um desastre ferroviário.

1.4. Voluntariedade

É o dolo, consubstanciado na vontade consciente de impedir ou perturbar serviço de estrada de ferro, mediante uma das formas previstas nos incisos I a IV.

Não se exige qualquer finalidade especial por parte do agente.

☑ ***O conhecido "surf ferroviário" (jovens se equilibrando sobre a composição do trem em andamento) configura o crime do art. 260 do CP?***

A jurisprudência não tem admitido, não vislumbrando no comportamento do "surfista urbano" outra intenção que não a de expor a perigo a própria vida, faltando, portanto, o elemento subjetivo do tipo, consistente na vontade livre e consciente de criar situação concreta de perigo de desastre ferroviário (*RT* 798/681).

1.5. Consumação e tentativa

O crime se consuma no momento em que é instalado o perigo (real, concreto e iminente) de desastre ferroviário.

A tentativa é possível, desde que na forma comissiva.

Explica Hungria, por meio de exemplos, quando se configura ou não o efetivo perigo de desastre:

> "Alguém retira um pedaço de ferro do binário, mas o trem passa incólume, e um posterior exame pericial constata que nenhum desastre poderia ter ocorrido. O crime, evidentemente, não se consumou. Teria havido uma tentativa, quando não um *crime impossível.*

36. A amplitude do inciso IV (enunciando conduta indeterminada) é de questionável constitucionalidade, ferindo, ao que parece, o princípio da legalidade (art. 1º do CP), mais precisamente o da taxatividade ou da determinação (que exige, na criação dos tipos penais, clareza na descrição da conduta punível).

> Se, entretanto, a perícia verificar que o desastre podia ter sobrevindo, e que tal não se deu porque o trem, dada a velocidade que levava, pôde seguir na guia, já não se pode deixar de ter o crime consumado"[37].

1.6. Qualificadora, Majorantes de pena e forma culposa

1.6.1. Qualificadora

O § 1º do dispositivo qualifica o crime nos casos em que, em razão da conduta *dolosa* praticada, ocorre efetivo desastre *culposo*, não querido ou aceito pelo agente (delito preterdoloso).

> "Exige-se, para a consumação do crime, que se instale a probabilidade real de dano considerável a indeterminado número de pessoas e bens"[38].

A tentativa, na hipótese qualificada, é inadmissível, pois, além de o resultado ser culposo, a conduta inicial já configura o crime básico.

1.6.2. Forma culposa

O § 2º traz hipótese em que o agente é punido a título de culpa, ou seja, quando causa o desastre por ter agido com manifesta negligência, imprudência ou imperícia. Diz Mirabete[39] ser possível a punição pelo crime culposo na hipótese em que o desastre foi causado por terceiro e o agente, obrando com culpa, deixa de evitar o resultado.

1.6.3. Majorantes de pena

De acordo com o disposto no art. 263 do Código Penal, "Se de qualquer dos crimes previstos nos arts. 260 a 262, no caso de desastre ou sinistro, resulta lesão corporal ou morte, aplica-se o disposto no art. 258".

Temos, dessa forma, o seguinte:

a) se do crime doloso resulta desastre, que, por sua vez, causa lesão corporal grave, a pena é aumentada de metade;

b) se do crime doloso resulta desastre, que, por sua vez, causa morte, a pena é dobrada;

c) se do crime culposo resulta desastre, que, por sua vez, causa lesão corporal grave, a pena é aumentada de metade;

d) se do crime culposo resulta desastre, que, por sua vez, causa morte, a pena é a do homicídio culposo, aumentada de um terço.

---

37. Ob. cit., v. 9, p. 70.

38. Prado, Luiz Regis. *Tratado de Direito Penal Brasileiro*, v. 6, p. 111.

39. *Manual de direito penal:* parte especial, v. 3, p. 89.

Por fim, ensina Fragoso que:

> "Se do desastre resultar morte ou lesão corporal, não nos parece seja aplicável o aumento previsto no art. 258, conforme determina o art. 263 CP. Tal aumento só cabe nos crimes dolosos, e o delito aqui é preterdoloso, sendo o resultado involuntário. A severidade da pena e do aumento (metade e dobro) tornariam injustificada a sanção pelo evento mais grave, que é, afinal, culposo"[40]. Em sentido contrário, leciona Hungria, para quem se do desastre resultar morte ou lesão corporal, a pena será "regulada pelo art. 258 (conforme dispõe o art. 263), isto é, no caso de lesão corporal, a pena será aumentada de metade, e, no caso de morte, o aumento será de dobro"[41].

1.7. Ação penal

A ação penal será pública incondicionada.

1.8. Princípio da especialidade

a) Código Penal x Código Penal Militar: o art. 282 do Decreto-lei 1.001/69 pune o perigo de desastre ferroviário e a efetivação do desastre, praticados, na forma do art. 9º daquele diploma, em local sob administração ou requisição militar.

b) Código Penal x Lei de Segurança Nacional: o art. 15 da Lei nº 7.170/83 pune a conduta de praticar sabotagem contra meios e vias de transporte.

c) Código Penal x Lei nº 13.260/16: o art. 2º, § 1º, inciso IV, da Lei nº 13.260/16 pune com reclusão de doze a trinta anos a conduta de sabotar o funcionamento ou apoderar-se, com violência, grave ameaça a pessoa ou servindo-se de mecanismos cibernéticos, do controle total ou parcial, ainda que de modo temporário, de meio de transporte se o fato é cometido por razões de xenofobia, discriminação ou preconceito de raça, cor, etnia e religião, com a finalidade de provocar terror social ou generalizado, expondo a perigo pessoa, patrimônio, a paz pública ou a incolumidade pública.

2. ATENTADO CONTRA A SEGURANÇA DE TRANSPORTE MARÍTIMO, FLUVIAL OU AÉREO

► ***Atentado contra a segurança de transporte marítimo, fluvial ou aéreo***

Art. 261. Expor a perigo embarcação ou aeronave, própria ou alheia, ou praticar qualquer ato tendente a impedir ou dificultar navegação marítima, fluvial ou aérea:

Pena – reclusão, de 2 (dois) a 5 (cinco) anos.

► ***Sinistro em transporte marítimo, fluvial ou aéreo***

---

40. Ob. cit., v. 3, p. 662.
41. Ob. cit., v. 9, p. 72/73.

§ 1º Se do fato resulta naufrágio, submersão ou encalhe de embarcação ou a queda ou destruição de aeronave:

Pena – reclusão, de 4 (quatro) a 12 (doze) anos.

▶ ***Prática do crime com o fim de lucro***

§ 2º Aplica-se, também, a pena de multa, se o agente pratica o crime com o intuito de obter vantagem econômica, para si ou para outrem.

▶ ***Modalidade culposa***

§ 3º No caso de culpa, se ocorre o sinistro:

Pena – detenção, de 6 (seis) meses a 2 (dois) anos.

2.1. Considerações iniciais

Tutela-se a incolumidade pública, agora no que diz respeito ao transporte marítimo, fluvial e aéreo.

Em razão da pena cominada no *caput* e no § 1º, não se admite nenhum dos benefícios da Lei 9.099/95. Se a conduta for culposa, permite-se a transação penal e a suspensão condicional do processo, desde que não incidente a majorante do art. 263. Neste caso, se resultar em lesão grave, somente a suspensão condicional do processo poderá ser admitida, ao passo que, ocorrendo a morte, não haverá espaço para nenhum benefício despenalizador.

2.2. Sujeitos do crime

Qualquer pessoa pode praticar o delito em apreço, inclusive o proprietário do veículo, como esclarece o tipo penal.

Sujeito passivo será a coletividade e, secundariamente, em caso de desastre, os eventualmente lesados.

2.3. Conduta

Consiste o crime em *expor a perigo embarcação* (qualquer construção flutuante destinada ao transporte de pessoas ou bens, independentemente do meio e tração ou propulsão) ou *aeronave* (qualquer aparelho capaz de se sustentar e se conduzir, com função de transportar pessoas ou cargas), própria ou alheia, ou praticar qualquer ato tendente a impedir ou dificultar navegação *marítima* (mar), *fluvial* (rio) ou *aérea* (ar).

São **duas** as ações típicas previstas:

a) a primeira se refere à exposição de embarcação ou aeronave a perigo, o que pode se dar por meio das mais variadas formas, pois que não limitada a ação pelo legislador;

b) a segunda consiste em praticar qualquer ato tendente a *impedir* (evitar) ou *dificultar* (embaraçar) navegações marítimas, fluviais ou aéreas, que também é de ação livre.

É imprescindível que se trate de aeronave ou embarcação destinada a transporte coletivo, caso contrário não se identifica o perigo comum exigido pelo tipo (nesse sentido: *RT* 287/174).

Nesse mesmo sentido, Regis Prado, citando Hungria, explica:

> "É indispensável que a embarcação ou aeronave – própria ou alheia; ancorada ou em pouso; em viagem ou em voo – destine-se ao transporte coletivo ou público. Configura a conduta em apreço a prática de qualquer apto a expor a perigo ou capaz de impedir ou dificultar o transporte marítimo, fluvial ou aéreo, tais como: 'provocar o abalroamento ou colisão de embarcações ou aeronaves, ou o investimento de umas ou outras contra resistências passivas; fazer brecha em embarcação, ensejando a invasão de águas; destruir ou remover aparelhos ou peças indispensáveis à orientação ou segurança da embarcação ou aeronave; apagar, inutilizar ou deslocar sinais guiadores; remover boias ou faróis; colocar falsos faróis, ou transmitir falsos avisos; tornar impraticável algum ancoradouro ou campo de pouso etc.'"[42].

Este crime não se confunde com a contravenção penal de abuso na prática de aviação, tipificada no art. 35 do Decreto-lei nº 3.688/41: "Entregar-se na prática da aviação, a acrobacias ou a vôos baixos, fora da zona em que a lei o permite, ou fazer descer a aeronave fora dos lugares destinados a esse fim". A contravenção se diferencia porque o piloto tem conhecimento técnico para lidar com a aeronave, o que diminui drasticamente o perigo a pessoas indeterminadas, limitando-se a realizar as manobras em locais inapropriados. Trata-se, portanto, de um risco controlado que eventualmente se exacerba.

2.4. Voluntariedade

É o dolo, consubstanciado na vontade consciente de expor a perigo embarcação ou aeronave, própria ou alheia, ou praticar qualquer ato tendente a impedir ou dificultar navegação marítima, fluvial ou aérea.

Não se exige finalidade especial por parte do agente. No entanto, o § 2º determina que a pena de multa será cumulativamente aplicada na hipótese em que o crime é praticado com o intuito de se obter vantagem econômica (ganância), para o próprio agente ou para terceiro.

Se a intenção é matar alguém, entende a maioria que o agente responderá pelos dois crimes (arts. 121, § 2º, III, e 261) em concurso formal (art. 70 do CP).

2.5. Consumação e tentativa

Consuma-se o crime no momento em que se verifica a criação do perigo (concreto, real e efetivo) ao regular funcionamento do transporte marítimo, fluvial ou aéreo.

Alerta Hungria:

> "Pode parecer que o texto legal, distinguindo entre o fato de 'expor a perigo embarcação ou aeronave' e o fato 'tendente a impedir ou dificultar navegação marítima, fluvial ou aérea', o perigo comum,

42. *Curso de direito penal brasileiro:* parte especial, v. 3. p. 657.

> nesta última hipótese, seria presumido *juris et de jure*; mas não é assim. Segundo a rubrica lateral, trata-se, em qualquer hipótese, de atentado contra a *segurança* dos transportes mencionados no artigo, de modo que, se não periclita tal segurança, não existirá o crime em questão (sem prejuízo da configuração de simples crime de dano). Por outro lado, cotejado o *caput* do artigo com o § 1º, é de se inferir, a toda evidência, que qualquer dos fatos indicados naquele seja de molde a criar efetivamente a possibilidade de dano extensivo ou difuso (naufrágio, submersão ou encalhe de embarcação, desastre aviatório)."[43].

A tentativa é admissível, vez que se trata de crime plurissubsistente.

2.6. Qualificadora, Majorantes de pena e forma culposa

Se do fato resulta naufrágio, submersão ou encalhe de embarcação ou a queda ou a destruição de aeronave, a pena passa a ser de quatro a doze anos (§ 1º). Trata-se de qualificadora preterdolosa, obrando o agente com dolo sobre as condutas previstas no *caput* e culpa no resultado de dano.

A vantagem econômica eventualmente visada pelo agente, inclusive em favor de terceiro, enseja a aplicação também da pena de multa, de acordo com o § 2º. O § 3º tipifica modalidade culposa, hipótese em que o agente, desconsiderando a cautela exigida pela situação fática, causa o desastre. Aplica-se ao dispositivo em comento o que estatui o art. 258 do Código Penal, por expressa previsão do art. 263.

2.7. Ação penal

A ação penal será pública incondicionada, cujo julgamento compete à Justiça Federal (art. 109, IX, CF/88).

2.8. Princípio da especialidade

a) Código Penal x Código Penal Militar: o art. 283 do Decreto-lei 1.001/69 pune o atentado contra transporte e a superveniência de sinistro, praticados, na forma do art. 9º daquele diploma, em local sujeito à administração militar, contra aeronave ou navio, próprio ou alheio, sob guarda, proteção ou requisição militar.

b) Código Penal x Lei de Segurança Nacional: apoderar-se ou exercer o controle de aeronave, embarcação ou veículo de transporte coletivo, com emprego de violência ou grave ameaça à tripulação ou a passageiros, é crime tipificado no art. 20 da Lei 7.170/83.

c) Código Penal x Lei 11.343/06: o art. 39 da Lei de Drogas pune com detenção de 6 meses a 3 anos conduzir embarcação ou aeronave após o consumo de drogas, expondo a

43. Ob. cit., v. 9, p. 80.

dano potencial a incolumidade de outrem. As penas de prisão e multa, aplicadas cumulativamente com as demais, serão de 4 (quatro) a 6 (seis) anos e de 400 (quatrocentos) a 600 (seiscentos) dias-multa, se o veículo referido no *caput* deste artigo for de transporte coletivo de passageiros (parágrafo único).

d) Código Penal x Lei nº 13.260/16: o art. 2º, § 1º, inciso IV, da Lei nº 13.260/16 pune com reclusão de doze a trinta anos a conduta de sabotar o funcionamento ou apoderar-se, com violência, grave ameaça a pessoa ou servindo-se de mecanismos cibernéticos, do controle total ou parcial, ainda que de modo temporário, de meio de transporte se o fato é cometido por razões de xenofobia, discriminação ou preconceito de raça, cor, etnia e religião, com a finalidade de provocar terror social ou generalizado, expondo a perigo pessoa, patrimônio, a paz pública ou a incolumidade pública.

3. ATENTADO CONTRA A SEGURANÇA DE OUTRO MEIO DE TRANSPORTE

► ***Atentado contra a segurança de outro meio de transporte***

Art. 262. Expor a perigo outro meio de transporte público, impedir-lhe ou dificultar-lhe o funcionamento:

Pena – detenção, de 1 (um) a 2 (dois) anos.

§ 1º Se do fato resulta desastre, a pena é de reclusão, de 2 (dois) a 5 (cinco) anos.

§ 2º No caso de culpa, se ocorre desastre:

Pena – detenção, de 3 (três) meses a 1 (um) ano.

3.1. Considerações iniciais

Depois de incriminar os atentados contra os meios de transporte ferroviário, marítimo, fluvial e aéreo, o Código Penal contempla, agora, o atentado "contra a segurança de outro meio de transporte" (o rodoviário e o lacustre), com pena minorada.

A incolumidade pública continua sendo o bem jurídico protegido pelo dispositivo em comento.

As penas cominadas no *caput* e no § 2º permitem a transação penal e a suspensão condicional do processo (Lei 9.099/95), mas ambos os benefícios são afastados no caso de desastre, tipificado no § 1º. Na hipótese de incidência da majorante prevista no art. 263, há diversas possibilidades:

a) tratando-se de crime doloso que resulte em lesão grave ou morte, nenhum benefício será admitido;

b) tratando-se se crime culposo, do qual decorra lesão grave ou morte, permanece a possibilidade de transação penal e de suspensão condicional do processo.

3.2. Sujeitos do crime

Qualquer pessoa pode praticar o crime, até mesmo o proprietário do meio de transporte.

Sujeito passivo será a coletividade e, em caso de desastre, os lesados pelo comportamento criminoso.

3.3. Conduta

Pune-se a conduta do agente que:

a) expõe a perigo outro meio de transporte público;

b) impede-lhe o funcionamento;

c) ou dificulta-lhe o funcionamento.

Ao se referir a *outro meio de transporte público*, o tipo penal excluiu, obviamente, aqueles já tratados nos dois dispositivos anteriores (restando o rodoviário – ônibus, táxi etc. – e o lacustre).

O tipo é claro ao exigir que o veículo colocado em risco (ou perturbado no seu funcionamento) esteja efetivamente servindo ao público, em nome do Estado ou mediante concessão da Administração Pública.

Uma vez mais, trata-se de crime de perigo concreto, em que se exige, para tornar punível a conduta do agente, a efetiva comprovação de risco à incolumidade pública.

3.4. Voluntariedade

É o dolo, consistente na vontade consciente de expor a perigo meio de transporte público (que não os enunciados nos arts. 260 e 261), impedir-lhe ou dificultar-lhe o funcionamento.

Não se exige finalidade especial por parte do agente.

Se o fim era matar alguém, entende a maioria da doutrina que o agente responderá pelos dois crimes (arts. 121, § 2º, III, e 262) em concurso formal (art. 70 do CP).

3.5. Consumação e tentativa

A consumação se dá no momento em que se verifica o perigo (concreto) à incolumidade pública. Bastará qualquer ação capaz de provocar perigo, seja aos veículos diretamente, seja às pistas de rolamento, obras de arte, subtração de instrumentos de proteção etc.

Tendo em vista se tratar de crime plurissubsistente, é possível a tentativa.

3.6. Qualificadora, majorantes de pena e forma culposa

O § 1º prevê o crime qualificado se do fato praticado pelo agente resulta desastre. Os mesmos comentários dispensados aos dispositivos antecedentes são aqui aplicáveis.

O § 2º traz a forma culposa do crime. Também aqui não há diferença em relação às anteriores modalidades culposas.

O art. 263 do Código Penal determina que, em caso de lesão corporal ou morte, aplica-se o disposto no art. 258 do Código Penal.

3.7. Ação penal

A ação penal será pública incondicionada.

3.8. Princípio da especialidade

a) Código Penal x Lei de Segurança Nacional: praticar sabotagem contra meios e vias de transporte, estaleiros, portos e aeroportos é crime tipificado no art. 15 da Lei 7.170/83.

b) Código Penal x Código Penal Militar: o art. 284 do Decreto-lei 1.001/69 pune o atentado contra viatura ou outro meio de transporte militar, ou sob guarda, proteção ou requisição militar, praticado na forma do art. 9º daquele diploma.

c) Código Penal x Lei nº 13.260/16: o art. 2º, § 1º, inciso IV, da Lei nº 13.260/16 pune com reclusão de doze a trinta anos a conduta de sabotar o funcionamento ou apoderar-se, com violência, grave ameaça a pessoa ou servindo-se de mecanismos cibernéticos, do controle total ou parcial, ainda que de modo temporário, de meio de transporte se o fato é cometido por razões de xenofobia, discriminação ou preconceito de raça, cor, etnia e religião, com a finalidade de provocar terror social ou generalizado, expondo a perigo pessoa, patrimônio, a paz pública ou a incolumidade pública.

4. FORMA QUALIFICADA

▶ ***Forma qualificada***

Art. 263. Se de qualquer dos crimes previstos nos arts. 260 a 262, no caso de desastre ou sinistro, resulta lesão corporal ou morte, aplica-se o disposto no art. 258.

4.1. Considerações Gerais

O art. 263 do CP empresta aos crimes previstos neste capítulo (arts. 260 a 262) a majorante prevista no art. 258 do CP, que determina: se do crime doloso de perigo comum resulta lesão corporal de natureza grave, a pena privativa de liberdade é aumentada de metade; se resulta morte, é aplicada em dobro. No caso de culpa, se do fato resulta lesão corporal, a pena aumenta-se de metade; se resulta morte, aplica-se a pena cominada ao homicídio culposo, aumentada de um terço.

5. ARREMESSO DE PROJÉTIL

▶ ***Arremesso de projétil***

Art. 264. Arremessar projétil contra veículo, em movimento, destinado ao transporte público por terra, por água ou pelo ar:

Pena – detenção, de 1 (um) a 6 (seis) meses.

Parágrafo único. Se do fato resulta lesão corporal, a pena é de detenção, de 6 (seis) meses a 2 (dois) anos; se resulta morte, a pena é a do art. 121, § 3º, aumentada de 1/3 (um terço).

5.1. Considerações iniciais

A incolumidade pública é o bem jurídico protegido pelo dispositivo, também no que se refere ao transporte público.

Lembra Hungria:

> "O antigo Código, no seu art. 150, equiparava ao 'desastre' ou 'perigo de desastre' ferroviário, para todos os efeitos, o 'arremessar projetis, ou corpos contundentes, contra um comboio de passageiros em movimento'. Não se justificativa tal equiparação, dada a gravidade sensivelmente menor de semelhante fato, nem tampouco que apenas gozasse da proteção penal o comboio de estrada de ferro, ficando excluído qualquer outro veículo, ainda que também a serviço do transporte coletivo."[44].

As penas cominadas ao delito permitem a transação penal e a suspensão condicional do processo (Lei 9.099/95), desde que do fato não decorra a morte, hipótese em que qualquer benefício será afastado.

5.2. Sujeitos do crime

Qualquer pessoa pode praticar o crime em estudo (crime comum).

Sujeito passivo será a coletividade e, eventualmente, o lesado pela conduta do agente.

5.3. Conduta

A conduta típica consiste em *arremessar* (lançar, atirar, jogar) *projétil* (qualquer objeto sólido e pesado que se arremessa no espaço pelas mãos do homem ou por meio de aparelhos)[45] contra veículo, em movimento, destinado ao transporte público por terra, por água ou pelo ar.

O transporte público, neste caso, como deixa claro o próprio dispositivo, será qualquer dos referidos nos arts. 260 a 262, e pode ser tanto de pessoas quanto de coisas.

Nos termos da lição de Bitencourt, o arremesso de projétil contra veículo particular não perfaz o crime (ob. cit., vol. 4, p. 284). Já para Mirabete, o veículo pode pertencer

44. Ob. cit.v. 9, p. 86.
45. Para **Fragoso**, "não é possível, sem recorrer à analogia, equiparar os líquidos corrosivos ao projétil (salvo se estiverem contidos em recipiente sólido, como faz Nélson Hungria" (ob. cit., v. 3, p. 670).

tanto ao Estado quanto a particulares, se destinado ao transporte de número indeterminado de pessoas (ob. cit., vol. III, p. 95).

A lei impõe expressamente que o veículo contra o qual se arremessa o projétil esteja em movimento. Há quem sustente a interpretação extensiva desta imposição de forma a se considerar em movimento o veículo que se encontre na via pública cumprindo seu propósito de transporte público, ainda que em determinado momento esteja parado (mas não estacionado)[46].

Destacamos, finalmente, que o projétil a que se refere o dispositivo não pode ser proveniente de arma de fogo, hipótese em que haverá o crime do art. 15 da Lei nº 10.826/03: "Disparar arma de fogo ou acionar munição em lugar habitado ou em suas adjacências, em via pública ou em direção a ela, desde que essa conduta não tenha como finalidade a prática de outro crime".

5.4. Voluntariedade

É o dolo, consistente na vontade consciente de arremessar projétil contra veículo, em movimento, destinado ao transporte público por terra, por água ou pelo ar.

Não se exige a presença do elemento subjetivo especial do injusto. Se o escopo do agente é o de atingir pessoa determinada que se encontre no veículo, responderá por lesões corporais ou homicídio, tentado ou consumado, em concurso formal (art. 70 do CP) com o delito em estudo.

5.5. Consumação e tentativa

Consuma-se o crime no momento em que o projétil é lançado, ainda que não atinja o veículo. A doutrina rotula esta infração como de perigo abstrato, bastando a idoneidade do projétil lançado para causar dano ao veículo de transporte. Nesse sentido também a jurisprudência:

Para a configuração do delito previsto no art. 264 do CP não é necessário que do arremesso surja qualquer consequência concreta, bastando a simples possibilidade de dano" (*RT* 367/181).

De acordo com parte da doutrina, o crime é unissubsistente, não admitindo a tentativa (Fragoso[47]; Luiz Regis Prado[48]). Mirabete, no entanto, sustenta ser o crime plurissubsistente, reconhecendo o *conatus* quando já iniciada a conduta do arremesso, o resultado (perigo) não ocorre por circunstâncias alheias à vontade do agente[49].

46. Neste sentido, Nucci, ob. cit. p. 1072.
47. Ob. cit., v. 3, p. 671.
48. *Curso de direito penal brasileiro:* parte especial, vol. 3, p. 667.
49. *Manual de direito penal:* parte especial, v. 3, p. 98.

5.6. Qualificadoras

O parágrafo único enuncia que, se do fato resulta lesão corporal, a pena é de detenção, de seis meses a dois anos. Ocorrida morte, a pena é a cominada no art. 121, § 3º, aumentada de um terço. Da simples leitura do parágrafo, percebe-se tratar-se de hipótese preterdolosa do crime (conclusão extraída da lei quando determina a aplicação da pena do homicídio culposo, com aumento). Como já alertamos, agindo com dolo também quanto ao resultado, responderá o agente pelos dois crimes em concurso.

5.7. Ação penal

A ação penal será pública incondicionada.

5.8. Princípio da especialidade

a) Código Penal x Código Penal Militar: o art. 286 do Decreto-lei 1.001/69 pune o arremesso de projétil contra veículo militar praticado na forma do art. 9º daquele diploma.

6. ATENTADO CONTRA A SEGURANÇA DE SERVIÇO DE UTILIDADE PÚBLICA

► ***Atentado contra a segurança de serviço de utilidade pública***

Art. 265. Atentar contra a segurança ou o funcionamento de serviço de água, luz, força ou calor, ou qualquer outro de utilidade pública:

Pena – reclusão, de 1 (um) a 5 (cinco) anos, e multa.

Parágrafo único. Aumentar-se-á a pena de 1/3 (um terço) até a metade, se o dano ocorrer em virtude de subtração de material essencial ao funcionamento dos serviços.

6.1. Considerações iniciais

Novamente se tutela a incolumidade pública, agora no que diz respeito à segurança e ao funcionamento de serviço de água, luz, força ou calor, bem como qualquer outro de utilidade pública.

A pena cominada ao delito permite a suspensão condicional do processo (Lei 9.099/95), exceto se incidir a causa de aumento de pena do parágrafo único.

6.2. Sujeitos do crime

Qualquer pessoa pode praticar o delito em estudo (inclusive o fornecedor, funcionário ou empregador que exerça atividades referentes aos serviços de utilidade pública).

Sujeito passivo é o Estado, representado pelo seu corpo social (coletividade). Secundariamente, pessoas atingidas pela conduta do agente figurarão como vítima.

6.3. Conduta

Pune-se a conduta delituosa de *atentar* (ofender, importunar) contra a *segurança* (tornando arriscado, inseguro) ou o *funcionamento* (risco de paralisação ou cessação) de serviço de água, luz, força ou calor, ou qualquer outro de utilidade pública.

No tocante ao serviço de utilidade pública (elementar do tipo), Bento de Faria alerta para não ser confundido com os serviços públicos em geral:

> "O serviço público, considerado *objetivamente*, é o que interessa de modo imediato ao desenvolvimento da vida administrativa do Estado, caracterizando, necessariamente, a *função pública*, expressiva de uma autoridade de natureza legislativa, administrativa ou judiciária. (...) Não é desse serviço, porém, que se ocupa o texto em apreço, mas dos de *utilidade pública*, quando a lei expressamente os considere, ou quando sejam expressivos de encargos que, embora possam ser guardados pelo Estado, por corresponderem a satisfação da necessidade coletiva, são por ele deferidos ao desempenho particular, mediante concessão ou autorização."[50].

É indiferente o meio utilizado pelo agente,[51] desde que seja apto a causar risco à segurança ou ao funcionamento dos serviços públicos, que, diga-se, não são taxativamente elencados no texto legal, abarcando outros, tais como a limpeza pública, o serviço hospitalar, entre outros.

☑ ***O movimento de greve pode configurar o crime do art. 265 do CP?***

A jurisprudência nega:

> "Atentado contra a segurança de serviço de utilidade pública. Não caracterização. Obstrução de entrada e saída de funcionários e veículos da CMTC por grevistas. Condutas que não criaram qualquer perigo ao transporte coletivo."[52].

6.4. Voluntariedade

É o dolo, consubstanciado na vontade consciente de atentar contra a segurança ou o funcionamento de serviço de água, luz, força ou calor, ou qualquer outro de utilidade pública.

Não se exige o elemento subjetivo especial do injusto.

50. Ob. cit., v. 5, p. 317.
51. **Luiz Regis Prado** (ob. cit. v. 6, p. 128) adverte: se o atentado contra a segurança de serviço de utilidade pública é praticado por meio de incêndio ou explosão, há a absorção do delito insculpido no art. 265 pelos crimes acostados nos arts. 250 ou 251, respectivamente (critério da especialidade).
52. *JTJ* 174/302.

6.5. Consumação e tentativa

Consuma-se o crime com o atentado contra o serviço de utilidade pública. Para a maioria, dispensa perigo concreto, real e efetivo (pois é presumido).

A tentativa é perfeitamente possível, pois que se trata de crime cuja conduta pode ser fracionada. Há, no entanto, quem sustente o contrário, como Nucci[53]:

> "Não admite tentativa por ser crime de atentado, vale dizer, a lei já pune como crime consumado o mero indício da execução. Seria em nosso entender, ilógico sustentar a hipótese de "tentativa de tentar".

6.6. Majorante de pena

Dispõe o parágrafo único que aumentar-se-á a pena de um terço até a metade, se o dano ocorrer em virtude de subtração de material essencial ao funcionamento dos serviços. Trata-se de circunstância que, em razão da maior gravidade da conduta (subtração do material), eleva a pena do crime.

6.7. Ação penal

A ação penal será pública incondicionada.

6.8. Princípio da especialidade

a) Código Penal x Lei de Segurança Nacional: praticar sabotagem contra usinas, barragem, depósitos e outras instalações congêneres, é crime tipificado no art. 15 da Lei 7.170/83.

b) Código Penal x Código Penal Militar: o art. 287 do Decreto-lei 1.001/69 pune o atentado contra serviço de utilidade militar praticado na forma do art. 9º daquele diploma.

c) Código Penal x Lei nº 6.453/77: o art. 27 da Lei nº 6.453/77 pune a conduta de impedir ou dificultar o funcionamento de instalação nuclear ou o transporte de material nuclear.

d) Código Penal x Lei nº 13.260/16: o art. 2º, § 1º, inciso IV, da Lei nº 13.260/16 pune com reclusão de doze a trinta anos a conduta de sabotar o funcionamento ou apoderar-se, com violência, grave ameaça a pessoa ou servindo-se de mecanismos cibernéticos, do controle total ou parcial, ainda que de modo temporário, de hospitais, casas de saúde, escolas, estádios esportivos, instalações públicas ou locais onde funcionem serviços públicos essenciais se o fato é cometido por razões de xenofobia, discriminação ou preconceito de raça, cor, etnia e religião, com a finalidade de provocar terror social ou generalizado, expondo a perigo pessoa, patrimônio, a paz pública ou a incolumidade pública.

53. Ob. cit., p. 1074.

7. INTERRUPÇÃO OU PERTURBAÇÃO DE SERVIÇO TELEGRÁFICO, TELEFÔNICO, INFORMÁTICO, TELEMÁTICO OU DE INFORMAÇÃO DE UTILIDADE PÚBLICA

► ***Interrupção ou perturbação de serviço telegráfico, telefônico, informático, telemático ou de informação de utilidade pública***

Art. 266. Interromper ou perturbar serviço telegráfico, radiotelegráfico ou telefônico, impedir ou dificultar-lhe o restabelecimento:

Pena – detenção, de 1 (um) a 3 (três) anos, e multa.

§ 1º Incorre na mesma pena quem interrompe serviço telemático ou de informação de utilidade pública, ou impede ou dificulta-lhe o restabelecimento.

§ 2º Aplicam-se as penas em dobro se o crime é cometido por ocasião de calamidade pública.

7.1. Considerações iniciais

Sob a rubrica dos crimes contra a incolumidade pública, ainda se encontra o do art. 266, que, embora nem sempre cause situação de perigo comum, atenta contra o interesse coletivo na continuidade da prestação dos serviços de telecomunicações, especialmente em tempos atuais, em que são largamente utilizados como forma de interação mundial.

A Lei 12.737, de 30 de novembro de 2012, inseriu o § 1º ao artigo em comento, anunciando também incorrer na mesma pena prevista para o *caput* quem interrompe serviço telemático ou de informação de utilidade pública, ou impede ou dificulta-lhe o restabelecimento.

A pena cominada ao delito permite a suspensão condicional do processo (Lei 9.099/95), desde que não incidente a majorante do § 2º (crime é cometido por ocasião de calamidade pública).

7.2. Sujeitos do crime

Qualquer pessoa pode praticar o delito em apreço (inclusive o executor do serviço).

Sujeito passivo será a coletividade.

7.3. Conduta

A conduta típica se consubstancia em *interromper* (paralisar) ou *perturbar* (atrapalhar) serviço telegráfico, radiotelegráfico ou telefônico, *impedir* (obstar) ou *dificultar-lhe* (embaraçar) o restabelecimento.

Serviço telegráfico é o realizado por aparelho através do qual são efetuadas transmissões de mensagens a distância, por meio de sinais. Já o *radiotelegráfico* é similar ao anterior, mas opera sem a necessidade de instalação por fios, através de ondas eletromagnéticas. *Serviço telefônico*, por sua vez, é o realizado por meio de aparelho destinado à transmissão e reprodução à distância do som.

O crime pode ser cometido das mais variadas formas, atentando-se contra instalações, aparelhos ou até mesmo funcionários encarregados da prestação dos serviços, que, aliás, são aqueles taxativamente elencados no *caput* do dispositivo, não se admitindo interpretação extensiva.

Incorre na mesma pena quem interrompe serviço telemático (comunicação à distância, viabilizada por computador combinado com outros meios de telecomunicações) ou de informação de utilidade pública (notícia útil para a população em geral), ou impede ou dificulta-lhe o restabelecimento[54].

7.4. Voluntariedade

É o dolo, consistente na vontade consciente de interromper ou perturbar serviço telegráfico, radiotelegráfico ou telefônico, impedir ou dificultar-lhe o restabelecimento.

Não se exige finalidade especial pelo agente.

7.5. Consumação e tentativa

O crime se consuma com a prática de algum dos atos previstos no tipo, ou seja, interromper, perturbar, impedir ou dificultar. Trata-se de infração de perigo abstrato e, portanto, prescindível comprovação de sua efetiva ocorrência. Em sentido contrário, no entanto, leciona Bento de Faria:

> "Considerados esses fatos como vinculados ao gênero dos delitos contra a incolumidade pública, daí resulta, como condição para punibilidade, que o fato deve acarretar o seu prejuízo concreto, ou seja, a *efetiva* interrupção ou perturbação do serviço ou o impedimento ou obstáculos que dificultem o respectivo restabelecimento."[55].

A ação deve ser dirigida a atingir número indeterminado de pessoas (crime de perigo comum). Do contrário, outro poderá ser o crime praticado, como o previsto no art. 151, § 1º, III, do Código Penal.

Sendo plurissubsistente, admite o *conatus*.

7.6. Majorante de pena

O § 2º traz uma causa de aumento de pena, determinando sua aplicação em dobro, na hipótese em que o crime é cometido por ocasião de calamidade pública. Justifica-se a reprimenda mais severa em razão da evidente maior gravidade que cerca a conduta do agente, que atua em momento de singular infortúnio público, demonstrando, ademais, falta de sensibilidade e de comiseração.

54. Percebe-se que **perturbar** serviço telegráfico, radiotelegráfico ou telefônico é crime (*caput*); em se tratando de serviço telemático ou de informação de utilidade pública, é um indiferente penal (§ 1º).
55. Ob. cit., v. 5, p. 322.

7.7. Ação penal

A ação penal será pública incondicionada.

7.8. Princípio da especialidade

a) Código Penal x Lei de Segurança Nacional: praticar sabotagem contra meios de comunicações é crime tipificado no art. 15 da Lei 7.170/83.

b) Código Penal x Código Penal Militar: o art. 288 do Decreto-lei 1.001/69 pune a interrupção ou perturbação de serviço ou meio de comunicação militar praticada na forma do art. 9º daquele diploma.

c) Código Penal x Lei nº 13.260/16: o art. 2º, § 1º, inciso IV, da Lei nº 13.260/16 pune com reclusão de doze a trinta anos a conduta de sabotar o funcionamento ou apoderar-se, com violência, grave ameaça a pessoa ou servindo-se de mecanismos cibernéticos, do controle total ou parcial, ainda que de modo temporário, de meio de comunicação se o fato é cometido por razões de xenofobia, discriminação ou preconceito de raça, cor, etnia e religião, com a finalidade de provocar terror social ou generalizado, expondo a perigo pessoa, patrimônio, a paz pública ou a incolumidade pública.

CAPÍTULO III – DOS CRIMES CONTRA A SAÚDE PÚBLICA

1. INTRODUÇÃO

Neste capítulo a lei trata dos crimes contra a saúde pública, sendo a maioria de perigo (não havendo, em regra, lesão substancial).

Esta espécie de crime subdivide-se em *de perigo concreto* e *de perigo abstrato* (ou *presumido*). O primeiro exige a comprovação do risco de lesão, indicando quem, efetivamente, foi exposto ao perigo. Já no segundo, dispensa-se a constatação do risco real, sendo absolutamente presumido por lei.

Veremos que o capítulo em exame, a depender do interesse protegido pelo tipo penal, abrange as duas espécies de perigo, em que pese haver respeitável doutrinária que nega a existência dos crimes de perigo abstrato, acreditando ofenderem princípios constitucionais.

Dentre os críticos, Paulo de Souza Queiroz assinala:

> "Uma objeção a fazer aos crimes de perigo abstrato é que, ao se presumir, prévia e abstratamente, o perigo, resulta que, em última análise, perigo não existe, de modo que se acaba por criminalizar a simples atividade, afrontando-se o princípio da lesividade, bem assim o caráter de *extrema ratio* (subsidiário) do direito penal. Por isso há quem considere, inclusive, não sem razão, inconstitucional toda sorte de presunção legal de perigo."[56].

56. Ob. cit., p. 121.

O STF, no entanto, em recente julgado, admitiu a criação de delito de perigo presumido, meio eficiente de o Estado proteger certos interesses:

> "Os direitos fundamentais não podem ser considerados apenas como proibições de intervenção (Eingriffsverbote), expressando também um postulado de proteção (Schutzgebote). Pode-se dizer que os direitos fundamentais expressam não apenas uma proibição do excesso (Übermassverbote), como também podem ser traduzidos como proibições de proteção insuficiente ou imperativos de tutela (Untermassverbote) (...) A criação de crimes de perigo abstrato não representa, por si só, comportamento inconstitucional por parte do legislador penal."[57].

2. EPIDEMIA

▶ ***Epidemia***

Art. 267. Causar epidemia, mediante a propagação de germes patogênicos:

Pena – reclusão, de 10 (dez) a 15 (quinze) anos.

§ 1º Se do fato resulta morte, a pena é aplicada em dobro.

§ 2º No caso de culpa, a pena é de detenção, de 1 (um) a 2 (dois) anos, ou, se resulta morte, de 2 (dois) a 4 (quatro) anos.

2.1. Considerações iniciais

Ao prever a provocação de epidemia como crime, busca-se tutelar a incolumidade pública, especialmente no que diz respeito à saúde das pessoas, exposta aos efeitos devastadores da conduta criminosa.

Este crime passou a fazer parte de diversos ordenamentos jurídicos após a Primeira Guerra Mundial, período em que foram utilizados, como "armas", germes patogênicos para fim de combate, prática vedada por convenções internacionais após o armistício, e que não se repetiu no segundo grande conflito.

Em razão das penas cominadas, nenhum dos benefícios da Lei 9.099/95 é admitido, exceto na modalidade culposa, em que, se não houver morte, permite-se a transação penal e a suspensão condicional do processo.

2.2. Sujeitos do crime

Qualquer pessoa pode praticar o crime em estudo.

Sujeito passivo é a coletividade, bem como (secundariamente) aqueles que forem atingidos pela disseminação.

57. HC 104.410/RS.

2.3. Conduta

Consiste o crime em *causar* epidemia, mediante a propagação de germes patogênicos.

Propagar significa difundir, multiplicar, disseminar.

Epidemia é o surto de uma doença *transitória* que ataca simultaneamente número indeterminado de indivíduos em certa localidade.

No entanto, alerta Fragoso que epidemia:

> "Não é qualquer moléstia infecciosa e contagiosa, mas somente aquela suscetível de difundir-se na população, pela fácil propagação de seus germes, de modo a atingir, ao mesmo tempo, grande número de pessoas, com caráter extraordinário (ex. tifo, peste, poliomielite, influenza, raiva, difteria etc.)"[58]-[59].

Germes patogênicos são "todos os elementos capazes de produzir moléstias infecciosas (bacilos ou quaisquer outros microorganismos com esse poder), pouco importando que já estejam biologicamente identificados"[60].

A propagação de germes patogênicos pode ocorrer das mais variadas formas, como contaminação de reservatórios de água, de locais onde se armazena alimentos, por inoculação direta etc. Admitido qualquer meio idôneo à disseminação da doença, o crime pode ser praticado inclusive por omissão, como no caso do agente que, contaminado pela doença, ou em contato com o germe patogênico, não age com os cuidados necessários a evitar a propagação, querendo-a ou assumindo o risco de produzi-la.

Por fim, somente a propagação de doença humana é que configura o crime, já que em se tratando de enfermidade que atinja plantas ou animais, o crime será o do art. 61 da Lei 9.605/98.

2.4. Voluntariedade

É o dolo, consistente na vontade consciente de causar epidemia, mediante a propagação de germes patogênicos.

Não se exige finalidade especial por parte do agente. Se sua pretensão é envolver o contágio de pessoa determinada ou visar a sua morte, responderá em concurso formal com os crimes previstos nos arts. 131 ou 121 do Código Penal, conforme o caso.

2.5. Consumação e tentativa

Por se tratar de crime de perigo concreto, somente se consuma com a ocorrência da epidemia, ou seja, quando várias pessoas forem contaminadas em razão da conduta do agente.

58. Ob. cit., v. 3, p. 681.
59. Não se confunde a epidemia com a endemia (moléstia infecciosa que ocorre *habitualmente* e com incidência significativa em determinada população) e pandemia (enfermidade amplamente disseminada, ou seja, que atinge várias nações).
60. Bento de Faria, ob. cit., v. 5, p. 326.

A tentativa é admissível, como na hipótese em que o agente emprega os meios necessários à propagação da doença, mas somente uma pessoa é contaminada, em razão da pronta intervenção da autoridade sanitária.

2.6. Majorante de pena e forma culposa

2.6.1. Majorante de pena

O § 1º prevê aplicação da pena em dobro se do fato doloso praticado pelo agente (causar epidemia) resultar morte culposa.[61] Note-se que basta a ocorrência de uma morte para que a pena seja majorada.

Lembra Luiz Regis Prado que:

> "Não se pode olvidar, no entanto, que nem sempre a morte é causada somente pela doença. Pode ser que existam fatores que possibilitem a sua ocorrência. Mas nem por isso o autor deixa de ser responsabilizado"[62].

A Lei 8.072/90, em seu art. 1º, VII, rotula a epidemia com resultado morte como delito hediondo, sofrendo o agente todas as consequências previstas no art. 2º do mesmo diploma.

2.6.2. Forma culposa

O § 2º, por sua vez, determina que, no caso de provocação culposa (acompanhada de negligência, imprudência ou imperícia), a pena é de detenção, de um a dois anos; resultando morte, de dois a quatro anos.

Mirabete, citando Flamínio Fávero, dá exemplos:

> "Imperícia na preparação de vacina com germes que podem propagar a doença e à negligência pela não remoção para isolamento, de doentes portadores de infecções epidêmicas, bem como à falta de esterilização de instrumental de exame."[63].

2.7. Ação penal

A ação penal será pública incondicionada.

2.8. Princípio da especialidade

a) Código Penal x Código Penal Militar: o art. 292 do Decreto-lei 1.001/69 pune o ato de causar epidemia em lugar sujeito à administração militar praticado na forma do art. 9º daquele diploma.

---

61. Entende **Fragoso** que a morte pode decorrer tanto de culpa quanto de dolo, aliás, mais comum, vez que, ao causar a epidemia, o agente assume o risco de ceifar a vida dos atingidos (ob. cit., v. 3, p. 681/682).
62. *Curso de direito penal brasileiro:* parte especial, v. 3, p. 699.
63. Ob. cit., vol. 3, p. 106.

3. INFRAÇÃO DE MEDIDA SANITÁRIA PREVENTIVA

▶ ***Infração de medida sanitária preventiva***

Art. 268. Infringir determinação do poder público, destinada a impedir introdução ou propagação de doença contagiosa:

Pena – detenção, de 1 (um) mês a 1 (um) ano, e multa.

Parágrafo único. A pena é aumentada de 1/3 (um terço), se o agente é funcionário da saúde pública ou exerce a profissão de médico, farmacêutico, dentista ou enfermeiro.

3.1. Considerações iniciais

É protegida a incolumidade pública, no que se refere à saúde coletiva.

A pena cominada permite a transação penal e a suspensão condicional do processo (Lei 9.099/95), ainda que incidente a majorante do parágrafo único. Se, todavia, configurada a causa de aumento do art. 285, há diversas possibilidades: **a)** se do fato decorrer lesão grave ou morte, ambos os benefícios despenalizadores permanecerão possíveis; **b)** se do fato decorrer a morte, e o fato for praticado por profissional da saúde pública ou por quem exerce a profissão de médico, farmacêutico, dentista ou enfermeiro, somente a suspensão condicional do processo será possível.

3.2. Sujeitos do crime

Qualquer pessoa pode praticar o crime em estudo.

Se o agente é funcionário da saúde pública ou exerce a profissão de médico, farmacêutico, dentista ou enfermeiro, a pena é aumentada de um terço (parágrafo único).

Sujeito passivo será a coletividade, bem como eventuais lesados pela conduta delituosa.

3.3. Conduta

O crime consiste em *infringir* (desrespeitar, transgredir) *determinação do poder público* (leis, decretos, portarias etc.), destinada a impedir introdução ou propagação de doença contagiosa, o que pode se dar de maneira comissiva ou omissiva.

Na lição de Fragoso:

> "Pela classificação do dispositivo legal exame, pode-se concluir que as doenças contagiosas a que se refere são apenas as que atingem ao ser humano (não se contemplando aqui as epizootias e epifitias)."[64].

Note-se que não configura o crime a violação de qualquer dispositivo de regulamentação sanitária, mas única e tão somente aquele voltado ao impedimento de introdução ou propagação de doença contagiosa.

64. Ob. cit., v. 3, p. 683.

Explica Mirabete:

> "Por essa razão, tem-se decidido que, não visando a determinação, especificamente, à introdução ou propagação de doenças contagiosas transmissíveis por via aérea, bacilar ou por contato pessoal, e sim apenas a medidas genéricas de higiene, não dá margem à configuração do ilícito penal e sim à sanção de caráter administrativo (*RT* 389/332, 381/328, e 342, 394/277, 395/273, 395/273, 402/282, 460/357, 705/337; *JTACrSP* 3/81, 12/264, 13/140, 29/61, 22/193, *RJDTACRIM* 33/143; Franceschini, I, n. 1.283. Sobre o assunto está em vigor a Lei 9.431, de 06.01.1997, que dispõe a obrigatoriedade da manutenção de programa de controle de infecções hospitalares pelos hospitais do País. Evidentemente, não configuram o crime também a desobediência a simples conselhos ou a advertência das autoridades à população. A incriminação legal não se estende às infrações de medidas de inspeção industrial e sanitária de produtos de origem animal (*RT* 460/370)."[65].

Trata-se de norma penal em branco, pois depende da existência de outra regra (determinação do poder público) para que possa ter eficácia jurídica e social.

O abate irregular de gado (*RT* 725/619) e a reutilização de agulhas hipodérmicas em hospital (*JTACRIM* 100/308), segundo a jurisprudência, configuram este crime.

3.4. Voluntariedade

É o dolo, consubstanciado na vontade consciente de infringir determinação do poder público, destinada a impedir introdução ou propagação de doença contagiosa. Não se exige finalidade especial por parte do sujeito ativo.

Pressupondo perigo à saúde *pública*, já se decidiu que a carne obtida através do abate clandestino destinado ao consumo *particular* (de familiares em churrasco caseiro) não configura o crime do art. 268 do CP por ausência de dolo (*RT* 597/328).

3.5. Consumação e tentativa

Consuma-se no momento em que é violada a determinação, tratando-se de crime de perigo abstrato (presumido diante da simples desobediência das determinações da autoridade competente).

A tentativa é admissível, em razão da possibilidade de fracionamento da conduta.

3.6. Majorantes de pena

Expressa o parágrafo único que a pena é aumentada de um terço se o agente é funcionário da saúde pública ou exerce a profissão de médico, farmacêutico, dentista ou

65. *Manual de direito penal:* parte especial, v. 3, p. 109.

enfermeiro. Justifica-se a punição mais severa pela maior gravidade da conduta, em razão das pessoas que a praticam, que, pela natureza de sua atividade, deveriam zelar de forma singular pela saúde pública.

O art. 285 do Código Penal determina que se aplique ao disposto neste crime o que estatui o art. 258. Evidente que, neste caso, só a primeira parte do dispositivo é aplicável, tendo em vista a inexistência de previsão da modalidade culposa para a infração de medida sanitária preventiva.

3.7. Ação penal

A ação penal será pública incondicionada.

4. OMISSÃO DE NOTIFICAÇÃO DE DOENÇA

▶ ***Omissão de notificação de doença***

Art. 269. Deixar o médico de denunciar à autoridade pública doença cuja notificação é compulsória:

Pena – detenção, de 6 (seis) meses a 2 (dois) anos, e multa.

4.1. Considerações iniciais

A falta de notícia da doença ao órgão competente gera um dano à incolumidade pública (bem tutelado), pois não evita a sua propagação a outras pessoas.

A pena cominada ao delito permite a transação penal e a suspensão condicional do processo (Lei 9.099/95). Se, todavia, presente a majorante do art. 285, somente o segundo benefício poderá ser aplicado.

4.2. Sujeitos do crime

Trata-se de crime próprio, que somente pode ser praticado por médico[66], admitindo-se a participação de terceiros estranhos à profissão.

Sujeito passivo é a coletividade.

4.3. Conduta

A conduta omissiva (pura) se consubstancia em *deixar* o médico de denunciar à autoridade pública doença cuja notificação é compulsória, competindo às autoridades sanitárias, através de norma administrativa complementar, elaborarem o rol dessas moléstias, que atinge, por exemplo, a cólera e a rubéola, como gravidade limite. Trata-se, portanto, de norma penal em branco[67].

---

66. A denúncia à autoridade pública de doença cuja notificação é compulsória só é exigível do médico e não também do farmacêutico (*RT* 492/355).

67. É obrigatório, também, a notificação das doenças profissionais e das produzidas por condições especiais de trabalho, comprovadas ou suspeitas (art. 169 da CLT).

Não se exige que o médico tenha contato direto com o doente, bastando que tenha conhecimento da existência da doença[68].

Salienta Fragoso:

> "A irrelevância do estado do doente ou qualquer outra circunstância relativa ao lugar onde se encontra e ao tratamento que acaso venha recebendo, já que o perigo é presumido *juris et de jure*"[69].

4.4. Voluntariedade

É o dolo, consistente na vontade consciente de se omitir em denunciar à autoridade pública doença cuja notificação é compulsória.

Não se exige a presença do elemento subjetivo especial do injusto.

4.5. Consumação e tentativa

Consuma-se o crime, de perigo abstrato, no momento em que o agente, ciente da existência da doença de notificação obrigatória, deixa de denunciá-la à autoridade sanitária. No caso de haver prazo determinado, o delito se consumará no momento em que este se expira.

A tentativa é inadmissível, vez que se trata de crime omissivo puro.

4.6. Majorantes de pena

Aplicam-se ao delito em apreço as majorantes previstas no art. 258 do Código Penal, determinação trazida pelo art. 285 do mesmo Estatuto.

4.7. Ação penal

A ação penal será pública incondicionada.

4.8. Princípio da especialidade

a) Código Penal x Código Penal Militar: o art. 297 do Decreto-lei 1.001/69 pune a omissão de notificação de doença pelo médico militar praticada na forma do art. 9º daquele diploma.

---

68. **Luiz Regis Prado**, citando Flamínio Fávero, demonstra várias situações em que um médico pode ter ciência, sem que uma aproximação com o doente tenha ocorrido. "Assim, 'se o analista ou laboratorista que examina membranas diftéricas, líquor com meningococo, sangue de tífico etc.; o anátomo-patologista ou médico-legista que, ao proceder à necroscopia de um caso de morte sem assistência, verifica a existência de doença profissional ou de doença contagiante; o sanitarista que, nas suas visitas domiciliares de vacinação, nota a presença de qualquer mal contagiante etc. (...)'" (*Tratado de Direito Penal Brasileiro*, v. 6, p. 155).
69. Ob. cit., v. 3, p. 687.

5. ENVENENAMENTO DE ÁGUA POTÁVEL OU DE SUBSTÂNCIA ALIMENTÍCIA OU MEDICINAL

▶ ***Envenenamento de água potável ou de substância alimentícia ou medicinal***

Art. 270. Envenenar água potável, de uso comum ou particular, ou substância alimentícia ou medicinal destinada a consumo:

Pena – reclusão, de 10 (dez) a 15 (quinze) anos.

§ 1º Está sujeito à mesma pena quem entrega a consumo ou tem em depósito, para o fim de ser distribuída, a água ou a substância envenenada.

▶ ***Modalidade culposa***

§ 2º Se o crime é culposo:

Pena – detenção, de 6 (seis) meses a 2 (dois) anos.

5.1. Considerações iniciais

O bem jurídico tutelado é a incolumidade pública no que se refere à saúde coletiva.

Há quem sustente, como fazíamos em edições anteriores, a derrogação da primeira parte do art. 270 ("envenenar água potável, de uso comum ou particular") pelo art. 54 da Lei 9.605/98, que pune a conduta de *causar poluição de qualquer natureza*. Nesse sentido, argumenta Luiz Regis Prado:

> "A primeira parte do *caput* do art. 270 do Código Penal foi derrogada, implicitamente, pelo art. 54 da Lei 9.605/1998. Isso no que diz respeito ao envenenamento de água potável destinada ao consumo humano. No que tange ao envenenamento de substância alimentícia ou medicinal, permanece vigente o Código Penal. Foi a amplitude dos termos utilizados pela lei ambiental – poluição *de qualquer natureza* – que propiciou a revogação parcial do art. 270, tendo em vista que engloba toda a poluição, inclusive a hídrica. Aliás, mais certeza se tem quando se visualiza o previsto no § 2º, III, do art. 54 da Lei dos Crimes Ambientais, pois essa circunstância qualificadora será imposta quando a poluição hídrica causada torne necessária a interrupção do abastecimento público de água de uma comunidade"[70].

Não há, todavia, incompatibilidade entre os dois dispositivos, basicamente por duas razões.

Inicialmente, porque o art. 270 pune a conduta de envenenar água potável, ao passo que o art. 54 da Lei nº 9.605/98 se volta à punição da poluição de qualquer natureza. Há, entre tais condutas, clara distinção de gravidade[71], pois adicionar substância venenosa na água fornecida para consumo humano tem, concretamente, potencialidade lesiva muito

70. *Curso de direito penal brasileiro:* parte especial, v. 3, p. 721.

71. Neste sentido, GRECO, Rogério, ob. cit., vol. IV, p. 131.

maior de provocar danos às pessoas do que o ato genérico de causar poluição. Aliás, a própria lei admite este risco exacerbado ao determinar a incidência da majorante do art. 258 do Código Penal, que aumenta de metade e dobra a pena se do envenenamento decorre lesão corporal grave ou morte, respectivamente. E nesta esteira, é necessário que se considere, também como evidência da maior gravidade, a extraordinária diferença entre as reprimendas abstratamente cominadas aos delitos: no art. 270, a pena varia de dez a quinze anos de reclusão; no art. 54, a reclusão é de no mínimo um ano e pode chegar a no máximo quatro. Não é razoável, dessa forma, simplesmente igualar condutas tão díspares porque a lei posterior dispôs de forma genérica a respeito de poluição.

Além disso, a disposição genérica do art. 54 da lei nº 9.605/98 pode funcionar, na verdade, como uma regra geral repressiva da poluição, caracterizando-se o art. 270 como uma norma especial que pune a conspurcação da água potável.

A pena cominada no *caput* não permite benefícios da Lei 9.099/95, mas a modalidade culposa do delito admite a transação penal e a suspensão condicional do processo, exceto se presente a majorante do art. 285. Neste caso, havendo lesão grave, somente a suspensão condicional do processo será cabível e, se ocorrer a morte, não há benefício.

5.2. Sujeitos do crime

Qualquer pessoa pode praticar o delito em apreço, inclusive o proprietário da substância alimentícia ou medicinal (quando essas substâncias forem destinadas ao consumo de outras pessoas).

Sujeito passivo será a coletividade e, secundariamente, eventuais atingidos pelo envenenamento.

5.3. Conduta

A conduta criminosa consiste em *envenenar* (adicionar veneno) água potável, de uso comum ou particular, ou substância alimentícia ou medicinal destinada a consumo.

Veneno é a substância, manipulada ou natural, que por reação química é capaz de intoxicar o organismo humano, destruindo ou desequilibrando suas funções vitais (não necessariamente mortal).

O crime pode ser praticado tanto por ação quanto por omissão, como no caso daquele que, sabendo do envenenamento da substância, nada faz para impedir a reação química.

São três os objetos materiais do delito: a) *água potável*, aquela destinada ao consumo humano para ingestão ou preparo de alimentos. Pode ser de uso comum (poço artesiano em uma pequena vila; riacho que serve a uma comunidade; reservatório que abastece uma cidade) ou particular (depósito de uma grande empresa); b) *substância alimentícia*, podendo ser líquida ou sólida, desde que se destine à alimentação humana; c) ou *substância medicinal*, isto é, destinada ao uso interno ou externo para cura, tratamento ou prevenção de moléstias.

Tratando-se de crime de perigo comum, é imprescindível que a substância envenenada seja acessível (posto à disposição) a um número indeterminado de pessoas, ainda que de uso particular.

5.4. Voluntariedade

É o dolo, consistente na vontade consciente de envenenar água potável, substância alimentícia ou medicinal destinada a consumo.

Não se exige finalidade específica (se a finalidade é matar uma pessoa, o agente permite, na mesma oportunidade, que seja ela destinada ao uso comum, responderá pelo crime em estudo e pelo homicídio tentado ou consumado[72]).

5.5. Consumação e tentativa

A consumação ocorre no momento em que se verifica o envenenamento da água ou da substância em condição de ser consumida, presumindo-se o perigo.

A tentativa é admissível.

5.6. Majorantes de pena e formas culposa e equiparada

5.6.1. Forma equiparada

O § 1º pune o comportamento daquele que entrega a consumo ou tem em depósito, para o fim de distribuição, a água ou a substância envenenada. Trata-se de personagem não abrangido pelo *caput*, isto é, o agente, aqui, não é o responsável pelo envenenamento, mas pela entrega ou distribuição do que foi envenenado, tratando-se, pois, de alguém totalmente alheio à figura inicial.

Na forma equiparada, a conduta de *ter em depósito* é crime permanente, protraindo-se a consumação pelo período em que o agente assim desejar.

5.6.2. Forma culposa

O § 2º prevê a modalidade culposa do crime de envenenamento, em que o agente, por imprudência, negligência ou imperícia, permite que a substância destinada a consumo seja contaminada.

5.6.3. Majorantes de pena

O art. 285 determina que ao crime em análise se aplique o disposto no art. 258 do Código Penal, que aqui se aplica integralmente, em razão da previsão do delito culposo.

72. Há decisões que, desconsiderando os bens jurídicos diversos, determinam a absorção do crime de envenenamento (art. 270 CP) pelo homicídio (nesse sentido: *RT* 266/141).

Neste ponto, aliás, interessante é a lição de Hungria:

> "Se, ao contrário da *esperança* do agente, vem a ocorrer a morte de alguém, tal resultado funcionará como *condição de maior punibilidade* (art. 285), mas não transformará o fato em qualificado homicídio doloso. É verdade que a pena cominada ao envenenamento de perigo comum é especialmente grave (tendo sido mesmo escolhida pela Lei 2.889, de 1956, para ser aplicável a uma das modalidades de 'genocídio'), mas isso vem da alarmante situação de perigo comum que o fato suscita e do requintado egoísmo que o agente revela, e não porque esteja em causa o *animus necandi.*"[73].

5.7. Ação penal

A ação penal será pública incondicionada.

6. CORRUPÇÃO OU POLUIÇÃO DE ÁGUA POTÁVEL

► ***Corrupção ou poluição de água potável***

Art. 271. Corromper ou poluir água potável, de uso comum ou particular, tornando-a imprópria para consumo ou nociva à saúde:

Pena – reclusão, de 2 (dois) a 5 (cinco) anos.

► ***Modalidade culposa***

Parágrafo único. Se o crime é culposo:

Pena – detenção, de 2 (dois) meses a 1 (um) ano.

6.1. Considerações gerais

O objeto de proteção neste delito, tal como nos anteriores, é a incolumidade pública, ainda no que tange à saúde coletiva. Contudo, Luiz Regis Prado[74], não sem razão, alerta que o crime em estudo foi ab-rogado pelo art. 54 da Lei 9.605/98 (Lei dos Crimes Ambientais). Neste caso, há decisão do STJ corroborando a revogação: "O tipo penal, posterior, específico e mais brando, do art. 54 da Lei nº 9.605/98 engloba completamente a conduta tipificada no art. 271 do Código Penal, provocando a ab-rogação do delito de corrupção ou poluição de água potável"[75].

---

73. Ob. cit., v. 9, p. 108-109.
74. *Curso de direito penal brasileiro:* parte especial, v. 3, p. 730.
75. HC 178423 / GO, Rel. Min. Gilson Dipp, DJe 19/12/2011.

7. FALSIFICAÇÃO, CORRUPÇÃO, ADULTERAÇÃO OU ALTERAÇÃO DE SUBSTÂNCIA OU PRODUTOS ALIMENTÍCIOS

▶ ***Falsificação, corrupção, adulteração ou alteração de substância ou produtos alimentícios***

Art. 272. Corromper, adulterar, falsificar ou alterar substância ou produto alimentício destinado a consumo, tornando-o nocivo à saúde ou reduzindo-lhe o valor nutritivo:

Pena – reclusão, de 4 (quatro) a 8 (oito) anos, e multa.

§ 1º-A. Incorre nas penas deste artigo quem fabrica, vende, expõe à venda, importa, tem em depósito para vender ou, de qualquer forma, distribui ou entrega a consumo a substância alimentícia ou o produto falsificado, corrompido ou adulterado.

§ 1º Está sujeito às mesmas penas quem pratica as ações previstas neste artigo em relação a bebidas, com ou sem teor alcoólico.

▶ ***Modalidade culposa***

§ 2º Se o crime é culposo:

Pena – detenção, de 1 (um) a 2 (dois) anos, e multa.

7.1. Considerações iniciais

Tutela-se a incolumidade pública, mais precisamente no que diz respeito à saúde pública (individual ou coletiva).

A pena cominada no *caput* e no § 1º não admite nenhum dos benefícios da Lei 9.099/95. Já a modalidade culposa permite a transação penal e a suspensão condicional do processo, exceto se presente a majorante do art. 285. Nesta hipótese, se da conduta decorre lesão grave ou morte, afasta-se qualquer medida despenalizadora.

7.2. Sujeitos do crime

Qualquer pessoa pode praticar o delito em estudo (não necessariamente quem tem qualidade de fabricante ou comerciante dos produtos).

Sujeito passivo será a coletividade. Secundariamente, eventuais lesados também poderão figurar como vítimas.

7.3. Conduta

Pune-se quem *corromper* (deteriorar, estragar), *adulterar* (modificar para pior, defraudar), *falsificar* (conferir aparência enganadora) ou *alterar* (modificar de qualquer forma) *substância ou produto alimentício destinado a consumo* (assim entendidos os líquidos ou sólidos destinados à alimentação humana, de primeira necessidade ou não).

Ao contrário do que ocorre em outros dispositivos, não se pune somente a conduta de quem torna a substância ou produto alimentício nocivo à saúde, mas também daquele que diminui seu valor nutritivo.

Na opinião de Delmanto, assim agindo, o legislador desobedeceu ao princípio da proporcionalidade, punindo, com igual rigor, condutas de gravidades diversas.

Eis a sua lição:

> "Antes da alteração legislativa sofrida por este art. 272, *caput*, a incriminação limitava-se às condutas que tornassem a substância alimentícia nociva à saúde. O atual art. 272 passou também a punir a redução do valor nutritivo da substância ou produto alimentício. É possível notar, de *lege ferenda*, que a atual redação deste art. 272 viola o princípio da proporcionalidade, uma vez que se pune com a mesma severa pena duas condutas de gravidade muito diferentes"[76].

O crime pode ocorrer também de forma omissiva, na hipótese em que o agente não se atenta às cautelas necessárias a impedir que o produto seja corrompido, por exemplo, pela ação de insetos, bactérias, animais etc.

É imprescindível que a substância seja destinada ao consumo e que a nocividade tenha a capacidade de causar efetivo dano ao organismo de quem a ingerir, seja pela degradação, seja pela falta de nutrientes (a ser apurado mediante perícia)[77]. Além disso, não pode visar pessoa determinada, pois que, neste caso, outro poderá ser o delito.

7.4. Voluntariedade

É o dolo, consistente na vontade consciente de corromper, adulterar, falsificar ou alterar substância ou produto alimentício destinado a consumo.

Não se exige finalidade especial por parte do agente.

7.5. Consumação e tentativa

A consumação ocorre com a prática de uma das condutas nucleares típicas, prescindindo-se da efetiva colocação do produto à disposição coletiva.

Nesse sentido:

> "Irrelevante indagar-se, na espécie, se houve efetivo dano à saúde, eis que o delito em questão visa a proteger a coletividade, tratando-se de infração de perigo."[78].

---

76. Ob. cit., p. 688.

77. "A adição de sulfito de sódio à carne crua e moída não é permitida pela legislação vigente (*v.g.* o Decreto 55.871/63 e o Dec. Estadual 12.486/78, bem como pela Res. 7/76 do CNNPA do Ministério da Saúde). Da absorção dessa substância, em mistura com carne moída crua, pode resultar dano à mucosa do aparelho digestivo humano, sendo tal adicionamento enquadrado também no art. 41 do Dec.-lei 986/69 como capaz de caracterizar a adulteração de carne pré-moída" (*RT* 598/295). A jurisprudência também reconhece o crime na utilização de óleo comestível corrompido (*RT* 402/107) e na utilização de carne de cavalo na fabricação de linguiça (*RT* 554/417).

78. *RT* 598/295.

A tentativa é possível.

Se a conduta for a de ter em depósito substância destinada à falsificação de produtos alimentícios, o que normalmente seria caracterizado como simples atos preparatórios do delito em estudo é punido na forma do art. 277 do Código Penal.

7.6. Majorantes de pena e formas equiparada e culposa

7.6.1. Forma equiparada

O § 1º-A equipara às penas do *caput* o comportamento daquele que fabrica, vende, expõe à venda, importa, tem em depósito para vender ou, de qualquer forma, distribui ou entrega a consumo a substância alimentícia ou o produto falsificado, corrompido ou adulterado.

O sujeito ativo, no caso, é pessoa diversa do falsificador, agindo sobre coisa já falsificada, adulterada ou corrompida.

Leciona Hungria:

> "Haverá *crime continuado* se diversas e sucessivas forem as vítimas da fraude ou se uma só pessoa for vítima por mais de uma vez."[79].

O elemento subjetivo do tipo é o dolo, consistente na vontade consciente de praticar uma das condutas. No que tange à manutenção em depósito, deve haver a finalidade específica de destinação à venda.

Essa modalidade equiparada se consuma com a prática de qualquer um dos núcleos (fabricação, venda, exposição à venda, importação, depósito ou entrega do produto), independentemente da ocorrência de dano efetivo. Aliás, a exposição à venda e o depósito constituem modalidade de crime permanente.

A tentativa, embora possível, é de difícil configuração, já que a mera manutenção em depósito configura o crime consumado. Somente na modalidade de importar é que se afigura mais provável a possibilidade do *conatus*.

O § 1º inclui as bebidas, com ou sem teor alcoólico, entre os objetos materiais previstos no *caput*, aplicando-se aqui os mesmos comentários ali dispensados.

7.6.2. Forma culposa

O § 2º, por sua vez, prevê a hipótese em que, por imprudência, negligência ou imperícia, o agente corrompe, adultera, altera, vende, expõe à venda, importa, tem em depósito para vender ou, de qualquer forma, distribui ou entrega a consumo substância ou produto

79. Ob. cit., v. 9, p. 115.

alimentício. Note-se que a *falsificação* e a *fabricação* não são abarcadas pelo § 2º, pois não são compatíveis com a culpa.[80]

7.6.3. Majorantes de pena

Por fim, aqui também se aplica o disposto no art. 285 do Código Penal, que determina a aplicação do art. 258, neste caso, integralmente.

7.7. Ação penal

A ação penal será pública incondicionada.

8. FALSIFICAÇÃO, CORRUPÇÃO, ADULTERAÇÃO OU ALTERAÇÃO DE PRODUTO DESTINADO A FINS TERAPÊUTICOS OU MEDICINAIS[81]

► ***Falsificação, corrupção, adulteração ou alteração de produto destinado a fins terapêuticos ou medicinais***

Art. 273. Falsificar, corromper, adulterar ou alterar produto destinado a fins terapêuticos ou medicinais:

Pena – reclusão, de 10 (dez) a 15 (quinze) anos, e multa.

§ 1º Nas mesmas penas incorre quem importa, vende, expõe à venda, tem em depósito para vender ou, de qualquer forma, distribui ou entrega a consumo o produto falsificado, corrompido, adulterado ou alterado.

§ 1º-A. Incluem-se entre os produtos a que se refere este artigo os medicamentos, as matérias – primas, os insumos farmacêuticos, os cosméticos, os saneantes e os de uso em diagnóstico.

§ 1º-B. Está sujeito às penas deste artigo quem pratica as ações previstas no § 1º em relação a produtos em qualquer das seguintes condições:

I – sem registro, quando exigível, no órgão de vigilância sanitária competente;

II – em desacordo com a fórmula constante do registro previsto no inciso anterior;

III – sem as características de identidade e qualidade admitidas para a sua comercialização;

IV – com redução de seu valor terapêutico ou de sua atividade;

V – de procedência ignorada;

VI – adquiridos de estabelecimento sem licença da autoridade sanitária competente.

---

80. **Nélson Hungria**, no entanto, considera possível a forma culposa mesmo nas hipóteses de fabricação e falsificação (ob. cit., v. IX, p. 116).

81. A Lei 12.894, de 17/12/2013, acrescenta o inciso V ao artigo 1º, da Lei 10.446/02, para prever a atribuição da Polícia Federal para apurar os crimes de falsificação, corrupção e adulteração de medicamentos, assim como sua venda, inclusive pela internet, quando houver repercussão interestadual ou internacional. Observar, no entanto, que tal dispositivo não altera a competência regra da Justiça Estadual para o processo e julgamento, mesmo quando a investigação seja conduzida pela Polícia Federal.

Modalidade culposa

§ 2º Se o crime é culposo:

Pena – detenção, de 1 (um) a 3 (três) anos, e multa.

8.1. Considerações iniciais

A incolumidade pública ainda é o bem jurídico protegido neste dispositivo.

Com o advento da Lei 9.695/98, o crime passou a ser rotulado de hediondo (salvo a modalidade culposa), sofrendo, portanto, todos os consectários previstos na Lei 8.072/90. A conduta culposa admite a suspensão condicional do processo, exceto se incidente a majorante do art. 285.

8.2. Sujeitos do crime

Qualquer pessoa pode praticar o delito em estudo (não necessariamente o produtor ou comerciante do produto).

Sujeito passivo será a coletividade e, secundariamente, eventuais lesados pela ação delituosa.

8.3. Conduta

Pune-se quem falsificar, corromper, adulterar ou alterar produto destinado a fins terapêuticos ou medicinais.

São quatro as ações nucleares típicas: *falsificar* (conferir aparência enganadora), *corromper* (deteriorar, adulterar), *adulterar* (modificar para pior, defraudar) ou *alterar* (modificar de qualquer forma).

Como objeto material temos o produto destinado a fins terapêuticos ou medicinais. *Produto* é o resultado de atividade, de uma elaboração humana, neste caso, destinado ao tratamento ou à cura de doentes, interna ou externamente. Pratica o crime quem, fundamentalmente, modifica o produto que fabrica, empregando substância inadequada ou mesmo inócua, ou apenas lhe reduzindo o valor terapêutico (*RT* 239/82).

De acordo com o § 1º-A, incluem-se entre os produtos a que se refere o *caput*: os *medicamentos* (substância utilizada no tratamento de enfermidade), as *matérias-primas* (substâncias a partir das quais são fabricados os medicamentos), os *insumos farmacêuticos* (outros componentes da produção dos medicamentos), os *cosméticos* (produtos que se destinam a manter ou melhorar a aparência), os *saneantes* (produtos purificadores, desinfetantes) e os de *uso em diagnóstico* (usados para a busca da cura e da causa da afecção).

Encontramos doutrina criticando essa equiparação, pois afronta, segundo pensam, o princípio da razoabilidade. Obviamente, a adulteração de um produto cosmético, que se destina exclusivamente a melhorar ou conservar a aparência de uma pessoa, ou de um simples saneante, que possui caráter meramente purificador ou desinfetante, não pode ser considerada tão grave a ponto de ser submetida a um instituto reservado a fatos envolvidos em especial seriedade.

Nesse sentido, destaca-se a lição de Antonio Lopes Monteiro:

> "Mas o mais grave é que um governo tido como democrático tenha lançado mão do Direito Penal para equiparar a potencialidade ofensiva à saúde pública de produtos com fins terapêuticos ou medicinais com outros que nada ou pouco têm que ver com a saúde e a vida da pessoa humana, tais como cosméticos ou saneantes (§ 1º-A do art. 273). E o pior é que a pena cominada é a mesma: dez a quinze anos de reclusão e multa"[82].

Constitui obrigação do legislador, sempre que pretender a inclusão de novo tipo penal no ordenamento jurídico, a análise séria, atenta e pormenorizada do bem jurídico a ser tutelado, promovendo, assim, adequadas formas de sanção penal a se aplicar.

Desse posicionamento não compartilha Guilherme de Souza Nucci, para quem:

> "Se exagero houve, foi na fixação da pena elevada, que varia de dez a quinze anos. No mais, é preciso verificar que um cosmético entra em contato direto com o organismo humano, tanto quanto um medicamento, de forma que os danos à saúde podem ser de igual monta, caso sejam adulterados ou falsificados. O mesmo se diga dos saneantes, que servem à higienização de muitos locais, como hospitais, clínicas e consultórios, ligando-se diretamente à questão da saúde."[83].

Pensamos que a discussão pode ser resolvida mediante o seguinte raciocínio: se o cosmético (ou saneante) tiver fim terapêutico ou medicinal, a equiparação se justifica; se apenas visar o embelezamento (ou purificação do ambiente), não.

8.4. Voluntariedade

É o dolo, consistente na vontade consciente de praticar uma das condutas previstas no tipo, utilizando os produtos elencados no *caput* e no § 1º-A.

Não se exige finalidade especial por parte do agente.

8.5. Consumação e tentativa

O crime se consuma com a prática de qualquer das ações típicas, independentemente de eventual disposição a consumo, pois, de acordo com a maioria, estamos diante de um delito de perigo abstrato.

---

82. *Crimes Hediondos – Texto, Comentários e Aspectos Polêmicos*, p. 73.
83. *Código Penal comentado*, p. 1088.

A tentativa é possível (delito crime plurissubsistente).

Deve-se ressaltar que se o agente tem em depósito substância destinada à falsificação de produtos terapêuticos ou medicinais, o que normalmente seria caracterizado como simples atos preparatórios do delito em estudo é punido na forma do art. 277 do Código Penal.

8.6. Majorantes de pena e forma equiparada e culposa

8.6.1. Forma equiparada

O § 1º do art. 273 traz diversas ações em que o agente incorre nas mesmas penas do *caput*. São elas: importar, vender, expor à venda, ter em depósito para vender ou, de qualquer forma, distribuir ou entregar a consumo o produto falsificado, corrompido, adulterado ou alterado. Figura como sujeito ativo pessoa diversa do falsificador (se praticadas pelo próprio falsificador, estas condutas serão mero *post factum* impunível).

O elemento subjetivo do tipo é o dolo, consistente na vontade consciente de praticar uma das condutas. No que tange à manutenção em depósito, deve haver a finalidade específica de destinação à venda.

Essa modalidade se consuma com a prática de qualquer um dos núcleos (a importação, venda, exposição à venda, depósito ou com a distribuição ou entrega do produto), independentemente da ocorrência de dano efetivo. Aliás, a exposição à venda e o depósito constituem modalidade de crime permanente.

A tentativa, embora possível, é de difícil configuração, já que a mera manutenção em depósito configura o crime consumado. Somente na modalidade de importar é que se afigura mais provável a possibilidade do *conatus*.

O § 1º-B determina que se sujeita às mesmas penas do *caput* quem importa, vende, expõe à venda, tem em depósito para vender ou, de qualquer forma, distribui ou entrega a consumo produtos que, apesar de não falsificados, corrompidos, alterados ou adulterados[84], encontram-se numa das seguintes condições:

I – *sem registro, quando exigível, no órgão de vigilância sanitária competente*: é o produto que, embora não corrompido, não foi devidamente registrado no órgão sanitário.

84. Nesse ponto, não se tratando de produto falsificado (logo, materialmente apto ao consumo), questiona-se a necessidade do Direito Penal. A infração, segundo pensamos, será melhor resolvida no âmbito administrativo, respeitando-se, desse modo, o princípio da ofensividade ou lesividade (que exige, na incriminação, a presença de relevante e intolerável lesão ou perigo de lesão ao bem jurídico tutelado). Questiona-se, ainda, a proporcionalidade da pena, pois o legislador pune com a mesma intensidade duas situações diametralmente opostas (no *caput* e § 1º, produto *falsificado*; no § 1º-B, produto não *corrompido*). Julgando *habeas corpus* que versava sobre a conduta tipificada no § 1º-B, inciso V, o STJ considerou inconstitucional a pena cominada em razão da desproporcionalidade em relação a condutas muito mais graves, como a extorsão mediante sequestro e o estupro de vulnerável. Concluiu o tribunal que, no lugar da reprimenda estabelecida Código Penal, deve-se aplicar a do art. 33, *caput*, da Lei 11.343/06 (AI no HC 239.363/PR, Rel. Min. Sebastião Reis Júnior, DJe 10/4/2015).

Trata-se, pois, de norma penal em branco, já que a exigência de registro é determinada pelo poder público, por meio de normas próprias;

II – *em desacordo com a fórmula constante do registro previsto no inciso anterior*: aqui também não ocorre falsificação, porém o agente importa, vende, expõe à venda, tem em depósito para vender ou, de qualquer forma, distribui ou entrega a consumo produto cuja composição é diversa daquela que consta do registro no órgão sanitário;

III – *sem as características de identidade e qualidade admitidas para a sua comercialização*: é o produto que não conta com as características admitidas pelo poder público para ser comercializado;

IV – *com redução de seu valor terapêutico ou de sua atividade*: é o produto que deixa de apresentar a eficácia necessária ao combate de determinada doença;

V – *de procedência ignorada*: é o que dificulta a fiscalização pelo órgão sanitário em razão da inexistência de dados acerca de sua origem;

VI – *adquiridos de estabelecimento sem licença da autoridade sanitária competente*: é o produto originário do comércio clandestino, não necessariamente corrompido, que também dificulta a fiscalização pela autoridade sanitária.

8.6.2. Forma culposa

O § 2º traz modalidade culposa do crime. Assim como no delito anterior (art. 272), há divergência se o comportamento *falsificar* pode ser praticado mediante imprudência, negligência ou imperícia.

8.6.3. Majorantes de pena

Por fim, o art. 285 determina que se aplique a esse delito o que previsto no art. 258 do Código Penal.

8.7. Ação penal

A ação penal será pública incondicionada.

9. EMPREGO DE PROCESSO PROIBIDO OU DE SUBSTÂNCIA NÃO PERMITIDA

▶ ***Emprego de processo proibido ou de substância não permitida***

Art. 274. Empregar, no fabrico de produto destinado a consumo, revestimento, gaseificação artificial, matéria corante, substância aromática, antisséptica, conservadora ou qualquer outra não expressamente permitida pela legislação sanitária:

Pena – reclusão, de 1 (um) a 5 (cinco) anos, e multa.

9.1. Considerações iniciais

É a incolumidade pública o bem jurídico tutelado pelo dispositivo em apreço, mais uma vez, no que diz respeito à saúde coletiva.

A pena cominada ao delito admite apenas a suspensão condicional do processo (Lei 9.099/95), desde que não incida a majorante do art. 285.

9.2. Sujeitos do crime

Qualquer pessoa poderá praticar o crime, embora seja mais comum por quem efetua a fabricação ou comércio.

Sujeito passivo será a coletividade e, secundariamente, eventuais lesados pela conduta.

9.3. Conduta

Pune-se quem, sem permissão expressa da legislação sanitária[85], *empregar* (aplicar, utilizar), no fabrico de *produto destinado a consumo* (não apenas os alimentícios ou destinados a fins terapêuticos ou medicinais, abrangendo os de beleza, vestuário, brinquedos etc., desde que destinados ao abastecimento de indeterminado número de pessoas):

a) *revestimento* (processo destinado a encobrir, envolver o produto fabricado);

b) *gaseificação artificial* (processo utilizado em substâncias de gênero alimentício ou medicinal que visa dissolver gases necessários à fabricação do produto, como, por exemplo, refrigerantes);

c) *matéria corante* (destinada a dar cor ao produto);

d) *substância aromática* (utilizada para aperfeiçoar o paladar ou o aroma do produto);

e) *substância antisséptica* (destinada a impedir a proliferação de matéria orgânica);

f) *conservadora* (evita a proliferação de germes);

g) ou qualquer outra (o legislador optou por encerramento genérico, cabendo ao magistrado aquilatar o caso concreto)[86].

Trata-se de lei penal em branco, cujo conteúdo criminoso deve ser complementado pela legislação sanitária específica (leis, decretos, regulamentos etc.).

Se a conduta consiste em expor à venda ou vender mercadoria ou produto alimentício cujo fabrico haja desatendido a determinações oficiais quanto ao peso e composição, o crime será contra a economia popular (art. 2º, inciso II, da Lei nº 1.521/51).

---

85. Destaca **Heleno Fragoso** não bastar que "esta [legislação sanitária] apenas não os vede, já que se exige a permissão expressa de seu emprego" (ob. cit., v. 3, p. 705).

86. **Mirabete**, citando Flamínio Fávero, lembra a pectina comestível no fabrico da marmelada, goiabada, bananada etc., o ácido cítrico ou tartárico nesses mesmos doces, os fermentos biológicos ou naturais no pão etc. (*Manual de direito penal:* parte especial, v. 3, p. 131).

9.4. Voluntariedade

É o dolo, consubstanciado na vontade consciente de empregar, no fabrico de produto destinado a consumo, qualquer substância não permitida pela legislação sanitária.

Não se exige a presença de finalidade específica.

9.5. Consumação e tentativa

A consumação ocorre no momento em que o agente emprega a substância, independentemente da ocorrência de disposição do produto fabricado irregularmente, pois se trata de crime de perigo abstrato[87].

A tentativa é possível, por exemplo, quando o agente adiciona a substância no maquinário utilizado para a fabricação do produto e é impedido de empregá-la por terceiros (a simples manutenção em depósito da substância não é punível, constituindo mero ato preparatório – *RT* 390/332).

9.6. Majorantes de pena

Aplica-se ao dispositivo em comento a determinação do art. 285 do Código Penal, no sentido de fazer incidir neste crime o que dispõe o art. 258 do mesmo Estatuto.

9.7. Ação penal

A ação penal será pública incondicionada.

10. INVÓLUCRO OU RECIPIENTE COM FALSA INDICAÇÃO

▶ ***Invólucro ou recipiente com falsa indicação***

Art. 275. Inculcar, em invólucro ou recipiente de produtos alimentícios, terapêuticos ou medicinais, a existência de substância que não se encontra em seu conteúdo ou que nele existe em quantidade menor que a mencionada:

Pena – reclusão, de 1 (um) a 5 (cinco) anos, e multa.

10.1. Considerações iniciais

Tutela-se a incolumidade pública, ainda no que diz respeito à saúde coletiva. Como bem observa Mirabete:

> "Embora o fato constitua em fraude ao consumidor, dá-se maior importância àquele objeto jurídico que ao eventual dano ao patrimônio."[88].

87. Nesse sentido, a jurisprudência: "O delito previsto no art. 274 do CP de 1940 é crime de perigo, presumido pela lei, donde concluir-se que é dispensável qualquer dano advindo da ação incriminada" (*RT* 600/367).

88. *Manual de direito penal:* parte especial, v. 3, p. 132.

A pena cominada ao delito admite apenas a suspensão condicional do processo (Lei 9.099/95), desde que não incida a majorante do art. 285.

10.2. Sujeitos do crime

Qualquer pessoa pode praticar o delito (embora mais corrente entre aqueles que fabricam e comercializam o produto).

Sujeito passivo é a coletividade (corpo social).

10.3. Conduta

Pune-se quem *inculcar* (indicar, gravar, imprimir falsa indicação), em *invólucro* (rótulos, bulas, pacotes etc.) ou *recipiente* (frascos, vidros, latas, potes etc.) de produtos alimentícios, terapêuticos ou medicinais, a existência de substância que não se encontra em seu conteúdo ou que nele existe em quantidade menor que a mencionada.

Alerta Luiz Regis Prado:

> "O objeto material restringe-se tão somente ao invólucro e ao recipiente. Não podem ser incluídos boletins, catálogos, prospectos, propagandas, folhetos, anúncios, entre outros. A falsa indicação neles exteriorizada não tipifica o delito do art. 275, mas poderá, conforme o caso, caracterizar o crime de fraude no comércio (art. 175 do CP)."[89].

10.4. Voluntariedade

É o dolo, consubstanciado na vontade consciente de inculcar, em invólucro ou recipiente de produtos alimentícios, terapêuticos ou medicinais, a existência de substância que não se encontra em seu conteúdo ou que nele existe em quantidade menor que a mencionada.

Não se exige finalidade especial por parte do agente.

10.5. Consumação e tentativa

Consuma-se o crime com a falsa indicação, prescindindo-se da disposição do produto ao consumidor[90].

A tentativa é possível, pois que se trata de crime plurissubsistente.

---

89. *Curso de direito penal brasileiro:* parte especial, v. 3, p. 772-773.

90. Mesmo a lei não exigindo comprovação da nocividade do produto, há jurisprudência em sentido contrário: "o simples fato de alguém, utilizando-se de vasilhame de uísque estrangeiro, colocar em seu interior uísque nacional, a fim de vendê-lo como produto alienígena, não basta à tipificação do crime, desde que não possua substância nociva à saúde" (*RT* 584/361). Nesse julgado, reconheceu-se, ainda que tacitamente, que o uísque é substância alimentícia.

10.6. Majorantes de pena

Aqui também se aplica o art. 258 do Código Penal, por expressa previsão do art. 285 do mesmo *Codex*.

10.7. Ação penal

A ação penal será pública incondicionada.

11. PRODUTO OU SUBSTÂNCIA NAS CONDIÇÕES DOS DOIS ARTIGOS ANTERIORES

► ***Produto ou substância nas condições dos dois artigos anteriores***

Art. 276. Vender, expor à venda, ter em depósito para vender ou, de qualquer forma, entregar a consumo produto nas condições dos arts. 274 e 275:

Pena – reclusão, de 1 (um) a 5 (cinco) anos, e multa.

11.1. Considerações iniciais

Tutela-se a incolumidade pública, na mesma esteira dos dispositivos anteriores, ou seja, visando a manutenção da saúde coletiva[91].

A pena cominada ao delito admite apenas a suspensão condicional do processo (Lei 9.099/95), desde que não incida a majorante do art. 285.

11.2. Sujeitos do crime

Qualquer pessoa pode praticar o delito em estudo (não necessariamente comerciante).

Sujeito passivo será a coletividade.

11.3. Conduta

Incrimina-se a conduta de *vender, expor à venda, ter em depósito para vender* ou, de qualquer forma, *entregar a consumo*:

a) produto fabricado com alguma substância não autorizada por lei (art. 274);

b) ou que contenha, em invólucro ou recipiente, informação falsa acerca de substância que o integra (art. 275).

Como já alertado, embora comumente praticado por comerciante, a lei não exige tal condição do agente, dispensando, portanto, reiteração de atos, bastando apenas um para que se configure o delito (desde que, obviamente, seja o produto disponibilizado a um número indeterminado de pessoas).

91. Não havendo perigo à saúde pública, o crime será o do art. 2º, III, da Lei 1.521/51 (Crimes contra a economia popular).

O fato em estudo é impunível se o seu autor participou, de qualquer modo, do cometimento das condutas previstas nos arts. 274 ou 275. Nesse sentido explica HUNGRIA:

> "Tratando-se de agente único, que pratique, sucessivamente, as ações mencionadas no texto legal, não haverá concurso de crimes, mas crime progressivo, com unidade de pena."[92].

11.4. Voluntariedade

É o dolo, consistente na vontade consciente de praticar uma das ações previstas no tipo, ciente de que os objetos estão nas condições previstas nos arts. 274 e 275 do CP.

A especial finalidade de agir só é exigida na hipótese de *ter em depósito*, destinando-se o produto à venda.

11.5. Consumação e tentativa

A consumação ocorre no momento da prática de uma das condutas nucleares típicas. As duas últimas modalidades configuram delito permanente.

A tentativa, embora possível, é de difícil ocorrência, já que a mera posse dos produtos, para vendê-los, perfaz o crime.

11.6. Majorantes de pena

A majorante prevista no art. 258 do Código Penal tem aplicação neste dispositivo, em razão do que dispõe o art. 285 do mesmo Estatuto.

11.7. Ação penal

A ação penal será pública incondicionada.

12. SUBSTÂNCIA DESTINADA À FALSIFICAÇÃO

▶ ***Substância destinada à falsificação***

Art. 277. Vender, expor à venda, ter em depósito ou ceder substância destinada à falsificação de produtos alimentícios, terapêuticos ou medicinais:

Pena – reclusão, de 1 (um) a 5 (cinco) anos, e multa.

12.1. Considerações iniciais

Tutela-se a incolumidade pública no que diz respeito à saúde coletiva.

A pena cominada ao delito admite apenas a suspensão condicional do processo (Lei 9.099/95), desde que não incida a majorante do art. 285.

92. Ob. cit., v. 9, p. 121.

12.2. Sujeitos do crime

Qualquer pessoa poderá praticar o delito em estudo (não necessariamente produtores e comerciantes).

Sujeito passivo será a coletividade.

12.3. Conduta

Pune-se quem *vender, expuser à venda, mantiver em depósito ou ceder substância* destinada à *falsificação* de produtos alimentícios, terapêuticos ou medicinais.

Na lição de Fragoso:

> "Tal destinação pode decorrer da própria natureza da coisa (exclusivamente empregada para este fim), ou da especial aplicação que lhe vai ser dada pelo comprador ou por quem a recebe, a qualquer título (substâncias que podem ser empregadas para outros fins lícitos)."[93].

A lei pune as condutas somente em relação a *substâncias*, excluindo-se, portanto, maquinários e outros aparatos utilizados para a falsificação.

Aponta Mirabete:

> "Embora a lei se refira a substância *destinada* a falsificação, não se limita a abranger apenas aquelas que se prestam exclusivamente a essa prática, o que praticamente esvaziaria o conteúdo do tipo penal, mas a todas que, tendo outras finalidades, no caso concreto, comprovadamente têm a finalidade ilícita."[94].

Dentro desse espírito, a manutenção em depósito de sulfito de sódio, substância conservante comumente usada na falsificação ou adulteração de carne, com o fim de mascarar estado de putrefação já iniciado, cuja adição ao produto *in natura* é expressamente vedada pela legislação vigente do Ministério da Saúde, caracteriza crime contra a saúde pública na modalidade prevista no art. 277 do CP (*RT* 632/283).

Apesar do dispositivo somente mencionar substância destinada a *falsificar* produtos (alimentícios, terapêuticos ou medicinais), acreditamos que a expressão foi utilizada no seu sentido amplo, contemplando a *corrupção, adulteração* e *alteração*, espécies de falsificação. Há, no entanto, corrente em sentido contrário (Mirabete[95]), pregando, ao caso, interpretação restritiva.

12.4. Voluntariedade

É o dolo, consubstanciado na vontade consciente de praticar uma das condutas previstas no tipo.

93. Ob. cit., v. 3, p. 708.
94. *Manual de direito penal:* parte especial, v. 3, p. 137.
95. *Manual de direito penal:* parte especial, v. 3, p. 136.

Mirabete[96] e Nucci[97]entendem que deve existir o elemento subjetivo especial do injusto, consistente no fato de que a substância *se destine* à falsificação.

12.5. Consumação e tentativa

O delito se consuma com a prática de uma das condutas típicas, independentemente da ocorrência de dano (perigo abstrato), o que não significa dispensar perícia.

Nesse sentido, explica Regis Prado:

> "Não é preciso a ocorrência da própria falsificação para a configuração do crime, embora a realização de exame pericial seja indispensável."[98].

A tentativa, embora possível, é de difícil configuração, visto que o mero depósito já configura o crime consumado.

12.6. Majorantes de pena

A causa de aumento de pena do art. 258 também incide nesse crime, por disposição do art. 285 do Código Penal.

12.7. Ação penal

A ação penal será pública incondicionada.

13. OUTRAS SUBSTÂNCIAS NOCIVAS À SAÚDE PÚBLICA

▶ ***Outras substâncias nocivas à saúde pública***

Art. 278. Fabricar, vender, expor à venda, ter em depósito para vender ou, de qualquer forma, entregar a consumo coisa ou substância nociva à saúde, ainda que não destinada à alimentação ou a fim medicinal:

Pena – detenção, de 1 (um) a 3 (três) anos, e multa.

▶ ***Modalidade culposa***

Parágrafo único. Se o crime é culposo:

Pena – detenção, de 2 (dois) meses a 1 (um) ano.

13.1. Considerações iniciais

O bem jurídico tutelado ainda é a incolumidade pública no que concerne à saúde coletiva.

96. *Manual de direito penal:* parte especial, v. 3, p. 137.
97. *Código Penal comentado*, p. 1092.
98. *Curso de direito penal brasileiro:* parte especial, v. 3, p. 786.

A pena cominada no *caput* admite a suspensão condicional do processo (Lei 9.099/95), desde que não incidente a majorante do art. 285. A forma culposa, por sua vez, permite também a transação penal, desde que, se presente a majorante já mencionada, não decorra da conduta a morte, hipótese em que ambos os benefícios serão afastados.

13.2. Sujeitos do crime

Sujeito ativo pode ser qualquer pessoa.

No polo passivo estará a coletividade, submetida a risco pelo comportamento ilícito do agente.

13.3. Conduta

A conduta criminosa se consubstancia em *fabricar, vender, expor à venda, ter em depósito para vender* ou, de qualquer forma, *entregar a consumo* coisa ou substância nociva à saúde, ainda que não destinada à alimentação ou a fim medicinal.

As ações nucleares típicas são idênticas às já analisadas em dispositivos anteriores.

> "Os objetos materiais indicados são a coisa (objeto corpóreo), de qualquer natureza, ou a substância, dotada de propriedades específicas, nocivas. Vale dizer, esses objetos são lesivos, danosos à saúde humana (às funções fisiopsíquicas), ainda que não destinadas à alimentação ou a fim medicinal. (*v.g.*, loções, esmaltes, perfumes, cosméticos, papéis, roupas, tintas, canetas, selos, cigarros, brinquedos, chupetas, mamadeiras etc.). Como se observa, desses objetos estão excluídas as coisas ou substâncias nocivas à saúde destinadas à alimentação ou a fim medicinal. Isso porque a sua tutela se dá através de outros delitos (citem-se, por exemplo, os arts. 272 e 273)."[99].

Substância nociva é a aquela prejudicial, que causa dano à saúde de quem a consome. Não se confunde com a imprópria para consumo, que é a não recomendável, inadequada. Tal como aponta Mirabete, a nocividade deve ser inerente à coisa ou à substância, e não decorrente de seu uso indevido[100]-[101].

Por fim, deve-se ressaltar que devem ser destinadas ao consumo de número indeterminado de pessoas, pois que se trata de crime de perigo comum.

---

99. **Luiz Regis Prado,** *Tratado de Direito Penal Brasileiro*, v. 6, p. 203.

100. *Manual de direito penal:* parte especial, v. 3, p. 139.

101. "Canetas que contêm produto tóxico ao organismo humano. Inofensividade daquelas, entretanto, se usadas para seu fim específico. Fato consequentemente atípico. Falta de justa causa para a ação penal. Trancamento. Inteligência e aplicação dos arts. 278 do CP e 648, I, do CPP. Para que se caracterize o crime do art. 278 do CP, na modalidade de venda de substância nociva, é preciso que a coisa ou substância seja nociva à saúde em sua destinação própria" (*RT* 615/295).

13.4. Voluntariedade

É o dolo, consistente na vontade consciente de praticar uma das condutas típicas previstas pelo legislador.

Não se exige finalidade especial do agente, com exceção da manutenção em depósito, que demanda a intenção de vender o objeto (coisa ou substância).

13.5. Consumação e tentativa

O delito se consuma com a prática de qualquer das condutas, independentemente da ocorrência de dano (perigo abstrato).

A tentativa, embora possível, é de difícil configuração, já que a simples manutenção em depósito já configurará o crime consumado.

13.6. Majorantes de pena e forma culposa

O parágrafo único traz a prática criminosa intentada por imprudência, negligência ou imperícia, isto é, na hipótese em que o agente não sabe da nocividade da coisa ou da substância por não se atentar às cautelas devidas.

O art. 258 do Código Penal também incide no delito em apreço (art. 285 CP).

13.7. Ação penal

A ação penal será pública incondicionada.

13.8. Princípio da especialidade

a) Código Penal x Estatuto da Criança e do Adolescente: o art. 243 do ECA pune com detenção de 2 a 4 anos aquele que vender, fornecer ainda que gratuitamente, ministrar ou entregar, de qualquer forma, a criança ou adolescente, sem justa causa, produtos cujos componentes possam causar dependência física ou psíquica, ainda que por utilização indevida.

14. SUBSTÂNCIA AVARIADA

► ***Substância avariada***

Art. 279. *(Revogado pela Lei 8.137/1990.)*

Redação anterior:

"Art. 279. Vender, ter em depósito para vender ou expor à venda ou, de qualquer forma, entregar a consumo substância alimentícia ou medicinal avariada:

"Pena – detenção, de 1 (um) a 3 (três) anos, ou multa."

15. MEDICAMENTO EM DESACORDO COM RECEITA MÉDICA

▶ ***Medicamento em desacordo com receita médica***

Art. 280. Fornecer substância medicinal em desacordo com receita médica:

Pena – detenção, de 1 (um) a 3 (três) anos, ou multa.

▶ ***Modalidade culposa***

Parágrafo único. Se o crime é culposo:

Pena – detenção, de 2 (dois) meses a 1 (um) ano.

15.1. Considerações iniciais

Uma vez mais se tutela a incolumidade pública no aspecto da saúde coletiva.

A pena cominada no *caput* admite apenas a suspensão condicional do processo (Lei 9.099/95), desde que não incida a majorante do art. 285 A forma culposa, por sua vez, permite também a transação penal, desde que, se presente a majorante já mencionada, não decorra da conduta a morte, hipótese em que ambos os benefícios serão afastados.

15.2. Sujeitos do crime

Qualquer pessoa pode praticar o delito, já que a lei não se refere somente ao farmacêutico, mas a todos que, de alguma forma, possam fornecer medicamentos em desacordo com a receita médica.

Sujeito passivo será a coletividade e, secundariamente, a pessoa que adquirir ou consumir o medicamento.

15.3. Conduta

Consiste o delito em *fornecer* (vender, ministrar, ceder, ainda que gratuitamente) substância *medicinal* (destinada ao tratamento ou à cura de doentes, interna ou externamente) em desacordo com receita médica (prescrição escrita feita pelo médico)[102].

☑ ***O fornecimento de substância medicinal de melhor qualidade que a receitada configura o crime do art. 280 do CP?***

Para Bento de Faria sim, buscando o tipo coibir a substituição arbitrária da substância.

Eis a sua lição:

102. Somente a receita médica vincula o fornecedor do medicamento, não constituindo o crime, por exemplo, a fornecida por dentista, o que se configura uma impropriedade por parte do legislador, que deveria ter considerado qualquer receituário emanado de profissional habilitado ao tratamento de pessoas.

> "O farmacêutico não pode alterar as formulas ou substituir os medicamentos prescritos na receita. Não obsta a sanção do preceito a circunstancia de substituir o medicamento prescrito por outro de melhor qualidade."[103]. Nesse sentido já se manifestaram nossos Tribunais: "A receita médica não pode ser alterada, ainda que o remédio fornecido pelo acusado seja igual ou melhor que o outro. Se o que se tem em vista é a tutela da saúde pública, mediante a exigência de que a medicação seja receitada por quem tenha a formação técnica requerida pela lei e conheça pessoalmente o doente e suas particularidades, resta claro que o que a norma penal proíbe é a arbitrariedade do fornecimento de substância medicinal pelo farmacêutico ou pelo prático em Farmácia."[104].

Ousamos discordar. O medicamento fornecido deve ser de qualidade inferior ao receitado, pois se superior (sem gerar risco) não existe ofensa à saúde pública (isto é, não há lesão ou perigo de lesão ao bem jurídico tutelado).

Na mesma esteira, não comete o crime o farmacêutico que substitui o medicamento receitado por substância idêntica vendida como genérica.

Define-se o medicamento genérico como o "similar a um produto de referência ou inovador, que se pretende ser com este intercambiável, geralmente produzido após a expiração ou renúncia da proteção patentária ou de outros direitos de exclusividade, comprovada a sua eficácia, segurança e qualidade, e designado pela DCB ou, na sua ausência, pela DCI" (art. 3º, inciso XXI, da Lei nº 6.360/76). Se o genérico é intercambiável com o produto de referência, conclui-se ser composto das mesmas substâncias, o que afasta a possibilidade do perigo que caracteriza o delito.

É possível que o médico, por erro, elabore a receita prescrevendo dose excessiva do medicamento[105]. Neste caso, se o farmacêutico constata o erro, há duas soluções possíveis: a) se a situação for de urgência, poderá corrigir a receita e entregar ao paciente a dose adequada em virtude do estado de necessidade; b) em circunstância corriqueira, deverá contatar o médico para alertá-lo a respeito do equívoco, possibilitando àquele profissional corrigir expressamente o receituário (neste sentido dispõe o art. 254 do Regulamento do Departamento Nacional de Saúde).

Há situações em que o medicamento é receitado pelo médico, mas manipulado pelo farmacêutico. Em casos tais, somente o exame pericial poderá determinar se houve ou não a prática do crime.

> "E, caso o farmacêutico entenda haver na receita manifesto equívoco por parte do médico, deverá localizar este último para que corrija expressamente o erro (art. 254 do Regulamento do Departamento

103. Ob. cit., v. 5, p. 362.

104. *RT* 592/342.

105. Deve-se atentar para o fato de que se o médico, culposamente, prescrever em dose excessiva substância conceituada como droga será punido na forma do art. 38 da Lei nº 11.343/06.

> Nacional da Saúde); não tendo encontrado e sendo urgente a entrega da mercadoria, poderá o farmacêutico corrigir a receita, agindo em estado de necessidade (art. 24 do CP)."[106].

15.4. Voluntariedade

É o dolo, consistente na vontade consciente de fornecer medicamento em desacordo com a receita médica.

Não se exige finalidade especial por parte do agente.

15.5. Consumação e tentativa

Consuma-se o crime com a entrega do medicamento (momento gerador do perigo), independentemente do uso pelo adquirente.

A tentativa é perfeitamente possível.

15.6. Majorantes e forma culposa

O parágrafo único prevê hipótese em que, por imprudência, negligência ou imperícia, o agente fornece o medicamento em desacordo com a receita.

O crime sofre o aumento de pena previsto no art. 258 do Código Penal se do fato ocorre lesão corporal ou a morte de alguém, por expressa disposição do art. 285 do mesmo Estatuto.

15.7. Ação penal

A ação penal será pública incondicionada.

16. COMÉRCIO CLANDESTINO OU FACILITAÇÃO DO USO DE ENTORPECENTES

▶ ***Comércio clandestino ou facilitação do uso de entorpecentes***

Art. 281. *(Revogado pela Lei 6.368/1976.)*

Redação anterior:

"Art. 281. Importar ou exportar, vender ou expor à venda, fornecer, ainda que a título gratuito, transportar, trazer consigo, ter em depósito, guardar, ministrar ou, de qualquer maneira, entregar a consumo substância entorpecente, sem autorização ou em desacordo com determinação legal ou regulamentar:

Pena – reclusão, de um a cinco anos, e multa."

Este crime foi revogado pela antiga Lei de Drogas (6.368/76). Hoje a matéria relacionada a drogas encontra-se tutelada na Lei 11.343/2006.

106. **Luiz Regis Prado**, *Tratado de Direito Penal Brasileiro*, v. 6, p. 209.

17. EXERCÍCIO ILEGAL DA MEDICINA, ARTE DENTÁRIA OU FARMACÊUTICA

► *Exercício ilegal da medicina, arte dentária ou farmacêutica*

Art. 282. Exercer, ainda que a título gratuito, a profissão de médico, dentista ou farmacêutico, sem autorização legal ou excedendo-lhe os limites:

Pena – detenção, de 6 (seis) meses a 2 (dois) anos.

Parágrafo único. Se o crime é praticado com o fim de lucro, aplica-se também multa.

17.1. Considerações iniciais

Tutela-se a incolumidade pública no que tange à saúde coletiva, agora pelo exercício ilegal da medicina, arte dentária ou farmacêutica.

A pena cominada ao delito admite a transação penal e a suspensão condicional do processo (Lei 9.099/95), exceto se incidente a majorante do art. 285. Nesta hipótese, decorrendo da conduta lesão grave ou morte, afasta-se a transação penal.

17.2. Sujeitos do crime

Na análise do assunto, devemos dividir o tipo em duas partes: na primeira (exercício sem autorização legal), qualquer pessoa pode figurar como sujeito ativo (crime comum); na segunda (excedendo-lhe os limites da autorização legal), somente o médico, o dentista ou o farmacêutico (crime próprio)[107].

Sujeito passivo será a coletividade e, secundariamente, a pessoa atendida pelo agente.

17.3. Conduta

Pune-se aquele que *exerce* (pratica, exercita), ainda que a título gratuito, a profissão de médico, dentista ou farmacêutico, sem autorização legal ou excedendo-lhe os limites.

Já alertava Bento de Faria:

> "A garantia que a Constituição oferece e assegura ao livre exercício de qualquer profissão moral, industrial ou intelectual é ampla, sem dúvida, desde que, porém, o cidadão tenha adquirido o direito de exercê-la, pela observância do que for estatuído nas leis e regulamentos. A liberdade, como qualquer outro direito, não pode ser absoluta e assim não deve merecer o qualitativo de jurídica, única e

107. Há quem inclua no rol de sujeitos próprios o médico *veterinário* (**Bento de Faria**). Contudo, essa conclusão, além de ferir o princípio da reserva legal (art. 1º do CP), desconsidera o bem jurídico tutelado (a saúde humana, e não dos animais). Além disso, há de se considerar que, atualmente, a Lei nº 13.270/16 define que "A denominação 'médico' é privativa do graduado em curso superior de Medicina reconhecido (...)".

> suscetível de proteção, a que pretenda se superpôr as determinações editadas no interesse superior da ordem pública e suas instituições. Se todos têm o direito de adotar o modo de vida que lhes aprouver, não têm o de não respeitar as condições estabelecidas para o seu exercício legal."[108].

Duas situações configuram o crime:

a) na *primeira*, o agente (qualquer pessoa) atua como médico, dentista ou farmacêutico sem autorização legal. Assim, sem estar diplomado por faculdade oficial, o autor se entrega ao exercício da medicina, arte dentária ou farmacêutica (estudante de medicina que, mesmo antes de se formar, dirige clínica clandestina)[109].

b) na *segunda*, o profissional (médico, dentista ou farmacêutico) exerce seu ofício excedendo (extravasando) os limites da autorização legal. Nota-se que o agente tem habilitação legal, mas a extrapola para exercer atividades outras ligadas à profissão (o clínico que se aventura a realizar cirurgias plásticas ou então as parteiras que realizam tratamentos ginecológicos pertinentes ao médico).

Já se entendeu configurado o crime no caso em que o médico, dentista ou farmacêutico, estando registrado na Repartição Sanitária de seu Estado, se muda para outro onde vai exercer sua profissão, sem novo registro do diploma, embora tenha o do Departamento Nacional de Saúde Pública (nesse sentido, *RT* 430/397). Contudo, considerando o bem jurídico tutelado (perigo à saúde pública), bem como a inofensividade da conduta (sob a ótica penal), preferimos encarar esse comportamento como mero ilícito administrativo. Assim, aliás, vêm decidindo nossos Tribunais:

> "O dentista, médico ou farmacêutico que tenha registrado seu diploma no Departamento Nacional de Saúde Pública, mas que, exercendo a profissão em outro Estado, deixa de repetir o registro na repartição competente não pratica o crime do art. 282 do CP, senão mero ilícito administrativo, pois o que a lei protege é a saúde pública, e esta, no caso, não corre perigo."[110].

E, de acordo com o que decidiu o STJ, o exercício da acupuntura não caracteriza o crime em estudo, pois não há menção a esta atividade nas leis que complementam o art. 282 do CP com a regulamentação das profissões nele mencionadas:

> "O exercício da acupuntura não configura o delito previsto no art. 282 do CP (exercício ilegal da medicina, arte dentária ou farmacêutica). É cediço que o tipo penal descrito no art. 282 do CP é norma

108. Ob. cit., v. 5, p. 374.

109. Referindo-se a lei expressamente à profissão de médico, dentista e farmacêutico, não constituem o crime o exercício ilegal da profissão de protético (desde que, é claro, não se pratique ato inerente ao dentista), a simples manutenção de comércio de remédios (pois a profissão de farmacêutico é ligada à preparação de medicamentos), bem como a de enfermeiro, podendo tais comportamentos configurar a contravenção penal prevista no art. 47 do Dec.-lei 3.688/41.

110. *RT* 536/340.

> penal em branco e, por isso, deve ser complementado por lei ou ato normativo em geral, para que se discrimine e detalhe as atividades exclusivas de médico, dentista ou farmacêutico. Segundo doutrina, "A complementação do art. 282 há de ser buscada na legislação federal que regulamenta as profissões de médico, dentista ou farmacêutico. Dispõem sobre o exercício da medicina a Lei n. 3.268, de 20.09.57 e o Dec. n. 20.931, de 11.01.32". Das referidas leis federais, observa-se que não há menção ao exercício da acupuntura. Nesse passo, o STJ reconhece que não há regulamentação da prática da acupuntura, sendo da União a competência privativa para legislar sobre as condições para o exercício das profissões, consoante previsto no art. 22, XVI, da CF (RMS 11.272-RJ, Segunda Turma, DJ 4/6/2001). Assim, ausente complementação da norma penal em branco, o fato é atípico"[111].

Extrai-se da ação nuclear típica (*exercer*) que se trata de crime habitual (nas suas duas modalidades), exigindo reiteração de atos.

Nesse ponto, alerta Mirabete:

> "A habitualidade, porém, não é rigorosamente indispensável. Como exemplo da exceção teríamos a hipótese do agente que, tendo instalado consultório e se apresentado como médico, é preso logo após a primeira consulta. Na jurisprudência deu-se como caracterizado o crime no atendimento de um único paciente."[112].

Em determinadas circunstâncias o crime deixa de existir, como nos casos de urgência ou por ocasião de calamidades públicas, comportando-se o agente em estado de necessidade (art. 24 do CP)[113]. Aliás, nessas hipóteses, parece claro que o agente, ao invés de colocar em risco a saúde pública num momento de perigo, busca protegê-la. A questão, contudo, não é pacífica na jurisprudência. Apesar de haver julgados vários admitindo a descriminante, em especial quando o exercício ilegal se dá onde não há profissionais e a comunicação com lugares de maiores recursos é difícil (*RT* 264/569), encontramos outros (recentes), não a reconhecendo, enxergando uma incompatibilidade lógica com a habitualidade criminosa.

Nesse sentido:

> "A justificativa do estado de necessidade é incompatível com atuações ilícitas de caráter permanente, com caráter de habitualidade, como sói acontecer no exercício ilegal da medicina"[114].

111. RHC 66.641/SP, Rel. Min. Nefi Cordeiro, DJe 10/3/2016.
112. *Manual de direito penal:* parte especial, v. 3, p. 150.
113. Em São Paulo, em 1918, na histórica epidemia de gripe que tomou o estado, dada a falta de médicos, foram autorizados a exercer a medicina, durante determinado período, os estudantes das faculdades.
114. *RT* 471/365.

Sustenta HUNGRIA[115] que o médico, dentista ou farmacêutico que continua a exercer sua profissão após haver sido suspenso por decisão judicial não responderá por este delito, mas sim pelo disposto no art. 359 do Código Penal. E, acrescentamos, se a suspensão é fundamentada em decisão administrativa, a conduta se subsume ao art. 205 do Código Penal.

17.4. Voluntariedade

É o dolo, consubstanciado na vontade consciente de praticar uma das condutas previstas no tipo penal.

Não se exige finalidade especial por parte do agente. Aliás, se presente o fim de lucro, o parágrafo único determina a aplicação cumulativa da pena de multa.

17.5. Consumação e tentativa

Consuma-se com a prática reiterada (habitual) de atos inerentes à profissão sem que haja autorização legal ou mediante excesso[116]. Para a maioria, não importa os efeitos que os atos causaram àqueles que se submeteram à ação delituosa, pois se trata de crime de perigo abstrato.

Para que a figura delituosa se complete, não se faz necessária, ainda, a obtenção de proventos pecuniários pelo exercício da arte de curar. A atividade gratuita é idônea para a consumação do crime: exercer, ainda que a título gratuito (...) diz a Lei. A remuneração dos trabalhos realizados o que faz é majorar a pena (parágrafo único).

A tentativa é inadmissível, já que se trata de crime habitual. Há doutrina sustentando a possibilidade de tentativa nas situações em que o agente adota todas as providências necessárias para o exercício da profissão de médico, dentista ou farmacêutico, mas é surpreendido quando iria iniciá-la. Não nos parece, todavia, correta esta consideração, pois, se o crime é habitual, ou o agente comete reiteradas vezes a ação típica e consuma o delito, ou não o faz e o fato permanece atípico. A tentativa de cometer atos habituais não é caso de tipificação penal.

17.6. Majorantes de pena

O art. 258 é aplicado nos casos em que, do exercício ilegal de uma dessas três profissões, ocorre lesão corporal ou morte de alguém (art. 285 do CP).

17.7. Ação penal

A ação penal será pública incondicionada[117].

---

115. Ob. cit., v. 9, p. 151.

116. **Hungria** destaca "que a habitualidade não é condicionada à pluralidade de *pacientes*: os continuados atos de tratamento de um enfermo, um só que seja, pode concretizá-la" (ob. cit., v. IX, p. 150).

117. A Lei 1.314/51 e o Dec.-lei 7.718/45 previam que o exercício da ação penal pelo crime definido no art. 282 do CP estava condicionado à prévia solicitação do Serviço Nacional de Fiscalização do

18. CHARLATANISMO[118]

> ▶ ***Charlatanismo***
>
> **Art. 283.** Inculcar ou anunciar cura por meio secreto ou infalível:
>
> Pena – detenção, de 3 (três) meses a 1 (um) ano, e multa.

18.1. Considerações iniciais

Protege-se, desse modo, a incolumidade pública (no que tange à saúde coletiva), bem como à boa-fé daqueles que devem se submeter a algum tipo de tratamento.

A pena cominada ao delito admite a transação penal e a suspensão condicional do processo (Lei 9.099/95), ainda que incida a majorante do art. 285.

18.2. Sujeitos do crime

Qualquer pessoa pode praticar o delito em estudo (estelionatário da medicina), inclusive o médico se anuncia cura por meio secreto ou infalível.

Sujeito passivo será a coletividade, bem como eventuais lesados pela conduta do agente.

18.3. Conduta

É natural do homem querer, mais do que o alívio, a cura para seus males, e, para tanto, está disposto a pagar qualquer preço. Nessa busca, não raras vezes, confia em meras promessas. O agente (charlatão), aproveitando-se dessa aflição, busca *inculcar* (recomendar, influenciar ou sugerir) ou *anunciar* (divulgar ou noticiar) cura por *meio secreto* (de que somente ele tenha conhecimento) ou *infalível* (que não sofre a possibilidade de falha).

No segredo e na infalibilidade estão os pontos fundamentais do ilícito, casos em que a atuação da medicina se desgarra da sua necessária franqueza e lealdade.

Lembra Regis Prado:

> "O charlatão autêntico exagera, para enriquecer-se, o valor de sua pessoa ou de sua mercadoria, ou comumente das duas. É o embuste como meio de fazer fortuna: está nisso toda a essência do charlatanismo"[119].

Exercício Profissional, ou, nos Estados, da autoridade competente. Esses dispositivos, contudo, foram revogados pela Lei 5.081/66.

118. O charlatanismo não se confunde com o exercício ilegal de medicina. Naquele (art. 283), o agente não crê na eficácia do meio recomendado ou divulgado; neste (art. 282), o agente acredita no tratamento realizado.

119. *Curso de direito penal brasileiro:* parte especial, v. 3, p. 817.

O anúncio pode ser feito pelos mais diversos meios, como correspondências, em rádio e televisão, contato direto etc.

Apesar de haver jurisprudência determinando a absorção do charlatanismo pelo estelionato (quando o agente é movido pelo lucro – *RT* 698/357), entende parcela da doutrina que o caso configura concurso formal de delitos (art. 70 do CP), protegendo cada qual bens jurídicos diversos (nesse sentido MIRABETE[120]).

18.4. Voluntariedade

É o dolo, consubstanciado na vontade consciente de inculcar ou anunciar cura por meio secreto ou infalível.

O sujeito ativo deve estar ciente de que o meio por ele divulgado é ineficaz, sendo imprescindível, pois, a existência de má-fé em sua conduta.

A esse respeito, leciona MIRABETE:

> "Há os que são chamados charlatões inconscientes, que, involuntariamente, incidem no comportamento por força do hábito, por ignorância, por preguiça, por desconhecimento do mal etc. São classificados por FLAMÍNIO FÁVERO, com base em Eugênio Cordeiro, em médicos *estacionários* (os que não acompanham a evolução da medicina), *superficiais* (os que examinam rápida e sumariamente o doente), e os *sistemáticos* (os que veem sempre um mesmo estado mórbido, ao qual se ajeitam os mesmos remédios previamente formulados). São estes maus profissionais, mas não praticam o ilícito penal."[121].

Não se exige finalidade especial por parte do agente.

18.5. Consumação e tentativa

O crime se consuma com um ato só: inculcar ou anunciar, independentemente do fato de ser alguém ludibriado pela ação criminosa. Ao contrário do dispositivo anterior, não se exige a habitualidade: "um ato esporádico, um só que seja, basta para que se *aperfeiçoe* o crime." (HUNGRIA[122]).

A tentativa é admissível, ante a possibilidade de fracionamento da conduta.

18.6. Majorantes de pena

Se da conduta de inculcar ou anunciar decorrer lesão corporal ou a morte de alguém, aplica-se o disposto no art. 258 do Código Penal, mas somente no que concerne à primeira parte, já que aqui não é prevista a modalidade culposa de divulgação de meio de cura secreto ou infalível.

---

120. *Manual de direito penal:* parte especial, v. 3, p. 155.
121. *Manual de direito penal:* parte especial, v. 3, p. 154.
122. Ob. cit., v. 9, p. 154.

18.7. Ação penal

A ação penal será pública incondicionada.

19. CURANDEIRISMO

▶ ***Curandeirismo***

Art. 284. Exercer o curandeirismo:

I – prescrevendo, ministrando ou aplicando, habitualmente, qualquer substância;

II – usando gestos, palavras ou qualquer outro meio;

III – fazendo diagnósticos:

Pena – detenção, de 6 (seis) meses a 2 (dois) anos.

Parágrafo único. Se o crime é praticado mediante remuneração, o agente fica também sujeito à multa.

19.1. Considerações iniciais

Tutela-se, ainda, a saúde coletiva.

Nélson Hungria assim diferencia este crime dos anteriores (arts. 282 e 283):

> "Enquanto o *exercente ilegal da medicina* tem conhecimentos médicos, embora não esteja devidamente habilitado para praticar a arte de curar, e o *charlatão* pode ser o próprio médico que abastarda sua profissão com falsas promessas de cura, o *curandeiro* (*carimbamba*, *mezinheiro*, *raizeiro*) é o ignorante chapado, sem elementares conhecimentos da medicina, que se arvora em debelador dos males corpóreos"[123].

A pena cominada ao delito admite a transação penal e a suspensão condicional do processo (Lei 9.099/95). Caso incida a majorante do art. 285, somente o segundo benefício permanecerá aplicável.

19.2. Sujeitos do crime

Qualquer pessoa pode praticar o delito.

Observa Mirabete:

> "Já se tem afirmado que o médico não pode ser sujeito ativo do crime de curandeirismo por possuir conhecimentos adequados ao tratamento de doenças, o que também aconteceria com farmacêutico (*RT* 390/322). Nada impede, entretanto, que esses profissionais abandonem os métodos científicos para dedicarem-se à cura através

123. Ob. cit., v. 9, p. 154.

de gestos, palavras ou qualquer outro meio não vinculado à sua formação técnico-profissional, praticando, assim, esse crime."[124].

Sujeito passivo será a coletividade, bem como eventual lesado pela conduta criminosa.

19.3. Conduta

Há **três** formas de *exercer o curandeirismo* (cura por métodos grosseiros e empíricos):

I – prescrevendo, ministrando ou aplicando, habitualmente, qualquer substância: *prescrever* é receitar; *ministrar* é fornecer; *aplicar* é empregar. Como se refere a qualquer substância, não limita o tipo a apenas aquelas com finalidade precípua medicinal. Aliás, normalmente a conduta se dá pela recomendação ou aplicação de substância inexistente na relação de medicamentos oficiais. Configura o crime, por exemplo, o curandeiro que obriga, adultos e menores, a ingerirem sangue de animais e bebida alcoólica, como forma de alcançar a cura;

II – usando gestos, palavras ou qualquer outro meio: não se pode confundir atos de curandeirismo e a prática religiosa. Há comportamentos que, praticados usualmente em rituais religiosos, não podem ser considerados criminosos, já que se baseiam tão somente na existência da fé[125]. Assim, benzer, exorcizar, os passes dados no espiritismo, não ensejam a punição, salvo se buscam tratar moléstias, diagnosticar a causa de um mal etc. (nesse sentido: *RT* 287/434 e 325/383).

Seguindo essa orientação, Bento de Faria não considera curandeiros:

> "a) os Ministros da Igreja quando praticam atos de *exorcismo*, porque são admitidos pelos seus cânones; b) quem pratica atos de qualquer *religião* ou doutrina, inclusive o – *espiritismo*, desde que não ofenda a moral, os bons costumes ou faça perigar a saúde pública, ou apenas busque demonstrações em proveito da ciência" (ob. cit., v. V, p. 383). A respeito da cura de doenças psíquicas por paranormais, observa Mirabete: "se a Parapsicologia abre infindáveis campos de estudo, muito há para saber, fora do Direito, para que se possa permitir a ação dos paranormais. Enquanto isso não se fizer, a repressão penal deve estabelecer-se nos termos do art. 284 do CP."[126];

III – fazendo diagnósticos: a apresentação de diagnóstico é privativa do médico e, se realizada por indivíduo não habilitado, configura o crime.

> "Claramente se vê qual é a principal consequência do exercício do curandeirismo: as pessoas, acreditando nessa prática, deixam de

124. *Manual de direito penal:* parte especial, v. 3, p. 156.

125. "Não pratica o delito de curandeirismo o dirigente de seita religiosa regularmente registrada que se limita a pregar o evangelho, difundindo a cura de enfermidades pela fé, conduzindo-se como simples instrumento nas mãos de Deus" (TACrimSP, 3.ª C., Ap. 533.761-SP, rel. Juiz Thyrso Silva, j. 26.01.1989).

126. Ob. cit., v. 3, p. 158.

> procurar o profissional capacitado, retardam início do tratamento adequado ou, ainda, pode ser que nelas seja provocado algum mal. É por essa razão que se trata de delito de perigo abstrato."[127].

Pode o curandeirismo ser praticado em concurso formal com outros crimes, como, por exemplo, estelionato[128] ou mesmo estupro[129].

19.4. Voluntariedade

É o dolo, consistente na vontade de exercer o curandeirismo mediante uma das ações previstas nos incisos I a III.

O tipo não exige finalidade especial do agente (se presente o escopo de lucro, sua pena será cumulada com multa, conforme o disposto no parágrafo único).

19.5. Consumação e tentativa

Para que se verifique o delito de curandeirismo, a habitualidade é imprescindível, já que a ação nuclear típica exige a prática reiterada de atos. Não se condiciona a consumação à ocorrência de dano (perigo abstrato).

A tentativa é impossível, em razão da necessidade da prática habitual. Assim como destacamos no art. 282, há doutrina no sentido de que, a depender do caso concreto, é possível o *conatus*. Reiteramos, todavia, os mesmos argumentos contrários.

19.6. Majorantes de pena

O art. 258 do Código Penal é aqui aplicado nas hipóteses em que ocorre lesão corporal ou morte de alguém, mas somente no que concerne à sua primeira parte, já que não é prevista modalidade culposa para o crime de curandeirismo.

19.7. Ação penal

A ação penal será pública incondicionada.

20. FORMA QUALIFICADA

▶ ***Forma qualificada***

Art. 285. Aplica-se o disposto no art. 258 aos crimes previstos neste Capítulo, salvo quanto ao definido no art. 267.

---

127. Luiz Regis Prado, *Tratado de Direito Penal Brasileiro*, v. 6, p. 225.
128. Há, no entanto, decisões no sentido de que o estelionato absorve o crime contra a saúde pública (*RT* 698/357 e 507/412).
129. "Pratica o delito de estupro, bem como o de curandeirismo, aquele que, sob pretexto de possuir poderes sobrenaturais e afastar a vítima de 'encosto' dos maus espíritos, com ela mantém relações sexuais" (*RT* 482/317).

20.1. Considerações gerais

O art. 285 empresta aos crimes previstos neste Capítulo (salvo quanto ao definido no art. 267, trazendo aumento próprio) a majorante do art. 258, aplicável aos delitos de perigo comum.

A primeira parte majora a pena se do crime doloso resulta lesão corporal de natureza grave ou morte. Trata-se de figura preterdolosa, agindo o sujeito com dolo no antecedente (conduta) e culpa do consequente (resultado).

A segunda parte do dispositivo prevê um aumento de pena se do crime culposo resultam tais resultados (assim, culpa no antecedente e consequente).

Título IX
DOS CRIMES CONTRA A PAZ PÚBLICA

1. INCITAÇÃO AO CRIME

▶ ***Incitação ao crime***

Art. 286. Incitar, publicamente, a prática de crime:

Pena – detenção, de 3 (três) a 6 (seis) meses, ou multa.

1.1. Considerações iniciais

Tutela-se a paz pública (e não propriamente o bem jurídico passível de lesão pela concretização do crime incitado).

A pena cominada ao delito admite a transação penal e a suspensão condicional do processo (Lei 9.099/95).

1.2. Sujeitos do crime

Qualquer pessoa pode praticar o delito em estudo (crime comum).

Sujeito passivo será a coletividade, abalada na sua tranquilidade.

1.3. Conduta

Consiste a conduta delituosa em *incitar* (induzir, provocar, estimular, instigar), publicamente, a prática de determinado crime.

Pela estrutura do tipo, podemos concluir:

a) inexiste a infração quando a incitação visar a prática de contravenção penal ou ato apenas imoral[1];

b) é necessário que a incitação seja feita publicamente, atingindo número indeterminado de pessoas, podendo ocorrer das mais diversas formas (crime de ação livre);

c) para que se caracterize o delito não basta que o agente incite publicamente a prática de delitos de forma genérica, devendo apontar fato determinado, como, por exemplo,

---

1. Se a pessoa é incitada ao suicídio, o instigador responderá pelo crime do art. 122; se estimulada a prostituir-se, haverá o crime do art. 228 do CP.

conclamar publicamente titulares de determinado direito a fazer justiça com suas próprias mãos, o que constitui o crime de exercício arbitrário das próprias razões.

Na lição de Hungria, o crime não se configura nas hipóteses em que o agente simplesmente apresenta uma tese de que certa conduta deve ser descriminalizada:

> "É bem de ver que se não apresenta o crime quando apenas se faz a defesa de uma tese sobre a ilegitimidade ou sem-razão da incriminação de tal ou qual fato, como, por exemplo, o *homicídio eutanásico*, o *crime de Otelo* etc. Não há, aqui, o *animus instigandi delicti*, mas apenas uma opinião no sentido da exclusão do crime, *de lege ferenda*."[2].

1.4. Voluntariedade

É o dolo, consistente na vontade consciente de incitar, publicamente, a prática de crime (fato determinado), sabendo que se dirige a número indeterminado de pessoas.

Não se exige finalidade especial por parte do agente.

1.5. Consumação e tentativa

A consumação ocorre com a incitação dirigida a número indeterminado de pessoas, independentemente da prática do crime incitado (perigo abstrato). Aliás, vindo o instigado a praticar o crime, o instigador poderá (se comprovado o nexo causal) responder também por ele, em concurso material (art. 69 do CP).

A tentativa é admissível, desde que não se trate de incitação oral.

1.6. Ação penal

A ação penal será pública incondicionada.

1.7. Princípio da especialidade

a) Código Penal x Lei de Segurança Nacional: a incitação à prática de crimes contra a segurança nacional se enquadra no art. 23 da Lei 7.170/83.

b) Código Penal x Lei 2.889/56: a incitação à prática de genocídio está prevista no art. 3º da Lei 2.889/56.

c) Código Penal x Lei 7.716/89: a incitação à discriminação ou preconceito de raça, cor, etnia, religião ou procedência nacional é crime tipificado no art. 20 da Lei 7.716/89.

d) Código Penal x Código Penal Militar: o art. 155 do Decreto-lei 1.001/69 pune a incitação à desobediência, à indisciplina ou à pratica de crime militar praticada na forma do art. 9º daquele diploma.

---

2. Ob. cit., v. 9, p. 171.

2. APOLOGIA DE CRIME OU CRIMINOSO[3-4]

▶ *Apologia de crime ou criminoso*

Art. 287. Fazer, publicamente, apologia de fato criminoso ou de autor de crime:

Pena – detenção, de 3 (três) a 6 (seis) meses, ou multa.

2.1. Considerações iniciais

Assim como no delito anterior, tutela-se aqui a paz pública.

A pena cominada ao delito admite a transação penal e a suspensão condicional do processo (Lei 9.099/95).

2.2. Sujeitos do crime

Qualquer pessoa pode praticar o crime em apreço, com a ressalva daqueles agentes invioláveis por suas opiniões, palavras e votos (senadores, deputados e vereadores).

Sujeito passivo será a coletividade.

2.3. Conduta

Consiste o crime em fazer, publicamente, *apologia* (elogio, exaltação) de fato criminoso ou de autor de crime. Novamente, afasta-se o delito na hipótese de o agente se referir a contravenção ou ao contraventor.

☑ ***Apologia de crime culposo é típica?***

Na lição de Fragoso, não é punível, pois "não pode haver instigação, direta ou indireta, à prática de um ato involuntário"[5].

A apologia por ser feita de forma livre. Exige-se a publicidade, ou seja, que o agente dirija seus elogios a um número indeterminado de pessoas.

Referindo-se a lei a apologia a *fato criminoso*, entende parcela da doutrina que o delito elogiado deve ser passado (se futuro, haverá incitação ao crime). Neste sentido, temos a lição de Fragoso[6].

---

3. Apesar de espécies do mesmo gênero, este crime não se confunde com o anterior, havendo clara diferença na forma de instigar: lá (art. 286) a instigação é explícita; aqui (art. 287) o induzimento é implícito, feito através de elogios, exaltação a fatos criminosos ou a seus autores.
4. Como já alertamos no tipo anterior, a apologia a determinados crimes ou criminosos poderá configurar outro ilícito penal, como, por exemplo, o art. 22, IV, da Lei 7.170/83 (princípio da especialidade).
5. Ob. cit., v. 3, p. 752.
6. Ob. cit., v. 3, p. 752.

Hungria, no entanto, discorda:

> "Em se tratando de apologia de *fato criminoso* (que outra coisa não quer dizer senão *crime*, como deixa claro, aliás, a rubrica lateral do artigo), pouco importa que o mesmo seja considerado *in concreto* ou *in abstracto*, como episódio já ocorrido ou acontecimento futuro. A lei não distingue, nem podia distinguir. O alarma coletivo tanto pode ser provocado pela possibilidade de que o crime seja repetido por outrem, quanto, como é óbvio, pela possibilidade de que alguém tenha a iniciativa de praticá-lo"[7].

Também não se configura o crime quando o elogio se dirige ao autor do crime sem que o agente vise exaltá-lo por essa prática, mas busca enaltecer qualidades que lhes são inerentes, alheias, portanto, à ação delituosa.

É controvertida a necessidade da existência de sentença condenatória irrecorrível contra o autor do crime elogiado.

Para Celso Delmanto:

> "A apologia que este tipo penal incrimina, em sua última parte, é somente a de autor de crime que assim tenha sido considerado por decisão condenatória passada em julgado. Portanto, a apologia de acusado de crime, ou seja, de pessoa que ainda não tenha sido condenada definitivamente, será atípica"[8].

Já para Hungria[9] e Fragoso[10], tal circunstância não deve ser exigida.

2.4. Voluntariedade

É o dolo, consistente na vontade consciente de fazer, publicamente, apologia de fato criminoso ou de autor de crime, sabendo que se dirige a número indeterminado de pessoas.

Não se exige finalidade especial pelo agente.

O STF, no julgamento da ADPF 187, por unanimidade, decidiu ser legal (e legítima) a reunião de pessoas para manifestarem publicamente sua posição em favor da legalização das drogas ("marcha da maconha"). Os Ministros, em resumo, argumentaram tratar-se de um movimento social espontâneo que reivindica, por meio de livre manifestação de pensamento, a possibilidade da discussão democrática do modelo proibicionista (o consumo de drogas) e dos efeitos que esse modelo produz em termos de incremento da violência.

2.5. Consumação e tentativa

Consuma-se o crime com a apologia, independentemente da efetiva perturbação da ordem pública (perigo abstrato).

---

7. Ob. cit., v. 9, p. 172-173.
8. Ob. cit., p. 714.
9. Ob. cit., v. 9, p. 173.
10. Ob. cit., v. 3, p. 752.

Se o agente, em contexto único, fizer apologia de mais de um fato criminoso, ou de vários autores de crime, não haverá concurso de delitos.

A tentativa é admissível, a não ser que ocorra na forma oral, quando o delito se torna unissubsistente.

2.6. Ação penal

A ação penal será pública incondicionada.

3. ASSOCIAÇÃO CRIMINOSA

▶ ***Associação Criminosa***

Art. 288. Associarem-se 3 (três) ou mais pessoas, para o fim específico de cometer crimes:

Pena – reclusão, de 1 (um) a 3 (três) anos.

Parágrafo único. A pena aumenta-se até a metade se a associação é armada ou se houver a participação de criança ou adolescente.

3.1. Considerações iniciais

A paz pública é o bem jurídico tutelado neste dispositivo.

A pena cominada ao delito admite a suspensão condicional do processo (Lei 9.099/95), desde que não incida a majorante do parágrafo único.

A Lei nº 12.850/13 modificou o art. 288 do Código Penal em alguns aspectos.

Inicialmente, o *nomen iuris* passou de quadrilha ou bando para associação criminosa. Além disso, como se verá no tópico respectivo, alterou-se o número mínimo de agentes que devem se associar para caracterizar o crime, isso para diferenciá-lo da organização criminosa, agora definida e tipificada nos artigos 1º e 2º da Lei nº 12.850/13, e que exige o número mínimo de quatro agentes.

Houve, também, mudança no parágrafo único, que antes dobrava a pena do crime quando sua prática envolvia agentes armados. Atualmente, a associação criminosa terá a pena aumentada até a metade se os agentes estiverem armados ou se houver a participação de criança ou adolescente.

Vejamos as alterações a serem comentadas:

Art. 288 CP	
Antes da Lei 12.850/13	**Depois da Lei 12.850/13**
Art. 288. Associarem-se mais de três pessoas, em quadrilha ou bando, para o fim de cometer crimes Pena – reclusão de 1 (um) a 3 (três) anos Parágrafo único. A pena aplica-se em dobro, se a quadrilha ou bando é armado	**Art. 288**. Associarem-se 3 (três) ou mais pessoas, para o fim específico de cometer crimes Pena – reclusão de 1 (um) a 3 (três) anos Parágrafo único. A pena aumenta-se até a metade se a associação é armada ou se houver a participação de criança ou adolescente.

3.2. Sujeitos do crime

Qualquer pessoa pode praticar o delito em estudo, não exigindo a lei qualidade especial do seu agente. Aliás, o crime é coletivo, plurissubjetivo (ou de concurso necessário), de condutas paralelas (umas auxiliando as outras), estabelecendo o tipo incriminador a presença de, no mínimo, três associados (computando-se eventuais inimputáveis[11] ou pessoas não identificadas. Aliás, tratando-se de inimputável criança ou adolescente, a pena é aumentada até a metade).

Sujeito passivo será a coletividade.

3.3. Conduta

Pune-se a associação entre três ou mais pessoas para o fim específico de cometer crimes (uma *indeterminada* série de crimes).

Considerando sua indisfarçável complexidade, vamos analisar cada elementar de forma autônoma.

3.3.1. Associação

Associar-se significa reunir-se em sociedade para determinado fim (tornar-se sócio), havendo uma vinculação sólida, quanto à estrutura, e durável, quanto ao tempo (que não significa perpetuidade). É muito mais que um mero ajuntamento ocasional ou encontro passageiro, transitório (típico de concurso de agentes).

☑ ***É possível uma pessoa pertencer a mais de uma associação criminosa?***

Magalhães Noronha, tratando, na época, da quadrilha ou bando, responde:

> "Escreve Maggiore que 'a permanência inalterada e por isso o delito é único e idêntico, quando uma pessoa faça parte contemporânea e necessariamente de diversas associações para delinquir (em tempo e lugar eventualmente diversos)'. Não concordamos com o insigne autor. A participação da mesma pessoa em mais de uma quadrilha faz com que ela pratique diversos crimes. Inexiste permanência de delito único, mas, realmente, vários deles, integrados pelas diversas associações criminosas de que faz parte o agente, constituindo todas elas distintas violações da lei e, portanto, apresentando-se em relação ao associado um concurso material de delitos. O que a lei pune é *associar-se* e se ele mais de uma vez se associa, não vemos como se negar a pluralidade de crimes."[12-13].

11. Em sentido contrário é a lição de **Bento de Faria** (Ob. cit, vol. 3, p. 398).
12. *Direito penal*, v. 4, p. 114-115.
13. De acordo com o STJ, é possível a coexistência de múltiplas associações criminosas, ainda que com núcleos idênticos, desde que a alteração de composição demonstre que efetivamente se trata de diversos grupos (AgRg no CC 148.154/SP, Rel. Min. Felix Fischer, DJe 09/11/2016).

3.3.2. Pluralidade de pessoas

A lei, como visto, determina a presença de, no mínimo, três pessoas[14], sendo indiferente a posição ocupada por cada associado na organização, se conhecem uns aos outros ou não (associação via *internet*), se há ou não hierarquia; identificando-se o vínculo associativo estável e permanente, haverá o crime. Explica Luiz Regis Prado:

> "Ademais, a associação delitiva não precisa estar formalizada enquanto tal: é suficiente a associação fática, primária ou rudimentar. De fato, 'basta uma organização social rudimentar, a caracterizar-se apenas pela continuada vontade de um esforço comum'. Tampouco é necessária a hierarquia entre seus membros. Todos respondem pelo delito, não importando se é o chefe da associação ou um simples membro. Mas se faz necessário um mínimo de estrutura, de organização ou ordem no que diz respeito ao funcionamento da associação (fins, membros, funções etc.). Ela deve ser formada com um objetiva específico a alcançar: a prática de crimes. (...). Os seus membros não precisam se conhecer, tampouco viver no mesmo local. Mas devem saber sobre a existência dos demais. Com efeito, 'não é preciso, no entanto, que essa associação se forme pelo ajuste pessoal e direto dos associados. Basta que o sujeito esteja consciente em formar parte de uma associação cuja existência e finalidades lhe sejam conhecidas'" [15].

3.3.3. Para o fim de praticar uma série indeterminada de crimes

A finalidade da associação criminosa deve ser a prática de *crimes indeterminados* (não necessariamente da mesma espécie)[16], concluindo-se, por conseguinte, não configurar o delito a reunião estável ou permanente para a prática de contravenções penais (jogo do bicho, por exemplo) ou atos imorais.

É imprescindível que a reunião seja efetivada antes da deliberação dos delitos (se primeiro identificam-se os crimes a serem praticados e depois reúnem-se seus autores, haverá mero concurso de agentes).

Se a pluralidade de crimes executada pelos agentes ocorre em continuidade delitiva – *art. 71 do CP* –, como, por exemplo, múltiplos roubos executados nas mesmas circunstâncias de tempo, local e modo de execução, não fica afastado o reconhecimento da associação criminosa, ainda que, por ficção jurídica, as várias ações resultem num só crime de roubo, com pena majorada.

---

14. Não atingido esse número, inexiste o crime, constituindo a pluralidade de agentes, conforme o caso, qualificadora ou causa de aumento de pena, como na violação de domicílio, no furto, no roubo, na extorsão etc.
15. *Tratado de Direito Penal Brasileiro*, v. 6, p.246.
16. Obviamente, não é possível associação para a prática de crimes culposos ou preterdolosos, em razão da incompatibilidade entre o fim visado pelo grupo criminoso (prática de crimes) e a conduta culposa, bem como ao resultado decorrente da conduta preterdolosa.

Mirabete, tratando do assunto, corretamente diferencia duas situações (despercebidas pela maioria da doutrina):

> "Havendo, *a priori*, o ajuste apenas para a prática dos crimes concorrentes, há simples coautoria e participação; se os delitos se sucederem sem terem sido compreendidos no ajuste inicial, pode-se falar em quadrilha ou bando máxime porque a continuação, nos termos da lei vigente, não passa de ficção legal, composta de vários ilícitos penais praticados nas mesmas condições objetivas"[17].

3.4. Voluntariedade

É o dolo, consistente na vontade consciente de se associarem, três ou mais pessoas, para o fim específico de cometer crimes.

O elemento subjetivo especial do injusto é a finalidade de cometer crimes, sem a qual o delito não se configura.

A busca por lucro é o mais comum, porém dispensável (perfeitamente possível a associação criminosa para a prática de crimes contra a honra).

3.5. Consumação e tentativa

O crime se consuma, em relação aos fundadores, no momento em que aperfeiçoada a convergência de vontades entre ao menos três pessoas, e, quanto àqueles que venham posteriormente a integrar-se ao grupo já formado, na adesão de cada qual (*RTJ* 181/680)[18]. Independe da prática de algum crime pelos integrantes.

É posição pacífica nos Tribunais Superiores (STF[19] e STJ[20]) ser a associação criminosa crime autônomo, que independe da prática de delitos pelo grupo (aliás, eventuais infrações praticadas gera, para seus autores – *que participaram, direta ou indiretamente da execução* –, concurso material entre o crime praticado e o art. 288 do CP).

Note-se que se trata de crime permanente, cuja consumação se protrai no tempo. A retirada de um associado, deixando o grupo com menos de três agentes, cessa a permanência, mas não interfere na existência do crime, já consumado para todos.

17. *Manual de direito penal:* parte especial, v. 3, p. 171.
18. Tendo em vista que o crime ocorre com a simples associação, não importa que o agente tenha ingressado no grupo após sua formação. Igualmente, é irrelevante que não tenha participado diretamente de eventuais crimes cometidos por membros da associação, bastando sua participação, de alguma forma, em sua organização. Em razão justamente dessa autonomia, a punição dos membros integrantes independe de condenação pela prática de algum dos crimes pretendidos pelo grupo.
19. HC 95.086/SP, rel. Min. Marco Aurélio, DJe 28/08/2009.
20. HC 235.900/CE, rel. Min. Og Fernandes, DJe 21/06/2013.

Sobre o assunto, explica Hungria:

> "O abandono ou voluntário recesso de qualquer associado não o eximirá de pena, e se a sua retirada fizer descer o *quorum* abaixo de quatro, cessará a permanência, isto é, a continuidade do momento consumativo, mas não se apagará o crime (*factum infectum nequit*)"[21].

A tentativa é inadmissível, pois os atos praticados com a finalidade de formar a associação (anteriores à execução – formação) são meramente preparatórios.

Há julgados admitindo a coexistência entre os crimes de associação criminosa e o de extorsão mediante sequestro qualificado pelo concurso de pessoas, porquanto os bens jurídicos tutelados são distintos e autônomos os delitos (nesse sentido, conferir *BSTJ*, nov. 2005, 18/64).

Por fim, deve ser lembrado que a manutenção da associação criminosa após a condenação ou mesmo a denúncia constitui novo e idêntico crime formal. Inocorre *bis in idem* na nova imputação (*RSTJ* 78/369).

3.6. Qualificadora, majorante e minorante de pena

3.6.1. Majorante de pena

O parágrafo único determina o aumento da pena até a metade se a associação criminosa é armada ou se houver a participação de criança ou de adolescente.

A doutrina diverge acerca quantidade de membros que devem estar armados para que incida a majorante. Para uns (Hungria e Noronha) basta que um integrante esteja armado para gerar o aumento; para outros (Bento de Faria), exige-se que a maioria dos membros esteja armada; preferimos, contudo, a lição de Fragoso:

> "O juiz deverá reconhecer que o bando é *armado*, quando, pela quantidade de membros que portem armas ou pela natureza da arma usada, seja maior o perigo e o temor causado pelos malfeitores. Conforme sejam as circunstâncias, pode bastar que apenas um se apresente armado, sem que se exija que o faça de forma visível ou ostensiva."[22].

Tem-se decidido não configurar *bis in idem* a condenação por associação criminosa armada e roubo majorado pelo emprego de arma, porquanto além de delitos autônomos e distintos, no primeiro o emprego da arma está calcado no perigo abstrato e, no segundo, no perigo concreto (*JSTJ* 187/77).

Por fim, deve ser observado que a Lei nº 12.850/13 modificou o *quantum* de incidência da majorante, que antes representava o dobro da pena e atualmente pode aumentá-la

21. Ob. cit., v. 9, p. 179.
22. Ob. cit., v. 3, p. 759-760.

até a metade. Assim, se a pena da anterior quadrilha poderia variar de dois a seis anos, a atual associação criminosa poderá, pela incidência da causa de aumento no máximo permitido, ter a reprimenda variável de um ano e seis meses a quatro anos e seis meses. Vê-se, pois, que a nova disciplina é benéfica em relação à precedente, e, por isso, deve retroagir para favorecer o agente que cometeu o crime sob a égide da lei anterior.

3.6.2. Qualificadora

O art. 8º da Lei 8.072/90 prevê uma circunstância qualificadora, que eleva a pena de reclusão para três a seis anos, quando a associação visar a prática de crimes hediondos ou a eles equiparados (tortura, tráfico[23] e terrorismo). Note-se que referido diploma legal somente tratou de cominar pena específica para estas hipóteses de ocorrência do crime de associação criminosa, sem, contudo, submeter os agentes às regras previstas no art. 2º, que somente irão incidir se sobrevier a prática de um dos delitos etiquetados como hediondos ou a eles equiparados.

3.6.3. Minorante de pena

O parágrafo único do art. 8º da Lei 8.072/90 traz a possibilidade da delação premiada com diminuição de pena. A minorante, para ser reconhecida (direito subjetivo do réu), depende do preenchimento dos seguintes requisitos:

a) deve partir de integrante ou partícipe;

b) deve ser eficaz, isto é, possibilitar o desmantelamento da associação, havendo nexo entre a delação e a desorganização do bando.

Discute-se se a causa de diminuição incide somente sobre a pena do crime de associação criminosa ou se tem maior abrangência, alcançando outros fatos criminosos praticados pelos agentes criminosamente reunidos. Para uma primeira corrente, ao se referir a participante e associado, a lei quer beneficiar tanto o associado quanto o coautor ou partícipe nos outros crimes praticados. Entendimento outro indica que o participante a que alude o texto legal é aquele que não integra a associação, mas contribuiu, de qualquer maneira, para sua formação[24].

---

23. Com o advento da Lei 11.343/2006, a associação estável e permanente, de duas ou mais pessoas, para a prática do tráfico de drogas ou maquinários, se enquadra no art. 35 da Lei de Drogas, com pena de reclusão variando de 3 a 10 anos, sem prejuízo da multa.

24. A Lei do Sistema Brasileiro de Defesa da Concorrência – SBDC (Lei 12.529/2011, vigente desde 28/05/2012) ampliou as hipóteses de crimes passíveis de acordo de leniência (pacto de colaboração do infrator na investigação de crimes contra a ordem econômica que, uma vez cumprido, pode gerar a extinção da punibilidade – cf. art. 86 da lei). O acordo, até então, somente contemplava os crimes dos arts. 5º, 6º e 7º da Lei 8.137/90 (delitos contra a ordem econômica e relações de consumo). Agora, com a Lei do SBDC, art. 87, estendeu os efeitos do acordo para os "demais crimes diretamente relacionados à prática de cartel", constando do rol o crime de associação criminosa (art. 288, CP). Conclusão: criminosos conluiados que praticam a famigerada cartelização, celebrando acordo

3.7. Ação penal

A ação penal será pública incondicionada.

3.8. Princípio da especialidade

a) Código Penal x Lei 2.889/56: dispõe o art. 2º da Lei 2.889/56 ser crime associarem-se mais de três pessoas para destruir, no todo ou em parte, grupo nacional, étnico, racial ou religioso.

b) Código Penal x Lei de Segurança Nacional: o art. 16 da Lei 7.170/83 pune com reclusão de 1 a 5 anos integrar ou manter associação, partido, comitê, entidade de classe ou grupamento que tenha por objetivo a mudança do regime vigente ou do Estado de Direito, por meios violentos ou com o emprego de grave ameaça. Já o art. 24 da mesma Lei pune com reclusão de 2 a 8 anos constituir, integrar ou manter organização ilegal de tipo militar, de qualquer forma ou natureza armada ou não, com ou sem fardamento, com finalidade combativa.

c) Código Penal x Lei de Drogas: a Lei 11.343/2006, no seu art. 35, pune com reclusão de 3 a 10 anos associarem-se duas ou mais pessoas para o fim de praticar, reiteradamente ou não, o tráfico de drogas (art. 33) ou de maquinários (art. 34). Nas mesmas penas incorre quem se associa para a prática reiterada do crime definido no art. 36 (financiamento do tráfico).

d) Código Penal x Lei nº 12.850/13: a Lei nº 12.850/13 define, em seu art. 1º, § 2º, a organização criminosa como sendo a associação de quatro ou mais pessoas estruturalmente ordenada e caracterizada pela divisão de tarefas, ainda que informalmente, com objetivo de obter, direta ou indiretamente, vantagem de qualquer natureza, mediante a prática de infrações penais cujas penas máximas sejam superiores a quatro anos, ou que sejam de caráter transnacional. No art. 2º, referida Lei pune, com reclusão de três a oito anos, e multa, as condutas de promover, constituir, financiar ou integrar, pessoalmente ou por interposta pessoa, organização criminosa.

e) Código Penal x Lei nº 13.260/16: o art. 3º da Lei nº 13.260/16 pune com reclusão de cinco a oito anos as condutas de promover, constituir, integrar ou prestar auxílio, pessoalmente ou por interposta pessoa, a organização terrorista.

4. CONSTITUIÇÃO DE MILÍCIA PRIVADA

> **Art. 288-A.** Constituir, organizar, integrar, manter ou custear organização paramilitar, milícia particular, grupo ou esquadrão com a finalidade de praticar qualquer dos crimes previstos neste Código:
>
> Pena – reclusão, de 4 (quatro) a 8 (oito) anos.

de leniência, poderão ver extinta a punibilidade não apenas nos crimes contra a ordem econômica ou relação de consumo, mas também na associação criminosa.

4.1. Considerações iniciais

Da mesma forma que o art. 288 do CP, também o art. 288-A tutela a paz pública.

O crime foi acrescentado pela Lei 12.720, de 27 de setembro de 2012, com o especial propósito de endurecer as consequências jurídicas no combate às ações dos denominados *grupos de extermínio* e das milícias privadas[25].

A pena, como já era de se esperar, não admite qualquer medida despenalizadora trazida pela Lei 9.099/95.

4.2. Sujeitos do crime

Qualquer pessoa pode praticar o delito em estudo, não exigindo a lei nenhuma qualidade ou condição especial do seu agente.

Trata-se de crime coletivo, plurissubjetivo (ou de concurso necessário), de condutas paralelas (umas auxiliando as outras).

☑ ***Quantas pessoas devem, no mínimo, integrar o grupo (no caso, organização paramilitar, milícia particular, grupo ou esquadrão)?***

O texto é totalmente silente, fomentando a discussão. Duas são as conclusões possíveis.

A primeira é no sentido de que o número de agentes deve coincidir com o da associação criminosa (anterior quadrilha ou bando), atualmente três ou mais pessoas.

A segunda (à qual nos filiamos) se alinha ao conceito de organização criminosa, definida e tipificada na Lei nº 12.850/13, que exige o número mínimo de quatro pessoas.

Sujeito passivo será a coletividade.

4.3. Conduta

O novo tipo pune as condutas de *constituir* (compor a organização, o grupo criminoso); *organizar* (encontrar a melhor maneira de agir); *integrar* (fazer parte); *manter* ou

25. A Assembleia Geral das Nações Unidas, em dezembro de 1989, por meio da resolução 44/162, aprovou os princípios e diretrizes para a prevenção, investigação e repressão às execuções extralegais, arbitrárias e sumárias, anunciando: "Os governos proibirão por lei todas as execuções extralegais, arbitrárias ou sumárias, e zelarão para que todas essas execuções se tipifiquem como delitos em seu direito penal, e sejam sancionáveis com penas adequadas que levem em conta a gravidade de tais delitos. Não poderão ser invocadas, para justificar essas execuções, circunstâncias excepcionais, como por exemplo, o estado de guerra ou o risco de guerra, a instabilidade política interna, nem nenhuma outra emergência pública. Essas execuções não se efetuarão em nenhuma circunstância, nem sequer em situações de conflito interno armado, abuso ou uso ilegal da força por parte de um funcionário público ou de outra pessoa que atue em caráter oficial ou de uma pessoa que promova a investigação, ou com o consentimento ou aquiescência daquela, nem tampouco em situações nas quais a morte ocorra na prisão. Esta proibição prevalecerá sobre os decretos promulgados pela autoridade executiva".

custear (sustentar, pagar o custo, não apenas financeiramente, mas com o fornecimento de materiais, instrumentos bélicos etc.) organização paramilitar, milícia particular, grupo ou esquadrão (grupo de extermínio).

Não importa o núcleo praticado, estamos diante de comportamentos cometidos por associados (fundadores ou não) do grupo criminoso, demandando, sempre, estabilidade e durabilidade da associação (marcos distintivos do mero concurso de agentes).

Considerando sua indisfarçável complexidade, vamos analisar, em separado, a definição de cada associação criminosa estampada no tipo.

a) ***Organização paramilitar***

Paramilitares são associações civis, armadas e com estrutura semelhante à militar. Possuem as características de uma força militar, têm a estrutura e organização de uma tropa ou exército, sem sê-lo.

b) ***Milícia particular***

Grupo de pessoas, civis ou não, tendo como finalidade devolver a segurança retirada das comunidades mais carentes, restaurando a paz. Para tanto, mediante coação, os agentes ocupam determinado espaço territorial. A proteção oferecida nesse espaço ignora o monopólio estatal de controle social, valendo-se de violência e grave ameaça.

c) ***Grupo ou esquadrão (grupo de extermínio[26])***

Entende-se como tal a reunião de pessoas, matadores, justiceiros que atuam na ausência ou inércia do poder público, tendo como finalidade a matança generalizada, chacina de pessoas supostamente rotuladas como marginais ou perigosas.

4.4. Voluntariedade

É o dolo aliado a um elemento subjetivo especial do injusto, que é a finalidade de cometer crimes, sem a qual o delito não se configura. Nesse ponto, não sem razão, alerta Rogério Greco:

> "Essa finalidade tem que ser analisada com reservas. Isso porque a forma como está redigido o artigo nos leva a acreditar que qualquer infração penal poderia ser objeto do delito em estudo, quando, na verdade, não podemos chegar a essa conclusão. Assim, por exemplo, não seria razoável imputar a uma organização paramilitar a prática de delito tipificado no art. 288-A quando a finalidade do grupo era a de praticar, reiteradamente, crimes contra a honra. Para essas infrações penais, se praticadas em quadrilha ou bando, já temos o delito previsto no art. 288 do mesmo diploma repressivo.

26. O legislador, nesse tanto, ao referir-se a *grupo ou esquadrão*, ainda que de forma infeliz (e sem qualquer respeito à técnica legislativa), está tipificando como associação criminosa o *grupo de extermínio* de seres humanos, expressão já utilizada pela mesma Lei quando acrescentou ao art. 121 do CP o seu mais novo parágrafo (§ 6º).

> Assim, de acordo com nossa posição, embora a parte final do art. 288-A diga que haverá crime de *constituição de milícia particular* quando o agente constituir, organizar ou integrar, manter ou custear organização paramilitar, milícia particular, grupo ou esquadrão com a finalidade de praticar qualquer dos crimes previstos no Código Penal, temos de limitar esses crimes àqueles que dizem respeito às atividades normalmente praticadas pelas milícias (...) a exemplo do crime de homicídio, lesão corporal, extorsão, seqüestros, ameaças etc."[27].

4.5. Consumação e tentativa

A consumação do delito se verifica, em relação aos fundadores, no momento em que aperfeiçoada a convergência de vontades entre os agentes para a constituição, organização, integração, manutenção ou o custeio de organização paramilitar, milícia particular, grupo ou esquadrão. Quanto àqueles que venham posteriormente a integrar-se ao grupo já formado, verifica-se a consumação na adesão de cada qual.

Note-se que se trata de crime permanente, cuja consumação se protrai no tempo.

Cuida-se de infração autônoma, que independe da prática de delitos pela associação (aliás, eventuais infrações praticadas pela associação gera, para seus autores – *que participam, direta ou indiretamente da execução-*, concurso material entre o crime praticado e o art. 288 do CP). Desse modo, as infrações penais cometidas por organização paramilitar, milícia particular, grupo ou esquadrão serão imputadas cumulativamente aos agentes[28].

A tentativa é inadmissível, pois os atos praticados com a finalidade de formar a associação criminosa (anteriores à execução – formação) são meramente preparatórios.

O operador deverá redobrar a atenção para não confundir os crimes de associação criminosa (art. 288 do CP), constituição de milícia privada (art. 288-A do CP) e formação de organização criminosa (art. 2º. da Lei 12.850/13). Recorrendo ao quadro comparativo, vamos analisar esses delitos:

Associação criminosa	Organização criminosa	Constituição de milícia privada
Art. 288 do CP	**Art. 2º** da Lei 12.850/13	**Art. 288**-A do CP
Pena: reclusão de 1 a 3 anos	Pena: reclusão de 3 a 8 anos	Pena: reclusão, de 4 a 8 anos

27. Ob. cit., v. 4, p. 230.
28. Quando estudamos o art. 121 do CP concluímos que na hipótese em que um grupo de extermínio (ou milícia privada) promove matança, os agentes respondem pelos dois crimes (arts. 121, § 6º e 288-A, ambos do CP), em concurso material, não se cogitando de *bis in idem*, pois são delitos autônomos e independentes, protegendo, cada qual, bens jurídicos próprios. O mesmo raciocínio já é aplicado pelo Supremo para não reconhecer *bis in idem* quando se está diante de associação criminosa (anterior quadrilha ou bando) armada e roubo majorado pelo emprego de arma.

Associação criminosa	Organização criminosa	Constituição de milícia privada
Associarem-se 3 (três) ou mais pessoas	Associação de 4 (quatro) ou mais pessoas	Constituir organização paramilitar, milícia particular ou grupo de extermínio
Dispensa estrutura ordenada e divisão de tarefas	Pressupõe estrutura ordenada e divisão de tarefas, ainda que informalmente	Apesar de dispensar, em regra apresenta divisão de tarefas
A busca de vantagem para o grupo é o mais comum, porém dispensável	Com o objetivo de obter vantagem de qualquer natureza	A busca de vantagem é dispensável
Para o fim específico de cometer crimes (dolosos, não importando o tipo ou a sua pena).	Mediante a prática de infrações penais (abrangendo contravenções) cujas penas máximas sejam superiores a 4 (quatro) anos, ou que sejam de caráter transnacional.	Com a finalidade de praticar qualquer dos crimes previstos no Código Penal.

Ilustrando, vamos construir alguns cenários:

I) Associam-se 3 pessoas, de forma estável e permanente, com hierarquia e divisão de tarefas, para o fim de praticar crimes de roubo. O rol de circunstâncias narrado autoriza concluir que estamos diante de um crime de associação criminosa (art. 288 do CP), pois falta, para configurar formação de organização criminosa, o número mínimo de quatro integrantes.

II) Associam-se 6 pessoas, de forma estável e permanente, sem hierarquia e divisão de tarefas, com o fim de praticar roubos a banco. Também neste cenário o crime será de associação criminosa (art. 288 do CP), ausente estrutura ordenada e divisão de tarefas, elementares do crime de formação de organização criminosa.

III) Associam-se 7 pessoas, de forma estável e permanente, com hierarquia e divisão de tarefas, tendo como objetivo publicar anonimamente listas ofensivos à honra de moradores de uma cidade. O crime será de associação (art. 288 do CP). A formação de organização criminosa demanda objetivo de obter vantagem de qualquer natureza, mediante a prática de infrações penais cujas penas máximas sejam superiores a 4 anos.

IV) Associam-se 7 pessoas, de forma estável e permanente, com hierarquia e divisão de tarefas, tendo como objetivo praticar extorsões mediante sequestro, caracteriza o delito de formação de organização criminosa, preenchendo todos os elementos do art. 2º. da Lei 12.850/13.

V) Associarem-se 7 pessoas, de forma estável e permanente, com hierarquia e divisão de tarefas, tendo como objetivo a matança generalizada. A formação de organização criminosa não pode ter características paramilitares, de milícia privada ou grupo de extermínio, aplicando-se, nesses casos, o crime do art. 288-A do CP, punido com 4 a 8 anos de reclusão.

4.6. Ação penal

A ação penal será pública incondicionada.

4.7. Princípio da especialidade

a) Código Penal x Lei nº 12.850/13: a Lei nº 12.850/13 define, em seu art. 1º, § 2º, a organização criminosa como sendo a associação de quatro ou mais pessoas estruturalmente ordenada e caracterizada pela divisão de tarefas, ainda que informalmente, com objetivo de obter, direta ou indiretamente, vantagem de qualquer natureza, mediante a prática de infrações penais cujas penas máximas sejam superiores a quatro anos, ou que sejam de caráter transnacional. No art. 2º, referida Lei pune, com reclusão de três a oito anos, e multa, as condutas de promover, constituir, financiar ou integrar, pessoalmente ou por interposta pessoa, organização criminosa.

Título X
DOS CRIMES CONTRA A FÉ PÚBLICA

CAPÍTULO I – DA MOEDA FALSA

1. MOEDA FALSA

▶ ***Moeda falsa***

Art. 289. Falsificar, fabricando-a ou alterando-a, moeda metálica ou papel-moeda de curso legal no país ou no estrangeiro:

Pena – reclusão, de 3 (três) a 12 (doze anos), e multa.

§ 1º Nas mesmas penas incorre quem, por conta própria ou alheia, importa ou exporta, adquire, vende, troca, cede, empresta, guarda ou introduz na circulação moeda falsa.

§ 2º Quem, tendo recebido de boa-fé, como verdadeira, moeda falsa ou alterada, a restitui à circulação, depois de conhecer a falsidade, é punido com detenção, de 6 (seis) meses a 2 (dois) anos, e multa.

§ 3º É punido com reclusão, de 3 (três) a 15 (quinze) anos, e multa, o funcionário público ou diretor, gerente, ou fiscal de banco de emissão que fabrica, emite ou autoriza a fabricação ou emissão:

I – de moeda com título ou peso inferior ao determinado em lei;

II – de papel-moeda em quantidade superior à autorizada.

§ 4º Nas mesmas penas incorre quem desvia e faz circular moeda, cuja circulação não estava ainda autorizada.

1.1. Considerações iniciais

O bem jurídico tutelado neste dispositivo é a fé pública no que tange à emissão de moeda, sendo que a proteção recai não só sobre o interesse dos particulares, como também do Estado, enquanto titular do direito de emitir e fazer circular a moeda[1].

1. Os Tribunais Superiores têm decidido que não se aplica o princípio da insignificância ao crime de falsificação de moeda, ainda que ínfimo o valor de face, pois o que se objetiva com a punição não é evitar prejuízos patrimoniais (âmbito de proteção do estelionato), mas manter a confiança da população na higidez da moeda. Vejamos. **STJ**: O crime de moeda falsa (CP, art. 289, *caput*, e § 1º do Código Penal) é formal e de perigo abstrato, tendo em vista que a mera execução da conduta típica presume absolutamente o perigo ao bem jurídico tutelado, sendo prescindível a obtenção de vantagem ou prejuízo a terceiros para a consumação. Ainda, trata-se de crime pluridimensional, pois, além de proteger preponderantemente a fé pública, de forma mediata, assegura o patrimônio particular e a celeridade das relações empresariais e civis. Por conseguinte, a quantidade de notas falsificadas e o valor do negócio jurídico celebrado são fatores coadjuvantes da tutela penal do tipo, não havendo

As penas cominadas no *caput* e nos §§ 1º, 3º e 4º não admitem nenhum dos benefícios da Lei 9.099/95. Já a pena prevista no § 2º possibilita a transação penal e a suspensão condicional do processo.

1.2. Sujeitos do crime

Qualquer pessoa pode praticar o crime em estudo.

Sujeito passivo será a coletividade, bem como, secundariamente, eventual lesado pela conduta do agente.

1.3. Conduta

O tipo básico (*caput*) pune aquele que falsificar, fabricando-a ou alterando-a, moeda metálica ou papel-moeda de curso legal no país ou no estrangeiro.

Falsificar significa conferir aparência enganadora, recaindo a conduta sobre moeda metálica ou papel-moeda (nacional ou estrangeira)[2].

Há duas formas de se praticar o delito: *fabricando* a moeda (manufaturando, fazendo a cunhagem) ou *alterando* (modificando, adulterando). Na primeira, o próprio agente produz (cria) a moeda, enquanto na segunda, utilizando moeda verdadeira (autêntica), a altera (por exemplo, diante de uma cédula de R$ 1,00 ou de R$ 10,00, a transforma em R$ 100,00)[3].

---

falar, pois, em ausência de periculosidade social da ação, diante da pluriofensividade do crime (HC 210.764/SP, Rel. Min. Ribeiro Dantas, DJe 28/06/2016)**STF**: "Ambas as Turmas do Supremo Tribunal Federal já consolidaram o entendimento de que é "inaplicável o princípio da insignificância aos crimes de moeda falsa, em que objeto de tutela da norma a fé pública e a credibilidade do sistema financeiro, não sendo determinante para a tipicidade o valor posto em circulação" (HC 105.638, Rel. Min. Rosa Weber). Precedentes" (HC 108193/SP, Rel. Min. Roberto Barroso, DJe 25/09/2014). E, na mesma esteira, o STJ decidiu que não se aplica a regra do arrependimento posterior se o agente repara o dano que causou à pessoa que recebeu a moeda falsa, pois, neste crime, a relevância não está no prejuízo patrimonial, mas na fragilização da confiança que deve ser depositada no sistema monetário (REsp 1.242.294/PR, Rel. originário Min. Sebastião Reis Júnior, Rel. para acórdão Min. Rogerio Schietti Cruz, DJe 3/2/2015).

2. Não é só a moeda nacional o objeto material do crime, mas também a estrangeira, sendo que ambas devem ter curso legal no Brasil ou no país de origem. A circunstância de ter curso legal quer dizer que, circulando, a moeda não pode ser recusada como meio de pagamento.
3. O fato de apor números e letras recortados de cédulas verdadeiras sobre outras, de modo que estas aparentem valor superior, é tema controvertido, havendo divergência se o fato se subsume ao disposto no art. 289 ou no art. 290, ambos do CP. **Nélson Hungria**, com maestria, resolve o impasse: "Parece-me nítida a diferença entre os arts. 289 e 290. O art. 289 cuida da 'contrafação' ou 'alteração' da moeda (moeda metálica ou papel moeda). *Contrafação* é a fabricação ou forjadura *ex integro* da moeda ilegítima; *alteração* é qualquer modificação da moeda genuína ou autêntica, a fim de lhe atribuir, na aparência, maior valor. Outras, bem diversas, são as hipóteses do art. 290, entre as quais a de *formação* de exemplar de papel-moeda com fragmentos (restos, resíduos) de outros exemplares da mesma importância e emissão, e a de *supressão, em exemplares de papel-moeda já recolhidos*, de sinal indicativo de sua inutilização (com o fim de restituí-los à circulação). Na primeira

De acordo com a doutrina de Fragoso[4], somente se configura o crime se a alteração for no sentido de atribuir maior valor à cédula ou à moeda metálica. Assim, se o agente altera somente números ou símbolos que nada têm a ver com o aumento do valor da moeda, não pratica o crime em apreço. Bem assim, não ocorre o delito na hipótese em que a alteração faz com que o valor nominal seja diminuído em relação ao verdadeiro.

Essencial, além das características apontadas, é que a falsificação seja convincente, isto é, capaz de iludir os destinatários da moeda (*imitatio veri*). Se grosseira, de modo que facilmente se possa identificá-la por análise superficial, o crime não se configura, já que o objeto não é capaz de iludir a fé pública (mostra-se, portanto, indispensável a perícia – *RF* 139/390).

Todavia, nem sempre a falsificação grosseira constituirá fato atípico, já que este ocorrerá somente quando não haja qualquer possibilidade de iludir alguém. Do contrário, poderá se configurar o crime de estelionato. É o entendimento do Superior Tribunal de Justiça, na Súmula 73: "A utilização de papel-moeda grosseiramente falsificado configura, em tese, o crime de estelionato, de competência da Justiça Estadual".

1.4. Voluntariedade

É o dolo, consistente na vontade consciente de falsificar moeda, fabricando-a ou alterando-a.

Não se exige finalidade especial por parte do agente, nem mesmo que pretenda colocar a moeda falsificada em circulação.

1.5. Consumação e tentativa

O crime se consuma no momento da fabricação ou da alteração da moeda, desde que seja idônea a iludir.

A tentativa é perfeitamente possível.

Explica Hungria:

> "Tratando-se de crime que não se perfaz único *actu*, é admissível a tentativa (que não deve ser confundida com o ato preparatório especialmente incriminado no art. 291)"[5].

1.6. Forma equiparada

O § 1º traz figura equiparada ao *caput* ao prever a mesma pena para quem, por conta própria ou alheia, *importar* (trazer de fora do país), *exportar* (remeter para fora do país), *adquirir* (conseguir de forma onerosa ou gratuita), *vender* (transferir a título oneroso), *trocar* (entregar a alguém mediante o recebimento de outra coisa), *ceder* (transferir a título

hipótese, não há falar em *alteração*: tomam-se fragmentos de cédulas verdadeiras, mas já sem valia, e forma-se uma cédula aparentemente original" (ob. cit., v. 9, p. 211).

4. Ob. cit., v. 3, p. 775.
5. Ob. cit., v. 9, p. 215.

gratuito) *emprestar* (entregar a outrem para receber de volta posteriormente), *guardar* (preservar), *introduzir em circulação* (fazer com que a moeda circule como legítima) moeda falsa.

Somente poderá ter sua conduta subsumida ao disposto neste parágrafo o agente que não concorreu, de qualquer modo, para a falsificação (do contrário, este comportamento caracteriza *post factum* impunível).

Ao § 1º aplicam-se os mesmos comentários a respeito da potencialidade lesiva da moeda falsificada, que, se for grosseira, não configurará o crime.

O dolo é consubstanciado na vontade consciente de praticar uma das condutas típicas previstas, sabendo o agente que a moeda em seu poder é falsa (sem esse conhecimento prévio, deixa de existir o dolo)[6].

A consumação ocorre com a prática dos núcleos, sendo possível a ocorrência do *conatus*, ante a possibilidade de fracionamento da conduta[7].

1.7. Privilégio

O § 2º prevê uma espécie privilegiada de colocação da moeda falsa em circulação. É a hipótese daquele que tendo recebido de boa-fé, como verdadeira, moeda falsa ou alterada, a restitui à circulação, depois de conhecer a falsidade.

Primeiramente é de se ressaltar ser imprescindível que o agente tenha recebido a moeda de boa-fé (havendo má-fé no momento do recebimento, responderá o agente de acordo com o que dispõe no parágrafo anterior – § 1º –, mais grave)[8].

---

6. Ensina **Mirabete** que a dúvida a esse respeito (falsidade da moeda) configura dolo eventual (*Manual de direito penal:* parte especial, v. 3, p. 186).
7. A 6a. T do Superior Tribunal de Justiça decidiu que nos casos de prática do crime de introdução de moeda falsa em circulação (art. 289, § 1º, do CP) é cabível a aplicação das agravantes previstas nas alíneas "e" e "h" do inciso II do artigo 61 do CP, incidentes quando o delito é cometido "contra ascendente, descendente, irmão ou cônjuge" ou "contra criança, maior de 60 (sessenta) anos, enfermo ou mulher grávida". Embora a fé pública do Estado seja o bem jurídico tutelado no delito supracitado, não é correto concluir que o Estado seja a única vítima. Tendo em vista a variedade de meios com que a introdução de moeda falsa em circulação pode ser efetuada, é possível concluir que a vítima pode ser também uma pessoa física ou um estabelecimento comercial, diante do conhecido prejuízo que esses últimos podem sofrer. "Efetivamente, a pessoa a quem, eventualmente, são passadas cédulas ou moedas falsas pode ser elemento crucial e definidor do grau de facilidade com que o crime será praticado, e a fé pública, portanto, atingida", afirmaram os ministros. No mesmo sentido, posiciona-se parte significativa da doutrina. Julgado publicado no informativo 546 do STJ (**HC 211.052-RO, Rel. Min. Sebastião Reis Júnior, Rel. para acórdão Min. Rogerio Schietti Cruz, julgado em 5/6/2014).**
8. "O conhecimento da falsidade posterior à transferência pelo agente não integra o delito. Não comete o crime, portanto, aquele que se recusa a receber de volta a moeda que entregou de boa-fé ou de indenizar aquele que a recebeu" (**Mirabete**, *Manual de direito penal:* parte especial, v. 3, p. 186).

Apesar de alguns ensinarem que o privilégio se pratica com dolo subsequente, não nos parece. Esse elemento – *dolo* – deve ser simultâneo à conduta, sob pena de se descaracterizar o crime. O que ocorre é que o dolo só integra a conduta de repassar a moeda que o agente descobriu ser falsa após tê-la recebido. Ainda no que tange ao tipo subjetivo, não se admite o dolo eventual, pois o texto legal menciona expressamente a necessidade de o agente restituir a moeda à circulação *depois de conhecer a falsidade.*

Na forma privilegiada a consumação ocorre no momento em que a moeda falsa é colocada em circulação, sendo perfeitamente possível a tentativa.

1.8. Falsificação funcional

O § 3º não trata de circunstância qualificadora das condutas anteriores, mas de figura delituosa diversa (e mais grave, punida com reclusão, de três a quinze anos, e multa).

Nesta modalidade o crime é próprio, aparecendo como sujeito ativo (razão do maior rigorismo na punição) o funcionário público (art. 327 do CP) ou diretor, gerente, ou fiscal de banco de emissão que fabrica, emite ou autoriza a fabricação ou emissão:

I *– de moeda com título ou peso inferior ao determinado em lei*: a fabricação da moeda é realizada de acordo com o que determina a lei, que prevê desde os componentes que integram o material, incluindo o seu peso. No caso, o *título* a que se refere a lei é a proporção ou teor da liga metálica que integra a matéria-prima da moeda;

II *– de papel-moeda em quantidade superior à autorizada*: neste caso, ao agente é outorgada a fabricação, a emissão ou a autorização para emitir ou fabricar determinada quantia de papel-moeda, sendo que ele o faz de forma exacerbada, ultrapassando os limites do que lhe foi permitido. Note-se que a lei não menciona, neste inciso, a moeda metálica, tornando atípica a conduta daquele que agir nesse sentido. De acordo com Hungria[9], assim ocorre por não ser essa prática tão nociva economicamente quanto à emissão exacerbada de cédulas. Já Mirabete critica a lacuna, não encontrando justificativa plausível na exclusão dessa espécie de moeda[10].

O dolo consiste na vontade consciente de praticar uma das condutas previstas, sendo que a consumação ocorre com essa prática. A tentativa é possível.

De acordo com a lição de Fragoso:

> "Haverá concurso material, se o agente praticar a seguir qualquer outro crime, com a moeda produzida irregularmente (peculato, estelionato etc.)."[11].

9. Ob. cit., v. 9, p. 225.
10. Ob. cit., v. 3, p. 187.
11. Ob. cit., v. 3, p. 782.

Mirabete[12], no entanto, entende que, sendo o crime de moeda falsa composto pelos elementos do estelionato, erigido a categoria especial em razão do interesse público tutelado, absorve os delitos patrimoniais, ocorrendo o estelionato somente quando a falsificação for grosseira.

1.9. Desvio e circulação antecipada

Finalmente, o § 4º prevê uma conduta equiparada ao anterior, punindo quem desvia e faz circular moeda, cuja circulação não estava ainda autorizada. Neste caso, autorizou-se somente a emissão da moeda, mas não sua circulação, que depende da análise de fatores econômicos. Não se exige qualidade especial do agente, sendo possível a prática do crime por qualquer pessoa (delito comum).

A consumação ocorre no momento em que se dá a circulação da moeda, sendo a tentativa possível (por exemplo, se o agente desvia a moeda e não consegue fazê-la circular por circunstâncias alheias à sua vontade).

1.10. Ação penal

A ação penal é pública incondicionada, sendo competente para apreciá-la a Justiça Federal.

2. CRIMES ASSIMILADOS AO DE MOEDA FALSA

▶ ***Crimes assimilados ao de moeda falsa***

Art. 290. Formar cédula, nota ou bilhete representativo de moeda com fragmentos de cédulas, notas ou bilhetes verdadeiros; suprimir, em nota, cédula ou bilhete recolhidos, para o fim de restituí-los à circulação, sinal indicativo de sua inutilização; restituir à circulação cédula, nota ou bilhete em tais condições, ou já recolhidos para o fim de inutilização:

Pena – reclusão, de 2 (dois) a 8 (oito) anos, e multa.

Parágrafo único. O máximo da reclusão é elevado a 12 (doze) anos e o da multa a Cr$ 40.000 (quarenta mil cruzeiros), se o crime é cometido por funcionário que trabalha na repartição onde o dinheiro se achava recolhido, ou nela tem fácil ingresso, em razão do cargo.

2.1. Considerações iniciais

A fé pública ainda é o objeto da tutela penal neste dispositivo.

Em razão da pena cominada, nenhum benefício despenalizador previsto na Lei 9.099/95 é admitido.

---

12. *Manual de direito penal:* parte especial, v. 3, p. 187.

2.2. Sujeitos do crime

Qualquer pessoa pode praticar o crime em exame.

Se funcionário público trabalha na repartição onde o dinheiro se achava recolhido, ou nela tem fácil ingresso, em razão do cargo, a pena máxima será aumentada para doze anos e multa (art. 290, parágrafo único).

Sujeito passivo será a coletividade, bem como, secundariamente, aquele que vier e sofrer eventual prejuízo.

2.3. Conduta

Pune-se todo aquele que formar cédula, nota ou bilhete representativo de moeda com fragmentos de cédulas, notas ou bilhetes verdadeiros; suprimir, em nota, cédula ou bilhete recolhidos, para o fim de restituí-los à circulação, sinal indicativo de sua inutilização; restituir à circulação cédula, nota ou bilhete em tais condições, ou já recolhidos para o fim de inutilização[13].

Do exposto, percebem-se três condutas delituosas, "todas relativas tão somente ao papel moeda, nas quais não há contrafação total ou parcial (alteração) do dinheiro genuíno, mas se apresentam fraudes para *ressurgimento* ou *revalidação* de cédulas, notas ou bilhetes já imprestáveis ou recolhidos para inutilização"[14].

I – *formar cédula, nota ou bilhete representativo de moeda com fragmentos de cédulas, notas ou bilhetes verdadeiros*: utilizando frações de cédula, nota ou bilhete representativo de moeda, o agente elabora nova cédula, nota ou bilhete com aparência verdadeira. Não deve ser confundida com a alteração da cédula verdadeira, que constitui o crime do art. 289, mais grave;

II – *suprimir, em nota, cédula ou bilhete recolhidos, para o fim de restituí-los à circulação, sinal indicativo de sua inutilização*: aqui, o agente, com o intuito de reintroduzir à circulação nota, cédula ou bilhete já recolhidos, elimina sinal que identifica a retirada. A conduta pode se dar de variadas formas, como por meio de agentes químicos, lavagem etc.;

III – *restituir à circulação cédula, nota ou bilhete em tais condições, ou já recolhidos para o fim de inutilização:* nesse último caso o agente ou restitui à circulação cédula, nota ou bilhete que foram formados por fragmentos, como descrito no item I, ou restitui à circulação nota, cédula ou bilhete que tiveram sinal identificador de recolhimento suprimido, ou restitui nota, cédula ou bilhete que, embora não contasse com as características anteriores, foram recolhidos para o fim de serem inutilizados[15]. Se o agente, de qualquer modo,

13. **Damásio** bem observa que, ao contrário do que ocorre com o crime de moeda falsa (CP, art. 289), a aquisição e o recebimento da moeda nas condições descritas no art. 290, *caput*, não foram elevados à categoria de crime principal, subsistindo o delito de receptação (ob. cit., v. 4, p. 20).
14. Nélson Hungria, ob. cit., v. 9, p. 226.
15. Esta conduta não pode ser confundida com a introdução da moeda *falsa* à circulação, que é punida de acordo com o § 1º do art. 289 do Código Penal.

concorreu na formação **(I)** ou supressão **(II)** criminosa, a ação de restituir à circulação a cédula, a nota ou o bilhete **(III)** constitui *post factum* impunível.

Fica claro que o objeto material do delito se resume em: *cédula, nota ou bilhete representativo de moeda* (não se incluindo a moeda metálica).

Nesse sentido, alerta Mirabete:

> "O objeto material do artigo em estudo é a cédula, a nota ou bilhete representativo de moeda. As palavras *cédula* e *nota* podem ser entendidas como sinônimas. Está excluída a possibilidade do crime tendo como objeto a moeda metálica"[16].

Por fim, é imprescindível que a formação da moeda com fragmentos e a supressão do sinal indicativo sejam capazes de iludir (*imitatio veri*). A imitação grosseira poderá servir, conforme o caso, como meio para a prática de estelionato.

2.4. Voluntariedade

É o dolo, consistente na vontade consciente de praticar uma das condutas típicas previstas no tipo.

Na hipótese prevista na 2.ª parte do *caput* do art. 290 (supressão), exige-se o elemento subjetivo especial do tipo, consistente na finalidade de restituir a moeda à circulação.

2.5. Consumação e tentativa

A consumação do delito ocorrerá com a formação da cédula a partir dos fragmentos, com a supressão do sinal identificador de recolhimento, ou com a entrada da moeda em circulação. A ocorrência de dano não é exigida em nenhuma das hipóteses.

Por se tratar de crime plurissubsistente, a tentativa é possível.

2.6. Ação penal

A ação penal é pública incondicionada, sendo competente para apreciá-la a Justiça Federal.

3. PETRECHOS PARA FALSIFICAÇÃO DE MOEDA

> ▶ ***Petrechos para falsificação de moeda***
>
> **Art. 291**. Fabricar, adquirir, fornecer, a título oneroso ou gratuito, possuir ou guardar maquinismo, aparelho, instrumento ou qualquer objeto especialmente destinado à falsificação de moeda:
>
> Pena – reclusão, de 2 (dois) a 6 (seis) anos, e multa.

16. *Manual de direito penal:* parte especial, v. 3, p. 188.

3.1. Considerações iniciais

Tutela-se ainda a fé pública que envolve a emissão da moeda.

Observa Mirabete:

> "Os fatos previstos na lei traduzem-se em perigo de falsificação, o que provoca a antecipação do legislador para incriminar o que constituiria apenas atos preparatórios dos crimes de falsificação de moeda."[17].

Em razão da pena cominada, nenhum benefício despenalizador é admitido.

3.2. Sujeitos do crime

Qualquer pessoa pode praticar o delito em estudo (crime comum).

Sujeito passivo será o Estado (há quem inclua a coletividade).

3.3. Conduta

Pune-se *fabricar* (criar, manufaturar), *adquirir* (obter), *fornecer* (proporcionar, entregar) a título oneroso ou gratuito, *possuir* (ter a posse ou a propriedade), *guardar* (conservar, abrigar) maquinismo, aparelho, instrumento ou qualquer objeto especialmente destinado à falsificação de moeda.

O tipo relaciona os seguintes *objetos materiais* do crime: *maquinismo*, conjunto de peças que integram e fazem com que funcione o aparelho mecânico destinado à falsificação; o *aparelho*, conjunto de peças ou utensílios organizados para falsificar moeda; o *instrumento*, todo objeto que serve de ajuda a prática da falsificação; ou *qualquer objeto especialmente destinado a falsificação de moeda*, caso em que se mostra imprescindível a sua especial destinação (falsificação).

Aliás, sobre o tema, leciona Fragoso:

> "Diante de nossa lei, todavia, não se exige que a destinação *exclusiva* dos objetos (de resto, raríssima), seja a fabricação de moeda falsa: basta que por sua natureza sejam especialmente (geralmente ou em regra) destinados àquele fim. Não se pode excluir integralmente uma indagação sobre a destinação subjetiva (fim a que o agente destinava os objetos) no reconhecimento da existência da ação delituosa. A fórmula do nosso código é perigosa e exige do julgador meticuloso exame de todos os indícios"[18].

17. *Manual de direito penal:* parte especial, v. 3, p. 190.
18. Ob. cit., v. 3, p. 789.

A prova de que os petrechos podem ser destinados à falsificação depende de perícia (subsistindo o crime ainda que se conclua ser o objeto capaz de realizar, em parte, a contrafação).

Na hipótese em que o sujeito é surpreendido com os petrechos para falsificação e se constata já haver ocorrido a contrafação de moeda, este crime será absorvido pelo disposto no art. 289 do Código Penal.

3.4. Voluntariedade

É o dolo, consistente na vontade consciente de praticar uma das condutas previstas no tipo penal.

É irrelevante a alegação de que o fim era a produção de moeda "verdadeira", pois, necessariamente, a moeda que for por ele produzida será considerada falsificada, em razão da exclusividade da União em emiti-la (por isso, aliás, a competência para o processo e julgamento será da Justiça Federal)[19].

Não se exige finalidade especial por parte do agente.

3.5. Consumação e tentativa

A consumação ocorre com a fabricação, aquisição, fornecimento, posse ou guarda de maquinismo, aparelho, instrumento ou qualquer objeto especialmente destinado à falsificação de moeda, devendo-se ressaltar que as duas últimas condutas configuram crime permanente.

A tentativa é possível, com algumas ressalvas. No fornecimento, por exemplo, o *conatus* será de difícil configuração, já que, em regra, ao tentar fornecer, o agente deve ter fabricado, adquirido, possuído ou guardado o petrecho.

Sobre a questão, ensina NORONHA:

> "Achamos difícil a configuração do *conatus* na modalidade de *fornecer*, pois, antes, em regra, o agente já fabricou, adquiriu, possuiu ou guardou o objeto destinado a falsificação, consumando-se o crime numa dessas modalidades. Diga-se o mesmo de *tentar possuir* ou *guardar*, quando, em regra, ele *fabricou* ou *adquiriu* antes."[20].

3.6. Ação penal

A ação penal é pública incondicionada, sendo competente para apreciá-la a Justiça Federal.

---

19. Já decidiu o STJ: "Se os petrechos ou instrumentos apreendidos não se prestam apenas para a contrafação da moeda, já que podem ser utilizados para a prática de outras fraudes, como, por exemplo, o 'conto do paço', a competência para conhecer da ação penal é da Justiça Estadual" (Conflito de Competência 7.682-0/SP, Rel. Min. Anselmo Santiago).
20. *Direito Penal*, v. 4, p. 141.

4. EMISSÃO DE TÍTULO AO PORTADOR SEM PERMISSÃO LEGAL

▶ *Emissão de título ao portador sem permissão legal*

Art. 292. Emitir, sem permissão legal, nota, bilhete, ficha, vale ou título que contenha promessa de pagamento em dinheiro ao portador ou a que falte indicação do nome da pessoa a quem deva ser pago:

Pena – detenção, de 1 (um) a 6 (seis) meses, ou multa.

Parágrafo único. Quem recebe ou utiliza como dinheiro qualquer dos documentos referidos neste artigo incorre na pena de detenção, de 15 (quinze) dias a 3 (três) meses, ou multa.

4.1. Considerações iniciais

A fé pública está protegida pelo dispositivo em apreço, não no que concerne especificamente à falsificação da moeda, mas à emissão de título ao portador que possa concorrer com sua circulação, causando embaraços econômicos e propiciando a proliferação de fraudes. A pertinência da incriminação está assim retratada na lição de Hungria:

> "Trata-se de um fato que perturba ou pode perturbar a normalidade da circulação do dinheiro fiduciário do Estado, que vem a sofrer a concorrência dos papéis de crédito em questão, e isto com grave perigo à fé pública, de vez que estes nem sempre oferecem garantia de reembolso, podendo vir a ser frustrado o seu convencional poder liberatório, o que vale dizer: podendo representar uma espécie de estelionato contra indefinido número de pessoas."[21].

As penas cominadas ao delito, tanto no *caput* quanto no parágrafo único, admitem a transação penal e a suspensão condicional do processo (Lei 9.099/95).

4.2. Sujeitos do crime

Apesar de a maioria, não sem razão, ensinar que o crime é comum, merece ser lembrada a lição de Mirabete, detalhando a questão:

> "Sujeito ativo do delito é quem emite título ao portador, sem permissão legal. Se o próprio agente subscreve e emite o título, é ele apenas o autor do crime. Caso o subscritor não seja o autor da emissão, será considerado coautor do delito por ter dado causa a sua circulação. Havendo emissão à revelia do formador ou signatário, que não tinha em vista a circulação do título, responde apenas o emitente."[22].

Sujeito passivo será a coletividade e, secundariamente eventual lesado pela conduta do agente.

4.3. Conduta

Incrimina-se a conduta de *emitir* (lançar, fazer circular), sem permissão legal, nota, bilhete, ficha, vale ou título que contenha promessa de pagamento em dinheiro ao portador ou a que falte indicação do nome da pessoa a quem deva ser pago.

---

21. Ob. cit., v. 9, p. 232.
22. *Manual de direito penal:* parte especial, v. 3, p. 220.

Como objeto material temos o título ao *portador*, isto é, aquele que pode ser emitido sem qualquer indicação da pessoa a quem se dirige, transferível por simples tradição manual, independentemente de alguma condição, como o endosso (quem o detém presume-se ser o proprietário legítimo). Deve conter promessa de pagamento em dinheiro, excluindo-se, consequentemente, os demais, como a emissão de conhecimento de depósito ou de *warrant*, tipificada no art. 178 do Código Penal, dispositivo concernente aos crimes contra o patrimônio.

Nesse sentido, alerta DAMÁSIO:

> "Não são, porém, todos os títulos ao portador que servem de objeto material do crime, uma vez que a norma os especifica: conferem tipicidade ao fato somente os títulos que contêm promessa de pagamento em dinheiro. Ficam de fora, em face disso, os que representam mercadorias, serviços, utilidades etc., como os *warrants* e conhecimentos de depósito, vales particulares, passagens de veículos etc. Assim, a norma incriminadora não alcança os chamados 'vales íntimos' ou 'vales de caixa', papeis que se entrega a alguém como lembrete para que forneça mercadoria, serviços ou dinheiro. Esses papeis, não possuindo atribuição legal de função de crédito, escapam à tipicidade."[23].

Exige-se que a emissão, em qualquer de suas modalidades, ocorra sem permissão legal (elemento normativo do tipo), configurando norma penal em branco, dependente de complementação da legislação específica.

4.4. Voluntariedade

É o dolo, consistente na vontade consciente de emitir o título sem a devida permissão legal.

Não se exige finalidade especial pelo agente.

4.5. Consumação e tentativa

A consumação ocorre com a entrada em circulação do título, independentemente da ocorrência de dano.

A tentativa é possível, tendo em vista se tratar de crime plurissubsistente.

4.6. Forma privilegiada

O parágrafo único do art. 292 traz hipótese na qual aquele que recebe ou utiliza como dinheiro qualquer dos documentos referidos neste artigo incorre na pena de detenção, de quinze dias a três meses, ou multa.

Obviamente, o tomador deve estar ciente de que não a emissão do título não é permitida por lei, pois, se o recebe de boa-fé, não poderá ser responsabilizado.

---

23. Ob. cit., v. 4, p. 26.

4.7. Ação penal

A ação penal será pública incondicionada.

4.8. Princípio da Especialidade

a) Código Penal x Lei 7.492/86: o art. 2º, *caput*, da Lei 7.492/86 pune, com reclusão de 2 (dois) a 8 (oito) anos, e multa, "imprimir, reproduzir ou, de qualquer modo, fabricar ou pôr em circulação, sem autorização escrita da sociedade emissora, certificado, cautela ou outro documento representativo de título ou valor mobiliário". "Incorre na mesma pena quem imprime, fabrica, divulga, distribui ou faz distribuir prospecto ou material de propaganda relativo aos papéis referidos neste artigo" (parágrafo único).

O art. 7º da mesma lei pune com a mesma pena quem "emitir, oferecer ou negociar, de qualquer modo, títulos ou valores mobiliários: I – falsos ou falsificados; II – sem registro prévio de emissão junto à autoridade competente, em condições divergentes das constantes do registro ou irregularmente registrados; III – sem lastro ou garantia suficientes, nos termos da legislação; IV – sem autorização prévia da autoridade competente, quando legalmente exigida".

Por fim, no art. 16, a Lei 7.492/86 pune com reclusão de 1 a 4 anos, e multa, "fazer operar, sem a devida autorização, ou com autorização obtida mediante declaração falsa, instituição financeira, inclusive de distribuição de valores mobiliários ou de câmbio".

CAPÍTULO II – DA FALSIDADE DE TÍTULOS E OUTROS PAPÉIS PÚBLICOS

1. FALSIFICAÇÃO DE PAPÉIS PÚBLICOS

► ***Falsificação de papéis públicos***

Art. 293. Falsificar, fabricando-os ou alterando-os:

I – selo destinado a controle tributário, papel selado ou qualquer papel de emissão legal destinado à arrecadação de tributo;

II – papel de crédito público que não seja moeda de curso legal;

III – vale postal;

IV – cautela de penhor, caderneta de depósito de caixa econômica ou de outro estabelecimento mantido por entidade de direito público;

V – talão, recibo, guia, alvará ou qualquer outro documento relativo a arrecadação de rendas públicas ou a depósito ou caução por que o poder público seja responsável;

VI – bilhete, passe ou conhecimento de empresa de transporte administrada pela União, por Estado ou por Município:

Pena – reclusão, de 2 (dois) a 8 (oito) anos, e multa.

§ 1º Incorre na mesma pena quem:

I – usa, guarda, possui ou detém qualquer dos papéis falsificados a que se refere este artigo;

II – importa, exporta, adquire, vende, troca, cede, empresta, guarda, fornece ou restitui à circulação selo falsificado destinado a controle tributário;

III – importa, exporta, adquire, vende, expõe à venda, mantém em depósito, guarda, troca, cede, empresta, fornece, porta ou, de qualquer forma, utiliza em proveito próprio ou alheio, no exercício de atividade comercial ou industrial, produto ou mercadoria:

a) em que tenha sido aplicado selo que se destine a controle tributário, falsificado;

b) sem selo oficial, nos casos em que a legislação tributária determina a obrigatoriedade de sua aplicação.

§ 2º Suprimir, em qualquer desses papéis, quando legítimos, com o fim de torná-los novamente utilizáveis, carimbo ou sinal indicativo de sua inutilização:

Pena – reclusão, de 1 (um) a 4 (quatro) anos, e multa.

§ 3º Incorre na mesma pena quem usa, depois de alterado, qualquer dos papéis a que se refere o parágrafo anterior.

§ 4º Quem usa ou restitui à circulação, embora recebido de boa-fé, qualquer dos papéis falsificados ou alterados, a que se referem este artigo e o seu § 2º, depois de conhecer a falsidade ou alteração, incorre na pena de detenção, de 6 (seis) meses a 2 (dois) anos, ou multa.

§ 5º Equipara-se a atividade comercial, para os fins do inciso III do § 1º, qualquer forma de comércio irregular ou clandestino, inclusive o exercido em vias, praças ou outros logradouros públicos e em residências.

1.1. Considerações iniciais

É a fé pública o objeto da tutela penal no presente dispositivo.

Ensina Hungria:

> "A lei penal cuida de proteger certos papéis públicos representativos de valores ou concernentes a valores de responsabilidade do Estado, ou à arrecadação das rendas públicas. Entre tais papéis, há os que têm afinidade com o papel-moeda, destinando-se a meio (e comprovante) de pagamentos de certos tributos, contribuições fiscais ou preços públicos; e há os que se assemelham mais aos documentos em geral, representando, nas hipóteses previstas, meios probatórios contra a Administração Pública (isto é, de recebimentos por parte desta). Dada essa proximidade, mas não identidade, quer com o *falsum* numerário, quer com o *falsum* documental, o legislador entendeu de bom aviso reunir os crimes contra a fé pública atinentes a tais papéis numa classe autônoma, situada na linha de fronteira entre aquelas duas *species* de *falsum*"[24].

A pena prevista no § 1º não admite nenhum dos benefícios da Lei 9.099/95. Já a reprimenda estabelecida no § 2º permite a suspensão condicional do processo, desde que não incidente a majorante do art. 295. À conduta tipificada no § 4º aplica-se também a

24. Ob. cit., v. 9, p. 237.

transação penal, exceto se, a exemplo da situação anterior, configurar-se a causa de aumento do art. 295.

1.2. Sujeitos do crime

Qualquer pessoa pode praticar o crime em estudo (se funcionário público, prevalecendo-se das facilidades do cargo, a pena será majorada – art. 295 do CP).

Sujeito passivo será o Estado (alguns cumulam com a coletividade) e, secundariamente, eventual lesado pela conduta do agente.

1.3. Conduta

Consiste o crime em *falsificar* (contrafazer), *fabricando* (criando o objeto) ou *alterando* (modificando objeto já existente):

I – selo destinado a controle tributário (selo adesivado destinado à comprovação de tributo), *papel selado* (papel em que o selo lhe é inerente, adquirido nas repartições tributárias) *ou qualquer papel de emissão legal destinado à arrecadação de tributo* (adotando fórmula genérica, prevê a lei que qualquer outro papel de emissão legal, que se destine a arrecadar tributos, pode ser objeto material do crime);

II – papel de crédito público que não seja moeda de curso legal (É o título da dívida pública – *apólices, obrigações do Tesouro* –, emitido pela União, Estados ou Municípios);

III – vale postal (*título emitido por uma unidade postal à vista de um depósito de quantia para pagamento na mesma ou em outra unidade postal.* Este inciso foi revogado pelo art. 36 da Lei 6.538/78 que pune, de forma especial, o crime de falsificação do vale postal);

IV – cautela de penhor (documento que representa o pagamento da quantia tomada emprestada e que autoriza o resgate do objeto empenhado), *caderneta de depósito de caixa econômica ou de outro estabelecimento mantido por entidade de direito público* (caderneta de depósito – *abrangendo a de poupança* – representa valor depositado em instituição econômica ou outro estabelecimento mantido por entidade de direito público[25], seja federal, estadual ou municipal);

V – talão (documento de quitação, com canhoto fixo, contendo os mesmos dizeres da parte destacável), *recibo* (documento destinado a comprovar pagamento), *guia*(documento oficial destinado à arrecadação)[26], *alvará* (documento expedido por autoridade administrativa ou judicial servindo ao levantamento de determinada quantia)[27] *ou qualquer outro*

---

25. Tratando-se de caderneta de depósito referente a estabelecimento privado, outro será o crime (arts. 297 ou 298, conforme as circunstâncias do caso).
26. Tem-se decidido que a falsificação de Guia Florestal não configura o delito do art. 293, V, do CP. Para tanto, argumenta-se: "A guia a que o dispositivo alude é a que se destina ao fim de recolhimento ou depósito de dinheiro ou valores *ex vi legis*. A Guia Florestal não tem essa destinação, servindo ao controle do transporte de madeiras" (STJ, 6. ª T., REsp. 175/BA, Rel. Min. Costa Leite, j. 04.06.1991).
27. O alvará expedido para outros fins (como por exemplo, entrada de menores em estabelecimentos de diversão), configurará o delito do art. 297 do CP.

documento relativo a arrecadação de rendas públicas ou a depósito ou caução por que o poder público seja responsável (utilizando mais uma vez fórmula genérica, a lei menciona como objeto material qualquer outro documento relativo a arrecadação de rendas públicas ou a depósito ou a caução por que o poder público seja responsável);

VI – bilhete (documento que, obtido mediante pagamento, autoriza seu portador a usar determinado meio de transporte), *passe* (tem a mesma finalidade do bilhete, mas é obtido a título gratuito) *ou conhecimento* (documento que certifica a entrega de coisas para o transporte) *de empresa de transporte administrada pela União, por Estado ou por Município* (em todos os casos, a empresa prestadora de serviços deve ser ao menos administrada pelo Poder Público, não se exigindo seja de sua propriedade).

O documento falsificado deve ser apto a iludir, pois se grosseira a falsificação, não se configura o crime em estudo. Mostra-se, portanto, imprescindível a realização do exame pericial nas peças fabricadas ou adulteradas.

1.4. Voluntariedade

É o dolo, consubstanciado na vontade consciente de falsificar, fabricando-os ou alterando-os, qualquer dos documentos mencionados no dispositivo.

1.5. Consumação e tentativa

O crime se consuma com a falsificação, independentemente da provocação de qualquer dano (delito formal).

Em regra, a tentativa é possível. Há, no entanto, determinados comportamentos incompatíveis com o *conatus*, como, por exemplo, o uso de papéis públicos falsificados (o primeiro ato de uso já caracteriza consumação).

1.6. Forma equiparada

O § 1º do art. 293 incrimina com a mesma pena do *caput* quem:

I – usa, guarda, possui ou detém qualquer dos papéis falsificados a que se refere este artigo. Os comportamentos *guardar*, *possuir* e *deter* são formas permanentes do crime. Aliás, somente quem não concorreu, de qualquer modo, na falsificação dos papéis referidos no *caput* poderá responder pelo crime equiparado (do contrário, a ação subsequente constituirá *post factum* impunível);

II – importa, exporta, adquire, vende, troca, cede, empresta, guarda, fornece ou restitui à circulação selo falsificado destinado a controle tributário. A *guarda* do material falsificado constitui modalidade de crime permanente. No mais, deve ser lembrada a advertência feita no inciso anterior: se o agente, de qualquer modo, concorreu para a falsificação do selo, responderá pelo delito descrito no *caput*, sendo a ação equiparada subsequente mero post *factum* impunível;

III – importa, exporta, adquire, vende, expõe à venda, mantém em depósito, guarda, troca, cede, empresta, fornece, porta ou, de qualquer forma, utiliza em proveito próprio ou alheio, no exercício de atividade comercial ou industrial, produto ou mercadoria:

a) *em que tenha sido aplicado selo que se destine a controle tributário, falsificado*[28]:

Trata-se de crime próprio, só podendo ser praticado por comerciante ou industrial. Equipara-se a atividade comercial qualquer forma de comércio irregular ou clandestino, inclusive o exercido em vias, praças ou outros logradouros públicos e em residências (§ 5º), abrangendo-se, consequentemente, os camelôs, que vendem (em especial) cigarros e bebidas sem selo tributário, exigido para a comercialização de produtos desses gêneros.

Pune-se, em suma, aquele que, dedicando-se com habitualidade ao comércio ou à indústria, utiliza produto ou mercadoria na qual tenha sido aposto selo destinado ao controle tributário, *falsificado*[29].

Além do dolo, é imprescindível que o sujeito ativo, com sua conduta, busque proveito próprio ou alheio (elemento subjetivo do injusto).

O crime se consuma com a prática de qualquer uma das condutas descritas no tipo, sendo perfeitamente possível a tentativa (delito plurissubsistente).

b) *sem selo oficial, nos casos em que a legislação tributária determina a obrigatoriedade de sua aplicação:*

Nesta hipótese, o agente (no exercício da atividade comercial – *ainda que irregular ou clandestina* – ou industrial), dolosamente, buscando locupletamento próprio ou alheio, importa, exporta, adquire, vende, expõe à venda, mantém em depósito, guarda, troca, cede, empresta, fornece, porta ou, de qualquer forma, utiliza em proveito próprio ou alheio, produto ou mercadoria sem selo oficial, ignorando mandamento legal (como acontece, por exemplo, com bebidas alcoólicas, cigarros etc.). Trata-se de norma penal em branco, cujo conteúdo incriminador depende de complementação a ser dada pela legislação tributária competente.

1.7. Figuras delituosas complementares

O § 2º pune a conduta de suprimir, em qualquer dos papéis previstos no dispositivo, quando legítimos, com o fim de torná-los novamente utilizáveis, carimbo ou sinal indicativo de sua inutilização. O agente, com o intuito de reutilizar papéis já recolhidos (elemento

28. **Guilherme de Souza Nucci**, não sem razão, observa que essa figura delituosa, acrescentada pela Lei 11.035/2004, é desnecessária, pois "qualquer pessoa que utilize produto contendo selo falsificado, em última análise, está usando o próprio selo, pois se beneficia justamente do não pagamento do tributo devido. Logo, fazer uso de selo falsificado é mais do que suficiente (como constava na antiga redação do § 1º do art. 293), não havendo necessidade alguma de inserir outras figuras, como vender mercadoria contendo selo falsificado, pois, nesta situação, está-se usando o selo do mesmo modo." (*Código Penal comentado*, p. 1122).

29. Obviamente, se o próprio agente que comercializa ou produz a mercadoria foi quem falsificou o selo, só responderá pela primeira conduta praticada.

subjetivo especial do injusto), elimina sinal que identifica a retirada. A conduta pode se dar de variadas formas, como por meio de agentes químicos, lavagem etc.

Para DAMÁSIO[30], não sem razão, imprescindível se mostra a finalidade especial de tornar o documento novamente utilizável. Não é necessário haver a efetiva reutilização para que se afigure consumado o delito, sendo que a tentativa é possível.

O § 3º tipifica a conduta de quem usa, depois de alterado, qualquer dos papéis a que se refere o parágrafo anterior, cominando a mesma pena deste. Obviamente, se quem suprimiu o carimbo ou sinal indicativo de inutilização é aquele que o usa em conduta subsequente, será punido somente pela primeira prática criminosa.

O § 4º traz outra figura delituosa, punindo a ação de quem usa ou restitui à circulação, embora recebido de boa-fé, qualquer dos papéis falsificados ou alterados, a que se referem este artigo e o seu § 2º, depois de conhecer a falsidade ou alteração. Os mesmo comentários dispensados ao uso de moeda falsa são aplicáveis ao dispositivo em apreço, sendo que a modificação ocorre somente no que tange ao objeto material.

Se qualquer das condutas estabelecidas nos §§ 2º a 4º recair em selo ou outra forma de franqueamento ou vale postal o crime será o do art. 37 da Lei nº 6.538/76[31].

1.8. Ação penal

A ação penal será pública incondicionada.

1.9. Princípio da especialidade

a) Código Penal x Decreto-lei 6.259/44: o art. 54 do Decreto-lei 6.259/44 pune com a mesma pena do art. 298 do CP falsificar emendar ou adulterar bilhetes de loteria.

2. PETRECHOS DE FALSIFICAÇÃO

▶ ***Petrechos de falsificação***

Art. 294. Fabricar, adquirir, fornecer, possuir ou guardar objeto especialmente destinado à falsificação de qualquer dos papéis referidos no artigo anterior:

Pena – reclusão, de 1 (um) a 3 (três) anos, e multa.

---

30. Ob. cit., v. 4, p. 33.

31. Suprimir, em selo, outra fórmula de franqueamento ou vale-postal, quando legítimos, com o fim de torná-los novamente utilizáveis; carimbo ou sinal indicativo de sua utilização: Pena: reclusão, até quatro anos, e pagamento de cinco a quinze dias-multa. § 1º – Incorre nas mesmas penas quem usa, vende, fornece ou guarda, depois de alterado, selo, outra fórmula de franqueamento ou vale-postal. § 2º – Quem usa ou restitui a circulação, embora recebido de boa fé, selo, outra fórmula de franqueamento ou vale-postal, depois de conhecer a falsidade ou alteração, incorre na pena de detenção, de três meses a um ano, ou pagamento de três a dez dias-multa.

2.1. Considerações iniciais

Tutela-se a fé pública.

De acordo com Mirabete:

> "Revela-se novamente a impaciência do legislador ao incriminar a simples fabricação, aquisição etc. de objeto destinado à falsificação dos papéis referidos no capítulo. A simples fabricação, aquisição, posse etc. de objeto destinado à falsificação põe em perigo a fé pública"[32].

A pena cominada ao delito admite a suspensão condicional do processo (Lei 9.099/95), desde que não incidente a majorante do art. 295.

2.2. Sujeitos do crime

Qualquer pessoa pode praticar o delito em estudo (se funcionário público, prevalecendo-se das facilidades do cargo, a pena será majorada – art. 295 do CP).

Sujeito passivo será a coletividade.

2.3. Conduta

Pune-se quem *fabricar* (criar, manufaturar), *adquirir* (obter), *fornecer* (proporcionar, entregar), *possuir* (ter a posse ou a propriedade) ou *guardar* (conservar, abrigar) objeto especialmente destinado à falsificação de qualquer dos papéis referidos no artigo anterior.

Objeto especialmente destinado à falsificação dos papéis a que se refere o art. 293 "significa qualquer coisa perceptível e manipulável que tenha a finalidade particular – embora possa servir outros fins – de servir de instrumento para a construção de imitações dos papéis referidos no artigo anterior (cautela de penhor, títulos da dívida pública, talão, bilhete etc.)"[33].

A comprovação da idoneidade dos objetos à falsificação deve ocorrer por meio de perícia, único meio hábil a atestar essa característica. Ainda que se conclua não ser o objeto examinado apto à falsificação completa do papel, o crime se configurará, já que basta a eficácia para a realização parcial.

No mais, remetemos o leitor para o que já escrevemos quando da análise do art. 291 do CP.

2.4. Voluntariedade

É o dolo, consistente na vontade consciente de praticar uma das ações nucleares típicas.

Não se exige nenhuma finalidade especial pelo agente.

32. *Manual de direito penal:* parte especial, v. 3, p. 204.
33. Guilherme de Souza Nucci, *Código Penal comentado*, p. 1125.

2.5. Consumação e tentativa

A consumação ocorre com a prática de uma das condutas, sendo que, na *posse* e na *guarda* o crime é permanente.

A tentativa é possível, tendo em vista se tratar de crime plurissubsistente (execução fracionável).

Este crime (art. 294) ficará absorvido pelo art. 293, caso o agente, ao adquirir o objeto destinado a falsificar, efetivamente contrafaça algum dos papeis de que trata este último dispositivo.

2.6. Ação penal

A ação penal será pública incondicionada.

2.7. Princípio da especialidade

a) Código Penal x Lei 6.538/78: o art. 38 da Lei 6.538/78 pune com reclusão de até 3 anos, mais multa, quem fabrica, adquire, fornece, ainda que gratuitamente, possui, guarda, ou coloca em circulação objeto especialmente destinado à falsificação de selo, ou fórmula de franqueamento ou vale-postal.

3. FORMA MAJORADA

> **Art. 295**. Se o agente é funcionário público, e comete o crime prevalecendo-se do cargo, aumenta-se a pena de sexta parte.

3.1. Considerações gerais

Trata-se de majorante aplicável aos delitos referidos nos arts. 293 e 294. Imprescindível, porém, para a incidência do aumento, que o funcionário se utilize das facilidades que seu cargo proporciona.

CAPÍTULO III – DA FALSIDADE DOCUMENTAL

1. FALSIFICAÇÃO DO SELO OU SINAL PÚBLICO

> ▶ ***Falsificação do selo ou sinal público***
>
> **Art. 296**. Falsificar, fabricando-os ou alterando-os:
>
> I – selo público destinado a autenticar atos oficiais da União, de Estado ou de Município;
>
> II – selo ou sinal atribuído por lei a entidade de direito público, ou a autoridade, ou sinal público de tabelião:
>
> Pena – reclusão, de 2 (dois) a 6 (seis) anos, e multa.
>
> § 1º Incorre nas mesmas penas:

I – quem faz uso do selo ou sinal falsificado;

II – quem utiliza indevidamente o selo ou sinal verdadeiro em prejuízo de outrem ou em proveito próprio ou alheio;

III – quem altera, falsifica ou faz uso indevido de marcas, logotipos, siglas ou quaisquer outros símbolos utilizados ou identificadores de órgãos ou entidades da Administração Pública.

§ 2º Se o agente é funcionário público, e comete o crime prevalecendo-se do cargo, aumenta-se a pena de sexta parte.

1.1. Considerações iniciais

A tutela continua a recair sobre a fé pública, mas agora no que concerne à falsidade documental.

A pena cominada ao delito não admite nenhum dos benefícios da Lei 9.099/95.

1.2. Sujeitos do crime

Qualquer pessoa pode praticar o delito em estudo. Se o agente é funcionário público, e comete o crime prevalecendo-se do cargo, aumenta-se a pena de sexta parte (§ 2º).

Sujeito passivo será o Estado, lesado pela falsificação de selo ou sinal utilizado para autenticar seus atos.

1.3. Conduta

A conduta delituosa consiste em *falsificar* (contrafazer), *fabricando* (manufaturando) ou *alterando* (modificando):

I – *selo público destinado a autenticar atos oficiais da União, de Estado ou de Município*: o objeto material a que se refere a lei (selo público) é aquele utilizado pela União[34], Estados ou Municípios, contendo características próprias destes entes, destinados a reconhecer como verdadeiros atos deles emanados.

Ensina Mirabete:

> "Selo público, no caso, é o sinete, com as armas ou emblemas da União, do Estado ou do Município, destinado a autenticar atos que lhe são próprios; é instituído, ordinariamente, em decretos governamentais (*RT* 166/100, 470/335)"[35].

Não se confunde com o selo referido no art. 293, destinado a controle tributário;

II – *selo ou sinal atribuído por lei a entidade de direito público, ou a autoridade, ou sinal público de tabelião*: três são os objetos referidos no inciso:

34. Quando praticado em detrimento dos interesses da União, a competência para o processo e julgamento será da Justiça Federal (art. 109, IV, da CF/88).

35. *Manual de direito penal:* parte especial, v. 3, p. 208.

a) *selo ou sinal atribuído por lei a entidade de direito público*: as entidades mencionadas pela lei são as pessoas jurídicas de direito público, abrangendo autarquias e fundações. Não estão incluídos os *entes de cooperação*, bem como as empresas estatais (empresa pública e sociedade de economia mista), já que possuem natureza de pessoa jurídica de direito privado;

b) *selo ou sinal atribuído por lei a autoridade*: a autoridade a que alude o dispositivo é aquela que autentica documentos utilizando selos ou sinais;

c) *sinal público de tabelião:* por fim, o sinal público de tabelião é o escrito que integra sua assinatura, destinado a demonstrar a veracidade de seu ato ao atestar determinado documento. Não tipifica o delito do art. 296, II, do CP, quando o acusado falsifica o carimbo para reconhecimento de firma em tabelionato. Esse carimbo não é sinal público (*RT* 571/394).

Tal como ocorre nos demais crimes contra a fé pública, a falsificação de que ora se trata deve ser revestida de idoneidade para iludir alguém.

De acordo com a lição de Bento de Faria[36] e Hungria[37], a falsificação de selo público de titularidade de autoridade estrangeira não configura o delito em estudo, mas poderá constituir meio para a prática de outro delito.

1.4. Voluntariedade

É o dolo, consistente na vontade consciente de praticar uma das condutas típicas previstas, sendo que o agente deve estar ciente da destinação do documento.

1.5. Consumação e tentativa

Consuma-se o crime no momento em que é praticada qualquer uma das condutas, independentemente da ocorrência de dano efetivo.

Tratando-se de crime plurissubsistente, a tentativa é perfeitamente possível.

1.6. Forma equiparada

O § 1º determina que incorre nas mesmas penas:

I – *quem faz uso do selo ou sinal falsificado*: somente irá responder pela prática criminosa o agente que não tenha praticado a falsificação, já que, se também o fez, a conduta subsequente constituirá *post factum* impunível.

Alerta Mirabete:

> "A expressão *faz uso* inscrita no tipo significa, além da utilização normal do selo ou sinal como forma de autenticação, a compra, venda, troca etc. do selo ou sinal falsificado. Como no art. 293,

36. Ob. cit., v. 5, p. 433.
37. Ob. cit., v. 9, p. 259-260.

§ 1º, porém, a lei apresenta deficiência técnica, deixando de incriminar a guarda, detenção ou posse"[38];

II – *quem utiliza indevidamente o selo ou sinal verdadeiro em prejuízo de outrem ou em proveito próprio ou alheio*: este inciso não trata propriamente da falsificação de selo ou sinal, mas de sua utilização indevida, que, aliás, não é menos grave do que a própria fabricação ou alteração. O tipo contém elemento normativo, consistente no uso *indevido* do selo ou sinal. Assim, se regularmente utilizados, obviamente, não se poderá considerar configurado o delito. Exige-se, por fim, a finalidade especial do agente, qual seja, prejudicar outrem ou enriquecimento (próprio ou alheio);

III – *quem altera, falsifica ou faz uso indevido de marcas, logotipos, siglas ou quaisquer outros símbolos utilizados ou identificadores de órgãos ou entidades da Administração Pública*: o inciso III, acrescentado pela Lei 9.983/2000, pune tanto a contrafação de *marcas* (sinal distintivo, etiqueta), *logotipo* (adesivo, decalque), *siglas* (monograma, expressão que se compõe das iniciais de outras palavras) ou *símbolos* (figura, imagem, emblema representativo de alguma coisa), como a utilização indevida desses caracteres verdadeiros. A abrangência do dispositivo é considerável, já que são considerados quaisquer caracteres aptos a identificar órgãos ou entidades da Administração Pública. Esses sinais podem ser apostos tanto em papéis como em outros objetos, como plaquetas destinadas a identificar o patrimônio de entes públicos, normalmente afixadas em móveis, veículos etc.

1.7. Majorante de pena

A pena será aumentada se o crime for praticado por funcionário público que utiliza as facilidades proporcionadas pela sua função.

1.8. Ação penal

A ação penal será pública incondicionada.

2. FALSIFICAÇÃO DE DOCUMENTO PÚBLICO

▶ ***Falsificação de documento público***

Art. 297. Falsificar, no todo ou em parte, documento público, ou alterar documento público verdadeiro:

Pena – reclusão, de 2 (dois) a 6 (seis) anos, e multa.

§ 1º Se o agente é funcionário público, e comete o crime prevalecendo-se do cargo, aumenta-se a pena de sexta parte.

§ 2º Para os efeitos penais, equiparam-se a documento público o emanado de entidade paraestatal, o título ao portador ou transmissível por endosso, as ações de sociedade comercial, os livros mercantis e o testamento particular.

38. *Manual de direito penal:* parte especial, v. 3, p. 209.

§ 3º Nas mesmas penas incorre quem insere ou faz inserir:

I – na folha de pagamento ou em documento de informações que seja destinado a fazer prova perante a previdência social, pessoa que não possua a qualidade de segurado obrigatório;

II – na Carteira de Trabalho e Previdência Social do empregado ou em documento que deva produzir efeito perante a previdência social, declaração falsa ou diversa da que deveria ter sido escrita;

III – em documento contábil ou em qualquer outro documento relacionado com as obrigações da empresa perante a previdência social, declaração falsa ou diversa da que deveria ter constado.

§ 4º Nas mesmas penas incorre quem omite, nos documentos mencionados no § 3º, nome do segurado e seus dados pessoais, a remuneração, a vigência do contrato de trabalho ou de prestação de serviços.

2.1. Considerações iniciais

Tutela-se a fé pública no que tange à autenticidade dos documentos emanados da Administração Pública, bem como àqueles que lhes são equiparados.

Em razão da pena cominada, nenhum benefício despenalizador previsto na Lei 9.099/95 é admitido.

2.2. Sujeitos do crime

Qualquer pessoa pode praticar o delito em apreço.

Se o agente é funcionário público, e comete o crime prevalecendo-se do cargo (falsificação facilitada pelo cargo), aumenta-se a pena de sexta parte (§ 1º).

Sujeito passivo primário será o Estado. Eventualmente, de forma secundária, poderá figurar no polo passivo o terceiro prejudicado pela falsificação.

2.3. Conduta

Pune-se quem falsificar (contrafazer) documento público, ou alterar (modificar) documento público verdadeiro.

A *falsificação* pode ser *total*, hipótese em que o documento é inteiramente criado, ou *parcial*, adicionando-se, nos espaços em branco da peça escrita, novos (e relevantes) elementos.

Conforme leciona Noronha:

> "A primeira é a formação integral do documento. Na segunda, ele já existe, mas o agente acrescenta-lhe dizeres (...) em que o falsário aproveitou-se do espaço em branco existente entre o conteúdo da carta e a assinatura do missivista, para inserir aí uma confissão de dívida, cortando a parte do conteúdo da carta, e criando, dessarte, parcialmente o documento. Pode ainda a contrafação parcial

constituir em atos complementares falsos, como quitação, endosso, aval etc.;"[39].

Já na conduta *alterar*, o agente modifica documento público existente (e verdadeiro), substituindo ou alterando dizeres inerentes à própria essência do documento.

O objeto material do crime é o *documento*, entendendo-se como tal toda peça escrita que condensa graficamente o pensamento de alguém, podendo provar um fato ou a realização de algum ato dotado de relevância jurídica.[40] É preciso, ainda, que seja *público*[41]. Nesse tanto, a doutrina o classifica de duas formas:

a) *documento formal e substancialmente público*: emanado de agente público no exercício de suas funções e seu conteúdo diz respeito a questões inerentes ao interesse público (atos legislativos, executivos e judiciários)[42];

b) *documento formalmente público, mas substancialmente privado*: aqui, o interesse é de natureza privada, mas o documento é emanado de entes públicos (atos praticados por escrivães, tabeliães etc.)[43].

BITENCOURT, apesar de reconhecer doutrina em sentido contrário, entende que, para fins penais, não são documentos as cópias reprográficas, sejam ou não autenticadas. Ensina que as cópias não possuem a natureza jurídica de documentos, sendo meras reproduções. Ousamos discordar. Quando autenticadas por oficial público ou conferidas em cartório, com os respectivos originais, assumem a condição de documento, podendo provar determinada situação jurídica (nesse sentido: art. 365, III, CPC/73 e art. 425, III, do novo CPC).

Os documentos escritos a lápis, ainda que emanados do funcionário no exercício de suas funções, não serão considerados públicos, tendo em vista a insegurança em relação à manutenção de sua integridade.

E nem mesmo são considerados documentos os apócrifos, vez que se o autor não se identifica, evidencia-se o propósito de que não pretende documentar aquele conteúdo.

A falsificação do documento deve ser apta a iludir, como já se destacou quando da análise dos outros delitos relacionados à fé pública. Se o documento falso for demasiadamente

39. *Direito Penal*, v. 4, p. 159-160.

40. Deve ser feito em coisa móvel, não sendo considerado documento os escritos em coisa imóvel (muros) ou veículos (a alteração de sinal identificador de veículo automotor configura o crime previsto no art. 311 do CP).

41. O documento particular em que houver reconhecimento de firma ou autenticação não será, por esse motivo, considerado público, mas, no que tange aos atos do tabelião, sim.

42. De acordo com o STJ, o crime se tipifica ainda que o documento seja originário de outro país, pois a lei não distingue o documento expedido por autoridade nacional daquele proveniente de órgão estrangeiro (REsp 1.568.954/SP, Nefi Cordeiro, DJe 07/11/2016).

43. Para **Damásio**, o telegrama, transmitido por funcionário público, no exercício de suas funções, quando diz respeito a assunto de conteúdo público, constitui documento público. O telegrama do particular, porém, não é documento público (mas particular). Assim, a falsificação de telegrama particular não se enquadra na incriminação legal. De ver-se, porém, que haverá esse delito quando a falsificação recair sobre as anotações oficiais que ele contiver" (ob. cit., v. 4, p. 49).

grosseiro, não haverá crime de falso, podendo ocorrer, no entanto, estelionato. Assim uma contrafação ou alteração grosseira, facilmente reconhecível a olho desarmado, não constitui material do falso e se, por alguma circunstância excepcional, o agente consegue êxito, o crime a identificar será outro, o de estelionato (*RT* 290/101)[44].

A prova da aptidão ilusória do documento se extrai da necessária perícia técnica.

Mirabete, no entanto, aponta exemplos, colhidos na jurisprudência, de casos em que se dispensou a realização do exame pericial:

> "Já se tem decidido que a perícia é dispensável quando se trata de substituição de fotografias em carteira de identidade (*RJTRS* 58/29), quando o elemento material do delito consta dos autos, podendo ser a todo momento visto e examinado pelo juiz (*RT* 417/107), e quando a falsificação se apura através de outras provas (*RF* 220/81; *RJTESP* 56/295; *RT* 582/317, 705/353)."[45].

O § 2º do art. 297 dispõe que, para os efeitos penais, equiparam-se a documento público:

a) *o emanado de entidade paraestatal*: na definição de Hely Lopes Meirelles, entes paraestatais são "pessoas jurídicas de Direito Privado *dispostas paralelamente* ao Estado, *ao lado* do Estado, para executar cometimentos de interesse do Estado, mas não privativos do Estado."[46]. Assim, em razão do interesse público que cerca as atividades desempenhadas por esses entes, justifica-se a equiparação promovida pela lei;

b) *o título ao portador ou transmissível por endosso*: é o cheque, a nota promissória, a letra de câmbio etc. Podem ser objetos do crime tanto o título emitido ao portador quanto os passíveis de transmissão por endosso. Assim, se perder essa característica, como no caso do cheque após o prazo de apresentação, o agente falsificador não incorrerá nas penas do art. 297, mas do delito subsequente (art. 298 do CP).

Nesse sentido, alerta Hungria:

> "É bem de ver que a equiparação favorece os títulos circuláveis por endosso somente enquanto tais. Assim, uma nota promissória após o vencimento, ou um cheque após o prazo de apresentação (Decreto 24.924, de 1933), quando sua transferência já não se pode fazer por endosso, senão mediante cessão civil, deixam de ser equiparados a documentos públicos"[47]-[48];

c) *as ações de sociedade comercial*: considera-se equiparada qualquer espécie de ação proveniente de sociedades anônimas e sociedades em comandita por ações (preferenciais ou não);

---

44. No mesmo sentido: *RT* 329/210, 329/134, 340/110, 351/106, 353/96, 389/209, 394/95, 409/102, 4 12/109, 476/347, 478/297.
45. *Manual de direito penal:* parte especial, v. 3, p. 217.
46. Responsabilidade do prefeito, p. 363.
47. Ob. cit., v. 9, p. 266.
48. Nesse sentido, art. 27 da Lei 7.357/85 (Lei do Cheque), e, art. 20 Dec. 57.663/66 (Lei Uniforme).

d) *os livros mercantis*: são os utilizados para a escrituração das atividades comerciais, não importando se obrigatórios ou facultativos;

e) *o testamento particular*: a lei o equipara a documento público em razão da relevância jurídica que contém, já que se destina ao mesmo objetivo do testamento público, ou seja, a disposição de bens (não estão abrangidos os codicilos).

☑ ***A substituição de fotografia em documento público configura o crime do art. 297 do CP?***

Para uns (*RT* 590/334), o fato melhor se ajusta ao art. 307 do CP (falsa identidade), vez que o documento permanece autêntico (não forjado). Já para outros (*RT* 603/335), como o retrato é parte integrante do documento, a sua arbitrária e ilícita substituição gera o falso material (art. 297 do CP).

Por fim, devemos lembrar que a falsificação de um documento pode **anteceder** outro crime, atuando como seu meio. Imaginemos uma falsificação de documento num crime de estelionato. Nessa hipótese, discute-se se há (ou não) o concurso de delitos, havendo três posicionamentos[49]:

1) de acordo com o STJ, protegidos bens jurídicos diversos, o agente responde pelos dois crimes (estelionato e falso), em concurso material (art. 69 do CP), considerando a pluralidade de condutas produzindo vários resultados. Contudo, se o falso se esgota (se exaure) no estelionato, o delito contra a fé-pública (falso) ficará absorvido pelo patrimonial (art. 171)[50];

2) a posição tradicional do STF o agente responderá pelos dois delitos, porém em concurso formal, considerando haver uma conduta (dividida em dois atos) produzindo pluralidade de resultados. Deve-se notar, contudo, que o Pleno do Tribunal, em julgamento de processo de extradição, já se manifestou pela possibilidade de absorção do falso pelo estelionato quando a potencialidade lesiva daquele se exaure neste último (Ext. 931/PT, rel. Min. Cezar Peluso, DJe 14/10/2005).

3) o crime de falso absorve o estelionato, se o documento for público, já que a pena do *falsum* é mais severa (princípio da absorção).

2.4. Voluntariedade

É o dolo, consubstanciado na vontade consciente de praticar uma das condutas típicas previstas no dispositivo.

Não se exige qualquer finalidade específica pelo agente.

---

49. Essa discussão não se repete quando a falsificação de documento ocorre **subsequentemente** à prática de outro crime. Se, por exemplo, o agente recepta determinado veículo roubado e falsifica os documentos para lhe conferir a aparência de legítimo proprietário, responde por ambos os delitos em concurso material. No mesmo exemplo, se o agente recepta o veículo, falsifica os documentos e adultera os sinais de identificação do veículo (placa e chassi), há três delitos.

50. Nesse sentido é a Súmula 17 do STJ: "Quando o falso se exaure no estelionato, sem mais potencialidade lesiva, é por este absorvido"

2.5. Consumação e tentativa

A consumação ocorre no momento em que é praticada uma das ações nucleares previstas no tipo (falsificação ou alteração), potencialmente lesiva. Desse modo, é irrelevante que o agente faça uso do documento que produziu ou alterou. Se o fizer, tal conduta (art. 304 CP) será considerada *post factum* impunível.

Tratando-se de crime plurissubsistente, em que o *iter criminis* pode ser fracionado, a tentativa é admissível.

A competência para o processo e julgamento dos delitos de falso documental gera discussões.

Quanto ao local, prevalece que a competência territorial é a daquele em que se deu a falsificação (art. 70 do CPP).

Preleciona Sylvio do Amaral:

> "Todos os crimes compreendidos no capítulo da falsidade documental são formais, isto é, consumam-se independentemente de qualquer resultado danoso para a vítima."[51].

Consequentemente, o local onde foi praticado o ato material da falsificação é que será o foro competente para o processo e julgamento do fato.

A maior contenda se concentra em torno da determinação da jurisdição competente, isto é, se da justiça estadual ou da federal, e, excepcionalmente, se da justiça eleitoral ou militar.

A matéria vem regulada no inciso IV, do art. 109 da CF/88, que dispõe competir aos juízes federais processar e julgar, em primeira instância, os crimes praticados em detrimento de bens, serviços ou interesse da União, ou de suas entidades autárquicas ou empresas públicas, ressalvada a competência da justiça militar e da justiça eleitoral.

A questão foi analisada de forma ímpar por Frederico Marques que, apesar de referir-se ao extinto Tribunal Federal de Recursos, mostra-se bastante atual:

> "A regra constitucional qualifica os crimes da competência do Tribunal Federal de Recursos, não em função do interesse penalmente tutelado, e sim do titular desse interesse. Isso significa que o sujeito passivo do delito é que dá aos crimes em apreço o traço específico da qualificação constitucional, de forma que se fixe a competência funcional do órgão judiciário, sempre que a infração penal atinja 'bens, serviços ou interesses da União'. Não é objeto material do crime, mas o sujeito passivo da infração que dá ao fato delituoso os traços característicos que o enquadram nas atribuições jurisdicionais do Tribunal Federal de Recursos."[52].

---

51. *Falsidade Documental*, p. 119.
52. *Elementos de direito processual penal*, v. 1, p. 250.

Como se vê, a só circunstância de ser o documento falsificado emanado de órgão federal não é bastante para determinar que a competência seja da justiça federal. A jurisprudência tem-nos dado várias hipóteses em que, muito embora haja ocorrido falsificação de documento emitido por autoridade federal, ou em que ela tenha interesse, não sendo atingidos seus bens, serviços ou interesses, a competência é da justiça estadual. Nesse sentido, sumulou o STJ:

"A competência para processar e julgar o crime de uso de documento falso é firmada em razão da entidade ou órgão ao qual foi apresentado o documento público, não importando a qualificação do órgão expedidor" (Súmula 545).

Em que pese fazer referência somente ao crime de uso de documento falso (art. 304 do CP), a novel súmula confirma outras editadas pelo mesmo tribunal, tendo igual espírito:

a) compete à justiça estadual processar e julgar o crime de falsa anotação na Carteira de Trabalho e Previdência Social, atribuído à empresa privada (Súmula 62 do STJ)[53];

b) compete à justiça estadual o processo e julgamento dos crimes de falsificação e uso de documento falso relativo a estabelecimento particular de ensino (Súmula 104 do STJ);

c) compete à justiça comum estadual processar e julgar crime de estelionato praticado mediante falsificação de guias de recolhimento das contribuições previdenciárias, quando não ocorrente lesão à autarquia federal (Súmula 107 do STJ);

d) a falsificação de título de eleitor sem fins eleitorais não caracteriza crime eleitoral. Desse modo, tratando-se de infração comum (e não especial), é competente a Justiça comum, mas federal (*RJTJSP* 20/358). No mesmo sentido: *RT* 458/438;

---

53. Esta súmula foi editada em 1992, antes, portanto, da alteração promovida no art. 297 do Código Penal pela Lei 9.983/00, introdutória dos parágrafos 3º e 4º, que tratam, na verdade, de falsos ideológicos relacionados a documentos previdenciários. Antes, portanto, não havia menção a documentos previdenciários. O tribunal, de qualquer maneira, fazia interpretação casuística a respeito da competência nesses crimes, a depender de quem poderia ser efetivamente considerado lesado pela conduta: a) nos casos de simples omissão de anotação e de anotação de período de tempo de contrato menor, considerava-se que apenas indiretamente a previdência era atingida, razão pela qual a competência era da justiça estadual; b) no caso de anotação falsa para fazer constar período de contrato de trabalho que nunca existiu, havia prejuízo direto à previdência, pois se tratava de conduta destinada à obtenção de benefício previdenciário indevido. Por isso, a competência era da justiça federal. O tribunal, no entanto, tem decidido que mesmo no caso de omissão de anotação, o sujeito passivo primário é o Estado (no caso, o órgão previdenciário), o que atrai a competência federal: "1. No julgamento do CC n. 127.706/RS (em 9/4/2014), da relatoria do Ministro Rogerio Schietti Cruz, a Terceira Seção desta Corte, por maioria, firmou o entendimento de que, no delito tipificado no art. 297, § 4º, do Código Penal, o sujeito passivo é o Estado e, eventualmente, de forma secundária, o particular, terceiro prejudicado com a omissão das informações, circunstância que atrai a competência da Justiça Federal, conforme o disposto no art. 109, IV, da Constituição Federal. 2. Conflito conhecido para declarar a competência do Juízo Federal da 1ª Vara de Itapeva – SJ/SP, o suscitante" (CC 135.200/SP, Terceira Seção, Rel. Min. Sebastião Reis Junior, DJe 02/02/2015). No mesmo sentido: AgRg no CC 131.442/RS, Terceira Seção, Rel. Min. Sebastião Reis Júnior, DJe 19/12/2014; CC 127.706/RS, Terceira Seção, Rel. Min. Rogério Schietti Cruz, DJe 03/09/2014. Dessa forma, embora a súmula nº 62 ainda esteja em vigor, a tendência é de que, a prosperar a nova orientação, seja cancelada.

e) a falsificação de documento militar sem atentar contra a ordem administrativa militar, é da competência da Justiça Comum.

2.6. Majorante de pena e formas equiparadas

2.6.1. Majorante de pena

O § 1º traz uma causa de aumento de pena se o crime é cometido por funcionário público, desde que se prevaleça do cargo que ocupa.

2.6.2. Formas equiparadas

O § 3º equipara a falsificação de documento público àquela realizada em documentos previdenciários, fazendo incidir as mesmas penas previstas para a figura delitiva do *caput*. Assim como naquela figura, o bem jurídico tutelado é a fé pública, agora em relação aos documentos que devam produzir efeitos perante a Previdência Social. Note-se que a falsidade de que trata este parágrafo não é a material, mas, sim, ideológica, pois que, embora seja formalmente verdadeiro o documento, o conteúdo ali inserido não o é.

O inciso I tipifica a conduta do agente que insere ou faz inserir na folha de pagamento ou em documento de informações que seja destinado a fazer prova perante a Previdência Social, pessoa que não possui a qualidade de segurado obrigatório. O dispositivo procura evitar que a seguridade social seja submetida a graves prejuízos por pagamentos a pessoas que não são revestidas da qualidade de segurados.

Já o inciso II prevê punição para aquele que insere ou faz inserir na Carteira de Trabalho ou em documento que deva produzir efeito perante a Previdência Social, declaração falsa ou diversa da que deveria ter sido escrita. Aqui, procura-se, mais uma vez, evitar que a seguridade social seja prejudicada por gastos indevidos ou por prejuízos na arrecadação. Isto porque, a carteira de trabalho serve como base para se obter o valor das contribuições previdenciárias do empregado.

Por fim, o inciso III pune daquele que insere ou faz inserir em documento contábil ou em qualquer outro documento relacionado com as obrigações da empresa perante a Previdência Social, declaração falsa ou diversa da que deveria ter constado. Aqui, a finalidade da lei é inibir as fraudes em relação aos lançamentos nos documentos das empresas, vez que é através deles que a Previdência Social irá determinar os valores a serem recolhidos pelo empregador.

Em relação à consumação e tentativa, aplicam-se aqui os mesmos comentários já tecidos.

Finalmente, prevê o tipo, em seu § 4º, punição para o agente que omite, nos documentos elencados no § 3º, o nome do segurado e seus dados pessoais, bem como a remuneração e a vigência do contrato de trabalho ou de prestação de serviços. Trata-se de falso ideológico, que somente será praticado na forma omissiva (não admitindo tentativa).

2.7. Extinção da punibilidade

A Lei 13.254/16, que criou o Regime Especial de Regularização Cambial e Tributária (RERCT), para declaração voluntária de recursos, bens ou direitos de origem lícita, não declarados ou declarados com omissão ou incorreção em relação a dados essenciais, remetidos ou mantidos no exterior, ou repatriados por residentes ou domiciliados no País, conforme a legislação cambial ou tributária, estabelece causa extintiva de punibilidade para o crime em estudo se utilizado como meio para a prática dos crimes tipificados: a) no art. 1º e nos incisos I, II e V do art. 2º da Lei 8.137/90; b) na Lei 4.729/65 (dispõe sobre sonegação fiscal); c) no art. 337-A do Código Penal. Para incidir a causa extintiva é necessário que, esgotada a potencialidade do crime de falso com a prática das infrações penais já citadas, antes do trânsito em julgado da decisão criminal o agente efetue a entrega da declaração dos recursos, bens e direitos sujeitos à regularização e pague integralmente o imposto devido e a multa.

2.8. Ação penal

A ação penal será pública incondicionada.

2.9. Princípio da especialidade

a) Código Penal x Código Eleitoral: o art. 348 do Código Eleitoral pune com reclusão de 2 (dois) a 8 (oito) anos quem falsificar, no todo ou em parte, documento público, ou alterar documento público verdadeiro para fins eleitorais. Se o agente é funcionário público e comete o crime prevalecendo-se do cargo, a pena é agravada (§ 1º).

b) Código Penal x Lei 7.492/86: o art. 2º da Lei 7.492/86 pune com reclusão de 2 a 8 anos quem imprimir, reproduzir ou, de qualquer modo, fabricar ou pôr em circulação, sem autorização escrita da sociedade emissora, certificado, cautela ou outro documentos representativo de título ou valor mobiliário.

c) Código Penal x Código Penal Militar: o art. 311 do Decreto-lei 1.001/69 pune a falsificação de documento, que atente contra a administração ou o serviço militar, praticada na forma do art. 9º daquele diploma.

3. FALSIFICAÇÃO DE DOCUMENTO PARTICULAR

▶ ***Falsificação de documento particular***

Art. 298. Falsificar, no todo ou em parte, documento particular ou alterar documento particular verdadeiro:

Pena – reclusão, de 1 (um) a 5 (cinco) anos, e multa.

Parágrafo único. Para fins do disposto no caput, equipara-se a documento particular o cartão de crédito ou débito.

3.1. Considerações iniciais

A tutela penal ainda recai sobre a fé pública, agora no que concerne aos documentos particulares.

A pena cominada ao delito admite a suspensão condicional do processo (Lei 9.099/95).

3.2. Sujeitos do crime

Qualquer pessoa pode praticar o delito em apreço.

Sujeito passivo primário será o Estado, vez que o bem jurídico tutelado é a fé pública. Secundariamente, terceiro eventualmente lesado poderá figurar no polo passivo.

3.3. Conduta

A conduta delituosa consiste em falsificar (contrafação), no todo ou em parte, documento particular ou alterar (modificar) documento particular verdadeiro.

As condutas nucleares típicas são idênticas às do art. 297, aplicando-se aqui os mesmos comentários dispensados àquele dispositivo. A diferença reside no objeto material (lá – art. 297 –, documento público; aqui – art. 298 –, particular).

O conceito de documento particular se extrai por exclusão, isto é, todo aquele não compreendido como público ou equiparado a público[54]. É a peça escrita confeccionada sem a intervenção de funcionário público, mas que, em razão de sua natureza e relevância, deve ser objeto da tutela penal. Explica Noronha:

> "o objeto jurídico é a fé pública ainda, pois é compreensível a necessidade de tutelar e proteger a confiança que se deposita no documento particular que é meio de prova e que se pode relacionar a interesses de suma importância e de grande vulto. Injustificável, pois, a opinião de alguns que – como Carrara – procuravam classificar o falso privado entre os delitos patrimoniais. A natureza do falso é a mesma, quer se trate de documento público, quer de particular."[55].

A Lei 12.737/12 acrescentou um parágrafo ao art. 298, anunciando equiparar-se a documento particular o cartão de crédito ou débito[56].

---

54. Compete à justiça federal processar e julgar crimes de falsificação de bilhete de loteria ou de cartões da loteria esportiva (*RT* 509/409).

55. *Direito Penal*, v. 4, p. 165.

56. De acordo com o STJ, ainda que praticada antes da entrada em vigor da Lei, é típica a conduta de falsificar, no todo ou em parte, cartão de crédito ou débito. Argumentou o tribunal que a expressão *documento particular*, contida no art. 298 do CP, é um elemento normativo que depende de valoração, sendo que a jurisprudência já admitia que os cartões de débito e crédito se inserissem no conceito de documento particular para efeito de proteção penal contra a falsificação. A lei unicamente passou a tratar de forma expressa o que os tribunais já aceitavam (REsp 1.578.479/SC, Rel. Min. Maria Thereza de Assis Moura, Rel. para acórdão Min. Rogerio Schietti Cruz, DJe 03/10/2016).

Explica Nucci:

> "O cartão de crédito ou débito, por si mesmo, não é um documento (base material disposta a estampar informe ou outro dado), mas assim será considerado para fins de falsificação. Enquanto a nota promissória e o cheque são títulos de crédito equiparados a documento público, pois podem circular no comércio, gerando maiores danos a terceiros, o cartão de crédito e débito é equiparado a documento particular, cuja pena é menor. A diferença é consistente, pois o cartão não circula."[57].

Assim como ocorre em todos os crimes que envolvem a fé pública, a falsificação deve ser apta a iludir, sendo que a comprovação deve ocorrer por meio de perícia.

Por fim, lembra Mirabete:

> "É de notar-se que são documentos particulares os atos públicos nulos como tais, por serem feitos por oficiais incompetentes ou por não se revestirem das formalidades legais. Se o documento for o que se costuma chamar de prova escrita, pré-constituída ou acidental, seja autossuficiente ou dependa de complementação, tem-se entendido que não tem esse caráter o requerimento, quando for ato meramente postulante, ainda que apresentado à repartição pública (*RF* 219/259; *RT* 459/310; *RJTJESP* 26/371, 39/257, 43/321). Esse entendimento reforça-se quando o funcionário público está adstrito a averiguar, *propriis sensibus*, a finalidade da declaração (*RT* 454/357). De qualquer forma, a circunstância de ser o documento particular destinado à autoridade pública não o transforma em público (*RJTJESP* 57/358)."[58].

3.4. Voluntariedade

É o dolo, consistente na vontade consciente de praticar uma das condutas nucleares típicas.

Não se exige qualquer finalidade específica por parte do agente.

3.5. Consumação e tentativa

Consuma-se o delito no momento em que ocorre a contrafação, total ou parcial, ou alteração do documento particular.

Consoante a lição de Hungria[59], embora não haja necessidade do documento sair da esfera de poder do falsário, somente poderá ser iniciada a ação penal se for exibido pelo agente ou com ele encontrado. Se, após intentar a falsificação ou alteração, o falsário

57. Código Penal Comentado, p. 1137.
58. *Manual de direito penal:* parte especial, v. 3, p. 247.
59. Ob. cit., v. 9, p. 271.

suprime o objeto material do delito, extingue-se a punibilidade pelo arrependimento eficaz, até porque, terá desaparecido o objeto do crime, impossibilitando que se faça prova de forma indireta.

Tratando-se de crime cuja conduta pode ser fracionada, é perfeitamente possível a tentativa.

3.6. Extinção da punibilidade

A Lei 13.254/16, que criou o Regime Especial de Regularização Cambial e Tributária (RERCT), para declaração voluntária de recursos, bens ou direitos de origem lícita, não declarados ou declarados com omissão ou incorreção em relação a dados essenciais, remetidos ou mantidos no exterior, ou repatriados por residentes ou domiciliados no País, conforme a legislação cambial ou tributária, estabelece causa extintiva de punibilidade para o crime em estudo se utilizado como meio para a prática dos crimes tipificados: a) no art. 1º e nos incisos I, II e V do art. 2º da Lei 8.137/90; b) na Lei 4.729/65 (dispõe sobre sonegação fiscal); c) no art. 337-A do Código Penal. Para incidir a causa extintiva é necessário que, esgotada a potencialidade do crime de falso com a prática das infrações penais já citadas, antes do trânsito em julgado da decisão criminal o agente efetue a entrega da declaração dos recursos, bens e direitos sujeitos à regularização e pague integralmente o imposto devido e a multa.

3.7. Ação penal

A ação penal será pública incondicionada.

3.8. Princípio da especialidade

a) Código Penal x Código Eleitoral: o art. 349 do Código Eleitoral pune com reclusão de até 5 (cinco) anos e pagamento de três a dez dias-multa quem falsificar, no todo ou em parte, documento particular, ou alterar documento particular verdadeiro, para fins eleitorais.

b) Código Penal x Lei 8.137/90: o art. 1º, III, da Lei 8.137/90, pune com reclusão de 2 (dois) a 5 (cinco) anos que falsificar ou alterar nota fiscal, fatura, duplicata, nota de venda, ou qualquer outro documento relativo à operação tributável.

c) Código Penal x Código Penal Militar: o art. 311 do Decreto-lei 1.001/69 pune a falsificação de documento, que atente contra a administração ou o serviço militar, praticada na forma do art. 9º daquele diploma.

d) Código Penal x Lei 12.663/12 (Dispõe sobre as medidas relativas à Copa das Confederações FIFA 2013, à Copa do Mundo FIFA 2014 e à Jornada Mundial da Juventude – 2013, que serão realizadas no Brasil): o art. 30 da Lei 12.663/12 pune com detenção de 3 meses a 1 ano ou multa reproduzir, imitar, falsificar ou modificar indevidamente quaisquer Símbolos Oficiais de titularidade da FIFA. Trata-se de lei penal temporária (art. 3º do CP), com vigência até 31 de dezembro de 2014, dependendo o início do processo de expressa representação da FIFA.

4. FALSIDADE IDEOLÓGICA

▶ ***Falsidade ideológica***

Art. 299. Omitir, em documento público ou particular, declaração que dele devia constar, ou nele inserir ou fazer inserir declaração falsa ou diversa da que devia ser escrita, com o fim de prejudicar direito, criar obrigação ou alterar a verdade sobre fato juridicamente relevante:

Pena – reclusão, de 1 (um) a 5 (cinco) anos, e multa, se o documento é público, e reclusão de 1 (um) a 3 (três) anos, e multa, se o documento é particular.

Parágrafo único. Se o agente é funcionário público, e comete o crime prevalecendo-se do cargo, ou se a falsificação ou alteração é de assentamento de registro civil, aumenta-se a pena de sexta parte.

4.1. Considerações iniciais

Novamente, a fé pública é o bem jurídico tutelado no que diz respeito à autenticidade e credibilidade dos documentos públicos e particulares. Aliás, enquanto a falsidade material envolve a forma do documento (sua parte exterior), a ideológica diz respeito ao seu conteúdo (juízo inverídico).

A pena cominada ao delito admite a suspensão condicional do processo (Lei 9.099/95), desde que não configurada a causa de aumento do parágrafo único.

4.2. Sujeitos do crime

Qualquer pessoa, que tenha o *dever jurídico* de declarar a verdade, pode praticar o delito em estudo.

Se o agente é funcionário público, e comete o crime prevalecendo-se do cargo, aumenta-se a pena de sexta parte (parágrafo único).

Sujeito passivo primário será o Estado. O particular que vier a sofrer algum prejuízo com a falsidade ideológica, poderá figurar no polo passivo.

4.3. Conduta

Pune-se quem omitir, em documento público ou particular, declaração que dele devia constar, ou nele inserir ou fazer inserir declaração falsa ou diversa da que devia ser escrita, com o fim de prejudicar direito, criar obrigação ou alterar a verdade sobre fato juridicamente relevante.

Trata-se de crime de ação múltipla, que prevê cinco ações nucleares:

a) *omitir declaração*: o agente ao confeccionar o documento (público ou particular) deixa de mencionar informação que nele deveria constar (crime omissivo puro);

b) *inserir declaração falsa*: o agente introduz ideia falsa no documento (público ou particular) que redige;

c) *inserir declaração diversa da que deveria ser escrita*: o agente substitui o conteúdo verdadeiro por outro que, embora contenha informações diversas, tem a mesma natureza;

d) *fazer inserir declaração falsa*: aqui a falsidade é mediata, pois o agente induz terceiro a inserir informação falsa no documento (público ou particular). Aquele que foi induzido pelo agente somente irá responder pela falsificação se tinha consciência do conteúdo inverídico da informação;

e) *fazer inserir declaração diversa da que devia constar*: trata-se também de falsidade mediata, em que o agente induz terceiro a substituir uma informação verdadeira por outra da mesma natureza.

☑ ***A simulação, estabelecida no Código Civil como causa de nulidade do negócio jurídico, dá ensejo à falsidade ideológica?***

O art. 167, § 1º, do Código Civil dispõe que haverá simulação nos negócios jurídicos quando: I – aparentarem conferir ou transmitir direitos a pessoas diversas daquelas às quais realmente se conferem, ou transmitem; II – contiverem declaração, confissão, condição ou cláusula não verdadeira; III – os instrumentos particulares forem antedatados, ou pós-datados.

Imaginemos a situação em que o agente, com o propósito de transmitir por doação determinado imóvel à sua amante, simula com terceiro um contrato de compra e venda, sobre o qual é lavrada escritura, e posteriormente o bem é transmitido gratuitamente a quem efetivamente se destinava (amante). O negócio, nos termos da lei civil, é nulo porque simulado; mas é possível falar em falsidade ideológica? Não há dúvida, pois, no ato em que foi lavrada a escritura, inseriu-se em documento público declaração falsa (que o imóvel seria transmitido por compra e venda) com o fim de alterar a verdade sobre fato juridicamente relevante (que se dava a transmissão a título gratuito a pessoa que não poderia receber o bem naquelas condições).

A exemplo da falsidade material, também a ideológica deve ser apta a iludir (se a informação inserida for de tal forma inconcebível, não se cogita do crime do art. 299 do CP).

Em regra, também inexiste o crime quando a falsa ideia recai sobre documento (público ou particular) cujo conteúdo está sujeito à fiscalização da autoridade, como, por exemplo, na falsa declaração em requerimento de atestado de residência (*RT* 525/349).

☑ ***Como caracterizar a conduta daquele que abusa do papel em branco assinado?***

Hungria responde:

> "Somente haverá falsidade ideológica quando o papel tiver sido *confiado* ao agente, para ulterior preenchimento, *ex vi legis* ou *ex contractu*; se o agente se tivesse *apossado* (à revelia do signatário) do papel que preencheu, o crime a reconhecer seria o de *falsidade*

> *material* (art. 297 ou 298, conforme se trate de documento público ou particular). É esta, aliás, a solução sugerida pelo Código Italiano. E outra não pode ser a decisão no caso em que o papel tenha sido voluntariamente entregue pelo signatário, mas para fim outro que não o de preenchê-lo, como, por exemplo, para orientar quanto ao seu nome e endereço, a pessoa que o recebe."[60].

Em se tratando de nota promissória emitida sem alguns de seus requisitos essenciais, é permitido ao portador de boa-fé do título preencher os espaços em branco. Trata-se, no caso, da aplicação do entendimento contido na Súmula 387 do STF.

O STJ tem decidido reiteradamente que o ato de firmar declaração inverídica de pobreza para fins processuais não constitui falsidade ideológica:

> "O entendimento do Superior Tribunal de Justiça é no sentido de que a mera declaração de estado de pobreza para fins de obtenção dos benefícios da justiça gratuita não é considerada conduta típica, diante da presunção relativa de tal documento, que comporta prova em contrário"[61].

Já se decidiu também não haver falsidade ideológica na inserção de dados inverídicos em petição judicial, vez que se trata de simples alegações, posteriormente debatidas em juízo:

> "Falsidade ideológica: afirmação de fato inverídico em petição: hipótese de atipicidade. 1. A petição em processo judicial ou administrativo só faz prova do seu próprio teor; não, porém, da veracidade dos fatos alegados. 2. Por isso, de regra – isto é, salvo nos casos excepcionais em que a lei imputa ao requerente o dever de veracidade – a inserção em petição de qualquer espécie da alegação de um fato inverídico não pode constituir falsidade ideológica. 3. Caso, por outro lado, em que a veracidade ou não da questionada afirmação de fato era indiferente ao deferimento da petição de simples vista de processo administrativo para extração de cópias que interessassem à defesa do peticionário"[62].

Note-se, por fim, que, nos termos do art. 130 da Lei nº 7.210/84 (LEP), constitui o crime de falsidade ideológica declarar ou atestar falsamente prestação de serviço para fim de instruir pedido de remição de pena.

4.4. Voluntariedade

É o dolo, consubstanciado na vontade consciente de agir de acordo com uma das condutas nucleares típicas.

60. Ob. cit., v. 9, p. 279.
61. RHC 24.606/RS, Rel. Min. Nefi Cordeiro, DJe 02/06/2015.
62. STF, HC 82605/GO, Rel. Min. Sepulveda Pertence, DJ 25/02/2003.

Exige-se, ainda, o elemento subjetivo do tipo, consistente no propósito de lesar direito, criar obrigação ou alterar a veracidade sobre o fato juridicamente relevante. Por essa razão, lembra Mirabete[63] que acusada, movida por vaidade feminina, foi absolvida pelo fato de haver promovido novo registro de nascimento, buscando parecer mais jovem do que o namorado com quem ia casar-se (*RT* 447/367).

4.5. Consumação e tentativa

Consuma-se o delito com a prática de uma das figuras típicas previstas no art. 299, independentemente de ter sido produzido algum resultado. E ainda que haja resultado, como a consumação ocorrera no momento em que praticada a ação nuclear típica, a competência de julgamento é do juízo deste local[64], conclusão que se estende às situações em que o cometimento do delito se dê por meio eletrônico.

Tratando-se de crime formal, dispensa-se ocorrência de dano efetivo, sendo suficiente que o documento ideologicamente falso tenha potencialidade lesiva (se o falsário usa o documento, o crime previsto no art. 304 do CP fica absorvido).

Nas modalidades comissivas, o *iter criminis* pode ser fracionado, admitindo-se, por conseguinte, a tentativa (salvo na conduta em que o agente omite declaração que deveria constar no documento, tendo em vista se tratar de crime omissivo puro).

Como a falsidade ideológica afeta o documento tão somente em sua ideação e não a sua autenticidade ou inalterabilidade, é desnecessária perícia (*RTJ* 178/770).

4.6. Majorantes de pena

O parágrafo único do art. 299 prevê o aumento da pena em um sexto em duas hipóteses:

a) se o crime é cometido por funcionário público, desde que se prevaleça de do cargo de ocupa;

b) se a falsificação ou alteração é de assentamento de registro civil. Dispõe o art. 29 da Lei 6.015/73 que:

> "Serão registrados no registro civil de pessoas naturais: I – os nascimentos; II – os casamentos; III – os óbitos; IV – as emancipações;

63. *Manual de direito penal:* parte especial, v 3, p. 230.

64. "I. Os tipos penais de falsidade ideológica e falsificação documental consumam-se no momento da falsificação, sendo irrelevante o local do resultado. II. Tratando-se de crimes formais, pouco importa onde a ação produziu o resultado. O local da infração, nos casos de falsidade ideológica ou falsificação de documento particular, há de ser onde o agente tenha ciência da execução do falso, o que, no caso, deu-se na cidade de Passo Fundo/RS, onde se encontra a sede da empresa DIMED S/A Distribuidora de Medicamentos, local em que teriam sido emitidas as notas fiscais supostamente falsificadas. III. Conflito conhecido, para declarar competente o Juízo de Direito da 1ª Vara Criminal de Passo Fundo/RS, o suscitado" (CC 101.184/PR, Rel. Min, Assusete Magalhães, DJe 21/06/2013).

> V – as interdições; VI – as sentenças declaratórias de ausência; VII – as opções de nacionalidade; VIII – as sentenças que deferirem a legitimação adotiva. § 1º Serão averbados: *a)* as sentenças que decidirem a nulidade ou anulação do casamento, o desquite e o restabelecimento da sociedade conjugal; *b)* as sentenças que julgarem ilegítimos os filhos concebidos na constância do casamento e as que declararem a filiação legítima; *c)* os casamentos de que resultar a legitimação de filhos havidos ou concebidos anteriormente; *d)* os atos judiciais ou extrajudiciais de reconhecimento de filhos ilegítimos; *e)* as escrituras de adoção e os atos que a dissolverem; *f)* as alterações ou abreviaturas de nomes".

A falsidade ideológica, nestes casos, por se tratar de documentos em que são inseridas informações inerentes aos direitos da personalidade, alguns, aliás, indisponíveis, como o estado de filiação, é punida de forma mais severa.

Fernando Capez[65] cita duas exceções que dizem respeito ao registro civil de nascimento, invocando o princípio da especialidade: **a)** promover inscrição de nascimento inexistente: embora o documento confeccionado seja materialmente verdadeiro e seu conteúdo seja falso, o que pode induzir à configuração da falsidade ideológica, há um crime específico que pune tal conduta, que é aquele previsto no art. 241 do Código Penal; **b)** registrar filho alheio como próprio: aqui, o agente declara falsa filiação ao agente cartorário, que lavra o documento contendo informações inverídicas.

Embora a conduta empreendida pelo agente possa levar à conclusão de que houve a prática de falsidade ideológica, o crime será específico, previsto no art. 242 do Código Penal.

Nesse sentido:

> "Não se ajusta à hipótese do art. 299, mas sim à do art. 242, do CP de 1940, com a redação dada pela Lei 6.898/81, o fato de alguém registrar filho de outrem como seu. Com isso visou o legislador igualar o tratamento penal de praticas delituosas que têm o mesmo sentido e os mesmos objetivos, quais sejam, as de dar a mulher parto alheio como próprio e o registro, feito pelo homem ou pela mulher, de filho de outra pessoa como próprio"[66].

4.7. Extinção da punibilidade

A Lei 13.254/16, que criou o Regime Especial de Regularização Cambial e Tributária (RERCT) para declaração voluntária de recursos, bens ou direitos de origem lícita, não declarados ou declarados com omissão ou incorreção em relação a dados essenciais, remetidos ou mantidos no exterior, ou repatriados por residentes ou domiciliados no País, conforme

65. Ob. cit., v. 3, p. 323-324.
66. *RT* 595/334.

a legislação cambial ou tributária, estabelece causa extintiva de punibilidade para o crime em estudo se utilizado como meio para a prática dos crimes tipificados: a) no art. 1º e nos incisos I, II e V do art. 2º da Lei 8.137/90; b) na Lei 4.729/65 (dispõe sobre sonegação fiscal); c) no art. 337-A do Código Penal. Para incidir a causa extintiva é necessário que, esgotada a potencialidade do crime de falso com a prática das infrações penais já citadas, antes do trânsito em julgado da decisão criminal o agente efetue a entrega da declaração dos recursos, bens e direitos sujeitos à regularização e pague integralmente o imposto devido e a multa.

4.8. Ação penal

A ação penal será pública incondicionada.

4.9. Princípio da especialidade

a) Código Penal x Lei nº 11.101/05: pune-se, no art. 171 da Lei de Falências, com reclusão de dois a quatros e multa, sonegar ou omitir informações ou prestar informações falsas no processo de falência, de recuperação judicial ou de recuperação extrajudicial, com o fim de induzir a erro o juiz, o Ministério Público, os credores, a assembleia-geral de credores, o Comitê ou o administrador judicial.

b) Código Penal x Lei 9.605/98: o art. 66 da Lei 9.605/98 pune com 1 (um) a 3 (três) anos de reclusão fazer o funcionário público afirmação falsa ou enganosa, omitir a verdade, sonegar informações ou dados técnico-científicos em procedimentos de autorização ou de licenciamento ambiental.

c) Código Penal x Lei 8.137/90: nos termos do art. 1º da Lei 8.137/90, constitui crime contra a ordem tributária suprimir ou reduzir tributo, ou contribuição social e qualquer acessório, mediante as seguintes condutas: I – omitir informação, ou prestar declaração falsa às autoridades fazendárias; II – fraudar a fiscalização tributária, inserindo elementos inexatos, ou omitindo operação de qualquer natureza, em documento ou livro exigido pela lei fiscal. O art. 2º, I, da mesma Lei pune fazer declaração falsa ou omitir declaração sobre rendas, bens ou fatos, ou empregar outra fraude, para eximir-se, total ou parcialmente, de pagamento de tributo.

d) Código Penal x Lei 7.492/86: o art. 9º da Lei 7.492/86 pune com reclusão de 1 (um) a 5 (cinco) anos quem fraudar a fiscalização ou o investidor, inserindo ou fazendo inserir, em documento comprobatório de investimento em títulos ou valores mobiliários, declaração falsa ou diversa da que dele deveria constar.

e) Código Penal x Código Eleitoral: é crime previsto no art. 350 do Código Eleitoral: "Omitir, em documento público ou particular, declaração que dele devia constar, ou nele inserir ou fazer inserir declaração falsa ou diversa da que devia ser escrita, para fins eleitorais: Pena – reclusão até 5 (cinco) anos e pagamento de 5 (cinco) a 15 (quinze) dias-multa, se o documento é público, e reclusão até três anos e pagamento de 3 (três) a 10 (dez) dias-multa se o documento é particular. Parágrafo único. Se o agente da falsidade documental é funcionário público e comete o crime prevalecendo-se do cargo ou se a falsificação ou alteração é de assentamentos de registro civil, a pena é agravada.".

f) Código Penal x Código Penal Militar: o art. 312 do Decreto-lei 1.001/69 pune a falsidade ideológica, que atente contra a administração ou o serviço militar, praticada na forma do art. 9º daquele diploma.

5. FALSO RECONHECIMENTO DE FIRMA OU LETRA

▶ ***Falso reconhecimento de firma ou letra***

Art. 300. Reconhecer, como verdadeira, no exercício de função pública, firma ou letra que o não seja:

Pena – reclusão, de 1 (um) a 5 (cinco) anos, e multa, se o documento é público; e de 1 (um) a 3 (três) anos, e multa, se o documento é particular.

5.1. Considerações iniciais

Tutela-se a fé pública no que diz respeito à autenticidade de firma ou letra (caracterizando uma hipótese especial de falsidade ideológica).

As penas cominadas ao delito permitem a suspensão condicional do processo (Lei 9.099/95).

5.2. Sujeitos do crime

Trata-se de crime próprio, que só pode ser praticado por quem exerça função pública, com poderes para reconhecer firmas ou letras (tabelião de notas, oficial do Registro Civil, os cônsules etc.).

Apesar de Noronha[67] ensinar bastar o agente estar investido na função respectiva, ainda que não a exerça no momento do crime, vemos razão nas lições de Sylvio do Amaral, para quem:

> "Se o agente pratica o ato fora do exercício de sua função (que se *exerce*, regularmente, durante o expediente do Cartório e no recinto deste, e, excepcionalmente, todas as vezes em que o oficial público se encontrar em diligência), ou se não tem legítima competência para o reconhecimento, não se consuma o crime do art. 300, por deficiência do elemento material."[68].

Sujeito passivo será o Estado e, secundariamente, eventual lesado com a ação do agente.

67. *Direito Penal*, v. 4, p. 191-192.

68. Ob. cit., p. 146-147.

5.3. Conduta

Pune-se quem reconhecer, como verdadeira, no exercício de função pública, firma ou letra que o não seja.

A ação nuclear típica é a de *reconhecer*, isto é, admitir, atestar algo como verdadeiro, no caso presente, *firma* (assinatura por extenso ou rubrica) ou *letra* (manuscrito; escrito de próprio punho).

Sylvio do Amaral, citando João Mendes, aponta as várias formas de reconhecimento de firma, sendo que a falsificação sobre qualquer delas configura o crime:

> "Reconhecimento *autêntico* (ou por *certeza*) é o que o tabelião faz 'vendo escrever a própria pessoa, como tal por ele reconhecida, ou conhecida na ocasião'. Diz-se o reconhecimento *semi-autêntico* 'se, lançada longe das vistas do tabelião a assinatura, perante ele afirma o respectivo autor sua veracidade'. O chamado reconhecimento *por semelhança* é, como se sabe, representado pela grande maioria dos casos concretos: é aquele que 'resulta da comparação feita pelo tabelião da letra ou firma, que lhe apresentam para ser reconhecida, com a de que tem lembrança ou consta de papéis ou livros do Cartório'. Finalmente, é *indireto* o reconhecimento quando duas pessoas, conhecidas do tabelião declaram por escrito que a letra ou firma são, na realidade, de determinada pessoa."[69].

A natureza do documento irá influenciar na pena cominada ao reconhecimento irregular, punindo-se com maior severidade o agente que pratica a ação criminosa em documento público, em razão, obviamente, da maior segurança que transmite e da credibilidade que o cerca.

Por fim, alerta Mirabete[70]:

> "Não há que falar em crime impossível na infração prevista no art. 300 do CP mesmo que o reconhecimento da firma seja condição para a validade do ato, se tem sido ele adotado para servir como comprovação da autenticidade das assinaturas (*RF* 265/392; *RT* 503/370)".

5.4. Voluntariedade

É o dolo, consistente na vontade consciente de reconhecer, como verdadeira, firma ou letra que não o seja (a dúvida quanto à autenticidade da assinatura gera dolo eventual).

Não se exige finalidade especial por parte do agente[71].

---

69. Ob. cit., p. 136-137.
70. *Manual de direito penal:* parte especial, v. 3, p. 258.
71. **Bento de Faria** entende que o agente reconhecedor é responsável não somente a título de dolo, mas também de culpa, nas hipóteses em que reconhece como verdadeira firma ou letra que não

5.5. Consumação e tentativa

Consuma-se o crime no momento em que o agente efetua o reconhecimento irregular, independentemente da devolução do documento àquele que solicitou o reconhecimento, bem como da ocorrência de dano efetivo (*RT* 524/458).

A tentativa, por se tratar de crime plurissubsistente, é possível (nesse sentido, MIRABETE[72]; DAMÁSIO[73]; BITENCOURT[74]). Nucci[75], no entanto, discorda, argumentando que o agente reconhece a assinatura em ato único (delito unissubsistente), motivo pelo qual o *conatus* não pode ser admitido.

5.6. Ação penal

A ação penal será pública incondicionada.

5.7. Princípio da especialidade

a) Código Penal x Código Eleitoral: o art. 352 do Código Eleitoral pune com reclusão de até 5 (cinco) anos (e multa) reconhecer, como verdadeira, no exercício da função pública, firma ou letra que o não seja, para fins eleitorais. A pena será de até 3 (três) anos (e pagamento de multa) se o documento é particular.

6. CERTIDÃO OU ATESTADO IDEOLOGICAMENTE FALSO

▶ ***Certidão ou atestado ideologicamente falso***

Art. 301. Atestar ou certificar falsamente, em razão de função pública, fato ou circunstância que habilite alguém a obter cargo público, isenção de ônus ou de serviço de caráter público, ou qualquer outra vantagem:

Pena – detenção, de 2 (dois) meses a 1 (um) ano.

▶ ***Falsidade material de atestado ou certidão***

§ 1º Falsificar, no todo ou em parte, atestado ou certidão, ou alterar o teor de certidão ou de atestado verdadeiro, para prova de fato ou circunstância que habilite alguém a obter cargo público, isenção de ônus ou de serviço de caráter público, ou qualquer outra vantagem:

Pena – detenção, de 3 (três) meses a 2 (dois) anos.

§ 2º Se o crime é praticado com o fim de lucro, aplica-se, além da pena privativa de liberdade, a de multa.

---

o seja sem tomar as cautelas necessárias (ob. cit., p. 457). Ousamos discordar, já que, nas hipóteses em que o legislador deseja a punição da negligência, o faz expressamente no tipo penal respectivo (art. 18, parágrafo único, do CP), o que não ocorreu no dispositivo em apreço.

72. *Manual de direito penal:* parte especial, v. 3, p. 237.
73. Ob. cit., v. 4, p. 66.
74. Ob. cit., v. 4, p. 46.
75. *Código Penal comentado*, p. 1144.

6.1. Considerações iniciais

Tutela-se a fé pública, agora no que diz respeito à autenticidade de atestados emitidos com a finalidade de habilitar alguém a obter cargo público, isenção de ônus ou de serviço de caráter público ou qualquer outra vantagem.

Estamos diante de uma hipótese especial de falsidade ideológica, em que o agente, em documento materialmente verdadeiro, atesta ou certifica fato ou circunstância que não se refere à verdade[76].

As penas cominadas ao delito admitem a transação penal e a suspensão condicional do processo (Lei 9.099/95).

6.2. Sujeitos do crime

Trata-se de crime próprio, que só pode ser cometido por quem ocupa função pública. Ao contrário do delito anterior, não se exige que o agente esteja no exercício da função; basta que cometa uma das condutas típicas em razão dela.

Sujeito passivo será o Estado.

6.3. Conduta

Pune-se o funcionário público que, no desempenho da função, *atesta* (afirma oficialmente) ou *certifica* (afirma a certeza) falsamente, fato ou circunstância que habilite alguém a obter cargo público, isenção de ônus ou de serviço de caráter público, ou qualquer outra vantagem.

Note-se que o conteúdo do atestado ou certidão deve se referir à pessoa beneficiada pela emissão.

> "Indispensável, ainda, para a caracterização do crime que seja idôneo e habilite pessoa interessada a obter cargo público, isenção de ônus ou se serviço de caráter público, ou qualquer outra vantagem. Não haverá, pois, o conteúdo material do delito, se o fato ou circunstância a que se refere o documento não constituir condição, pressuposto ou requisito da vantagem pretendida (*RT* 429/399)."[77].

A expressão *qualquer outra vantagem* deve ser interpretada de forma restritiva, analogicamente às outras três expressamente elencadas, pois, do contrário, fatos de muito maior gravidade seriam retirados da égide do art. 299, submetendo-se à já destacada punição mais branda do dispositivo em apreço.

Hungria assim exemplifica comportamentos que se subsumem ao crime em comento:

> "O atestar boa conduta de alguém para que possa ser candidato a cargo público; o atestar a indigência de outrem para obter o

76. Esta conduta, apesar de modalidade especial de falso ideal, inexplicavelmente é punida de forma consideravelmente mais branda do que aquela descrita no art. 299 do CP.

77. Mirabete, v. 3, p. 260.

patrocínio do Ministério Público, justiça gratuita, internação em estabelecimento hospitalar do Estado etc.; o certificar que alguém serviu na F.E.B. para isentá-lo de tal ou qual isenção fiscal; o certificar que alguém já serviu efetivamente como jurado, para isentá-lo temporariamente do serviço do júri etc."[78].

6.4. Voluntariedade

É o dolo, consistente na vontade consciente de praticar uma das condutas típicas descritas. Havendo intuito de lucro, a pena será cumulada com multa (§ 2º).

6.5. Consumação e tentativa

A doutrina é divergente no que tange à consumação do crime. Mirabete[79] entende que o crime está perfeito no momento em que se encerra o atestado ou a certidão, independentemente da entrega ao destinatário (a mesma opinião é compartilhada por Hungria[80] e Bitencourt[81]). Já Damásio[82], considera que a conduta se perfaz somente quando o atestado ou a certidão é entregue a terceiro, argumentando que, enquanto se encontra em poder do agente, o documento não ingressou no mundo jurídico, não se havendo falar em consumação.

A tentativa é possível, tendo em vista se tratar de modalidade comissiva de falsidade, que, portanto, admite fracionamento da conduta (delito plurissubsistente).

6.6. Falsidade material de atestado ou certidão

O § 1º prevê um crime autônomo, consistente em falsificar, no todo ou em parte, atestado ou certidão, ou alterar o teor de certidão ou de atestado verdadeiro, para prova de fato ou circunstância que habilite alguém a obter cargo público, isenção de ônus ou de serviço de caráter público, ou qualquer outra vantagem.

A jurisprudência considera o crime comum (podendo ser praticado por qualquer pessoa).

Nesse sentido:

> "O delito previsto no art. 301, § 1º, do CP, prevê mais uma espécie de falsidade material que pode ser praticada por qualquer pessoa, não sendo, portanto, espécie delitiva própria, diferenciando-se do *caput* do citado dispositivo, que só admite como sujeito ativo o funcionário público."[83].

78. Ob. cit., v. 9, p. 292-293.
79. *Manual de direito penal:* parte especial, v. 3, p. 239.
80. Ob. cit., v. 9, p. 294.
81. Ob. cit., v. 4, p. 465.
82. Ob. cit., v. 4, p. 71.
83. *RT* 778/561.

Assim também se posiciona Damásio[84].

Mirabete, entretanto, pensa diferente e assim explica:

> "Enquanto o art. 301, *caput*, diz respeito à falsidade ideológica, o § 1º, refere-se à falsidade material de atestado ou certidão. Não há como interpretar este isoladamente, sem atentar que o primeiro se refere a ato cometido 'em razão da função pública'. Determinam as regras de interpretação que para o parágrafo também se leva em conta aquela função. Se a falsificação foi praticada à margem da função pública, a falsidade de certificado de aprovação em curso colegial, supletivo ou equivalente para inscrição e admissão em curso superior não pode constituir o crime em tela (*RT* 577/355, 589/325). Deve-se reconhecer portanto, no fato, o crime de falsidade material previsto no art. 297 (*RT* 281/91, 539/266, 543/386, 573/344, 67 9/366). Trata-se de documento público por vir sempre assinado tal certificado por funcionário público"[85].

Incrimina-se somente a forma dolosa, consumando-se com a falsificação ou alteração, independentemente do uso ou qualquer consequência ulterior. Tratando-se de delito plurissubsistente, é possível a tentativa.

6.7. Ação penal

A ação penal será pública incondicionada.

6.8. Princípio da especialidade

a) Código Penal x Código Eleitoral: o art. 350 do Código Eleitoral pune com reclusão de até 5 (cinco) anos (e multa) omitir, em documento público ou particular, declaração que dele devia constar, ou nele inserir ou fazer inserir declaração falsa ou diversa da que devia ser escrita, para fins eleitorais. A pena será de até 3 (três) anos (e pagamento de multa) se o documento é particular.

b) Código Penal x Código Penal Militar: o art. 314 do Decreto-lei 1.001/69 pune o ato de atestar ou certificar falsamente, que atente contra a administração ou o serviço militar, praticado na forma do art. 9º daquele diploma.

7. FALSIDADE DE ATESTADO MÉDICO

> ▶ ***Falsidade de atestado médico***
>
> **Art. 302**. Dar o médico, no exercício da sua profissão, atestado falso:
>
> Pena – detenção, de 1 (um) mês a 1 (um) ano.
>
> Parágrafo único. Se o crime é cometido com o fim de lucro, aplica-se também multa.

84. Ob. cit., v. 4, p. 72.
85. *Manual de direito penal:* parte especial, v. 3, p. 240.

7.1. Considerações iniciais

A tutela penal recai sobre a fé pública no que diz respeito à autenticidade do conteúdo de atestado fornecido pelo médico, no exercício de sua profissão.

A pena cominada ao delito admite a transação penal e a suspensão condicional do processo (Lei 9.099/95).

7.2. Sujeitos do crime

Somente o médico, no exercício da sua função, pode praticar o delito.[86] Assim, tratando-se de delito próprio, exclui-se do espectro da incriminação o dentista, o veterinário, enfermeiros etc., que incorrerão, caso falsifiquem atestados, nas penas previstas no art. 299, aliás, muito mais severas.

Essa circunstância, não sem razão, é criticada por Sylvio do Amaral, para quem:

> "Vem à tona, aqui, outra falha do sistema do tratamento dispensado pelo Código aos crimes contra a fé pública, pois, nessa hipótese, o médico seria punido com as penas muito mais graves do art. 299. Criou-se, assim, para o médico (a exemplo do que também indevidamente se fez em relação ao funcionário público no art. 301) um privilégio desarrazoado e manifestamente imoral: quando ele mente como cidadão, será punido com pena de reclusão de um a três anos; se o faz, entretanto, como médico, sujeita-se a pena que vai de um mês a um ano, apenas de detenção. O tratamento mais benigno é dispensado justamente ao procedimento mais grave, que envolve o abuso das prerrogativas do grau profissional."[87].

Sujeito passivo será o Estado, diretamente interessado no conteúdo do atestado médico fornecido, que pode conter informações de interesse à manutenção da saúde pública (pode figurar como vítima secundária o indivíduo que vem a sofrer dano pela utilização do atestado falso).

7.3. Conduta

Consiste o crime em *dar* o médico, no exercício regular da profissão, atestado falso,[88] isto é, escrever o médico informações (total ou parcialmente) inverídicas, entregando, em seguida, o documento ideologicamente falso ao interessado.

---

86. Lembra **Bitencourt** que se o médico é funcionário público, o crime será o do art. 301 (Ob. cit., v. 2, p. 468).
87. Ob. cit., p. 153.
88. Há julgados entendendo que o atestado de óbito falso, emitido para encobrir *causa mortis*, configura o crime do art. 299 do CP, e não o do art. 302. Nesse sentido: "O médico que assina declaração ou atestado de óbito ideologicamente falso para efeito de alteração da verdade no Registro Público, pratica o crime previsto no art. 299 do CP, e não o do art. 302, do mesmo estatuto, de punição mais branda" (TJSP, 3.ª C., Ap. 13.609-3, Rel. Costa Manso, j. 07.02.1983).

Lembra Hungria:

> "A falsidade deve versar sobre a existência ou inexistência de alguma enfermidade ou condição higiênica, atual ou pretérita, do indivíduo a que se destina o atestado. O texto legal não faz menção alguma do fim a que terá de servir o falso atestado. Tanto será o crime o fato de o médico atestar mentirosamente a moléstia de um funcionário público, para que este obtenha licença ou aposentadoria, ou a de um sorteado juiz de fato, para isentá-lo do serviço do júri, ou a vacinação de alguém para habilitá-lo à inscrição em concurso, quanto o atestar, contra a verdade, a doença de um operário para justificar suas faltas na empresa empregadora, ou a de um *segurado*, para que obtenha indenização na companhia de seguros."[89].

Note-se que mera opinião emitida pelo profissional, mesmo que equivocada, não configurará o crime.

Por fim, é imprescindível que a falsidade recaia sobre um fato juridicamente relevante e potencialmente lesivo.

7.4. Voluntariedade

É o dolo, consistente na vontade consciente de praticar uma das condutas típicas elencadas no dispositivo (atestar o médico fato ou circunstância, na dúvida, pode caracterizar o dolo eventual).

Não se exige finalidade especial por parte do agente. No entanto, o parágrafo único determina que, se o crime é cometido com o fim de lucro (*animus lucri faciendi* – elemento subjetivo especial do injusto), aplica-se também multa.

7.5. Consumação e tentativa

A consumação ocorre no momento em que o médico fornece o atestado falso, independentemente de ulteriores consequências.

A tentativa é perfeitamente possível, já que se trata de crime plurissubsistente.

7.6. Ação penal

A ação penal será pública incondicionada.

8. REPRODUÇÃO OU ADULTERAÇÃO DE SELO OU PEÇA FILATÉLICA

▶ ***Reprodução ou adulteração de selo ou peça filatélica***

Art. 303. Reproduzir ou alterar selo ou peça filatélica que tenha valor para coleção, salvo quando a reprodução ou a alteração está visivelmente anotada na face ou no verso do selo ou peça:

89. Ob. cit., v. 9, p. 295.

Pena – detenção, de 1 (um) a 3 (três) anos, e multa.

Parágrafo único. Na mesma pena incorre quem, para fins de comércio, faz uso do selo ou peça filatélica.

8.1. Considerações iniciais

O tipo em estudo foi substituído pelo art. 39 da Lei 6.538/78, preservando a redação do preceito primário (*Reproduzir ou alterar selo ou peça filatélica de valor para coleção, salvo quando a reprodução ou a alteração estiver visivelmente anotada na face ou no verso do selo ou peça*), reduzindo-se a pena máxima para 2 (dois) anos, tornando a infração de menor potencial ofensivo.

Os comentários, portanto, serão com base no tipo novo, previsto na Lei Especial. Vejamos.

Tutela-se a fé pública em relação ao mercado filatelista, isto é, a confiança que deve existir entre os colecionadores de selos postais.

Explica Hungria:

> "O extenso e intenso incremento que adquiriu, modernamente, o colecionismo filatelista (isto é, de selos postais) e a necessidade de se evitar a fraude contra os colecionistas, cada vez mais aliciada pela crescente elevação dos valores em jogo, levaram o legislador brasileiro a tomar a iniciativa de fazer intervir, na espécie, de modo claro e expresso, a sanção penal."[90].

A pena cominada ao delito admite a transação penal e a suspensão condicional do processo (Lei 9.099/95).

8.2. Sujeitos do crime

Qualquer pessoa pode praticar o crime em estudo.

Sujeito passivo será o Estado e, secundariamente, eventual lesado pela ação do agente.

8.3. Conduta

Consiste o crime em *reproduzir* (imitar, repetir) ou *alterar* (modificar) selo ou peça filatélica que tenha valor para coleção, salvo quando a reprodução ou a alteração está visivelmente anotada na face ou no verso do selo ou peça.

Objetos materiais do crime são:

a) selo, assim definido no art. 47 da Lei 6.538/78: *estampilha postal, adesiva ou fixa, bem com a estampa produzida por meio de máquina de franquear correspondência, destinadas a comprovar o pagamento da prestação de um serviço postal*;

90. Ob. cit., v. 9, p. 296.

b) peça filatélica, expressão que "serve para qualificar os carimbos, quer os *obliteradores*, isto é, empregados no correio para, pela inutilização do selo conceder livre trânsito postal, quer os chamados *comemorativos*, criados pelo poder público e por instituições por ele autorizadas, com o fito de comemorar datas e fatos. Como peça filatélica também se entendem os cartões e *blocos comemorativos*, esses, uns e outros, emitidos primitivamente pelo poder público, e, ainda, as *provas* e *ensaios*. Peça filatélica é, pois, tudo quanto, além do selo, seja objeto de coleção, constitua, enfim, campo da atividade da filatelia."[91].

O dispositivo exige que ambos os objetos tenham valor para coleção (sem essa característica, desaparece o crime, podendo configurar, conforme o caso, o delito do art. 293, I, CP).

O próprio dispositivo exclui o crime quando a reprodução ou a alteração estiver anotada na face ou no verso do objeto, pois, neste caso, a fé pública não é atingida.

8.4. Voluntariedade

É o dolo, consistente na vontade consciente de reproduzir ou alterar selo ou peça filatélica.

Não se exige finalidade especial pelo agente.

8.5. Consumação e tentativa

A consumação ocorre no momento da contrafação ou da alteração, independentemente da colocação do objeto em circulação (delito formal ou de consumação antecipada).

A tentativa, tratando-se de crime plurissubsistente, é possível.

8.6. Uso do selo ou da peça filatélica

O parágrafo único do art. 303 também foi substituído pelo art. 39 da Lei 6.538/78, prevendo as mesmas penas do *caput* a quem, para fins de comércio, faz uso de selo ou peça filatélica de valor para coleção, ilegalmente reproduzidos ou alterados.

Da simples leitura do tipo conclui-se que somente aquele que não concorreu, de qualquer modo, na falsificação, irá responder pela modalidade equiparada (o uso, para fins de comércio, pelo próprio agente falsificador, constituirá *post factum* impunível).

A conduta típica é usar o produto contrafeito para fim de comércio (venda, troca etc.). Alerta Mirabete[92] que a simples posse ou guarda do produto contrafeito sem essa finalidade, por parte de quem não é responsável pela falsificação, não constitui o crime. Também

---

91. Francisco de Paula Baldessarini, *Dos crimes contra a incolumidade pública – Dos crimes contra a paz pública – Dos crimes contra a fé pública*, p. 257.
92. *Manual de direito penal:* parte especial, v. 3, p. 267.

não se configura o ilícito se, não tendo sido feita a anotação visível a respeito da reprodução ou alteração, o vendedor anuncia que se trata de selo reproduzido ou alterado. Da essência do delito é a fraude, que não ocorre em tal caso.

Pune-se somente a conduta dolosa, aliada à finalidade especial de praticar o comércio com o objeto falsificado.

O crime se consuma com o uso do selo ou peça filatélica, não admitindo tentativa (delito unissubsistente – qualquer começo de uso já é uso).

8.7. Ação penal

A ação pena será pública incondicionada.

9. USO DE DOCUMENTO FALSO

▶ ***Uso de documento falso***

Art. 304. Fazer uso de qualquer dos papéis falsificados ou alterados, a que se referem os arts. 297 a 302:

Pena – a cominada à falsificação ou à alteração.

9.1. Considerações iniciais

A fé pública ainda é o objeto da tutela penal neste dispositivo, agora no que tange à utilização do documento falsificado.

Para este delito, a Lei 9.099/95 terá ou não espaço a depender da natureza do documento falsificado. Assim, temos o seguinte:

a) para a utilização do documento público falsificado, não haverá benefício;

b) para a utilização do documento particular falsificado, permite-se a suspensão condicional do processo;

c) se o documento utilizado for ideologicamente falso, admite-se a suspensão condicional do processo, desde que o fato não tenha sido praticado por funcionário público com a prevalência do cargo ou não se refira à alteração de assentamento de registro civil;

d) se a utilização for de documento com falso reconhecimento de firma, admite-se a suspensão condicional do processo;

e) se o uso for de certidão ou atestado ideológica ou materialmente falso, permite-se a transação penal e a suspensão condicional do processo;

f) se o uso for de atestado médico falso, permite-se a transação penal e a suspensão condicional do processo;

9.2. Sujeitos do crime

Qualquer pessoa pode praticar a infração em estudo[93] (mesmo que o falso correspondente seja próprio, como ocorre com o art. 302).

Sujeito passivo será o Estado, bem como eventual lesado pelo uso do documento.

9.3. Conduta

Pune-se *fazer uso* de qualquer dos papéis falsificados ou alterados a que se referem os arts. 297 a 302 como se fossem verdadeiros.

De acordo com Noronha[94], para a caracterização do crime, basta que o escrito saia da esfera de disponibilidade do agente, ainda que empregado em finalidade diversa daquela a que se destinava. Contudo, não sem razão, discorda a maioria, sustentando haver crime somente quando utilizado o documento material ou ideologicamente falso em sua específica destinação probatória.

Fragoso, acompanhando a maioria, bem observa:

> "O simples reconhecimento de firma em documento ideologicamente falso, por exemplo, é mero ato preparatório de uso. Este deve ser reconhecido tendo-se em vista a destinação probatória do documento, consumando-se quando o escrito se torna acessível à pessoa que visa iludir, possibilitando-lhe o conhecimento do mesmo."[95].

Discute-se, também, se o crime se configura na hipótese em que a exibição do documento não parte do agente, mas de solicitação, revista pessoal ou exigência da autoridade.

No escólio de Guilherme de Souza Nucci, tais circunstâncias mostram-se irrelevantes:

> "Há perfeita possibilidade de configuração do tipo penal quando a exibição de uma carteira de habilitação falsa, por exemplo, é feita a um policial rodoviário que exige a sua apresentação, por estar no exercício da sua função fiscalizadora. Assim é a posição majoritária: 'Reiterada é a jurisprudência desta corte e do STF no sentido de que há crime de uso de documento falso ainda quando o agente o exibe para a sua identificação em virtude de exigência por parte de autoridade policial' (STJ, 5.ª T., REsp 193.210/DF, Rel. José Arnaldo da Fonseca, j. 20.04.1999, v.u., *DJ* 24.05.1999, Seção 1, p. 190)."[96].

---

93. Se o usuário foi quem falsificou o documento, teremos apenas o crime de *falsum* (arts. 297 a 302), ficando o art. 304 absorvido (*post factum* impunível).
94. Direito Penal, v. 4, p. 174.
95. Ob. cit., v. 4, p. 851.
96. *Código Penal comentado*, p. 1149/1150.

Em sentido contrário, Delmanto[97] sustenta que o documento deve sair da esfera de disponibilidade do agente por sua própria iniciativa.

Por fim, como nos demais casos envolvendo crimes de falso, o documento, referindo-se a fato juridicamente relevante, deve ser apto a iludir (o falso grosseiro é meio ineficaz para ludibriar a fé pública, configurando delito impossível, art. 17 do CP). A prova da falsidade (e da sua capacidade de iludir), em regra, depende de perícia, podendo ser substituída, de acordo com Mirabete, quando "não se pôs em dúvida a falsificação (*RJTJESP* 45/322); quando há inequívoca certeza da falsidade (*RJTJESP* 29/428); quando é reconhecida a falsificação pelo réu, sendo o documento trazido para os autos."[98].

9.4. Voluntariedade

É o dolo, consistente na vontade consciente de fazer uso do documento falso.

Na lição de Noronha[99] e Hungria[100], acompanhados por Mirabete[101], a dúvida do agente em relação à falsidade do documento não exclui o crime, que admite também o dolo eventual. Damásio[102], todavia, não compartilha dessa opinião, defendendo que o delito só se configura mediante dolo direto.

Por fim, se o agente usou o documento sem saber da falsidade e, após dela tomar conhecimento, continua a utilizá-lo, responderá pela prática do delito.

9.5. Consumação e tentativa

O crime se consuma no momento em que o agente utiliza o documento, independentemente da obtenção do proveito (*RT* 727/464).

No caso de Carteira Nacional de Habilitação, há quem entenda caracterizado o delito com o simples porte.

Nesse sentido:

> "O crime de uso de documento falso depende, para sua consumação, da forma corrente de utilização de cada documento. Exigindo o Código Nacional de Trânsito que o motorista 'porte' a carteira de habilitação e a exiba quando solicitado, portar a carteira para dirigir é uma das modalidades de uso desse documento"[103].

97. Ob. cit., p. 762.
98. *Manual de direito penal:* parte especial, v. 3, p. 248.
99. Direito Penal, v. 4, p. 175.
100. Ob. cit., v. 9, p. 299.
101. *Manual de direito penal:* parte especial, v. 3, p. 248.
102. Ob. cit., v. 4, p. 84.
103. STJ, 5.ª T., REsp. 606-SP, rel. Min. Assis Toledo, j. 06.11.1989.

Há situações em que, diante da autoridade pública, o agente apresenta documento falso para que sua verdadeira identidade permaneça incógnita e, dessa forma, passem ocultos seus antecedentes criminais. Sustentam alguns a inexistência de crime porque a conduta caracterizaria legítimo exercício do direito de defesa. Decidiu o STF, no entanto, que o uso de documento falso não se legitima pela autodefesa (HC 111.706/SP, rel. Min. Cármen Lúcia, DJe 17/12/2012).

Não obstante tenha pena mais grave, o crime de uso de documento falso pode ser absorvido pelo descaminho, desde que se trate de etapa executória deste último, nele exaurindo-se a potencialidade lesiva do falso[104].

Tendo em vista não haver possibilidade de fracionamento da conduta, a tentativa de uso é inadmissível.

Por último, quatro súmulas – *relacionadas à competência para o processo e julgamento* – devem ser recordadas:

> **Súmula 104 do STJ** – Compete à justiça estadual o processo e julgamento dos crimes de falsificação e uso de documento falso relativo a estabelecimento particular de ensino;
>
> **Súmula 200 do STJ** – O juízo federal competente para processar e julgar acusado de crime de uso de passaporte falso é o do lugar onde o delito se consumou.
>
> **Súmula 546 do STJ** – A competência para processar e julgar o crime de uso de documento falso é firmada em razão da entidade ou órgão ao qual foi apresentado o documento público, não importando a qualificação do órgão expedidor.
>
> **Súmula vinculante nº 36** – Compete à Justiça Federal comum processar e julgar civil denunciado pelos crimes de falsificação e de uso de documento falso quando se tratar de falsificação da Caderneta de Inscrição e Registro (CIR) ou de Carteira de Habilitação de Amador (CHA), ainda que expedidas pela Marinha do Brasil.

9.6. Extinção da punibilidade

A Lei 13.254/16, que criou o Regime Especial de Regularização Cambial e Tributária (RERCT) para declaração voluntária de recursos, bens ou direitos de origem lícita, não declarados ou declarados com omissão ou incorreção em relação a dados essenciais, remetidos ou mantidos no exterior, ou repatriados por residentes ou domiciliados no País, conforme a legislação cambial ou tributária, estabelece causa extintiva de punibilidade para o crime em estudo se utilizado como meio para a prática dos crimes tipificados: a) no art. 1º e nos incisos I, II e V do art. 2º da Lei 8.137/90; b) na Lei 4.729/65 (dispõe sobre sonegação fiscal); c) no art. 337-A do Código Penal. Para incidir a causa extintiva é necessário que, esgotada a potencialidade do crime de falso com a prática das

104. REsp 1.378.053/PR, Terceira Seção, Rel. Min. Nefi Cordeiro, DJe 15/08/2016.

infrações penais já citadas, antes do trânsito em julgado da decisão criminal o agente efetue a entrega da declaração dos recursos, bens e direitos sujeitos à regularização e pague integralmente o imposto devido e a multa.

9.7. Ação penal

A ação penal será pública incondicionada.

9.8. Princípio da especialidade

a) Código Penal x Lei nº 11.101/05: o art. 175 da Lei de Falências pune, com reclusão de 2 (dois) a 4 (quatro) anos, e multa, apresentar, em falência, recuperação judicial ou recuperação extrajudicial, relação de créditos, habilitação de créditos ou reclamação falsas, ou juntar a elas título falso ou simulado.

b) Código Penal x Lei 8.137/90: o art. 1º, IV, da Lei 8.137/90 pune com reclusão de 2 (dois) a 5 (cinco) anos, e multa, suprimir ou reduzir tributo, ou contribuição social e qualquer acessório, elaborando, distribuindo, fornecendo, emitindo ou utilizando documento que saiba ou deva saber falso ou inexato.

c) Código Penal x Lei 7.492/86: o art. 7º, I, da Lei 7.492/86 pune com reclusão de 2 (dois) 8 (oito) anos, e multa, emitir, oferecer ou negociar, de qualquer modo, títulos e valores mobiliários falsos ou falsificados. E o art. 14 pune, com reclusão de 2 (dois) a 8 (oito) anos, e multa, apresentar, em liquidação extrajudicial, ou em falência de instituição financeira, declaração de crédito ou reclamação falsa, ou juntar a elas título falso ou simulado.

d) Código Penal x Código Penal Militar: o art. 315 do Decreto-lei 1.001/69 pune o uso de documento falso praticado na forma do art. 9º daquele diploma.

10. SUPRESSÃO DE DOCUMENTO

▶ ***Supressão de documento***

Art. 305. Destruir, suprimir ou ocultar, em benefício próprio ou de outrem, ou em prejuízo alheio, documento público ou particular verdadeiro, de que não podia dispor:

Pena – reclusão, de 2 (dois) a 6 (seis) anos, e multa, se o documento é público, e reclusão, de 1 (um) a 5 (cinco) anos, e multa, se o documento é particular.

10.1. Considerações iniciais

Como último crime integrante do capítulo referente à falsidade documental, temos a supressão de documento, tutelando-se, também, a fé pública (a prática da conduta faz desaparecer prova de fato juridicamente relevante, periclitando a segurança do documento como prova).

É cabível a suspensão condicional do processo se o documento for particular (Lei 9.099/95).

10.2. Sujeitos do crime

Qualquer pessoa pode praticar o delito em estudo (inclusive o proprietário do documento, desde que dele não pudesse dispor).

Sujeito passivo será o Estado e, secundariamente, eventual lesado pela ação criminosa.

10.3. Conduta

Pune-se aquele que *destruir* (arruinar, eliminar), *suprimir* (extinguir, acabar) ou *ocultar* (esconder, sonegar), em benefício próprio ou de outrem, ou em prejuízo alheio, documento público ou particular verdadeiro (se falso, não há o crime), de que não podia dispor. É indiferente a forma pela qual o documento chegou ao agente, ou seja, se legitimamente confiado ou se obtido de maneira ilícita, pois o que importa para a tipificação é a destruição, a supressão ou a ocultação.

Como bem explica Sylvio do Amaral:

> "Nas hipóteses definidas no art. 305 não há a impostura da contrafação do documento genuíno, mas a supressão real ou aparente da sua existência por qualquer meio. Não cogita a lei do *aparecimento* de um pseudo-documento ou de documento verdadeiro adulterado: focaliza, precisamente, o *desaparecimento* da peça autêntica, por obra de quem dela não podia dispor."[105].

Se o documento destruído, suprimido ou ocultado for passível de substituição, como traslados, certidões ou cópias autenticadas, o crime não se perfaz, justamente em razão da facilidade da substituição (*RT* 676/296 e 646/270). Pode, no entanto, configurar-se outro delito (como, por exemplo, furto).

Pelo princípio da especialidade, comete o crime do art. 356 do CP, e não do art. 305 do mesmo diploma legal, o agente que, após receber carga dos autos, na qualidade de advogado da parte, retira folha dos autos de processo cível, substituindo-a por outra contendo requerimento diverso do original (*BSTJ*, dez./2004, 19/60).

10.4. Voluntariedade

É o dolo, consistente na vontade consciente de praticar uma das ações nucleares típicas. Deve concorrer a finalidade específica pelo agente, qual seja, executar o crime em benefício próprio ou de outrem, ou em prejuízo alheio (ausente esse elemento, outro poderá ser o delito).

10.5. Consumação e tentativa

A consumação se dá no momento da destruição, da supressão ou da ocultação, ainda que a finalidade visada não seja alcançada (delito formal ou de consumação antecipada). Na modalidade *ocultar*, a consumação se prolonga durante todo o tempo da sonegação (delito permanente).

105. Ob. cit., p. 193.

A tentativa é admissível, tendo em vista a possibilidade de fracionamento da conduta. Sylvio do Amaral cita os seguintes exemplos:

> "Não passa de tentativa, por exemplo, a dilaceração do documento em pedaços que podem ser reagrupados de forma a permitir a reestruturação do seu texto, ou o enodoar o escrito com substância química que possa ser removida sem carregar consigo os caracteres originalmente impressos ou manuscritos no documento"[106].

10.6. Ação penal

A ação penal será pública incondicionada.

10.7. Princípio da especialidade

a) Código Penal x Lei 8.137/90: dispõe o art. 3º, I, da Lei 8.137/90, constituir crime, funcional contra a ordem tributária (punido com pena de 3 (três) a 8 (oito) anos, e multa), extraviar livro oficial, processo fiscal ou qualquer documento, de que tenha a guarda em razão da função; sonegá-lo, ou inutilizá-lo, total ou parcialmente, acarretando pagamento indevido ou inexato de tributo ou contribuição social.

b) Código Penal x Código Penal Militar: o art. 316 do Decreto-lei 1.001/69 pune a supressão de documento, que atente contra a administração ou o serviço militar, praticada na forma do art. 9º daquele diploma.

CAPÍTULO IV – DE OUTRAS FALSIDADES

1. FALSIFICAÇÃO DO SINAL EMPREGADO NO CONTRASTE DE METAL PRECIOSO OU NA FISCALIZAÇÃO ALFANDEGÁRIA, OU PARA OUTROS FINS

▶ ***Falsificação do sinal empregado no contraste de metal precioso ou na fiscalização alfandegária, ou para outros fins***

Art. 306. Falsificar, fabricando-o ou alterando-o, marca ou sinal empregado pelo poder público no contraste de metal precioso ou na fiscalização alfandegária, ou usar marca ou sinal dessa natureza, falsificado por outrem:

Pena – reclusão, de 2 (dois) a 6 (seis) anos, e multa.

Parágrafo único. Se a marca ou sinal falsificado é o que usa a autoridade pública para o fim de fiscalização sanitária, ou para autenticar ou encerrar determinados objetos, ou comprovar o cumprimento de formalidade legal:

Pena – reclusão ou detenção, de 1 (um) a 3 (três) anos, e multa.

106. Ob. cit., p. 196.

1.1. Considerações iniciais

O bem jurídico tutelado é a fé pública, agora no que concerne ao sinal empregado no contraste de metal precioso ou na fiscalização alfandegária, bem como aquele utilizado para o fim de fiscalização sanitária, para autenticar ou encerrar determinados objetos, ou comprovar o cumprimento de alguma formalidade legal.

Explica Hungria:

> "Para assegurar a genuidade de objetos de metal precioso (notadamente, ouro e prata), após a verificação do respectivo toque ou quilate, ou para atestar a fiscalização aduaneira, em torno dos despachos de exportação ou importação, ou a inspeção sanitária, ou para autenticar ou encerrar certos objetos ou comprovar o cumprimento de tal ou qual formalidade legal, a autoridade pública dispõe, *ex vi legis*, de marcas ou sinais (punções, timbres em chumbo, em lacre ou em papel, etiquetas, carimbos etc.). A falsificação destes ou o uso da marca ou sinal falsificado afeta, portanto, a fé-pública, isto é, a confiança que em tais marcas ou sinais deposita o público em geral"[107].

Em razão da pena cominada no *caput*, nenhum benefício da Lei 9.099/95 é admitido. Já se a conduta se subsumir ao parágrafo único, permite-se a suspensão condicional do processo.

1.2. Sujeitos do crime

Qualquer pessoa pode praticar o crime em análise (se funcionário público, incidirá a agravante prevista no art. 61, II, *g*, do CP).

Sujeito passivo será o Estado e, secundariamente, eventual lesado pela ação delituosa.

1.3. Conduta

A conduta típica se consubstancia em *falsificar* (conferir aparência enganadora), *fabricando-o* (criando imitação do original) ou *alterando-o* (modificando), marca ou sinal empregado pelo *poder público* (federal, estadual, distrital ou municipal) no contraste de metal precioso ou na fiscalização alfandegária.

Também é punível, na parte final do dispositivo, o *uso* (utilização) da marca ou sinal inautêntico, falsificado por outrem[108].

Na lição de Bento de Faria:

> "O *sinal* é uma determinada impressão simbólica do Poder Público, destinada a autenticar a legitimidade do metal precioso. A *marca*, que não se confunde com a de natureza industrial, é propriamente

107. Ob. cit., v. 9, p. 305-306.
108. Se quem utiliza a marca ou o sinal é o próprio falsificador do objeto, responderá apenas pela falsificação (crime de ação múltipla).

> um *selo de garantia*, também destinado a comprovar a autenticidade de determinados objetos ou a certificar publicamente a qualidade ou o estado do respectivo conteúdo, ou a inculcar o cumprimento de formalidade legal"[109].

Tratando-se de crime contra a fé pública, a falsificação deve ser apta a iludir (*imitatio veri*), sob pena de tornar atípica a conduta.

1.4. Voluntariedade

É o dolo, consistente na vontade consciente de praticar uma das condutas previstas no tipo penal.

Não se exige finalidade especial pelo agente.

1.5. Consumação e tentativa

Consuma-se o crime com a fabricação ou alteração da marca ou sinal, ou com seu uso por quem não seja o falsificador.

A tentativa, no que tange à falsificação, é perfeitamente admissível, tendo em vista a possibilidade de fracionamento da conduta. Já na hipótese de uso, o crime é unissubsistente: o primeiro ato de utilização já atinge a consumação.

1.6. Figura privilegiada

O parágrafo único privilegia o comportamento com pena mais branda se a marca ou sinal falsificado é o que usa a autoridade pública para o fim de fiscalização sanitária, ou para autenticar ou encerrar determinados objetos, ou comprovar o cumprimento de formalidade legal.

1.7. Ação penal

A ação penal será pública incondicionada.

2. FALSA IDENTIDADE

▶ ***Falsa identidade***

Art. 307. Atribuir-se ou atribuir a terceiro falsa identidade para obter vantagem, em proveito próprio ou alheio, ou para causar dano a outrem:

Pena – detenção, de 3 (três) meses a 1 (um) ano, ou multa, se o fato não constitui elemento de crime mais grave.

109. Ob. cit., v. 5, p. 469-470.

2.1. Considerações iniciais

Tutela-se a fé pública no que diz respeito à identidade das pessoas (individualidade apresentada por cada um).

A pena cominada ao delito (de menor potencial ofensivo) permite a transação penal e a suspensão condicional do processo (Lei 9.099/95).

2.2. Sujeitos do crime

Qualquer pessoa pode praticar o delito em estudo.

Sujeito passivo será o Estado e, secundariamente, eventual lesado pela ação criminosa.

2.3. Conduta

A conduta delituosa consiste em atribuir-se (imputar-se) ou atribuir a terceiro, falsa identidade para obter vantagem, em proveito próprio ou alheio, ou para causar dano a outrem[110].

Assim, haverá o crime quando o agente, por escrito ou verbalmente: a) se faz passar por terceira pessoa, existente ou fictícia; b) faz com que terceiro se passe por outro indivíduo, real ou não.

Da simples leitura do verbo nuclear (*atribuir*), conclui-se que o crime é comissivo (praticado por ação), não ocorrendo na hipótese em que o agente silencia acerca da identidade equivocada que lhe atribuem.

Discute-se o alcance da elementar *identidade*.

Para Guilherme de Souza Nucci:

> "*Identidade* é o conjunto de características peculiares de uma pessoa determinada, que permite reconhecê-la e individualizá-la, envolvendo o nome, a idade, o estado civil, a filiação, o sexo, entre outros dados."[111].

Em sentido contrário, adotando conceito restrito, posiciona-se Bento de Faria, para quem:

> "A falsa identidade reúne os elementos que possam induzir ao erro sobre a *pessoa física*, e não sobre seu estado ou suas qualidades. Quem alega, pois, um estado civil diverso, ou qualidades que não tem, não cometerá o questionado delito, *se não se inculcar como pessoa diversa ou não atribuir a outrem falsa personalidade.*"[112].

---

110. Já vimos em comentários anteriores que a mera substituição de fotografia em documento público, para uns, configura ao art. 307 do CP (falsa identidade), vez que o documento permanece autêntico (não forjado). Já para outros, como o retrato é parte integrante do documento, a sua arbitrária e ilícita substituição gera o falso material (art. 297 do CP).

111. *Código Penal comentado*, p. 1154.

112. Ob. cit., v. 5, p. 475.

☑ ***Se o agente se irroga falsa identidade para afastar de si a responsabilidade por eventual prática criminosa, comete o crime do art. 307 do CP?***

Na lição de MIRABETE[113], não há crime, aplicando-se, no caso, o princípio *nemo tenetur se detegere*. CELSO DELMANTO[114] também pugna pela atipicidade da conduta, aduzindo que a ação constitui exercício constitucional do direito da autodefesa. Contrariando essas lições, Nélson HUNGRIA[115] entende que o comportamento em análise é criminoso, pois a vantagem mencionada no dispositivo pode representar qualquer utilidade ao agente. Não bastasse, a autodefesa somente abrange os questionamentos sobre os fatos em apuração e jamais a identificação do suspeito. Essa posição foi, finalmente, seguida pelos Tribunais Superiores:

STF: "O Plenário do Supremo Tribunal Federal (RE RE 640.139-RG, Rel. Min. Dias Toffoli), ao reconhecer a repercussão geral do tema discutido neste processo, reafirmou a jurisprudência da Corte no sentido de que 'o princípio constitucional da autodefesa (art. 5º, inciso LXIII, da CF/88) não alcança aquele que atribui falsa identidade perante autoridade policial com o intento de ocultar maus antecedentes, sendo, portanto, típica a conduta praticada pelo agente (art. 307 do CP)'"[116].

STJ: "A conduta de atribuir-se falsa identidade perante autoridade policial é típica, ainda que em situação de alegada autodefesa"[117].

No preceito secundário, observa-se que a lei promove uma ressalva, determinando a punição somente se a falsa identidade não constitui elemento para crime mais grave. Trata-se, pois, de delito subsidiário, ficando absorvido se a intenção do agente é praticar estelionato, violação sexual mediante fraude, simulação de casamento etc. (nesses casos, a identificação mentirosa constitui o meio para a prática de crime mais grave)[118].

Tratando-se de crime contra a fé pública, a ação do agente deve ser apta a iludir terceiros.

2.4. Voluntariedade

É o dolo, consistente na vontade consciente de atribuir-se ou atribuir a terceiro falsa identidade.

É imprescindível que o agente pratique a ação visando obter vantagem (de qualquer natureza), em proveito próprio ou alheio, ou causar dano a outrem.

---

113. *Manual de direito penal:* parte especial, v. 3, p. 258.
114. Ob. cit., p. 769.
115. Ob. cit., v. 9, p. 308.
116. HC 112846/MG, Rel. Min. Roberto Barroso, DJe 01/10/2014.
117. Súmula nº 522.
118. Usar, como próprio, passaporte, título de eleitor, caderneta de reservista ou qualquer documento de identidade alheia ou ceder a outrem, para que dele se utilize, documento dessa natureza, próprio ou de terceiro, configura o crime do art. 308 do CP.

2.5. Consumação e tentativa

A consumação ocorre no momento em que o agente atribui a si ou a terceiro a identidade falsa, ainda que a vantagem visada não seja alcançada (ou que não se cause dano a outrem).

A tentativa é possível na execução por escrito.

2.6. Ação penal

A ação penal será pública incondicionada.

2.7. Princípio da especialidade

a) Código Penal x Lei de Contravenções Penais: o art. 45 da LCP pune com prisão simples de 1 (um) a 3 (três) meses (ou multa) fingir-se funcionário público. O art. 46 da mesma lei pune com multa usar, publicamente, de uniforme, ou distintivo de função pública que não exercer; usar, indevidamente, de sinal, distintivo ou denominação cujo emprego seja regulado por lei.

b) Código Penal x Código Penal Militar: o art. 318 do Decreto-lei 1.001/69 pune a falsa identidade, perante a administração militar, praticada na forma do art. 9º daquele diploma.

3. USO OU CESSÃO PARA USO DE DOCUMENTO DE IDENTIFICAÇÃO CIVIL DE TERCEIRO

> **Art. 308**. Usar, como próprio, passaporte, título de eleitor, caderneta de reservista ou qualquer documento de identidade alheia ou ceder a outrem, para que dele se utilize, documento dessa natureza, próprio ou de terceiro:
>
> Pena – detenção, de 4 (quatro) meses a 2 (dois) anos, e multa, se o fato não constitui elemento de crime mais grave.

3.1. Considerações iniciais

Tutela-se a fé pública, ainda no que diz respeito à identidade das pessoas (falsidade pessoal).

A pena cominada ao delito admite a transação penal e a suspensão condicional do processo (Lei 9.099/95).

3.2. Sujeitos do crime

Qualquer pessoa pode praticar o delito em estudo (crime comum).

Sujeito passivo será o Estado e, secundariamente, eventuais lesados pela ação criminosa.

3.3. Conduta

A conduta típica consiste em *usar* (utilizar) como próprio, passaporte, título de eleitor, caderneta de reservista ou qualquer documento de identidade alheia ou *ceder* (entregar) a outrem, para que dele se utilize, documento dessa natureza, próprio ou de terceiro.

O tipo elenca um universo de objetos materiais (todos verdadeiros, pois se falsos, o crime será o do art. 304 do CP). São eles:

a) *passaporte* (documento que permite a entrada ou saída do território nacional, disciplinado na Lei 6.815/80 e no Decreto 1.983/96);

b) *título de eleitor* (emitido pela Justiça Eleitoral, identifica o cidadão, possibilitando o exercício do voto, bem como de outros direitos políticos);

c) *caderneta de reservista* (emitida pelas Forças Armadas, destina-se a atestar a exclusão do cidadão incorporado, por já ter cumprido o serviço militar, por estar isento etc.);

d) *qualquer documento de identidade* (considera-se como tal aquele documento capaz de identificar determinada pessoa, como ocorre com a cédula de identidade, a carteira de trabalho, a carteira de habilitação, dentre outros).

Note-se que o exame pericial pode ser necessário, agora para atestar a veracidade do documento utilizado ou cedido, já que, se falsificado, outro será o crime (art. 304 do CP).

A mesma observação feita no art. 307 a respeito de seu caráter subsidiário se aplica ao presente delito (se o uso de identidade alheia ocorrer como elementar de outro crime, será por este punido o agente).

3.4. Voluntariedade

É o dolo, consistente na vontade consciente de usar, como próprio, passaporte, título de eleitor, caderneta de reservista ou qualquer documento de identidade alheia, ou cedê-los para que outrem deles se utilizem.

Ao contrário do que ocorre no dispositivo antecedente, não se exige do agente finalidade especial animando sua conduta.

3.5. Consumação e tentativa

No tocante à primeira ação típica, o delito se consuma no momento em que o agente utiliza o escrito. Neste caso, por não haver possibilidade de fracionamento da conduta, a tentativa é impossível.

Na segunda ação nuclear (ceder), o crime se consuma no instante da transmissão do documento (basta a cessão). Sendo fracionável a execução, admite-se o *conatus*.

3.6. Ação penal

A ação penal será pública incondicionada.

3.7. Princípio da especialidade

a) Código Penal x Código Penal Militar: o art. 317 do Decreto-lei 1.001/69 pune o uso de documento pessoal alheio, que atente contra a administração ou o serviço militar, praticado na forma do art. 9º daquele diploma.

4. FRAUDE DE LEI SOBRE ESTRANGEIRO

▶ ***Fraude de lei sobre estrangeiro***

Art. 309. Usar o estrangeiro, para entrar ou permanecer no território nacional, nome que não é o seu:

Pena – detenção, de 1 (um) a 3 (três) anos, e multa.

Parágrafo único. Atribuir a estrangeiro falsa qualidade para promover-lhe a entrada em território nacional:

Pena – reclusão, de 1 (um) a 4 (quatro) anos, e multa.

4.1. Considerações iniciais

O objeto da tutela penal é a fé pública (violada pela falsa identidade do estrangeiro), bem como a manutenção do controle de imigração (seleção de imigrantes)[119].

A necessidade da presente incriminação é assim justificada por Hungria:

> "A substituição ou mudança de nome do estrangeiro ou a atribuição de falsa qualidade a este poderão frustrar a vigilância quanto à entrada de estrangeiros no país, prejudicando interesses de ordem pública, notadamente os da política de imigração e os de polícia interna (preservação de nossa vida nacional contra o ingresso de indesejáveis)."[120].

As penas cominadas ao delito permitem a suspensão condicional do processo (Lei 9.099/95).

4.2. Sujeitos do crime

Cuida-se aqui de crime próprio, que só pode ser praticado por estrangeiro, inclusive o *apátrida* (sem nacionalidade), mas nada impede a participação de brasileiros.

Sujeito passivo será o Estado, responsável pelo controle de imigração no país.

4.3. Conduta

Como corolário da soberania de nosso país, a entrada e a permanência do estrangeiro no território nacional sofrem restrições disciplinadas pelas Leis 6.815/80 (posteriormente

119. Afetando, sobremaneira, os interesses nacionais, justifica-se a competência da Justiça Federal para o processo e julgamento.

120. Ob. cit., v. 9, p. 309-310.

regulamentada pelo Decreto 86.715/81) e 11.961/2009 (regulamentada pelo Decreto 6.893/2009), assegurando-se, desse modo, a regularidade da política de imigração.

No tipo em estudo pune-se o estrangeiro que *usar* (utilizar), para entrar ou permanecer no território nacional, nome que não é o seu (ação delituosa restrita à identificação nominal, não abrangendo o estado civil, profissão, nacionalidade, dentre outras formas).

Na execução do crime, pode o agente valer-se (ou não) de documento falso[121].

De acordo com o ensinamento de Mirabete[122], a expressão *território nacional* deve ser tomada no seu sentido jurídico, incluindo, portanto, o mar territorial e o espaço aéreo correspondente à coluna atmosférica.

4.4. Voluntariedade

É o dolo, consistente na vontade consciente de usar nome inverídico. Exige-se a finalidade especial pelo agente, consistente na intenção de ingressar ou permanecer no território nacional (se o fim que anima a conduta do agente é diverso haverá outro crime, como por exemplo, falsa identidade, uso de documento falso etc.).

4.5. Consumação e tentativa

A consumação ocorre no momento em que o nome é usado, independentemente do sucesso na entrada ou permanência do agente no país.

Como bem esclarece Mirabete:

> "Sem razão, a nosso ver, já se entendeu que se trata de crime permanente, podendo o agente ser preso em flagrante enquanto permanecer no país. Na verdade, o fato típico não é a permanência do estrangeiro no território nacional, mas o uso de nome falso com essa finalidade. Assim, a prisão em flagrante só se justifica quando do ato de uso do nome falso"[123].

Não há possibilidade de fracionamento da conduta, já que o primeiro ato de utilização consuma o crime, impossibilitando a configuração do *conatus*.

4.6. Atribuição de falsa qualidade a estrangeiro

Essa figura delituosa se encontrava topograficamente no art. 310 do Código Penal, sendo transportada (sem alteração da sua redação) pela Lei 9.426/96 para o parágrafo único do art. 309.

---

121. Se o agente falsifica o documento e o utiliza para ingressar no Brasil, haverá concurso material de delitos (nesse sentido, **Fragoso**). Entretanto, se outra pessoa realiza a falsificação e o sujeito utiliza o documento, responderá somente pelo delito em estudo.

122. *Manual de direito penal:* parte especial, v. 3, p. 285.

123. *Manual de direito penal:* parte especial, v. 3, p. 286.

A objetividade jurídica é idêntica à do caput, isto é, a regularidade da política de imigração (seleção de imigrantes), bem como a tutela da fé pública que envolve a identificação das pessoas.

Não se trata, todavia, de crime próprio, pois qualquer pessoa pode praticá-lo (inclusive funcionário do serviço de imigração), sendo certo que o Estado continua sendo o sujeito passivo dessa infração.

A conduta típica consiste em *atribuir* (imputar, inculcar) a estrangeiro *falsa qualidade* (predicado que não ostenta) para promover-lhe a entrada em território nacional. Da simples leitura percebem-se duas diferenças significativas em relação ao tipo básico (*caput*):

a) a falsidade no parágrafo único é mais ampla, referindo-se a qualquer qualidade inerente à identificação do estrangeiro (não apenas ao nome);

b) a falsa qualidade, no parágrafo único, serve ao estrangeiro para *ingressar* no território nacional (não abrangendo a conduta visando a sua permanência no país, que poderá, no entanto, configurar outro crime contra a fé pública, como, por exemplo, falsidade ideológica).

O tipo subjetivo é a vontade consciente de atribuir falsa qualidade a estrangeiro, sendo que o elemento subjetivo específico do injusto é a intenção de possibilitar sua entrada no território nacional.

A consumação ocorre no momento da falsa atribuição, não se admitindo a tentativa, em razão da impossibilidade de fracionamento da conduta.

4.7. Ação penal

A ação penal será pública incondicionada.

5. FRAUDE À PROIBIÇÃO DA PROPRIEDADE OU DA POSSE DE CERTOS BENS POR ESTRANGEIROS

Art. 310. Prestar-se a figurar como proprietário ou possuidor de ação, título ou valor pertencente a estrangeiro, nos casos em que a este é vedada por lei a propriedade ou a posse de tais bens:

Pena – detenção, de 6 (seis) meses a 3 (três) anos, e multa.

5.1. Considerações iniciais

Não só a fé pública é objeto da tutela penal no dispositivo em estudo, como também a segurança nacional, protegida mediante a restrição de não nacionais em determinadas atividades no país.

Esclarece Fragoso:

> "Com o dispositivo em exame, visa a lei penal tutelar interesses de ordem política ou econômica relacionadas com a defesa ou a

> segurança nacional, que inspiram a proibição da propriedade ou da posse de certos bens por estrangeiros. Há aqui, por outro lado, igualmente, uma falsidade, pois o agente apresenta falsa qualidade (a da propriedade ou possuidor)"[124].

A pena cominada ao delito permite a suspensão condicional do processo (Lei 9.099/95).

5.2. Sujeitos do crime

Somente pessoa de nacionalidade brasileira (nato ou naturalizado) pode praticar o crime em estudo.

De acordo com Noronha:

> "É necessário atentar para a situação do naturalizado brasileiro, pois se a lei vedar-lhe a posse ou propriedade de tais bens, o nacional que o encobrir praticará do mesmo modo o delito. Na espécie, haverá coautoria. O brasileiro que substitui o estrangeiro só pode fazê-lo por proposta, acordo o aquiescência deste, donde ele concorre para o delito"[125].

Sujeito passivo será o Estado.

5.3. Conduta

Como já destacado acima, há atividades que, em razão do interesse nacional que as cerca, não podem ser livremente desempenhadas por estrangeiros. É o que ocorre, por exemplo, com serviços jornalísticos e de radiodifusão, exploração de jazidas, recursos minerais e potenciais de energia (arts. 176, § 1º e 222 da Constituição Federal).

A conduta típica em estudo pune o brasileiro que serve de "testa de ferro" ao estrangeiro, assumindo a qualidade de proprietário ou possuidor de ação, título ou valor pertencente ao não nacional, nos casos em que a este é vedada por lei a propriedade ou a posse de tais bens.

Explica Hungria:

> "O que se procura conjurar, na espécie, é o 'homem de palha', o 'testa de ferro' que se presta a dissimular a interferência capitalística de estrangeiro na vida das sociedades ou empresas em questão ou a vedada propriedade ou posse de determinados bens ou valores por parte de estrangeiro"[126].

Trata-se de norma penal em branco, complementada pela lei que regulamenta a intervenção de não nacionais em específicos ramos de atividades.

5.4. Voluntariedade

É o dolo, consistente na vontade consciente de servir a estrangeiro figurando como proprietário ou possuidor de ação, título ou valor que àquele seja restrito.

124. Ob. cit., v. 4, p. 868.
125. *Direito Penal*, v. 4, p. 215.
126. Ob. cit., v. 9, p. 310-311.

Não se exige finalidade especial pelo agente (o intuito de lucro deve ser considerado na fixação da pena base – art. 59 do CP).

5.5. Consumação e tentativa

A consumação ocorre no momento em que o sujeito passa a figurar como proprietário ou possuidor de ação título ou valor.

Na lição de Mirabete:

> "Trata-se de crime permanente, perdurando a conduta ilícita enquanto o agente figurar como proprietário ou possuidor dos bens do estrangeiro"[127].

A tentativa é admissível, tendo em vista a possibilidade de fracionamento da conduta.

5.6. Ação penal

A ação penal será pública incondicionada.

6. ADULTERAÇÃO DE SINAL IDENTIFICADOR DE VEÍCULO AUTOMOTOR[128]

► ***Adulteração de sinal identificador de veículo automotor***

Art. 311. Adulterar ou remarcar número de chassi ou qualquer sinal identificador de veículo automotor, de seu componente ou equipamento:

Pena – reclusão, de 3 (três) a 6 (seis) anos, e multa.

§ 1º Se o agente comete o crime no exercício da função pública ou em razão dela, a pena é aumentada de 1/3 (um terço).

§ 2º Incorre nas mesmas penas o funcionário público que contribui para o licenciamento ou registro do veículo remarcado ou adulterado, fornecendo indevidamente material ou informação oficial.

6.1. Considerações iniciais

Tutela-se fé pública, agora no que tange à regular identificação de veículos automotores.

A pena cominada ao delito não admite nenhum dos benefícios da Lei 9.099/95.

---

127. *Manual de direito penal:* parte especial, v. 3, p. 289.

128. Com fundamento no princípio da subsidiariedade, o TJ de São Paulo já decidiu (JTJ 299/528) que a conduta prevista no art. 311 do CP passou a ser atípica desde o advento do Código de Trânsito Brasileiro (Lei 9.503/97), que, tratando de toda a matéria relativa a trânsito, não a considera crime (mas sim, infração administrativa de natureza gravíssima, art. 230).

6.2. Sujeitos do crime

Qualquer pessoa pode praticar o delito em estudo. Se o agente comete o crime no exercício da função pública ou em razão dela, a pena é aumentada de um terço (§ 1º)[129].

Sujeito passivo será o Estado e, secundariamente, eventual lesado pela ação delituosa[130].

6.3. Conduta

Pune-se quem *adulterar* (modificar) ou *remarcar* (marcar de novo) número de *chassi* (estrutura que suporta os elementos que integram o veículo – carroceria) ou *qualquer sinal identificador* (registro que serve para individualizar o objeto dos demais)[131] de *veículo automotor* (todo o veículo motorizado que serve normalmente para o transporte viário de pessoas ou coisas, como, por exemplo, carro, caminhão, motocicleta etc.), de seu *componente* (portas, vidros etc.) *ou equipamento* (iluminação das placas etc.).

---

129. A pessoa que recebe o veículo já adulterado, sabendo dessa circunstância, não pratica o crime do art. 311, mas sim o do art. 180 (receptação). Se recepta o veículo e, em seguida, promove a adulteração, será responsabilizada por ambos os delitos em concurso material.

130. Lembra Mirabete ser sujeito passivo (secundário) deste crime o particular quando o veículo foi objeto de crime anterior (furto, roubo, estelionato etc.), já que a conduta de adulteração ou remarcação dificulta a recuperação do bem (ob. cit., v. 3, p. 268).

131. Nos termos do art. 114 do CTB: "O veículo será identificado obrigatoriamente por caracteres gravados no chassi ou no monobloco, reproduzidos em outras partes, conforme dispuser o CONTRAN. § 1º A gravação será realizada pelo fabricante ou montador, de modo a identificar o veículo, seu fabricante e as suas características, além do ano de fabricação, que não poderá ser alterado. § 2º As regravações, quando necessárias, dependerão de prévia autorização da autoridade executiva de trânsito e somente serão processadas por estabelecimento por ela credenciado, mediante a comprovação de propriedade do veículo, mantida a mesma identificação anterior, inclusive o ano de fabricação. § 3º Nenhum proprietário poderá, sem prévia permissão da autoridade executiva de trânsito, fazer, ou ordenar que se faça, modificações da identificação de seu veículo". Ainda quanto à identificação, temos o art. 115: "O veículo será identificado externamente por meio de placas dianteira e traseira, sendo esta lacrada em sua estrutura, obedecidas as especificações e modelos estabelecidos pelo CONTRAN. § 1º Os caracteres das placas serão individualizados para cada veículo e o acompanharão até a baixa do registro, sendo vedado seu reaproveitamento. § 2º As placas com as cores verde e amarela da Bandeira Nacional serão usadas somente pelos veículos de representação pessoal do Presidente e do Vice-Presidente da República, dos Presidentes do Senado Federal e da Câmara dos Deputados, do Presidente e dos Ministros do Supremo Tribunal Federal, dos Ministros de Estado, do Advogado-Geral da União e do Procurador-Geral da República. § 3º Os veículos de representação dos Presidentes dos Tribunais Federais, dos Governadores, Prefeitos, Secretários Estaduais e Municipais, dos Presidentes das Assembleias Legislativas, das Câmaras Municipais, dos Presidentes dos Tribunais Estaduais e do Distrito Federal, e do respectivo chefe do Ministério Público e ainda dos Oficiais Generais das Forças Armadas terão placas especiais, de acordo com os modelos estabelecidos pelo CONTRAN". Tratando dos sinais de identificação dos veículos, vide, também, as Resoluções 14/98, 24/98 e 275/2008, toda do CONTRAN.

Alerta MIRABETE[132], citando exemplo colacionado na jurisprudência, que a simples raspagem do número do chassi não equivale à adulteração, constituindo apenas ato preparatório para tanto.

A alteração de placa com utilização de fita adesiva é objeto de indisfarçável controvérsia. Para uns (DAMÁSIO), não se apresentando adulteração concreta e definitiva com objetivo de fraudar a propriedade, o licenciamento ou o registro do veículo, trata-se de mera infração administrativa[133]; para outros, há o crime do art. 311 do CP. Argumentam, em síntese, que a placa de um veículo motorizado, ao lado de outros sinais de identificação, se constitui num sinal identificador, ou melhor, como estabelece o CTB (arts. 114 e 115), um sinal externo de identificação. A circunstância de estarem tais sinais em dispositivos separados não significa que devam receber um tratamento penal diferenciado. Em consequência, a alteração, adulteração ou remarcação de referido objeto, implica na incidência do art. 311 do Código Penal.

Não há, portanto, atipicidade na adulteração, contrafação, falsificação, deformação, deturpação ou remarcação de novo número ou sinal de identificação do veículo de seu componente ou equipamento, pouco importando o processo utilizado[134].

☑ ***A simples substituição de placas de um veículo pelas de outro (sem adulterar ou remarcar número) configura o crime?***

A jurisprudência do STJ firmou o entendimento de que sim: "Substituição de placa de veículo automotor. Artigo 311 do Código Penal. Tipicidade. 1. É típica a conduta de substituir as placas originais de veículo automotor por outras. Precedentes"[135]. Deve-se ressaltar, no entanto, que a utilização de placas reservadas, fornecidas pelo departamento de trânsito para instalação em veículos utilizados por agentes públicos, normalmente em razão da função por eles exercida (por exemplo, placas fornecidas para equipar uma viatura descaracterizada da Polícia Civil durante investigação, a fim de que não seja descoberta), não caracteriza o delito em estudo[136].

---

132. *Manual de direito penal:* parte especial, v. 3, p. 269.
133. Nesse sentido: *RT* 842/527, 701/602 e 507/364.
134. Assim já decidiu o STJ no AgRg no REsp 1.451.060/SP, Quinta Turma, Rel. Min. Ribeiro Dantas, DJe 15/08/2016. E também o STF: "A conduta de adulterar a placa de veículo automotor mediante a colocação de fita adesiva é típica, nos termos do art. 311 do CP (...) O recorrente reiterava alegação de falsidade grosseira, percebida a olho nu, ocorrida apenas na placa traseira, e reafirmava que a adulteração visaria a burlar o rodízio de carros existente na municipalidade, a constituir mera irregularidade administrativa. O Colegiado pontuou que o bem jurídico protegido pela norma penal teria sido atingido. Destacou-se que o tipo penal não exigiria elemento subjetivo especial ou alguma intenção específica. Asseverou-se que a conduta do paciente objetivara frustrar a fiscalização, ou seja, os meios legítimos de controle do trânsito. Concluiu-se que as placas automotivas seriam consideradas sinais identificadores externos do veículo, também obrigatórios conforme o art. 115 do Código de Trânsito Brasileiro" (RHC 116.371/DF, rel. Min. Gilmar Mendes, DJe 22/08/2013).
135. HC 285208/SP, Rel. Min. Jorge Mussi, DJe 19/08/2014. No mesmo sentido: AgRg no REsp 1.578.618/MG, Rel. Min. Sebastião Reis Júnior, DJe 03/05/2016.
136. HC 86424 / SP, Rel. para acórdão Min. Gilmar Mendes, DJ 27/10/2006.

Por fim, Guilherme de Souza Nucci[137] ensina que a falsificação grosseira não constitui o delito, citando julgado que considerou mera infração administrativa o ato do motorista que alterou o número das placas de seu veículo, utilizando fita adesiva, com o propósito de se livrar das multas.

6.4. Voluntariedade

É o dolo, consistente na vontade consciente de adulterar ou remarcar número de chassi ou qualquer sinal identificador de veículo automotor, de seu componente ou equipamento. Não é necessário que o sujeito tenha conhecimento de eventual origem ilícita do veículo.

Não se exige qualquer finalidade especial do agente (aliás, se assim se comportar visando auxiliar autor de crime anterior, praticará, além do art. 311, também o crime de *favorecimento pessoal* – art. 348 – *ou real* – art. 349, conforme o caso).

6.5. Consumação e tentativa

Consuma-se o delito com a adulteração ou remarcação do número do chassi ou qualquer sinal identificador de veículo automotor, de seu componente ou equipamento.

É admissível a tentativa, já que a conduta é passível de fracionamento.

6.6. Forma equiparada

No § 2º equipara-se ao *caput* o funcionário público que contribui para o licenciamento ou registro do veículo remarcado ou adulterado, fornecendo indevidamente material ou informação oficial.

Cuida-se de crime próprio, somente podendo ser praticado por funcionário público (assim definido no art. 327 do CP).

O dolo, no caso, é a vontade consciente de contribuir para o licenciamento ou registro do veículo adulterado ou remarcado, não se exigindo do agente finalidade especial animando sua conduta.

A consumação ocorre no momento em que se dá o licenciamento ou registro do veículo, sendo imprescindível que, em momento anterior, tenha havido a adulteração ou remarcação.

6.7. Ação penal

A ação penal será pública incondicionada.

CAPÍTULO V - DAS FRAUDES EM CERTAMES DE INTERESSE PÚBLICO

137. *Código Penal comentado*, p. 1160/1161.

1. FRAUDES EM CERTAMES DE INTERESSE PÚBLICO

▶ ***Fraudes em certames de interesse público***

Art. 311-A. Utilizar ou divulgar, indevidamente, com o fim de beneficiar a si ou a outrem, ou de comprometer a credibilidade do certame, conteúdo sigiloso de:

I – concurso público;

II – avaliação ou exame públicos;

III – processo seletivo para ingresso no ensino superior; ou

IV – exame ou processo seletivo previstos em lei:

Pena – reclusão, de 1 (um) a 4 (quatro) anos, e multa.

§ 1º Nas mesmas penas incorre quem permite ou facilita, por qualquer meio, o acesso de pessoas não autorizadas às informações mencionadas no caput.

§ 2º Se da ação ou omissão resulta dano à administração pública:

Pena – reclusão, de 2 (dois) a 6 (seis) anos, e multa.

§ 3º Aumenta-se a pena de 1/3 (um terço) se o fato é cometido por funcionário público.

1.1. Considerações iniciais

Apesar de rotulado pelo legislador como infração penal contra a fé pública, entendemos que a conduta criada pela Lei 12.550/11 tutela a credibilidade (lisura, transparência, legalidade, moralidade, isonomia e segurança) dos certames de interesse público.

Salvo quando da conduta resultar dano à administração pública ou quando cometido o crime por funcionário público (prevalecendo-se da sua função), é cabível o benefício da suspensão condicional do processo (Lei 9.099/95).

2. SUJEITOS DO CRIME

O crime é comum, razão pela qual qualquer pessoa que participa do certame, seja como candidato, seja como integrante, direto ou indireto, da estrutura organizadora, pode praticá-lo.

Sendo funcionário público, a pena é aumentada de um terço (§ 3º). Nesse caso, porém, apesar do silêncio da lei, não basta ser servidor público, mas deve o agente valer-se da sua condição profissional, o que não significa dizer que o conteúdo sigiloso do certame deva estar entre as suas atribuições[138].

Alerta Bitencourt:

> "Não pratica o crime, contudo, quem, não sendo integrante na estrutura responsável pela organização do certame e tampouco concorrente ou participante deste, recebe informação ou, de qualquer

138. Aplicando-se o princípio da especialidade, a violação de sigilo funcional envolvendo certames de interesse público não caracteriza o crime do art. 325, mas sim o do art. 311-A do CP.

> forma, vem a ter conhecimento do conteúdo sigiloso em razão da divulgação feita pelo agente, ainda que saiba de sua origem ilícita, a menos que tenha concorrido de algum modo para a prática do crime (art. 29 do CP). Igualmente não comete o crime que o propala por ouvir dizer, e sem que tenha contribuído de alguma forma para o seu vazamento"[139].

Sujeito passivo é o Estado e, secundariamente, eventuais lesados pela ação delituosa do agente (abrangendo a entidade organizadora e candidatos).

3. CONDUTA

É punida a conduta de quem *utiliza* (emprega, aplica) ou *divulga* (efeito de tornar público, propagar), *indevidamente* (sem justo motivo), com o fim de beneficiar a si ou a outrem, ou de comprometer a credibilidade do certame, conteúdo sigiloso (abrangendo não apenas as perguntas e respostas, mas também outros dados secretos que, se utilizados indevidamente, geram desigualdade na disputa) de:

I) concurso público (instrumento de acesso a cargos e empregos públicos);

II) avaliação ou exame públicos (qualquer espécie de avaliação do conhecimento promovida pela Administração Pública ou entidade conveniada, abrangendo, por exemplo, o exame escrito no processo de habilitação de motorista);

III) processo seletivo para ingresso no ensino superior (englobando vestibulares e demais formas de avaliação seletiva para ingresso no ensino superior, como, por exemplo, a prova do ENEM);

IV) exame ou processo seletivo previstos em lei (compreendendo, por exemplo, o exame da OAB, previsto na Lei 8.906/94).

Conforme salienta Rogério Greco:

> "Por meio de uma análise comparativa entre os quatro incisos do art. 311-A do Código Penal, fica evidente a preocupação do legislador em não deixar fora daquele elenco qualquer tipo de certame. Assim, valeu-se de termos e expressões que, na verdade, se confundem, criando uma zona cinzenta entre eles. Por exemplo, um concurso público (inciso I) não deixa de ser uma avaliação pública ou exame público (inciso II) nem um exame ou processo seletivo previsto em lei (inciso III). Haverá situações nas quais a distinção será mais simples, como na hipótese de um concurso público, já que é mencionado expressamente pelo inciso I do art. 311-A do Código Penal. Da mesma forma, quando houver fraude no processo seletivo para ingresso no ensino superior a exemplo do que ocorre quando alguém divulga, indevidamente, gabarito oficial para ingresso em alguma universidade, o fato se amoldará ao inciso III

139. Ob. cit., vol. 4, p. 556.

> do referido artigo (...). As seleções públicas simplificadas para cargos públicos (temporários, por exemplo) poderiam ser questionadas como não sendo propriamente 'cargo público', mas o inciso II evita essa discussão. Qualquer tipo de seleção para cargo ou função pública, efetiva ou temporária, estará abrangida pelo aludido inciso II"[140].

Alertamos, no entanto, que não estão abrangidas pelo tipo as avaliações ordinárias de desempenho dos alunos (discentes) e demais provas periódicas em instituições de ensino, ainda que públicas.

Antes da novel Lei, a "cola eletrônica" (utilização de aparelho transmissor e receptor em prova), uma das formas mais corriqueiras de fraudar os certames de interesse público, foi julgada atípica pelos Tribunais Superiores. O Supremo Tribunal Federal, no julgamento do Inquérito nº 1.145, decidiu que a referida fraude não se enquadraria nos tipos penais em vigor, em face do princípio da reserva legal e da proibição de aplicação da *analogia in malam partem*. (Cf. Informativo STF nº 453, de 18 e 19 de dezembro de 2006).

No mesmo sentido o Superior Tribunal de Justiça:

> "O preenchimento, através de 'cola eletrônica', de gabaritos em concurso vestibular não tipifica crime de falsidade ideológica. É que nos gabaritos não foi omitida, inserida ou feita declaração falsa diversa daquela que devia ser escrita. As declarações ou inserções feitas nos cartões de resposta por meio de sinais eram verdadeiras e apenas foram obtidas por meio não convencional. A eventual fraude mostra-se insuficiente para caracterizar o estelionato que não existe 'in incertam personam'"[141].
>
> "A utilização de aparelhos transmissor e receptor com o objetivo de, em concurso vestibular, estabelecer contato com terceiros para obter respostas para questões formuladas nas provas não constitui, mesmo em tese, crime. Pode configurar ação imoral"[142].

Apesar de muitos acreditarem que a "cola eletrônica", agora, passou a ser crime, pensamos que a tipicidade vai depender da análise do caso concreto. Vejamos.

Se o modo de execução envolve terceiro que, tendo acesso privilegiado ao gabarito da prova, revela ao candidato de um concurso público as respostas aos quesitos, pratica, junto com o candidato beneficiário, o crime do art. 311-A (aquele, por divulgar, e este, por utilizar o conteúdo secreto em benefício próprio). Já nos casos em que o candidato, com ponto eletrônico no ouvido, se vale de terceiro expert para lhe revelar as alternativas corretas, permanece fato atípico (apesar de seu grau de reprovação social), pois os sujeitos envolvidos (candidato e terceiro) não trabalharam com conteúdo sigiloso (o gabarito continuou secreto para ambos).

140. Ob. cit., v.4, p. 378.
141. ROHC nº 7376/SC, Sexta Turma, Relator Ministro Fernando Gonçalves, transcrição parcial da ementa.
142. ROHC nº 4593/PR, Quinta Turma, Relator Ministro Jesus Costa Lima, transcrição parcial da ementa.

Em resumo:

Cola eletrônica	
valendo-se de conteúdo SIGILOSO	NÃO se valendo de conteúdo SIGILOSO
Crime, art. 311-A CP	Fato atípico

Nas mesmas penas incorre quem permite (dar liberdade) ou facilita (tornar mais fácil a execução), por qualquer meio, o acesso de pessoas não autorizadas às informações mencionadas no *caput*.

Destacamos, finalmente, a inexistência do crime na situação em que, passada a avaliação que caracteriza o certame, haja a divulgação do resultado a determinadas pessoas antes da formal publicação. Ainda que a divulgação seja indevida, não há o crime porque, encerrada a fase de avaliação dos candidatos, não existe possibilidade de alguém beneficiar a si ou a outrem, ou mesmo de comprometer a credibilidade do certame.

4. VOLUNTARIEDADE

É o dolo, consistente na vontade de praticar uma das condutas previstas no tipo, com o fim de beneficiar a si ou a outrem, ou de comprometer a credibilidade do certame.

Na hipótese do § 1º, basta o dolo, dispensando fim especial do agente.

A modalidade culposa é atípica.

5. CONSUMAÇÃO E TENTATIVA

Consuma-se com a simples prática dos núcleos (divulgar, utilizar, permitir ou facilitar o acesso ao conteúdo sigiloso) dispensando a obtenção da vantagem particular buscada pelo agente ou mesmo eventual dano à credibilidade do certame (crime formal ou de consumação antecipada).

Aliás, se da ação ou omissão resulta dano (material ou não) à administração pública, o crime será qualificado, com pena de 2 a 6 anos de reclusão, e multa.

A tentativa é admissível.

6. AÇÃO PENAL

A ação penal será pública incondicionada.

Título XI
DOS CRIMES CONTRA A ADMINISTRAÇÃO PÚBLICA

CAPÍTULO I – DOS CRIMES PRATICADOS POR FUNCIONÁRIO PÚBLICO CONTRA A ADMINISTRAÇÃO EM GERAL

1. INTRODUÇÃO

O Capítulo I do Título XI do Código Penal trata dos *crimes funcionais*, praticados por determinado grupo de pessoas – *funcionários públicos* – no exercício de sua função, associado ou não com pessoa alheia aos quadros administrativos, impregnando o correto funcionamento dos órgãos do Estado. A propósito, a Administração Pública em geral – direta, indireta e empresas privadas prestadoras de serviços públicos, contratadas ou conveniadas – será vítima primária e constante, podendo, secundariamente, figurar no polo passivo eventual administrado prejudicado.

Crimes dessa natureza afetam, sempre, a probidade administrativa, promovendo o desvirtuamento da Administração Pública nas suas várias camadas, ferindo, dentre outros, os princípios norteadores da *legalidade*, *impessoalidade*, *moralidade* e *eficiência*. O agente, representando o Estado, contraria uma norma, buscando com sua conduta, muitas vezes, fim obscuro e imoral, demonstrando nefasta ineficiência do seu serviço. Cuida-se de forma qualificada de desvio de poder, realizando o servidor desejo pessoal ou de terceiro – *interesse particular* –, gerando dano ou perigo de dano para a ordem administrativa. Como ensina Magalhães Noronha,

> "Perfunctório exame do Título XI do Código mostra que é no sentido lato que ele se refere à administração pública. Seguiu, neste particular, os Códigos Italiano e Argentino. A "Relazione Ministeriale" declarava precisamente: "O conceito de administração pública, no que diz respeito aos delitos, compreendidos neste título, é tomado no sentido mais amplo, compreensivo da atividade total do Estado e dos outros entes públicos. Portanto, com as normas que refletem os crimes contra a administração pública, é tutelada não só a atividade administrativa em sentido restrito, técnico, mas, sob certo aspecto, também a legislativa e a judiciária. Na verdade, a lei penal, neste título, prevê e persegue fatos que impedem ou perturbam o desenvolvimento regular da atividade do Estado e dos outros entes públicos".
>
> (...)

> Claro que o Código não prevê todas as ofensas aos interesses da administração pública. Ao lado do ilícito penal, há o ilícito administrativo: há faltas puramente administrativas que não possuem o vulto necessário para constituir delitos e que constituem, antes, objeto do Direito Penal disciplinar, o que não significa, entretanto, que a ilicitude não seja uma só. A diferença não é ontológica, mas apenas de grau ou quantidade, o mesmo devendo dizer-se da sanção. Toda vez que a ordem jurídica se contenta com sanção diversa da penal, não há razão para não ser aplicada, consoante princípio de economia do Direito. O problema é antes valorativo. Assim como a falta disciplinar é um *minus* em relação ao crime, a pena criminal não pode deixar de, correlatamente, ser um *plus* em relação à sanção disciplinar.
>
> Em suma: diferença é *quantitativa*. Cabe ao legislador a valorização do bem atingido, determinando qual a espécie de sanção: se penal ou administrativa"[1].

Doutrina Manzini que o objeto genérico da tutela penal dos crimes contra a administração em geral:

> "É o interesse público concernente ao normal funcionamento e ao prestígio da Administração Pública em sentido lato, naquilo que diz respeito à probidade, ao desinteresse, à capacidade, à competência, à disciplina, à fidelidade, à segurança, à liberdade, ao decoro funcional e ao respeito devido à vontade do Estado em relação a determinados atos ou relações da própria administração."[2].

O agente, representante de um poder estatal, tem por função principal cumprir regularmente seus deveres, confiados pelo povo. A traição funcional faz com que todos tenhamos interesse na sua punição, até porque, de certa forma, somos afetados por elas. Dentro desse espírito, mesmo quando praticado no estrangeiro, logo, fora do alcance da soberania nacional, o delito funcional será alcançado, obrigatoriamente, pela lei penal pátria (art. 7º, I, *c*, do CP).

Não bastasse, a Lei 10.763, de 12 de novembro de 2003, acrescentando mais um parágrafo ao art. 33 do Código Penal (§ 4º), condicionou a progressão de regime prisional nos crimes contra a Administração Pública à prévia reparação do dano causado, ou à devolução do produto do ilícito praticado, com os acréscimos legais.

Em que pese a edição desta regra, já sentimos no cenário jurídico nacional "o sopro forte da sua inconstitucionalidade". Perceberam alguns estudiosos que, ao contrário de outros dispositivos legais também relacionados com o ressarcimento do prejuízo (cf. arts. 78, § 2º; 81, II; 83, IV; 94, III, todos do Código Penal, e 89, § 1º, I, da Lei 9.099/95 etc.), aqui não foi ressalvada a hipótese da impossibilidade do retorno ao *status quo ante*.

1. Doutrinas Essenciais de Direito Penal. *Dos crimes contra a administração pública em nosso Código*. RT. vol. 6. p. 255/260. Out/2010.
2. Apud Pagliaro, Antonio; Costa Jr., Paulo José da. *Dos crimes contra a administração pública*, p. 21.

Ora, do exposto, entendem haver o legislador, no afã de responder com rapidez aos reclamos da sociedade, criado, indiretamente, uma proibição de progressão (vedação esta incabível até mesmo para os crimes hediondos e equiparados). Ousamos discordar. Na verdade a lei em comento não impede a progressão aos crimes funcionais, mas apenas acrescenta uma nova condição objetiva, de cumprimento obrigatório para que o reeducando conquiste o referido benefício. A ventilada ressalva, aqui omitida, pode perfeitamente ser integrada pela analogia, que, *in casu*, será *in bonam partem*.

2. CRIMES FUNCIONAIS. ESPÉCIES

Os delitos funcionais são divididos em duas espécies: *próprios* e *impróprios*.

Nos *crimes funcionais próprios (puros ou propriamente ditos)*, faltando a qualidade de funcionário público ao autor, o fato passa a ser tratado como um indiferente penal, não se subsumindo a nenhum outro tipo incriminador – *atipicidade absoluta* – *v.g.*, a prevaricação (art. 319 do CP).

Já nos *impróprios* (*impuros ou impropriamente ditos*) desaparecendo a qualidade de servidor do agente, desaparece também o crime funcional, operando-se, porém, a desclassificação da conduta para outro delito, de natureza diversa – *atipicidade relativa* – *v.g.*, peculato furto (art. 312, § 1º).

E, como lembra Cleber Masson:

> "Antonio Pagliaro e Paulo José da Costa Junior classificam os crimes funcionais como "delitos próprios com estrutura inversa": 'Os delitos funcionais dispõem, entretanto, entre os crimes próprios, de uma característica de todo particular. Neles, a qualificação subjetiva não precede o fato, mas deriva do sujeito por uma atividade que ele exercita no momento do fato. [...] Em outras palavras: o 'prius' lógico dos crimes funcionais é que o sujeito, na situação concreta, esteja exercitando uma função pública. Desse dado de fato deriva a qualificação de funcionário público, necessária à configuração dos crimes. Logo, os delitos funcionais podem ser classificados como 'delitos próprios com estrutura inversa', no sentido de que é necessário indagar sobre o fato antes de concluir que a qualificação subjetiva de funcionário público subsista realmente"[3].

3. CONCEITO DE FUNCIONÁRIO PÚBLICO PARA EFEITOS PENAIS

> **Art. 327**. Considera-se funcionário público, para os efeitos penais, quem, embora transitoriamente ou sem remuneração, exerce cargo, emprego ou função pública.
>
> § 1º Equipara-se a funcionário público quem exerce cargo, emprego ou função em entidade paraestatal, e quem trabalha para empresa prestadora de serviço contratada ou conveniada para a execução de atividade típica da Administração Pública.

3. Ob. cit., v. 3, p. 580.

> § 2º A pena será aumentada da terça parte quando os autores dos crimes previstos neste Capítulo forem ocupantes de cargos em comissão ou de função de direção ou assessoramento de órgão da administração direta, sociedade de economia mista, empresa pública ou fundação instituída pelo poder público.

Ensina-nos o Direito Administrativo que a Administração Pública, para exercer suas funções, lança mão dos agentes públicos, gênero de que são espécies:

a) os *funcionários públicos*, titulares de cargo público[4] efetivo, regidos por normas do Direito Administrativo;

b) os *empregados públicos*, jungidos ao regime da CLT;

c) os *servidores ocupantes de cargo em comissão*, providos sem concurso e regidos também pelo Direito Administrativo; e, por fim,

d) os *servidores temporários*, contratados sem concurso, por tempo determinado, para atender a necessidade temporária de excepcional interesse público, nos exatos termos do disposto no art. 37, IX, da CF.

Contudo, ao considerar o que seja *funcionário público* para fins penais, nosso Código Penal nos dá um conceito unitário, sem atender aos ensinamentos do Direito Administrativo, tomando a expressão no sentido amplo.

Dessa forma, para os efeitos penais, considera-se funcionário público não apenas o servidor legalmente investido em *cargo público*, mas também o que exerce *emprego público*, ou, de qualquer modo, uma *função pública*, ainda que de forma transitória, *v.g.*, o jurado, os mesários eleitorais etc.[5-6].

Como bem explica Heleno Cláudio Fragoso:

> "O Código Penal, afastando as controvérsias, determinou com segurança o que se deve entender, para os fins do direito penal, *intra poenia juris poenalis*, por funcionário público: quem, embora

4. Tratando-se de Prefeito Municipal, veremos que os delitos trazidos pelo art. 1º do Decreto-lei 201/67 (delitos praticados por prefeitos e seus substitutos), embora funcionais, se desvinculam dos delitos contra a Administração Pública definidos no Código Penal (arts. 312 a 326), constituindo figuras penais autônomas e específicas, derrogando as normas gerais (só aplicamos os tipos do CP quando inexistente, no referido Decreto-lei, tipos específicos).
5. Nos termos do que disposto no art. 135 da Lei 8.069/90 (Estatuto da Criança e do Adolescente), o exercício efetivo da função de conselheiro constituirá *serviço público relevante*.
6. Os titulares de cartórios de notas e de registro são considerados servidores públicos para fins penais, pois, por meio de concurso público, recebem delegação do poder público para atuação na esfera cartorária. Além disso, o art. 24 da Lei nº 8.935/94 estabelece que à responsabilidade criminal se aplicam, no que couber, as disposições relativas aos crimes contra a Administração Pública. O mesmo não ocorre com os funcionários dos respectivos cartórios, que são contratados livremente e não ocupam cargo público, ainda que se sujeitem, em certos aspectos, à legislação que regula a organização judiciária.

> transitoriamente e sem remuneração, exerce cargo, emprego ou função pública. Estão aí incluídos, portanto, não só os funcionários que desempenham cargos criados por lei, regularmente investidos e nomeados, remunerados pelos cofres públicos, como também os que exercem *emprego público* (contratados, mensalistas, diaristas, tarefeiros, nomeados a título precário), e, ainda, todos os que de qualquer forma exercem 'função pública'. É realmente o exercício de função pública o que caracteriza o funcionário público perante o direito penal."[7].

Porém, não se pode confundir função pública com encargo público (*munus publicum*), hipótese esta não abrangida pela expressão "funcionário público".

Aliás, nesta esteira de raciocínio, temos a sempre atual lição de Hungria:

> "É preciso, porém, não confundir função pública com múnus público. Assim não são exercentes de função pública os tutores ou curadores dativos, os inventariantes judiciais, os síndicos falimentares (estes últimos estão sujeitos a lei penal especial) etc."[8]-[9].

Nos termos do disposto no § 1º do art. 327, são equiparados ao funcionário público, para efeitos penais, quem exerce cargo, emprego ou função em entidade paraestatal[10], bem como quem trabalha para empresa prestadora de serviço contratada (concessionárias ou permissionárias de serviço público) ou conveniada para a execução de atividade típica da Administração Pública, *v.g.*, Santa Casa de Misericórdia.

Já que o Estado vem terceirizando seus serviços (desestatização), entendeu o legislador ser necessário ampliar o conceito de funcionário público por equiparação, incluindo, por meio da Lei 9.983/2000, aqueles que trabalham nas *empresas prestadoras de serviços contratadas ou conveniadas*. Desse modo, o fato de o Poder Público optar pela transferência para a iniciativa privada de bens e serviços não significa que ele esteja se eximindo de responsabilidades. Muito pelo contrário.

7. Ob. cit., v. 4, p. 877.
8. Ob. cit., v. 9, p. 402-403.
9. Para nós, o advogado contratado por meio de convênio entre a Procuradoria-Geral do Estado e a Ordem dos Advogados do Brasil, para atuar na justiça gratuita, exerce *encargo público* (e não função pública), não se ajustando ao conceito de funcionário público para fins penais. Há, no entanto, precedentes no STJ em sentido contrário, enquadrando referido profissional, atuando nessa qualidade (justiça gratuita), na definição do art. 327 (5.ª T., RHC 17.321/SP, rel. Min. Felix Fischer, DJ. 22/08/2005; 5.ª T., REsp 902.037/SP, rel. Min. Felix Fischer, DJ 06/08/2007; 5ª T, RHC 33.133, rel. Min. Jorge Mussi, DJe 05/06/2013); HC 264.459/SP, Rel. Min. Reynaldo Soares da Fonseca, DJe 16/03/2016).
10. Discute-se intensamente, no Direito Administrativo, o conceito de *entidade paraestatal*. Para Hely Lopes Meirelles, trata-se de empresas públicas, sociedades de economia mista e serviços sociais. Maria Sylvia Zanella di Pietro sustenta se tratar de serviços sociais e entidades do terceiro setor. Para Celso Antônio Bandeira de Mello, o conceito de *paraestatal* se restringe a entidades de índole colaborativa, sem finalidade de lucro. Por fim, José Cretella Júnior reduz o conceito às autarquias.

Tal equiparação não abrange, contudo, os funcionários atuantes em empresa contratada para prestar serviço *atípico* para a Administração Pública como, *v.g.*, uma empresa contratada para funcionar num cerimonial de recepção a um chefe de governo estrangeiro.

No § 2º está prevista uma causa de aumento de pena quando os autores dos crimes previstos neste capítulo forem ocupantes de cargos em comissão ou de função de direção[11] ou assessoramento de *órgão da administração direta, sociedade de economia mista, empresa pública* ou *fundação instituída pelo poder público* (não incluindo a *autarquia*).

Realmente aqui a conduta do servidor se mostra ainda mais censurável, demonstrando um atrevimento incomum. Da simples leitura do parágrafo em estudo, nasce a pergunta: será que prefeitos, governadores e presidente da República, quando autores de crimes funcionais, estão inevitavelmente compreendidos na majorante?

O Supremo Tribunal Federal, por maioria, entendeu que sim, seguindo a posição exarada pela Procuradoria-Geral da República em crime funcional envolvendo ex-governador de Estado.

A linha de raciocínio da decisão foi assim explicada pelo MIN. CARLOS VELLOSO (relator):

> "Neste caso, procurei realizar uma interpretação compreensiva do texto e não posso compreender que um mero exercente de função de comissão DAS [Direção e Assessoramento Superior] esteja sujeito à regra do § 2º do art. 327 do Código Penal e não o prefeito, o governador, o presidente da República: o agente político, enfim."[12].

Para a minoria, no entanto, não se aplica o aumento aos ocupantes de cargos eletivos (prefeitos, governadores ou presidente da República), vez que exercem a chefia do Poder Executivo, eleitos para mandato temporário, não se confundindo com servidores ocupantes de cargos em comissão ou de função de direção ou assessoramento de órgão da administração direta.

4. RESPONSABILIDADE EXTRAPENAL DA PESSOA JURÍDICA POR ATOS DE CORRUPÇÃO

A Lei 12.846/13 (em vigor a partir de fevereiro de 2014) dispõe a respeito da responsabilização administrativa e civil (**não criminal**) de pessoas jurídicas pela prática de atos contra a Administração Pública, nacional ou estrangeira. A Lei define os atos lesivos à Administração, resumidamente analisados a seguir:

11. Entendeu o STF que o art. 327, *caput*, do CP, ao conceituar funcionário público, abrangeria todos os que exercessem cargo, emprego ou função pública, no âmbito de qualquer dos poderes. Nesse ponto, ficou vencido o Min. Menezes Direito, que afastava a incidência do § 2º do art. 327 do CP, por não equiparar parlamentar a funcionário público, reconhecendo prescrito o delito na modalidade comissiva. No mérito, considerou-se que não estariam presentes os indícios de autoria e materialidade. Vencidos os Ministros Cezar Peluso e Marco Aurélio, que recebiam a denúncia (Inq. 2191/DF, rel. Min. Carlos Britto, 08.05.2008).
12. Inq. 1769-PA.

I – prometer, oferecer ou dar, direta ou indiretamente, vantagem indevida a agente público, ou a terceira pessoa a ele relacionada: Temos, nesta alínea, a corrupção ativa. A redação tem certa similitude com o crime do art. 333 do CP, mas também importantes diferenças.

Art. 5º. I, Lei 12.846/13	Art. 333 do CP
Corrupção ativa	Corrupção ativa
Pune as condutas *prometer, oferecer ou dar, direta ou indiretamente, vantagem indevida a agente público, ou a terceira pessoa a ele relacionada.*	Pune as condutas de *oferecer ou prometer vantagem indevida a funcionário público, para determiná-lo a praticar, omitir ou retardar ato de ofício.*
Tipifica a ação de "dar" vantagem indevida, em situação na qual a corrupção parte do servidor.	Não tipifica a ação de "dar".
Obs.: mirando a pessoa jurídica, dispensa elemento finalístico.	Obs.: exige finalidade especial do agente: *para determiná-lo [o agente público] a praticar, omitir ou retardar ato de ofício.*

De todos os meios pode valer-se o corruptor: palavras, atos, gestos, escritos etc. E ao se referir a *vantagem indevida*, entendemos que a lei buscou incriminar qualquer tipo de proveito proibido, ainda que não econômico e patrimonial.

Alertamos que a existência da corrupção ativa independe da passiva, isto é, a bilateralidade não é requisito indispensável.

Este ato lesivo se caracteriza no momento em que o servidor público (ou terceira pessoa a ele relacionada) toma conhecimento da oferta ou sua promessa, ainda que a recuse. Aliás, se a pessoa corrompida, em razão da vantagem dada, ofertada ou prometida, efetivamente pratica, omite ou retarda ato de ofício comercializado, há motivo para maior punibilidade do ato, justificando-se a agravação da sanção pelo dano maior causado à Administração Pública.

II – comprovadamente, financiar, custear, patrocinar ou de qualquer modo subvencionar a prática dos atos ilícitos previstos nesta Lei: Este inciso descreve como ato lesivo a contribuição, financeira ou patrimonial, da pessoa jurídica para a prática de atos ilícitos. Esclarece Marcio Pestana:

> "O legislador, contudo, sabendo que de antemão não poderia vislumbrar todas as possibilidades de condutas passiveis de serem previamente surpreendidas na rica realidade ontológica, recorreu à expressão "de qualquer modo subvencionar" para com ela abranger todas as maneiras, formas e todos os títulos pelos quais o agente ativo possa contribuir, financeira e patrimonialmente, para a ocorrência do ilícito, como o que se passa com o comodato de instrumentos eletrônicos para escutas, propiciando a prática do ato lesivo"[13].

13. *Lei Anticorrupção: Exame sistematizado da Lei nº 12.846/13*, p. 45-6.

III – comprovadamente, utilizar-se de interposta pessoa física ou jurídica para ocultar ou dissimular seus reais interesses ou a identidade dos beneficiários dos atos praticados: Temos aqui duas figuras tipificadas como atos lesivos à Administração Pública: i) *utilizar-se de interposta pessoa física ou jurídica para ocultar ou dissimular seus reais interesses*; ii) *utilizar-se de interposta pessoa física ou jurídica para ocultar ou dissimular a identidade dos beneficiários dos atos praticados.*

Nos dois casos o legislador abrange na tipificação o responsável pela estrutura de interposição.

IV – no tocante a licitações e contratos:

a) frustrar ou fraudar, mediante ajuste, combinação ou qualquer outro expediente, o caráter competitivo de procedimento licitatório público: O presente ato lesivo assemelha-se ao delito previsto no art. 90 da Lei 8.666/93, mas apresenta algumas (e importantes) diferenças:

Art. 5º. IV, "a", Lei 12.846/13	Art. 90, Lei 8.666/93
Busca impedir a fraude à competitividade nos certames públicos, situação na qual violam-se também a isonomia e o julgamento objetivo.	Busca impedir a fraude à competitividade nos certames públicos, situação na qual violam-se também a isonomia e o julgamento objetivo.
Pune, no tocante a licitações e contratos, *frustrar ou fraudar, mediante ajuste, combinação ou qualquer outro expediente, o caráter competitivo de procedimento licitatório público.*	Pune *frustrar ou fraudar, mediante ajuste, combinação ou qualquer outro expediente, o caráter competitivo do procedimento licitatório, com o intuito de obter, para si ou para outrem, vantagem decorrente da adjudicação do objeto da licitação.*
Obs.: almejando, principalmente, a punição da pessoa jurídica, dispensa finalidade especial.	Obs.: exige fim especial: *com o intuito de obter, para si ou para outrem, vantagem decorrente da adjudicação do objeto da licitação. Nesse sentido vem decidindo STF (STF, HC 116680 / DF, Segunda Turma, Rel. Min. TEORI ZAVASCKI, DJe de 12-02-2014) e STJ (STJ, AgRg nº 983.730/RS, Rel. Min. Napoleão Nunes Maia Filho, DJe de 04.05.2009).*

O espectro de incidência do dispositivo é amplo, alcançando, principalmente, o nefasto fenômeno do cartel nas licitações, em que empresas independentes, que atuam num mesmo ramo de atividade, organizam-se em loteamentos ou rodízios de forma a monopolizar o mercado, criando uma disputa artificial.

b) impedir, perturbar ou fraudar a realização de qualquer ato de procedimento licitatório público: O inciso em comento tem exatamente a mesma redação do crime tipificado no art. 93 da Lei 8.666/93:

Art. 5º IV, "b", Lei 12.846/13	Art. 93, Lei 8.666/93
Busca proteger a regularidade do procedimento licitatório.	Busca proteger a regularidade do procedimento licitatório.
Pune *impedir, perturbar ou fraudar a realização de qualquer ato de procedimento licitatório público.*	Pune *impedir, perturbar ou fraudar a realização de qualquer ato de procedimento licitatório.*

A Lei de Licitações garante: todos quantos participem de licitação promovida pelos *órgãos* ou entidades a que se refere o art. 1º têm direito público subjetivo *à* fiel observância do pertinente procedimento estabelecido na mesma Lei, podendo qualquer cidadão acompanhar o seu desenvolvimento, desde que não interfira de modo a perturbar ou impedir a realização dos trabalhos (art. 4º). Impedir, perturbar ou fraudar a realização de alguma fase do certame configura ato lesivo (e crime).

Deve ser alertado, no entanto, que as condutas de impedir ou perturbar somente ocorrem quando ausente justa causa, pois ações administrativas ou judiciais que suspendam ou anulem legitimamente o certame obviamente não se ajustam aos ilícitos em comento. Discorrendo sobre o tipo penal (lição que serve também para o ato lesivo), Vicente Greco Filho nos ensina:

> "o dispositivo contém, implícito, o elemento normativo sem justa causa ou indevidamente quanto ao impedir e o perturbar, porque há situações em que o impedimento ou perturbação são não só legítimos, mas necessários, como a utilização do mandado de segurança para suspender ou anular o procedimento viciado"[14].

c) afastar ou procurar afastar licitante, por meio de fraude ou oferecimento de vantagem de qualquer tipo: A figura em análise repete a redação do crime do art. 95 da Lei 8.666/93, com poucas diferenças:

Art. 5º. IV, "c", Lei 12.846/13	Art. 95, Lei 8.666/93
Quer o legislador proteger a livre concorrência e a lisura do certame, e outros princípios basilares da licitação.	Quer o legislador proteger a livre concorrência e a lisura do certame, e outros princípios basilares da licitação.
Pune *afastar ou procurar afastar licitante* [administrado interessado em participar do certame], *por meio de fraude ou oferecimento de vantagem de qualquer tipo.*	Pune *afastar ou procurar afastar licitante* [administrado interessado em participar do certame], *por meio de violência, grave ameaça, fraude ou oferecimento de vantagem de qualquer tipo.*
Obs.: mirando a pessoa jurídica, o ato lesivo não prevê como modo de agir a violência ou grave ameaça. Mas, se as pessoas físicas direta ou indiretamente ligadas aos entes coletivos empregarem violência para afastar licitante, certamente sua conduta, além da infração penal aos agentes, sujeitará a pessoa jurídica a sanções desta Lei, considerando que o rol de atos do art. 5º é, como veremos, meramente exemplificativo.	Obs.: tem como um dos meios de ação a violência e grave ameaça.

O ato de afastar o interessado em participar do certame poderá ocorrer em qualquer fase do processo licitatório. Configura o ato lesivo (e o crime respectivo), por exemplo, oferecer vantagem para empresa concorrente retirar a sua proposta, afastando-se do processo logo no seu nascedouro, ou para, quando regularmente convocada, não assinar o contrato.

14. *Dos crimes da Lei de Licitações, p. 35.*

A empresa subornada, que se absteve ou desistiu de participar do processo licitatório, de qualquer modo concorre para o ato lesivo, devendo sofrer os mesmos consectários da empresa subornadora, administrativa e civilmente. E não enxergamos espaço para outra conclusão, já que o art. 95, parágrafo único, da Lei de Licitações, manda responsabilizar penalmente as pessoas físicas responsáveis pelo ato das duas empresas.

Por fim, não se pode confundir a figura lesiva descrita no art. 5º, IV, "a" (*frustrar ou fraudar, mediante ajuste, combinação ou qualquer outro expediente, o caráter competitivo de procedimento licitatório público)* com esta de que estamos tratando (*afastar ou procurar afastar licitante, por meio de fraude ou oferecimento de vantagem de qualquer tipo*). Aqui se atinge o comportamento praticado diretamente perante o terceiro; lá, o ajuste é ignorado pelo terceiro, cuja exclusão obtém-se mediante ajuste, combinação ou outro expediente.

d) fraudar licitação pública ou contrato dela decorrente: Este tipo de ato lesivo reproduz, em parte, o art. 96, *caput*, da Lei 8.666/93:

Art. 5º. IV, "d", Lei 12.846/13	Art. 96, Lei 8.666/93
Quer o legislador proteger a lisura dos atos e contratos administrativos.	Quer o legislador proteger a lisura dos atos e contratos administrativos.
Pune *fraudar licitação pública ou contrato dela decorrente.*	Pune *fraudar, em prejuízo da Fazenda Pública, licitação instaurada para aquisição ou venda de bens ou mercadorias, ou contrato dela decorrente:* *I – elevando arbitrariamente os preços;* *II – vendendo, como verdadeira ou perfeita, mercadoria falsificada ou deteriorada;* *III – entregando uma mercadoria por outra;* *IV – alterando substância, qualidade ou quantidade da mercadoria fornecida;* *V – tornando, por qualquer modo, injustamente, mais onerosa a proposta ou a execução do contrato.*
Obs.: o ato lesivo é de execução livre, podendo abranger qualquer dos comportamentos referidos no art. 96 da Lei 8.666/93 (o licitante eleva os preços avençados, vende produto inadequado ou o substitui por outro, altera a sua substância, qualidade ou quantidade ou, ainda, torna mais onerosa a proposta ou a execução do contrato) ou qualquer outra espécie de fraude que atinja licitações e contratos[15].	Obs.: o crime é de execução vinculada, pressupondo uma das cinco condutas descritas nos incisos do art. 96.

15. A amplitude da presente alínea acaba reforçando a natureza meramente exemplificativa do art. 5º.

Sabendo que no Direito Administrativo, diferentemente do Penal, a tarefa de ajustar o fato à regra não exige a observância da tipicidade determinada, concordamos com Marcio Pestana quando anota:

> "o preceptivo volta-se para surpreender a fraude cometida no âmbito do processo licitatório, a nosso ver atingindo a licitação efetivamente realizada como as contratações diretas, ou seja, aquelas que prescindem da realização da licitação no que se convenciona chamar licitação dispensada, dispensável ou inexigível.
>
> Sendo assim, as fraudes cometidas em relação aos contratos celebrados pela Administração Pública que sejam consequentes à realização do certame licitatório ou, mesmo, da sua não realização (contratações diretas), também serão consideradas condutas lesivas passiveis de sofrerem o apenamento preconizado pela Lei Anticorrupção"[16].

e) criar, de modo fraudulento ou irregular, pessoa jurídica para participar de licitação pública ou celebrar contrato administrativo: Insere-se nesta alínea a criação de empresas "fantasmas" (que de fato não existem) ou de fachada/fundo de quintal (existem de fato, mas sem capacidade técnica e/ou financeira para a execução dos servidos contratados). Estão sendo tipificados, no caso, atos preparatórios, que dispensam a prática de qualquer ato lesivo pela empresa ilegal. A sua criação, por si só, já representa um ato de perigo aos interesses da Administração Pública. Nesse sentido, aliás, ensina Jefferson Aparecido Dias:

> "Note-se que, no presente caso, a Lei Anticorrupção não exige que a empresa fantasma pratique qualquer fraude, pois a sua simples criação de forma fraudulenta já constitui um ato de corrupção passível de sanção, o que, evidentemente, representa um grande avanço na repressão de tais condutas"[17].

f) obter vantagem ou benefício indevido, de modo fraudulento, de modificações ou prorrogações de contratos celebrados com a Administração Pública, sem autorização em lei, no ato convocatório da licitação pública ou nos respectivos instrumentos contratuais: O tipo em comento assemelha-se ao crime previsto no art. 92 da Lei 8.666/93, mas apresenta redação mais enxuta:

Art. 5º. IV, "f", Lei 12.846/13	Art. 92, Lei 8.666/93
Busca proteger a lealdade, a isonomia e a concorrência nos certames.	Busca proteger a lealdade, a isonomia e a concorrência nos certames.
Pune *obter vantagem ou benefício indevido, de modo fraudulento, de modificações ou prorrogações de contratos celebrados com a Administração Pública, sem autorização em lei, no ato convocatório da licitação pública ou nos respectivos instrumentos contratuais.*	Pune *admitir, possibilitar ou dar causa a qualquer modificação ou vantagem, inclusive prorrogação contratual, em favor do adjudicatário, durante a execução dos contratos celebrados com o Poder Público, sem autorização em lei, no ato convocatório da licitação ou nos respectivos instrumentos*

16. Ob. cit. p. 52 .
17. *Lei Anticorrupção*, p. 106 .

Art. 5º. IV, "f", Lei 12.846/13	Art. 92, Lei 8.666/93
	contratuais, ou, ainda, pagar fatura com preterição da ordem cronológica de sua exigibilidade, observado o disposto no art. 121 desta Lei. *Incide na mesma pena o contratado que, tendo comprovadamente concorrido para a consumação da ilegalidade, obtém vantagem indevida ou se beneficia, injustamente, das modificações ou prorrogações contratuais* (parágrafo único do art. 92).

Após a adjudicação, a regra é a de que o contrato celebrado pela Administração deve ser cumprido tal como negociado (art. 66 da Lei 8.666/93). A alteração do contrato é medida excepcional (art. 65 da Lei 8.666/93). Qualquer alteração contratual deve, obviamente, ser motivada pela autoridade administrativa, e fica vinculada aos fundamentos alegados.

Em caso de modificação, parece necessário verificar se ocorreu dentro do objetivo inicialmente pactuado ou se, ao contrário, implicou em novo objeto. Nesse tanto, merecem ser lembradas as súmulas 260 e 261 do Tribunal de Contas da União:

"É dever do gestor exigir apresentação de Anotação de Responsabilidade Técnica – ART referente a projeto, execução, supervisão e fiscalização de obras e serviços de engenharia, com indicação do responsável pela elaboração de plantas, orçamento-base, especificações técnicas, composições de custos unitários, cronograma físico-financeiro e outras peças técnicas" (260).

"Em licitações de obras e serviços de engenharia, é necessária a elaboração de projeto básico adequado e atualizado, assim considerado aquele aprovado com todos os elementos descritos no art. 6º, inciso IX, da Lei nº 8.666, de 21 de junho de 1993, constituindo prática ilegal a revisão de projeto básico ou a elaboração de projeto executivo que transfigurem o objeto originalmente contratado em outro de natureza e propósito diversos" (261).

Não se admite, por óbvio, que em caso de modificação seja inserido objeto novo no anteriormente pactuado. A contratação assim feita equivalerá à contratação sem licitação.

g) manipular ou fraudar o equilíbrio econômico-financeiro dos contratos celebrados com a Administração Pública: O equilíbrio financeiro entre Administração e contratado é mandamento constitucional (art. 37, XXI), previsto, ainda, no art. 65 da Lei de Licitações. A importância dessa equação nos contratos de que participa a Administração está bem delineada nas lições de Celso Antônio Bandeira de Mello:

> "Aliás, a garantia do contratado ao equilíbrio econômico-financeiro do contrato administrativo não poderia ser afetada nem mesmo por lei. É que resulta de dispositivo constitucional, o art. 37, XXI, pois, de acordo com seus termos, obras, serviços, compras e alienações serão contratados com cláusulas que estabeleçam obrigações de pagamento, mantidas as condições efetivas da proposta. É evidente que, para serem mantidas as efetivas condições das propostas

> (constantes da oferta vencedora do certame licitatório que precede o contrato), a Administração terá de manter íntegra a equação econômico-financeira inicial. (...) De outra parte, o equilíbrio econômico-financeiro está obrigado, ainda, por outro dispositivo constitucional: o art. 5º, XXXVI, segundo o qual 'a lei não prejudicará o direito adquirido, o ato jurídico perfeito e a coisa julgada'. A equação econômico-financeira contratual é um direito adquirido do contratado, de tal sorte que normas a ele sucessivas não poderiam afetá-lo"[18].

V – dificultar atividade de investigação ou fiscalização de órgãos, **entidades ou agentes públicos, ou intervir em sua atuação, inclusive no** âmbito **das agências reguladoras e dos** órgãos **de fiscalização do sistema financeiro nacional:** O inciso de encerramento do art. 5º pune duas condutas praticadas por pessoa jurídica: i) a obstrução, mediante qualquer meio, da investigação ou fiscalização de órgãos, entidades ou agentes públicos; ii) intervir em sua atuação, inclusive no âmbito das agências reguladoras e dos órgãos de fiscalização do sistema financeiro nacional.

Não sem razão, alerta Marcio Pestana:

> "Embora a responsabilidade da pessoa jurídica se dê de maneira objetiva, conforme já podemos antes examinar, é evidente que as condutas atingidas por este dispositivo deverão resultar da implementação, concreta, de condutas dolosas e culposas no seu grau mais elevado, dado que obstar ou interferir na investigação só poderá resultar de agir desejado (dolo) ou negligentemente implementado (culpa)"[19].

Como se nota, a Lei em comento pune não apenas os atos de corrupção propriamente ditos (dar, oferecer ou prometer indevida vantagem), mas também toda uma série de comportamentos violadores de regras e princípios da Administração Pública, distintos da comercialização do ato funcional, destacando-se, em especial, as fraudes nos certames públicos.

Já se discute se o rol de atos lesivos é exaustivo ou meramente exemplificativo. Pensamos ser exemplificativo, podendo a lei ser aplicada em qualquer caso em que se nota ato praticado para beneficiar a empresa antiética, desde que à custa do patrimônio (mesmo que imaterial) da Administração Pública, nacional ou estrangeira, contra os princípios da administração ou violando compromissos internacionais assumidos pelo nosso país. Não custa lembrar que no Direito Administrativo, diferentemente do Penal, a tarefa de ajustar o fato à regra não exige a observância da tipicidade determinada. Nesse mesmo sentido, Jefferson Aparecido Dias:

> "Num primeiro momento, diante do uso da expressão 'assim definidos' no final do caput do art. 5º, poder-se-ia defender que se

18. *Curso de Direito Administrativo,* p. 615.
19. Ob. cit. p. 56.

> trata de rol taxativo, que inadmite extensão e que exige a ocorrência de tipicidade para justificar a aplicação das sanções previstas na lei. Realmente, se for comparada a expressão utilizada com aquela constante da Lei de Improbidade Administrativa, a conclusão pela taxatividade do rol é quase que automática. Nesse sentido se posicionam Marco Vinicio Petrelluzzi e Rubens Naman Rizek Júnior. (...) No entanto, analisando cada um dos incisos e alíneas do mencionado art. 5º, é possível sustentar que o rol é exemplificativo e admite aplicação extensiva, uma vez que em vários momentos são utilizadas expressões como 'qualquer outro expediente' ou 'vantagem de qualquer tipo', etc."[20].

As condutas acima elencadas ensejam a responsabilização administrativa, consistente em multa e publicação extraordinária da sentença condenatória (art. 6º).

A primeira sanção anunciada no artigo em comento é a multa, que pode variar de 0,1% (um décimo por cento) a 20% (vinte por cento) do faturamento[21] bruto do último exercício anterior ao da instauração do processo administrativo, excluídos os tributos, não podendo jamais ser inferior à vantagem auferida, quando for possível sua estimação. Não sendo possível utilizar o critério do valor do faturamento bruto da pessoa jurídica, a multa será de R$ 6.000,00 (seis mil reais) a R$ 60.000.000,00 (sessenta milhões de reais). Apesar do aparente silêncio da norma, também aqui parece evidente que a multa não pode ficar aquém da vantagem auferida pela empresa condenada.

A multa, como manda o art. 24 da Lei 12.426/13, será destinada preferencialmente aos órgãos ou entidades públicas lesadas.

A segunda espécie de sanção anunciada pelo art. 6º da Lei 12.846/13 é a publicação extraordinária da decisão condenatória e ocorrerá na forma de extrato de sentença,

---

20. Ob. cit., p. 97.
21. Como bem assinala Jorge Munhos de Souza (*Lei Anticorrupção*, p. 142), "andou mal o legislador ao se referir apenas ao faturamento, sem permitir que a multa incidisse também sobre a receita bruta, o que promete reacender diversas discussões já enfrentadas pelo STF quando da análise de questionamentos sobre a constitucionalidade da equiparação legal dos conceitos de faturamento e receita bruta pela legislação tributária do PIS/ COFINS. Ainda que haja quem defenda que no julgamento da ADC 1 o STF tenha equiparado, para efeitos fiscais, o conceito de faturamento e receita bruta, não nos parece acertada a conclusão. Isso porque, naquele julgamento, o STF reconheceu a equivalência ao faturamento apenas da 'receita bruta proveniente de venda de mercadorias e serviços', o que, de fato, é extremamente menos abrangente do que 'a totalidade das receitas auferidas'. Desta forma, o conceito de faturamento, para fins de aplicação da multa, deve, em uma primeira aproximação, levar em consideração o produto da venda de mercadorias e serviços. Mas, em consonância com a tendência jurisprudencial do STF, também será possível incluir como faturamento 'o produto de todo o rol das demais atividades que integram o objeto social da empresa'. Assim, poderão ser incluídos no conceito de faturamento o produto proveniente da realização do objeto social das seguradoras e a locação de bens móveis e imóveis (quando constituírem o objeto social da empresa). Por sua vez, devem ser excluídos do conceito de faturamento o resultado proveniente de receitas financeiras por empresas que não sejam instituições financeiras".

a expensas da pessoa jurídica, em meios de comunicação de grande circulação na área da prática da infração e de atuação da pessoa jurídica ou, na sua falta, em publicação de circulação nacional, bem como por meio de afixação de edital, pelo prazo mínimo de 30 (trinta) dias, no próprio estabelecimento ou no local de exercício da atividade, de modo visível ao público, e no sítio eletrônico na rede mundial de computadores.

Qual será o propósito desta sanção? Será útil (eficaz)? Marcio Pestana responde:

> "De pronto, para confessar, à posterioridade, a indiscutível ineficácia de a publicação ser realizada em Diários Oficiais, os quais, como se sabe, cumprem a ficção da publicidade, mas convivem com a ineficácia de divulgação do conteúdo; sob outro prisma, para colocar o guizo de *condenada* na pessoa jurídica em questão, com isso completando o rol de sanções que devam ser endereçadas em desfavor da infratora, no ponto, acarretando a desaprovação da aprovação pública, e comprometendo, negativamente, a sua própria imagem, de seus administradores e, reflexamente, dos seus acionistas ou sócios controladores; além disso, para divulgar, à coletividade, que a Administração Pública encontra-se eficazmente combatendo a corrupção no país, consequentemente, lançando às forças produtivas a sombria ameaça de que a norma foi produzida para ser efetivamente exigível, e não *para inglês ver*, expressão, lamentavelmente, até corriqueiramente, ouvida no país; finalmente, para desestimular agentes públicos de praticarem atos de corrupção, pois, tendo ciência das apurações e das condenações impostas pela *Lei Anticorrupção*, consequentemente tendem a mais e mais refrear – para aqueles titubeantes em respeitar os nobres valores humanos –, eventuais ímpetos subalternos de enriquecerem-se ilicitamente"[22].

Na dosimetria das penas (de multa e publicação da condenação), que podem ser aplicadas isolada ou cumulativamente, o julgador, atento aos princípios da individualização da sanção e da proporcionalidade, deve considerar as peculiaridades do caso concreto, a gravidade e a natureza das infrações (art. 6º, §1º), em conjunto com as circunstâncias objetivas e subjetivas elencadas no art. 7º, quais sejam:

I – a gravidade da infração (redundante, pois já prevista no art. 6º, § 1º);

II – a vantagem auferida ou pretendida pelo infrator;

III – a consumação ou não da infração;

IV – o grau de lesão ou perigo de lesão;

V – o efeito negativo produzido pela infração;

VI – a situação econômica do infrator;

VII – a cooperação da pessoa jurídica para a apuração das infrações;

22. Ob. cit. p. 59.

VIII – a existência de mecanismos e procedimentos internos de integridade, auditoria e incentivo à denúncia de irregularidades e a aplicação efetiva de códigos de ética e de conduta no âmbito da pessoa jurídica;

IX – o valor dos contratos mantidos pela pessoa jurídica com o órgão ou entidade pública lesados.

Do mesmo modo que não se deseja a hipertrofia da punição, não se admite a proteção deficiente do Estado na tutela da Administração Pública (nacional ou estrangeira). O tipo e o *quantum* da pena devem ser suficientes na retribuição do ato lesivo cometido e na prevenção da reincidência. Deve o julgador, em suma, perseguir a punição eficaz (eficiente), como preconizado na Convenção da ONU de Combate à Corrupção (art. 26.4).

A Lei igualmente estabelece o procedimento para a responsabilização administrativa (arts. 8º a 15) e disciplina o acordo de leniência (arts. 16 e 17), possibilidade que detém a empresa diretamente envolvida em ato lesivo à Administração Pública de temperar os rigores das penalidades legais, desde que, de forma eficaz, auxilie na identificação de eventuais outros envolvidos na infração e na obtenção célere de informações e documentos que comprovem o ilícito sob apuração.

Trata-se de poderoso instrumento de combate aos atos lesivos perpetrados em face do patrimônio (material e imaterial) da Administração Pública (nacional ou estrangeira), sobretudo quando, com sua concretização, se possa evitar que outras infrações se repitam e que cesse o curso daquelas que estão em marcha. Em muitos casos, considerando os obstáculos decorrentes da própria natureza das pessoas jurídicas e de estruturas empresariais cada vez mais complexas, sem esse acordo ficaria quase impossível entender com exatidão os fatos e identificar com precisão os responsáveis.

O ajuste somente poderá ser celebrado se preenchidos, cumulativamente, os seguintes requisitos: *I – a pessoa jurídica seja a primeira a se manifestar sobre seu interesse em cooperar para a apuração do ato ilícito; II – a pessoa jurídica cesse completamente seu envolvimento na infração investigada a partir da data de propositura do acordo; III – a pessoa jurídica admita sua participação no ilícito e coopere plena e permanentemente com as investigações e o processo administrativo, comparecendo, sob suas expensas, sempre que solicitada, a todos os atos processuais, até seu encerramento.*

Em resumo, o rol de benefícios disponíveis para a empresa colaboradora se resume a: a) reduzir a multa administrativa em até 2/3; b) isentar da penalidade administrativa de publicação da sentença condenatória nos meios de comunicação; c) evitar a proibição de receber incentivos, subsídios, subvenções, doações ou empréstimos de órgãos ou entidades públicas e de instituições financeiras públicas ou controladas pelo poder público, pelo prazo mínimo de 1 (um) e máximo de 5 (cinco) anos.

O art. 17 da Lei 12.846/13 reconhece a possibilidade de a Administração Pública também celebrar acordo de leniência com a pessoa jurídica responsável pela prática de ilícitos previstos na Lei de Licitações, com vistas à isenção ou atenuação das sanções administrativas estabelecidas em seus arts. 86 a 88.

A Lei ainda destaca que a responsabilidade administrativa não afasta a possibilidade de punição na esfera judicial (art. 18), nem impede as sanções decorrentes de ato de improbidade e da Lei nº 8.666/93 (art. 30). É que a partir do mesmo fato ilícito podem ser aplicadas cumulativamente sanções de naturezas diversas (civil, administrativa e penal). Não há que se falar, nesse cenário, em *bis in idem* ou plural valoração do mesmo fato em prejuízo da pessoa implicada.

O art. 19 anuncia a possibilidade de ajuizamento de ação cível de responsabilização da pessoa jurídica por ato lesivo à Administração Pública (nacional ou estrangeira), conferindo legitimidade ativa concorrente e disjuntiva à União, aos Estados, ao Distrito Federal e aos Municípios, por meio das respectivas Advocacias Públicas ou órgãos de representação judicial, ou equivalentes, e ao Ministério Público. As sanções, neste caso, consistem em: *I – perdimento dos bens, direitos ou valores que representem vantagem ou proveito direta ou indiretamente obtidos da infração, ressalvado o direito do lesado ou de terceiro de boa-fé; II – suspensão ou interdição parcial de suas atividades; III – dissolução compulsória da pessoa jurídica; IV – proibição de receber incentivos, subsídios, subvenções, doações ou empréstimos de* órgãos *ou entidades públicas e de instituições financeiras públicas ou controladas pelo poder público, pelo prazo mínimo de 1 (um) e máximo de 5 (cinco) anos.*

Destaca-se, ademais, que a Lei 12.846/13 cria, no âmbito do Poder Executivo federal, o Cadastro Nacional de Empresas Punidas – CNEP (art. 22) e determina que os órgãos e entidades dos Poderes Executivo, Legislativo e Judiciário de todas as esferas devem informar e manter atualizados, para fins de publicidade, no Cadastro Nacional de Empresas Inidôneas e Suspensas – CEIS, os dados relativos às sanções administrativas, por eles aplicadas, que decorrerem dos arts. 87 e 88 da Lei nº 8.666/93. Por fim, estabelece o art. 25 que as infrações de que trata esta Lei prescrevem em cinco anos, contados da data da ciência da infração ou, no caso de infração permanente ou continuada, do dia em que houver cessado. A celebração do acordo de leniência interrompe este prazo prescricional.

Por fim, sintetizamos as seguintes distinções entre as Leis 12.846/13 e 8.429/92:

Lei de Improbidade Administrativa (LIA)	Lei Anticorrupção Empresarial(LAE)
Lei 8.429/92	Lei 12.846/13
Finalidade Repressão de atos ímprobos, praticados por agentes públicos e eventuais particulares contra a Administração Pública nacional.	**Finalidade** Combate atos lesivos à Administração Pública (nacional ou estrangeira) praticados por particulares ou particulares e agentes públicos.
Sujeitos ativos Quaisquer agentes públicos, associados ou não com particulares.	**Sujeitos ativos** Quaisquer pessoas físicas ou jurídicas.
ATENÇÃO: a configuração do ato de improbidade depende da presença de, pelo menos, um agente público como autor, coautor ou partícipe.	**ATENÇÃO:** não exige a presença de agente público como autor, coautor ou partícipe.

Lei de Improbidade Administrativa (LIA)	Lei Anticorrupção Empresarial(LAE)
Sujeitos passivos Quaisquer órgãos da Administração Pública direta ou indireta *nacionais*. Igualmente podem ser vítimas as entidades privadas para cuja criação ou custeio o erário haja concorrido ou concorra com mais de 50% do patrimônio ou da receita anual.	**Sujeitos passivos** Os mesmos órgãos da Administração Pública, direta ou indireta, nacionais ou *estrangeiras*. Embora não previstas expressamente em lei, também podem ser vítimas as organizações internacionais financiadas ou mantidas com recursos públicos, como o MERCOSUL, Banco Mundial, ONU etc.
Condutas O art. 9° anuncia uma série de atos de improbidade administrativa que importem enriquecimento ilícito, isto é, auferir qualquer tipo de vantagem patrimonial indevida em razão do exercício de cargo, mandato, função, emprego atividade nas entidades mencionadas no art. 1° desta lei. O art. 10, por sua vez, elenca rol de atos de improbidade administrativa que causam lesão ao erário, isto é, qualquer ação ou omissão, dolosa ou culposa, que enseje perda patrimonial, desvio, apropriação, malbaratamento ou dilapidação dos bens ou haveres das entidades referidas no art. 1º desta lei. O art. 11 rotula como ato de improbidade administrativa aquele que atenta contra os princípios da administração pública, isto é, qualquer ação ou omissão que viole os deveres de honestidade, imparcialidade, legalidade, e lealdade às instituições.	**Condutas** Reza o art. 5º constituírem atos lesivos à administração pública, nacional ou estrangeira, para os fins desta Lei, todos aqueles praticados pelas pessoas jurídicas mencionadas no parágrafo único do art. 1º, que atentem contra o patrimônio público nacional ou estrangeiro, contra princípios da administração pública ou contra os compromissos internacionais assumidos pelo Brasil, assim definidos: I – prometer, oferecer ou dar, direta ou indiretamente, vantagem indevida a agente público, ou a terceira pessoa a ele relacionada; II – comprovadamente, financiar, custear, patrocinar ou de qualquer modo subvencionar a prática dos atos ilícitos previstos nesta Lei; III – comprovadamente, utilizar-se de interposta pessoa física ou jurídica para ocultar ou dissimular seus reais interesses ou a identidade dos beneficiários dos atos praticados; IV – no tocante a licitações e contratos: a) frustrar ou fraudar, mediante ajuste, combinação ou qualquer outro expediente, o caráter competitivo de procedimento licitatório público; b) impedir, perturbar ou fraudar a realização de qualquer ato de procedimento licitatório público; c) afastar ou procurar afastar licitante, por meio de fraude ou oferecimento de vantagem de qualquer tipo; d) fraudar licitação pública ou contrato dela decorrente; e) criar, de modo fraudulento ou irregular, pessoa jurídica para participar de licitação pública ou celebrar contrato administrativo;

Lei de Improbidade Administrativa (LIA)	Lei Anticorrupção Empresarial(LAE)
	f) obter vantagem ou benefício indevido, de modo fraudulento, de modificações ou prorrogações de contratos celebrados com a administração pública, sem autorização em lei, no ato convocatório da licitação pública ou nos respectivos instrumentos contratuais; ou g) manipular ou fraudar o equilíbrio econômico-financeiro dos contratos celebrados com a administração pública; V – dificultar atividade de investigação ou fiscalização de órgãos, entidades ou agentes públicos, ou intervir em sua atuação, inclusive no âmbito das agências reguladoras e dos órgãos de fiscalização do sistema financeiro nacional.
Sanções I – nas hipóteses do art. 9º da Lei, perda dos bens ou valores acrescidos ilicitamente ao patrimônio, ressarcimento integral do dano, quando houver, perda da função pública, suspensão dos direitos políticos de oito a dez anos, pagamento de multa civil de até três vezes o valor do acréscimo patrimonial e proibição de contratar com o Poder Público ou receber benefícios ou incentivos fiscais ou creditícios, direta ou indiretamente, ainda que por intermédio de pessoa jurídica da qual seja sócio majoritário, pelo prazo de dez anos; II – nas hipóteses do art. 10, ressarcimento integral do dano, perda dos bens ou valores acrescidos ilicitamente ao patrimônio, se concorrer esta circunstância, perda da função pública, suspensão dos direitos políticos de cinco a oito anos, pagamento de multa civil de até duas vezes o valor do dano e proibição de contratar com o Poder Público ou receber benefícios ou incentivos fiscais ou creditícios, direta ou indiretamente, ainda que por intermédio de pessoa jurídica da qual seja sócio majoritário, pelo prazo de cinco anos; III – nas hipóteses do art. 11, ressarcimento integral do dano, se houver, perda da função pública, suspensão dos direitos políticos de três a cinco anos, pagamento de multa civil de até cem vezes o valor da remuneração percebida pelo agente e proibição de contratar com o Poder Público ou receber benefícios ou incentivos fiscais ou creditícios, direta ou indiretamente, ainda que por intermédio de pessoa jurídica da qual seja sócio majoritário, pelo prazo de três anos.	**Sanções** Presentes os atos lesivos do art. 5º, cabem sanções administrativas e civis. As sanções **administrativas** são: I – multa, no valor de 0,1% (um décimo por cento) a 20% (vinte por cento) do faturamento bruto do último exercício anterior ao da instauração do processo administrativo, excluídos os tributos, a qual nunca será inferior à vantagem auferida, quando for possível sua estimação; e II – publicação extraordinária da decisão condenatória. Estas sanções podem ser aplicadas administrativa (respeito o devido processo legal) ou judicialmente (em caso de inércia do órgão administrativo). As sanções **civis** são: I – perdimento dos bens, direitos ou valores que representem vantagem ou proveito direta ou indiretamente obtidos da infração, ressalvado o direito do lesado ou de terceiro de boa-fé; II – suspensão ou interdição parcial de suas atividades; III – dissolução compulsória da pessoa jurídica; IV – proibição de receber incentivos, subsídios, subvenções, doações ou empréstimos de órgãos ou entidades públicas e de instituições financeiras públicas ou controladas pelo poder público, pelo prazo mínimo de 1 (um) e máximo de 5 (cinco) anos. Estas só podem ser aplicadas judicialmente.

Lei de Improbidade Administrativa (LIA)	Lei Anticorrupção Empresarial(LAE)
As sanções pressupõem dolo ou culpa do agente, não admitindo responsabilidade objetiva.	Em que pese certa controvérsia, prevalece que a responsabilidade civil e administrativa da empresa é objetiva, dispensando análise de dolo ou culpa. Já a dos empresários (ou outras pessoas físicas que concorrem para o ato), a responsabilidade é subjetiva (art. 3º).

5. TIPOS PENAIS. PECULATO

O crime de peculato é tipificado no nosso Estatuto Penal de diversas formas, subdividindo-se em:

a) Peculato apropriação (art. 312, *caput*, 1ª parte);

b) Peculato desvio (art. 312, *caput*, 2ª parte);

c) Peculato furto (art. 312, § 1º);

d) Peculato culposo (art. 312, § 2º);

e) Peculato mediante erro de outrem (peculato-estelionato – art. 313);

f) Peculato eletrônico (arts. 313-A e 313-B).

Vejamos no que consiste cada uma dessas figuras.

6. PECULATO APROPRIAÇÃO E DESVIO (PECULATO PRÓPRIO)

▶ ***Peculato apropriação e desvio (peculato próprio)***

Art. 312. Apropriar-se o funcionário público de dinheiro, valor ou qualquer outro bem móvel, público ou particular, de que tem a posse em razão do cargo, ou desviá-lo, em proveito próprio ou alheio:

Pena – reclusão, de 2 (dois) a 12 (doze) anos, e multa.

6.1. Considerações iniciais

Lembram Antonio Pagliaro e Paulo José da Costa Junior:

> "Anteriormente à invenção da moeda, carneiros e bois (*pecus*) eram objeto de comércio, por constituírem a expressão da riqueza. Daí o nome *peculatus*, derivado de *pecus*, consistente na subtração de coisas pertencentes ao Estado. O direito romano promoveu o peculato a crime autônomo não em razão da qualidade do sujeito agente, que podia ser funcionário público ou particular, mas pela condição da coisa desviada ou subtraída, que era uma coisa pública (*res publicae*) ou sagrada (*res sacrae*), uma vez que bois e carneiros eram destinados aos sacrifícios em homenagem aos deuses pagãos"[23].

A pena cominada ao delito não admite nenhum dos benefícios da Lei 9.099/95.

23. *Dos crimes contra a Administração Pública*, p. 36.

6.2. Sujeitos do crime

Distanciando-se da sua origem, o peculato somente pode ser cometido por funcionário público, entendido este no sentido mais amplo trazido pelo art. 327 do CP. Mesmo o servidor aposentado, se conserva consigo a posse de bem ilegalmente apropriado durante o exercício e em razão do cargo antes ocupado, responderá pelo crime de peculato.

Caso o funcionário público ocupe cargo em comissão ou de função de direção ou assessoramento de órgão da administração direta, sociedade de economia mista, empresa pública ou fundação instituída pelo poder público, a pena sofrerá aumento de um terço.

Apesar de próprio, o crime em tela admite o concurso de pessoas estranhas aos quadros da administração, *ex vi* do disposto no art. 30 do CP, salientando-se apenas que deve a condição pessoal do autor ingressar na esfera de conhecimento do *extraneus*, caso contrário responderá este por crime outro, como, *v.g.*, apropriação indébita.

Segundo enuncia o art. 552 da CLT:

> "Os atos que importem em malversação ou dilapidação do patrimônio das associações ou entidades sindicais ficam equiparados ao crime de peculato, julgado e punido na conformidade da legislação penal".

Assim, apesar de seus diretores não serem considerados funcionários públicos (sequer por equiparação), o fato por eles praticado fica igualado ao peculato.

Na mesma esteira, o STJ – baseando-se na jurisprudência do STF – decidiu que os conselhos de fiscalização profissionais exercem função típica do Estado, razão pela qual é possível o cometimento do crime de peculato envolvendo os representantes de tais entidades[24].

O mesmo tribunal considera que o servidor público que recebe seus vencimentos mas não presta o serviço não comete o crime de peculato, que pressupõe apropriação, desvio ou subtração. A conduta do servidor é atípica, embora possa ensejar punições disciplinares e por improbidade administrativa[25].

Apesar de haver corrente (inclusive no STJ)[26] reconhecendo a plena eficácia do referido dispositivo, é cada vez mais crescente o entendimento de que não foi recepcionado pela Constituição Federal de 1988, pois esta vedou, expressamente, a ingerência estatal no sindicalismo[27].

---

24. AgRg no REsp 1.520.702/RJ, Rel. Min. Reynaldo Soares da Fonseca, DJe 23/09/2016.
25. RHC 60.601/SP, Rel. Min. Nefi Cordeiro, DJe 19/08/2016.
26. Não abrange serviços públicos (mão de obra, p. ex.), podendo a sua indevida apropriação (ou desvio) configurar ato de improbidade administrativa.
27. Nesse sentido: TRF-4.ª R., 7.ª T., ACr 2000.04.01.127506-SC, Rel. Des. Fed. Vladimir Freitas, *DJU* 20.11.2002.

Cuidando-se de agente *controlador* ou *administrador de instituições financeiras*, públicas ou privadas, interventor, liquidante e síndico [atual administrador judicial], a indevida apropriação de dinheiro, título, valor ou qualquer outro bem móvel de que tem a posse, ou o seu desvio em proveito próprio ou alheio, configura o delito do art. 5º da Lei 7.492/86. O art. 13, parágrafo único, da mesma Lei reprime as mesmas pessoas no caso de desviarem bens alcançados pela indisponibilidade legal resultante de intervenção, liquidação extrajudicial ou falência de instituição financeira ou deles se apropriarem, em proveito próprio ou alheio.

Sujeito passivo é o Estado, lesado no seu patrimônio, material e moralmente. Se o bem apropriado for de propriedade de particular, também este será vítima do crime.

6.3. Conduta

O *caput* do art. 312 pune o que a doutrina chama de *peculato próprio*, cuja ação material do agente consiste na apropriação ou desvio de dinheiro, valor ou qualquer outro bem móvel, público ou particular, de que tem a posse em razão do cargo.

Analisaremos as duas condutas criminosas separadamente.

6.4. Peculato apropriação

Na primeira – *apropriação* –, o agente apodera-se de dinheiro, valor ou qualquer outro bem móvel[28] que tem sob sua posse legítima, passando, arbitrariamente, a comportar-se como se dono fosse (*uti dominus*). Na verdade, corresponde a um tipo especial de apropriação indébita, qualificada pelo fato de ser o agente funcionário público, no exercício da sua função, prejudicando não só a moral, mas o patrimônio da administração.

A lecionada comparação, apesar de corrente na doutrina, é alvo de críticas, como a de Waldo Fazzio Júnior:

> "Não é uma verdade irretorquível que o peculato é, apenas, uma apropriação indébita praticada por funcionário público, em razão de seu ofício. Essa concepção aparentemente técnica, além de minimizar a dimensão danosa do delito em tela, revela a reconhecida preferência por sua feição patrimonial, que predomina no direito positivo

28. Penal. Conflito de competência. Peculato por equiparação. Art. 552 da CLT. Entidade sindical. Inexistência de ofensa a bens, serviços ou interesse da união. Competência da justiça estadual.1. Os atos que importem em malversação ou dilapidação do patrimônio das associações ou entidades sindicais ficam equiparados ao crime de peculato julgado e punido na conformidade da legislação penal. 2. Não é pelo fato de encontrar-se a tipificação do crime de peculato inserida no Título dos Crimes Contra a Administração da Justiça [*rectius*, Crimes Contra a Administração Pública], no Código Penal, que haverá a incidência da regra constitucional que define a competência da Justiça Federal. 3. O simples fato da necessidade de registro dos sindicatos no Ministério do Trabalho não aponta o mínimo interesse da União na ação penal para o processo e o julgamento dos crimes contra eles praticados. 4. Inexiste ofensa a bens, serviços ou interesse da União, de suas entidades autárquicas ou empresas públicas, restando afastada a competência da Justiça Federal. 5. Conflito conhecido para declarar a competência do Juízo de Direito da 1.ª Vara Criminal da Comarca de Ituverava/SP, suscitado (STJ, 3.ª Seção, CC 31.354/SP, Rel. Min. Arnaldo Esteves Lima, j. 13.12.2004).

> brasileiro, inclusive em parte da doutrina e da jurisprudência, mercê de sua origem nos antigos diplomas legais, capitulado como crime contra o tesouro público. De fato, não se trata, simplesmente, de um crime contra o patrimônio público. É, ainda, uma agressão à própria função desempenhada pelo Estado. A exemplo dos demais delitos listados no Título XI, Capítulo I, do Código Penal, seu alvo constante é a função pública. O peculato, como aqueles outros delitos, representa disfunção pública absoluta."[29].

Tema bastante controvertido nasce quando se busca o real significado da elementar *posse*. ***Abrangeria ela também a mera detenção?***

Apesar de haver corrente sustentando que sim, preferimos não misturar os institutos. Aliás, o próprio Código Penal os separa claramente, bastando observar a redação do art. 168, oportunidade em que o legislador foi expresso em alcançar as duas situações (*posse* e *detenção*). Assim, a indevida inversão da detenção exercida por um funcionário público configura peculato furto (art. 312, § 1º).

Requer a norma que o agente inverta posse alcançada "em razão do cargo", ou seja, posse inerente às suas atribuições normais, não havendo peculato quando a entrega do bem tenha acontecido meramente "por ocasião do cargo", sem qualquer vínculo com a competência funcional por ele exercida. Inexistindo relação entre a posse invertida e o ofício desempenhado pelo agente, estará configurado o delito de apropriação indébita; alcançada a posse da coisa mediante engodo, ardil ou outro meio fraudulento, haverá o crime de estelionato; se, entretanto, decorre de violência ou grave ameaça, estaremos diante de um delito de roubo.

6.5. Peculato desvio

Na hipótese do *desvio* (ou malversação), o funcionário dá destinação diversa à coisa, em benefício próprio ou de outrem, podendo o proveito ser material ou moral, auferindo vantagem outra que não necessariamente a de natureza econômica. É também pressuposto desta modalidade criminosa que o funcionário tenha a posse lícita do bem e que, depois, o desvie[30].

Não se pode desconsiderar que o funcionário público, ao desviar a coisa, estará igualmente praticando uma apropriação, mas de modo especial, o que, a nosso ver, torna dispensável a divisão de condutas estampada no tipo em apreço.

6.6. Voluntariedade

Pune-se a conduta dolosa, expressada pela vontade consciente do agente em transformar a posse da coisa em domínio (peculato apropriação) ou desviá-la em proveito próprio ou de terceiro (peculato desvio).

---

29. *Corrupção no poder público*, p. 94.
30. Quando o desvio de verba se dá em proveito da própria administração, com utilização diversa da prevista em sua destinação, temos configurado o crime do art. 315 do CP.

Discute-se se haverá o crime em caso de ânimo de uso. A resposta está umbilicalmente ligada à natureza da coisa apoderada (ou desviada) momentaneamente. Sendo consumível com o uso, existe o crime; se não consumível, teremos mero ilícito civil. Desse modo, inexistiria o delito se o agente utilizasse equipamentos pertencentes à administração, com nítida intenção de devolvê-los, ficando a punição restrita à esfera cível, administrativa ou política[31].

Devemos, porém, observar que, em se tratando de Prefeito ou seu substituto (Vice-Prefeito, Presidente da Câmara de Vereadores, ou qualquer outro membro da respectiva mesa do legislativo que houver assumido o cargo, substituindo ou sucedendo o Prefeito), o Decreto-lei 201/67, além de outros crimes funcionais, equiparou a utilização irregular dos bens, rendas ou serviços públicos à apropriação e o desvio de bens e rendas públicas, cominando-lhe pena de 2 (dois) a 12 (doze) anos de reclusão, o que acaba por demonstrar a gravidade da conduta (art. 1º, II e § 1º).

6.7. Consumação e tentativa

O crime de peculato próprio, na sua primeira modalidade (apropriação) se consuma no momento em que o funcionário se apropria do dinheiro, valor ou bem móvel de que tem posse em razão do cargo, dispondo do objeto material como se dono fosse, *v.g.*, retendo-o, alienando-o etc.

No caso do desvio, ocorre a consumação quando o funcionário altera o destino normal da coisa, pública ou particular, empregando-a em fins outros que não o próprio.

Nas duas condutas a caracterização do crime não reclama lucro efetivo por parte do agente, pouco importando se a vantagem visada é conseguida ou não.

Podendo a execução ser fracionada em vários atos – *crime plurissubsistente* –, a tentativa mostra-se perfeitamente possível.

Apesar de farta jurisprudência no sentido de que o bem jurídico aqui protegido (moral administrativa) mostra-se incompatível com a aplicação do princípio da insignificância[32], entendemos que deve ser aquilatado o caso concreto. Assim, a coisa material apropriada ou desviada sem relevante valor para a Administração-vítima (selo comum, peças ferroviárias sem uso, sucatas e outras bagatelas) não constitui crime[33].

31. Neste sentido, decidiu o STF ser atípica a conduta de peculato de uso. Com base nesse entendimento, a 1ª Turma deu provimento a agravo regimental para conceder a ordem de ofício. Observou-se que tramitaria no Parlamento projeto de lei para criminalizar essa conduta (HC 108.433 AgR/MG, rel. Min. Luiz Fux, DJe 15/08/2013).

32. O entendimento firmado nas Turmas que compõem a Terceira Seção do Superior Tribunal de Justiça é no sentido de que não se aplica o princípio da insignificância aos crimes contra a Administração Pública, ainda que o valor da lesão possa ser considerado ínfimo, uma vez que a norma visa resguardar não apenas o aspecto patrimonial, mas, principalmente, a moral administrativa (STJ, Quinta Turma, AgRg no REsp 1275835/SC, rel. Min. Adilson Vieira Macabu, DJe 01/02/2012). No mesmo sentido: AgRg no AREsp 572.572/PR, Rel. Min, Jorge Mussi, DJe 16/03/2016.

33. O STF tem aplicado o princípio da bagatela: "*Habeas corpus*. Peculato praticado por militar. Princípio da insignificância. Aplicabilidade. Consequências da ação penal. Desproporcionalidade. 1. A

7. PECULATO FURTO (PECULATO IMPRÓPRIO)

▶ ***Peculato furto (peculato impróprio)***

§ 1º Aplica-se a mesma pena, se o funcionário público, embora não tendo a posse do dinheiro, valor ou bem, o subtrai, ou concorre para que seja subtraído, em proveito próprio ou alheio, valendo-se de facilidade que lhe proporciona a qualidade de funcionário.

7.1. Considerações gerais

Também denominado pela doutrina de *peculato impróprio*, o peculato furto previsto no § 1º do artigo em comento caracteriza-se não pela apropriação ou desvio, mas subtração de coisa sob guarda ou custódia da administração. Aqui, o agente, também servidor público típico ou atípico, não tem a posse, mas, *valendo-se da facilidade* que a condição de funcionário lhe concede, subtrai (ou concorre para que seja subtraída) coisa do ente público ou de particular sob custódia da administração.

Parece claro ser pressuposto do crime que o agente se valha, para galgar a subtração, de alguma facilidade proporcionada pelo seu cargo, emprego ou função. Sem esse requisito, haverá apenas furto (art. 155 do CP).

O funcionário, na espécie, atua com *animus furandi*, isto é, vontade consciente de subtrair, ou concorrer para que seja subtraída, para si ou para outrem, coisa pública ou privada sob a guarda da administração, valendo-se, para tanto, da facilidade que lhe proporciona o cargo, emprego ou função desempenhada.

Deve estar presente a intenção de não devolver a coisa ao real proprietário (*animus rem sibi habendi*). Assim, se o agente desde o início quer apenas utilizar a coisa subtraída, restituindo-a imediata e integralmente ao seu dono, não pratica qualquer ilícito penal.

A consumação, na hipótese, ocorre com a efetiva subtração da coisa, dispensando posterior posse mansa e pacífica do bem, seguindo a mesma linha doutrinária do crime de furto (teoria da *amotio*).

Haverá tentativa sempre que, fracionado o *iter criminis*, não lograr o agente substituir a posse do ofendido por circunstâncias alheias à sua vontade.

Em razão da pena cominada, nenhum dos benefícios da Lei 9.099/95 será admitido.

---

circunstância de tratar-se de lesão patrimonial de pequena monta, que se convencionou chamar crime de bagatela, autoriza a aplicação do princípio da insignificância, ainda que se trate de crime militar. 2. Hipótese em que o paciente não devolveu à Unidade Militar um fogão avaliado em R$ 455,00 (quatrocentos e cinquenta e cinco reais). Relevante, ademais, a particularidade de ter sido aconselhado, pelo seu Comandante, a ficar com o fogão como forma de ressarcimento de benfeitorias que fizera no imóvel funcional. Da mesma forma, é significativo o fato de o valor correspondente ao bem ter sido recolhido ao erário. 3. A manutenção da ação penal gerará graves consequências ao paciente, entre elas a impossibilidade de ser promovido, traduzindo, no particular, desproporcionalidade entre a pretensão acusatória e os gravames dela decorrentes. Ordem concedida." (1.ª T., HC 87.478/PA, Rel. Min. Eros Grau, DJe 23/02/2007). No mesmo sentido: HC 107.370/SP, rel. Min. Gilmar Mendes, Dje 22/06/2011; HC 112.388/SP, rel. Min. Ricardo Lewandowski, Dje 14/09/2012.

8. PECULATO CULPOSO

> ▶ ***Peculato culposo***
>
> § 2º Se o funcionário concorre culposamente para o crime de outrem:
>
> Pena – detenção, de 3 (três) meses a 1 (um) ano.

8.1. Considerações gerais

Previsto no § 2º, ocorre quando o funcionário, através de manifesta negligência, imprudência ou imperícia, infringe o dever de cuidado objetivo, criando condições favoráveis à prática do peculato doloso, em qualquer de suas modalidades (apropriação, desvio, subtração ou concurso para esta)[34].

☑ ***Haverá o crime de peculato culposo se o agente público negligente concorre para a prática de delito não funcional, como, por exemplo, um furto?***

Apesar da maioria negar, entendemos possível, vez que a ação delituosa do servidor é idêntica e o dano à administração exatamente o mesmo.

> "De qualquer modo, estranho seria que a lei visse peculato no concurso culposo de funcionário, dando oportunidade a que outro se apoderasse de valores da repartição e se quedasse indiferente quando, no mesmo caso, a subtração fosse executada por particular, evidente, assim, maior culpa do funcionário."[35].

O crime se consuma no momento em que se aperfeiçoa a conduta dolosa do terceiro, havendo necessidade da existência de nexo causal entre os delitos, de maneira que o primeiro tenha possibilitado a prática do segundo.

Tratando-se de modalidade culposa do delito de peculato, inviável a forma tentada.

A pena cominada admite a transação penal e a suspensão condicional do processo (Lei 9.099/95), ainda que incidente a majorante do art. 327, § 2º.

9. REPARAÇÃO DO DANO E AÇÃO PENAL

> ▶ ***Reparação do dano e ação penal***
>
> § 3º No caso do parágrafo anterior, a reparação do dano, se precede à sentença irrecorrível, extingue a punibilidade; se lhe é posterior, reduz de metade a pena imposta.

34. Comentando o assunto, **Cícero Lopes**, citado por **Arthur Cogan**, anota que "dá-se a imperícia quando o funcionário age com inabilidade, revelando falta de perfeito conhecimento, de noção exata dos deveres de seu cargo; ocorre a negligência quando ele se mostra pouco cuidadoso ou atencioso no cumprimento de suas obrigações. Em ambos os casos não existe intenção criminosa" (**Cogan**, Arthur. *Crimes contra a administração pública*, p. 14).
35. Stoco, Rui et al. *Código Penal e sua interpretação jurisprudencial – Parte Especial*, p. 3.832.

9.1. Considerações iniciais

Basileu Garcia sintetiza de modo singular o presente parágrafo:

> "A influência do elemento subjetivo sobre a pena, no peculato culposo, se exerce diferentemente, conforme as circunstâncias. Num caso é total, noutro é parcial. Livra-se totalmente da pena o negligente, se ressarcir o dano antes que sobrevenha sentença condenatória irrecorrível. Portanto, a lei dá muito tempo para reparar o dano. Se a indenização é efetuada pelo funcionário quando já está definitivamente condenado, a pena se reduz à metade."[36].

Defendem Pagliaro e Costa Jr.:

> "A razão deste dispositivo legal poderá ser encontrada no princípio "ao inimigo que foge, a ponte d'ouro". Em outras palavras: dada a modéstia do ilícito, o ordenamento jurídico entende que, acima do interesse à punição do culpado, deva prevalecer o interesse ao restabelecimento do equilíbrio patrimonial alterado. Eventuais sanções disciplinares são, entretanto, aplicáveis."[37].

Tal benefício, limitado à modalidade culposa, não exclui as sanções de ordem administrativa.

Na hipótese de crime doloso, por não ser infração contra o patrimônio, mas contra o bom nome da administração, temos doutrina (e jurisprudência) entendendo que o ressarcimento do dano ou a restituição da coisa, por ato voluntário do agente, até o recebimento da denúncia, não importa em arrependimento posterior (art. 16 do CP), servindo somente como atenuante de pena, segundo o que disposto no art. 65, III, *b*, do CP (ver: *RT* 659/253).

Em sentido contrário:

> "Peculato. Ressarcimento do dano antes do recebimento da denúncia. Arrependimento posterior. Pena. Redução obrigatória. 1. No arrependimento posterior (art. 16 do Código Penal), uma vez preenchidos os requisitos de crime cometido sem violência ou grave ameaça à pessoa e reparação do dano ou restituição da coisa até o recebimento da denúncia ou queixa, incide a causa obrigatória de diminuição da pena que não fica adstrita ao mínimo legal previsto."[38].

9.2. Ação penal

A ação penal, em todas as modalidades de peculato estudadas, é pública incondicionada.

9.3. Princípio da especialidade

a) Código Penal x Código Penal Militar: o art. 303 do Decreto-lei 1.001/69 pune o peculato praticado na forma do art. 9º daquele diploma.

---

36. Dos crimes contra a administração pública, *Justitia*, v. 6, p. 47.
37. Pagliaro, Antonio; Costa Jr., Paulo José da. Ob. cit., p. 63-64.
38. STJ, 6.ª T., REsp 154.587/MG, rel. Min. Fernando Gonçalves, 13.10.1998, *DJ* 09.11.1998.

10. PECULATO MEDIANTE ERRO DE OUTREM

▶ ***Peculato mediante erro de outrem***

Art. 313. Apropriar-se de dinheiro ou qualquer utilidade que, no exercício do cargo, recebeu por erro de outrem:

Pena – reclusão, de 1 (um) a 4 (quatro) anos, e multa.

10.1. Considerações iniciais

A exemplo do crime anterior, a moralidade e o patrimônio da Administração Pública são os bens aqui tutelados.

O delito em estudo se assemelha à figura da apropriação de coisa havida por erro, aqui qualificada pela condição funcional do sujeito ativo.

A pena cominada ao delito permite a suspensão condicional do processo (Lei 9.099/95), desde que não incida a majorante do art. 327, § 2º.

10.2. Sujeitos do crime

Sujeito ativo é o funcionário público *lato sensu* (art. 327 do CP). Caso o funcionário público ocupe cargo em comissão ou de função de direção ou assessoramento de órgão da administração direta, sociedade de economia mista, empresa pública ou fundação instituída pelo poder público, a pena sofrerá aumento de um terço.

Nada impede o concurso de particular, desde que saiba, por ocasião dos fatos, da condição de funcionário público do autor (art. 30 do CP).

Sujeito passivo é o Estado, mais especificamente a Administração Pública. Havendo particular lesado pela conduta típica do funcionário, concorrerá como vítima secundária do crime.

10.3. Conduta

Inverter o agente, no exercício do seu cargo, a posse de valores recebidos por erro de terceiro. O bem apoderado, ao contrário do que ocorre no peculato apropriação, não está *naturalmente* na posse do agente, derivando de erro alheio.

O erro do ofendido deve ser espontâneo, pois, se provocado pelo funcionário, poderá configurar o crime de estelionato (art. 171 do CP).

10.4. Voluntariedade

Pune-se somente a conduta dolosa, ou seja, a vontade consciente do funcionário de apropriar-se de dinheiro (ou qualquer utilidade móvel) que recebeu por erro de outrem (*animus rem sibi habendi*), ciente do engano cometido.

Não é necessária a existência do dolo no momento do recebimento da coisa, mas deve existir no instante em que o funcionário dela se apropria (*dolo superveniente*).

> "Convém ponderar que o agente público nem sempre percebe, desde logo, que lhe estão transmitindo dinheiro ou utilidade, por equívoco. A consciência do erro alheio pode advir posteriormente. O crime é o mesmo. Ciente da origem errônea e indevida de sua posse, aproveita-se da situação para apropriar-se. A consciência da antijuridicidade e vontade de realizar o ato injusto estão presentes. Depois, o verbo típico não é *receber* coisa advinda de erro alheio, mas, isto sim, *apropriar-se* dela. Entre a recepção pura e simples e a apropriação insere-se a transformação da boa-fé em má-fé. Apropriando-se, o agente público viola o dever jurídico de restituir o que não é seu."[39].

10.5. Consumação e tentativa

Consuma-se o delito não no momento do recebimento, mas quando o agente, percebendo o erro de terceiro, não o desfaz, apropriando-se da coisa recebida, agindo como se dono fosse.

A doutrina admite a tentativa.

10.6. Ação penal

A ação penal é pública incondicionada.

10.7. Princípio da especialidade

a) Código Penal x Código Penal Militar: o art. 304 do Decreto-lei 1.001/69 pune o peculato mediante erro de outrem praticado na forma do art. 9º daquele diploma.

11. INSERÇÃO DE DADOS FALSOS EM SISTEMA DE INFORMAÇÕES

▶ ***Inserção de dados falsos em sistema de informações***

Art. 313-A. Inserir ou facilitar, o funcionário autorizado, a inserção de dados falsos, alterar ou excluir indevidamente dados corretos nos sistemas informatizados ou bancos de dados da Administração Pública com o fim de obter vantagem indevida para si ou para outrem ou para causar dano:

Pena – reclusão, de 2 (dois) a 12 (doze) anos, e multa.

11.1. Peculato eletrônico. Inovações advindas com a Lei 9.983/2000

A Lei 9.983/2000 acrescentou duas novas figuras incriminadoras ao presente Capítulo, as quais, entretanto, não guardam nenhuma semelhança com o delito de peculato. Mesmo assim, talvez pela posição topográfica das novas figuras, a doutrina as tem qualificado como *peculato eletrônico.*

> "Segundo parece, os únicos pontos de contato entre as figuras do art. 312 (peculato) e 313 (peculato mediante erro de outrem) com o art. 313-A e B são os que pertinem ao sujeito ativo e passivo e o objetivo de proteção e tutela da administração e da probidade

39. Fazzio Júnior, Waldo. Ob. cit., p. 110.

administrativa. Quanto ao mais, não vislumbramos semelhança ontológica ou ponto comum entre esses dois tipos penais."[40].

11.2. Considerações iniciais

Tutela-se aqui a Administração Pública no que concerne à guarda de dados, que somente devem ser modificados para o atendimento do interesse público, nos limites estabelecidos.

Assim é a lição de Damásio de Jesus:

> "Essa incriminação tem por objetividade jurídica a Administração Pública, particularmente a segurança do seu conjunto de informações, inclusive no meio informatizado, que, para a segurança de toda a coletividade, devem ser modificadas somente nos limites legais. Daí punir o funcionário que, tendo autorização para a manipulação de tais dados, vem a maculá-los pela modificação falsa ou inclusão e exclusão de dados incorretos."[41].

A pena cominada ao delito não permite nenhum dos benefícios da Lei 9.099/95.

11.3. Sujeitos do crime

Sujeito ativo é somente o *funcionário público autorizado*, isto é, aquele que estiver lotado na repartição encarregada de cuidar dos sistemas informatizados ou banco de dados da Administração Pública. Desconsidera-se, no caso, a definição ampla trazida pela norma do art. 327 do Código Penal, sendo perfeitamente possível o concurso de agentes (art. 30 do CP)[42]. Caso o funcionário público ocupe cargo em comissão ou de função de direção ou assessoramento de órgão da administração direta, sociedade de economia mista, empresa pública ou fundação instituída pelo poder público, a pena sofrerá aumento de um terço.

Para o Professor Guilherme de Souza Nucci:

> "A limitação não deveria ter sido estabelecida e qualquer funcionário público que tivesse acesso ao sistema, por qualquer meio que fosse, alterando-o, deveria ser igualmente punido."[43].

A opção restritiva não induz, porém, concluirmos ser atípica a conduta quando praticada por funcionário desautorizado.

Observa Rui Stoco:

> "Não sendo o funcionário autorizado, sua conduta não se subsume apenas ao novo delito de 'inserção de dados falsos em sistema de informações', mas se o legislador equiparou o funcionário público ao

40. Stoco, Rui et al. Ob. cit., p. 3.838.
41. Ob. cit., v. 4, p. 139.
42. A propósito, na modalidade de "facilitar a inserção" o crime é de concurso necessário (ou plurissubjetivo), exigindo concorrência de um número plural de agentes (o funcionário que facilita e o terceiro que insere).
43. *Código Penal comentado*, p. 1173.

> particular, quando não esteja autorizado a operar o sistema, caberá então concluir que não ficará impune. Inserir dados falsos, alterar ou excluir indevidamente dados corretos nos sistemas informatizados é o mesmo que falsificá-los. O banco de dados constitui um documento virtual, que pode ser materializado de diversas formas. Está-se diante de um falso ideológico, em que o agente – funcionário público – comete o crime prevalecendo-se do cargo, subsumindo-se a hipótese, em tese, no art. 299 e seu parágrafo único."[44].

Compartilha desse mesmo entendimento Waldo Fazzio Júnior[45].

A conduta típica ofende diretamente os interesses da Administração Pública, e, indiretamente, também o do administrado eventualmente prejudicado com a falsidade ou suprimento de dados.

11.4. Conduta

Na primeira parte do tipo em estudo, pune-se a conduta de inserir (introduzir, implantar) ou facilitar, mediante ação ou omissão, a inserção de dados falsos.

Já na segunda parte, é incriminada a alteração ou exclusão, indevida, de dados corretos, ou seja, a desfiguração dos arquivos, de modo a alterar os registros originais.

Nas duas hipóteses deve o agente agir prevalecendo-se do acesso privilegiado inerente ao seu cargo, emprego ou função pública.

11.5. Voluntariedade

É o dolo, caracterizado pela vontade consciente de praticar as condutas típicas, aliado ao fim específico de obter vantagem indevida para si ou para outrem, ou para causar dano (elemento subjetivo do tipo). *Se* "a conduta, ainda que típica, não tiver essa finalidade, não está sendo praticado tal crime"[46].

Não se pune a modalidade culposa.

11.6. Consumação e tentativa

O delito em questão consuma-se com a prática de qualquer um dos núcleos do tipo, independente da obtenção da indevida vantagem ou dano buscado pelo agente (delito formal ou de consumação antecipada).

Sendo possível o fracionamento do *iter*, a tentativa é perfeitamente possível.

11.7. Ação penal

A ação penal é pública incondicionada.

44. Ob. cit., p. 3.837.
45. Ob. cit., p. 111.
46. Monteiro, Antonio Lopes. *Crimes contra a previdência social*, p. 44.

11.8. Princípio da especialidade

a) Código Penal x Código Eleitoral: dispõe o art. 72 da Lei 9.504/97 ser crime eleitoral, punível com reclusão de cinco a dez anos: "I – obter acesso a sistema de tratamento automático de dados usado pelo serviço eleitoral, a fim de alterar a apuração ou a contagem de votos; II – desenvolver ou introduzir comando, instrução, ou programa de computador capaz de destruir, apagar, eliminar, alterar, gravar ou transmitir dado, instrução ou programa ou provocar qualquer outro resultado diverso do esperado em sistema de tratamento automático de dados usados pelo serviço eleitoral; (...)".

12. MODIFICAÇÃO OU ALTERAÇÃO NÃO AUTORIZADA DE SISTEMA DE INFORMAÇÕES

► ***Modificação ou alteração não autorizada de sistema de informações***

Art. 313-B. Modificar ou alterar, o funcionário, sistema de informações ou programa de informática sem autorização ou solicitação de autoridade competente:

Pena – detenção, de 3 (três) meses a 2 (dois) anos, e multa.

Parágrafo único. As penas são aumentadas de 1/3 (um terço) até a metade se da modificação ou alteração resulta dano para a Administração Pública ou para o administrado.

12.1. Considerações iniciais

Enquanto no dispositivo anterior protegem-se os dados componentes de um sistema, busca-se, agora, tutelar o próprio sistema de informações ou programa de informática.

A pena cominada ao delito admite a transação penal e a suspensão condicional do processo (Lei 9.099/95), desde que não incidente a majorante do parágrafo único ou do art. 327, § 2º, hipótese em que somente o segundo benefício será cabível.

12.2. Sujeitos do crime

Sujeito ativo é o funcionário público, típico ou por equiparação, independente do cargo que ocupa. Diferente do artigo antecedente, o tipo em questão não limita a incriminação ao servidor autorizado a atuar em sistemas de informática. Caso o funcionário público ocupe cargo em comissão ou de função de direção ou assessoramento de órgão da administração direta, sociedade de economia mista, empresa pública ou fundação instituída pelo poder público, a pena sofrerá aumento de um terço.

É possível a participação do particular, desde que saiba, por ocasião dos fatos, da condição especial ostentada pelo funcionário autor (art. 30 do CP).

Sujeito passivo é o Estado, mais especificamente a Administração Pública. O administrado eventualmente prejudicado com a malfadada alteração ou modificação é igualmente vítima (mediata) do delito.

12.3. Conduta

O tipo penal prevê duas condutas para a prática desse crime: a primeira é a de modificar o próprio sistema, dando-lhe nova forma; a segunda, sua alteração, conturbando a sua forma original.

A distinção mais significativa entre este delito (art. 313-B) e o anteriormente estudado (art. 313-A) é que naquele pune-se a inserção ou facilitação de dados falsos ou alteração ou exclusão indevida de dados corretos nos sistemas informatizados ou bancos de dados da Administração Pública, enquanto neste o que se coíbe é a ação física de modificar ou alterar o próprio sistema ou programa de informática. Naquele o agente não ingressa no sistema operacional (*software*), mas apenas falsifica os arquivos do programa. Neste o funcionário altera a própria programação a fim de modificar o meio e modo de geração e criação de arquivos e dados. Se aquela outra figura aproxima-se da falsidade ideológica, nesta sob estudo tem-se a falsificação e adulteração física ou material de toda uma programação[47].

12.4. Voluntariedade

É o dolo, ou seja, a vontade consciente de praticar os núcleos do tipo, sem autorização ou solicitação da autoridade competente. Não se exige qualquer finalidade específica do agente, bem como se mostra irrelevante a obtenção de eventual resultado.

Não existe a forma culposa.

12.5. Consumação e tentativa

Consuma-se o delito com a modificação ou alteração do sistema ou programa de informática, objetos materiais do tipo penal em estudo. A tentativa é teoricamente possível.

A eventual existência de dano, ao invés de mero exaurimento, serve como causa de aumento de pena, conforme disposto no parágrafo único do artigo em comento.

12.6. Ação penal

A ação penal é pública incondicionada.

13. EXTRAVIO, SONEGAÇÃO OU INUTILIZAÇÃO DE LIVRO OU DOCUMENTO

▶ ***Extravio, sonegação ou inutilização de livro ou documento***

Art. 314. Extraviar livro oficial ou qualquer documento, de que tem a guarda em razão do cargo; sonegá-lo ou inutilizá-lo, total ou parcialmente:

Pena – reclusão, de 1 (um) a 4 (quatro) anos, se o fato não constitui crime mais grave.

47. Stoco, Rui et. al. Ob. cit., p. 3.840.

13.1. Considerações iniciais

Tutela-se aqui o regular andamento das atividades administrativas, buscando-se inibir atos de funcionários que violam a confiança neles depositada, causando prejuízo à Administração Pública.

A pena cominada ao delito permite a suspensão condicional do processo (Lei 9.099/95), desde que não incidente a majorante do art. 327, § 2º.

13.2. Sujeitos do crime

Apesar da maioria da doutrina (seguida copiosamente pela jurisprudência) ensinar que o sujeito ativo é o funcionário público em sentido amplo (art. 327 do CP), Nélson Hungria[48] restringe, lecionando que o sujeito ativo há de ser apenas o agente incumbido *ratione officii* da guarda do livro ou documento. Se a ação é cometida por um *extraneus* (ou mesmo outro funcionário não incumbido da guarda do livro ou documento), o crime será o do art. 337 do CP. No mesmo sentido temos a preleção de Antonio Pagliaro e Paulo José da Costa Jr[49]. Caso o funcionário público ocupe cargo em comissão ou de função de direção ou assessoramento de órgão da administração direta, sociedade de economia mista, empresa pública ou fundação instituída pelo poder público, a pena sofrerá aumento de um terço.

Sendo o sujeito ativo servidor em exercício junto à repartição fiscal ou tributária, o extravio de livro oficial, processo fiscal ou qualquer documento por ele causado configura crime especial, previsto no art. 3º, I, da Lei 8.137/90. Tratando-se de autos judiciais ou documentos de valor probatório, cuja inutilização ou sonegação seja praticada por advogado ou procurador que os recebera nesta qualidade, o crime será o do art. 356 do CP.

Sujeito passivo é o Estado e, eventualmente, o particular proprietário do documento confiado à Administração Pública.

13.3. Conduta

A lei pune três condutas típicas: *extraviar*, que é tirar do caminho, fazer desaparecer; *sonegar*, que É ocultar, deixar de mencionar nos casos em que a lei exige a descrição ou menção; e *inutilizar*, que é tornar inútil, inapto ou imprestável.

Tais condutas devem recair sobre livro oficial (em uso ou não) ou qualquer documento (público ou particular) guardado pelo funcionário em razão da sua função.

Deve ser considerado documento toda a peça escrita hábil a condensar graficamente o pensamento de alguém e apto a provar um fato ou a realização de algum ato de significação ou relevância jurídica. Não são considerados documentos, para efeitos da incriminação ora estudada, os escritos já sem valor ou relevância jurídica para administração (nesse sentido: *RJTJSP* 105/432).

48. Ob. cit., v. 9, p. 356.

49. *Dos crimes contra a Administração Pública*, p. 74.

É indiferente que a destruição de um documento seja total ou parcial, desde que desapareça parte essencial, comprometendo o todo.

13.4. Voluntariedade

É o dolo, representado pela vontade consciente de praticar qualquer uma das três condutas acima analisadas, não se exigindo nenhuma vontade específica do autor.

Eventual conduta culposa, caracterizada pela falta de zelo com documentos ou livros públicos, poderá caracterizar apenas falta funcional.

13.5. Consumação e tentativa

Consuma-se o crime quando há o efetivo extravio, sonegação ou inutilização de livro oficial ou qualquer outro documento. Nas duas primeiras modalidades, cuida-se de espécie permanente, cuja consumação se prolonga no tempo.

É admissível a tentativa, porém limitada às hipóteses do extravio e inutilização.

O crime tipificado no art. 314 não se confunde com o delito previsto no art. 305, tendo este por objetivo a frustração da fé pública, em proveito próprio ou de outrem, enquanto que aquele, de natureza subsidiária, se consuma pela simples sonegação, inutilização ou extravio do livro ou documento público, sem a finalidade específica de tirar proveito ou de beneficiar terceiro.

13.6. Ação penal

A ação penal é pública incondicionada.

13.7. Princípio da especialidade

a) Código Penal x Código Penal Militar: o art. 321 do Decreto-lei 1.001/69 pune o extravio, a sonegação e a inutilização de livro ou documento praticados na forma do art. 9º daquele diploma.

14. EMPREGO IRREGULAR DE VERBAS OU RENDAS PÚBLICAS

► ***Emprego irregular de verbas ou rendas públicas***

Art. 315. Dar às verbas ou rendas públicas aplicação diversa da estabelecida em lei:

Pena – detenção, de 1 (um) a 3 (três) meses, ou multa.

14.1. Considerações iniciais

Com a presente incriminação procura-se proteger as verbas públicas de uma administração irregular e despótica.

Em razão da pena cominada, admite-se a transação penal e a suspensão condicional do processo (Lei 9.099/95).

14.2. Sujeitos do crime

O sujeito ativo não é qualquer funcionário público, mas apenas aquele que tenha o poder de administração de verbas ou rendas públicas, *v.g.*, Presidente da República e seus Ministros, Governadores, Secretários, diretores de entidades paraestatais, administradores públicos etc., admitindo, no entanto, a cooperação de particulares (art. 30 do CP). Caso o funcionário público ocupe cargo em comissão ou de função de direção ou assessoramento de órgão da administração direta, sociedade de economia mista, empresa pública ou fundação instituída pelo poder público, a pena sofrerá aumento de um terço.

Tratando-se de Prefeito Municipal (ou de seu substituto), a conduta se subsume ao disposto no art. 1º, III, do Decreto-lei 201/67, prevalecendo sobre a norma do Código Penal (princípio da especialidade).

14.3. Conduta

A incriminação contida no art. 315 do CP visa impedir o emprego tumultuado, irracional e arbitrário de verbas, rendas e respectivas aplicações pelo Administrador Público, sem a qual haveria verdadeira anarquia nas finanças públicas. Pune-se, em suma, o emprego irregular de fundos públicos (verbas e rendas), contrariando a destinação prevista em lei.

A palavra "lei" não comporta interpretação extensiva, excluindo-se, portanto, os decretos e quaisquer atos administrativos.

14.4. Voluntariedade

É o dolo, consistente na vontade consciente de desviar fundos públicos da meta especificada em lei, sendo irrelevante a finalidade da conduta.

Não se pune criminalmente a modalidade culposa.

> "O estado de necessidade exclui, evidentemente, a ilicitude da conduta. Em casos extremos, de calamidade pública, justifica-se o emprego irregular de verbas para atender prontamente à situação emergente."[50].

Não se descarta, ainda, a dirimente da *inexigibilidade de conduta diversa*, como no exemplo do comandante que (fora dos casos de perigo atual) desvia dinheiro para abastecer viaturas de policiamento preventivo, com o objetivo de não deixar a população local desprotegida.

14.5. Consumação e tentativa

Consuma-se o delito com a efetiva aplicação irregular das verbas ou rendas em finalidade outra que não a especificada em lei.

A simples destinação, sem posterior aplicação, constitui tentativa, gerando perigo para a regularidade administrativa.

50. Pagliaro, Antonio; Costa Jr., Paulo José da. Ob. cit., p. 81.

Pouco importa que os órgãos administrativos fiscalizadores tenham aprovado as contas apresentadas pelo governante, sendo, mesmo assim, possível a sua responsabilização penal e civil.

A aprovação das contas públicas pelos órgãos fiscalizadores somente convalesce as irregularidades administrativas verificadas na execução do orçamento; as infrações penais permanecem intactas, competindo à Justiça Criminal comum dizer da responsabilidade ou não de seu administrador (nesse sentido: *RT* 575/423).

14.6. Ação penal

A ação penal é pública incondicionada.

14.7. Princípio da especialidade

a) Código Penal x Código Penal Militar: o art. 331 do Decreto-lei 1.001/69 pune a aplicação ilegal de verba ou dinheiro praticada na forma do art. 9º daquele diploma.

15. CONCUSSÃO

▶ ***Concussão***

Art. 316. Exigir, para si ou para outrem, direta ou indiretamente, ainda que fora da função ou antes de assumi-la, mas em razão dela, vantagem indevida:

Pena – reclusão, de 2 (dois) a 8 (oito) anos, e multa.

15.1. Considerações iniciais

Tutela-se, no caso, a Administração Pública em um de seus princípios básicos: a moralidade. Além disso, em plano secundário, busca-se a proteção do patrimônio do particular constrangido pelo ato criminoso do agente.

Em virtude das penas cominadas, nenhum dos benefícios da Lei 9.099/95 será cabível.

15.2. Sujeitos do crime

O agente visado pela lei é o funcionário público no sentido amplo do direito penal (art. 327 do CP), incluindo também aquele que, apenas nomeado, embora ainda não esteja no exercício da sua função, atue criminosamente em razão dela. Caso o funcionário público ocupe cargo em comissão ou de função de direção ou assessoramento de órgão da administração direta, sociedade de economia mista, empresa pública ou fundação instituída pelo poder público, a pena sofrerá aumento de um terço.

O particular poderá concorrer para a prática delituosa, desde que conhecedor da circunstância subjetiva elementar do tipo, ou seja, de estar colaborando com ação criminosa de autor funcionário público (art. 30 do CP).

Atento ao princípio da especialidade, se o sujeito ativo for Fiscal de Rendas, praticará crime contra a ordem tributária previsto no art. 3º, II, da Lei 8.137/90.

Tratando-se de policial militar, o crime será o do art. 305 do Código Penal Castrense.

> "Igualmente, caracteriza-se, em tese, como crime militar ou de concussão o praticado por funcionário público municipal, agindo na qualidade de secretário de junta de serviço militar, em face do que conjugadamente dispõe o parágrafo único do art. 124 da Constituição Federal, o art. 9º, III, *a*, do CPM, e o art. 11, § 1º, da Lei 4.375/64, já que, de certa forma, o delito atinge a ordem da administração militar, ao menos em sua imagem perante a opinião pública, mesmo que vítimas, sob aspecto patrimonial, sejam outros cidadãos e não a administração."[51].

Sujeito passivo é a Administração Pública, concomitantemente com a pessoa constrangida, podendo ser esta particular, ou mesmo outro funcionário.

15.3. Conduta

A conduta típica consiste em *exigir* o agente, por si ou por interposta pessoa, explícita ou implicitamente, vantagem indevida, abusando da sua autoridade pública como meio de coação (*metus publicae potestatis*).

Na exigência feita pelo *intraneus* há sempre algum tipo de constrição, influência intimidativa sobre o particular ofendido, havendo necessariamente algo de coercitivo. O agente impõe, ordena, de forma intimidativa ou coativa, a vantagem que almeja e a que não faz jus.[52] É preciso, porém, não confundir exigência com solicitação, porque, no caso de mero pedido, o crime será outro: corrupção passiva, previsto no art. 317 do CP.

Deve o agente deter competência para a prática do mal temido pela vítima. Faltando-lhe poderes para tanto, mesmo que servidor, outro será o crime (extorsão). Aliás, tratar-se-á de extorsão[53], e não concussão, o caso em que o agente apenas simular a qualidade de agente público, não ostentando, na realidade, os atributos anunciados.

---

51. Fazzio Júnior, Waldo. Ob. cit., p. 155.
52. É inegável que o crime de extorsão (art. 158 CP) e o de concussão guardam acentuada afinidade. Traduzem ambos a exigência de uma vantagem indevida, por parte do agente, acrescida porém a figura típica da concussão de um "plus" representado pela qualidade de servidor público do agente que, nessa qualidade reclama para si, em razão de sua função e servindo-se dela, a vantagem ilegítima. Mas não é essa a única nota distintiva. Ocorre outra. Na concussão, o agente exige a vantagem (e exigir é impor como obrigação, reclamar imperiosamente), mas não constrange com violência ou grave ameaça. O funcionário impõe à vítima a prestação da vantagem indevida e esta cede-lhe às exigências, exclusivamente "metus auctoritatis causa". Não premido por promessas de violência ou de algum mal futuro. Já, na extorsão, bem ao contrário, o agente constrange alguém, mediante violência ou grave ameaça, a fazer, tolerar que se faça ou deixar de fazer alguma coisa, obtendo, por esse meio, também, uma indevida vantagem econômica. Vê-se, por aí, que, sem violência, não há extorsão e com o emprego dela ou promessa de grave ameaça, o crime a integralizar-se haverá de ser o do art. 158, ainda que seja o agente funcionário público e que proceda no exercício ou em razão de suas funções (RT 586/309).
53. Se empregada violência ou grave ameaça, pois, caso assim não seja, haverá estelionato. E, no caso do estelionato, mesmo que o agente se faça passar por funcionário público federal, utilizando-se de formulários falsificados de órgão federal, a competência para julgamento, segundo o STJ, será estadual diante

Ao se referir a *vantagem indevida*, entendemos que a lei buscou incriminar qualquer tipo de proveito proibido, ainda que não econômico e patrimonial, como, *v.g.*, a sentimental, sexual etc.[54]. Respeitáveis opiniões, porém, lecionam que o conteúdo da vantagem indevida deve ser, necessariamente, de natureza econômica. Nesse sentido, Rui Stoco[55].

Muito se discute o tratamento penal para a conduta do médico servidor do SUS[56] que, em prejuízo do paciente, recebe "custos adicionais" em exame já homologado pelo órgão previdenciário. Entendemos (cientes de que aqui podemos estar inovando doutrinariamente) que o comportamento ilícito poderá configurar concussão, corrupção passiva ou estelionato, a depender do caso concreto. Vejamos:

Se o médico *exige* do paciente "custo adicional" para realizar a operação médica, não há que se negar a efetiva prática do crime de concussão. No entanto, se nada exige, preferindo *solicitar* (simples *pedido*), o delito será o de corrupção passiva (art. 317 do CP). Por fim, se *engana* o doente, dizendo que a complementação é justa e devida (alegando, por exemplo, que o SUS não cobre determinada operação médica), o crime será o de estelionato (art. 171 do CP), não havendo, na hipótese, nenhuma intimidação.

☑ ***De quem é a competência para julgar o crime de concussão cometido pelo médico servidor do SUS?***

Para Douglas Fischer, considerando que a União integra o SUS e sua participação consiste em financiar, organizar, auditar e expedir regulamentos sobre o atendimento, há interesse jurídico de sua parte, o que sempre atrai a competência da justiça federal:

> "Concluímos, então, para dizer o que se nos parece inarredável e óbvio: médico que estiver exercendo função pública vinculado ao Sistema Único de Saúde, mesmo em estabelecimentos privados, e praticar conduta que se amolde ao disposto no art. 316 do

---

da inexistência de prejuízo direto à União: "O fato de os agentes, utilizando-se de formulários falsos da Receita Federal, terem se passado por Auditores desse órgão com intuito de obter vantagem financeira ilícita de particulares não atrai, por si só, a competência da Justiça Federal. Isso porque, em que pese tratar-se de uso de documento público, observa-se que a falsidade foi empregada, tão somente, em detrimento de particular. Assim sendo, se se pudesse cogitar de eventual prejuízo sofrido pela União, ele seria apenas reflexo, na medida em que o prejuízo direto está nitidamente limitado à esfera individual da vítima, uma vez que as condutas em análise não trazem prejuízo direto e efetivo a bens, serviços ou interesses da União, de suas entidades autárquicas ou empresas públicas (art. 109, IV, da CF)" (CC 141.593/RJ, Rel. Min. Reynaldo Soares da Fonseca, julgado em 26/8/2015, DJe 4/9/2015".

54. Tratando-se de *vantagem devida*, o agente responderá por outro crime. Dessa forma, se a devida vantagem consistir na arrecadação de tributo ou contribuição social, tendo o agente empregado na sua cobrança meio vexatório ou gravoso, estaremos diante do delito previsto no art. 316, § 1º, do CP; qualquer outro proveito legítimo, que não tributo ou contribuição social, também exigido pelo agente público, configurará crime de abuso de autoridade (art. 4º da Lei 4.898/65).

55. Ob. cit., p. 3.854.

56. Decidiu o STF, no RHC 90.523/ES (19/04/2011) considerar-se funcionário público, para fins penais, o médico particular em atendimento pelo Sistema Único de Saúde – SUS, antes mesmo da alteração normativa que explicitamente fizera tal equiparação por exercer atividade típica da Administração Pública (CP, art. 327, § 1º, introduzido pela Lei 9.983/2000).

> CP – situação idêntica também para os delitos de corrupção passiva (art. 317 do CP) –, estará atingindo, direta e objetivamente, os serviços e os interesses da União, estando afeta à Justiça federal a competência para o processamento da respectiva ação penal"[57].

A orientação dominante nos tribunais superiores, todavia, é diversa, ou seja, de que compete o julgamento, no caso, à justiça estadual:

> "Segundo orientação jurisprudencial desta Corte e do egrégio STF, em casos onde se apura crime de concussão e outros, oriundos da cobrança indevida de valores a pacientes do SUS para a realização de procedimentos médicos, a competência é da Justiça Estadual. Precedentes"[58].

> "A conduta ter-se-ia caracterizado pela exigência a paciente beneficiária do SUS de vantagem indevida em favor dos acusados. Esta colenda Corte, por diversas oportunidades, consignou o juízo de que o delito de concussão, quando praticado nessas condições, deve ser julgado pela Justiça Comum estadual. Precedentes: HC 81.912, Rel. Min. Carlos Velloso; HC 56.444, Rel. Min. Cunha Peixoto; HC 71.849, Rel. Min. Ilmar Galvão; e o HC 77.717, Rel. Min. Ilmar Galvão, Primeira Turma, em caso que muito se assemelha ao presente. A competência firmada pelo egrégio Tribunal Regional Federal da 4ª Região, considerando que não ficou demonstrado eventual prejuízo a bens ou serviços da União, suas Autarquias ou Empresas Públicas, direcionada a conduta delitiva exclusivamente ao patrimônio particular de paciente do SUS, diverge da pacífica jurisprudência desta Casa Maior da Justiça brasileira, o que caracteriza nulidade absoluta. Recurso extraordinário não conhecido. Concedeu-se, contudo, habeas corpus de ofício, para declarar a competência da Justiça Comum estadual, para onde o feito deve ser encaminhado com as ressalvas do art. 567 do Código de Processo Penal"[59].

Por fim, o STF[60] e o STJ[61] decidiram que o fato de o crime de concussão ter sido cometido por policial civil autoriza a exasperação da pena. Embora a qualidade de funcionário público seja intrínseca à figura criminosa – e portanto elementar do tipo – é mais grave a concussão cometida por policial, encarregado da segurança pública, em quem se espera que a população possa depositar maior confiança.

15.4. Voluntariedade

O crime de concussão só pode ser praticado com dolo, isto é, deve o agente, voluntariamente, de modo consciente, exigir, para si ou para outrem, vantagem indevida, abusando da função pública exercida ou que irá exercer.

---

57. Doutrinas Essenciais de Direito Penal. *Concussão praticada por médicos conveniados ao Sistema Único de Saúde no exercício de suas funções: competência da justiça federal.* RT. vol. 6. p. 249/253. Out/2010.
58. STJ – HC 69585/RS, Rel. Min. Nefi Cordeiro, DJe 12/06/2015.
59. STF – RE429171/RS, Rel. Min. Carlos Britto, DJ 11/02/2005.
60. HC 132.990/PE, Rel. Min. Luiz Fux, DJe 25/08/2016.
61. HC 163.392/SP, Rel. Min. Gurgel de Faria, DJe 30/03/2015.

Inexiste a modalidade culposa.

Imaginemos que um servidor, valendo-se da sua autoridade, exige de empresários da cidade verbas para reformar sua repartição pública.

☑ ***Haverá o crime de concussão quando a indevida vantagem exigida é para a própria administração pública?***

Apesar de haver corrente em sentido contrário, nos parece que a moralidade administrativa (bem jurídico imediatamente tutelado) é, do mesmo modo, violada, caracterizando o crime do art. 316 do CP.

15.5. Consumação e tentativa

Consistindo a conduta criminosa em *exigir*, fica claro, desde logo, tratar-se de delito formal (ou de consumação antecipada), perfazendo-se com a mera coação, independente da obtenção da repugnante vantagem. Aliás, o seu recebimento espelha simples exaurimento (interferindo na pena) e não elemento constitutivo do crime[62].

Observa Waldo Fazzio Júnior:

> "Embora na jurisprudência e em boa parte da doutrina o temor do poder público transpareça como o supedâneo psíquico maior do delito em tela, isso não é rigorosamente exato. Não se trata de elemento essencial constitutivo do tipo. Este refere-se apenas ao uso da função pública, independentemente de como a vítima percebe a ameaça velada contida na exigência. O *metus publicae potestatis* pode ou não se apresentar. Essencial é a coação psicológica exercida pelo agente, e não o posterior e consequente estado de efetivo temor vivido pelo particular. A lei não insere, como elemento necessário para a configuração da concussão, mencionado receio; não considera, no tipo, a motivação interna da vítima. A sujeição desta é consequência direta do abuso de poder do agente público."[63].

Comentando a questão, Antonio Pagliaro e Paulo José da Costa Jr. fazem a mesma observação:

> "Para a consumação do crime de concussão basta que o funcionário público tenha exigido do particular indevidamente. Quais sejam as reações no interior do psique do particular não tem qualquer relevância. Este último poderá acreditar, por erro, que a vantagem

62. É nesse sentido a orientação do STJ: "No crime de concussão, a situação de flagrante delito configura-se pela exigência – e não pela entrega – da vantagem indevida. Isso porque a concussão é crime formal, que se consuma com a exigência da vantagem indevida. Assim, a eventual entrega do exigido se consubstancia mero exaurimento do crime previamente consumado" (HC 266.460/ES, Rel. Min. Reynaldo Soares da Fonseca, DJe 17/6/2015).

63. Ob. cit., p. 134.

> fosse devida ao funcionário. Como poderá suceder que o particular simule ceder para descobrir por inteiro a manobra do funcionário. Em todas essas hipóteses, porém, a conduta do exigir permanece, tal e qual."[64].

Fracionado o *iter*, admite-se a tentativa, exemplificando a doutrina com o caso da carta concussionária interceptada antes de chegar ao conhecimento do lesado[65].

15.6. Ação penal

A ação penal é pública incondicionada.

16. EXCESSO DE EXAÇÃO

> ► ***Excesso de exação***
>
> § 1º Se o funcionário exige tributo ou contribuição social que sabe ou deveria saber indevido, ou, quando devido, emprega na cobrança meio vexatório ou gravoso, que a lei não autoriza:
>
> Pena – reclusão, de 3 (três) a 8 (oito) anos, e multa.
>
> § 2º Se o funcionário desvia, em proveito próprio ou de outrem, o que recebeu indevidamente para recolher aos cofres públicos:
>
> Pena – reclusão, de 2 (dois) a 12 (doze) anos, e multa.

16.1. Sujeitos do crime

Em que pese respeitável corrente doutrinária em sentido contrário, entendemos que o sujeito ativo deste delito é o funcionário público, ainda que não encarregado pela arrecadação do tributo ou contribuição social. É que o Código atual, ao contrário do anterior (art. 219), não mais restringe a prática do crime ao "empregado de arrecadação, cobrança ou administração de quaisquer rendas ou dinheiros públicos, ou da distribuição de algum imposto". Caso o funcionário público ocupe cargo em comissão ou de função de direção ou assessoramento de órgão da administração direta, sociedade de economia mista, empresa pública ou fundação instituída pelo poder público, a pena sofrerá aumento de um terço.

O particular colaborador, ciente das qualidades do agente público, também responde pela prática do crime (art. 30 do CP).

Sujeito passivo primário é a própria Administração Pública e, secundariamente, a pessoa atingida pela conduta típica.

---

64. *Dos crimes contra a Administração Pública*, p. 88.
65. **Nélson Hungria**, por sua vez, lembrado por **Arthur Cogan**, repudia o citado exemplo, entendendo configurar o caso nada mais que uma intenção criminosa não exteriorizada (**Cogan**, Arthur. *Crimes contra a administração pública*, p. 36).

16.2. Conduta

Pune-se o funcionário que se exceder na cobrança de tributo[66] ou contribuição social, seja porque cobra, demandando imperiosamente o que não é devido, ou, mesmo que devido, utiliza-se de meio vergonhoso (vexatório) ou que traz ao contribuinte maiores ônus. No § 1º, diversamente do que ocorre no parágrafo seguinte, o tributo, depois de exigido, é encaminhado aos cofres públicos.

Percebam que o Estado, mesmo enriquecido com o crime, repudia, com veemência, as arbitrariedades do seu servidor.

16.3. Voluntariedade

É o dolo, que consiste na vontade dirigida à exigência de tributo ou contribuição social indevida, ou ao emprego de meio gravoso ou vexatório na sua cobrança.

Considerável parcela da doutrina ensina que o delito, em sua primeira parte, pune também a modalidade culposa, conforme se extrai da expressão "deveria saber indevido".

Tal entendimento, contudo, é contestado pela maioria, para quem o legislador, ao empregar a referida expressão, buscou punir a conduta dolosa, porém do tipo eventual, desconsiderando a forma culposa. Guilherme de Souza Nucci ensina que o elemento subjetivo do tipo "é o dolo, nas modalidades direta ('que sabe') e indireta ('que deveria saber').

Não há elemento subjetivo específico do tipo, nem se pune a forma culposa"[67]. O mesmo raciocínio é encontrado na lição de Antonio Pagliaro e Paulo José da Costa Jr., para quem "o elemento subjetivo do crime é representado por um dolo genérico reforçado.

Utilizando uma técnica legislativa reservada a poucos crimes, o art. 316, § 1º, exige, além dos normais requisitos do dolo com relação aos elementos de fato, o 'saber' que a exação é indevida.

66. Discute-se se há o crime quando o objeto material for custas e emolumentos. Assim se manifestou o STJ: "Penal e processual penal. Recurso especial. Art. 316, § 1º, do Código Penal. Lei 8.137/90. Nova redação do dispositivo em análise. Extirpados de seu texto os termos taxas e emolumentos. Incluídos os elementos normativos do tipo tributo e contribuição social. Discussão a respeito da natureza jurídica das custas e emolumentos concernentes aos serviços notoriais e registrais. Natureza jurídica de tributo. Condenação mantida. O crime previsto no art. 316, § 1º, do Código Penal (excesso de exação) se dá com a cobrança, exigência por parte do agente (funcionário público) de tributo ou contribuição social que sabe ou deveria saber indevido. II – A Lei 8.137/90 ao dar nova redação ao dispositivo em análise extirpou de sua redação os termos taxas e emolumentos, substituindo-os por tributo e contribuição social. III – De acordo com a jurisprudência desta Corte e do Pretório Excelso as custas e os emolumentos concernentes aos serviços notariais e registrais possuem natureza tributária, qualificando-se como taxas remuneratórias de serviços públicos (Precedentes do STJ e do STF e *Informativo* 461/STF). IV – Desta forma, comete o crime de excesso de exação aquele que exige custas ou emolumentos que sabe ou deveria saber indevido. Recurso desprovido" (5.ª T., REsp 899.486/RJ, rel. Min. Felix Fischer, j. 22.05.2007, *DJ* 03.09.2007, p. 216). No mesmo sentido, temos o STF: "(...) É da jurisprudência do Tribunal que as custas e os emolumentos judiciais ou extrajudiciais tem caráter tributário de taxa (...)" (STF, ADI 3.694/AP, Pleno, j. 20.09.2006, v.u.).

67. *Código Penal comentado*, p. 1181.

Logo, o agente deverá ter ciência plena de que se trata de imposto, taxa ou emolumento não devido"[68].

16.4. Consumação e tentativa

Se o crime consiste na indevida exigência de tributo ou contribuição social, consuma-se no momento em que a ilícita cobrança é dirigida ao particular, sendo dispensável o recebimento de qualquer valor (crime formal). A tentativa pode ocorrer na exigência por escrito.

Na cobrança vexatória ou gravosa, consuma-se o delito com o emprego do meio constrangedor, independentemente do recebimento do valor cobrado. A exemplo da forma anterior, o *conatus* será admitido de acordo com os meios empregados pelo agente.

16.5. Ação penal

A ação penal é pública incondicionada.

16.6 Princípio da especialidade

a) Código Penal x Código Penal Militar: os arts. 305, 306 e 307 do Decreto-lei 1.001/69 punem a concussão, o excesso de exação e o desvio praticados na forma do art. 9º daquele diploma.

17. CORRUPÇÃO PASSIVA

▶ ***Corrupção passiva***

Art. 317. Solicitar ou receber, para si ou para outrem, direta ou indiretamente, ainda que fora da função ou antes de assumi-la, mas em razão dela, vantagem indevida, ou aceitar promessa de tal vantagem:

Pena – reclusão, de 2 (dois) a 12 (doze) anos, e multa.

§ 1º A pena é aumentada de 1/3 (um terço), se, em consequência da vantagem ou promessa, o funcionário retarda ou deixa de praticar qualquer ato de ofício ou o pratica infringindo dever funcional.

§ 2º Se o funcionário pratica, deixa de praticar ou retarda ato de ofício, com infração de dever funcional, cedendo a pedido ou influência de outrem:

Pena – detenção, de 3 (três) meses a 1 (um) ano, ou multa.

17.1. Considerações iniciais

A moralidade administrativa é, mais uma vez, o bem jurídico aqui tutelado, protegendo-se o regular andamento da atividade administrativa, ferida com o abjeto comércio da função pública.

Em razão da pena cominada no *caput*, nenhum dos benefícios da Lei 9.099/95 será admitido. Se, todavia, a conduta se subsumir ao § 2º, permite-se a transação penal e a suspensão condicional do processo (infração de menor potencial ofensivo).

---

68. *Dos crimes contra a Administração Pública*, p. 96.

17.2. Sujeitos do crime

Sujeito ativo do crime é o funcionário público, sem distinção de classe ou categoria, podendo ser típico ou equiparado (art. 327 do CP), ainda que afastado do seu exercício. Também aquele que ainda não assumiu o seu posto, mas em razão dele, solicita ou recebe a vantagem ou promessa de vantagem indevida, pratica o delito de corrupção. Caso o funcionário público ocupe cargo em comissão ou de função de direção ou assessoramento de órgão da administração direta, sociedade de economia mista, empresa pública ou fundação instituída pelo poder público, a pena sofrerá aumento de um terço.

Se o funcionário for fiscal de rendas, comete o crime contra a ordem tributária previsto no art. 3º, II, da Lei 8.137/90 (princípio da especialidade). Se o agente for testemunha, perito não oficial, tradutor ou intérprete em processo judicial, policial, administrativo ou em juízo arbitral, o crime será o do art. 342 do CP, com a pena aumentada de 1/6 a 1/3 (art. 342, § 1º).

O particular colaborador responde pelo crime, desde que ciente das qualidades do agente público autor (art. 30 do CP).

Sujeito passivo é o Estado ou, mais especificamente, a Administração Pública, bem como a pessoa constrangida pelo agente público, desde que, é claro, não tenha praticado o crime de corrupção ativa.

Aliás, convém lembrar que a conduta do corruptor subsumir-se-á ao disposto no art. 333 do CP, excepcionando-se, dessa forma, a teoria monista ou unitária do concurso de pessoas (art. 29 do CP). Comumente, o corruptor é pessoa alheia aos quadros da administração, o que não impede que um funcionário público pratique referida conduta criminosa.

17.3. Conduta

São três as condutas típicas: *solicitar* (pedir), explícita ou implicitamente, vantagem indevida; *receber* referida vantagem; e, por fim, *aceitar promessa* de tal vantagem, anuindo com futuro recebimento[69].

Na primeira hipótese, a corrupção parte do *intraneus*; é o próprio funcionário público quem toma a iniciativa da mercancia, requerendo que a vantagem lhe seja concedida ou a promessa lhe seja feita. Aqui reside a diferença marcante entre os crimes dos arts. 316, *caput*, e 317 do CP. A ação do funcionário, no caso da concussão, representa uma exigência, seguida ou não do recebimento, e, no caso da corrupção passiva, representa uma solicitação (pedido), de igual modo seguida ou não do recebimento.

Já na segunda hipótese, supõe-se uma dação voluntária. A iniciativa é do corruptor, podendo este transferir a vantagem até de modo simbólico. Receber e dar são ideias correlatas: a primeira depende da segunda.

69. O Código Penal Militar (art. 308) prevê apenas duas modalidades de conduta no crime de corrupção passiva, quais sejam: o *recebimento* da vantagem indevida *ratione officii* ou a *aceitação da promessa de referida vantagem*, não contemplando a modalidade de *solicitar*. Neste caso, partindo a corrupção do servidor militar, competirá à Justiça Comum processá-lo e julgá-lo pelo crime de corrupção passiva comum, ante a ausência de previsão desta conduta no Código Castrense.

A última hipótese refere-se à aceitação de promessa de uma vantagem indevida. A palavra "promessa" deve ser entendida na sua acepção vulgar (consentir, anuir). Também nesta hipótese há corrupção por parte do corruptor (particular que faz a promessa).

Todas as condutas típicas acabam por enfocar a mercancia do agente com a função pública. Aliás, consoante o conceito de Pessina, lembrado por BENTO DE FARIA, a corrupção passiva é a "prostituição da pureza do cargo pela parcialidade ou pelo interesse"[70]. No dizer de MAGALHÃES NORONHA, "nada mais é que o comércio ignóbil da função"[71].

Existe corrupção ainda que a vantagem seja entregue ou prometida não diretamente ao funcionário, mas a um familiar seu (mulher, filhos etc.).

☑ ***É possível praticar corrupção passiva por omissão?***

ANTONIO PAGLIARO e PAULO JOSÉ DA COSTA JR. respondem:

> "Com respeito à dúvida sobre se a corrupção passiva pode ser realizada mediante omissão, isto é, através de violação do dever de recusar a vantagem, necessário observar o quanto segue. Os casos que se pretende enquadrar no conceito de recebimento ou aceitação mediante omissão são comportamentos omissivos só aparentemente. Trata-se, na realidade, de verdadeiros comportamentos positivos, como no caso de receber de presente o objeto que já se possui. Ou, então, o agente se calar, numa situação concreta em que o silêncio configura verdadeira aceitação de promessa."[72].

Para a existência do crime deve haver um nexo entre a vantagem solicitada ou aceita e a atividade exercida pelo corrupto. Assim, embora funcionário público, caso não seja o agente competente para a realização do ato comercializado, não há que se falar em crime de corrupção, faltando-lhe um dos extremos legais constitutivos do tipo, podendo, nessa hipótese, ocorrer exploração de prestígio, estelionato etc.

Com relação ao caráter da vantagem indevida solicitada, recebida ou prometida, a mesma discussão travada no crime de concussão aqui se repete.

Alguns doutrinadores, como Nélson HUNGRIA[73], conferem ao termo *vantagem* conceito restrito, limitando-o somente ao de natureza patrimonial; outros, porém, como HELENO CLÁUDIO FRAGOSO[74], seguido por MIRABETE[75] e DAMÁSIO DE JESUS[76], através de uma interpretação mais ampla, consideram relevante qualquer espécie de retribuição, ainda que não de natureza econômica, como, por exemplo, a sentimental, sexual etc. O segundo entendimento é que nos parece correto, até porque a lei não faz qualquer distinção, sendo,

---

70. Ob. cit., v. 5, p. 512.
71. *Direito penal*, v. 4, p. 265.
72. *Dos crimes contra a Administração Pública*, p. 111.
73. Ob. cit., v. 9, p. 370.
74. Ob. cit., v. 4, p. 914.
75. *Manual de direito penal:* parte especial, v. 3, p. 308.
76. Ob. cit., v. 4, p. 167.

em qualquer hipótese, ferida a moral administrativa, principal bem jurídico tutelado com a presente incriminação.

Não se desconsideram na doutrina pátria aqueles que entendem que o art. 317 deve ser interpretado com certa parcimônia, de modo que não se subsume como criminoso o recebimento (solicitado ou não) de meras dádivas e outras vantagens provenientes de amizade, gratidão, cortesia e motivos semelhantes. Segundo entendem, o costume, em toda a parte, o consente. Lembram legislações alienígenas que excluem expressamente do domínio da corrupção a atribuição de serviços extraordinários, quando feita com consentimento de superior hierárquico (assim o Código búlgaro, art. 428). Sobre o assunto, conferir estudo elaborado por Costa e Silva, A. J. da. Corrupção passiva e corrupção e ativa. *Justitia*, v. 27, 4º trim. 1959.

Classifica-se como *imprópria* a corrupção que visa a prática de ato legítimo, e, como *própria*, a que tiver por finalidade a realização de ato injusto[77].

Se a vantagem ou recompensa é dada ou prometida em vista de uma ação, positiva ou negativa, futura, a corrupção denomina-se *antecedente*; se é dada ou prometida por uma ação, positiva ou negativa, já realizada, chama-se *subsequente*.

17.4. Voluntariedade

É o dolo, consistente na vontade consciente dirigida a qualquer dos verbos estampados no tipo. Não se pune a forma culposa.

17.5. Consumação e tentativa

Nas modalidades *solicitar* e *aceitar promessa de vantagem*, o crime é de natureza formal, consumando-se ainda que a gratificação não se concretize. Já na modalidade *receber*, o crime é material, exigindo efetivo enriquecimento ilícito do autor[78].

---

77. Há também outras classificações atribuídas pela doutrina ao crime de corrupção. Resumidamente, podemos apontar as seguintes: a) negra, cinza ou branca, dependendo da existência ou não de contraste entre a percepção da elite e da opinião pública sobre o ato. Por isso, a corrupção é negra quando tanto a elite quanto o restante da sociedade percebem o ato de corrupção como inadmissível; é cinza quando há discordância entre cada um dos lados; é branca quando nenhum dos lados considera o ato reprovável; b) grande ou pequena. A corrupção é grande quando envolve alto volume de recursos. É normalmente praticada na cúpula de órgãos públicos, por agentes graduados. Por outro lado, é pequena quando envolve valores baixos, recebidos por funcionários em grau hierárquico inferior; c) Política ou administrativa, a depender da qualidade do sujeito ativo. A corrupção é política quando cometida por agentes políticos, dotados de maior liberdade de atuação do que funcionários públicos comuns, que podem cometer a corrupção administrativa.

78. Lembra **Agapito Machado** que, no julgamento de ex-Presidente da República, por crime de corrupção passiva, o Supremo Tribunal Federal, por maioria de seus membros, entendeu que só existe o tipo penal em estudo se houver a prática do ato de ofício do funcionário, recompensando o particular (**Machado**, Agapito. *Questões polêmicas de direito*, p. 65). Tal interpretação, *data venia*, refoge completamente do sistema adotado pelo Código Penal pátrio, segundo o qual, eventual retardamento, omissão ou prática do ato, com infração do dever funcional, constitui forma qualificada do crime de corrupção passiva (§ 1º), realizando o corrupto a pretensão do corruptor.

Admite-se a tentativa apenas na modalidade *solicitar*, quando formulada por meio escrito (carta interceptada). Assim não entendem Antonio Pagliaro e Paulo José da Costa Jr.[79], para quem a mera solicitação lançada por escrito na carta já faz consumar o delito.

Não há que se falar em corrupção passiva quando a solicitação feita pelo agente mostra-se impossível de ser atendida pelo *extraneus* (art. 17 do Código Penal).

17.6. Majorante e forma privilegiada

17.6.1. Majorante

De acordo com o § 1º do art. 317 do CP, pune-se mais severamente o corrupto que retarda ou deixa de praticar ato de ofício ou o pratica com infração do dever funcional. O que seria mero exaurimento passou a ser considerado causa de aumento de pena (exaurimento penalizado). Aqui, o agente cumpre o prometido, realizando a pretensão do corruptor.

Se a violação praticada pelo agente público constitui, por si só, um novo crime, haverá concurso formal ou material (a depender do caso concreto) entre a corrupção passiva e a infração dela resultante. Nessa hipótese, no entanto, a corrupção deixa de ser qualificada, pois do contrário estaríamos no campo do *bis in idem*, considerando-se o mesmo fato duas vezes em prejuízo do funcionário réu.

17.6.2. Forma privilegiada

Nesta figura criminal, o agente, sem visar satisfazer interesse próprio (*auri sacra fames*), cede a pedido, pressão ou influência de outrem (art. 317, § 2º, do CP).

> "É o caso dos famigerados 'favores' administrativos, comuns na reciprocidade do tráfico de influências. Também, corriqueiros na corrupção paroquial das administrações locais"[80].

O crime, nesta figura, é material.

17.7. Ação penal

A ação penal é pública incondicionada.

17.8. Princípio da especialidade

a) Código Penal x Estatuto do Torcedor: a Lei 10.671/03, no art. 41-C, pune com reclusão de dois a seis anos a conduta de solicitar ou aceitar, para si ou para outrem, vantagem ou promessa de vantagem patrimonial ou não patrimonial para qualquer ato ou omissão destinado a alterar ou falsear o resultado de competição esportiva ou evento a ela associado.

b) Código Penal x Código Penal Militar: o art. 308 do Decreto-lei 1.001/69 pune a corrupção passiva praticada na forma do art. 9º daquele diploma.

---

79. *Dos crimes contra a Administração Pública*, p. 121.
80. Fazzio Júnior, Waldo. Ob. cit., p. 190.

18. FACILITAÇÃO DE CONTRABANDO OU DESCAMINHO

▶ ***Facilitação de contrabando ou descaminho***

Art. 318. Facilitar, com infração de dever funcional, a prática de contrabando ou descaminho (art. 334):

Pena – reclusão, de 3 (três) a 8 (oito) anos, e multa.

18.1. Considerações iniciais

Como já por nós estudado, o que, em regra, seria participação na prática dos crimes de descaminho e contrabando, aqui passa a ser incriminado de forma autônoma, criando o legislador uma figura especial em atenção à circunstância de ser o agente funcionário público incumbido da prevenção e/ou repressão a esses crimes (descaminho e contrabando). Excepciona-se, mais uma vez, a teoria monista ou unitária trazida pelo art. 29 do CP.

A pena cominada ao delito não admite nenhum dos benefícios da Lei 9.099/95.

Aliás, tendo o legislador, com a Lei 13.008/14, alterado a sistemática dos crimes de contrabando ou descaminho, punindo aquele (contrabando) **com 2 a 5 anos** e este (descaminho) **com 1 a 4**, deveria ter alterado também a pena do art. 318, punindo o facilitador com pena mais grave quando o crime facilitado fosse contrabando, respeitando, assim, a proporcionalidade e a razoabilidade.

18.2. Sujeitos do crime

Sujeito ativo do crime é o funcionário público incumbido de impedir a prática do contrabando e do descaminho[81]. Caso não ostente essa atribuição funcional, responderá pelos delitos de descaminho (art. 334) ou contrabando (art. 334-A), na condição de partícipe. Caso o funcionário público ocupe cargo em comissão ou de função de direção ou assessoramento de órgão da administração direta, sociedade de economia mista, empresa pública ou fundação instituída pelo poder público, a pena sofrerá aumento de um terço.

Com fundamento no art. 30 do CP, é possível a participação de terceiro. Aliás, por terceiro participante entende-se não apenas o estranho aos quadros públicos, mas também o funcionário sem a obrigação específica de combate aos crimes de contrabando e descaminho, desde que ciente de estar colaborando com a ação ou omissão criminosa de um fiscal incumbido de tal mister.

Sujeito passivo é o Estado, "principal interessado em coibir a criação de fortuna à custa do assalto ao erário público, cuja finalidade outra não é senão prover às necessidades e interesses do povo"[82].

81. Por se tratar de crime praticado em detrimento dos interesses da União, o processo e o julgamento competem à Justiça Federal, ainda que o funcionário criminoso seja estadual.
82. Stoco, Rui et al. Ob. cit., p. 3.877.

18.3. Conduta

A conduta punida pelo tipo em estudo é a de *facilitar*, seja por ação ou omissão, a prática dos crimes de descaminho (art. 334) e contrabando (art. 334-A).

Em apertada síntese, por *descaminho* entende-se a fraude empregada para iludir, total ou parcialmente, o pagamento de impostos de importação, exportação ou consumo (art. 334), enquanto que *contrabando* configura a importação ou exportação de mercadorias cuja entrada no país ou saída dele é absoluta ou relativamente proibida (art. 334-A).

18.4. Voluntariedade

É o dolo, ou seja, vontade de facilitar o descaminho ou contrabando, consciente de estar infringindo o dever funcional. Não há modalidade culposa.

18.5. Consumação e tentativa

O crime se consuma com a efetiva facilitação, ciente o agente de estar infringindo o seu dever funcional, pouco importando se completou ou não o descaminho ou contrabando (crime formal ou de consumação antecipada).

A tentativa é possível quando se tratar de facilitação ativa, caso em que a execução do crime admite fracionamento em vários atos.

18.6. Ação penal

A ação penal é pública incondicionada.

19. PREVARICAÇÃO

▶ ***Prevaricação***

Art. 319. Retardar ou deixar de praticar, indevidamente, ato de ofício, ou praticá-lo contra disposição expressa de lei, para satisfazer interesse ou sentimento pessoal:

Pena – detenção, de 3 (três) meses a 1 (um) ano, e multa.

19.1. Considerações iniciais

Protege-se a administração contra os comportamentos de funcionários desidiosos, que ignoram cumprir o seu dever, preferindo satisfazer interesse próprio em detrimento da coletividade.

A pena cominada ao delito admite a transação penal e a suspensão condicional do processo (Lei 9.099/95).

19.2. Sujeitos do crime

Sujeito ativo é o funcionário público (art. 327 do CP), sendo perfeitamente possível a participação de terceiro não qualificado, desde que conhecedor da condição funcional do agente público (art. 30 do CP). Caso o funcionário público ocupe cargo em comissão ou de função de direção ou assessoramento de órgão da administração direta, sociedade de economia mista, empresa pública ou fundação instituída pelo poder público, a pena sofrerá aumento de um terço.

A Lei 1.079/50 (art. 9º) traz algumas figuras específicas de prevaricação, aplicadas ao Presidente da República, Ministros de Estado, Ministros do STF e Procurador-Geral da República. Tratando-se de Prefeitos, não somente o Decreto-lei 201/67 regula hipóteses especiais do crime em estudo (art. 1º, V a XXIII), mas também a Lei 6.766/79 (art. 52).

As autoridades administrativas que tiverem conhecimento de crime de sonegação fiscal remeterão ao Ministério Público os elementos comprobatórios da infração, para instrução do procedimento criminal cabível, sob pena de responsabilidade penal pela prática do crime de prevaricação, se assim agirem para satisfazer interesse ou sentimento pessoal (art. 7º da Lei 4.729/65).

Sujeito passivo é o ente público, atingido com a conduta irregular do funcionário, podendo ofender, ainda, interesses de particulares.

19.3. Conduta

A prevaricação "consiste essencialmente no fato de espontaneamente o funcionário se desgarrar do sentido de finalidade pública que deve ser a de toda a sua vida funcional, para, no caso, em vez disto, ter a sua ação norteada para o que se lhe afigure o seu interesse ou lhe pareça condizente com sentimento seu, pessoal."[83].

Trata-se de uma espécie de "autocorrupção", no sentido de que o funcionário se deixa levar por alguma vantagem indevida que pretende obter para si, violando, por isso, seus próprios deveres funcionais[84].

Três são as formas de praticar o crime em estudo: retardando (atrasar, procrastinar) ato de ofício; deixando de praticá-lo (omissão); e, por fim, praticando-o de forma ilegal. Em qualquer caso, porém, é necessário que o ato retardado, omitido ou praticado se revele contra disposição expressa de lei (norma penal em branco).

Havendo certa discricionariedade na conduta escolhida, não há que se falar em crime. Assim, Delegado de Polícia de plantão que baixa portaria para apurar fato delituoso ao invés de autuar em flagrante delito os suspeitos do crime, realiza opção justificável, que se insere no âmbito de suas atribuições. Nesse sentido: TJSP, 4.ª C., HC 180.871-3-0, rel. Des. Emeric Levai, j. 13.03.1995.

É necessário, ainda, que o funcionário tenha atribuição para a prática do ato, vez que, se o ato praticado, omitido ou retardado não era da sua competência, não se pode considerar violação ao dever funcional.

Como bem anota Waldo Fazzio Júnior, citando pertinente jurisprudência:

> "Nem pode haver prevaricação se o ato praticado, omitido ou retardado refoge ao âmbito da competência do agente público. O delito

83. Drumond, Magalhães. *Comentários ao Código Penal*, v. 9, p. 302.
84. Pagliaro, Antonio; Costa Jr., Paulo José da. *Dos crimes contra a Administração Pública*, p. 134.

> caracteriza-se pela infidelidade ao dever funcional e pela parcialidade em seu desempenho."[85].

19.4. Voluntariedade

Caracteriza-se pelo dolo do agente, ou seja, vontade consciente de retardar, omitir ou praticar ilegalmente ato de ofício, acrescido do intuito de satisfazer interesse ou sentimento pessoal (elemento subjetivo do tipo), colocando o seu interesse particular acima do interesse público.

O interesse, porém, não deve ser de natureza material, pois, como explica Basileu Garcia, outro seria o delito:

> "Se o funcionário infringe a lei ou pratica indevidamente ato de ofício de maneira abusiva, porque tem em vista uma vantagem pecuniária, suponhamos, incide no campo da corrupção passiva, e não no campo da prevaricação, – delito menos grave, ao qual se destinam penas reduzidas. 'Sentimento pessoal' são palavras que abrangem enorme variedade de motivos. O ódio, a que se referia a lei precedente: o despeito, a inveja e mesmo o amor e a simples amizade. É possível prevaricar visando-se prejudicar e visando-se favorecer a alguém."[86].

A denúncia pela prática do crime de prevaricação deve, necessariamente, conter qual a omissão do servidor acusado, qual a sua natureza, especificando, ainda, o sentimento pessoal que animou a conduta do autor.

Não se pune a forma culposa, podendo acarretar responsabilidade civil ou sanção administrativa.

19.5. Consumação e tentativa

Consuma-se o crime com o retardamento, a omissão ou a prática do ato, sendo dispensável a satisfação do interesse visado pelo servidor.

Quanto à possibilidade da tentativa, Magalhães Noronha entende possível apenas nas formas comissivas, hipótese em que o delito permite o fracionamento da sua execução.

Eis a sua lição:

> "O ato do funcionário pode ser fracionável ou oferecer um *iter*, uma trajetória, que é interrompida, antes que o sujeito ativo alcance seu objetivo, isto é, a prática consumada ou terminada do ato, e já agora, não se negará a tentativa."[87].

A prevaricação não se confunde com a corrupção passiva privilegiada (§ 2º do art. 317). Nesta, o funcionário atende a pedido ou influência de outrem. Naquela (prevaricação) não há tal pedido ou influência. O agente busca satisfazer interesse ou sentimento pessoal.

---

85. Ob. cit., p. 199.
86. Ob. cit., p. 60.
87. *Direito penal interpretado*, v. 4, p. 279.

19.6. Ação penal

A ação penal é pública incondicionada.

19.7. Princípio da especialidade

a) Código Penal x Código Penal Militar: o art. 319 do Decreto-lei 1.001/69 pune a prevaricação praticada na forma do art. 9º daquele diploma.

20. PREVARICAÇÃO IMPRÓPRIA

▶ ***Prevaricação imprópria***

Art. 319-A. Deixar o Diretor de Penitenciária e/ou agente público, de cumprir seu dever de vedar ao preso o acesso a aparelho telefônico, de rádio ou similar, que permita a comunicação com outros presos ou com o ambiente externo:

Pena – detenção, de 3 (três) meses a 1 (um) ano.

20.1. Considerações iniciais

Como o legislador não lhe conferiu título, coube à doutrina a tarefa de etiquetá-lo, chamando o crime do art. 319-A de *prevaricação imprópria.*

Protege-se a Administração Pública contra comportamentos de funcionários que, ignorando o seu dever funcional, colocam em risco a segurança interna e externa (da sociedade em geral) dos presídios, não vedando o acesso dos presos a aparelhos de comunicação.

Chama a atenção a pequeneza, a brandura da pena (resposta Estatal ao comportamento humano indesejado), desproporcional considerando a gravidade da conduta incriminada (admitindo os benefícios da Lei 9.099/95).

Nesse tanto, merece ser lembrada a lição de Paulo Queiroz:

> "Convém notar, todavia, que o princípio da proporcionalidade compreende, além da proibição de excesso, a proibição de insuficiência da intervenção jurídico-penal. Significa dizer que, se, por um lado, deve ser combatida a sanção penal desproporcional porque excessiva, por outro lado, cumpre também evitar a resposta penal que fique muito aquém do seu efetivo merecimento, dado o seu grau de ofensividade e significação político-criminal, afinal a desproporção tanto pode dar-se para mais quanto para menos. Exemplo disso – de insuficiência da resposta estatal – são os crimes de abuso de autoridade previstos na Lei 4.898/65, que comina, para as graves infrações que define, pena de detenção de dez dias a seis meses (art. 6º, § 3º, *b*)."[88].

88. *Direito penal – Parte geral*, p. 33.

Eis mais um exemplo!

20.2. Sujeitos do crime

O sujeito ativo não será qualquer funcionário público, mas aquele que, no exercício das suas funções, tem o dever de evitar o acesso do preso aos aparelhos de comunicação proibidos (Diretor de Penitenciária, carcereiro, policial na escolta etc.)[89]-[90].

E o preso que for surpreendido com o aparelho? Este, em princípio, pratica falta grave, sujeito a sanção disciplinar (art. 50, VII, da LEP).

Sujeito passivo primário é o Estado, e, secundário, a sociedade.

20.3. Conduta

O crime consiste em *deixar* (omitir, não cumprir) o agente seu dever *funcional* de *vedar* (proibir, impedir) ao preso o *acesso* (o alcance) a aparelho que possibilite a comunicação com outros presos (do mesmo estabelecimento ou não) ou com o ambiente externo (qualquer pessoa situada fora do ambiente carcerário)[91].

Desse modo, o tipo quer proibir não a *comunicabilidade* do preso com o mundo exterior, mas a *intercomunicabilidade*, isto é, a transmissão de informações entre pessoas (sendo, pelo menos uma, habitante prisional).

☑ ***E se o funcionário, ao invés de apenas permitir o acesso ao aparelho, pessoalmente entregá-lo ou, então, deixar de retirar do preso aparelho que já está em sua posse? Pratica o crime do art. 319-A do CP?***

---

89. Apesar do tipo incriminador referir-se somente a Diretor de Penitenciária (e não a diretor de estabelecimentos penais, como por exemplo, comandante de *colônia agrícola, industrial ou similar, a casa de albergado, o centro de observação e a cadeia pública*), tais personagens foram alcançados pela expressão seguinte (mais genérica): *agente público*. Já o diretor de *hospital de custódia e tratamento psiquiátrico* não, pois falando o tipo em *preso*, não abrange o inimputável internado ou em tratamento.

90. Qualquer outra pessoa, sem o dever funcional, que ingressar, promover, intermediar, auxiliar ou facilitar a entrada de aparelho telefônico de comunicação móvel, de rádio ou similar, sem autorização legal, em estabelecimento prisional, cometerá o crime do art. 349-A, também punido com 3 meses a 1 ano de detenção.

91. O encerramento genérico (aparelho telefônico, de rádio *ou similar*) permite ao juiz realizar interpretação analógica, abrangendo qualquer aparelho de transmissão de informação. Lamentamos haver o legislador esquecido de incriminar a entrada dos acessórios dos aparelhos de comunicação, como *chips*, baterias, carregadores etc. O STJ, no entanto, orienta-se no sentido de que a posse de acessórios, essenciais para o funcionamento do aparelho telefônico, também caracteriza a falta grave, pois a *ratio essendi* da norma é proibir a comunicação entre os presos ou destes com o meio externo. Entender em sentido contrário, permitindo a entrada fracionada do celular, seria estimular a burla às medidas disciplinares da Lei de Execução Penal (HC 298.535/SP, Rel. Min. Ericson Maranho (desembargador convocado do TJ/SP), DJe 12/12/2014).

Nucci, nos dois casos, defende a tipicidade, argumentando que a expressão *acesso ao aparelho* não deve ser interpretada restritivamente.

> "Ao contrário, merece ser dada à expressão o seu real alcance. Portanto, se o funcionário público deixar de retirar o celular das mãos de um preso, esteja o aparelho em uso ou não, constitui o crime previsto no art. 319-A. Do mesmo modo, se ele mesmo, servidor público, fizer chegar às mãos do preso o referido aparelho. Embora o tipo penal seja omissivo (deixar de cumprir seu dever de vedar o acesso), a partir do momento em que se fornece o aparelho (atitude comissiva), está-se, logicamente, deixando de vedar o acesso ao mesmo. Em suma, o agente público deve fiscalizar, revistar, buscar e impedir que presos tenham ou usem qualquer meio de comunicação telefônico, de rádio ou similar. A famosa *vista grossa*, que significa *fingir não ver* o aparelho ou sua utilização é suficiente para, quando houver dolo, gerar o crime previsto no novo tipo penal."[92].

20.4. Voluntariedade

Caracteriza-se pelo dolo do agente, vontade consciente de não vedar, quando obrigado (dever), o acesso do preso ao aparelho de comunicação.

Diferentemente da prevaricação propriamente dita (art. 319), a forma imprópria (art. 319-A) dispensa finalidade especial do agente.

Não se pune a forma culposa, podendo acarretar responsabilidade civil ou sanção administrativa.

20.5. Consumação e tentativa

Consuma-se o crime com a omissão do dever, sendo dispensável o efetivo acesso do preso ao aparelho de comunicação.

Tratando-se de crime omissivo puro (de mera conduta), a tentativa não é admitida.

20.6. Ação penal

A ação penal é pública incondicionada.

21. CONDESCENDÊNCIA CRIMINOSA

▶ ***Condescendência criminosa***

Art. 320. Deixar o funcionário, por indulgência, de responsabilizar subordinado que cometeu infração no exercício do cargo ou, quando lhe falte competência, não levar o fato ao conhecimento da autoridade competente:

Pena – detenção, de 15 (quinze) dias a 1 (um) mês, ou multa.

92. *Código Penal comentado*, p. 1191.

21.1. Considerações iniciais

Tutela-se o regular andamento das atividades administrativas, visando a inibição de condescendência ilícita do superior em relação a atos irregulares praticados por seu subordinado.

A pena cominada ao delito admite a transação penal e a suspensão condicional do processo (Lei 9.099/95).

21.2. Sujeitos do crime

Sujeito ativo do delito é o funcionário público hierarquicamente superior ao servidor infrator. Caso o funcionário público ocupe cargo em comissão ou de função de direção ou assessoramento de órgão da administração direta, sociedade de economia mista, empresa pública ou fundação instituída pelo poder público, a pena sofrerá aumento de um terço.

Como bem ensinam Antonio Pagliaro e Paulo José da Costa Jr.:

> "Segundo as regras gerais, outras pessoas, colegas ou particulares, poderão concorrer para o crime (por exemplo, patrocinando a indulgência). Não acreditamos, entretanto, que possa o funcionário que se beneficiou da condescendência, por não ter sido denunciado, concorrer para o delito, visto que o direito de defender-se e o de apresentar escusa para si mesmo são direitos fundamentais."[93].

Sujeito passivo é o Estado ou, mais especificamente, a Administração Pública, afetada com a conduta imoral do seu funcionário.

21.3. Conduta

Pune-se o fato de tolerar o funcionário público a prática, por parte de seu subordinado, de infração administrativa ou penal, no exercício do cargo, deixando de responsabilizá-lo ou, faltando-lhe tal atribuição, não comunicando a violação à autoridade competente para aplicar a sanção.

As irregularidades praticadas pelo subordinado *extra officio* (fora do cargo) e toleradas pelo superior hierárquico, não configuram o crime em comento.

Se o superior hierárquico se omite por sentimento outro que não indulgência, espírito de tolerância ou concordância, o crime poderá ser outro, como, por exemplo, prevaricação ou corrupção passiva.

Nesse sentido, aliás, é o escólio de Basileu Garcia:

> "Por vezes, o que existe não é a indulgência a que alude o dispositivo. É relaxamento, é frouxidão, e o sentimento que tem o sujeito ativo, não é indulgência. O que o torna inativo é simplesmente o pouco caso e falta de zelo. Pode ser que, apurada, da parte do acusado, a existência, não do sentimento de comiseração indicado pelo texto, mas tão só a negligência indesculpável, incorra ele

93. *Dos crimes contra a Administração Pública*, p. 147.

> no dispositivo referente à prevaricação, podendo-se sustentar que o móvel da atitude do funcionário superior é o interesse da sua comodidade, da sua tranquilidade. Resta, porém, a dificuldade prática de saber quando é que deixa de agir o funcionário por espírito de benevolência e quando é que ele deixa de proceder por falta de zelo. E incriminá-lo por prevaricação comporta alguma dúvida."[94].

21.4. Voluntariedade

É o dolo, entendido como a vontade consciente do superior de não responsabilizar o seu funcionário subordinado – ou, lhe faltando tal atribuição, não comunicar o fato à autoridade competente –, movido pelo sentimento de indulgência (condescendência para com o subordinado infrator).

Exige-se que o agente tenha conhecimento não apenas da infração ocorrida, mas também da sua autoria. Dentro desse espírito, ao contrário do que ensina Fernando Henrique Mendes de Almeida[95], parece claro não existir a modalidade culposa.

21.5. Consumação e tentativa

O crime se consuma com qualquer uma das omissões criminosas, ou seja, quando o funcionário superior, depois de tomar conhecimento da infração, suplanta prazo legalmente previsto para a tomada de providências contra o subordinado infrator.

Na ausência de prazo legal, consuma-se o delito com o decurso de prazo juridicamente relevante, a ser aquilatado pelo juiz no caso concreto.[96]

Impossível a tentativa, vez que se trata, nas suas duas formas, de crime omissivo próprio.

21.6. Ação penal

A ação penal é pública incondicionada.

21.7. Princípio da especialidade

a) Código Penal x Código Penal Militar: o art. 322 do Decreto-lei 1.001/69 pune a condescendência criminosa praticada na forma do art. 9º daquele diploma.

b) Código Penal x Decreto-lei nº 3.688/41: o art. 66 da Lei de Contravenções pune, com pena de multa, o servidor que, fora dos casos do art. 320 do CP, deixar de comunicar à autoridade competente qualquer crime de ação pública, de que teve conhecimento no exercício da função pública, desde que a ação penal não dependa de representação.

94. Ob. cit., p. 61.
95. *Dos crimes contra a administração pública*, p. 105.
96. Nélson Hungria, porém, com base no art. 217 do antigo Estatuto dos Funcionários Públicos Civis da União, entendia que a apuração das faltas praticadas deveria ser feita de imediato, não se prendendo a prazos (ob. cit., v. 9, p. 381).

22. ADVOCACIA ADMINISTRATIVA

► *Advocacia administrativa*

Art. 321. Patrocinar, direta ou indiretamente, interesse privado perante a administração pública, valendo-se da qualidade de funcionário:

Pena – detenção, de 1 (um) a 3 (três) meses, ou multa.

Parágrafo único. Se o interesse é ilegítimo:

Pena – detenção, de 3 (três) meses a 1 (um) ano, além da multa.

22.1. Considerações iniciais

Busca o presente dispositivo resguardar a moralidade administrativa, impedindo que funcionários públicos patrocinem, valendo-se do cargo, interesse privado em detrimento da Administração Pública.

As penas cominadas ao delito permitem a transação penal e a suspensão condicional do processo (Lei 9.099/95).

22.2. Sujeitos do crime

Sujeito ativo do delito é o funcionário público na ampla definição do art. 327 do CP. Caso o funcionário público ocupe cargo em comissão ou de função de direção ou assessoramento de órgão da administração direta, sociedade de economia mista, empresa pública ou fundação instituída pelo poder público, a pena sofrerá aumento de um terço.

Possível se mostra a participação de particular, desde que conhecedor das qualidades do autor assessorado (art. 30 do CP).

Tratando-se de crime contra a ordem tributária, aplica-se o art. 3º, III, da Lei 8.137/90, que pune com reclusão, de um a quatro anos, além de multa, aquele que "patrocinar, direta ou indiretamente, interesse privado perante a administração fazendária, valendo-se da qualidade de funcionário público".

Cuidando-se, entretanto, de crime relacionado com licitação pública, aplica-se o art. 91 da Lei 8.666/93, que, impondo pena de detenção, de seis meses a dois anos e multa, tem a seguinte redação:

> "Patrocinar, direta ou indiretamente, interesse privado perante a Administração, dando causa à instauração de licitação ou à celebração de contrato, cuja invalidação vier a ser decretada pelo Poder Judiciário".

Em suma, se o interesse patrocinado pelo agente for contra a ordem tributária ou visando licitação pública, aplica-se ao caso a regra especial; em qualquer outra hipótese, incidirá a regra geral do Código Penal.

Sujeito passivo do crime é a Administração Pública, diretamente interessada em coibir o patrocínio de interesses privados junto a seus órgãos.

22.3. Conduta

A conduta típica é *patrocinar* o agente, direta ou indiretamente, ainda que não no exercício do cargo, emprego ou função, mas valendo-se da sua qualidade de funcionário, interesse privado perante a Administração Pública.

Patrocinar corresponde a defender, pleitear, advogar junto a companheiros ou superiores hierárquicos o interesse particular. Para que se configure o crime do art. 321 do CP, não basta que o agente ostente a condição de funcionário público, mas é necessário e indispensável que pratique a ação aproveitando-se das facilidades que sua qualidade de funcionário lhe proporciona.

Entende a doutrina que, ao ser empregada no tipo a expressão *patrocínio*, buscou o legislador limitar a incriminação às hipóteses em que o agente defende interesse alheio, não existindo a infração quando o funcionário pleiteia interesse próprio.

Observamos, ainda, não importar o fato de ser lícito ou ilícito o interesse apadrinhado pelo funcionário, configurando-se, em qualquer uma das hipóteses, o crime em tela. Aliás, se o interesse visado for ilegítimo, incidirá a agravante do parágrafo único.

A advocacia administrativa exige mais do que um mero ato de encaminhamento ou protocolado de papéis. É curial que se verifique o efetivo patrocínio de uma causa, complexa ou não, perante a administração.

Outra não é a lição de Basileu Garcia:

> "Que é patrocinar? Patrocínio é proteção, auxílio, amparo. Patrocinar uma causa é advogá-la, defendê-la. De certo modo, toda manifestação de boa-vontade de um funcionário para certos papéis, na sua repartição, poderia ser interpretada como favorecimento, ou patrocínio. Precisamos, porém, colocar-nos dentro da realidade, sem fantasias mitológicas, ao cuidar de impor sanções penais. É impossível evitar que funcionários se interessem pelo andamento de determinados papéis, atendendo ao pedido de um amigo ou conhecido. Seria absurdo vislumbrar-se nesse fato corriqueiro e inocente o patrocínio de interesses, visado pelo legislador ao punir a advocacia administrativa. O que se desejou punir é, como a própria denominação da modalidade criminosa adverte, a atitude que comprove, da parte do funcionário, o ânimo de advogar pretensões alheias, utilizando-se da sua qualidade e do seu poder de funcionário, como força para a vitória que, desse modo desleal, tende a ser concedida a uma das partes. Para essa advocacia criminosa não é preciso ser formado em direito."[97].

Por fim, deve ser lembrado que a Lei do Sistema Brasileiro de Defesa da Concorrência – SBDC (Lei 12.529/2011) adscreve como crime de advocacia administrativa a conduta do ex-presidente ou ex-conselheiro do Tribunal Administrativo de Defesa Econômica que "representar qualquer pessoa, física ou jurídica, ou interesse perante o SBDC, ressalvada a

97. Ob. cit., p. 62.

defesa de direito próprio" no "período de 120 (cento e vinte) dias, contado da data em que deixar o cargo". (art. 8º, §§ 1º e 3º).

22.4. Voluntariedade

A conduta em estudo é punida a título de dolo, caracterizando-se pela vontade consciente do funcionário patrocinar interesse privado alheio perante a Administração Pública.

Não se pune a modalidade culposa.

22.5. Consumação e tentativa

Consuma-se o delito com a prática de ato revelador do patrocínio, independente da obtenção de qualquer vantagem.

A maioria da doutrina entende possível a tentativa, exemplificando com o caso da carta interceptada antes de chegar ao seu destino.

22.6. Ação penal

A ação penal é pública incondicionada.

22.7. Princípio da especialidade

a) Código Penal x Código Penal Militar: o art. 334 do Decreto-lei 1.001/69 pune a advocacia administrativa perante a administração militar, quando o agente se vale da qualidade de funcionário ou de militar, praticada na forma do art. 9º daquele diploma.

23. VIOLÊNCIA ARBITRÁRIA

▶ ***Violência arbitrária***

Art. 322. Praticar violência, no exercício de função ou a pretexto de exercê-la:

Pena – detenção, de 6 (seis) meses a 3 (três) anos, além da pena correspondente à violência.

23.1. Considerações Iniciais

O delito capitulado neste artigo foi tacitamente revogado pela Lei 4.898/65. Esse, aliás, era o entendimento pacificado no extinto Tribunal de Alçada Criminal do Estado de São Paulo, seguido da esmagadora maioria da nossa doutrina (Gilberto e Vladimir Passos de Freitas[98]; Damásio E. de Jesus[99]; e Julio F. Mirabete[100]). Trata-se de lei que regulou inteiramente a punição dos crimes de abuso de poder, classe a que pertence o denominado delito de violência arbitrária.

Alertamos, no entanto, sobre a existência de decisões dos Tribunais Superiores reconhecendo a plena vigência deste artigo: "*Habeas Corpus*. Penal. Artigo 322 do Código Penal. Crime de violência arbitrária. Eventual revogação pela Lei 4.898/65. Inocorrência.

---

98. *Abuso de autoridade*, p. 49.
99. Ob. cit., v. 4, p. 188.
100. *Manual de direito penal*, v. 3, p. 326.

Precedentes do STF. 1. O crime de violência arbitrária não foi revogado pelo disposto no artigo 3º, *i,* da Lei de Abuso de Autoridade. Precedentes da Suprema Corte. 2. Ordem denegada"[101].

Diante desse quadro, incluiremos breves comentários sobre o delito, começando pelo bem jurídico protegido.

O dispositivo busca, em primeiro plano, a garantia do regular desenvolvimento das atividades da administração pública, seriamente afetada pela ação truculenta de seus representantes. Secundariamente, tutela a integridade do particular afetado pela ação violenta.

A pena cominada ao delito permite a suspensão condicional do processo (Lei 9.099/95).

23.2. Sujeitos do crime

O sujeito ativo do delito é o funcionário público. Mirabete, inobstante sustentar a revogação do delito, nos seus comentários alerta que o "guarda-noturno, ainda que remunerado por particulares, exerce função evidentemente pública, ligado que está, de perto, à segurança da coletividade; pratica, portanto, o ilícito"[102]. Parece-nos, entretanto, que a equiparação extrapola o espírito imposto no artigo 327 do Código Penal, que considera funcionário público quem, embora transitoriamente ou sem remuneração, exerce cargo, emprego ou função pública ou (por equiparação) quem exerce cargo, emprego ou função em entidade paraestatal e quem trabalha para empresa prestadora de serviço contratada ou conveniada para a execução de atividade típica da Administração Pública.

Dessa forma, o particular que, por exemplo, é funcionário em empresa de segurança sem qualquer vínculo formal com a administração pública, não praticará o delito em estudo. Caso o funcionário público ocupe cargo em comissão ou de função de direção ou assessoramento de órgão da administração direta, sociedade de economia mista, empresa pública ou fundação instituída pelo poder público, a pena sofrerá aumento de um terço.

Sujeito passivo será o Estado e, em segundo plano, o indivíduo submetido ao abuso.

23.3. Conduta

Consiste o crime em *praticar violência* no exercício da função ou a pretexto de exercê-la[103].

---

101. STJ, HC 48.083/MG, 5.ª T., rel. Min. Laurita Vaz, j. 20.11.2007, *DJe* 07.04.2008.

102. *Manual de direito penal*, v. 3, p. 323.

103. O crime do art. 322 retrata a ilegalidade do funcionário público que, violando o Direito da Administração Pública, age arbitrariamente, isto é, sem autorização de qualquer norma legal que lhe justifique a conduta contra o cidadão. Não se confunde com os crimes da Lei 4.898/65, norma referente ao abuso de autoridade ou exercício arbitrário de poder, pela qual o funcionário, ao executar sua atividade, excede-se no Poder Discricionário, que facultaria a escolha livre do método de execução, ou desvia, ou foge da sua finalidade, descrita na norma legal que autorizava o Ato Administrativo, ocorrendo aí uma lesão de direito que no campo penal toma forma de abuso de poder ou exercício arbitrário de poder.

A violência deve ser arbitrária, ou seja, desacompanhada de circunstâncias fáticas que justifiquem a exaltação por parte do funcionário público, como ocorre, por exemplo, na hipótese descrita no artigo 292 do Código de Processo Penal ("Se houver, ainda que por parte de terceiros, resistência à prisão em flagrante ou à determinada por autoridade competente, o executor e as pessoas que o auxiliarem poderão usar dos meios necessários para defender-se ou para vencer a resistência, do que tudo se lavrará auto subscrito também por duas testemunhas").

23.4. Voluntariedade

É o dolo, consistente na vontade consciente do agente de praticar a violência arbitrária. Cezar Roberto BITENCOURT[104] ressalta ensinamentos doutrinários no sentido de que se exige o elemento subjetivo especial do injusto, que impõe a intenção de abusar da autoridade. Ensina, todavia, que o motivo da prática da violência deve ser considerado somente no momento da aplicação da pena, pois que indiferente para a configuração do crime.

23.5. Consumação e tentativa

Consuma-se o delito com o emprego da violência. Na hipótese de a violência causar lesões corporais ou a morte do indivíduo, haverá o cúmulo material de penas. Note-se que embora seja aplicada cumulativamente a pena, não haverá necessariamente concurso material, já que a violência e a lesão podem advir de apenas uma conduta.

Sobre este assunto, leciona BITENCOURT:

> "O art. 322 não criou uma espécie *sui generis* de concurso material, mas adotou tão somente o *sistema do cúmulo material* de aplicação de penas, a exemplo do que fez em relação ao *concurso formal impróprio* (art. 70, 2ª parte). Assim, quando a violência empregada na prática do crime de *violência arbitrária* constituir em si mesma outro crime, havendo *unidade de ação* e pluralidade de crimes, estaremos diante de *concurso formal de crimes*. Aplica-se, nesse caso, por expressa determinação legal, o *sistema do cúmulo material* de aplicação de pena, independentemente da existência de *desígnios autônomos*. A aplicação de penas, mesmo sem a presença de desígnios autônomos, constitui uma exceção na cominação de penas prevista para o *concurso formal* impróprio. Mas esta é uma *norma genérica*, prevista na Parte Geral do Código Penal (art. 70, 2.ª parte); aquela constante do dispositivo em exame (art. 322) é *norma específica* contida na Parte Especial do diploma legal, onde se individualizam as normas genéricas ao destiná-las a cada figura delituosa."[105].

104. Ob. cit., v. 5, p. 161.
105. Ob. cit., v. 5, p. 160-161.

23.6. Ação penal

A ação penal é pública incondicionada.

23.7. Princípio da especialidade

a) Código Penal x Código Penal Militar: o art. 333 do Decreto-lei 1.001/69 pune a violência arbitrária em repartição ou estabelecimento militar praticada na forma do art. 9º daquele diploma.

24. ABANDONO DE FUNÇÃO

▶ ***Abandono de função***

Art. 323. Abandonar cargo público, fora dos casos permitidos em lei:

Pena – detenção, de 15 (quinze) dias a 1 (um) mês, ou multa.

§ 1º Se do fato resulta prejuízo público:

Pena – detenção, de 3 (três) meses a 1 (um) ano, e multa.

§ 2º Se o fato ocorre em lugar compreendido na faixa de fronteira:

Pena – detenção, de 1 (um) a 3 (três) anos, e multa.

24.1. Considerações iniciais

O dispositivo quer garantir o regular desenvolvimento das atividades administrativas, que poderão ser afetadas com a anormal interrupção do exercício do cargo pelo servidor.

As penas cominadas no *caput* e no § 1º permitem a transação penal e a suspensão condicional do processo (Lei 9.099/95). Se, todavia, a conduta se subsumir ao § 2º, somente o segundo benefício será admitido, desde que não incidente a majorante do art. 327, § 2º.

24.2. Sujeitos do crime

Apesar do *nomen juris* trazido pelo dispositivo em estudo – *abandono de função* – entende a doutrina que somente o funcionário ocupante de *cargo público* pode cometer o crime, não prevalecendo a regra ampla do art. 327 do CP.

Nesse sentido, ensina NORONHA:

> "Sujeito ativo é o funcionário que abandona o cargo. Não, porém, todo funcionário, na amplitude dada pelo art. 327, pois o artigo, ao contrário do que a rubrica faz supor, refere-se exclusivamente a *cargo* e não a *função*. Consequentemente, nem todo abandono de função pública constituirá o delito em espécie"[106].

106. *Direito penal*, v. 4, p. 294.

Nada impede a participação de pessoa estranha aos quadros funcionais, desde que ciente de que instiga, induz ou auxilia funcionário público, ocupante de cargo, a abandonar a sua ocupação (art. 30 do CP). Caso o funcionário público ocupe cargo em comissão ou de função de direção ou assessoramento de órgão da administração direta, sociedade de economia mista, empresa pública ou fundação instituída pelo poder público, a pena sofrerá aumento de um terço.

Sujeito passivo é a Administração Pública, real prejudicada com a interrupção da atividade do seu funcionário.

24.3. Conduta

Visando não deixar paralisada a máquina administrativa, pune o legislador a conduta daquele que deixa o cargo público, por prazo juridicamente relevante, de forma a acarretar probabilidade de dano à Administração. A presente conduta equivale à deserção do direito militar.

Segundo enunciam os arts. 63 e 256, § 1º, ambos do Estatuto dos Funcionários Públicos Civis do Estado de São Paulo (Lei 10.261/68), só haverá o "abandono" se o funcionário interromper o serviço por mais de trinta dias consecutivos[107]. Com espeque nessas disposições, encontramos autores paulistas lecionando só haver o crime de abandono se o funcionário faltar 31 dias ou mais, e de maneira ininterrupta.

> "Discutiu-se na doutrina se o abandono da função poderá configurar-se se o funcionário não abandonar o local de trabalho. A resposta será, provavelmente, afirmativa, ainda que seja difícil recusar-se o funcionário a exercitar *in totum* e com certa duração as funções permanecendo no local de trabalho, sem nada fazer, com os braços cruzados"[108].

É corrente a lição de não existir o delito no caso de suspensão, ainda que prolongada, do trabalho por parte de funcionário público quando se trata de ato coletivo buscando reivindicações de categoria, é dizer, nos casos de greve ainda não declarada ilegal.

Deve ser observado, por fim, que o fato típico estará justificado se o abandono decorrer de estado de necessidade ou força maior, desde que devidamente comprovados.

24.4. Voluntariedade

É o dolo, consistente na vontade do agente de abandonar o cargo, interrompendo o serviço desempenhado, sabendo da possibilidade de dano que seu ato arbitrário poderá acarretar ao interesse público.

Não se pune a forma culposa. Assim, a mera negligência no cumprimento das funções do cargo é um indiferente penal, podendo configurar eventualmente falta administrativa.

107. No mesmo sentido o art. 138 da Lei 8.112/90 – Estatuto dos Servidores Públicos Civis da União.
108. Pagliaro, Antonio; Costa Jr., Paulo José da. *Dos crimes contra a Administração Pública*, p. 163.

24.5. Consumação e tentativa

Consuma-se o delito sempre que a ausência injustificada perdurar por tempo suficiente para criar a possibilidade concreta (real e efetiva) de dano para a Administração Pública.

Desse modo, inaceitável a tese de que o crime não se configura quando esteja presente um substituto que possa intervir imediatamente. Como a lei, no caso do *caput*, não exigiu dano – presente apenas no § 1º – basta o seu perigo.

Não se admite a tentativa, vez que, tratando-se de crime omissivo próprio, a sua execução não permite fracionamento (unissubsistente).

Resultando efetivo prejuízo para Administração, há crime qualificado (§ 1º).

Se o fato ocorre em faixa de fronteira, isto é, até 150 km de largura, ao longo das fronteiras terrestres (cf. art. 20, § 2º, da CF), a pena também é aumentada (§ 2º). O presente agravamento é perfeitamente explicável, vez que, com o abandono, coloca o agente em perigo área fundamental para a defesa do território nacional.

24.6. Ação penal

A ação penal é pública incondicionada.

24.7. Princípio da especialidade

a) Código Penal x Código Penal Militar: o art. 330 do Decreto-lei 1.001/69 pune o abandono de função em repartição ou estabelecimento militar praticada na forma do art. 9º daquele diploma.

25. EXERCÍCIO FUNCIONAL ILEGALMENTE ANTECIPADO OU PROLONGADO

▶ ***Exercício funcional ilegalmente antecipado ou prolongado***

Art. 324. Entrar no exercício de função pública antes de satisfeitas as exigências legais, ou continuar a exercê-la, sem autorização, depois de saber oficialmente que foi exonerado, removido, substituído ou suspenso:

Pena – detenção, de 15 (quinze) dias a 1 (um) mês, ou multa.

25.1. Considerações iniciais

Tutela-se o regular desenvolvimento das atividades administrativas, que poderão se desordenar com o ingresso irregular do funcionário.

A pena cominada ao delito permite a transação penal e a suspensão condicional do processo (Lei 9.099/95).

25.2. Sujeitos do crime

Sujeito ativo é o funcionário público que antecipa ou prolonga as suas funções. Aliás, é exatamente a qualidade do agente – pessoa direta ou indiretamente ligada aos quadros da Administração Pública – que acaba por distinguir este crime daquele previsto no art. 328 do CP (usurpação de função pública), cometido por particular inteiramente alheio à função pública. Caso o funcionário público ocupe cargo em comissão ou de função de direção ou assessoramento de órgão da administração direta, sociedade de economia mista, empresa pública ou fundação instituída pelo poder público, a pena sofrerá aumento de um terço.

Sujeito passivo é o Estado.

25.3. Conduta

A primeira conduta punível é antecipar-se o agente no exercício de função pública, deixando de observar, por completo, as exigências legais (diplomação, posse, inspeção médica etc.).

Na segunda modalidade, o agente prolonga o exercício da função pública, mesmo depois de ser dela exonerado, removido, substituído ou suspenso. Trata-se, aqui, de decisão tomada na órbita administrativa, pois, se judicial, o crime é o do art. 359 do Código Penal.

> "O elenco não compreende a destituição, mas se pode considerar que esteja ela implicitamente compreendida no texto. Não haveria, nessa hipótese, extensão analógica da lei penal incriminadora (que é vedada). Ao contrário, a extensão é *in bonam partem*, uma vez que ao funcionário destituído deveria ser aplicada a disposição mais severa que incrimina a usurpação de função pública (art. 328)"[109].

Para a caracterização do crime, mister se faz a comunicação pessoal ao funcionário, a qual advirá de comunicação da autoridade superior, não bastando a mera notificação via Diário Oficial, a menos que reste comprovado que o funcionário, por qualquer outra forma, teve conhecimento dela.

É o art. 324 uma norma penal em branco, devendo ser complementada por outros estatutos que estabeleçam quais são as exigências legais para que o funcionário entre em exercício.

25.4. Voluntariedade

É o dolo, ou seja, a vontade consciente de exercer função pública, sabendo estar impedido para tanto. É indiferente o fim almejado pelo agente.

Inexistindo a modalidade culposa, pode a culpa apresentar-se apenas como um ilícito administrativo.

25.5. Consumação e tentativa

Para a consumação do crime, basta a prática pelo agente de qualquer ato inerente à função a qual encontra-se impedido de exercer.

---

109. Pagliaro, Antonio; Costa Jr., Paulo José da. *Dos crimes contra a Administração Pública*, p. 169-170.

A tentativa é admissível, exemplificando Magalhães Noronha[110] com o caso do agente que se apresenta na repartição competente para assumir suas funções, mas é obstado pelo chefe ou diretor. A hipótese é encarada pelo Professor Artur Cogan[111] como sendo mero ato preparatório, inexistindo início de execução.

25.6. Ação penal

A ação penal é pública incondicionada.

25.7. Princípio da especialidade

a) Código Penal x Código Penal Militar: o art. 329 do Decreto-lei 1.001/69 pune o exercício funcional ilegal em posto ou função militar e o exercício ilegal de cargo ou função em repartição militar praticados na forma do art. 9º daquele diploma.

26. VIOLAÇÃO DE SIGILO FUNCIONAL[112]

Art. 325. Revelar fato de que tem ciência em razão do cargo e que deva permanecer em segredo, ou facilitar-lhe a revelação:

Pena – detenção, de 6 (seis) meses a 2 (dois) anos, ou multa, se o fato não constitui crime mais grave.

§ 1º Nas mesmas penas deste artigo incorre quem:

I – permite ou facilita, mediante atribuição, fornecimento e empréstimo de senha ou qualquer outra forma, o acesso de pessoas não autorizadas a sistemas de informações ou banco de dados da Administração Pública;

II – se utiliza, indevidamente, do acesso restrito.

§ 2º Se da ação ou omissão resulta dano à Administração Pública ou a outrem:

Pena – reclusão, de 2 (dois) a 6 (seis) anos, e multa.

26.1. Considerações iniciais

Tutela-se, com o presente dispositivo, o sigilo das informações inerentes à Administração Pública, essencial para o regular andamento das atividades administrativas.

A pena cominada para o *caput* e para o § 1º permite a transação penal e a suspensão condicional do processo (Lei9.099/95), desde que não incida a majorante do art. 327, § 2º, quando somente o segundo benefício será admitido. Se, todavia, a conduta se subsumir ao § 2º, ao haverá espaço para nenhum dos institutos despenalizadores.

26.2. Sujeitos do crime

Pratica este delito o funcionário público, na acepção ampla da palavra (art. 327 do CP). É ensinamento predominante na doutrina que, mesmo o funcionário aposentado

110. *Direito penal*, v. 4, p. 303.

111. *Crimes contra a administração pública*, p. 92.

112. Aplicando-se o princípio da especialidade, a violação de sigilo funcional envolvendo certames de interesse público não caracteriza o crime do art. 325, mas sim o do art. 311-A do CP.

ou afastado da sua função pode cometer o crime, pois não se desvincula totalmente dos deveres para com a Administração Pública[113]. Caso o funcionário público ocupe cargo em comissão ou de função de direção ou assessoramento de órgão da administração direta, sociedade de economia mista, empresa pública ou fundação instituída pelo poder público, a pena sofrerá aumento de um terço.

É possível a participação de pessoa estranha aos quadros funcionais, nos termos do disposto no art. 30 do CP.

Sujeito passivo é o ente público e, eventualmente, o particular lesado pela revelação do segredo.

26.3. Conduta

A primeira ação incriminada é *revelar* segredo, ou seja, fazer passar, de qualquer forma (escrita ou verbal), fato da esfera de sigilo da Administração para a do indevido conhecimento de terceiro. A segunda conduta típica é *facilitar*, de qualquer modo, que terceiro cometa a revelação.

Alerta a doutrina que deve o funcionário público saber do segredo em razão do seu cargo ou função que exerce, isto é, deve estar entre as suas atribuições o conhecimento do fato secreto. Caso contrário, poderá haver outro crime (art. 154 do CP). Dessa forma, o STF[114], no famigerado caso da transgressão do painel eletrônico de votação do Senado Federal, rejeitou a denúncia contra dois parlamentares e uma servidora pública federal pela suposta prática do delito de violação do sigilo funcional (art. 325 do CP), entendendo que o crime pressupõe que o fato revelado tenha chegado ao conhecimento do agente *em razão do exercício do cargo*, o que não ocorrera na espécie, já que nenhum dos denunciados possuía acesso à informação violada, sigilosa para todos, em razão da função exercida.

Para a caracterização do crime, mostra-se indiferente que a revelação se dê a outro funcionário sem acesso ao segredo, ou a um particular estranho à administração.

O delito do art. 325 é subsidiário, aplicando-se apenas se o fato não constituir crime mais grave.

Tratando-se de espionagem ou de revelação de segredo que ofenda a segurança nacional, o agente incorrerá nas penas dos arts. 13, 14 e 21 da Lei 7.170/83. Se o segredo for de natureza militar, estaremos, em tese, em face do delito previsto no art. 326 do CPM.

Cuidando-se de violação de segredo epistolar praticada com abuso de função em serviço postal, telegráfico, radioelétrico ou telefônico, o crime será o do § 3º do art. 151 do

---

113. *De lege ferenda*, somos inteiramente favoráveis à inclusão do funcionário aposentado no rol do sujeito ativo do crime de violação de sigilo funcional. Contudo, não havendo equiparação expressa nesse sentido, tal entendimento cuida-se, na verdade, de analogia *in malam partem*, ferindo o princípio da legalidade.

114. Inq. 1.879-DF, rel. Min. Ellen Gracie, j. 10.09.2003.

Código Penal. A transmissão de informações sigilosas referentes a energia nuclear é punida pela Lei 6.453, de 17 de outubro de 1977 (art. 23).

Na Lei 7.492/86, que define os crimes contra o sistema financeiro nacional, o seu art. 18 incrimina quem "violar sigilo de operação ou de serviço prestado por instituição financeira ou integrante do sistema de distribuição de títulos mobiliários de que tenha conhecimento, em razão de ofício".

A violação do sigilo funcional na apuração do crime de tráfico de drogas tipificava o delito do art. 17 da Lei 6.368/76, punida menos severamente (detenção de 2 a 6 meses). No entanto, a Lei 11.343/2006 revogou expressamente o referido dispositivo incriminador. Assim sendo, a violação dessa espécie de segredo passará a configurar o crime do art. 325 do CP. Alertamos, contudo, que a mudança legislativa não gerará, quanto aos fatos pretéritos, cometidos sob a vigência da Lei 6.368/76, a *abolitio criminis* (art. 107, III, do CP). Continuarão típicos, porém subsumidos ao disposto no art. 325 do CP (norma geral), respeitando-se, obviamente, a pena do art. 17 da Lei 6.368/76 (mesmo que revogado), pois mais favorável (ultra-atividade do preceito mais benéfico).

O dever de sigilo, instituído para assegurar a regularidade administrativa, mereceu dupla atenção do legislador: a penal, configurando como crime a sua violação, e a processual, proibindo de depor as pessoas que, em razão de função, ministério, ofício ou profissão, devam guardar segredo, salvo se, desobrigadas pela parte interessada, quiserem dar o seu testemunho (art. 207 do CPP). Assim, o servidor público que, na qualidade de testemunha, se vê na presença de um magistrado, pode escusar-se de depor para resguardar segredo inerente ao seu cargo, estando acobertado pela descriminante do estrito cumprimento de um dever legal (art. 23, III, do CP).

26.4. Voluntariedade

O dolo do crime de violação de segredo funcional consiste na vontade consciente de transmitir a outrem (funcionário ou não), indevidamente, fato que deva permanecer em segredo.

Exige-se, porém, tenha o agente conhecimento do caráter secreto da notícia revelada.

A despeito da lição de Bento de Faria[115], entendemos que o tipo em apreço não pune a modalidade culposa (art. 18, parágrafo único, do CP).

26.5. Consumação e tentativa

O crime considera-se consumado no momento em que terceiro não autorizado conhecer do segredo. Trata-se de crime formal, cuja caracterização independe da ocorrência do prejuízo, bastando a potencialidade de dano.

115. Ob. cit., v. 5, p. 542.

Se a tentativa mostra-se impossível na revelação oral, cuja execução não pode ser fracionada em diversos atos, o mesmo não acontece com a escrita.

26.6. Figuras equiparadas

A Lei 9.983/2000 criou, no § 1º do artigo em estudo, alguns crimes equiparados, punindo com as mesmas penas do *caput* quem permite ou facilita, mediante atribuição, fornecimento e empréstimo de senha ou qualquer outra forma, o acesso de pessoas não autorizadas a sistemas de informações ou banco de dados da Administração Pública (inciso I), ou se utiliza, indevidamente, do acesso restrito a tais informações (inciso II). Procurou o legislador, desse modo, proteger a regularidade da Administração Pública no que se refere ao sigilo que deve existir quanto aos dados de sistema de informação ou banco de dados dos serviços públicos.

Nesta hipótese, o sujeito ativo é o funcionário público que opera o sistema ou banco de dados da Administração Pública.

Sujeito passivo é o Estado.

26.7. Qualificadora

Por fim, o § 2º prevê uma qualificadora se da ação ou omissão resulta dano à Administração Pública ou a outrem. O que seria mero exaurimento, aqui torna a figura criminosa mais gravosa.

26.8. Ação penal

A ação penal é pública incondicionada.

26.9. Princípio da especialidade

a) Código Penal x Código Penal Militar: o art. 326 do Decreto-lei 1.001/69 pune a violação de sigilo funcional em prejuízo da administração militar praticada na forma do art. 9º daquele diploma.

b) Código Penal x Lei nº 12.850/13: o art. 20 da Lei nº 12.850/13, que define e tipifica a formação de organizações criminosas, pune, com reclusão de um a quatro anos, e multa, a conduta de descumprir determinação de sigilo das investigações que envolvam a ação controlada e a infiltração de agentes.

27. VIOLAÇÃO DO SIGILO DE PROPOSTA DE CONCORRÊNCIA

► ***Violação do sigilo de proposta de concorrência***

Art. 326. Devassar o sigilo de proposta de concorrência pública, ou proporcionar a terceiro o ensejo de devassá-lo:

Pena – detenção, de 3 (três) meses a 1 (um) ano, e multa.

27.1 Considerações gerais

O presente dispositivo foi implicitamente revogado pelo art. 94 da Lei 8.666/93, que institui normas para licitações e contratos da Administração Pública e dá outras providências. Dispõe o art. 94 da Lei de Licitações: "Devassar o sigilo de proposta apresentada em procedimento licitatório, ou proporcionar a terceiro o ensejo de devassá-lo: Pena – detenção, de 2 (dois) a 3 (três) anos, e multa."

28. FUNCIONÁRIO PÚBLICO

▶ ***Funcionário público***

Art. 327. Considera-se funcionário público, para os efeitos penais, quem, embora transitoriamente ou sem remuneração, exerce cargo, emprego ou função pública.

§ 1º Equipara-se a funcionário público quem exerce cargo, emprego ou função em entidade paraestatal, e quem trabalha para empresa prestadora de serviço contratada ou conveniada para a execução de atividade típica da Administração Pública.

§ 2º A pena será aumentada da terça parte quando os autores dos crimes previstos neste Capítulo forem ocupantes de cargos em comissão ou de função de direção ou assessoramento de órgão da administração direta, sociedade de economia mista, empresa pública ou fundação instituída pelo poder público.

28.1. Considerações gerais

O conceito de funcionário público já foi exaurido no início do capítulo, merecendo, agora, uma breve síntese.

O Direito Administrativo ensina que a Administração Pública, para exercer suas funções, lança mão dos agentes públicos, gênero de que são espécies:

a) os *funcionários públicos*, titulares de cargo público efetivo, regidos por normas do Direito Administrativo;

b) os *empregados públicos*, jungidos ao regime da CLT;

c) os *servidores ocupantes de cargo em comissão*, providos sem concurso e regidos também pelo Direito Administrativo; e, por fim,

d) os *servidores temporários*, contratados sem concurso, por tempo determinado, para atender a necessidade temporária de excepcional interesse público, nos exatos termos do disposto no art. 37, IX, da CF.

Contudo, ao considerar o que seja *funcionário público* para fins penais, nosso Código Penal nos dá um conceito unitário, tomando a expressão no sentido amplo.

Dessa forma, para os efeitos penais, considera-se funcionário público não apenas o servidor legalmente investido em *cargo público*, mas também o que exerce *emprego público*, ou, de qualquer modo, uma *função pública*, ainda que de forma transitória, *v.g.*, o jurado, os mesários eleitorais etc.

Nos termos do disposto no § 1º do art. 327, são equiparados ao funcionário público, para efeitos penais, quem exerce cargo, emprego ou função em entidade paraestatal (autarquia, sociedades de economia mista, empresas públicas e fundações instituídas pelo Poder Público), bem como quem trabalha para empresa prestadora de serviço contratada (concessionárias ou permissionárias de serviço público) ou conveniada para a execução de atividade típica da Administração Pública, *v.g.*, Santa Casa de Misericórdia.

No § 2º está prevista uma causa de aumento de pena quando os autores dos crimes previstos neste capítulo forem ocupantes de cargos em comissão ou de função de direção ou assessoramento de *órgão da administração direta, sociedade de economia mista, empresa pública* ou *fundação instituída pelo poder público* (não incluindo a *autarquia*). Realmente aqui a conduta do servidor se mostra ainda mais censurável, demonstrando um atrevimento incomum.

CAPÍTULO II – DOS CRIMES PRATICADOS POR PARTICULAR CONTRA A ADMINISTRAÇÃO EM GERAL

1. INTRODUÇÃO

O presente capítulo, diversamente do anterior, elenca um rol de crimes comuns, praticados por qualquer pessoa (particulares ou funcionários públicos, estes quando despidos da qualidade funcional), contra a administração em geral (atividade total do Estado).

Já analisamos, com exaustão, o conceito de funcionário público para fins penais.

Como vimos, o art. 327, § 1º, equiparou ao funcionário público, para todos os efeitos, o sujeito que exerce cargo, emprego ou função em entidade paraestatal e quem trabalha para empresa prestadora de serviço contratada ou conveniada para a execução de atividade típica da Administração Pública.

Discute-se na doutrina: a extensão do referido parágrafo só se aplica nas hipóteses em que o funcionário público equiparado é sujeito ativo da infração penal ou também quando vítima? Será possível, por exemplo, desacato (art. 331 do CP) em face de gerente do Banco do Brasil (sociedade de economia mista)?

Entendemos, na esteira da jurisprudência majoritária, que a equiparação prevista no § 1º do art. 327 do CP somente se aplica aos crimes em que o funcionário público atípico é sujeito ativo, isto é, está limitada aos crimes funcionais, não tendo cabimento nos crimes definidos nos capítulos seguintes (2 e 3) deste título.

Esta é a opinião de Nélson Hungria[116] e Magalhães Noronha, cuja lição merece ser lembrada:

> "Necessário, entretanto, é observar que essa equiparação é feita exclusivamente tendo em vista os efeitos penais, quando aqueles empregados forem *sujeitos ativos do crime*. Destarte, se alguém, *v.g.*,

116. Ob. cit., v. 9, p. 404.

> ofender um empregado de entidade paraestatal, no exercício da função, não comete o delito de desacato (art. 331)."[117].

Aliás, se quisesse o legislador dilatar o conceito de funcionário público aos casos em que ele aparece como vítima do delito, não teria incluído a disposição em causa somente no Capítulo "Dos crimes praticados por funcionário público contra a administração em geral" (crimes funcionais), mas, certamente, teria feito expressa remissão no capítulo que cuida "Dos crimes praticados por particular contra a administração em geral" (nesse sentido: *RT* 378/181, 409/70 e *RTJESP* 76/299).

Existe, contudo, corrente doutrinária minoritária, para quem a equiparação prevista no § 1º do art. 327 do CP se aplica também aos crimes nos quais o funcionário público é sujeito passivo. Sustentam os seus adeptos que, embora o art. 327 do CP esteja no Capítulo "Dos crimes praticados por funcionários públicos contra a administração em geral", o conceito aí definido se estende não só a toda parte especial como às leis extravagantes, tendo a característica de regra geral. Logo, pratica corrupção ativa quem, por exemplo, oferece vantagem indevida ao gerente do Banco do Brasil, nos termos do art. 333 do CP.

Eis a lição de Mirabete, fundada nos ensinamentos de Heleno Fragoso:

> "Embora o art. 327 do Código Penal esteja no capítulo dos crimes praticados por funcionários públicos, o conceito aí definido, como é pacífico na jurisprudência, estende-se não só a toda a parte especial como às leis extravagantes, tendo a característica de regra geral, como a chama o art. 12 do CP. O fato de ter sido incluída na parte especial não lhe retira essa qualidade. Ademais, referindo-se a lei genericamente a 'efeitos penais', não há porque se excluir do conceito de *sujeito passivo* do crime aqueles que a lei equipara ao funcionário público como agentes do delito (*RT* 655/324), máxime quando se admite como vítima de crimes praticados contra funcionários públicos, aqueles que não o são no sentido estrito, como os vereadores (*RT* 551/351-4), e mesmo os particulares quando exercem função pública (*RT* 617/301), como os peritos judiciais (*RTJ* 100/135; *RT* 556/397) e guardas-noturnos (*RT* 374/164; *JTACrSP* 29/327-326)."[118].

2. USURPAÇÃO DE FUNÇÃO PÚBLICA

▶ ***Usurpação de função pública***

Art. 328. Usurpar o exercício de função pública:

Pena – detenção, de 3 (três) meses a 2 (dois) anos, e multa.

Parágrafo único. Se do fato o agente aufere vantagem:

Pena – reclusão, de 2 (dois) a 5 (cinco) anos, e multa.

---

117. *Direito penal*, v. 4, p. 228.

118. *Manual de direito penal:* parte especial, v. 3, p. 281.

2.1. Considerações iniciais

O bem jurídico aqui tutelado é o normal e regular funcionamento das atividades administrativas, comprometido pelo indevido exercício de funções públicas por pessoa inabilitada.

A pena cominada no *caput* permite a transação penal e a suspensão condicional do processo (Lei 9.099/95). Se, todavia, configurada a qualificadora do parágrafo único, nenhum benefício será admitido.

2.2. Sujeitos do crime

Sujeito ativo é o particular que desempenha, indevidamente, uma função pública, podendo contar com auxílio de terceiros (crime comum). Expressiva parcela da doutrina entende possível figurar como sujeito ativo o funcionário público, quando exerce, abusivamente, função estranha à de que está encarregado[119].

Eis o escólio de Cezar Roberto Bitencourt:

> "Sujeito ativo pode ser qualquer pessoa, até mesmo o funcionário público incompetente ou investido em outra função, ou, em outros termos, quando o funcionário pratica atividade atribuída a outro agente público, absolutamente estranha àquela a que está investido"[120].

O Estado-administração (União, Estados-membros, Municípios e Distrito Federal), principal interessado na normalidade funcional, é o sujeito passivo do delito em comento. Secundariamente pode figurar como vítima pessoa lesada com a conduta do agente.

2.3. Conduta

A conduta punida pelo artigo em comento é *usurpar* (assumir, exercer ou desempenhar indevidamente) uma atividade pública, de natureza civil ou militar, gratuita ou remunerada, permanente ou temporária, executando atos inerentes ao ofício arbitrariamente ocupado.

Como bem ensina Bento de Faria:

> "A usurpação do exercício da função pública não significa o abuso da função, mas traduz o exercício arbitrário e efetivo de atos inerentes a mesma função. É a invasão indébita da função para praticar atos que lhes são pertinentes"[121].

119. Alertamos, porém, que, entrar funcionário público no exercício de função pública antes de satisfeitas as exigências legais (posse), ou continuar a exercê-la, sem autorização, depois de saber oficialmente que foi exonerado, removido, substituído ou suspenso, configura o crime previsto no art. 324 do CP; se, embora titular do ato de ofício, o realiza após ter sido suspenso por pronunciamento judicial, incorrerá nas penas do art. 359 do CP.

120. Ob. cit., v. 5, p. 189.

121. Ob. cit., v. 5, p. 545.

A conduta daquele que simples e falsamente se intitula funcionário público perante terceiros, sem, no entanto, praticar atos inerentes ao ofício (sem intromissão no aparelhamento estatal), não se ajusta ao disposto no art. 328 do CP. Pode, no entanto, configurar a contravenção penal do art. 45 da LCP ou mesmo estelionato (art. 171 do CP).

Mirabete alerta:

> "Tratando a lei da usurpação da *função pública*, é erro dizer que se refere somente a cargos públicos, que, nos termos do art. 3º, parágrafo único, da Lei 8.112, de 11.12.1990, são 'criados por lei, com denominação própria e vencimento pago pelos cofres públicos, para provimento em caráter efetivo ou em comissão' (*RTJ* 89/251-256). Indispensável, porém, que se trate de função própria da administração. Não se deve reconhecer o crime, portanto, na conduta da simples entrega de impressos (*JTACrSP* 69/93) ou na intitulação pelo agente de ser detetive, cargo inexistente no organismo policial do Estado"[122].

☑ ***Aquele que se intitula detetive particular e se dispõe a fazer "investigações" configura o delito de usurpação de função pública?***

Para uma primeira corrente, há o crime, não importando se na categoria dos policiais civis inexista função com a denominação de detetive. O que importa é que o "detetive particular" pratica atos pertinentes a funcionários públicos legalmente investidos na atividade de investigar e a ilicitude decorre da atuação de quem "indébita ou ilegalmente executa ato de ofício", e "objeto da tutela jurídica é a Administração Pública, no particular aspecto de regularidade dos serviços públicos, que se protege contra o exercício abusivo e ilegal de cargos e funções, por pessoas estranhas".

Concordamos com a doutrina oposta, para quem não constitui delito, sendo lícito o trabalho de detetive particular, que se submete à legislação própria para a atividade profissional de prestação de serviço de investigação (Lei 3.099, de 24 de fevereiro de 1957). Haverá, sim, o crime na hipótese de o particular identificar-se como policial, agindo como se fosse servidor público executando ato oficial.

2.4. Voluntariedade

É o dolo, consistente na consciente vontade de desempenhar o agente, ilegitimamente, uma função pública, pouco importando, em princípio, o motivo da usurpação.

Note-se que o desempenho da função sempre deverá ser acompanhado pela ilegitimidade, consoante leciona Hungria:

> "Há casos em que o particular, independentemente de investidura oficial, pode exercer, *ex vi legis,* uma função pública, como quando, por exemplo, prende alguém surpreendido em flagrante delito. Além disso, há certas funções que, por seu caráter puramente material ou impessoal, podem ser *delegadas* a um particular pelo

122. *Manual de direito penal*, v. 3, p. 343.

> funcionário autêntico. Em tais hipóteses, como é óbvio, não poderia ser identificado o crime"[123].

Não há previsão de modalidade culposa.

2.5. Consumação e tentativa

O delito se consuma com a efetiva prática de pelo menos um ato inerente ao ofício indevidamente desempenhado, não se exigindo reiteração de condutas ou consequências danosas para a administração.

No caso de reiteração de comportamentos, explicam Antonio Pagliaro e Paulo José da Costa Jr.:

> "Se forem praticados vários atos no exercício da função, a lesão típica se protrai e a consumação se desloca no tempo e no lugar em que for realizado o último ato (crime eventualmente permanente)."[124].

A tentativa mostra-se possível, ocorrendo na hipótese de o agente ser impedido de executar ato de ofício por circunstâncias alheias à sua vontade.

2.6. Qualificadora

Se do fato o agente aufere, para si ou para terceiro, vantagem (não só as patrimoniais), a pena será majorada, nos termos do parágrafo único. O terceiro beneficiado que recebe a vantagem, concorrendo para a usurpação, responderá como partícipe do crime.

2.7. Ação penal

A ação penal é pública incondicionada.

2.8. Princípio da especialidade

a) Código Penal x Código Penal Militar: o art. 335 do Decreto-lei 1.001/69 pune a usurpação de função em repartição ou estabelecimento militar praticada na forma do art. 9º daquele diploma.

3. RESISTÊNCIA

▶ ***Resistência***

Art. 329. Opor-se à execução de ato legal, mediante violência ou ameaça a funcionário competente para executá-lo ou a quem lhe esteja prestando auxílio:

Pena – detenção, de 2 (dois) meses a 2 (dois) anos.

§ 1º Se o ato, em razão da resistência, não se executa:

Pena – reclusão, de 1 (um) a 3 (três) anos.

§ 2º As penas deste artigo são aplicáveis sem prejuízo das correspondentes à violência.

---

123. Ob. cit., v. 9, p. 409-410.

124. *Dos crimes contra a Administração Pública*, p. 186.

3.1. Considerações iniciais

Busca o presente dispositivo a preservação da autoridade e do prestígio inerentes à Administração Pública, visando a garantia do cumprimento da ordem legal emanada do funcionário público e, por conseguinte, o regular desenvolvimento das atividades administrativas.

A pena cominada no *caput* admite a transação penal e a suspensão condicional do processo (Lei 9.099/95). Se, todavia, configurada a qualificadora do parágrafo único, somente o segundo benefício poderá incidir.

3.2. Sujeitos do crime

Qualquer pessoa pode praticar o crime (delito comum), ainda que alheia à execução do ato legal, bastando lembrar o exemplo do pai que procura resistir à prisão legítima do filho mediante violência ou ameaça.

O Estado (União, Estados-membros, Municípios e Distrito Federal), desprestigiado na sua autoridade e função pública, é o sujeito passivo primário. O funcionário público agredido ou ameaçado, bem como o terceiro que lhe presta auxílio (solicitado ou não), podem também ser vítimas (secundárias) do crime de resistência.

3.3. Conduta

Pune-se a conduta daquele que se *opõe, positivamente*, à *execução de ato legal*, mediante *violência* (emprego de força física) ou *ameaça* (constrangimento moral, não necessariamente grave), contra a pessoa do funcionário executor ou terceiro que o auxilia, representantes da força pública[125].

Vejamos os pressupostos do delito.

3.3.1. Oposição mediante agressão

A oposição deve ser positiva, não se considerando crime a "resistência passiva", destituída de qualquer conduta agressiva por parte do agente (ex.: a fuga, recusa em fornecer nome ou abrir portas, xingamentos), podendo configurar, conforme o caso, crime de desobediência (art. 330) ou desacato (art. 331).

O emprego de violência ou ameaça contra dois ou mais servidores não desnatura a unidade do crime, ferindo de uma só vez a vítima direta e principal (Estado), devendo tal circunstância, porém, ser aquilatada na fixação da pena-base.

---

125. A Lei do Sistema Brasileiro de Defesa da Concorrência – SBDC (Lei 12.529/2011, vigente **desde 28/05/2012**) estabelece em seu art. 111: "Todo aquele que se opuser ou obstaculizar a intervenção [*judicial na empresa*] ou, cessada esta, praticar quaisquer atos que direta ou indiretamente anulem seus efeitos, no todo ou em parte, ou desobedecer a ordens legais do interventor será, conforme o caso, responsabilizado criminalmente por **resistência**, desobediência ou coação no curso do processo, na forma dos **arts. 329**, 330 e 344 do CP.

Em que pese a lição de Hungria[126], prevalece no nosso ordenamento jurídico (diferentemente de alguns estrangeiros) que a força física caracterizadora do crime deve consistir num ataque direto à pessoa do executor, não abrangendo o emprego de violência sobre coisa (chutes contra a viatura), ajustando-se, nesse caso, ao delito de dano.

Assim nos ensina Magalhães Noronha:

> "Improcede, a nosso ver, a afirmativa do douto Hungria, quando fala que a violência pode ser empregada contra a coisa. Perante nosso Código, não. Na sua sistemática, sempre que se emprega a expressa *violência* ou *violência à pessoa*, é somente a *vis corporalis* que se tem em vista."[127].

Há que ser observado que tais atos (violência e ameaça) devem ser usados para resistir ao cumprimento da ordem (durante sua execução). Se empregados antes ou após, estaremos, certamente, diante de outro crime (arts. 129, 147 ou 352, todos do CP).

Segundo o escólio de Cezar Roberto Bitencourt:

> "A resistência oposta por assaltante para evitar a prisão, quando perseguido logo após a prática do crime roubo, por exemplo, não constitui crime autônomo; representa, tão somente, um desdobramento da violência caracterizadora do crime patrimonial."[128].

3.3.2. À execução de ato legal

O ato resistido deve ser legal (substancial e formalmente, conforme a lei) ainda que injusto.

Como bem explicam Antonio Pagliaro e Paulo José da Costa Jr.:

> "Não se deverá confundir ilegalidade material do ato funcional com a injustiça da decisão que o tenha originado. Contra esta não se justifica a rebelião, podendo o cidadão apenas dela recorrer à superior instância. Ilegalidade e injustiça não se confundem. Se o ato estiver fundado em lei ou em decisões judiciais, se foram cumpridos os requisitos legais, não cabe discutir acerca da sua procedência ou justiça."[129].

3.3.3. Contra funcionário competente ou particular que lhe presta auxílio

Quanto ao servidor ofendido, o tipo não deixa dúvidas de que deve ser pessoa competente para a execução do ato resistido.

Todavia, alerta Mirabete ser necessário, ainda, para a caracterização do crime:

126. Ob. cit., v. 9, p. 412.
127. *Direito penal*, v. 4, p. 321.
128. Ob. cit., v. 5, p. 196.
129. *Dos crimes contra a Administração Pública*, p. 192.

> "Que a oposição ocorra quando o ato está sendo executado, não constituindo o crime de resistência a violência ou ameaça praticada antes do início da execução do ato ou aquela ocorrida após ter sido este concluído em represália ao agente da autoridade."[130].

Já o particular, deve estar auxiliando o servidor, pouco importando se solicitado ou não.

Aquele que resiste, mediante violência ou grave ameaça, a prisão em flagrante executada sozinha e espontaneamente por particular (flagrante permitido, art. 301 do CPP) não pratica o crime de resistência, já que o ofendido, no caso, não é funcionário público.

3.4. Voluntariedade

É o dolo, consistente na vontade consciente de se rebelar, mediante violência ou ameaça, à execução de ato legal, cumprido por autoridade competente, acrescentando Mirabete ser "indispensável que o agente tenha consciência da antijuridicidade de sua conduta. A dúvida quanto a esta basta para o reconhecimento do dolo eventual."[131]-[132].

3.5. Consumação e tentativa

O delito se consuma com a prática da violência ou ameaça, ainda que frustrada a oposição empreendida para impedir a execução do ato (delito formal ou de consumação antecipada). Aliás, o sucesso do opositor redunda em pena qualificada (§ 1º).

A tentativa mostra-se possível. Magalhães Noronha explica:

> "A nosso ver, é possível a tentativa, pois admitem-na os crimes integrantes do tipo em tela, como se viu nos *ns. 293* e *295* [tópicos de sua obra]. A ameaça, p. ex., pode ser feita por escrito, mas a carta, interceptada, não chegar ao conhecimento do executor do ato; pode a resistência cifrar-se na prática de lesão corporal grave – o caso clássico de tentativa: o agente tem o braço desviado quando lança ácido sulfúrico ao rosto do funcionário. Essas e outras hipóteses configuram, segundo cremos, a tentativa."[133].

130. *Manual de direito penal*, v. 3, p. 346.

131. *Manual de direito penal*, v. 3, p. 348.

132. Para uma parcela da doutrina, estando o agente embriagado, exclui-se o dolo configurador do crime da resistência (*RT* 719/444, 566/321 e 525/366). Para outra, pode o estado de embriaguez excluir o elemento subjetivo do crime quando intenso, isto é, caso de intoxicação alcoólica dominante (*RT* 383/227). Ambas as lições, no entanto, afrontam claramente o disposto no art. 28, II, do CP, servindo a embriaguez como causa de exclusão da imputabilidade somente quando *completa* e *acidental* (*RT* 541/388, 518/350 e 501/309).

133. *Direito penal*, v. 4, p. 322.

☑ ***Nos termos do disposto no § 2º, as penas do artigo 329 do CP são aplicáveis sem prejuízo das correspondentes à violência (lesão corporal ou homicídio). Daí surge a inevitável indagação: trata-se, no caso, de concurso formal ou material?***

Ensina a doutrina que o concurso é o material (art. 69 do CP), tanto que a lei determina a cumulação de penas.

Vejamos a lição de Capez:

> "Trata-se de concurso material entre o crime de resistência e aqueles que resultarem do emprego de violência contra o funcionário, com a lesão corporal (leve, grave ou gravíssima) ou o homicídio. As vias de fato são absorvidas pela resistência. Veja-se, portanto, que o legislador afastou a possibilidade do concurso formal de crimes"[134].

Contudo, com o devido respeito, preferimos discordar. Evidentemente, não se trata de um concurso material de crimes, hipótese em que teríamos duas condutas distintas produzindo pluralidade de resultados (resistência e lesão corporal). Não se pode falar, também, em concurso formal propriamente dito, considerando que o sistema a ser aplicado não é o da exasperação (e sim cumulação) de penas. Assim, pensamos que o sistema melhor se subsume ao concurso formal impróprio (art. 70, *caput*, segunda parte, do CP), caso em que o agente, mediante uma só conduta, porém com desígnios autônomos, provoca dois ou mais resultados, cumulando-se as reprimendas.

Por fim, a nossa jurisprudência é copiosa no sentido de que os crimes de desacato e desobediência são absorvidos pelo de resistência.

3.6. Qualificadora

Se o ato, em razão da resistência, não se executa, o que seria mero exaurimento, aqui é tratado como crime qualificado, com pena de um a três anos de reclusão (§ 1º).

Explica-se a existência da qualificadora em razão da clara desmoralização a que será submetida a autoridade quando o ato não se executa em razão da insurgência.

3.7. Ação penal

A ação penal é pública incondicionada.

3.8. Princípio da especialidade

a) Código Penal x Código Penal Militar: o art. 177 do Decreto-lei 1.001/69 pune a resistência mediante ameaça ou violência praticada na forma do art. 9º daquele diploma.

134. Ob. cit., v. 3, p. 480.

4. DESOBEDIÊNCIA

▶ ***Desobediência***

Art. 330. Desobedecer a ordem legal de funcionário público:

Pena – detenção, de 15 (quinze) dias a 6 (seis) meses, e multa.

4.1. Considerações iniciais

À semelhança do dispositivo anterior, o que se busca aqui é assegurar o regular cumprimento da ordem emanada de funcionário público, que age em nome do Estado.

A pena cominada ao delito admite a transação penal e a suspensão condicional do processo (Lei 9.099/95).

4.2. Sujeitos do crime

Cuida-se de crime comum, podendo ser praticado por qualquer pessoa.

Discute-se se o servidor público pode ser também sujeito ativo, divergindo a doutrina. Entende a maioria que sim, desde que a ordem recebida não se refira a funções suas, pois, em tal hipótese, poderá configurar o delito de prevaricação.

Bastante didática é a lição de Hungria:

> "O crime de desobediência (art. 330 do CP) encontra-se no capítulo dos crimes praticados por particular contra a administração e, portanto, não o caracteriza a contumácia de Delegado de Polícia que deixa de instaurar inquérito ou de realizar diligências requisitadas, pois o fez no exercício do cargo, na condição de funcionário público, e não como particular. Outra será a situação se descumprir uma ordem, mas despido da condição de funcionário, ou se entre seus deveres funcionais não se inclui o cumprimento dessa ordem."[135].

Assim, se o agente devia cumprir a ordem, por dever de ofício, tipifica-se, em tese, o delito de prevaricação. Se devia acatá-la, sem que o fosse em virtude de sua função, ocorre o crime de desobediência.

O Estado, desprestigiado na sua autoridade, e secundariamente, o funcionário autor da ordem desobedecida, são vítimas do crime em estudo.

Neste ponto, importa destacarmos a lição de Noronha:

> "Não comungamos da opinião do provecto Bento de Faria, de que necessariamente há de existir relação de subordinação hierárquica do desobediente para com o sujeito passivo (...). Não há tal, mesmo porque o desobediente pode ser o particular, como se falou.

135. Ob. cit., v. 9, p. 420.

> Certo é, porém, que o ofendido deve ser *funcionário* competente para emitir *ordem legal*, ou seja, funcionário, cujo conceito é dado pelo direito administrativo, não tendo, agora, aplicação o art. 327 do Código, havendo já, por mais de uma vez, se lembrado que, para o Estatuto dos Funcionários Públicos Civis da União, *funcionário é a pessoa legalmente investida em cargo público, e este é o criado por lei, com denominação própria, em número certo e pago pelos cofres públicos.*"[136]_[137].

4.3. Conduta

Pune-se a conduta do agente que deliberadamente desobedece (descumpre, não atende) a ordem legal de funcionário público competente para cumpri-la (resistência pacífica)[138].

Do exposto, a caracterização do crime **depende**:

a) que o funcionário público emita uma *ordem* (por escrito, palavras ou gestos), *diretamente* ao destinatário, não bastando simples pedido ou solicitação (*RT* 492/398). Com base nesse requisito, o STF, no HC 90.172/SP, julgou atípica a conduta de parlamentar que não atendeu ofício de Magistrado que solicitava (ainda que de forma reiterada) dia e hora para que prestasse depoimento como testemunha em processo-crime. De acordo com a Corte Superior, os ofícios apenas solicitavam (e não ordenavam ou determinavam) atitude do destinatário, não se confundindo com ordem judicial para fins de incidência do art. 330 do CP. Notou-se, ainda, que os ofícios sequer continham o clássico alerta ao destinatário de que seu descumprimento importaria em crime, ou mesmo a genérica cláusula de sob as penas da lei, daí conclui-se pela inexistência de ordem, trancando a ação penal por manifesta atipicidade da conduta;

b) que a ordem emanada seja *individualizada* (dirigida a pessoa determinada), substancial e formalmente legal (ainda que injusta), executada por funcionário competente;

c) que o destinatário tenha o *dever de atendê-la*, podendo a desobediência ser comissiva ou omissiva, de acordo com a ordem que é imposta ao particular. Se a ordem é de fazer, e o agente não a atende, tem-se a desobediência omissiva; se a ordem é de não fazer, mas o agente faz, tem-se a desobediência comissiva;

d) que não haja sanção especial para o seu não cumprimento.

---

136. *Direito penal*, v. 4, p. 324.

137. Ver art. 3º, parágrafo único, da Lei 8.112/90.

138. A Lei do Sistema Brasileiro de Defesa da Concorrência – SBDC (Lei 12.529/2011, vigente **desde 28/05/2012**) estabelece em seu art. 111: "Todo aquele que se opuser ou obstaculizar a intervenção [*judicial na empresa*] ou, cessada esta, praticar quaisquer atos que direta ou indiretamente anulem seus efeitos, no todo ou em parte, ou desobedecer a ordens legais do interventor será, conforme o caso, responsabilizado criminalmente por resistência, **desobediência** ou coação no curso do processo, na forma dos **arts.** 329, **330** e 344 do CP.

Explica Rui Stoco:

> "Se, pela desobediência de tal ou qual ordem oficial, alguma lei comina determinada penalidade administrativa ou civil, não se deverá reconhecer o crime em exame, salvo se a dita lei ressalvar expressamente a cumulativa aplicação do art. 330 do CP (ex.: a testemunha faltosa, segundo o art. 219 do CPP, está sujeita não só ao pagamento de multa e das custas da diligência da intimação, como a processo penal por crime de desobediência)"[139].

Nesse mesmo sentido: *RT* 572/355, 538/361, 524/332, 516/345, 487/339, 409/317 ; *RJTJSP* 61/328. Considerando essa lição, a parte, por exemplo, que viola penhora, comete atentado, e não crime de desobediência (*JTACrim* 71/81; *RT* 558/319); se a vítima deixar de atender à intimação judicial, será conduzida coercitivamente, não respondendo por crime de desobediência, ao contrário do que ocorreria se testemunha (*RT* 601/349, 576/3 95, 543/370, 543/366; *JTACrim* 67/185) [140].

Mirabete[141], citando farta jurisprudência, dá como exemplos do crime: a) a oposição ao cumprimento de mandado judicial (*RT* 399/303, 516/366); b) o não atendimento à ordem judicial concessiva de segurança, liminar ou definitiva (*RJDTACRIM* 5/91; *JTACrSP* 23/90); c) a recusa da entrega de objetos necessários à prova de infração penal (*RT* 330/444); d) a venda de bebidas alcoólicas no dia das eleições, diante da ordem de proibição do juiz competente (*RT* 519/361); e) a recusa do médico em fornecer esclarecimento a respeito do paciente (*RT* 705/332), máxime quando este é vítima do crime apurado em inquérito que foi solicitado pelo ofendido (*RT* 515/316); f) a recusa em exibir documentos pessoais, deixando de acatar ato próprio de função policial (*RJTJESP* 69/385)[142].

---

139. Ob. cit., p. 3.978-3.979.

140. A 6a. T do Superior Tribunal de Justiça, no RESp 1.374.653-MG, decidiu que o descumprimento de medida protetiva de urgência prevista na Lei Maria da Penha (artigo 22) não configura crime de desobediência. Para os ministros, "as determinações cujo cumprimento seja assegurado por sanções de natureza civil, processual civil ou administrativa retiram a tipicidade do delito de desobediência, salvo se houver ressalva expressa da lei quanto à possibilidade de aplicação cumulativa do art. 330 do CP". Nesse sentido, o artigo 22, § 4º, da Lei 11.340/06 (Lei Maria da Penha) prevê que aplica-se às medidas protetivas, no que couber, o disposto no caput e nos §§ 5º e 6º do art. 461 do Código de Processo Civil (arts. 536 e 537 do novo CPC), isto é, caso ocorra o descumprimento de medida protetiva o juiz poderá tomar as providências previstas no mencionado dispositivo para alcançar a tutela específica da obrigação, afastando-se, com isso, o crime de desobediência. Vale lembrar que não ocorrerá crime de desobediência ainda que a penalidade prevista seja processual penal, por exemplo: prisão preventiva (art. 313, III do CPP). Em síntese: se para assegurar o cumprimento de determinadas obrigações a lei previu sanções de natureza civil, processual civil, administrativa ou processual penal, não incidirá o crime de desobediência, a menos que a lei traga ressalva expressa nesse sentido.

141. *Manual de direito penal*, v. 3, p. 352.

142. Nesta hipótese, a pessoa, recusando-se, injustificadamente, a se identificar ao policial, pratica a contravenção penal prevista no art. 68 do Dec.-lei 3.688/41.

Ressalvamos, porém, inexistir o crime quando a rebeldia se dá para não se produzir prova contra si mesmo, desdobramento lógico da garantia constitucional ao silêncio. Assim, não se cogita do crime na negativa do réu ao exame para a pesquisa e dosagem de álcool de seu sangue (*RT* 435/413); na recusa ao exame hematológico em ação de investigação de paternidade (*RT* 720/448).

De igual forma, não há crime de desobediência na conduta do oficial de registro que, recebendo mandado de registro ou averbação, constate irregularidade formal e se recuse a praticar o ato. Isto porque ao mesmo tempo em que se submete à ordem judicial, o oficial de registro goza de independência no exercício de sua função (art. 28 da Lei nº 8.935/94), e comete infração disciplinar se exercê-la sem a observância das prescrições legais ou normativas (art. 31, inciso I, da Lei nº 8.935/94). Cabe-lhe, ademais, nos termos do art. 198 da Lei nº 6.015/75, indicar por escrito qualquer exigência a ser satisfeita para a promoção do processo de registro, e isso, evidentemente, é aplicável inclusive aos títulos judiciais que contenham falhas.

O Supremo Tribunal Federal já se manifestou a este respeito:

> "REGISTRO PÚBLICO – ATUAÇÃO DO TITULAR – CARTA DE AD-JUDICAÇÃO – DÚVIDA LEVANTADA – CRIME DE DESOBEDIÊNCIA – IMPROPRIEDADE MANIFESTA. O cumprimento do dever imposto pela Lei de Registros Públicos, cogitando-se de deficiência de carta de adjudicação e levantando-se dúvida perante o juízo de direito da vara competente, longe fica de configurar ato passível de enquadramento no artigo 330 do Código Penal – crime de desobediência –, pouco importando o acolhimento, sob o ângulo judicial, do que suscitado"[143].

Por fim, vale mencionar que o STJ decidiu que não se caracteriza o crime de desobediência na situação em que o Defensor Público Geral não atende a requisição judicial para a nomeação de defensor público que deveria atuar em ação penal em andamento. De acordo com o tribunal, a imputação do crime neste caso viola a autonomia da Defensoria Pública, que tem exclusiva atribuição para definir os critérios de atuação dos defensores[144].

4.4. Voluntariedade

É o dolo, consistente na vontade consciente de não atender a uma ordem legal, ciente da obrigatoriedade do seu cumprimento.[145]

143. HC 85.911/MG, Rel. Min. Marco Aurélio, DJ 02/12/2005.

144. HC 310.901/SC, Rel. Min. Nefi Cordeiro, DJe 28/06/2016.

145. A exemplo do crime de resistência, a doutrina, aqui, volta a discutir se a embriaguez exclui o dolo do crime, desencadeando três correntes: 1) a embriaguez é incompatível com o dolo da desobediência; 2) a incompatibilidade só existe na hipótese de intoxicação aguda, ainda que não acidental; 3) nos termos do que disposto no art. 28, II, do CP, a embriaguez só exclui a imputabilidade (e não o dolo) quando completa, proveniente de caso fortuito ou força maior.

4.5. Consumação e tentativa

O crime de desobediência se consuma com o desatendimento da ordem.

Na forma omissiva é necessário saber se foi concedido prazo para o cumprimento do ato determinado, caso em que, somente depois de expirado sem ação do agente, teremos consumado o delito.

A tentativa mostra-se possível apenas quando a desobediência for praticada por ação.

4.6. Ação penal

A ação penal é pública incondicionada.

4.7. Princípio da especialidade

a) Art. 330 x art. 359: o art. 359 do CP traz uma forma especial de desobediência, qual seja, "exercer função, atividade, direito, autoridade ou múnus, de que foi suspenso ou privado por decisão judicial", punida com detenção de três meses a dois anos, ou multa.

b) Código Penal x Código e Trânsito Brasileiro: dispõe o art. 307, *caput*, do CTB (Lei 9.503/97) caracterizar crime "violar a suspensão ou a proibição de se obter a permissão ou a habilitação para dirigir veículo automotor imposta com fundamento neste Código". Nesse caso, o desobediente fica sujeito à pena de detenção de seis meses a um ano e multa, com nova imposição adicional de idêntico prazo de suspensão ou de proibição. O parágrafo único dispõe que, "nas mesmas penas incorre o condenado que deixa de entregar, no prazo estabelecido no § 1º do art. 293, a Permissão para Dirigir ou a Carteira de Habilitação".

c) Código Penal x Lei da Ação Civil Pública: nos termos do disposto no art. 10 da Lei 7.347/85, constitui crime de desobediência, punido com pena de reclusão de 1 (um) a 3 (três) anos, mais multa de 10 (dez) a 1.000 (mil) Obrigações do Tesouro Nacional – OTN, a recusa, o retardamento ou a omissão de dados técnicos *indispensáveis* à propositura da ação civil, quando requisitados pelo Ministério Público.

Tratando-se de dados técnicos *dispensáveis* à propositura da ação, o crime continuará sendo o do art. 330 do CP.

d) Código Penal x Estatuto do Idoso: dispõe o art. 100 do Estatuto do Idoso constituir crime punível com reclusão de 6 (seis) meses a 1 (um) ano e multa: "Art. 100. (...) IV – deixar de cumprir, retardar ou frustrar, sem justo motivo, a execução de ordem judicial expedida na ação civil a que alude esta lei; V – recusar, retardar ou omitir dados técnicos *indispensáveis*[146] à propositura da ação civil objeto desta lei, quando requisitados pelo Ministério Público".

146. No caso de dados *dispensáveis*, o crime voltará a ser o do art. 330 do CP.

e) Código Penal x Código Penal Militar: o art. 301 do Decreto-lei 1.001/69 pune a desobediência de ordem legal de autoridade militar praticada na forma do art. 9º daquele diploma.

f) Código Penal x Lei nº 12.850/13: o art. 21 da Lei nº 12.850/13, que define e tipifica a formação de organizações criminosas, pune, com reclusão de seis meses a dois anos, e multa, a conduta de recusar ou omitir dados cadastrais, registros, documentos e informações requisitadas pelo juiz, Ministério Público ou delegado de polícia, no curso de investigação ou do processo.

5. DESACATO

▶ ***Desacato***

Art. 331. Desacatar funcionário público no exercício da função ou em razão dela:

Pena – detenção, de 6 (seis) meses a 2 (dois) anos, ou multa.

5.1. Considerações iniciais

O dispositivo em estudo visa resguardar o respeito (e prestígio) da função pública, assegurando, por conseguinte, o regular andamento das atividades administrativas.

A pena cominada ao delito permite a transação penal e a suspensão condicional do processo (Lei 9.099/95).

5.2. Sujeitos do crime

Pode ser praticado por qualquer pessoa, não se exigindo nenhuma condição específica de seu agente.

Discute-se se o funcionário público pode ser também sujeito ativo, surgindo três posições, bem resumidas por Mirabete, todas acrescidas de referências jurisprudenciais:

> "O funcionário público também pode ser autor de desacato, desde que despido dessa qualidade ou fora de sua própria função (*RT* 561/354, 565/342; *JTACrSP* 70/130 e 372; *RTJ* 103/1.196). Discute-se, porém, se é possível falar-se em desacato quando o agente é funcionário público e a ofensa se refere às funções públicas. Numa primeira posição, entende-se que não há desacato na ofensa praticada por funcionário público contra outro funcionário público, já que o delito somente pode ser cometido por *extraneus* em se tratando de crime praticado por particular contra a Administração Pública (*RT* 397, 286, 452/384, 487/289). Em uma segunda orientação, há desacato quando a ofensa é praticada pelo servidor contra seu superior hierárquico, inocorrendo o delito quando os sujeitos ativo e passivo são funcionários públicos em iguais funções e categorias (*RT* 241/413, 409/297, 453/400

, 507/328; *JTACrSP* 44/415, 45/345). Na terceira posição, com a qual concordamos, não há que se fazer distinção, ocorrendo o ilícito independentemente da função que exerçam os sujeitos ativo e passivo, ou de subordinação hierárquica (*JTACrSP* 73/235; *RT* 656/334)"[147].

Partidário da terceira corrente, ensina Noronha:

> "Se o ofendido, no delito em apreço, é primacialmente a Administração Pública ou o Estado, o superior, que ofende o inferior, ofende, como qualquer outra pessoa, a administração, não podendo ele sobrepor-se a esta. É óbvio que, tutelando-se a administração, protegem-se seus agentes, não se excluindo os humildes e modestos. Há a considerar ainda o seguinte. Se o delito em estudo pode ser cometido pelo particular, que não é nem superior nem inferior hierárquico do funcionário, não se vê por que, em se tratando de servidores públicos, há de se atentar à relação hierárquica, quando está em jogo *o mesmo bem jurídico e quando o funcionário, ao cometer tal crime, despe-se dessa qualidade, agindo e sendo considerado como particular*"[148].

Esse foi entendimento encampado pela Sexta Turma do STJ:

> "O crime em questão, de natureza comum, pode ser praticado por qualquer pessoa, inclusive, funcionário público, seja ele superior ou inferior hierárquico à vítima. Isto porque o bem jurídico a ser tutelado é o prestígio da função pública, portanto, o sujeito passivo principal é o Estado e, secundariamente, o funcionário ofendido"[149].

Aspirava o § 2º do art. 7º, do Estatuto da Ordem dos Advogados do Brasil, tornar o advogado, *no exercício da sua função* (em juízo ou fora dele), imune aos crimes de injúria, difamação e *desacato*. Tal dispositivo, contudo, foi alvo de Ação Direta de Inconstitucionalidade, proposta pela Associação dos Magistrados Brasileiros, logrando-se a declaração de inconstitucionalidade da expressão "desacato", por entender que, nesse tanto, referida lei ordinária extrapolou o permissivo constitucional (art. 133). Permaneceu, portanto, a imunidade profissional do advogado, em virtude de ofensa irrogada em juízo ou fora dele, no exercício da profissão, apenas por fato tipificado como injúria ou difamação (art. 142, I, do CP).

Não apenas o Estado, mas também o servidor ofendido será vítima (secundária) do crime de desacato, vez que maculado na sua honra profissional. Lembramos, porém, que funcionário público *vítima* é somente aquele assim considerado pelo art. 327, *caput*, do CP, não abrangendo o equiparado (ver item 1.2 do Capítulo 1).

147. *Manual de direito penal:* parte especial, v. 3, p. 357.

148. *Direito penal*, v. 4, p. 328.

149. HC 104.921-SP.

5.3. Conduta

A conduta punida pelo art. 331 é *desacatar* funcionário público, no exercício da função ou em razão dela.

> "É a grosseira falta de acatamento, podendo consistir em palavras injuriosas, difamatórias ou caluniosas, vias de fato, agressão física, ameaças, gestos obscenos, gritos agudos etc. Uma expressão grosseira, ainda que não contumeliosa, proferida em altos brados ou de modo a provocar escândalo, bastará para que se identifique o desacato."[150].

Desacatar é, em síntese, achincalhar, menosprezar, humilhar, desprestigiar o servidor, seja por meio de gestos, palavras ou escritos.

Pode o crime ser praticado por ação (ex.: xingamento) ou omissão (ex.: não responder a cumprimento).

Alertam Antonio Pagliaro e Paulo José da Costa Jr.:

> "Não poderão, porém, constituir desacato meras críticas ou censuras, ainda que acerbas. O respeito que se deve aos funcionários não implica que não sejam investigados. Não constituem tampouco o delito simples indelicadezas ou petulâncias, infrações a regra do cerimonial ou recusas, como a não aceitação de um convite ou restituição de uma condecoração formalmente não injuriosas"[151].

A Exposição de Motivos da Parte Especial do Código Penal (item 85) esclarece: "O desacato se verifica não só quando o funcionário se acha no exercício da função (seja, ou não, o ultraje infligido *propter officium*), senão também quando se acha *extra officium*, desde que a ofensa seja *propter officium*".

Assim, conclui-se: o crime configura-se ainda que o funcionário público não esteja no regular exercício de sua função, *mas é ofendido em razão dela* (nexo funcional).

Como bem nota Noronha:

> "O *exercício da função* não está jungido à ideia de lugar ou local. Expliquemo-nos: o exercício da função importa a prática de ato a ela relativo, qualquer que seja o lugar onde ele se execute. Um juiz de direito ou um delegado de polícia não são ofendidos apenas no fórum ou na delegacia, mas também, por exemplo, em imóvel, onde aquele se acha em diligência demarcatória, ou em lupanar, onde o segundo foi ter por ocasião do crime. Todavia, já o mesmo não ocorre quando o desacato é em *virtude da função*. Agora, é imprescindível que a ofensa se relacione à função, o que bem se compreende, pois, não estando o funcionário em exercício e não

150. Nélson Hungria, ob. cit., v. 9, p. 424.

151. *Dos crimes contra a Administração Pública*, p. 210.

> se relacionando a injúria à função, a ofensa é feita a *particular*, ao *homem*, nada dizendo ao caso, o fato de aquele ser servidor público. Dessarte, comete desacato o indivíduo que, encontrando em jantar um exator fiscal, chama-o 'abutre da economia popular'. Não o cometerá quem, nas mesmas condições, disser que ele é um *asno*. Aqui, há ofensa pura e simplesmente feita ao homem"[152].

É pressuposto do crime que a ofensa seja praticada na presença do servidor vítima, isto é, que o ofendido esteja no local do ultraje, vendo, ouvindo ou de qualquer outro modo tomando conhecimento *direto* do que foi dito. Assim, deixa de haver desacato (mas apenas delito contra a honra), insulto por telefone (*RT* 377/238); imprensa (*RT* 429/352); por escrito, em Razões de recurso (*RT* 534/324) etc.

Há quem sustente que a punição da conduta de desacato seja incompatível com a ordem constitucional e com a legislação internacional de que o Brasil faz parte.

Quanto à ofensa à ordem constitucional, argumenta-se que se trata de tipificação de caráter autoritário, que visa afinal a impedir – ou ao menos a desencorajar – manifestações contrárias às práticas de agentes estatais. Sustenta-se que, apesar da objetividade jurídica do crime – a manutenção do prestígio da Administração –, que portanto justifica a tipificação, os agentes públicos estão sujeitos a maior fiscalização e censura e que, por isso, não se pode tolher o direito de crítica, ainda que exacerbada. Criminalizar a conduta fere o princípio da proporcionalidade e ignora postulados próprios do Direito Penal como a intervenção mínima e a lesividade. Não bastasse, em grande parte das situações o agente estatal acaba por fazer ele mesmo uma espécie de "juízo preliminar" da caracterização do crime e toma por ofensa uma manifestação que no geral seria interpretada como crítica, provocando constrangimento contra quem se manifestou.

E no que concerne à legislação internacional, a Convenção Americana sobre os Direitos Humanos – à qual o Brasil aderiu por meio do Decreto nº 678/92 – garante, no artigo 13, a liberdade de pensamento e expressão, e a Comissão Interamericana de Direitos Humanos já se manifestou no sentido de que a legislação de desacato vigente no continente americano contraria os termos da Convenção:

> "A ameaça de sofrer punições penais por expressões, sobretudo nos casos em que elas consistissem de opiniões críticas de funcionários ou pessoas públicas, gera um efeito paralisante em quem quer expressar-se, que pode traduzir-se em situações de auto-censura incompatíveis com um sistema democrático.
>
> A esta conclusão se chegou pela análise que efetuou a CIDH acerca da compatibilidade das leis de desacato com a Convenção Americana sobre Direitos Humanos em um relatório realizado em 1995. A CIDH concluiu que tais leis não eram compatíveis com a Convenção porque se prestavam ao abuso como um meio para

152. *Direito penal*, v. 4, p. 329-330.

> silenciar idéias e opiniões impopulares, reprimindo desse modo o debate que é crítico para o efetivo funcionamento das instituições democráticas. Em conseqüência, os cidadãos têm o direito de criticar e examinar as ações e atitudes dos funcionários públicos no que se relaciona com a função pública. Ademais, as leis de desacato dissuadem as críticas pelo temor das pessoas às ações judiciais ou sanções monetárias. Por estas e outras razões, a CIDH concluiu que as leis de desacato são incompatíveis com a Convenção, e instou aos Estados a que as derrogassem"[153].

5.4. Voluntariedade

Para a configuração do crime de desacato é de rigor o dolo, consistente na vontade deliberada de desprestigiar a função exercida pelo sujeito passivo[154].

Nélson Hungria entende que o dolo do desacato é incompatível com o estado de exaltação ou ira. O mesmo fundamento doutrinário é encontrado nas lições Washington de Barros Monteiro (O crime de desacato, *RT* 319/11), para o qual o crime pressupõe do agente ânimo calmo.

Ousamos discordar. No crime de desacato, o fato de o agente estar nervoso e ter perdido o autocontrole não é suficiente para afastar o dolo do delito, principalmente considerando que ninguém desacata outrem estando em seu perfeito controle e com ânimo refletido (*RJDTACRIM* 36/176).

5.5. Consumação e tentativa

O delito é formal, consumando-se no momento em que o funcionário público toma conhecimento (direto) do ato humilhante e ofensivo, pouco importando se efetivamente se sentiu menosprezado ou se agiu com indiferença.

Sendo indispensável a presença da vítima no momento da ofensa, entende parcela da doutrina impossível a tentativa. Mirabete, porém, admite o *conatus*, citando o exemplo do agente impedido por terceiros de agredir o servidor ou de atirar sobre ele imundices[155].

5.6. Ação penal

A ação penal é pública incondicionada.

---

153. Relatório do relator especial para a liberdade de expressão, Eduardo A Bertoni, solicitado pela Comissão de Assuntos Jurídicos e Políticos em cumprimento da Resolução Ag-Res. 1894 (XXXII-O/02). Disponível em https://www.cidh.oas.org/annualrep/2002port/vol.3m.htm.

154. A discussão, já travada nos dois crimes antecedentes, se a embriaguez descaracteriza o dolo do crime, aqui se repete. Para uma primeira corrente, eventuais excessos de linguagem praticados por quem se acha em estado de embriaguez não configura o desacato. Outros exigem, para tanto, intoxicação aguda. Preferimos, no entanto, ficar com o mandamento legal (art. 28, II, do CP), só eliminando a *imputabilidade* do agente a embriaguez completa, quando acidental.

155. *Manual de direito penal:* parte especial, v. 3, p. 362.

5.7. Princípio da especialidade

a) Código Penal x Código Penal Militar: os arts. 298, 299 e 300 do Decreto-lei 1.001/69 punem o desacato praticado na forma do art. 9º daquele diploma.

6. TRÁFICO DE INFLUÊNCIA

▶ ***Tráfico de influência***

Art. 332. Solicitar, exigir, cobrar ou obter, para si ou para outrem, vantagem ou promessa de vantagem, a pretexto de influir em ato praticado por funcionário público no exercício da função:

Pena – reclusão, de 2 (dois) a 5 (cinco) anos, e multa.

Parágrafo único. A pena é aumentada da metade, se o agente alega ou insinua que a vantagem é também destinada ao funcionário.

6.1. Considerações iniciais

O delito de tráfico de influência tutela a Administração Pública, especialmente seu bom nome (prestígio). Protege-se também, ainda que indiretamente, o patrimônio do particular enganado pelo agente.

Na definição de NORONHA:

> "O crime realmente é um estelionato, pois o agente ilude e frauda o pretendente ao ato ou providência governamental, alegando um prestígio que não possui e assegurando-lhe um êxito que não está a seu alcance"[156].

A pena cominada ao delito não admite nenhum dos benefícios da Lei 9.099/95.

6.2. Sujeitos do delito

Sujeito ativo poderá ser qualquer pessoa, particular ou até mesmo funcionário público (crime comum).

Sujeito passivo será, em primeiro lugar, o Estado. Figura no polo passivo, de modo secundário (mediato) aquele que paga pela suposta mediação (corruptor putativo).

NORONHA ensina:

> "Não obstante a conduta ilícita do *comprador de influência*, não pode ele ser também sujeito ativo do crime, como alguns pretendem, conquanto sua conduta seja imoral. Realmente, ele se crê agente de um crime de corrupção em coautoria com o vendedor de prestígio, mas dito crime não existe, é *putativo*. E coautor do

156. *Direito penal*, v. 4, p. 335.

presente delito também não será, porque, conquanto de certa maneira ele concorre para o descrédito administrativo, não pode ser copartícipe de *obter vantagem* quem a dá ou dela se despoja. Como escreve Manzini, 'enquanto um quer vender *fumo*, o outro quer e supõe, ao contrário, comprar um *assado*'"[157].

6.3. Conduta

Pratica este crime o agente que, simulando prestígio com determinado servidor, *solicita* (pede), *exige* (impõe), *cobra* (reclama) ou *obtém* (adquire), para si ou para outrem, vantagem ou promessa de vantagem, de qualquer natureza, como preço da mediação.

Frise-se que, para a configuração do delito, é preciso que a aludida influência seja fraudulenta (simulada), pois se presente e real, outro poderá ser o crime (corrupção).

Em resumo, para que se perfaça o presente delito são necessários dois requisitos específicos:

1) emprego de meio fraudulento, isto é, o agente se diz influente com determinado funcionário público quando, na realidade, não exerce nenhum prestígio;

2) deve-se tratar de funcionário público. Se o agente faz alusão a determinada pessoa que, posteriormente, prova-se não fazer parte da Administração Pública, não há falar na tipificação do delito em tela.

Não havendo o cumprimento de qualquer dos dois requisitos, poderá configurar-se o crime de estelionato.

6.4. Voluntariedade

É a vontade consciente de praticar uma das condutas típicas. Não está contido no tipo qualquer fim especial de agir.

6.5. Consumação e tentativa

Em virtude das diversas ações nucleares previstas no tipo, o momento consumativo pode variar. Nas modalidades *solicitar*, *exigir* e *cobrar*, consuma-se o delito com a prática de qualquer uma delas, independentemente da obtenção da vantagem (crime formal). Já na modalidade *obter*, é necessário que o agente aufira efetivamente a vantagem (crime material). No entanto, esta última modalidade será de difícil configuração, vez que, ao conseguir a vantagem, deverá o agente tê-la solicitado, exigido ou cobrado, ainda que implicitamente.

Teoricamente admite-se a tentativa, em especial na forma escrita, caso em que o *iter* comporta fracionamento.

157. *Direito penal*, v. 4, p. 335-336.

6.6. Majorante de pena

Aumenta-se da metade a pena do agente que insinua ser a vantagem também destinada ao funcionário público.

O aumento é assim justificado por MIRABETE:

> "O desprestígio para a administração, nesta hipótese, é maior, justificando-se o aumento de pena inclusive pela eventual ofensa à honra do funcionário. Observa acuradamente Noronha que o rigor da lei não impõe a declaração expressa do agente, bastando que insinue o suborno do funcionário"[158].

6.7. Ação penal

A ação penal é pública incondicionada.

6.8. Princípio da especialidade

a) Art. 332 x art. 357: se o tráfico indevido de influência (a influência jactanciosa) recair sobre juiz, jurado, órgão do Ministério Público, funcionário de justiça, perito, tradutor, intérprete ou testemunha, será tipificado de acordo com o delito previsto no art. 357, punido com reclusão, de um a cinco anos, e multa.

b) Código Penal x Código Penal Militar: o art. 336 do Decreto-lei 1.001/69 pune o tráfico de influência praticado na forma do art. 9º daquele diploma.

7. CORRUPÇÃO ATIVA

> ▶ ***Corrupção ativa***
>
> **Art. 333.** Oferecer ou prometer vantagem indevida a funcionário público, para determiná-lo a praticar, omitir ou retardar ato de ofício:
>
> Pena – reclusão, de 2 (dois) a 12 (doze) anos, e multa.
>
> Parágrafo único. A pena é aumentada de 1/3 (um terço), se, em razão da vantagem ou promessa, o funcionário retarda ou omite ato de ofício, ou o pratica infringindo dever funcional.

7.1. Considerações iniciais

Tutela-se aqui a probidade da Administração Pública, mais precisamente a pureza que deve nortear os atos dos servidores públicos.

Tratada a corrupção passiva no primeiro capítulo do Título XI ("Dos crimes praticados por funcionário público contra a administração em geral"), ocupa-se o Código, no

158. *Manual de direito penal*, v. 3, p. 365.

presente, da ativa, optando o legislador, mais uma vez, por promover exceção ao princípio unitário (ou monista) que conduz o concurso de agentes, considerando essas duas figuras criminosas como distintas e autônomas.

A pena cominada não permite nenhum benefício da Lei 9.099/95.

7.2. Sujeitos do delito

Trata-se de crime comum, não se exigindo nenhuma qualidade especial do corruptor. Mesmo o funcionário público, despido dessa qualidade, pode figurar como autor da infração.

Sujeito passivo do delito é o Estado, e não o funcionário público cobiçado com a oferta da indevida vantagem.

7.3. Conduta

Na lição de Bento de Faria:

> "A corrupção ativa verifica-se quando alguém, por meio de promessas, dádivas, recompensas, ofertas ou qualquer utilidade, procura induzir um funcionário público, diretamente ou por interposta pessoa, a praticar, ou se abster de praticar ou retardar, um ato de ofício ou cargo, embora seja conforme a lei ou contra ela"[159].

O crime é de ação múltipla, composto de dois núcleos alternativos: *oferecer* (apresentar) ou *prometer* (obrigar-se a dar) a funcionário público vantagem indevida, com o fim de ver retardado ou omitido ou praticado ato funcional[160].

Note-se que a lei fala em oferecimento ou promessa para determinar o funcionário *a praticar, omitir ou retardar ato de ofício*. Dessa forma, fica claro que o particular não é alcançado pela figura típica quando ofereça ou prometa vantagem, ou a entrega efetivamente, ao funcionário, *depois* de ter ele praticado o desejado ato. Em síntese, ao contrário do que vimos na corrupção passiva (art. 317 do CP), pune-se somente a corrupção ativa *antecedente*, mas não a *subsequente*. É o que resulta da locução *para determiná-lo* (*RT* 672/298).

O ato de corrupção pode ser praticado de forma escrita, oral ou mesmo por gestos.

Esclarece Noronha:

159. Ob. cit., v. 5, p. 565.

160. O art. 333 não pune a conduta de dar vantagem indevida em decorrência da solicitação do funcionário público. Toda-via, a Lei 12.846/13, que dispõe sobre a responsabilização administrativa e civil de pessoas jurídicas pela prática de a-tos contra a Administração Pública, contempla, no art. 5º inciso I, as condutas de "prometer, oferecer ou dar, direta ou indiretamente, vantagem indevida a agente público, ou a terceira pessoa a ele relacionada". Dessa forma, se o re-presentante da pessoa jurídica ceder à solicitação de vantagem do funcionário público, não será punido na esfera cri-minal, mas a pessoa jurídica sofrerá as consequências administrativas estabelecidas na lei.

> "De todos os meios pode valer-se o corruptor: palavras, atos, gestos, escritos etc. Tanto é corruptor quem *dá* dinheiro ao funcionário, como o que lhe envia uma *carta* com ele, ou o *deixa* sobre a mesa da repartição. É mister apenas que a ação seja *inequívoca*, positivando o propósito do agente"[161].

Não é necessário, porém, que o próprio agente ofereça a dádiva, pois apesar do silêncio da lei, não resta dúvida de que o delito pode ser praticado de forma direta (pelo próprio corruptor) ou indireta (por interposta pessoa). O interesse visado pode ser do próprio agente (corruptor) ou de terceiro (ex.: familiares do corruptor).

Inexiste a infração penal quando a oferta ou promessa tem o fim de impedir ou retardar ato *ilegal*. Doutrinariamente se ensina também não haver corrupção ativa nos casos em que o particular se limita a pedir ao servidor "dar um jeitinho" ou "quebrar o galho"[162].

Por fim, alertamos que a existência da corrupção ativa independe da passiva, isto é, a bilateralidade não é requisito indispensável (RHC 70.059/GO, Rel. Min. Sebastião Reis Júnior, DJe 04/11/2016), podendo apresentar-se de maneira unilateral (só a ativa ou só a passiva)[163].

Neste sentido, aliás, é a lição de HUNGRIA:

> "Perante o nosso Código atual, a corrupção nem sempre é *crime bilateral*, isto é, nem sempre pressupõe (em qualquer de suas modalidades) um *pactum sceleris*. Como a corrupção passiva já se entende consumada até mesmo na hipótese de simples solicitação, por parte do *intraneus*, da vantagem indevida, ainda que não seja atendida pelo *extraneus*, assim também a corrupção ativa se considera consumada por parte do *extraneus*, pouco importando que o *intraneus* a recuse"[164].

7.4. Voluntariedade

É o dolo, consistente na vontade consciente de oferecer ou prometer vantagem a funcionário público, sabendo ser ela indevida, aliado ao fim especial de conseguir do servidor a prática, omissão ou retardamento do ato de ofício (elemento subjetivo). Desse modo, percebe-se que não será o oferecimento de qualquer vantagem que configurará o delito de

---

161. *Direito penal*, v. 4, p. 342.

162. A jurisprudência bem acompanhou essa orientação: "A expressão 'quebrar o galho', que costumeiramente é empregada no sentido de afastar um obstáculo, remover algum impedimento, não completa uma infração penal, pois não encerra, só por si, a oferta de qualquer vantagem indevida. Muitas vezes objetiva, tão somente, pedir a razoável compreensão do empregado público, para a obtenção do que possa ser lícito e esteja em área de seu simples arbítrio" (*RT* 380/69).

163. Somente na modalidade "receber", da corrupção passiva, o crime será bilateral, pois só é possível o agente "receber" o que foi "oferecido" por terceiro. Nesse sentido: "(...) Rejeitada a tese da ausência de bilateralidade entre 'oferecer' e 'receber' vantagem indevida (...)". (STF, 1.ª T., HC 83.658/RJ, j. 29.06.2004).

164. Ob. cit., v. 9, p. 429.

corrupção ativa. A vantagem deve ser com o intuito de impedir o funcionário público de desempenhar suas funções, ou de determinar que o faça contrariando as normas vigentes. Um gesto de liberalidade, muitas vezes fruto de agradecimento ou reconhecimento, ainda que possa representar uma imoralidade, não constituirá crime de corrupção ativa.

7.5. Consumação e tentativa

O crime se consuma no momento em que o funcionário público toma conhecimento da oferta ou sua promessa, ainda que a recuse (crime formal).

A possibilidade da tentativa depende do *modus operandi* escolhido pelo corruptor, isto é, se a corrupção for praticada por meio verbal ou gestual, o crime será unissubsistente, não comportando fracionamento da execução; já na forma escrita é possível o *conatus* quando interceptada a comunicação, deixando de atingir o servidor destinatário por circunstâncias alheias à vontade do agente.

7.6. Majorantes de pena

A exemplo do que já acontece no art. 317 do CP (corrupção passiva), o art. 333, em seu parágrafo único, prevê também uma causa de aumento de pena nos casos em que o funcionário, em razão da vantagem, efetivamente pratica, omite ou retarda ato de ofício (exaurimento majorado).

> "Trata-se no caso de condição de maior punibilidade do delito em que se justifica a agravação da pena pelo dano maior causado à Administração Pública."[165].

No entanto, somente incidirá a agravante se o ato praticado possuir natureza ilícita. Se o funcionário público pratica o ato de acordo com seu dever funcional, o agente será punido somente pela conduta prevista no *caput*.

Sobre o assunto, Rui Stoco explica:

> "É de toda a evidência que, se à oferta ou promessa aceita se segue à prática do visado ato não contrário ao dever funcional, o fato se enquadra no *caput* do art. 333 (pois, se este incrimina o simples fato da oferta ou promessa para induzir ou aliciar o funcionário à prática do ato de ofício, ainda que não contrário ao dever funcional, é claro que incrimina a hipótese em que, aceita a oferta ou promessa pelo funcionário, vem a ser efetivamente praticado esse ato). A entender-se de modo contrário, estaria sendo abstraído o elementar princípio de hermenêutica, segundo o qual *interpretatio illa sumenda est quae absurdum vitetur*. A efetiva prática ulterior de ato de ofício com infringência do dever funcional não é condição do crime, mas condição de maior punibilidade do crime."[166].

165. Mirabete, *Manual de direito penal*, v. 3, p. 369.
166. Ob. cit., p. 4.031.

7.7. Ação penal

A ação penal será pública incondicionada.

7.8. Princípio da especialidade

a) **Art. 333 x art. 337-B**: o Código Penal, no art. 337-B, *caput*, pune, com reclusão de um a oito anos e multa, *prometer*, *oferecer* ou *dar*, direta ou indiretamente, vantagem indevida a funcionário público estrangeiro, ou a terceira pessoa, para determiná-lo a praticar, omitir ou retardar ato de ofício relacionado a transação comercial internacional.

b) **Art. 333 x art. 343**: *Dar*, *oferecer* ou *prometer* dinheiro ou qualquer outra vantagem a testemunha, perito, contador, tradutor ou intérprete, para fazer afirmação falsa, negar ou calar a verdade em depoimento, perícia, cálculos, tradução ou interpretação é crime previsto no art. 343, *caput*, do CP, punido com reclusão, de três a quatro anos, e multa.

c) **Código Penal x Código Eleitoral**: dispõe o art. 299 do Código Eleitoral (Lei 4.737/65) ser crime eleitoral *dar*, *oferecer* ou *prometer*, solicitar ou receber, para si ou para outrem, dinheiro, dádiva ou qualquer vantagem, para obter ou dar voto e para conseguir ou prometer abstenção, ainda que a oferta não seja aceita, punido com reclusão por até quatro anos e multa, de cinco a quinze dias-multa.

d) **Código Penal x Estatuto do Torcedor**: o art. 41-D da Lei 10.671/03 pune com reclusão de dois a seis anos a conduta de dar ou prometer vantagem patrimonial ou não patrimonial com o fim de alterar ou falsear o resultado de uma competição desportiva ou evento a ela associado.

e) **Código Penal x Código Penal Militar**: o art. 309 do Decreto-lei 1.001/69 pune a corrupção ativa praticada na forma do art. 9º daquele diploma.

8. DESCAMINHO

▶ ***Descaminho***

Art. 334. Iludir, no todo ou em parte, o pagamento de direito ou imposto devido pela entrada, pela saída ou pelo consumo de mercadoria:

Pena – reclusão, de 1 (um) a 4 (quatro) anos.

§ 1º Incorre na mesma pena quem:

I – pratica navegação de cabotagem, fora dos casos permitidos em lei;

II – pratica fato assimilado, em lei especial, a descaminho;

III – vende, expõe à venda, mantém em depósito ou, de qualquer forma, utiliza em proveito próprio ou alheio, no exercício de atividade comercial ou industrial, mercadoria de procedência estrangeira que introduziu clandestinamente no País ou importou fraudulentamente ou que sabe ser produto de introdução clandestina no território nacional ou de importação fraudulenta por parte de outrem;

IV – adquire, recebe ou oculta, em proveito próprio ou alheio, no exercício de atividade comercial ou industrial, mercadoria de procedência estrangeira, desacompanhada de documentação legal ou acompanhada de documentos que sabe serem falsos.

§ 2º Equipara-se às atividades comerciais, para os efeitos deste artigo, qualquer forma de comércio irregular ou clandestino de mercadorias estrangeiras, inclusive o exercido em residências.

§ 3º A pena aplica-se em dobro se o crime de descaminho é praticado em transporte aéreo, marítimo ou fluvial.

8.1. Considerações iniciais

A Lei nº 13.008/14 alterou o art. 334 do Código Penal. Antes da modificação, contrabando e descaminho eram tipificados no mesmo dispositivo e, portanto, compartilhavam a pena, as formas equiparadas e a majorante. Agora, há os artigos 334 e 334-A: o primeiro pune o descaminho; o segundo, o contrabando. Cindido o tipo penal, os remanescentes têm basicamente a mesma estrutura, com três parágrafos nos quais há formas equiparadas e causas de aumento de pena. Talvez o maior destaque recaia sobre a reprimenda do contrabando, que passou a ser de dois a cinco anos, como veremos adiante.

Tutela-se, imediatamente, a Administração Pública, mais especificamente seu bem estar econômico (erário público).

A pena cominada ao delito permite a suspensão condicional do processo, desde que não incida a majorante do § 3º.

8.2. Sujeitos do delito

Sujeito ativo poderá ser qualquer pessoa (crime comum).

Deve ser lembrado que o funcionário público encarregado da prevenção (ou repressão) do descaminho que auxilia o autor deste delito não será tratado como concorrente do art. 334, mas sim como autor do delito previsto no art. 318 do Código Penal (facilitação de contrabando ou descaminho).

Importa, nesse tanto, destacarmos a lição de NORONHA:

> "Dificilmente este é executado por única pessoa. Não que seja plurissubjetivo, mas, dada sua feição, é empresa para várias pessoas. Ainda: comumente há auxílio indispensável de funcionários, que não são coautores, por praticarem o crime do art. 318, logo adiante a ser encarado. Entenda-se, entretanto: cometerão tal crime, quando facilitarem o contrabando ou descaminho, *infringindo dever funcional*; fora disso, se intervierem na prática delituosa, serão coautores, como quaisquer outras pessoas"[167].

167. Direito Penal, v. 4, p. 348.

Sujeito passivo será o Estado, titular do interesse penalmente protegido, logo, real prejudicado pela conduta criminosa.

8.3. Conduta

Como alertado, o tipo do art. 334 antes punia duas condutas: o *contrabando* e o *descaminho*. Alterado pela Lei nº 13.008/14, o dispositivo se resume a tipificar o descaminho, resultado da cisão topográfica de condutas que, na essência, não se poderiam mesmo confundir (como muitas vezes ocorria, em especial nos meios de comunicação social). Não obstante, consideramos oportuno efetuar, desde já, a necessária diferenciação entre as duas figuras delitivas. Nélson Hungria bem explica no que consiste cada uma:

> "Contrabando (*contrebande*, dos franceses; *Konterbande* ou *Schmuggel*, dos alemães) é a clandestina importação ou exportação de mercadorias cuja entrada no país, ou saída dele, é absoluta ou relativamente proibida; enquanto descaminho (*fraude douanière*, *Zolldefraudation* ou *Hinterziehung*, *defraudación*) é a fraude tendente a frustrar, total ou parcialmente, o pagamento de direitos de importação ou exportação ou do imposto de consumo (a ser cobrado na própria aduana) sobre mercadorias"[168].

Em síntese, no contrabando são importadas ou exportadas mercadorias absoluta ou relativamente proibidas de circularem no país; já no descaminho, o agente age fraudulentamente, com o intuito de se furtar ao recolhimento de tributos inerentes à circulação da mercadoria.

No descaminho, o agente busca *iludir*, mediante artifício, ardil ou qualquer outro meio fraudulento, o pagamento de direito ou imposto devido em face da entrada ou saída da mercadoria *não proibida*. Pratica o crime, segundo exemplifica Noronha[169], aquele que emprega no produto rótulos ou letreiros falsos, não correspondentes à quantidade ou qualidade real da mercadoria.

Apesar de decisões em sentido contrário (inclusive no STF), entendemos que a mera omissão na declaração ao fisco da quantidade de mercadorias, sem emprego de fraude ou malícia, não caracteriza o delito, mas, tão somente, infração tributária.

Lembra Mirabete:

> "Aliás, já se defende a tese de que só o fato de inexistir documento dando conta de que o imposto de importação foi recolhido não possui o condão de ter-se por tipificado o crime e que a pessoa que traz em sua bagagem, colocada no lugar próprio do ônibus, sem desviar-se da barreira alfandegária, produto de importação,

168. Ob. cit., v. 9, p. 432.
169. Direito Penal, v. 4, p. 349.

> facilmente encontrável mediante singela fiscalização não pratica conduta típica, merecendo apenas sanções de âmbito fiscal"[170].

Fernando Capez, no mesmo sentido, elucida:

> "Entendemos que não basta a entrada ou saída de mercadoria sem o recolhimento do imposto devido, sendo necessário o emprego de algum meio, fraudulento ou não, destinado a iludir, que significa enganar, frustrar, lograr, burlar, não sendo suficiente a mera omissão no recolhimento do tributo. Tivesse a lei empregado o termo *elidir*, que significa suprimir, aí sim seria suficiente o comportamento omissivo. Não é o caso, contudo, do delito em questão, de modo que o inadimplemento caracteriza o mero débito de natureza fiscal"[171].

Há certa controvérsia a respeito da necessidade de esgotamento da via administrativa (definitiva constituição do tributo iludido) para que se caracterize o crime de descaminho.

☑ ***Sabe-se que o STF consolidou o entendimento de que a constituição definitiva do crédito tributário, nos crimes materiais contra a ordem tributária, é condição para a tipicidade (súmula vinculante nº 24). Daí surge a questão: isso se estende ao descaminho? A resposta pressupõe a solução de outra indagação: o descaminho é crime formal ou material?***

O STF tem decidido que se trata de crime formal e, portanto, não se exige efetivo prejuízo ao erário para a consumação; basta a ilusão de direito ou imposto. Em decorrência desse entendimento, a orientação do tribunal se dá na direção de que o esgotamento da via administrativa é dispensável[172].

Nessa mesma posição, merece ser lembrada a sempre pertinente lição de Hungria:

> "Haja, ou não, prisão em flagrante dos agentes do crime ou apreensão das mercadorias dentro ou fora da zona fiscal, ou instauração de processo administrativo, nada disso importa a existência do contrabando ou descaminho como ilícito penal e à proponibilidade da ação penal"[173].

O STJ segue a mesma linha[174], mas não podemos deixar de mencionar a existência de decisões em sentido contrário (ainda que em caráter minoritário e contra a tendência), que apontam a materialidade do descaminho, donde surgiria a identidade com os crimes contra

170. *Manual de direito penal*, v. 3, p. 372.
171. Ob. cit., v. 3, p. 514.
172. RHC 119960/SP, Rel. Min. Luiz Fux, DJe 02/06/2014.
173. Ob. cit., v. 9, p. 436.
174. HC 270285/RS, Rel. Min. Laurita Vaz, DJe 02/09/2014.

a ordem tributária a que se refere a súmula vinculante, justificando-se, portanto, a prévia apuração administrativa da obrigação tributária[175].

8.4. Voluntariedade

É o dolo, consistente na vontade de praticar a ação nuclear típica.

8.5. Consumação e tentativa

O descaminho se aperfeiçoa com a liberação pela alfândega, sem o pagamento dos impostos inerentes.

Aliás, a competência para o processo e julgamento por crime de descaminho define-se pela prevenção do juízo federal do *lugar da apreensão dos bens* (Súmula 151 do STJ).

Admite-se a tentativa: o agente, embora tenha empregado os meios necessários, não logra iludir a autoridade.

Os tribunais superiores admitem a aplicação do princípio da insignificância àquelas hipóteses em que as mercadorias apreendidas são em pequena quantidade, com valores ínfimos e ausência de destinação comercial. Isto porque, em virtude do baixo valor dos tributos incidentes sobre tais bens, o fisco não promove a execução de seus créditos, utilizando-se do já conhecido argumento de que a instauração de um processo executivo fiscal, diante de um valor irrelevante a ser recebido, não será compensada no momento do pagamento. Existe, no entanto, divergência no valor do teto da insignificância. Vejamos.

O valor mínimo para a execução fiscal está descrito no art. 20 da Lei nº 10.522/2002, no qual se estabelece que a Fazenda Pública não ajuizará execução fiscal para cobrar menos de R$ 10 mil. Sempre foi esse o patamar utilizado pelo Judiciário na análise do princípio da insignificância no descaminho.

Ocorre que a Portaria nº 75/2012 do Ministério da Fazenda, com base em estudos do Instituto de Pesquisa Econômica Aplicada, *recalculou o valor mínimo para o ajuizamento de execução fiscal para R$ 20 mil.*

Instalou-se a dúvida: a análise da insignificância deve considerar a Lei 10.522/02 (R$ 10.000,00) ou a Portaria 75/12 (R$ 20.000,00)?

No julgamento do Habeas Corpus nº 119.849, a 1ª. Turma do Supremo Tribunal Federal, tendo como relator o Ministro Dias Toffoli, afirmou-se categoricamente: "*no crime de descaminho, o Supremo Tribunal Federal tem considerado, para a avaliação da insignificância, o patamar de R$ 20 mil, previsto no artigo 20 da Lei 10.522/02, atualizado pelas portarias 75/12 e 130/12 do Ministério da Fazenda*".

175. RHC 36570/MG, Rel. Min. Marco Aurélio Bellizze, DJe 10/06/2013.

A Terceira Seção do Superior Tribunal de Justiça, por sua vez, no julgamento do Recurso Especial nº 1.393.317/PR, decidiu que o princípio da insignificância só se aplica em casos de crime de descaminho se o valor questionado for igual ou inferior a R$ 10 mil. Em síntese, concluiu que o Judiciário deve seguir os parâmetros descritos em lei federal, e não em portaria administrativa da Fazenda Federal.

> "Soa imponderável, contrária à razão e avessa ao senso comum tese jurídica que, apoiada em mera opção de política administrativo-fiscal, movida por interesses estatais conectados à conveniência, à economicidade e à eficiência administrativas, acaba por subordinar o exercício da jurisdição penal à iniciativa da autoridade fazendária. Sobrelevam, assim, as conveniências administrativo-fiscais do Procurador da Fazenda Nacional, que, ao promover o arquivamento, sem baixa na distribuição, dos autos das execuções fiscais de débitos inscritos como Dívida Ativa da União, de valor consolidado igual ou inferior a R$ 10.000,00, impõe, mercê da elástica interpretação dada pela jurisprudência dos tribunais superiores, o que a Polícia deve investigar, o que o Ministério Público deve acusar e, o que é mais grave, o que – e como – o Judiciário deve julgar.
>
> (...)
>
> A partir da Lei n. 10.522/2002, o Ministro da Fazenda não tem mais autorização para, por meio de simples portaria, alterar o valor definido como teto para o arquivamento de execução fiscal sem baixa na distribuição. E a Portaria MF n. 75/2012, que fixa, para aquele fim, o novo valor de R$ 20.000,00 – o qual acentua ainda mais a absurdidade da incidência do princípio da insignificância penal, mormente se considerados os critérios usualmente invocados pela jurisprudência do STF para regular hipóteses de crimes contra o patrimônio – não retroage para alcançar delitos de descaminho praticados em data anterior à vigência da referida portaria, porquanto não é esta equiparada a lei penal, em sentido estrito, que pudesse, sob tal natureza, reclamar a retroatividade benéfica, conforme disposto no art. 2º, parágrafo único, do CPP"

Sem discordar da sua aplicação, o TRF-1.ª R., não sem razão, impõe condições:

> "Se o comércio de mercadorias importadas ilegalmente constitui atividade habitual do agente, não há se falar em aplicação do princípio da insignificância que releva o crime de descaminho quando pequena a lesão imposta ao Fisco, sob pena de converter-se em medida de incentivo à prática do delito."[176-177].

176. *RT* 763/679.

177. Esta orientação vem sendo aplicada pelo STJ, que afasta o princípio da insignificância no caso de reiteração criminosa, reveladora de verdadeiro meio de vida criminoso, situação em que a

A respeito, ainda, do descaminho, decidiu o STJ que nas situações em que este crime é precedido de falsidade ideológica, como na hipótese em que o agente declara falsamente o valor da mercadoria que importa, o crime contra a fé pública é absorvido: "1. Constatado que a falsidade ideológica foi o meio pelo qual a ré buscou iludir o pagamento de tributos incidentes nas importações, mostra-se patente a relação de causalidade com o crime de descaminho, o que atrai a incidência da consunção. 2. A jurisprudência desta Corte admite que um crime de maior gravidade, assim considerado pela pena abstratamente cominada, pode ser absorvido, por força do princípio da consunção, por um crime menos grave, quando, repita-se, utilizado como mero instrumento para consecução de um objetivo final único"[178].

8.6. Descaminho por assimilação

O § 1º prevê fatos assimilados a descaminho, punindo o agente que:

I – *pratica navegação de cabotagem, fora dos casos permitidos em lei*;

Como bem explica Noronha: "Navegação de cabotagem é a que tem por finalidade a comunicação e o comércio direto entre os portos do País, dentro de suas águas e dos rios que correm em seu território"[179].

Trata-se de norma penal em branco, carecendo de complementação legal.

II – *pratica fato assimilado, em lei especial, a descaminho*: é o caso do art. 39 do Decreto-lei nº 288/67, que dispõe: "Será considerado contrabando a saída de mercadorias da Zona Franca sem a autorização legal expedida pelas autoridades competentes". Embora não faça referência expressa, o dispositivo abarca também o descaminho[180]. Na lição de Mirabete, "Por vezes, a lei equipara ao contrabando ou descaminho outros fatos, como, por exemplo, a saída de mercadorias da Zona Franca de Manaus, sem autorização legal, ou seja, sem o pagamento dos tributos quando o valor excede a cota que cada viajante pode livremente trazer (art. 39 do Decreto-lei 288/67). Trata-se, também, de lei penal em branco"[181].

III – *vende, expõe à venda, mantém em depósito ou, de qualquer forma, utiliza em proveito próprio ou alheio, no exercício de atividade comercial ou industrial, mercadoria de procedência estrangeira que introduziu clandestinamente no País ou importou fraudulentamente ou que sabe ser produto de introdução clandestina no território nacional ou de importação fraudulenta por parte de outrem.*

---

medida se torna socialmente inadequada. E não obstante ações penais e inquéritos em andamento não possam ser utilizados para a exasperação da pena, podem fundamentar o afastamento do princípio da insignificância (AgRg no REsp 1.592.146/PR, Re. Min. Jorge Mussi, DJe 26/10/2016).

178. AgRg no AREsp 100322 / SP, Rel. Min. Marco Aurélio Belizze, DJe 07/03/2014.
179. Ob. cit., v. 4, p. 351.
180. STF, RE 75020, j. 13/04/1973.
181. *Manual de direito penal*, v. 3, p. 373.

Nesta alínea estão previstas duas condutas típicas:

1) na primeira parte, pune-se a conduta do autor do descaminho que, através de exercício do comércio ou de atividade industrial, vende, expõe à venda, mantém em depósito ou utiliza em proveito próprio ou alheio a mercadoria que ilicitamente introduziu no país. Entendemos, contudo, desnecessária a previsão legal, cuidando-se, na verdade, de clara progressão criminosa do próprio delito de descaminho, podendo, no máximo, influenciar na fixação da reprimenda;

2) a segunda parte do dispositivo desperta maior interesse, punindo uma modalidade especial de receptação, isto é, a conduta do comerciante (ou industriário) que vende, expõe à venda, mantém em depósito ou, de qualquer forma, utiliza em proveito próprio ou alheio, mercadorias de origem clandestina ou fraudulenta. É claro que a origem obscura das mercadorias deve ser do conhecimento daquele que pratica a ação, pois do contrário haveria responsabilidade penal objetiva;

IV – *adquire, recebe ou oculta, em proveito próprio ou alheio, no exercício de atividade comercial ou industrial, mercadoria de procedência estrangeira, desacompanhada de documentação legal ou acompanhada de documentos que sabe serem falsos.*

A presente conduta é semelhante àquela prevista na alínea anterior (modalidade especial de receptação), prevendo punição àquele que adquire, recebe ou oculta mercadoria com procedência clandestina ou fraudulenta. Da mesma forma, exige-se o exercício da atividade comercial ou industrial, bem como a ciência do agente acerca da origem das mercadorias. Encontramos decisões várias no sentido de que as infrações sob a forma de ocultação são espécies de delitos permanentes, protraindo a consumação até o dia da apreensão das mercadorias (nesse sentido: TFR, Rec. 03274500, rel. Otto Rocha, j. 07.04.1981; TFR, Rec. 03319865, rel. William Patterson, j. 03.02.1982).

8.7. Cláusula de equiparação

Nos termos do disposto no § 2º, equipara-se às atividades comerciais, para os efeitos deste artigo, qualquer forma de comércio irregular ou clandestino de mercadorias estrangeiras, inclusive o exercido em residências.

Desse modo, com a ampliação trazida pelo parágrafo em comento, podem praticar as figuras equiparadas os camelôs ou comerciantes de "fundo de quintal", por exemplo.

8.8. Majorante de pena

O § 3º dispõe sobre a causa de aumento de pena para as hipóteses em que o descaminho é praticado com a utilização de transporte aéreo, marítimo ou fluvial. Na vigência da lei anterior, apenas o transporte aéreo servia para aumentar a pena, mas a Lei nº 13.008/14 acrescentou os transportes marítimo e fluvial como fundamentos para a majoração.

Nesse caso, o meio utilizado pelo agente para a prática do crime torna mais difícil a fiscalização e repressão do crime, justificando, assim, o aumento de pena. Contudo, já advertia a doutrina, quanto ao transporte aéreo, que a majorante se limitava aos voos clandestinos, excluídos os regulares, de carreira. Quanto a estes, existe a fiscalização aduaneira, não havendo motivo para a agravação da pena.

Fernando Capez, citando Damásio de Jesus e Celso Delmanto, justifica:

> "A majoração da pena funda-se na maior dificuldade de fiscalização das mercadorias transportadas. Cuida a lei, obviamente, dos voos internacionais clandestinos, pois os voos de carreira estão sujeitos à fiscalização alfandegária"[182].

O mesmo fundamento se afigura apropriado em relação às novas formas de transporte de mercadorias capazes de aumentar a pena do descaminho.

8.9. Extinção da punibilidade

☑ ***Uma sucessão de normas sobre o assunto, além de causar o cancelamento da Súmula 560 do STF ("a extinção da punibilidade, pelo pagamento do tributo devido, estende-se ao crime de contrabando ou descaminho, por força do art. 18, § 2º, do Decreto-lei 157/67"), provocou séria dúvida na doutrina e na jurisprudência: será que o recolhimento oportuno do tributo sonegado extingue a punibilidade do delito de descaminho?***

Pela maioria, conclui Rui Stoco:

> "Conclua-se que, embora a Lei 9.249/95 tenha restaurado a possibilidade de extinção da punibilidade pelo pagamento do tributo apenas com relação aos crimes contra a ordem tributária, previstos na Lei 8.137/90, nada justifica, nem se encontra razão lógica ou jurídica, à luz do princípio constitucional da igualdade, que tal benefício não se estenda também ao autor do crime de descaminho, dada a sua natureza de delito contra a ordem tributária em que se objetiva impedir a importação e exportação de bens e produtos sem o pagamento dos impostos e taxas devidos."[183].

Parece-nos, todavia, que a resposta está estritamente relacionada à (des)necessidade de constituição definitiva do crédito tributário, de que já tratamos acima, o que pressupõe a análise da natureza (formal ou material) do crime de descaminho. A extinção da punibilidade pelo pagamento do tributo iludido só se justifica se a conclusão for no sentido de que se trata de delito material, tipificando-se somente após o lançamento definitivo; do contrário, se basta a importação fraudulenta, tornando-se irrelevante apurar o valor do prejuízo ao erário, também não há relevância na reparação eventualmente promovida.

182. Ob. cit., v. 3, p. 519.
183. Ob. cit., p. 4.047-4.048.

Para o STJ, o pagamento é irrelevante:

> "O pagamento do tributo devido não extingue a punibilidade do crime de descaminho (art. 334 do CP). A partir do julgamento do HC 218.961-SP (DJe 25/10/2013), a Quinta Turma do STJ, alinhando-se ao entendimento da Sexta Turma e do STF, passou a considerar ser desnecessária, para a persecução penal do crime de descaminho, a apuração administrativa do montante de tributo que deixou de ser recolhido, tendo em vista a natureza formal do delito, o qual se configura com o simples ato de iludir o pagamento do imposto devido pela entrada de mercadoria no país. Na ocasião, consignou-se que o bem jurídico tutelado pelo art. 334 do CP vai além do valor do imposto sonegado, pois, além de lesar o Fisco, atinge a estabilidade das atividades comerciais dentro do país, dá ensejo ao comércio ilegal e à concorrência desleal, gerando uma série de prejuízos para a atividade empresarial brasileira. Verifica-se, assim, que o descaminho não pode ser equiparado aos crimes materiais contra a ordem tributária, o que revela a impossibilidade de que o agente acusado da prática do crime de descaminho tenha a sua punibilidade extinta pelo pagamento do tributo. Ademais, o art. 9º da Lei 10.684/2003 prevê a extinção da punibilidade pelo pagamento dos débitos fiscais apenas no que se refere aos crimes contra a ordem tributária e de apropriação ou sonegação de contribuição previdenciária – arts. 1º e 2º da Lei 8.137/1990, 168-A e 337-A do CP. Nesse sentido, se o crime de descaminho não se assemelha aos crimes acima mencionados, notadamente em razão dos diferentes bens jurídicos por cada um deles tutelados, inviável a aplicação analógica da Lei 10.684/2003"[184].

8.10. Ação penal

A ação penal é pública incondicionada.

9. CONTRABANDO

> ▶ ***Contrabando***
>
> **Art. 334-A**. Importar ou exportar mercadoria proibida:
>
> Pena – reclusão, de 2 (dois) a 5 (cinco) anos.
>
> § 1º Incorre na mesma pena quem:
>
> I – pratica fato assimilado, em lei especial, a contrabando;
>
> II – importa ou exporta clandestinamente mercadoria que dependa de registro, análise ou autorização de órgão público competente;
>
> III – reinsere no território nacional mercadoria brasileira destinada à exportação;

184. RHC 43.558/SP, Rel. Min. Jorge Mussi, DJe 13/2/2015.

IV – vende, expõe à venda, mantém em depósito ou, de qualquer forma, utiliza em proveito próprio ou alheio, no exercício de atividade comercial ou industrial, mercadoria proibida pela lei brasileira;

V – adquire, recebe ou oculta, em proveito próprio ou alheio, no exercício de atividade comercial ou industrial, mercadoria proibida pela lei brasileira.

§ 2º – Equipara-se às atividades comerciais, para os efeitos deste artigo, qualquer forma de comércio irregular ou clandestino de mercadorias estrangeiras, inclusive o exercido em residências.

§ 3º A pena aplica-se em dobro se o crime de contrabando é praticado em transporte aéreo, marítimo ou fluvial.

9.1. Considerações iniciais

Tutela-se a Administração Pública, mais especificamente seu bem estar econômico (erário público).

> "São tutelados, também, a saúde, a higiene, a moral, a ordem pública, quando se trata de importação de mercadorias proibidas, e até a indústria nacional, protegida pelas barreiras alfandegárias"[185].

A pena cominada ao delito (decorrente de *novatio legis in pejus*) não admite nenhum dos benefícios da Lei nº 9.099/95.

9.2. Sujeitos do delito

Sujeito ativo poderá ser qualquer pessoa (crime comum).

Deve ser lembrado que o funcionário público encarregado da prevenção (ou repressão) do contrabando que auxilia o autor deste delito não será tratado como concorrente do art. 334-A, mas sim como autor do delito previsto no art. 318 do Código Penal (facilitação de contrabando ou descaminho).

Sujeito passivo será o Estado, titular do interesse penalmente protegido, logo, real prejudicado pelas condutas criminosas.

9.3. Conduta

O tipo pune o *contrabando*, isto é, a clandestina importação ou exportação de mercadorias cuja entrada no país, ou saída dele, é absoluta ou relativamente proibida.

Na execução do contrabando, o agente, por qualquer meio, *importa* ou *exporta* mercadoria (coisa móvel), absoluta ou relativamente proibida (o que não abrange produtos de importação temporariamente suspensa).

Estamos diante de uma norma penal em branco, cumprindo à legislação especial (extrapenal) complementá-la apontando as mercadorias relativa ou absolutamente proibidas de entrarem ou saírem do nosso país.

185. Mirabete, *Manual de direito penal*, v. 3, p. 370.

A entrada ou saída da mercadoria pode ser *fraudulenta* ou *clandestina*. Nesta última, também denominada *contrabando impróprio*, o agente faz com que a mercadoria ingresse (ou saia) do país sem passar pela zona alfandegária, utilizando-se, por exemplo, de sítios desertos, longe das vistas das autoridades. Naquela (*contrabando próprio*), o agente traz (ou exporta) o produto, valendo-se da repartição alfandegária.

Alertamos, contudo, para a existência de mercadorias cujo tráfico tipifica crime diverso, previsto em norma específica, como, por exemplo, a criminosa importação ou exportação de drogas (art. 40, I, da Lei 11.343/2006) ou de armas (art. 18 da Lei 10.826/2003[186]). Se o agente, *por motivos políticos*, importar ou introduzir, no território nacional, por qualquer forma, sem autorização da autoridade federal competente, armamento ou material militar privativo das Forças Armadas, o fato deverá ser enquadrado no art. 12, *caput*, da Lei 7.170/83 (Lei de Segurança Nacional).

☑ ***Admite-se o princípio da insignificância no contrabando?***

Os tribunais superiores não têm admitido a excludente da tipicidade[187]:

> "É inaplicável o princípio da insignificância ao crime de contrabando, onde o bem juridicamente tutelado vai além do mero valor pecuniário do imposto elidido, alcançando também o interesse estatal de impedir a entrada e a comercialização de produtos proibidos em território nacional. Precedentes do STJ e do STF. 2. Nessa linha, a introdução de produtos agrícolas in natura em território nacional é sujeita à proibição relativa, sendo que a sua prática, fora dos moldes expressamente previstos em lei, constitui o delito de contrabando e não descaminho, inviabilizando a incidência do princípio da insignificância"[188].

186. Note-se que a importação irregular de colete à prova de balas em nada se relaciona com a importação de armas e acessórios; há regulamentação específica. Por isso, se sua entrada em território nacional for ilegal, há crime de con-trabando: "Configura crime de contrabando a importação de colete à prova de balas sem prévia autorização do Co-mando do Exército. A Portaria n. 18 do DLOG, publicada em 19/12/2006, regulamenta as normas de avaliação técnica, fabricação, aquisição, importação e destruição de coletes balísticos e exige determinadas condições aos compradores e importadores desse tipo de artefato, tais como, autorização prévia do Comando do Exército e restrição a determinados órgãos e pessoas. Desse modo, a importação de colete à prova de balas está sujeita à proibição relativa e, por conseguinte, configura crime de contrabando quando realizada fora dos moldes previstos nesse regulamento" (RHC 62.851/PR, Rel. Min. Sebastião Reis Júnior, DJe 26/2/2016).
187. Já se confirmou a tipicidade da importação: a) de cigarros, ainda que em quantidade pequena (STF: HC 131.205/MG, DJe 22/09/2016; STJ: AgRg no AREsp 697.456/SC, DJe 28/10/2016); b) de medicamentos (STJ: AgRg no REsp 1.500.691/SP, DJe 26/10/2016); c) de arma de pressão, independentemente do calibre (AgRg no REsp 1.479.836/RS, DJe 24/08/2016); d) de peças de máquinas de jogo – "caça-níqueis" (EREsp 1.230.325/RS, DJe 05/05/2015).
188. STJ, AgRg no AREsp 520289/PR, Rel. Min. Laurita Vaz, DJe 02/09/2014.

> "Habeas corpus. Penal. Processual penal. Crime de contrabando ou descaminho de cigarros. Alegação de incidência do princípio da insignificância: inviabilidade"[189].

9.4. Voluntariedade

É o dolo, consistente na vontade de praticar uma das ações nucleares do tipo.

Quem pensa não ser proibida a mercadoria que importa ou exporta, se equivoca sobre dado essencial do tipo, agindo sem consciência, descaracterizando o dolo do crime (art. 20 do CP).

9.5. Consumação e tentativa

Na importação ou exportação de mercadoria proibida com passagem pelos órgãos alfandegários, o delito se consuma quando transposta a barreira fiscal (liberada pela autoridade competente), mesmo que a mercadoria não tenha chegado ao seu destino.

Já na hipótese de ingressar ou sair por meios ocultos (clandestinos), a consumação depende da transposição das fronteiras do país. Se vier por navio, é necessário que este atraque em território nacional. De igual maneira, se transportada a mercadoria por avião, exige-se o pouso.

A competência para o processo e julgamento por crime de contrabando, à semelhança do delito anterior, define-se pela prevenção do juízo federal do *lugar da apreensão dos bens* (Súmula 151 do STJ).

A tentativa pode ocorrer quando, por exemplo, preparado para entrar ou sair do país com a mercadoria proibida, o agente tem sua conduta interrompida por circunstâncias alheias à sua vontade.

9.6. Contrabando por assimilação

O § 1º prevê fatos assimilados a contrabando, punindo o agente que:

I – pratica fato assimilado, em lei especial, a contrabando: pode ser invocado o mesmo exemplo do descaminho, ou seja, o art. 39 do Decreto-lei nº 288/67, neste caso caracterizado pela simples saída de mercadorias da Zona Franca sem a autorização legal, independentemente do emprego de manobras para iludir tributos.

II – importa ou exporta clandestinamente mercadoria que dependa de registro, análise ou autorização de órgão público competente: é o caso, por exemplo, de fertilizantes, corretivos, inoculantes ou biofertilizantes, que devem ser registrados pelos estabelecimentos produtores e importadores no Ministério da Agricultura, Pecuária e Abastecimento, conforme determina o art. 8º do Anexo ao Decreto nº 4.954/04.

---

189. STF, HC 119596/SC, Rel. Min. Cármen Lúcia, DJe 26/03/2014.

III – reinsere no território nacional mercadoria brasileira destinada à exportação: a proibição pode compreender produto nacional, isto é, fabricado no Brasil e, porque proibida a sua venda no território nacional, destinado exclusivamente à exportação. Nesse caso, a posterior reintrodução da mercadoria no nosso território configura o delito.

IV – vende, expõe à venda, mantém em depósito ou, de qualquer forma, utiliza em proveito próprio ou alheio, no exercício de atividade comercial ou industrial, mercadoria proibida pela lei brasileira: esta figura guarda semelhança com a do art. 334, § 1º, inciso III, diferenciando-se pelo fato de que, neste caso, a mercadoria, em vez de ter procedência clandestina ou fraudulenta, é proibida.

V – adquire, recebe ou oculta, em proveito próprio ou alheio, no exercício de atividade comercial ou industrial, mercadoria proibida pela lei brasileira: neste caso, há semelhança com o disposto no art. 334, § 1º, inciso IV, mas aqui se trata de mercadoria proibida.

Há decisões no sentido de que as infrações do art. 334 do CP, sob a forma de ocultação, são espécies de delitos permanentes, protraindo a consumação até o dia da apreensão das mercadorias (nesse sentido: TFR, Rec. 03274500, rel. Otto Rocha, j. 07.04.1981; TFR, Rec. 03319865, rel. William Patterson, j. 03.02.1982). O mesmo entendimento pode ser aplicado ao art. 334-A.

9.7. Cláusula de equiparação

Nos termos do disposto no § 2º, equipara-se às atividades comerciais, para os efeitos deste artigo, qualquer forma de comércio irregular ou clandestino de mercadorias estrangeiras, inclusive o exercido em residências.

Desse modo, com a ampliação trazida pelo parágrafo em comento, podem praticar as figuras equiparadas os camelôs ou comerciantes de "fundo de quintal", por exemplo.

9.8. Majorante de pena

De acordo com o § 3º, aplica-se em dobro a pena se o crime de contrabando é praticado em transporte aéreo, marítimo ou fluvial. Na vigência da lei anterior, apenas o transporte aéreo servia para aumentar a pena, mas a Lei nº 13.008/14 acrescentou os transportes marítimo e fluvial como fundamentos para a majoração.

Nesses casos, o meio utilizado pelo agente para a prática do crime torna mais difícil a fiscalização e repressão do crime, justificando o aumento de pena. Contudo, já advertia a doutrina, quanto ao transporte aéreo, que a majorante se limitava aos voos clandestinos, excluídos os regulares, de carreira. Quanto a estes, existe a fiscalização aduaneira, não havendo motivo para a agravação da pena.

O mesmo fundamento se afigura apropriado em relação às novas formas de transporte de mercadorias capazes de aumentar a pena do contrabando.

9.9. Ação penal

A ação penal é pública incondicionada.

10. IMPEDIMENTO, PERTURBAÇÃO OU FRAUDE DE CONCORRÊNCIA

▶ ***Impedimento, perturbação ou fraude de concorrência***

Art. 335. Impedir, perturbar ou fraudar concorrência pública ou venda em hasta pública, promovida pela administração federal, estadual ou municipal, ou por entidade paraestatal; afastar ou procurar afastar concorrente ou licitante, por meio de violência, grave ameaça, fraude ou oferecimento de vantagem:

Pena – detenção, de 6 (seis) meses a 2 (dois) anos, ou multa, além da pena correspondente à violência.

Parágrafo único. Incorre na mesma pena quem se abstém de concorrer ou licitar, em razão da vantagem oferecida.

10.1. Considerações iniciais

Tutela-se aqui a Administração Pública, mais especificamente a moralidade de seus atos na concorrência ou em hasta pública.

Existe tormentosa discussão na doutrina sobre a total ou apenas parcial revogação do tipo em comento.

Para Mirabete:

> "As condutas mencionadas no dispositivo passaram a figurar como infrações penais previstas na Lei 8.666, de 21.06.1993, que regulamenta o art. 37, inciso XXI, da Constituição Federal e institui normas para as licitações e contratos da Administração Pública (arts. 89 a 98). Revogado está, portanto, o art. 335, *caput*, do Código Penal."[190].

No mesmo sentido, Antonio Pagliaro e Paulo José da Costa Jr.[191].

Contudo, basta uma simples leitura do artigo para concluirmos que a revogação operada pela Lei de Licitações foi apenas parcial, não derrogando o impedimento, a perturbação ou a fraude em *hasta pública*.

Dentro desse espírito, explicaremos o crime, limitado às condutas envolvendo a hasta pública.

A pena cominada ao delito permite a transação penal e a suspensão condicional do processo (Lei 9.099/95).

10.2. Sujeitos do delito

Tratando-se de crime comum, qualquer pessoa pode praticar o delito em tela, inclusive o próprio leiloeiro quando interessado em perturbar o curso normal da hasta pública.

---

190. *Manual de direito penal*, v. 3, p. 375.

191. *Dos crimes contra a Administração Pública*, p. 246.

Sujeito passivo imediato é o Estado. Secundariamente, figura no polo passivo o participante do ato que tem seu interesse lesado pela conduta do agente.

10.3. Conduta

Pratica o crime quem:

a) *impedir* (obstruir), *perturbar* (embaraçar) ou *fraudar* (empregar meio enganoso) venda em hasta pública, promovida pela administração federal, estadual ou municipal, ou por entidade paraestatal;

b) *afastar* ou *procurar afastar* concorrente, por meio de *violência* (efetivo emprego de força física contra pessoa), *grave ameaça* (promessa de mal injusto), *fraude* ou *oferecimento de vantagem* (de qualquer natureza). O afastamento (dispensável pelo próprio tipo) não significa um deslocamento espacial, mas o mero afugentamento do competidor, abstendo-se da sua participação.

Como bem adverte NORONHA:

> "Ao contrário do Código Penal italiano (art. 353, última parte), o nosso não cuida neste momento do leilão particular, que é objeto do delito do art. 358 – crime contra a administração da justiça."[192].

10.4. Voluntariedade

Na primeira figura típica, pune-se a conduta dolosa, consistente na vontade consciente de impedir, perturbar ou fraudar venda em hasta pública.

Já na segunda, além do dolo, exige-se o fim especial de agir, qual seja, afastar o concorrente de participar de hasta pública.

10.5. Consumação e tentativa

Na primeira modalidade, o delito se consuma com o impedimento do leilão (crime material) ou com a mera perturbação ou fraude da hasta, ainda que efetivamente realizada (delitos formais). Admite-se, em qualquer caso, a tentativa.

Na segunda, basta que se empreguem os meios necessários ao afastamento do interessado, não se exigindo sua efetivação. Assim, incompatível o *conatus*.

Dispõe o preceito secundário que o crime será punido com "detenção, de seis meses a dois anos, ou multa, além da pena correspondente à violência".

Daí surge a inevitável indagação: trata-se, no caso, de concurso formal ou material?

Ensina a doutrina que o concurso é o material (art. 69 do CP), tanto que a lei determina a cumulação de penas. Contudo, ousamos discordar. Evidentemente não se trata de um

192. *Direito penal*, v. 4, p. 358.

concurso material de crimes, hipótese em que teríamos duas condutas distintas produzindo pluralidade de resultados (perturbação de hasta pública e lesão corporal). Não se pode falar, também, em concurso formal propriamente dito, considerando que o sistema a ser aplicado não é o da exasperação (e sim cumulação) de penas. Assim, pensamos que o sistema melhor se subsume ao concurso formal impróprio (art. 70, segunda parte, do CP), caso em que o agente, mediante uma só conduta, porém com desígnios autônomos, provoca dois ou mais resultados, cumulando-se as reprimendas.

10.6. Abstenção subornada

Pune-se com a mesma pena do *caput* aquele que se abstém de participar de hasta pública em razão da vantagem oferecida pelo agente (parágrafo único).

Trata-se de delito próprio, praticado pelo competidor, preocupando-se o legislador em evitar que as hastas se frustrem por ação dos maus especuladores.

Noronha, com a correção de sempre, esclarece:

> "Não se configura a espécie sem *relação causal* entre o oferecimento da vantagem e a abstenção do competidor; noutras palavras, se esta é fruto de outro motivo, ou seja, um impulso altruístico, de amizade etc., ainda que a vantagem tenha sido oferecida, não há corrupção passiva, não se verifica a hipótese do parágrafo."[193].

Consuma-se esta figura criminosa no momento e lugar em que o agente deixa de fazer o lanço na hasta pública, não admitindo tentativa por ser omissivo próprio, logo, unissubsistente.

10.7. Ação penal

Em razão do bem jurídico tutelado, a ação penal é pública incondicionada.

10.8. Princípio da especialidade

a) Código Penal x Código Penal Militar: o art. 328 do Decreto-lei 1.001/69 pune o obstáculo à hasta pública, concorrência ou tomada de preços de interesse da administração militar praticado na forma do art. 9º daquele diploma.

11. INUTILIZAÇÃO DE EDITAL OU DE SINAL

▶ ***Inutilização de edital ou de sinal***

Art. 336. Rasgar ou, de qualquer forma, inutilizar ou conspurcar edital afixado por ordem de funcionário público; violar ou inutilizar selo ou sinal empregado, por determinação legal ou por ordem de funcionário público, para identificar ou cerrar qualquer objeto:

193. *Direito penal*, v. 4, p. 361.

Pena – detenção, de 1 (um) mês a 1 (um) ano, ou multa.

11.1. Considerações iniciais

Tutela-se o interesse da Administração Pública, visando-se o regular desenvolvimento de suas atividades.

Explicam Antonio Pagliaro e Paulo José da Costa Jr.:

> "O presente delito é, substancialmente, uma forma de dano, prevista de maneira autônoma, porque o objeto inutilizado é um edital, ou seja, um manifesto que, afixado em local público ou aberto ao público, exprime um conteúdo de pensamento e vontade o qual, por ordem de um funcionário público, deve ser levado ao conhecimento público. Aquele que tornar ilegível o manifesto dificultará a compreensão da obra administrativa, podendo impossibilitar aos cidadãos a execução da vontade pública nele expressas"[194].

A pena cominada ao delito permite a transação penal e a suspensão condicional do processo (Lei 9.099/95).

11.2. Sujeitos do delito

Trata-se de crime comum, podendo qualquer pessoa praticá-lo, até mesmo um funcionário público.

Sujeito passivo primário é o Estado, podendo, secundariamente, figurar no polo passivo o particular prejudicado pela conduta do agente.

11.3. Conduta

O tipo é dividido em duas partes. Na primeira, tem-se a conduta de *rasgar* (retalhar, ainda que parcialmente), *inutilizar* (tornar inválido, mesmo que não totalmente) ou *conspurcar* (sujar, sem impossibilitar a leitura) edital (judicial, administrativo ou legislativo) afixado por ordem de funcionário público.

> "São exemplos os casos de editais de casamento, citação, hasta pública, concorrência pública, concurso etc. Não se confunde edital com a portaria. Entendeu-se não configurado o ilícito na conduta do agente que rasgou portaria de autoridade policial, afixada em autoescola, proibindo a atividade no local em razão de irregularidades (*RT* 516/299; *RJTJESP* 52/355)."[195].

Na segunda parte do tipo penal, tem-se a conduta de *violar* (romper, ainda que sem violência à coisa) ou *inutilizar* (tornar inválido) selo ou sinal empregado, por determinação legal ou por ordem de funcionário público, para identificar ou cerrar qualquer objeto.

---

194. *Dos crimes contra a Administração Pública*, p. 248.

195. Mirabete, *Manual de direito penal*, v. 3, p. 378.

Nélson Hungria ensina que o selo ou sinal cogitado pelo tipo:

> "Consiste, comumente, numa tira de papel ou de pano, ou pequena chapa de chumbo, que, contendo (pelo menos), em assinatura, carimbo ou sinête da autoridade competente, se fixa, por meio de cola, tachas, cosedura, lacre, arame etc., em fechaduras, gavetas, portas, janelas, bocas de vasos, frascos, sacos ou caixas, em suma, na abertura de algum *continente*, para garantia oficial de integridade do respectivo *conteúdo.*"[196].

Deixa de existir o crime se os objetos materiais referidos no tipo perderam utilidade, como na hipótese do edital com prazo vencido.

Antonio Pagliaro e Paulo José da Costa Jr. advertem:

> "O funcionário público haverá de ser brasileiro. A esta regra, todavia, constituem exceção aqueles funcionários estrangeiros aos quais é reconhecido o poder de colocar selos ou sinais válidos igualmente para o ordenamento brasileiro. Seria o caso de um selo alfandegário sobre trens em serviço internacional."[197].

Não pratica o crime aquele que reage, moderadamente, contra ato abusivo (ilegal) de funcionário público, rasgando, por exemplo, tira de papel afixada por oficial de justiça na porta de sua moradia, anunciando seu despejo (*RT* 504/317).

11.4. Voluntariedade

É o dolo, consistente na vontade do agente em praticar uma das condutas descritas no tipo, ciente de que age sobre edital, selo ou sinal emanado de funcionário público. Para a maioria, é indiferente o fim buscado pelo agente. Hungria, por exemplo, ensina que o dolo do crime consiste "na vontade livremente dirigida a qualquer dos atos mencionados na lei, sabendo o agente que se trata de sêlo ou sinal apôsto pela autoridade competente. São indiferentes os fins ou motivos do agente."[198].

Bento de Faria, no entanto, enxerga no tipo um fim especial de agir, sem o qual o fato será atípico.

> "*Elemento moral* é expresso: a) pelo dolo *genérico*, constituído pela vontade livre e consciente de praticar qualquer dos atos supra referidos; b) e pelo dolo específico, ou seja, a intenção de menosprezar o funcionário que ordenou a afixação do edital ou que apôs ou determinou a aposição do selo ou sinal."[199].

196. Ob. cit., v. 9, p. 445.
197. *Dos crimes contra a Administração Pública*, p. 255-256.
198. Ob. cit., v. 9, p. 446.
199. Ob. cit., v. 5, p. 579-580.

11.5. Consumação e tentativa

O crime se consuma com a prática de qualquer uma das ações mencionadas no tipo, ainda que o dano ao objeto material seja apenas parcial.

Acerca da consumação, apontam Antonio Pagliaro e Paulo José da Costa Jr.:

> "Trata-se de lei mista alternativa. Consequentemente, o crime permanece um só ainda que o edital seja, simultaneamente, em parte dilacerado, em parte emporcalhado, em parte inutilizado. Se for praticada a mesma ação com respeito a diversos editais, uma após outra, no mesmo bairro da cidade, o crime será tido como continuado (art. 71)."[200].

Em qualquer *modus operandi* o delito em tela admite o fracionamento da conduta, sendo possível, pois, a configuração da tentativa.

11.6. Ação penal

A ação penal é pública incondicionada.

11.7. Princípio da especialidade

a) Código Penal x Código Penal Militar: o art. 338 do Decreto-lei 1.001/69 pune a inutilização de edital ou sinal oficial praticada na forma do art. 9º daquele diploma.

12. SUBTRAÇÃO OU INUTILIZAÇÃO DE LIVRO OU DOCUMENTO

> ▶ ***Subtração ou inutilização de livro ou documento***
>
> **Art. 337**. Subtrair, ou inutilizar, total ou parcialmente, livro oficial, processo ou documento confiado à custódia de funcionário, em razão de ofício, ou de particular em serviço público:
>
> Pena – reclusão, 2 (dois) a 5 (cinco) anos, se o fato não constitui crime mais grave.

12.1. Considerações iniciais

Tutela-se aqui o regular andamento das atividades da Administração Pública, mais especificamente no que se refere à proteção dos livros oficiais, processos ou documentos confiados à custódia de funcionário, em razão de ofício, ou de particular em serviço público.

A pena cominada ao delito não admite nenhum dos benefícios da Lei 9.099/95.

12.2. Sujeitos do delito

Trata-se de crime comum, podendo ser praticado por qualquer pessoa, inclusive por funcionário público, desde que não incumbido *ratione officii* da guarda dos objetos materiais (livro, processo ou documento), caso em que teremos configurado o delito funcional previsto no art. 314 do CP.

200. *Dos crimes contra a Administração Pública*, p. 251.

Se o sujeito ativo for advogado ou procurador que, nessa qualidade, tiver retirado o processo ou documentos, o crime será o do art. 356 do CP.

Como sujeito passivo imediato, tem-se o Estado. No entanto, não só a Administração Pública pode figurar como vítima, mas também o particular que, eventualmente, tenha sido prejudicado com a prática delituosa.

12.3. Conduta

Trata-se de crime subsidiário, de ação múltipla, descrevendo-se a conduta ilícita por meio de dois núcleos: *subtrair* ou *inutilizar* livro oficial, processo ou documento.

Subtrair quer dizer retirar, arbitrariamente, a coisa da esfera da custódia do funcionário ou do particular em serviço público.

Alertam Antonio Pagliaro e Paulo José da Costa Jr.:

> "Irrelevante o local em que se verifique a subtração: em repartição pública ou fora dela, na residência do funcionário ou do particular em serviço público."[201].

A *inutilização* significa tornar imprestável (total ou parcialmente) para o fim a que se destina, não importando obrigatoriamente em destruição.

Tais condutas devem recair sobre *livro oficial, processo ou documento* confiado à custódia (ainda que provisória) de funcionário, em razão de ofício, ou de particular em serviço público.

Consoante a lição de Hungria:

> "*Livro oficial* é todo livro (criado por lei ou regulamento) para escrituração de alguma repartição pública. *Processo* se diz dos papéis (autos e peças que o instruem) concatenadamente referentes a algum procedimento administrativo, policial ou judiciário. *Documento* (no sentido estrito em que é aqui empregado o termo) é todo papel escrito não destinado especificamente à prova de relação jurídica (pois, do contrário, o crime será o do art. 305), embora esteja sob custódia oficial por algum interesse legítimo (exs.: petições, arrazoados, pareceres, relatórios, propostas de concorrência, provas de concurso etc.)."[202].

12.4. Voluntariedade

O crime é punido somente à título de dolo, consistente na vontade de subtrair ou inutilizar *livro oficial, processo ou documento*, ciente de que tais objetos estão confiados à custódia de funcionário, em razão de ofício, ou de particular em serviço público.

---

201. *Dos crimes contra a Administração Pública*, p. 260.

202. Ob. cit., v. 9, p. 448.

A maioria da doutrina (acompanhada pela jurisprudência) entende indiferente, para a tipificação, o fim que animou a conduta criminosa do agente (*RT* 526/398).

Antonio Pagliaro e Paulo José da Costa Jr. pensam diferente e ensinam:

> "Na modalidade inutilizar o dolo é genérico: vontade livre de realizar a conduta ciente de que o livro oficial, processo ou documento estão sob a custódia, ainda que provisória, de funcionário. Na forma de subtração o dolo é específico. O agente se conduz com a finalidade de apoderar-se do objeto material do delito, em definitivo. Por isso, não se apresentará o crime se o livro, processo ou documento forem momentaneamente retirados, embora sem autorização, para serem devolvidos."[203].

Com base nesta última lição, já se decidiu que a conduta de vereador, retirando publicamente da Secretaria da Câmara processo contendo projeto de lei, a fim de levá-lo ao conhecimento das autoridades militares, devolvendo-o posteriormente, não incide na sanção do art. 337 do CP por não estar informada do *animus rem sibi habendi* (*RT* 450/354).

12.5. Consumação e tentativa

Diverge a doutrina a respeito do momento consumativo. Para uns, a consumação se dá com a subtração (posse mansa e pacífica do objeto, ainda que por breve espaço de tempo) ou inutilização (ainda que parcial) de livro, processo ou documento oficial, independentemente da superveniência de qualquer resultado danoso à administração. Para outros, além da conduta, o dano à regularidade administrativa é imprescindível.

Trata-se de crime plurissubsistente, comporta fracionamento da conduta, permitindo, desse modo, a tentativa.

Discute-se a consequência da pronta restauração do documento inutilizado, que, para uns, se trata de circunstância a ser considerada pelo magistrado na fixação da pena. Para outros, descaracteriza o crime, permanecendo, conforme o caso, mero desacato.

Aliás, Mirabete lembra que já se optou:

> "Pelo simples desacato na ação do réu que arrebatou e inutilizou auto de prisão em flagrante no momento em que lhe foi apresentado para assinar, sendo imediatamente reconstituído (*RT* 416/101; *RJTJESP* 13/494)."[204].

12.6. Ação penal

A ação penal é pública incondicionada.

---

203. *Dos crimes contra a Administração Pública*, p. 262.

204. *Manual de direito penal*, v. 3, p. 380.

12.7. Princípio da especialidade

a) Código Penal x Código Penal Militar: o art. 337 do Decreto-lei 1.001/69 pune a subtração ou inutilização de livro, processo ou documento praticada na forma do art. 9º daquele diploma.

13. SONEGAÇÃO DE CONTRIBUIÇÃO PREVIDENCIÁRIA

► ***Sonegação de contribuição previdenciária***

Art. 337-A. Suprimir ou reduzir contribuição social previdenciária e qualquer acessório, mediante as seguintes condutas:

I – omitir de folha de pagamento da empresa ou de documento de informações previsto pela legislação previdenciária segurados empregado, empresário, trabalhador avulso ou trabalhador autônomo ou a este equiparado que lhe prestem serviços;

II – deixar de lançar mensalmente nos títulos próprios da contabilidade da empresa as quantias descontadas dos segurados ou as devidas pelo empregador ou pelo tomador de serviços;

III – omitir, total ou parcialmente, receitas ou lucros auferidos, remunerações pagas ou creditadas e demais fatos geradores de contribuições sociais previdenciárias:

Pena – reclusão, de 2 (dois) a 5 (cinco) anos, e multa.

§ 1º É extinta a punibilidade se o agente, espontaneamente, declara e confessa as contribuições, importâncias ou valores e presta as informações devidas à previdência social, na forma definida em lei ou regulamento, antes do início da ação fiscal.

§ 2º É facultado ao juiz deixar de aplicar a pena ou aplicar somente a de multa se o agente for primário e de bons antecedentes, desde que:

I – (Vetado.);

II – o valor das contribuições devidas, inclusive acessórios, seja igual ou inferior àquele estabelecido pela previdência social, administrativamente, como sendo o mínimo para o ajuizamento de suas execuções fiscais.

§ 3º Se o empregador não é pessoa jurídica e sua folha de pagamento mensal não ultrapassa R$ 1.510,00 (um mil, quinhentos e dez reais), o juiz poderá reduzir a pena de 1/3 (um terço) até a metade ou aplicar apenas a de multa.

§ 4º O valor a que se refere o parágrafo anterior será reajustado nas mesmas datas e nos mesmos índices do reajuste dos benefícios da previdência social.

13.1. Considerações iniciais

A Constituição Federal de 1988 brindou o cidadão brasileiro com um Estado *Social* e Democrático de Direito, exigindo, como consequência lógica e necessária, um sistema de seguridade social firme. Nesse espírito, prevê o art. 194, *caput*, da CF: "A seguridade social compreende um conjunto integrado de ações de iniciativa dos Poderes Públicos e da sociedade, destinadas a assegurar os direitos relativos à saúde, à previdência e à assistência social.".

Percebe-se que o conceito de seguridade desdobra-se em três segmentos distintos – saúde, previdência e assistência social – sendo apenas o segundo (previdência) dependente de contribuição (art. 195 da CF).

Assim, com a especial finalidade de proteger a fonte de custeio da previdência social, veio a Lei 9.983/2000, acrescentando novas figuras incriminadoras ao Código Penal, antes prevista na Lei 8.212/91.

A pena cominada ao delito não admite nenhum dos benefícios da Lei 9.099/95.

13.2. Sujeitos do delito

Só pode praticar este crime o responsável pelo lançamento das informações nos documentos relacionados com os deveres e obrigações para com a Previdência Social.

Explica Bitencourt:

> "*Sujeitos ativos* são comerciante, industrial, titular de firma individual, sócios solidários, gerentes, diretores ou administradores que efetivamente hajam participado da administração da empresa, concorrendo efetivamente para a prática de qualquer das condutas criminalizadas. Não basta constar do contrato social como sócio ou diretor."[205].

Sujeito passivo é a Administração Pública, mais precisamente a Previdência Social.

13.3. Conduta

Como já alertamos no início, a Previdência Social, fiscalizada pelo INSS, é custeada por fontes diversas (art. 195 da CF), dentre elas:

a) recursos provenientes dos orçamentos da União, dos Estados, do Distrito Federal e dos Municípios;

b) doações eventuais (fato raramente ocorrido);

c) contribuições dos segurados e empregadores e

d) receitas de concursos de prognósticos etc.

Com o dinheiro e valores assim arrecadados o Instituto, além de prover sua própria mantença, põe à disposição dos segurados e dependentes um rol de benefícios todos constantes de lei que disciplina meios, modos, condições de gozo, pressupostos para auferimento dos benefícios e tudo o mais em termos de regulamentação.

Contudo, não raras vezes se noticiam escândalos envolvendo o sistema previdenciário, a maioria relacionados a condutas etiquetadas como crimes pela Lei 8.212/91, porém sem cominação de sanção penal (ficava, apenas, a recomendação moral).

Foi com o advento da Lei 9.983/2000 que tais condutas passaram a ser devidamente sancionadas na órbita penal, punindo-se, com relativa severidade, a apropriação indébita de contribuições previdenciárias (art. 168-A), a falsidade ideológica contra a previdência

205. Ob. cit., v. 5, p. 282.

(art. 297, §§ 3º e 4º) e sonegação de contribuição previdenciária (art. 337-A), esta última objeto do nosso estudo. Vejamos.

Pune-se, no presente artigo, a conduta de *suprimir* (eliminar, deixar de pagar) ou *reduzir* (diminuir, recolher menos de que é devido) contribuição previdenciária ou qualquer acessório, mediante um dos seguintes comportamentos:

> I – omitir de folha de pagamento da empresa ou de documento de informações previsto pela legislação previdenciária segurados empregado, empresário, trabalhador avulso ou trabalhador autônomo ou a este equiparado que lhe prestem serviços;
>
> II – deixar de lançar mensalmente nos títulos próprios da contabilidade da empresa as quantias descontadas dos segurados ou as devidas pelo empregador ou pelo tomador de serviços;
>
> III – omitir, total ou parcialmente, receitas ou lucros auferidos, remunerações pagas ou creditadas e demais fatos geradores de contribuições sociais previdenciárias.

A tipificação carece de complementação (norma penal em branco), a ser realizada pela legislação previdenciária, que indicará os livros, fichas e papéis a serem preenchidos, prazos para tal e para recolhimento das contribuições e demais condições de desempenho das atribuições parafiscais conferidas aos empregadores.

Apesar da maioria da doutrina classificar o delito como sendo *omissivo*, entendemos correta a opinião de Luiz Flávio Gomes, para quem o crime é *comissivo de conduta mista*, assim justificando sua posição:

> "É comissivo porque a norma final é proibitiva (está proibido suprimir ou reduzir contribuição social). Mas ao mesmo tempo a forma de realização das condutas é omissiva. O que está proibido, no final, não é só o ato da omissão. Mais que isso: é preciso que da omissão surja um resultado jurídico: supressão ou redução da contribuição devida. Assim o bem jurídico resulta lesado."[206].

Esta parece ser também a lição de Rui Stoco quando escreve:

> "Contudo, no crime de sonegação de contribuição previdenciária, previsto no art. 337-A, o legislador criou um delito impropriamente omissivo. Primeiro, porque embora as condutas previstas nos incisos I a III estejam expressas pelos verbos 'omitir' e 'deixar', o *caput* exige e impõe um resultado, sem o qual o delito não se configura. Só haverá sonegação de contribuição se o agente, através das condutas omissivas expressamente previstas, conseguir reduzir, total ou parcialmente, contribuição devida. Os comportamentos previstos como meio de realização do tipo penal são impropriamente omissivos não só porque não têm vida própria – pois de qualquer daquelas

206. *Crimes previdenciários*, p. 81.

> condutas descritas nos incisos I a III há de decorrer um resultado material (sonegação de valores devidos) – como, ainda, porque tais condutas poderiam expressar-se de maneira diversa, até mesmo com verbos de movimento, como, por exemplo: 'Art. 337-A. Suprimir ou reduzir contribuição social previdenciária e qualquer acessório, mediante as seguintes condutas: I – elaborar a folha de pagamento da empresa ou documento de informações previsto pela legislação previdenciária, deixando de constar informações obrigatórias sobre segurados empregado, empresário, trabalhador avulso ou trabalhador autônomo ou a este equiparado que lhe prestem serviços; II – efetuar registros mensais incompletos nos títulos próprios da contabilidade da empresa, omitindo, total ou parcialmente, receitas ou lucros auferidos, remunerações pagas ou creditadas e demais fatos geradores de contribuições sociais previdenciárias'."[207].

Note-se, por fim, que não obstante tipifiquem condutas absolutamente diversas, o STJ considerou que os arts. 168-A e 337-A podem gerar continuidade delitiva:

> "É possível o reconhecimento da continuidade delitiva entre o crime de sonegação previdenciária (art. 337-A do CP) e o crime de apropriação indébita previdenciária (art. 168-A do CP) praticados na administração de empresas de um mesmo grupo econômico. Apesar de os crimes estarem tipificados em dispositivos distintos, são da mesma espécie, pois violam o mesmo bem jurídico, a previdência social."[208].

13.4. Voluntariedade

Consubstancia-se no dolo, consistente na vontade consciente de não incluir dados necessários nos lançamentos previstos visando à sonegação de contribuições ou acessórios devidos.

Cezar Roberto Bitencourt entende indispensável a presença do fim especial do agente.

Explica o autor:

> "Acreditamos ser indispensável o *elemento subjetivo especial do injusto*, representado pelo *especial fim* de fraudar a previdência social."[209].

No mesmo sentido, Antonio Lopes Monteiro lembra:

> "Toda a tradição de nosso Direito, em termos de sonegação fiscal, exige que a conduta tenha a finalidade específica de sonegação, e não outra."[210].

207. Ob. cit., p. 4.082.
208. REsp 1.212.911/RS.
209. Ob. cit., v. 5, p. 285.
210. *Crimes contra a Previdência Social*, p. 57-58.

Não há previsão de modalidade culposa, ficando a negligência sujeita às penalidades administrativas.

13.5. Consumação e tentativa

Confirmando o caráter *sui generis* da omissão em estudo é que a doutrina classifica o crime como sendo material, consumando-se somente com a supressão ou redução (ainda que parcial).

Aliás, Mirabete chega, inclusive, a admitir a tentativa, incabível, como se sabe, na omissão propriamente dita:

> "Nada impede a tentativa, quando não acontece a supressão ou redução do devido, apesar da omissão, por circunstancias alheias à vontade do agente."[211].

13.6. Extinção da punibilidade

Prevê o § 1º a possibilidade de extinção da punibilidade se o agente, *espontaneamente*, declara e confessa as contribuições, importâncias ou valores e presta as informações devidas à previdência social, na forma definida em lei ou regulamento, antes do início da ação fiscal.

Diferentemente do que ocorre no § 2º do art. 168-A [apropriação indébita previdenciária], aqui não se exige do acusado o efetivo pagamento do tributo sonegado, mas somente o reconhecimento da omissão, com a consequente confissão da dívida em momento anterior ao início da ação fiscal (notificação do lançamento do tributo).

Percebam, contudo, que a extinção só tem cabimento quando a confissão da dívida é *espontânea*, isto é, sem influência externa, não bastando ser voluntária.

☑ ***E se houver o pagamento da contribuição social sonegada posterior à ação fiscal, porém antes do recebimento da denúncia?***

Mirabete[212] sustenta que o caso comporta somente a diminuição de pena do arrependimento posterior (art. 16 do CP). A maioria, porém, discorda, entendendo que o caso é também de extinção do direito de punir do Estado, porém com fundamento no art. 34 da Lei 9.249/95.

Assim, em resumo:

a) se o agente, *espontaneamente*, declara e confessa as contribuições, importâncias ou valores e presta as informações devidas à previdência social, na forma definida em lei ou regulamento, *antes do início da ação fiscal*, terá extinta a punibilidade com fundamento no § 1º do art. 337-A do CP;

211. *Manual de direito penal*, v. 3, p. 383.
212. *Manual de direito penal*, v. 3, p. 383.

b) extingue-se a punibilidade do crime (art. 34 da Lei 9.249/95) quando o agente promover o pagamento do tributo ou da contribuição social, inclusive acessórios, *antes do recebimento da denúncia*;

c) se o pagamento do tributo sonegado é posterior ao início da ação penal, incidirá somente a circunstância atenuante prevista no art. 65, III, *b*, do CP.

Fernando Capez observa que, com a Lei 10.684, de 30 de maio de 2003, tende a surgir uma nova situação para se somar às três que acabamos de expor.

> "Isso porque referida lei, em seu art. 9º, §§ 1º e 2º, previu a suspensão da pretensão punitiva com a obtenção do parcelamento do débito tributário, em qualquer momento da persecução penal, mesmo posterior ao recebimento da denúncia, bem como a extinção da punibilidade com o pagamento integral da dívida fiscal parcelada. Com isso, se o agente solicita e obtém o parcelamento, fica suspensa a prescrição e, tão logo quite a última parcela, vê extinta a punibilidade. Várias são, portanto, as opções para o agente não ser punido pela prática do presente delito."[213].

Esse é o entendimento do STF (ver: HC 85.452, rel. Min. Eros Grau, *DJU* 03.06.2005) e do STJ (5.ª T., HC 61.031/RJ, j. 13.02.2007)[214].

A política de parcelamento extintivo da punibilidade foi novamente prevista na Lei 11.941/2009, prevendo em seu art. 69:

> "Extingue-se a punibilidade dos crimes referidos no art. 68 [arts. 1º e 2º da Lei 8.137/90 e arts. 168-A e 337-A do CP] quando a pessoa jurídica relacionada com o agente efetuar o pagamento integral dos débitos oriundos de tributos e contribuições sociais, inclusive acessórios, que tiverem sido objeto de concessão de parcelamento."[215].

Por fim, a Lei 12.382/11, dando nova redação ao art. 83, § 1º, da Lei 9.430/96, proclama:

> "Na hipótese de concessão de parcelamento do crédito tributário [abrangendo as contribuições previdenciárias], a representação fiscal para fins penais somente será encaminhada ao Ministério Público após a exclusão da pessoa física ou jurídica do parcelamento".

213. Ob. cit., p. 543.

214. Contudo, alertamos que o art. 9º da supracitada lei (10.684/2003) disciplinou as consequências penais do parcelamento das dívidas oriundas de sonegação de tributos relacionados às *pessoas jurídicas*. Dentro desse espírito, **Marcus Vinicius de Viveiros Dias** (Breves considerações sobre o art. 9º da Lei 10.684/2003. *O novo Refis, aspectos penais*, p. 36) entende que os tributos da *pessoa física*, ainda que parcelados, não terão igual benefício. O mesmo autor questiona, também, a constitucionalidade da lei, vez que: a) originária de Medida Provisória, sendo vedada a esta espécie normativa legislar sobre direito penal e processual penal; b) fere o princípio da isonomia, não estendendo tal benefício aos devedores estaduais e municipais. Por fim, lembramos tramitar no STF a ADI 3.002 e o RE 462.790-RS, os quais, conexos, questionam a constitucionalidade do art. 9º, *caput*, §§ 1º e 2º da Lei 10.684/2003.

215. Esta Lei, a exemplo da Lei 10.684/2003, também tem sua constitucionalidade questionada (ADI 4273).

Durante o período em que a pessoa física ou jurídica relacionada com o agente do crime do art. 337-A estiver incluída no plano de parcelamento, fica "suspensa a pretensão punitiva do Estado", desde que "o pedido de parcelamento tenha sido formalizado antes do recebimento da denúncia criminal (§ 2º). A prescrição da pretensão punitiva [e não executória] também fica suspensa (§ 3º). Ocorrendo o pagamento integral dos débitos parcelados, extingue-se a punibilidade (§ 4º).

Por fim, destacamos que a Lei 13.254/16, que criou o Regime Especial de Regularização Cambial e Tributária (RERCT) para declaração voluntária de recursos, bens ou direitos de origem lícita, não declarados ou declarados com omissão ou incorreção em relação a dados essenciais, remetidos ou mantidos no exterior, ou repatriados por residentes ou domiciliados no País, conforme a legislação cambial ou tributária, estabelece causa extintiva de punibilidade para o crime em estudo se, antes do trânsito em julgado da decisão criminal, o agente efetua a entrega da declaração dos recursos, bens e direitos sujeitos à regularização e paga integralmente o imposto devido e a multa.

13.7. Perdão judicial ou aplicação de pena de multa

O § 2º traz a possibilidade da concessão de perdão judicial ou aplicação da pena de multa, alternativamente. Para tanto, exige, cumulativamente, que:

a) o réu seja primário (não reincidente);

b) tenha bons antecedentes;

c) pequeno valor da dívida, não podendo suplantar àquele estabelecido pela previdência social, administrativamente, como sendo o mínimo para o ajuizamento de suas execuções fiscais.

Por causa desse último requisito, discute a doutrina se a intenção do legislador foi excluir da esfera dos crimes contra a previdência social, a aplicação do princípio da insignificância. Para Damásio de Jesus[216], o legislador optou expressamente pelo afastamento do princípio, seja qual for o valor do débito, até o limite mínimo para execução fiscal.

Ousamos discordar.

Entendemos que, em casos tais, deve-se preferir a consideração da insignificância sobre o perdão judicial, repetindo-se a lição trabalhada no estudo do art. 168 – A do CP (capítulo para onde remetemos o leitor).

Frise-se, por fim, que, preenchidos os requisitos para concessão, é dever do juiz conceder o perdão ou aplicar a pena de multa. Trata-se de direito público subjetivo do réu.

13.8. Crime privilegiado

O § 3º traz a possibilidade de diminuição da pena em um terço até a metade nos casos em que o empregador não é pessoa jurídica e sua folha de pagamento não ultrapasse R$ 1.510,00, atualizáveis de acordo com o disposto no § 4º.

216. Ob. cit., v. 4, p. 264.

13.9. Ação penal

A ação penal é pública incondicionada, sendo competente para seu processamento a Justiça Federal.

CAPÍTULO II-A – DOS CRIMES PRATICADOS POR PARTICULAR CONTRA A ADMINISTRAÇÃO PÚBLICA ESTRANGEIRA

1. INTRODUÇÃO

O presente capítulo foi acrescentado pela Lei 10.467/2002 e o seu fundamento está impecavelmente tratado nas lições de Bitencourt:

> "A Constituição Federal do Brasil de 1988, em seu art. 4º, IX, contempla, dentre outros princípios de cooperação internacional, o da 'cooperação entre os povos para o progresso da humanidade' admitindo-se como incluso o interesse da lisura e probidade administrativa nas transações comerciais internacionais. (...) Na verdade, mais do que complementar nossa Carta Magna, a edição da Lei 10.467, de 11 de junho de 2002, objetiva dar efetividade ao Decreto 3.678, de 30 de novembro de 2000, que promulgou a Convenção sobre o Combate à Corrupção de Funcionários Públicos Estrangeiros em transações comerciais, concluída em Paris, em 17 de dezembro de 1997."[217].

2. CONCEITO DE FUNCIONÁRIO PÚBLICO ESTRANGEIRO PARA FINS PENAIS

Considera-se funcionário público estrangeiro, para os efeitos penais, quem, ainda que transitoriamente ou sem remuneração, exerce cargo, emprego ou função pública em entidades estatais ou em representações diplomáticas de país estrangeiro (art. 337-D, *caput*, do CP).

Equipara-se a funcionário público estrangeiro quem exerce cargo, emprego ou função pública em empresas controladas, direta ou indiretamente, pelo Poder Público de país estrangeiro ou em organizações públicas internacionais (art. 337-D, parágrafo único, do CP).

3. RESPONSABILIDADE EXTRAPENAL DA PESSOA JURÍDICA POR ATOS DE CORRUPÇÃO CONTRA A ADMINISTRAÇÃO PÚBLICA ESTRANGEIRA

A globalização da economia e das relações sociais intensificadas no século passado, as implicações transnacionais da corrupção e a constatação de que as leis internas tradicionais quase sempre fracassam como resposta às práticas corruptas que ocorrem no mundo obrigaram o tema *corrupção* a ser prioridade na agenda de discussão da comunidade internacional, demandando o desenvolvimento de mecanismos de prevenção e punição dos atos lesivos à administração púbica. Marcio Pestana bem lembra:

> "A luta anticorrupção, por parte de países mais desenvolvidos, ganhou maior intensidade no século XX, a partir da década de 1970. A propósito, há de certa maneira um consenso entre os estudiosos

217. Ob. cit., v. 5, p. 290-291.

> em apontar os episódios *Lockhead* e *Watergate*, nos Estados Unidos da América (EUA), como as ocorrências paradigmáticas propiciadoras da intensificação, naquele país, com reflexos mundiais, das medidas punitivas em relação aos atos considerados corruptivos envolvendo a Administração Pública tanto local como estrangeira"[218].

O tema – corrupção – foi discutido em documentos internacionais, destacando-se três Convenções:

1º) A "Convenção sobre o Combate à Corrupção de Funcionários Públicos Estrangeiros em Transações Comerciais Internacionais" da Organização para a Cooperação e Desenvolvimento Econômico (OCDE), firmada pelo Brasil em Paris, no dia 17 de dezembro de 1997 (ratificada por meio do Decreto Legislativo 125/00, e promulgada pelo Decreto 3.678/00), veicula o compromisso dos Estados Parte em trabalhar conjuntamente, buscando possibilitar a implementação de medidas de ordem jurídica e administrativa que permitam o alcance dos objetivos previstos na Convenção. Dentre estes objetivos destacam-se: a) estabelecer responsabilidades às pessoas jurídicas que corrompam funcionários públicos estrangeiros; b) considerar a imposição de sanções cíveis ou administrativas a pessoas sobre as quais recaiam condenações por corrupção de funcionário público estrangeiro; c) prestação da assistência jurídica recíproca. A gênese desta Convenção foi bem resumida por Paulo Roberto Galvão de Carvalho:

> "A adoção de novos diplomas anticorrupção em diversos países do mundo reflete, evidentemente, diversas circunstâncias – locais, regionais e mundiais – que podem ter contribuído tanto para a edição de um novo texto legal, quanto para as características específicas de cada lei em cada país. No entanto, em termos gerais é possível identificar ao menos quatro causas como nitidamente responsáveis pelo movimento global nesse sentido. Em primeiro lugar, essa onda legislativa teve início em razão de um problema concorrencial, relacionado ao próprio funcionamento do mercado. À época da edição do Foreign Corrupt Practices Act (FCPA), em 1977, o Congresso norte-americano utilizou-se da justificativa de que a corrupção permitia que empresas assegurassem negócios e participação no mercado independentemente do grau de eficiência com que operavam. Assim, o lucro passava a ser almejado mediante a obtenção de negócios de forma escusa, com menor preocupação com a eficiência e a produtividade.
>
> No entanto, enquanto a concorrência entre as empresas americanas para a obtenção de negócios no exterior foi ao menos formalmente atendida pela edição do FCPA, adveio da medida um efeito negativo em relação à disputa entre as empresas americanas e as concorrentes de outros países. Tendo sido os Estados Unidos o primeiro país a adotar, de forma isolada, legislação punitiva de corrupção praticada no exterior, as empresas europeias e asiáticas que disputavam contratos com as empresas americanas no exterior passaram a

218. .Ob. cit., p. 04 .

> ter a vantagem competitiva de estarem mais livres para obter contratos mediante corrupção. A Alemanha, por exemplo, não apenas não punia suas empresas por atos de corrupção praticados no exterior, como admitia que tais custos fossem contabilizados para dedução de impostos. Por essa razão, o governo americano pressionou a Organização para a Cooperação e Desenvolvimento Econômico (OCDE) a negociar um tratado internacional que obrigasse as economias de mercado a adotarem legislação semelhante7. Isso resultou na Convenção sobre o Combate da Corrupção de Funcionários Públicos Estrangeiros em Transações Comerciais Internacionais da OCDE, de 19978, que, de fato, obrigou 41 países a editarem legislação punitiva da corrupção transnacional. O UK Bribery Act, os crimes de corrupção ativa em transação comercial internacional (inseridos no Código Penal pela Lei 10.467/2002) e a própria Lei 12.846/2013 são também decorrência dessa convenção.
>
> Ao se exigir de diferentes países a adoção de legislação relativamente uniforme sobre a corrupção transnacional, pretendia-se também evitar que empresas de determinados países fossem economicamente beneficiadas por não terem que se sujeitar às medidas anticorrupção impostas apenas em alguns mercados, o que poderia inclusive ocasionar uma corrida para que países atraíssem investimentos a partir de políticas de enfraquecimento da legislação anticorrupção, num fenômeno conhecido como "race to the bottom"[219].

O Brasil, no cumprimento das obrigações assumidas nessa Convenção, alterou o Código Penal por meio da Lei 10.467/02, criando os tipos incriminadores de corrupção ativa em transação comercial internacional e de tráfico de influência em transação comercial internacional (arts. 337 – B e 337 – C).

2º) Temos, ainda, a "Convenção Interamericana Contra a Corrupção" da Organização dos Estados Americanos (OEA), aprovada por meio do Decreto Legislativo 152/02 e promulgada pelo Decreto 4.410/02. Esta Convenção tem o objetivo de promover e fortalecer os mecanismos necessários para ajudar a prevenir, detectar e punir a corrupção no exercício das funções públicas, bem como os atos de corrupção especificamente vinculados a seu exercício.

3º) Por fim, destaca-se a "Convenção das Nações Unidas contra a Corrupção" da Organização das Nações Unidas (ONU). No Brasil, a Convenção da ONU contra a Corrupção foi ratificada pelo Decreto Legislativo 348/05 e promulgada pelo Decreto Presidencial 5.687/06. Assinada em Mérida, no México, essa convenção segue a mesma linha de controle das anteriores, mas, conforme dispõe o site da organização não governamental "Transparency International", "é o mais amplo acordo na luta contra a corrupção existente em âmbito internacional. A Convenção da ONU compromete os Estados Parte a adotarem uma ampla e detalhada série de medidas, de diversas vinculações jurídicas, em

219. *Legislação anticorrupção no mundo: Análise comparativa entre a lei anticorrupção brasileira, o Foreign Corrupt Practices Act norte-americano e o Bribery Act do Reino Unido. Lei Anticorrupção*, p. 37-8.

seus ordenamentos jurídicos e políticas públicas, destinadas, como na Convenção Interamericana Contra a Corrupção (CICC), a promover o desenvolvimento dos mecanismos necessários para prevenir, detectar, punir e erradicar a corrupção, como também destinados a promover, facilitar e regular a cooperação entre os Estados Parte nessas matérias". No discurso do Secretário-Geral das Nações Unidas, foi pontuado:

> "Quando os recursos públicos são roubados para obter benefícios pessoais, diminuem os recursos destinados à construção de escolas, hospitais, estradas e instalações de tratamento da água. Quando a ajuda externa é desviada para contas bancárias privadas, os grandes projetos de infraestrutura são suspensos. A corrupção permite que se introduzam no mercado medicamentos falsificados ou de má qualidade e que se lancem resíduos perigosos nos aterros e nos oceanos. As pessoas mais vulneráveis são as primeiras a ser afetadas e as que mais sofrem" [220].

Nessa esteira, a Lei 12.846/13, conforme dispõe o art. 28, estende suas disposições aos atos lesivos praticados por pessoa jurídica brasileira contra a administração pública estrangeira, ainda que cometidos no exterior[221].

Ao contrário da legislação similar de outros países (EUA e Reino Unido), a Lei Anticorrupção nacional somente terá aplicação extraterritorial se os atos forem praticados por pessoa jurídica brasileira. Nesse tanto, percebendo que a nossa Lei não traz em si o conceito de pessoa jurídica brasileira, como o faz, por exemplo, o UKBA em relação aos termos nele utilizados, Paulo Roberto Galvão de Carvalho se pergunta – e logo responde:

> "uma empresa americana que tenha filial e CNPJ no país não poderia também ser considerada uma pessoa jurídica brasileira, já que certamente se trata de uma entidade cadastrada e registrada no país, e sujeita às leis nacionais? Parece-nos que a resposta é negativa, em razão do que dispõe o artigo 1.126 do Código Civil: 'É nacional a sociedade organizada de conformidade com a lei brasileira e que tenha no País a sede de sua administração'. Portanto, a Lei Anticorrupção somente tem aplicação extraterritorial se os atos praticados no exterior forem imputáveis a pessoas jurídicas brasileiras. A multinacional estrangeira, ainda que tenha filial e operações ativas no país, também está sujeita às punições da Lei Anticorrupção (como consta, aliás, do artigo 1ª, parágrafo único), porém somente em relação aos atos praticados contra a administração pública e o patrimônio público nacionais"[222].

---

220. Mensagem do Secretário-Geral da ONU, Ban Ki-Moon, sobre o Dia Internacional contra a Corrupção (2009). Disponível em: <http://www.unodc.org/lpo-brazil/pt/ frontpage/2009/12/09-mensagem--do-secretario-geral-da-onu-ban-ki-moon-sobre-o-dia-internacional-contra-a-corrupcao.html>.

221. Tratamos de tais disposições na introdução aos crimes contra a Administração Pública, em tópico específico, ao qual remetemos o leitor.

222. *Legislação anticorrupção no mundo: Análise comparativa entre a lei anticorrupção brasileira, o Foreign Corrupt Practices Act norte-americano e o Bribery Act do Reino Unido. Lei Anticorrupção*, p. 59.

4. CORRUPÇÃO ATIVA EM TRANSAÇÃO COMERCIAL INTERNACIONAL

▶ ***Corrupção ativa em transação comercial internacional***

Art. 337-B. Prometer, oferecer ou dar, direta ou indiretamente, vantagem indevida a funcionário público estrangeiro, ou a terceira pessoa, para determiná-lo a praticar, omitir ou retardar ato de ofício relacionado à transação comercial internacional:

Pena – reclusão, de 1 (um) a 8 (oito) anos, e multa.

Parágrafo único. A pena é aumentada de 1/3 (um terço), se, em razão da vantagem ou promessa, o funcionário público estrangeiro retarda ou omite o ato de ofício, ou o pratica infringindo dever funcional.

4.1. Considerações iniciais

Embora inserido no título dos crimes contra a Administração Pública brasileira, o presente delito não tutela sua incolumidade. Igualmente, não protege o regular andamento da administração estrangeira, obrigação do legislador respectivo. Tutela-se aqui o regular desenvolvimento das transações comerciais entre o Brasil e demais países. Secundariamente, procurou-se evitar que pessoas físicas ou jurídicas, de direito público ou privado, sofram prejuízos em virtude de práticas ilícitas pelo corruptor.

Nesse sentido, explica Bitencourt:

> "O bem jurídico tutelado, a despeito de o tipo penal encontrar-se topograficamente situado no Título que disciplina os crimes contra a Administração Pública, é a boa-fé, a regularidade, lealdade, moralidade, transparência, equidade do comércio internacional. A infração penal não atinge a Administração Pública brasileira, considerando-se que o funcionário corrupto ou corrompido é estrangeiro, estranho, portanto, a nossa administração. Por outro lado, o Brasil não tem legitimidade para pretender proteger penal ou civilmente a integridade, moralidade, dignidade da Administração Pública de outros países. Nenhum país pode avocar o direito de proteger juridicamente a Administração Pública de outro."[223].

De acordo com Luiz Regis Prado, justifica-se a punição da conduta aqui tipificada porque, no mais das vezes, esta forma de corrupção é mais grave do que a levada a cabo internamente

> "por várias razões: seja porque geralmente diz respeito a contratos de montante bastante elevado, ou porque se tem, em relação a esses contratos, um poder de controle menor, ou ainda porque, ao se difundir pelo mundo, esse delito fere gravemente o sistema de livre mercado, reduzindo consideravelmente suas possibilidades de recuperação. A corrupção transnacional induz os governos a adquirirem bens e serviços a preços maiores que os reais e de qualidade inferior à normal. E isso gera duplo prejuízo: por um lado, distorce a concorrência, porque a escolha dos bens e serviços não se faz em atenção às condições reais de oferta, mas tendo em vista a quantia

223. Ob. cit., v. 5, p. 292.

> que é entregue ao funcionário encarregado de decidir pela compra; por outro, o Estado acaba pagando preços mais altos por produtos de qualidade inferior e não sobra dinheiro para investir em áreas relevantes como educação, saúde e habitação da população de baixa renda, que assim se vê prejudicada pela falta de ação do governo"[224].

A pena cominada ao delito admite a suspensão condicional do processo (Lei 9.099/95), desde que não incidente a majorante do parágrafo único.

4.2. Sujeitos do crime

Trata-se de crime comum, podendo ser praticado por qualquer pessoa (brasileira ou estrangeira). Mesmo o servidor público, despido dessa qualidade, pode figurar como sujeito ativo.

Para Mirabete, figura como vítima "a Administração Pública do país ou do estrangeiro com relação às transações comerciais internacionais."[225].

No entanto, como vimos nas primeiras considerações, não se fala em sujeito passivo determinado (crime vago), vez que o que se atinge é a coletividade internacional. Abala-se a credibilidade do comércio mundial.

Eventualmente, pode haver um sujeito passivo mediato, que é aquele que sofreu prejuízos em razão dos atos do corruptor.

4.3. Conduta

Três são as formas de praticar este crime: *oferecer* (colocar à disposição), *prometer* (obrigar-se a dar) ou *dar* (entrega efetiva), direta ou indiretamente, implícita ou explicitamente, vantagem indevida a funcionário público estrangeiro, visando determiná-lo a praticar, omitir ou retardar ato de ofício relacionado a transação comercial internacional.

O comportamento visado (omissão, prática ou retardamento de ato de ofício) deve ser realizado no futuro (a corrupção é sempre antecedente).

A vantagem ofertada ou prometida pode ser de qualquer natureza, desde que indevida.

Saliente-se que, justamente pelo fato de o legislador brasileiro não ter competência para tutelar a incolumidade da Administração Pública estrangeira, se o funcionário alienígena aceitar a vantagem, não responderá pelo crime de corrupção passiva.

4.4. Voluntariedade

É o dolo, acrescido da finalidade específica de ver praticado, omitido ou retardado ato de ofício. O agente, da mesma forma que ocorre no art. 333 do CP, deve ter consciência de que a vantagem é indevida e de que a oferece a funcionário público estrangeiro (ou equiparado).

---

224. Doutrinas Essenciais de Direito Penal. *Os novos delitos de corrupção e tráfico de influência internacional no direito brasileiro*. RT. vol. 6. p. 361/384. Out/2010 .

225. *Manual de direito penal*, v. 3, p. 386.

4.5. Consumação e tentativa

Nas modalidades *oferecer* e *prometer*, é crime formal, consumando-se no instante em que o funcionário público estrangeiro toma conhecimento da oferta, ainda que somente prometida. Já na modalidade *dar*, o crime é material, pressupondo o efetivo recebimento da vantagem pelo corrompido. Esta última modalidade, no entanto, é de difícil configuração, visto que, em momento anterior à dação, o corruptor deve oferecer ou prometer a vantagem.

A tentativa é possível, lembrando que nas formas de conduta ofertar ou prometer o fracionamento da execução só tem cabimento quando realizada por escrito (carta interceptada).

Alerta Capez:

> "Imprescindível que as ações mencionadas sejam, no todo ou em parte, praticadas no território nacional. Citem-se alguns exemplos: empresário que, via correspondência (telefone, internet, fax etc.), realiza a promessa de pagamento de vantagem indevida a funcionário público da China em troca da realização de algum ato de ofício; empresário que, diante da presença de funcionário público da Arábia Saudita, em território nacional, entrega-lhe uma maleta de dólares em troca do privilégio de construir oleodutos nesse país."[226].

4.6. Majorante de pena

A pena é aumentada de um terço, se, em razão da vantagem recebida ou promessa ou oferta, o funcionário público estrangeiro retarda ou omite ato de ofício, ou o pratica infringindo dever funcional.

O que seria mero exaurimento aqui foi erigido à categoria de majorante (causa de aumento de pena), considerando o legislador a maior gravidade espelhada pelos desdobramentos advindos do comportamento do agente.

4.7. Ação penal

A ação penal é pública incondicionada.

5. TRÁFICO DE INFLUÊNCIA EM TRANSAÇÃO COMERCIAL INTERNACIONAL

▶ ***Tráfico de influência em transação comercial internacional***

Art. 337-C. Solicitar, exigir, cobrar ou obter, para si ou para outrem, direta ou indiretamente, vantagem ou promessa de vantagem a pretexto de influir em ato praticado por funcionário público estrangeiro no exercício de suas funções, relacionado a transação comercial internacional:

Pena – reclusão, de 2 (dois) a 5 (cinco) anos, e multa.

Parágrafo único. A pena é aumentada da metade, se o agente alega ou insinua que a vantagem é também destinada a funcionário estrangeiro.

226. Ob. cit., v. 3, p. 556.

5.1. Considerações iniciais

Tutela-se o mesmo bem jurídico protegido no dispositivo anterior, isto é, a boa-fé, a regularidade, lealdade, moralidade, transparência, equidade nas transações comerciais entre nações.

A pena cominada ao delito não admite nenhum dos benefícios da Lei 9.099/95

5.2. Sujeitos do delito

É crime comum, podendo qualquer pessoa praticá-lo (nacional ou estrangeira).

Como já alertamos no delito anterior, não há sujeito passivo imediato determinado (crime vago). Lesa-se a coletividade internacional no tocante ao comércio entre as nações. Secundariamente, figura como sujeito passivo a empresa prejudicada em razão da ilusão (mera fumaça) vendida pelo agente.

5.3. Conduta

Pune-se aquele que *solicitar* (pedir), *exigir* (impor), *cobrar* (pedir pagamento) ou *obter* (conseguir), para si ou para outrem, direta ou indiretamente, vantagem ou promessa de vantagem a pretexto de influir em ato praticado por funcionário público estrangeiro no exercício de suas funções, relacionado à transação comercial internacional.

Como bem explica Mirabete:

> "No caso há uma fraude contra o comprador da influência que pode ocorrer mediante uso de artifício, ardil ou simples mentira."[227].

O tipo é idêntico ao previsto no art. 332 do Código Penal, com as seguintes *especializantes*: **a)** o agente alega exercer influência sobre funcionário público estrangeiro (art. 337-D); **b)** o ato praticado se refere à transação comercial internacional.

Lembra Capez:

> "Como sucede no crime de tráfico de influência comum (CP, art. 332), aquele que compra o prestígio não pratica o crime de corrupção ativa em coautoria, nem pode ser considerado coagente do tráfico de influência. Caso vendedor da influência tenha realmente prestígio junto à Administração Pública estrangeira e venha a corromper funcionário público estrangeiro, responderá pelo delito de corrupção ativa (CP, art. 333). Já o funcionário público estrangeiro responderá nos termos de sua legislação penal pátria."[228].

Discordamos do ilustre professor somente no que tange ao final da sua lição. Entendemos, com o devido respeito, que, na hipótese do vendedor da influência desfrutar

227. *Manual de direito penal*, v. 3, p. 388.

228. Ob. cit., v. 3, p. 558-559.

realmente do prestígio alienado, não incidirá nas penas do art. 333 do CP (corrupção ativa), vez que não praticou sua conduta contra a Administração Pública brasileira, mas sim, estrangeira, esta não protegida por nossa lei.

5.4. Voluntariedade

O dolo se consubstancia na vontade consciente de solicitar, exigir, cobrar ou obter vantagem. Em que pese a lição de Mirabete[229], prevalece na doutrina que a expressão "a pretexto de" não traz uma finalidade especial do agente. Assim o é porque o agente não pretende agir desta maneira, mas utiliza-se de subterfúgio para iludir o "comprador de fumaça". A finalidade especial, na verdade, está estampada na vontade de obter vantagem "para si ou para outrem".

O agente deve ter consciência de que o funcionário público é estrangeiro e de que a transação é comercial entre nações.

5.5. Consumação e tentativa

Nas modalidades *solicitar*, *exigir* e *cobrar*, o crime é formal, consumando-se com a simples prática de uma destas condutas, independentemente do locupletamento indevido, admitindo a tentativa se praticado por escrito.

Já na modalidade *obter*, o crime é material, consumando-se com o recebimento da vantagem, admitindo a tentativa independentemente dos meios utilizados pelo agente.

5.6. Majorante de pena

O parágrafo único prevê aumento de pena pela metade nos casos em que o agente alega ou insinua que a vantagem será também destinada a funcionário público estrangeiro.

O desprestígio, na hipótese, é maior, justificando-se o aumento.

5.7. Ação penal

A ação penal é pública incondicionada.

6. FUNCIONÁRIO PÚBLICO ESTRANGEIRO

► ***Funcionário público estrangeiro***

Art. 337-D. Considera-se funcionário público estrangeiro, para os efeitos penais, quem, ainda que transitoriamente ou sem remuneração, exerce cargo, emprego ou função pública em entidades estatais ou em representações diplomáticas de país estrangeiro.

Parágrafo único. Equipara-se a funcionário público estrangeiro quem exerce cargo, emprego ou função em empresas controladas, diretamente ou indiretamente, pelo Poder Público de país estrangeiro ou em organizações públicas internacionais.

229. *Manual de direito penal*, v. 3, p. 388.

6.1. Considerações gerais

A exemplo do capítulo referente aos crimes funcionais (arts. 312 a 327 do CP), novamente o Direito Penal, desgarrando-se do Direito Administrativo, conceituou, de forma própria, funcionário público, porém, agora, o *estrangeiro*.

Nesse contexto, assim será considerado todo aquele que, ainda que transitoriamente ou sem remuneração, exerce cargo, emprego ou função pública em entidades estatais (ex.: membro do Poder Judiciário Alemão) ou em representações diplomáticas de país estrangeiro (ex.: funcionário da embaixada chilena).

Nos termos do parágrafo único, equipara-se a funcionário público estrangeiro quem exerce cargo, emprego ou função em empresas controladas, diretamente ou indiretamente, pelo Poder Público de país estrangeiro (ex.: Agência Italiana de Petróleo – AGIP) ou em organizações públicas internacionais (ex.: Organização das Nações Unidas – ONU, Organização Internacional do Trabalho – OIT etc.).

CAPÍTULO III – DOS CRIMES CONTRA A ADMINISTRAÇÃO DA JUSTIÇA

1. INTRODUÇÃO

O Capítulo III do Título XI do Código Penal trata dos crimes praticados contra a administração da justiça.

Neste capítulo, lembrando a lição de Noronha:

> "Não trata o legislador da justiça no sentido restrito de *jurisdição*, mas de tudo quanto se refere à atuação e atividade da justiça, para conseguir os fins que lhes são próprios e inerentes. São os delitos aqui considerados fatos que não atentam apenas contra a instituição da justiça, mas também contra a função, atingindo-a no prestígio e eficácia que lhes são absolutamente indispensáveis."[230].

Num Estado Social e Democrático de Direito, não restam dúvidas de que as atividades judiciais precisam estar garantidas contra fatos atentatórios à sua atividade, ao seu império e própria existência.

2. REINGRESSO DE ESTRANGEIRO EXPULSO

► ***Reingresso de estrangeiro expulso***

Art. 338. Reingressar no território nacional o estrangeiro que dele foi expulso:

Pena – reclusão, de 1 (um) a 4 (quatro) anos, sem prejuízo de nova expulsão após o cumprimento da pena.

230. *Direito penal*, v. 4, p. 370.

2.1. Considerações iniciais

Tutela-se aqui a eficiência do ato administrativo de expulsão do estrangeiro e, segundo Cezar Roberto Bitencourt[231], também o regular andamento da administração da justiça.

Mirabete, no entanto, não sem razão, esclarece:

> "Na verdade, o crime de reingresso de estrangeiro expulso não atenta contra a administração da justiça, já que o ato de expulsão é administrativo, cabendo exclusivamente ao Presidente da República, embora não se afaste do Judiciário a possibilidade de decidir sobre a sua regularidade formal."[232].

A Lei 6.815/80 (Estatuto do Estrangeiro) regula, dentre outras coisas, as hipóteses de expulsão do estrangeiro que se encontra em território nacional (art. 65). Na ocorrência de qualquer das hipóteses ali elencadas, cabe ao Presidente da República, através da edição de decreto, analisar o cabimento e conveniência da expulsão.

A pena cominada ao delito permite a suspensão condicional do processo (Lei 9.099/95).

2.2. Sujeitos do delito

Sustentamos, em edições anteriores, que se trata de crime próprio, em que somente o estrangeiro expulso (não o extraditado ou deportado) pode figurar no polo ativo. No entanto, melhor análise do tipo penal nos revela que o crime é, na verdade, de mão própria[233], pois o estrangeiro não pode ser substituído por brasileiro e dele se valer para reingressar no território nacional, nem pode agir em coautoria. Nada impede, todavia, que o brasileiro (nato ou naturalizado) com ele concorra, auxiliando o irregular retorno (hipótese de participação).

Sujeito passivo será o Estado, desprestigiado no seu ato soberano.

2.3. Conduta

Prevê o tipo apenas uma ação nuclear, consubstanciada na expressão *reingressar*, isto é, estrangeiro, expulso regularmente do nosso país, retorna ao território proibido, ultrapassando a sua fronteira terrestre ou invadindo o seu espaço aéreo ou mar territorial.

Discute-se se há o crime no caso do agente penetrar no território jurídico (ou por extensão).

Segundo Damásio de Jesus:

> "Não constitui delito penetrar o estrangeiro expulso em navios ou aeronaves brasileiros de natureza militar ou navios particulares em alto-mar."[234].

231. Ob. cit., v. 5, p. 299.
232. *Manual de direito penal*, v. 3, p. 390.
233. Ressaltamos que, adotada a teoria do domínio final do fato, a distinção entre crime próprio e de mão própria fica enfraquecida, pois autor, de acordo com essa teoria, nem sempre se resume naquele que executa o verbo nuclear.
234. Ob. cit., v. 4, p. 280.

Mirabete, por sua vez, discorda:

> "O território a que se refere a lei não é apenas o espaço físico entre as fronteiras e o mar territorial nacional, mas compreende todos os lugares abrangidos pelo conceito jurídico do termo."[235].

Ressalte-se que, para haver a tipificação da conduta, é indispensável que, após a edição do decreto de expulsão, o agente tenha efetivamente saído do país, retornando em seguida (não configura o crime a recusa do estrangeiro expulso em deixar o país).

De acordo com Bento de Faria, são elementos do delito em estudo:

> "a) a expulsão anterior do estrangeiro; b) a sua decretação regular; c) o reingresso no território nacional, por deliberação livre e consciente; d) o propósito de assim proceder, sabendo não se achar revogada a expulsão."[236].

2.4. Voluntariedade

É o dolo, consolidado na vontade consciente de, uma vez expulso do território nacional, aqui regressar.

Como bem ressalta Rui Stoco:

> "Não há invocar como excludente do dolo a injustiça da medida. Bastam a regularidade formal e sua execução legal."[237].

Se a conduta típica é praticada em estado de necessidade, excluído estará o crime.

Aliás, vejamos o exemplo citado por Nélson Hungria:

> "Suponha-se que o país de origem do estrangeiro expulso esteja inacessível em razão de guerra ou peste, e tenha-se em conta que tal país é o único que está *obrigado* a recebê-lo: se nenhum outro país consente em acolher o *indesejável*, a única solução para este é retornar ao território brasileiro, e não lhe poderá ser imputado o crime em questão."[238].

2.5. Consumação e tentativa

Consuma-se o crime no momento em que o agente, regularmente expulso do nosso país, para cá retorna, transpondo as fronteiras terrestres ou adentrando o espaço aéreo ou o

235. *Manual de direito penal*, v. 3, p. 390.
236. Ob. cit., v. 5, p. 583.
237. Ob. cit., p. 4.102.
238. Ob. cit., v. 9, p. 459-460.

mar territorial, ainda que em caráter temporário. Apesar de Mirabete[239] classificar o crime como sendo de *mera conduta*, a maioria discorda, lecionando ser *material*, oferecendo um *iter* suscetível de fracionamento.

Há posicionamento jurisprudencial de que se trata de crime per manente, possibilitando, a qualquer tempo, prisão em flagrante (STJ, CC 40.338/RS, rel. Min. Arnaldo Esteves Lima, *DJU* 21.03.2005, p. 213).

2.6. Ação penal

Tendo em vista o bem jurídico tutelado, a ação penal é pública incondicionada, de competência da Justiça Federal.

3. DENUNCIAÇÃO CALUNIOSA

▶ ***Denunciação caluniosa***

Art. 339. Dar causa à instauração de investigação policial, de processo judicial, instauração de investigação administrativa, inquérito civil ou ação de improbidade administrativa contra alguém, imputando-lhe crime de que o sabe inocente:

Pena – reclusão, de 2 (dois) a 8 (oito) anos, e multa.

§ 1º A pena é aumentada de sexta parte, se o agente se serve de anonimato ou de nome suposto.

§ 2º A pena é diminuída de metade, se a imputação é de prática de contravenção.

3.1. Considerações iniciais

A denunciação caluniosa (ou calúnia qualificada) ofende, em primeiro lugar, o regular andamento da administração da justiça, impulsionada inútil e criminosamente; em segundo lugar, protege-se a honra da pessoa ofendida.

Alertamos, contudo, que, apesar da *calúnia* compor a denunciação caluniosa, não estamos diante de um crime complexo. Com efeito, é sabido que o crime complexo, propriamente dito, nasce da fusão de *dois ou mais* tipos legais de crime (art. 101 do CP). Lendo com atenção o art. 339 do CP logo percebemos a presença de apenas *um crime*, qual seja, o de calúnia (art. 138 – imputar a alguém falsamente fato definido como crime), acrescido dos elementos *dar causa à instauração de procedimento oficial contra alguém.*

Ora, estes elementos, por si sós, não constituem delito autônomo. Dentro desse espírito, não há que se falar em crime complexo, mas sim em *crime progressivo*, no qual o agente, para alcançar o crime desejado, necessariamente viola outra norma penal menos grave (calúnia), que fica absorvida.

---

239. *Manual de direito penal*, v. 3, p. 391.

A pena cominada no *caput* não admite nenhum dos benefícios da Lei 9.099/95. Se, no entanto, incidir a minorante do § 2º, a suspensão condicional do processo passa a ser possível.

3.2. Sujeitos do delito

É crime comum, isto é, pode ser praticado por qualquer pessoa, inclusive por advogado (*RT* 658/285) ou pelas autoridades titulares dos procedimentos elencados no tipo. O Promotor de Justiça, por exemplo, que denunciar alguém o sabendo inocente, pratica o crime em estudo (denúncia temerária ou abusiva).

A doutrina, de forma quase unânime, alerta que, nas hipóteses em que o delito falsamente imputado ao inocente depender de queixa ou representação da "vítima", somente esta (ou seu representante legal) poderá praticar o crime do art. 339.

Assim, por exemplo, uma denunciação caluniosa versando sobre ameaça só pode ser praticada pela falsa "vítima" (ou seu representante), titular do direito de representação, condição para o início das investigações e da ação penal. Essa lição tem que ser atualizada com a nova redação dada ao art. 339 pela Lei 10.028/2000, que acrescentou ao tipo mais três procedimentos (investigação administrativa, inquérito civil ou ação de improbidade administrativa), todos de instauração independente da manifestação da vontade do ofendido.

Logo, se Beltrano, funcionário público, acusar falsamente Fulano, seu colega, de ter ameaçado Sicrano, Fulano (vítima da denunciação caluniosa) poderá sofrer, por exemplo, uma sindicância administrativa (que não depende da vontade de Sicrano) e configurado estará o delito do art. 339.

Sujeito passivo é o Estado, atingido na fiel administração da justiça. Figura, ainda, como vítima secundária, a pessoa inocente denunciada. Para aqueles que entendem possível o menor de 18 anos figurar como vítima de calúnia, manda a coerência que sejam também deste crime (nesse sentido: STJ, 5.ª T., REsp 160.988-RS, rel. Min. José Arnaldo da Fonseca, *DJ* 190, Seção 1, 05.10.1998, p. 121).

3.3. Conduta

O tipo em estudo pune a conduta daquele que dá causa (provoca), direta ou indiretamente (por interposta pessoa) a instauração de procedimento oficial, imputando a *determinada* pessoa, sabidamente inocente, a prática de crime (existente ou não). Se se tratar de contravenção, haverá uma diminuição de pena, como prevista no § 2º.

De acordo com a lição de Hungria:

> "*Denunciação caluniosa*, perante o nosso Código, é o crime de quem, *mala fide*, atribui falsamente à pessoa individuada uma determinada infração penal (crime ou contravenção), provocando contra o acusado a atividade policial ou judicial."[240].

240. Ob. cit., v. 9, p. 460.

Trata-se de infração de execução livre (não há formas preestabelecidas por lei), cuja ação nuclear consiste em *dar causa*, não importando se pela palavra escrita ou oral, já que a *delactio criminis* pode ser ofertada oralmente ou por escrito, desde que seja falsa e espontânea (já se decidiu inexistir o crime quando a denunciação é provocada por uma pergunta de terceiro – *RT* 550/357).

O Código Penal, até o advento da Lei 10.028/2000, previa a punição ao agente que tivesse dado causa à instauração de *investigação policial* ou *processo judicial*. Com o aparecimento da novel Lei, foram acrescentadas ao tipo mais três hipóteses que, no entendimento do legislador, faziam jus a proteção penal: o inquérito civil, a investigação administrativa e a ação de improbidade administrativa.

Vejamos, então, cada conduta separadamente:

a) o tipo começa punindo aquele que, mediante notícia mentirosa, dá causa à instauração de *investigação policial*. Em que pese grande parte da jurisprudência decidir que a caracterização do crime, no caso, dependeria da efetiva formação do inquérito policial (*RT* 504/301), não é o que prevalece na doutrina. Basta uma simples leitura do tipo incriminador para concluir-se bastar que a imputação de crime, a quem sabe inocente, acarrete investigação policial (simples e informal movimentação da autoridade no sentido de apurar os fatos), que não precisa assumir feições de inquérito policial;

b) em seguida, pune-se o agente que, imbuído de má-fé, dá causa à instauração de *processo judicial*. Adverte a doutrina que somente será objeto do delito em questão o processo penal, considerando-se instaurado no momento do recebimento da inicial (queixa ou denúncia);

c) com o advento da Lei 10.028/2000 passou a configurar o crime do art. 339 do CP a conduta daquele que, maliciosamente, dá causa à instauração de *investigação administrativa*. Nessa hipótese, o denunciante imputa a outrem fato que, além de infração administrativa, constitui ilícito penal;

d) outra inovação trazida pela Lei 10.028/2000 foi a tipificação como denunciação caluniosa do comportamento do agente que, ilicitamente, dá causa à instauração de *inquérito civil*, isto é, procedimento investigatório, previsto na Lei da Ação Civil Pública (Lei 7.347/85), que serve ao Ministério Público (titular exclusivo) para apurar lesão ou perigo de lesão a interesses difusos e coletivos indisponíveis. Da mesma forma que na alínea anterior, o denunciante deve imputar ao inocente, juntamente com a violação de qualquer norma, fato tipificado como crime;

e) também novidade originada da Lei 10.028/2000, entendeu o legislador por bem punir como denunciação caluniosa a conduta daquele que dá causa à instauração de ação de improbidade administrativa, sabendo que o denunciado é inocente. Aqui, como nas duas hipóteses precedentes, o fato injustamente imputado ao terceiro deve estar definido como crime. Ocorre que nem todos os atos de improbidade administrativa são tipificados como delitos. Se estes últimos não estiverem presentes na denunciação, o agente incorrerá somente nas penas previstas no art. 19 da Lei 8.429/92 ("constitui crime a representação por ato de improbidade contra agente público ou terceiro beneficiário quando o autor da denúncia o sabe inocente").

Sabendo que os procedimentos elencados no tipo são taxativos (não admitindo integração), ensina Cezar Roberto Bitencourt:

> "Dar causa à instauração de Comissão Parlamentar de Inquérito (CPI), mesmo imputando falsamente a prática de crime, não tipifica a denunciação caluniosa, por falta de previsão legal."[241].

Não se reconhece o crime de denunciação caluniosa quando abolida a ilicitude do fato injustamente imputado a outrem ou quando extinto o direito de punir do Estado, porque nessas hipóteses a autoridade competente não pode agir.

Como dizia Noronha:

> "Se incabível for a ação da autoridade, inexiste o delito, pois a imputação não dará lugar a investigação policial ou processo judicial, como sói acontecer com delito, cuja punibilidade está extinta, *v.g.*, pela decadência, anistia, prescrição etc., ou se não for punível, por exclusão da ilicitude (legítima defesa, estado de necessidade etc.) ou por ocorrer escusa absolutória, tal qual se dá com o art. 181, ns. I e II."[242].

Essa lição, hoje, merece ser atualizada com a Lei 10.028/2000. Explicamos. A circunstância extintiva da punibilidade impede, sem dúvida, a investigação criminal ou o processo penal, mas não inibe, por si só, a instauração dos demais procedimentos oficiais (administrativos) referidos no tipo, isto é, a investigação administrativa, o inquérito civil ou a ação de improbidade. Dentro desse espírito, a injusta imputação de um crime já prescrito a alguém que se sabe inocente pode, ainda assim, ensejar a instauração de procedimento investigatório extrapenal, configurando o delito de denunciação caluniosa.

☑ ***Será possível a denunciação caluniosa contra os mortos?***

Entendemos que não.

A lei pune a ofensa contra os mortos somente na calúnia (art. 138, § 2º, do CP). Assim, no silêncio, vedada está a integração incriminadora (art. 1º do CP). Não bastasse, a elementar "de que o sabe inocente" indica tempo *presente* e *não passado*, o que impede, por si só, falar-se em denunciação caluniosa de pessoa morta.

Por fim, o tipo de crime falsamente imputado ao inocente deve, certamente, nortear o juiz na fixação da pena. Assim, nos parece claro haver maior prejuízo à honra da vítima na falsa imputação de crime pertencente ao grupo dos "hediondos", algo mais grave do que se fossem denunciadas caluniosamente meras infrações de menor potencial ofensivo.

---

241. Ob. cit., v. 5, p. 310.

242. *Direito penal*, v. 4, p. 376.

3.4. Voluntariedade

O dolo se consubstancia na vontade consciente do agente dar causa à instauração de um dos procedimentos oficiais elencados no *caput*, imputando a outrem fato criminoso, sabendo ser ele inocente. Entende-se, face aos dizeres da lei, que o dolo será apenas o direto, não se admitindo dolo eventual, pois o tipo exige a ciência da inocência da vítima.

Ousamos discordar.

Entendemos perfeitamente possível o dolo eventual, especialmente no caso de o agente imputar a determinada pessoa, que sabe inocente, a prática de um crime, narrando para um terceiro a notícia mentirosa e *assumindo o risco* deste transmiti-la à autoridade policial, culminando na instauração de inquérito policial. Está claro que a expressão "saber inocente" liga-se à *consciência* do agente, podendo a *vontade* de realizar o crime ser direta (dolo direto) ou indireta (dolo eventual).

Nesse sentido, aliás, temos a esclarecedora lição de Bitencourt:

> "A despeito de o agente 'saber que o imputado é inocente', mesmo sem querer efetivamente, pode assumir o risco de *dar causa à instauração* de qualquer dos procedimentos referidos do tipo penal em exame. A *eventualidade* do dolo não está na ciência da inocência do imputado, que existe, mas no 'dar causa à instauração do procedimento' contido na lei. Assim, por exemplo, agiria com *dolo eventual* quem, sabendo que o sujeito passivo é inocente, não comunica a autoridade competente, mas segreda a terceiros, divulga, propaga na coletividade que o indigitado praticou determinado crime de ação pública; tomando ciência dessa divulgação, a autoridade competente instaura o procedimento devido, comprovando ao final que o imputado é inocente. Não se pode negar que, nessa hipótese, sabendo da inocência de outrem, e mesmo sem desejar a efetiva instauração da investigação oficial, com sua ação *deu causa* à instauração da investigação referida no tipo do art. 339."[243].

O delito não admite o *dolo superveniente*.

Assim, aquele que, de boa-fé, no estrito exercício do direito constitucional de petição (art. 5º, XXXIV, *a*, da CF), noticia um crime que pensa praticado por pessoa indicada, não pratica denunciação caluniosa, ainda que tempos depois descubra que a revelação foi equivocada.[244]

243. Ob. cit., v. 5, p. 310-311.

244. O STJ considerou caracterizado o crime de denunciação caluniosa em decorrência da conduta de advogado que, sem ter seus interesses – ou de seu cliente – atendidos no decorrer de processo em que atuava, imputou a magistrado, perante órgãos de correição, a prática de diversos crimes, sabendo-os inverídicos. Considerou-se que, não obstante o advogado tenha a prerrogativa de atuar plenamente para atender a pretensão de quem representa, a atuação deve ser pautada pela ética, vedando-se o abuso de direito, de forma que se respeite a honra objetiva e subjetiva, a digni-dade, a liberdade de pensamento e a íntima convicção do magistrado (AgRg no HC 339.782/ES, Rel. Min. Rogério Schietti Cruz. DJe 12/05/2016).

Consoante a lição de Hungria:

> "Não é bastante o *dolus superveniens*, isto é, se o agente, no momento da denunciação, estava sinceramente convencido da verdade desta, mas posteriormente vem a certificar-se da inocência do acusado e fica em silêncio, não comete o crime". E prossegue: "*Quid juris*, se o denunciante está convencido da inocência do acusado, mas vem a ser averiguado que este é realmente culpado? Haverá um crime putativo (um fato apenas subjetivamente, e não também objetivamente, criminoso), que escapa a qualquer punição."[245].

3.5. Consumação e tentativa

Consuma-se o delito com a iniciação das diligências investigativas (mais uma vez lembramos dispensar instauração de inquérito policial) ou dos demais procedimentos elencados no *caput*.

Discute-se na doutrina se o Ministério Público, para propor a ação penal em razão da prática do crime do art. 339, estaria subordinado à conclusão do procedimento a que o agente injustamente deu causa. Entende a maioria (Hungria[246], e Bento de Faria[247]) que sim, explicando que, do contrário, correr-se-ia o risco do conflito entre decisões (sentenças antinômicas).

Mirabete, seguindo as lições de Fragoso, com razão, discorda e logo explica:

> "Não é pressuposto da instauração de ação penal o arquivamento de inquérito policial aberto a pedido do indigitado autor do crime de denunciação caluniosa para só então valer aquele como peça de informação à *persecutio criminis* do Estado. Assim tem-se decidido, inclusive no STF (*RT* 568/373, 536/283, 390/69). Isso porque a prova da inocência da pessoa que foi acusada falsamente pode ser qualquer uma."[248].

O legislador, ao contrário do que fez no crime de calúnia, não permitiu a extinção da punibilidade pela retratação do denunciante. Assim, em ocorrendo, será tratada como mera atenuante de pena (art. 65, III, *b*, do CP) ou, como já se decidiu, a depender das circunstâncias, arrependimento eficaz, art. 15, 2.ª parte, do CP (*RT* 473/302, 550/299-300, 611/351).

A tentativa é admitida nos casos em que a queixa ou a denúncia é rejeitada, nas hipóteses em que a autoridade policial não inicia procedimento investigatório, ou, ainda, se, feita por escrito, a denunciação é interceptada por terceiro antes que qualquer procedimento seja instaurado.

245. Ob. cit., v. 9, p. 465.
246. Ob. cit., v. 9, p. 465-466.
247. Ob. cit., v. 5, p. 592.
248. *Manual de direito penal*, v. 3, p. 395.

Por fim, lembra MIRABETE:

> "Compete à Justiça Federal julgar a denunciação caluniosa, quando o delito falsamente imputado foi por ela apurado (*RTJ* 89/453) ou quando o servidor federal foi acusado da prática de crime funcional (*RT* 522/449)."[249].

3.6. Majorante e minorante de pena

3.6.1. Majorante de pena

O § 1º dispõe acerca da forma majorada, aumentando a pena de sexta parte "se o agente se serve de anonimato ou de nome suposto".

Como bem explica HUNGRIA:

> "O indivíduo que se resguarda sob o anonimato ou nome suposto é mais perverso do que aquele que age sem dissimulação. Ele sabe que a autoridade pública não pode deixar de investigar qualquer possível *pista* (salvo quando evidentemente inverossímil), ainda quando indicada por uma carta anônima ou assinada com pseudônimo; e por isso mesmo, trata de esconder-se na sombra para dar o bote viperino. Assim, quando descoberto, deve estar sujeito a um *plus* de pena."[250].

3.6.2. Minorante de pena: Denunciação caluniosa de contravenção penal

O § 2º prevê causa de diminuição de pena pela metade se o agente imputa ao denunciado a prática de contravenção.

3.7. Ação penal

A ação penal é pública incondicionada.

3.8. Princípio da especialidade

a) Código Penal x Código Penal Militar: o art. 343 do Decreto-lei 1.001/69 pune a denunciação caluniosa praticada na forma do art. 9º daquele diploma.

b) Código Penal x Lei nº 12.850/13: o art. 19 da Lei nº 12.850/13, que define e tipifica a formação de organizações criminosas, pune, com reclusão de um a quatro anos, e multa, a conduta de imputar falsamente, sob pretexto de colaboração com a Justiça, a prática de infração penal a pessoa que sabe ser inocente, ou revelar informações sobre a estrutura de organização criminosa que sabe inverídicas.

249. *Manual de direito penal*, v. 3, p. 392.

250. Ob. cit., v. 9, p. 469.

4. COMUNICAÇÃO FALSA DE CRIME OU DE CONTRAVENÇÃO

▶ ***Comunicação falsa de crime ou de contravenção***

Art. 340. Provocar a ação de autoridade, comunicando-lhe a ocorrência de crime ou de contravenção que sabe não se ter verificado:

Pena – detenção, de 1 (um) a 6 (seis) meses, ou multa.

4.1. Considerações iniciais

Tutela-se a administração da justiça, buscando-se, mais uma vez, prevenir a inútil movimentação do aparato jurisdicional e o consequente desperdício de precioso tempo e dinheiro pelos órgãos públicos.

Para Magalhães Noronha, a comunicação falsa de infração penal ofende o prestígio da administração judiciária:

> "Votando de antemão ao insucesso sua ação ou diligência e provocando no indivíduo e na coletividade sentimento de insegurança. São razões e motivos que explicam a incriminação."[251].

Facilmente verificável é a diferença entre os tipos de comunicação falsa de infração penal e denunciação caluniosa. Neste (art. 339), o agente imputa a infração penal imaginária à pessoa certa e determinada. Naquele (art. 340), apenas comunica a fantasiosa infração, não a imputando a ninguém ou, imputando, aponta personagem fictício.

A pena cominada ao delito admite a transação penal e a suspensão condicional do processo (Lei 9.099/95).

4.2. Sujeitos do delito

Por se tratar de crime comum, qualquer pessoa pode figurar como sujeito ativo.

Na comunicação de crime cuja persecução penal se dá mediante ação privada ou pública condicionada, somente o titular do direito de queixa ou de representação poderá praticar a infração.

Noronha, no entanto, entende inócua a conduta do denunciante:

> "E por isso mesmo inexistirá o delito, quando a comunicação tiver por objeto fato criminoso, cuja perseguição só se faz por ação privada."[252].

Sujeito passivo será o Estado, titular da administração e da promoção do regular andamento das atividades judiciárias.

251. *Direito penal*, v. 4, p. 379.
252. *Direito penal*, v. 4, p. 381.

4.3 Conduta

O núcleo do tipo se consubstancia na expressão *provocar*, isto é, dar causa (ocasionar) a inócua ação estatal repressiva (policial ou judicial), comunicando-lhe infração penal inexistente ou essencialmente diversa da verdadeiramente ocorrida (houve um furto e noticia-se um estupro).

Na lição de Bento de Faria:

> "Todo cidadão, no interesse social da descoberta e repressão das infrações penais em que caiba ação pública, quando tiver conhecimento das mesmas, pode (e deve) exercitar o direito de comunicá-las a autoridade policial ou a qualquer outra competente para providenciar a respeito (...). Mas, essa *notitia criminis* há de ser verdadeira, isto é, não deve ter por objeto a ocorrência de um crime ou contravenção imaginários, que o agente sabe não se ter verificado. A comunicação reprimida, nessas condições, deve referir-se unicamente ao fato, sem necessidade da referência ao seu responsável."[253].

☑ ***Comunicação falsa de crime (ou contravenção) perante policiais militares configura o ilícito em estudo?***

Mirabete, citando jurisprudência, responde:

> "Não se deve reconhecer o ilícito na falsa comunicação de crime perante policiais militares, já que a lei se refere a ação da 'autoridade' e não se pode equiparar aqueles a esta, impedindo o princípio da reserva legal tal conceito amplo (*RJDTACRIM* 28/57)."[254].

A comunicação criminosa pode se dar por diversas maneiras, como oral, escrita, anônima ou não, desde que apta a provocar a inócua ação da autoridade pública.

A notícia de fato atípico (dano culposo, por exemplo) ou infração penal não mais punível (prescrição, decadência etc.) está fadada ao insucesso, configurando hipótese de crime impossível (art. 17 do CP).

Apesar de haver doutrina em sentido contrário de Hungria[255], tem-se decidido, com fundamento no direito constitucional de ampla defesa, não configurar o crime do art. 340 o aviso à Polícia visando ocultar ilícito que o próprio agente praticou, bem como garantir o proveito obtido (*JUTACRIM*92/407).

4.4. Voluntariedade

Há divergência na doutrina em relação ao elemento subjetivo do tipo. Para uma primeira corrente (Hungria[256]; Noronha[257]; e Mirabete[258]), além da vontade de comunicar

253. Ob. cit., v. 5, p. 595.
254. *Manual de direito penal*, v. 3, p. 398.
255. Ob. cit., v. 9, p. 469-470.
256. Ob. cit., v. 9, p. 470.
257. Direito Penal, v. 4, p. 381.
258. *Manual de direito penal*, v. 3, p. 399.

falsamente a ocorrência de crime ou contravenção, exige-se finalidade especial animando o agente, consistente em provocar, inutilmente, a ação da autoridade pública.

Diz Bitencourt:

> "Elemento subjetivo geral é o dolo, representado pela vontade de comunicar a ocorrência sobre a qual tem consciência de que não se verificou. (...) Exige-se também a presença do *elemento subjetivo especial do tipo*, consistente no especial fim de provocar a ação da autoridade, sem causa."[259].

Já para a segunda corrente (Damásio de Jesus[260]), pouco importa a finalidade especial que animou o agente, bastando a vontade consciente de comunicar à autoridade pública a ocorrência de crime ou contravenção penal que sabe não ter ocorrido (ou diverso da ocorrido).

Independentemente da corrente que se adote, para a caracterização do crime é imprescindível que o agente tenha plena consciência de que o fato levado ao conhecimento da autoridade é falso. Se houver dúvida, afastado estará o delito.

Se a intenção do sujeito ativo, ao comunicar falsamente um crime, for a obtenção indevida de seguros ou indenizações, estaremos diante da conduta tipificada no art. 171, § 2º, V, do CP.

☑ ***Surge então a inevitável pergunta: a comunicação falsa será absorvida pelo estelionato ou o agente responderá pelos dois crimes, em concurso?***

Para Nélson Hungria[261], restará apenas o estelionato, que absorve a comunicação falsa de crime, seguindo o princípio da consunção. Outra corrente, no entanto, segue a orientação de que há concurso material, tendo em vista as distinções entre os dois delitos (bem jurídico tutelado, conduta, elemento subjetivo etc.).

Neste sentido, ensina Magalhães Noronha:

> "A nós nos parece haver dois crimes; distintas são as ações: ocultar a joia e comunicar o furto; distintos os sujeitos passivos – o Estado e a companhia de seguro; diverso o elemento subjetivo – fim de provocar a ação da autoridade e fim de lucro. Além disso, atente-se que a *falsa comunicação à autoridade não é elemento do tipo da fraude* para recebimento de indenização ou valor de seguro, que pode muito bem ocorrer sem ela."[262].

4.5. Consumação e tentativa

Consuma-se o delito do art. 340 no momento em que a autoridade pública provocada pratica algum ato no intuito de esclarecer o fato criminoso falsamente comunicado. Não se

259. Ob. cit., v. 5, p. 321.
260. Ob. cit., v. 4, p. 290.
261. Ob. cit., v. 9, p. 471.
262. *Direito penal*, v. 4, p. 382.

exige, porém, a formal instauração de procedimento investigatório, bastando o início das diligências (*RT* 727/484).

Tratando-se de crime plurissubsistente, admite-se a tentativa.

Mirabete lembra haver precedente jurisprudencial admitindo o arrependimento eficaz:

> "No caso do agente que, antes de ter sido lavrado o flagrante e de ter a polícia iniciado diligências para apurar a autoria do fato aparentemente criminoso, decidiu confessar que fizera uma comunicação falsa de crime, pondo termo, assim, a qualquer atividade policial (*JTACrSP* 69/337)."[263].

4.6. Ação penal

Considerando-se o bem jurídico tutelado, a ação penal será pública incondicionada.

4.7. Princípio da especialidade

a) Código Penal x Código Penal Militar: o art. 344 do Decreto-lei 1.001/69 pune a comunicação falsa de crime praticada na forma do art. 9º daquele diploma.

5. AUTOACUSAÇÃO FALSA

> ▶ ***Autoacusação falsa***
>
> **Art. 341**. Acusar-se, perante a autoridade, de crime inexistente ou praticado por outrem:
>
> Pena – detenção, de 3 (três) meses a 2 (dois) anos, ou multa.

5.1. Considerações iniciais

Tutela-se a administração da justiça, evitando que, por fantasia ou para proteger terceiro, o agente possa dar-se como autor de crime inexistente, ou assumir a responsabilidade de delito que não praticou (autocalúnia), ensejando investigações ou diligências inúteis, prejudicando, desse modo, o bom andamento do aparelhamento estatal.

Diferente dos crimes antecedentes (arts. 339 e 340), a autoacusação falsa não pode ter por objeto contravenção penal, pois o tipo menciona somente a comunicação de *crime*. Sem qualquer razão aparente para essa exclusão, ficamos no aguardo de lei futura para suprir a omissão, uma vez que a autoacusação falsa, em qualquer circunstância (seja de crime ou de contravenção penal) estorva o funcionamento regular do aparelhamento judiciário, merecendo ser punida.

A pena cominada ao delito admite a transação penal e a suspensão condicional do processo (Lei 9.099/95).

263. *Manual de direito penal*, v. 3, p. 399.

5.2. Sujeitos do delito

Tratando-se de crime comum, qualquer pessoa poderá praticá-lo. Não o pratica, porém, quem chama a si a responsabilidade total de delito em que participou como coautor ou partícipe porque, perante nosso direito positivo, não se configura o crime de falsa autoacusação quando o réu chama a si a exclusiva responsabilidade de ilícito penal de que deve ser considerado concorrente (*RT* 371/160).

Sujeito passivo será o Estado, responsável pelo regular andamento da administração e das atividades judiciárias.

5.3. Conduta

A conduta punida pelo art. 341 consiste em *acusar-se* (incriminar-se), perante a autoridade (policial, ministerial ou judicial), de crime inexistente ou praticado por outrem.

O tipo exige que a ação criminosa seja cometida *perante* a autoridade, o que não significa na *presença* (frente a frente) da autoridade. Desse modo, a autocalúnia passa a ser crime de ação livre, podendo ser praticada verbalmente ou por escrito, inclusive de forma anônima ou mediante nome suposto, desde que seja dirigida à autoridade.

Sobre o assunto, escreve Mirabete:

> "É indispensável que a autoacusação se faça perante a autoridade. Perante a autoridade não significa que o agente deve estar frente a frente à autoridade, mas que a autoacusação se dirija à autoridade. Assim, a conduta daquele que dá causa à elaboração do boletim de ocorrência acusando-se falsamente de crime consubstancia o ilícito penal (*JTACrSP* 69/318). Evidentemente, o simples fato de constar o nome do sujeito no BO não significa que houve autoacusação falsa se este não admite a prática do crime perante a autoridade (*RT* 536/295)."[264].

5.4. Voluntariedade

É o dolo, consistente na vontade consciente de se autoacusar, assumindo a paternidade de delito inexistente ou que não praticou. É imprescindível que o agente tenha consciência de que a notícia que leva à autoridade é falsa, pois, assim como no delito anterior, a dúvida afasta sua configuração.

Haverá o crime ainda que tenha o agente se levado por motivo altruísta (como, p. ex., assumir a responsabilidade pela prática do crime em razão de grau de parentesco com o verdadeiro autor).

> "Os motivos do delito não contam", escreve Magalhães Noronha.
>
> "Podem ser nobres ou torpes e o delito ocorre. Assim, tanto é criminoso quem atribui a si próprio, por compaixão, amor (tal qual

264. *Manual de direito penal*, v. 3, p. 401.

> ocorre no romance de Jacob Wassermann, o Processo Maurizius) etc., o crime que outrem cometeu, como quem o faz para se livrar de processo por delito mais grave: dizer que agrediu levemente uma pessoa, quando no mesmo instante, em local diverso, assassinou terceiro; se o faz por dinheiro, dádivas etc."[265].

Nesse mesmo sentido estão decidindo nossos Tribunais:

> "O delito de autoacusação falsa é punível sem atentar-se para a sua motivação ou para o grau de parentesco entre as pessoas envolvidas no caso. Haja espírito cavalheiresco, ou de sacrifício altruístico (para salvar o criminoso verdadeiro, que é seu amigo ou parente querido), ou para assegurar-se com a prisão, abrigo, alimento etc., nada exclui a punibilidade do fato."[266].

Por fim, lembra Mirabete:

> "Não se exige que a conduta seja espontânea, praticando o ilícito aquele que, interrogado, confessa o crime que não praticou. Evidentemente, não se pode falar em dolo se a autoacusação foi extorquida pela autoridade (*RT* 420/99). Não exclui o dolo, porém, o fato de estar o agente apavorado ou nervoso (*JTACrSP* 71/380)."[267].

5.5. Consumação e tentativa

O crime se consuma no momento em que a autoridade toma conhecimento da autoacusação falsa, pouco importando as ulteriores consequências (*RT* 718/447)[268].

Apesar de Hungria[269] não admitir a tentativa, a razão está com Magalhães Noronha, que enxerga a possibilidade do *conatus* na forma escrita, exemplificando com uma carta interceptada.

Dizia o autor:

> "Cremos impossível a forma tentada na autoacusação falsa *oral*, na que se perfaz com único ato, na que é delito *unissubsistente*. Mas se da *confissão* feita, ao conhecimento da autoridade, medeia certo espaço de tempo, que pode ser fracionado, por que não haverá, então, tentativa? Suponha-se, e mais de uma vez temos dito, que a forma escrita seja a empregada: por carta dirigida à autoridade policial, alguém confessa delito cometido por outrem, acontecendo

265. *Direito penal*, v. 4, p. 384.

266. *RT* 452/341.

267. *Manual de direito penal*, v. 3, p. 402.

268. Por falta de previsão legal, a retratação do agente não opera a extinção da punibilidade, servindo somente como atenuante de pena. Há, no entanto, orientação minoritária no sentido de que, se no falso testemunho (art. 342) o fato deixa de ser punível quando o agente se retrata antes da sentença, o mesmo deve acontecer na confissão criminosa de crime (art. 341), equiparando-se a testemunho prestado *sem compromisso* (*RT* 565/341).

269. Ob. cit., v. 9, p. 472.

que a missiva não chegue às mãos da autoridade, porque, depois de expedida, foi interceptada por interessado ou extraviou-se, indo parar em mãos de terceiro. Parece-nos haver delito tentado."[270].

Há divergência doutrinária em relação ao concurso de crimes nas hipóteses em que o agente, além de promover a autoacusação inverídica, imputa o falso fato criminoso a terceiro. Capez[271] entende haver concurso formal heterogêneo, posto que, com uma só ação, o agente deu causa a dois resultados distintos. Em sentido contrário, leciona Mirabete[272], para quem há a configuração de concurso material de delitos.

5.6. Ação penal

Em razão do bem jurídico tutelado, a ação penal será pública incondicionada.

5.7. Princípio da especialidade

a) Código Penal x Código Penal Militar: o art. 345 do Decreto-lei 1.001/69 pune a autoacusação falsa praticada na forma do art. 9º daquele diploma.

6. FALSO TESTEMUNHO OU FALSA PERÍCIA

▶ ***Falso testemunho ou falsa perícia***

Art. 342. Fazer afirmação falsa, ou negar ou calar a verdade, como testemunha, perito, contador, tradutor ou intérprete em processo judicial, ou administrativo, inquérito policial, ou em juízo arbitral:

Pena – reclusão, de 2 (dois) a 4 (quatro) anos, e multa.

§ 1º As penas aumentam-se de 1/6 (um sexto) a 1/3 (um terço), se o crime é praticado mediante suborno ou se cometido com o fim de obter prova destinada a produzir efeito em processo penal, ou em processo civil em que for parte entidade da administração pública direta ou indireta.

§ 2º O fato deixa de ser punível se, antes da sentença no processo em que ocorreu o ilícito, o agente se retrata ou declara a verdade.

6.1. Considerações iniciais

Num Estado que chamou para si o monopólio da distribuição da justiça, o instrumento adequado para dirimir conflitos de interesses surgidos na sociedade denomina-se *processo*, composto de várias etapas, dentre elas uma de instrução, na qual se realiza a atividade de produção das provas, visando elucidar a controvérsia apresentada.

Diversos são os meios de prova postos ao cumprimento desta finalidade, merecendo destaque, ao lado das provas documentais, a pericial (compreendendo, de certo modo, a tradução, a interpretação e a contabilidade) e a testemunhal, todas desfrutando de amplo prestígio, sobretudo na seara criminal.

270. *Direito penal*, v. 4, p. 384.
271. Ob. cit., v. 3, p. 586.
272. *Manual de direito penal*, v. 3, p. 402.

Nessa conjuntura, exatamente porque nas provas pericial e testemunhal encontra a sentença, em regra, o histórico dos fatos (base à decisão), necessário se fazia que o Direito cercasse a perícia e o testemunho com todas as garantias possíveis, impedindo pareceres e depoimentos levianos e mendazes, campo fértil para provocar o erro judicial.

Procura-se, desse modo, com a presente incriminação, resguardar o prestígio da Justiça.

O legislador aproveitou a Lei 12.850/13 (Organização Criminosa) para alterar a pena do crime de falso testemunho e falsa perícia, antes punido com reclusão de 1 a 3 anos, agora com 2 a 4 anos (mudança, obviamente, irretroativa).

A reprimenda anterior (reclusão de 1 a 3 anos), sendo primário o agente (e preenchidos os demais requisitos de ordem subjetiva), só não admitia a suspensão condicional do processo no crime praticado mediante suborno ou cometido com o fim de obter prova destinada a produzir efeito em processo penal, ou em processo civil em que fosse parte entidade da administração pública direta ou indireta, casos de incidência da majorante de 1/6 a 1/3 (art. 342, § 1º, do CP). E como a pena máxima, ainda que majorada nos termos do citado parágrafo, não ultrapassava quatro anos, inexistiam condições legais para o juiz decretar a preventiva do agente não reincidente (art. 313, I, CPP).

Portanto, andou bem o legislador ao majorar os limites mínimos e máximos do preceito secundário. A gravidade do delito em questão, que importa na falsidade de testemunho ou perícia, mostrava-se incompatível com o favor legal, resultando em uma resposta branda e desproporcional à reprovabilidade da conduta. De sorte que, aumentada a pena mínima para dois anos, não mais há que se falar na aplicação da suspensão condicional do processo.

A pena máxima cominada ao crime, com a mudança, pode ultrapassar 4 anos se praticado mediante suborno ou se cometido com o fim de obter prova destinada a produzir efeito em processo penal, ou em processo civil em que for parte entidade da administração pública direta ou indireta, condição para a prisão preventiva, mesmo no caso de agente primário.

6.2. Sujeitos do delito

De acordo com a doutrina, estamos diante de um crime de *mão própria* (ou de atuação pessoal ou conduta infungível)[273], só podendo ser praticado por quem, reunindo qualidades especiais, esteja em condições de realizar imediata e corporalmente a conduta típica dentro de um processo judicial ou administrativo, inquérito policial ou em juízo arbitral.

Dessa forma, autor imediato do delito do art. 342 será somente:

a) *testemunha* (pessoa física chamada a depor);

273. Note-se, porém, que, adotada a teoria do domínio final do fato, a distinção entre crime próprio e de mão própria fica enfraquecida, pois autor, de acordo com essa teoria, nem sempre se resume naquele que executa o verbo nuclear.

b) *perito* (experto chamado a emitir parecer científico sobre questão relativa aos seus conhecimentos);

c) *contador* (profissional incumbido de fazer todas as contas do processo);

d) *tradutor* (pessoa que converte para o idioma pátrio texto de língua estrangeira);

e) *intérprete* (é aquele por intermédio de quem pessoas se comunicam e se entendem).

Mais precisamente no que se refere à testemunha, discute-se se a informante (não compromissada, arts. 206 e 207 do CPP) pratica o crime em questão. Para uma primeira corrente, é possível, argumentando, em síntese, inexistir no tipo legal delitivo a prestação do compromisso como elementar integrante do crime, de sorte que qualquer pessoa que se dispuser a prestar depoimento na condição de testemunha (numerária ou informante), se faltar com a verdade, terá cometido o ilícito penal em estudo (*RT* 321/71, 392/115, 415/63).

Assim argumenta Noronha:

> "Parece-nos que desde que deponham, as testemunhas 'informantes' não estão dispensadas de dizer a verdade, já que por seus depoimentos pode o juiz firmar a convicção, o que lhe é perfeitamente lícito, em face do princípio do inconcusso, consagrado pelo Código de Processo, do livre convencimento, aliás, posto em relevo na 'Exposição de Motivos'. Observe-se também que a lei penal não distingue ao se referir à testemunha. Por outro lado, força é convir que se fossem elas eximidas do dever de dizer a verdade, seria inútil permitir-lhes o depoimento."[274].

Este parece ser o posicionamento do STF (*RT* 712/491).

Mirabete, em sentido contrário, observa, não sem razão:

> "Se a lei não as submete ao compromisso de dizer a verdade, o que as distingue das compromissadas, as testemunhas informantes não podem cometer o ilícito em apreço (*RT* 188/551, 233/80, 370/89, 376/330, 429/376, 448/359, 508/354, 546/383, 597/333, 607/305, 693/348, 710/267; *JTJ* 162/287)."[275].

A vítima, não sendo testemunha (sequer equiparada), não pratica o crime do art. 342, podendo ser autora de outro delito, como, por exemplo, denunciação caluniosa (art. 339 do CP).

☑ *O crime do art. 342 admite o concurso de agentes?*

No que tange ao falso testemunho, possível se mostra o concurso de agentes, limitado, porém, a *participação* (induzimento, instigação ou auxílio). Em que pese decisão do STF

274. *Direito penal*, v. 4, p. 388.

275. *Manual de direito penal*, v. 3, p. 403.

admitindo a coautoria do advogado que instrui testemunha, são frequentes as decisões de nossos Tribunais afirmando a incompatibilidade do instituto (coautoria) com o delito de falso testemunho (art. 342), face à sua característica de crime de mão própria. A hipótese do causídico deve, segundo pensamos, ser tratada como mera participação ou, a depender do caso, corrupção de testemunha (art. 343 do CP).

Já com relação à falsa perícia, parece clara a possibilidade do concurso de agentes, nas suas duas modalidades (coautoria e participação), em especial nos laudos que exigem a subscrição de um número plural de *experts* (art. 159, § 1º, do CPP, alterado pela Lei 11.690/2008). Temos, então, um caso excepcional de crime de mão própria praticado em codelinquência.

Sujeito passivo imediato é o Estado, mais especificamente a administração da justiça. De forma mediata, pode ser incluído no polo passivo o indivíduo prejudicado pelas falsas declarações ou perícia.

6.3. Conduta

Trata-se de crime de ação múltipla, que comporta as seguintes ações nucleares:

a) *fazer afirmação falsa*: aqui o agente distorce a verdade com o intuito de beneficiar ou prejudicar o réu (falsidade positiva);

b) *negar a verdade*: nesse caso o agente sabe a verdade real dos fatos, mas, quando indagado, nega-a (falsidade negativa);

c) *calar a verdade* (reticência): aqui, diferentemente das condutas acima, o agente, sabendo da verdade ou relevância dos fatos, simplesmente não se pronuncia a respeito (nada afirma ou nega, apenas silencia).

Percebe-se, claramente, que em todas as hipóteses o agente se desgarra da verdade.

Mas, que é a verdade?

A verdade pode ser definida como a propriedade de estar conforme com os fatos ou a realidade (*Dicionário Houaiss da língua portuguesa*). Nada mais é do que a perfeita correspondência entre a realidade e sua expressão. Da falta de correspondência entre ambas surge o *erro* (engano inconsciente) ou a *mentira* (afirmação contrária à verdade a fim de induzir a erro).

Nesse diapasão, a falta com a verdade pode decorrer, de um lado, de um defeito de percepção; de outro, da própria intenção de enganar. No primeiro caso, demonstrado que a afirmação falsa decorreu de erro ou ignorância, estará afastada a voluntariedade da ação. No segundo, porém – e aqui já se passa ao exame do elemento psíquico –, evidenciado que o agente era conhecedor da existência de um fato que posteriormente omitiu ou deturpou, ou da inexistência daquilo que forjou, o dolo aparece configurado com nitidez (*RT* 440/371, 498/293, 581/311).

A falsidade, portanto, não se extrai da comparação do depoimento da testemunha e a realidade dos fatos (teoria objetiva)[276], mas sim do contraste do depoimento e a ciência da testemunha (teoria subjetiva). Assim sendo, perfeitamente possível o falso testemunho sobre fato verdadeiro, como no caso do agente que detalha minuciosamente episódios verdadeiros (ocorridos) que jamais presenciou.

Como expressamente enumerado no tipo, é imprescindível que a conduta do agente se dê em *processo judicial* (penal ou civil, contencioso ou voluntário) ou *administrativo* (abrangendo o inquérito civil e, de acordo com a maioria, a sindicância, *RTJ* 61/304), em *inquérito policial* ou em *juízo arbitral*. Havendo o falso perante Comissão Parlamentar de Inquérito, a conduta é tipificada de acordo com o disposto no art. 4º, II, da Lei 1.579/52, que a regulamenta.

☑ ***Processo anulado faz desaparecer falso testemunho?***

Noronha responde:

> "O ser nulo o ato constituído pelo depoimento falso não pode excluir o crime, o que é evidente, pois é justamente a falsidade que se pune. Igual consideração cabe ao prestado perante autoridade incompetente: embora lhe faleça competência, ela está no exercício da função, não se podendo a testemunha furtar ao dever de falar a verdade. Pode acontecer, entretanto, que o depoimento falso seja prestado em processo que depois vem a ser anulado; como também suceder que o próprio testemunho seja nulo por outra razão que não a própria falsidade. Já agora, não ocorre o delito, pois nulo o depoimento não pode produzir efeito."[277]. No mesmo sentido é a lição de Hungria[278].

Ainda com base nas lições de Magalhães Noronha, entende o mestre estar configurado o crime em estudo quando a testemunha falta com a verdade a respeito da sua identidade (qualificação).

> "Trata-se de formalidade substancial (CPP, art. 203), que influi no mérito e valor que serão dados ao depoimento. Sua falsidade ofende, do mesmo modo, os diversos interesses em litígio e atenta contra a administração da justiça, ferindo-a em sua atuação normal e na eficácia da realização"[279].

Mirabete discorda e, seguindo as lições de Fragoso, afirma que no caso não se trata de falsidade sobre *fatos da causa* e sim sobre a condição pessoal da testemunha, ocorrendo apenas o crime previsto no art. 307 do CP[280].

276. HC 315.456/SP, Rel. Min. Reynaldo Soares da Fonseca, DJe 06/09/2016.
277. *Direito penal*, v. 4, p. 390.
278. Ob. cit., v. 9, p. 485.
279. *Direito penal*, v. 4, p. 389.
280. *Manual de direito penal*, v. 3, p. 406.

Ensina a maioria da doutrina que somente restará caracterizado o crime se a falsidade incidir sobre episódio relevante, que possa influenciar no momento decisório (*RT* 674/293), o que não significa que o falso se caracteriza somente quando exerça influência sobre qualquer decisão. O efetivo equívoco do Juiz, como efeito da conduta, mostra-se meramente casual e circunstancial, dele não dependendo a existência do crime (basta a simples possibilidade de dano). Assim, se através de outros elementos, o juiz não foi levado a erro, desprezando, na sua decisão, aquela peça, o fato não se torna impunível (*RT* 787/592).

Por fim, como corolário natural da autodefesa, decorre o princípio de que ninguém é obrigado a declarar a verdade se assumir, com essa declaração, o risco de ser incriminado (*RT* 510/320). Dentro desse espírito (constitucional), sempre que o testemunho eventualmente trouxer, com a declaração da verdade, alguma coisa que possa seriamente comprometer quem o presta, tolera-se a sua mentira, reação de autodefesa, configurando, senão a excludente do exercício regular de um direito, com certeza um caso de inexigibilidade de conduta diversa.

6.4. Voluntariedade

Não fazendo menção à punição a título de culpa, segue-se, como corolário lógico (art. 18, parágrafo único, do CP) que o falso testemunho (ou falsa perícia) unicamente é punível se perpetrado com dolo.

Nesse quadro, é fundamental a vontade consciente de fazer afirmação falsa, negar ou calar a verdade. O agente deve ter plena consciência de que pratica um dos núcleos do tipo, buscando abalar o curso normal do procedimento em que presta depoimento. Assim, se sua conduta está fundada em erro, ou falsa percepção dos fatos, não há que se falar em prática criminosa, pois não basta que se demonstre a incompatibilidade entre a narrativa da testemunha e o real acontecimento dos fatos.

Como vimos, a mera desconformidade entre a realidade e o que se afirma não caracteriza o crime, sendo imprescindível provar-se que o dito não corresponde ao que efetivamente percebeu o agente (consciente divórcio e contraste do testemunho com a realidade concreta). Desta sorte, além da falsidade objetiva, indeclinável se mostra que o sujeito ativo tenha a consciência de que deforma a realidade ao narrá-la ou descrevê-la.

6.5. Consumação e tentativa

O falso testemunho (ou perícia) é delito formal ou de consumação antecipada, não exigindo para sua caracterização ato ou evento posterior. Desse modo, consuma-se no momento em que a testemunha (tradutor ou intérprete) termina seu depoimento, lavrando sua assinatura[281]; no caso da falsa perícia (testemunho, tradução, contagem ou interpretação por escrito), perfaz-se no instante da entrega do laudo, parecer ou documento à autoridade competente.

Não desnatura a unidade do crime o fato de o agente prestar dois depoimentos (ou duas perícias), uma no cível ou outra no crime. Tal circunstância, no entanto, deve ser considerada pelo juiz na fixação da pena.

281. HC 315.456/SP, Rel. Min. Reynaldo Soares da Fonseca, DJe 06/09/2016.

É controversa a admissão da tentativa nos casos de falso testemunho. Acreditamos, em regra, inadmissível, considerando o momento consumativo do delito (encerramento do depoimento). Exceção pode se configurar nas situações em que este seja prestado por escrito (art. 221, § 1º, do CPP), hipótese em que o crime se torna plurissubsistente.

Hungria admite o *conatus* nos casos em que o depoimento, por qualquer razão, não se encerra:

> "O crime consuma-se com o *encerramento* do depoimento, segundo a fórmula processual (à parte a *condição resolutiva* consistente na eventual *retratação*, de que adiante trataremos). Antes disso, o que pode haver é tentativa."[282].

Já nos casos de falsa perícia, a questão parece mais tranquila, havendo clara possibilidade de fracionamento da execução.

É importante frisar, ainda, que o falso testemunho se consuma no local em que foi prestado o depoimento mendaz, mas há discussão a respeito da competência para julgamento quando ocorre em depoimento prestado por meio de carta precatória. Há quem defenda que a competência é do juízo deprecado, já que a consumação se deu naquele local, e há aqueles que consideram ser competente o juízo deprecante, pois aquele é o local em que o depoimento falso produzirá efeitos, e é o ambiente em que o juiz poderá efetivamente aquilatar o quão verdadeiro foi o relato da testemunha. Prevalece a primeira orientação[283-284].

Sendo o falso testemunho (ou falsa perícia) praticado em reclamação trabalhista em trâmite perante a Justiça do Trabalho, o seu processo e julgamento estarão afetos ao juízo criminal federal, por ser atingido interesse da União (cf. *RT* 673/320, 678/325; *RTJ* 105/585).

6.6. Majorantes de pena

A pena do crime de falso testemunho será majorada de um sexto a um terço quando o agente age mediante suborno ou com a finalidade especial de "obter prova destinada a produzir efeito em processo penal ou em processo civil em que for parte entidade da administração pública direta ou indireta" (§ 1º).

Na primeira hipótese (suborno), temos a compra da testemunha, perito, tradutor, contador ou intérprete.

282. Ob. cit., v. 9, p. 478.

283. STJ – CC 30.309/PR, Terceira Seção, Rel. Min. Gilson Dipp, DJ 11/03/2002; TJSP – Conflitos de Jurisdição 990.10.275436-7, j. 06/12/2010, 994.09.230599-3, j. 26/04/2010 e 101.222-0/0-00, j. 02/06/2003.

284. Não obstante, o STJ já decidiu, em crime de falso testemunho praticado em juízo estadual por carta precatória da justiça federal, competir o julgamento a esta última, pois o depoimento se destinava a produzir prova em processo no qual se apurava a prática de crime perante o juízo federal, que delegara sua competência (CC 115.314/RS, Terceira Seção, Rel. Min. Gilson Dipp, DJe 17/11/2011).

> "É a corrupção *passiva*, enquanto o artigo imediato cogita da ativa. Ao contrário do que neste se dispõe, aquela exige que o depoimento, perícia etc. sejam *realizados*; não basta, portanto, solicitar ou aceitar promessa de vantagem, é mister que o subornado pratique o ato."[285].

Se o crime é cometido mediante suborno, e o agente é, por exemplo, perito oficial (funcionário público), afasta-se a forma majorada, punindo-o também pelo crime do art. 317 do CP.

Encerrando o parágrafo, prevê o legislador aumento de pena quando o agente visar obter prova destinada a produzir efeito em *processo penal*[286] ou *processo civil em que for parte* (autora ou ré) *entidade da Administração Pública direta ou indireta.*

6.7. Extinção da punibilidade

O § 2º prevê extinção de punibilidade nas hipóteses em que o agente se retrata do conteúdo declarado antes de proferida a sentença.

Retratar-se, no caso, não significa apenas negar ou confessar a prática do delito. É muito mais. É escusar-se, retirando do mundo o que afirmou (retroceder na mentira), ou revelando o que ocultou, demonstrando sincero arrependimento.

Como bem realça Magalhães Noronha:

> "Há de ser completa: sem reticências, ambiguidades e dubiedades: o que se colima é o restabelecimento do verdadeiro."[287].

Pode ser feita nos próprios autos do feito que abriga a mentira ou fora dele, mas sempre *opportuno tempore*, isto é, antes de prolatada *sentença* no processo do *falsum*, evitando-se, dessa maneira, eventual (mas não necessário) erro judiciário.

A lei, referindo-se a sentença, fomenta a dúvida: será a de primeira instância ou a definitiva?

A tendência da doutrina (e da jurisprudência) é julgar irrelevante a retratação operada após a sentença primeira, ainda que anteriormente ao seu trânsito em julgado (*RT* 565/312, 602/339, 641/314).

Ousamos discordar.

A uma, porque a lei penal, ao conceder a faculdade, não determinou, explicitamente, que a retratação se fizesse antes da sentença recorrível. A duas, porque, enquanto não

285. Noronha, *Direito penal* cit., v. 4, p. 392.

286. Em que pese o silêncio da lei, entende a doutrina que o aumento compreende também o falso prestado em *inquérito policial*, pois nele igualmente se produz prova com a finalidade de gerar efeito em processo penal.

287. *Direito penal*, v. 4, p. 393.

acontecer a coisa julgada, pode ser a sentença enganada impugnada pela via recursal, com fulcro e respaldo na retratação que se tenha apresentado.

Assim, atento ao espírito da lei (e à razão de *ser* do instituto), pensamos que, enquanto possível obstaculizar eventual equívoco judiciário, válida será a retratação feita posteriormente à sentença, mas antes do julgamento do recurso na instância superior, tornando o fato impunível.

Em processos da competência do júri, é possível a retratação extintiva da punibilidade mesmo após a decisão de pronúncia, desde que anterior à sentença de mérito (*RT* 526/427).

Apesar de muitos ensinarem que a retratação, ostentando natureza pessoal (art. 30 do CP), *não se comunica a eventual concorrente*, cresce a corrente em sentido contrário, admitindo a comunicabilidade.

Fernando Capez explica:

> "A retratação formulada pelo autor deve comunicar-se aos partícipes do delito, pois, conforme assinala Damásio, o artigo não diz que 'o agente deixa de ser punível', mas sim que 'o fato deixa de ser punível', não subsistindo, portanto, o crime para os partícipes."[288].

Nesse mesmo sentido decidiu o STJ:

> "A retratação de um dos acusados, tendo em vista a redação do art. 342, § 2º, do Código Penal, estende-se aos demais corréus ou partícipes."[289].

6.8. Ação penal

A perseguição da pena dá-se mediante ação penal pública incondicionada. Em que pese ficar esta ação norteada pelos princípios da *obrigatoriedade* e *indisponibilidade*, encontramos decisões várias não admitindo o início do inquérito policial ou ação penal contra a testemunha (ou perito) mendaz enquanto não ultimado o processo em que o depoimento tachado de falso foi prestado (*RT* 674/347), fundamentando, em síntese, na possibilidade da retratação.

Com o devido respeito, entendemos mais correta a posição daqueles que ensinam não ficar o falso testemunho (ou perícia), para configurar-se, na dependência da oportunidade da retratação, pois não é ela uma causa excludente do crime, e sim extintiva da punibilidade ("o fato deixa de ser punível", reza o § 2º do art. 342 do CP), tratando-se, portanto, de condição resolutiva, e não de condição suspensiva (*RT* 321/71).

---

288. Ob. cit., v. 3, p. 603-604.

289. STJ, 5.ª T., HC 36.287/SP, rel. Min. Felix Fischer, j. 17.05.2005, v.u., *DJU* 20.06.2005.

Desta sorte, "nada impede o oferecimento da denúncia no crime de falso testemunho, mesmo não se encontrando findo o processo, originário onde foi prestado o depoimento acoimado de falso. O processo criminal decorrente do falso testemunho só pode ser julgado após preclusão da oportunidade retratória do processo originário, no qual foi prestado o depoimento acoimado de falso" (*RT* 460/280).

6.9. Princípio da especialidade

a) Código Penal x Código Penal Militar: o art. 345 do Decreto-lei 1.001/69 pune o falso testemunho ou a falsa perícia praticada na forma do art. 9º daquele diploma.

7. CORRUPÇÃO ATIVA DE TESTEMUNHA, PERITO, CONTADOR, TRADUTOR OU INTÉRPRETE[290]

▶ ***Corrupção ativa de testemunha, perito, contador, tradutor ou intérprete***

Art. 343. Dar, oferecer ou prometer dinheiro ou qualquer outra vantagem a testemunha, perito, contador, tradutor ou intérprete, para fazer afirmação falsa, negar ou calar a verdade em depoimento, perícia, cálculos, tradução ou interpretação:

Pena – reclusão, de 3 (três) a 4 (quatro) anos, e multa.

Parágrafo único. As penas aumentam-se de 1/6 (um sexto) a 1/3 (um terço), se o crime é cometido com o fim de obter prova destinada a produzir efeito em processo penal ou em processo civil em que for parte entidade da administração pública direta ou indireta.

7.1. Considerações iniciais

O dispositivo em estudo tutela a administração da justiça, mais precisamente o compromisso da prova testemunhal ou pericial, importante para o regular andamento das atividades judiciárias e busca da verdade.

A Lei 10.268/2001 promoveu duas alterações no presente delito. A primeira consistiu no acréscimo da figura do contador como possível destinatário da vantagem oferecida pelo corruptor. A segunda incidiu no preceito secundário, impondo pena de reclusão variando de três a quatro anos (e multa). Nesse tanto, discute-se a constitucionalidade da alteração, considerando a pouca baliza (apenas um ano) que tem o juiz para individualizar a reprimenda.

Explica Bitencourt:

> "A cominação de pena, nos limites mínimo e máximo, de três a quatro anos, viola o *princípio da individualização* da pena, caracterizando verdadeira tarifação penal (taxatividade absoluta das penas), eliminada pelo Código Napoleônico de 1810. Esses parâmetros – três a quatro anos – impedem a individualização judicial da pena, consagrada no texto constitucional. Ademais, é desproporcional a

290. Rubrica não prevista em lei, introduzida, para fins didáticos, pela doutrina.

> elevação do mínimo de um a três anos, e no próprio art. 342, que é similar, foram mantidos os limites de um a três anos. No caso concreto, deve-se declarar essa inconstitucionalidade e aplicar o limite mínimo da cominação anterior."[291].

As penas cominadas ao delito não admitem nenhum dos benefícios da Lei 9.099/95.

7.2. Sujeitos do delito

Qualquer pessoa pode figurar como sujeito ativo (crime comum), admitindo, perfeitamente, o concurso de agentes.

Sujeito passivo imediato é o Estado. De forma mediata, considera-se também como vítima a pessoa prejudicada diretamente pela conduta criminosa.

7.3. Conduta

Estamos diante de um crime de ação múltipla (ou conteúdo variado), comportando as seguintes condutas: *dar* (ceder), *oferecer* (apresentar) ou *prometer* (anunciar) dinheiro ou qualquer outra vantagem (ainda que diversa da econômica) à testemunha, perito (não oficial), contador, tradutor ou intérprete. Trata-se de modalidade especial de corrupção ativa (art. 333 do CP), abrangendo o mesmo comportamento criminoso, acrescido do núcleo *dar*.

Nas palavras de Bento de Faria:

> "O suborno, em questão, consiste em dar, oferecer ou prometer dinheiro ou qualquer outra utilidade a testemunha, perito, tradutor ou intérprete para que façam afirmação falsa, neguem ou calem a verdade em depoimento, perícia, tradução ou interpretação, pouco importando que a promessa ou a oferta *não seja aceita*. Conseguintemente, o delito não ficará excluído se a oferta ou promessa *for aceita*, mas o subornado *não praticar a falsidade, declarando, ao contrário, a verdade.*"[292].

Pode ser executado de forma livre (palavras, escritos, gestos etc.). Valendo-se o agente de *violência* ou *grave ameaça*, o crime será o de coação no curso do processo (art. 344 do CP).

Exige-se, para a configuração do crime, que haja algum procedimento oficial em andamento.

Como bem assinala Mirabete:

> "Embora o dispositivo em estudo não seja expresso, está referindo-se a lei aos processos mencionados no art. 342 (judicial, policial ou administrativo e ao juízo arbitral)."[293].

291. Ob. cit., v. 5, p. 347.
292. Ob. cit., v. 5, p. 609.
293. *Manual de direito penal*, v. 3, p. 412.

A testemunha, o perito (não oficial), o contador, o tradutor ou o intérprete que aceitar o suborno não ajusta sua conduta ao crime em estudo, mas sim ao disposto no art. 342, § 1º, do CP. Punindo-se com *tipos diferentes* agentes que concorreram para o *mesmo evento*, fica fácil perceber tratar-se de mais uma exceção pluralista à teoria monista (ou unitária) do concurso de pessoas (art. 29 do CP).

Lembramos, também, que visar corromper perito oficial (funcionário público típico, art. 327 do CP) configura o crime de corrupção ativa (art. 333 do CP).

Por fim, inexiste o delito quando a pessoa que o agente suborna é a própria vítima do processo. Isto porque, mesmo que esta falseie a verdade a pedido do réu, não comete o crime de falso testemunho.

7.4. Voluntariedade

O dolo é consubstanciado na vontade consciente de praticar uma das condutas descritas no tipo, aliado à finalidade especial de obter dos personagens processuais comportamentos que se distanciem da verdade.

Neste sentido é a lição de Hungria:

> "O elemento subjetivo é o dolo genérico (vontade livremente dirigida à dação, oferta ou promessa de dinheiro ou vantagem) e específico (fim de obter testemunho falso ou falsa perícia, tradução ou interpretação)."[294].

7.5. Consumação e tentativa

É crime formal, consumando-se com a simples realização de uma das condutas previstas no *caput*, sendo desnecessária a prática de qualquer ato pelos possíveis corrompidos (delito unilateral). Se estes os praticarem, responderão, como já alertamos acima, pelo delito de falso testemunho ou falsa perícia, com pena aumentada (art. 342, § 1º).

Se o suborno for oferecido na forma escrita, a conduta do agente comportará fracionamento, cabendo a tentativa. No entanto, se o oferecimento se der de forma oral, unissubsistente será o delito, não aceitando a forma tentada.

7.6. Majorante de pena

Além da forma simples prevista no *caput*, o parágrafo único prevê aumento de pena de um sexto a um terço se o crime é cometido com o fim de obter prova destinada a produzir efeito em processo penal[295] ou em processo civil em que for parte entidade da Administração Pública direta ou indireta (aqui considerando-se os altos interesses do ente administrativo, não importando sua posição como parte processual).

294. Ob. cit., v. 9, p. 490.

295. Dentro do conceito de processo penal está incluído o inquérito policial, pois nele se produz prova para gerar efeitos nos autos criminais.

7.7. Ação penal

A ação penal é pública incondicionada.

7.8. Princípio da especialidade

a) Código Penal x Código Penal Militar: o art. 347 do Decreto-lei 1.001/69 pune a corrupção ativa de testemunha, perito ou intérprete praticada na forma do art. 9º daquele diploma.

8. COAÇÃO NO CURSO DO PROCESSO

▶ ***Coação no curso do processo***

Art. 344. Usar de violência ou grave ameaça, com o fim de favorecer interesse próprio ou alheio, contra autoridade, parte, ou qualquer outra pessoa que funciona ou é chamada a intervir em processo judicial, policial ou administrativo, ou em juízo arbitral:

Pena – reclusão, de 1 (um) a 4 (quatro) anos, e multa, além da pena correspondente à violência.

8.1. Considerações iniciais

Tutela-se, primeiramente, a administração da justiça (regular andamento das atividades judiciárias), colocada em perigo com a conduta do agente. Num segundo plano, quer-se resguardar a integridade física e a liberdade psíquica dos personagens processuais.

Aliás, se atentarmos para o objeto jurídico aqui tutelado, logo perceberemos que coincide com um dos fundamentos da preventiva (art. 312 do CPP), merecendo, preenchidos os requisitos legais, pronta e eficaz resposta estatal[296].

A pena cominada ao delito permite a suspensão condicional do processo (Lei 9.099/95).

8.2. Sujeitos do delito

Trata-se de crime comum, podendo qualquer pessoa praticá-lo (até mesmo os que intervêm na administração da justiça), independentemente de seu interesse no litígio.

Sujeito passivo será, primeiramente, o Estado. Secundariamente, figurará no polo passivo o indivíduo que sofreu a coação.

8.3. Conduta

Pune-se aquele que *usar* (empregar) violência (coação física em sentido amplo) ou grave ameaça (séria intimidação, justa ou injusta, revestida de potencialidade intimidatória)

296. A Lei 12.403/11, alterando a redação do art. 313 do CPP, em se tratando de agente primário, só autoriza a preventiva nos crimes dolosos punidos com pena privativa de liberdade máxima superior a quatro anos ou quando o crime for praticado no ambiente doméstico e familiar contra mulher, criança, adolescente, idoso, enfermo ou pessoa portadora de deficiência.

contra *autoridade* (delegado, juiz, promotor etc.), *parte* (vítima, réu ou corréu)[297] ou *qualquer pessoa que funcione ou é chamada a intervir* (escrivão, perito, tradutor, intérprete, testemunha, jurado etc.) em processo judicial (cível ou penal), policial (inquérito) ou administrativo (inquérito civil, sindicância etc.[298]), ou juízo arbitral, com o fim de satisfazer interesse próprio ou alheio[299].

Nas palavras de HUNGRIA:

> "A *violência* a que se refere o texto legal é o emprego de força física ou a violência material. Salvo o caso de 'vias de fato' (contravenção sempre absorvida pelo crime de que é meio), a pena correspondente à violência (lesão corporal, homicídio consumado ou tentado) é aplicada cumulativamente com a do crime em exame, como no caso de concurso material de crimes (segundo a ressalva explicitamente consignada na *sanctio* do art. 344). *Grave ameaça* é a capaz de intimidar seriamente o *homo medius* (pouco importando que o mal prometido não seja injusto, pois a ameaça como meio de crime não coincide com o crime de ameaça)."[300].

Percebam que o mestre, acompanhado pela maioria dos juristas modernos, nos ensina que a *gravidade* da ameaça (elementar do tipo) se extrai quando capaz de intimidar a generalidade dos homens (homem médio), desconsiderando a vítima real.

---

297. Imaginemos um corréu ameaçando o outro para que este não confesse o delito praticado (ou que o assuma como único autor): temos nesses casos, sem dúvida, o crime de coação no curso do processo.

298. De acordo com o STJ, a coação cometida no curso de Procedimento de Investigação Criminal (PIC) sob a presidência de órgão do Ministério Público também caracteriza o crime: "O crime de coação no curso do processo (art. 344 do CP) pode ser praticado no decorrer de Procedimento Investigatório Criminal instaurado no âmbito do Ministério Público. Isso porque, além de o PIC servir para os mesmos fins e efeitos do inquérito policial, o STJ já reconheceu que, mesmo as ameaças proferidas antes da formalização do inquérito caracterizam o crime de coação no curso do processo, desde que realizadas com o intuito de influenciar o resultado de eventual investigação criminal (HC 152.526-MG, Quinta Turma, DJe 19/12/2011)" (HC 315.743/ES, Rel. Min. Nefi Cordeiro, DJe 26/8/2015). O procedimento investigatório instaurado pelo Ministério Público não integra, literalmente, o rol do art. 344, não porque o legislador pretendeu exclui-lo, mas porque, à época da edição do Código Penal, não existia esse procedimento, resultante do incremento por que passaram, ao longo do tempo, as funções do Ministério Público. Ao estabelecer que o art. 344 também abarca esse tipo de investigação criminal, o STJ conferiu ao dispositivo interpretação progressiva, na qual se considera a constante modificação de certos aspectos da vida cotidiana de modo a viabilizar a plena eficácia da lei sem a necessidade de constante edição de novos diplomas legais. Nesse sentido: *Coação em procedimento investigatório criminal do MP é crime?* GOMES, Luiz Flávio, disponível em http://luizflaviogomes.com/coacao-em-procedimento-investigatorio-criminal-do-mp-e-crime/.

299. A Lei do Sistema Brasileiro de Defesa da Concorrência – SBDC (Lei 12.529/2011, vigente **desde 28/05/2012**) estabelece em seu art. 111: "Todo aquele que se opuser ou obstaculizar a intervenção [*judicial na empresa*] ou, cessada esta, praticar quaisquer atos que direta ou indiretamente anulem seus efeitos, no todo ou em parte, ou desobedecer a ordens legais do interventor será, conforme o caso, responsabilizado criminalmente por resistência, desobediência ou coação no curso do processo, na forma dos **arts**. 329, 330 e **344** do CP.

300. Ob. cit., v. 9, p. 491.

Ousamos discordar.

A individualidade da vítima deve ser tomada em consideração. Assim, a idade, sexo, grau de instrução etc., são fatores que não podem ser desconsiderados na análise do caso concreto. Não se duvida que uma expressão que aterroriza um analfabeto pode nem sequer assustar um universitário; uma promessa de mal injusto pode ser grave para uma moça de pouca idade e não o ser para um senhor de meia idade. Logo, as circunstâncias do caso concreto demonstrarão se houve ou não o crime.

Entende a doutrina (e jurisprudência, *RT* 512/356) que a reiteração de coações, dentro do mesmo contexto fático, não desnatura a unidade do crime, devendo, contudo, ser considerada pelo juiz na fixação da pena (art. 59 do CP).

Alertamos, também, que, para a caracterização do crime em estudo, indispensável se mostra a existência de procedimento em curso, consoante acentua NORONHA:

> "É necessário que a violência física ou moral recaia sobre as pessoas mencionadas – juiz, delegado de polícia, promotor de justiça, autor, réu, perito, testemunha, escrivão, jurado, tradutor, intérprete etc. – quando estejam intervindo em processo ou sejam chamados a intervir. A violência, por exemplo, exercida contra um juiz, sem que ocorra essa circunstância, constituirá outro delito."[301].

8.4. Voluntariedade

É o dolo, consubstanciado na consciente vontade de empregar violência ou grave ameaça contra quem funcione em processo judicial, policial ou administrativo ou, ainda, em juízo arbitral. O tipo prevê, também, um especial fim de agir, qual seja, buscar o agente, com seu comportamento, satisfazer interesse próprio ou alheio. Se na prática criminosa não estiver presente este interesse especial, outro será o delito tipificado.

Segundo nos ensina NORONHA:

> "O fim visado é a intenção que guia o agente; é o objetivo oculto, que não se acha nos atos de execução. Pode consistir em o sujeito ativo querer que o juiz decida a seu favor, o promotor não o denuncie, o delegado não instaure inquérito, o perito dê um laudo favorável, a testemunha falte com a verdade etc."[302].

8.5. Consumação e tentativa

Consuma-se no momento em que é empregada a coação, independentemente da satisfação do interesse visado pelo agente (crime formal), dispensando, inclusive, a efetiva intimidação da vítima, bastando potencialidade.

Trata-se de crime plurissubsistente, admitindo-se, pois, a tentativa.

301. *Direito penal*, v. 4, p. 397.
302. *Direito penal*, v. 4, p. 398.

Se da violência resultar na vítima ferimentos, teremos o cúmulo material de penas, tal como preconizado pelo preceito secundário do art. 344 do CP (a contravenção de vias de fato fica absorvida).

Daí surge a inevitável indagação: trata-se, no caso, de concurso formal ou material?

Ensina a doutrina que o concurso é o material (art. 69 do CP), tanto que a lei determina a cumulação de penas. Contudo, ousamos discordar. Evidentemente não se trata de um concurso material de crimes, hipótese em que teríamos duas condutas distintas produzindo pluralidade de resultados (coação no curso do processo e lesão corporal). Não se pode falar, também, em concurso formal propriamente dito, considerando que o sistema a ser aplicado não é o da exasperação (e sim cumulação) de penas. Assim, pensamos que o sistema melhor se subsume ao concurso formal impróprio (art. 70, *caput*, segunda parte, do CP), caso em que o agente, mediante uma só conduta, porém com desígnios autônomos, provoca dois ou mais resultados, cumulando-se as reprimendas.

8.6. Ação penal

A ação penal é pública incondicionada.

8.7. Princípio da especialidade

a) Código Penal x Código Penal Militar: o art. 342 do Decreto-lei 1.001/69 pune a coação no curso do processo praticada na forma do art. 9º daquele diploma.

b) Código Penal x Lei nº 12.850/13: o art. 2º., § 1º., da Lei nº 12.850/13, que define e tipifica a formação de organizações criminosas, pune, com reclusão de três a oito anos, e multa, quem impede ou, de qualquer forma, embaraça a investigação de infração penal que envolva organização criminosa.

9. EXERCÍCIO ARBITRÁRIO DAS PRÓPRIAS RAZÕES

▶ ***Exercício arbitrário das próprias razões***

Art. 345. Fazer justiça pelas próprias mãos, para satisfazer pretensão, embora legítima, salvo quando a lei o permite:

Pena – detenção, de 15 (quinze) dias a 1 (um) mês, ou multa, além da pena correspondente à violência.

Parágrafo único. Se não há emprego de violência, somente se procede mediante queixa.

9.1. Considerações iniciais

Tutela-se aqui a administração da justiça, coibindo os cidadãos de usurparem prerrogativa do magistrado, praticando atos cuja atribuição seja exclusiva do Estado.

Explica Noronha:

> "O objeto jurídico tutelado é a atuação da justiça. Não condiz com o estágio atual da civilização que a pessoa seja juiz e parte ao mesmo tempo. Se alguém tem pretensão, que quer fazer valer, deve invocar o Estado-juiz para satisfazê-la. É a este que compete dirimir o conflito, em decidindo ou proclamando o direito. Como escreve Puglia, 'se compete à autoridade social atuação do direito, é consequência lógica a punição de todos aqueles atos cometidos por particulares, com o único fim de exercer um pretenso direito, nos casos em que poderia recorrer à autoridade'."[303].

A pena cominada ao delito permite a transação penal e a suspensão condicional do processo (Lei 9.099/95).

9.2. Sujeitos do delito

O crime é comum, podendo ser praticado por qualquer pessoa, independentemente de condição especial. Note-se que, se o sujeito ativo for funcionário público, o delito praticado poderá ser outro (abuso de autoridade), dependendo das circunstâncias em que agir.

Aliás, Capez, ao exemplificar caso praticado por policial militar, ensina haver concurso de delitos:

> "Caso o sujeito ativo seja funcionário público, por exemplo, policial militar que se vale dessa condição para despejar de forma forçosa e humilhante seu inquilino inadimplente, deverá responder por abuso de autoridade em concurso."[304].

Sujeito passivo imediato será o Estado, titular do interesse penalmente tutelado. Secundariamente, poderá figurar no polo passivo o indivíduo contra o qual a ação foi empreendida.

9.3. Conduta

Somente uma conduta nuclear é prevista para o presente delito, qual seja, *fazer* justiça com as próprias mãos, havendo, contudo, ampla liberdade na execução (delito de comportamento livre).

Neste crime o particular autor, a pretexto de realizar interesse próprio ou alheio, arbitrariamente emprega os meios necessários para tanto (violência, grave ameaça, fraude etc.), ignorando o monopólio estatal na administração da justiça, passando-se por juiz, decidindo de acordo com sua pretensão (pessoal, real ou familiar). A pretensão deve ser legítima (assentada em um direito) ou, ao menos, revestida de legitimidade (suposta, putativa).[305]

303. *Direito penal*, v. 4, p. 399.

304. Ob. cit., v. 3, p. 616.

305. Segundo o STJ, há crime de exercício arbitrário das próprias razões – e não roubo – na conduta da prostituta que se apodera, mediante violência, de objeto pertencente a alguém que tenha solicitado serviços sexuais sem efetuar o pagamento (HC 211.888/TO, Rel. Min. Rogério Schietti Cruz, DJe 7/6/2016).

Neste sentido, aliás, é a lição de HUNGRIA:

> "É pressuposto do crime uma *pretensão*, a que deve corresponder um direito de que o agente é ou supõe ser titular. *Pretensão* é a direção da vontade para o exercício de um direito, seja este autentico (caso da pretensão legítima) ou meramente putativo (caso de pretensão supostamente legítima). Não importa que a pretensão seja ilegítima, desde que o agente está convencido do contrário, embora, para reconhecer-se a sinceridade de tal convicção, deva existir, pelo menos, uma *aparência* de direito, um *fumus juris*, ou, como diz Sabatini, uma pretensão que, se levada a juízo, não seria repelida como *lide temerária*."[306].

Entretanto, em que pese a reprovação do emprego da autotutela (sobreposição do particular à autoridade estatal na solução dos conflitos), o próprio tipo penal excepciona hipóteses em que o crime estará excluído, como na legítima defesa, no penhor legal etc.

Explica BENTO DE FARIA:

> "O possuidor turbado, ou esbulhado, poderá manter-se (*qui continuat non attentat*), ou restituir-se *por sua própria força*, contanto que o faça logo (*non ex intervallo*), embora os atos de defesa ou de desforço, não possam ir além do indispensável a manutenção, ou restituição da mesma posse; quando for preciso decotar a cerca viva ou reparar o muro divisório, o proprietário terá direito de entrar no terreno do vizinho depois de o prevenir, ficando tão somente sujeito a indenizar o dano causado pela obra."[307].

9.4. Voluntariedade

É o dolo, consistente na vontade consciente de afrontar o monopólio estatal da administração judiciária, "fazendo justiça com as próprias mãos" e com isso buscar satisfazer pretenso direito. Ausente essa finalidade, sabendo o agente que sua pretensão não tem amparo legal, outro será o crime (furto, dano, apropriação indébita, estelionato etc.).

9.5. Consumação e tentativa

A doutrina diverge quanto ao momento consumativo do crime. A primeira corrente sustenta que o delito é formal, consumando-se antecipadamente com o emprego dos meios a fim de que seja satisfeita a pretensão. A segunda (majoritária), ensina ser o delito material, exigindo, para a sua caracterização, a efetiva satisfação da pretensão (Nélson HUNGRIA[308]; Heleno Fragoso[309]; e MIRABETE[310]).

---

306. Ob. cit., v. 9, p. 496-497.

307. Ob. cit., v. 5, p. 616-617.

308. Ob. cit., v. 9, p. 49.

309. Ob. cit., v. 4, p. 1.031.

310. *Manual de direito penal*, v. 3, p. 418.

Noronha, adepto da primeira (minoritária), assim justifica a sua posição:

> "Discordamos dos eminentes Profs. Nélson Hungria e Heleno C. Fragoso, ao sustentarem ponto de vista contrário: consuma-se com a satisfação da pretensão. A oração do Código não comporta esse entendimento: tal satisfação é o escopo ou fim do agente, constituindo o dolo específico; não necessita ser alcançado. Completa-se o crime com o emprego ou uso do meio arbitrário com o fim de satisfazer uma pretensão."[311].

Independentemente da corrente doutrinária adotada, a conduta pode ser fracionada, admitindo-se, perfeitamente, o *conatus*.

Por disposição expressa, se houver violência, haverá cúmulo material de penas (mera contravenção de vias de fato fica absorvida). Como já alertado no crime anterior, ensina a doutrina que o concurso aqui preconizado é o material (art. 69 do CP), bastando observar que a lei determina a soma de penas.

Contudo, ousamos discordar.

Evidentemente não se trata de um concurso material de crimes, hipótese em que teríamos duas condutas distintas produzindo pluralidade de resultados (atentado contra a administração da justiça e lesão corporal). Não se pode falar, também, em concurso formal propriamente dito, considerando que o sistema a ser aplicado não é o da exasperação (e sim cumulação) de penas.

Assim, pensamos que o sistema melhor se subsume ao concurso formal impróprio (art. 70, *caput*, segunda parte, do CP), caso em que o agente, mediante uma só conduta, porém com desígnios autônomos, provoca dois ou mais resultados, cumulando-se as reprimendas.

9.6. Ação penal

A natureza da ação penal varia de acordo com o *modus operandi* intentado pelo agente. Se a ação se der sem a utilização de violência, a ação penal será privada. Entretanto, se empregada violência, a ação passa a ser pública incondicionada.

Discute-se qual a ação penal no caso de violência contra *coisa* (e não pessoa), surgindo duas correntes: para Fragoso[312], se o legislador pretendesse limitar a ação penal pública ao caso de violência contra a pessoa, teria dito, como o fez em várias outras passagens do Código.

Hungria, junto com a maioria, discorda, assim lecionando:

> "A ação penal será privada quer quando não há violência de espécie alguma (pacífica alteração *sine judice* do estado de coisas),

311. *Direito penal*, v. 4, p. 401.

312. Ob. cit., v. 4, p. 1.033.

> quer quando há violência contra a coisa (com ou sem *dano*), ou emprego de ameaça (com ou sem armas) ou de meio fraudulento (ex.: captar ardilosamente o dinheiro de devedor impontual, para pagar-se da dívida)."[313].

Por fim, lembramos que a Lei 8.699/93, ao acrescentar um segundo parágrafo ao art. 24 do CPP, dispõe que a ação penal será pública incondicionada quando o crime é praticado em detrimento do patrimônio ou interesse da União, Estado ou Município.

10. SUBTRAÇÃO, SUPRESSÃO OU DANIFICAÇÃO DE COISA PRÓPRIA NO LEGÍTIMO PODER DE TERCEIRO

▶ ***Subtração, supressão ou danificação de coisa própria no legítimo poder de terceiro***

Art. 346. Tirar, suprimir, destruir ou danificar coisa própria, que se acha em poder de terceiro por determinação judicial ou convenção:

Pena – detenção, de 6 (seis) meses a 2 (dois) anos, e multa.

10.1. Considerações iniciais

Sem um *nome legal*[314], o tipo previsto no art. 346 tutela, mais uma vez, a administração da justiça, como também o respeito que merece o conteúdo dos acordos de vontade. O delito constitui uma espécie peculiar do exercício arbitrário das próprias razões (art. 345 do CP), porém, aqui, o objeto material está em poder de terceiro por determinação judicial, ou prévia convenção.

É importante destacar que Hungria não compartilha do entendimento de que o delito em estudo constitui modalidade de exercício arbitrário (art. 34 do CP).

Para o mestre de todos nós:

> "Por ter sido inadvertidamente omitido, em rubrica lateral, o *nome juris* da figura criminal do art. 346, não se segue à rubrica 'exercício arbitrário das próprias razões'. Para tanto, seria necessário que o texto do art. 346 figurasse em parágrafo do art. 345. Se para a configuração do crime do art. 346 fosse necessária, também, a existência de real ou suposta *pretensão legítima*, seria tal artigo, em face do que o precede, uma rematada superfluidade. Precisamente porque inexiste, no caso, qualquer *pretensão legítima* (verdadeira ou suposta), é que o crime foi previsto distintamente do exercício arbitrário das próprias razões."[315].

A pena cominada ao delito permite a transação penal e a suspensão condicional do processo (Lei 9.099/95).

313. Ob. cit., v. 9, p. 494-495.
314. A rubrica foi inserida apenas para fins didáticos, não fazendo parte do texto legal.
315. Ob. cit., v. 9, p. 498-499.

10.2. Sujeitos do delito

O crime somente pode ser executado pelo proprietário da coisa (crime próprio), sendo, no entanto, perfeitamente possível o concurso de pessoas (coautoria ou participação de terceiros).

Sujeito passivo primário será o Estado, titular da administração da justiça e, portanto, do bem jurídico ofendido. Secundariamente, figurará no polo passivo o indivíduo possuidor da coisa ou aquele contra quem foi empregada a violência.

10.3. Conduta

São previstas quatro modalidades de conduta mediante as quais pode o agente determinar a execução do crime:

a) *tirar*: arrancar, subtrair;

b) *suprimir*: abolir, fazer que desapareça;

c) *destruir*: arruinar, extinguir;

d) *danificar*: causar dano, estragar.

Trata-se de tipo de ação múltipla, ou seja, praticando o agente mais de um comportamento sobre a mesma coisa, dentro do mesmo contexto fático, será punido por crime único, sendo a pluralidade de núcleos praticados considerados pelo juiz somente na fixação da pena.

É essencial que o objeto material atingido (móvel ou imóvel) seja de propriedade do agente (coisa própria). Se não o for, o crime será outro, a depender do caso concreto (furto, por exemplo).

A posse exercida pela vítima deve ser legítima (consequência de determinação judicial ou convenção), pois, do contrário, não há falar na prática do delito do art. 346.

Ressalte-se, por fim, que somente estará configurado o delito se a coisa é retirada da esfera de poder do terceiro sem o seu consentimento. Se o terceiro possuidor licitamente concorda com a transferência ao proprietário, o fato será um indiferente penal.

10.4. Voluntariedade

É o dolo, consistente na vontade consciente de praticar uma das ações previstas no tipo, sabendo o agente que a coisa está em poder de terceiro por determinação judicial ou por convenção.

Diverge a doutrina quanto à presença ou não da finalidade especial de retirar, suprimir, destruir ou danificar coisa própria *para satisfazer pretensão legítima*.

Hungria sustenta ser irrelevante os motivos pelos quais o agente se conduz contra coisa própria, exigindo-se, somente, a consciência da condição legítima da posse pelo terceiro:

> "O elemento subjetivo é o dolo genérico (vontade livremente dirigida a qualquer das ações mencionadas na lei, sabendo o agente que a coisa própria está na posse legítima de terceiro). O fim do agente será causar prejuízo ao credor ou a outrem, mas o texto legal não o exige como elemento do crime."[316].

Já Noronha[317], considerando o presente delito modalidade especial do exercício arbitrário das próprias razões, afirma ser imprescindível a presença da intenção de satisfazer pretensão legítima, ainda que putativa.

Se a conduta do agente visou fraudar a execução, estaremos diante do art. 179 do CP.

10.5. Consumação e tentativa

Consuma-se o delito com a prática de uma das ações constantes no tipo, sendo perfeitamente possível a tentativa.

O assunto é assim resumido por Mirabete:

> "Consuma-se o crime com a subtração, como no furto; com a supressão, como no crime previsto no art. 305; com o dano, como no ilícito constante do art. 163. Em qualquer das hipóteses, é possível a tentativa."[318].

10.6. Ação penal

Diferentemente do delito anterior, neste a ação penal será sempre pública incondicionada.

11. FRAUDE PROCESSUAL

> ▶ ***Fraude processual***
>
> **Art. 347**. Inovar artificiosamente, na pendência de processo civil ou administrativo, o estado de lugar, de coisa ou de pessoa, com o fim de induzir a erro o juiz ou o perito:
>
> Pena – detenção, de 3 (três) meses a 2 (dois) anos, e multa.
>
> Parágrafo único. Se a inovação se destina a produzir efeito em processo penal, ainda que não iniciado, as penas aplicam-se em dobro.

11.1. Considerações iniciais

Tutelando o regular desempenho das funções jurisdicionais (administração da justiça), mais precisamente a boa fé e a honestidade processual, o presente dispositivo visa coibir o artifício malicioso destinado a ludibriar o magistrado e a obter injusto proveito (estelionato processual).

---

316. Ob. cit., v. 9, p. 500.
317. *Direito penal*, v. 4, p. 396.
318. *Manual de direito penal*, v. 3, p. 421.

A pena cominada ao delito admite a transação penal e a suspensão condicional do processo (Lei 9.099/95), desde que não incidente a majorante do parágrafo único, quando somente o segundo benefício será cabível.

11.2. Sujeitos do delito

Trata-se de crime comum, que pode ser praticado por qualquer pessoa (vítima, acusado ou mesmo advogado), tendo ou não interesse no processo.

Vejamos o escólio de Mirabete:

> "Pode cometer o crime qualquer pessoa, seja ou não interessada na solução da lide. Também será sujeito ativo o funcionário público se a conduta não configurar crime próprio. Nada impede que pelo delito seja responsabilizado o procurador da parte, embora se exija, como sempre, que de alguma forma concorra para o resultado, pois a simples conivência apenas poderá acarretar medidas disciplinares."[319].

Alertamos que foge do alcance do tipo o perito, vez que, se inovar o estado de coisa, pessoa ou lugar no decorrer dos exames periciais, incorrerá no crime previsto no art. 342 (falso testemunho ou falsa perícia).

Sujeito passivo primário é o Estado, podendo com ele concorrer o indivíduo prejudicado pela inovação praticada pelo agente.

11.3. Conduta

A ação nuclear do tipo se consubstancia na expressão *inovar artificiosamente*, isto é, o agente, mediante fraude, modifica ou altera estado de lugar (derrubada de árvores), de coisa (retirar manchas de sangue impregnadas na roupa da vítima) ou de pessoa (mudar o aspecto *físico exterior* – não o psíquico, civil ou social – de pessoa mediante cirurgia estética), criando, com isso, nova situação capaz de induzir a erro o juiz ou o perito (utilização anormal e fraudulenta do processo).

Como bem lembra Hungria:

> "Inspirado no art. 374 do Código italiano, o dispositivo visa a coibir os artifícios tendentes ao falseamento da prova e, consequentemente, aos erros de julgamento seja em favor, seja em prejuízo de qualquer dos interessados."[320].

Os objetos materiais do crime são taxativos, sendo descabida qualquer espécie de integração analógica em relação às inovações que poderão ser praticadas pelo agente.

319. *Manual de direito penal*, v. 3, p. 422.
320. Ob. cit., v. 9, p. 500.

O delito pressupõe o processo (civil ou administrativo) em andamento. O parágrafo único, entretanto, nas hipóteses em que o agente tem em vista alterar as condições de *processo penal*, dispensa tal requisito. Há somente a ressalva em relação àquelas práticas criminosas que dependem de queixa ou representação. Nesses casos (ação diversa da pública incondicionada), somente estará configurado o delito a partir do momento em que cumprida a condição de procedibilidade.

Cumpre ressaltar, ainda, que, assim como nos crimes de falso, a falsidade deve ser capaz de iludir, a inovação deve ser idônea a enganar o juiz ou o perito, pois, do contrário, o crime não restará configurado (*RT* 512/350).

Tratando-se de infração subsidiária, fica absorvida quando a finalidade constitui crime mais grave (p. ex., fraudar a execução).

Nesse sentido, explica Noronha:

> "Convém notar, entretanto, que o delito é fraude e consequentemente só haverá lugar quando não ocorrer outro tipo. Tanto vale dizer que se trata de crime *subsidiário.*"[321].

O crime não se confunde com o estelionato, pois, no caso, o destinatário da fraude não será qualquer pessoa, mas, sim, juiz ou perito.

Eis a lição de Damásio de Jesus:

> "Denominado 'estelionato processual', na verdade a fraude processual se distingue do estelionato. Neste, a fraude visa a permitir que o sujeito venha a obter vantagem ilícita em prejuízo alheio. Na fraude processual a intenção do agente é enganar o juiz ou perito."[322].

11.4. Voluntariedade

É o dolo consubstanciado na consciente vontade de inovar em processo judicial ou administrativo, com o fim de induzir em erro o juiz ou o perito. Presente, pois, o especial fim de agir (elemento subjetivo do tipo), sem o qual faz desaparecer o crime.

> "Com fundamento no princípio da inexigibilidade de conduta diversa, já se entendeu que não ocorre o ilícito quando o autor de crime de homicídio nega a autoria e dá sumiço à arma, atuando assim no direito natural de autodefesa (*RF* 258/356)."[323].

11.5. Consumação e tentativa

Para que haja a consumação do delito, não se exige que o juiz ou perito seja efetivamente enganado, bastando idoneidade suficiente para induzir aqueles personagens do processo em erro. Trata-se, então, de crime formal ou consumação antecipada.

---

321. *Direito penal*, v. 4, p. 406.
322. Ob. cit., v. 4, p. 327.
323. Mirabete, *Manual de direito penal*, v. 3, p. 423.

Alguns doutrinadores não admitem a tentativa, argumentando no sentido de que, em se tratando de crime formal, a partir do momento em que o agente aplica os meios idôneos para praticar o delito, estará ele configurado.

Entretanto, vislumbram-se perfeitamente hipóteses em que a conduta empreendida pode sofrer fracionamento, admitindo-se, por conseguinte, o *conatus*.

Assim é a lição de NORONHA:

> "Os autores (Manzini, Piromallo, Sabatini, Maggiore etc.) não admitem a tentativa. Iniciada a inovação, se os meios são idôneos, o crime se consuma, mesmo se a ação é interrompida; onde faltar a idoneidade, crime não existirá, escreve Maggiore. Todavia, cremos possível a tentativa. A ação de inovar admite fracionamento. Em execução ela, e interrompida por motivos alheios à vontade do agente, por que não se poderá dizer tentada a inovação? Suponha-se que o agente esteja lavando a veste da vítima e é detido quando prestes a fazer desaparecer a mancha que apresentava. Parece-nos claro que tentou inovar artificiosamente."[324].

11.6. Qualificadora

O parágrafo único do art. 347 traz hipótese em que a pena será aplicada em dobro, quando a inovação se destina a fraudar processo penal, ainda que não iniciado.

> "O legislador pátrio aumenta a pena, tendo em vista naturalmente os *valores* de que cogita o processo penal e que sobrelevam os do civil ou administrativo. Pela mesma razão, não mais impõe esteja o processo iniciado, como faz com aqueles. Basta que se aguarde ou se preveja a instauração."[325].

11.7. Princípio da especialidade

a) Código Penal x Código de Trânsito Brasileiro: se a inovação é praticada na hipótese de acidente de trânsito, para induzir em erro a autoridade policial, o perito ou o juiz, deixa o agente de responder pelo presente delito, aplicando-se o disposto no art. 312 da Lei 9.503/97, lei especial prevalente.

b) Código Penal x Estatuto do Desarmamento: a Lei 10.826/2003 trouxe forma especial de fraude processual, punindo com reclusão de 3 a 6 anos a conduta daquele que modificar as características de arma de fogo para fins de dificultar ou de qualquer modo induzir a erro autoridade policial, perito ou juiz (art. 16, parágrafo único, II).

---

324. *Direito penal*, v. 4, p. 407.
325. Noronha, *Direito penal*, v. 4, p. 408.

12. FAVORECIMENTO PESSOAL

▶ ***Favorecimento pessoal***

Art. 348. Auxiliar a subtrair-se à ação de autoridade pública autor de crime a que é cominada pena de reclusão:

Pena – detenção, de 1 (um) a 6 (seis) meses, e multa.

§ 1º Se ao crime não é cominada pena de reclusão:

Pena – detenção, de 15 (quinze) dias a 3 (três) meses, e multa.

§ 2º Se quem presta o auxílio é ascendente, descendente, cônjuge ou irmão do criminoso, fica isento de pena.

12.1. Considerações iniciais

Tutela-se o regular andamento da administração da justiça, aqui embaraçada pela ação do agente favorecendo de criminoso.

As penas cominadas ao delito permitem a transação penal e a suspensão condicional do processo (Lei 9.099/95).

12.2. Sujeitos do delito

Trata-se de crime comum, podendo ser praticado por qualquer pessoa, inclusive pela vítima do fato criminoso anteriormente praticado.

Não se admite, por óbvio, a hipótese de favorecimento em proveito próprio (autofavorecimento). Assim, inexiste o crime do art. 348 quando o seu autor participou, de qualquer modo (ainda que apenas moralmente), do crime anterior.

O delito de favorecimento pessoal só ocorre se o auxílio prestado for concreto (efetivo). Desse modo, não responderá por crime o advogado que oculta das autoridades o paradeiro de seu cliente, desde que, evidentemente, não tenha prestado amparo material para que este se escondesse (*RJDTACRIM* 27/240).

Sujeito passivo é o Estado, isto é, a autoridade pública (judicial, policial ou administrativa) diretamente afetada pela conduta do agente.

12.3. Conduta

O favorecimento pessoal é *delito acessório*, ficando a sua tipificação na dependência da prática de um crime antecedente (dito *principal*).

Pune-se o agente que presta assistência, de qualquer natureza (idônea e eficiente) a quem acaba de cometer um crime, objetivando subtraí-lo à ação da autoridade, obstando as atividades judiciárias.

Na definição de BENTO DE FARIA:

> "O favorecimento pessoal é o auxílio prestado ao autor de um crime, com o propósito de subtraí-lo a ação da autoridade pública, sem que ocorra a promessa ou acordo anterior. Embora seja mister a ocorrência de delito anterior constitui, entretanto, uma prática criminosa, *per sè stante*, diversa da participação."[326].

Alerta MIRABETE:

> "O auxílio somente pode dar-se de forma comissiva, não podendo configurar-se pela omissão (*RF* 224/306; *RT* 378/99; 268/146; *RJTJESP* 5/344). Não constitui o crime, por isso, a falta de comunicação do crime à autoridade policial (*RF* 212/413; *RF* 150/442; *RT* 487/278). Nem mesmo um agente da autoridade, que tem o dever legal de impedir o resultado, pode praticar o crime: haverá no caso delito próprio (prevaricação, corrupção passiva etc.)."[327].

Da simples leitura do tipo penal verifica-se, com clareza, a presença de dois requisitos indispensáveis para a sua tipificação:

a) *a prática de crime anterior*, podendo esse crime ser de qualquer espécie, natureza ou gravidade (doloso ou culposo, tentado ou consumado, de maior ou menor potencial ofensivo etc.).

A doutrina exemplifica algumas hipóteses em que, mesmo havendo a prática de fato anterior previsto como crime, não se pune o agente por favorecimento. São elas: causa excludente da ilicitude; causa excludente da culpabilidade; causa extinta de punibilidade; escusa absolutória. Nos casos de ação penal pública condicionada ou de iniciativa privada, só se cogitará do crime após provocação do ofendido em relação ao fato que o vitimou.

☑ ***E se o agente foi absolvido por falta de provas, aquele que o auxiliou a subtrair-se da ação da autoridade responde pelo favorecimento pessoal?***

CAPEZ, lembrando que a resposta é bastante discutida na doutrina, assim resume a controvérsia:

> "Há duas orientações na doutrina: (1) Conforme preleciona Victor Eduardo Rios Gonçalves, 'se o autor do crime antecedente vier a ser absolvido por qualquer motivo (exceto na absolvição imprópria, em que há aplicação de medida de segurança), o juiz não poderá condenar o acusado de auxiliá-lo'. (2) Nélson Hungria, por sua vez, sustenta que a absolvição por falta de provas não exclui o crime de favorecimento pessoal."[328].

326. Ob. cit., v. 5, p. 622.
327. *Manual de direito penal*, v. 3, p. 426.
328. Ob. cit., v. 3, p. 625.

Expressa o tipo penal o favorecimento a autor de *crime*. Portanto, havendo a prestação de auxílio a autor de contravenção, não há falar em favorecimento, sendo um indiferente penal.

b) *crime anterior apenado com reclusão*. Se ao fato anteriormente praticado for estabelecida pena de detenção, responderá o agente de acordo com o § 1º do presente dispositivo (favorecimento privilegiado).

Adverte a doutrina (e a jurisprudência) que o favorecimento deve ser prestado após a prática do crime anterior. Não há, no caso, contribuição alguma para concepção ou execução do crime anterior, de que o agente só veio a ter conhecimento depois de praticado. Se prometido o auxílio em momento anterior ou se prestado durante a prática criminosa, não responderá o agente pelo delito previsto no art. 348, mas por coautoria ou participação no crime precedente.

Conforme destaca Nélson Hungria:

> "O favorecimento é auxílio prestado ao criminoso (para sua fuga ou ocultação), e não ao crime (já dizia Arentino: '*auxilium praestitum non ad committendum, sed ad evadendum*'). É preciso não confundir o *fautor delicti* com o *fautor delinquentis.*"[329].

No mesmo sentido é a lição de Bento de Faria, que afirma a inocorrência do crime quando

> "a atividade do agente se manifestar *contemporaneamente* a do delito principal, haja ou não prévio ou concomitante concerto (concurso no delito); ou a mesma atividade, embora *sucessiva* ao crime anterior, seja *resultante do concerto anterior* (concurso no delito)."[330].

12.4. Voluntariedade

Consubstancia-se o dolo na consciência de prestar a autor de crime anterior auxílio material para que este se oculte da ação da autoridade.

Noronha, citando Paul Logoz, completa:

> "Não é necessário que o agente esteja exatamente ao corrente do que fez o favorecido ou da acusação contra este formulada ou que ele conheça com precisão a pena ou a medida de execução da qual ele o subtrai. Pouco importa, por outra parte, que o agente creia na culpabilidade ou na inocência da pessoa que subtrai a uma perseguição penal. Pouco importaria, portanto, que um conhecimento mais ou menos aprofundado dos fatos da causa tenha conduzido o agente a crer na inocência do acusado.".[331].

329. Ob. cit., v. 9, p. 506.
330. Ob. cit., v. 5, p. 622.
331. *Direito penal*, v. 4, p. 412.

Se o agente, na dúvida acerca do fato atribuído ao favorecido, arrisca-se, auxiliando-o, faz despertar o dolo eventual, equiparado, por lei, ao direto (art. 18, I, do CP).

A forma culposa é atípica.

12.5. Consumação e tentativa

Consuma-se o crime no momento em que, prestado o efetivo auxílio, o criminoso favorecido obtém êxito em sua ocultação, ainda que momentaneamente (crime material), sendo perfeitamente possível a tentativa (neste sentido: Hungria[332]; Noronha[333]; Bitencourt[334]; Damásio de Jesus[335]; e Mirabete[336]).

Há, contudo, entendimento minoritário no sentido de ser dispensável o sucesso do favorecimento (delito formal), bastando para a sua consumação um simples ato de prestar auxílio ao criminoso, ficando difícil, na hipótese, aceitar o *conatus*.

O § 1º prevê forma privilegiada para a conduta do agente que preste auxílio a autor de crime apenado com detenção, estabelecendo-se a pena em detenção de quinze dias a três meses.

12.6. Escusa absolutória

O § 2º prevê modalidade de escusa absolutória, tornando imune o agente quando o criminoso auxiliado é seu *ascendente, descendente, cônjuge ou irmão*. Fundada na inexigibilidade de conduta diversa, a maioria admite integração analógica, estendendo o rol (não taxativo) para abranger, por exemplo, a convivente (união estável) etc.

Na opinião de Hungria a escusa se justifica:

> "Tendo-se em atenção os laços de especial afeto que ligam os membros de uma mesma família."[337].

E complementa Bento de Faria:

> "Esse vínculo de sangue envolve, presumidamente, sentimento que o critério humano se abstém de reprimir, em se tratando de favorecimento pessoal. É certo que essa circunstancia não se verifique em relação ao cônjuge, mas não exclui os mesmos sentimentos resultantes da estreita comunhão de vida de dois seres ligados indissoluvelmente pelo casamento."[338].

332. Ob. cit., v. 9, p. 508-509.
333. Direito Penal, v. 4, p. 412.
334. Ob. cit., v. 5, p. 380.
335. Ob. cit., v. 4, p. 333.
336. *Manual de direito penal*, v. 3, p. 427.
337. Ob. cit., v. 9, p. 509.
338. Ob. cit., v. 5, p. 627.

12.7. Ação penal

A ação penal é pública incondicionada.

12.8. Princípio da especialidade

a) **Código Penal x Código Penal Militar**: o art. 350 do Decreto-lei 1.001/69 pune o favorecimento pessoal praticado na forma do art. 9º daquele diploma.

13. FAVORECIMENTO REAL

▶ ***Favorecimento real***

Art. 349. Prestar a criminoso, fora dos casos de coautoria ou de receptação, auxílio destinado a tornar seguro o proveito do crime:

Pena – detenção, de 1 (um) a 6 (seis) meses, e multa.

13.1. Considerações iniciais

Tutela-se, mais uma vez, o regular andamento da administração da justiça, mirando o comportamento daquele que auxilia criminoso a tornar seguro o proveito do crime. De forma mediata, protege-se os bens pertencentes à vítima de crime anterior.

A pena cominada ao delito admite a transação penal e a suspensão condicional do processo.

13.2. Sujeitos do delito

Trata-se de um crime comum, podendo ser praticado por qualquer pessoa, excetuando-se, obviamente, aquele que contribuiu, de alguma forma, no crime antecedente.

Sujeito passivo imediato é o Estado. Secundariamente figura no polo passivo a vítima do delito anterior.

13.3. Conduta

Como no crime de favorecimento pessoal (art. 348 do CP), também o favorecimento real é *delito acessório*, ficando a sua tipificação na dependência da prática de um crime antecedente (principal).

Pune-se a conduta daquele que prestar (proporcionar, oferecer) a criminoso, fora dos casos de coautoria ou de receptação, auxílio (ainda que apenas moral) destinado a tornar seguro o *proveito de crime* (tornar seguro proveito de contravenção penal é um indiferente penal).

Proveito do crime, segundo a definição de Hungria:

> "É toda vantagem ou utilidade, material ou moral, obtida ou esperada em razão do crime anterior, seja direta ou indiretamente: tanto o *produto* do crime (ex.: a *res furtiva*) ou o *resultado* dele (ex.:

> a posse de menor raptada), quanto a coisa que venha a substituir a que foi objeto material do crime (ex.: o ouro resultante da fusão das joias subtraídas, ou a coisa que veio a ser comprada com o dinheiro furtado), ou, finalmente, o *pretium criminis*. Os *instrumenta sceleris* não são proveito do crime: sua guarda clandestina ou ocultação, porém, se praticada com o fim de despistar a perseguição do criminoso, será favorecimento real."[339].

O comportamento aqui estudado não se confunde com aquele descrito no artigo anterior (favorecimento pessoal), extraindo-se a diferença da simples leitura dos tipos penais: no favorecimento *pessoal* se busca a fuga do criminoso (por isso *pessoal*); já no favorecimento *real* presta-se auxílio não ao criminoso em si, mas indiretamente, assegurando, para ele, a ocultação da coisa, proveito do crime (*real*).

Nas palavras de Noronha:

> "Aqui também tem a lei em consideração favorecimento ao delinquente, não mais, porém, visando à subtração de sua pessoa à ação da justiça, mas procurando tornar-lhe seguro o proveito do delito."[340].

O tipo do art. 349 exclui do seu alcance as hipóteses de coautoria (ou participação) e receptação. Logo, quem, de qualquer modo, participou do crime anterior, não comete a infração penal em estudo, mas sim aquela anterior, para a qual concorreu (ex.: se "A", depois de induzir "B" a furtar um veículo, esconde a coisa em proveito do furtador, responderá pelo crime de furto, evento para o qual concorreu de qualquer modo); se o agente oculta coisa produto de crime visando proveito econômico, para si ou em favor de terceiro que não seja o criminoso anterior, terá praticado receptação (ex.: se "A", sabendo que o veículo que lhe é oferecido tem preço atraente porque produto de furto, praticará receptação se o adquirir).

Persiste o crime ainda que o auxílio seja prestado a menor infrator (ver: *Jutacrim* 96/311). Assim, agente que se dispõe a descontar cheque subtraído de terceiro por menor infrator, visando assegurar proveito para o adolescente, comete favorecimento real.

Mirabete, não sem razão, alerta:

> "Não se exige que haja condenação transitada em julgado com relação ao crime pressuposto, o que é pacífico quanto aos crimes de receptação ou favorecimento pessoal, já que a prova da materialidade e autoria do delito antecedente pode ser produzida contra o autor do favorecimento real. Basta, assim, a certeza do crime anterior (*RJTJESP* 71/323; *RT* 550/283)."[341].

339. Ob. cit., v. 9, p. 510.

340. *Direito penal*, v. 4, p. 413.

341. *Manual de direito penal*, v. 3, p. 429.

Há, porém, doutrina em sentido contrário (Celso Delmanto[342]), considerando que a expressão *criminoso* (e não *acusado* de crime) contida no tipo penal acabou por condicionar a punição do favorecimento ao trânsito em julgado da condenação do delito anterior, prestigiando, dessa forma, o princípio constitucional da *presunção de inocência.*

Discute-se, ainda, se haverá crime no caso do delito antecedente ser apenas tentado.

Hungria, entendendo impossível, explica:

> "Diversamente do favorecimento pessoal, o real não se compadece com a simples tentativa do crime anterior, pois em tal caso não haveria proveito a ser assegurado."[343].

Noronha, acertadamente, discorda e assim fundamenta sua lição:

> "O favorecimento real não existe sem crime anterior: é seu pressuposto. Deve ele, em regra, estar consumado, mas, ao contrário do que Hungria sustenta, a fórmula do Código não é inconciliável com o delito anterior tentado. Falasse a lei em *produto* de crime, como faz na receptação e a interpretação seria inamovível. Mas alude-se aqui a *proveito*, o que inclui o *preço* do crime e já agora nada impede que alguém esconda o dinheiro ou a coisa que o mandante deu ao mandatário em antecipado pagamento (*pretium*) do homicídio, que ele não conseguiu consumar. Manzini e outros também não distinguem. Referindo-se a ambos favorecimentos, escreve: 'É irrelevante que o crime anterior seja consumado ou simplesmente tentado'."[344].

13.4. Voluntariedade

O delito é punido a título de dolo, isto é, consciente vontade de prestar auxílio a autor de crime anteriormente praticado. Contém o tipo, ainda, o especial fim de agir, consistente na finalidade de prestar auxílio para tornar seguro o proveito do delito. Destaca Hungria que o especial fim de agir se consubstancia na finalidade de "socorrer ou beneficiar o autor do crime. Se o agente é movido por fim de lucro, o crime será o de receptação."[345].

13.5. Consumação e tentativa

Consuma-se com a efetiva prestação do auxílio ao criminoso, ainda que este não logre assegurar o proveito do delito (crime formal).

A tentativa é possível, vez que o crime é plurissubsistente, admitindo fracionamento da conduta.

---

342. Ob. cit., p. 892.
343. Ob. cit., v. 9, p. 510.
344. *Direito penal*, v. 4, p. 414.
345. Ob. cit., v. 9, p. 511.

Noronha assim resume o assunto:

> "Consuma-se o delito quando o agente presta a criminoso *auxílio* com o fim aludido. Não é necessário para a consumação que este seja alcançado, ao contrário do que se dá na espécie anterior; basta o escopo de segurança do proveito delituoso. O auxílio não compreende apenas *um* ato, pode compor-se de vários, e, consequentemente, ser obstado o agente apenas iniciada sua ação, que ainda não constitui auxílio. Possível, pois, a tentativa."[346].

Note-se que o legislador não instituiu no delito em tela a benesse da escusa absolutória, presente no § 2º do art. 348. Sendo assim, se o ascendente, descendente, cônjuge ou irmão do criminoso lhe prestarem auxílio, não verão extinta sua punibilidade, respondendo pelo delito de favorecimento real.

13.6. Ação penal

A ação penal é pública incondicionada.

13.7. Princípio da especialidade

a) Código Penal x Código Penal Militar: o art. 351 do Decreto-lei 1.001/69 pune o favorecimento real praticado na forma do art. 9º daquele diploma.

14. INTRODUÇÃO DE APARELHO DE COMUNICAÇÃO, SEM AUTORIZAÇÃO LEGAL, EM ESTABELECIMENTO PRISIONAL

> **Art. 349-A.** Ingressar, promover, intermediar, auxiliar ou facilitar a entrada de aparelho telefônico de comunicação móvel, de rádio ou similar, sem autorização legal, em estabelecimento prisional.
>
> Pena – detenção, de 3 (três) meses a 1 (um) ano.

14.1. Considerações iniciais

A introdução de aparelho de comunicação no presídio, antes de março de 2007, não gerava, em regra, qualquer consequência para o preso surpreendido na sua posse, para o agente público que omitiu seu dever de vedar a sua entrada ou mesmo para o particular que o introduziu no sistema penitenciário. Os dois primeiros comportamentos, com o advento da Lei 11.466/2007, foram tipificados como falta grave (art. 50, VII, da LEP) e crime (art. 319-A do CP), respectivamente. Esqueceu o legislador de tipificar a conduta do particular de ingressar, promover, intermediar, auxiliar ou facilitar a entrada do aparelho, sem autorização, em estabelecimento prisional. Para suprir essa lacuna veio a Lei 12.012/2009.

346. *Direito penal*, v. 4, p. 415.

Art. 319-A do CP	Art. 349-A do CP	Art. 50, VII, LEP
Sujeito ativo: Diretor de Penitenciária e/ou agente público.	Sujeito ativo: qualquer pessoa.	Autor: preso (provisório ou definitivo).
Conduta criminosa: Deixar de cumprir seu dever de vedar ao preso o acesso a aparelho telefônico, de rádio ou similar, que permita a comunicação com outros presos ou com o ambiente externo:	Conduta criminosa: Ingressar, promover, intermediar, auxiliar ou facilitar a entrada de aparelho telefônico de comunicação móvel, de radio ou similar, sem autorização legal, em estabelecimento prisional.	Falta disciplinar: ter em sua posse, utilizar ou fornecer aparelho telefônico, de rádio ou similar, que permita a comunicação com outros presos ou com o ambiente externo.
Consequência penal: detenção de 3 meses a 1 ano.	Consequência penal: detenção de 3 meses a 1 ano.	Consequência administrativa: sanção disciplinar, perda dos dias remidos e do período permissivo para progressão de regime.

A exemplo do art. 319-A (infração e menor potencial ofensivo), também no art. 349-A chama a atenção a pequeneza, a brandura da pena (resposta Estatal ao comportamento humano indesejado), desproporcional considerando a gravidade da conduta incriminada. Nesse tanto, merece ser lembrada a lição de Paulo Queiroz:

> "Convém notar, todavia, que o princípio da proporcionalidade compreende, além da proibição de excesso, a proibição de insuficiência da intervenção jurídico-penal. Significa dizer que, se, por um lado, deve ser combatida a sanção penal desproporcional porque excessiva, por outro lado, cumpre também evitar a resposta penal que fique muito aquém do seu efetivo merecimento, dado o seu grau de ofensividade e significação político-criminal, afinal a desproporção tanto pode dar-se para mais quanto para menos. Exemplo disso – de insuficiência da resposta estatal – são os crimes de abuso de autoridade previstos na Lei 4.898/65, que comina, para as graves infrações que define, pena de detenção de dez dias a seis meses (art. 6º, § 3º, b)."[347]. Nos artigos 319-A e 349-A temos mais exemplos de desproporcionalidade.

14.2. Sujeitos do crime

Trata-se de crime comum, podendo ser cometido por qualquer pessoa (na prática, normalmente é executado por familiares ou pessoas próximas ao preso, em dia de visita).

Sujeito passivo primário é o Estado, e, secundário, a sociedade.

347. *Direito penal*: parte geral, p. 33.

14.3. Conduta

Pune-se o agente que *ingressar* (fazer entrar), *promover* (agenciar), *intermediar* (interceder), *auxiliar* (assistir) ou *facilitar* (ajudar) a entrada de aparelho telefônico de comunicação móvel, de rádio ou similar,[348] em estabelecimento prisional (local onde se recolhem presos, provisórios ou definitivos).

É imprescindível que o agente realize qualquer um dos núcleos do tipo sem autorização legal, elemento normativo indicativo da ilicitude do comportamento.

Com a novel incriminação, na esteira do art. 319-A do CP, o tipo quer proibir não a comunicabilidade do preso com o mundo exterior, mas a *intercomunicabilidade*, isto é, a transmissão de informações entre pessoas (sendo, pelo menos uma, habitante prisional).

14.4. Voluntariedade

O crime é punido a título de dolo, devendo o agente ter ciência de que age sem autorização legal. O erro, nesse ponto, ou seja, sobre a autorização legal, pode refletir na culpabilidade ou na própria pena (art. 21 do CP) (porque se trata de um erro de proibição).

14.5. Consumação e tentativa

O crime é de mera conduta, consumando-se com a prática de qualquer um dos núcleos, independentemente se o aparelho chegou até seu destinatário. A natureza do crime parece incompatível com a tentativa.

14.6. Ação penal

A pena é perseguida mediante ação penal pública incondicionada.

15. EXERCÍCIO ARBITRÁRIO OU ABUSO DE PODER

▶ ***Exercício arbitrário ou abuso de poder***

Art. 350. Ordenar ou executar medida privativa de liberdade individual, sem as formalidades legais ou com abuso de poder:

Pena – detenção, de 1 (um) mês a 1 (um) ano.

---

348. O encerramento genérico permite ao juiz realizar interpretação analógica, abrangendo qualquer aparelho de transmissão de informação. Lamentamos haver o legislador esquecido de incriminar a entrada dos acessórios dos aparelhos de comunicação, como *chips*, baterias, carregadores etc. O STF (HC 99.896; RHC 106.481/MS), a respeito da falta grave cometida pelo preso, estabelecida no art. 50, inciso VII, da Lei nº 7.210/84, semelhante a este crime, valendo-se da interpretação teleológica, vem decidindo que a redação do dispositivo permite abranger na tipificação os referidos acessórios. No mesmo sentido, o STJ: (HC 260.122/RS, Quinta Turma, rel. Min. Marco Aurélio Belizze, DJe 02/04/2013).

Parágrafo único. Na mesma pena incorre o funcionário que:

I – ilegalmente recebe e recolhe alguém a prisão, ou a estabelecimento destinado a execução de pena privativa de liberdade ou de medida de segurança;

II – prolonga a execução de pena ou de medida de segurança, deixando de expedir em tempo oportuno ou de executar imediatamente a ordem de liberdade;

III – submete pessoa que está sob sua guarda ou custódia a vexame ou a constrangimento não autorizado em lei;

IV – efetua, com abuso de poder, qualquer diligência.

15.1. Considerações gerais

Apesar de haver doutrina em sentido contrário (Damásio de Jesus[349]; Magalhães Noronha[350]; Paulo José da Costa Jr.), entendemos, como a maioria, que o art. 350 foi revogado (e totalmente absorvido) pela Lei 4.898/65, que define os crimes de abuso de autoridade.

Neste sentido, aliás, leciona Mirabete:

> "Os incisos I e II referem-se a condutas que já estão, a rigor, definidas também no *caput* do art. 350, e, portanto, no art. 4º, *a*, da Lei 4.898. O inciso III está reproduzido, com alteração abrangente, no art. 4º, *b*, da mesma lei. No inciso IV prevê-se a conduta que está subsumida nos vários dispositivos da lei especial (arts. 3º e 4º e suas alíneas). Pode-se afirmar, pois que os crimes de exercício arbitrário de abuso de poder previstos no art. 350 do CP foram absorvidos e, portanto, revogados pela Lei 4.898, de 1965, sob a denominação de abuso de autoridade (RT 394/267, 405/417, 504/379)."[351].

16. FUGA DE PESSOA PRESA OU SUBMETIDA A MEDIDA DE SEGURANÇA

▶ ***Fuga de pessoa presa ou submetida a medida de segurança***

Art. 351. Promover ou facilitar a fuga de pessoa legalmente presa ou submetida a medida de segurança detentiva:

Pena – detenção, de 6 (seis) meses a 2 (dois) anos.

§ 1º Se o crime é praticado a mão armada, ou por mais de uma pessoa, ou mediante arrombamento, a pena é de reclusão, de 2 (dois) a 6 (seis) anos.

§ 2º Se há emprego de violência contra pessoa, aplica-se também a pena correspondente à violência.

349. Ob. cit., v. 4, p. 340.

350. Direito Penal, v. 4, p. 421-424.

351. *Manual de direito penal*, v. 3, p. 431.

§ 3º A pena é de reclusão, de 1 (um) a 4 (quatro) anos, se o crime é praticado por pessoa sob cuja custódia ou guarda está o preso ou o internado.

§ 4º No caso de culpa do funcionário incumbido da custódia ou guarda, aplica-se a pena de detenção, de 3 (três) meses a 1 (um) ano, ou multa.

16.1. Considerações iniciais

Tutela-se a administração da justiça, objetivando o regular andamento de suas atividades, em especial o necessário respeito ao império da ordem judicial, condição indispensável para a sobrevivência do Estado Democrático de Direito.

> "Embora não se incrimine a fuga do preso sem violência, não permite a lei que outras pessoas promovam ou contribuam para sua evasão, frustrando as decisões judiciárias e as imposições legais, com inegável menosprezo e desprestígio da ordem constituída."[352].

Em razão das penas cominadas ao delito, há diversas situações possíveis quanto aos benefícios despenalizadores previstos na Lei 9.099/95. A transação penal poderá ser admitida se a conduta se subsumir ao *caput* e ao § 4º, ao passo que o § 3º admite apenas a suspensão condicional do processo e o § 1º afasta qualquer benefício.

16.2. Sujeitos do delito

O crime, em regra, é comum, isto é, pode ser praticado por qualquer pessoa (até mesmo por policial militar, ante a ausência de tipo especial no CPM). Os familiares do preso ou internado também podem figurar como sujeito ativo.

O delito, no entanto, será próprio (só podendo ser cometido por funcionário incumbido da custódia ou guarda do preso ou interno) na forma qualificada, prevista no § 3º, e culposa, taxada no § 4º.

Não há que se cogitar do crime no caso de particular, depois de prender em flagrante criminoso, resolver deixá-lo fugir. Aqui, a ação do particular era *opcional*, sendo *facultativa* a continuidade do seu exercício.

Sujeito passivo é o Estado.

16.3. Conduta

Pune-se quem promove ou facilita a fuga de pessoa legalmente *presa* ou submetida a *medida de segurança detentiva*.

352. Mirabete, *Manual de direito penal*, v. 3, p. 434.

Na lição de Bento de Faria:

> "Pessoa legalmente presa é a que se encontra privada da liberdade pessoal com fundamento em norma jurídica, imperativa ou permissiva. Tal ocorrendo, isto é, *legalidade* formal da prisão, pouco importa a circunstancia de ser materialmente injusta, por ser o preso inocente ou por outra qualquer causa."[353].

E complementa Nélson Hungria:

> "Em seguida, menciona a lei o 'indivíduo submetido a medida de segurança detentiva', isto é, o internado, definitiva ou provisoriamente (Código Penal, art. 80), em manicômio judiciário, casa de custódia e tratamento, colônia agrícola ou instituto de trabalho, de reeducação ou de ensino profissional."[354].

O tipo penal descreve dois verbos nucleares: *promover* e *facilitar*. Entende-se por promover a conduta daquele que, *de per si*, articula e dá causa à fuga, independentemente da ciência do preso ou detento. Já por facilitar, entende-se o comportamento daquele que, embora não participe ativamente da execução da fuga, favorece sua ocorrência, fornecendo os meios necessários para que o preso se evada.

A doutrina dispensa, para a caracterização do delito, a prévia custódia do preso em delegacia ou penitenciária, bastando que esteja custodiado pela autoridade, ainda que em trânsito de um local a outro. Essa, aliás, é a lição de Hungria:

> "Não importa que o preso esteja recolhido ao estabelecimento carcerário (penitenciária, cadeia, presídio destinado a detenção provisória, xadrez policial, custódia honesta) ou esteja sendo conduzido para ele ou transportado dele para outro local (não se refere a lei, restritivamente, a evasão, mas, genericamente, à fuga)."[355].

Deve ser observado, também, que o tipo traz importante elemento normativo, qual seja, a legalidade da prisão (definitiva ou provisória) ou medida de segurança.

Discorrendo sobre o assunto, ensina Noronha:

> "A lei frisa abertamente o requisito da legalidade. A prisão ou a detenção para medida de segurança devem ser legais. Assim não sendo, quem promove ou facilita a fuga não pode praticar crime, pois age em legítima defesa de terceiro. Consequentemente, é mister o *pressuposto* da prisão em flagrante, do decreto de prisão preventiva, da sentença de pronúncia, da condenatória, enfim, que haja fundamento em lei e meio hábil. Todavia, tenha-se presente que não é apenas o vício de origem que inquina de ilegalidade a prisão ou detenção (referimo-nos, com este último vocábulo, a medida de

353. Ob. cit., v. 5, p. 633.

354. Ob. cit., v. 9, p. 518.

355. Ob. cit., v. 9, p. 517-518.

> segurança detentiva), pois também o é a que assim se torna durante e execução, como se, por exemplo, a pena já se findou, mas arbitrariamente a pessoa é conservada na prisão, o mesmo se dando se se tratar de medida de segurança de internação em manicômio, casa de custódia e tratamento, instituto de trabalho etc."[356].

Apesar de haver decisão em sentido contrário (*RT* 392/329; 484/298), não se pode abranger pela redação a facilitação de fuga do adolescente regularmente apreendido, pois o tipo é omisso, não cabendo integração analógica (art. 1º do CP).

16.4. Voluntariedade

O crime em estudo é punível tanto a título de dolo, quanto a título de culpa (§ 4º). No primeiro caso (dolo), parece claro que o agente deve agir no intuito de facilitar ou promover a fuga. Se determinar sua conduta no sentido de auxiliar o fugitivo após a evasão, não responderá pelo delito em tela, mas, conforme o caso, por favorecimento pessoal.

16.5. Consumação e tentativa

Ocorrerá a consumação a partir do momento em que o preso ou o internado obtém êxito na fuga (crime material), ainda por um breve espaço de tempo.

A conduta, nas formas dolosas, admite fracionamento, podendo ocorrer a tentativa, como, por exemplo, na hipótese do preso ser surpreendido escalando o muro da prisão, pronto para transpor seus limites.

Finalmente, o dispositivo prevê o concurso de delitos, estabelecendo, no § 2º, a soma da pena correspondente à violência, se exercida, à cominada para a facilitação ou promoção de fuga.

16.6. Qualificadoras

O § 1º qualifica o crime (reclusão de dois a seis anos) se praticado a mão armada, ou por mais de uma pessoa, ou mediante arrombamento.

Na primeira hipótese a lei refere-se à *arma*. É sabido, no entanto, que a expressão "arma" traz indisfarçável controvérsia doutrinária, havendo aqueles que postulam uma interpretação restritiva (própria das normas incriminadoras) enquanto outros preferem a extensiva (cabível no silêncio da lei). Ficamos com esta segunda posição, isto é, consideramos "arma" todo e qualquer instrumento, fabricado com ou sem finalidade bélica, porém capaz de servir ao ataque ou defesa de alguém (ex.: revólver, facas de cozinha, espadas, estiletes, pedaço de madeira etc.).

---

356. *Direito penal*, v. 4, p. 427.

A segunda qualificadora é a do *concurso de agentes*, ou seja, quando duas ou mais pessoas concorrem para o evento. Discute-se se eventuais partícipes estão abrangidos no número mínimo de concorrentes, prevalecendo que sim, como bem explica MIRABETE:

> "Não se referindo a lei ao *cometimento*, como o faz em outros dispositivos, não se exige que participem dois ou mais agentes do ato executivo do delito, bastando a participação para que se apresente a qualificadora."[357].

A última qualificadora é a do *arrombamento*, caso em que o agente, para alcançar a fuga, usa de violência contra coisa (ex.: cerrar grades). Caso desnecessário o emprego de violência (sem nexo com o fim almejado), haverá crime autônomo de dano (art. 163 do CP).

Por fim, dispõe o § 3º que a pena será de reclusão, de um a quatro anos, se o crime é praticado por pessoa sob cuja custódia ou guarda está o preso ou o internado (ex.: carcereiro). Embora não incluída no capítulo dos crimes praticados por funcionários públicos contra a administração em geral, a doutrina qualifica essa modalidade criminosa como sendo *funcional*, demandando, por conseguinte, em eventual processo, a concessão da defesa preliminar trazida pelo art. 514 do CPP (nesse sentido: *RT* 526/301).

16.7. Ação penal

A ação penal é pública incondicionada.

16.8. Princípio da especialidade

a) Código Penal x Código Penal Militar: o art. 178 do Decreto-lei 1.001/69 pune a promoção ou facilitação de fuga de preso ou internado praticada na forma do art. 9º daquele diploma.

17. EVASÃO MEDIANTE VIOLÊNCIA CONTRA PESSOA

▶ ***Evasão mediante violência contra pessoa***

Art. 352. Evadir-se ou tentar evadir-se o preso ou o indivíduo submetido a medida de segurança detentiva, usando de violência contra a pessoa:

Pena – detenção, de 3 (três) meses a 1 (um) ano, além da pena correspondente à violência.

17.1. Considerações iniciais

O bem jurídico protegido continua sendo a administração da justiça, aqui embaraçada pela conduta do preso (ou pessoa internada) que se evade ou tenta se evadir.

357. *Manual de direito penal:* parte especial, v. 3, p. 436.

Como bem alerta Mirabete:

> "Embora não se puna a simples fuga do preso, por levar-se em conta o anseio à liberdade irreprimível no homem diante do seu instintivo amor à liberdade, não pode o Estado deixar de considerar como fato penalmente ilícito a violência praticada por aquele que se evade ou tenta evadir-se."[358].

A pena cominada ao delito permite a transação penal e a suspensão condicional do processo (Lei 9.099/95).

17.2. Sujeitos do delito

Somente o *preso* (administrativo, civil ou penal, provisório ou definitivo) ou o *internado* pode figurar como sujeito ativo. Há corrente negando a possibilidade de participação de estranhos, os quais, por óbvio, incorreriam nas penas do artigo anterior (art. 351 do CP).

Sujeito passivo imediato é o Estado. De forma mediata pode figurar como ofendido o indivíduo que sofre a lesão praticada pelo agente.

17.3. Conduta

A fuga, segundo Bento de Faria:

> "Consiste no fato do indivíduo libertar-se inteiramente, por ação própria, da esfera da prisão em que se encontra, ou do poder de quem o prendeu."[359].

Pune-se, aqui, a *fuga com violência*, isto é, a conduta daquele que, usando de agressão contra alguém (funcionário, preso ou qualquer outra pessoa), se evade ou tenta se evadir, estando *legalmente* preso ou submetido à medida de segurança detentiva.

Nos dizeres de Hungria:

> "A *violência* a que se refere o texto legal é tão-somente a *física* (toda vez que o Código quer mencionar, também, a violência moral, emprega a expressão 'ameaça grave' ou simplesmente 'ameaça'), exercida contra funcionários do estabelecimento ou soldados da guarda, que se oponham ou possam opor-se à evasão. Mesmo as 'vias de fato', quando eficientes para vencer a oposição à evasão (ex.: amarrar os guardas ou soldados) constitui violência; mas, como a contravenção famulativa de crime é sempre absorvida por este, a pena aplicável em tal caso, é tão-somente a cominada à evasão em si mesma."[360].

358. *Manual de direito penal*, v. 3, p. 438-439.
359. Ob. cit., v. 5, p. 639.
360. Ob. cit., v. 9, p. 520.

Alertamos, mais uma vez, que a fuga *sem violência à pessoa* não configura crime, podendo, eventualmente, constituir em falta grave, prevista no art. 50, II, da LEP; a fuga *com violência contra a coisa* (p. ex.: grade da cela) pode, conforme o caso, configurar crime de dano (qualificado se a coisa for pública).

Para HUNGRIA[361], o recolhimento do custodiado a estabelecimento próprio deve ser encarado como pressuposto necessário. Sem a clausura, haveria crime de resistência (art. 329 do CP).

Ousamos discordar.

A uma, porque, como já vimos, para a caracterização do delito de resistência (art. 329 do CP) há que se observar que os atos de violência ou ameaça devem ser usados para resistir o cumprimento da ordem (durante sua execução). Se empregados antes ou após, estaremos diante de outro crime (arts. 129, 147 ou 352, todos do CP).

A duas, porque na situação de transporte do preso, por exemplo, além do ato desenvolvido pela autoridade estar em curso, estará o detido submetido à sua custódia, sendo perfeitamente possível sua evasão mediante a prática de violência, configurando-se, pois, o crime de evasão violenta (art. 352 do CP).

O mesmo raciocínio é extraído das lições de NORONHA:

> "Primeiramente, diga-se que fuga é mais desobediência do que resistência; depois, o fato acima descrito tem a tipicidade do presente artigo e não do mencionado pelo preclaro Ministro; finalmente, resistência haveria, se ele opusesse violência à sua prisão, mas aqui a lei se refere a quem já está *preso* ou submetido a medida de segurança detentiva."[362].

17.4. Voluntariedade

O crime é punido a título de dolo, isto é, o agente, consciente da regularidade da prisão (ou internação), com vontade dela se evade (ou tenta evadir-se), praticando, para tanto, violência contra pessoa, não importando sua opinião sobre a justiça da clausura.

> "Claro que se ocorre uma excludente da antijuridicidade (p. ex., estado necessário devido a um incêndio), não pode haver punição, por não existir crime."[363].

17.5. Consumação e tentativa

O crime se consuma com a fuga ou com o simples emprego dos meios necessários para tanto, acompanhada de violência. Trata-se de crime excepcional, punindo-se a tentativa com a mesma consequência do delito consumado, sem qualquer redução de pena (delito de atentado).

---

361. Ob. cit., v. 9, p. 520.

362. *Direito penal*, v. 4, p. 430.

363. Noronha, *Direito penal*, v. 4, p. 431.

Por disposição expressa, a evasão (ainda que frustrada) é punida com detenção, de três meses a um ano, *além da pena correspondente à violência (*homicídio, lesão corporal etc.*).* Para a maioria da doutrina estamos diante do concurso material de crimes (ficando a mera contravenção de vias de fato absorvida).

Contudo, como já alertado em passagens anteriores, evidentemente não se trata de um concurso material (art. 69 do CP), hipótese em que teríamos *duas condutas distintas* produzindo pluralidade de resultados. Não se pode falar, também, em concurso formal propriamente dito, considerando que o sistema determinado pelo preceito secundário do tipo não é o da exasperação (e sim da cumulação) de penas.

Assim, pensamos que o sistema que melhor se subsume ao caso é o concurso formal impróprio (art. 70, *caput*, segunda parte, do CP), quer dizer, o agente, mediante *uma só conduta*, porém com desígnios autônomos, provoca dois ou mais resultados, cumulando-se as reprimendas.

17.6. Ação penal

A ação penal é pública incondicionada.

17.7. Princípio da especialidade

a) Código Penal x Código Penal Militar: o art. 180 do Decreto-lei 1.001/69 pune a evasão de preso ou internado praticada na forma do art. 9º daquele diploma.

18. ARREBATAMENTO DE PRESO

▶ ***Arrebatamento de preso***

Art. 353. Arrebatar preso, a fim de maltratá-lo, do poder de quem o tenha sob custódia ou guarda:

Pena – reclusão, de 1 (um) a 4 (quatro) anos, além da pena correspondente à violência.

18.1. Considerações iniciais

Tutela-se, uma vez mais, a administração da justiça.

Na lição de NORONHA:

> "É o prestígio da justiça que se tem em vista. É a segurança de sua finalidade que se resguarda e tutela, impedindo a intervenção apaixonada e violenta que lhe posterga os ditames serenos e as decisões imparciais."[364].

A pena cominada ao delito permite a suspensão condicional do processo (Lei 9.099/95).

18.2. Sujeitos do delito

É crime comum, podendo ser praticado por qualquer pessoa (inclusive por funcionário público).

364. *Direito penal*, v. 4, p. 431.

Sujeito passivo imediato é o Estado, aqui representado pelos órgãos judiciários. Figura no polo passivo, subsidiariamente, o preso maltratado, seja a sua custódia administrativa, civil ou penal, provisória ou definitiva.

Proibida a analogia incriminadora (art. 1º do CP), não se cogita do crime do art. 353 na hipótese de arrebatamento de pessoa submetida à medida de segurança (ou de adolescente apreendido) com a finalidade de maltratá-la. Em casos tais, a retirada do internado da custódia da autoridade será atípica, respondendo o agente somente por eventual conduta posterior praticado contra o arrebatado (morte, lesões corporais etc.).

18.3. Conduta

Prevê o tipo apenas uma conduta, consubstanciada no núcleo *arrebatar* preso, a fim de maltratá-lo (linchamento). *Arrebatar* significa arrancar, levar, retirar *com violência*. Subtração de preso, *sem violência*, ainda que para maltratá-lo, não caracteriza, por si só, crime.

> "Aqui não importa, ao contrário dos crimes antecedentes, que seja legal a prisão, já que, em qualquer caso, está o preso sob a custódia do Estado, que por ele é responsável. O art. 353, aliás, não se refere à legalidade da prisão."[365].

Da simples leitura do tipo percebe-se, também, irrelevante o local em que se acha o preso. Para a tipificação basta ser ele afastado do sítio em que se encontra custodiado (no fórum, na cadeia sob a guarda de carcereiro, na viatura sob escolta policial etc.).

Por fim, deve ser alertado que o delito em estudo não se confunde com aquele previsto no art. 1º, § 1º, da Lei 9.455/97 (submeter "pessoa presa ou sujeita a medida de segurança a sofrimento físico ou mental, por intermédio da prática de ato não previsto em lei ou não resultante de medida legal"[366]). Diferentemente do art. 353 do CP, na infração *tortura* o ofendido não é arrebatado, mas submetido a sofrimento dentro do sistema prisional, contando, muitas vezes (e lamentavelmente), com a criminosa tolerância estatal.

18.4. Voluntariedade

É o dolo, consistente na vontade consciente de retirar o preso da custódia da autoridade *com o fim de maltratá-lo*. Por maus tratos entende-se qualquer agressão à pessoa.

365. Mirabete, *Manual de direito penal*, v. 3, p. 441.

366. A Lei nº 12.847/13 instituiu o Sistema Nacional de Prevenção e Combate à Tortura. A Lei estabelece a criação de diversos mecanismos contra a tortura, como o Sistema Nacional de Prevenção e Combate à Tortura – SNPCT, composto pelo Comitê Nacional de Prevenção e Combate à Tortura – CNPCT, pelo Mecanismo Nacional de Prevenção e Combate à Tortura – MNPCT, pelo Conselho Nacional de Política Criminal e Penitenciária – CNPCP e pelo órgão do Ministério da Justiça responsável pelo sistema penitenciário nacional.

Como bem resume Hungria:

> "*Os maus tratos* têm variada casuística, indo desde as vias de fato vexatórias até o extremo do *linchamento* (que ultimamente tem ocorrido com certa e alarmante frequência)."[367].

Ausente a finalidade especial, desaparece o crime de arrebatamento de preso, podendo surgir outro, como, por exemplo, o de promover ou facilitar fuga de pessoa presa (art. 351 do CP).

18.5. Consumação e tentativa

A conduta do agente se aperfeiçoa com a violenta retirada do preso da custódia da autoridade. Trata-se de crime formal (ou de consumação antecipada), dispensando a prática de maus-tratos contra o aprisionado. Aliás, havendo a violência contra o arrebatado, responderá o agente também por crime contra a pessoa, somando-se a sua pena à do presente delito.

Sendo possível o fracionamento do *iter criminis*, é perfeitamente admissível a tentativa.

18.6. Ação penal

A ação penal é pública incondicionada.

18.7. Princípio da especialidade

a) Código Penal x Código Penal Militar: o art. 181 do Decreto-lei 1.001/69 pune o arrebatamento de preso praticado na forma do art. 9º daquele diploma.

19. MOTIM DE PRESOS

> ▶ ***Motim de presos***
>
> **Art. 354**. Amotinarem-se presos, perturbando a ordem ou a disciplina da prisão:
>
> Pena – detenção, de 6 (seis) meses a 2 (dois) anos, além da pena correspondente à violência.

19.1. Considerações iniciais

O crime do art. 354, a exemplo dos anteriores, tutela a administração da justiça, esperando, com isso, ver o habitante prisional cumprir a custódia (provisória ou não) com disciplina, sem perturbar a necessária ordem carcerária.

Como esclarece Bento de Faria:

> "O *motim* de presos é a revolta ou a sublevação dos mesmos para um fim qualquer, ainda que possa traduzir simplesmente um protesto possivelmente justo v.g., contra os maus-tratos, a alimentação deficiente ou outros vexames não autorizados pelos respectivos regulamentos. Esta forma, quase sempre envolvente de atos violentos,

367. Ob. cit., v. 9, p. 521.

> constitui, evidentemente, grave ofensa a ordem e a disciplina, e assim, além da sanção aplicável em razão do motim, ficam ainda sujeitos as penalidades correspondentes aos atos violentos que praticarem. Caracteriza-se, portanto, pela *atuação positiva.*"[368].

A pena cominada ao delito admite a transação pena e a suspensão condicional do processo (Lei 9.099/95).

19.2. Sujeitos do delito

É crime próprio e plurissubjetivo, só podendo ser praticado por número plural de presos (delito coletivo ou multitudinário).

☑ ***Mas qual será o número mínimo de presos em levante para configurar o delito do art. 354 do CP?***

Para Damásio de Jesus[369], três presos é suficiente (*RT* 653/310); já Mirabete[370] exige no mínimo quatro. Preferimos, com o devido respeito, não atrelar a tipificação a um número prefixado de participantes (hipótese em que a lei o teria feito expressamente), sendo essencial que constitua um ajuntamento tumultuário de aprisionados, circunstância a ser aquilatada no caso concreto.

Se um preso se alia a funcionários em movimento de rebeldia, não haverá motim[371].

Sujeito passivo é o Estado, podendo figurar como vítima secundária eventual funcionário ou pessoa outra atingida pela conduta dos presos.

19.3. Conduta

O tipo indica somente uma conduta nuclear, consolidada no verbo *amotinar* (alvoroçar, insurgir). Em outras palavras, pessoas, *legalmente presas*, levantam-se em motim, perturbando a ordem e a disciplina da prisão (*rebelião*).

> "Pode o crime ser praticado não só no estabelecimento penal, como também em qualquer local (interior de um veículo de transporte, por exemplo), desde que dele participem, como se assinalou, presos em número expressivo."[372].

O não acatamento de uma determinação, por si só, não caracteriza o crime em estudo, mas somente transgressão disciplinar.

Sobre o assunto, explica Hungria:

> "Cumpre não confundir atitudes coletivas de irreverência ou desobediência *ghândica* com o motim propriamente dito, que não se

368. Ob. cit., v. 5, p. 643.
369. Ob. cit., v. 4, p. 367.
370. *Manual de direito penal*, v. 3, p. 442.
371. Noronha, Direito Penal, v. 4, p. 435.
372. Mirabete, *Manual de direito penal*, v. 3, p. 443.

> configura se não assume o caráter *militante* de violências contra os funcionários internos ou de depredações contra o respectivo edifício ou instalações, com grave perturbação da ordem ou disciplina da prisão."[373].

Da simples leitura do tipo penal percebe-se que o art. 354 não compreende o motim nos hospitais de custódia ou outro estabelecimento destinado aos indivíduos submetidos à *medida de segurança*. A hipótese, então, configura outro crime (lesões corporais, resistência etc.).

19.4. Voluntariedade

É o dolo, materializado na vontade consciente de se agruparem os presos, ciente de que assim perturba a ordem ou disciplina da prisão.

Sobre o fim especial do motim, avisa Mirabete:

> "É irrelevante, porém, de a motivação do motim consistir em reivindicações justas ou não (*RT* 653/310; *RJDTACRIM* 7/74)."[374]

19.5. Consumação e tentativa

Consuma-se o crime com a efetiva infração à ordem ou à disciplina da prisão, perdurando, de acordo com a maioria da doutrina, por tempo juridicamente relevante (analisado casuisticamente).

Sendo possível o fracionamento do *iter criminis*, admite a tentativa.

Ocorrendo agressão à pessoa, à pena do motim de presos soma-se à da violência (homicídio ou lesão corporal, ficando a vias de fato absorvida).

19.6. Ação penal

A ação penal é pública incondicionada.

19.7. Princípio da especialidade

a) Código Penal x Código Penal Militar: o art. 182 do Decreto-lei 1.001/69 pune o motim de presos praticado na forma do art. 9º daquele diploma.

20. PATROCÍNIO INFIEL

> ▶ ***Patrocínio infiel***
>
> **Art. 355**. Trair, na qualidade de advogado ou procurador, o dever profissional, prejudicando interesse, cujo patrocínio, em juízo, lhe é confiado:
>
> Pena – detenção, de 6 (seis) meses a 3 (três) anos, e multa.

373. Ob. cit., v. 9, p. 522.
374. *Manual de direito penal*, v. 3, p. 443.

20.1. Considerações iniciais

O bem jurídico tutelado continua sendo a regular administração da justiça. Visa o dispositivo manter a probidade do causídico (ou do procurador judicial) em relação aos feitos por ele representados em juízo.

Magalhães Noronha corretamente lembra:

> "Conquanto não seja o advogado funcionário público, pública é a sua atividade, é a função que exerce, colaborando no reconhecimento ou proclamação do direito. Consequentemente, a lesão que, por sua conduta faltosa, produz nos interesses dos particulares, atinge inegavelmente a administração da justiça."[375].

A pena cominada ao delito admite apenas a suspensão condicional do processo (Lei 9.099/95).

20.2. Sujeitos do delito

Trata-se de crime próprio, que somente poderá ser praticado por advogado ou (procurador judicial) devidamente inscrito nos quadros da Ordem dos Advogados.

Explica Mirabete:

> "O crime previsto no art. 355 somente pode ser praticado por advogado ou procurador. *Advogado* é o bacharel legalmente habilitado pela inscrição na Ordem dos Advogados a defender interesses em Juízo. O *procurador judicial* é aquele a quem também é permitido tal atividade (provisionado, solicitador, estagiário ou pessoa leiga ou bacharel não inscrito na OAB nomeado como patrono dativo). É indiferente que se trate de mandato oneroso ou gratuito ou que o agente tenha sido constituído pela parte, nomeado pelo juiz, designado ou indicado por órgãos competentes (procuradorias, Ordem dos Advogados etc.). Não estão incluídos no dispositivo os promotores e procuradores de justiça que não são considerados advogados ou procuradores judiciais. Poderão, eventualmente, incidir em outros dispositivos penais (arts. 317, 319 etc.)."[376].

Sujeito passivo primário será o Estado. É possível, também, que o outorgante do mandato figure no polo passivo.

20.3. Conduta

A conduta tipificada no *caput* se revela no verbo *trair* dever profissional. Trai o advogado ou procurador que, ao patrocinar[377] (onerosa ou gratuitamente) uma causa em juí-

---

375. *Direito penal*, v. 4, p. 437.

376. *Manual de direito penal*, v. 3, p. 444-445.

377. O STF concedeu ordem de *habeas corpus* a advogado a quem se imputava o crime de patrocínio infiel sob o argumento de que, no caso concreto, não havia mandato para efetiva representação: "O crime de patrocínio infiel pressupõe que o profissional da advocacia tenha recebido outorga de poderes para

zo, atua irregularmente, tomando decisões contrárias ao interesse daquele que representa, acarretando a este efetivo e real prejuízo material ou moral, objeto da providência judicial (*RT* 580/352).

Na sempre lembrada lição de Bento de Faria:

> "*A traição ao dever profissional* verifica-se quando o advogado ou procurador se conluia com a parte contraria, faltando, assim, a fé ao respectivo cliente, ou não cumpre deliberadamente o mandato, ou procede, com o mesmo propósito, por forma contrária aos interesses que lhe foram confiados, ou torna-se infiel aos seus deveres."[378].

O crime pode ser cometido tanto por *ação* (se manifesta no processo de forma contrária aos interesses da parte defendida; fazer acordo prejudicial aos interesses do cliente etc.) quanto *omissão* (não recorrer; deixa ocorrer a perempção etc.). Apesar de manifestamente imoral, entende a maioria da doutrina não haver o crime do art. 355 do CP na hipótese de advogado dativo cobrar honorários pelos serviços prestados (em sentido contrário, ver *RT* 510/443, 520/494). O simples abandono da causa criminal pelo advogado não configura o crime do art. 355 do CP, ficando o profissional sujeito somente às penas previstas no art. 265 do CPP.

O patrocínio infiel deve ser empreendido em causa judicial, pouco importando sua natureza ou espécie (civil, penal, de jurisdição contenciosa ou voluntária etc.). Dentro desse espírito, a atuação *extrajudicial* do profissional (em fase de inquérito policial ou civil, sindicância, mera consulta etc.), não caracteriza o crime em estudo, sendo o agente passível, apenas, de punição disciplinar.

> "Não tem o advogado ou procurador o dever profissional de defender interesse ilegítimo, não se configurando o crime na conduta que contraria pretensão ilícita ou ilegal. A essa conclusão leva a lei ao se referir ao dever profissional. Além disso, o consentimento do interessado exclui a antijuridicidade do fato quando se trata de interesse disponível, o que não ocorre na causa criminal: o acusado não pode validamente consentir em ser condenado ou, de qualquer maneira, prejudicado, pois não está em jogo apenas interesse seu, mas também público ou da justiça, como é o da defesa penal."[379].

---

representar seu cliente. Com base nesse entendimento, a 1ª Turma julgou extinta a ordem de *habeas corpus* por inadequação da via processual, mas a concedeu, de ofício, por atipicidade da conduta. No caso, constatou-se a ausência de instrumento de mandato para constituir o paciente como representante técnico de determinado réu, tampouco se verificou o credenciamento em ata de audiência nos termos do art. 266 do CPP" (HC 110.196/PA, rel. Min. Marco Aurélio, DJe 07/08/2013).

378. Ob. cit., v. 5, p. 644.

379. Mirabete, *Manual de direito penal*, v. 3, p. 446.

20.4. Voluntariedade

É o dolo. Deve o agente, com vontade, trair seu dever funcional, ciente de que age em prejuízo do cliente, pouco importando os motivos que o levaram a tal proceder.

Não se pune a culpa; pelo erro profissional, fica advogado ou procurador sujeito às penas da infração disciplinar (*RT* 556/325). Nesse sentido, aliás, é a lição de Hungria: "Sem intenção maléfica, não é identificável o crime. Assim, não se enquadrará no art. 355 o entendimento com o *ex adverso* sobre um acordo transacional razoável, ou qualquer fato comissivo ou omissivo decorrente de imprudência, negligência ou imperícia."[380].

20.5. Consumação e tentativa

Tratando-se de crime material, consuma-se com a ocorrência de efetivo prejuízo causado ao patrocinado, ainda que reversível (dispensa final apuração da infração disciplinar na esfera administrativa, *JTACrimSP* 67/96).

Nas hipóteses comissivas admite-se o *conatus*.

21. PATROCÍNIO SIMULTÂNEO OU TERGIVERSAÇÃO

> ▶ ***Patrocínio simultâneo ou tergiversação***
>
> Parágrafo único. Incorre na pena deste artigo o advogado ou procurador judicial que defende na mesma causa, simultânea ou sucessivamente, partes contrárias.

21.1. Considerações gerais

O parágrafo único traz duas formas de infidelidade profissional. Na primeira – *patrocínio simultâneo* – o advogado ou procurador, concomitantemente, zela (ainda que por interposta pessoa) os interesses de partes contrárias; na segunda – *patrocínio sucessivo* (ou *tergiversação*) – o causídico renuncia ao mandato de uma parte (ou por ela é dispensado) e passa, em seguida, a representar a outra.

Reforçando a diferença exposta, lembremos a lição de Hungria:

> "Na hipótese de patrocínio simultâneo, o advogado ou procurador, abertamente ou *per interpostam personam*, fica, *ab initio*, a duas amarras ou servindo a dois amos com interesses reciprocamente hostis; na segunda hipótese, tradicionalmente denominada 'tergiversação' (do latim *tergum vertere*, voltar as costas) o agente é um desertor ou trânsfuga, ou um patrono inescrupuloso, que, abandonando a causa de seu constituinte (ou depois de despedido por este), passa a defender a causa da parte contrária."[381].

380. Ob. cit., v. 9, p. 525.
381. Ob. cit., v. 9, p. 526.

Note-se que não é necessário que o patrocínio se dê no mesmo processo, bastando ser a mesma causa.

Diferentemente do *caput*, o patrocínio criminoso do parágrafo único dispensa efetivo prejuízo ao patrocinado traído (delito formal).

Nesse sentido, ensina NORONHA:

> "Dá-se a consumação quando o advogado praticou efetivamente o ato característico de patrocínio simultâneo ou sucessivo. Não é mister a prática de *vários atos*; basta *um*, desde que já traduza o patrocínio infiel. Ao contrário da figura antecedente, não se exige dano ou prejuízo para a parte."[382].

Em que pese doutrina reconhecendo possível a tentativa apenas no patrocínio *simultâneo* (BITENCOURT[383]; e NORONHA[384]), não fazemos essa distinção, vez que as duas formas do crime apresentam-se plurissubsistentes, admitindo fracionamento na execução (nesse mesmo sentido temos as opiniões de DAMÁSIO DE JESUS[385]; e CAPEZ[386]).

22. AÇÃO PENAL (PATROCÍNIO INFIEL E PATROCÍNIO SIMULTÂNEO OU TERGIVERSAÇÃO)

A ação penal será pública incondicionada.

23. SONEGAÇÃO DE PAPEL OU OBJETO DE VALOR PROBATÓRIO

▶ ***Sonegação de papel ou objeto de valor probatório***

Art. 356. Inutilizar, total ou parcialmente, ou deixar de restituir autos, documento ou objeto de valor probatório, que recebeu na qualidade de advogado ou procurador:

Pena – detenção, de 6 (seis) meses a 3 (três) anos, e multa.

23.1. Considerações iniciais

O objeto da proteção jurídica continua a ser a administração da justiça. Com a presente incriminação, busca-se inibir a ilegítima interferência do advogado ou procurador, capaz de causar transtornos ou contratempos ao regular andamento das atividades judiciárias.

A pena cominada ao delito admite apenas a suspensão condicional do processo (Lei 9.099/95).

382. *Direito Penal*, v. 4, p. 440.

383. Ob. cit., v. 5, p. 431.

384. Direito Penal, v. 4, p. 382.

385. Ob. cit., v. 4, p. 374.

386. Ob. cit., v. 3, p. 651.

23.2. Sujeitos do delito

O crime é próprio, isto é, somente pode ser praticado por advogado (ainda que na defesa de causa própria) ou procurador.

Na lição de Bento de Faria:

> "O *sujeito ativo* somente pode ser o advogado ou o procurador, embora outros possam participar da mesma prática, cujo *dolo genérico* deve ficar demonstrado."[387].

Sujeito passivo será o Estado, titular da manutenção do regular andamento das atividades judiciárias. É também vítima (secundária) terceira pessoa, física ou jurídica, eventualmente prejudicada pelo suprimento ou pela inutilização dos autos, de documentos ou de objetos.

23.3. Conduta

A ação típica se resume em dois núcleos: *inutilizar* e *deixar de restituir* autos, documento ou objeto de valor probatório. A primeira conduta (tornar inútil, destruir) somente se dá na modalidade comissiva, enquanto que a segunda (sonegar, não devolver quando obrigado) se desenvolve de forma omissiva.

No entanto, corretamente adverte Mirabete:

> "A inutilização parcial configura o crime desde que seja atingida parte juridicamente relevante do objeto material. Supõe a inutilização *material* do objeto, não equivalendo a esse fato a inutilização 'jurídica' da ação contida nos autos, como ocorre, por exemplo, na conduta de que deu causa à prescrição (*RTJ* 96/622). Este fato pode constituir, em tese, patrocínio infiel."[388].

A conduta do agente deve recair sobre autos, documento ou objeto de valor probatório. *Autos* são as peças (petição, certidões, documentos, termos de audiências etc.) produzidas no decorrer de um procedimento policial ou judicial. *Documento* é o papel escrito destinado a esclarecer ou comprovar fato juridicamente relevante. *Objeto de valor probatório* é a coisa material capaz de comprovar o assunto sobre o qual versa o processo.

Como bem ressalva Noronha:

> "O objeto material do crime há de ser entregue ao agente, por causa de sua qualidade de advogado ou procurador. Trata-se de *pressuposto do delito*: o sujeito ativo tem a posse daqueles objetos, surgindo posteriormente a conduta delituosa (inutilização ou sonegação). A lei não distingue o modo por que a entrega foi feita. É óbvio que, em se tratando de documento ou objeto de valor probatório, recebidos

387. Ob. cit., v. 5, p. 650.

388. *Manual de direito penal:* parte especial, v. 3, p. 448-449.

> na qualidade de advogado ou procurador, prescinde-se da existência de ação em juízo."[389].

A respeito deste delito, já decidiu o STF:

> "Implica o tipo do artigo 356 do Código Penal (crime de Sonegação de papel ou objeto de valor probatório) postura de profissional da advocacia que, atuando em causa própria, deixa de devolver o processo para procrastinar o normal andamento."[390].

23.4. Voluntariedade

É o dolo, representado pela consciente vontade de inutilizar ou de deixar de restituir os autos, documento ou objeto de valor probatório, não importando os fins e os motivos que animaram a conduta do agente.

Não se pune a culpa, podendo implicar sanções processuais (proibição de retirada dos autos do cartório).

Como bem resume Hungria:

> "A negligência, por mais crassa, determinante do perdimento ou não restituição dos autos, documento ou objeto probatório poderá ser contrária à ética profissional, mas não constituirá crime."[391].

23.5. Consumação e tentativa

A consumação do delito está umbilicalmente ligada à espécie de conduta praticada pelo profissional. Assim, na primeira modalidade (inutilizar), o delito se perfaz no momento em que se perde o valor probatório dos autos, do documento ou do objeto; na segunda (deixar de restituir), consuma-se a infração a partir do instante em que o causídico, intimado, ignora o dever de remeter um dos objetos na sua posse.

A tentativa é possível na inutilização frustrada, única hipótese em que o comportamento admite fracionamento na execução (plurissubsistente).

Seguindo o escólio de Noronha:

> "Nada impede a tentativa, na primeira forma: assim, por exemplo, o advogado atira à lareira autos, que, entretanto, são apanhados por outrem, antes que as chamas os começassem a lamber."[392].

23.6. Ação penal

A ação penal será pública incondicionada.

389. *Direito Penal*, v. 4, p. 441.
390. HC-104.290-RJ, rel. Min. Marco Aurélio, DJe 01/02/2012.
391. Ob. cit., v. 9, p. 528-529.
392. *Direito Penal*, v. 4, p. 442.

23.7. Princípio da especialidade

a) Código Penal x Código Penal Militar: o art. 352 do Decreto-lei 1.001/69 pune a inutilização, a sonegação e o descaminho de material probante praticados na forma do art. 9º daquele diploma.

24. EXPLORAÇÃO DE PRESTÍGIO

> ▶ ***Exploração de prestígio***
>
> **Art. 357**. Solicitar ou receber dinheiro ou qualquer outra utilidade, a pretexto de influir em juiz, jurado, órgão do Ministério Público, funcionário de justiça, perito, tradutor, intérprete ou testemunha:
>
> Pena – reclusão, de 1 (um) a 5 (cinco) anos, e multa.
>
> Parágrafo único. As penas aumentam-se de 1/3 (um terço), se o agente alega ou insinua que o dinheiro ou utilidade também se destina a qualquer das pessoas referidas neste artigo.

24.1. Considerações iniciais

Tutela-se, em especial, a administração da justiça, mais precisamente seu bom nome, isto é, a confiança que a coletividade deposita (ou deve depositar) nos órgãos da justiça. De forma mediata, tutela-se, ainda, a honra do servidor referido na fraude (e nomeado corrupto), bem como o patrimônio do particular eventualmente iludido pela ação do agente.

A pena cominada ao delito admite apenas a suspensão condicional do processo (Lei 9.099/95), desde que não incidente a majorante do parágrafo único.

24.2. Sujeitos do delito

Embora crime comum, isto é, possível de ser praticado por qualquer pessoa, mostra-se mais usual o seu cometimento por advogados e procuradores judiciais, que, no caso, "são aqueles profissionais, indignos de seu nobre mister, que mistificam os clientes e maculam a justiça, sacrificando ambos à sua ganância e cupidez."[393].

Sujeito passivo será o Estado (titular do regular andamento da administração da justiça). Ainda que de forma mediata, figura no polo passivo o servidor utilizado na fraude (e "vendido" como corrupto), bem como a pessoa ludibriada pelo agente (corruptor putativo).

24.3. Conduta

Comete o delito de exploração de *prestígio* aquele que, fraudulentamente, alardeia deter grande influência junto a funcionário público, buscando, com isso, obter para si injusta vantagem das vítimas que nele confiaram.

Percebam que a condição especial do servidor invocado pelo agente (*juiz*[394], *jurado, órgão do Ministério Público, funcionário de justiça, perito, tradutor, intérprete ou testemunha*) é o que diferencia este crime daquele previsto no art. 332 do CP (tráfico de influência).

---

393. Noronha, *Direito penal*, v. 4, p. 444.

394. Quanto ao juiz arbitral, há duas orientações: a) o art. 357 não o abrange, pois a lei, quando pretende incluí-lo no sis-tema de tutela penal, o faz expressamente, como ocorre nos arts. 342 e 344.

O dispositivo em estudo prevê duas ações nucleares: *solicitar* (requerer) ou *receber* (entrar na posse) dinheiro ou qualquer outra utilidade (não só material). Na primeira, o prestígio é *oferecido* pelo agente em troca de remuneração; já na segunda, pressupõe-se acordo de vontades entre o agente e quem almeja "comprar" o prestígio, devendo aquele afirmar efetivamente que, mediante algum benefício, poderá exercer influência em relação ao servidor.

Lembra MIRABETE:

> "É indispensável que o agente arrogue influência com relação ao servidor da justiça e que solicite ou receba a vantagem. A simples gabarolice ou fanfarronada, sem a solicitação ou recebimento da utilidade, não configura o ilícito, podendo, eventualmente, constituir crime contra a honra do servidor."[395].

Note-se que, se o agente estiver efetivamente conluiado com o servidor público, outra poderá ser a infração penal praticada (art. 317 do CP).

Exemplifica CAPEZ:

> "Obviamente que o dinheiro solicitado pelo agente não deve destinar-se ao juiz, promotor de justiça, funcionário da justiça, perito oficial, tradutor ou intérprete oficial etc., pois, do contrário, haverá o crime de corrupção ativa e passiva. Por exemplo, o advogado 'A' solicita dinheiro a seu cliente 'B', sob a alegação de que repassará o valor ao promotor de justiça 'C', para que este arquive o inquérito policial instaurado contra 'B'. 'A' realmente repassa o valor a 'C', o qual realiza o arquivamento do procedimento. Na hipótese, 'A' (advogado) e 'B' (cliente) deverão responder, em concurso de pessoas, pelo crime de corrupção ativa. 'C' (promotor de justiça), por sua vez, deverá responder pelo crime de corrupção passiva."[396].

É irrelevante, para a configuração do crime, que a influência seja real, exagerada ou falsa. Basta que o agente anuncie tal poder. Desnecessário, ainda, a identidade do funcionário de quem se alega desfrutar de prestígio, não sendo preciso, sequer, que tenha existência real. Também não é preciso que o apontado seja o funcionário capaz de praticar o ato que leva o agente a obter ou pretender a vantagem.

Solução diversa constituiria analogia in malam partem. Para aqueles que adotam esta orientação, é possível sustentar a ocorrência do crime de tráfico de in-fluência, pois, nos termos do art. 17 da Lei nº 9.307/96, os árbitros, quando no exercício de suas funções ou em razão delas, ficam equiparados aos funcionários públicos para os efeitos da legislação penal; b) o art. 357 o abrange, pois, conforme dispõe expressamente o art. 18 da Lei nº 9.307/96, o árbitro é juiz de fato e de direito, e, diante da inequí-voca equiparação promovida pela própria lei, cumpre-se o requisito da reserva legal, dispensando-se expressa men-ção no tipo.

395. *Manual de direito penal*, v. 3, p. 451.

396. Ob. cit., v. 3, p. 654.

24.4. Voluntariedade

É o dolo, consistente na consciente vontade de obter a vantagem ou promessa de vantagem, induzindo terceiro em erro, alegando exercer influência sobre um dos servidores mencionados no *caput*.

Como bem alerta Bento de Faria:

> "Pouco importa que o agente não tenha a intenção de desacreditar as pessoas junto as quais alega ter influência."[397].

24.5. Consumação e tentativa

Poderá ocorrer em dois momentos. Na modalidade *solicitar*, o crime atinge o instante consumativo com o simples pedido, independentemente do aceite da vítima enganada. Já na ação de *receber*, a conduta se perfaz com o indevido enriquecimento do agente.

Essa, aliás, é a lição de Noronha:

> "Consuma-se o crime com a solicitação ou o recebimento. Na primeira modalidade, pouco importa que o pedido seja aceito ou rejeitado. É delito de mera atividade ou simples conduta, independendo de resultado. Na segunda, o momento consumativo é o do *recebimento* ou *obtenção* do dinheiro ou utilidade."[398].

Em tese, pode-se admitir o *conatus* se o agente efetuar a solicitação por escrito, sendo esta interceptada antes que chegue ao conhecimento da vítima. Também poderá haver tentativa se o agente deixa de receber a vantagem por circunstâncias alheias à sua vontade.

24.6. Majorante de pena

O parágrafo único do dispositivo prevê causa de aumento de pena se o agente, além de afirmar à vítima que exerce influência sobre o servidor público, insinua que a vantagem solicitada ou recebida será a ele dirigida.

24.7. Ação penal

Tendo em vista o bem jurídico tutelado, a ação penal será pública incondicionada.

24.8. Princípio da especialidade

a) Código Penal x Código Penal Militar: o art. 353 do Decreto-lei 1.001/69 pune a exploração de prestígio praticada na forma do art. 9º daquele diploma.

397. Ob. cit., v. 5, p. 652.
398. *Direito Penal*, v. 4, p. 445.

25. VIOLÊNCIA OU FRAUDE EM ARREMATAÇÃO JUDICIAL

► ***Violência ou fraude em arrematação judicial***

Art. 358. Impedir, perturbar ou fraudar arrematação judicial; afastar ou procurar afastar concorrente ou licitante, por meio de violência, grave ameaça, fraude ou oferecimento de vantagem:

Pena – detenção, de 2 (dois) meses a 1 (um) ano, ou multa, além da pena correspondente à violência.

25.1. Considerações iniciais

Tutela-se a administração da justiça, visando conter práticas lesivas ao regular andamento das arrematações judiciais promovidas por particulares.

A pena cominada ao delito permite a transação penal e a suspensão condicional do processo (Lei 9.099/95).

25.2. Sujeitos do delito

Tratando-se de crime comum, qualquer pessoa pode praticar o delito em estudo.

Sujeito passivo será o Estado, enquanto titular do regular andamento das atividades judiciárias. Secundariamente, poderá figurar no polo passivo o terceiro eventualmente prejudicado pela ação empreendida pelo agente.

25.3. Conduta

Prevê o tipo duas ações nucleares:

a) *impedir*, *perturbar* ou *fraudar* arrematação judicial;

b) *afastar* ou *procurar afastar* concorrente ou licitante, por meio de:

b1) violência à pessoa;

b2) grave ameaça à pessoa;

b3) fraude;

b4) ou oferecimento de vantagem, não necessariamente pecuniária, podendo constituir outras formas.

Note-se que a arrematação a que se refere o dispositivo é aquela promovida por *particular em razão de ordem judicial.* Se for promovida pelo Poder Público (Federal, Estadual ou Municipal), a conduta do agente será tipificada de acordo com o art. 335 do CP ou arts. 93 e 95, ambos da Lei 8.666/93 (Lei de Licitação).

Mirabete assim resume o *aparente* conflito existente entre as normas dos arts. 335 e 358, ambos do CP:

> "As modalidades de conduta são idênticas às do art. 335, já examinadas. A única distinção diz respeito ao ato que é objeto da conduta, pois, ao invés de concorrência ou hasta pública, refere-se a lei, agora, apenas à *arrematação judicial*. Esta, no tipo penal, é constituída da hasta pública determinada pelo juiz, mas promovida por particular."[399].

25.4. Voluntariedade

É o dolo, consubstanciado na vontade consciente de praticar uma das condutas previstas no tipo. A segunda modalidade pressupõe que a violência, a grave ameaça, a fraude ou o oferecimento de vantagem seja empregado com a especial finalidade de afastar o concorrente.

25.5. Consumação e tentativa

O momento consumativo depende da modalidade do crime praticada. Assim, na primeira, consuma-se o delito no momento em que a arrematação sofre impedimento, perturbação ou fraude (crime material). Já na segunda, a conduta se perfaz com o emprego de um dos meios mencionados no dispositivo, não importando a efetiva retirada do concorrente da arrematação (crime formal).

Tratando-se de crime plurissubsistente, perfeitamente possível a ocorrência do *conatus*.

Se da violência empregada resultar à vítima lesões corporais de qualquer natureza ou, ainda, acarretar sua morte, deverá o agente responder pelos crimes, com penas cumuladas.

25.6. Ação penal

A ação penal será pública incondicionada.

26. DESOBEDIÊNCIA A DECISÃO JUDICIAL SOBRE PERDA OU SUSPENSÃO DE DIREITO

> ▶ ***Desobediência a decisão judicial sobre perda ou suspensão de direito***
>
> **Art. 359**. Exercer função, atividade, direito, autoridade ou múnus, de que foi suspenso ou privado por decisão judicial:
>
> Pena – detenção, de 3 (três) meses a 2 (dois) anos, ou multa.

399. *Manual de direito penal*, v. 3, p. 453.

26.1. Considerações iniciais

O derradeiro crime contra a administração da justiça visa inibir o descumprimento (desobediência) de decisão judicial que priva ou suspende o agente de exercer função, atividade, direito, autoridade ou múnus.

Explica Noronha:

> "Com a incriminação do fato, cuida o legislador de proteger a autoridade da justiça, contra a rebeldia e desobediência daquele que, no interesse próprio ou de outrem, despreza seus mandamentos, colocando-se em flagrante choque com ela, provocando-lhe o descrédito e o desprestígio."[400].

A pena cominada ao delito permite a transação penal e a suspensão condicional do processo (Lei 9.099/95).

26.2. Sujeitos do delito

Apesar de parcela doutrinária lecionar ser o crime comum (Capez[401]), entendemos, como a maioria (Noronha[402], Mirabete[403]), ser próprio, isto é, exige qualidade especial do seu agente (deve estar privado ou suspenso, por decisão judicial, de exercer função, atividade, direito, autoridade ou múnus).

Nesse sentido, aliás, temos a sempre pertinente lição de Bento de Faria:

> "Sujeito ativo essencial somente pode ser o condenado irrevogavelmente a interdição definitiva ou sujeito a suspensão temporária do direito referido na respectiva sentença."[404].

Sujeito passivo será o Estado, ofendido na efetivação da sua ordem.

26.3. Conduta

Prevê o tipo apenas uma ação nuclear: *exercer* (pôr em ação ou atividade) função, atividade, direito, autoridade ou múnus, tendo sido impedido por *definitiva* decisão judicial, de natureza penal (conforme já decidiu o STF, a civil não gera o crime, *RTJ* 79/401). O tipo não abrange, portanto, as decisões de natureza administrativa, cujo descumprimento pode fundamentar a punição na forma do art. 324 do CP.

Sobre o tema, explica Mirabete:

> "Refere-se a lei a: *função*, encargo derivado de lei, convenção ou decisão judicial; *atividade*, que encerra as espécies de profissão,

400. *Direito penal*, v. 4, p. 446.

401. Ob. cit., v. 3, p. 658.

402. Direito Penal, v. 4, p. 447.

403. *Manual de direito penal:* parte especial, v. 3, p. 454-455.

404. Ob. cit., v. 5, p. 657.

> ofício ou ministério; *direito*, como o pátrio poder, autoridade parental, político etc.; *autoridade*, que é o desempenho de funções em que há competência para impor suas decisões; e *múnus*, derivado e lei ou de decisão judicial, como as de jurado, defensor dativo etc."[405].

Note-se que o presente dispositivo não se confunde com aquele previsto no art. 330 do CP, havendo entre ambos clara relação de especialidade (gênero/espécie). Assim, na desobediência *geral* (art. 330 do CP), o agente desatende ordem legal emanada de funcionário público competente. Já na desobediência *especial* (art. 359 do CP), o sujeito ativo descumpre determinada decisão judicial, mais precisamente, aquela que lhe afasta da função, atividade, direito, autoridade ou múnus que exercia.

Inexistindo decisão judicial impeditiva, mas estando o agente inabilitado legalmente para desempenhar determinada atividade, poderá ocorrer outro crime (p. ex., art. 282 do CP, art. 307 do CTB etc.) ou contravenção penal (p. ex., art. 47 da LCP).

26.4. Voluntariedade

É o dolo, consubstanciado na vontade consciente de exercer função, atividade, direito, autoridade ou múnus, estando impedido por decisão judicial.

Nas palavras de Bento de Faria:

> "Pouco importam o fim e os motivos determinantes da infração, os quais, todavia poderão ser apreciados pelo Juiz na fixação da penalidade."[406].

26.5. Consumação e tentativa

Consuma-se o delito no momento em que o agente contraria a decisão judicial, iniciando o exercício.

Considerando que se trata de crime plurissubsistente, perfeitamente possível o *conatus*.

26.6. Ação penal

Tendo em vista o bem jurídico tutelado, a ação penal será pública incondicionada.

26.7. Princípio da especialidade

a) Código Penal x Código Penal Militar: o art. 354 do Decreto-lei 1.001/69 pune a desobediência a decisão sobre perda ou suspensão de atividade ou direito praticada na forma do art. 9º daquele diploma.

405. *Código Penal interpretado*, p. 2.651.

406. Ob. cit., v. 5, p. 657.

CAPÍTULO IV – DOS CRIMES CONTRA AS FINANÇAS PÚBLICAS

1. INTRODUÇÃO

A Lei 10.028/2000 acrescentou novo capítulo ao Título XI do Código Penal ("Dos crimes contra as finanças públicas"), contemplando-o com oito tipos penais (arts. 359-A a 359-H), a seguir analisados.

A inovação dá *efetividade* não apenas à Lei de Responsabilidade Fiscal (Lei Complementar 101/2000), mas também ao mandamento constitucional previsto no art. 37, *caput*: "A administração pública direta e indireta de qualquer dos Poderes da União, dos Estados, do Distrito Federal e dos Municípios obedecerá aos princípios da legalidade, impessoalidade, moralidade, publicidade e eficiência (...)". É o socorro do Direito Penal (princípio da subsidiariedade) no resgate da responsabilidade na gestão fiscal (respeito às contas públicas), coibindo a ação ímproba dos responsáveis pela administração dos mais variados entes da Federação.

Como bem resumem Luiz Flávio Gomes e Alice Bianchini:

> "O sentido último desses crimes muito provavelmente poderia ser resumido em duas afirmações (ou admoestações ao administrador público): 1ª) é proibido gastar mais do que se arrecada; 2ª) é proibido comprometer o orçamento mais do que está permitido pelo (controle do) poder legislativo."[407].

Característica inerente a todos os dispositivos é a exigência do dolo para a tipificação das condutas (não há previsão de forma culposa). Os sujeitos ativos são basicamente os mesmos (funcionário público), figurando a Administração Pública como vítima primária e constante.

2. CONTRATAÇÃO DE OPERAÇÃO DE CRÉDITO

▶ ***Contratação de operação de crédito***

Art. 359-A. Ordenar, autorizar ou realizar operação de crédito, interno ou externo, sem prévia autorização legislativa:

Pena – reclusão, de 1 (um) a 2 (dois) anos.

Parágrafo único. Incide na mesma pena quem ordena, autoriza ou realiza operação de crédito, interno ou externo.

I – com inobservância de limite, condição ou montante estabelecido em lei ou em resolução do Senado Federal;

II – quando o montante da dívida consolidada ultrapassa o limite máximo autorizado por lei.

2.1. Considerações iniciais

O bem jurídico tutelado é a regular administração das finanças públicas, em especial o devido controle legislativo do orçamento e das contas públicas.

407. *Crimes de responsabilidade fiscal*, p. 37.

A pena cominada ao delito admite a transação penal e a suspensão condicional do processo (Lei 9.099/95).

2.2. Sujeitos do delito

Sujeito ativo será o agente público com atribuição para praticar uma das ações descritas no tipo ("ordenar, autorizar ou realizar operação de crédito, interno ou externo").

Capez, citando lição de Damásio de Jesus, alerta:

> "Com base nessa exigência, não se podem admitir como sujeito ativo do crime os agentes públicos integrantes do Poder Legislativo e do Poder Judiciário, uma vez que, conforme assinala Damásio E. de Jesus, 'as operações de crédito, constituindo atividade de gestão financeira do Estado, são de atribuição do Poder Executivo'. Assim, somente os agentes públicos, integrantes do Poder Executivo, e desde que tenham atribuição para ordenar, autorizar ou realizar a operação de crédito, podem praticar esse delito."[408].

Sobre o tema, Cezar Roberto Bitencourt traz, também, importante destaque:

> "Deve-se destacar que pode ser sujeito ativo tanto o agente público que emite o ato administrativo, isto é, que ordena ou autoriza a operação de crédito, como aquele funcionário (subordinado) que a realiza. Tratando-se de Presidente da República, ver o art. 10 da Lei 1.079/50, e, quando referir-se a Prefeito Municipal, ver o art. 1º, XVI e XX, do Decreto-lei 201/67, ambos alterados pela Lei 10.028/2000."[409].

Sujeito passivo será a União, os Estados, o Distrito Federal, ou os Municípios.

2.3. Conduta

Pune-se, no *caput*, a conduta de quem *ordena* (dá ordem) *autoriza* (permite) ou *realiza* (efetiva diretamente), *operação de crédito* sem que haja autorização legislativa.

O significado de *operação de crédito* nos é fornecido pelo art. 29, III, da Lei de Responsabilidade Fiscal – LC 101/2000 (norma penal em branco):

> "Compromisso financeiro assumido em razão de mútuo, abertura de crédito, emissão e aceite de título, aquisição financiada de bens, recebimento antecipado de valores provenientes da venda a termo de bens e serviços, arrendamento mercantil e outras operações assemelhadas, inclusive com o uso de derivativos financeiros".

Em suma, estão abrangidas pelo dispositivo/conceito da LRF várias formas do Poder Público obter crédito no mercado. Admite-se, inclusive, que o crédito seja externo ou

408. Ob. cit., v. 3, p. 665.

409. Ob. cit., v. 5, p. 460.

interno, lembrando apenas que, tratando-se de operação de crédito externo, nos termos do inciso IV do § 1º do art. 32 da LRF, faz-se necessária autorização específica do Senado Federal.

Da simples leitura do tipo penal fica claro que o fato praticado pelo administrador será típico se o compromisso assumido se der *sem autorização legislativa*.

Nesse tanto, lembra BITENCOURT:

> "*Autorização legislativa* não se confunde com *autorização legal*. Alguns órgãos públicos não têm seus atos condicionados à autorização legislativa, como autarquias, empresas públicas ou o Poder Judiciário, o Ministério Público etc. Essas instituições, órgãos ou entidades públicas, em regra, têm suas atividades, atos e ações disciplinadas em lei e não apenas em autorização legislativa."[410].

Importante lembrar que o comportamento do agente pode estar escudado por alguma causa de exclusão de ilicitude, como no caso de comprometimento do erário para socorrer famílias em estado de calamidade (estado de necessidade, art. 24 do CP).

2.4. Voluntariedade

É o dolo, consistente na vontade do agente praticar uma das condutas descritas no tipo, conhecendo inexistir prévia autorização legislativa. O tipo não exige um fim especial animando o comportamento do administrador.

2.5. Consumação e tentativa

O momento consumativo do crime é demais controvertido na doutrina, como se expõe:

Para MIRABETE[411], nas modalidades *ordenar* e *autorizar*, o crime se perfaz com a simples prática do núcleo; na forma *realizar*, depende da efetiva execução, sendo, portanto, a única ação compatível com a tentativa.

LUIZ FLÁVIO GOMES e ALICE BIANCHINI[412] ensinam que a consumação depende de algo mais que a realização da conduta sem a devida autorização legislativa: o crime não se totaliza sem o desequilíbrio orçamentário ou das contas públicas.

CEZAR ROBERTO BITENCOURT, por sua vez, não sem razão, explica:

> "Consuma-se o crime, em qualquer de suas modalidades, com a ordem ou autorização de abertura de crédito incorrendo nas irregularidades relacionadas no inciso ora examinado. As modalidades *ordenar* e *autorizar* somente consumam o crime com a efetiva

410. Ob. cit., v. 5, p. 462.

411. *Manual de direito penal*, v. 3, p. 458.

412. *Crimes de responsabilidade fiscal*, p. 42.

> abertura do crédito, nas circunstâncias mencionadas, na medida em que somente assim se pode expor a risco de lesão o bem jurídico protegido. Mera *infração de dever* não constitui crime, pela ausência da efetiva ofensividade do bem jurídico. A modalidade *realizar* configura crime material, uma vez que somente se consuma com a efetiva celebração de tal operação e crédito."[413].

Bitencourt[414] admite a tentativa nas modalidades *ordenar* e *autorizar*, pois plurissubsistentes.

2.6. Crimes assemelhados

O parágrafo único dispõe incidir na mesma pena quem ordena, autoriza ou realiza operação de crédito, interno ou externo:

I – *com inobservância de limite, condição ou montante estabelecido em lei ou em resolução do Senado Federal.* Aqui, embora autorizada a operação, o agente ultrapassa os limites estabelecidos em lei (ou pelo Senado Federal, mediante resolução). Aliás, bem andou o legislador ao criar a presente figura criminosa, evitando-se punir a conduta do agente que ordena, autoriza ou realiza operação de crédito sem autorização legislativa, deixando impune fato assemelhado, isto é, aquele que, embora tenha cumprido a formalidade legal, o faz de maneira manifestamente danosa ao erário;

II – *quando o montante da dívida consolidada ultrapassa o limite máximo autorizado por lei.* Para Cezar Bitencourt, essa infração "somente pode ser praticada por administradores do plano estadual, em razão da definição de dívida consolidada (*ente* da Federação), pois, para o Prefeito Municipal, há previsão legal específica (art. 1º, XVI e XX, do Decreto-lei 201/67)."[415].

Por fim, alerta Luiz Flávio Gomes e Alice Bianchini:

> "Em ambas as situações, a conduta do agente precisa interferir diretamente no planejamento e/ou equilíbrio das contas públicas. É preciso que cause lesão ou ao menos perigo concreto de lesão a esse bem jurídico. Se a conduta realizada for puramente antinormativa (contra o limite imposto, contra condição imposta etc.), mas não colocar, nem de longe, em perigo o equilíbrio das contas públicas, não há crime. Exemplo: a operação de crédito inobservou o montante estabelecido em lei, ultrapassando-o em pouca monta. Um valor absolutamente insignificante não coloca em risco o equilíbrio das contas públicas. Logo, apesar de a conduta ser antinormativa, não é antijurídica (em sentido material). Há desvalor da ação, mas não desvalor do resultado. Não há crime, portanto."[416].

413. Ob. cit., vol. 5, p. 409.
414. Ob. cit., v. 5, p. 463.
415. Ob. cit., v. 5, p. 465.
416. *Crimes de responsabilidade fiscal*, p. 43.

2.7. Ação penal

A ação penal será pública incondicionada.

3. INSCRIÇÃO DE DESPESAS NÃO EMPENHADAS EM RESTOS A PAGAR

► ***Inscrição de despesas não empenhadas em restos a pagar***

Art. 359-B. Ordenar ou autorizar a inscrição em restos a pagar, de despesa que não tenha sido previamente empenhada ou que exceda limite estabelecido em lei:

Pena – detenção, de 6 (seis) meses a 2 (dois) anos.

3.1. Considerações iniciais

Protege-se, no caso, a regularidade da administração, mais especificamente no que tange às finanças públicas (controle da execução orçamentária), impedindo, desse modo, que gestões futuras herdem dificuldades transmitidas em razão de atitudes ímprobas dos seus antecessores.

A pena cominada ao delito permite a transação penal e a suspensão condicional do processo (Lei 9.099/95).

3.2. Sujeitos do delito

Trata-se de crime próprio, cometido por quem tenha atribuição para ordenar ou autorizar a inscrição de despesa pública em restos a pagar.

O sujeito passivo variará de acordo com o ente lesado (União, Estados, Distrito Federal ou Municípios).

3.3. Conduta

Pune-se o administrador que *ordenar* (determinar) ou *autorizar* (permitir) a inscrição em *restos a pagar* de despesa que não tenha sido previamente empenhada ou que exceda limite estabelecido em lei.

O art. 36, *caput*, da Lei 4.320/64 define como *restos a pagar* "as despesas empenhadas mas não pagas até o dia 31 de dezembro, distinguindo-se as processadas das não processadas". O art. 42 da LRF proíbe ao administrador público contrair, nos dois últimos quadrimestres de seu mandato, despesas que não possam ser quitadas até seu final[417].

417. Como bem alertam **Flávio C. de Toledo Jr.** e **Sérgio Ciquera Rossi**: "No intuito de atender à regra insculpida no parágrafo único do art. 42, os Chefes de Poder, no último ano de mandato, devem analisar, com redobrada cautela, o balancete patrimonial de abril; nele verificando falta de cobertura de caixa para *Empenhos a Pagar* e *Restos a Pagar*, precisarão os dirigentes estatais, entre maio e dezembro, constatadas as dificuldades de equilíbrio financeiro, restringir a despesa do respectivo Poder, realizando, a partir daí, somente as de caráter absolutamente obrigatório, incomprimíveis e inadiáveis, tais quais as de folha salarial, encargos patronais, contratos de serviços, entre outras

Duas formas de se praticar o crime:

a) *ordenar* e *autorizar* a inscrição de restos a pagar *de despesa que não tenha sido previamente empenhada*. Fica bastante claro que o tipo penal não se preocupou com a existência ou não de recursos para efetuar os pagamentos. Pune-se a conduta pela falta de formalidade exigida em lei (prévio empenho), que nada mais é do que o ato realizado pela autoridade competente, o qual cria para o Estado a obrigação de pagar.

Nesse sentido, lembram Luiz Flávio Gomes e Alice Bianchini:

> "Vale mencionar que o empenho é o instrumento de que se serve a Administração a fim de controlar a execução orçamentária. É por meio dele que o Legislativo se certifica de que os créditos concedidos ao Executivo estão sendo obedecidos. O empenho constitui instrumento de programação, para que o Executivo tenha sempre o panorama dos compromissos assumidos e das dotações ainda disponíveis. Não há empenho posterior."[418].

b) *ordenar* e *autorizar* a inscrição de restos a pagar *que exceda limite estabelecido em lei*. Aqui temos o regular empenho da despesa a ser paga (ao contrário do anterior), mas a inscrição de restos a pagar extrapolando o limite fixado em lei.

3.4. Voluntariedade

É o dolo representado pela vontade consciente de praticar uma das ações previstas no tipo, ressaltando-se que o agente público deve ter pleno conhecimento de que sua conduta se dá sem que haja o devido empenho da despesa ou que, se este existir, os valores ultrapassem o limite legal. É irrelevante qualquer fim especial animando a conduta do agente, como, por exemplo, escopo de lucro.

3.5. Consumação e tentativa

De acordo com a maioria da doutrina (Mirabete[419]; Damásio de Jesus[420]), trata-se de crime de mera conduta, consumando-se a partir da vigência da ordem ou com a autorização expedida pelo agente público.

Já para Cezar Roberto Bitencourt[421] (seguido por Capez), o delito estará consumado somente a partir do momento em que a ordem ou autorização é *executada*, inscrevendo-se a despesa em restos a pagar.

---

necessárias ao regular funcionamento da máquina estatal e à eficácia do princípio da continuidade dos serviços públicos" (*Lei de Responsabilidade Fiscal*, p. 42).

418. *Crimes de responsabilidade fiscal*, p. 44.
419. *Manual de direito penal*, v. 3, p. 460.
420. Ob. cit., v. 4, p. 393.
421. Ob. cit., v. 5, p. 470.

A possibilidade da tentativa, como previsto, também é controvertida. Apesar de Mirabete[422] e Damásio de Jesus[423] negarem o fracionamento da execução, Luiz Flávio Gomes e Alice Bianchini o admitem e exemplificam:

> "A *tentativa* é admissível. Desse modo, se o agente público autoriza a inscrição em restos a pagar da despesa que não tenha sido empenhada, e por circunstâncias alheias a sua vontade a ordem não é cumprida, responde pelo crime, com a diminuição da sua reprimenda de acordo com o disposto no parágrafo único do art. 14 do Código Penal."[424].

3.6. Ação penal

Tendo em vista o bem jurídico tutelado, a ação penal será pública incondicionada.

4. ASSUNÇÃO DE OBRIGAÇÃO NO ÚLTIMO ANO DO MANDATO OU LEGISLATURA

▶ ***Assunção de obrigação no último ano do mandato ou legislatura***

Art. 359-C. Ordenar ou autorizar a assunção de obrigação, nos dois últimos quadrimestres do último ano do mandato ou legislatura, cuja despesa não possa ser paga no mesmo exercício financeiro ou, caso reste parcela a ser paga no exercício seguinte, que não tenha contrapartida suficiente de disponibilidade de caixa:

Pena – reclusão, de 1 (um) a 4 (quatro) anos.

4.1. Considerações iniciais

Protege-se a regularidade administrativa, mais precisamente, das finanças públicas.

Trata-se de crime mais grave do que o previsto no artigo anterior (359-B):

> "Tendo em vista que a inscrição de despesas não empenhadas em restos a pagar não se refere ao estouro de caixa realizado no último ano do mandato ou legislatura, transferindo a conta para o sucessor, mas é um procedimento de rolagem de dívida indevido, ainda que seja na mesma gestão. O art. 359-B tem por finalidade moralizar a passagem do funcionário por determinado cargo, a fim de que gaste aquilo que pode e está autorizado em lei. Trata-se do equilíbrio fiscal que uma gestão honesta deve ter. Abrange qualquer funcionário competente para ordenar ou autorizar despesa. No caso do art. 359-C, a conduta é mais séria, pois o administrador ou parlamentar, valendo-se de mandato ou legislatura – e não qualquer funcionário – termina atuando no sentido de empurrar a terceiros

422. *Manual de direito penal*, v. 3, p. 460.

423. Ob. cit., v. 4, p. 393.

424. *Crimes de responsabilidade fiscal*, p. 45.

> despesas e comprometimentos financeiros que assumiu, mas sabe que não irá pagar."[425].

A pena cominada ao delito admite apenas a suspensão condicional do processo (Lei 9.099/95).

4.2. Sujeitos do delito

Trata-se de crime próprio, praticado por detentor de mandato (ainda que não eletivo), com poder de decisão administrativa sobre o ente público que representa.

O tema foi explicado de forma impecável (com exemplos) nas lições de Cezar Roberto Bitencourt:

> "Como todos os demais crimes deste novo capítulo do CP, trata-se de *crime próprio*, mas este é especialíssimo, na medida em que *não basta ser funcionário público*, mas deve ser titular de mandato (eletivo ou não), com poderes decisórios em nome da instituição ou Poder Público que representa. Assim, sujeitos ativos são o Presidente (da República, do Senado, da Câmara, de Assembleias Legislativas, de Câmaras de Vereadores, de Tribunais etc.), o Governador do Estado, os Procuradores-gerais de Justiça, da República, dos Estados, o Advogado-geral de União, o Defensor-geral da União, o Defensor-geral do Estado, do Município etc. (arts. 42 e 20, § 2º, da Lei Complementar 101/2000). Tratando-se de mandatos, sujeito ativo pode ser o eventual substituto legal."[426].

Serão sujeitos passivos: a União, os Estados, o Distrito Federal e os Municípios, que suportarão o ônus da má gestão.

4.3. Conduta

O presente dispositivo, com igual redação da LRF, tipifica a conduta consistente em *ordenar* (determinar) *ou autorizar* (permitir) *a assunção de obrigação*:

a) *nos dois últimos quadrimestres do último ano do mandato ou legislatura, cuja despesa não possa ser paga no mesmo exercício financeiro*. Assim agindo, o agente inviabiliza ou dificulta a gestão futura (criminosa passagem de encargos e despesas já compromissadas). Ressalte-se que, se a dívida for assumida em momento anterior aos dois últimos quadrimestres do mandato, o fato será atípico, pois faltará o elemento temporal do tipo;

b) *nos últimos oito meses do mandato, que resulte em parcela a ser paga no exercício seguinte, sem contrapartida suficiente de disponibilidade de caixa.*

---

425. Guilherme de Souza Nucci, *Código Penal comentado*, p. 1308.

426. Ob. cit., v. 5, p. 474.

Como bem esclarece Damásio:

> "A lei, implicitamente, permite que da obrigação nascida no período descrito resultem parcelas para cumprimento no próximo exercício, pelo próximo administrador, desde que haja disponibilidade de caixa. A tipicidade do fato nasce quando a ordem ou autorização cria obrigação, gerando despesa que será passada ao próximo exercício, sem a necessária disponibilidade de caixa."[427].

4.4. Voluntariedade

É o dolo consubstanciado na vontade consciente de ordenar ou autorizar assunção de obrigação em período vedado pela lei (dois últimos quadrimestres do mandato), sabendo da impossibilidade de honrar o pagamento até o final do mandato ou, havendo restos a pagar, da falta de disponibilidade de recursos para o próximo exercício financeiro.

4.5. Consumação e tentativa

Para a maioria, o crime se consuma no momento em que o administrador ordena ou autoriza a assunção de obrigação, incompatível com a tentativa (nesse sentido, temos Mirabete[428]; Damásio de Jesus[429]; e Capez[430]).

Cezar Roberto Bitencourt admite o *conatus*, até porque entende ser outro o momento consumativo:

> "Consuma-se o crime quando a *ordem* ou *autorização* é efetivamente executada, ou seja, quando a obrigação é realmente assumida dentro do período proibido. Enquanto não é cumprida a ordem ou autorização não se produz qualquer efeito, isto é, não há qualquer lesividade ao patrimônio público, e sem lesividade não se pode falar em crime."[431].

4.6. Ação penal

A ação penal, tendo em vista o bem jurídico tutelado, será pública incondicionada.

5. ORDENAÇÃO DE DESPESA NÃO AUTORIZADA

► ***Ordenação de despesa não autorizada***

Art. 359-D. Ordenar despesa não autorizada por lei:

Pena – reclusão, de 1 (um) a 4 (quatro) anos.

427. Ob. cit., v. 4, p. 396-397.
428. *Manual de direito penal*, v. 3, p. 461.
429. Ob. cit., v. 4, p. 397-398.
430. Ob. cit., v. 3, p. 675.
431. Ob. cit., v. 5, p. 479.

5.1. Considerações iniciais

Com a presente incriminação o legislador quer ver respeitado o império da estrita legalidade, evitando, desse modo, o tumulto nas finanças públicas, muitas vezes causado pelo gasto descontrolado do administrador.

A pena cominada ao delito admite a suspensão condicional do processo (Lei 9.099/95).

5.2. Sujeitos do delito

Trata-se de crime próprio, que somente poderá ser praticado pelo agente público que tenha atribuição para ordenar a despesa. Ao contrário do art. 359-A, que pune também a conduta de quem a realiza, o presente dispositivo não tem a mesma abrangência.

Vejamos, nesse sentido, a lição de Bitencourt:

> "Somente poderá cometer este crime quem possui atribuição legal para 'ordenar despesa', o denominado tradicionalmente 'ordenador de despesas'. Não abrange, ao contrário do previsto no art. 359-A, quem apenas realiza, isto é, quem cumpre ou executa a ordem expedida pelo sujeito ativo próprio, o 'ordenador de despesas'. Nesse caso, à evidência, o funcionário que executa a ordem deverá ter sua conduta examinada à luz do art. 22, segunda parte, do CP, ou seja, à luz do princípio da obediência hierárquica"[432].

Na Prefeitura, o ordenador de despesa é o Prefeito; na Câmara, o Presidente da Mesa; nas entidades descentralizadas, se não delegado o mister, são ordenadores de despesa os titulares de autarquias, fundações e empresas públicas.

Serão sujeitos passivos: a União, os Estados, o Distrito Federal ou os Municípios, variando em função de quem ordenou as despesas.

5.3. Conduta

Apenas uma ação nuclear é prevista no tipo: *ordenar* (determinar que se faça) despesa não autorizada por *lei* (gerar despesa sem que haja previsão orçamentária para tanto).

Explica Capez:

> "De acordo com a Lei de Responsabilidade Fiscal, em seu art. 15, Seção I, Capítulo IV, serão consideradas não autorizadas, irregulares e lesivas ao patrimônio público a geração de despesa ou a assunção de obrigação que não atendam ao disposto nos arts. 16 e 17. Assim, por exemplo, deve a geração de despesa vir acompanhada da 'declaração do ordenador de despesa de que o aumento tem adequação orçamentária e financeira com a lei orçamentária anual e compatibilidade com o plano plurianual e com a lei de

432. Ob. cit., v. 5, p. 482.

> diretrizes orçamentárias'. A falta do preenchimento desse requisito torna a despesa desautorizada nos termos da Lei de Responsabilidade Fiscal."[433].

Precisa ser observado, porém, que não basta o mero desatendimento ao princípio da legalidade para fazer subsumir a conduta à norma em estudo. Indispensável se mostra a lesão ao bem jurídico tutelado.

Ensinam Luiz Flávio Gomes e Alice Bianchini:

> "Pode ocorrer, entretanto, que a despesa, ainda que não autorizada por lei, venha a ser plenamente justificada. A inexistência de autorização constitui, tão somente, indício de irregularidade, havendo necessidade, para se criminalizar a conduta, que se verifique, diretamente, a existência de uma lesão, não justificada, ao bem jurídico. Quando devidamente explicável a despesa, deslegitimada encontra-se a possibilidade de se punir a conduta, ao menos penalmente. O controle a ser exercido pelos órgãos que a LRF designa deve ir além do mero aspecto de legalidade, 'sempre que necessário, para efetivar o comando da legitimidade e eficiência'."[434].

Trata-se de crime subsidiário, aplicável somente quando a conduta não resultar delito mais grave.

Não se desconsidera, mesmo que em caráter excepcional, o reconhecimento do estado de necessidade, afastando-se a ilicitude do fato. Por exemplo, esta descriminante pode existir na hipótese de despesa não autorizada motivada por situação de calamidade pública.

5.4. Voluntariedade

É o dolo representado pela vontade consciente de ordenar despesa não autorizada em lei. Mais uma vez, deve o agente ter plena consciência de que os valores de despesa que ordenou não estavam revestidos de previsão orçamentária.

5.5. Consumação e tentativa

Apesar de haver corrente ensinando ser o crime de mera conduta (Mirabete[435] e Damásio de Jesus[436]), entende a maioria ser formal, consumando-se no momento em que é expedida a ordem de despesa, sendo indiferente que haja efetivo prejuízo ao erário. Dentro desse espírito, não se admite a tentativa.

---

433. Ob. cit., v. 3, p. 676-677.
434. *Crimes de responsabilidade fiscal*, p. 50.
435. *Manual de direito penal*, v. 3, p. 462.
436. Ob. cit., v. 4, p. 400.

Luiz Flávio Gomes e Alice Bianchini discordam, assim exemplificando o *conatus*:

> "A *tentativa* é admissível. Assim, se, exemplificativamente, o agente público ordena despesa não autorizada e por circunstâncias alheias à sua vontade a ordem não é cumprida, responde pelo crime na forma tentada."[437].

5.6. Ação penal

Em razão do bem jurídico tutelado, a ação penal será pública incondicionada.

6. PRESTAÇÃO DE GARANTIA GRACIOSA

▶ ***Prestação de garantia graciosa***

Art. 359-E. Prestar garantia em operação de crédito sem que tenha sido constituída contragarantia em valor igual ou superior ao valor da garantia prestada, na forma da lei:

Pena – detenção, de 3 (três) meses a 1 (um) ano.

6.1. Considerações iniciais

Tutela-se a regularidade das finanças públicas, evitando, com a incriminação, a desastrosa operação de crédito celebrada pela Administração Pública.

Lembrado o escólio de Luiz Flávio Gomes e Alice Bianchini:

> "Considerando-se que a concessão de garantia é, nos termos do art. 40 da LRF, o compromisso de adimplência de obrigação financeira ou contratual assumida por ente da Federação ou entidade a ele vinculada, o bem jurídico protegido pela norma, quando exige a contragarantia, passa a ser o *equilíbrio orçamentário e das contas públicas*. A tutela penal se antecipa ao ponto de buscar evitar que, por falta de contragarantia, o erário público venha a perder a garantia dada."[438].

A pena cominada ao delito admite a transação penal e a suspensão condicional do processo (Lei 9.099/95).

6.2. Sujeitos do delito

Sujeito ativo será o gestor com competência para realizar operações de crédito com terceiros.

A União, os Estados, o Distrito Federal, os Municípios, ou seus órgãos de administração direta e indireta figuram como sujeitos passivos.

---

437. *Crimes de responsabilidade fiscal*, p. 51.

438. *Crimes de responsabilidade fiscal*, p. 51/52.

6.3. Conduta

Pune-se o gestor que *prestar* (conceder) garantia em operação de crédito sem que tenha sido constituída contragarantia em valor igual ou superior ao valor da garantia prestada, na forma da lei.

De acordo com o art. 40 da Lei de Responsabilidade Fiscal, o gestor, ao realizar qualquer operação de crédito em que seja exigida garantia a ser prestada pelo Poder Público (art. 29, IV, da LRF), deve determinar que o beneficiário daquela preste contragarantia, resguardando-se, desta forma, o patrimônio público (art. 40, § 1º, da LRF). O art. 359-E do Código Penal pune exatamente a conduta do administrador que descumpre o preceito existente na Lei de Responsabilidade Fiscal.

Garantia, nos termos do inciso IV do art. 29 da LRF, é o "compromisso de adimplência de obrigação financeira ou contratual assumida por ente da Federação ou entidade a ele vinculada.".

A contragarantia a ser prestada deve ter valor igual ou superior àquele da garantia oferecida pelo Poder Público. Além disso, deve ser passível de execução, pois, do contrário, considerar-se-á graciosa a garantia prestada.

Por fim, alerta BITENCOURT:

> "É criminalizada a prestação de garantia em operação de crédito sem contragarantia. Contudo, se não houver prestação de garantia, será desnecessária, criminalmente falando, a exigência de contragarantia, ainda que haja risco de inadimplência do contratante. Aliás, a própria lei complementar não a exige. Nessas circunstâncias, o administrador que arriscar a celebração de operação de crédito praticará conduta atípica."[439].

6.4. Voluntariedade

É o dolo consubstanciado na vontade de prestar garantia sem exigir contraprestação, consciente da ilegalidade da operação.

6.5. Consumação e tentativa

Consuma-se o delito no momento em que o gestor presta a garantia sem que tenha sido constituída a contragarantia legalmente exigida, gerando, com isso, concreto perigo de lesão às finanças públicas.

Ensinam LUIZ FLÁVIO GOMES e ALICE BIANCHINI:

> "A inexistência de contragarantia quando da prestação de sua garantia não é motivo suficiente para se punir penalmente a conduta, visto que, para não configurar mero ilícito administrativo, exige-se

439. Ob. cit., v. 5, p. 491/492.

> a comprovação do perigo concreto de lesão às finanças públicas (ou ao equilíbrio das contas públicas). Exige-se, portanto, para a consumação do crime, a comprovação do perigo a um bem jurídico de natureza supraindividual."[440].

Nessa linha de entendimento, em que pese tese contrária defendida por parcela da doutrina, a tentativa parece possível.

6.6. Ação penal

A ação penal é pública incondicionada.

7. NÃO CANCELAMENTO DE RESTOS A PAGAR

> ▶ ***Não cancelamento de restos a pagar***
>
> **Art. 359-F.** Deixar de ordenar, de autorizar ou de promover o cancelamento do montante de restos a pagar inscrito em valor superior ao permitido em lei:
>
> Pena – detenção, de 6 (seis) meses a 2 (dois) anos.

7.1. Considerações iniciais

Tutela-se a regular gestão do erário público (equilíbrio das contas públicas).

Luiz Flávio Gomes e Alice Bianchini observam:

> "Preocupa-se a Lei com a lisura administrativa, de forma que, percebendo o agente público que o valor inscrito em restos a pagar é superior ao permitido em lei, deve, de plano, providenciar, para que ocorra o cancelamento. Não o fazendo, incorre no disposto no tipo penal *sub examen.*"[441].

A pena cominada ao delito admite a transação penal e a suspensão condicional do processo (Lei 9.099/95).

7.2. Sujeitos do delito

Cuida-se de crime próprio, somente podendo ser praticado por quem tenha atribuição legal para ordenar, autorizar ou promover o cancelamento da inscrição de restos a pagar.

Com sabedoria, explica Bitencourt:

> "Desnecessário afirmar que o sujeito ativo do crime tipificado no art. 359-B (*ordenar ou autorizar a inscrição em restos a pagar...*) não pode ser sujeito ativo de qualquer das ações descritas neste dispositivo (art. 359-F), para evitar o *bis in idem.* Para aquela que *ordena* ou *autoriza* a inscrição em restos a pagar, nos termos descritos

---

440. *Crimes de responsabilidade fiscal*, p. 52.

441. *Crimes de responsabilidade fiscal*, p. 52.

> naquele dispositivo, 'o não cancelamento de restos a pagar', tipificado neste artigo, constitui *post factum* impunível. Enfim, a obrigação de cancelamento de inscrição irregular deve, necessariamente, recair em pessoa diversa daquela que ordenou ou autorizou a inscrição indevida."[442].

Sujeitos passivos serão os entes ou órgãos representados pelo administrador (União, Estados, Distrito Federal e Municípios).

7.3. Conduta

Três são os comportamentos negativos (não agir) previstos no tipo: deixar de *ordenar*, de *autorizar* ou de *promover* o cancelamento de restos a pagar (despesas empenhadas, mas não pagas até o dia 31 de dezembro – art. 36, *caput*, da Lei 4.320/64) inscritos além do limite legalmente permitido, sendo que todas as condutas são omissivas próprias.

A razão da presente incriminação está bem retratada na lição de MIRABETE:

> "Assim como é crime a inscrição em restos a pagar de despesa que exceda limite estabelecido em lei, também comete crime o administrador que, no exercício próprio, deixa de ordenar, de autorizar ou de promover o cancelamento. Trata-se de crime omissivo puro, que ocorre no momento em que o agente passa a estar obrigado a ordenar, autorizar ou promover o cancelamento do montante de restos a pagar inscrito com ilegalidade."[443].

Se o valor da dívida inscrita não for superior ao determinado em lei, o fato será atípico.

7.4. Voluntariedade

É o dolo consubstanciado na vontade de praticar uma das condutas previstas no tipo. É indispensável, no entanto, que o agente tenha consciência da inscrição irregular de restos a pagar.

A simples demora no cancelamento, por culpa (negligência) do administrador, não constitui crime.

7.5. Consumação e tentativa

Consuma-se o delito no momento em que se esgota para o administrador o prazo para ordenar, autorizar ou promover o cancelamento dos restos a pagar.

Tendo em vista tratar-se de crime omissivo, o *conatus* é inadmissível. Explica BITENCOURT:

---

442. Ob. cit., v. 5, p. 495.

443. *Manual de direito penal*, v. 3, p. 464.

> "Se o agente deixa passar o momento em que devia agir, consuma-se o crime; se ainda pode agir, não há falar em crime. Até o momento em que a atividade do agente ainda é eficaz, a ausência desta não constitui crime. Se nesse momento a atividade devida não se realiza, consuma-se o delito."[444].

7.6. Ação penal

A ação penal é pública incondicionada.

8. AUMENTO DE DESPESA TOTAL COM PESSOAL NO ÚLTIMO ANO DO MANDATO OU LEGISLATURA

> ▶ ***Aumento de despesa total com pessoal no último ano do mandato ou legislatura***
>
> **Art. 359-G.** Ordenar, autorizar ou executar ato que acarrete aumento de despesa total com pessoal, nos 180 (cento e oitenta) dias anteriores ao final do mandato ou da legislatura.
>
> Pena – reclusão, de 1 (um) a 4 (quatro) anos.

8.1. Considerações iniciais

Tutela-se a regularidade da gestão das contas públicas, evitando que o administrador, com fins eleitoreiros, no final de seu mandato ou legislatura, aumente as despesas com pessoal, transferindo, muitas vezes, a seu sucessor os ônus de sua administração irresponsável.

Luiz Flávio Gomes e Alice Bianchini, com a costumeira clareza, explicam:

> "O que se busca nesta norma penal é, antes de tudo, resguardar a possibilidade de o agente valer-se da repercussão que a conduta de contratação de pessoal, por exemplo, ou mesmo de aumento salarial geral possa causar político-eleitoralmente, seja para favorecer-lhe em eleições próximas, seja para auxiliar um seu correligionário político. A norma em epígrafe, no entanto, está direcionada para a tutela de algo mais que a moralidade: uma vez mais é o *equilíbrio das contas públicas* que está em jogo. O ato que acarreta aumento de despesa total com pessoal desestabiliza ou pode colocar em risco concreto a harmonia das finanças públicas, comprometendo a gestão que está em curso ou a seguinte. Além disso, desequilibra o jogo democrático, na medida em que um (o que se encontra no cargo) pode se valer de um instrumento que deixa a si ou a protegido seu em condições mais vantajosas que o outro (que pleiteia o mandato)."[445].

A pena cominada ao delito permite apenas a suspensão condicional do processo (Lei 9.099/95).

---

444. Ob. cit., v. 5, p. 499.

445. *Crimes de responsabilidade fiscal*, p. 54/55.

8.2. Sujeitos do delito

Trata-se de crime próprio, praticado pelo titular de mandato em qualquer dos três poderes, com atribuição para aumentar os gastos.

A União, os Estados, o Distrito Federal, os Municípios ou os órgãos que são representados por detentores de mandato (Tribunal de Justiça, Ministério Público, Câmara dos Deputados, Senado Federal etc.) figuram como vítimas.

8.3. Conduta

O presente dispositivo tipificou como crime o parágrafo único do art. 21 da Lei de Responsabilidade Fiscal, que considera nulo o ato gerador de aumento de despesa com pessoal nos últimos cento e oitenta dias de mandato.

Trata-se de crime de ação múltipla, prevendo **três** ações nucleares:

a) *ordenar* (determinar);

b) *autorizar* (permitir); e

c) *executar* (realizar diretamente).

Em todas as formas mostra-se indispensável a presença do elemento temporal, ou seja, que o ato gerador de aumento de despesa total com pessoal se dê nos *últimos cento e oitenta dias de mandato*.

O crime em estudo não se confunde com aquele previsto no art. 359-C. Diferencia Bitencourt:

> "A proibição constante do art. 359-C é abrangente, genérica, englobando toda e qualquer despesa, enquanto a criminalização deste art. 359-G é restrita, específica, limitando-se à despesa com pessoal. Por fim, o prazo depurador do primeiro dispositivo é de oito meses (dois quadrimestres), enquanto o do segundo é de seis meses (180 dias). Significa dizer que, embora já esteja proibida a assunção de obrigação a ser resgatada no ano seguinte, a partir do oitavo último mês, será possível efetuar gastos com pessoal, antes de ingressar no sexto mês. E não há nisso nenhum paradoxo, na medida em que a especificidade dos encargos acaba autorizando essa *praxis*."[446].

8.4. Voluntariedade

É o dolo representado pela vontade de ordenar, autorizar ou executar ato que acarrete aumento de despesa com pessoal nos últimos cento e oitenta dias do mandato. É necessário, ainda, que o agente tenha consciência de que realiza a conduta típica no período proibido por lei.

446. Ob. cit., v. 5, p. 505.

8.5. Consumação e tentativa

Apesar de parcela considerável da doutrina entender ser o crime formal nas duas primeiras modalidades (*ordenar* ou *autorizar*), consumando-se no momento em que o gestor *simplesmente* determina ou permite o aumento da despesa, Cezar Bitencourt[447], não sem razão, discorda. Atento ao princípio da lesividade, o penalista gaúcho explica inexistir o crime enquanto não cumprida a *ordem* ou *autorização*, reconhecendo, ainda que teoricamente, a possibilidade da tentativa.

Na última forma (*executar* o ato que acarrete a despesa) tem-se um crime material, perfazendo-se com a ocorrência efetiva do aumento da despesa.

8.6. Ação penal

Tendo em vista a objetividade jurídica, a ação penal será pública incondicionada.

9. OFERTA PÚBLICA OU COLOCAÇÃO DE TÍTULOS NO MERCADO

► ***Oferta pública ou colocação de títulos no mercado***

Art. 359-H. Ordenar, autorizar ou promover a oferta pública ou a colocação no mercado financeiro de títulos da dívida pública sem que tenham sido criados por lei ou sem que estejam registrados em sistema centralizado de liquidação e de custódia:

Pena – reclusão, de 1 (um) a 4 (quatro) anos.

9.1. Considerações iniciais

Tutela-se, mais uma vez, a regularidade das finanças públicas, coibindo a emissão de títulos da dívida pública sem o devido controle, conduzindo a administração no caminho do endividamento excessivo.

> "A preocupação do legislador, neste tipo penal, é com o *controle legislativo do orçamento e das contas públicas*, visto que a colocação no mercado de títulos da dívida pública exige prévia criação legal, bem como, posteriormente, registro no sistema centralizado de liquidação e de custódia. Com isso, busca-se que, com o controle exercido, não venham as ações promovidas por administradores (no caso, colocação no mercado de títulos da dívida pública) a causar prejuízo ao erário e/ou desequilibrar futuros orçamentos."[448].

A pena cominada ao delito admite apenas a suspensão condicional do processo (Lei 9.099/95).

9.2. Sujeitos do delito

Trata-se de crime próprio, praticado por quem tenha atribuição para ordenar, autorizar ou promover a introdução do título no mercado financeiro.

447. Ob. cit., v. 5, p. 504.

448. *Crimes de responsabilidade fiscal*, p. 55.

Serão sujeitos passivos: a União, os Estados, o Distrito Federal e os Municípios. Podem, ainda, figurar no polo passivo os eventuais terceiros adquirentes dos títulos sobre os quais recai a ilegalidade.

9.3. Conduta

O tipo em estudo prevê três ações nucleares: *ordenar* (determinar), *autorizar* (permitir) ou *promover* (efetivar) a oferta pública ou a colocação no mercado financeiro de títulos da dívida pública sem que tenham sido criados por lei ou sem que estejam registrados em sistema centralizado de liquidação e de custódia.

Constituem a dívida pública, consoante dispõe o inciso II do art. 29 da Lei de Responsabilidade Fiscal, os títulos emitidos pela União (Banco Central, inclusive), pelos Estados e pelos Municípios.

Duas são as maneiras de praticar o crime em estudo:

a) o título é inserido no mercado financeiro sem prévia autorização legislativa

b) embora cumprida tal formalidade, a introdução se dá sem que haja registro em sistema centralizado de liquidação e de custódia.

O propósito da punição é exercer um controle legislativo do orçamento e das contas públicas, evitando que a emissão indiscriminada de títulos provoque óbices administrativos, especialmente em relação às futuras gestões (lembrando, aliás, que, geralmente, o prazo de resgate dos títulos é consideravelmente extenso).

9.4. Voluntariedade

É o dolo representado pela vontade de ordenar, autorizar ou promover a introdução de títulos da dívida pública no mercado financeiro, ciente de que não foram eles criados por lei ou de que não estejam registrados regularmente.

9.5. Consumação e tentativa

A mesma discussão travada no tipo penal antecedente (art. 359-G) aqui se repete. Para Mirabete[449], o crime, nas duas primeiras modalidades (*ordenar* ou *autorizar*), consuma-se no momento em que o agente determina ou permite a oferta ou colocação, independentemente da efetiva circulação do título no mercado financeiro, não reconhecendo, desse modo, campo para a tentativa. Já Cezar Bitencourt[450] entende imprescindível o cumprimento da ordem ou autorização (efetiva circulação do título), caso em que o *conatus* parece possível.

Na modalidade promover o delito é material, dependendo a consumação da efetiva introdução do título no mercado financeiro.

9.6. Ação penal

A ação penal será pública incondicionada.

---

449. *Manual de direito penal*, v. 3, p. 467.

450. Ob. cit., v. 5, p. 509.

BIBLIOGRAFIA

ALMEIDA, Fernando Henrique Mendes de. *Dos crimes contra a Administração Pública*. São Paulo: Saraiva, 1955.

AMARAL, Sylvio do. *Falsidade Documental.* 4 ed. Campinas: Millenium, 2000.

BARROS, Flávio A. Monteiro. *Crimes contra a pessoa.* São Paulo: Saraiva, 1997.

BIANCHINI, Alice. *Pressupostos materiais mínimos da tutela penal.* São Paulo: RT, 2002.

_____, e GOMES, Luiz Flávio. *Crimes de responsabilidade fiscal.* São Paulo: RT, 2001.

BITENCOURT, Cezar Roberto. *Tratado de direito penal:* parte especial. São Paulo: Saraiva, 2011. v. 2 (11 ed.); v. 3 (7 ed.); v. 4 (5 ed.); v 5 (5 ed.).

_____. *Qualificadora de homicídio contra policial não protege a pessoa, e sim a função.* Disponível em http://www.conjur.com.br/2015-jul-29/cezar-bitencourt-homicidio-policial-protege-funcao-publica. Acesso em 11/02/2016.

_____. *Invasão de dispositivo informático.* Disponível em www.atualidadesdodireito.com.br/cezarbitencourt, acesso em 21/12/2012.

BRUNO, Aníbal. *Crimes contra a pessoa.* 4. ed. Rio de Janeiro: Editora Rio, 1979.

_____. Dos crimes contra a Administração Pública. *Justitia,* v. 6, São Paulo, 1948.

_____. *Direito penal.* Rio de Janeiro: Forense, 1962. v. 1, t. III.

CÂNDIDO, José J. *Direito eleitoral brasileiro.* 8 ed. São Paulo: Edipro, 2000.

CAPEZ, Fernando. *Curso de direito penal:* parte especial. São Paulo: Saraiva, 2004. v. 2 (4 ed.); v. 3 (2 ed.).

CARVALHO, Paulo Roberto Galvão de. *Legislação anticorrupção no mundo: Análise comparativa entre a lei anticorrupção brasileira, o Foreign Corrupt Practices Act norte-americano e o Bribery Act do Reino Unido. Lei Anticorrupção* (organizadores: Jorge Munhos Sousa e Ronaldo Pinheiro de Queiroz). Salvador, Editora Juspodivm, 2015.

CARVALHOSA, Modesto; EIZIRIK, Nélson. *A nova lei da S/A.* São Paulo: Saraiva, 2002.

CAVALCANTE, Márcio André Lopes. *Primeiros comentários à Lei 12.737/12, que tipifica a invasão de dispositivo informático.* Disponível em www.dizerodireito.com.br. Acesso em 21/12/2012.

COELHO, Fábio Ulhoa. *O saque de duplicata fria não é mais crime.* Tribuna do Direito, São Paulo, fev. 1996, p. 8.

COGAN, Arthur. *Crimes contra a Administração Pública.* São Paulo: Juarez de Oliveira, 2003.

COSTA E SILVA, A. J. da. *Corrupção passiva e corrupção ativa. Justitia,* v. 27, 4º trim. 1959.

COSTA JR, Paulo José da. *Comentários ao Código Penal.* 6. ed. São Paulo: Saraiva, 2000.

_____; PAGLIARO, Antonio. *Dos crimes contra a Administração Pública.* 2 ed. São Paulo: Malheiros, 1999.

CUNHA, Rogério Sanches; PINTO, Ronaldo Batista. *Violência doméstica*: comentada artigo por artigo. São Paulo: RT, 2007.

DELMANTO, Celso; DELMANTO, Roberto; DELMANTO JÚNIOR, Roberto; DELMANTO, Fábio M. de Almeida. *Código Penal comentado.* 7 ed. Rio de Janeiro: Renovar, 2007.

DIAS, Jefferson Aparecido. *Atos de corrupção relacionados com licitações e contratos. Lei Anticorrupção* (organizadores: Jorge Munhos Sousa e Ronaldo Pinheiro de Queiroz). Salvador, Editora Juspo-divm, 2015.

DIAS, Marcus Vinicius de Viveiros. *Breves considerações sobre o art. 9º da Lei 10.684/2003.* O novo Refis, aspectos penais. In: GOMES, Luiz Flavio; VANZOLINI, Maria Patrícia (coord.). *Reforma criminal.* São Paulo: RT, 2004.

____; PAGLIARO, Antonio. *Dos crimes contra a Administração Pública.* 2 ed. São Paulo: Malheiros, 1999.

DIAS, Maria Berenice. *A Lei Maria da Pena na justiça:* a efetividade da Lei 11.340/2006 de combate à violência doméstica e familiar contra a mulher. São Paulo. RT, 2007.

DINIZ, Maria Helena. *O estado atual do biodireito.* São Paulo: Saraiva. 2001.

DOTTI, René Ariel. *Revista eletrônica de acesso restrito – imputação dos crimes previstos nos arts. 228 e 230 do CP.* Doutrinas Essenciais de Direito Penal. São Paulo: RT, vol. 6. Out/2010.

DRUMOND, Magalhães. *Comentários ao Código Penal.* Rio de Janeiro: Forense, 1944. v. 9.

ESPÍNOLA FILHO, Eduardo. *Código de Processo Penal brasileiro anotado.* Rio de Janeiro: Borsói, 1961. v. 5.

FALEIROS, Eva T. Silveira; CAMPOS, Josete de Oliveira. *Repensando os conceitos de violência, abuso e exploração sexual de crianças e de adolescentes.* Brasília: CECRIA, 2000 [documento eletrônico em CD-ROM].

FARIA, Bento de. *Código Penal brasileiro.* Rio de Janeiro: Livraria Jacintho Editora, 1943. v. 4 e 5.

FARIA, Cristiano Chaves de; ROSENVALD, Nelson. *Direito Civil – Parte Geral.* São Paulo: Atlas, 2015.

FÁVERO, Flamínio. *Lições de medicina legal.* 7 ed. São Paulo: Martins, 1962.

FAZZIO JÚNIOR, Waldo. *Corrupção no Poder Público.* São Paulo: Atlas, 2002.

FERREIRA, Arnaldo Amado. *O conceito de deformidade no Código Penal de 1940.* Doutrinas Essenciais de Direito Penal. São Paulo: RT, vol. 5. Out / 2010.

FIGUEIREDO, Ricardo Vergueiro. *Da participação em suicídio.* Belo Horizonte: Del Rey, 2001.

FISCHER, Douglas. *Concussão praticada por médicos conveniados ao Sistema Único de Saúde no exercício de suas funções: competência da justiça federal.* Doutrinas Essenciais de Direito Penal. São Paulo: RT, vol. 6. Out/2010.

FONTOURA, Pedro Rui da. *Anotações preliminares à Lei 11.340/2006 e suas repercussões em face dos Juizados Especiais Criminais.* Disponível em http://www.mprs.mp.br/atuacaomp/not_artigos/id14900.htm?impressao=1. Acesso em 12/02/2016.

FRAGOSO, Heleno Cláudio. *Lições de direito penal:* parte especial. São Paulo: José Bushatsky, 1958. v. 1; v. 2 (1962); v. 3; v. 4 (1959).

FRANCO, Alberto Silva; STOCO, Rui. (coords.). *Código Penal e sua interpretação:* doutrina e jurisprudência. 8. ed. São Paulo: RT, 2007.

FREITAS, Gilberto Passos de; FREITAS, Vladimir Passos de. *Abuso de autoridade.* 4. ed. São Paulo: RT, 1999.

GARCIA, Basileu. *Dos crimes contra administração pública. Justitia,* v. 6, São Paulo, 1948.

____. *Problemas penais do cheque. Doutrinas Essenciais de Direito Penal. São Paulo: RT,* vol. 5. Out/2010.

GOMES. Luiz Flávio. *Crimes previdenciários.* São Paulo: RT, 2001. v. 1.

____. *Direito penal:* parte geral. 2 ed. São Paulo: RT, 2004. v. 1 e 3.

____. *Erro de tipo e erro de proibição.* 5 ed. São Paulo: RT, 1998.

____. *Norma e bem jurídico no direito penal.* São Paulo: RT, 2002.

____. *Princípio da ofensividade no direito penal.* São Paulo: RT, 2002.

____; JESUS, Damásio de (coords.). *Assédio sexual.* São Paulo: Saraiva, 2002.

____; MOLINA, Antonio García-Pablos de. *Direito penal:* parte geral. São Paulo: RT, 2007. v. 2.

____. *Aborto anencefálico: exclusão da tipicidade material.* Doutrinas Essenciais de Direito Penal. São Paulo: RT. vol. 5. Out/2010.

____. *Coação em procedimento investigatório criminal do MP é crime?* Disponível em http://luizflaviogomes.com/coacao-em-procedimento-investigatorio-criminal-do-mp-e-crime/. Acesso em 12/02/2016.

____. *Estupro com Lesão Corporal Grave ou Morte: A Ação Penal é Pública Condicionada.* Disponível em http://www.lfg.com.br. Acesso em 28 setembro de 2009.

Gonçalves, Ana Paulo Schwelm; Lima, Fausto Rodrigues de. *A lesão corporal na violência doméstica.* Disponível em https://jus.com.br/artigos/8912/a-lesao-corporal-na-violencia-domestica. Acesso em 12/02/2016.

Greco, Rogério. Curso de Direito Penal: parte especial. 10ed. Rio de Janeiro: Impetus, 2014. v. 2; v. 3 (11 ed.); v. 4 (10 ed.).

Greco Filho, Vicente. *Uma interpretação de duvidosa dignidade.* Disponível em http://www.oabsp.org.br/comissoes2010/mulher-advogada/gestao-2007-2009/eventos/2009/vicente_filho.pdf. Acesso em 12/02/2016.

____. *Dos crimes da Lei de Licitações.* 2ª ed. São Paulo: Saraiva, 2007.

Hungria, Nélson. *Comentários ao Código Penal.* Rio de Janeiro: v. 5, 6, 7 (1958); v. 8 (1947); v. 9 (1959).

Jesus, Damásio E. de. *Direito penal:* parte especial. São Paulo: Saraiva. v. 2 (26. ed., 2004); v. 3 (16. ed., 2007); v. 4 (13. ed., 2007).

____. *Educação domiciliar constitui crime?* Disponível em http://www.cartaforense.com.br/conteudo/colunas/educacao-domiciliar-constitui-crime/5439. Acesso em 12/02/2016.

____. *Estupro e lesão leve no ambiente familiar.* Disponível em http://www.cartaforense.com.br/conteudo/colunas/estupro-e-lesao-leve-no-ambiente-familiar/9363. Acesso em 07/06/2016.

____. Oliveira, Hermelino de. *A empregada doméstica e a Lei Maria da Penha.* Disponível em: [http://www.egov.ufsc.br:8080/portal/sites/default/files/anexos/13261-13262-1-PB.pdf]. Acesso em: 24/11/2016.

Karam, Maria Lúcia. *Violência de gênero: o paradoxal entusiasmo pelo rigor penal. Boletim IBCCrim* 168, de novembro de 2006.

Luisi, Luiz. *Princípios constitucionais penais.* Porto Alegre: Fabris, 1991.

Luna, Everardo da Cunha. *Estrutura jurídica do crime e outros estudos.* 3. ed. Recife: Universidade Federal de Pernambuco, 1970.

Machado, Agapito. *Questões polêmicas de direito.* Belo Horizonte: Del Rey, 1998.

Marques, José Frederico. *Tratado de direito penal.* Campinas: Millenium, 1999. v. 4.

Mascarenhas, Paulo. *Improbidade administrativa e crime de responsabilidade de prefeito.* 2. ed. Leme: Editora de Direito, 2001.

____. *Dos crimes contra a administração e as finanças públicas.* São Paulo: RCN, 2004.

Masson, Cleber. *Direito Penal (Esquematizado)* – Parte Especial. São Paulo: Grupo Editorial Nacional, 2014. v. 2 (6 ed.); v. 3 (4 ed.).

Mazzilli, Hugo Nigro. *O crime de violação de sepultura no direito brasileiro.* Doutrinas Essenciais de Direito Penal. São Paulo: RT, vol. 6. Out/2010.

Meirelles, Hely Lopes. *Responsabilidade do prefeito.* Revista Forense, v. 257, Rio de Janeiro, Forense.

Mello, Celso Antônio Bandeira de. *Curso de Direito Administrativo.* 25ª ed. São Paulo Malheiros, 2008.

Melo, Mônica; FARIA, Helena Omena Lopes de. *Série Estudo.* n. 11. p. 373. Procuradoria Geral do Estado de São Paulo, out. 1998.

Mirabete, Julio Fabbrini. *Manual de direito penal:* parte especial. São Paulo: Atlas. v. 2 (24. ed., 2006); v. 3 (21. ed., 2006).

____. *Código Penal interpretado.* São Paulo: Atlas, 2007.

Monteiro, Antonio Lopes. *Crimes contra a Previdência Social.* São Paulo: Saraiva, 2001.

Monteiro, Washington de Barros. *O crime de desacato. RT* 319/11.

Moraes, Alexandre de. *Direito constitucional.* 4. ed. São Paulo: Atlas, 2002.

Noronha, Edgard Magalhães. *Código Penal brasileiro comentado.* 2. ed. São Paulo: Saraiva, 1958. v. 5, 1.ª e 2.ª partes.

____. *Direito penal.* São Paulo: Saraiva. v. 2 (1972); v. 3 (1971); v. 4 (1972).

____. *Dos crimes contra a administração pública em nosso Código.* Doutrinas Essenciais de Direito Penal. São Paulo: RT, vol. 6. Out/2010.

Nogueira, Fernando Célio de Brito. *Notas e reflexões sobre a Lei 11.340/2006, que visa coibir a violência doméstica e familiar contra a mulher.* Disponível em https://jus.com.br/artigos/8821/notas--e-reflexoes-sobre-a-lei-n-11-340-2006-que-visa-coibir-a-violencia-domestica-e-familiar-contra-a--mulher. Acesso em 12/02/2016.

Nucci, Guilherme de Souza. Código Penal comentado. 13. ed. São Paulo: RT, 2013.

____. *Crimes contra a dignidade sexual.* São Paulo: RT, 2009.

____. *Manual de Direito Penal,* 5. ed., São Paulo: RT, 2009

____; MONTEIRO, André Vinícius; GEMIGNANI, Daniel; MARQUES, Ivan Luís. *Os contornos normativos da proteção do vulnerável prescrita pelo Código Penal (arts. 218-A e 218-B, introduzidos pela Lei 12.015/2009).* Doutrinas Essenciais de Direito Penal. São Paulo: RT, vol. 6. Out/2010.

Oliveira, Olavo. *Homicídio preterintencional. Justitia,* v. 8, 4º trim. 1944.

Oliveira, Paulo Afonso Martins de. *Combate à corrupção e à má gestão.* Síntese Trabalhista, v. 101, nov. 1997.

Pedroso, Fernando de Almeida. *Legítima defesa. Justitia,* v. 104, 1º trim. 1979.

____. *Homicídio Privilegiado.* Doutrinas Essenciais de Direito Penal. São Paulo: RT. vol. 5. Out/2010.

____. *Crimes contra a honra. Doutrinas Essenciais de Direito Penal. São Paulo: RT.* vol. 5. Out/2010

Pierangelli, José Henrique. *Escritos jurídico-penais.* São Paulo: RT, 1992.

____. *Manual de direito penal brasileiro:* parte especial. São Paulo: RT, 2005.

Pontes, Ribeiro. *Código Penal comentado.* 11. ed. Rio de Janeiro: Freitas Bastos, 2000.

Prado, Luiz Regis. *Comentários ao Código Penal.* 2. ed. São Paulo: RT, 2003.

____. *Curso de direito penal brasileiro:* parte especial. São Paulo: RT, 2003.

____. Tratado de Direito Penal Brasileiro, v. 4, 5, 6 e 7. São Paulo; RT, 2013.

____. *Os novos delitos de corrupção e tráfico de influência internacional no direito brasileiro. Doutrinas Essenciais de Direito Penal.* São Paulo: RT, vol. 6. Out/2010.

Queiroz, Paulo de Souza. *Direito penal:* introdução crítica. São Paulo: Saraiva, 2001.

Reale Júnior, Miguel. *Antijuridicidade concreta.* São Paulo: Bushatsky, 1974.

____. *Teoria do delito.* São Paulo: RT, 1998.

Roxin, Claus. *A apreciação jurídico-penal da eutanásia.* Doutrinas Essenciais de Direito Penal. São Paulo: RT. vol. 5. Out/2010.

Salles Jr., Romeu de Almeida. *Curso completo de direito penal.* 6. ed. São Paulo: Saraiva, 1998.

____. *Código Penal interpretado.* 2. ed. São Paulo: Saraiva, 2000.

Silveira, Euclides Custódio da. *Direito penal:* crimes contra a pessoa. São Paulo: Max Limonad, 1959.

Silveira, J. F. Oliosi da; Marques, Jader. *Código Penal comentado.* Porto Alegre: Síntese, 1999.

Stoco, Rui; Franco, Alberto Silva (coords.). *Código Penal e sua interpretação:* doutrina e jurisprudência. 8. ed. São Paulo: RT, 2007.

Tasse, Adel El. *Direito penal contemporâneo.* Estudos em homenagem ao Professor José Cerezo Mir. Prado. Coord. Luiz Regis Prado. São Paulo: RT, 2007.

TEIXEIRA, Francisco Dias. *Crime contra a Previdência Social em face da Lei 9.983/2000.* Boletim dos Procuradores da República, n. 30, São Paulo, ano 3, out. 2000.

TOLEDO JR. Flávio C. de; ROSSI. Sérgio Ciquera. *Lei de Responsabilidade Fiscal.* 3. ed. São Paulo: NDJ, 2005.

TOLEDO, Francisco de Assis. *Princípios básicos de direito penal.* 4. ed. São Paulo: Saraiva, 1991.

ZAFFARONI, Eugenio Raúl; PIERANGELI, José Henrique. *Manual de direito penal brasileiro*: parte geral. 4. ed. São Paulo: RT, 2002.

____. BATISTA, Nilo; ALAGIA, Alejandro; SLOKAR, Alejandro. *Direito penal brasileiro.* 2. ed. Rio de Janeiro: Revan, 2003. v. 1.

EDITORA
JusPODIVM
www.editorajuspodivm.com.br

Impressão e Acabamento

Prol
EDITORA GRÁFICA